U0857806

教育部人文社會科學重點研究基地山東大學易學與中國古代哲學研究中心成果

文淵閣四庫全書集部易學資料分類萃編

主　編　劉大鈞

副主編　劉保貞

編　者　徐向成　陶英娜　崔　兵　寧騰飛　馮海洋
付曉敏　周姍姍　呂倩嵐　郭換傑　趙文文
范　曉　李曉宇　華宣蕾　莊守平　楊明霞
丁曉娟　張嫫驍

山東大學出版社

圖書在版編目(CIP)數據

文淵閣四庫全書集部易學資料分類萃編／劉大鈞主編．
—濟南：山東大學出版社，2019.8
ISBN 978-7-5607-6406-1

Ⅰ.①文…　Ⅱ.①劉…　Ⅲ.①《四庫全書》-選集
②《周易》-文集　Ⅳ.①Z121.5　②B221.5-53

中國版本圖書館 CIP 數據核字(2019)第 178659 號

責任編輯：馬銀川
封面設計：牛　鈞

出版發行：山東大學出版社
　　社　址　山東省濟南市山大南路 20 號
　　郵　編　250100
　　電　話　市場部(0531)88363008
經　　銷：新華書店
印　　刷：山東新華印務有限責任公司
規　　格：720 毫米 ×1000 毫米　1/16
　　　　　45 印張　832 千字
版　　次：2019 年 8 月第 1 版
印　　次：2019 年 8 月第 1 次印刷
定　　價：98.00 元

凡　例

1.本書以上海古籍出版社 2003 年版《影印文淵閣四庫全書》為底本。個別脱誤嚴重者,參照它本予以校點,並用脚註註明。

2.正文内容分類參照王重民、楊殿珣等編《清代文集篇目分類索引》(中華書局 1965 年版)經類《易經》部份分類體系而又有所細化。

3.正文條目内容分為五項,依次為:篇名、作者、正文、出處(作者、書名、卷數)及原書、頁、卷(如 1143—758—33,表示該篇文章位於原書 1143 册之 758 頁,第 33 卷)。

4.同篇文章為不同著作收入者,文字或略有小異,採用一種,其他用"又見"註明,不再一一校正。

5.個別篇名加括號者為編者新擬,以示與原有篇目者相區别。

6.為排版方便,原文中注釋性小字,加括號(　)括住,字體不再變小。

7.原文中個別字詞疑有訛誤,不改原文,在其後用[]擬出正字,以供參考。

8.異體字處理原則:一般字庫收録者,照録。一般字庫未收,又無特别含義者,徑改為規範字;雖然一般字庫未收,但有特殊含義者(如説明字形),照録。新舊字形主要以《新舊字形對照表》為準,徑改為新字形。一篇之中,盡量字體統一。特别生僻有礙閲讀者,改為常用字形。書中出現頻率較多之常用卦辭等,統一為一個常用字形。

9.文字標點以斷句為主,不追求精準,特别是文中引語,未及一一核對,惟讀者慎擇焉。

10.時間緊迫,水平有限,錯誤之處難免,請方家正之。

目　録

一　通論

（一）總　論

1. 概 説

通易論

（魏）阮籍

阮子曰：《易》者何也？乃昔之玄真，往古之變經也。庖犧氏當天地一終，值人物憔悴，利用不存，法制夷昧，神明之德不通，萬物之情不類，於是始作八卦。引而伸之，觸類而長之，分陰陽、序剛柔、積山澤、連水火，雜而一之，變而通之，終於《未濟》。六十四卦盡而不窮，是以天地象而萬物形，吉凶著而悔吝生，事用有取，變化有成。南面聽斷，向明而治，結繩而為網罟，致日中之貨，倠耒耜之利以教天下，皆得其所。黄帝、堯、舜應時當務，各有攸取，窮神知化，述則天序。庖犧氏布演六十四卦之變，後世聖人觀而因之，象而用之，禹湯之經皆在而上古之文不存。至乎文王，故繫其辭，於是歸藏氏逝而周典經興，上下無常，剛柔相易，不可為典要，惟變所適，故謂之"易"。《易》之為書也，本天地，因陰陽，推盛衰，出自幽微以致明著。故乾元初"潛龍勿用"，言大人之德隱而未彰，潛而未達，待時而興，循變而發。天地既設，《屯》《蒙》始生，《需》以待時，《訟》以立義，《師》以聚衆，《比》以安民，是以"先王以建萬國，親諸侯"，收其心也。原而積之，畜而制之，是以上下和洽，"裁成天地之道，輔相天地之宜以左右民"，順其理也。先王既没，德法乖易，上凌下替，君臣不制，剛柔不和，天地不交，是以君子一類求同，遏惡揚善，以致其大。謙而光之，裒多益寡，崇聖善以命，雷出於地，於是大人得位，明聖又興，故先王作樂薦上帝，昭明其道以荅天貺。於是萬物服從，隨而事之，子遵其父，臣承其君，臨馭統一，大觀天下，是以先王以省方，觀民設教，儀之以度也。包

而有之，合而含之，故先王用之以明罰勅法。自上乃下，貴復其賤，美成亨盡，時極日至，先王閉關，商旅不行，后不省方，以静民也。季葉既衰，非謀之獲，應運順天，不妄其作，故先王茂對時，育萬物，施仁布澤以樹其德也。萬物歸隨，如法流承，養善反惡，利積生害，剛過失柄，習坎以位，上失其道，下喪其羣，於是大人繼明，照於四方，顯其德也。自乾元以來，施平而明，盛衰有時，剛柔無常，或得或失，一陰一陽，出入吉凶，由闇察彰，文明以止，有翼不飛，隨之乃存，取之者歸，施之以若，用之在微，貴變慎小，與物相追，非知來藏往者，莫之能審也。《易》之為書也，覆燾天地之道，囊括萬物之情，道至而反，事極而改。反用應時，改用當務。應時，故天下仰其澤；當務，故萬物恃其利。澤施而天下服，此天下之所以順自然，惠生類也。富貴侔天地，功名充六合，莫之能傾，莫之能害者，道不逆也。天地，《易》之主也；萬物，《易》之心也。故虚以受之，感以和之。男下女上，通其氣也；柔以承剛，久其類也。順而持之，遁而退之。上隆不積，剛動大壯。正大必用，力盛則望。明升惟進，光大則傷。聚以處身，異以成類。乖離既解，緩以為失。損益有時，察以主使。揚於王庭，乘五馬敗。剛既决柔，上索下合。令臣遭明君，以柔遇剛，品物咸亨。剛據中正，天下大行，是以后用施命誥四方，貴離教也。於是天地萃聚，百姓合同。升而不已，屈極及下。井養不窮，卑不能通。不可弗革，改以成器。尊卑有分，長幼有序。主之以震，守之以威。動不可終，敵應而行。漸以進之，為人求位，君子之欲進者也。臣之求君，陰之從陽，委之歸誠，乃得其所。歸而應之，專而一之，陽德受歸，道豐位大也。賢人君子，有眾以成其大也。窮侈喪大夫之位，羣而靡容，容而無所。卑身一意，利見大人。巽以身命，柔順乎剛。入而説之，説而教之。順天應人，涣然成章。風行水上，有文有光。男行不窮，女位乎外。眾陰承五，上同在中。從初更始，乘木有功。故先王以享於帝，立廟，奉天建國也。剛柔分，適得中，節之以制，其道不窮。信愛結内，剛得中位。誠發於心，庶物唯類。大得則虧，甚往則過。既應於遠，默則不利。故君子是以行重乎恭，喪重乎哀，篤偽薄也。《小過》下泰，不宜於上，下止上動，有飛鳥之象焉。初六坎下，上六離體，飛鳥以凶，是以災眚也。柔處中，剛失位，利與時行，過而欲遂，小亨正象。陰皆乘陽，陽剛凌替，君臣易位，亂而不已，非中之謂，故君子思患而豫防之，慮其敗也。通變無窮，周敗又始，剛未出，陰在中，柔濟不遺，遂度不窮，則象河洛，神物設教而天下服。慎辨居方，陰陽相求，初與之道，遠作之由也。卦體開闔，乾以一為開，坤以二為闔。乾坤成體而剛柔有位，故木老於未，水生於申，而坤在西南，火老於戌，木生於亥，而乾在西北，剛柔之際也，故謂之父母。陽承震動，發而相承，專制遂行，萬物以興，故謂之長男；水老於辰，金生於巳，一氣存之，終而復起，故巽為長女；震發於風，陰德有紀，失中鵙鳴，母道將始，故離為中女；又在西北，健戰將升，季陰幼昧，衰而不勝，故兑為少女。倉中拔留，肇幽為陽，在中未達，含而未章，故坎為中男；周流接合，萬物既終，造物更始，明而未融，故艮為少男。乾圓坤方，女柔男剛，健柔時推而禍福是將。循化知生，從變見亡，故吉凶成敗，不可亂也。《大過》何也？楝橈莫輔，大者過也。先王之馭世也，刑設而不犯，罰著而不施。習坎剛中，惟以心亨。王正其德，公守厥職。上下不疑，臣主無惑。納約自牖，非户何咎？車騎中門，劍戟在闉。雖寘叢棘，凶已三歲。上六失道，刑决也。故高宗伐鬼方，柔道中也。三年有賞，德乃豐也。《同人》先號，思其終也。《旅》上之美，樂其窮也。是以失刑者嚴而不簡，喪德者高而不尊，故君子正義以守位，固法以威民，何衢則亨，滅耳而凶也。《小過》何也？踰位凌上，害正危身，小者過也。《既濟》初六終亂，何也？水加日上，三陰乘陽。以力求濟，不止必亡。故初吉終亂也。《未濟》上六，飲酒無咎，何也？過而莫改，危而弗問，誰咎之也？《無妄》何也？無望而至，非會合陰陽之違行也。六三"無妄之災，或繫之牛，行人得之，邑人災"，何也？有國而不收其民，有衆而不脩其器，行人得之，不亦灾乎？九五之疾勿藥，何也？非常之厚，離以為同。無妄之疾，灾以除凶。天時成敗，何疾之功？勿藥有喜，不成何試也。龍者何也？陽健之類，盛德尊貴之喻也。配天之厚，盛德莫高之謂尊貴。大人受命，處中當陽，德之至也。亢龍有悔，何也？繼守承貴，有因而德不充者也，欲大而不顧其小，甘侈而不思其匱，居正上位而無卑，有貴勞而無據，喪志危身，是以悔也。先王何也？大人之功也。故建萬國，親諸侯，樹其義也；作樂薦上帝，正其命也；省方觀民，施其令也；明罰勅法，督其政也；閉關不行，静亂民也；茂時育德，應顯其福也；享帝立廟，昭其禄也。稱聖王所造，非承平之謂也。后者何也？成君定位，據業脩制，保教守法，畜履治安者也。故自然成功濟用，已至大通，后成天地之道以左右民也。成化理決，施令誥方，因統紹衰，中處將正之務，非應初受命之事也。上者何也？日月相易，盛衰相及，致飾則利之未捷受，故王后不稱，君子不錯，上以厚下，道自然也。君子者何也？佐聖扶命，翼教明法，觀時而行，有道而臣人者也。因正德以理其義，察危微以守其身。故經綸以正盈，果行以遂義，飲食以需時，辨義以作事，皆所以章先王之建國，輔聖人之神志也。見險慮難，思患豫防，别物居方，慎初敬始，皆人臣之行，非大君之道也。大人者何也？龍德潛達，貴賤通明，有位無稱，大以行之，故大過滅示天下幽明，大人發輝重光，繼明炤於四方，萬物仰生，合德天地，不為而成，故大人虎變，天德興也。君子曰：《易》，順天地，序萬物，方圓有正體，四時有常位，事業有所麗，鳥獸有所萃，故萬物莫不一也。陰陽性生，性故有剛柔。剛柔情生，情故有愛惡。愛惡生得失，得失生悔吝。悔吝著而吉凶見。八卦居方以正性，蓍龜圓通以索情。情性交而利害出，故立仁義以定性，取蓍龜以制情。仁義有耦而禍福分，是故聖人以建天下之位，定尊卑之制，序陰陽之適，别剛柔之節。順之者存，逆之者亡。得之者身安，失之者

身危。故犯之以別求者，雖吉必凶；知之以守篤者，雖窮必通。故寂寞者德之主，恣睢者賊之原，進往者反之初，終盡者始之根也。是以未至不可拆也，已用不可越也。紂有天下之號，而比匹夫之類鄰；周處小侯之細，而享於西山之賓。外内之德已施，而貴賤之名未分，何也？天道未究，善惡未淳也。是以明夫天之道者不欲，審乎人之德者不憂。在上而不凌乎下，處卑而不犯乎貴，故道不可逆，德不可拂也。是以聖人獨立無悶，大羣不益，釋之而道存，用之而不可既。由此觀之，《易》以通矣。

［（明）賀復徵編《文章辨體彙選》卷四百三　1407—90—403；又見（明）張溥編《漢魏六朝百三家集》卷三十四《魏阮籍集》　1413—15—34］

易義

（宋）范仲淹

乾上乾下，内外中正，聖人之德，位乎天之時也。德，内也。位，外也。九二，君之德。九五，君之位。成德於其内，充位於其外。聖人之德，居乎誠而不遷，有時舍之義，故曰："見龍在田。"德昭於中，故曰："利見大人。"天下文明，君德也。聖人之位，行乎道而不息，有時乘之義，故曰："飛龍在天。"位正於上，故曰："利見大人。"乃位乎天德，於是乎位矣。或者泥於六位之序，止以五為君，曾不思始畫八卦，三陽為乾，君之象也，豈俟於五乎？三陰為坤，臣之象也，豈俟於四乎？震為長子，豈俟重其卦而始見於長子乎？明夫乾君之象，既重其卦，則有内外之分。九二居乎内，德也；九五居乎外，位也。餘爻則從其進退安危之會而言之，非必自下而上次而成之也。如卦言六龍，而九三不言龍而言君子，蓋龍無乘剛之義，則以君子言之，隨義而發，非必執六龍之象也。故曰："《易》無體。"而聖人之言豈凝滯於斯乎？

《咸》，陰進而陽降（兑，陰卦；艮，陽卦），上下交感之時也，與泰卦近焉。（《泰》卦，"天地交而萬物通"。《咸》卦，"天地感而萬物化生"）。然則《泰》卦三陰進於上，三陽降於下，極於交而泰矣，故曰"萬物通"。《咸》卦陰進而未盡達也，陽降而未盡下也，（下卦猶有二陰，上卦猶有二陽）。感而未至於泰矣，故曰"萬物生"，而猶未通也。"聖人感人心，而天下和平"，是感之無窮而能至乎泰者也。感而不至，其道乃消，故至騰口，薄可知也。

《恒》，陽動陰順，剛上柔下（震，陽也，剛動於上；巽，陰也，柔順於下），上下各得其常之時也。天尊地卑，道之常矣。君處上，臣處下，理之常矣（上陽卦，天與君之道也；下陰卦，地與臣之道也）。男在外，女在内，義之常矣（震為長男，巽為長女)。天地、君臣、男女各得其正,常莫大焉。諸卦多以有應為吉,此卦六爻皆應而爻無元吉者,何也?夫吉於應者,相求以濟之時也。常者,上下各得其所之時矣。故以"剛柔皆應"為常,而不以獲應為吉。是以士之常也,在於己,不在於人;諸侯之常也,在於政,不在於鄰;天子之常也,在於道,不在於權。故曰:"聖人久於其道,而天下化成。"堯舜為仁,終身而已矣,其知常也哉!

《遁》,陰進陽退(二陰進之於內,四陽退之於外)。柔佞入而剛正出,君子遁去之時也。夫柔勝於剛,則小人制君子矣,辱可逃乎?柔未勝剛,則君子辱可遠也,未見制於小人焉。此卦二陰而四陽,柔未勝剛,小人始浸而長也。君子知吉之先,辨禍之萌,思遠其時也,可不遁乎?故遁之為義尚乎遠也。是以最在內者,有"遁尾"之危;最在外者,有"肥遁"之利。子曰:"知幾其神。"始可與言遁也已矣。

《大壯》,剛以震而陰摧(內剛外震,二陰剥焉)。君子威而小人黜,政令剛嚴之時也。陽於陰為大也,陽進陰退,大者壯而小者喪矣。夫"雷在天上",萬物以震,威行天下,萬邦以恐。天地之壯見乎雷,聖人之壯見乎威。壯而不節,於天下暴矣,壯其喪矣。是以"君子非禮弗履",以保其壯也。故九二、九四,以陽居陰體,剛而處巽,乃復獲乎"貞吉",餘爻皆不克全其壯也已。

《晉》,順而上行,奉於文明(坤,順也;離,明也)。君子嘉遇顯進之時也。夫上無文明,賢斯遁矣。今文明麗於上,君子可不進乎?其進也,柔順內融(內卦坤也,有柔順之義),則上不拒其逼矣,故曰"晝日三接"也。英華外著(外卦文明,有英華之德),則众不疑其行矣,故曰"君子以自昭明德"。蓋"明出地上",如日之升,君子當其象也,豈復昧哉?其伊尹之時歟!

《明夷》,陰上明下,其義病矣;火入地中,其光翕矣;蔽賢傷善之時也。夫文明在上,則賢者遂進;文明在下,則善人用傷。其商之末世耶,君子用晦,然後免於其難。然則文王其不用晦乎?何以嘗幽之耶?文王蓋有國焉,德加於人,晦之難也。故以文明入於難,終以柔順而出矣。箕子雖無政焉,而最近於闇,故自辱其身以晦其道,然後乃免。故文明在下,難哉,聖賢其猶病諸!變斯時者,惟九三乎?"得其大首",其湯武之事歟!

《家人》,陽正於外(謂五也),陰正於內(其二也)。陰陽正而男女得位,君子理家之時也。明乎其內,禮則著焉(內卦明也);順乎其外,孝悌形焉(外卦順也)。禮則著而家道正,孝悌形而家道成。成必正也,正必成也。聖人將成其國,必正其家。一人之家正,然後天下之家正,天下之家正,然後孝悌大興焉。何不定之有?故曰:"刑於寡妻,以禦於家邦。"然則正家者,貴閑其初也。故初九有悔,閑得其道,乃首得"悔亡"。至於九五,"王假有家",則天下化成,故"勿恤"而"吉"也。

《睽》，火炎澤潤，其性不同。炎從上，潤從下，其道遠而不接，物情睽異之時也。陰陽不接而天地睽，日月不接而晝夜睽，禮義不接而男女睽，君臣不接而上下睽，情類不接而萬物睽。夫然，則天地萬物之理從何而亨乎？故睽之時義不可久也，必變而通之，合睽以成其化。天地睽也而陰陽合焉（其禮睽，其義合），晝夜睽也而日月交焉，男女睽也而禮義成焉，上下睽也而君臣會焉，萬物睽也而情類聚焉。夫未合之時，體乖志疑，動虞蹇難，求援而濟者也，故其爻皆以有援免。至於上九，睽極而通，則"説弧""遇雨"，"羣疑亡也"。

《蹇》，止於險中，險難在前，未可進之時也。觀其名，與《屯》卦近焉（屯亦難也）。然則《屯》已"動乎險中"，難可圖也；《蹇》猶止乎險中，難未可犯也。惟二為王臣（得位應五）。君在險中，而與己應，始可匪躬而往焉，餘皆往蹇而弗濟。君子藏器於身，待時而動，其庶幾乎！

《解》，動乎險外，出險散否之時也。小人為險，君子乃否；小人既退，君子乃振。故六五象曰："君子有解，小人退也。"是故天地否散，雷雨並興；聖賢否散，慶施遂行。武王發粟散財，其有解之時也矣。

《損》，山澤通氣（艮為山，兑為澤）。其潤上行，取下資上之時也。夫陽，實也；陰，虚也。下卦二陽，上卦二陰，取陽資陰，以實益虚者也。虚者反實，則實者反虚矣。然則下者上之本，本固則邦寧。今務於取下，乃傷其本矣，危之道也。損之有時，民猶説也（兑為説）；損之無時，澤將竭焉（兑為澤）。故曰"川竭必山崩"，此之象也。無他，下涸而上枯也。"百姓不足，君孰與足？"其斯之謂歟！

《益》，剛來而助柔，損有餘而補不足（上卦陽多，故曰有餘；下卦陽少，故曰不足），自上惠下之時也。天道下濟，品物咸亨；聖人下濟，萬國咸寧。《益》之為道大矣哉！然則益上曰損，損上曰益者，何也？夫益上則損下，損下則傷其本也，是故謂之損。損上則益下，益下則固其本也，是故謂之益。本斯固矣，榦斯茂矣；源斯深矣，流斯長矣。下之益上，則利有竭焉；上之益下，則因其利而利之，何竭之有焉？是故木以動也（上木下動），涉大川而無患；雷風與也（上風下雷），興萬物而無疆。明益之道，何往而不利哉？

《夬》，一陰處高而羣陽伐之，以大制小、以正黜邪之時也。時皆剛正，柔佞豈得而據乎？夫君子道微之時，法令常密，而或失之者，何也？内有小人也。小人道微之時，法令常顯，而無忌者，何也？内皆君子也。此卦一柔而乘五剛，危可知矣；五陽而決一陰，易可知矣。故"揚於王庭"而不忌，賞罰明行之際歟！舜舉八元而去四凶，此其時矣。

《萃》，澤處於地（兑為澤，坤為地），其流集矣，上説下順，其義親矣。物情和聚之時也。上以説臨下，下以順奉上，上下莫不聚乎！天地亨而萬物以類聚，大人亨而天下以義聚。觀其所聚，而天地萬物之情可見矣。《彖》言"剛中而應"者，取其上下相應，以成萃聚之義而已。若夫萃天下者，豈私其應哉？必也以虚受人，然後能萃其天下。故九五以大人之位而“匪孚”者，以其應之於一，不能盡天下之誠，惜哉！無私則至矣。

《升》，“地中生木”，其道上行，君子位以德升之時也。夫高以下為基，木始生於地中，其舉遠矣。聖人日躋其德，而至於大寶；賢者日崇其業，而至於公圭。以順而升，物不距矣。故爻無凶咎，初則“大吉”，二則“有喜”，三則“無疑”，四則“用亨”，五則“貞吉”，惟上六極而猶升，則為冥昧。若能知其消息，猶可為利，故曰：“冥升，利於不息之貞。”

《困》，水在澤下，澤方竭焉，其道不加於物，君子困窮之時也。夫水者，浸於外而後施於物。今伏於其内，何施之有？是則川澤竭而伏其流，君子困而隱其道。困於險而不改其説（坎，險也；兑，説也），其惟君子乎，能固窮而樂道哉！苟不安其困，欲尚口而去之，窮斯甚矣。知此時者，卷而懷之，極然後反，其困必亨，故曰“困亨”。夫子之於陳蔡也，豈其憂乎？

《井》，木為泉之底，井道治而其施外彰，君子居德遷惠之時也。夫井居其地而不可改，其泉之出也，無所不利；君子居於德而不可移，其惠之遷也，無所不仁。唯井也，施之而不窮，存之而不溢。惟德也，常施於人而不見其虧，獨善於身不見其餘。故曰：“井，德之地。”不其然乎？

《革》，水火相薄，變在其中，聖人行權革易之時也。夫澤有水則得其宜，今澤有火，是反其常矣。天下無道，聖人革之以反常之權，然而反常之權，天下何由而從之？以其内文明而外説也（内卦文明，外卦兑説），以此之文明易彼之昏亂，以天下之説易四海之怨，以至仁易不仁，以有道易無道，此所以反常而天下聽矣，其湯武之作耶！苟道德不去，雖湯武日生，當為天下之助，何反常之有焉？

《鼎》，以木順火，鼎始用焉，聖人開基立器之時也。夫天下無道，聖人革之。天下既革而制作興，制作興而立成器，立成器而鼎莫先焉。故取鼎為義，表時之新也。湯武正位，然後改正朔，變服章，更器用，以新天下之務，其此之時歟！故曰“革去故”而“鼎取新”。聖人之新，為天下也。夫何盛焉？莫盛乎享上帝而養聖賢也。享上帝而天下順，養聖賢而天下治，不亦盛乎？

《震》，雷相從而興，威動萬物，内外皆震，君子心身戒懼之時也。萬物震，其道通焉；君子震，其德崇焉。君子之懼於心也，思慮必慎其始，則百志弗違於道；懼於身也，進退不履於違，則百行弗罹於禍。故初九“震來”而“致福”，慎於始也。六二“震來”而“喪貝”，履於危也（六二乘剛）。夫震者，長子之道也。長子有威，“驚遠而懼邇”，然後能主宗廟之器，而祭祀不輟也夫！

《艮》，山相當而各止其所，内外不相與（六爻皆無應），上下静止之時也。天地動而萬物生，日月動而晝夜成，聖賢動而天下亨。今其止者，君子理不可動之時也，故此卦無元亨貞之德者，以其道不行焉。然止之為道，必因時而存之。若夫時不可進，斯止矣；高不可亢，斯止矣；位不可侵，斯止矣；欲不可縱，斯止矣。止得其時，何咎之有？故曰："時止則止，時行則行。動静不失其時，其道光明。"非君子，其孰能與於此乎？

《漸》，山止生木，日益其高，君子漸進之時也。夫内止而不躁，外巽而不争，以斯而進，不亦漸乎？長女得位乎其外，故曰"女歸吉"。然則女生而知其嫁也，必漸而及時，然後有歸焉。君子學而知其仕也，必漸而成德，然後有位焉。故升高必自下，陟遐必自邇。乾陽漸進而至於在天，坤陰漸進而至於堅冰。天地不能逾，而況於人乎？苟内不止而躁，外不巽而争，則失漸之道，犯時之忌，豈正邦之有焉？

《豐》，文明以動，無往不亨，王道開泰之時也。夫雷電之至，隱者彰而否者亨；聖賢之造，困者通而幽者顯。於是制乎禮，以序天下之倫；作乎樂，以興天下之和。物物昌而無不大也，是以謂之豐。然則日之動也（下離日也，上震動也），豐於正中焉；文明之動也，豐於皇極焉。過乎正中，日斯昃矣；過乎皇極，文明虧矣。故曰"宜日中"，進於大而戒盈也，丕哉！

《旅》，火麗山而不久其處，君子羇旅之時也。君子羇旅之時，處無其位，何能與物大通？然則内止而不動於心，外明而弗迷其往，以斯適旅，故得小亨而貞吉，夫旅人之志，卑則自辱，高則見嫉，能執其中，可謂智矣。是故初"瑣瑣"而四"不快"者，以其處二體之下，卑以自辱者也；三"焚次"而上"焚巢"者，以其據二體之上，高而見嫉者也；二"懷資"而五"譽命"者，柔而不失其中者也。君子旅之時也，道其然乎！

《巽》，風從至而物莫之違，上下皆順，命令宣行之時也。夫上下弗順，雖令不從。今上下皆順，故可申命而行事也。若夫巽之為德，其失也偽。非君子體之，則入乎柔邪之道矣。觀其名雖近於謙焉，然則謙之為體，内剛而外柔（謙卦，坤外艮内，坤柔而艮剛也），降於體而不降於德者也，是以"亨，君子有終"。巽之為體，内外皆柔，可以行權，未可以終義。惟五以"中正而志行"，乃得"小亨，利有攸往，利見大人"。是故謙之六爻皆無凶咎，巽之六爻則美惡半矣。

《兑》，澤重潤而上下皆説，君子推恩敷惠之時也。夫説萬物者，莫説乎澤。今復重之，民説而無疆者也。勸天下者，莫大乎推恩而敷惠，則"順乎天，應乎人"，而王道亨。不然者反此。若夫威以先民，民重其勞；威以犯難，民重其死。故周文為臺而人謂神靈者，忘其勞也；楚子下令而人如挾纊者，忘其死也。然則説之為德，其失也佞。上下皆説之時，必内存其剛正，然後免佞之情，故曰"説以利貞"。

［（宋）范仲淹《范文正集》卷五　1089—596—5］

易論十三篇

（宋）李覯

易論第一

或曰："《易》之為書也，其不可學邪？何其微而不顯也？"曰："學者之過也。聖人作《易》，本以教人，而世之鄙儒，忽其常道，競習異端。有曰：'我明其象，則卜筮之書未為泥也。'有曰：'我通其意，則釋老之學未為荒也。'晝讀夜思，疲心於無用之説，其以惑也，不亦宜乎？包犧畫八卦而重之，文王、周公、孔子繫之辭，輔嗣之賢從而為之注，炳如秋陽，坦如大逵。君得之以為君，臣得之以為臣。萬事之理，猶輻之於輪，靡不在其中矣。爾欲聞之乎？"曰："然則，請問為君之道。"曰："夫用貴莫若恭，用富莫若儉。恭則衆歸焉，儉則財阜焉。恭儉者，先王之所以保四海也。《損》六五曰：'或益之十朋之龜，弗克違，元吉。'龜可決疑，喻明智也。以柔居尊而為損道，明智之士皆樂為用矣。非徒人助，天且福之。故《象》曰：'六五元吉，自上祐也。'恭之得衆也如此。《賁》六五曰：'賁於丘園，束帛戔戔，吝，終吉。'丘園謂質素之地也。處得尊位，為飾之主，而每事質素與丘園相似，則費財物束帛，乃戔戔衆多也，儉之足用也如此，非徒儉於身也。祭祀鬼神尚可菲薄，《既濟》九五曰：'東鄰殺牛，不如西鄰之禴祭，實受其福。'禴，祭之薄者也，謂修德以祭，雖薄而受福也。夫上之利民以財則不足也，百姓安堵而不敗其業，利之大者也。《益》九五曰：'有孚惠心，勿問，元吉，有孚惠我德。'謂因民所利而利之，惠而不費，則不須疑問，必獲大吉，而物亦以信惠歸於我也。夫溥愛無私，君之德也，反是，則非益之謂也。《屯》九五曰：'屯其膏，小貞吉，大貞凶。''膏'謂恩惠也。處屯難之時，居尊位之上，不能博施羣小，而繫應在二，所惠偏狹，於有司之貞則吉，於大人之貞則凶也。《比》九五曰：'顯比，王用三驅，失前禽，邑人不誡，吉。'謂為比之主而有應在二，顯比者也。不能無私於物，唯賢是與，愛於來而惡於去，用三驅之道者也。伐不加邑，動必討叛，雖得乎顯比之吉，而可以為上之使，非為上之道，故《象》曰：'邑人不誡，上使中也。'夫執剛莫如體柔，責人莫如自脩，尚力取勝亦已勞矣。《同人》九五曰：'同人，先號咷而後笑。大師克相遇。'謂不能使物自歸而用其强直，故必大師克之，然後得志也。《困》九五曰：'劓刖，困於赤紱，乃徐有説，利用祭祀。'赤紱謂異方之物也。五以剛猛，物所不附，忿物不附而行威刑，則異方愈不懷矣。而體在中直，能不遂迷，乃徐脩德則得喜説，履夫尊位，過而能改，以斯祭祀必受福也。夫以至尊敵至賤，勝之不足為武也。《夬》九五曰：'莧陸夬夬，中行無咎。'莧陸，草之柔脆者，謂上六也。《夬》之時，以君子决除小人，而五處尊位，躬自决之，雖其克勝，未足多也。處中而行，足以免咎而

已。故《象》曰：'中行無咎，中未光也。'夫安非福也，危非禍也。知危而懼，安莫如之。《否》九五曰：'休否，大人吉，其亡其亡，繫於苞桑。'處君子道消之時，已當尊位，能施否於小人，而自戒其將亡，則得苞桑之固也。夫救弊之術，莫大乎通變。然民可與樂成，難與慮始。非斷而行之，不足以有為矣。《巽》初六曰：'進退，利武人之貞。'謂處令之初，未能服令，故進退也，則宜用武威以整齊之，乃能成命也。《革》上六曰：'君子豹變，小人革面。'謂居變之終，變道已成，則小人變面以順上也。夫治國始於齊家，王化本乎夫婦，百代不易之道也。《家人》九五：'王假有家，勿恤，吉。'謂居於尊位而明家道，則下莫不化矣。父父、子子、兄兄、弟弟、夫夫、婦婦，六親和睦，交相愛樂，而家道正，正家而天下定，故勿恤而吉也。凡此皆為君之道也。"或曰："子謂執剛莫如體柔，責人莫如自脩，而乃以威武成命，何也？"曰："《同人》九五，敵剛也；《困》九五，來異方也。其欲勝敵懷遠，不可暴也。舜於有苗，文王於崇，乃其迹也。《巽》之初六，行令於吾人也，令善而衆疑，不濟以威，是終不可為也。周官凡出教令，必徇以木鐸。"曰："不用法者，國有常刑乃其事也。蓋所施之異，胡可結以一言哉？"

易論第二

或曰："為君之道，任官其急也，請言其要。"曰："《井》九五曰：'井冽，寒泉食。'謂五居中得正，而體剛直，不食汙穢，必須井潔而寒泉，然後乃食，以言剛正之主不納非賢，必須行潔才高，然後乃用也。《兑》九五曰：'孚於剥，有厲。'謂處尊貞之位，不説信乎君子，而説信乎小人，則小人道長而國有危也。《剥》六五曰：'貫魚以宫人寵，無不利。'謂施寵小人，但同之於宫人，勿使害正，則終無尤也。然則人君所任，宜得賢才，不可説信小人，雖未能不加以寵，亦當處之散地，無俾乘勢以消君子可也。"或曰："人君有不自為國，而委之大臣，可乎？"曰："兹禍福之機也，事有不可不然，亦不可必然，在度宜而行之耳。《蒙》六五曰：'童蒙，吉。'謂委於二也。夫《蒙》之時，陰昧而陽明，五以陰質居於尊位，不敢以其蒙昧自任，而委之剛陽，付物以能，故獲吉也。《師》六五曰：'田有禽，利執言，無咎。長子帥師，弟子輿尸，貞凶。'謂柔非軍帥，陰非剛武，故不躬行，必以授也。授不得主，衆猶不從，故長子則可，弟子則凶，蓋九二得中，可以任也。自閫以外，將軍制之，用兵之法亦其宜矣。《臨》六五曰：'知臨，大君之宜，吉。'夫《臨》，剛浸而長，君子道盛之時也，因而納之，委以其事，則不勞而成功矣。任得君子，庸非智乎？《大壯》六五曰：'喪羊於易，無悔。'羊，壯也，君大壯之時，以陰處陽，以柔乘剛，用壯之甚，敵寇之來，將失其居，故不待險難而先舍其壯，委任於二，則得無悔也。此皆事之宜，不得不然也。歷觀衆卦，此類頗多，率由陰居尊位，未得剛正，在上而廢其聰明，委政於下也。得其人則民受其賜，非其人則職為亂階。此不得不然也。《恒》六五曰：'恒其德貞，婦人吉，夫子凶。'謂居得尊位，不能制斷，而係應於二，專從其唱，以此為恒，則婦人之吉，非夫子之道也。以言人君在位，苟不能獨斷，而牽於臣下，權時則可矣，以之為恒，則非君之道也。《坤》初六曰：'履霜，堅冰至。'戒其漸也。上六曰：'龍戰於野。'辨之不早，疑盛乃動，故必戰也。此任官之要，先王其慎之也。"

易論第三

或人請問為臣之道，曰："君子之進也，難哉！苟進則諂諂，則何有於君？唯利而已矣。'《否》初六曰：'拔茅茹，以其彙，貞吉，亨。'《象》曰：'拔茅貞吉，志在君也。'謂居《否》之時，動則入邪，三陰同道，皆不可進，故茅茹以類貞而不諂，志在於君，故不苟進也。夫執剛用直，進不為利，忠誠所志，鬼神享之。《升》九二曰：'孚乃利用禴，無咎。'謂與五為應，往必見任。體夫剛德，進不求寵，閑邪存誠，志在大業，故乃利用納約於神明也。夫君臣之交，初未見親，未信而諫，人以為謗。《損》初九曰：'已事遄往，無咎，酌損之。'謂剛以奉柔，當自酌損其剛，乃得合志，志既合則道可行也。然剛德之長，不可全削，志意既合，當自守貞。九二曰：'利貞征凶，弗損益之。'謂初已損剛以順柔，二復損已以益柔，則剥道成焉，故不可遄往，而利貞也。夫道雖貞矣，宜得其中，不可過也。《小畜》上九曰：'既雨既處，尚德載，婦貞厲，月幾望，君子征凶。'謂體巽處上，剛不敢犯，尚德者也；為陰之長，能畜剛健，德積載者也。婦制其夫，臣制其君，雖貞近危，故曰'婦貞厲'也。滿而又進，必失其道，陰疑於陽，必見戰伐。雖復君子，以征必凶，故曰'君子征凶'也。《恒》初六曰：'浚恒，貞凶，無攸利。'《象》曰：'浚恒之凶，始求深也。'謂求深窮底，物無餘蘊，以此為恒，凶貞害德，無施而利，蓋人不可以至察也。《節》上六曰：'苦節，貞凶，悔亡。'謂過節之中，以至亢極，苦節者也，以斯施貞，物所不勝，貞之凶也，以斯脩身，行在無妄，故得悔亡。蓋政不可以峻刻也，雖不可過，亦不可未至而止也。《晉》初六曰：'晉如摧如，貞吉，罔孚，裕無咎。'謂進明退順，不失其正，而處卦之始，功業未著，物未之信，若以此為足，自喪其長者也。故必裕之，然後無咎也。夫為君耳目，所以司聰明也，不能去邪人，使至君側，誰之罪也？《兑》九四曰：'商兑，未寧，介疾有喜。'謂三為佞説，將近至尊，四以剛德裁而隔之，初則未寧，終則有喜也。此之為喜，乃為至尊所善，天下所賴，故《象》曰：'九四之喜，有慶也。'夫事君盡禮，致恭存位，古之道也。《履》九四曰：'履虎尾，愬愬終吉。'謂逼近至尊，處多懼之地，然以陽居陰，以謙為本，雖處危懼，終獲其志也。夫君唱臣和，理之常也，專而見疑，鮮不及矣。《坤》六三曰：'含章可貞，或從王事，無成有終。'謂含美於内，待命而發，不為事首，順上而終，可謂智矣。故《象》曰：'含章可貞，以時發也，或從王事，知光大也。'《無妄》六二曰：'不耕穫，不菑畬，則利有攸往。'亦謂代終已成，而不造也，不擅其美，乃盡臣道，故利有攸往也。雖不獲自事，而時有未安，不可不憂也。《涣》六四曰：'涣其羣，元吉。涣有丘，匪夷所

思。'謂與五合志，内掌機密，外宣化命，能為羣物散其險害。然處上體之下，不可自事，猶有丘墟未平之慮，雖已得大功，所思不可忘也。若時不我用，不與於政，則宜卷而懷之，毋使動而之悔也。《坤》六四曰：'括囊，無咎無譽。'謂以陰居陰，不與陽事，隱其賢德，乃可免咎。故《象》曰：'括囊無咎，慎不害也。'或竭其忠信，志在立功，圖國忘身，雖慎可也。《隨》九四曰：'隨有獲，貞凶，有孚。'在道以明，何咎？謂居於臣地，以擅其民，失於臣道，違貞者也。體剛居説，而得民心，能幹其事，而成其功者也。雖違常義，志在濟物，著信在道，以明其功，何咎之有哉？夫權之所在，衆之所附，不守以正，速禍而已矣。《益》六二曰：'或益之十朋之龜，弗克違，永貞吉。'謂居中得位，益自外來，朋龜獻策，同於損卦六五之位，位不當尊，故永貞乃吉也。夫忠臣之分，雖處險難，義不忘君也。《蹇》六二曰：'王臣蹇蹇，匪躬之故。'謂居位應五，不以五在難中，私身遠害，執心不回，志救王室者也。故《象》曰：'王臣蹇蹇，終無尤也。'凡此皆為臣之道也。孔子曰：'為臣不易。'豈虚言哉？"

易論第四

或曰："大哉君臣之道，既得而聞之矣，請問凡所以治其身，何如？"曰："性不能自賢，必有習也。事不能自知，必有見也。習之是而見之廣，君子所以有成也。《蒙》六四曰：'困蒙，吝。'謂獨遠於陽，處兩陰之中，困於蒙昧，不能比賢以發其志，故曰'吝'也。《觀》初六曰：'童觀，小人無咎，君子吝。'謂處於觀時，而最遠朝美，體於陰柔，不能自進，無所鑒見，故曰'童觀'，在小人則無咎，君子處之，吝道也。夫道之於人，不可斯須去之也，進則飾其行，退則不勉焉，是為利者也，君子恥之。《履》九二曰：'履道坦坦，幽人貞吉。'謂在内卦幽隱之地，而履其中道，不以居外為榮，處内為屈，隱顯皆同，常行其貞，宜其吉也。《中孚》九二曰：'鳴鶴在陰，其子和之，我有好爵，吾與爾靡之。'謂處内而居重陰之下，履不失中，不徇於外，立誠篤至，雖在闇昧，物亦應之也。《晉》六二曰：'晉如愁如，貞吉，受兹介福於其王母。'謂進而無應，其德不昭，不以無應而回其志，處晦而能致其誠，故得貞之吉也。其初愁如，履正不回，則乃受兹大福於其母也。《井》九三曰：'井渫不食，為我心惻，可用汲，王明，並受其福。'謂井渫而不見食，猶人脩已，全潔而不見用，故使我心惻也。不下注而應止，是可汲也。井之可汲也，猶人可用，若逢明王，則既嘉其行，又欽其用。故曰'並受其福'也。夫欲不可逞强，不可恃放，其私心罔知戒懼，凶之道也。《震》初九曰：'震來虩虩，後笑言啞啞，吉。'謂體夫剛德，為卦之先，能以恐懼而脩其德，乃致福也。《豫》初六曰：'鳴豫，凶。'謂處豫之初，而特得志於上，樂過則淫，志窮則凶也。《大壯》九三曰：'小人用壯，君子用罔，貞厲，羝羊觸藩，羸其角。'謂處健之極，以陽處陽，用其壯者也。故小人用之以為壯，君子用之，以為羅已者也。雖復羝羊，以之觸藩，必拘羸其角矣。《益》上九曰：'莫益之，或擊之，立心勿恒，凶。'謂處益之極，過盈者也。求益無厭，人弗之與。怨者非一，故或擊之也。夫静以俟時，則無悔，躁而求利，則有恥，不可不慎也。《頤》初九曰：'舍爾靈龜，觀我柔頤，凶。'謂居養賢之世，不能正其所履，而舍其靈龜之明德，羨我朵頤而躁求，不足貴也。《咸》六二曰：'咸其腓，凶。居吉。'腓謂動躁者也，感物以躁，凶之道也。由躁故凶，居則吉矣。夫遵道而行，不牽於俗，明哲之任也，與衆雷同，善柔之事也。《豫》六二曰：'介於石，不終日，貞吉。'謂順不苟從，豫不違中，不改其操，是以吉也。《咸》九三曰：'咸其股，執其隨，往吝。'謂志在隨人，所執亦已賤矣，用斯以往，吝其宜也。《小過》九三曰：'弗過防之，從或戕之，凶。'謂居下體之上，以陽當位，而不能先過防之，至令小者咸過，而復應而從焉，其從之也，則戕之凶至矣。然而絶類離倫，衆之所非，毁方瓦合，亦儒之權也。《萃》六二曰：'引吉，無咎。'謂處坤之中，已獨處正，與衆殊異，民之多僻，獨正者未能變體，以遠於害，故必見引，然後乃吉而無咎也。凡此皆治身之道也，或曰脩身及家，自天子達庶人，一也。""請問家道。"曰："《蠱》初六曰：'幹父之蠱，有子，考無咎，厲，終吉。'《象》曰：'幹父之蠱，意承考也。'謂幹父之事，不可大小損益，一依父命，當量事制宜，以意承考而已。九二曰：'幹母之蠱，不可貞。'《象》曰：'幹母之蠱，得中道也。'謂婦人之性，難可全貞。宜屈己剛，既幹且順。故曰'不可貞'也。雖不宜全貞，亦不可納之於邪，故曰'得中道'也。《家人》初九曰：'閑有家，悔亡。'謂治家之法，及其志之未變而豫防之，則悔亡也。家瀆而後嚴之，則無逮矣。九三曰：'家人嗃嗃，悔厲，吉；婦子嘻嘻，終吝。'謂家人雖嗃嗃，悔其酷厲，猶保其吉，婦子嘻嘻，乃失其節也。是威克厥愛，家道之善者矣。"

易論第五

或曰："脩身及家，前聞之矣。請問凡所以遇於人，何如？"曰："夫上之遇下有道。《屯》初九曰：'盤桓，利居貞，利建侯。'《象》曰：'雖盤桓，志行正也，以貴下賤，大得民也。'貴謂陽，賤謂陰也。初九之陽，在三陰之下，是以貴下賤，故大得民心也。《無妄》初九曰：'無妄，往吉。'《象》曰：'無妄之往，得志也。'亦謂體剛處下，以貴下賤，行不犯妄，故往得其志也。《困》九二曰：'困於酒食，朱紱方來，利用亨祀，征凶，無咎。'謂以陽居陰，尚謙者也。體夫剛質，而用中履謙，應不在一，心無所私，雖以處困，物莫不至，不勝豐衍，故曰'困於酒食'也。能招異方，故曰'朱紱方來'也，然而不可以瀆也。《頤》六四曰：'顛頤，吉，虎視耽耽，其欲逐逐，無咎。'謂居得其位，以上養下，得頤之義，而下交不可以瀆，故'虎視耽耽'，威而不猛，不惡而嚴也。夫下之遇上有道。《大過》初六曰：'藉用白茅，無咎。'謂以柔處下，心能謹慎，故得無咎也。《訟》六三曰：'食舊德，貞厲，終吉。或從王事，無成。'謂體夫柔弱，以順於上，不為九二自下訟上，不見侵奪，保全其有，故得食其舊德而不失也。然而不可以諂也。《頤》六三曰：'拂頤，貞凶，十年勿用，無攸

利。'謂履夫不正,以養於上,納上以諂者也。處《頤》而為此行,十年見弃者也。立行於斯,無施而利也。《兑》六三曰:'來兑,凶。'謂以不正而來求説,邪佞之道,故凶也。《巽》九二曰:'巽在牀下,用史巫紛若,吉,無咎。'謂處巽之中,既在下位,而復以陽居陰,卑巽之甚,故曰'巽在牀下'也。若惟施至卑於神祇,而不用之於威勢,則得吉而無咎也。夫陽為君子,陰為小人,同於君子則吉,附於小人則凶。《臨》九二曰:'咸臨,吉無不利。'謂有應在五,而五體柔,若順於五,則剛德不長矣,雖感應之時,不可全與,相違必未順其命,乃得'吉無不利'也。六四曰:'至臨,無咎。'謂處順履正,不忌剛長,而乃應之,故得'無咎'也。《剥》六三曰:'剥之無咎。'謂與上為應,羣陰剥陽,我獨協焉,雖處於《剥》,可以'無咎'也。《夬》九三曰:'壯於頄,有凶。君子夬夬獨行,遇雨若濡,有慍,無咎。'謂夬為剛長,而三獨應上六,助於小人,是以凶也。君子處之,必能棄夫情累,决之不疑,故曰'君子夬夬'也,若不與衆陽為羣,而獨行殊志,應於小人,則受其困焉。'遇雨若濡',有恨而無所咎也。夫心貴乎公,而量貴乎大。公則視人如一,大則無物不包。視人如一,則惟善是從也;無物不包,則雖愚有處也。《比》初六曰:'有孚,比之,無咎。有孚盈缶,終來有它,吉。'謂處比之首,應不在一,心無私吝,則莫不比之,故必有它吉也。《同人》初九曰:'同人於門,無咎。'謂為《同人》之首,而無應於上,心無係吝,通夫大同,出門皆同,誰與為咎也。《兑》初九曰:'和兑,吉。'謂居兑之初,應不在一,無所黨係,和兑之謂也。説不在諂,履斯而行,未見有疑之者,吉其宜矣。《大過》九四曰:'棟隆吉,有它吝。'謂雖能拯其弱,不為下所撓,而應在初,用心不廣,故'有它吝'也。《蒙》九二曰:'包蒙吉,納婦吉,子克家。'謂以剛居中,童蒙所歸也。包而不距,則遠近咸至,故'包蒙吉'也。《泰》九二曰:'包荒,用馮河,不遐遺,朋亡,得尚於中行。'謂體健居中,而用乎泰,能包含荒穢,受納馮河者也,用心廣大,無所遐弃,無所朋黨,乃可以得配於五也。凡此皆遇人之道也。"

易論第六

或曰:"'吉凶悔吝,生乎動者也。'請問動而無悔,則奚由?"曰:"時乎時,智者弗能違矣。先時而動者,妄也;後時而不進者,怠也。妄者過之媒,怠者功之賊也。《蹇》初六曰:'往蹇,來譽。'謂處難之始,居止之初,獨見前識,覩險而止,以待其時,故往則遇蹇,來則譽也。《歸妹》六三曰:'歸妹以須,反歸以娣。'謂室主猶存,而求進焉,進未值時,故有須也。不可以進,故反歸待時,以娣乃行也。凡此不可先時者也。《豐》上六曰:'豐其屋,蔀其家,闚其户,闃其無人,三歲不覿,凶。'謂凶處於明動尚大之時,而深自幽隱,以高其行,大道既濟而猶不見,隱不為賢,更為反道,凶其室也。三年豐道之成,治道未濟,隱猶可也。既濟而隱,以治為亂也。《節》九二曰:'不出門庭,凶。'謂初已造之,至二宜宣其制矣,而故匿之,失時之極,則遂廢矣,故'不出門庭'則凶也。凡此不可後時者也。嗚呼!進取之時易見，退避之時難知。蓋利者，人之所欲。欲則存諸心，存諸心則計之熟矣。害者，人之所惡。惡則幸其無之，而不知為謀矣。”或人請問退避之道，曰：“君子見機而作。愚者闇於成事，禍至而避亦無及也。《涣》初六曰：‘用拯馬壯，吉。’謂處散之初，乖散未甚，故可以遊行，得其志而違於難也。不在危劇而後乃逃竄，故曰‘用拯馬壯，吉’也。《遯》初六曰：‘遯尾，厲，勿用有攸往。’謂處《遯》之時，而為《遯》尾，禍所及也，危至而後求行，難可免乎？故‘勿用有攸往’也。然而矯枉過正，衆之所憎，和而不同，身乃無患。《明夷》初九曰：‘明夷於飛，垂其翼，君子於行，三日不食，有攸往，主人有言。’謂處卦之始，最遠於難，遠難過甚，明夷遠遯，絶跡匿形，不由軌路，殊類過甚，以斯適人，人必疑之，故曰‘有攸往，主人有言’也。六二曰：‘明夷，夷於左股，用拯馬壯，吉。’夷於左股，示不能行也，以柔居中，用夷其明，進不殊類，退不逃難，故可用拯馬而壯吉也。夫有所避者，不可有所顧也，以欲而忘患，鳞属所以死於餌也。《遯》九三曰：‘係遯，有疾厲，畜臣妾，吉。’謂在内近二，以陽附陰，宜遯而繫，故曰‘繫遯’，遯之為義，宜遠小人，以陽附陰，繫於所在，不能遠害，亦已憊矣，宜其屈辱而危厲也，繫於所在，畜臣妾可也。施於大事，凶之道也。九四曰：‘好遯，君子吉，小人否。’謂處於外而有應於内，君子好遯，故能舍之，小人繫戀，是以否也。若夫分有所定，義不可去，則莫若守正之為利也。《泰》九三曰：‘無平不陂，無往不復，艱貞無咎，勿恤其孚，於食有福。’謂處天地之將閉、平路之將陂，時將大變，世將大革，而居不失其正，動不失其應，艱而能正，不失其義，故無咎也。信義誠著，故‘勿恤其孚，於食有福’也。《明夷》六五曰：‘箕子之明夷，利貞。’謂最近於晦，與難為比，猶闇不能没，明不可息，正不憂危，故利貞也。凡此避禍之道也。《詩》曰：‘既明且哲，以保其身。’此之謂也。”

易論第七

或曰：“獨陰孰始？獨陽孰生？萬事云為，未有不因人以成，故大則有君臣之交，小則有同志之會，變故非一，願聞其詳。”曰：“人事之變，或遠而相應，或近而相得。遠而相應，君臣之分定也；近而相得，以各無應，同志者也。然而應於遠者，或為近所困；承於上者，或為下所逼。臣欲應君，而寇難阻之；君欲應臣，而讒邪制之。惟其明哲，决所去就，秉心不回，終乃無過也。《屯》六二曰：‘屯如邅如，乘馬班如，匪寇婚媾，女子貞不字，十年乃字。’謂志在乎五，不從於初，與初相近而不相得，困於侵害，時方屯難，正道未通，涉遠而行，難可以進。屯難之世，勢不過十年，十年則反常，反常則本志斯獲矣。《大有》九四曰：‘匪其彭，無咎。’謂既失其位，而上近至尊之威，下比分權之臣，其為懼也，可謂危矣。唯夫有聖知者，乃能免斯咎也。三雖至盛，五不可舍，能辨斯數，專心承五，常匪其彭，則無咎矣。《睽》六三曰：‘見輿曳，其牛掣，其人天且劓（魚器反），無初有終。’謂以陰居陽，以柔乘剛，志在於上而不和於四，二應於五則近而不相比，故滯隔所在，不獲進也。

四從上取，二從下取，而應在上九，執志不回，初雖受困，終獲剛助也。《漸》九五曰：‘鴻漸於陵，婦三歲不孕，終莫之勝，吉。’謂進得中位，而隔乎三四，不得與其應合，然各履正而居中，三四不能久塞其塗，不過三歲，必得所願矣。九三曰：‘鴻漸於陸，夫征不復，婦孕不育，凶。’謂以陽爻為下卦之主，而棄其羣醜，與四相得，遂乃不反，夫征不復，樂於邪配，則婦亦不能執正矣。然小人之心，惡直醜正，近不相得，亦宜備之。《既濟》六四曰：‘繻有衣袽，終日戒。’謂履得其正，而近不與三五相得，鄰於不親而得全者，終日戒也，抑又交際之間，理非一致，或名雖為應，而實不相接，或義有可合，而情不相同。智者三思，故往而必納；愚者徑行，則動而多悔也。《屯》六四曰：‘乘馬班如，求婚媾，往吉，無不利。’謂二雖比初，執正不從，不害己志者也，求與合好，往必見納矣。故《象》曰：‘求而往明也。’《小畜》初九曰：‘復自道，何其咎，吉。’謂處乾之始，以升巽初，四為己應，不距己者也。以陽升陰，復自其道，順而無違，何所犯咎，得義之吉也。《隨》六三曰：‘係丈夫，失小子，隨有求，得，利居貞。’謂雖體下卦，二已據初，將何所附，故舍初係四，志在丈夫。四俱無應，亦欲於己隨之，則得其所求也。《睽》六五曰：‘悔亡，厥宗噬膚，往無咎。’謂有應在二，三雖比二，二之所噬，非妨已應者也，以斯而往，何咎之有？往必合也。凡此智者之慮能見彼情者也。《屯》六三曰：‘即鹿無虞，惟入於林中。君子幾，不如舍，往吝。’謂三既近五，而無冠難，四雖比五，其志在初，不妨己路，可以進而無屯邅也，見路之易，不揆其志，五應在三[①]，往必不納，何異無虞以從禽？其可獲乎？故不如舍，往吝窮也。《大畜》九二曰：‘輿說輹。’謂五處畜盛，未可犯也，遇斯而進，故輿說輹也。凡此愚者之動不知彼情者也，故亦有非應比，各亢一方，而渙然合好，罔有猜嫌者，同患相恤，勢使之然也。《睽》九四曰：‘睽孤，遇元夫，交孚，厲無咎。’謂無應獨處，而初亦無應，特立處睽之時，俱在獨立，同處體下，故求其疇類而自託焉，相得無疑，故曰‘交孚’。雖在乖革，志可得行，雖危無咎也。故曰：‘苟識其情，不憂乖遠，苟明其趣，不煩彊武，能說諸心，能研諸慮，睽而知其類，異而知其通，其唯明爻者乎！’”

易論第八

或曰：“天有常，故四時行；地有常，故萬物生；人有常，故德行成。而事或有變，勢或有異，以常待之，其可乎？”曰：“常者，道之紀也。道不以權，弗能濟矣。是故權者，反常者也，事變矣，勢異矣，而一本於常，猶膠柱而鼓瑟也。《履》九五曰：‘夬履，貞厲。’謂履道尚謙，不憙處盈，而五以陽處陽，正當其位，是以危也。《豐》六二曰：‘豐其蔀，日中見斗，往得疑疾，有孚發若，吉。’謂處明動之時，爻皆以居陽位乂不應陰為美，而二以陰居陰，常於厥位，故幽而無覩，不能自發也。若

① “三”疑當為“二”。

夫排患解紛，量時制宜，事出一切，愈不可常也。《益》六三曰：'益之用凶事，無咎，有孚，中行，告公用圭。'謂以陰居陽，處下卦之上。壯之甚也，語以謙冲，則罪可戮，用救衰危，則物所恃，故以此告公，國主所任也。《大過》九二曰：'枯楊生稊，老夫得其女妻，無不利，謂以陽處陰，能過其本而救其弱者也。上無其應，心無係吝，處過以此，無衰不濟也。'九三曰：'棟橈，凶。'謂居《大過》之時，處下體之極，不能救危拯弱，以隆其棟，而以陽處陽，自守所居，又應於上，係心在一，宜其淹溺而凶衰也。"或曰："甚哉，幹蠱之難也，才不勝任，亦可勉乎哉？"曰："駑駘疾走，不如良馬之安行也；小人飾智，不能及君子之任真也。天命之性，有限乎中，苟非其宜，是以身鈞禍也。《大有》九二曰：'大車以載，有攸往，無咎。'謂健不違中，為五所任，任重不危，致遠不泥，故可以往而無咎也。《鼎》九四曰：'鼎折足，覆公餗，其形渥，凶。'謂處上體之下，而又應初，既承且施，非己所勝，故曰'鼎折足，覆公餗'也。既覆公餗，體為渥沾，智小謀大，不勝其任，受其至辱，灾及其身。故曰'其形渥，凶'也。《解》六三曰：'負且乘，致寇至。'謂處非其位，履非其正，乘二負四，以容其身，'小人而乘君子之器，盜思奪之矣'。凡此皆以身鈞禍者也。亦有才可適用，德可及物，而勢不可為者，必謹察之也。《井》九二曰：'井谷射鮒，甕敝漏。'謂處上宜下，處下宜上，而二無應於上，反下與初，故莫之與也，是卑者不可以有為也。《旅》九三曰：'旅焚其次，喪其僮僕，貞厲。'謂居下體之上，與二相得，以寄旅之身而為施下之道，與萌侵權，主之所疑，故次焚僕喪而身危也。是疏者不可以有為也，凡此亦所以鈞禍也。或有不量其力，悖道逆理，以圖非望，玆又罪之至也。《履》六三曰：'眇能視，跛能履，履虎尾，咥人，凶。武人為於大君。'謂以陰居陽，以柔乘剛，志在剛健，不脩所履，欲以陵武於人，為於大君，行未能免於凶，而志存於王，頑之甚也。《同人》九三曰："伏戎於莽，升其高陵，三歲不興。"謂貪於所比，據上之應，其敵剛健，非力所當，故'伏戎於莽'，不敢顯亢也，'升其高陵'，望不敢進，量斯勢也，三歲不能興者也，三歲不能興，則五道亦已成矣，安所行焉？《隨》上六曰：'拘係之，乃從維之，王用亨於西山。'謂《隨》之為體，陰順陽者也，最處上極，不從者也，《隨》道已成而時不從，故拘係之乃從也。《離》九四曰：'突如其來如，焚如死如弃如。'謂逼近至尊，履非其位，欲進其盛，以炎其上命，必不終也。噫！天不可違，人不可欺，忠孝之美，有生者所宜拳拳也。"

易論第九

或曰："如此乎禍福之猶影響也，何從而慎諸？"曰："火之生也，一勺之勝，及其燎也，川流莫競，是故君子慎乎始也。《節》初九曰：'不出户庭，無咎。'謂為《節》之初，將整離散而立制度者也，故明於通塞，慮於險偽，不出户庭，慎密不失，然後事濟而無咎也。《夬》初九曰：'壯於前趾，往不勝，為咎。'謂居健之初，為决之始，宜審其策以行其事，'壯其前趾'，往而不勝，宜其咎也。""然則不慎而失之

者，尚可及乎？”曰：“亦在人之明與昧也。明者則辨之於早，過而能改，故可及也；昧者則以智飾非，至於貫盈，雖悔無及矣。《復》初九曰：‘不遠復，無祇悔，元吉。’謂最處《復》初，始復者也，不遠而復，幾悔而反，以此脩身，患難遠矣，錯之於事，其殆庶幾乎？故‘元吉’也。《需》九三曰：‘需於泥，致寇至。’《象》曰：‘需於泥，灾在外也。自我致寇，敬慎不敗也。’謂以剛逼難，欲進其道，所以招寇而致敵也。猶有須焉，不陷其剛，寇之來也，自我所招，敬慎防備，可以不敗也。《訟》九四曰：‘不克訟，復即命渝，安貞吉。’謂處上訟下，可以改變者也，故其咎不大，若能反從本理，變前之命，安貞不犯，不失其道，為仁由己，故吉從之也。’《噬嗑》初九曰：‘履校滅趾，無咎。’謂過輕戮薄，足懲而已，小懲大誡，乃得無咎也。《同人》九四曰：‘乘其墉，弗克攻，吉。’謂履非其位，以與人争，二自五應，三非犯己，攻三求二，尤而效之，違義傷理，衆所不與，故雖乘墉而不克也。不克則反自思過，以從法則，故得吉也。《臨》六三曰：‘甘臨，無攸利，既憂之，無咎。’謂履非其位，居剛長之世，而以邪説臨物，宜其無攸利也。若能盡憂其危，改脩其道，剛不害正，故咎不長也。凡此辨之於早，可及者也。《復》上六曰：‘迷復，凶，有灾眚。用行師，終有大敗，以其國君，凶，至於十年不克征。’謂最處復後，是迷者也，以迷求復，故曰‘迷復’也。用之行師，難用有克，終必大敗；用之於國，則反乎君道也。大敗乃復量斯勢也，雖復十年脩之，猶未能征也。《噬嗑》上九曰：‘何校，滅耳，凶。’謂處罰之極，惡積不改者也，罪非所懲，故刑及其首，至於滅耳。及首非誡，滅耳非懲，凶莫甚焉。凡此至於貫盈，雖悔無及者也。亦有勢猶可救而弗用謀言，遂及敗覆者，玆又不明之甚也。《夬》九四曰：‘臀無膚，其行次且，牽羊悔亡，聞言不信。’謂下剛而進，非己所據，必見侵食，失其所安，而五為夬主，非下所侵，若牽於五則可得悔亡而已，剛亢不能納言，自任所處，聞言不信，以斯而行，凶可知矣。噫！過而不能知，是不智也。知而不能改，是不勇也。持疑猶豫，目以無害，古之亡國敗家未嘗不以此也。”

易論第十

或曰：“文王之囚，箕子之奴，豈其所自取哉？”曰：“患自己招，斯可患也；患非己招，斯不足患也，其必免矣。如其不免，是有命焉，非智之過也。《節》六三曰：‘不節若，則嗟若，無咎。’謂以陰處陽，以柔乘剛，違節之道，以至哀嗟，自己所致，故無所怨咎也。此患自己招者也。《漸》初六曰：‘鴻漸於干，小子厲，有言，無咎。’謂始進而未得其位，則困於小子，窮於謗言，故曰‘小子厲，有言’也，困於小子讒謬之言，未傷君子之義，故曰‘無咎’也。《姤》九三曰：‘臀無膚，其行次且，厲，無大咎。’謂處下體之極，而二據於初，不為己乘，居不獲安，行無其應，不能牽據以固所處，故曰‘臀無膚，其行次且’也。於履得其位，非為妄處，不遇其時，故使危厲，灾非己招，是以無大咎也。此患非己招，必免者也。《蹇》六四曰：‘往蹇，來連。'謂往則無應，來則乘剛，往來皆難，故曰'往蹇，來連'。然得位履正，當其本實，難遇於難，非妄所招也，此患非己招，不可免者也，是有命焉，非智之過也。亦有進不違私，志在救難，以危其身，此又君子之大義，非智者之羞也。《大過》上六曰：'過涉滅頂，凶，無咎。'謂處大過之極，過之甚也，涉難過甚，故至於'滅頂，凶'，志在救時，故不可咎也。古之人曰：'貪夫徇財，烈士徇名，夸者死權，有所欲者必得所惡也。關龍逄死於夏，王子比干死於商，人臣之義不得不然也，是故知幾之賢，少欲之士，拂衣塵外，高蹈不還，鴻飛冥冥，非弋人之所篡也。'《蠱》上九曰：'不事王侯，高尚其事。'謂最處事上，而不累於職位，不承事王侯，但自高尚其事，故志可則也。《漸》上九曰：'鴻漸於陸，其羽可用為儀，吉。'謂進處高潔，不累於位，無物可以屈其心而亂其志，峨峨清遠，儀可貴也。《賁》初九曰：'賁其趾，舍車而徒。'謂在賁之始，以剛處下，居於無位，棄於不義，安夫徒步，以從其志者也。此二疏以免於漢，四皓以免於秦，特立獨行，非凡所及也。噫！天道之變，日星循環，占之而不舛者，以知其數也。人事之動，情偽交錯，應之而不謬者，以知其勢也，持之以正，用之以中，百祿之來，弗可辭也已。噫！'非天下之至變，其孰能與於此'哉！"

易論第十一

或曰："卦者，時也；爻者，適時之變者也。時既不一，事亦不同，不可相假者也。今子統而論之，毋乃咈於時乎？"曰："時雖異矣，事雖殊矣，然事以時變者，其迹也；統而論之者，其心也。迹或萬殊，而心或一揆也。若夫湯湯洪水，禹以是時而濬川；黎民阻饑，稷以是時而播種；百姓不親，契以是時而敷五教；蠻夷猾夏，皋陶以是時而明五刑。其迹殊，其所以為心一也。統而論之，謂之有功可也。亦有因時立事，事不局於一時，可為百代常行之法者，如仁義忠信之例是也。故夫子於上下《繫》，所稱者十有九爻，未有言其時者，蓋事不局於一時也。是故時有小大，有以一世為一時者，此其大也；有以一事為一時者，此其小也。以一世為一時者，否泰之類是也，天下之人共得之也；以一事為一時者，訟師之類是也，當事之人獨得之也。借如今之世，泰之時也，天下所共矣，而所遇之事，人各不同。若其倥侗之質，求師辯惑，蒙之時也；立身嚮道，非禮勿行，履之時也；居其德義，以待施惠，井之時也；自遠之近，觀鑒朝美，觀之時也；量能受任，各當其分，鼎之時也；夙夜在公，幹君之事，蠱之時也；用其剛正，辯物之事，訟之時也；斷其刑罰，無有不當，噬嗑之時也；出軍遣將，以討不庭，師之時也；險難在前，按兵觀釁，需之時也；民有困窮，從而養之，頤之時也；事有所失，知而改之，復之時也；禮有過差，議而定之，節之時也；逸樂之情，約之以正，豫之時也；文飾之盛，反之於素，賁之時也；人有解慢，示之以威，震之時也。夫此之類皆以一事為一時，而諸卦之時，君之所遇者多，以事無不統也；臣之所遇者寡，以事有分職也。或一人之身而兼數

事，或終食之久而移數時，時既屢遷，迹亦皆變，苟不求其心之所歸，而專視其迹，則散漫簡策，百紐千結，豈中材之所了邪？子曰：'天下何思何慮，天下同歸而殊塗，一致而百慮，天下何思何慮。'謂少則得，多則惑也。然則統而論之不亦可乎？"

易論第十二

或人請問："乾坤，何時也？"曰："乾者，聖人進取天位，非承平之時也，故初則潛，二則見，三則乾乾，四則或躍，五則飛，上則亢也。坤者，聖人防閑臣下，非大通之時也，故初則履霜，上則龍戰，三則含章而不敢為首，四則括囊而後無咎，五則黄裳而後元吉，唯二居於下卦，履其中正，乃可任其自然也。"又問："大過之時，則務在救危；遯、明夷之時，則貴乎避難。何其不同也？"曰："大過之時，本末雖弱，而未見君之昏亂，臣之讒邪，是國家之難，何世無之？君子之義，不得不救也。遯則小人得志，明夷則闇主在上，忠良之士徒見害而已，無足可為也。君子之智，不得不避也。"又問："陰爻浸長，皆小人道盛也。剥之五陰，否之三陰，小人衆多矣，而不見君子避之之意，二陰始進，而君子之遯猶恐為尾，何也？"曰："君子之道，知幾其神，故云二陰用事，小人將盛而亟避之則無患矣。苟至於否塞，至於剥落而後退焉，不已晚乎？《易》之為遯，所以示先見也。""然則剥與明夷孰為大禍？"曰："小人雖盛，制之在君，故貫魚以宫人寵，則無不利，是禍之小也；主之闇則末如之何，故南狩得其大首，是禍之大也。"又問："屯也，蹇也，困也，名相近也，請言其别。"曰："屯者，動乎險中，可為之世也，然而足以有功矣；蹇者，見險而止，不可為之世也，然而足以無過矣；困者，剛見揜於柔，君子為小人所蔽，窮厄委頓者也，人之所患莫斯之甚也。""比也，同人也，隨也，義相類也，請言其異。"曰："比者，剛得尊位，上下應之，天下之人皆親其君也；同人者，柔履中正，而應乎乾，同志相合，物各有黨也；隨者剛來下柔，動而之説，謂能下於人，動則人説，莫不從其所為也，上之所務，莫斯之大也。""謙也巽也奚若？"曰："謙者，内陽外陰，屈其剛德，以下於物者也；巽者，内外皆陰，心貌如一，情實卑順者也。""豫也兑也奚若？"曰："豫者，主於逸樂；兑者，喜悦而已也。""晉也升也奚若？"曰："升者，升得位；晉者，進見於君也。""泰也既濟也奚若？"曰："泰者，君臣合好，君子在位，小人在野之世也。然物既大通，多失其節，故不具利貞之德也。若夫物皆得其所，事皆得其宜，未有如既濟之盛者也。堯舜其猶病諸，然安不忘危，戒在終止，故曰初吉終亂也。泰之極則城復於隍，既濟之極則濡其首，禍福倚伏，誠可畏也。昔大禹之訓曰：'予臨兆民，懔乎若朽索之馭六馬。'夫能保萬世無疆之休，其唯知懼者乎？"

易論第十三

或曰："'八卦成列，象在其中矣'，謂備天下之象也，請言其畧。"曰："天地萬物，存乎《説卦》矣。姑以人事明之，八卦之道，在人靡不有之也，但賢者得其正，不肖者處其偏矣。夫剛而不暴，乾之正也；順而不邪，坤之正也；動而不妄，震之正也；卑而不辱，巽之正也；險而不可犯，坎之正也；明而不可欺，離之正也；静而不可誘以利，艮之正也；和而不可撓以怒，兑之正也。若剛而不容於物，乾之偏也；順而不守其道，坤之偏也；動而為躁，震之偏也；卑而為佞，巽之偏也；險而為賊害，坎之偏也；明而為苛細，離之偏也；止而不及其時，艮之偏也；説而不由於禮，兑之偏也。是故賢者以功，不肖者以過；賢者以福，不肖者以禍。由所用之道名同而實異也。然賢者之道也，或其數不備，或所施者狹，夫能具八者之用，發之乎身，充之乎天地之間者，其唯聖人乎？故用之於國，則邇人安；用之於軍，則遠人服。鼓之舞之，無物不得其宜矣。純精勁正，造成庶事，旰食忘倦，終而復始，用乾於國也；含藏黄大，靡物不愛，隤然和順，無有煩擾，用坤於國也；甲兵斧鉞，以重其威，無敢奸宄，無敢怠惰，用震於國也；適時之變，權宜在己，以貴下賤，士争歸之，用巽於國也；封疆阻固，山河分限，貴在常尊，無得褻近，用坎於國也；善靡不照，惡靡不見，人文化成，上下肅雍，用離於國也；脩其典禮，止邪未形，慢易之心，無自而入，用艮於國也；行慶施惠，洽於羣心，罔有小大，翕然欣戴，用兑於國也。以剛决事，以勇臨敵，變動不息，罔失其正，用乾於軍也；撫養士卒，如母親子，雖其柔仁，不害方直，用坤於軍也；先聲後實，威聞敵國，動於九天，物莫能亢，用震於軍也；隱其形勢，示之不能，始如處女，後如脱兔，用巽於軍也；深溝高壘，遠其斥堠，敵人不得襲，刺客不得近，用坎於軍也；部曲分辯，各有麗著，號令明白，衆罔疑惑，用離於軍也；退北佯為不追，見利佯為不知，持重有待，嶷如山立，用艮於軍也；誅其渠魁，弔其民人，簞食壺漿以迎王師，用兑於軍也。故知八卦之道大矣，有高焉必乘其上，有深焉必載其底，有旁焉必環其外，幽無不貫，微無不徹，惟所用之何如耳。噫！作《易》者既有憂患矣，讀《易》者其無憂患乎？苟安而不忘危，存而不忘亡，治而不忘亂，以憂患之心思憂患之故，通其變使民不倦，神而化之，使民宜之，則‘自天祐之，吉無不利’矣。”

［(宋)李覯《盱江集》卷三　1095—34—3］

易本論

(宋)劉敞

“《易》曰‘太極生兩儀，兩儀生四象，四象生八卦’，此何謂也？”曰：“太極者，天地之先也，未有清濁，未有剛柔，未有上下，未可以物名，故謂之太極也。太極將判，則清者始上，濁者始下，上下絪緼，而未可以天地名，有其儀而已矣。此之謂太極生兩儀也。雜乎兩儀之中，芒芴之間，是始有水火木金土之象，是始有一

二三四五之數，是始有東西南北中之位，而未可以五行稱，有其象而已矣。此之謂兩儀生四象也。一三五者，陽；二四者，陰。陽之數，九；陰之數，六。因其九而三之，則得乾；因其六而兩之，則得坤。此之謂參天兩地。此之謂乾元用九、坤元用六。且夫天者積陽也，地者積陰也。凡積之類老，老則能變矣。故乾一變而得震，坤一變而得巽；乾再變而得坎，坤再變而得離；乾三變而得艮，坤三變而得兑，此之謂乾道成男、坤道成女，此之謂四象生八卦也。"或曰："子言則美矣，理則深矣。願聞水之所以一，火之所以二，木之所以三，金之所以四，土之所以五，其先後多少之序者，氣耶？數耶？"曰："氣也，亦數也。兩儀之氣合而生沖和之氣。生於于子者，黄鐘也，其位北方，當十一月而一陽生，故水數一也。黄鐘之氣下生林鐘，林鐘者，未之氣也，其位南方，當六月而二陰生，故火數二也。林鐘之氣上生太蔟，太蔟者，寅之氣，其位東方，當正月而三陽生，故木數三也。太蔟之氣下生南吕，南吕者，酉之氣也，其位西方，當八月而四陰生，故金數四也。南吕之氣上生姑洗，姑洗者，辰之氣也，其位東南，當三月而五陽生，故土數五也。故因其先後之序而數之，則水一、火二、木三、金四、土五；因其陰陽之位而數之，則亦水一、火二、木三、金四、土五，此自然也。"曰："子之言者，蓋五象而謂之四象，何也？"曰："土者，兩儀之别也，先四象而生，後四象而用，四象賴之而有，故不名一象，而寄其位於東南也。東南者，辰也。胡不寄之西南而寄之東南？土者，非有正居也，順取一位而已矣。"曰："黄鐘者，冬至之氣也。一歲則一至，十歲則十至，而子以能生謂四象，何也？"曰："是乃所以能生四象也。天地之氣一而已矣。其之北者，則為寒[①]；其之南者，則為大熱；其之東者，則為大温；其之西者，則為大涼。寒謂之水，熱謂之火，温謂之木，涼謂之金。天用其精，地用其形，而人不知耳。苟明其一歲一至、十歲十至，推而上之至於千歲千至、萬歲萬至，又推而上之至於未始有物，氣之至也，有止乎？又何怪不生四象哉？"曰："請問天有六陽，自子至巳；地有六陰，自未至亥。今黄鐘生陽則宜傳之大吕，而反傳之林鐘，何也？林鐘傳之太蔟，則是矣。太蔟傳之南吕，又何耶？此為復有一陽氣乎？固同物也。"曰："此自同物，而陰陽有尊卑，授受有順逆耳。陽尊陰卑，尊者專其位，卑者不敢專其位，必寄之於其衝以求就陽也。故黄鐘下生林鐘，而大吕之氣應者，寄之大吕也；太蔟下生南吕，而夾鐘之氣應者，寄之夾鐘也；姑洗下生應鐘，而仲吕之氣應者，寄之仲吕也；蕤賓上生大吕，而林鐘之氣應者，寄之林鐘也；夷則上生夾鐘，而南吕之氣應者，寄之南吕也；無射上生仲吕，而應鐘之氣應者，寄之應鐘也。此皆其衝也。此之謂妻道、臣道、地道，故妻從夫，臣從君，地從天，其義一也。"曰："請問，乾坤生六子，而乾坤六子並列，乾居西北，坤居西南，何也？"曰："八卦者，

① "寒"前疑脱"大"字。

皆出四象，四象生八卦，則八卦不得不並列也。其位有先後耳。乾者，天也，天道貴陽，陽者皆屬天；坤者，地也，地道貴陰，陰者皆屬地。陽始於子，終於戌，置乾於子戌之間者，此陽之終始也。陰始於未，終於酉，置坤於未酉之間者，此陰之終始也。”曰：“何謂‘大衍之數五十，其用四十有九’？”曰：“衍者，積也。天地之數始於一，積於十，聖人參天兩地而倚數，故衍天之參則為三十，衍地之兩則為二十。所以參天兩地而不一天兩地者，一不可用也。故乾積三、坤積二而不積一。一者，乾坤所不用。是以其用四十有九。”“何謂乾之策二百一十有六，坤之策百四十有四？”“皆老陽老陰也。”“何為皆老陽老陰也？”“乾無少陽，坤無少陰也。”“然則老陽何以九？老陰何以六？”曰：“乾積三以為九，故老陽九也。坤積二以為六，故老陰六也。”“少陽何以七，少陰何以八？”曰：“老陽則生少陰，老陰則生少陽。陰陽之相生，猶環之無端。陽道作息，陰道作消。七者言益一於老陰也，八者言損一於老陽也。”“《易》何以獨用七八九六為占乎？”曰：“天一地二，天三地四，天五地六，天七地八，天九地十，皆五行也。五以上為道，五以下為器，聖人用其道以畫卦，用其器以推數。土者，四時所不載也，故上則並於四象，下則遺而不用。此聖人作《易》之本也。”“何謂陽卦多陰，陰卦多陽？”曰：“索乾者為陽，震也，坎也，艮也，皆乾之索也；索坤者為陰，巽也，離也，兑也，皆坤之索也。乾之索，皆一陽二陰，非多陰歟？坤之索，皆一陰二陽，非多陽歟？”“何謂陽卦奇、陰卦偶？”曰：“震一也，巽二也，坎三也，離四也，艮五也，兑六也。是奇偶也。陽必畫五而後卦，陰必畫四而後卦，是奇偶也。”“何謂陽一君而二民，君子之道；陰二君而一民，小人之道？”曰：“陽者，君之象；陰者，民之象。陽者，君子之事；陰者，小人之事。陽卦一陽而二陰，非一君而二民歟？陰卦二陽而一陰，非二君而一民歟？一君而二民，非君子歟？二君而一民，非小人歟？”“敢問二君而一民奈何？”曰：“執德不一，斯二君也。政出多門，斯二君也。有國家天下而不能守，賢聖将因而興，百姓各擇主而歸之，斯二君也。此所謂小人之道也。”

[（宋）劉敞《公是集》卷三十八　1095—723—38]

易論（上、中、下）

（宋）吕陶

易論上

《易》之始，蓋生於數而成於變，推之而及乎人事，以盡萬物之理。學者安可不知也？世之學者不知數之有然，或以為無補於教，略而不言之，或言而駁誕迂怪，務欲求合其説，其甚者流而入於占術方技之事而後已。夫略而不言者，既不

能洞明其原本矣；言馳駁誕迂怪者，又不足以尊高易道取信於人而反為之累，則三才造化之藴孰從而究極其理耶？嘗聞之曰：陰陽之消息，兩儀之動静，四時之生殺，萬物之始終，若有以尸之而不知其然者，數之謂也。數也者，至神運動之迹顯見於外，而可以名之也。成變化而行鬼神者，五十有五也。五行生成之用而數之自然也；分陰陽而生八卦者，九六也。九六者，出乎數而入乎象也。數之自然者五十有五，而卦則生於九六者，何也？參天兩地而之本立其始也。是故有太極而後有兩儀，有兩儀而後有四象八卦。《易》始於一，一生二，二生三。三也者，兩之則六，三之則九，九者為奇而六者為偶，則陰陽之始，而象數之本也。聖人觀察天地之本統，參考萬物之情狀，探之於渾淪之先，發之於成著之後，為之三畫，象三才也。是故以畫言，則曰三，以象言，則曰乾。《易》也者，變而相生也，不變則無以通其用。是故數變則三為九，象變則乾生坤，乾畫則三，坤畫乃六，因而為九也。乾坤之畫未定，陰陽之氣不相須以成，則生生之用或幾乎息。是故乾三畫下交於坤則為震，為坎，為艮，此闞氏所謂得乾坤奇數為陽也。坤三畫上交於乾則為巽，為離，為兑，此闞氏所謂得乾坤偶數為陰也。八卦之位，二十有四，非無陰也，而有陽之數也。八卦之畫，三十有六，非無陽也，而有陰之數也。此陰陽九六之數互見也。八卦之生，本著乾坤。乾為陽，故其策二十有四；坤為陰，故其策三十有六。九六之數，此抑又合於位與自畫之然也。不言少陰少陽者，七八居九六之間也。數變而卦有六十四，卦生而爻有三百八十四。爻具有策，有萬一千五百二十，萬物之數盡矣。聖人知夫數之自然，八卦有之而生，萬物由之而成，於是推明其作《易》用蓍之意，而□之於經曰“大衍”①。大衍者，所以演天地之數而神乎《易》之用也。是以明於無心之畫，而陰陽奇偶可見焉。今夫三揲之後，不取其籌之奇而歸與掛而一者，而取其已揲者，或多而三十有六，或少而二十四，有或易而三十二，有或損而二十有八，則天地之數兆於此而不兆於彼也。夫不取其奇而一者，何也？蓋道者以静為本，以動為末。静者，得之於不為，不為則自然也。彼奇而歸與其掛而一者，皆動也。此以四揲之而有九六者，静也。豈非其自然耶？或曰：“然則，其用四十有九者，又何也？”曰：“未分而二者，一也，太極之象也。二以象兩而後見其用也。四十有九者□□②，數之極也。卦以八而生，位以六而定，畫以九而變，大衍以七而知，則陰陽奇偶之數，其可晦乎？明此者可與言《易》矣，伏羲仲尼之心豈異哉？”

---

① “之”前有脱字。

② 此下脱二字。

易論中

乾坤之生六子，可得而知也。八卦之為六十四，其可得而知乎？不牽於數，不惑於氣，而後可知也。夫《易》固有數，而八卦之成列，不可以數言也。卦固有氣，而六爻之適變，未可以氣言也。以數而言者，求於八卦之先而未至於象也。以氣而言者，得於六爻之後而歸於象也。以求於八卦之先而牽乎數，故於坎離先天地。得於六爻之後而惑乎氣，故謂卦氣起中孚，葢數與象與氣於卦之相生其迹甚近，而其理甚微，宜乎説者之不能别而紛紛其間也，譬之於人，其智愚壽夭者，數也；其四體具者，象也；其動息語默者，氣也。今目之曰人者，將以其智愚壽夭與其動息語默之何如而稱之耶？亦以其四體之具而稱之也。其生而有智愚壽夭，則置而不言其動息語默之何如？而未議及之。葢有生而後有體，有體而後有動息語默，數之與象，象之與氣亦何異？於是有數而後得其象，有象而後知其氣也。有數而後得其象，是以三畫為乾，六畫為坤，謂之乾坤而不謂之九六，則卦之相生不可以數言，而可以象言也。有象而後知其氣，是以有復之象而後明之曰“七日來復”，有臨之象，而後推之曰“八月有凶”，則卦之相生，可以象言而未可以氣言也。苟質之於經，以乾坤為之始，以六子為之次，俱不為異端小説之所奪，一本諸象以求六十四卦始終之變，其誰曰不然？昔者聖人之言曰：“震一索而得男，故謂之長男；巽一索而得女，故謂之長女；坎再索而得男，故謂之中男；離再索而得女，故謂之中女；艮三索而得男，故謂之少男；兑三索而得女，故謂之少女。”其言曰“震一索而得男，巽一索而得女”者，猶言曰一索得震而為男，一索而得巽為女也，此諸卦相生之法也。夫陰陽者，相求之物也。由其相求，然後有生，生之用成萬物之象焉。是以乾坤之位定，八卦之爻重，陰必求陽，陽求之陰，始於一陰一陽之相求，六子以次而生，再變而求，而十有二卦成矣。故乾之初求於坤得震而為長男，則謂之復；坤之初求於乾得巽而為長女，則為之始[①]；乾之二求於坤得坎而為中男，則為之始[②]；坤之二求於乾得離而為中女，則謂之同人；乾之三求於坤得艮而為少男，則謂之謙；坤之三求於乾得兑而為少女，則謂之履：此其一變也。乾之四求於坤得震而為長男，則謂之豫；坤之四求於乾得巽而為長女，則謂之小畜；乾之五求於坤得坎而謂中男，則謂之比；坤之五求於乾得離而為中女，則謂之大有；乾之六求於坤得艮而為少男，則謂之剥；坤之六求於乾得兑而為少女，則謂之夬；此其再變而求也。以此而推其中，則二陰二陽之相窮，六子以次而生，起於屯、鼎，四變而窮，而二十四卦之象成矣。又以此而推其終，而三陰三陽之相求，六子以次而生，起於否、泰，三變而窮，而十有八卦之象成矣，與夫求之於數，得之

① “始”疑當為“姤”。

② “始”疑當為“師”。

於氣，而涉乎異端小説之紛紛者，孰為簡易哉？

易論下

卦之有象，由乾坤六子之相生，而陰陽變化之各適，聖人因而名之，所以該三極之道，括萬事之藴，示人以《易》之本統也。先儒雖有假實義用之説，而未嘗互明其所以然，或迂滯而不通，淺易而無所致信。夫物用體必有用，體之所主者一，而用之所召者衆，始乎天施地生之至廣至大，而盡乎人事物理之至纖至微，未有不由乎此也。天高地卑，水流濕，火就燥，雷之轟轟，風之泠泠，山積而上，澤聚而下，皆其體也，視之而有常也。天地相交，水火相逮，風雷不相悖，山澤相通，晦明寒暑得之而循環，凡有生知血氣之類，由之而始終，皆其用也，推之而無窮也。其歸之於卦而揭之於象也，專言乎體者，用有所偏；直言乎用，則體有所晦，是必觀陰陽之相須，因上下之相重而互言之。乾、坤、坎、離、震、艮、巽、兑者，諸卦之祖也，止一體言而用居其間也。天地不交為否，交為泰。雨未及於下，雷澤宣於上，則曰屯；雨潤而下，雷動而上，則曰解。地必有水為師，水必親地為比。天與水違行，訟也；雲上於天，可需待也。上天下澤，尊卑辨位，則曰履；澤上於天，決然下潤，則曰夬。天與火，曰同人；火柔而明居於外，天剛而高處於内，内有剛德而外示柔以容，物不失其明，有高明柔克之義，曰大有。地雷，復，静也；雷地，豫，動也。山附於地，外雖剛正而内附柔邪，剥也；地中有山，外柔順中剛正，謙也。長陽少陰，歸妹也；上示以悦，下感而動，隨也。漸，進也，故上山有木，曰漸；蠱，事也，上以剛德，止節於物，從權行令，所謂有事而待能者也，故山下有風曰蠱。地中生木，升也；令行於衆而可觀望，觀也。火地晉，顯也；地火明夷，隱也。山下出泉，處得其地，有決導之理，養晦俟時，蒙也；水以就下為和，居山之上，處非其地，蹇也。澤性處卑，在地之中，上以順道臨之而下悦，臨也；澤必就地，萃也。火炎而上，山止而下，旅無容也；坤變而艮，乾變而離，剛柔相交者，道成賁也。盛升陽而在上，助天施化，大壯也；剛德上居，威令下動，物不可妄也。木有上火，烹飪也；風自火出，由乎明内而後物不可妄也，外家人也。艮之氣始，萬物繼之以震，皆得其養，故以山雷頤也；物之生離始於艮，及其鼓動甲折[①]，則雷之功顯，而艮之用隱也，其體則二陽，究其發生之迹，則雷有以過之，故雷山過也。木進而上，澤順而下，物之分者，故以澤木為大過；柔在内而静，剛居中而正，内静而正，信發乎中，號令行於外，以感物之故，風澤為中孚。風行水上，波險涣散也；木上水順乎上而有水井之功也。上火下澤，睽也；澤居上，火處下，位則相易，勢則相戰而變生革也。君德在上，號令施於下，則物有所遇，故天風為姤；君德未居於上，號令不及於下，則待時而發，故風天為小畜。雷電者，相須之物也，電作於上，雷動

① “折”疑當為“坼”。

於下，有必合之理，故火雷為噬嗑；雷電既合，威明之至，則臨照天下，故雷火為豐。山高澤卑，山下有澤，言高必有卑，虧損之相也；澤上有山，男下於女，威感之理也。長陽長陰相配而成，尊卑之位正，剛柔之氣合，萬世不易乎此，恒也；風散雷動，百物啓茂盛也。澤無水，困也；水在於澤，蓄而不流，物有其節也。水火未濟，不相入也；水火既濟，相逮也。然則，否、屯言乎體，泰、解言乎用，推之諸卦，皆可知也。蓋《易》以變生，而象以互立，皆體用之未①也。或曰卦之象，皆用也，安可謂互見也？曰立象者，以體用取，知《易》者得其用而體可忘也。

［（宋）吕陶《净德集》卷十五　1098—112—15］

易或問三首

（宋）歐陽修

或問："大衍之數，《易》之緼（一作"數"）乎？學者莫不盡心焉。"曰："大衍，《易》之末也，何必盡心焉（一無此字）也？《易》者，文王之作也，其書則六（一無此字）經也，其文則聖人之言也，其事則天地萬物君臣父子夫婦人倫之大端也。大衍，筮占（一作"卜筮"）之一法耳，非文王之事也。""然則不足學乎？"曰："得其大者可以兼其小，未有學其小而能至其大者也。知此然後知學《易》矣。六十四卦，自古用焉。夏商之世，筮占之説畧見於書。文王遭紂之亂，有憂天下之心，有慮萬世之志，而無所發，以謂（一作"為"）卦爻，起於奇耦之數，陰陽變易交錯而成文，有君子小人進退動静剛柔之象，而治亂盛衰得失吉凶之理具焉，因假取以寓其言而名之曰《易》。至其後世用以占（一作"卜"）筮。孔子出於周末，懼文王之志不見於後世，而《易》專為筮占（一作"卜筮"）用也，乃作《彖》《象》發明卦義，必稱聖人君子王后以當其事，而常以四方萬國天地萬物之大以為言，蓋明非止於卜筮也。所以推原本意而矯世失，然後文王之志大明，而《易》始列乎'六經'矣。《易》之淪於卜筮，非止今世也，微孔子則文王之志没而不見矣。夫六爻之文，占辭也（一有"文王之作也"五字），大衍之數，占法也，自（一作"皆"）古所用也。文王更其辭而不改其法，故曰大衍非文王之事也。所謂辭者，有君子小人進退動静剛柔之象，治亂盛衰得失吉凶之理，學者專其辭於筮占（一作"卜筮"），猶見非於孔子，况遺其辭而執其占法，欲以見文王作《易》之意，不亦遠乎？凡欲為君子者，學聖人之言，欲為占者，學大衍之數，惟所擇之（一無此字）焉耳。"

或問："《繫辭》果非聖人之作？前世之大儒君子不論，何也？"曰："何止乎《繫

① "未"疑當為"謂"。

辭》？舜之塗廩浚井，不載於‘六經’，不道於孔子之徒，蓋俚巷人之語也。及其傳也久，孟子之徒道之。事固有出於繆妄之説，其初也，大儒君子以世莫之信，置而不論。及其傳之久也，後世反以為更大儒君子而不非，是實不誣矣。由是曲學之士溺焉者多矣！自孔子歿，周益衰，王道喪而學廢，接乎戰國百家之異端起，‘十翼’之説不知起於何人。自秦漢以來，大儒君子不論也。”或者曰：“然則何以知非聖人之作也？”曰：“大儒君子之於學也，理達而已矣。中人已下，指其迹、提其耳而譬之，猶有惑焉者，溺於習聞之久，曲學之士喜為奇説以取勝也。何謂‘子曰’者，講師之言也，吾嘗以譬學者矣。‘元者善之長，亨者嘉之會，利者義之和，貞者事之幹’，此所謂《文言》也。方魯穆姜之道此言也，在襄公之九年，後十有五年而孔子生，左氏之傳《春秋》也，固多浮誕之辭，然其用心，亦必欲其書之信後世也。使左氏知《文言》為孔子作也，必不以追附穆姜之説而疑後世，蓋左氏者不意後世以《文言》為孔子作也。孟子曰：‘盡信《書》，不如無《書》。’孟子豈好非‘六經’者？黜其雜亂之説所以尊經（一有“也”字）。”

或問（一有“曰”字）：“大衍，筮占之事也。其於筮占之説，無所非乎？”曰：“其法是也，其言非也。用蓍四十有九，分而為二，掛一揲四，歸奇再扐，其法是也。象兩象三，至於乾坤之策，以當萬物之數者，其言皆非也。《傳》曰知者創物，又曰百工之事皆聖人之作也。筮者上古聖人之法也，其為數也，出於自然而不測，四十有九是也。其為用也，通於變而無窮，七、八、九、六是也。惟不測與無窮，故謂之神。惟神，故可以占。今為大衍者，取物合數以配蓍，是可測也。以九、六定乾坤之策，是有限而可窮也。矧占之而不効，夫奇耦陰陽之數也，陰陽天地之正氣也。二氣升降，有進退而無老少。且聖人未嘗言，而雖《繫辭》之厖雜，亦不道也。”問者曰：“然則九、六何為而變？”曰：“夫蓍，四十有九，無不用也。昔之言大衍者，取四揲之策，而捨掛扐之數，兼知掛扐之多少（一又有“多少”字），則九、六之變可知矣。蓍數無所配合，陰陽無老少，乾坤無定策，知此然後知筮占矣。嗚呼！文王無孔子，《易》其淪於卜筮乎？《易》無王弼，其淪於異端之説乎？因孔子而求文王之用心，因弼而求孔子之意，因予言而求弼之得失，可也。”

［（宋）歐陽修《文忠集》卷十八《居士集（十八）》 1102—144—18；又見（宋）真德秀原本，倪澄重編，（明）胡松增訂《續文章正宗》卷一（節選） 1356—7—1；又見（宋）陳亮編《歐陽文粹》卷三 1103—667—3］

易或問

（宋）歐陽修

或問曰：“王弼所用卦、爻、《彖》《象》，其説善乎？”曰：“善矣，而未盡也。夫卦者，時也。時有治亂，卦有善惡。然以《彖》《象》而求卦義，則雖惡卦，聖人君子無不可為之時。至其爻辭，則艱、厲、悔、吝、凶、咎，雖善卦亦嘗不免。是一卦之體而異用也。卦、《彖》《象》辭常易而明，爻辭常怪而隱，是一卦之言而異體也。知此，然後知《易》矣。夫卦者，時也；爻者，各居其一位者也。聖人君子道大而智周，故時無不可為。凡卦及《彖》《象》，統言一卦之義，為中人以上而設也。爻之為位有得失，而居之者逆順六位，君子小人之雜居也。君子之失位，小人之得位，皆凶也。居其位而順其理者吉，逆其理者亦凶也。六爻所以言得失順逆，而告人以吉凶也。爻辭兼為中人以下而設也。是以論卦多言吉，考爻多凶者，由此也。卦、《彖》《象》辭，大義也。大義簡而要，故其辭易而明。爻辭，占辭也。占有剛柔進退之理，逆順失得吉凶之象，而變動之不可常者也，必究人物之狀以為言，所以告人之詳也。是故窮極萬物以取象，至於臀腓鼠豕皆不遺。其及於怪者，窮物而取象者也，其多隱者，究物之深情也。所以盡萬物之理，而為萬事之占也。"

或曰："《易》曰：'君子順天休命。'又曰：'自天佑之，吉無不利。'其《繫辭》曰：'天垂象，見吉凶，聖人象之。'《易》之為說一本於天乎？其兼於人事乎？"曰："止於人事而已矣。天不與也，在諸《否》《泰》。""然則天地鬼神之理可以無乎？"曰："有而不異也，在諸《謙》。知此，然後知《易》矣。《泰》之《彖》曰：'君子道長，小人道消。'《否》之《彖》曰：'小人道長，君子道消。'夫君子進，小人不得不退；小人進，君子不得不退，其勢然也。君子盛而小人衰，天下治於《泰》矣；小人盛而君子衰，天下亂於《否》矣。《否》《泰》，君子小人進退之間爾，天何與焉？"問者曰："君子小人所以進退者，其不本於天乎？"曰："不也。上下交而其志同，故君子進以道；上下不交而其志不通，則小人進以巧。此人事也，天何與焉？"又曰："《泰》之《彖》不云乎'天地交而萬物通'，《否》之《彖》不云乎'天地不交而萬物不通'乎？"曰："所以云者，言天地也。其曰上下之交不交者，言人事也。嗚呼！聖人之於《易》也，其意深，其言謹。《謙》之《彖》曰：'天道虧盈而益謙，地道變盈而流謙，鬼神害盈而福謙，人道惡盈而好謙。'聖人之於事，'知之為知之，不知為不知'，所以言出而萬世信也。夫日中則昃之，月缺則盈之，天吾不知其心，吾見其虧盈於物者矣；物之盛者變而衰落之，下者順而流行之，地吾不知其心，吾見其變流於物者矣；貪滿者多損，謙卑者多福，鬼神吾不知其心，吾見其禍福之被人者矣；若人則可知其情者也，故天地鬼神不可知其心，而見其跡之在物者，則據其跡曰虧盈，曰變流，曰害福，若人則可知者，故直言其情曰好惡，故曰其意深而言謹也。然會而通之，天地神人無以異也。使其不與於人乎，修吾人事而已；使其有與於人乎，與人之情無以異也，亦修吾人事而已。夫專人事，則天地鬼神之道廢；參焉，則人事惑。使人事修則不廢天地鬼神之道者，《謙》之《彖》詳矣。治亂在人而天不與者，《否》《泰》之《彖》詳矣。推是而之焉，《易》之道盡矣。"

或問曰："今之所謂《繫辭》者，果非聖人之書乎？"曰："是講師之傳，謂之《大傳》，其源蓋出於孔子，而相傳於《易》師也。其來也遠，其傳也多，其間轉失而增加者，不足怪也。故有聖人之言焉，有非聖人之言焉。其曰：'《易》之興也，其於中古乎？作《易》者其有憂患乎？''其文王與紂之事歟？殷之末世周之盛德歟？'若此者，聖人之言也，由之可以見《易》者也。'河出圖，洛出書'，'聖人幽贊神明而生蓍'，'兩儀生四象'，若此者，非聖人之言，凡學之不通者，惑此者也。知此，然後知《易》矣。"

［（宋）歐陽修《文忠集》卷六十　1102—469—60］

易童子問

（宋）歐陽修

易童子問第一

童子問曰："'乾，元亨利貞'，何謂也？"曰："衆辭淆亂質諸聖。《彖》者，聖人之言也。"童子曰："然則乾無四德，而《文言》非聖人書乎？"曰："是魯穆姜之言也，在襄公之九年。"

童子問曰："《象》曰'天行健，君子以自強不息'，何謂也？"曰："其傳久矣，而世無疑焉，吾獨疑之也。蓋聖人取象所以明卦也，故曰'天行健，乾'，而嫌其執於象也，則又以人事言之，故曰'君子以自強不息'。六十四卦皆然也。《易》之闕文多矣。"

童子問曰："《乾》曰'用九'，《坤》曰'用六'，何謂也？"曰："釋所以不用七八也。《乾》爻七九則變，《坤》爻八六則變。《易》用變以爲占，故以名其爻也。陽過乎亢則災，數至九而必變，故曰'見羣龍無首，吉'。物極則反，數窮則變，天道之常也，故曰'天德不可爲首也'。陰柔之動，多入於邪，聖人因其變以戒之，故曰'利永貞'。"

童子問曰："《屯》之《彖》《象》與卦之義反，何謂也？"曰："吾不知也。"童子曰："《屯》之卦辭曰'勿用有攸往'，《彖》曰'動乎險中，大亨貞'，動而大亨，其不往乎？《象》曰'君子以經綸'，不往而能經綸乎？"曰："居屯之世者，勿用有攸往，衆人也；治《屯》之時者，動乎險而經綸之，大人君子也，故曰'利建侯'。"

童子問曰："《象》曰：'山下出泉，蒙，君子以果行育德。'何謂也？"曰："蒙者，未知所適之時也。處乎蒙者，果於自信其行以育德而已。《蒙》有時而發也，患乎不果於自修，以養其德而待也。"

童子問曰："《象》曰'雲上於天，需。君子以飲食宴樂'，何謂也？"曰："需，須也。事有期而時將至也。雲已在天，澤將施也。君子之時將及矣，少待之焉。飲食以養其體，宴安和樂以養其志，有待之道也。"

童子問曰："'師，貞丈人'，何謂也？"曰："師正於丈人也。其《彖》曰'能以衆正，可以王矣'。"童子曰："敢問'可以王矣'，孰能當之？"曰："湯、武是已。彼二王者，以臣伐主，其爲毒也甚矣。然其以本於順民之欲而除其害，猶毒藥瞑眩以去疾也，故其《彖》又曰'行險而順，以此毒天下，而民從之'。"童子曰："然則湯、武之師正乎？"曰："凡師必正於丈人者，文王之志也。以此毒天下而王者，湯、武也。湯、武以應天順人爲心，故孟子曰'有湯、武之心則可也'。"童子曰："'吉，無咎'，何謂也？"曰："爲《易》之説者，謂無咎者本有咎也，又曰善補過也。嗚呼！舉師之成功，莫大於王也，然不免毒天下，而僅得補過、無咎，以此見兵非聖王之所務，而湯、武不足貴也。"

童子問曰："'地上有水，比。先王以建萬國，親諸侯'，何謂也？"曰："王氏之《傳》曰'萬國以比建，諸侯以比親'，得之矣。蓋王者之於天下，不可以獨比也，故建爲萬國，君以諸侯，使其民各比其君，而萬國之君共比於王，則視天下如身之使臂，臂之使指矣。"

童子問曰："同人之《彖》曰：'唯君子爲能通天下之志。'《象》又曰：'君子以類族辨物。'何謂也？"曰："通天下之志者，同人也；類族辨物者，同物也。夫同天下者不可以一概，必使夫各得其同也。人睽其類而同其欲，則志通；物安其族而同其生，則各從其類。故君子於人則通其志，於物則類其族，使各得其同也。"

童子問曰："'天道虧盈而益謙，地道變盈而流謙，鬼神害盈而福謙，人道惡盈而好謙'，何謂也？"曰："聖人急於人事者也，天人之際罕言焉，惟謙之《彖》略具其説矣。聖人，人也，知人而已。天地鬼神不可知，故推其迹；人，可知者，故直言其情。以人之情而推天地鬼神之迹，無以異也。然則修吾人事而已，人事修，則與天地鬼神合矣。"

童子問曰："'雷出地奮，《豫》。先王以作樂崇德，殷薦之上帝，以配祖考'，何謂也？"曰："於此見聖人之用心矣。聖人憂以天下，樂以天下。其樂也，薦之上帝祖考而已，其身不與焉。衆人之豫，豫其身耳。聖人以天下爲心者也，是故以天下之憂爲己憂，以天下之樂爲己樂。"

童子問曰："《觀》之《象》曰：'先王以省方，觀民設教。'何謂也？"曰："聖人處乎人上而下觀於民，各因其方、順其俗而教之。民知各安其生而不知聖人所以順之者，此所謂神道設教也。"童子曰："順民，先王之所難歟？"曰："後王之不戾民者鮮矣。"

童子問曰："'剥，不利有攸往'。《彖》曰'順而止之，觀象也。君子尚消息盈虚，天行也'者，何謂也？"曰："《剥》，陰剥陽也，小人道長、君子道消之時也，故曰

'不利有攸往'。君子於此時而止,與《屯》之'勿往'異矣。《屯》之世,衆人宜勿往,而君子動以經綸之時也。《剥》者,君子正而不往之時也。《剥》盡則《復》,《否》極則《泰》,消必有息,盈必有虚,天道也,是以君子尚之,故順其時而止,亦有時而進也。"

童子問曰:"'《復》其見天地之心乎'者,何謂也?"曰:"天地之心見乎動,《復》也,一陽初動於下矣。天地所以生育萬物者本於此,故曰'天地之心'也。天地以生物爲心者也。其《彖》曰'剛反動而以順行'是矣。"童子曰:"然則《象》曰:'先王以至日閉關,商旅不行,后不省方。'豈非静乎?"曰:"至日者,陰陽初復之際也。其來甚微,聖人安静以順其微,至其盛,然後有所爲也。不亦宜哉?"

童子問曰:"《大過》之卦辭曰'利有攸往,亨',其《象》曰'君子以獨立不懼,遯世無悶'者,其往乎? 其遯乎?"曰:"《易》非一體之書,而卦不爲一人設也。《大過》者,撓敗之世可以大有爲矣。當物極則反易爲之力之時,是以往而必亨也。然有不以爲利而不爲者矣,故居是時也,往者利而亨,遯者獨立而無悶。"

童子問曰:"《坎》之卦曰'習坎',其《彖》曰'習坎,重險也'者,何謂也?"曰:"《坎》因重險之象,以戒人之慎習也。習高山者可以追猿猱,習深淵者至能泅泳出没以爲樂。夫險可習,則天下之事無不可爲也。是以聖人於此戒人之習惡而不自知,誘人於習善而不倦,故其《象》曰'君子以常德行,習教事'也。"

童子問曰:"'咸,取女吉',何謂也?"曰:"咸,感也。其卦以剛下柔,故其《彖》曰'男下女',是以'取女吉'也。"童子又曰:"然則男女同類歟?"曰:"男女睽而其志通,謂各睽其類也。凡柔與柔爲類,剛與剛爲類。謂感必同類,則以柔應柔,以剛應剛,可以爲《咸》乎? 故必二氣交感,然後爲《咸》也。夫物類同者自同也,何所感哉? 惟異類而合,然後見其感也。鐵石,無情之物也,而以磁石引針,則雖隔物而應。《彖》曰'觀其所感,而萬物之情可見'者,謂此類也。"童子又曰:"然則聖人感人心而天下和平,是果異類乎?"曰:"天下之廣,蠻夷戎狄、四海九州之類,不勝其異也。而能一以感之,此王者所以爲大,聖人所以爲能。"

童子問曰:"'恒,利有攸往','終則有始',何謂也?"曰:"恒之爲言久也,所謂'窮則變,變則通,通則久'也。'久於其道者',知變之謂也。天地升降而不息,故曰'天地之道久而不已也'。日月往來,與天偕行而不息,故曰'日月得天而能久照'。四時代謝,循環而不息,故曰'四時變化而能久成'。聖人者,尚消息盈虚,而知進退存亡者也,故曰'聖人久於其道而化成'。"

童子問曰:"'遯,亨,小利貞',何謂也?"曰:"遯,陰進而陽遯也。遯者,見之先也。陰進至於否,則不正利矣。《遯》者陰浸而未盛,陽能先見而遯,猶得小利其正焉。"

童子問曰:"'明入地中,《明夷》。君子以莅衆,用晦而明',何謂也?"曰:"日,君象也，而下入於地，君道晦而天下暗矣。大哉！萬物各得其隨，則君子嚮晦而入宴息。天下暗而思明，則君子出而臨衆。商紂之晦，周道之明也。因其晦發其明，故曰'用晦而明'。"童子曰："然則聖人貴之乎？"曰："不貴也。聖人非武王而貴文王矣。"

童子問曰："'家人，利女貞'，何謂也？其不利君子之貞乎？"曰："是何言歟！《彖》不云乎：'女正位乎内，男正位乎外'也？"曰："然則何爲獨言利女貞？"曰："家道主於内，故女正乎内，則一家正矣。凡家人之禍，未有不始於女子者也，此所以戒也。嗚呼！事無不利於正，未有不正而利者。聖人於卦，隨事以爲言，故於《坤》則'利牝馬之貞'，於《同人》則'利君子貞'，於《明夷》則'利艱貞'，於《家人》則'利女貞'。"

童子問曰："《睽》之《彖》與卦辭之義反，何謂也？"曰："吾不知也。"童子曰："《睽》之卦曰'小事吉'，《彖》曰'《睽》之時用大矣哉'。"曰："小事睽則吉，大事睽則凶也。凡睽於此者，必有合於彼。地睽其下而升，天睽其上而降，則上下交而爲泰，是謂小睽而大合。使天地睽而上下不交，則否矣。聖人因其小睽而通其大利，故曰'天地睽而其事同，男女睽而其志通，萬物睽而其事類'，其《象》又曰'君子以同而異'。"

易童子問第二

童子問曰："履險蹈難謂之《蹇》，解難濟險謂之《解》，二卦之義相反而辭同，皆曰'利西南'者，何謂也？"曰："聖人於二卦，辭則同而義則異，各於其《彖》言之矣，在《蹇》之《彖》曰'往得中也'，《解》之《彖》曰'往得衆也'者是已。西南，坤也，坤道主順。凡居蹇難者，以順而後免於患。然順過乎柔，則入於邪。必順而不失其正，故曰'往得中也'。解難者必順人之所欲，故曰'往得衆也'。"

童子問曰："'《損》，損下益上'，'《益》，損上益下'，何謂也？"曰："上君而下民也。損民而益君，損矣；損君而益民，益矣。語曰'百姓足，君孰與不足'，此之謂也。"童子又曰："《損》之《象》曰'君子以懲忿窒慾'，《益》之《象》曰'君子以見善則遷，有過則改'，何謂也？"曰："嗚呼！君子者，天下繫焉，其一身之損益，天下之利害也。君子之自損忿慾爾，自益者遷善而改過爾。然而肆其忿慾者，豈止一身之損哉？天下有被其害者矣。遷善而改過者，豈止一己之益哉？天下有蒙其利者矣。"童子曰："君子亦有過乎？"曰："湯、孔子，聖人也，皆有過矣。君子與衆人同者，不免乎有過也。其異乎衆人者，過而能改也。湯、孔子不免有過，則《易》之所謂損、益者，豈止一身之損益哉？"

童子問曰："'夬，不利即戎'，何謂也？"曰："謂其已甚也，去小人者不可盡。蓋君子者，養小人者也。小人之道長，斯害矣，不可以不去也。小人之道已衰，君子之利及乎天下矣，則必使小人受其賜而知君子之可尊也。故不可使小人而害

君子，必以君子而養小人。《夬》，剛決柔之卦也。五陽而一陰，決之雖易，而聖人不欲其盡決也，故其《彖》曰‘所尚乃窮也’。小人盛則決之，衰則養之，使知君子之爲利，故其《象》曰‘君子以施禄及下’。小人已衰，君子已盛，物極而必反，不可以不懼，故其《象》又曰‘居德則忌’。”

童子問曰：“‘困，亨。貞大人吉，無咎’，其《彖》曰‘險以説，困而不失其所，亨’，何謂也？”曰：“‘困，亨’者，困極而後亨，物之常理也，所爲‘《易》窮則變，變則通’也。‘困而不失其所，亨’者，在困而亨也，惟君子能之。其曰‘險以説’者，處險而不懼也。惟有守於其中，則不懼於其外。惟不懼，則不失其所亨，謂身雖困而志則亨也，故曰‘其惟君子乎’，其《象》又曰‘君子以致命遂志’者，是也。”童子又曰：“敢問‘正大人吉，無咎’者，古之人孰可以當之？”曰：“文王之羑里，箕子之明夷。”

童子問曰：“《革》之《彖》曰‘湯、武革命，順乎天而應乎人’，何謂也？”曰：“逆莫大乎以臣伐君。若君不君，則非君矣。是以至仁而伐桀、紂之惡，天之所欲誅而人之所欲去，湯、武誅而去之，故曰‘順乎天而應乎人’也。”童子又曰：“然則正乎？”曰：“正者，常道也。堯傳舜、舜傳禹、禹傳子是已。權者，非常之時，必有非常之變也。湯、武是已。故其《彖》曰‘《革》之時大矣哉’云者，見其難之也。”童子又曰：“湯、武之事，聖人貴之乎？”曰：“孔子區區思文王而不已，其厚於此則薄於彼可知矣。”童子又曰：“順天應人，豈非極稱之乎，何謂薄？”曰：“聖人於革稱之者，適當其事爾。若乾坤者，君臣之正道也，於乾、坤而稱湯、武，可乎？聖人於坤，以‘履霜’爲戒，以‘黄裳’爲吉也。”

童子問曰：“《革》去故而《鼎》取新，何謂也？”曰：“非聖人之言也，何足問！《革》曰去故，不待言而可知。《鼎》曰取新，《易》無其辭，汝何從而得之？夫以新易舊，故謂之革，若以商革夏，以周革商，故其《彖》曰‘湯、武革命’者是也。然則以新革故一事爾，分於二卦者，其誰乎？”童子又曰：“然則《鼎》之義何謂也？”曰：“聖人言之矣，‘以木巽火，亨飪也’。”

童子問曰：“《震》之辭曰‘震驚百里，不喪匕鬯’者，何謂也？”曰：“震者，雷也。驚乎百里，震之大者也。處大震之時，衆皆震驚，而獨能不失其守、不喪其器者，可以任大事矣，故其《彖》曰‘震驚百里，驚遠而懼邇也’，‘不喪匕鬯，出可以守宗廟社稷，爲祭主’者，謂可任以大事也。”童子曰：“郭公夏五，聖人所以傳疑。《彖》之闕文奈何？”曰：“聖人疑則傳疑也。若《震》之《彖》，其辭雖闕，其義則在，又何疑焉？”

童子問曰：“《艮》之《象》曰‘君子以思不出其位’，何謂也？”曰：“《艮》者，君子止而不爲之時也。時不可爲矣則止，而以待其可爲而爲者也，故其《彖》曰‘時止則止，時行則行’。於斯時也，在其位者宜如何？思不出其位而已。然則位之所職，不敢廢也，《詩》云‘風雨如晦，雞鳴不已’，此之謂也。”

童子問曰：“‘歸妹，征凶’，《彖》曰‘歸妹，天地之大義，人之終始也’，其卦辭凶而《彖》辭吉，何謂也？”曰：“合二姓，具六禮，而歸得其正者，此《彖》之所謂歸妹者也。若婚不以禮而從人者，卦所謂征凶者也。”童子曰：“敢問何以知之？”曰：“《咸》之辭曰‘取女吉’，其爲卦也，艮下而兑上，故其《彖》曰‘上柔而下剛’，‘男下女’，是以吉也。《漸》之辭曰‘女歸吉’，其爲卦也，艮下而巽上，其上柔下剛，以男下女，皆與《咸》同，故又曰‘女歸吉’也。《歸妹》之爲卦也不然，兑下而震上，其上剛下柔，以女下男，正與《咸》《漸》反，故彼吉則此凶矣，故其《彖》曰‘征凶，位不當也’者，謂兑下震上也。”童子曰：“取必男下女乎？”曰：“夫婦所以正人倫，禮義所以養廉耻，故取女之禮，自納采至於親迎，無非男下女，而又有漸也，故漸之《彖》曰‘漸之進也，女歸吉也’者是已。奈何《歸妹》以女下男而往，其有不凶者乎？”

童子問曰：“《兑》之《彖》曰‘順乎天而應乎人’，何謂也？”曰：“‘兑，説也’。‘説以先民，民忘其勞。説以犯難，民忘其死’。説莫大於此矣。而所以能使民忘勞與死者，非順天應人則不可。由是見小惠不足以説人，而私愛不可以求説。”

童子問曰：“‘《萃》，聚也’，其辭曰‘王假有廟’，‘《涣》，散也’，其辭又曰‘王假有廟’，何謂也？”曰：“謂《涣》爲散者誰歟？《易》無其辭也。”童子曰：“然則敢問《涣》之義？”曰：“吾其敢爲臆説乎？《涣》之卦辭曰‘利涉大川’，其《彖》曰‘乘木有功也’，其《象》亦曰‘風行水上，涣’。而人之語者，冰釋汗浹皆曰涣。然則涣者，流行通達之謂也，與夫乖離分散之義異矣。嗚呼！王者富有九州四海，萬物之象莫大於萃，可以有廟矣；功德流行達於天下，莫大於涣，可以有廟矣。”

童子問曰：“《節》之辭曰‘苦節，不可貞’者，自節過苦而不得其正歟？物被其節而不堪其苦歟？”曰：“君子之所以節於己者，爲其愛於物也，故其《彖》曰‘節以制度，不傷財，不害民’者是也。節者，物之所利也，何不堪之有乎？夫所謂苦節者，節而太過，行於己不可久，雖久而不可施於人，故曰‘不可貞’也。”童子曰：“敢問其人？”曰：“異衆以取名，貴難而自刻者，皆苦節也。其人則鮑焦、於陵仲子之徒是已，二子皆苦者也。”

童子問曰：“《小過》之《象》曰‘君子以行過乎恭，喪過乎哀，用過乎儉’者，何謂也？”曰：“是三者施於行己，雖有過焉，無害也。若施於治人者，必合乎大中，不可以小過也。蓋仁過乎愛，患之所生也；刑過乎威，亂之所起也。推是可以知之矣。”

童子問曰：“《既濟》之《象》曰‘君子思患而豫防之’者，何謂也？”曰：“人情處危則慮深，居安則意怠，而患常生於怠忽也，是以君子既濟，則思患而豫防之也。”

童子問曰：“‘火在水上，《未濟》。君子以慎辨物居方’，何謂也？”曰：“《未濟》之《象》，火宜居下而反居上，水宜居上而反居下，二物各失其所居，而不相濟也，

故君子慎辨其物宜，而各置其物於所宜居之方，以相爲用，所以濟乎未濟也。”

易童子問第三

童子問曰：“《繫辭》非聖人之作乎？”曰：“何獨《繫辭》焉，《文言》《說卦》而下，皆非聖人之作，而衆説淆亂，亦非一人之言也。昔之學《易》者，雜取以資其講説，而説非一家，是以或同或異，或是或非，其擇而不精，至使害經而惑世也。然有附託聖經，其傳已久，莫得究其所從來而覈其真僞。故雖有明智之士，或貪其雜博之辯，溺其富麗之辭，或以爲辯疑是正，君子所慎，是以未始措意於其閒。若余者可謂不量力矣，邈然遠出諸儒之後，而學無師授之傳，其勇於敢爲而决於不疑者，以聖人之經尚在，可以質也。”童子曰：“敢問其略？”曰：“《乾》之初九曰‘潛龍勿用’，聖人於其《象》曰‘陽在下也’，豈不曰其文已顯而其義已足乎？而爲《文言》者又曰‘龍德而隱者也’，又曰‘陽在下也’，又曰‘陽氣潛藏’，又曰‘潛之爲言，隱而未見’。《繫辭》曰：‘乾以易知，坤以簡能。易則易知，簡則易從。易知則有親，易從則有功。有親則可久，有功則可大。可久則賢人之德，可大則賢人之業。’其言天地之道、乾坤之用、聖人所以成其德業者，可謂詳而備矣，故曰‘易簡而天下之理得矣’者，是其義盡於此矣。俄而又曰：‘廣大配天地，變通配四時，陰陽之義配日月，易簡之善配至德。’又曰：‘夫乾，確然示人易矣。夫坤，隤然示人簡矣。’又曰：‘夫乾，天下之至健也，其德行恒易以知險。夫坤，天下之至順也，其德行恒簡以知阻。’《繫辭》曰‘六爻之動，三極之道也’者，謂六爻而兼三材之道也。其言雖約，其義無不包矣。又曰：‘《易》之爲書也，廣大悉備，有天道焉，有人道焉，有地道焉。兼三材而兩之，故六。六者非他也，三材之道也。’而《説卦》又曰：‘立天之道曰陰與陽，立地之道曰柔與剛，立人之道曰仁與義。兼三材而兩之，故《易》六畫而成卦。分陰分陽，迭用柔剛，故《易》六位而成章。’《繫辭》曰：‘聖人設卦觀象，繫辭焉而明吉凶。’又曰：‘辨吉凶者存乎辭。’又曰：‘聖人有以見天下之動，而觀其會通，以行其典禮，繫辭焉以斷其吉凶，是故謂之爻。’又曰：‘《易》有四象，所以示也。繫辭焉，所以告也。定之以吉凶，所以斷也。’又曰：‘設卦以盡情僞，繫辭焉以盡其言。’其説雖多，要其旨歸，止於《繫辭》明吉凶爾，可一言而足也。凡此數説者，其略也。其餘辭雖小異而大旨則同者，不可以勝舉也。謂其説出於諸家，而昔之人雜取以釋經，故擇之不精，則不足怪也。謂其説出於一人，則是繁衍叢脞之言也。其遂以爲聖人之作，則又大繆矣。孔子之文章，《易》《春秋》是已，其言愈簡，其義愈深。吾不知聖人之作，繁衍叢脞之如此也。雖然，辨其非聖之言而已，其於《易》義，尚未有害也。而又有害經而惑世者矣。《文言》曰‘元者善之長也，亨者嘉之會也，利者義之和也，貞者事之幹也’，是謂《乾》之四德。又曰‘乾元者，始而亨者也。利貞者，性情也’，則又非四德矣。謂此二説出於一人乎？則殆非人情也。《繫辭》曰：‘河出圖，洛出書，聖人則之。’所謂圖者，八卦之文也，

神馬負之自河而出，以授於伏羲者也。蓋八卦者，非人之所爲，是天之所降也。又曰：'包羲氏之王天下也，仰則觀象於天，俯則觀法於地，觀鳥獸之文與地之宜，近取諸身，遠取諸物，於是始作八卦。'然則八卦者，是人之所爲也，河圖不與焉。斯二説者已不能相容矣，而《説卦》又曰'昔者聖人之作《易》也，幽贊於神明而生蓍，參天兩地而倚數，觀變於陰陽而立卦'，則卦又出於蓍矣。八卦之説如是，是果何從而出也？謂此三説出於一人乎？則殆非人情也。人情常患自是其偏見，而立言之士莫不自信，其欲以垂乎後世，惟恐異説之攻之也，其肯自爲二三之説以相抵牾而疑世，使人不信其書乎？故曰非人情也。凡此五説者自相乖戾，尚不可以爲一人之説，其可以爲聖人之作乎？"童子曰："於此五説，亦有所取乎？"曰："乾無四德，而洛不出圖書，吾昔已言之矣。若元亨利貞，則聖人於《彖》言之矣。吾知自堯、舜已來，用卜筮爾，而孔子不道其初也，吾敢妄意之乎？"童子曰："是五説皆無取矣，然則繁衍叢脞之言與夫自相乖戾之説，其書皆可廢乎？"曰："不必廢也。古之學經者皆有《大傳》，今《書》《禮》之傳尚存。此所謂《繫辭》者，漢初謂之《易大傳》也，至後漢已爲《繫辭》矣。語曰：'爲趙、魏老則優，不可以爲滕、薛大夫也。'《繫辭》者謂之《易大傳》，則優於《書》《禮》之傳遠矣。謂之聖人之作，則僭僞之書也。蓋夫使學者知《大傳》爲諸儒之作，而敢取其是而捨其非，則三代之末，去聖未遠，老師名家之世學，長者先生之餘論，雜於其間者在焉，未必無益於學也。使以爲聖人之作，不敢有所擇而盡信之，則害經惑世者多矣。此不可以不辨也，吾豈好辨者哉！"

童子曰："敢問四德？"曰："此魯穆姜之所道也。初，穆姜之筮也，遇《艮》之《隨》，而爲'隨，元亨利貞'説也，在襄公之九年。後十有五年，而孔子始生，又數十年而始贊《易》。然則四德非《乾》之德，《文言》不爲孔子之言矣。"

童子曰："或謂左氏之傳《春秋》也，竊取孔子《文言》以上附穆姜之説，是左氏之過也，然乎？"曰："不然。彼左氏者胡爲而傳《春秋》，豈不欲其書之信於世也？乃以孔子晚而所著之書，爲孔子未生之前之説，此雖甚愚者之不爲也。蓋方左氏傳《春秋》時，世猶未以《文言》爲孔子作也，所以用之不疑。然則謂《文言》爲孔子作者，出於近世乎？"

童子曰："敢問八卦之説？或謂伏羲已授河圖，又俯仰於天地，觀取於人物，然後畫爲八卦爾。二説雖異，會其義則一也，然乎？"曰："不然。此曲學之士牽合傅會，以苟通其説，而遂其一家之學爾。其失由於妄以《繫辭》爲聖人之言而不敢非，故不得不曲爲之説也。河圖之出也，八卦之文已具乎，則伏羲授之而已，復何所爲也？八卦之文不具，必須人力爲之，則不足爲河圖也。其曰觀天地、觀鳥獸、取於身、取於物，然後始作八卦，蓋始作者前未有之言也。考其文義，其創意造始，其勞如此，而後八卦得以成文，則所謂河圖者何與於其間哉？若曰已授河圖，

又須有爲而立卦，則觀於天地鳥獸、取於人物者皆備言之矣，而獨遺其本始所授於天者，不曰取法於河圖，此豈近於人情乎？考今《繫辭》，二説離絶，各自爲言，義不相通，而曲學之士牽合以通其説，而悮惑學者，其爲患豈小哉！古之言僞而辨、順非而澤者，殺無赦。嗚呼！爲斯説者，王制之所宜誅也。”

童子曰：“敢問生蓍立卦之説？或謂聖人已畫卦，必用蓍以筮也，然乎？”曰：“不然。考其文義可知矣。其曰‘昔者聖人之作《易》也’者，謂始作《易》時也。又曰‘幽贊於神明而生蓍，參天兩地而倚數，觀變於陰陽而立卦，發揮於剛柔而生爻’者，謂前此未有蓍，聖人之將作《易》也，感於神明而蓍爲之生，聖人得之，遂以倚數而立卦。是言昔之作《易》立卦之始如此爾。故漢儒謂伏羲畫八卦由數起者，用此説也。其後學者知幽贊生蓍之怪，其義不安，則曲爲之説。曰用生蓍之意者，將以救其失也。又以卦由數起之義害於二説，則謂已畫卦而用蓍以筮，欲牽合二説而通之也。然而考其文義，豈然哉？若曰已作卦而用蓍以筮，則大衍之説是已。大抵學《易》者莫不欲尊其書，故務爲奇説以神之。至其自相乖戾，則曲爲牽合而不能通也。”

童子曰：“敢請益。”曰：“夫諭未達者，未能及於至理也，必指事據迹以爲言。余之所以知《繫辭》而下非聖人之作者，以其言繁衍叢脞而乖戾也。蓋略舉其易知者爾，其餘不可以悉數也。其曰‘原始反終，故知死生之説’，又曰‘精氣爲物，遊魂爲變，是故知鬼神之情狀’云者，質於夫子平生之語，可以知之矣。其曰‘知者觀乎彖辭，則思過半矣’，又曰‘八卦以象告，爻彖以情言’云者，以常人之情而推聖人可以知之矣。其以《乾》《坤》之策‘三百有六十，當期之日’，而不知七八九六之數同，而《乾》《坤》無定策，此雖筮人皆可以知之矣。至於‘何謂’‘子曰’者，講師之言也。《説卦》《雜卦》者，筮人之占書也。此又不待辨而可以知者。然猶皆迹也，若夫語以聖人之中道而過，推之天下之至理而不通，則思之至者可以自得之。”童子曰：“既聞命矣，敢不勉！”

[(宋)歐陽修《文忠集》卷七十六　1102—603—76；又見佚名編《宋文選》卷一(題目作《易問上中下三篇》)　1346—17—1]

送王陶序(論易)

(宋)歐陽修

東萊批：(凡文字用《易》象多失之陳，此篇使得疏通不陳，窒塞處能通疏)。

六經皆載聖人之道，而《易》著聖人之用。吉凶得失、動静進退，《易》之事也。其所以為之用者，剛與柔也。乾健坤順，剛柔之大用也(精神大體)。至於八卦之變，六爻之錯（變錯二字引下来），剛與柔迭居其位，而吉、亨、利、無咎、凶、厲、悔吝之象生焉。蓋剛為陽、為德、為君子（自此鋪叙間架去，好説剛柔體分拆開便狀），柔為陰、為險、為小人。自乾之初九為姤，而上至於剥，其卦五，皆陰剥陽之卦也（點化流通）。小人之道長，君子静以退之時也。自坤之初六為復，而上至於夬，其卦五，皆剛决柔之卦也。小人之道消，君子動以進而用事之時也（應後）。夫剛之為德，君子之常用也（已説不好且説剛好處），庇民利物，功莫大焉。其為卦，遇泰之三，而四為大壯，五為夬（下字好語新）。壯者，壯也；夬者，决也。四陽雖盛而猶有二陰，然陽衆而陰寡，則可用壯以攻之，故其卦為壯。五陽而一陰，陰不足為，直可决之而已，故其卦為夬。然則君子之用其剛也，審其力，視其時（關上意一篇意結在此二句上），知陰險小人之必可去，然後以壯而决之。夫勇者可犯也，强者可詘也（轉换好不敢用剛）。聖人於壯、决之用，必有戒焉。故《大壯》之《彖》辭曰："大壯利貞。"其《象》辭曰："君子非禮勿履。"《夬》之《彖》辭曰："健而説，决而和。"其《象》辭曰："居德則忌。"以明夫剛之不可獨任也。故復始而亨（總説見剛有漸漸方得），臨浸而長，泰交而壯（繳應得好），以衆攻其寡，夫乘其衰而决之。夫君子之用其剛也，有漸而不失其時，又不獨任，必以正禮、以説、以和而濟之，則功可成（應前。若不説一句，在此與前面都不相連），此君子動以進而用事之方也（此篇自頭来，盡結在此，數句上簡而有力，應前視其初一句簡文法）。太原王陶，字樂道，好剛之士也。常嫉世陰險之小人，多居京師，不妄與人遊。力學好古，以自信自守。今其初仕，於《易》得君子動以進之象（應入易句為主），故予為剛説以贈之。《大壯》之初九曰："壯於趾，征凶。"《夬》之初九亦曰："壯於趾，往不勝為咎。"（使兩卦初事的，當為初時事説見親切處）。以此見聖人之戒用剛也，不獨於其《彖》《象》，而又常深戒於其初（在前見文字緊處）。嗚呼！世之君子少而小人多。君之力學好剛以蓄其志，未始施之於事也（蓄字見不敢用剛意）。今其往，尤宜慎乎其初（結最有力，依前結歸初字）！

［（宋）王霆震編《古文集成》卷五　1359—31—5；又見（宋）歐陽修《文忠集》卷四十二《居士集（四十二）》　1102—330—42；又見（宋）陳亮編《歐陽文粹》卷十一　1103—736—11；又見佚名編《宋文選》卷二　1346—34—2；又見（宋）吕祖謙《古文關鍵》卷上　1351—753—上；又見（宋）真德秀原本，倪澄重編，（明）胡松增訂《續文章正宗》卷一　1356—12—1；又見（明）茅坤《唐宋八大家文鈔》卷四十六　1383—512—46；又見《御選唐宋文醇》卷二十五　1447—477—25］

上北海范天章

（宋）張方平

伏以聖人消息盈虚之道，動静吉凶之機，察時觀變，妙用在《易》。某小人，不知其大者，今兹將以瑣瑣之迹，有請於下執事，敢用上所以布德説下之義，下所以處困謀亨之説。推而陳之，以發鄙誠，伏惟閤下少留念哉。曷謂上所以布德説下之義？某請稽諸《益》。《益》之九五曰："有孚惠心，勿問元吉，有孚惠我德。"説者曰："為益之大，莫大於信。為惠之大，莫大於心。因人所利而利之，惠而不費，惠心者也。以誠惠物，物必應之。故曰'有孚惠我德'也。"曷謂下所以處困謀亨之説？某請質諸困，《困》之上六曰："困於葛藟，於臲卼，曰動悔有悔，征吉。"説者曰："行則愈繞如葛藟，然居不獲安，如臲卼然，凡物窮則思變，困則謀亨，曰者，思謀之辭也。"言將何以亨至困乎？曰："動悔吝生，有悔以征，則濟矣。"《易》曰："吉凶悔吝生乎動。"然則悔無大小，動則有之。至如惠心為益之道，閤下之名德，人所仰信，不在乎端策振龜而知也。友人聞某之為是説，問："子説信行乎？"某曰："請以二象言之。在《益・象》曰：'損上益下，民説無疆，自上下下，其道大光。'是《益》易行也。在《困・象》曰：'困，有言不信，尚口乃窮。'是困難謀也。得《益》之時者，信則人仰之，惠則人德之。得《困》之時者，可退自謀，不可進謀於人。今兹小人以困而求易，自下而取上，惡乎敢知説之行也。"問者曰："然則子推是説顧將安之？"某曰："不見仁者，智者斯可矣。智者知人，愚以困動將求，智者知之耳。不見智者，仁者斯可矣。仁者安人，愚以困動將求，仁者安之耳。如仁智之不可見，誠者斯可矣。誠者成物，愚以困動將求，誠者成之耳。念兹三者興而四顧，莫適所懷，已而聞諸知已。"曰："夫惟體仁之恕，抱知之明，稟誠之厚，挺特達之正氣，冠天下而為英，則惟北海之范公歟。某抃曰是，鄙人之願為日久者也。是以違老親之膝下，越千里以兹來。一則若元叔託名於羊西州望公之延薦，二則如退之乞憐於南郡希公之賙恤。惟是二者，皆閤下咳唾指顧之餘耳。閤下其亦有意乎？長跪伏聽，惟閤下所以命之。"

［（宋）張方平《樂全集》卷三十一　1104—344—31］

易　（論）

（宋）蘇洵

聖人之道，得禮而信，得《易》而尊。信之而不可廢，尊之而不敢廢，故聖人之道所以不廢者，禮為之明而《易》為之幽也。生民之初，無貴賤，無尊卑，無長幼，不耕而不飢，不蠶而不寒，故其民逸。民之苦勞而樂逸也，若水之走下。而聖人者，獨為之君臣，而使天下貴役賤；為之父子，而使天下尊役卑；為之兄弟，而使天下長役幼；蠶而後衣，耕而後食，率天下而勞之。一聖人之力固非足以勝天下之民之衆，而其所以能奪其樂而易之以其所苦，而天下之民亦遂肯棄逸而即勞，欣然戴之以為君師，而遵蹈其法制者，禮則使然也。聖人之始作禮也，其説曰："天下無貴賤，無尊卑，無長幼，是人之相殺無已也。不耕而食鳥獸之肉，不蠶而衣鳥獸之皮，是鳥獸與人相食無已也。有貴賤，有尊卑，有長幼，則人不相殺。食吾之所耕，而衣吾之所蠶，則鳥獸與人不相食。"人之好生也甚於逸，而惡死也甚於勞，聖人奪其逸死而與之勞生，此雖三尺豎子知所趨避矣。故其道之所以信於天下而不可廢者，禮為之明也。雖然，明則易達，易達則褻，褻則易廢。聖人懼其道之廢，而天下復於亂也，然後作《易》。觀天地之象以為爻，通陰陽之變以為卦，考鬼神之情以為辭。探之茫茫，索之冥冥，童而習之，白首而不得其源。故天下視聖人如神之幽，如天之高，尊其人而其教亦隨而尊。故其道之所以尊於天下而不敢廢者，《易》為之幽也。凡人之所以見信者，以其中無所，不可測者也。人之所以獲尊者，以其中有所不可窺者也。是以禮無所不可測，而《易》有所不可窺，故天下之人信聖人之道而尊之。不然，則《易》者豈聖人務為新奇祕怪以夸後世耶？聖人不因天下之至神，則無所施其教。卜筮者，天下之至神也。而卜者，聽乎天而人不預焉者也，筮者決之天而營之人者也。龜，漫而無理者也，灼荆而鑽之，方功義弓，惟其所為，而人何預焉？聖人曰：是純乎天技耳，技何所施吾教？於是取筮。夫筮之所以或為陽、或為陰者，必自分而為二始。掛一，吾知其為一而掛之也；揲之以四，吾知其為四而揲之也；歸奇於扐，吾知其為一、為二、為三、為四而歸之也，人也。分而為二，吾不知其為幾而分之也，天也。聖人曰：是天人參焉，道也，道有所施吾教矣。於是因而作《易》，以神天下之耳目，而其道遂尊而不廢。此聖人用其機權以持天下之心，而濟其道於不窮也。

［（明）唐順之編《文編》卷二十七　1377—574—27；又見（宋）蘇洵《嘉祐集》卷六　1104－879－6；又見（明）茅坤《唐宋八大家文鈔》卷一百十　1384—330—110；又見（明）賀復徵編《文章辨體彙選》卷四百四　1407—105—404］

易泛論

（宋）王安石

柔巽隱伏，制得其道則易制者，魚也，民之象也，小人女子之象也。貪暴而止

乎高者，隼也。貪竊而動乎陰者，鼠也。狐，疑也，不果也。牛，順而强也。羊，很也。羊，前其剛以觸者也。鮒，物之在下汙而微者也。鳥，飛而止則困者也。雉，文明見乎外者也。豹，文之蔚然者也。虎，文之炳然者也。虎豹剛健，君子大人之象也。虎之搏物，擬而後動，動而有獲者也。鶴，潔白以遠舉，鳴之以時而遠聞者也。鴻，進退以時而有序者也。禽，飲井之無擇者也。豶豕之牙，能畜其剛而不可犯者也。豕，汙穢也。豚，豕之微者也。龜有靈德，潛見以時而不志於養者也。龜，人之所恃以知吉凶者也。龍，天類也，能見，能躍，能飛，能雲雨，而變化不測，人不可係而服者也。馬，地類也，能行而係乎人，其為物有常者也。鬼，物之無形者也。几，尊物也，所馮以為安者也。牀，安上以止者也。車，載其上以行者也。輪，有運動之材，而非車之全也，可以為車之一器者也。輿，有承載之材，而亦非車之全者也。輻，車輿所以行者也。缶，圓虛以容而應者也。矢，直而利乎行者也。弧，攻遠之器也。鼎，成物之器也。鉉，所舉鼎而行之者也。鼎耳，虛中以受鉉者也。瓶，井之上水者也。甕，井水之已出乎上而受之者也。筐，女所以承實者也。匕鬯，所以事宗廟社稷之器也。樽酒簋貳，祭之約也。貳簋，享之約也。幽而能正時者，斗也。暮夜者，陰盛之時也。日中者，豐之時也。日昃者，過中當退之時也。晝日者，明進已盛而未至乎中之時也。日中，則照天下矣；日以明進，至晝日，其極盛也。甲，仁屬也。庚，義屬也。月幾望，陰盛而不亢也。雲，陰上也。雨，陰陽應也。霜，陰剛之微也。堅冰，陰剛而疑陽也。膏，陽之澤也。血，陰之傷也。汗，出而不反也。膚，柔物之為間而易侵者也。趾，在下而行者也。拇，在下之微而無能為者也。腹，容物者也。頄，上體之見乎外而無能為者也。臀，下體之無能為者也。身，躬己也。頂，首之上者也。面，見乎外者也。心，體之主也。限，上下之所同也。夤，上體之接乎限者也。須，柔而附剛者也，陽物之飾也。背，體之不接乎物而上者也。尾，後也。首，先也，上也。足，下也。角，剛之上窮者也。肱，上體之隨而附者也。股，下體之隨而附者也。腓，趾之上、股之下而體之隨而附者也。垂其翼，下也。耳，所聽也。東北，止以近險也。西南，順以遠險也。西南，衆也。南，明也。西南，坤之地也。東北，違坤之所也。西，陰所也。東，陽所也。左，下也。右，上也。載者，載上也。負，後也。負者，下道也；乘者，上道也。載鬼，以鬼為在上也。負塗，以塗為在後也。往，從之也；往，之外也；往，之上也。來，之己也；來，之内也。渝，變其德也。億，安也。居，不行也。安，以靜居也。逐，從求之也。血，去不來也。出，自穴出，不去也。復，反而得其所也。反，自外來而復也。見，見彼也。處，不行也。征，進也。盤桓，動未進也。枕，止而安之也。動，方征也。起，方往也。遇，逢而見之也。躋，升也。孕，女之得其配也，以有為而未功也。字，育女之功也。田，興事之大者也。弋，興事之小者也。飛，宜下不宜上者也。且，方然也。或，疑辭也。方也，後也。

乃,徐也,方此爻之時未可以然也,要其終則然也。田,平夷著見之地也。飛,龍之所宜宅也。大川,險也。沙,近險而無難也。泥,則近險而有難也。沛,澤之困乎水者也。穴,陰之宅也。在穴,動物在陰之小者也。淵,龍之宅也。在天,則龍有為之地。陸,高平也。陵,陸之大也。塗,污也。井,泥濁也。谷,下也。井谷,旁出而下流也。䶵硊,乘剛也。石,堅而不動者也。金,剛而趣變者也。玉,温潤粹美、剛而不可變者也。干,鴻之在下而不失其宜者也,鴻所宜居者也。桷,木之在上者也。株,木不能庇蔭其下者也。磐,進於干而不失其安者也。甘,物之所美也。苦,物之所惡也。黄,地色也。玄,天色也。黄,中之見乎色者也。白,成色之主也,白未受飾乎物者也。朱紱,天子飾下者也。赤紱,人臣飾下者也。泣血,陰之憂也。涕,憂之見乎容貌者也。號嗟,憂之見乎音聲者也;號,甚乎嗟者也。藩,内外之隔也。廬,人所庇也。升虚邑,小而易之也。升階,平易以有序,以漸升而得位也。伐邑者,小之也。伐國,大事也。伐邑小事也。城,地道上承而外扞也。復於隍,則不上承、不外扞矣。墉,扞外以保内也,自下之高者也。二簋,陰象也。門,陰象也。户,陽象也。《易》曰:“猶未離其類也,故稱血焉。”《易》象之大槩,見於乾坤之説,推而長之,則凡《易》之象可不疑矣。棟,室壁之所恃也。野,空曠也。同人於野,無適莫也。龍戰於野,無君臣也。邑,有事之地也,趣時而為之者也。郊,遠乎有事之地。次,師旅之安舍也。巷,出門庭而未易道也。自牖,自幽以即明也。婚媾,内外之合也。鄰,比己者也。妻,配也。王母,幽以遠也。以父為陽,以母為幽也;以母為近,則王母為遠也。妣,以順配祖者也。臣,以順承君者也。考,父之有成德之稱也。長子,一也。弟子,不一也。僕,卑以順也。童,未有與也。婦,一乎順者也。妾,配之不正者也。士,未成夫之辭也。女,未成婦之辭也。娣,女歸而不得正配者也。衣,上飾也。袽,所以窒隙也。裳,下之飾也。鞶帶,在下體之上而以柔為飾也。袂,體乎衣者也。囊,所以畜物也。茀,所以蔽車也。履,踐下而承上也。履,上道也。載,下道也。不可,甚乎不利也。可,其為利僅也。有凶,不必凶而凶在其中也。有厲,不必厲而厲在其中也。有悔,不必悔而悔在其中也。

[(宋)王安石《臨川文集》卷六十三　1105—510—63]

易　論

(宋)張舜民

妙萬物而為言者,道也;妙道而為言者,元也。天地之大,不能加於道。道之妙,不能加於元。仰觀而俯察,探往而知來,天地之藴,不能逃也,故曰不能加於

道。道有善惡、大小，隨世污隆並游於君子小人之間，故曰不能加於元。元也者，道之宗，萬物之祖，引乎百世之上，不能見其端，反乎百世之下，不能齊其末。始而非始，以其有終也；一而非一，以其墮數也。非精非氣，非指非馬，天所以行四時，地所以出萬物，人所以正性命。老氏曰："無名天地之始，有名萬物之母。"無名者元之謂也，有名者道之謂也。無名者不可名也，古之聖賢擬諸形容象其物宜者多矣，至於此不可以名，言雖不能名，而顧藏身利用在其中，得之即生，失之即死，其為主也大矣。《乾》之《彖》曰："大哉乾元，萬物資始，乃統天。"《坤》之《彖》曰："至哉坤元，萬物資生。"萬物可資也，所謂資之以始，資之以生者，果何物哉？故其探幽而識顯，察微而知彰，見明則仰之以日月，履潤則俯之以江河，見資生則知其地力也，又烏觀其資始之功哉，始不可見，況於元乎？老氏之言"道"，猶曰恍惚杳冥精物也。雖聖人之言《易》，姑曰而已。又曰乃統天，兹義至大，使學《易》者洗心而求之。由是知元者聖人之賾也，亨利貞，百姓與能焉。故《彖》曰："大哉乾元，萬物資始，乃統天。""雲行雨施，品物流行"者，天之化也，能統天之化者，惟元乎？"大明終始，六位時成，時乘六龍以御天，乾道變化，各正性命，保合太和，乃利貞。首出庶物，萬國咸寧。"凡此皆亨利貞之功也。先立乾元之功，次言三德之効，終著人物之性。萬物皆有性，性其情者，惟君子能之。窮理盡性以至於命者，惟聖人能之。如下文："乾元者，始而亨者也。利貞者，性情也。"互為體用矣。《文言》曰："元者，善之長也。"又曰："君子體仁，足以長人。"善之長，況天道也。體仁足以長人，況君道也。"亨者，嘉之會也。"又曰："嘉會，足以合禮。"嘉會者，時也。合禮者，朝廷鄉黨之事也。君明臣良，化行於上，而格於下，天下無犯非禮，三代之盛，皆是也。"利者，義之和也。"又曰："利物，足以和義。"凡言利者，有狗焉爾，狗利而忘義，則争端作。惟義之所以為利者，先義而主和。先義，則利物也主和，則天下莫能與之争，湯武是也。"貞者，事之幹也。"又曰："貞固足以幹事。"自無名而至有事，其漸可知已。幹大患濟大難，惟堅貞幹固者能之，參之以權，挾之以霸，危而克存，顛而克扶，皆可也。期於濟事而已，復何嫌哉？故孔子《文言》不以乾加元，直曰："元者，善之長。"明雖乾之大，不能加於元，用之周不能亢於體。故曰："乾元用九，天下治也。"又曰："乾元用九，乃見天則。"前言用九，天德不可為首，此言乃見天則，申明用九之義也。孔子於《乾》之六爻三復重言之，聖人之意深矣。夫天下之勢，陽乘陰，尊臨卑，賢役愚，此理之常也。兩貴者，則不能相事；兩賤者，則不能相使。彼乾陽物也，九陽數也，以陽用陽，則孰為受制？以貴事貴，則孰為祗役？故必以乾元乃可用九。九既為用，則天下之法較然可見也。孰為天下之法則？用九天德不可為首是也，其功如是。彼亨利貞者，疇敢徃參焉，然雖不若元之用九，其與有功焉，皆由此出矣。王弼曰："治衆以寡，制動以静。"又曰："大衍之數五十，其用四十有九，其一不用者，以無者為之主也。

無者為之主，則有者為之用，皆此義也。”卦具四德者有七，《乾》《坤》《屯》《隨》《臨》《無妄》《革》也。《坤》之“利牝馬”，《屯》之“利建侯”，至於諸卦，各因其德，惟《乾》不言所利。孔子曰：“《乾》始能以美利利天下，不言所利，大矣哉！”以言天之道無所不利也。《屯》者，有雲雷，無膏澤，陰陽始交而難生，動乎險中，難保乎全濟也，君子於是經綸焉。《隨》説以動而天下皆隨，天下皆隨未明乎正邪也，必大亨以正乃可也。《臨》“至於八月有凶”，七月陰陽均，八月陽衰而陰盛，故曰“至於八月有凶”。然下有剛果之臣，上有知臨之君，陽有進長之象，故曰“消不久”也。《無妄》天體在上，不與物相接，在下者可以妄矣。或有剛而動者，内為之主，物是以不敢妄，故曰“非正有眚，物與無妄”。《革》以象成者也，“已日乃孚”，然後元、亨、利、貞、悔亡。然初無四德者，安能致信於民而無悔哉？徒信其成事，而不見其四德之固有也。《革》與《睽》同體，而《睽》不具四德者，以柔進而上行，柔進而上行，所以小事吉也，《革》與天地四時同德，湯武同功，異乎《睽》矣。王弼曰：“凡卦具四德者，則專以勝者為先，故曰元亨利貞也。其有先貞而後亨者，由於貞也。容有亨利貞先於元者乎？”弼之此論未為確也，然常究之卦具四德者必從，曰“大亨以正”。四德者，本也，大亨正者，事業也。本原其始也，事要其終也。聖人行法如是，所期事遂而遠灾，保常而免咎。舍此，則凶吝隨之矣。凶悔吝不能免，亦何有《易》。

［（宋）張舜民《畫墁集》卷五　1117—30—5］

易　規

（宋）晁説之

説之山縣無事，輒以所聞讀《易》自娱，若著書則不敢，而又未能忘言於斯世也，作《易規》十有一篇，建中靖國元年辛巳六月十二日，磁州武安縣咸池軒。

三才

八卦成列，象在其中矣。因而重之，爻在其中矣。是未重卦之時，三才之象固已具矣，所謂兼三才而兩之。故《易》六畫而成卦者，言三畫既兼三才，而六畫又以兩之，故卦成於六畫也。又曰：“兼三才而兩之，故六。六者非他，三才之道也。”蓋兼兩之者，别有所屬，言惟三才之道而已也。聖人前後反覆告人明矣，奈何後之學者，以初二為地，三四為人，五上為天乎？伏羲初畫卦時，三才不備乎？有地與人，而獨無天，可乎？夫所謂仰觀俯察者，無所不寓也。昔顔永嘉獨有得於此，何衡陽且屢排之，況他人乎？顔云過此以往予欲無言，其所感不淺矣。説之初聞虞翻夢吞三爻而通《易》，陸希聲夢三聖人而捨《彖》《象》作《傳》。意夫二

子者，可語伏羲之《易》也。翻乃蔽於互體、旁通，希聲不出王輔嗣之藩籬，惜哉！唯揚子雲準《易》而為三玄，一行論三微而成一象，其得深矣。吾康節先生所謂"《易》者伏羲氏之《易》"也。

《易》爻相應

學者以初應四，二應五，三應上，予不知其何以也。《繫辭》言卦爻、象數、剛柔、變通之類非一也，其詳至於三言、五言、七言而不已，未嘗及所謂初四、二五、三上之應也。《繫辭》論《咸》九四之類，凡十有七爻，闡弘明著，若恐無以告人者，諄諄勤矣，又未嘗一言及乎應也。在爻凡三百八十四象示其吉、凶、悔、吝、無咎所以然者，亦未嘗一言在應也。惟《師》《小畜》《履》《同人》《大有》《豫》《臨》《無妄》《咸》《恒》《遯》《睽》《損》《萃》《升》《未濟》十有六卦之《彖》以應為言，而實非初四、二五、三上之應，脱如初四、二五、三上之應，則《損》應有時，而《益》亦應有時也。《未濟》剛柔應，而《既濟》亦剛柔應也。《損》《既濟》之《彖》何為不以言乎？彼四十八卦乃皆無應乎？且夫八純卦或者皆曰無應也，其皆不善乎？獨《艮》之《彖》乃言"上下敵應，不相與"又何邪？《小畜》《大有》五陽而一陰，或者謂《小畜》之六四、初九，《大有》之六五、九二為應耳，安有柔得位，而上下俱應之理乎？《大有》六五之交與夫九二之載善矣，九三上九號為無應，而九三公"用享於天子"，上九"自天佑之，吉無不利"，顧豈不善乎？《中孚》九二、九五號為無應，而九二"鳴鶴和陰"，九五"有孚攣如"，則不必如《大有》之六五、九二有應乎？《中孚》六三、上九號為有應，而六三鼓罷歌泣之無常，上九翰音登天而無實，反不如《大有》之九三、上九之無應乎？《遯》初六、九四號為有應，而初六遯尾，九四好遯，陽利應而陰不利應乎？《頤》初九、六四號為有應，而初九凶於捨龜，六四吉於得虎，又乃陰利應而陽不利應乎？《升》初六、六四號為無應，而初六"允升大吉"，六四"王用享於岐山"，陰無應而俱得乎？《豐》初九、九四號為無應，而初九"遇其配主"，九四"遇其夷主"，陽亦無應而俱得乎？《鼎》六五、九四號為有應，而六五"鼎黄耳金鉉"，上九、九三號為無應，而上九又亦玉鉉，何邪？《睽》初九、九四號為無應，而九四睽孤，六三、上九號為有應，而上九又亦睽孤，何耶？《咸》之三陰三陽而感也，六爻乃俱不以應而為得，又復何耶？由是言之，烏論夫有應無應而明得失耶？王弼所謂"觀變動者存乎應"，非也。予嘗逺究，其失亦非弼倡之，特弼專以斯為術耳。葢前見乎九家之《易》，與夫荀爽之傳、京房之占，而房占術中，應乃其一事也。葢於《易》論世故貴應，今捨世而惟應之，尚猶六軍戰而無元戎，徒貴奇兵也。且房之占，未必密於郭璞，而璞不以位為應矣，况其不為璞者乎？昔殷荆州問逺公曰："《易》以何為體？"逺公曰："《易》以感為體。"殷曰："銅山西崩，靈鐘東響，便是《易》乎？夫以感論《易》者猶見鄙於前人，而乃區區於六位之應，不尤末乎？"

位

《繫辭》謹於爻而畧於位，葢爻有變而位不變也。吉凶、悔吝、無咎者，皆自爻而出也。故曰“六爻之動，三極之道”也。又曰：“爻者，言乎變者也；吉凶者，言乎其失得也；悔吝者，言乎其小疵也；無咎者，善補過也。是故列貴賤者，存乎位。”位有貴賤而無吉凶悔吝無咎也，故又曰：“吉凶悔吝，生乎動者也。”爻象動乎内，吉凶見乎外，位皆不與焉。學者既説初四、二五、三上之應，又謂以陽居陽、陰居陰為得位，得位者吉；以陽居陰、以陰居陽為失位，失位者凶。聖人又亦不道也。然則九五、九三、六二、六四俱善乎？六五、六三、九二、九四俱不善乎？聖人何必區區焉。《繫辭》以斷其吉凶，不遺拇指之微，不諱豕鬼之怪，研極之不已乎？《繫辭》論位之詳且明者，曰：“二與四同功而異位，其善不同。二多譽、四多懼，近也。柔之為道，不利遠者。其要無咎，其用柔中也。三與五同功而異位，三多凶、五多功，貴賤之等也，其柔危、其剛勝耶。”夫六五、六三謂之危可也，詎皆凶乎？六二、六四俱不利遠者，而學者以六二為善，則無過矣，何必用柔中而補過矣？《謙》六四：“無不利撝謙。”《大畜》六四：“童牛之牿，元吉。”《頤》六四：“顛頤之吉。”何耶？《繫辭》又論位之為重者，曰：“聖人之大寶曰位”，即繼之：“何以守位？曰仁。”葢位為虚，而仁為實。位也，苟得其人，雖《謙》之初六：“謙謙君子，用涉大川，吉。”《升》之初六：“允升大吉。”寧論以陰居陽之四二乎？雖《大有》之上九：“自天佑之，吉無不利。”《鼎》之上九：“鼎玉鉉，大吉，無不利。”寧論以陽居陰之三五乎？《蹇》之六二、九三、六四、九五號居得位，乃一於《蹇》而危，何也？《解》之六三、九四、六五號俱失位，乃一於《解》而安。雖六三之負乘致寇，亦吝而已焉，何耶？《蹇》之四爻既俱得位，獨六四《象》言當位，何也？《解》之四爻既俱失位，獨九四《象》言未當位，何也？《困》之九四，號為失位，《象》乃言：“雖不當位，有與也。”《需》之上六，號為得位，《象》又亦言：“雖不當位，未大失也。”又如《歸妹》六五，號為失位，而《象》言：“其位在中，以貴行也。”《旅》之九三，號為得位，而“旅焚其次，喪其童僕”；九四，號為失位，而“旅於處，得其資斧”。《噬嗑・彖》言：“雖不當位，利用獄也。”至六五《象》則言：“貞厲無咎，得當也。”《既濟・彖》言：“剛柔正而位當。”《未濟・彖》言：“雖不當位，剛柔應也。”參差反復如此，則有得失，初不繫於位之當否，果何足論哉？借如彼學者之論，則位之不當者衆矣。《象》之所言才十有三：《旅》《豫》《臨》《噬嗑》《震》《兑》《中孚》《未濟》之六三，《解》《夬》《萃》《小過》之九四，《大壯》之六五是也。位之當者亦衆矣，《象》之所言者才七：《比》《兑》《涣》《節》《中孚》之九五，《臨》《賁》之六四是也。不知果何謂耶？嗚呼！聖人之告人明矣，其義必在爻位者，則兼爻位而稱之，《大畜》六四“元吉有喜”、六五之“吉有慶”之類是也。有爻位之義兼在卦者，則又亦兼卦著之，《比》之初六“有它，吉”，《大有》初九“無交害”之類是也。顧弗明乎？學者乃倡之，喜於自昧而已。

承乘

學者既為有應無應，得位不得位之説，而求之或不通，則又為承乘之説。譬如狡兔三窟，期必一安。其説謂陰承陽則順，陽承陰則逆；陽乘柔則吉，陰乘剛則凶。紛紛者至於專君奪民，分女冠婚，患失患得，區區封植，烏覩觀會通於自然，行典禮而不怍，周流廣大者哉？是《離》皆得於上而失於下，《坎》皆得於下而失於上，豈其然乎？且子之《繫辭》曾無一字及此也，《繫辭》有所謂"凡《易》之情，近而不相得則凶，或害之，悔且吝"者，似乎承乘而非也，此論《易》之情耳。"爻彖以情言，吉凶以情遷"，是也。安論位之遠近乎？《象》亦有所謂從上舍下，志在內、志在外者，復似乎承乘而非也。《象》泛言上下內外而不止以一爻為言也，其言乘剛者凡五：《噬嗑》《震》之六二、六五，《豫》之六五，皆本諸震而云爾也。非震非坎，未之或恤，如《乾》易以知險，《坤》簡以知阻，則尤無所病也。若夫乘柔與乘剛者，《象》亦不見一字也。《師》九二之"承天寵"，《蠱》初六之"意承考"，六五之"承以德"，《歸妹》初九之"吉相承"，上六之"承虛筐"，《節》六四之"承上道"，又豈止爻位而云哉？《小過》六二："過其祖，遇其妣，不及其君，遇其臣。"辭之難了者，自王輔嗣而來，一口曰初祖也，五君也，六二過初而不及五云爾也，不知凡厥六二如之何也。其不思亦甚矣。荀悦稱桓帝時，馬融著易解，頗生異説。及臣叔父故司徒爽著《易傳》，據爻象承應陰陽變化之義，以十篇之文解説經意。由是兖豫之言《易》者，咸傳荀氏學，而馬氏亦頗行於世。然則乘應之學自荀爽而盛歟？

中正

中正，《易》之所尚也。"雜物撰德，辨是與非，則非其中爻不備。"豈謂位之中乎？"吉凶者，貞勝者也；天地之道，貞觀者也；日月之道，貞明者也；天下之動，貞夫一者也。"亦豈謂位之正乎？學者必以位而論中正，則季氏不特富於周公，亦且賢於仲尼矣。如六二、九五為中且正，則凡六五、九二俱不善乎？初、上、三、四永不得用中乎？《艮》六五安得艮其輔以中正？《未濟》九二安得貞吉中以行正？《復》之六四中行，《泰》之六四中心願焉者，又復何耶？如以陽居陽，以陰居陰為得位而正，陽之居陰，陰之居陽為失位而不正，則凡初九、九三皆善，而初六、六三皆不善乎？凡六四、上六皆善，而九四、上九皆不善乎？《晉》之初六"獨行正"，《艮》之初六"未失正"，《蒙》初六之"正法"，《離》上九之"正邦"，又復何耶？凡所謂貞吉、貞凶者，皆非初六、九二、六三、九四、六五、上九之事歟？《未濟》六爻在彼，學者皆失正、失中，而九二、九四、六五何以皆貞吉耶？以卦言之，《中孚》用中，《蒙》《頤》養正，《中孚》獨二五備德，而《蒙》之六五不得為"童蒙之吉"，《頤》六五不得有"居貞之吉"耶？葢《象》之所謂"中正"者，自因卦而為言，又安得以爻卦為一體哉？曾卦爻之不辨也。悲夫！

卦爻

“觀變於陰陽而立卦,發揮於剛柔而生爻”,是卦爻各有所自也。卦以象告,爻以情言,又其為用,亦不同也。學者正指一爻而成一卦,是爻猶頸也,卦猶贅也,聖人何喜多端而蘊祟哉?得非學者見《小畜·彖》言“柔得位而上下應之曰小畜”,《同人·彖》言“柔得位得中而應乎乾曰同人”,《大有·彖》言“柔得尊位大中而上下應之曰大有”,遂爾妄意歟?《大有》六五:“厥孚交如,威如,吉。”因以成《大有》之卦,似可也。《小畜》六四:“有孚,血去惕出,無咎。”何能成《小畜》之卦乎?《同人》六三:“同人於宗,吝。”亦能成《同人》之卦乎?彼為之辭曰成卦則可,為爻則不可。予所未喻也。譬如有人未知牧豕,使之擾龍不其難乎?又彼謂“履虎尾,不咥人,亨”者,正為六三一爻也,六三則“履虎尾咥人,凶”。《大過》“棟橈,本末弱”者,正謂初六、上六之弱也。初六“藉用白茅,無咎”,上六“過涉滅頂,凶”,果其弱歟?如此之類,不因《彖》而妄使卦爻冰炭者,卒無典常,旁行而流也。何足道哉!何足道哉!

象

昔稽康作《言不盡意論》,殷融作《象不盡意論》,卓哉。吾意夫二子者,可謂言《易》也,其深得聖人之言者歟!聖人謂言不盡意,故立象以盡意,使意盡於象,則亦盡於言,而意非言之所盡,則亦非象之可盡。姑立象以盡之,果莫之盡也,意如其盡,則象亦不立,今象之立,以盡不盡之意,非盡不盡之言也。學者乃爭曉曉於象,是聖人欲以盡意者,欲盡言也,不亦悖乎?何襄城患之,乃為六象之論:曰實象、曰假象、曰偏象、曰圓象、曰義象、曰用象。蕭氏又難之,不取偏象、圓象,而立四象之論。何、蕭不知一物俱有六象,非一象各著一物,是未免曉曉之徒也。彼鄭康成、虞翻輩,巧於取象,旁行曲致。王弼患之,曰:“爻苟合順,何必坤乃為牛?義苟應健,何必乾乃為馬?”弼乃太恕乎?是《易》之立象,猶詩人之託興於草木鳥獸乎?孫盛之誚弼宜哉!盛為象妙於見形,論曰:“聖人之觀器不足以達變,故表圓應於蓍龜,圓應不可為典要,故寄妙迹於六爻。六爻周流,唯化所適。雖一畫而吉凶並章,執一則失之矣。擬器託象而慶咎交著,繫器則失之矣。八卦者,圓化之形迹也。天下者,寄見之一形也。圓影備未備之象,一形兼未形之形,故盡二儀之道,不與乾坤齊妙,風雨俱變,不與巽坎同體。”嗚呼!不得稽殷與之談,必也孫安國乎?

主

卦各有主也。學者一槩主之於五,不知孔子魯逢掖,何乃為百代文教之主歟?紂商王曾不得以獨夫自全,其故何耶?《屯》之初六“以貴下賤大得民”,而九五“屯其膏施未光”。《謙》之九三“勞謙君子萬民服”,而六五“利用侵伐,征不服”,主果何在耶?《豐》之初九“遇其配主”,九四“遇其夷主”,果以誰為之主耶?《升》之六四“王用享於岐山”,《既濟》九三“高宗伐鬼方”之類,則主之立象明矣。

學者未之思乎。

德

夫卦辭變通，至於"神而明之，存乎其人"，亦已極矣，乃言"默而成之，不言而信，存乎德行"，則《易》以德為尚也。《乾》之大無不周，其所稱者，四德而已也。夫既以健、順論乾、坤，又言《乾》之"德行常易以知險"，《坤》之德行"常簡以知阻"，顧豈一德之云哉？學者於巽知其入，而不知其出也；於艮知其止，而不知其行也；於震知其動，而不知其恐懼也；於兑知其説，而不知其憂傷也；於坎知其陷，而不知其為陰之中也，陰陽之所始也，陷不自陷也；於離知其麗，而不知其為陽之中也，陰陽之所終也，麗不自麗也。《象》於恒言巽而動，於益言動而巽，於咸言止而説，不於損言説而止，何耶？意自有所在也。學者論説止之德於損，非聖人之意也。如為一之於德，則有泰而無否，常復而不剥。君子之道未知或消，而小人之道無自以長矣。嗚呼！學者於八卦惟知一德，執一德而不知屈伸，安用居觀其象，動觀其變，消息盈虚之尚乎？

變

智者觀變於幾微之初，而昧者則不然。見雨施而知天之變物，感葉落，而不知物之變秋，亦已晚矣。京房、虞翻、荀爽、蜀才之徒，嘗論《易》之變矣，不過謂泰、否變而為咸、恒，咸、恒變而為損、益。坤之上六，下處乾三，乾之九三，上升坤六，而為損。乾之九三，下處坤初，坤之初六，上升乾四，而為益。坤之上六，來居乾之二，而為賁之文剛，乾之九二，分分[①]居坤上，而為否之文柔，如斯而已耳。安得六十四卦所以四營十八變、參伍以變之法哉？嗚呼！《易》之變苟如此，不其晚乎？王弼獨知《賁》有乾坤之變，而區區以情明爻通變，以辭明卦適變，又何其晚耶？夫情之好惡，辭之險易，變之迹也，非其迹之所以變也，變動以利言，吉凶以情遷，則將變而情亡矣。以言者尚其辭，以動者尚其變，則既變而辭亡矣。弼曾未之思乎？孫盛誚弼以傅會之辨麗於浮義，至於六爻變化，羣象所效，五氣相推皆擯落，多所不闕。非誣也。今之學者滔滔，又皆弼之下走也。

訓詁

古之人訓詁緩而簡，故其意全，雖數十字而同一訓，雖一字而兼數用。至隋唐間，何妥二劉輩，好異務華，訓巧而逼，使其意散，兩字兩訓而不得通，或者則又紛紜解剥累數十言，而不能訓一字。畫蛇既成，紛然多足也。毫髮輕重窘於商君之治秦，前人或不容轉喉矣。夫五經之訓皆緩而簡，惟《易》為甚，如《豫・六五》"恒不死"，《象》曰"中未亡也"，《艮・六五》"艮其身"，《象》曰"止諸躬也"，《兑・九四》之"喜有慶也"，今人之辨此六字同異，學如之何哉？《豫》之九四所謂"盍

---

① "分"字疑重。

簮”者，由漢以來諸儒皆曰“簮，疾也”，雖王弼不知牛在古非稼穡之資，而及乎簮，則亦曰疾也。至侯果始有冠簮之訓，適契今日穿窬之學，不知古者禮冠，未知有簮名也。若此者甚衆，可勝言哉！又且古人之語多倒，學者不可不知。必如今人之語，則讀《山海經》之類多所不了，為其語多倒故也。況夫《易》之作於中古乎？《坤・初六》“履霜，堅冰至”，《象》曰“馴致其道，至堅冰也”，《夬・初九》“壯於前趾，往不勝為咎”，《象》曰“不勝而往，咎也”。夫子順其辭，以告人如此，奈何後之人樂於穿窬，必為之辭哉？若夫文字有科斗籀篆隷書，相仍之訛舛，或其授受之不同，則具在别録。

［（宋）晁説之《景迂生集》卷十一　1118—206—11］

答錢申伯書

（宋）晁説之

説之啓申伯足下，人來始知，舟人不至鎮江而復，甚愧，為榮問之，報者不時也。念足下之言，非若近日士子率然操筆，以自可者，其用幾年之學，為此一日之言乎。甚善甚善！況惟《易》之問，而他經不與乎？以三才論作《易》之本意，而率歸於人事，窮極易家師弟子授受之源委而有意於家法，責京房不保其身，揚雄不純其行，王弼、何晏、荀况本致冠之小人，管輅、郭璞、一行未免為闚觀之貞女，烏覩潔净（一有“精微”字）之為《易》哉？乃獨推功於穆伯長、劉原父、邵堯夫，則獨立不懼，以濟斯世者，孰得與吾申伯並耶？尚容逋亡之老，以僅存之軀，妄鳴而取笑耶？雖然左氏之卦變，恐自有一書，如《焦氏易林》之類，今不復存則亦難為乎其言也。一卦必具八變，三易不相為用，七事不著於當時，九師自擅於淮南，則又亦亡言可也。王弼始以《莊》《老》蠡賊易象，固有罪矣，其在莊周謂六合之外存而勿論，六合之内論而勿議，《春秋》經世議而不辯，則君子猶稱篤論也。今南方之學，辭必論，句必議，字必辯，最為穿鑿傅會之端也。惟申伯為能諒之。嗟夫！《易》之所以洗心者，所以明乎憂患與故者，其居則觀象而玩辭，動則觀變而玩占者，老僕方以此自勉，則何敢後乎？申伯之奉哉。如何如何。三月二十五日説之上申伯足下。

［（宋）晁説之《景迂生集》卷十五　1118—290—15］

易　論

（宋）華鎮

（按：鎮《上蔡左丞書》自言著《六經論》六篇，今存者《易論》《書論》《禮樂論》

三篇，又《樂論》二篇以篇數言之，則所缺僅一篇。以六經之目言之，則當缺《詩》《春秋》二篇，均無可攷，姑就現存録之。)

道有汙隆，時有治亂。業有存亡，功有成敗。勢有强弱，事有利害。德有善否，行有是非。物有得喪，民有從違。名有榮辱，身有安危。此數者，吉凶之類也。不動則德不崇，業不廣，動而吉凶隨之。君子不以凶而廢動，務善其動以之吉也。夫時變無常，情偽萬狀，芻豢輕於富足，藜藿美於饑人，則豐約之情異也。畏日流金而狐白見遺，祁寒凝海而紵絮在御，則寒暑之適差也。見吉凶之幾成天下之務者，無他，通照時變，曲盡物情而已矣。苟得其情，雖大必舉，失其時會，雖小不行。古之人禪神器而弗亂，革天命而弗危，放君上而不失其忠，誅兄弟而不失其聖者，得也。交朋友而弗與，撫妻子而弗順，言則招愛，動則招辱，而四體不能保者，失也。得者動而之吉，失者動而之凶。吉凶者，得失之效也。有以見天下之至賾，則事物之宜無失；有以見天下之至動，則會通之理可逢。惟天下之至聖為能與於此。此聖人之獨智也。古之聖人不以獨智自私，而與天下同患難。書非盡言之器，言非盡意之具，聖人必使言立而意達，物得而道傳，是故立象以盡意，設卦以盡情偽，繫辭以盡其言，變通以盡其利，鼓舞以盡其神，而《易》之道興矣。《易》之所謂吉者，適時之變者也。《易》之所謂凶者，迕物之情者也。《易》之所謂悔吝者，釁未著而可圖者也。《易》之所謂無咎者，辨之早而不遂於凶者也。由《易》之道而以時消息，則無所不順於時物，動則之吉，而凶悔吝斯遠矣。是故君子居則觀其象而玩其辭，動則觀其變而玩其占。動静起居，罔與道違，是以自天佑之，吉無不利也。夫佑者助也，天之所助者順也，順之至者天且助之，而況於人乎？所謂得而之吉者，順而已矣。夫剛柔之材生於氣，屈伸之變制於數。物志雖深，不出覆載之外；幾務雖微，不違進退之節。有天地然後有六物，有六物然後有萬類。天地者，六物之父母也。六物者，萬類之宗祖也。兼三才以成卦，合六物而象之，天地之藴，五行之奥，道德之義，性命之理，皆囊括而包舉矣，則萬類之宜無所隱其情。數始於一，成於五，合於十。天地之數，萬物之命也。九六之數，天地之成也。合五十以致用，參天兩地而倚之，鬼神之幽，變化之妙，無形之所行，無情之所成者，可逆數而坐致也。則會通之理無所晦其適，是故聖人觀象於天，觀法於地，觀鳥獸之文與地之宜，近取諸身，遠取諸物，以作八卦。八卦作而象數具矣，故能通神明之德，類萬物之情，定吉凶而生大業。至乎商之末世，盛衰屢更，時變既極，情偽多而聖人之憂患深矣。於是因八卦之成，引而伸之，觸類而長之，以極天下之能事。是故道顯而有傳，德神而不測，酬酢萬變，曲臻其極，至神之妙而易有以祐之。此易道之成也。

[(宋)華鎮《雲溪居士集》卷十八　1119—463—18]

答曹鑒秀才書

（宋）李復

承問卦先後之序。此儒者論之，《序卦》詳矣。蓋《序卦》之説皆人事也。聖人爲世立法，當只以人事言，若其異説奥秘，卦與《繫辭》未嘗顯言，苟得聞其説，亦於經中可見其端。昔有鄭明微，江南人，數見於京師，嘗談其一二，詰之，甚秘，熟察之，乃用此以修鍊御氣者。

又曰：今八卦之位，乃周人所置之位，卦豈一定其位而不易哉？移易其位方可窮萬世，知萬物，所以謂之《易》也。《易》之爲用大矣，神矣。豈一端已哉！卦以陰陽相配，其理未易説，至於歷之二十四氣、七十二候，皆以陰陽，是猶一晝則有一夜也。萬物芸芸，皆出於陰陽，豈有能外陰陽者歟？

問"負且乘，致寇至"，《解》之六三也。乘九二，負九四，不應上六，以招吝之謂也。而《繫辭》曰"負者，小人之事；乘者，君子之器。以小人乘君子之器"，致寇至。又"公用射隼於高墉之上"，出而有獲者，《解》之上六也。墉非隼之所止也。六三處下卦之上，高墉也。履不當位，猶隼失所止也。上六居動之極，除六三之邪佞而無不利，故有獲也。而《繫辭》曰"弓矢者，器也。射之者，人也。君子藏器於身，待時而動，是以動而不括，出而有獲"，此《繫辭》與二爻之義不同，何也？曰：此所謂左右逢其原也。若"繪事後素"，曰"禮後乎"，孔子謂"可與言詩"，亦謂能推廣其意。孔子嘗曰"六言六蔽"，又曰"學則不固"，若蔽固則滯而有所廢。《繫辭》推廣卦爻之義，周流無不可，此故曰"仁者見之謂之仁，智者見之謂之智"也。昔鄭公子曼滿求爲卿，王子伯廖曰："無德而貪，其在《易》，《豐》之象也。"夫《豐》明盛之時，上六以陰居陰，幽闇之甚，故有"豐其蔀"之象，伯廖引以罪曼滿之貪，斯時亦能推《易》之意，又况聖人之於《易》乎？夫非止於《易》也，於他經中斷章取義亦多矣。如《左傳》《孝經》多引《詩》句證其事者是也。

問《復》則不妄。曰：歸根曰静，静曰復命，此《復》也。復命曰常，知常曰明，不知常，妄作凶，此不妄也。

問：《乾》卦其爻何以皆九，《坤》卦何以皆六？曰：《易》曰"參天兩地而倚數"，一三五皆天數也，二四皆地數也。一三五乃九，乾天也，故倚天之數，所謂參天也。二四乃六，坤地也，故倚地之數，所謂兩地也。《易》之數皆以四營之。九而四營之，故乾之策三十六，六爻二百一十有六；六而四營之，故坤之策二十有四，六爻一百四十有四，陰陽之策合而爲三百六十，以當朞之日也。六十四卦共三百八十四爻，陽爻一百九十二，每爻三十六，共六千九百一十二。陰爻一百九十二，每爻二十四，計四千六百八。陰陽合而爲萬有一千五百二十，此所謂萬物之數

也。又以陽爻一百九十二，每爻九數，計一千七百二十八，陰爻一百九十二，每爻六，數計一千一百五十二，陰陽合而爲二千八百八十，以四營之，亦一萬一千五百二十，此又是一法也。

問：伏羲始畫八卦，文王演之，止於六十四卦，何也？曰：八卦非伏羲自創意畫之，乃太極生兩儀，兩儀生四象，四象生之，伏羲隨四象所生而畫之耳。既生八卦，無所不具，故曰："八卦成列，而象在其中矣。"以八卦互相重之，八八相因，所以止於六十四卦也。非文王自出己意而演之也。考之《繫辭》：垂裳而天下治，取諸《乾》《坤》。舟楫之利，取諸《涣》。服牛乘馬，取諸《隨》。臼杵之利，取諸《小過》。弧矢之利，取諸《睽》。宮室取諸《大壯》。葬以棺槨，取諸《大過》。重門擊柝，取諸《豫》。書契取諸《夬》。此盡在文王之前，六十四卦知非始於文王也。孔子言作《易》者知憂患，其文王與紂之事，蓋文王之於《易》專取其濟憂患之道，非謂重卦也。今若曰，如《乾》之初，一變而爲《姤》，二變而爲《遯》，三變而爲《否》，四變而爲《觀》，五變而爲《剥》，六變而爲《晉》，七變而爲《大有》，八變歸爲《乾》，此乃《易》消息歸遊之説。若六爻自下變而上，復自上變而下，不止於八變，亦不止於六十四卦，又下三爻始，則每爻一變，終則三爻共爲一變，亦無是理。且文王未演以前，止有八卦，卦各止三爻，安得有六爻而成八變乎？今且以《乾》卦一卦言之，以《乾》重之乃純《乾》，以《坎》重之爲《需》，以《艮》重之爲《大畜》，以《震》重之爲《大壯》，以《巽》重之乃《小畜》，以《離》重之爲《大有》，以《坤》重之爲《泰》，以《兑》重之爲《夬》，此所謂因而重之，引而伸之也。餘皆類此，所謂觸類而長之也，故《繫辭》曰"八卦相錯也"。

問《乾》卦。曰：聖人之德業也，於舜見之矣。

問《臨》至八月有凶。曰：《臨》與《遯》對，謂之八月者，此以周言也。

問：《象》何以言材？曰：《象》者，總論一卦之義也，一卦之義在一爻任一卦之事，故曰材也。若《比》卦之九五，《豫》卦之九四之類，皆一陽爻爲衆陰之主也。若《同人》之六二，《大有》之六五之類，皆一陰爻爲衆陽之主也。若一爻不能盡，則二體以明之。若《噬嗑》曰"雷電合而章"，《豐》卦曰"明以動"之類是也。然則陰可以主乎？曰：陰雖賤也，寡者，衆之所宗也，天下之動，貞夫一者也。《易》曰："三人行，則損一人，一人行，則得其友。言致一也。"故曰觀乎彖辭，思過半矣。

問：《繫辭》言制宮室，蓋取諸《大壯》之《象》，《大壯》之《象》乃曰君子非禮勿履。何也？曰：《大壯》震上而乾下，震木也，上棟之象。乾爲圜、爲闢户，下宇之象也。夫物壯則老，是惟不大，不大則已。既大而壯，物莫與之以禮制，行物莫勝也，乃能全其壯也。本卦言其制行，《繫辭》言制器，故曰"《易》有聖人之道四焉"。

問：《易》之衆爻，何其多變也？曰：六爻相雜，惟其時物也。剛柔雜居，而以情變也。是故愛惡之相攻而吉凶生，遠近之相取而悔吝生，情僞相感而利害生。

凡爻之情近而不相得則凶，或害之，遠非其應而應之，不安其分也，皆悔且吝，此所以多變也。或問：師出以律，何也？曰：律者，紀律。紀律乃軍政也，出師其政不立，無有不敗，苟或幸勝，不可以爲常，後必取敗也。今之説者，乃曰：吹律以聽軍聲，此出於《國語》。武王伐紂，及司馬効勝負之説也。夫審音以卜吉凶則有之矣。遂以軍師制事，立法皆有軌，則猶樂之有律，是謂律法若軍。政無法，何以行師？其餘皆不可以爲治。

問《易》之《乾》《坤》爻辭。曰：《乾》，陽也，君子也，欲其進也，剛之極，則亦有悔。《坤》，陰也，小人也，不可長也，故其初已有堅冰之戒焉。

問《易》言智崇禮卑。曰：智能達乎形之上，禮惟行乎形之下者，且天一生水，地二生火，烹飪之道，水在上而火在下也。

問：《易》曰"太極生兩儀，兩儀生四象，四象生八卦"，又曰"古者包犧氏之王天下也，仰則觀象於天，俯則觀法於地，觀鳥獸之文與地之宜，近取諸身，遠取諸物，於是始作八卦"，又曰"天地變化，聖人效之，天垂象、見吉凶，聖人象之。河出圖、洛出書，聖人則之"，是三者，皆言作卦之因也，何以不同？曰：河圖所載乃四象八卦也，仰觀俯察，遠近取之，乃八卦所包之象也。《説卦》備言之矣。

問大衍之數、《太玄》之數。曰：天地之數，五十有五。天陽也，其數奇，故二十有五；地陰也，其數偶，故三十也。五位相得而有合，五十有五。然大衍之數五十。《易》曰天下之動貞夫一。一者數之宗也。自一而爲七，七而七因之，所以其用四十有九，虛其一也。

［（宋）李復《潏水集》卷四　1121—39—4］

答李講師書

（宋）吕南公

前辱見過，又示以《周易餘義》五十篇，翻讀竟帙，欣喜不能自停，老丈之得志於經，功效固自不淺，以某之不肖智識謬陋，何足以快睛睫於此耶？多幸，多幸！某於《易》嘗學之矣，而未始先於求言，言之不敢先求，則所以學者特岌岌乎師心而已矣。蓋嘗以為，使天下而世有聖人，則《易》雖不作，廼無不可；使天下而世多賢人，則《易》之傳觧，復誰倚賴。何者？道可以心行故也。今惟世數不幸，每希乏於聖賢而學，諸生又動拘率而按道於文字之間，宜其易惑而難通也。奈何？世而無經，學而無傳，斯不可已。且夫道非出於聖人也，蓋其用亦明於聖人耳，是故資道以作經。資道以作經，於聖人乎何有？而紛紛之徒，廼欲拜經以為道母，此其所以駴眙於經之所言歟？孔孟以前，學者不務傳經以見道，鮮至於疑惑。由漢

以後，傳經之士相望，而道益不明。豈其經不可以傳耶？有心不師，而無言不疑。故亦自困於狂而已矣，何由見道！夫道之所以為《易》也，以無為本，而經之所以為《易》，則文有以助。於無道一而言之二焉，豈得已哉？修乎教而已矣。然而未始不一也，起意於先，而立言於有，是非一耶？得意於言，而忘意於道，是非一耶？人能知夫一之二，而二之一，則是不足以明之。又况於驢眙乎其言哉？唯夫知此者寡，是故苟有以知之，則宜蒙敬慕。昔者，某嘗讀漢以來衆家傳《易》之書矣。方讀之時，或笑其狂，或怒其恣，或悲其暗。及其久矣，則遂以為不足煩吾笑怒與悲焉，因輒忘之。乃中心所以敬慕而有加無損者，王、韓氏而止耳。為其能知一之二而二之一故也。他人未及知此，則雖千百其徒，何能為《易》之軒輊乎？聽其自暗、自狂、自恣可也。故天下業不可以無經，則衆家之書作與不作，存與不存，皆不足論。若王、韓氏則不可容易視之。讀王、韓氏書，而尚不悟《易》，則終不足以學《易》矣。《易》且不足與學，其又可與行道歟？觀餘義之所申，知老丈之所以設心展才，當亦為此，方之衆家有不愧處，至於未免排斥王、韓，則為難允老丈，豈欲求異於經家耶？將以行道而廢經，則異不必求也。又世所傳子夏學者，亦嘗讀之。蓋借名甚高，而持論特卑者，疑其漢儒詐託。果誠出於卜氏，則不已辱孔門哉。彼穎達則唇舌家之役徒耳，何足條涉？然餘義所非往往並及若輩，如令譬擬於王韓，似亦不倫也。成人與成人，談於堂上，而先生或未是之，即騃孺子戲於堂下，而謬言焉，又何足怪，願老丈嘗試察之。

［（宋）吕南公《灌園集》卷十五　1123—145—15］

洪舍人講易啟

（宋）李正民

德無常師，尼父嘗勤於問禮；學不可已，次公猶急於傳經。況聯寮宷之間，獲奉講磨之益。微言既闡，滯念頓開。竊以《易》之為書，深不可識；聖人設卦，强為之名。潔静精微，冠於五經之上；廣大悉備，行於三極之中。歷伏羲、文王而其道全；至周公、孔子而其辭具。分六位而成體，兼三義以無方。天未喪於斯文，嬴相指之為卜筮；道無以興乎世，漢儒釋之以荄滋。必有通人乃明妙義，某官識窮繫表體蹈環中，潛心早慕於仲舒，勤學晚同於伯業。發明九事，陋何晏之甚疎；傳授三爻，笑虞翻之未悟。既用其易簡以游斯世，又推其緒餘以覺後知。載揚闕里之金聲，復振尼山之木鐸。何遠之有？吾無隱乎？某智不足以安身，材不足以補過。未究陰陽剛柔之理，豈知吉凶悔吝之幾。念河圖之弗傳，抱韋編而永歎。年已迫於知命，動多昧於趨時。夫何憂患之餘，獲見微彰之藴。事斯語矣，亦允蹈之。運斤成風，雖無受至道之質；望洋向若，終期造大方之家。過此以還，未知所措。

［（宋）李正民《大隱集》卷五　1133—67—5］

答陳了翁右司

（宋）陳淵

淵於《易》書，嘗習讀其句讀而已，比連辱兩書，皆以所得《易》之精微見教，自量不肖，何足以當此意。反覆玩味，且幸且慚，所論自《賁》至《頤》凡八卦，發一義例，引而同之，使參差不齊者，如魚貫柳。又以孔子之教人，曾參之日省，孟子之存養，舜之孜孜為善，與夫《大學》致知格物之意，參錯其間，事理互融，義語俱妙，而始終連絡，曲當人心。乃知古之作書者，非獨措意圓備，其造語立言亦無不該徧也。此可以傳不朽矣。而以淵之初學，特辱教之，淵安能受之而不慚乎？當更熟讀而精思之，恐日後於此不能有所進也。存其心，養其性，使所居不狹，以達夫大者之大，至於蕪梗廓然，不為吾礙，進而得所止矣。而又自視欿然，不有其大，勞謙以終之，然後不為小人之歸。淵既粗聞其概矣，若乃學《易》之道，以維為要。體之於身，其維安在？生生之謂易，豈續維絶之道乎？又恐諸行無常，事屬生滅，有生有滅，不可以言《易》矣。夫維絶而復續可也。然而曰"固我之維"，又曰"舍我之舟"，何也？舍舟而不易維，可乎？所謂物不格，則《易》而無體，《易》而無體，則不足以見《易》。如是則《易》未嘗無體也。而孔子曰"神無方，《易》無體"，何也？此豈所謂"體"者，無體之體乎？孟子曰"必有事焉"，格物而物格之謂也。以是為《易》，信乎其有體矣。而今之為《易》者，離人而言《易》，故常措《易》於無用之地。是以涉有者滯色，而入無者墮空，而《易》之道喪矣。然則舜與曾參之所有事者，彼何足以知之。向非左右，以高明之學，廓古人所未發，其孰能至此？《賁》所謂"柔来而文剛"者，以剛為體，而柔以文之也，故亨。分剛上而文柔者，以柔為體，而剛以文之也，故小利有攸往，皆天文也。其亨者，以剛勝其小。利有攸往者，以柔勝而已。夫柔不可以偏勝也。舍車而徒，以有趾也。寧徒而弗乘，顧吾之義而已，自强之道也。而《賁》之所以亨者，以剛勝也。故《賁》之趾為《賁》之初焉。未之能行，惟恐有聞。其行者，自行也，尚何待乎？至於"白賁"，則見素抱樸，無所事乎外之文也。故憂患不能入焉。是以無咎而得志。得志，得不在外故也。然既謂之"白"而曰"無色"者，豈以白可以受采而本無色也耶？四教之所以先聖人施教於人也，故宜先易而後難，力行之，所後教人以為己之學也。故宜先外而後内，此其所以不同也。凡此雖不敢不對，而亦不敢以為然者也。其疑者，

求解;其是者,求證。如斯而已。前書所謂"震奮受震,而非能自震"者也。抑管中窺豹,時見一斑耳。安能聞聞於未聲之前,思修於既聞之後乎?所寄語録序已領,净土、觀音二記於似祖處見之,用意精深,皆非淺陋者所能究測也。如有石本,乞賜兩本為重。

[(宋)陳淵《默堂集》卷十六　1139—431—16]

易　論

(宋)范浚

昔者仲尼與羣弟子難疑答問,及羣弟子相與論議而接聞於夫子,其言具存,凡二十篇,曾無一以《易》為問者。厥後孟軻以仁義之説倡於戰國,其書凡三萬四千餘言,亦無一語及《易》。世儒疑之,及觀秦燔典籍,大經大法俱為寒灰,而獨《易》以卜筮之書得不亡滅,然後知孔門弟子與孟軻之有得於《易》也。蓋當春秋時,有為易説者,皆出於卜筮。如周太史為陳侯筮陳仲,遇觀之否,曰:"風為天於土上,山也,有山之材而照之以天光,於是乎居土上,故曰'觀國之光,利用賓於王'。"畢萬筮仕於晉,遇屯之比,辛廖占之曰:"吉,屯固比入,吉孰大焉。"晉獻公筮嫁伯姬於秦,遇歸妹之睽,史蘇曰:"歸妹之睽,猶無相也。"秦伯伐晉,卜徒父筮之,遇蠱,曰:"蠱之貞,風也,其悔,山也,歲云秋矣,我落其實,而取其材,所以克也。"凡此類見於傳記,不可縷數,未有不出卜筮而言《易》者。况當秦之時,去古益遠,士不知經,其獨以《易》為卜筮之書,固宜。然則言《易》者必出於卜筮,則有得於《易》者,固無待乎必言《易》也。且孔子為上《彖》下《彖》、上《象》下《象》、上《繫》下《繫》,與夫《文言》《説卦》《序卦》《雜卦》,先儒以為十翼,則夫子言《易》備矣,而門人又何問乎?至若孟軻説時君以正道,初不為甚高難行之論,特出於桑而衣,田而食,禁數罟以繁魚鼈,時斧斤以足材木,育雞豚狗彘以為老者之旨味,使民得以養生送死,無飢寒不給之虞,其言雖不越乎日用易知之淺事,要皆百姓所甚急,不可一日無有,而歷千萬世所必行者。雖聖人復起,無能變易而不用,是乃軻之所以深於《易》也。蓋包犧、神農、黄帝、堯舜,此數聖人者,後世仰望,意其道若登天然,不可幾及逮者,其取《易》象而制民用,則不過網罟、耒耜、日中為市、制絲麻布帛之衣,與夫舟楫、臼杵、服牛乘馬、重門擊柝、上棟下宇、棺椁書契類,皆日用易知之淺事,然亦皆不可一日無有而歷千萬世所必行者。蓋備物制用,立成器以為天下利,是乃《易》之所以為精微深賾,而聖人所以通其變,神而化之者也。孟軻明乎此,故其言王道不越乎民之日用,是雖無一言及《易》,其不為深於《易》乎?嗟夫!《易》之卜筮為用大矣!無有遠近幽深,遂知來物,而極乎至精至變至神。古之人惟知夫卜筮之用大，故知《易》之廣大而不禦，雖用以卜筮，不害其深於《易》也。後世徒以卜筮為吉凶占驗而已，故自軻之外，寡能明《易》者。至漢人別蓍布卦，以資射覆，而自謂知《易》。嗚呼！其幾以《易》為戲哉！

［（宋）范浚《香溪集》卷七　1140—59—7］

答吕伯恭

（宋）朱熹

便中兩辱誨示，感慰之深。即日雨寒，伏惟尊候萬福。熹正初復至邵武，還走富沙，上崇安，四旬而後歸，將為婺源之行，未及而韓丈召還，道出邑中，寄聲晉叔，必欲相見，不免又出山一巡，疲曳不可支矣。極欲一到三衢，哭汪丈之喪，而未敢前，未知所以為決。旦夕上道，却徐思其宜耳。叔昌寄示所作奠文，曲盡其為人之梗槩，讀之令人隕涕也。何兄誌文語病，誠如所喻，前此固已疑而改之矣。它所更定，尚多忽忽，未暇録呈，草本告收毁之也。子澄已對，未所欲言者，想已子細商較，大抵今日發口，欲其盡已，而不失時義之中，此為難耳。尊嫂葬事想已畢，自此無事，以次整頓諸書，以惠後學，甚善。然亦願早下手也。熹所欲整理文字，頭緒頗多，而日力不足，今又方有遠役念念，未始一日去心也。讀《易》之法，竊疑卦爻之詞，本為卜筮者斷吉凶，而因以訓戒。至《彖》《象》《文言》之作，始因其吉凶訓戒之意，而推説其義理以明之。後人但見孔子所説義理，而不復推本文王、周公之本意，因鄙卜筮為不足言，而其所以言《易》者，遂遠於日用之實，類皆牽合委曲，偏主一事而言，無復包含該貫曲暢旁通之妙。若但如此，則聖人當時自可別作一書，明言義理，以詔後世，何用假託卦象，為此艱深隱晦之辭乎？故今欲凡讀一卦一爻，便如占筮所得，虚心以求其詞義之所指，以為吉凶可否之決，然後考其象之所已然者，求其理之所以然者，然後推之於事，使上自王公，下至民庶，所以修身治國，皆有可用。私竊以為如此求之，似得三聖之遺意，然方讀得上經，其間方多有未曉處，不敢彊通也，其可通處，極有本甚平易淺近，而今傳註悮為高深微妙之説者。（如："利用祭祀""利用享祀"只是卜祭則吉；"田獲三狐""田獲三品"只是卜田則吉；"公用享於天子"，只是卜朝覲則吉；"利建侯"，只是卜立君則吉；"利用為依遷國"，只是卜遷國則吉；"利用侵伐"，只是卜侵伐則吉之類，但推之於事，或有如此説者耳。）凡此之類不一，亦欲私識其説，與朋友訂之，而未能就也。不審尊意以為如何？因來幸以一言可否之禮，書亦苦多事，未能就緒，書成當不俟脱藁，首以寄呈求是正也，示喻令學者兼看經史，甚善！甚善！此間來學者，少亦欲放此。接之但少通敏之姿，只看得一經，或《論》《孟》已無餘力矣。

所抄切已處，便中得數段見寄，幸甚，然恐亦當令先於經書留意為佳。蓋史書鬧熱，經書冷淡，後生心志未定，少有不偏向外去者。此亦當預防也。如何季通行計，久未能辦，近復有同母兄之喪，旦夕或同過婺源，然後入浙。擴之已去，今想到彼久矣。到邑中擾擾，臨行作此書，不盡懷，子約兄不及别，狀意蓋不殊，比塾蒙收教，舉家知感，恐其懶惰，未能頓幸，更望痛加鞭策，千萬幸甚，餘惟為道自重。

［（宋）朱熹《晦庵集》卷三十三　1143—758—33］

答楊元範大法

（宋）朱熹

承示及新著《易説》，開卷一讀，啟發已多。屬此數日諸處書問萃集，撥置不下，未及詳細。但所略看過處，其不能無疑者已兩三條。如"元亨利貞"，文王本意只是大亨而利於正耳，至《彖傳》《文言》乃有四德之説。今若依而釋之，則此《乾》卦只合且以陽氣推説，不應於"利"字遽以陰氣佐陽為言。且以一木言之，萌芽則元，華葉則亨，枝幹堅彊則利，子實成熟則貞。貞則所成之實又可種而為元，循環蓋無窮也。若但謂歸根復命，則亦不見"貞"字之意矣。此須更於天地大化通體觀察，其曲折未易以尺紙言也。又"大明終始"乃言聖人大明乾道之終始，程先生説本如此，但《傳》中言之簡略，却是《語録》中有此意。若云乾道自能大明其終始，殊費言語，卒不成文義也。《大有》卦"亨""享"二字，據《説文》本是一字，故《易》中多互用。如"王用亨於岐山"，亦當為"享"，如"王用享於帝"之云也。字畫音韻是經中淺事，故先儒得其大者多不留意。然不知此等處不理會，却枉費了無限辭説牽補，而卒不得其本意，亦甚害事也。非但易學，凡經之説，無不如此。獨恨早衰，無精力整頓得耳。大抵陰陽只是一氣，陰氣流行即為陽，陽氣凝聚即為陰，非直有二物相對也。此理甚明，周先生於《太極圖》中已言之矣。

［（宋）朱熹《晦庵集》卷五十　1144—464—50］

答黎季忱

（宋）朱熹

示及兩卷，各已批注封還，幸細攷之。《語》《孟》更須寬心細意看，令通徹。《易》則恐未易讀，如此穿鑿，似枉費心力也。蓋《易》本卜筮之書，故先王設官，掌於太卜，而不列於學校。學校所教，《詩》《書》《禮》《樂》而已。至孔子，乃於其中推出所以設卦觀象繫辭之旨，而因以識夫吉凶進退存亡之道。蓋聖人當時已曉卜筮之法與其詞意所在，(如説田狩即實是田狩，説祭祀即實是祭祀，征伐、婚媾之類皆然，非譬喻也。)故就其間推出此理耳。若在今日，則已不得其法，又不曉其詞，而暗中摸索，妄起私意，竊恐便有聖賢復生，亦未易通。與其虛費心力於此，不若且看《詩》《書》《禮》《樂》之為明白而易知也。然《大學》《論》《孟》《中庸》又在四者之先，須都理會得透徹，方可略看《易》之大指，亦未為晚。今所論《論語》尚爾未通，豈宜遽及此耶？

[(宋)朱熹《晦庵集》卷六十二　1145—161—62]

讀易紀聞

(宋)吕祖謙

《乾》九三，在下體之上，未離乎下而尊顯，最是危懼難處之地，故以乾乾兢惕，始能無咎，且就學者分上言之，在流俗中德行學業在衆人之上，則忌疾者多，非十分戒懼，豈能免禍？只爲未離得流俗，而名出流俗之上，所以招忌疾也。若是道尊德重已離流俗，則流俗自不敢忌疾，亦不須戒懼。(若已離得下體，則為九四，其繇云："或躍在淵，無咎。"蓋此爻已出下體之外，亦如學者躍出流俗之外與流俗不相關，無緣忌疾，自然安穩，不須戒懼。淵，龍之所安也。)

《乾》九三，《易傳》曰：在下之人，而君德已著，天下將歸之，其危懼可知。雖言聖人事，苟不設戒，則何以為教。讀者多謂聖人無待於戒，只爲教衆人，故設教。若如此看，則是聖人處已教人，分作兩段，大失《易傳》之意。蓋《易傳》言，若謂聖人不須設戒則無以爲教。設如設官之設，非假設之設也。教如儒教之教，非教人之教也。

"用九，見羣龍無首，吉。"乾首出庶物，為天、為父、為君，無非為首，安在其無首耶？蓋乾者，萬物之首，非有心於首萬物也。雖為首，實未嘗為首也。《老子》竊窺無首之義而曰"後其身而身先"，居其後，乃所以致其先，迹雖不為首，心實求為首也。觀此可知《老》《易》公私邪正之辨。

"大明終始，六位時成。"乾之六位，自古自今，隨在隨足，何嘗不成，但人不能明乾之終始，故自見其不成其實，六位元不曾損壞也，苟大明乾之終始，則事事物物中六位歷然森列，應時俱成，更無漸次。

"終日乾乾，反復道也。"乾乾，不息也，乾道反復如環之無端，故無息也。

"君子體仁，足以長人。"《易傳》曰："比而效之謂之體。"仁者，人也，合而言之，道也。只為人不能合，故必比而效之，執柯伐柯，其則不遠，比而效之之謂也。

“貞固足以幹事。”世人多謂疏通者能幹事，貞固者不能幹事，此蓋錯認樸拙為貞固耳。殊不知世所疏通者，雖能趣辦目前，然不貞不固，終必敗事，故惟貞固者為能幹事也。

“不易乎世，不成乎名。”二者最難兼。

“忠信所以進德也。”有根則苗自長。

進德脩業，所以言於九三，何也？蓋九三，乾乾夕惕、危懼不安之地也。人惟不安，然後能進，苟自以為安，决無進益之理。

“乾元用九，天下治也。”《易傳》云：“天與聖人同得其用，則天下治也。”蓋天之用未嘗一日而息，天下本合常治，然一治一亂者只為人與天不相似，不能得天之用，所以不治。故必待天與聖人同得其用，然後天下治也。上九，“賢人在下位而無輔”，蓋上九窮高極亢，不能下賢，所以賢人在下位而不輔之也。

“終日乾乾，與時偕行。”在天之時，寒往則暑来，晝往則夜来，初未嘗息。至於人則朝氣鋭，暮氣惰，不能終日乾乾者，蓋梏於血氣不能與天地之氣相通故也。若與天地之氣相通，則與時偕行矣。

“或躍在淵，乾道乃革”。自凡入聖，全在一躍。（四離下位而升上位，如人自凡入聖也，非一躍豈能變革乎？）

“乾元用九，乃見天則。”用九之道在乎元首，天叙有典，天秩有禮，本未嘗為首，因其元有父子，故有父子之典；因其元有吉凶，故有吉凶之禮。本非天爲首而創立之也，此所謂天則。

“九二見龍在田。”德施既普，自常情論之，豈復更待學問而猶曰“學以聚之，問以辨之，寛以居之，仁以行之”者，蓋健而無息之謂乾，若以德施既普為足，不復學問，居行是有息也，有息非乾也。

學聚問辨而又曰寛以居之，何也？蓋到此地位正須涵養此理，廹則失之矣。

先天而天弗違，後天而奉天時，蓋聖人與天無間，譬如朋友忘形，行路之際，或我在前而彼隨之，或彼在前而我隨之，並無形迹也，不必分解，如何謂之先天，如何謂之後天。

《坤》“君子有攸往”，人只説《坤》静而不動，故聖人以君子有攸往明之，使人知至静之中，其動本未嘗息也。

天下惟有一理，《坤》之《彖》止曰乃順承天，德合無疆而已，蓋理未有在乾之外者也，故曰“效法之謂坤”。

《乾》之無首，《坤》之先迷，是知君臣上下之間皆不可多上人也。

《乾》之初九曰“潛龍勿用”，坤之初六曰“履霜堅冰”。至陽者善之類也，陰者惡之類也，善端初發，且要涵養，惡念初生，便須翦除。

“含章可貞，以時發也。”大凡人出来做事，多被人疑忌，只爲預先多露圭角，不能含章，惟含章然後可以時發，初不是兩件事。

"或從王事，知光大也。"《易傳》云：或從王事而能無成有終者，是其知之光大也。惟其知之光大，故能含晦，此極有意味。尋常人欲含晦者，多只去鋤治驕矜，深匿名迹，然愈鋤愈生、愈匿愈露者，蓋不曾去根本上理會。自已知未光大，胷中淺狹，纔有一功一善，便無安著處。雖强欲抑遏，終制不住，譬如瓶小水多，雖抑遏固閉，終必泛溢，若瓶大則水自不泛溢，都不須閑費力。"六四，括囊，無咎無譽"，居此地者，須是如括結囊口都無一條縫始得。

"六五，黄裳元吉。"黄，中之色也，裳，下之服也，中無定所，坤以下為中。

"積善之家，必有餘慶；積不善之家，必有餘殃。"善如何得積，惡如何得不積，肉羶則蟻集，醯酸則蚋聚。若胷中有容著善處，善自然積，胷中無容著惡處，惡自然不積。

"履霜，堅冰至，蓋言順也。"大抵惡念惡事最不可順他，譬如忿怒，若順将去，必至於殺人；飲酒，若順将去，必至於沈湎。

"天地變化，草木蕃，天地閉，賢人隱。"人與天地萬物同是一氣，泰則見，否則隱，猶春生秋落，氣至即應，間不容髮，初不待思慮計較也。若謂相時而動，則已作兩事看。（所以獨稱賢人隱者，蓋衆人强自隔絶，故與天地之氣不相通，氣至而覺者，獨賢人而已。）

"雲雷屯，君子以經綸。"屯難之世，人皆惶懼沮喪，不敢有為，殊不知正是君子經綸時節。

"屯，勿用有攸往，利建侯。"若就學者言之，如道學廢絶之時，乃道之屯也。當此時，未可便有為，須廣求有志之士共扶此道，乃可有濟。

"初九，盤桓。"説者或謂初以剛居剛，在屯難之世，恐其鋭於進，故戒之以盤桓，此説不然。蓋初以剛明之才，乃能與時消息，自制其剛，盤桓而不敢騁，此正所謂自勝之强也，此正所謂剛也。惟剛然後能盤桓，孰謂以剛為戒乎？

《屯》初九《象》曰："雖盤桓，志行正也。"人徒見君子居屯難之時，盤桓不進，遂以為甘心退縮，無志於行正道，殊不知所以盤桓不進者，其志乃在於行正道也，苟輕進易合，豈能行道乎？

"以貴下賤，大得民也。"九居屯難之時，欲建侯以為助，若自恃其剛陽之貴，不屑屈己下賤，豈能得民！亦如主盟斯道者，欲廣求所以濟道之也。若抗顔自[①]尊不屑降意，収接後進，亦豈能得人乎？

"六三，即鹿無虞，惟入於林中，君子幾，不如舍，往吝。"三以陰柔而所居不正，故貪求妄動，急於求鹿，不待虞人之指導，猖狂妄行，陷於林莽，此輕動之咎

① 自"豈能得民"至"若抗顔自"二十四字原闕，據民國《續金華叢書》本《東萊集》補。

也。惟君子心無利欲，故能獨見其幾，預知不可得鹿，而遽舍之，止於未動之先，豈待既往有吝，然後悔乎。

"六四，乘馬班如，求昏媾，往吉，無不利。"《象》曰："求而往，明也。"四居近君之位，得君之眷，可以有為，然其才陰柔，不足以濟屯，故將進復止，如乘馬之班如，若能自知不足，下親暱於初，與之同向前，共濟天下之事，則吉無不利。夫子釋之曰"求而往，明也"。明之一字最宜詳玩，蓋得時得位，肯自伏弱，求賢自助，非明者能之乎。

《屯》"上六，乘馬班如，泣血漣如"，《象》曰："泣血漣如，何可長也？"屯極則當通，如亂極則當治，上居屯之極，正是一機會。然六以陰柔居之，雖欲有為而才不足，坐失機會，故"乘馬班如，泣血漣如"也。《象》所以言"何可長也"者，蓋謂屯極之時若不變而為治，即入於亂亡，只有兩件更不容停待，正如傷寒病極之時，若下得一服藥，是當時無事，若醫者庸懦，狐疑不決，則必至於死，蓋此病不可停待也。

《蒙・象》曰："匪我求童蒙，童蒙求我，志應也。"説者多謂發蒙者，不可自屈，必待童蒙先來求我，志與我相應然後可教，苟急於教人，不待學者有志而强告之，必不能入矣。此固是正理。然人或錯會此説，亢然不復與學者相接，學者亦望風不敢進，少徒寡與，道卒不明。要須詳玩"志應"二字，此無以感之，彼安得而應之，應生於感也。古之教人，雖不區區先求學者，然就不求之中自有感發之理，不然學者之志何自而應乎？

"初筮告，以剛中也。"九二，發蒙者也。九，剛也；二，中也；剛中，九二之全體也。當學者初来請問之時，其心誠一，故徑以全體告之。

"再三瀆，瀆則不告，瀆蒙也。"再三瀆，是蒙者瀆發蒙者，今不曰瀆發蒙者而反曰瀆蒙何也？蓋聖人教人不倦，豈嘗厭蒙者之瀆我哉？所以再三瀆而不告者，為[1]至理不容擬議，一言之下，便當領解，苟未能解，若置之而不告，彼雖未達其胸中天理，完然不[2]動也，若再三瀆，告之，則彼將入於擬議卜度，反瀆[3]亂其天理矣，此所謂瀆蒙也。

"山下出泉，蒙。"《易傳》曰："出而遇險，未有所之，蒙之象也。"惟其未有所之，故導之為江為海，無所不可，若已有所之，則必難回矣。

"君子以果行育德"，果決其所行，養育其明德，二者寖難兼，果決者多不能涵養，涵養者多不能果決，殊不知二者本並行而不相悖，果決中自有涵養之理，涵養中自有果決之理。

---

① "為"字原闕，據民國《續金華叢書》本《東萊集》補。
② "達其胸中天理，完然不"八字原闕，據民國《續金華叢書》本《東萊集》補。
③ "卜度反瀆"四字原脱，據民國《續金華叢書》本《東萊集》補。

《蒙》之六三，爲教者設戒也。《蒙》之六四，爲學者設戒也。教者必擇質美者然後可受，如三之陰柔偏闇，正應在上，不能遠從，近見九二爲羣陰所歸，捨其正應而從之，是女之見利而動，棄其正匹，見人之多金，從之而不顧其身者也。女而如此，豈可復取？人而如此，豈可復教？故曰"勿用取女，行不順也"，豈非所以戒教者乎？學者資質既弱，必須親近賢者，然後可以變弱為強，苟如四之柔弱，乃與二陽隔絶相遠，是柔弱之人又與賢者相遠，必終困於昏蒙而可吝矣。故曰："困蒙之吝，獨遠實也。"豈非所以戒學者乎？

《需》乾下坎上[①]，以乾之健阻[②]於坎險之下，故需待而後進也。然惟乾然後有所需，非乾則素無所有，將[③]何所需乎？

《需》"利涉大川"，惟能需待，所以審細瞻顧，涉大川而無虞，《需・大象》"雲上於天，需，君子以飲食宴樂。"雲上於天而未成雨，猶君子未施於用，而需待之時也。飲食宴樂，涵養此理而已，與後世不得志而麴蘖之託、昏冥之逃者大異。

《需》初九、九五二爻之吉，固不待言。至於餘四爻，雖時有悔吝，然終歸於吉，如二則"小有言，終吉"，如三之《象》則曰"敬慎不敗"，四之《象》則曰"順以聽也"，上則曰"有不速之客三人来，敬之終吉"，大抵天下之事若能款曲停待，終是少錯。

"上六，入於穴，有不速之客三人来，敬之，終吉。"上既入於穴，自處本位而下之。三陽剛躁上進，不速而來，欲奪其位而據之，此人情所甚不平也。然上之地位雖正而才質甚弱，苟恃其理之直而忘其力之不足，與之紛競則必反爲三陽所奪矣。若能量力審勢，忍人之所不能忍，致敬盡禮以待之，則三陽雖暴，將何所施邪？此所以終吉也。

衆人之言訟，以勝為吉；《易》之言訟，以中為吉，不中則雖勝亦凶也。

《訟》："初六，不永所事，小有言，終吉。"《象》曰："不永所事，訟不可長也。雖小有言，其辨明也。"尋常人争訟，所以拖延歲月，長久而不决者只為恥於小不勝，故不肯住，終至於凶。若知訟之不可長，不顧小有言之辱，更不報復，目下雖似可恥，終久誰得，計其利害，不待辨説而明也。

"六三，食舊德，貞厲，終吉，或從王事，無成。"《象》曰："食舊德，從上吉也。"《易傳》曰：守其素分，雖從上之所為，非由己也。故無成而終，得其吉也。蓋在下位者，為上所寵任，往往忘其素分，臨事不能退，託擅以為己功，此所以多得禍也。只如簿尉驟為郡守所委任，遂忘自身元是簿尉，遇事専輙偃然以成功自居，豈不招忌疾而致禍敗乎？

---

① "需乾下坎上"五字原闕，據民國《續金華叢書》本《東萊集》補。

② "阻"字原闕，據民國《續金華叢書》本《東萊集》補。

③ "將"字原闕，據民國《續金華叢書》本《東萊集》補。

"九四,不克訟,復即命渝,安貞,吉。"以九居四是剛强之人處不中正之地,本好訟者也。然所承者五,五至尊而不敢與之訟。所履者三,三至柔而不至於生訟。所應者初,初既相應亦非與之為訟者也。左右前後皆無可,雖有好訟之心,略不得騁,則其心必自還而歸善,故曰復即命渝。命,正理也,好訟之心既無所施,則必復就於正理,變而為善也。譬如水之泛溢,欲擊東岸而其岸堅而不可動,欲擊西岸而其岸又堅而不可動,則必循循歸於故道矣。心之所之只有善惡兩件,於惡既不得騁,不之於善,將何之乎?

"九五,訟,元吉。"《象》曰:"訟,元吉,以中正也。"九五,聽訟者也。訴訟之繁,多至千百,聽訟者欲其盡善而咸吉,苟件件尋一道理以應之,則亦不勝其勞矣。殊不知聽訟所以能盡善而咸吉者本無多術,只是一箇中正待之而已。

"上九,或錫之鞶帶,終朝三褫之。"《象》曰:"以訟受服,亦不足敬也。"説者多謂以訟受服,終不能保,必見褫奪,此未盡爻象之意。蓋以訟受服,人情所最辱者。若便見褫奪,服不在身,其辱亦除。褫其服所以減其辱也。惟其常著此服在身,内則心自羞愧,外則人共指目,終朝之頃,三次褫脱,忸怩不寧,一至於此,其為辱也,孰大焉。若謂服為他人所褫,則一褫便無何待至三,所以言三褫者,蓋其負愧懷恥,視鞶帶如纆索,時褫時服,不能一朝居耳。

"師,貞丈人吉,無咎。"丈人者,老成持重,諳練之人,如趙充國之比是也。

《師·彖》"剛中而應",剛中言二也,二以一陽為卦之主,猶將帥也。二雖剛中,必待五之應,猶將帥雖賢必待君為之應,然後能成功也。苟五不應,師變為坎矣,將帥臨敵而上無君之應,豈非天下至險乎?

"地中有水,師,君子以容民畜衆。"地中有水之象,惟君子觀之,則見地之容水,體之以容民畜衆。若小人觀此象,但見地中有水謂不防之則横流不可制,必酷為法制,御軍苛刻而致亂矣。象一耳而觀者二焉,此所以當觀象。

"六三,師或輿尸,凶。"二,師之主,將帥之象也。三居二之上,位高者也。軍政當出於一,非可使衆主之也。三苟自恃位高,不肯屈已從二之令,侵撓軍政,則令出於二,其覆敗必矣。所以軍中只論節制,不論官爵。

師不以律,不直曰凶而曰臧凶。弟子輿尸,不直曰凶而曰貞凶。彼其所以敢棄師律者,恃其臧也。彼其所以敢侵帥權者,恃其貞也。其意以謂吾謀盡善,何律之拘,吾心苟正,何帥之稟,此所以弛縱專輒[①]而至於凶。

《師》:"上六,大君有命,開國承家,小人勿用。"《象》曰:"大君有命,以正功也;小人勿用,必亂邦也。"上六居《師》之終,功成之時也。人君當功成之時,志驕意滿,多用小人,以適其欲,如唐憲宗既平淮西之後用皇甫鎛、程异之類是也,故

---

① "輒"字原闕,據民國《續金華叢書》本《東萊集》補。

聖人嚴為之戒焉。

《師》以二為主，二，將帥也，以一陽而為衆陰之所聽命者也。《比》以五為主，以一陽而為衆陰之所親者也。《比》所以次《師》者，言衆雖聽命於將帥而心當親於君也。

“原筮，元永貞，無咎”，原筮者，察之之詳也；元永貞者，求之之備也，將親比依附是人，夫豈細事哉，故必察之詳、求之備，然後無咎。

“六二，比之自内，貞吉。”或慕其利而比之，或慕其名而比之，或慕其勢而比之，皆自外也。

“六三，比之匪人。”《易傳》曰：“三不中正而所比皆不中正，四陰柔而不中，二存應而比初，皆不中正，匪人也。二之中正而謂之匪人，隨時取義，各不同也。”隨時取義之説，最當詳考，蓋二之中正本未嘗有應而比初，但三以私心觀之，故見其有應而比初耳。君子所為本公，苟以私心觀之，則見其件件是私欲，雖與君子相處亦如與小人相處無異也。二本君子，以三之心觀之，則小人也。三既看得二爲小人，故與二相比，未嘗得近君子之益，反得近小人之損也，此三之罪，非二之咎也。

“上六，比之無首，凶。”上居卦之終，不曰無終凶，而曰無首凶，何也？見其無終則知其必無首矣。治疾者必推其致疾之由也。

《小畜》“初九，復自道，何其咎，吉”，“九二，牽復，吉”，九，陽也，陽非久為陰所畜者也，故其志皆欲進復於上焉。然則安於豢養而不復進者，非可恥邪？

［（宋）吕祖謙《東萊别集》卷十二　1150—306—12］

己丑課程

（宋）吕祖謙

（略）

中於五而亢於上，是《乾》至五而不可進也，苟不可進則曷謂健而無息乎？蓋《乾》至於上而極，有極則有息，無極則無息。

剛柔相濟為中（程氏用九傳）。

（略）

“或躍在淵，進無咎也”，必於進者咎可知。

（略）

《乾》之用，《乾》之時，《乾》之義（《程氏易傳》）。

“或躍在淵，自試也。”《程氏傳》曰：“隨時自用也。”

“飛龍在天，乃位乎天德。”《程氏傳》曰：“正位乎上，當天德位稍偏，則於天德

不相當。"

"乾元用九,乃見天則",天則政在無首處。

以剛健、中正、純粹六者形容乾道精,謂六者之精極。(《程氏傳》)

君子以成德為行,此漆雕開所以不仕歟?

《程氏傳》:聖人在下,雖已顯而未得位,則進德脩業而已。學聚問辯,進德也;寬居仁行,修業也。聖人兩字當看。吉凶者,失得之象也,無失則無得。"

"憂悔吝者存乎介"。

"與天地相似,故不違",有毫髮不相似,則已違矣。

"西南得朋,乃與類行,東北喪朋,乃終有慶",惟得朋,然後能喪朋,厭薄其類者,未必能出其類也。

(略)

屯者,物之始生也,始生必屯,理也。善端初發,困於傾摇摧折而自盡者,豈知此哉?

(略)

"初六,發蒙,利用刑人,用説桎梏,以往吝。"翦爪稍深,則侵膚。儀、秦跡不蹈已,非才也,其跡不容復蹈也。

(略)

《易傳》"雲上於天",有蒸潤之象,飲食所以潤益於物,故需為飲食之道。

《易傳》"有孚"則能光明而亨通。

"需於郊,不犯難行也,利用恒,無咎,未失常也。"《易傳》曰:"雖不進而志動者,不能安其常也(志動則身郊而心吉[①])。"

"需於泥,災在外也,自我致寇,敬慎不敗也。"災在外而我即之致寇,非自彼也,苟敬慎則何敗之有?

《訟》傳:既有所須,争所由起(無所須則無争)。

(略)

"六五,田有禽,利執言,無咎,長子帥師,弟子輿師,貞兇。"名正(權專)。

(略)

物相親比而無間者,莫如水在地上。(相入)

"有孚盈缶。"(滿腹皆誠)

《小畜》傳:小則聚矣。(心散則道不積)

(略)

《小畜》"九二,牽復,吉"。《象》曰:"牽復在中,亦不自失也。"《易傳》云:"二

① "心吉"二字原闕,據民國《續金華叢書》本《東萊集》補。

五皆陽剛，為陰所畜，俱欲上復，陽之復，其勢必强，二以處中，故雖强於進亦不主於過剛。”（元祐諸賢似當深體此義）

凡貨不出於關者，舉其貨罰其人。（司關）

“既雨既處，尚德載”，而繼之曰“婦貞厲”，周公之憂懼有以也。

彤弓鐘鼓既設，一朝饗之，彼印刓而不忍予者，是獨何哉？“泰，小往大來。”（觀國者觀勢不觀事）

“履，元吉在上，大有慶也。”（曾子：“吾今乃知免。”）

泰，内健而外順；否，内柔而外剛，何也？乾健也，坤順也，否則上下交有天地之形而無乾坤之用，故不言健順。

（略）

“無平不陂，無往不復”，氣運之常也。艱貞，無咎，轉移之理也。《泰》“六四，翩翩不富以其鄰，不戒以孚”。小人，嗜利者也，今乃不富以其鄰。小人棄信者也，今乃不戒以孚，蓋為三陽所迫，同舟遇風之時也。君子之於小人，其可廹之已甚歟。（《易》隨時取義與内君子而外小人，兩得其所，自不相妨）

《泰》與《大有》皆以六居五，則人君之處盈成者可知矣。

《否》六三曰：“包羞。”《象》曰：“包羞，位不當也。”人無有不善，所以包畜邪濫，至可羞耻者，豈其本真也，特所處之位不當而已。“位”之一字當詳玩。

（略）

《比》之“原筮，元永貞”也，《同人》之“利君子貞”也，《隨》之“元亨利貞”也，一也。

“天與火同人，君子以類族辨物。”（致廣大而盡精微）

《同人》“九三，伏戎於莽，升其高陵，三歲不興。”《易傳》云：“此爻深見小人之情狀。”（所以深見小人之情狀者，豈鉤距揣摩而得之哉）

有無妄然後可畜。（荀子“養心莫善於誠”之語未瑩）

（略）

火在天上，大有。傳：火高在天上，照見萬物之衆多而大有。（是有也，昔未嘗無，特不見而已）

大有九五，易而無備傳。

“蒙雜而著”，雖昏蒙雜亂，是理暸然已著。

（略）

“豫，利建侯，行師。”

《豫》六四，楊敞、車千秋之流，不足以當之。

（略）

觀《豫》六五之象，然後知上無耽樂之君，則下無擅權之臣。

（略）

《隨》“六三，係丈夫，失小子，隨有求得”。（失即得也）

《隨》九五傳：居尊得正而中，實是其中，誠在於隨，善失即得也。（中不實豈能隨善？）

（略）

《蠱》傳：蠱乃有事也。（天下本無事）

“利涉大川，往有事也。”（往則有事）

“初六，幹父之蠱，有子考，無咎”，猶繼以“厲，終吉”。

“不事王侯，志可則也”。（沮溺之志不可則）

（略）

《臨》“至於八月有凶，消不久也”。

《臨》，初感於四也而志行正，二感於五者而曰未順命，則下之事上可知矣。

六三：“甘臨，無攸利，既憂之，無咎。”（外求不若内求）

（略）

《觀》“有孚顒若”。（白鶂眸子不運而風化）

《易傳》見天地之神，體神道而設教。（非見則莫能體）

“闚觀女貞，亦可醜也。”（見之不能甚明而能順從，在今學者已不易得，而夫子言“亦可醜”，蓋聖人望人之意深，待人之意厚）

“六三，觀我生進退。”（三居上下之交，政是用力斟酌處）

（略）

《噬嗑》傳，聖人觀齧合之象，推之於天地，萬事使皆去其間隔而合之。（顔子未達一間亦間也，鑽仰之勒，其噬嗑之用乎？）

噬嗑而亨，不噬嗑而欲自亨者，世之所謂無礙者也。《噬嗑》“初九屨校滅趾”。（自發足處即禁之）

（略）

［（宋）吕祖謙《東萊别集》卷十二　1150—306—21］

易　論

（宋）崔敦禮

《易》者，卜筮之書乎？曰：非也。聖人懼天下之人蔽於卜筮之學，而為之也。以《易》為卜筮者，假《易》以為怪者也。曰：《周官》之《筮人》太卜皆言掌三《易》，何也？曰：《周官》非周公之書，戰國陰謀之書也。唐虞之典謨，箕子之《九疇》，三代之誥誓，皆言卜筮，未嘗假《易》以為怪也，此有以見《周官》非吾聖人之書也。曰：夫子贊《易》，或以卜筮，以蓍龜為言者，何也？曰：原聖人作《易》之本也。古者《易》之初興，何為興也？以卜筮而興也。卜筮之興，何為而興也？天以此與聖人也。天不與天下而與聖人者，何也？曰：天之與聖人將與天下共之也。天生靈蓍與草木等爾，烏知其可筮也？惟聖人則用之以四十有九，而天下之數無遺算。天生靈龜與鱗介等爾，烏知其可卜也？聖人則灼之以七十二鑽，而天下之象無餘蘊。天下之象數舉盡於蓍龜，則吉凶禍福之幾藏於兆眹，人之智識思慮所不能到者舉可得而知之也。此聖人意也，亦天意也。然聖人憂天下，深慮後世，遠懼天下之民蔽於卜筮之説，朝灼龜，暮揲蓍，規規然惟枯莖朽骨之求而不知修德以致福為善以避禍也，於是不得已取蓍龜而則之以為《易》。《易》之有象，以龜之象而定之也；《易》之有數，以蓍之數而揲之也。蓍龜之象數既寓於《易》，聖人於是因其象數之所寓而繫之以辭。如是而為君子，如是而為小人，如是而可以趨吉，如是而可以避凶。事有可以行，則告之以征凶、征吉之辭，事有不必行，則告之以征吝、利貞之辭。翦翦斬斬，如繩曲直，不可移易，是蓍龜之靈而先知者，聖人以取而寓於《易》，所謂蓍龜者，已為芻狗，已為筌蹄矣。人能玩其占於方册之上，動静取舍，惟《易》之聽。聖人以為吉，從而趨之，聖人以為凶，從而避之，是亦蓍龜之最靈者也。不然，揲蓍以為筮，而求其數之衍耗；灼龜以為卜，而觀其兆之陰陽。如是而驗其吉凶，而於聖人之《易》無或擬議，焉可也？聖人既取蓍龜以作《易》，後世不當以《易》而聽於蓍龜也。後世不得已而以蓍龜占事可也，不當假《易》以為怪也。“觀國之光，利用賓於王”，聖人釋《觀》之六四，人臣進而得君之辭也，而周史筮之以為有土之兆。“困於石，據於蒺藜”，聖人因《困》之六三居非其所、自取危辱之辭也，而武子筮之以為淫亂之占。“公用享於天子”，聖人擇《大有》之九三以大臣而膺君寵之辭也。晉侯筮之以為戰則克之祥。斯皆假《易》之辭委曲遷就而信其説者也。至於卦爻之辭有不委曲而遷就，則又自為一説以飾其意。畢萬筮仕於晉，遇屯之比，曰合而能固，安而能殺，公侯之卦也。聖人《屯》《比》之辭有是乎？成季之將生也，筮遇大有之乾，曰“同復於父，敬如君所”。《大有》《乾》之辭有是乎？卦爻之義果如是，則聖人必言之於辭。聖人不言之，而自為是説，以強合其事，不可也。聖人有其辭又委曲遷就之，不可也。斯皆假《易》以為怪者也。故曰聖人既取蓍龜以作《易》，後世不當以《易》而聽於蓍龜也，後世不得已而以蓍龜占事可也，不當假《易》以為怪也。

[(宋)崔敦禮《官教集》卷七　1151—832—7]

講　易

（宋）袁説友

臣聞：夫《易》畫於伏羲，演於文王，爻詞於周公，彖繫於孔子，而《易》成於周矣。故曰《周易》。謹按《乾鑿度》云：易一名而含三義，簡易也，不易也，變易也。先儒之論以簡易，不易，非聖人作《易》之妙旨。《繫辭》曰："《易》之為書也不可遠，為道也屢遷，變動不居，周流六虚，上下無常，剛柔相易，不可為典要，唯變所適。"凡此皆變易不窮之義，顧豈簡易所能盡耶？自伏羲之時，世質民純，巧偽未作，故雖三畫可以盡天下之變。至神農、堯、舜，取法八卦，以明吉凶，其大者衣裳取乾坤而天下治。降及夏、商至周之世，民偽滋生，禮樂闕壞，天下萬事紛然而起，三畫之《易》始不能以盡萬變，文王憂焉，重卦為六十四，重爻為三百八十四，又為彖辭以究八卦之用，天下有變易不窮之事，《大易》為變易不窮之書。或萬變藏於是而難見也，則乾坤為《易》之緼而藏者見矣；或萬變出於是而難明也，則乾坤為《易》之門而出者明矣。或莫不由於《易》也而後謂之道，或陰陽不可測也而後謂之神，蓋變之道而天人之理具焉。是故陰陽變易而成萬物，日月變易而成四時，此變易之見於天道者然也。消長變易而成治亂，情偽變易而成利害，此變易之見於人道者然也。在天之變易則有神化以運其妙造，在人之變易則有明主以成其全功。今夫君子常用，小人常斥，則天下易亂而為治矣。純用誠實黜逐詐偽，則萬事變害而為利矣。此皆人道之變易而不可以不謹也。恭惟陛下，道貫三材，知周萬物，舉而措之。天下者，《大易》之事業；與天地合其德者，《大易》之彌綸。方且命召儒臣講明《大易》，竊惟潔静精微之妙，窮理盡性之原，陛下固已心感而默識之，小臣不學不足以贊光明。緝熙之盛，惟是《易》之一書，備究天人變易之理，頃者陛下親御宸翰，書《易·泰》卦以賜輔臣，其於材成輔相以左右民，蓋與天合矣。至於人道變易，使君子常進，小人常退，以盡人道之變易者，臣願陛下體易之變、明《泰》之旨，使天下常治而無亂，萬事常利而無害，兹誠宗社無已之休，臣冒瀆天威，無任昧死，戰懼之至。

［（宋）袁説友《東塘集》卷十一　1154—268—11］

易説（二則）

（宋）袁説友

乾元坤元，元者何？大也。欲觀乾元坤元之妙，當於二五兩爻觀之，道本不可名言，而聖人命之曰元。元本不可形容，而聖人又命之曰中。大哉中乎！二五兩爻皆中位也，有陽中，有陰中，陰陽皆中也，中與正有辨乎？曰以陰居陰，以陽居陽，正矣，然而未中也，中無所不在，在在皆有中道，至於中不能加毫末於此，此中之所以為大也。先儒言極其大，而後中可求，止其中，而後大可有。故皇極者，大中之謂。乾坤，二五之中，所以為乾元坤元之大也。《乾》之《文言》曰"龍德而正中"，謂九二也。又曰"君德也"，以九居二，人臣之位，而以君德為言，何也？中無所不在，固可以通言也。自二言之則為見龍，自五言之則為飛龍，飛龍之中即見龍之中，天下豈有二中哉？《坤》曰"順承天"，乾、坤無二道也，使有二道，若之何而順承耶？六二言大而不言中，六五言中而不言大，互見也。二之"直，方，大"，以中故也。五之文在中，其大可知矣。彼執一者，則謂二自二、五自五，不識貫通之妙者，不知中者也。即乾坤而推之，餘卦皆然。《屯》六二之"十年乃字"，九五之"屯其膏"，當屯之時，不敢苟合，寧舒徐以要諸久，不可大有為，寧收斂而嗇其用，皆時中之道也。《蒙》九二剛中之才而有包容之道，其周公遭變之際乎？六五，童蒙之君賴剛中之臣，乃濟其成王之謂乎？君臣各盡其道，正所謂中也，此《蒙》之所以亨也，此《蒙》之所謂聖功也。《需》九二曰"衍在中"，衍之一字妙矣哉。處《需》之時，苟不能寬綽厥心，以俟天命之定，則不可以言中矣。惟寬衍在中，自然綽綽乎有餘裕也。九五，一無所為，需於酒食而已。文王不遑暇食，時當然也，中也。成王燕嘉賓，燕兄弟，燕朋友，故舊時當然也，亦中也。故曰酒食貞吉，以中正也。訟非得已也。九二之"不克訟"，其惟剛中乎？剛中，故能息訟。五居尊位以斷枉直，惟其中正，是以元吉，同此一中也。或息訟，或聽訟，中無往而不在，其可以執一言哉？《師》五陰一陽，一陽為卦之主，九二是也。其丈人之謂乎？故曰："在師中，吉。"六五為長子，惟其中行，故能代大君當帥師之任。若復以弟子分其權，則失中矣，兵凶戰危，其可輕也哉。《比》六二處比之時，無阿比之私，得中正之道矣，故不自失。中乃吾之本心也，何失之有？以九居五，明白洞達，故曰"顯比"。既曰位正中，又曰上使中。甚矣，中之可尚也。自《屯》至《比》，或上體，或下體，皆有坎焉。履險而不失其道，尤足以驗中之可比，通行而無礙也。至《小畜》，則免夫險，九二"牽復在中，亦不自失"。中，我所固有，行其所無事，自中自吉，其不失固宜。九五有孚於衆陽，以中正而居尊位，豈獨富而已哉。能使九二得牽攣而復於上，蓋不止乎獨善而已。《履》之九二，坦坦乎無係累之私，惟其剛中，故不自亂。九五，履帝位之尊，剛中之上，尤為正當然，猶有貞厲之戒，何也？非禮勿履，兢兢自持，聖人之心，與天同運，未嘗有一毫之間斷也。嗚呼！大哉中乎！在乾坤，為乾坤之中；在餘卦，亦皆同乎乾坤之中。人見其變，中未嘗變也。聖人建大中以為天下準，為萬世準，有百千萬變之不同而聖人亦不自知其所以然而然也。與賢與子皆中也，揖讓征伐皆中也，誅管蔡封蔡仲皆中也，

仕止久速無可無不可皆中也,過門不入陋巷簞瓢皆中也,父師則去為臣則守皆中也。中無定在,變化云為,無往非中。雖然,變化,可也;無忌憚,不可也。變化者,未嘗不允執;無忌憚,則不允執矣。至於拘儒,則又執一而非執中矣。天下之亂所以日多而治日少者,無他故焉。不壞於執一之拘儒,則壞於無忌憚之小人,前史所載,昭然可觀。嗚呼,安得明《易》君子而與之論中哉?

又一陰一陽之謂道,一之未畫,安有陰陽,陰陽尚無名,安有道名?嗚呼,一之未畫,已具陰陽,陰陽未有名,道在名之先。《易》有太極,是生兩儀。太極無體,有體亦太極;太極無畫,有畫亦太極;太極非陰非陽,陰陽亦皆太極。不名曰道,而名之曰太極,何耶?名為未悟者設也。名立而人愈不知道。離奇耦、剛柔、動静而言者非也;即奇耦、剛柔、動静而言者又非也。甚矣,人之難悟也。

[(宋)袁説友《東塘集》卷二十　1154—392—20]

復張人傑學論書

(宋)薛季宣

某竊嘗喜《易》,讀之將數百過,而弗知其際也。夫以先天之卦見之,三畫重《易》之象,繫之六爻,天地之大,昆蟲之細,與夫聖人之道,先王之治,君子小人之事,工師卜祝之流,幽而鬼神,逺而造化,凡有可推之數,可形之象,可行之事,靡不備在此書。微若書,不可言亦求斯得之矣。六經之義於《易》備焉,以通為足以盡之,則太極之體未嘗動;以定為足以周之,則作《易》之道變為占。是皆本諸吾身,絫諸天地,擬諸變化,可由而不可測者,某安足以知之。不知《易》而施諸民,猶宵行瞽者也,思得通儒而與之論,未之能得。執事不以某為不肖,惠然辱枉臨之,貽我以書,縱言而及於《易》也。惟學有倫有要,執事其知之矣。善乎書之論政體也,曰"當仁明而通變",捨是則為姑息而苛察矣。《易》曰"通其變,使民不倦",此黄帝堯舜之治,某何德以堪之。高山仰止,敢不欽服!訓誨雖然,切有必酬之誼,故某謹布其腹心。今夫煦煦之仁,察察之明,而後有姑息苛察之事,信能仁並天地,明等日月,則何二弊之能有?某學也未造乎此,其能億二儀二曜之仁明?若夫《易》之變通,後世失之逺矣。執中無方,猶執一也。苟知變而不知止,則必若晉人之為通,《大傳》有之,"無思也,無為也,寂然不動,感而遂通天下之故",變通之道,盡此贊矣。某甌東狂妄人耳,焉知《易》道,因執事之有是言也,故敢及之。至於《易》之為書,聖人晚學以無過,以為仁明而通於《易》也,實非下走之所敢當。書不盡言,財察是幸。

[(宋)薛季宣《浪語集》卷二十五　1159—401—25]

五經論——易

（宋）葉適

卷一

☰（乾下乾上）☷（坤下坤上）

其為三陽也，天也，此《易》之始畫。（本一而三者，非三則無以為八也。）其有陰，則地也，理未有不對立者也。陽之一雷、二水、三山，陰之一風、二火、三澤，此卦也。其為六也，陽則乾、震、坎、艮，陰則坤、兑、離、巽，此義也。以卦則三足矣，以義必六而交錯往來，所以行於事物也。學者觀其一不觀其二，此《易》道所以難明也。乾《文言》詳矣，學者玩《文言》而忘《彖》《象》，且《文言》與上下《繫》《説卦》《序卦》之説嘐嘐焉，皆非《易》之正也。能自强不息，厚德載物，而天地之道在我矣。知用九"天德不可為首"而知始矣，知用六"利永貞"而知終矣。道之示人未有切乎此者也，違而他求則遠矣。

坤六爻，陰之正也。自履霜而至堅冰，所以為陰也。"直方大，不習無不利"，所以明坤也。"龍戰於野"，所以變陰也。"臣弑其君，子弑其父"，駭矣，甚矣，非所以戒坤也，且六十四卦皆無弑父與君之象，而獨以戒坤，何哉？

☵☳（震下坎上）☶☵（坎下艮上）

卦之次序，無繫乎《易》之損益，然以《序卦》考之，則《易》之先後如此久矣。乾坤剛柔之未交者也，及其始交也，則陽在下而非其應，在五而無其應，是以難生而為屯。屯者，不能進而不能不進之時也。其反是也，則剛雖得中而無其君，柔雖得位而不足以任其臣，是以捨位而論卦，則險而止者為蒙。蒙者，不能進而不能退之時也。而《序卦》乃以屯者為物之始生，物生必蒙者為物之稺，且觀諸天地物，何時生，亦何時而蒙乎？

君子觀《屯》之象以經綸。夫為屯者五也，濟屯者初也，有屯之才，經其離散，綸其難厄，卒以建侯而定業焉，大人之事也。觀《蒙》之象以果行育德。夫以其義險而止，則果行可也，以其卦山下出泉，則育德可也，山之為泉也，必達於海，即蒙而治蒙，則養正者，聖人之功也。

"初九，磐桓，利居貞，利建侯。"草昧之世，民無定居，置磐立桓，底止於是，而衆陰從之矣。故曰"利居貞，利建侯"。然民猶未以為可止也，則又為之彌綸委曲，以盡其周旋闔闢之道。然後昔之未可止者終於止，而不能居者安其居矣。故象以為雖磐桓而以志行為正，而以貴下賤，則無所不用，其極而後大得民也。嗚呼！觀始交之難生而知君子之濟屯矣。

剛柔未交，健者為乾，順者為坤，循於常德而已，及剛柔既交，明者為屯，昏者

為蒙，德雖有常而交不可常，以聖人之於《易》也，不以一德御衆變異，《書》《詩》異指者，自此以往，諸卦皆然也。此德之應於物者也。若其有諸己也，則一而已矣。《傳》曰："《易》之為書也不可遠，其為道也屢遷。變動不居，周流六虚，上下無常，剛柔相易。不可為典要，惟變所適。其出入以度，外内使知懼。又明於憂患與故，無有師保，如臨父母。"嗚呼！使其於卦必有稽也，吾何間焉！以其汎於言也，則變動周流，微者為象，粗者為數，而君子之實德隱矣。

䷄（乾下坎上）䷅（坎下乾上）

《序卦》"物穉不可以不養"也，物之穉者養而壯者不養乎？"飲食必有訟"，飲食則曷為必有訟？

乾，物之主也，其進無不遂者，故於坤為泰，於離為大有。大以畜德，小以懿文，而兑以決陰，皆道之亨者也。而獨於坎也則不然，待之以險而已，故為需。夫乾之遇坎也，雖不足以成功，然剛而不陷，義不困窮，則可須以待，而無所失之謂也。而其《象》曰："君子以飲食宴樂。"孔子稱禹菲飲食，《書》稱文王自朝至於日中昃不遑暇食，夫飲食宴樂非聖人之所許也。孔子曰："飯疏食飲水，曲肱而枕之，樂亦在其中矣。"又曰："賢哉！回也，一簞食，一瓢飲，在陋巷，人不堪其憂，回也不改其樂，賢哉回也！"夫進不過於富貴，苟不足以行其道、成其功，則剛消而為柔，陽靡而為陰，失其所以乾矣，不然則進而未遂，需而未至。雖飯疏飲水，簞瓢陋巷，皆足以樂也。故曰"飲食宴樂"。使其為泰，為大有，為夬，為姤，莫急於救時，莫勤於成民，則禹文王之食有不暇矣。

乾，宜上者也，然物為之下，則乾受其攻，未有得志者也。故於坤為否，於艮為遯，同人於野，履虎尾，姤女壯，無妄不利有攸往，而於坎則為訟矣。其《彖》曰"上剛下險，險而健訟"，嗚呼！以乾居下，無往而不利，遇險猶為需；以乾居上，無往而不難，遇險則為訟。夫君子以乾為德，而用乾之難如此，學《易》者之所宜盡心也。其《象》曰"君子以作事謀始"，乾道之行也，首出庶物，物咸賴之，受事聽謀，惟乾所命而已。及其在外而無權，違行而為訟，窒惕終凶，自咎於始，深致其戒焉。故其爻曰"不永所事""不克訟""歸而逋""復即命渝""安貞""鞶帶三褫之"，惟聽訟者為得吉焉。夫豈以我直而物曲哉？然則所謂明於憂患與故者，將非若此類也歟？

䷆（坎下坤上）䷇（坤下坎上）

《序卦》："訟必有衆起，故受之以師。"訟而有衆起乎？衆起而後訟乎？師必有所比。師者，不比之謂也，比則安能師？一陽而為衆陰所宗，莫盛於二五，故五為《比》而二為《師》。師者，自古稱之矣，事在前而卦在後。故其辭曰"貞，丈人吉，無咎"，所以戒之，明非二不可以師也。六五為用師之主，雖應於二而其質非剛，故又戒之曰"長子帥師，弟子輿尸"，而於其成也，又深致其戒曰"小人勿用"。

然則師雖不始於《易》，而非《易》不足以言師也。衆羣而必争，當是時也，伏尸流血，苟赴其欲，豈知有所謂丈人者哉！誠知之則一舉而可以靖民，舞干而可以郤敵。夫《象》變其義，不曰用師，而曰"君子以容民畜衆"，益贊於禹曰"惟德動天，無遠弗届"，而禹拜昌言曰"俞，班師振旅"，嗚呼！必若是者而後可以為師歟！

"初六，師出以律，否臧凶。"雖盜奪暴强，其出未有不以律者，然則何為而律也？孟子蓋知之，其稱湯曰"為其殺是童子而征之"，稱武王曰"一人横行於天下，武王恥之"，又曰"不教民而用之，謂之殃民，殃民者不容於堯舜之世，一戰勝齊，遂有南陽，然且不可"。夫貞丈人而出以律，惟堯、舜、湯、武之師為然，而後世不復見矣。未可以易言也，總羣陰而宗五之一陽，於君子固無此義，而雖君道亦難之。故其《象》曰"先王以建萬國，親諸侯"，言先王則有是矣。《書》曰"協和萬邦，黎民於變時雍"，又曰"帝光天之下，至於海隅蒼生，萬邦黎獻，共惟帝臣，惟帝時舉，惟此庶幾當之，雖湯武不得預焉"。若夫狎所近，昵所從，各私其私，而以比為貴者，世之邪德，而君子之所禁也。

"原筮，元永貞，無咎"。當比輔順從之時，非五之剛中，則散而為朋，植而為黨，私情勝而大公滅矣，是以不貴其位而貴其德也。

☴(乾下巽上)☰(兑下乾上)

乾進而遇巽之柔，其位在四，雖順以納陽，不為己害，而不足以行其道也。雖然，優緩而不迫，於乾之自養有餘矣，故其卦為畜。非巽之畜乾，而乾之自畜。此其所以懿於文德而不施制斷之剛，布為密雲而無解物之雨也。夫功之在我也，以一陽而攝衆陰，勢之在人也，以一陰而畜衆陽，觀象不明，則居受畜之地而猶自許以有行者，君子之深戒也。故初為"復自道"，而二以"牽復"為不自失，至於三，逼畜之主，則以説輻反目為大厲，以明乾之不可畜而未嘗忘夫復也。嗟夫！主猶若此，况於為客，以《兑》之三上行不忌，聽其蹈藉，無所避之，則安得不為虎尾而咥人哉！雖然，聖人不許也，秉乾之德，明上之分，剛中正，履帝位而不疚，光明者也，故其《象》曰"上天下澤，履"，以辨上下，以定民志，則虎尾咥人之患不足憂，而初之"素履"，二之"幽人"，上之"視履"，安行徐步，上下有序，物我判然。彼眇而能視，固不足為之明，跛而能履，固不足為之行也，孟子所謂不得志獨行其道者也。且夫不安於受而以乾自畜，不與其行而以乾自居者，遇巽兑之時故也，其視坎有間矣。"比必有所畜，故受之以《小畜》"，按《師》卦為容民畜衆之義，不以比為畜也。"物畜然後有禮"，按雷在天上，大壯，其物散而不畜，則非畜而後有禮也。

☷(乾下坤上)☰(坤下乾上)

以天而交地，下地而上天，剛柔之際，陰陽之數，内外均等，未有如《泰》《否》之明者也。觀象指事，雷動風行，蟄反凍結，敷榮潤條，摇落糞本，亦未有如《泰》

《否》之著者也。然而君子玩《否》之象至於“儉德避難，不可榮以禄”，其六爻逆順興廢之間，憂世扶國之義，蓋專指君子小人消長以辨之矣。而於《泰》也，則曰“后以財成天地之道，輔相天地之宜，以左右民”，是春生而夏長，南訛而東作，隄防溝洫，播種稼穡，三事六府，皆歸一氣消息之運，而君子小人進退治亂之機特不以參焉。何也？學者之言治道，至否泰而止，而謂其説於《易》為最詳。按《泰》之初，“拔茅茹，以其彙，征吉”，使有志於進者不以已而以人，二“包荒，用馮河”，使居中得位者善惡容而不吾害，至於三也，則又或懼夫平者陂矣，往者復矣，若是乎君子盻盻焉求容於小人之不暇，而何暇以治哉！元凱之用，舜自舉之，亂臣十人，武王有焉。故舜謂朕堲讒説殄行，震驚朕師，禹以驩兠有苗為堯之哲之病也。然則以六五之君，當交泰之日，小人革面以避君子，君子降心以納小人，懷失身之懼，而猶無善治之益也。若夫乾之二為見龍，三為夕惕，四為躍淵，五為飛龍，其君以是道，其臣亦以是道，所别者位而已矣。此唐虞三代之所以為盛也，以《泰》《否》為治亂，以君子小人消長為盛衰者，後世之言《易》者也。此《否》所以致君子之戒，而《泰》獨以民為衆也。

“履而泰，然後安”，成履之道在於虎尾而咥人，不得言《泰》。泰者，通也，物不可以終通，物之不能終通，勢也，若《易》之持泰，則固欲其終通也。

䷌(離下乾上)䷍(乾下離上)

乾居上而離下進，二為主而應於五，乾不能自固其剛，而離之明足以配乎乾，此其所以能合衆異而同之，雖未至於成功，而大同無私實有為之基本，非若遯姤之消蝕，否訟之結伏，欲施而不可者也。比者，親而比也，同人者，踈而同也(陰親而陽踈也)。當大同之時，非有號召，不待紹介，翕合響應，不約而自同者也。不然，則何以在郊野之遠，而以宗黨為吝哉。類族者，異而同也。辨物者，同而異也。君子不以苟同於我者為悦也，故族之異者類而同之，物之同者辨而異之，深察於同異之故而後得其所謂誠，同者由是而有行焉，乃所以貴於同也，天下之求同於君子者多矣，君子之有所同於天下者亦多矣。及其用之，則以異而敗者衆，以同而成者寡，何也？不類其族，不辨其物，平居樂乎人之苟同而不知其遇事之終以異也。甚矣！同人之難也。何以知之，由其爻而知之，初無咎，二吝，三凶，四弗克攻，五號咷，大師克，六志未得，彼汎焉同乎一世而茫焉，莫知其所謂誠同，皆以乾之居外故也。若其在内也，則異是。以委心歸計而應於五，五知其為至剛之德，俯以下之，安其為用而不疑也。凡乾之為世用，未有盛於大有者，乾不以離之有也為忌，離不以乾之進也為逼，故二為“大車以載”，三為“公用亨於天子”，四“匪其彭”，以交如之孚獲威如之吉，至於自天祐之而無不利者，凡以乾之在内也。嗚呼！遏惡揚善，順天休命，乾之材也，亦君子之志也。夫豈易而得哉？“物不可以終否，故受之以《同人》。”物不可以終否，是也；受之以《同人》，非也。“與人同者，物必歸焉。”不歸其善而歸其同，亦非也。

䷎（艮下坤上）䷏（坤下震上）

舜命於禹曰：“汝惟不矜，天下莫與汝爭能，汝惟不伐，天下莫與汝爭功。”益贊於禹曰：“滿招損，謙受益。”時乃天道，謙之為義古矣，而卦以坤艮之九三當之，世之所謂謙者，以位而言也。夫謙雖無所不用，用雖無所不利，而非位不足以言謙。三者，位之不當而內卦之終也，於是而明謙焉。無其位而任其勞，以此終其身而不敢怠也。《謙》者，不足於中也，《豫》者，有餘於外也。此震坤之九四，所以為《豫》也。處己必以謙，無豫可也。處物必以豫，豫之自處而忘其謙，則凶之甚矣。此二卦所以相因而立，《謙》吉而《豫》凶也，“裒多益寡，稱物平施”非謙也，以謙尸之，衆之所服也，以豫自處，無時而可也。故推其義曰“先王以作樂崇德，殷薦之上帝，以配祖考”，言惟此時為可也。《豫》之義難明，故獨明其順以動者，雖天地之大，聖人之崇高，未有逆理而能動者也。

䷐（震下兑上）䷑（巽下艮上）

剛下柔，動乎險，則為《屯》。屯者，我欲進而物不從也。剛下柔，動而説，則為《隨》。隨者，物既行而我從之也。剛下而柔上，險而止，則為《蒙》。蒙者，不可與有為也。剛上而柔下，巽而止，則為《蠱》。蠱者，不可與無事也。是故隨、蠱者，屯、蒙之反，何也？以其有順説之道焉。君子於其險也，則經紀而彌綸之，不困於屯也；於其説也，嚮晦以全其明，入宴息以養其力，不詭於隨也；於其險也，則果行而育德成己也；於其順也，則振民而育德，成物也。夫是以隨者不隨而蠱者不蠱，此其義之所以為大而不可小用之也。若夫淪溺敗壞，安其自然，何取於《易》哉？山下有風，振撼紛剥，為《蠱》之象，君子之治之也，“先甲三日，後甲三日”，申重黽勉，如子治其父母之事，惕厲勤苦，不得寧居，亦以其異而可為耳。如使動輒乖忤，苟安卑陋，不我能備，復為敵讐，則振民育德之功，無與共之矣。宜其不事王侯，而高尚其事也哉。

豫必有隨，豫隨不相待也。信如《序卦》之言，則《隨》為《豫》之餘，何以立卦義？且《隨》者，《豫》之靡，故卦謂隨時可隨也。豫其可隨乎，隨於豫則陷矣。

卷二

䷒（兑下坤上）䷓（坤下巽上）

按一陽在內為復，復者，我有之也。我有其剛，則陰柔雖衆而不能勝。及二陽之在內也，豈惟陰不能勝，而足以制陰矣。故其象為臨，臨者，自內而制外者也。八月有凶，或以為預戒陰長，非也。夫剛浸而長，衆陰有聽命之勢，然其類猶盛，足以拒陽，及其進而成乾，又進而益壯，剛德大而後消陰之道成焉。今夫臨以未全之陽而操制物之柄，進而不量，曾不知陰之為吾害也，則將自消於陰而其功卒以不立，是故聖人惜夫臨之遽用其剛而凶且及之矣，故曰消不久也。嗚呼！剛

之欲臨柔也，内之欲制外也，豈徒私其柄於我而示其威於物哉？其教思也無窮，其容保民也無疆，然後知剛之志不在於勝陰也。故《臨》為“容保民”而《師》為“容民畜衆”。乾之在外也，其一為姤，其二為遯，其三為否，皆陽之不利者也。及其化而為風，與地同德，陽為陰長，順以巽升，居中得正，衆陰所仰，故《臨》雖自内而制外，而《觀》則自下而觀上矣。《臨》顧以己與民，而《觀》則以民求己矣。聖人之於《觀》也，非設於耳目以耀之，盛於物采以夸之也，若是則為《觀》之道淺矣。是宜純一内守，極誠盡敬，禮樂文為皆所未及，聲氣容色無得而參，其上顒然以孚，而其下肅然以化者也。嗟夫！聖人之言《觀》也若此。傳所謂神之不疾而速，不行而至者，使其信然，則豈可以他求哉？《觀》不為君子觀德之象，而為先王省方觀民之象。《乾》不為聖人出治之象，而為君子自强不息之象。然則知德者之於《乾》宜勉而至，而於《觀》則不强而求可也。“有事而後可大，故受之以《臨》”，臨者，大也，按卦義無大義，大觀、豐大、大畜、大過，乃大義也。

䷔(震下離上)䷕(離下艮上)

按畫以剛下柔而柔不容，故《噬嗑》。《噬嗑》者，鬭於内也。以卦柔納剛而剛聽命，故為《賁》。賁者，和於外也。其為《噬嗑》也，剛柔分，柔上行；其為《賁》也，柔文剛，剛文柔。嗚呼！事至於噬，其不文甚矣。聖人惡之，故取其不噬者以反之，明文之不可廢也。夫天與水違行為《訟》，剛柔分為《噬嗑》，然則各徇一物之偏，而交錯往來之文，何由施焉？宜乎明罰勅法而無敢折獄者為之繼也，且皆以為明，而明之於獄，孰與自有其明而明之於政乎？故刑法雖先王之所用，而君子則必去彼而取此矣。

“日中為市，致天下之民，聚天下之貨，交易而退，各得其所，蓋取諸《噬嗑》”，觀噬嗑之奪攘如此，聖人奚取也。市者，天下之利也，懋遷有無，化居所以相之也，不得以噬嗑言。天文謂卦也，人文謂義也，剛柔相交，上下往來，所以察時之變也，尊卑等序，粲然文明，各有所止，天下所由以化成也。

䷖(坤下艮上)䷗(震下坤上)

五陰之卦，為復，為師，為謙，為豫，為比，為剥。世言陽不可無陰，謂陰必配陽者，卜史之論也。陰何功於物？殺其已生，壞其已成者，性情使之爾。然其得一陽而宗之，交臂駢首，愛戴順承，雖未至於二五之正位，而保惠收恤之功苟有見焉，皆足以扶羣陰而就其功也。惟夫陽自棄而旅於外，羣陰冥升，無所統壹，其争為剥落，以害成功者，非能變陽，乃所以自變也。按地中有山為《謙》，其反之也，山附於地而為《剥》，謙者其道而剥者其勢也。嗟夫！君子之於《易》也，不以道而以勢，則何取於剛哉？

剥者漸剥，復者頓復也。卦之反此為彼無不然者，而莫盛於《復》，方其衆陰類進，幾於無陽，窮秋大冬，摧折皆盡，而孰知其復哉？世謂《復》特陽之萌芽，此尤為不知《復》者，使其果待於萌芽而漸長，則何名於復？故曰“出入無疾，朋來無咎，反復其道，七日來復”，又曰“剛反動而以順行”，又曰“先王以至日閉關，商旅不行，后不省方”，皆以明乎陽之頓復，非萌芽而漸長所能當也。本諸人心，其為不善以消其善，如剥之消陽者，曰漸可也。及其一念健疾，克己復禮，亦猶陽之頓復也。然則漸而迷者，人之過也；頓而復者，人之心也。故剥者，天地之過也；復者，天地之心也。嗚呼！獨陽無陰，豈獨聖人以義理尊之哉？乃天地之正性也。

䷘（震下乾上）䷙（乾下艮上）

乾居外而其内為坤，為離，為艮，為兑，為巽，無有吉者。獨為震也，以剛居内而消陰。妄者，陰也。無妄者，剛居内而消去之也。聖人欲教天下之不為妄，則必自其剛之居内者始。近世之學，謂動以天則無妄，動以人則有妄。夫卦之畫，孰非天者？偶震與乾合，而遂謂動以天為無妄，則他卦之妄者多矣，豈足以教人哉？且人之動，則固人而已矣，又孰從而天之？不見其天而强名焉，是將自掩而為妄不可止也。孔子曰：“吾未見剛者。”或對曰申棖，子曰：“棖也慾，焉得剛？”然則以剛居内而消陰，卦之正義，孔氏之本學也。

震之一剛居内而消陰，則信矣。艮之二柔居外，則曷為其畜陽也。夫畜陽者陰也，所以畜陽者非陰也，艮之一陽也。巽二陽而柔，故為小畜；艮一陽而剛，故為《大畜》。先王於《無妄》之義，“茂對時育萬物”，而君子不用者，君子無其位，能自教而不敢教人也。《大畜》“剛健篤實輝光，日新其德”，而其《象》曰“君子以多識前言往行，以畜其德”。夫德，未有無據而能新者，故必多識前言往行以大畜之，然後其德日新而不可禦矣。

䷚（震下艮上）䷛（巽下兑上）

按畫四陰在内，初上為陽。按諸陽惟坎居中，既能拒陽，復能陷陰，陽之不善者也。若他陽則無不善，已雖無位，未能援陰以成功，然以其德，則養之有餘矣。古人以頤為養義，而説者因以取象於口為頤。按諸卦以形言者，如艮其背，咸其股，剥床以足，皆始終象之。若頤中有物曰噬嗑，觀頤自求口實，宜若取象於口者，而諸爻則不然。“觀我朶頤”，謂將徧養於四肢爾。然則古人固以頤為養，而非謂口之為頤也。初者，我不求養於物；上者，物待我而養，苟兼知於二義，則所謂君子之頤也。或顛頤，或拂經，諸陰之勢則然，而我之為養畢矣。慎言語，所以養心也；節飲食，所以養形也。明乎此，然後在初為靈龜，在上為由頤矣。

陽非難也，而難於過陰。今夫五陽在下為《夬》，有决裂孚號之厲，以其志在於勝陰也。在初為《姤》，有女壯勿取之戒，以其志在於畏陰也。若夫四陽居内，上不能乘，下不能消，自以為盛矣，然處偏重之勢，本末皆弱，徒自固於中，而不知其橈折乎外，故陽為陰郛者養。而陰不足以郛陽也，則失其所以養而滅，此澤所以滅木，而二與五所以皆為枯楊也。君子知陰之乘己，陽之無用，“獨立不懼，遯

世無悶”，不以剛為過，而非過於剛者不能，然後知《大過》之《象》矣。

䷜（坎下坎上）䷝（離上離下）

水必坎而後行，無適而非坎也。人之行於世亦然，然而四肢百骸，人不知其坎也，而况於身之外乎。是以動則必躓，行則必陷，而莫之救也。故坎之行也以水，而人之行也以心。心剛也，柔非心也；水剛也，坎非水也。故曰“常德行，習教事”，所以行於世也。

火麗而焚，日月星辰麗而明，其不麗者，殞墜薄蝕矣。人見其明而不知其麗也。百穀草木，種之則生，揠之則死，人見其生而不知其麗也。大人象之，重明麗乎正，以化成天下，人之目能視，耳能聽，手能持，足能履，趨利避害，了然於中，所謂明也。其為君也，紀綱號令，生殺予奪，曉然於外，亦所謂明也。雖然，明有形也，正無形也。人君未有不用其明者，其卒至於蔽蒙昏塞而不足以明，何也？知其明而不知其明之所麗也。聖人以天地為日月百穀草木之麗，而以正為明之麗，此微言篤論也，知其正而後重明麗焉，於是照乎四方，堯、舜、禹、湯之道也。《易》舉一以見二，合二以明一，諸卦無不然也，而莫著乎坎離，坎實而離虛，非獨其理也，其物也。

䷞（艮下兑上）䷟（巽下震上）

按《易》言“取女吉”“勿用取女”，《家人》《歸妹》二女同居不同行，“不喪匕鬯”，若此者，皆以為男女之象也。《易》之於物，無所不取，其以位之剛柔、氣之通塞而取於男女，可也。而以乾、坤為父母，坎、離、震、艮、巽、兑為男女，真若生育然，則吾不知其説也。《易》之有上下經，其簡帙繁重分之然也。《序卦》既錯舉以附合之，又為之説曰“有男女然後有夫婦，有夫婦然後有父子”，學者因是又以為上經首乾坤，下經首咸恒者，父母夫婦之象也。夫《關雎》《鵲巢》，明指義類，自家形國，以是為后妃夫人者，蓋以其事言也。若天地陰陽，則象之而已，其父母夫婦男女安在也？今也神明之則以不可見為見，褻鄙之則以必可見為見，學《易》未有不出乎二者，相高於不測，相深於無窮，而其實則與卜筮同歸於淺末而已。“山上有澤”，“柔上而剛下，二氣感應以相與”者，本無而忽為有也；“雷風相與”，“剛上而柔下”，“剛柔皆應”者，本有而不可無也。非本無而忽有不足以言變，非本有而不無不足以言恒。凡變化萬物，調和異心，俄頃而應，《咸》也。至於日月照明，四序迭行，終古而在，《恒》也。君子之象是也，於人之有，雜然而來，則虛己以受之，於己之有，凝然而止，則自立而不可易也。今夫學者之言《易》也，虛受於人則失己，自立於己則失人，偏勝而不足以成德者，《咸》《恒》不並觀之過也。

䷠（艮下乾上）䷡（乾下震上）

一陰在内，古人已畏之，故其象為柔遇剛，况二陰乎？故其象為剛遯柔。當是之時，非遯不亨，五不以位，二不以應，皆必於退者也。使其遲疑係吝，猶冀萬一，則否之匪人，君臣義定，坐受消殯，雖欲全退，尚可得哉？故九四"好遯"，九五"嘉遯"，皆不顧其媾，而《否》之六二，亦曰"大人否亨"也。君子以遠小人謂平居，待遇小人，常當體遯之義也。且夫君子之於小人也，豈欲近而與之鬭哉？惟欲遠而與之遯爾。詞令之交，卑而不親；笑貌之接，順而不同；權勢之争遜而不厲；[①]言論之辨，和而不黨。所謂不惡而嚴也，皆遯也。其遯若此，而其壯也則不然。陽雖有進陰之勢，而君子無自進之法，反觀於己，至剛至大，内消陰柔，非禮弗行，盡去私欲，惟此可以當大壯剛動之象，為四陽朋長之祥，而區區進退之際，勝負通塞之間，不足言也。嗟乎！天地之情豈遠乎哉？

《序卦》謂"夫婦之道不可以不久，故受之以恒"，又謂"物不可以久居其所，故受之以遯"，此物指夫婦乎？抑他物也？物亦未有不可以久居其所者，日月久照，四時久成，東西定方，上下常位，無非物也。奚朝菌蟪蛄之云乎？

䷢(坤下離上)䷣(離下坤上)

明出地上，明為君，順為臣；明入地中，其君暗，其臣揜。故《晉》以"康侯錫馬蕃庶，晝日三接"，君臣之遇莫加焉。而《明夷》必至於文王箕子之難而後止也。然而君子之於《晉》也，不希其合，不賴其榮，乃取而為"自昭明德"之象。其於《明夷》也，則以之"莅衆，用晦而明"，而後知明之不可息也。卦之所從，象之所去，象之所得，因卦而反之者也。然則聖人之所以教天下後世也，豈徒象於《易》而已乎？

䷤(離下巽上)䷥(兑下離上)

言《易》者指男女為卦，宜莫如《家人》之審。按巽與離，皆女也，而《彖》謂"女正位乎内，男正位乎外，男女正，天地之大義"，何也？至若《蒙》以坎遇艮，而其爻曰"見金夫"，《睽》之九四亦曰"睽孤，遇無咎"，然則卦爻適因其剛柔，故為男女夫婦之象，而《説卦》乃以為天父地母。至有一索再索，男女長少之殊，學者不詳考，固敝精神於無用，自是以往，又將有不可勝窮者，皆《易》之蠹也。和則有家，睽則無家。《家人》一卦無非和也，《睽》六爻無非睽也。原其始，在外内不失序而已。人不知分限，故不能立家，以睽孤之私志，滅和順之公心，雖有家猶無家也。必合而觀之，舍彼取此，則風自火出，而家道盛矣。

聖人於《睽》，極言其義，如天地萬物男女之睽，特以其勢位不同爾，非有忿鬩疑忌存於其間也。人能體此，則雖卦之所從，《象》之所去，《象》之所得，因卦而反之者也。然則聖人之所以教天下後世也，豈徒象於《易》而已乎。

䷦(艮下坎上)䷧(坎下震上)

山下出泉，其卦《蒙》；山上有水，其卦《蹇》。《蒙》者，德之穉；《蹇》者，德之壯也。雲在雷上，其卦《屯》；雷在雨上，其卦《解》。《屯》者，難之生；《解》者，難之平

① 疑有闕文。

也。故《蒙》為險而止,《蹇》為見險而能止,《屯》為動乎險中,《解》為動而免乎險。故《屯》《蒙》其始,《蹇》《解》其終也。《屯》之九五為"屯其膏",雖有位而德不足;《蹇》之九五為"大蹇,朋來",不以其位而德有餘。然則《屯》以經綸而《蹇》以脩德者,《屯》之初九與其類往,而《蹇》之九五受其類而為之節故也。夫其《蹇》也,脩德攻闕以反於己,及其《解》也,赦過宥罪以恕乎人,君子之道可知矣。

"六三,負且乘,致寇至。"按爻負四而乘二,以其下也而乘之,以其上也而負之,不知其皆剛也。難之不解,由此故也。故上六射之,而獲之謂之解悖,凡《易》所謂寇者,謂其非已之媾也。今曰盜思奪之,盜思伐之,而又曰"慢藏誨盜,冶容誨淫",則是上六之公而為盜淫之事,非所以解悖也。

䷨(兑下艮上)䷩(震下巽上)

損益,古之成詞也,而未有成理。二卦象之,所以明損益之成理也。按畫剛柔皆等,敵應皆均,何以為辨?蓋以内之剛分於外之剛,則為自下而益上,上之勢雖可以受益而義不可受益也,故曰《損》。以外之剛分於内之剛,則為自上而益下,上不惟其義當益下,而勢亦當益下也,故曰《益》。於此可以定損益之理,而世之紛紛乎損人以益己,剥下以豐上,而謂之損益者,可以知安危存亡之所由出矣。二簋,謂二陽也。以《損》之道言之,惟在我者,可自損以益人,故雖損其一而二簋猶可用享;以《益》之道言之,必在上者,自損而後,可以益下,故"民説無疆",而雖天施地生亦無不然也。君子之當自損者,莫如懲忿而窒欲;當自益者,莫如改過而遷善:故亦以二卦象之。蓋皆非剛陽不能而陰柔無預乎其間也。若使内為純剛,而忿不待懲,欲不待窒,剛道自足,而無善可遷,無過可改,則堯、舜、禹、湯之所以修己者廢矣。然後知近世之論學,謂動以天為無妄,而以天理人欲為聖狂之分者,其擇義未精也。

䷪(乾下兑上)䷫(巽下乾上)

世謂能斷為决,果敢為决,又謂多疑少决,遲疑猶豫不决,又謂决者成,不决者敗,决者,智愚之分,利害禍福之塗也。觀《易》以五陽並進,一陰乘之,乃有决去之義,猶曰"孚號,有厲,告自邑,不利即戎",然則非如是者,不决而猶有懼焉。蓋德以畜言,不以决言也。武王散鹿臺之財,發鉅橋之粟,其辭曰"周有大賚,善人是富",此《夬》之象也,故"居德則忌"。孔子曰"暴虎馮河,死而無悔者,吾不與也,必也臨事而懼,好謀而成者也",然則剛貴長而不貴决。决者,長之極,而勢之不得已也。善養剛者,不使之至於極也。

《姤》雖有"勿用取女"之戒,然自《夬》言之,决柔在我,而懼其無陰者,畏剛之不可與立也。若夫《姤》則雖已在物矣,當居位之權及未衰之勢,撫一陰而使之,猶足以有為也。故其《彖》曰"天地相遇,品物咸章也;剛遇中正,天下大行也",而其《象》曰"后以施命誥四方",言於君子雖無所用之,而以人主之尊,體柔行巽以頒命令於天下，則《姤》之象也。由是而推，則盤庚大誥之作，已漸失古人之意，而況於後世乎。

䷬(坤下兑上)䷭(巽下坤上)

衆陰宗五為比，明一尊也。今有四分之，故聚而已。民志未專，上德未壹，故“王假有廟，用大牲吉”，所以示民敬，定民極也。九四“大吉，無咎”，而九五為“萃有位，無咎”。有位者，挈民從已之辭，言其與四較也。《比》之九五曰“顯比”，特示所應，猶失前禽，而况以位取必於民乎？是以除戎器，戒不虞，畏其争也。嗚呼！始之以廟，終之以兵，亦有以驗其德之不足矣。然其若此者，蓋天地萬物之情而我應之，猶愈於《屯》之無膏也。夫剛之在外，不若在内；畜陰而聚之，不若順陰而升之。此《升》之多吉所以過於《萃》之多憂。立廟以繫民，用牲以求民，不若順事於岐山，使民不吾捨而後亨之為得也。是故湯武之事，《易》難言之，何也？四五之争，君臣易位，非天地萬物之常理故也。君子體升之象，達民所欲而助其往，順德積小，不為物的，而高大著焉。然後知使其聚於己，不若聽其升於彼也，其義微矣。而《序卦》者，乃以為物相遇而後聚，故受之以《萃》，萃而上者謂之《升》，故受之以《升》，如是則物適自聚而不為我聚，聚不宜下而宜上也，亂孰甚焉。且彼聚於我而有貳也，至於假有廟，用大牲，猶惡其薄於德也。如使不為我聚，而又欲上，將固執之而後可，則不足以為《易》，而鄙詐奪攘之習熾矣。

卷三

䷮(坎下兑上)䷯(巽下坎上)

按諸卦未有其物而言無者，澤奚為而無水也。澤亦水也。澤之水以浸灌潤説為用，坎之水以流行通達為用。當澤上之時，坎為所包，而流行通達之用失矣。故《彖》言“剛揜”而《象》言“無水困”也。坎之正卦惟心亨，其揜於剛也。有言不信，夫君子未嘗不以心亨，及其揜於物而不自達，憤不能平，則有時而言矣，故戒之曰“尚口乃窮”。然則必反於心而後可也。剛者，我也；命者，天之所以命我也；志者，我之所以為我也。見揜於物，坐而受困，致命遂志，所以全我也。《困》之於人大矣，必若是而後亨。不然，則濟困者皆所以重困也。反而為《井》，所以明水之必通也。水行於地而上於井，雖十仞之深，未有不上者也。人實求水，水非求人，故邑可改以就井，井不可改以就人也。汲有喪得，井無喪得，“汔至未繘井”，人之無功，而非水之無功也。“羸其瓶”者，物之凶，而非水之凶也。《易》極言井之義，至於“勿幕有孚，吉”，不在水而在物者，皆心亨之餘功也。蓋水不求人，人求水而用之。其勤勞至此，夫豈惟水，天下之物，未有人不極其勞而可以致其用者也。目之色，耳之聲，口之味，四肢之安佚，皆非一日之勤所能為也。智者知之，積一粒之萌芽，一縷之滋長，以教天下。天下由之而不自知也，皆勞民勸相之道也。

“困乎上者必反下，故受之以《井》”。按井，上也，非下也。

䷰(離下兑上)䷱(巽下離上)

詳《易》諸卦，自《乾》《坤》開義，皆因其事之所當有而治之，至於《蠱》，幾變矣。至於《剥》，又幾變矣。聖人以為物之自變者不足言也，故其於《革》也，非其事之所當有而示我之所以變，以明乎《易》之不窮也。其辭曰“已日乃孚”，物之安於常者，不知其為變，而未有利之者也。故其革也，皆物之所不悦，已革而後信之。且天下之情，固未有信於其未革者。故《彖》以“天地革而四時成(不言四時革而言天地革，四時之革，人所易信，天地難信)，湯武革命，順乎天而應乎人”，又以治歷明時象之，而爻又雜取變革之象以當之，此《易》外新意，非諸卦所得擬倫也。《序卦》至《未濟》乃言“《易》不可窮”，夫《易》已窮於此，則所謂不可窮者，果孰從而求之?《雜卦》又言“《革》去故”，“《鼎》取新”。夫謂《革》為去故，則宜若其理然者，而《鼎》無取新之義。當革之時，物情世故，無不變易，而有不可變者，如鼎之烹飪有實，人所資以生養。蓋猶故也，故以正位凝命繫於《革》之後，以為知其有不可革者，而正位凝命以待之，則始終終始相為無窮，而《易》之道常流通矣。而傳《易》者方摘十三卦論《易》變通之利，踈矣。

䷲(震下震上)䷳(艮下艮上)

按畫陽在内為《震》，其義曰“震驚百里，不喪匕鬯”。所以“震驚百里”者，陽也;所以“不喪匕鬯”者，剛也。陽所以為《震》也，剛所以治《震》也。恐懼修省，治《震》之業也;不喪匕鬯，治《震》之德也。學者知為《震》，又當知治《震》也。陽在外為《艮》，其義曰“不獲其身，行其庭，不見其人”。夫“不喪匕鬯”者，不有其心也;“不獲其身”者，不有其身也。内能不有其心，外能不有其身，皆是剛為之也。學者於《艮》知止而已。古人以《震》《艮》兼明内外。内存則無外矣，外遺則無内矣。“思不出其位”，非無思也，位難知也，不出其位，無邪思也，所以養思也。

䷴(艮下巽上)䷵(兑下震上)

《晉》為進，《漸》亦為進。《漸》者，進之序也。《晉》《漸》《升》，皆君子體而進其德之象也。至於《歸妹》，余有疑焉。其《彖》曰:“歸妹，天地之大義也。天地不交而萬物不興，歸妹，人之終始也。”其《象》曰:“君子以永終知敝。”夫以歸妹為人之終始，則人道之訖於此也，審矣。“永終知敝”，則其當戒慎也，明矣。按屯在《序卦》為乾坤之次，而其《彖》為“剛柔始交”，至《歸妹》則曰“天地不交，而萬物不興”。以畫考之，乾始變而為兑居内，坤始變而為震居外，在天則為天地交也，在人則為所歸妹也。然則艮巽合陰陽俱長者，人之序;震兑合少陰交長陽者，人之敝也。(《隨》亦震兑合，乾變，不居内故也。)是其為卦義亦次《乾》《坤》。蓋古之諸卦次第，如《革》《鼎》《漸》《歸妹》，往往與今《序卦》不同。不然，則《彖》安得獨以歸妹為人之終始，而諸卦以取女為義者顧無此哉！夫乾坤交而為震兑，真有男女之象，而過以相與者，亦敝之所由生。此其所以永終之為難也。然則《家人》曷為亦以天地之大義言之？曰《家人》無陽。所謂大義者，以位之外内為別爾，非人之終始也。

䷶（離下震上）䷷（艮下離上）

勿憂者，有憂也。時之在《豐》，人情之所喜，而何憂焉？變而不流，虧而不益，常人之所玩，而君子之所畏也。“王假之”，“宜日中”言非常人所能當也。故又曰“日中則昃，月盈則食，天地盈虚，與時消息，而況於人乎，況於鬼神乎”，言雖王亦不能當也。聖人之戒《豐》如此，而於《旅》則曰“旅之時義大矣哉”。然則屯、蹇、困者，君子之所用；而豐、豫、大有者，君子之所去也。豐則噬嗑也，旅則賁也，皆施之於刑，而不施之於德也。

䷸（巽下巽上）䷹（兑下兑上）

《巽》於人無所用，獨用之於命令，以其順也。命已順矣，而又申之，順之至也。九五“無初有終，先庚三日，後庚三日”，申命之主也。命自我順，而後下順之，然惟聖人為能，非聖人則皆以命令軋天下，失巽道而用武人者也。孔子曰：“君子之德，風也；小人之德，草也。草尚之風必偃。”而“天下有風，姤，后以施命誥四方”，蓋居尊用柔，而以巽出之，申命之道也。又曰：“不教而殺謂之虐，不戒視成謂之暴，慢令致期謂之賊。”此所謂不以巽道而用武人，考末世之事皆然也。故管仲之傳，猶謂下令如流水之原，而況聖人乎？學者方以暴虐之意助指麾之威，逆人以順己，甚者至謂勅命一出，違則有刑，為得古人重命之義，豈其以巽出之哉？

《兑》以説先民，而尤貴於朋友講習之用，故謂學時習而説，乃古道也。理本無形，因潤澤浹洽而後見，其始若可越，其久乃不可測，其大乃至於無能名，皆自説來也。

䷺（坎下巽上）䷻（兑下坎上）

《序卦》：“説而後散之，故受之以《涣》。”涣者離也，又《雜卦》“涣，離也”。王弼因之，遂以為乖散之象，學者於《涣》無不以散為稱。按《剥》稱落，《明夷》稱傷，其本故在也。民散則國亡，氣散則形離，本則不存，何以卦為？《詩》稱“繼猶判涣”，又曰“判涣爾游”矣，又曰“溱與洧，方涣涣兮”。蓋涣者，融釋通達之義。如以為散，則《萃》以聚有廟，《涣》可以散立廟乎？“涣汗其大號”，謂通達之盛者，安得散汗其大號，而又曰“散，王居無咎”哉？當是時，剛來而柔得位乎外，陰陽合和，鬱滯者解，凝止者通，涣然發越，王道之所會也。故可以享帝立廟，猶《豫》以作樂崇德也。《涣》之反自當為《節》，水之流行無窮，澤上有水，所行者止於澤而已。數度可制，而德行不可議。子貢問：“何如斯可謂之士矣？”子曰：“行己有恥，使於四方，不辱君命，可謂士矣。”“敢問其次？”曰：“宗族稱孝焉，鄉黨稱弟焉。”又

問其次？曰："言必信，行必果，硜硜然小人哉，抑亦可以為次矣。"夫議德而後能進德，學者不考以小德加於大德，終無自進之地矣。

☱☴(兑下巽上)☶☳(艮下震上)

二剛之初為巽，末為兑，剛在中而説巽合，不以令而行，不待令而從者也。捨中剛而言中孚者，此剛之用而信之所由出也。夫剛外旅而柔據其中，其卦為《噬嗑》，而至於用獄；柔在外而剛在中，其卦為《中孚》，而至於及豚魚。剛柔内外之間，治物之功，相去遠矣。然則何以知其能及豚魚而言之？卦之利牝馬，畜牝牛，飛鳥遺之音，皆以其材立象，尚有難知者，若其中信於物，如天地四時無所差忒，則雖昆蟲之微，草木之無情，皆取節焉。非難知也，所以知其及於豚魚而後為信之至，而人倫交際之道猶其粗者爾。

小者過，謂柔過乎剛。君子體其象以"行過乎恭，喪過乎哀，用過乎儉"。凡在吾身，若此類者，可以過也，所以變柔成為剛也。苟以為不可過而棄之，則是恣陰而剥陽也。

☲☵(離下坎上)☵☲(坎下離上)

水欲下而火欲上，人之情有所欲而不獲，冒患出險，求必遂而後已，此人也，非天也。至《比》之輔，《萃》之聚，以人而得其天者也。凡卦惟大亨，而《既濟》舉小以明之，言其志在於欲，而不必於理也。欲之未遂也，無不用其極，既遂則舉而棄之猶芻狗然，是以止而亂也。故君子之戒《既濟》，以為無寧《未濟》之患，而所欲既得，則患之始而亂之所由生，所當思而豫防也。然則火已上，水已下，已濟矣，猶曰未濟。未濟者，欲濟而未能也。人之情於其本然者，不自安而猶以為未也，故君子之戒曰慎辨其物而居其方。宜上者，毋下也；宜下者，毋上也。不然，則物交錯而方亂矣。

日與人接，最著而察者，八物也。因八物之交錯而象之者，卦也。此君子之所用，非小人之所知也。故《乾》以"自强不息"，《坤》以"厚德載物"，《屯》以"經綸"，《蒙》以"果行育德"，《需》以"飲食宴樂"，《訟》以"作事謀始"，《師》以"容民畜衆"，《小畜》以"懿文德"，《履》以"辨上下，定民志"，《否》以"儉德避難"，《同人》以"類族辨物"，《大有》以"遏惡揚善，順天休命"，《謙》以"裒多益寡，稱物平施"，《隨》以"嚮晦入宴息"，《蠱》以"振民育德"，《臨》以"教思無窮，容保民無疆"，《賁》以"明庶政，無敢折獄"，《大畜》《象》以"多識前言往行，以畜其德"，《頤》以"慎言語，節飲食"，《大過》以"獨立不懼，遯世無悶"，《坎》以"常德行，習教事"，《咸》以"虚受人"，《恒》以"立不易方"，《遯》以"遠小人，不惡而嚴"，《大壯》以"非禮弗履"，《晉》以"自昭明德"，《明夷》"以莅衆，用晦而明"，《家人》以"言有物而行有恒"，《睽》以"同而異"，《蹇》以"反身修德"，《解》以"赦過宥罪"，《損》以"懲忿窒欲"，《益》以"見善則遷，有過則改"，《夬》以"施禄及下"，《萃》以"除戎器，戒不虞”,《升》以“順德積小以高大”,《困》以“致命遂志”,《井》以“勞民勸相”,《革》以“治歷明時”,《鼎》以“正位凝命”,《震》以“恐懼修省”,《艮》以“思不出位”,《漸》以“居賢德善俗”,《歸妹》以“永終知敝”,《豐》以“折獄致刑”,《旅》以“明慎用刑而不留獄”,《巽》以“申命行事”,《兑》以“朋友講習”,《節》以“制數度,議德行”,《中孚》以“議獄緩死”,《小過》以“行過乎恭,喪過乎哀,用過乎儉”,《既濟》以“思患豫防”,《未濟》以“慎辨物居方”,皆因是象、用是德,修身應事,致治消患之正條目也。觀孔子與羣弟子分别君子、小人甚詳,而正條目於《易》乃明著之。又當於其間擇其尤簡直切近者,孟子所謂左右逢其原,而近世亦有求端用力之説。夫力則當用而端無事於他求也,求諸此足矣。此學者參前倚衡之要道也,與夫意測聲隨而宛轉於枝葉之外者殊絶矣。

按《易》之初,一畫對分而為十二,二卦對立而為六十四,書之始終具焉。聖人非罔民以自神者,而學者多異説,不知之過也。

按班固用劉歆《七畧》記《易》所起伏羲,文王作卦重爻,與《周官》不合。蓋出於相傳浮説,不可信。言孔氏為之《彖》《象》《繫辭》《文言》《序卦》之屬,亦無明據。《論語》但言“加我數年,五十以學《易》”而已,《易》學之成與其講論問答,乃無所見。所謂《彖》《象》《繫辭》作於孔氏者,亦未敢從也。然《論語》既為羣弟子分别君子、小人無所不盡,而《易》之象為君子設者五十有四焉。其詞意勁厲截然著明,正與《論語》相出入。然後信《彖》《象》《繫辭》為孔氏作無疑,至所謂上下《繫》《文言》《序卦》,文義重復,淺深失中,與《彖》《象》《繫辭》異而亦附之孔氏者,妄也。自顔、曾而下訖於子思、孟子,所名義理萬端千緒,然皆不若《易》象之示人簡而切確而易行。學者誠有志於道,以是為經而他書特緯之焉,可也。

書文訓故,莫知所起之時,蓋義理由此而出。以《易》考之,有即其所稱不待解釋而明者,如屯、泰、否、謙、臨、觀、賁、復、遯、家人、睽、損、益、震、歸妹、旅、巽、涣、節、既濟、未濟。如此類者,必當時人所通知,故不復解釋,止於核卦象而已。有雖其所稱義不隨見,必待訓釋而通者,如“山下有險,險而止,蒙”,“上剛下險,險而健,訟”,“柔得位而上下應之曰小畜”,“柔得位得中而應乎乾曰同人”,“柔得尊位,大中而上下應之曰大有”,“剛應而志行,順以動,豫”,“剛來而下柔,動而説,隨”,“剛上而柔下,巽而止,蠱”,“頤中有物曰噬嗑”,“無妄剛自外來而為主於内”,“大畜,剛健篤實輝光,日新其德”,“明入地中,明夷”,“解險而動,動而免乎險,解”,“巽乎水而上水,井”,“水火相息,二女同居,其志不相得曰革”,“柔在内而剛德中,説而巽,孚”,需之為須,師之為衆,比之為輔,履為柔履剛,剥之為剥,頤之為養,大過為大者過,小過為小者過,坎之為險,離之為麗,恒之為久,大壯為大者壯,晉之為進,蹇之為難,夬之為决,姤之為遇,萃之為聚,困為剛揜,鼎之為象,艮之為止,漸之為進,豐之為大,兑之為説,必非其當時所通知,或雖通知而字

乾之為大非配天者也。考德者不明乎此，則陰陽錯行，剛柔雜施，何以首出萬物而用九乎？

"'鳴鶴在陰，其子和之，我有好爵，吾與爾縻之。'子曰：'君子居其室，出其言善，則千里之外應之，况其邇者乎？出其言不善，則千里之外違之，况其邇者乎？言出乎身，加乎民；行發乎邇，見乎遠。言行，君子之樞機。樞機之發，榮辱之主也。言行，君子之所以動天地也。可不慎乎？'"按，《中孚》柔在内而剛得中，至於豚魚吉，而《象》以"議獄緩死"，則其信乎己而恕乎人也至矣，故"鳴鶴在陰，其子和之"，《象》曰"中心願也"。夫苟中心之所願，則其化服而感應者，豈必以子言哉？今方揭言行而表之，皇皇乎所以動物者而致慎焉，此上九之"翰音登於天"而"不可長者"也。

"同人，'先號咷而後笑'，子曰：'君子之道，或出或處，或默或語，二人同心，其利斷金，同心之言，其臭如蘭。'"按，同人以門為無咎，以郊為無悔，而以宗為吝，則二人同心者，乃同人之狹者也。雖其利斷金，以師克之，而天下之志不能通矣。

"'初六，藉用白茅無咎。'子曰：'苟錯諸地而可矣。藉之用茅，何咎之有，慎之至也。夫茅之為物薄，而用可重也，慎斯術也以往，其無所失矣。'"按，《大過》所以為棟橈者，以初上皆陰也，及捨卦而論爻，則以柔在下，適當其位，何咎之有？而棟橈之責，九三反任之，以其繫應於六也。至九四棟隆，獲吉而以應初為吝，夫應猶吝之，而用何重焉？且敬其物者必貴其藉，藉之用茅，死麕之包，庶人之禮也，苟免於地而已，其薄如此，非所以為慎也。

"'勞謙，君子有終，吉。'子曰：'勞而不伐，有功而不德，厚之至也。語以其功下人者也。德言盛，禮言恭，謙也者，致恭以存其位者也。'"按，《謙》卦，地體卑居上，而艮以九三為衆陰所宗，如地有山，以高而藴於卑，其終為地而以非成功之位而有成功之勞，此萬民之所以服也。若存位而為，謙之道寡矣。

"'亢龍有悔。'子曰：'貴而無位，高而無民，賢人在下位而無輔，是以動而有悔也。"《乾》為《易》之主，非他卦交錯相成之比，故其為初也潛而隱而非不可用也，其為四也躍而進而非必求用也，至於上則道成且革矣，故爻以為亢而有悔，而《象》以為盈不可久，明其將變而之陰爾，非若《傳》之所謂也。且始終皆道，奚位之擇，獨乾御世，奚民之求，功則由己，奚輔之待，後世不知《乾》所以成《易》而指成《易》以論《乾》，是以其言若此也。

"'不出户庭，無咎。'子曰：'亂之所生也，則言語以為階，君不密則失臣，臣不密則失身，幾事不密則害成，是以君子慎密而不出也。'"按，《節》"君子以制數度，議德行"，非可密之事，初九居《節》之始，"不出户庭"，惟始可節，故《象》以為知通塞，固宜明示節限，安有密為閉絶也？歷考《書》《詩》正文，自堯、舜至文、武，君臣相與，造治成德，雖不為踈以致敗，亦無依密以成功，此論雜霸戰國之事可也，去帝王遠矣。

“大衍之數五十，其用四十有九。分而為二以象兩，掛一以象三，揲之以四以象四時，歸奇於扐以象閏。五歲再閏，故再扐而後掛。天數五，地數五，五位相得而各有合。天數二十有五，地數三十，凡天地之數五十有五。此所以成變化而行鬼神也。乾之策二百一十有六，坤之策百四十有四，凡三百有六十，當期之日。二篇之策，萬有一千五百二十，當萬物之數也。是故四營而成《易》，十有八變而成卦，八卦而小成。引而伸之，觸類而長之，天下之能事畢矣。顯道神德行，是故可與酬酢，可與祐神矣。”按，《易》之始，有三而已，自然而成八；有六而已，自然而成六十四。一成一反，象類曉然，而名義出焉，非四十九所能用，非掛非歸非再扐所能通也。然則自乾而至未濟，皆已具矣。已具則必有起數，故筮人為是以起之，云得某爻，爻成當某卦，某爻當變，變當之某卦而已，此《易》之淺事也。《易》成在先，卦起在後。今《傳》之言若是，是不知《易》之所以成，而即以筮人之所起者為《易》，無惑乎《易》道之不彰也。又謂象三才四時，一閏再閏，愈淺末矣。

“子曰：‘知變化之道者，其知神之所為乎。’《易》有聖人之道四焉。以言者尚其辭，以動者尚其變，以制器者尚其象，以卜筮者尚其占。是以君子將有為也，將有行也，問焉而以言，其受命也如嚮，無有遠近幽深，遂知來物。非天下之至精，其孰能與於此？參伍以變，錯綜其數。通其變，遂成天地之文；極其數，遂定天下之象。非天下之至變，其孰能與於此？《易》無思也，無為也。寂然不動，感而遂通天下之故。非天下之至神，其孰能與於此？夫《易》，聖人之所以極深而研幾也。唯深也，故能通天下之志；唯幾也，故能成天下之務；唯神也，故不疾而速，不行而至。子曰“《易》有聖人之道四焉”者，此之謂也。”按《易》以《彖》釋卦，皆即因其畫之剛柔逆順往來之情，以明其吉凶得失之故，無所謂無思無為，寂然不動，不疾而速，不行而至者。余嘗患浮屠氏之學至於中國，而中國之人皆以其意言，非其學能與中國相亂，而中國之人實自亂之也。今《傳》之言《易》如此，則何以責夫異端者乎？至於“問焉而以言，其受命也如嚮，無有遠近幽深，遂知來物”，則真卜筮之所為，而聖人之所黜爾，反以為有聖人之道，可乎？

“天一地二，天三地四，天五地六，天七地八，天九地十”，此言陰陽奇耦可也，以為五行生成非也。按《洪範》以凡舉五行，鯀之所以汨陳者，謂其以土捍水爾。五行無所不在，其曰天生而地成之，是又《傳》之所無有，而學者喜以異説佐之也。且使其果然，則於《易》之道曷損益乎？以蓍求卦，蓍非圓也；吉凶在卦，蓍非神也。六十四卦皆因其象以成理，非洗心也。聖賢皆不殺，獨謂為《易》者不殺，亦非也。

《易》有太極，近世學者以為宗論祕義。按卦所象惟八物，推八物之義為乾、

坤、艮、巽、坎、離、震、兑，孔子以為未足也。又因《彖》以明之，其微妙往往卦義所未及，故謂《乾》各正性命，謂《復》見天地之心，言神於《觀》，言情於《大壯》，言感於《咸》，言久於《恒》，言大義於《歸妹》，無所不備矣。獨無所謂太極者，不知《傳》何以稱之也。自老聃為虛無之祖，然猶不敢放言，曰"無名，天地之始，有名萬物之母"而已，至莊列始妄為名字，不勝其多，故有太始、太素、未始。有夫未始有無茫昧廣遠之説，傳《易》者将以本原聖人，扶立世教，而亦為太極以駭異逺學，鼓而從之，失其會歸，而道日以離矣。又言"太極生兩儀，兩儀生四象"，則又淺而陋矣。"崇高莫大乎富貴"，是以富貴為至權，與道德並稱，《書》《詩》何嘗有此義？學者不可從也，從之則富貴不足以成道德，而終至於滅道德矣。按，卦《比》以五陰宗一陽，《大有》以五陽宗一陰，其象《比》曰"先王以建萬國，親諸侯"，象《大有》曰"君子以遏惡揚善，順天休命"，然則崇高富貴必如是而後可。故"顯比"則失前禽，交如則"信以發志"，不然則以富貴高天下而其敝至於秦漢矣。

"形而上者謂之道。"按一陰一陽之謂道，兼陰説雖差，猶可言也。若夫形上則無下，而道愈隠矣。

十三卦亦近世學者所標指，而其説尤為不通，包犧氏始為罔罟，神農氏始為耒耨、交易，黄帝堯舜始為衣裳，其後乃有舟楫、牛馬、臼杵、弧矢、宫室、棟宇。甚矣其不考於《易》也！《易》十三卦義詳矣，乃無毫釐形似之相近者。學者誠能凖義於《易》，則凡本象所稱義類炳然，誠得一二於此，足以經世紀民律身而成德矣。不是之求而震於異説，欲大而反小之，其卒無所底止而已矣。

"天下同歸而殊塗，一致而百慮"，以為不足思，不足慮也。然言日月相推而明生者，是不知明之所由生，寒暑相推而歲成者，是不知歲之所由成也。因其往來之已然，而遂欲利用安身於其間者，是不知德之所由崇也。然則曾"憧憧往來，朋從爾思"之未及，而尚何以窮神而知化乎？故《傳》之義多似於深而其實淺者，亦學者之所不可不知也。故《象》以為未光大而不以為不當思，使其感人心而天下和平，則雖憧憧而不為己私，然烏有安其固然而不知所由來者哉？

"困於石，據於蒺藜，入於其宫，不見其妻，凶。"子曰："非所困而困焉，名必辱，非所據而據焉，身必危。"按卦以剛見揜於柔為困，其為爻也，則以柔乘剛為凶。"困於石"，為四也。"據於蒺藜"，謂二也。皆剛也。當《困》之時，非大人不亨，三為致困之主，将施其不利於我，而進退皆剛，卒與禍會，非大人實為之，而理有不得不然者矣。君子而變於小人，危之辱之可也。小人而乘君子，其不勝天也。其辱與危，非不幸也，不祥之招，揜剛之報也，又何戒焉？

"君子藏器於身，待時而動，何不利之有？"當《解》之時，痿者欲起，瞑者欲視，有小人焉，諂上凌下，身為戎首以捍通塗，物情之所同惡也。故以公射隼，既獲而解，解則無事矣。如使過而用射，反以致寇，何利之有？夫用之則行，非待時也。

舍之則藏，非藏器也。《傳》有藏器待時之說而學者方沾沾焉。抱其所有，如賈之售物，適以為悖，而不足以解悖矣。

“其亡其亡，繫於苞桑。”按《否》以九五為大人吉，有其亡其亡之戒，必深固根本以為衆陽之主，言朋來之陰未易當也，所恃者位正而已，此豈常道？居尊之時，而《傳》謂“安不忘危，存不忘亡，治不忘亂，故身安而國家可保”。嗚呼！吾未見處危亂之世而自謂治安者也。

《傳》既謂包犧氏始作八卦，神農黄帝堯舜續而成之，又謂《易》興於中古，當殷之末世，周之盛德，於稽其類其衰世之意，《易》之或遠或近，不能自必其時也，皆以意言之而已。韓宣子聘魯，見《易象》與《魯春秋》，然則當時國各為繇，而《周易》之不見者多矣。無恠乎學士諸生之紛紛也。

按上下《繫》《說卦》浮稱汎指，去道雖遠，猶時有所明，惟《序卦》最淺鄙，於《易》有害。按諸卦之名，以象取之，與文字錯行於世者少，聖人重復殷勤其詞以訓釋之，多至數十百言而未已，蓋其難明如此。今《序卦》不然，以是為天地萬物之所常有也，鱗次櫛比而言之，以是為鉛槧篆籀之常文也。嗟乎！使其果若是，則束而聯之，一讀而盡矣，奚以《易》為？學者尺寸之不辨，而謂能有見於無窮，吾不知也。

［（宋）葉適《習學記言》 1362—225—14］

易 論

（宋）韓元吉

天下之數，其出無窮，而天下之理皆本於一。夫一者，所以為天下之數也。自一而至於十百，十百而至於千萬，有是理，然後有是數焉。蓋理者，存乎內而數者見乎外也。存乎內者，微妙而有所難言；見乎外者，纖細而可以畢舉。是二者其所由來皆始於一矣。《易》者，聖人所以窮天下之理而非止論乎數也。然而天下之理，非數亦無以明。是故畫之不足而定以為爻，爻之不足而變以為卦，卦之不足而繫以為辭，辭之不足而衍以為策，後世以之窺天地，歷日月，占星辰，驗風雨，筮人事，知鬼神，而推萬物之變。自數而言，蓋有不可窮盡；自理而言，六十四實本於一卦，三百八十四實本於一爻，萬有一千五百二十實本於一策也。何也？夫乾之初九，即卦之震也；震之初九，即卦之復也；坤之初六，即卦之巽也；巽之初六，即卦之姤也。夫豈非一卦耶？自陰陽而畫二卦，自二卦而生六子，自六子之交，而為六十有四。夫豈非一爻耶？六十四卦之爻皆歸於乾坤，二篇之策皆始於太極。夫豈非一策耶？聖人以謂天下之理，一卦之畫不足以盡，而一爻之辭不足

以載，一策之少不足以推也。是故自一畫而分以為二，自二而變以為八，自八而生以為六十有四，自六十有四而散以為三百八十有奇，自三百八十有奇而總以為萬有一千五百二十，以明其時，以寓其象，以定其體，以作其用，使天下之人由是以探焉，則亦庶乎其可喻矣。世之言《易》者，類不能喻乎此。焦贛、京房之徒則曰："吾知為數而已，理則吾不知也。"王弼、韓康伯之徒則曰："吾知為理而已，數則吾不知也。"其言數，則蔽於卜筮、福禍，而入於瞽史之淫僻；其言理，則溺於虛無汗漫，而流於佛老之迂妄。使聖人開物成務，冒天下之道，千載而不傳，謂之不達乎理可也，謂之不明乎數亦可也。蓋達乎理，則知所謂數矣；明乎數，則知所謂理矣。嗟夫！天下安有理之外別有數，數之外別有理也哉？

[（宋）韓元吉《南澗甲乙稿》卷十七　1165—257—17]

易説

（宋）陳造

無妄

復受之以無妄，復之為卦，陽已得時，寖長矣。至此，一陽自外來而為主，三陽在上，咸得其位，而二五正應，君臣相得，為無妄之主，天下事無復可以加智力，上之人茂對時育物而已矣。"剛自外來，為主於内，動而健，剛中而應，大亨以正"，非人之所能為也，天也。凡天下大治與夫極亂，聖人設卦皆歸之天，而後責之人，以應之，曰"否之匪人"。雖曰匪人，然儉德辟難彙正繫桑之事，則當以人應天，"其匪正有眚，不利有攸往"，與其爻辭所陳人事所以處無妄者，無妄之卦在《彖》而往則不利，大略舉其世不可妄有營為爾。初則往吉，爻辭也，爻所以各應其時，不可拘以卦體，剛來為主，三陽在上，二五相得，我無正應，無應於上，以此而往，何吉如之？初之吉以志而言，初之志乎無妄之世正矣。三則災矣，三所謂災，五之所謂疾也。二與五應而三繫之，雖繫之而二之順而正，如行人焉，終不失其正，徒為邑人之災。邑人，三之謂也。此其所以在五。雖曰為疾，勿藥有喜，而試之則贅也。至於四，剛而近君，得君為深。初四之剛在無妄之世，均宜有往，而四之近君比之初，勢便而位比，故初言其往，四則言可正，又言固有之，則不待往而得矣。至於上九處卦之極，而恃剛而反其道，無所事行而顧行焉，此所以有眚而無攸利也。災，天為之也；眚，自取之也。三之災、上之眚，於此乎異其言。災有不幸之意，眚則自作孽不可逭矣。又曰窮之災，災與眚，具以言上之失，無妄之道甚矣。自為眚而天災之云也。昔之君臣其失得於無妄之世可攷也。舜其善處無妄者也，舞干羽而苗格。苗為惡於舜之世，三之疾也，舜能不試其藥者也。漢之賢君其設心亦有得於此，几杖賜吴而逆謀不敢萌。濞在漢，三之疾也，漢文能不試其藥者也。陳武請用武，賈生請繫單於笞中行背，一受之而不從彼無妄之行者，吾能止之。文之賢，漢之舜也歟。唐之太宗躬致正觀之治，幾千載一時，可謂無妄之世矣，而帝不能安於無事，南征北伐，勤於遠略，迄無寧歲，伐遼之憤，死猶未悔，其下不忍無妄之疾而藥之者歟！至於六二，則垂義甚明。六二輔九五為無妄之主者也。猶臣之用事者，正當適無妄之時，不必以己事君，以人事之可也；不必以智能事君，相安於無事可也。以人而事其君，故凡智勇功名要不必皆自己出，有能効智能功名於吾君，而吾援之以進，則亦吾之所有矣。與其君相安於無事，故持循調虞，斷斷若無他技，天下陰被安静之福，而吾君享恭已之治，故曰："不耕穫，不菑畬，利有攸往。"夫耕而後穫，菑而後畬，事君之常也。惟無妄之世，用事之臣，人耕而我穫，人菑而我畬，無惡也。曹參之事惠帝，日飲醇酎戲婦人而漢民不失其安，蕭何之法足以為治也，何耕菑而參穫畬者也。房、杜相唐，諫推王魏兵濟英衛，而盧懷謹甘伴食之譏，而畢姚崇之相才，是皆有得於無妄六二之義者。《象》曰："不耕穫，未富也。"人勞而已，享其利，誠以彼有長於我，如己未富而資諸人爾。威公命鮑叔為宰，曰："臣，君之庸臣也，治國家非所能也。若欲治國家則其管夷吾乎？"公用夷吾，齊果伯天下。鮑子之言，《易》之所謂未富是也。彼為大臣，淺中狹度，必欲擅天下之功名，又惡人之有而媢忌傾危之妬婦然者，其何足以與此？

屯

屯難之世，非剛陽之才不足以康屯。康屯，非陰柔事也，九五得位而中，康屯之君也。初九在下，康屯之佐也。將以康屯，必也共利為悦，共給為安。九五在上而下應於二，狹其施者也。故曰"屯其膏，大貞凶"。而康屯之佐不必使君相自躬其勞，無營於此，任羣才以其事，而屯且濟矣。屯一卦，《象》言"勿用有攸往，利建侯"。初九康屯於下者，爻又以盤桓建侯為言，則處己於膠膠擾擾之外，以貴下賤，分土建邦，使民有所繫屬，則何勞之有？何往之有？初與五皆勿用往者，至二三四上則輔其君佐者也。其所言雖有得失，有宜有不宜，皆攸往事也。二有守不苟所從者也，四則自重，即我而後往者也，三與上失中與正，或非所往而往，或不足與言往，故爻《象》言之不同如此。

同人

羣居旅處交際之間，皆同之之道也。人之道不同，則争奪陵犯，禍亂隨之矣。卦之所以為同人而後受之大有，同之之道盡，天下至治之所從出也。《彖》言同人一卦之義，内外之才，無所不善，而六爻皆不能至善，何也？爻以二五為主，雖曰陰陽履位，上下相應，二剛介之，彼其心皆欲同乎二，而不以道者也。要之，二五終合不可間，然無始有終，即象以求其義，於以見天下君臣上下之間其同也，未嘗

無間之者也，君子體此，豈宜苟焉同之。昔蜀先主器孔明，關、張不說；苻堅深信王猛，樊世、席竇之徒不便也；臧倉亦毀鬲孟子，季子以女樂去仲尼。雖聖人猶爾，況其下。就小人之情言之，九三以剛用剛，果於禍賊者，而四則以剛用柔，欲逞而知其非，遽反焉，與三不謀矣。故指其吉曰“困而反則”。聖人之於天下，恢乎其容，雖至愚小人略可挽回其惡，未嘗不予之也。九四是已粗賢於三，則已不見棄矣。初之於門，將以同乎人，惡得不出門庭，以守絶物之介耶？上則同人極矣，將以反其極而超然乎其外，人道惡可以遽絶也哉？雖在我無悔，而君子之所謂志，則誠有未得也，長沮、桀溺、荷蓧丈人，吾夫子隘之。

大有

人君以柔順謙虚之道撫接其羣下，是可以有其大也。大有之世，五陽拱一陰，而六五據尊位，大中以臨之，如舜之温恭、成王之自稱冲人是也。當是之時，無凶悔可言，聖人述其盛於《彖》矣。其於爻，因象以示戒而已。二五聖賢相與，道同志合，剛柔相濟，無間然者。三過中，公享王之象。公享王，盛禮也，故有小人之戒。四近君多懼，必也壞植散羣，以孤忠結於上，故有其彭之戒。若夫初上之亂，統一卦之體為言也。初之無交之戒為大有之世戒也，故《象》曰“大有初九”。上之吉利為大有獲祐言也，故曰“大有上九”。世方大有，君子恥貧賤之時而獨孑然窮處於下，可乎？以賈誼之才當文帝之時，不為公卿所與是也。孔子繫上之辭曰：“履信思乎順，又以尚賢也。”是以自天祐之。履信思順，而且尚賢，六五之盛德也，而上九言之，為大有一卦總言其盛也，决矣。

豫

豫，和也；豫，安逸也，悦喜也，和也，生於安佚喜悦者也。《序卦》曰“豫怠”。人皆蕲為悦豫安和，而君子憂而畏之，以其戚促，則思豫，既豫矣，怠忽以生人之常情，故卦之《彖》備言天地聖人致豫之道，而爻則詳為之戒。六二以柔順居下，居中履正，上下無應，與由豫之爻又不相比附，知豫於安為不可就，故介於石，舍而去之武，而亟不至終日，惟此一爻全於豫而獲吉。九四一卦之主，上下拱之，由我以豫者，其任其功不細矣。然近柔弱之君，處多懼之地，五之疾職我之由則已逼矣。雖非得已，然孰與二之優游而得豫之道乎？五，君位也，曰疾以四戒也，其義可戒也，理或然，非必皆然也。古之大臣用事，君柔弱而疾多矣。然享成共已者不乏，常不死，猶中之功也。以柔居位御大臣以中，則不亡矣。《易》因象以示戒則，然至初六應三以比，與二大不侔，故或凶或悔。而上處豫卦之極，則又為冥豫。冥甚矣，然許之以渝無咎，去惡而從善，去怠佚而為修省，去悔吝凶咎而即吉。聖人未嘗絶人也。

蒙

蒙之九二，一卦之主也。仲尼曰：“舉一隅不以三隅反，則不復也。”故童蒙之求,“初筮告,再三瀆,不告也”。“君子以果行育德”,果成之也,行在我,成之矣,乃可以育人之德。己無是,責人以有是,難矣。故將以育,必先果行。初之柔,上之剛,皆治蒙者。發之於初,志於不受桎梏;擊之於終,禦寇而戒為寇。聖人於治蒙之方,忠厚如此。九二卦之主,六資乎二者也。二爻君臣之分,師承之道盡之。三與四,又明夫避就之宜。主乎蒙者,人之所宜即之者也,遠之而不能即,蒙無自啓。即之矣,或非其道而苟就,君子惡之。四之遠實,宜其困。三之即二,不順之行,人之所不予也。六位之間即象以示義,甚備如此。

需

需,須也。剛健在下,而坎險在前,須其解也。求之人事,凡政事之須其成,教令之須其孚,危須安,亂須治,與凡在下者,所須皆是也。剛健而不陷,直可須之而已,坎險莫終病也。異乎止不去而蒙、止於下而蹇、違行而訟、澤無水而困也。然剛健而須,猶以遠乎險。不亟於須者,利。初於郊最遠也,至不亟也,利用常何咎哉?於沙,迫矣,以中也,故衍。於泥,汙矣,故寇至,敬謹猶免,則以剛健不困窮也,與自我致戎者異矣。坎在上,所以為需。五,中正之君,需之主也。不特不病乎下,三陽須以及已,爻直言正吉而已。四上之柔皆為險,以病陽者。需之時,則有退聽而已,而二者安行與勉彊,又以不同於血迫乎陽。陰之不利於迫,猶陽之需利乎遠也。傷而出穴,失所安也。雖順以聽,抑勉强而已矣。頻巽、頻復之謂也。六進,於是不迫也。入於穴,不失所安。來者三,吾知敬之。宜其終吉。於以見陰之於陽,小人之於君子,其情其勢,有所不同,而捨彼即此,安行而不拂者,貴也。

夬

五剛在下,長而未已,一柔乘之,在彼有不容安處,在此不得不決而去之也。在下,内也,君子道長極矣。極乎道之長,小人可決去之不疑。《泰》言“君子道長”,不言去小人,二五止言君臣相予宜密,餘爻所以處泰而為否之防而已。至《夬》之六爻,餘無其義,專以去上柔為言,而其言又徃徃艱其事,悖其施,則知決去小人,雖當可為不疑之時,猶不可易而視之也。《彖》既言揚王庭,又曰“有厲乃光”,既言五剛有攸徃,又曰“告自邑,不利即戎”。《象》曰“施禄及下”,必曰“居德則忌”,奏功矣,苟居其德,必有所不服,是所忌也。初以躁於其進,則有不勝之咎;二以惕號莫夜,乃有不恤之得。其忽與謹,相去遠矣。决小人於五剛之時,任一相足矣,非人君事也。五以小人迫近,夬夬莧陸,然切切於是,雖曰快所欲,不宏矣,故曰“未光”。三之與四,其情意趣操特異,聖人必嚴為之戒於頄面,夬矣,非其心也。非其心乃其應革曰革面,夬曰於頄,豈其心哉?牽於應在一夬未足道,或者其沮衆,君子之謀,而招禍納釁焉,未可知也。故必曰“君子夬夬”,卦才則於頄,君子當則夬夬也。在卦獨行遇雨,君子則當若濡有愠也。夬夬云者,夬

之又夬，一於此不疑也，所謂念兹在兹是也。《易》之乾乾、蹇蹇、井井、坎坎，亦是義也。四之才剛，位則柔且不中正，居近君之地，乃如此，故不果於行，自為違異，犯不韙於公議，若不聞焉，異乎二之勿恤者矣。在下四爻，二之外顧如彼，五之夬夬於莧陸，有君無臣，古今常患，"中未光也"，有由也。自古决去小人最不易也，最不容造次也，誅二張於復辟之後，乃置武三思，此議乃出於張柬之。司馬文正别白熙豐、元祐之臣，而去留之難，當時所謂賢公卿或不然其説。晉諸公去賈充而其黨設詐，挽而留之，則小人之在國，天下知其當去不疑，而或者立異以為能陰厚以自結，不能保其必無有也。聖人於九三、九四二爻示戒之切如此，不然君子之去小人，反為其所傾擠多矣。雖治平之世，揚庭之時，猶或不免，而竇武、何進無所憑藉，萅焉於東漢之末，其禍非自取之歟？

姤

《姤》一陰生於下，有浸長之漸，故曰"女壯"，防微之意也。謂初也，初為勿用取之女，故欲繫於金柅，豕雖羸已若蹢躅，防之至且於其早也。女壯勿娶之義，初爻已具之矣，餘爻所言則皆遇之功用，不重出此意。五與二，皆剛也，君臣相遇，一卦之主，二之遇初，有而包之，其包之也，五實命之。君所委，臣所任也，故曰"以杞包瓜"。民在下，上所封殖，可以養君子。魚與瓜，其象也。五能以二能包如自天然盛矣。上遇道窮矣，不足道，若三之與四，或不中且不正，皆失其遇，或未善乎遇之道也。"包無魚"，近君而失民，其起凶也。宜若臀無膚次且，處無所乎遇，往無以為决，優於四之不正矣，亦豈遇之之善者哉？聖人於《姤》之《彖》《象》，雖防陰柔之進，然抑陰而尊陽，其義已徹於《夬》，故此詳於遇而略於陰意，互備可考也。

小畜大畜

畜云者，反情以復性，格其放紛而歸之真醇之謂也。三陽在下，健而上行，巽順則畜之，艮止則畜之，畜之止則止矣。巽而畜之，順適而已，其功蓋不侔。三陽受畜，大畜有終，小畜無終，善初大畜，畜極而行小畜，畜極而悖，則以止與巽，剛與柔，功用之遼遠如此也。然剛不能以畜健，畜之者柔也，故《小畜》以四為主，而爻稱有孚，《大畜》四則牿牛有喜，五豶豕有慶，故曰至柔乃畜至健，柔不能自為畜，必剛主之而能以之。故《大畜》有天衢之亨，《小畜》九五"有孚攣如，富以其鄰"，以其鄰，謂以四為畜也。曰"剛上而尚賢"，指艮而言，指上而言也。曰"剛中而志行"，謂九五也。巽而畜，故初有應則"復自道"，二則"牽復"，已不逮矣。三比四乃至説輻反目，止而畜，故初則已，二則説輹安於畜也，三而畜道行且亨矣。故"良馬逐，閑輿衛"。攸往之利，有不畜而已，用固不同。然靡不告功者，主《小畜》五也。上則告功，"既雨既處，尚德載"，《小畜》畜道成也。"婦貞厲，月幾望"，有所深戒，為四戒也。《小畜》有戒也宜。陰柔而見用，烏得而不戒？《大畜》之道大成，則不必爾也。凡皆巽而畜與夫艮而畜異也。象於《小畜》曰："密雲不雨，自我西郊。"不雨有終雨之意，自西則必東，故《小畜》亦云亨而畜功亦收於上，《大畜》則直云"剛健篤實輝光悳新"，止健大正而應乎天，言之其氣象小大如此，不待細讀深求而灼知之。

復

《復》云"出入無疾，朋來無咎"。夫陽為君子、為德、為舒、為生。夫《易》其尊陽之書乎？在《復》陽反自外而復於内，其入其出在己，皆無疾，以見其安行。來而附者，其朋亦無咎，以見其得道多助。

噬嗑

用刑之卦，物有間，用刑乃能去之，二、三、四、五，其象皆用刑者也。初上無位，其象受刑者也。聖人畫《易》示人以象也。然初之受刑輕，在下也，卦之始也；上則重矣，在上也，卦之終也。故初校其趾，取其不行，聖人以為小懲大戒，小人之福；上則滅耳而凶，所謂不可揜解是也。然君子為善，小人為不善，各以類勝，初無應於上，故其惡小而刑輕，上有應於三，其惡滋矣，受重刑宜也。

革

《革》之象與義，革者九五是也。革於人者，初二三四上是也。九五以剛居中，而正君位，大人也。用以革，故曰虎變。龍虎，皆君象也，其化如神，其信於人甚敏，未占則已孚矣。革於人則有難易、遲速、淺深之殊，"鞏用黄牛"受革而已，他無用焉，無惡也。二應上，已日乃革，革之易，故征則吉，而為所嘉應也。四比上，悔亡有孚，命斯改，改斯吉，其受革與二同其易。三則難矣。革以言末矣，三就然後見信，征而即君，凶其宜也。《象》以為又何之，則以其遠君而又失其中，非餘爻比明矣。聖人之世，固有怙惡悖義，詔告再三而後勉强而從者也。之人也，其足以進而與天下乎？

比

比之為道貴乎廣，廣則無所不比。其為用也貴乎神，神則由而不知。夫能是，君人之道也。若曉然示人，置彼此厚薄於胷中，則有比有不比，非君人之道也。九五以剛中之德為衆陰之所歸，若能窅然神運，泯焉無迹，無適莫，無遠邇，咸與之比，則其道大矣。今乃顯其比而下應於二，夫其有所應，則心係於所厚，而它則不皆厚。如王田之有三驅，其於禽，逆我而來則舍之，順我而去則取之，以逆順為取舍，則失前禽矣。王之失，正在有厚薄，其於邑人之後而比者則不誡而吉，是為上所使之中也，非為上之中也。《易》之為道欲其應而君子之善世又貴乎廣大，無所决擇，有應則狹而小，如康《屯》之世，而九乃屯其膏，如《同人》之時而二乃同於宗，皆有應而小。《比》之九五其義同此。初六以柔居下，將以比人，而執謙抱誠，盡比上之道，故不特有孚而又無咎，不特孚信中足而亦有它至之吉。比

上之道，此為盡善。若二之自内應五，雖不失所比，然視初則有間矣。故正則吉，而不自失而已，至三之比六，乃非其人而比之。比非其人，傷之者矣。四居上體之下，外比於五，亦為比得其所，故曰“比賢而從上”。《易》之為體，下卦則内，而上卦則外也。四近五，故曰外比。若夫上之為爻，居一卦之極，衆陰比之上時，已瞢不知幾，彼皆争先為比，而己獨後比，則無能為首，凶之道也，雖欲終之，其可得乎？

［（宋）陳造《江湖長翁集》卷三十四　1166—430—34］

易　説

（宋）黄榦

警學謂用應始有，體該本無，則是虚也。程子以爻為人，以位為時，則實有是事也，以為虚則觀象玩辭者，何以體驗持守之要乎？觀上文及其貫之萬事一理之語，則理定既實以下皆指深於學《易》者而言。理即體也，用即事也。理之為體雖實，而所該者無形；事之為用雖本虚，而應乃有迹。稽實存體，所以玩理；待虚應用，所以制事。當潛而潛，當見而見，皆理之自然而不可易者，非實乎？然求其所謂當然者，則無形之可見，非本無乎？未有潛見之事，非虚乎？處陋巷，三過其門而不入，則有迹之可睹，非始有乎？程子之説與此意自不相妨，特解《易》則皆推説耳。

“雲上於天”，需待之象，今而曰“雲上於天”，無所復為，則是兼取於“飲食燕樂”之義。雲上於天，自為需待之義；“飲食燕樂”，則君子處需而得其道耳。九五一爻盡之，非為無所復為取飲食燕樂之義也。

“風自火出”，明内齊外之義，今曰身修家治則於風自火出之象有所未明。火在内卦為明。内明，身修也。風在外卦為齊。外齊，家治也。上九一爻，是其義也。

師取蓄衆之義，則兵師、師衆一也。今曰水不外於地，兵不外於民，則似以兵師、師衆為二義。《師》卦皆主兵師而言，然兵師、師衆本亦一義，旅師亦然。師之為言衆也，在軍則有師之名。

《升》言順德，謂物理之升，皆以順積而致之。《本義》：順當作慎，積小高大，方有升義，以其小而能高大，則不可不慎，故慎義為長。

“困言致命”謂委致於天命耳，《本義》云：猶持以與人，而不之有。未明“致”有二義。有以此召彼之來，兵法致人是也；有自此推之於彼，事君致身是也。《大學》“致知”亦然，二義雖不同，或移彼至此，或推此至彼，其義一也。若謂委之命，則非至字之義，故命只為吾身性命，而致為推以與人也。

［（宋）黄榦《勉齋集》卷三十四　1168—390—34］

原　旨

（宋）陳淳

《列禦寇》曰："有太易，有太初，有太始，有太素。太易者，未見氣也；太初者，氣之始也；太始者，形之始也；太素者，質之始也。氣形質具而未相離，故曰渾淪。視之不見，聽之不聞，循之不得，故曰易。"此異端之説，非儒者之所宜言，自唐孔氏引之爲疏義，而後之學《易》者遂祖之。吁！是豈羲、文、周、孔四聖之旨哉？蓋昔者聖人之作《易》也，本就陰陽而取名，以陰陽交錯而理流行，不容以一定拘，故以易命之。其爲字，從日從月，亦陰陽之謂也。而其所以爲義，則代换變易之稱，即生生之謂者，不惟天地造化之爲然。而在書之爲蓍卦、辭義及人事之理，莫不皆然也。今以造化而言，太極動而生陽，動極復静，静而生陰，静極復動，一動一静互爲其根。子月六陰極而退於上也，而一陽復生於下焉；午月六陽極而退於上也，而一陰復生於下焉。晝，陽之盛也，而陰已生於午焉；夜，陰之盛也，而陽已生於子焉。其代换有如此者。二氣交感化生萬物。自元而亨，亨而利，利而貞，貞而復元；自春而夏，夏而秋，秋而冬，冬而復春。一闢一闔，一消一息，循環而無端，周流而不窮，其變化有如此者，即所謂天地設位而易行乎其中者是也。在書之所謂卦者而言，自一奇一耦而爲兩儀，加倍而爲四象，又加倍而爲八卦，又加倍而爲六十四卦，陽奇交乎陰，陰耦交乎陽，互相參錯而成。其代换有如此者。自乾至泰，由一乾而變；自履至臨，由一兑而變；自同人至明夷，由一離而變；自無妄至復，由一震而變；自姤至升，由一巽而變；自訟至師，由一坎而變；自遯至謙，由一艮而變；自否至坤，由一坤而變。其變化有如此者，即所謂聖人之作《易》也，觀變於陰陽而立卦者是也。以蓍而言，自一變所歸，有奇耦而爲兩儀，自三變奇耦有多少而爲四象，至十八變而後卦成，則亦不外乎四十九策更互分合往來而爲之。其代换有如此者。或得一爻而變，或得二爻而變，或得三爻而變，或得四爻而變，或得五爻而變，或得六爻而變，六十四卦能變之所之，其變化有如此者，即所謂四營而成《易》者是也。以辭義而言，或"剛上而柔下"（《蠱》），或"柔上而剛下"（《咸》），或"内健而外順"（《泰》），或"内柔而外剛"（《否》），或"柔進而上行"（《鼎》），或"剛自外來而爲主於内"（《無妄》），或"柔外而文剛"，或"剛上而文柔"（《賁》）。其代换有如此者。卦各隨時爲義不同。如《泰》，"君子道長，小人道消"之時，則其進爲"亨，吉"；《否》，"小人道長，君子道消"之時，則其進爲不利。而六

爻於其中，又各隨位取義不一，如《泰》之初九，羣陽始進，則"拔茅茹，征吉"；九二以剛中爲立信，任[①]則治《泰》之道"得尚於中行"；九三《泰》將極而過乎中，則以艱貞爲戒；六四《泰》已極而入乎陰類，則以"翩翩其鄰"爲警；六五爲《泰》主，能任九二，成治《泰》之功，則有"帝乙歸妹"之祉；上六《泰》極而復《否》，則有城復於隍之吝。凡卦爻之例皆然，其變換有如此者，即所謂"六爻之義易以貢"者是也。在人事之理而廣推之，凡日用動静、語默、屈伸、進退、大小、粗精、隱顯等類應一切相對待者，皆莫不各有陰陽分屬。如張忠定公所謂公事未判者屬陽，已判者屬陰。二端常相因相禪而無窮，雖極千條萬緒之不齊而莫不各有當然一定之則，參錯於其間，惟當與之相爲流通爾。方其成已爲仁，成物爲智，則仁主内而智主外矣；及學不厭爲智，教不倦爲仁，則又智主内而仁主外焉。方其義以爲質，禮以行之，則義主先而禮主後矣；及修禮以耕之，陳義以種之，則又禮主先而義主後焉。其代换有如此者。當揖遜則揖遜，當征伐則征伐，當與賢則與賢，當與子則與子。在禹稷之地則當出，在顔子之地則當處。在曾子之地則當去，在子思之地則當守。在三仁之地，當去者去，當奴者奴，當死者死。在孔子之地可仕則仕，可止則止，可久則久，可速則速，於鄉黨則當恂恂，於朝廷則當便便，與上大夫言則當誾誾，與下大夫言則當侃侃。而皆不可以一律定焉，其變化有如此者，即所謂"《易》窮則變，變則通"者是也。而總皆不離乎陰陽之所爲也。此聖人於《繫辭傳》必曰"天尊地卑，乾坤定矣；高卑以陳，貴賤位矣；動静有常，剛柔斷矣；方以類聚，物以羣分，吉凶生矣；在天成象，在地成形，變化見矣"，所以取造化陰陽之實與卦爻無二致也。又曰"廣大配天地，變通配四時，陰陽之義配日月，易簡之善配至德"，又所以即卦爻陰陽之旨與天地人同一揆也。故莊周謂"《易》以道陰陽"，亦窺見乎此矣。然合而言之，所謂太極者，常流行通貫，皆無不在焉。在造化則陰陽二氣之中各具一太極；在書則六十四卦之中，每象每爻亦各具一太極也；四十九策之中，每揲每變亦各具一太極也；在人事千條萬緒之中，無小無大又無不各具一太極也；即所謂"《易》有太極"及"三極之道"也。故占者於此，必各隨卦爻、陰陽、奇偶與太極周流，以决吉凶悔吝之幾，而不滯於一隅，如程子所謂"隨時變易以從道"，聖人有聖人之用，賢人有賢人之用，衆人有衆人之用，學者有學者之用，君有君用，臣有臣用，無所不通。若拘於一，則三百八十四爻，但爲三百八十四事而止也。在學者之學《易》，必平心以"觀其象而玩其辭"，如筮者之筮事，每虚心以觀其變，而玩其占於逐位之下，視陰陽消息盈虚以察其所值之時，又於逐爻之中，視剛柔進退偏正以攷其所主之義，使萬理粲然一定，如森如列，脈絡不亂而分毫不差。然後能體之在我，而動静無非《易》。於寂然不動之時，則合萬殊爲一本，而

① "任"字疑衍。

渾然太極之全體，常昭融於方寸間；及感而遂通之際，則散一本爲萬殊，而縱橫曲直莫非太極大用之所流行，又何有一物之不會於極哉！故曰"化而裁之存乎變，推而行之存乎通，神而明之存乎其人，默而成之，不言而信，存乎德行"，至是則羲、文、周、孔之傳始知其真不吾欺矣。

[（宋）陳淳《北溪大全集》卷十九　1168—654—19]

易議（三篇）

（宋）程珌

"《易》有君子之道四焉，以言者尚其辭，以動者尚其變，以制器者尚其象，以卜筮者尚其占。"凡十三卦之制器，如神農之耒耜，黄帝、堯、舜氏之衣裳，無非以象而制之者也。若夫生蓍立龜興神物以前民用者，皆占也。然則器也，占也，萬世之用備矣，毋俟乎有言也。惟言與動，則君子之言行，有國之政令，樞機之所關，理亂之所由，天道日新，世變無窮，悉寓於三百八十四爻之中，所以先哲之言《易》者，獨於言動加詳焉。蓋爲人君而不知《易》，則太平何自而可致；爲人臣而不知《易》，則德業何由而可成。嗚呼！作《易》之聖人，豈徒以知《易》望天下哉，正以用《易》期來世耳。曰"乾元用九"，曰"王用三驅"，曰"公用射隼於高墉之上"，曰"利用建侯行師"，曰"利用涉大川"，諄諄然無非以三篇用詔天下萬世。雖然，是特發凡耳。書不盡言，言不盡意，讀者又當知觸類之學也夫。

《易》之爲書，一名而三義具焉。曰"簡易"，以言其德也；曰"變易"，以言其氣也；曰"不易"，以言其位也。曰德、曰氣、曰位，名雖不同，要皆所以爲道也。若昔聖人闡先天之學而成後天之書，凡所以斡旋元化，昭融天理，紀綱人事，罔不備具。使爲人君者得之，則可以宰制宇宙，酬酢神明，天地以之時敘，民物以之順成；爲人臣者得之，則可以輔相彌縫，弼成萬化，進則盡忠正之節，退則全廉靖之風；修身者得之，則盡心養性，不流於虚無；遯世者得之，則樂天知命，不沮於憂患。是故載之於簡編，則無非實理，施之於日用，則皆有成效，而後世學者乃率以空虚恍惚言之，流弊之極，至於淪爲異端，嘻可懼也。故不思龍出於河而八卦宣其象，麟傷於澤而十翼覃其用，繇三皇，歷五帝，至於夏、商、周，而後其書始克大備，商瞿子木實受吾夫子之傳，其後浸大。以至於西都之王、服、京、田（王同、服生、京房、田王孫），東都之荀、劉、馬、鄭（荀爽、劉表、馬融、鄭玄），更相祖述，源流不絶。至於魏之王弼，集諸家之善，得聖人之意，故其注至於今不廢。是以江右諸儒並傳其學，河北學者莫能及之，惜乎江南義疏十有餘家，舛其本眞，流爲釋氏，所以重發貞觀間孔穎達之嘆也。雖然《易》之爲道，吾既聞之矣。《易》作於伏

羲也，而乃以周言之，何哉？嘗觀《易贊》以爲夏曰《連山》，商曰《歸藏》，周曰《周易》。《連山》以艮爲首，象山之出雲，連而不絶也。《歸藏》以坤爲首，象地之包藏萬物也。《周易》以乾爲首，言其道之周普，無所不備也。兹一説也，而《世譜》等書則又曰神農之號一曰連山氏，亦曰列山氏，黄帝之號一曰歸藏氏，然則《連山》《歸藏》並以代名，則《周易》以周稱，豈非《易》成於文王，故題周以别商耶？此《易緯》所以亦言因代以題周也歟？雖然《易》之名吾得而聞之矣，然則《易》果孰作又果孰成之耶？嘗觀《禮緯・含文嘉》曰："伏羲德合上下，故天應以鳥、獸、草、木，地應以《河圖》《洛書》，伏羲則而象之乃作八卦。"孔安國、馬融、姚信、王肅皆以爲然，無復異説。至於重《易》之人，則諸儒之説不勝其異。王輔嗣之徒以爲伏羲，鄭玄之徒以爲神農，孫盛以爲夏禹，史遷以爲文王。其言夏禹、文王重卦者，孔穎達以爲考諸《繫辭》神農之時已有"蓋取諸《益》""取諸《噬嗑》"之事。由是言之，其説不攻而自破。至於言神農重卦者，亦未爲得。何者？《易》之《下繫》又曰："上古結繩而治，後世聖人易之以書契，蓋取諸《夬》。"孔安國《尚書》序曰："伏羲造書契。"則是伏羲固已象《夬》而作書契矣，又安得神農重卦而後有夬哉？故重卦之人，王弼以爲伏羲，而孔穎達亦以王弼之説爲是。然則伏羲制卦、文王繫辭、夫子翼《易》，所謂人更三聖，其爲灼灼無疑矣。至於由三畫而八卦，自八卦而六位，陰陽剛柔之理，上下承乘之象，所以廣大精微與天地並，而三聖人之所以盡心垂世者，俟入經隨卦言之，此不悉具。姑陳大端，若是以與諸君共講明焉。

《易》何爲而作乎？曰：有憂也。何憂乎？憂是道之不明也。《易》何爲而重且翼乎？曰：有憂也。何憂乎？憂是道之不行也。然則於何而見之？曰：慮是道之不明者，其辭簡而嚴；憂是道之不行者，其辭詳而盡。學者平其心，定其慮，取聖人之辭而玩之，則聖人之心瞭然矣。《易》曰伏羲氏始作八卦，以通神明之德，以類萬物之情，非伏羲氏之心主於明道乎？是故三畫之學，寂寥簡短，而天人之藴悉備無遺，此明道之體當然也。至於文王、夫子之時，則夏、商賢聖之君久矣不作，禮廢樂壞，道孤無主，文王憂之，故與閎夭、太顛、太公望、散宜生之徒講明體察，斷然取《易》而重之。其後文武成康之君相繼而作，而又相之以周公、召公、畢公、君陳，然後世變風移，道洽政治，斯道得以大明。至夫子之時，則王迹浸熄，詩聲日微，而是道又絶而不行矣。夫子環睞當世之士，如長沮、桀溺傲世絶物，既不可與共斯道，獨得一老聃、彭祖而與之周旋。藍田吕氏謂老聃、彭祖皆殷周之老成人，計其得於殷周盛時，耳目所接，淵源所漸，所謂見而知之者，固甚不淺。而吾夫子亦曰我老彭，所以見其尊且信之意，尤爲拳拳也。獨夫子猶以爲未也，於是周流列國，萃天下之士而與之遊，凡天理人情事物之變故，悉以身體之，至晚年而後"十翼"出焉。故曰："加我數年，五十以學《易》。"有如十三卦之説，歷敘神農氏之所以用益、用噬嗑，黄帝、堯、舜氏之所以用乾坤、用涣、用隨，此言人君之用《易》而在上者；又言箕子之用晦，顔子之用復，此君子之用《易》而在下者。曰"神而明之，存乎其人"，曰"苟非其人，道不虛行"，其辭詳，其指深，所以望當時至矣。而當世之君，未有能用之者，徒能私淑其徒而已矣。按前史商瞿子木親受《易》於聖人，自是而後，傳授不絶，至於東西都之士，然後以至於王弼。弼不得其眞也，而亦以注顯。雖然，商瞿子木以後所謂傳授不絶者，《易》之辭爾。至於當時高弟如曾、顔、冉雍、子思、孟軻之後，所謂得之於心、行之於身，今其遺書如《曾子》十篇，如《中庸》，如孟軻之書，卓然足以爲《易》之羽翼者，非史臣之所知也。自秦而後，更漢歴唐，千百餘年間，不惟上之人無有用此《易》者，然自王弼以後以至於唐下之人，亦莫有傳此《易》者。江南義疏祖尚虛無，蓋至於唐僅得一孔穎達辨析音義，頗爲當時所宗。然至於聖賢用心，斯道大統，彼固未之深及也。宋興百年，名儒輩出，胡安定得其用也，邵康節得其數也，程明道、伊川得其理也，周濂溪得其體也，張横渠得其用也。然後《易》之道遂大明於天下。善乎孔穎達之論曰，聖人仰觀俯察，象天地而育羣生，雨施雲行，效四時而生萬物。若行之而順，則兩儀序而百物和；若行之以逆，則六位傾而五行亂。詳味斯言，則《易》果將有用乎？抑亦徒作之而已乎？聖人於乾，發明爲君之德者，惟在剛健中正，自强不息。於坤，發明爲臣之義者，惟在於直方正大。至明九卦之序，則上至天子，下至庶人，凡以之盡心養性、修身齊家之道，無所不備焉。使人君而用乾之義，則天德行剛健，威權不至於下移，紀綱不至於廢壞。使爲人臣而用坤之義，則敬以直内，决無有所謂諛説而欺君者；義以方外，决無有所謂嗜進而苟得者。爲士君子而用九卦之義，則履以和行，謙以制禮，損以窒慾，困以處窮，益以裕德。必如是，然後可以謂之用《易》，而《易》之道行矣。國家開設學校，建立儒官，凡月之朔必使之登席講書，豈徒爲文具哉。講之而不明，弗措也；明之而不行，弗措也。如其講之而不求其知，知之而不求其行，則又何以講爲哉！吾儕小人眇然其形，蠢蠢林林，雜在萬類之中，饑而欲食，渴而欲飲，亦何以異於凡百有生之類哉！而其所以師友千載，陶冶萬物，卓然自離於林林蠢蠢之中者，惟曰禮義廉恥而已耳，名節風操而已耳。不然，一日舍是，則孟子所謂異於庶物者幾希矣。可不畏哉，可不謹哉！朋友有志於《易》者，幸相與講明而體察。自夫用九卦之義以盡士君子之操，他時推之事君，則必能盡坤之義，以爲名世之臣，亦在勉之而已。識者將於此乎觀焉。

[(宋)程珌《洺水集》卷六　1171—287—6]

與前人書

(宋)陽枋

昨所疑數事，間有索之過處。易學只看卦是甚卦，究其名義大概，了其六爻，

雖各隨時取義，然終不離得卦，毋又只順聖人言辭語脉求之，便得其正，亦不能執定，拘前賢所解，若有不通，須玩究，却只要平易，不要崎嶇深遠，不必背畔自為之說，如夫子《彖》《象》《繫辭傳》是多少分明顯著，若說道理斷只用夫子為準，不過詳明之而已。《易》元無出於聖人言語之外者，只是力行求至，行得一尺是自家的一尺，行得一事是自家的一事，行來行去到那快活時，和前時講不得的也都曉了。若行處有阻滯抵礙，亦因以見我所講不通不明處。易學二百餘家，當只詳看伊川、晦翁所言便有八九分明了，衆說只須猛省一觀，不必人人與之辨析，如入通都大邑，看珠玉綺羅，文繡鋪席，處處熀耀花眼亂心，到底只有正當靠實一兩鋪，只主意於此，買賣便了，安能徧逐眼界，遮攔令盡乎？姪年已如許，才見聖賢地步分曉，便勇力進步，且直截去源頭坐定了，徐徐縱觀四方八面，儘不勞心勞力，便是"登東山而小魯，登太山而小天下"氣象。若今時只埋頭章句文義，煞然有旁蹊曲徑，萬水千山，到幾時鑽得盡？此是十四五二十歲時學來，只得濂溪與李初平說話便如此，所以某言千書萬紙不若對面說一解為活卓也。今既各有縈絆，只務見是行，終有到處。

［（宋）陽枋《字溪集》卷四　1183—309—4］

示姪昂書

（宋）陽枋

近來見得六十四卦三百八十四爻，無非乾之為，雖改頭換面，取象取義，各自不同，只是一箇乾道變化得恁地。所以一爻便有一天理，纔天理處便只是乾，兩間萬物萬化，雖陰陽四時，山河大地，輾轉生出，然都是乾健為主，當借他面貌模子變化，使形色散殊，羣分不同而已。只如人一生有多少膠膠擾擾的事，元只是一心對付将去，對付得成時，只是一箇乾。若心纔不健處事，便不成乾。所謂健非強猛勇敢之謂，信得過、看得徹、行得竟處便是。雖順亦健也。某見得如此，行有不逮，每勉，欲及之，心力向衰，照顧或不前如，姪以為然，望力行之。漆雕開"吾斯之未能信"而夫子悦之。蓋信是真實，信得過便不脚前脚後，照東照西，徹始徹終，便是打得闞透時氣象，宜夫子深以為說也。六十四卦只言九六，不言七八，蓋九六則能變，七八變不得了。元下半截屬亨，亨上半截屬元，下半截又屬利，利上半截屬亨，下半截又屬貞，貞上半截屬利，下半截又屬元，循環無端，不見其始。《易》，變易也，隨時變易以從道也。道即《易》，《易》即道，如何隨時變易却從道？若晦翁在時，此也着問，不知當時門弟子如何亦不能疑難及此。辭變象占是就以言、以動、以制器、以卜筮上說，觀象玩辭，觀變玩占，是專就卜筮上說。聖人説話横來竪去，都合道理，看《易》不可拘執，當以類推，譬如父為子隱，子為父隱，此只舉一義。若類推則君臣、夫婦、兄弟皆然，如陳司敗問昭公，孔子只得對以知禮。乾健二字，千難萬難不便體得，或學者能立脚做去也，只做他坤順的，至於乾健，則未及也。廣是平鋪的，大是包上下四方，大司徒廣輪之數便是箇廣，故廣生則歸之坤，大生則歸之乾。又曰“廣大配天地”“大明終始”幾句是《易》之大綱領，下只説六爻，一元、一歲、一月、一日、一時皆然，自始至終，自終反始，此事甚大，孔子於乾之《彖》言之，豈可容易閒看過？伊川取辭不取象，亦未安，蓋有象之後方有辭以明之，聖人取象只舉大綱的，如乾終不只是這天與龍及人君兩三事，象有言聖人者、有言君子者、有言先王者，亦只是舉一義以為象，便如畫卦，影子一般，錯綜之法，只是三數之、五數之。甘節，伯夷叔齊也；苦節，龍逄比干也。愚夫昧《易》而不知，非不知也，不能明之也。才士口《易》而無益，非無益也，不躬履實踐也。童蒙有《易》而不露，非不露也，無人導之也。太極日日判，兩儀日日分，若理會得面前的便可理會，得圖上的理氣妙於無跡，其體由象數而立，象數顯而易見，其用該理氣而神，或謂乾坤生六子，當初畫卦時，元同時生，只是既畫之後，方見得是乾坤生六子。

［（宋）陽枋《字溪集》卷五　1183—311—5］

易論（上、中、下）

（宋）李清臣

易論上

嘗病世之學者不能知《易》之本，遺人事而泥天道，其卑者入於象數，而高者不過入於名理。自焦延壽、京房、毛爽、祖孝孫之徒為六日七分之説，曰辰之支幹，律吕之清濁，風雨寒暑節氣之侯，與天文歷法，以為皆法《易》而生。故術者咸自託於《易》，五行家曰：“吾之術出於《易》也。”太一家曰：“吾之術出於《易》也。”律家亦云然，歷家之所云又然。已而《參同》、方伎、卜相、筮占之流，莫不持籌衍圖，指畫天地，自以為知《易》意者，借聖人以為高，祈世人之弗疑其妄而尊己之學也。晚有韓康伯頗號知《易》，至於聖人之精義，又往往溺入於名理，趣向大與佛老相類。故仲長子光嘗稱《老》《易》。夫象數之與名理，固《易》之自出，然而本非聖人所以教世者，故不言人事而言天道，謂之伎術，非聖人之徒也。自周秦間已謂《易》為卜筮之一法，及秦燒書欲以愚黔首，始皇與李斯曾不知卦爻有仁義之説，學之者可以不愚，《易》於此脱於亂世，獨得不火，後世傳授不絶，然亦幾矣。後之學者，又墜《易》之旨，不能究極人事，而推天授神，故其言於惝恍冥迷之外，

務以惑世。何《易》之少通而多塞如此哉！夫是非定於目前而難以眩者，人事也；《易》僞而不可詰者，天道也。彼以謂已能談天，衆人必以我為洞陰陽而測變化，吾智甚大而吾學甚遠，為力甚近而得名甚高，且有難詰之幸。此如畫師，喜為鬼神而憚為狗馬，以鬼神難知而狗馬易較故也。嗟乎！高者入於象數，卑者入於名理，而聖人之旨固已微矣。夫聖人立《易》，豈止作空器、與後世為古法而已耶？固將以利天下也。卦之不同，一卦之體，當一世之事；爻之不同，一爻之體，當一人之事；位之不同，一位之體，當一時之事。處治處亂，宜進宜退。處晦處明，宜剛宜柔。處上處下，宜為宜否。偶其時，位其事，曲折萬變，聖人皆有術以處之。故出没於天地之間，而利不能誘，禍不能繼，惡不能垢，譽不能驕，小以之治身，大以之治天下，無異道者，斯則聖人以有用而為之矣。因人以及三才可也。學者奚獨以象數為哉！

易論中

或曰：《易》之所以為《易》，吉凶禍福而已矣。吉凶禍福，見於象數者也。今學《易》而不為象數，又何以知吉凶禍福之所自耶？曰：有天之禍福，有人之禍福，有天之吉凶，有人之吉凶。君子信乎其在人者，不治乎其在天者。天之所為，人有所不能為；人之所為，天有所不能為。日月星辰之運動，風雨霜露之時不時，此天之所為也。禮樂之興壞，人倫之廢起，賢愚之貴賤，通塞時世之改易，物之聚散，兵之成敗，此人之所為也。天能自為其所為而不能為人之為，人能自為其所為而不能為天之為。故天雖神不能勝人，人雖靈不能勝天，此天人之職也。而世之妄者，持天以勝人，其言雜乎巫史卜祝、星工歷學、僻妖幻邪之間，以謂吉凶禍福，如有佛神在上，瞰天下之衆而司之者，溺乎小數而泥乎大道。或者率人以勝天，曰吾可以卻日月星辰之災，而召風雨霜露之和，使答我如響，此之謂干天人之職。比干雖忠信，力争於紂則死，微子捨之而去則存。季跖雖暴，無明天子，賢諸侯則盜而壽。人歟？天歟？天下之事，不滿於求而異乎所素期者，亦世人未之究耳，而皆謂之天。至於淺丈夫一金之得失，曲士一禄秩之進退，莫不指天以為記。天何預於此哉！故達者略幽而視明，求形而不察影。木石之怪，羽毛之妖，青眚赤祥，人痾犬禍，沓然而有不足畏也，修吾人事而已矣。矞雲景星，祥風甘露，繼日而至；丹芝瑞莉，神爵騶虞，不曠月而出，不足矜也，民之治亂如何而已矣。或曰：然則《易》之所謂吉凶禍福而可以前知者如何？曰：人事有將然之理，深微而難見，紛錯而不可一者，常人所未知而聖人已逆知之，故寄之《易》。曰此時而此為則吉、則有慶、則無不利、則利有攸往，此時而此為則凶、則有厲、則有悔、則無攸利。亦事之必至者耳，顧其多岐而常人疑之，以為其狀若變化矣，何預於此哉？學《易》未能極人事而叛乎天地陰陽，非《易》之本旨也。

易論下

《十翼》皆孔子之言乎？不得而知之也，然而有疑焉。其所謂《序卦》者，自韓康伯已明其非《易》之藴，而未明其所以非也。何謂耶？夫三才之交錯，萬事之紛揉，未嘗有獨行而無徒，唱之而無應者。是故剛柔相配，消長相随，天地陰陽也。小大相承，强弱相長；夫婦、父子、君臣也。善惡相返，治亂相易，君子、小人之分也。禍福相生，盈虧相旋，物理之進退也。二二而同出，如晝夜之相代，寒暑之相從，黑白之不能不相資也。有剛必有柔，有消必有長，故言天必言地，言陰必言陽。有大必有小，有强必有弱，故言夫必言婦，言父必言子，言君必言臣。有善必有惡，有治必有亂，故言君子必言小人。有禍必有福，有盈必有虧，故言進必言退。此事之常而作者所不可遺也。故配偶而言之，則理愜而易明；離合而雜舉之，則混亂而不可攷。夫《易》卦之序，豈非二二而相從者乎？今夫上經之卦，乾天坤地，故乾對坤；屯氣之始，蒙識之始，故屯對蒙；需和而訟乖，故需對訟；師，憂也，比，樂也，故師對比；小畜以陰而制陽，履以陰而承陽，故小畜對履；泰對否；同人明於外，大有明於内，故同人對大有；謙自小而豫自大，故謙對豫；隨少為而蠱多事，故隨對蠱；臨下對觀上；噬嗑之明獄對賁之明政；剥對復；無妄之剛動對大畜之剛止；頤養之中對大過之過；坎之水對離之火：此上經之次也。下經之卦，以咸之動，對恒之静；以遯之陰長，對大壯之陽長；以晉之明，對明夷之暗；以家人之同，而異對睽之異而同；以蹇難對解通；以損對益；以夬之五陽决一陰，對姤之一陰遇五陽；以萃之聚而來，對升之進而去；以困之在下而塞，對井之在下而通；以革之變之用，對鼎之變之器；以震動對艮止；以漸之女吉，對歸妹之女凶；以豐之附而光，對旅之單而隱；以巽之順，對兑之悦；以涣之散，對節之收；以中孚之誠在中，對小過之行在外；以既濟對未濟：此下經之次也。不惟其義之若是，觀其九六奇偶之畫，或上，或下，或相返，或相生，以兩之而為此，則《易》卦二二而相從，豈不甚明哉？今夫《序卦》之文，蓋不愶矣。有義之苟合者，有義之不合而强通者。是豈聖人之言耶？學者究之而自知，此不可以徧舉也。學《易》者知夫所謂二二而相從，則於三才之淵、萬事之變，可以心通而得《易》道之半矣。

［佚名編《宋文選》卷十八　1346—261—18］

易統論

（宋）劉穆元

易統序

道有統，聖有統，《易》亦有統。聖道之傳，均之《易》也。自龍馬呈於河洛，而

精微廣大者不容自秘。(《繫辭》:"河出《圖》、洛出《書》。"疏:《春秋緯》云"河以通乾出天苞,洛以流坤吐地符",河龍《圖》發,洛龜《書》感,《河圖》有九篇,《洛書》有六篇。孔安國以為《河圖》則八卦是也,《洛書》則九疇是也。)天地以其自然者畀之人,聖人以其同然者檃之心,遇事而形,孰非妙用?觸言而發,孰非至理?規規乎一事一言為其所得者止,是殆未造乎其深者也。吾嘗自其所已形遡其所未形,自其所已發詣其所未發,始知古人心傳之妙,曾不可於爻象中求。室授千古,潛會方寸,大統繩繩,初無間斷,神而明之,存乎人也。即吾之所見者,釐之而八,周之爻,孔之翼,(疏:第六《論夫子"十翼"》云:上《彖》一,下《彖》二,上《象》三,下《象》四,上《繫》五,下《繫》六,《文言》七,《説卦》八,《序卦》九,《雜卦》十。鄭學之徒並同此説,故今亦依之。)不可以一端名者,復二之以繫其末,岐西之亨,中古之憂患,不明指以告,意亦微矣。(疏:第四《論卦辭爻辭誰作》云:其《周易》繫辭,凡有二説,一説所以云卦辭爻辭並是文王所作者,案《繫辭》云:"《易》之興也,其於中古乎?作《易》者,其有憂患乎?"又曰:"《易》之興也,其當殷之末世、周之盛德邪?當文王與紂之事邪?"又《乾鑿度》云:"垂皇策者犧,卦道演德者文,成命者孔。"《通卦驗》又云:"蒼牙通靈,昌之成,孔演命,明道經。"準此諸文,伏犧制卦,文王係辭,孔子作"十翼",《易》歷三聖只此也。故史遷云"文王因而演《易》",即是"作《易》者,其有憂患乎"。鄭學之徒,並依此説也。二以為驗爻辭多是文王後事。案:《井》卦六四"王用亨於岐山",武克殷之後,始追號文王為王,若爻辭是文王所制,不應云"王用亨於岐山"。又《明夷》六五"箕子之明夷",武王觀兵之後,箕子始被囚奴,文王不宜豫言"箕子之明夷"。又《既濟》九五"東鄰殺牛,不如西鄰之禴祭",説者皆云西鄰謂文王,東鄰謂紂。文王之時,紂尚南面,豈容自言已德受福勝殷?又欲抗君之國,遂言東西相鄰而已。又《左傳》韓宣子適魯,見《易》象,云:"吾乃知周公之德。"周公被流言之謗,亦得為憂患也。凡此諸説,以為卦辭文王,爻辭周公,馬融、陸績等並同此説,今依而用之。所以只言三聖,不數周公也,以父統子業故也。)始置之,以俟其達者,故書曰《易統》。

包犧神農黃帝堯舜禹(湯、高宗、帝乙)箕子文王武王周公孔子顔子

離

(包犧○《繫辭》:"古者包犧氏之王天下也,仰則觀象於天,俯則觀法於地,觀鳥獸之文與地之宜,近取諸身,遠取諸物,於是始作八卦,以通神明之德,以類萬物之情,作結繩而為罔罟,以佃以魚,蓋取諸離。")

卓卓其見,孰窮其原。皦皦其知,孰造其真。尊其所受,神其所得。吾心之不泯者,難以私之也。大統之傳,吾肇之始。方寸之地皆圖也。性中之天皆離也。圖不於已而歸之河,離不於已而歸之《易》。尊其所受而俾之不容侮,神其所得而俾之不容玩。斯人不克自反之心,幸其知所以尊之神之,則吾道庶常明乎天

下。吁！一燼之微，滋而十百千萬，種之不息，而火之本然者燦如也。一心之妙，擴而十百千萬，傳之不朽，而我之本然者炳如也。繼繼之明，了然無間，不得已，形之奇耦以致其尊，寓之罔罟以極其神，二者豈足竟吾心之《易》哉！俯仰之觀，有不觀者存；遠近之取，有不取者存。法與象可以兩忘，身與物可以並置。八卦不作，吾之所謂離者，固昭昭日月之揭，今猶不泯乎？反觀内照，尊而且神，古之王天下者在吾胷中矣。

益

（神農○《繫辭》："神農氏作，斲木為耜，揉木為耒，耒耨之利，以教天下，蓋取諸益。"）

畫蛇之足，適累其天；（《史記·楚世家》：楚使昭陽攻齊，陳軫為齊國見昭陽，曰："人有遺其舍人一巵酒者，舍人相謂曰：'數人飲此，不足以徧。請遂畫地為蛇，先成者獨飲之。'一曰：'吾蛇先成。'舉酒而起，曰：'吾能為之足。'及其為之足而後成，人奪之酒而飲之，曰：'蛇固無足，今為之足，是非蛇也。'"）續鳧之頸，適戕其天。（莊《駢拇篇》："鳧脛雖短，續之則憂；鶴脛雖長，斷之則悲。故性長非所斷，性短非所續，無所去憂也。"）天理混融，本無盈闕，槩而付之自為，則我之為我，裕如也。道學不可二觀，損益不可二用。方寸之外，一毫已贅；精微之中，一介勿留。聰明不作，卓約安在？知識不行，光大若何？惡念不萌，善孰可遷？功勳弗形，過孰可改？至理渾然，吾任之；一性粹然，吾安之。舞雩之風，（《語》："暮春者，春服既成，冠者五六人，童子六七人，浴乎沂，風乎舞雩，詠而歸。"）春人之雨，無懷之逍遥，洞庭之雅奏，（莊《天運篇》："北門成，問於黄帝曰：'帝張咸池之樂於洞庭之野，吾始聞之懼，復聞之怠，卒聞之而惑，蕩蕩默默，乃不自得。'"疏云："洞庭之野，天地之間，非太湖之洞庭也。"）舉不足喻吾之天樂，課能計効，無一得矣。一物之觸，一物之應，一事之感，一事之隨，擴吾之所自裕者裕天下，亦何假乎修飾！充牣其所欲，彼不德我；優適其所利，彼不庸我。耜耒之作，吾無斲揉之勞，耒耨之教，吾無誥語之諄，稼穡自豐矣，日用自飲食矣。（《天保》詩："民之質矣，日用飲食。"）千古之民，含哺鼓腹，孰知其所從來者？（莊《馬蹄篇》："赫胥氏之時，民居不知所為，行不知所之，含哺而熙，鼓腹而遊。"）裕其在我，我不容聲；裕其在人，人不容識。反觀其在易，易不容取。此古人致益，所以為益之至者。吁！知古人不益之益，則吾於噬嗑，豈屑言哉！

乾坤

（黄帝、堯、舜○《繫辭》："黄帝堯舜氏作，通其變，使民不倦，神而化之，使民宜之。《易》窮則變，變則通，通則久，是以'自天祐之，吉無不利'。黄帝、堯、舜垂衣裳而天下治，蓋取諸《乾》《坤》。"）

妙大造於無形，則我無奇能；斡元用於不測，則我無特効。巍巍有成，豈妙深

機;蕩蕩無名,始融至理。冥經緯於寂然不動之中,絶意識於渾然莫窺之際。我已超然世表,孰有知其朕者。艱哉,吾道之窮也。窮則變,變則通,敢問乾坤在我皇皇而無礙者,孰為之寓?幸哉,吾道之通也。通則久,久則神,敢問乾坤在茫茫而無迹者,孰為之綱。嚮也作而今已化,嚮也使而今已宜。人人自納乎至吉之地,物物自造乎無所不利之境,吾於運量之餘,不敢課能計効,每以其心傳之妙,槩而强之天,駸駸乎天下之治,尤有不足言者。爾衣爾裳,我無所垂;爾乾爾坤,我無所取。號善形容者,不髣髴其神化之妙。駕辭乎黼黻之文,寄意乎奇耦之畫,何為後世苦口之深歟?反遡其在我之神於方寸之微,潛會三聖之神於千載之上,則彼此一逕庭也(莊《逍遥遊篇》"大有逕庭"。庭,勑定反。),古今一階陛也,《易》與聖人一大閫域也,夫何間?

革

(湯武○《革·彖》曰:"革而當,其悔乃亡。天地革而四時成,湯武革命,順乎天而應乎人。革之時大矣哉!")

截然不可犯者,聖人之常;毅然不可回者,天人之變。極吾之常,遇彼之變,適然契乎此心者,理之融也。聖人以天心所嚮為從違,以人心所屬為去就。以吾心之至理為的,準理之可,天人之定也。吾不規規乎天人之心,而反揆乎吾心之理,理之常邪?堂陛不容異置,冠屨不容異處。天下之大分愈明,誠截然有不可犯者,吾順而應之,非我也,天也,人也。理之變邪,鳴條無餘兵(《書·湯誓》:"伊尹相湯伐桀,與桀戰於鳴條之野,作《湯誓》。"),牧野無餘戰(《牧誓》:"武王與受戰於牧野,作《牧誓》。")。天下之大權日至,亦毅然有不可回者,吾順而應之,非我也,天也,人也。極聖人之常,遇天人之變,吾甘心任之而不之謝,非樂乎其命之革也。彼不克嚴其不可犯之尊,往往自速其不可回之禍。一或恝然乎天心之從違,恬然乎人心之去就,徘徊乎一事之不屑,則我於至理已有乖戾,安保天下之不呼舞四起而奪之亟?吾不忍斯民或擠於不可救藥之時,寧忍一已自冒其不可測知之勢,德少慙乎吾身,將大安乎天下。(《仲虺之誥》:"成湯放桀於南巢,惟有慙德,曰:'予恐來世以台為口實。'")樂未善乎一時,將大聲乎後世。(《語》謂武盡美矣,未盡善也。)君臣之分森立乎四百年之餘,天人之際綿歷乎六七王之久。槩之心,融之理,孰知自素契於順應之先哉!如其喜事僥覬,妄意更張,一不之成,亂危已繼,聖人本心始不表襮於千古,作《易》者懼之,故不得不以革之大者彖。吁,聖人之杜漸,其機如此。

既濟、未濟

(高宗○《既濟》:"亨,小利貞。初吉終亂。《彖》曰:既濟亨,小者亨也。利貞,剛柔正而位當也。初吉,柔得中也。終止則亂,其道窮也。《象》曰:水在火上,既濟,君子以思患而豫防之。初九:曳其輪,濡其尾,無咎。《象》曰:曳其輪,義無咎也。九三：高宗伐鬼方，三年克之，小人勿用。《象》曰：三年克之，憊也。上六：濡其首，厲。《象》曰：濡其首，厲，何可久也。"〇《未濟》："亨。小狐汔濟，濡其尾，無攸利。《彖》曰：未濟亨，柔得中也。小狐汔濟，未出中也。濡其尾，無攸利，不續終也。雖不當位，剛柔應也。初六：濡其尾，吝。《象》曰：濡其尾，亦不知極也。九四：貞吉，悔亡。震用伐鬼方，三年有賞於大國。《象》曰：貞吉，悔亡，志行也。上九：有孚於飲酒，無咎，濡其首，有孚失是。《象》曰：飲酒濡首，亦不知節也。")

道孰為始，始之則終；道孰為亨，亨之則窮。亨者窮之基，始者終之漸也。終而且窮，不關乎始亨之先，常關乎一心之微。吾之一心，又始終亨窮之決也。天下事固有不可無心以遂其所濟，亦不可容心以極其所濟。勉强竭吾力以幸其一成，既而自處之不暇，則向之始者今已終，向之亨者今已窮。吾於此求其所必濟於不可濟之後，亦何策以應之？自古高明之君持養是心於有餘之地，然後發揮，以為不盡之用。吾心之運，孰有餘於我者，終不可以我之不盡，以窮其所可盡。凡所以濟，不濟之候耶。堂堂大國，擒縱小戎，不啻高屋建瓴，水之易易矣。遲回三年之久，戒絶小人之用，任其所以自附，聽其所以自至，不敢營營以冀其所必濟，每兢兢以慮其所不濟，克之之效未形，而憊或乘之；賞之之實未施，而悔或隨之。事理雖未可竟其所終，而吾心之用已不勝其窮，此古人之所甚虞者。思異日之患，豫此日之防。濡尾於其初者無異議，濡首於其末者無異辭，濟之既者其亨小，則濟之未者其亨大。吾於無始之始，復索意於卦爻之外，則一心之妙，庶乎常有餘而用之不盡也。噫嘻！始架屋者反瓦三之，《易》道之所以不可終，不可窮，而自有生生之理歟？

泰

（帝乙〇《泰》："小徃大來，吉，亨。《彖》曰：泰，小往大來，吉，亨，則是天地交而萬物通也，上下交而其志同也，内陽而外陰，内健而外順，内君子而外小人，君子道長，小人道消也。《象》曰：天地交，泰，后以財成天地之道，輔相天地之宜，以左右民。九三：無平不陂，無往不復，艱貞無咎。勿恤其孚，於食有福。《象》曰：無往不復，天地際也。六五：帝乙歸妹，以祉元吉。《象》曰：以祉元吉，中以行願也。上六：城復於隍，勿用師，自邑告命，貞吝。《象》曰：城復於隍，其命亂也。"）

將開聖人，必有雨雲為之先（《記·孔子閒居》："嗜欲將至，有開必先，天降時雨，山川出雲。"）；將興國家，必有休祥為之兆（《中庸》："至誠之道可以前知。國家將興，必有禎祥，國家將亡，必有妖孽。見乎蓍龜，動乎四體。"）。古書不槩乎天地之數，而槩乎至誠之神。天下之事若不逃乎數，有大物者不可以數言也。君臣之異分，陰陽之異處，健順之異尚，君子小人之異居，亦豈自彼而來哉？銖銖兩兩，皆吾心之舊物也。吾心其果誠耶，禍可轉而為福，亂可轉而為治，塞可轉而為

通，天地之數，吾不暇計也。吾心其不誠耶，妖孽有立至之形，敗亡有立至之機，山川鬼神有立至之變，然後不得已，有任數之説。盍知方寸中之涇渭既分，其凝結成象，自不可啻泰不泰之所由决也。人主司交泰之權，膺財成之責，不以平不陂者而忽之，不以往不復者而簡之，不以消不長者而畧之，業業然兢兢然惟懼，自速其復隍之亂，以受命之符不可常保，而如神之誠不可少虧也。持養以謙，卑下以禮，忘泰通之勢，而極其歸妹之誠，非幸其祉而冒其言也。泰否之理每定於一念之微，吾於此一毫之有愧，一事之過舉，安保其大不往，而小不來耶？乾旋而坤轉，雷厲而風聲（韓潮州謝表云云，聲作飛。）百物之豈弟，萬民之晏温，吾不泛觀天下，而以我之誠否卜之，泰烏乎恃？

明夷

（文王〇箕子〇《明夷》："利艱貞。《彖》曰：明入地中，明夷。内文明而外柔順，以蒙大難，文王以之。利艱貞，晦其明也。内難而能正其志，箕子以之。《象》曰：明入地中，明夷，君子以莅衆，用晦而明。六五：箕子之明夷，利貞。《象》曰：箕子之貞，明不可息也。"）

皦皦者汙，昧昧者發，灼灼者窮，昏昏者達。峻砥柱於頹波潰决之中，孰若泰華屹立之為固。操一壺於舟楫遺逸之餘（韓《讀〈鶡冠子·學問篇〉》稱，賤生於無所用，中流失船，一壺千金。），孰若蒲輪緩步之為安？甚哉！運奇於險與宅平而無為者，天壤絶也。謨丕矣，孰自而顯？智大矣，孰自而形？圭角一呈，其鋭必折；芒刃一露，其鋒必摧。啻吾明於遵養之地而以柔順衛之，宿吾明於勇退之時而以艱正持之，則今日之昧，異日之發，今日之昏，異日之達。一時之闇然者雖不可規，而萬世之燦然者自不容息也。嗟夫！名之彌消，吾德彌彰。身之彌沮，吾道彌光。磻溪之都，而龍韜虎畧，萃如也。（《尚書中候》云：太公即磻溪之水，鈞其涯，得玉璜，刻曰："姬受命，吕佐之。兵法六韜，龍韜虎韜。"云云。）泗濱之居，而春生秋殺，森如也。（《記·檀弓》：曾子曰："吾與女事夫子於洙泗之間。"）河海泛泛自適，而鼗鼓磬擊，鏘如也。（《語》：鼓方叔入於河，播鼗武入於漢，少師陽、擊磬襄入於海。）羑里不忍辱，八卦之精理寧自我而泯？（《史·周紀》：崇侯譖西伯於殷紂，紂乃囚西伯於羑里。其囚羑里，蓋益《易》之八卦為六十四卦。）商祀不復續，九疇之大法寧自我而墜？（《書·洪範》：箕子曰："天乃錫禹洪範九疇，彝倫攸叙。"）謨之丕者以奇耦而顯（《君牙》：丕顯哉，文王謨。），智之大者以彝倫而形（《揚·問明》：箕子以其智為武王陳洪範。），静乎天地之鑒，淵乎萬物之宗。白乎其虚室，湛乎其靈襟。吾之明明終可夷，而不可晉耶？閟之深者其發必宏，蓄之豐者其達必碩。表裏經緯，暉映千古，亦晦之小而明之大也。

復

（顔子〇《繫辭》："顔氏之子其殆庶幾乎？有不善未嘗不知，知之未嘗復行也。《易》曰：'不遠復，無祇悔，元吉。'")

性中之天，孰挽孰回？理外之人，孰遣孰排？吾將排遣其在彼之人，而挽回其在我之天。請問此境何自而入？談不容聲，難以語人。胷中不有卓見者，不足以造乎此也。念慮之不純，吾身之影響已隨。履踐之不至，吾心之形聲已虧。權輕重禍福於影響未捷之始，較毫釐得失於形聲未著之先。吾之鑽仰日勤，博約日敏。(《語》：顏淵喟然歎曰："仰之彌高，鑽之彌堅，瞻之在前，忽焉在後。夫子循循然善誘人，博我以文，約我以禮，欲罷不能，既竭吾才，如有所立卓爾。雖欲從之，末由也已。")視聽言動，詎犯其非。(顏淵問仁。子曰"克己復禮為仁"云云。顏淵曰："請問其目。"子曰："非禮勿視，非禮勿聽，非禮勿言，非禮勿動。")言辯步趨，詎擬其迹。(莊《田子方篇》：顏淵問仲尼曰："夫子步亦步也，夫子言亦言也，夫子趨亦趨也，夫子辨亦辨也，及奔逸絶塵，而回瞠若乎後者。")過之所形，何貳於行；怒之所發，何遷於色。(哀公問弟子孰為好學？孔子對曰："有顏回者好學，不遷怒，不貳過，不幸短命死矣。")齋爾心，(莊《人間世篇》：回曰："敢問心齋？"仲尼曰："唯道集虛虛者，心齋也。")苦爾卓，樂爾簞食瓢飲。(《語》：子曰："賢哉回也，一簞食，一瓢飲，在陋巷，人不堪其憂，回也不改其樂。")顧無所用其力耶，一旦力到功深，超然領會，豈啻冰釋而風休，雲舒而霧霽？鵬摶鯤運，吾不知天地之高博；日暉月明，吾不知宇宙之寥廓；帝馳王驟，吾不知古今之廣莫。萬象森羅，皆吾方寸之故物。烏呼！逕庭異而氣象不同也。性真頓還，還之必盡，理妙潛反，反之無餘。昔我所見者無非人，今我所見者無非天。極其原而索其初，遡其本而扣其端，洞洞屬屬，了無一得，如歸故家，何事於復？吾於此始信己私可克，己之累也；不善可知，善之累也。克之矣終無所待其克，知之矣終無所致其知。熟乎其仁，庶乎其幾，吉凶之两忘，悔吝之並置，亦聖人復禮之警策也。吁！安得復之不遠者與共談敦復之義哉！彼何人，予何人，希之則是。

六爻(周公)

經綸之業，表著乎一時者，用之小；精微之理，發揮乎萬世者，用之大。植璧秉珪之書，稼穡艱難之書，何諄諄乎其亟也！(《書·金縢篇》：周公為"三壇同墠，為壇於南方，北面，周公立焉。植璧秉珪，乃告大王、王季、文王"云云。《無逸篇》：周公作《無逸》曰："嗚呼，君子所其無逸，先知稼穡之艱難，乃逸，則知小人之依。")東征閔勞之詩，"鴟鴞毀室"之詩，何渠渠乎其周也。(《鴟鴞》，周公救亂也，成王未知周公之志，乃為詩以遺王，名之曰《鴟鴞》焉。"鴟鴞鴟鴞，既取我子，無毀我室。"《東山》，周公東征也。周公東征，三年而歸，勞歸，士大夫美之，故作是詩也。)三百六十官之定制，又何井井乎其秩也。(《禮·天官·小宰》："一曰天官，其属六十，掌邦治；二曰地官，其属六十，掌邦教；三曰春官，其属六十，掌邦禮；四曰夏官，其属六十，掌邦政；五曰秋官，其属六十，掌邦刑；六曰冬官，其屬六

十，掌邦事。”）人主範之，國史明之，君子序之，吾之才之美，固足以經綸天下，反觀内感，知大難蒙於前者，雖或伸於繼述之人，而《易》統之傳，少寓意於六畫者，孰竟其所闡之緒，爻而辭之，我其責也。一心之寄，其“潔净精微”之所充者濡然。（《記·經解》：“潔静精微，《易》教也。”）六位之釋，其“潔净精微”之所形者燦然。天地之藴，我其擴之；神明之奥，我其攄之；萬物之情，我其捈之。為萬世而作《易》，豈容玄妙其迹，艱深其辭，以愚人之耳目哉！八而八之，凡可以象數名者，日用之事也。六而六之，凡可以吉凶斷者，萬事之時也。吾不事其事，惟時其時，則爻之為爻，豈梏夫三百八十有四而已矣。妙乎其陰陽，超乎其奇耦，可以誠形，可以理遇，而不可以聲畫竟者，自有鼓舞運轉之妙，不盡之用，以人而明。吾所期待者有在也，精微之潜交，夢寐之默契，《易》之微權，必有以任其責於五百歲之餘者，盍為我索之。

十翼（孔子）

道充乎一性，吾則粹聖人之淵；道周乎萬物，吾則廓聖人之天。吾道其淵耶，粹然者或可養而成；吾道其天耶，廓然者不可强而得。宗廟其美，百官其富，宫牆其數仞，豈不足以極綏來動和之機？（子貢曰：“夫子之牆數仞，不得其門而入，不見宗廟之美、百官之富，得其門者或寡矣。”又曰：“所謂立之斯立，道之斯行，綏之斯來，動之斯和，其生也榮，其死也哀！”）然天下幸不幸，難以自决，而敦化之德，卒不能廓其覆燾之天。吾寧淵淵其淵，不時出而用之。（《記·中庸》：“辟如天地之無不持載，無不覆燾，辟如四時之錯行，如日月之代明，萬物並育而不相害，道並行而不相悖，小德川流，大德敦化，此天地之所以為大也，溥博淵泉，而時出之，溥博如天，淵泉如淵。”）春生秋殺，一字已嚴（左序《春秋》，雖以一字為褒貶，然皆須數句以成言。），陶冶諸子，大巧已妙。吾心所潜（揚《問神篇》：“昔仲尼潜心於文王矣，達之。顔淵亦潜心於仲尼矣，未達一間耳。”），吾道所習（《學行篇》：“孔子習周公者也。”），自不應徒嗜韋編而不有以發其藴也（《史·世家》：“孔子晚而喜《易》，序《彖》《繫》《象》《説卦》《文言》，讀之，《易》韋編三絶，曰：‘假我數年，若是，我於《易》則彬彬矣。’”）。馬圖秘於河而斯文喜其未喪（“文王既没，文不在兹乎！天之將喪斯文也。後死者不得與於斯文也，天之未喪斯文也，匡人其如予何？”），周夢嗇於吾，而木鐸振其遺音（“甚矣吾衰也！久矣，吾不復夢見周公。儀封人曰：‘二三子何患於喪乎？天下之無道也久矣，天將以夫子為木鐸。’”）。三古之所未該，三聖之所未悉，吾一槩而竟發之（前《藝文志》：“《易》道深矣，人更三聖，世歷三古。”），則前日淵泉之淵，豈不為今日溥博之天耶！羽翼大成，翺翔萬世，何慊乎鳳儀之不至也（“鳳鳥不至，河不出圖，吾已矣夫。”）？吾嘗手之不置，口之不釋，含其英而咀其華，味其腴而嚌其真，書與心契，心與理契，曾不知天之為蓋，地之為輿，而世之有人，已之有軀也，紛紛欣欣乎其獨樂，揖遜乎聖人於六十四卦之外矣。

易統後題

古人品第三易，學者繆會其意，往往旌簡先後，徇彼而置此（疏第三《論三代易名》：案《禮·太卜》"三易"云："一曰《連山》，二曰《歸藏》，三曰《周易》。"杜子春云："《連山》，伏羲；《歸藏》，黄帝。"鄭玄《易贊》及《易論》云："夏曰《連山》，殷曰《歸藏》，周曰《周易》。"鄭玄又釋云："連山者，象山之出雲，連連不絶；歸藏者，萬物莫不歸藏於其中；周易者，言易道周普，無所不備。"今所不取。案《世譜》等羣書，神農一曰連山氏，亦曰列山氏，黄帝一曰歸藏氏，既連山、歸藏並是代號，則《周易》稱周，取岐陽地名，以此文王所演，故謂之《周易》，題周以别餘代。），寧不知宇宙之中何存非《易》？隨其所取，取之約而我不豐；足其所受，受之富而我不竭。得其廣大者，可以把握陰陽，剸裁天地；得其清明者，可以輝映河漢，雕飾淵海。典雅不凡者，足以建謨而定策；卓犖不羣者，足以伏節而死義。其精微玄妙，純而不雜者，正心而誠意，致知而格物，推之治國平天下，亦何適而不可？（《記·大學》："古之欲明明德於天下者，先治其國，欲治其國者先齊其家，欲齊其家者先修其身，欲修其身者先正其心，欲正其心者先誠其意，欲誠其意者先致其知，致知在格物。物格而后知至，知至而后意誠，意誠而后心正，心正而后身修，身修而后家齊，家齊而后國治，國治而后天下平。"）彼不此悟而屑屑於《歸藏》《連山》之間，豈知在我之《易》隨所寓而存者，形而卦爻以乾為首，妙於心傳，以離為先，南面而治者，不忘所取，包犧氏始得其統，决非惣然乎此也。吾心之離，繼繼無間，明之中有益者存，神農莫盡其用，噬嗑之外其不測者神矣。神則化，化則天，黄帝而堯，堯而舜，祐自天矣。舜而禹，禹而湯，亦其天也。天之所錫，不異其辭，勇智《洪範》，寧異其理。《洪範》，《易》之别也；勇智，《易》之用也。别者不玄，見《易》非啻禹也；用者革之，大湯其先之哉！高宗、帝乙得心法於家法之傳，屈已乎歸妹，可為善保泰者，從事乎鬼方，亦不為無濟矣。武王復革命於心法之傳。烏乎！操戈入室，反為商之病哉。文王置權守經，知我一時之夷，萬世之光也。文明乎其中，柔順乎其外，全吾《易》於不絶之綫，豈直八卦之重哉？箕子室授《九疇》於禹，其發而未竟者，正其志，晦其明，信吾《易》之韞匵席珍也。周公得以爻之，夫子得以翼之，其原原本本深矣。心之所潛，夢之所會，堅高博約之形，自有卓爾之見。不善之念知則汨滅天理，復還其殆，庶幾顔氏之子，果未達乎一間耶！（見上《十翼》篇注）論道統者終孟子，而畧顔子，稽之復回，無憾矣。軻不言《易》，非知軻也。軻失其傳，亦誣軻也。（韓《原道》：孔子傳之孟軻，軻之死，不得其傳焉。）泛而觀之，反而求之。六十四卦皆吾胷中之故物，其千古之不汨者哉。

［佚名編《十先生奥論註》前集卷九　1362—67—9］

易　原

(宋)程大昌

一、《河圖》《洛書》

夫子之言《易》曰:“河出圖,洛出書,聖人則之。”是《易》於圖書,固所兼法。周人寶藏河圖,孔子嘆河不出圖,是河圖也者,古盛世實有之,非後世傅會也。孔安國曰:“龍馬出河,伏犧則其文以畫八卦,謂之河圖。”又曰:“天與禹,洛出書,神龜負文出,列於背,有數至九,禹因而第之,以成九類。”劉歆乃曰:“伏犧氏受河圖,則而畫之,八卦是也。禹治水,賜《洛書》,法而陳之,《洪範》是也。”又敘《洪範》曰:“自五行至六極,凡六十五字,《洛書》本文也。夫安國之謂文者,數著乎象,而錯綜可觀焉爾,非謂後世文籍之文也。”歆謂《洛書》有字,則全與孔異矣。夫二子在漢,皆號精博,而違異如此,予於是疑此時圖書已自不存,故各出意想而終無定證也,然劉歆專佐符命,正使漢家秘藏有之,歆何以不得而見?此不可曉也。鄭康成則直曰《河圖》有九篇,《洛書》有六篇,說者謂其本諸緯書。緯書者,哀平間實始有之,非古也,不可據也,而其誤有可以理證者。典籍之字生於卦畫,卦畫之智發於圖書,《易》謂書契取夬為象,是八卦已重而文字始生也。若圖書始出而篇章已具,則夫子謂書契取夬者誤矣。此自可以意曉也。特不知漢未遠古,二圖尚皆茫昧,而陳摶之徒生二千年後,何從得之。然而九位者,三列數之旁正,縱橫無有不為十五,故劉牧、李泰伯悉謂非人智能偽為也。劉李之言近也,而《乾鑿度》本出漢世,其書多言河圖,曰太一取之以行九宫,四正四維皆十五也。夫太一非所論也,其所謂四正四維,環拱一五,無往而不為十五,即此圖也。然則昔之作為《乾鑿度》者,實嘗親見是圖矣。其書言七八之象、九六之變,皆以十五為宿,蓋於圖乎得之也。《乾鑿度》也者,世儒多引之以明《易》指者矣,而鄭康成之論大衍,以十日、十二辰、二十八宿為五十,亦自《乾鑿度》出也。晉張湛傳《列子》至七變為九曰:“此章全是《周易乾鑿度》。”則漢魏以降,凡言《易》《老》者皆已宗而用之,非後世託為也。然則圖書也者,《乾鑿度》實能得之,而孔劉反不得見,何邪?所可言者,其四維四正皆為十五,正符陳摶所傳,則其來已古,若可信爾。且說《易》者莫古於《繫辭》矣,而《繫辭》之言圖書,正與天地變化、天象吉凶同在,聖人法效之數也。則謂以數發智者,信而可證也。謂有字有書者,妄也。天何言哉?而況造字成書,明與世接乎?

二、重卦非文立

揚子雲曰“《易》始八卦,而文王六十四”,非也。世之有杵臼書契也,蓋取諸《益》《夬》,而《益》《夬》乃重卦也。如曰卦至文王乃始重爻為六,則杵臼書契豈其至周始具也邪？夫子言《易》曰"十有八變而成卦"，夫卦之一爻即蓍之三變也，十有八變則六爻矣。策之立也，以三百六十者為總也，而夫三十六者之得為二百一十六，二十四者之得為百四十有四，皆六其爻而四乘之也。則《易》之在策也，已重爻而六矣，豈待周邪？《周官》之紀三易也，其經卦皆八，其别皆六十四。《連山》，夏也，《歸藏》，商也。夏商之世，八卦固已别為六十有四矣。夏商二易卦名，時見諸先秦之書，其名則皆周名也，此又可以見夫八卦之為八，八已在夏商之前矣。夫《易》也者，前世必皆略有其辭，特未備爾。至文王、周公相繼補足，而後卦爻之辭始備，故岐山、箕子遂皆列名於其間，有以見周人能裨闕而增成焉爾。不曰爻之三者，至周而始六也。其書之以周名也，猶言至周而成也。蓋豳之《七月》，其正朔率皆用夏，而序《詩》者又已明言其為后稷先公之詩，則是未有成周，先有此詩矣。今其繫之於豳，乃遂戴周為名者，識其入經之世也。《周易》之繫於周，正此類。揚氏因其名之冠周也，而遂以文王名之，其不審哉！

三、聖人不專用占

《易》之尊蓍也，直為其神，可以代易，而聖人得以洗心受成也。《洪範》之斷大謀也，凡已意之與國論直不自主，而皆取决於龜筮。夫其槁骨枯莖果可信仗以及此乎？蓋聖人尊《易》而因以及蓍，蓍尊而後《易》尊也。《易》之經秦而得不焚者，竟以此。若求其本，則是以蓍為導而使人向《易》焉爾。若其卜筮，則未嘗全以主信也。古之聖人之猷為悉可考矣。舜之命禹也，禹請枚卜，舜蔽已志以言曰："朕志先定，鬼神其依。龜筮協從，卜不習吉。"豈其專以蓍定邪？周公之穆卜國事也，令龜之辭謂："許則歸而竢命，以待其愈，不許則屏璧與珪，以為不神。"亦不以不遂所請而信疾之不愈也。然則聖人之於人事卜筮，其先後固大有序矣。《易》之為書，不為卜筮設，然而無蓍以出卦象，則臨事不知卦之所擇，故卜筮為用《易》之要也。若聖人立教之道，則常置仁義於陰陽剛柔之間，不專取成乎卦象，如曰"師征，丈人吉"，非丈人而屬弟子則不吉矣。"碩果不食"一象也，而君子以之得輿，小人以之剥廬。沿此類推之，則卦同而人事異，其禍福不專從卦也。故善補過者終以無咎，而悔亡者乃遂往無不利也與？

［（明）程敏政《新安文獻志》卷三十一　1375—396—31］

讀易私言

（元）許衡

初

初位之下，事之始也。以陽居之，才可以有為矣，或恐其不安於分也。以陰

居之，不患其過越矣，或恐其懦弱，昏滯未足以趨時也。四之應否亦類此義（無應則或困於弱，有應則或傷於躁，《坎》無應而兇，《頤》有應而兇之類是也）。大抵柔弱則難濟，剛健則易行。故諸卦柔弱而致兇者其數居多（《豫》《剥》《坎》《恒》《困》《井》《旅》《小過》《未濟》），剛健而致兇者，唯《頤》《大壯》《夬》而已。若總言之，居初者易貞，居上者難貞。易貞者，由其所適之道多；難貞者，以其所處之位極。故六十四卦初爻多得免咎而上每有不可救者。始終之際，其難易之不同，蓋如此（一本作"其難易之勢固如此"）。

艮六居初者凡八，陰柔處下而其性好止，故在《謙》則合時義而得吉，在《咸》則感未深而不足進也，以是才居遯則後於人而有厲，然位卑力弱，反不若不往之為愈也。《蹇》之時，險在前也，止而不往，自有知幾之譽，勉於進則陷於險也。《艮》以止於初為義，故但戒以利永貞。《漸》之才宜若此也，雖小子有言，於義何咎？《旅》雖有應而不足援也，斯其所以瑣瑣乎？《小過》宜在下而反在上，斯其有飛鳥之兇乎？柔止之才大率不宜動而有應，動而有應則應反為之累矣（《謙》最吉，《小過》最兇）。

坤六居初者凡八，坤柔順處下，其初甚微，而其積甚著，故其處此與否之初也，皆能獲吉。《豫》有應在上，是動於欲而不安於分也，兇亦宜乎（一本無上二段）。

二

二與四皆陰位也，四雖得正而猶有不中之累，況不得其正乎（一本"乎"上有"者"字）？二雖不正而猶有得中之美，況正而得中者乎？四，近君之臣也，二，遠君之臣也，其勢有不同，此二之所以多譽，四之所以多懼也。二，中位，陰陽處之皆為得中。中者不偏不倚，無過不及之謂。其才如此，故於時義為易合，時義既合則吉可斷矣（一本"吉"上有"其"字）。究而言之，凡為陽者本吉也。陽雖本吉，不得其正，則有害乎其吉矣。雖得正矣，不及其中，亦未可保其吉也。必也當位居中，能趍時義，然後其吉乃定。凡為陰者本兇也，陰雖本兇，不失其正則有緩乎其兇矣。雖失正矣，苟居中猶可以免其兇也。必也不正不中，悖於時義，然後其兇乃定。故陽得位得中者，其吉多焉；陰失位失中者，其兇多焉。要其終也，合於時義則無不吉，悖於時義則無不兇也。大矣哉，時之義乎（一本自"究而言之"以下，文少不同，今重録如此）？

凡陽本吉，凡陰本兇，陽雖本吉，不得其正則害乎吉矣，得正矣不及其中，亦未保其吉也。必也當位居中，能趍時義，然後其吉乃定。陰雖本兇，不失其正則緩其兇矣。失其正或能居中，猶可免其兇也。必也不正不中悖於時義，然後其兇乃定。故得位得中之陽，其吉多焉；失位失中之陰，其兇多焉。要其終也，合於時義則無不吉，悖於時義則無不兇。大矣哉，時之義乎！

乾九二：九，剛健之才也，而承乘又剛健，是剛健之至也。處陰得中有溥博淵泉時出之義，臣才若此，其於職任，蓋綽綽然有餘裕矣。夫剛健則有可久之義，得中則有適時之義。兼二者而行，雖無應可也，況六五虚中以待己者乎？此八卦所以皆無悔咎而有應者，尤為美也。

兑九二：兑之九二，剛而得中也，雖上承於柔邪，不足為累，此以得中之義為勝也。獨節之為卦，自有中義，所不足者正而已。今既不正矣，其何以免於兇乎。

巽九二：兑之中以剛為説，巽之中以剛為入，皆有不通用之臣也。然兑務於上（上一陰為主），巽務於下（下一陰為主），其勢有所不同。如《井》之義貴於上行也，而九二無應，狗已才而下之，違時拂義，人莫肯與，以谷射甕敝取象，其亦宜乎。

坎九二：下陰（一本作“柔”），柔（一本作“險”）之始也，上陰（一本作“柔”）柔（一本作“險”）之極也，而以陽剛之才獨居中焉，是已無賴於彼而彼有待於己也，加以至尊（一作“君主”）應之，則險道大行，不爾（一作“然”）則幾入於困矣。大率有應而道行，則以貞幹之義為重；無應而處中，則以須守之義為重。錯舉而言（一本作“錯舉而言之”），則卦之才皆備焉。

坤六二：《否》之時不為窮厄所動，《豫》之時不為逸欲所牽，非安於義分者莫能也。坤之六二，居中履正，且又静而順焉，宜其處此而無敗也。雖然創物兼人，陽之為也；柔順貞静，陰之德也。以陰之德而遇《剥》《觀》，則《剥》傷於柔而《觀》失於固矣。夫何故？時既不同，義亦隨異，此六爻所以貴中正，而中正之中有隨時之義也。

震六二：六二陰柔而在動體，雖居中履正，然下乘陽剛，成卦之主，其勢不得安而處也。非惟其勢不得安而處，揆其資性（一本作“才質”）亦不肯安而處也，或上應，或下依，有失得之辨焉。《復》無應而下仁，吉之道也，過此則違道而非正矣（《頤》《隨》）。益之時方外受也，上下之來又何患焉。《無妄》之世方存誠也，或應或依，祇足為累。他卦皆以乘剛之義為重也（《屯》《噬嗑》《震》），大率處剛乘剛，動有得失，非坤二柔中之比也（一本震六二在艮六二後）。艮六二，以剛處上，以柔處下，尊卑之勢順也，艮之大體既備此象矣。而六二又乘剛履柔，居中得正，宜其處諸卦而無過也。雖然柔止之中，動居禮制，若當大有為之時，則有不可必者。故在《蹇》未能濟，處《艮》莫能止，究其用心，忠義正直，終不可以事之成否為累也（一本“不可必”作“不可畢”，“究其用心”作“究其處心”，“為累也”作“為疵也”）。

離六二：初與三剛而得正，皆有為之才也，然其明照，各滯一偏，唯六二中正，見義理之當然（一本無“理”字），而其才幹有不逮其明善者。甚矣才智之難齊也，得有應於上（一本無“有”字）則明有所附矣。然非剛之善用明，實明之能自用也。大抵以剛用明，不若以明用剛之為順。故八卦用五附三，其勢略等，而離之六五

有應於下者為最美也。

三

卦爻六位,唯三為難處,蓋上下之交,内外之際,非平易安和之所也。故在乾則失於剛暴,在坤則失於柔邪。震動而無恒,巽躁而或屈。離與艮明止,係於一偏。坎與兑險説,至於過極。皆兇之道也。然乾之健雖不中也,猶可勝任;坤之順雖不正也,猶能下人。二者之兇,比他爻為少緩。若夫坎之與兑,以陰處陽,以柔乘剛,不正不中,悖忤時義,其為兇也切矣。是以乾坤為輕,坎兑為重,總而論之,亦曰多兇而已矣。

乾九三過剛不中,難與義適。然以其有才也,故諄諄焉戒命之曰夕惕,曰敬慎,曰艱貞,庶或有可免者。不然則用所偏而違乎義矣,兇其可逃乎?

四

四之位,近君多懼之地也(一本作"近君之位,先王親致如此"),以柔居之,則有順從之美,以剛居之,則有僭逼之嫌。然又須問居五者,陰邪?陽邪?以陰承陽則得於君而勢順,以陽承陰則得於君而勢逆。勢順則無不可也,勢逆則尤忌上行,上行則兇咎必至。離之諸四皆是也。震則四為成卦之主、才幹之臣也,且能動而知戒,是四有補過之道(一本"過"作"闕"),以陽成陽,以陰成陰,皆不得於君也。然陽以不正而有才,陰以得正而無才,故其勢不同。有才而不正,則貴於寡欲。故乾之諸四例得免咎,而《隨》之四,《夬》之四有兇悔之辭焉。無才而得正,則貴乎有應。故艮之諸四皆以有應為優,無應為劣。獨坤之諸四能以柔順處之,雖無應援亦皆免於咎,此又隨時之義也。

乾九四:九而居四,勢本不順,然以其健而有才焉,故不難於趍義。又上卦之初未至過極,故多為以剛用柔之義。以剛而用柔,是有才而能戒懼也。有才而能戒懼,雖不正猶吉也。

兑九四:處下而説,則有樂天之美;處上而説,則有慕爵之嫌。初九雖無應,猶可也(一本作"故初九無應,猶可得吉")。九四雖有應,尚多戒辭也。然以剛説之才易得勝任,故有應者無不吉,而無應者亦有免之之道云(一本"勝任"下作"故有應無應,皆有得吉之道")。

離九四:陽處近君而能保其吉者,以其有才而敬慎故也。火性上炎,動成躁急,非惟不順君之所用,且反為君之所忌也。恣横專逼,鮮有不及禍,唯噬嗑之去間,睽離之相保,與羈旅而親寡之時,取君義為甚輕,故其所失亦比他爻為甚緩(一本無"故"字,"甚"作"頗")。究而言之,固非本善之才也。

震九四:離之成卦在乎中,故以中為美;震之成卦在乎下,故以下為貴。若是則震之九四乃才幹之臣也,君之動由之,師之動亦由之,其功且大矣,其位已逼矣。然而卒保其無禍者,何哉?蓋震而近君,有戒慎恐懼之義,以陽處陰,有體剛用柔之義，持是術以往，其多功而寡過也宜乎。雖然功大位逼而不正，不可以久居其所也，久居其所則勳德反下，此《恒》之所以戒於田無禽敷（一本作“然而卒保無禍者，以其戒慎恐懼之義也。陽處陰位為體剛用柔，持是以往，其多功而寡過宜哉。雖然功大位逼而不正，不可久居其所也。久則勳德反下，此《恒》之象有田無禽敷”）。

巽六四：陰柔之質，自多懼也，順入之才，能承君也，以是而處，每堪其任，故八卦皆無兇悔之辭（一本作“陽上陰下，與坎不殊，順而入之，相得尤固，此所以亦無兇悔之辭”。）。坎六四，其以陰柔得位，而上承中正之君，略與巽同，然又有濟險之才焉，以此處多懼之地則宜矣，故八卦亦無兇悔吝之辭（一本作“以陰承陽，其勢已順，而其才質且能周旋曲折，不違於正道，宜處多懼而無咎”也）。

艮六四：以柔止之，才承柔止之君，雖己身得正（一本“己身得”作“曰居”），而於君事則有不能自濟者，必藉陽剛之才（一本作“應”）而後可以成功，故離九應之則終得婚媾，震九應之則顛頤獲吉，至於止乾之健、納兑之説，皆可成功而有喜。不爾（一作“然”）處剥見兇，處蒙蠱見吝矣。艮以能止為義，能止其身則無咎也。

坤六四：（坤之六四）不問有應與否（一本六四下有貞順之德五字），皆無兇咎，蓋為臣之道大體主順，不順則無以事君也（一本“兇咎”下作“蓋臣之道、子之道、妻之道，主於貞順，貞順則無過矣”）。

五

上卦之中，乃人君之位也（一本作“人君位也”），諸爻之德莫精於此（一本作“莫有粹於此者”），故在乾則剛健而斷，在坤則重厚而順，未或有先之者，至於坎離之孚誠，離麗之文明（一本無二“之”字），巽順於理，艮篤於實，皆能首出乎庶物，不問何時，克濟大事，專謂五多功者，此也（一本“此也”作“以此”）。獨震（忌强）輔兑比小人於君道為未善，觀其戒之之辭則可知矣（一本則作“觀其辭則戒之之意可見”）。

乾九五：剛健中正，得處君位，不問何時，皆無悔咎，唯履之剛决，同人之私昵，不合君道，故有厲有號咷（一本“乾九五是以剛健中正之才而處人君之位也”云云，故有厲與號咷也）。

兑九五：下履不正之强輔，上比柔邪之小人，非君道之善也，然以其中正也（一本作“勢非善也，以其中正”），故下有忌而可勝上，有説而决。大哉中正之為德乎（一本無“德”字）。

離六五：強輔強師，而六以（一無“六”字）文明柔中之才而麗之（一無之才二字），悔可亡也，事可濟也，然更得九二應之為貴（“濟也”下，一本作“更得剛陽下應，則尤善”），故《大有》《睽》《鼎》《未濟》皆吉，而他卦止以得位、得中而免也（一本無“他卦”二字，有“有應於下者”五字）。

震六五:九四陽剛不正之臣(一無“九”及“之臣”三字),為動之主,而六五以柔中乘之(一無“六”字),其勢可嫌也(一無“也”字),得九二剛中應之,其勢頗張,故《恒》《大壯》《解》《歸妹》比他卦為優,而《豐》之二五以明動相資,故其辭亦異焉(一本作“故亦勝於《震》《豫》《小過》之無應也”)。

巽九五:以巽順處中正,又君臣相得而剛柔相濟,相得則内無難,相濟則有成功,不待於應,自可無咎,應則尤為美也(一作“以巽順之道,處中正之位,君與臣相得也,剛與柔相濟也,相得則無内處之難,相濟則有成功之理,不待於應而自能無咎也”)。坎九五以陽剛之才處極尊之位,中而且正(一無“之才”“之位”四字),可以有為也。然適在險中未能遽出(“能”一作“得”),故諸卦皆有須待之義。夫能為者才也,得為者位也,可為者時也。有才位而無其時(一無“其”字),不緩待之則有咎矣(一本作“唯待為可待,而至於可則無咎矣”)。

艮六五:君輔皆柔且無相得之義,本不可有為也(一無“且”字、“也”字),以六有静止得中之才,上依而下任也(一作“得以静止柔中,上依下藉”),故僅能成功(一無“故”字,“能”作“及”),然非可大有為也(一無“然”字,“可”作“能”),更或無應(一本“更”作“二”),則獨依剛,傅於君道為愈下矣(一作“是不得於臣,又不得於君,於君道何取焉”)。

坤六五:坤六居五,雖不當位,然柔順重厚合於時,中有君人之度焉。得九二剛中應之,則事乃可濟,故《師》《泰》《臨》《升》或吉或無咎,而他卦則戒之之辭為尤重,蓋陰柔之才不克大事且鮮能永貞故也(一作以“六居五中而不正,得九二剛中濟之,事乃可立,故《師》《泰》《臨》《升》或無咎而他爻率皆戒辭,蓋陰柔之才不克自立又鮮能永貞故也”)。

上

上事之終,時之極,其才之剛柔,内之應否,雖或取義,然終莫及上與終之重。是故難之將出者則指其可由之方(《否》《解》《困》《涣》《未濟》),事之既成者則示以可保之道(《蠱》《無妄》《頤》《家人》《革》《既濟》),才適時甚足貴也(《隨》《離》《臨》《艮》),時過適則難與行也(《乾》《坤》《小畜》《泰》《大過》《恒》《益》《巽》《兑》《節》《中孚》《小過》《既濟》),義之善或不必勸則直云其吉可也(《大有》《剥》《大畜》《遯》《睽》《鼎》),勢之惡或不可解則但言其兇也(《屯》《訟》《比》《噬嗑》《復》《坎》《明夷》《夬》《萃》《歸妹》《豐》《旅》《巽》《小過》《既濟》),有始不得志而終無悔吝者(《同人》《姤》),有始厭其欲而終有禍敗者(《萃》《旅》),因其偏而用者,才尚可也(《蒙》《晉》《升》);反其常而動者,事已窮也(師》《謙》)。質雖不美而冀其或改焉,則猶告之(《豫》《大壯》《益》《震》《節》)。位雖處極而見其可行焉,則亦諭之(《需》《蹇》)。艮有成終之義,故八卦皆善(《蒙》《蠱》《賁》《剥》《大畜》《頤》《損》《艮》)。

《履》，係於所履，《觀》，係於所生，吉兇不敢主言也，大抵積微而盛，過盛而衰，有不可變者，有不能不變者，六爻教戒之辭，唯此為最少。《大傳》謂："其上易知。"豈非事之已成乎（一作"蓋其事勢已成也"）。

［（元）許衡《魯齋遺書》卷六　1198—383—6；又見（元）蘇天爵編《元文類》卷四十四　1367—578—44；又見（明）劉昌編《中州名賢文表》卷二　1373—36—2］

復東陽盧御史正夫（格）

（明）章懋

某少時獲從先解元游，荷教愛良厚。夫何不幸，玉樓仙去，遂失麗澤之悦，恒切歎恨。比歲，獲聞先生以宏才碩學，登高第，列顯官，德業文章表表當世。竊懷願見之私，而自衰病以来，耕閑釣寂，與世踈絶，無由一望風采，以承謦誨，徒切傾仰而已。乃者過辱高誼，不鄙老朽寄示所著，荷亭辨論，副以火肉，又厪手教累數百言，陳義甚高，而推予過情。若施於所尊敬者讀之，使人汗背赬顏，豈不肖所敢當哉？及拜觀高論，研窮經史，究極理義，發為雄辯，下視千古，雖名世大儒，萬代尊仰，如朱夫子者，亦且指其疵而闢其謬焉，足以見先生之卓見絶識，度越流輩遠矣。乃復不自滿足而撝謙下問，尤有以見盛德之若虛若無而不可及也。區區庸陋，無聞平生，為學惟知尋行數墨，尊信儒先，所謂"讀書未到康成地，安敢高聲議漢儒"者也，豈能窺測高明之萬一哉？虛辱來教倍增，慚悚間有鄙，見一二求教，荷亭辯論，明白痛快，而義理淵深非淺薄所能測識，然於中有不能無疑者，敢舉一二以求教焉，一謂朱子集註四書，不備著諸儒名氏，使其老死著述而泯於無聞。區區竊謂朱子初脩《論》《孟》《集義》《精義》等書及《中庸》輯畧，皆已備録諸儒之言而著其名字。又皆有或問以辯其言之得失，則諸儒固不患於無聞矣。至於《集註》，不過節其精要之語，以便學者之誦習耳，則雖不詳録，恐亦無害乎。一謂孔子論《易》，主義理，無一語卜筮，而朱子專主卜筮之説為非，愚竊以為伏羲畫卦，文王、周公繫辭，本為卜筮而作，孔子於《大傳》，如所謂"開物成務"，"興神物以前民用"，所謂"定天下之吉凶，成天下之亹亹者，莫大乎蓍龜"者，皆以卜筮言也。朱子《本義》無非因卜筮而發明其義理以示人，如所謂語子惟孝，語臣惟忠，必中必正，乃亨乃吉者是也，則義理與卜筮豈可岐而二之哉？若專論義理而不本卜筮，則必流於王弼之祖尚清虛；若專談卜筮而不根義理，則為巫史之妄談禍福矣。豈聖賢著述之意哉？觀於《左傳》所載，穆姜占艮之隨而論元亨利貞之義，子服惠伯論南蒯占坤之黄裳而謂忠信之事則可，不然必敗，是《易》之不可以占險，豈有不孝不弟，為奸為盜，而有卜筮大吉之理乎？一謂《綱目》書法，謂莽、操、懿、裕、

楊堅，皆同纂弑而有書莽、書主、書帝之異，賈充、楊素、李勣、李林甫罪惡百倍揚雄，而書死、書卒不同而為朱子之失。愚竊以為鄭莊公之子死為世子而突乃庶子，皆由祭伯而立，《春秋》於忽止書世子而突書鄭伯。晉獻公之子奚齊、卓子皆為李克所弑，而《春秋》一書殺其君之子，一書弑君，其例不同。聖筆予奪，固有深意，則《綱目》之書莽、書主、書帝，亦必有謂，豈可以一例裁之乎？彼充、素與勣、林甫皆無狀小人，不足責，而雄乃好古樂道，以儒名者，乃亦如是，則《綱目》書死，豈非《春秋》責備賢者之意乎？區區淺陋荒疎，加以老耄，於先生之高論，多所未達，所欲請問者，不止此數條也，舉此以為之兆耳。倘無吝教，願竭兩端，以發愚蒙，則幸甚。

［(明)章懋《楓山集》卷二　1254—54—2］

易論

(明)章懋

聖人作《易》，蓋為君子謀也，而亦為小人謀乎？《易》之於小人也，深惡而痛絶之，不使得志焉，視之蓋不啻禽獸異類，其肯為之謀哉？況乎"黄裳元吉"，南蒯終以取敗，"元亨利貞"，穆姜不得而用也。《易》果不為小人謀矣。奚其謀？曰：此所謂不謀之謀，蓋至理之權輿，聖人之至教，欲使天下後世之皆為君子而不為小人也。譬若明師之於弟子，諄諄之誨，固教也，不屑之誨，亦教也。烏可謂諄諄者之為教，不屑者之非教乎？《易》為君子謀，諄諄之教也；其不為小人謀，不屑之教也。噫！吾於是有以見聖人憂世之心矣。天下之不能有君子而無小人，猶造化之不能有陽而無陰也。故聖人作《易》，於陽則引翼之，扶持之，惟恐其不盛；於陰則排擯之，抑遏之，惟恐其或盛。凡《易》之所謂吉、所謂亨、所謂利者，必多陽也，否則陰之比陽，應陽，從陽而得正者也。其所謂凶、所謂悔、所謂吝者，必多陰也，否則陽之比陰，從陰，應陰而失正者也。故曰聖人之情見乎辭。聖人之情何情也？扶陽抑陰之情也，扶陽固為君子謀，而抑陰未必不為小人謀也。是故拔茅征吉，户庭無咎，謀出處也。揚於王庭，括囊不害，謀語默也。《乾》而惕厲，《震》而修省，《損》而懲忿窒慾，《益》而遷善改過，謀所以脩身也。《臨》而保民，《觀》而設教，巽而申命行事，《噬嗑》而明罰勑法，謀所以治人也。飲食於《需》，宴息於《隨》，避難於《否》，致命於《困》，反身修德於《蹇》，則於處常處變之事，無一不為之謀焉。《易》之拳拳於君子者如此，其於小人也則不然，履霜則恐其堅，娶女則憂其壯，童牛是牿，金柅是繫，惡羸豕之蹢躅，戒剥床之滅貞，誠不為之謀矣。然使小人知所悟焉，必將曰覆餗而刑剭，負乘而致寇，《易》蓋戒我不可以覆餗而負乘也；獲狐於田，射隼於墉，《易》又教我不可以為狐而為隼也。小人弗用，小人弗克，吾而不為小人，則用矣，克矣。能反乎此，則《易》之一言一字，皆小人之藥石。不為之謀者，乃所以深為之謀也。又況《剥》之六五，許其貫魚之利，《復》之六四，美其獨復之道，而《否》六二有包承之心，遂為小人之吉，所以開其遷善改過之門至矣。為小人謀，孰有加於《易》哉？由是觀之，則《易》之不為謀，特不為之謀，為小人之事耳，小人而欲為君子，《易》固未始不為之謀也。

[（明）章懋《楓山集》卷三　1254—67—3]

陰　陽

（明）楊慎

《易》曰“陰陽合德而剛柔有體”，又曰“陰陽之義配日月”，又曰“一陰一陽之謂道。陰陽不測之謂神”，不曰陽陰而曰陰陽，何也？曰“生生之謂《易》”，陽主生，陰主死，若曰陽陰，則死而不復生矣。先陰後陽，有生生不窮之義焉。匪特此也。《易》曰“是故知死生之説”，又曰“是故知鬼神之情狀”，又曰“闔户謂之坤，闢户謂之乾”，不曰生死而曰死生，不曰神鬼而曰鬼神，不曰闢闔而曰闔闢，亦猶歷家朔先於晦，不曰朔晦而曰晦朔。以此例之，思過半矣。然則商易之首坤，蓋亦有見於此。孔子曰“吾得坤乾焉”，有味其言哉！

[（明）楊慎《升菴集》卷四十一　1270—279—41]

讀歸有光易圖論

（清）高宗

有光以為《易》圖非伏羲之書，乃邵子之學，似矣。然知其一未知其二。有光不云乎，八卦盡天地萬物之理，後之人苟以一説求之，無所不通。納甲飛伏、卜數隻偶之類，皆可以《易》言。既如是，則伏羲之卦何嘗不具圖之義？第不可以圖謂足盡卦之理可耳。余謂《易》以傳天道，董仲舒云“天不變，道亦不變”，則可知《易》亦不變。或曰交易變易，正所謂變，安得謂不變？曰：亦觀之天而已。四時行焉，百物生焉，一日而周三百六十五度，其至變之中不變者存焉。道如是，《易》亦如是，又誰能為圖以概之？有光蓋有見於圖之局，但語焉而未詳耳。朱子恐人求《易》於虚無神奇而反失實理，故定為卜筮之書，而每卦每爻皆注之以占之者云云。審如是，則江西持筒賣卜者，皆可以言《易》矣。其然豈其然乎？

[《御制文集》二集卷三十五　1301—498—35]

卦義褋説二十五則

（清）汪琬

天一生水，地六成之，故乾、坎先合為需、訟，坤、坎，次合為師、比。地二生火，天七成之，故離合乾為同人，為大有，其所以不合坤者，則先儒所謂上經乃《易》之陽體，合陽不合陰是也。

乾中爻互變皆離，坤中爻互變皆坎，坎、離所以為乾坤之用也。

泰和蕭氏曰：六子如巽、離、兑，皆陰也，震、艮雖陽，又皆偏者也。惟坎得陽之中，故在六子中最貴，最先用事。其説則誠然矣。然震與坎合而互艮為屯，坎與艮合而互震為蒙，一卦之中，三男皆具，坎雖最先用事，震、艮亦未嘗不在也。此聖人次屯、蒙之微意也。

《屯》六二變《節》，此女子之屯而守節者也，故曰"貞不字，十年乃字"。《蒙》六三變《蠱》，此女子之蒙而善蠱者也，故曰"見金夫，不有躬"。

上地下天曰泰，上水下火曰既濟，皆逆行者也，故曰"《易》，逆數也"。

《泰》之九二曰"包荒"，陽包陰也，《否》之六二曰"包承"，陰包陽也，陽包陰則為君子畜小人之象，故泰；陰包陽則為小人容君子之象，故否。逮其甚也，君子不惟不能畜小人也，方且以君子攻君子，小人不惟不能容君子也，方且以小人攻小人，是則大亂極敗之道也。

《泰》之上九曰"城復於隍"，此天道之循環也，聖人言泰變而否之易也。《否》之上六曰"傾否，先否後喜"，此人事之輓回也，聖人言否變而泰之難也。轉否為泰，舍九五之大人，其誰望焉？

"不耕穫，不菑畬"，則福之無妄者也，"行人之得，邑人之災"，則禍之無妄者也，禍福不可以逆億，惟君子脩身俟命，能不貪無妄之福，而不憂無妄之禍。

天氣，下降者也，坎水得乾之中畫，故潤下；地氣，上升者也，離火得坤之中畫，故炎上。

兩坎相接，三四中虚，此坎中有離也。兩離相承，三四中滿，此離中有坎也，故曰"坎離，乾坤之交"。非若震、巽、艮、兑，各不相蒙者也。

坎中爻互震艮，震艮中爻亦互坎，此兄弟相從之義也。離中爻互巽、兑，巽、兑中爻亦互離，此姊妹相從之義也。

《咸》象之為拇為腓為股為脢為輔頰舌者，梁山來氏曰："男女相感之情，莫如年之少者，一身從拇而上，自舌而下，無不以情相感，故聖人取象焉。"其説則誠然矣，然而感必以正，相感而非正，則於男女之情有餘而於夫婦之道不足也。艮，止也，止乎禮義則正，故彖辭戒之曰"利用貞"。

"咸,感也。""兑,説也。"然而有心以感人,則其相感也必淺,故不曰感而曰咸,飾言以説衆,則其相説也必僞,故不曰説而曰兑。

損卦損乾之上爻,以益坤之上爻,是兑損而艮益也;益卦損乾之下爻,以益坤之下爻,是巽損而震益也。在先天則為損陽以益陰,在後天則為損女以益男也。此先後天之分也。

天地之化,專者不生,襍者亦不生。《春秋傳》曰"男女同姓,其生不蕃",《穀梁》亦曰"獨陽、獨陰不生,獨天不生",此專者不生之驗也。《損卦》六三爻辭曰"三人行,則損一人",此襍者不生之驗也。

《彖傳》曰"困,剛揜也",是柔困剛也。及觀爻象,則又剛柔交困,"困於酒食","困於金車","困於赤紱",剛之困也。"困於株木","困於石,據於蒺藜","困於葛藟、於臲卼",柔之困也。以木石、蒺藜、葛藟之困,挍酒食車紱,殆加甚焉。至六三之凶,又有死期將至之象。然則小人之困,君子終不免於自困也,果何益哉?

《漸》,女歸之正者,聘則為妻者也。《歸妹》,女歸之不正者,奔則為妾者也。故《漸》之九三、九五爻辭得稱夫婦,《歸妹》不稱者,示娣妾不敢與女君抗也。

萬物之質,變化於水,是故《屯》卦坎在上,以水始也。《未濟》坎在下,以水終也。《未濟》之終於坎者,亦猶十干之終於壬癸,十二支之終於亥也。《傳》曰"五行以水為本,其星玄武婺女,天地所紀",此之謂也。

心實則誠,乾三畫皆實,故聖人以誠言之;心虛則敬,坤三畫皆虛,故聖人以敬言之。坎離,乾坤之大用也。坎得乾中畫,故其彖辭曰"有孚,惟心亨"。孚者,誠也。離得坤中畫,故其爻辭曰"履錯然,敬之,無咎"。誠敬,所以為心學之本也。

天地之數五十有五。班固曰:"五六者,天地之中合也。"是故五十有五之中,去其五則為大衍之數,去其六則為大衍之用數。

六畫而成卦,故六其老陽之數即為乾之策,六其老陰之數即為坤之策。

乾爻以一函三,參天之説也,坤爻以一判二,兩地之説也。乾奇三畫,震、坎、艮各得其一,巽、離、兑各得其二,合之為十二畫,以一函三,三其十二畫,是老陽數也。坤偶三畫,巽、離、兑各得其一,震、坎、艮各得其二,合之亦十二畫,以一判二,二其十二畫,是老陰數也。

"立天之道曰陰與陽,立地之道曰柔與剛,立人之道曰仁與義",故聖人於乾卦言仁,坤卦言義,所為法天地以盡人道也。班固曰仁者生,生者圜,義者成,成者方,故仁屬乾,義屬坤也。

《河圖》之數,陰陽生成相配,《洛書》之數,陽居正位而陰居偏位。《河圖》之數十,而方隅次序未嘗不止於九,《洛書》之數九,而一與九對,二與八對,三與七

對，四與六對，未嘗不歸於十也。又《洛書》亦以一合六，以二合七，以三合八，以四合九，而以五數居其中，悉與《河圖》數協。故曰《河圖》《洛書》相經緯。

《傳》曰“火日外景，金水内景”，凡能鑒物者，皆陽也。火日為離，離陽包陰，故外景。金水為坎、兑，坎、兑陰包陽，故内景。然則坎為月，月亦水也，何以與日皆外景與？曰非也。月固借日光以明者也，是以其景似日。

［（清）汪琬《堯峰文鈔》卷二　1315—214—2］

易問五十八則

（清）汪琬

用九用六

問：六爻皆變他卦，皆占之卦，乾坤異是，何也？曰：乾坤不可變也。何氏曰：乾變則之坤，坤變則之乾，若以之卦占，則是天地君臣易位也，而可乎？是故聖人更其例。

乾（之同人、之小畜）

問：《乾》九二“見龍在田”，龍非淵，則天何為乎田也？曰：雲行雨施，則田首被其澤，龍之德莫大焉。聖人以喻大人之濟時如此，是故《傳》曰“見龍在田，德施普也”。

問：《乾》九四“或躍在淵”，躍矣，何以在淵也？曰：此言龍之或躍，或在淵也。變巽為進退為不果，又與初應，故其象云。然《傳》曰“或之者，疑之也”，潛躍俱未可定也。

坤（之剥）

問：《坤》上六“龍戰於野”，陰亦得稱龍乎？曰：非也。《説卦傳》：“戰乎乾，乾西北之卦也，言陰陽相薄也。”與此爻義同，陰不敢與陽戰。主乎戰者，陽也，故稱龍。

屯（之比）

問：屯蒙皆坎，德也，屯不以君道予坎，何也？曰：吾聞諸先儒矣，屯獨以君道予初者，出乎震之義也。蒙兼以師道予上者，成乎艮之義也。

蒙（《彖》、之蠱）

問：六十四卦皆所以筮也，《蒙》之《彖》獨戒其再三瀆者，何也？曰：蒙内卦坎，坎為狐疑。凡明者善斷，蒙者善疑，惟其善疑，則雖正告而猶惘惘然不知適從，此所以愈蒙也，故戒之。

問：《蒙》六三“見金夫，不有躬”，金夫，孰謂？曰：謂九二也。坎性陷而趨下，又卦變《蠱》，所謂女惑男者也。故六三舍正應而從不正。然則九二何以稱金夫？曰：變蠱則二三四互兑，兑為金。

需(之夬)

問：《需》六四變水言血者，何也？曰：坎為血卦，四已入險，朱子謂之“殺傷之地”是也。不可但以水言，故稱血。

師(之蒙)

問：《師》上六“開國承家，小人勿用”，小人孰謂？曰：謂六三也。蓋九二為長子，又為丈人，六三為弟子，又為小人也。小人挾上寵以逞則必主驕盈，僭亂之禍有功且不可用，而況貴師之將、亡國之大夫乎？

比(彖)

問：凡卦俱為筮設，而此彖獨言原筮者，何也？曰：蒙内卦坎，故戒之以瀆。筮比外卦坎，故教之以原。筮坎為狐疑，疑在内者，宜明以决之；疑在外者，宜詳以審之。其義各有取也。

問：《比》彖辭“後夫凶”，何以言後夫？曰：夫者，九五也。四陰在五之前，向夫者也；一陰在五之後，倍夫者也。然則後夫者，謂上六也。

小畜(彖)

問：《小畜》彖辭“密雲不雨”，豈謂其不成坎與？曰：然自二至四互兑，則澤氣上蒸，密雲象也。自三至五互離，則日麗於上，不雨象也。上九變坎，故曰既雨。

泰(之升)，否(之無妄)

問：《泰》之初九稱“彙征”，《否》之初六稱“彙貞”，何也？曰：君子難進，則聖人勉之以征；小人難退而又易逐於邪，則聖人戒之以貞。聖人之望君子也重，亦未嘗輕於弃小人也。

泰(之需)

問：《泰》《歸妹》之六五皆言“帝乙”，《歸妹》有以異乎？曰：震為帝，兑為妹，二卦者無以異也。是故《泰》傳曰“天地交而萬物通”，《歸妹》傳反之曰“天地不交而萬物不興”，其義一也。

否(之萃)

問：《否》上九“傾否”，孰傾之？曰：九五之大人傾之也。不曰“否傾”而曰“傾否”，則天道也而有人事焉，所謂取亂侮亡者也。

謙(彖、之坤)

問：《謙》彖辭“君子有終”，得毋以有終戒君子乎？曰：非是之謂也。小人之行，謙也以僞，君子之行，謙也以誠，誠故有終，僞則未有能終者也。

問：《謙》九三何以稱“勞謙”也？曰：傲則逸，謙則勞。坎，勞卦也。二三四爻互坎，而三得坎之中，晝故稱勞。

隨(之兑、之革)

問:《隨》六二"係小子,失丈夫",丈夫、小子孰謂?曰:六三小子也,初九丈夫也。三居二上,故係之;初居二下,故失之。然則六三亦震之一爻也,震長男,何以稱小子?曰:以陰,故小之也。

問:《隨》六三"丈夫""小子",又孰謂?曰:九四丈夫也,六二小子也。吴氏曰三無應,無夫之婦也;四亦無應,無婦之夫也。無夫之婦近於無婦之夫而隨之,故謂之係丈夫也。

蠱(彖、之艮)

問:《蠱》彖先後甲者,何也?曰:"先甲三日"辛,此巽所納也;"後甲三日"丁,此兑所納也。《蠱》内巽而互兑,兑巽陰柔之卦易以致蠱,故一懲於前,一戒於後也。

問:《蠱》之九二,何以"幹母蠱"也?曰:幹之者,三男也。内卦為震,初二俱變為坎,二互至四為艮。夫以三男之母猶不能無蠱,此《凱風》之七子所以深自刻責也。"母氏聖善,我無令人",情廹而辭婉,以庶幾母蠱之可幹,其殆有得於不可貞之義乎?

觀(之渙)

問:《觀》六二,何以稱"闚觀"也?曰:變坎也。處坎窞之中,所觀幾何,闚觀之象也。然則何以"利女貞"?曰:婦人無外事。闚觀者,其正也。初位陽為童,二位陰則為女。

復(彖、之頤)

問:自姤至復,歷七月矣,何以不言月而言日也?曰:古人呼月為日也。然則《臨》彖何以言八月?曰:非是之謂也。李氏曰:《復》陽長以日云者,幸其長之速,臨陽消以月云者,幸其消之遲,此扶陽抑陰意也。

問:《復》上六"用行師,大敗,以其國君,凶",國君孰謂?曰:謂六五也。孰以之?曰:上六以之也。一陽初復,上六值坤爻"龍戰於野"之位,故其占云然。

大過(之咸、之恒)

問:《大過》之九二、九五,何以言"得妻""得夫"也?曰:變咸恒也;於是有夫婦之象焉。然則九二何以稱老夫?曰:體乾故也。

離(之噬嗑)

問:《離》九三"不鼓缶而歌,則大耋至之嗟",何以凶也?曰:君子殀壽不貳,脩身以俟之,生非君子所幸而死非其所畏也。或歌或嗟,其不達於死生也,審矣。夫安得而不凶?然則"蟋蟀在堂,歲聿其暮,今我不樂,日月其除",詩人之説非與?曰:詩義别有所刺,非謂日昃者必當歌也。如之何其據《詩》以例《易》也。

咸恒

問:《咸》《恒》何以象夫婦也?曰:獨陽獨陰不能以生,成《咸》《恒》,陰陽合,則有夫婦之道也。然則《蠱》與《歸妹》,何以不言夫婦?曰:以巽遇艮,則陰老而陽少;以兑遇震,則陽老而陰少。不若《咸》之少男少女,《恒》之長男長女,其陰陽適相等也。

中男中女

問:長少既象男女矣,中男中女何獨不然?曰:坎離所以為乾坤用者,微而陰陽之交,明而日月之運,寓於物則為水為火,稟於人則為精為神,何莫非坎離之用也?不可專以男女言,故不言也。

遯(之姤)

問:《遯》六二"執之",受執者誰也?曰:九三也。故九三爻辭曰"係遯",言為六二所執也。上三陽遠陰,故能遯。九三比陰,故受其縶維而不得遯也。

明夷(之既濟)

問:《明夷》外卦為坤,是離明之所由夷也,六五乃以"箕子"當之,何也?曰:自三至五互變離,與六二相應,明之象也。在坤暗之中,夷之象也。變坎為險為隱伏為心病,與箕子佯狂合,故曰"箕子之明夷"。

家人(之益)

問:《家人》之九三曰"嗃嗃"、曰"嘻嘻",是二者有辨與?曰:嗃嗃,義勝者也。嘻嘻,情勝者也。然則九三重剛,其亦泥於婦子乎?曰:閨房之間,易於以情掩義,雖剛者殆不免焉,故聖人豫從而戒之。

睽(之歸妹)

問:《睽》上九"見豕負塗,載鬼一車",其辭得毋稍怪矣乎?曰:信則合,疑則睽,物之情也。合則愈信,睽則愈疑,上九之所見者,中心疑也。坎為心病為狐疑,上九之所見,皆坎象也。

損益

問:《損》《益》者,《咸》《恒》之變也。然則何以不言夫婦?曰:孔子嘗言之矣,"男女搆精,萬物化生",此釋《損》之六三爻者也。

夬(之需)

問:《夬》之九四,即《大壯》之九四也。其取羊象同,其言悔亡同,然《夬》獨不為吉者,何也?曰:《大壯》變坤成《泰》,故曰"壯於大輿之輹"。《夬》變坎成《需》,故曰"其行次且",曰"聞言不信",《傳》所謂"需不進"者是也,何吉之有?

升(《象》)

問:《升·象》辭"南征吉",何以知其南也?曰:《明夷》合坤、離成卦,故九三謂之南狩;《升》合坤、巽成卦,拱離於中,故《象》辭亦謂之南征,皆指離也。

井(之升)

問:《井》之初六、九三皆曰“不食”,九五曰“寒泉食”,不言飲而言食者何也?曰:主烹飪也。所以大井養人之功也。

革(《彖》)

問:《革·彖》辭“巳日乃孚”,何以知其為巳日也?曰:卦圖離兑拱坤,坤土也,故曰巳日。然則六二何以復言巳日乎?曰:離得坤中爻,六二是也。《彖》爻所謂巳,皆主坤也。

鼎(《彖》、之旅)

問:《鼎》初六言趾,九四言足,九三六五皆言耳者,何也?曰:吾聞諸先儒矣,蓋析上下體為二鼎也,上體之鼎有耳無足,故曰“鼎折足”,下體之鼎有足無耳,故曰“鼎耳革”。

問:鼎九二“我仇有疾”,何謂仇?曰:嘉耦曰妃,怨耦曰仇,二五正應,嘉耦也,二初雖近比而非應,故曰仇。

漸(之觀、之艮)

問:《漸》九三言“婦孕”,九五言“不孕”者,何也?曰:三四陰陽交,故孕,二五應而不交,故不孕。然則何以九三凶而九五吉乎?曰:五以二為婦,正也;三以四為婦,非正也。三四相比而成夫婦則凶,二五相應而成夫婦則吉,此女歸之所以利貞也。

歸妹(之兑)

問:《歸妹》六五稱“帝乙”者,孰謂?曰:謂六五也。妹其六三也,帝乙以柔中者化其妹,使尚德而不貴飾,故曰“不如其娣之袂良”。

豐(之大壯)

問:《豐》六二“得疑疾”矣,何以能有孚也?曰:孚者,疑之反;發者,蔀之反。離體伏坎,“有孚發若”者,以伏體反言之也。

巽(之漸)

問:《巽》九二“巽在牀下,用史巫紛若”,何以吉也?曰:亢之過者,往往失諸傲;巽之過者,往往失諸詐。傲與詐,皆不可為中道,皆凶德也。若過於巽矣而又藉史巫丁寧,以自達於鬼神,是則巽之過而誠者也,故吉。

未濟(之蒙)

問:《既濟》之九三、《未濟》之九四,皆言“伐鬼方”矣,而九四獨勸之以震者,何也?曰:九三,以剛居剛者也。九四,以剛居柔者也。剛者,慮其輕鋭而喜事。柔者,慮其退緩而後事。聖人之於九四也,勸之以震則未濟者,庶其有濟與?

大衍之數二則

問:大衍之數,何以五十也?曰:“太極生兩儀”,則陽儀一、陰儀二,衍而為三。“兩儀生四象”，則太陽一，少陰二，少陽三，太陰四，衍而為十。“四象生八卦”，則乾一兑二離三震四巽五坎六艮七坤八，衍而為三十六。通太極之一、兩儀之三、四象之十、八卦之三十六，是以五十也。然則虚一不用，何也？曰：太極，其體也；兩儀、四象、八卦，其用也。太極者，數之所自起而非數也，故虚之。

問：所謂小衍、大衍者，何也？曰：四其一併一則為五，四其二併二則為十，四其三併三則為十五，四其四併四則為二十，是以五十也。邵子謂“小衍之而五，大衍之而五十”是也，草廬吴氏取之。

四營

問：四營之説，宜何從？曰：一分，二掛，三揲，四扐，此一説也。陽爻六九五十四，陰爻六六三十六，四營則四其五十四為二百一十六，四其三十六為百四十四也，又合二篇。陽爻共百九十二，每爻以九數之，得千七百二十八；陰爻亦百九十二，每爻以六數之，得千一百五十二。四營則四其千七百二十八為六千九百一十二，四其千一百五十二為四千六百八也，此又一説也。合此二説，蓋無徃非以四求之者，故曰“四營而成《易》”。然則必以四求之，何也？曰：此聖人取法乎四象之義也。有言乾營十八卦，坤營二十四卦，離營十四卦，坎營四卦者，以是為四營也。其言亦可采乎？曰：此非《傳》之所有，吾不知也。

陰陽數皆十五

問：二少之策，何以與二老同也？曰：一三五為九，二四為六，此天地之生數也。積之則為十五，陰陽之數不外乎此而已，故老陽遇老陰為十五，少陽遇少陰亦為十五，皆自然合於生數者也。故曰“參伍以變”，三五為十五也，以是二老之策與二少之策，各極於萬有一千五百二十。

太極

問：太極之為無極，如之何？曰：道生一者，老氏説也。道在太乙之先者，莊氏説也。王弼以來依據老莊，遂解太極為太乙，則是太極非道，當別有道以生太極矣，得毋異端惑人之甚與？故周子曰“無極而太極”，又曰“太極本無極”，蓋正告學者以太極之義也。其義既明則言無極可，不言無極亦可，朱陸之辨雖相持而不下，然略其辭而觀其旨，俱有功於太極者也。

兩地

問：地徑二圍四，顧止取其半者，何也？曰：非是之謂也。圍三者，以一為三，故三其三陽而成九。圍四者，以一為二，故兩其三陰而成六也。然則取半之説，亦可通乎？曰：可。九者，陽之極數也；六者，陰之中數也。故曰“陽取全而陰取半”也。惟陰數極於十二，是以地支如其數，而歲有十二月。

六子

問：六子所以為雷、為水、為山、為木、為火、為澤者，何也？曰：吾聞諸先儒

矣，雷出於地下者也，故震一陽在下。水畜於地中者也，故坎一陽在中。山峙於地上者也，故艮一陽在上。木生於地下者也，故巽一陰在下。火生於木中者也，故離一陰在中。澤鍾於地上者也，故兑一陰在上。木始弱而終強，陽在末也；火外明而内晦，陽在外也；澤外潤而内燥，陽在内也。澤惟内燥，故能生金，惟外潤，故能鍾水。

坎水

問：天一生坎水，水之所以最先者，何也？曰：今夫呵而潤、食而涎、嚔而涕、哀而泣、媿而汗，牝牡之交接、草木果蓏之包含，莫非水也。氣溼然後蒸蒸之，久然後熱，於是乎火遂熾焉。此天一地二之分也。

艮不為馬

問：乾、震、坎、艮，皆陽卦也，艮何以獨不為馬？曰：艮，止也。止，非馬之性故也。

納甲

問：納甲，術家之説也，先儒或以此言《易》，果可信乎？曰：《傳》有之，"《易》之為書也，廣大悉備"。術者，知數而不知理，則流為方伎。儒者，知理而不知數，亦未足與窮《易》之全旨也。然則日有十而卦止有八，以八納十，何也？曰：乾坤，父母也。故納其始終之四日，甲乙壬癸是也。甲壬陽，乾納之；乙癸陰，坤納之。其他六日，則三男納其陽，三女納其陰，此數而協於理者也。

人與卦象相應

問：人全體亦與卦象相應乎？曰：然。人之為形也，耳目鼻三竅皆偶，口與大小溲三竅皆奇，此泰卦之象也。陰陽交而形始成，又何惑焉？

《連山》《坤乾》

問：或謂震、巽、坎、離、艮、兑、乾、坤為殷《坤乾》，震、巽、離、坤、兑、乾、坎、艮為夏《連山》，次第然與？否與？曰"文獻不足徵"，孔子嘗言之矣，吾何以知其孰《連山》孰《坤乾》也？吾知《周易》而已。曰：《坤乾》以《説卦傳》"雷以動之"一章，始震終坤知之，《連山》以"帝出乎震"一章，始震終艮知之。曰"《易》變易也"，聖人錯綜言之，何不可者？必曰此言《連山》之易也，此言《坤乾》之易也，則孔子無明文，吾不敢信也。彼之為此言也，猶之分伏羲、文王、孔子之《易》為三《易》，皆後儒謬譔者也。然則孔子所謂"吾得坤乾"者非與？曰：《坤乾》不傳，先儒固以為禮家依倣魯論妄為之説也。

卦氣

問：卦氣之説，亦可取乎？曰：吾取其可取者。《臨》之"八月有凶"，《復》之"七日來復"，此文王之言卦氣也。由是推之，則復十一月，歷臨、泰、大壯、夬，而乾為四月，又姤五月，歷遯、否、觀、剥，而坤為十月可知也。兑正秋也，此孔子之言卦氣也。由是推之，則震為春分，巽為立夏，離為夏至，坤為立秋，乾坎艮為立冬、為冬至、為立春可知也。其他六十卦直三百六十日，每卦直六日七分，則緯文之所載、京房郎顗術士之所明，而非經之所有，吾不能知也。

先儒說《易》

問：先儒之說《易》備矣。《易》其無遺蘊與？曰：《傳》有之，"仁者見之謂之仁，知者見之謂之知"，儒者之言《易》也，各言其見而已。舍曰能盡《易》之蘊，則得其理者，未必喻其象；達其象者，未必究其數也。

［（清）汪琬《堯峰文鈔》卷三　1315—217—3］

（易）經解（三卷）

（清）陳廷敬

經解一（易）

䷀（乾下乾上）

解經以孔子為歸。《易》三百八十四爻，時焉而已耳，豈特《乾》六爻哉？孔子於《乾》獨曰"大明終始，六位時成，時乘六龍以御天"者，言《乾》六爻，非聖人不能用也。葢時之用備乎《易》，《易》之理統乎《乾》，《乾》之道全乎聖，人是以於此首發明之，故曰："天行健，君子以自彊不息。"又曰："君子行此四德者，故曰：'乾，元亨利貞'。"孔子之得於《易》如此，所以為聖之時者也。

初九，子曰"龍德而隱者也"，九二曰"龍德而正中者也"，九三九四曰"君子進德修業"，九五曰"乃位乎天德"。上九獨不言德，"知進退存亡而不失其正"，非德歟？德者何也？曰誠也。"閑邪存其誠"，"修辭立其誠"。《乾》六爻未有不貴誠者，偶於二三爻發之而已。

說者謂《乾》五爻皆以龍言，三以人道，獨不稱龍，然四亦人道也。曰躍，曰在淵，猶之稱龍之辭，何也？曰：聖人不直指之曰龍也，曰躍曰在淵而已。其所以不直指之曰龍者，以其嫌於近五也，人道也，亦臣道也。

"夫大人者，與天地合其德"，"天地之大德曰生"，仁是也，"聖人作而萬物覩"，說者以為聖人有生養之德，萬物有生養之情，是以相感應也。惟仁故能生養，故曰"元者，善之長"，"君子體仁，足以長人"。又曰"仁以行之"。

晉太史蔡墨曰"在乾之姤"，曰"潛龍勿用"，在乾之同人曰"見龍在田"，嘗引伸其義，初變坤為巽，巽德為入，故曰"潛龍"，故曰"陽在下"，故曰"陽氣潛藏"，又變巽為《姤》，《姤》"勿用娶女"，故初九"潛龍勿用"也。二變坤為離，離德為麗為文明，其象為日為火，故曰"見龍"，故曰"德施普"，故曰"天下文明"。又變離為

《同人》,“同人於野,亨”,故九二“利見大人也”。三變坤為兑,兑為巫為口舌,尚口乃窮,君子慎言而敏行,故曰“終日乾乾,夕惕若”。又曰“反覆道也”,又曰“行事也”,又曰“忠信所以進德也;修辭立其誠,所以居業也”。又變兑為《履》,“履虎尾”,是以乾乾惕若,“不咥人,亨”,故“厲無咎”也。九四變巽為《小畜》,“密雲不雨”,躍而或止之象也。九五變離為《大有》,火在天上,無所不照,飛龍在天之象也。上九變兑為《夬》,《夬》“有厲,不利即戎”,亢龍有悔之象也。

䷁(坤下坤上)

乾為良馬,為老馬,為瘠馬,為駁馬,故《坤》“利牝馬之貞”也。先非牝也,故曰迷,後則牝也,故曰得主,曰利,陽為陰主,得主故利也。“西南得朋”,“東北喪朋”,惟朋喪而後主得也。然臣以喪朋得君,亦須有邪正之辨,善乎!横渠之言“東北喪朋,雖得主有慶而不可懷也”,故曰“安貞吉”。若專以喪朋為務,而邪正之辨不復致審於其間,則亦未得為正矣。

初六“履霜,堅冰至”。伏震為足,履象也,言陰進履也,履絶句,霜堅冰連讀,葢一陰始生。姤,五月之卦也,安得有霜?觀其所履而知霜堅冰之至也。

《坤》二直内方外,即《乾》二閑邪存誠,所謂厚德者此也,所謂不息者,亦此也。《乾》《坤》之德,豈有異哉?

四臣位而曰“賢人隱”,言隱者,以别乎仕之稱也。明此爻不得以位言也。懼為食禄,在位緘默,苟容者藉口,故言隱以别之也。

《乾》之初九,十一月之復也,由陽初生而言者,喜之也,上九陰將生而言進退存亡,陽之所以善其終者,《易》為君子謀,至矣。《坤》之初六,宜以姤為言,而曰“履霜,堅冰至”,使人知陰之可畏也。上六曰“龍戰於野”,言震之將生也。震,陽也,亦喜之也。消息盈虚,陰陽之數也,喜陽而惡陰,喜君子而惡小人,喜治而惡亂,聖人情見乎辭矣。

震為龍為元黄,戰猶栗也,弱而胚胎也。坤為野,是以“龍戰於野,其血元黄”,為震始生之象。《文言》曰“陰疑於陽,必戰”,疑讀如儗。儗,將也。陰儗於陽,陰將生陽也。必戰者,陽弱而戰也。是時非無陽而嫌於無陽,故稱龍焉,嫌近也。“元黄者,天地之雜,天元而地黄”,陽生陰中之象也。或曰“陰陽皆傷也”,夫立言以明教也。陰可傷也,陽可傷乎?

䷂(震下坎上)

天下大埶,决於民而已矣。初九能大得民,天下焉往,以此為成卦之主,宜也。凡言得者,以有失之者也,九五是也。九五有膏而自屯,民既散矣,膏豈能常享哉?是昧於大小之分者也。出内之吝,謂之有司,是小以屯為正則吉也,隋有洛口之倉,唐有瓊林大盈之庫,隋唐之君不能施於民而徒為冦資,是大以屯為貞則凶也。夫五失其民而初得之。四,初之應也。初求四往,此不必論。若夫二者，五之正應，義不忘五，然亦何所濟哉？當屯之時，英雄乘時而起者多矣。所謂秦失其鹿，天下逐之者也。三即鹿無虞，陷於林中，見幾而舍，猶可善後。上六與三非應，近於五而附五，而不知五之不足恃也。故曰“泣血漣如，何可長也”，合而論之，《屯》之濟與不濟在民之得與不得，民之得與不得在於膏之屯與不屯。自古以來，屯難之世，國之興亡未有不如此者也。

䷃(坎下艮上)

六五下求於二，故“童蒙，吉”，六四遠於二而不知求，故“困蒙，吝”。《象》曰“剛柔接也”，“獨遠實也”。然則陰之於陽，果宜何如哉？初近於二，故為“發蒙，利用刑人，用説桎梏”。所謂“禁於未發之謂豫”也。伊川為講官，一日講罷未退，上忽起凴檻，戲折柳枝，伊川進曰：“方春發生，不可無故摧折。”上不悦，或謂此伊川之“以往吝”也。然伊川豈可輕議哉？六三取女者也，非女也，取不有躬之女，六三之不慎也。故上九擊之，擊之者，為三禦寇也，此上之慎也。蓋女而不有躬為寇也，大不可不禦也。善學聖人者，必先遠害，善教人者，必先禦寇。吕希哲嘗言“人生内無賢父兄，外無賢師友，而能有成者鮮矣”。

䷄(乾下坎上)

《需》者，聖人將以盡化天下之險而使歸於和也。剛健而不陷者，乾也，雖不陷，猶有險也。“有孚，光亨，貞吉”，坎之德也，至此則無險可言矣。乾與坎，不可以賓主論，而五於三陽，獨以飲食客之，三陽亦飲之食之，以五為主而不疑，所謂“有孚，光亨，貞吉”也。不獨五也，四亦能“需於血，出自穴”矣，血者，其始而出穴者，失其險之象也。順聽者，順以聽，陽不復肯為難也。上六居坎之終，故為入於穴，然亦能於不速之客來而敬之，雖不當位，未大失也。當是時也，需於郊、於沙、於泥之象，何有乎？世路蕩平，彼此一家，飲食宴樂，何其盛也！夫五，何以能若此？坎之一陽，坤得於乾者也，是故五於乾同體而不相害也。雖然亦危矣。初之“利用恒”，二之“衍在中”，三之“敬慎”，未可一日忘也。是卦也，聖人致望於無險也，切矣。愛乾憂乾之心，亦云至矣。

䷅(坎下乾上)

《訟》之九五，天下之訟皆歸焉，然人君不言聽訟，聽訟而當，是人君不過一大有司耳。繫爻者但言元吉而不言訟，是無訟也。元訟而後為元吉，以是為吉之至也。孔子釋其故曰“以中正”，中正者，人心本乎天之正理，中正失則心險，險則訟，聖人以其中正化天下之不中正，以其無險化天下之險，“聽訟吾猶人也，必也使無訟乎”，此之謂也。此卦諸爻皆以無訟勸人者也。初之“不永所事”，二之“不克訟”，三之“食舊德”，四之“不克訟”是也。三之貞，四之“復即命，渝安貞”，皆以天命人心之正理言，是知中正之心，人皆有之。聖人使民無訟，亦以其皆有此心故也。“上九，或錫之鞶帶，終朝三褫之”，此訟雖勝而心不安之象，猶所謂其心媿

恥若撻於市者是也。充是心也，未嘗不可"復即命，渝安貞"也。

九二曰："不克訟，歸而逋，其邑人三百户，無眚。"《象》以為自下訟上，自是。解者謂二訟五為以臣訟君，竊以謂臣無訟君之理。《象》言自下訟上，亦未便以為自下訟君也。矧辭曰"不克訟"，假令克訟，君顧可訟乎？既曰"不克訟"，則是有訟之心矣。人臣無將，罪孰甚焉？乃更以無眚許之聖人，假《易》象以明人道，非所以為萬世防也。然則所訟之上，果孰指乎？曰二五正應，上謂九五無疑，然自二言之，謂為在上之人則可，謂為君則不可，《易》"不可為典要，惟變所適"，安在五之必為君位乎？

朱子曰："九二正應在五，五亦陽，故為窒塞之象。"《易》有象數，此何以不言二百户而言三百户？以其有定數也。王弼謂"得意忘象"，伊川又謂"假象"，今象數不可考，只得從理上説，故勉强解作小邑。漢上朱氏曰：乾策三十有六，坤策二十有四，九二變則二三坤策、四五乾策，合而言之三百也。坤為户，二在大夫位，户為邑，自三至五，歷三爻也。又曰古者諸侯建國，大夫受邑，諸侯之下士視上農夫，食九人，中士倍下士，上士倍中士，大夫倍上士，卿四，大夫、君十卿禄。天子之大夫視子男，大國之卿當小國之君，然則諸侯之卿當天子之大夫也，食二百八十有八人。三百户，舉全數也。蓋漢上之説，其象數可考者如此。

䷆(坎下坤上)

《師》以一陽在下，為將帥之象，故重九二，然九二爻辭曰"王三錫命"，《象》以"承天寵"，"懷萬邦"釋之，是尤重六五也。九二自衆尊之，則曰丈人，自君稱之，則曰長子。"長子帥師"，五所使也。"弟子輿尸"，亦五所使也。唐九節度，鄴城之潰，非肅宗之咎而何？使之當不當關民命之生死，國家之安危，豈可忽哉？不止用師之時宜慎所使，至論功行賞，尤嚴"小人勿用"之戒，"大君有命，開國承家"，君之事也，非上六之事也，但以上居《師》之終，故發此義耳。

師出以律，人所知也。左次之義，何居？見可而進，知難而退，師之常也。上貪功，下懼罪，宜退而不敢退，以覆其軍者多矣，可不戒哉！

"田有禽，利執言"，儒者常謂秦皇漢武，黷武好兵，謂之"田有禽"不可，自是以來人主賢而善用兵者，莫過唐之太宗，其征高麗以不能成功，深悔之，歎曰："魏徵若在，不使我有是行也。"命馳驛祀徵以太牢，復立所制碑。蓋太宗征高麗，以莫離支弑逆為言。夫高麗，豈唐之禽哉？太宗之悔而思徵，此其所以為賢也。故凡為無名之師者，不可不深玩此爻之義。

䷇(坤下坎上)

此卦九五一陽在上為成卦之主，初六"有孚比之，吉"，比五也；六二"比之自内，貞吉"，比五也；六四"外比之，貞吉"，比五也。惟六三"比之匪人"，上六"比之無首"，是不比五者也。比五則吉，不比五則凶。君子可不慎所比哉！夫九五以位正中，盡比之道顯明，其比有“舍逆取順”，“邑人不誡”之象，六三上六自取其凶，何損於五哉？

☴(乾下巽上)

以巽之小畜乾之大，巽者，順也。小人之順君子，將以漸制君子而使之不得有為，君子不悟也，從而與之，至小人勢成，而君子坐困矣。六四，巽之主也，有孚者，非孚於君子而孚於小人也，故曰“上合志也”。“血去惕出”者，以其巽順，故兩不見傷，目前無咎也。然其釀禍為最深也。夫九五陽也，何為與四合志乎？又何為“富以其鄰”乎？蓋五有陽之形而其志實陰，與上同居巽體，故“富以其鄰”，無足怪也。四與五、上三爻有孚，合力畜乾，欲不成“既雨既處”之象也，得乎小人之巧也，君子之疏也，小人之佞也，君子之直也。苟非君子尚陰德而使之滿，當不若此咎。小人而責君子，君子亦無所辭其責也。《易》為君子謀，使如初九之“復自道”，上也，如九二與初九牽連而復，亦次也。至於九三，其於巽也近，交益深而不可復矣，脱輻而與之處矣，陰陽不相能也，而夫妻反目，事已晚矣，下也。陽自下上行，為陰所得，相持而雨澤下焉。六四陰畜陽，宜雨矣，故為密雲之象。然三陽上行，四雖畜之，而五上二陽在其上，四方得位，上下應之，巽性善入，兑體善説。以善入之性務以説，陽又居位得時，不盡畜不止，故四所欲畜，尤在於五。五，君位也。既志在畜君，陰性佞邪，説之不以其道，專務得君，凡膏澤天下之事，利於民而恐拂於君者，則不欲以為，故又為“密雲不雨，自我西郊”之象。“密雲不雨，尚往也”，言意在畜君也。兑，正西也，故為西郊之象。成卦之義在四，故曰我也。

《小畜》之初九曰“復自道”，九二曰“牽復，吉”。諸家解“復”字，不過謂陽本在上，進而上行為復，獨漢上朱氏以為聖人欲明陽不受畜於陰之義，故以《履》《小畜》二卦反覆明之，《小畜》《履》之反。初本在上，二本在五，三本在四，故初二皆以復言之，三則受畜而不得其復也。漢上以對卦解初二之復，則復字便有根據。

☰(兑下乾上)

《履》之九五，惟位正當，故“夬履”。惟夬履，故雖貞亦厲，貞且厲，况不貞乎？若能自視所履，考其將來之祥兆，周旋盡善，不敢夬決，則不止於吉，且大善而吉矣。孔子釋之曰：“元吉在上，大有慶也。”此豈人臣所敢當乎？是九五上九合為一人也。二爻而為一人，有之乎？曰有之。《大有》之九五、上九是其例也，君一也，失則為夬履，得則為視履，乾之為虎也，乾之履帝位而不疚也，無異也，君子之於履，無所苟而已矣。六三為兑之主，兑者，説也。所謂“説而應乎乾”，是以“履虎尾，不咥人，亨”者也，何以又曰“履虎尾，咥人凶”也？言之不足，又曰“武人為於大君”，以剛武之人有所為於大君之側，不得大譴者，幾希矣。悦極則為巫為羊為毁折，此亦兑之象也。此亦一爻而具兩義者也。儒者曰，《履》，文王之卦也，文王居羑里而演《易》，所云“履虎尾，不咥人，亨”，履則真履矣。驪戎之文馬，有熊

氏之九馴，未得人焉。咥人不咥人，未可知也。當是時也，欲為初九素履之往，欲為九二幽人之坦坦，皆不可得也。武人之辭，又周公所繫也，豈以文王為武人也哉？非也。葢居東之時，周公亦有戒心也夫。

於三言“履虎尾，咥人，凶”，於四言“履虎尾，愬愬終吉”，言“終吉”，則不咥可知也。以愬愬易說者，何也？說有正不正，非人臣之正也。

《履》之九五，《彖傳》所謂“剛中正，履帝位而不疚”，光明者也。而爻之辭曰“夬履，貞厲”，垂戒之意深焉。善乎！雲峰胡氏之言曰：“其下者，不患其不憂，患其不能樂，在上者，不患其不樂，患其不能憂，故於履坦繫之貞吉，喜之也。於夬履繫之貞厲，戒之也。”《傳》曰：“具曰：‘予聖，誰知烏之雌雄？’”夬履之謂與？

䷊(乾下坤上)

人知《泰》為可樂而不知其艱，人知艱在九三、六四陰陽往來之間，而不知初九九二未嘗無艱也。物各有類，此進彼退，將使退者終退，則進者敢不正其類邪？包容荒薉而果斷剛决，不遺遐遠而不昵朋比，二之中行，合衆類而治之，得其道者也，是初九、九二亦有艱也。特未明言之耳。

九三曰“勿恤其孚”，葢三之所勿恤者，即六四之所不戒者也。節齋蔡氏曰孚者，信然之謂，“勿恤其孚”，謂不可以陰之必復而動其心也。自古小人用事，非其始，遂有敢與君子為難之心，為君子者，利害之念怵於中，隱忍遷就，以養成其勢，於是小人無所忌憚之心觸事發露，而亦不復可以自止。君子於此思所以制之，亦已晚矣。故曰“勿恤”，見徒憂之，不可以有為也。曰“於食有福”，見有以為之，未必其果可憂也。其為君子計慮以防制小人者至矣。

“翩翩，不富以其鄰”，“翩翩”二字，寫出小人情態，葢君子不可徒憂小人之復，小人實深幸君子之憂。三陽初往，三陰翩翩，然下之且懼且喜，回翔而後集。漢上朱氏曰：“譬如葉墜井中，翩翩而下，以井氣扶之也。君子初去位，小人猶有顧忌，君子盡去，然後飛揚矣。是則君子之憂，小人之幸，君子亦何貴？徒憂乎哉？”

三已有平陂往復之說，外卦六五之辭與四上二爻殊不類者，何也？此繫《易》聖人之微意也。保泰之道，雖在君子，主之者，君也。由泰而否，常在承平之世，故以帝乙為言。帝乙，殷之賢君，《尚書》所謂“自成湯至於帝乙，罔不明德恤祀”是也。歸妹為人君順從君子之象，君子道長，小人道消，非君而誰望哉？初曰吉，二曰光大，三曰有福，五獨曰以祉元吉，世之常治而不亂，君子之常進而不退，福與吉未有過於此者也。

䷋(坤下乾上)

聖人喜治而惡亂，其繫否也，合君子小人而謀之，使皆受《泰》之福而不見《否》之禍，此聖人之意也。初曰貞，曰吉，曰亨，曰志在君，二曰小人吉，三言位不當，不言凶咎於小人，猶有望焉。使小人不至於一發而無所忌，豈非世道之幸乎？《泰》曰翩翩，曰復隍，於《否》反不盡其辭，非獨可以互見，亦良有以也。六二"包承吉"，即以"大人否，亨"告之，九五"休否，大人吉"，即以"其亡其亡"告之，亦猶《泰》之言艱貞也。夫《泰》六五之祉，祉由於君，《否》九四之祉，祉由於命。夫受天之命者，君也。四之有命，由其有君也，畏命造命，皆君之事也，是以《泰》《否》二卦，其致望於五尤重焉。

《否》"不利君子貞"者，之匪人也，《同人》"利君子貞"者，於野也。於野者，無私比也。之匪人者，比於匪人也。此"之"字，即《大學》"之其所親愛"之"之"。《彖傳》所謂"内小人而外君子，小人道長，君子道消也"，之匪人無一而可，聖人特於《否》卦發之，言此實所以為否也，

《否》之初，否之機已兆，否之勢未成，聖人惟幸其有變而之泰之理。《否》之初，貞則為君子，不貞則為小人，聖人惟許其有可為君子之道，故其辭曰"拔茅茹，以其彙，貞吉，亨"。葢略不異於《泰》初之辭，但勉以貞而已，且許以亨焉。固未嘗明言其為君子，亦未嘗斥言之為小人，其意以為果能貞焉，不但不為小人之羞，亦可以為君子之亨矣。故《象》之辭曰"拔茅貞吉，志在君也"，勉其不以己私害國家也。若居《否》之初，其勢尚可有為，而或者專以便安為事，一付之天運之所適，然其如君何哉？志在君者，葢許其有可為君子之道，幸其有變而之泰之理也。

☰(離下乾上)

《同人》之五，君位也。二與五相應，何以同人於宗而吝也？其不能與五遽遇，辟如女子有家，未能於歸，而尚在本宗，此吝道也。二之吝，則以三四故也。夫三四雖剛暴，豈能奪君之配哉？但以其剛暴之性，馮勢為惡，既敢上陵於二，何有此？所以先號咷也。《象》曰"同人之先，以中直也"。中非五所不足，然是時中非所用，君道貴剛，當以大師克之，五之剛既奮，三之伏戎，終不敢發，四之乘墉，亦困而反，則大師設而不用可也。三四，至剛暴也，且化而為同，二五之後笑不亦宜乎？剛亦乾所本有，不能用則號咷，能用則笑也。此卦大而難者，無若二五三四之間，初之於門，上之於郊，皆小者也。

☰(乾下離上)

六五一爻為大有之主，虛中在上，以一人之信而發天下臣民之志，故曰"厥孚交如"。其曰"威如，吉"，何也？《象》曰："威如之吉，易而無備也。"非嫌其易而進以威也。蘇氏曰："以其無備知其有餘也。夫備生於不足，不足之形見於外，則威削。"可謂善言《易》者也。《同人》一柔在下，故五貴用剛，《大有》一柔在五，故五貴用[孚]。君道用剛、用孚，各有其宜也。孚則交，交則威，至於威如，而柔不足以盡之矣，是兼剛而有者也。故聖人於上九，又繫之曰："自天祐之，吉無不利。"《象》曰："大有上吉，自天祐也。"爻辭與《象》但言其自天祐，吉無不利，不言其所

以然，其義蓋在六五一爻也。自天祐之人，臣不敢當也，非六五而何？是故六五、上九為一人也，《大有》一卦此為最吉，以下四爻皆其所有而各有戒辭，亦《大有》之時所宜也。六五"厥孚交如"，初何得言"無交交之害"，在於處有而不思其艱，故戒之曰但無交害，有匪咎也。"艱則無咎"，此亦諸爻通例，於初發之耳。九二"大車以載，有攸往，無咎"。《象》曰"積中不敗"，反言之，非大車則必敗矣。九三"公用享於天子，小人弗克"。是小人不能無交害也。九四"匪其彭，無咎"。《象》曰："明辨晳也。"言有其彭則大不智也，其戒深矣。

坤為大輿，九二體乾，而曰"大車"者，何也？乾變坤也，故《易》之取象多以變言。

䷎(艮下坤上)

"天道虧盈而益謙，地道變盈而流謙，鬼神禍盈而福謙，人道惡盈而好謙"，君為天地神人之主，謙而得福，尤必然之理也。六五"不富以其鄰，利用侵伐，無不利"，此謙之效也。凡言以者，能左右之謂也。五於其鄰能左右之，於不服者能征伐之，既不驕縱又不姑息，可謂盡君道之宜者矣。九三為成卦之主，上為君所任，下為衆所從，有功而能謙，故曰"勞謙"。既能勞謙，又須君子行之有終則吉，既美之且戒之也，五不驕縱，三能有終，三亦可謂人臣之善居功者矣。

《剥》四變而成謙，《謙·彖》皆以剥四變者明之。上九下三，謙也，六三上上，亨也，故《彖傳》者下濟，上來下也，卑而上行，三上往也，變而為全吉之卦，《謙》之時義大矣哉。

䷏(坤下震上)

《豫》卦六爻初三四上皆言豫，二與五不言豫言貞言中。五，豫時之令主也。二，豫時之賢臣也。九四一爻為豫之所由，亦有功之臣也。功成意滿，羣小附和，皆溺於豫，見有不溺於豫者，或反以為異己而疑之。疑朋可言也，疑君不可言也，故四有"勿疑朋盍簪"之戒也。四與二相反而相成者也，四不疑二，自不疑五，五可安枕而卧矣。四未必能也，此五之所以乘四之上，常若不豫而為疾也。生於憂患，死於安樂者，理也。五不死於安樂，故為"恒不死"也。六二"介於石，不終日"固無可議，然彼見幾而作，不俟終日，未必能周旋患難，使五恃以無恐，此五之所以終未免於疾也。一時初之鳴豫，三之盱豫，上之冥豫，皆無足道，四雖大有得，實未嘗得一朋也。志大行者，似快之之辭也，亦危之之辭也。

《乾》九四曰"或躍"，或之者，疑之也。《豫》九四曰"勿疑"，一則許之以疑之，一則戒之以勿疑，何也？蓋九四伏巽為不果，不果者，疑也。《乾》九四疑其所當疑，故許之；《豫》九四不當疑而疑，故戒之也。

䷐(震下兑上)

九五剛陽中正而下應六二中正，真嘉耦也，故曰"孚於嘉，吉"，然二之辭曰

"係小子,失丈夫",二果係初,何以得為中正?何以得為五之佳耦哉?此蓋二以弗兼與權之故,與五而不與初也。君臣之間,其未合也,兩相擇也,其既合也,兩相信也,君與臣其兩無失乎。

四下不應初而上承於五,與五同德,隨而有獲,不可謂之不貞,貞之中有凶義焉。非有孚在道以明之,君子不能免也,近君之地,盛滿得志之場,求善其後亦難矣哉。《大有》九四《象》曰"明辨晢也",《隨》九四《象》曰"明功也",《大有》之四離體,《隨》之三四易位成離,離為明,故孔子皆以明稱之。四迫五多懼,其彭其獲,懼孰甚焉?惟匪彭故無咎,惟有獲故貞凶,自非明以處之,其能免於凶咎乎?

䷑(巽下艮上)

下卑巽而上苟止,蠱所由來也。幹蠱者,必有事焉,所以反其卑巽苟止之習也。然君與臣不同,君則繼世之君,值法度弛亂之後者也。六五居君之位,幹父之蠱,當用一時令譽之臣,此天下交口賢之者也。用之彼必能以德承上,有德者興,蠱可以立治矣。臣而謂父母之蠱者,君臣猶父子也。初與二三皆以幹蠱稱,或厲或不可貞,或小有悔,事不避,雖各盡其道,期於終之吉無咎而已,皆蠱時必不可少之臣也。惟六四不能幹而裕,裕則蠱將日深,何足取哉?若夫"不事王侯,高尚其事",此功成身退者所為,蠱時人臣不忍言也。

按《王制》云"甲者,創制之令",疏云:"甲為十日之首,創造之令為在後諸令之首,故謂之甲,宣令前後三日殷勤語之,使曉知新令也。"又謂諸儒並同鄭義,以甲為日不為令,云先三日辛也,後三日丁也,此是妄作異端,蓋以甲為令舊矣。《易傳》謂甲者事之首,庚者變更之首。制作政教之類,則云甲,舉其首也,發號施令之事,則云庚,庚猶更也。《漢上易傳》本程子之意而明終始之說,曰:"蠱,東方卦也。巽,西方卦也。甲者,事之始。庚者,事之終。以日言之,春分旦出於甲,秋分暮入於庚。以月言之,三日成震,震納庚十五成乾,乾納甲三十日成坤,滅藏於癸,復為震,甲庚者天地之終始也。"又曰:"蠱一變大畜,乾納甲,再變賁,離為日,乾三爻在先,先甲三日也,三變頤,四變噬嗑,離為日,五變無妄,乾納甲,乾三爻在後,後甲三日也。"蓋先甲後甲之說不一如此,而漢上之說可以發明程子之意,故悉舉之。

䷒(兑下坤上)

當《臨》之時,陽雖漸長,消亦不久,進君子退小人,使邪正分明,羣賢布滿以塞小人登進之路,此要務也。上則望於君,下則責於一時諸賢,皆不可忽也。六五曰"知臨",曰"大君之宜",曰"行中",知者能辨邪正也。大君之宜者,君以知人為急也。行中,猶行正也,非調停君子小人之說也。初九九二皆曰"咸臨",非咸於小人也,亦非初與二左提右挈遂可云足也。廣搜人材,協力並進,如此而後可以咸也,正初與二之事也。初有貞吉之戒,戒其誤引小人也,二有未順命之戒,言

小人猶未順命,不可不防也。嗚呼！君能知臨,臣能咸臨,時守貞吉未順命之戒,八月有凶,豈遂定而不可移哉?

䷓(坤下巽上)

九五居人君之位,而欲自觀我生,惟有觀民一法。葢天下之大,億兆之多,其俗之美惡由乎我者也。民之俗果美邪?是我之能為君子也。民之俗果未美邪?是我之未能為君子也。九五之意期於我為君子,未有不能為君子者也。君子之德風,小人之德草,化行俗美,比屋可封,其斯以為國之光乎?觀國之光,賢人尚賓,既以民而致賢,復用賢而治民,大觀在上,五不媿之矣。

九五曰"觀我生",六三亦曰"觀我生"者,何也?君子之道,本身徵民,我生者,天下理亂安危之所繫,烏可不務觀乎哉?至於仕者之出處,比於人君之自治,葢其重有如此也,故亦曰"觀我生進退"云。上九不在位退而不進者,故但曰其生,朱子所謂小有主賓之異也。

經解二(易)

䷔(震下離上)

嘗讀《噬嗑》而歎聖人繫《易》之仁也。讀"先王以明罰敕法"而知後世用例不用律之非矣。讀六四之"利艱貞"、六五之"貞厲"而知後世快意用刑之非矣。"艱貞""貞厲"之辭惟四五有之,他爻所無也,以五居尊位,四為大臣故也。五四能"貞厲""艱貞",下皆化之矣。雷電雖取威明之義,然電先雷後,以明為主,治獄之道,不患不威。是以君德貴剛,而治獄則尚柔中也,柔中故虛而明也。

䷕(離下艮上)

日月五星之運,錯行乎二十八宿經星之次舍,此天文也。君臣、父子、兄弟、夫婦、朋友,粲然有禮以相接,截然有分以相守,此人文也。"觀乎天文以察時變,觀乎人文以化成天下",此天子之文也。惟仰承天道,俯順民彝,天子能修其身而後可以化成天下。由是日月五星,無朓朒薄蝕、彗孛飛流之變,而各順其運行之常,天下文章孰大乎是?堯之文思安安,舜之濬哲文明,皆是道也。

《旅》之象,山上有火,許之以明慎用刑。《賁》之象,山下有火,戒之以無敢折獄。葢明之所及有近遠,故力之所任有大小,聖人特以刑獄一事著其義,則凡明之不足而能任大者鮮矣。是以君子貴致知之學而無取乎察察之小智也。

䷖(坤下艮上)

《剥》五爻皆言剥,六五獨不言剥者何?變文也。五,君位也。五不可言剥也。變而言"貫魚以宫人寵"者何?貫魚,下四陰之象也。以宫人之寵,寵四陰者,五也。宫人,宫中之賤者也,以此寵陰,猶能制陰者也,故無不利也。雖變而不失君之義者,尊君也。伊川於上九引《匪風》《下泉》,《易》通於《詩》矣。愚謂六五一爻,《易》通於《春秋》矣。

唯君子乃能覆蓋小人，小人剥君子，君子亡而小人亦無所容其身，是自剥其廬也。小人亦何利哉！初六、六二、六四皆言凶，剥之無咎者獨六三耳，何去何從？小人亦當决擇之矣。

䷗(震下坤上)

復見天地之心，天地之心仁是也。六二休復，以下仁也。是知凡言復者，皆復於仁也。初之修身，二之下仁，四之從道，一也。未有道而不仁，不仁而可修身者也。五居尊位，故欲敦復。仁之厚者，宜居尊者也。前後左右從而戕者多矣，尤宜敦也，敦之如何？如初之修身，二之下仁，四之從道而已。是能自治又能以人治者也。敦復則不頻復，又何至於迷復之凶哉！

䷘(震下乾上)

《無妄》之卦，聖人為承平君臣而言也。是時也，先王茂對時，育萬物之時也，豈可妄有所徃，使萬物繹騷不安其生哉？九五居君之位，故告之曰"無妄之疾，勿藥有喜"，《象》又丁寧之曰"無妄之藥，不可試也"。六二，應五者也，故告之曰"不耕穫，不菑畬，則利有攸徃"，而《象》曰"不耕穫，未富也"。無妄之疾，敵國外患也。無妄之災，邊防之事，小有得失，不足為大患者也，所謂"或繫之牛，行人之得，邑人之災"也。君與臣但能修吾内治而外侮不得乘焉足矣。藥必不可妄試，功必不可妄貪，先王舊章必不可妄改，天幸必不可妄徼，總之無妄之世必當以無妄處之。君與臣必不可不知妄有所徃之害。九四，君側之臣也，故以"可貞，無咎"告之。初九在下，郡縣之臣以無妄之徃為得志，無關於朝廷大事也。最惡者上也。上九亦非有妄者也，時不可行而行，遂至於有眚，遂至於無攸利，彼之不可行而行也，亦自謂前人之法，窮則當變，至於不可行者終不可行，而猶執其所行，終不肯變，甘處其窮。《象》曰"窮之災也"，言其窮而不變也。"其匪正有眚，不利有攸徃。""無妄之徃，何之矣？天命不祐，行矣哉？"正謂上九也。

䷙(乾下艮上)

畜卦之義，蘇氏説之已盡，其言曰："《小畜》之畜乾也，順而畜之，故始順而終反目；《大畜》之畜乾也，厲而畜之，故始厲而終亨。君子之愛人以德，小人之愛人以姑息。見德而愠，見姑息而喜，則過矣。初九欲進之意無巳也，至於六四，遇厲而止。六四之厲，我所謂德也，使我知戒而終身不犯於災者，六四也。《小畜》之'説輻'，不得巳也，故夫妻反目。《大畜》之'説輹'，其心願之，故'中無尤'也。三乾並進，故曰'良馬逐'，馬不憂其不良，而憂其輕踔易道以至泛軼也，故'利艱貞'。九三，乾之殿也，故相與飭戒，閑習其軍徒，則'利有攸徃'。上，上九也，上利在不忌，三利在必戒。童牛，初九也；牿，角械也。童牛無所用牿，然且不敢廢者，自其童而牿之，迨其壯，雖不牿可也。此愛其牛之至也。豶豕，豮豕也，九二之謂也，有牙而不騺也，豮豕也，不騺則可畜矣。《大畜》之畜乾也，始厲而終亨。

初九，陽之微者也，而遂牿之，故至於九二，雖有牙而可畜也，其始牿之，其漸可畜，其終雖進之天衢可也。童而牿之，愛以德也，故有喜。不惡其牙而畜之，將求其用也，故有慶。凡物有以相德曰喜，施德獲報曰慶。孔子曰：'積善之家，必有餘慶。'天衢者，上之所履，而不與下共者也。德有以守之，雖有以予人而莫敢受，苟無其德，雖吾不與而彼將有取之者。上九之德足以自固，是以無忌於乾而大進之。其曰'何天之衢'者，何天衢之有，而不汝進也。夫惟以天衢進之，而乾大服矣。"

《小畜》"以懿文德"，《蘇傳》曰："夫畜已而非其人，則君子不可有為，獨可以雍容講道，如子夏之在魏，子思之在魯可也。"《大畜》"君子以多識前言往行，以畜其德"，《蘇傳》曰："孔子論《乾》九二之德曰：'君子學以聚之，問以辨之。'是以知乾之健，患在於不學，漢高帝是也，故《大畜》之君子將以用乾，亦先厚其學。"嘗推其意而論之，"懿文德"者，不得志而著書之類也。"多識前言往行，以畜其德"者，積學待用之謂也。

䷚(震下艮上)

《頤》之六爻，初九為靈龜，龜食氣而壽，不求食於人者也。"舍爾靈龜，觀我朵頤，凶"，此設為六四告初之辭以戒之耳，非真以初為凶也，故《象》曰"觀我朵頤，亦不足貴"也，世豈有觀朵頤之靈龜哉！卦惟上下二陽，凡能養人者，皆陽也。初九又以德為養者也，四求初養，是顛頤也。四在艮下，負嵎之虎也。"虎視眈眈，其欲逐逐"，虎之常也，然咎道也，今以初九之德養為養，眈眈逐逐之咎，吾知免矣，欲與施反，四無欲，斯能施矣，故《象》曰"上施光"也，二與五相應者也。今二五皆陰，不相應也。故二擇養於初上之間，皆非二之類也，故曰"行失類"也。然初則顛頤而拂經，上則於丘頤而征凶。與其征凶，寧拂經也。六三與上九相應，三求養於上，正也。而顧繫以"拂頤，貞凶，十年勿用，無攸利"，《象》又曰"十年勿用，道大悖也"。《易》之示人，語繁而不殺，義正而辭嚴，此其至也。若是者何也？陰柔不正，好動之人與居高乘時之權臣相合，其禍何所不至。是聖人之所懼也。五居君位而頤由於上亦拂經也，居貞則吉，不可涉大川。《象》曰："居貞之吉，順以從上也。"貞則彼無可指，順則我不傷激。貞者，爻所本有；順者，補爻所未盡也。上為頤之所由，求養之人孰不歸之？故利涉大川，然聖人必先之曰厲吉，不厲則凶，厲則吉也。《象》曰："由頤厲吉，大有慶也。"不厲則大有害，厲則大有慶也。五曰貞曰順，上曰厲，五上之間，君臣終始、國家安危、生民禍福，其機最微而其事最鉅，故聖人言之懼而慮之周也。

䷛(巽下兑上)

《大過·彖傳》："棟橈，本末弱也。"本末者，初上也。九三九四，皆棟橈者也。爻分而言之，則九四棟隆，九三獨為棟橈。若是者，何哉？九四不過乎剛，與初為應,能專而無他,初雖在下之柔,譬之茅然,為物雖薄,以之為藉,未嘗不收其用,此四所以為楝隆也。四與九二為同類,二以陽居陰,而下乘初,以初自助,故有枯楊生稊之象。稊者,顛而復蘖,反其始也。又有老夫女妻之象,老夫女妻則夫不陵妻而生育之功可成矣。四曰"楝隆吉",《象》以"不橈乎下"明之。二曰"無不利",《象》以"過以相與"明之,是四與二皆取其剛而不過也。九三剛而太過,與上為應,而三剛愎不可以輔,過涉滅頂之凶,上自無咎也。三亦何所益哉?三與五為類,五以陽居陽,侈泰已甚。六乘之而力不能正,故有枯楊生華之象。華者,盈而畢發,速其終也。又有老婦士夫之象,老婦士夫則夫厭其妻,無"過以相與"之事矣。三曰"楝橈,凶",《象》以"不可輔"明之。五曰"無咎無譽",《象》曰"何可久也,亦可醜也"。無咎無譽者,所以教上也。與為滅頂之無咎,不如明哲保身之無咎也。非為五言也,是三與五皆惡其剛而過也。嗚呼!楝橈吾將壓焉,相之於國,楝也,匪剛不可,過剛亦未見其可,剛柔相濟,使身名俱全而國家無事,賢者不當如是耶?

䷜(坎下坎上)

人未有可孤立而無助者也,况在艱難之時乎!習坎之卦,九二九五,各為一卦之主,相阨而不能相能者也。二曰:"坎有險,求小得。"險,九五也;小,六三也。九二以險臨五,五亦以險待之,欲以求五,焉可得哉?所可得者,六三而已。二所以能得之者,非謂德足以懷之,徒以二者皆未出於險中,相待而後全故也。"六三,來之坎坎,險且枕,入於坎窞,勿用。"之,徃也,枕所以休息也。來者,坎也,徃者,亦坎也,均之二坎,來則得主,徃則得敵,遇險於外而休息於内也,故曰險且枕。六三知其不足以自用,用必無功,故退入坎以附九二,相與為固而已。"六四,樽酒,簋貳,用缶,納約自牖,終無咎。""樽酒、簋貳、用缶",薄禮也。"納約自牖",簡陋之至也。夫同利者,不交而歡。同患者,不約而信。四非五,無與為主,五非四,無與為蔽,饋之以薄禮,行之以簡陋,而終不相咎者,四與五之際也。"九五,坎不盈,祗既平。"五在坎中,是不盈也,盈則平而出矣。祗既平,五之志也,以不平為未大,未大而不肯自安,故受四而不辭也。夫五之與二,勢有上下,德有大小,五有為之主,而二僅自保者也。要其終,五必併二,習坎之所以為險者,以二五之不相下也,五併二而天下無險可言矣。二與三未保其終而暫時相依,亦各知孤立之難也。若夫初上處内外之極,最遠於敵而不被其禍,以為足以自用而有餘,是以各挾其險以待其上,初不附二,上不附五,故皆有失道之凶焉。君子之習險,將以出險也。習險而入險,為寇而已。此初之失道也。徽纆以係之,叢棘以固之。上六之所恃者險爾,險窮則亡。此上六之失道也。道在依人,尤在擇其所依,險可易言出哉?

䷝(離下離上)

《離》之六五，柔居尊位者也。附麗於剛强之間，危懼之勢也。當危懼之勢，能畏懼之深至於出涕，憂慮之深至於戚嗟，所以能保其吉也。所謂剛强者，四與上也。然上與四不同，五能用上，則可以成嘉美之功。威震而刑不濫，可以正邦矣。若四則犯上之臣也，自不容於天地之間，何足憐哉？此卦上九禦侮之臣也，九三年至而退、不貪榮禄之臣也，六二中順之臣也，初九新進慎事之臣也，惟九四為犯上之臣，旋發旋平，不足為大患而可藉以為宴安之戒者也。然離為火為日，苟非君德之至明，亦豈易致此哉？

䷞(艮下兑上)

交感之謂咸，無心於感，然後無所不感，非無心也，無不正之心也。聖人感人心而天下和平，此也大槩以一虚字盡之。虚者，九四之所謂貞也，故吉且悔亡，若"憧憧往來，朋從爾思"，則失其貞矣，故《象》曰："未光大也。"九四大義，《繫辭傳》發揮詳盡，宜合而觀之，惜乎九四亦有所未能也。此卦六爻皆應，皆求咸而不能咸。初六志在外者，四也，九四朋從朋者，初也。志之從之，皆不得無心之義也。二設為凶吉兩義，腓躁動惟躁，故凶。反躁為居則吉也。九五"咸其脢"，脢在喉之下心之上，已發於心而隱忍於喉，苟求無悔而已。其志不已末乎？感不可以私，亦不可强示尊，默使上下之情不通也。三志在隨人，以妄隨為感，自宜往吝。上滕口説，感不以心而以口，感之道其衰矣乎！合而觀之，皆有心於感而不能無所不感者也。卦以人身取象，四當心位，故感之道於四猶有望焉。

䷟(巽下震上)

《恒》以久為義，九三不恒其德，貞吝固宜。餘五爻惟二以久中無悔，初則"浚恒，貞凶，無攸利"，四則"久非其位而無禽"，五則"恒其德貞，夫子凶"，上則"振恒凶"，是不恒不可，恒亦未必可也。恒豈易言哉？善乎！《大象》之言曰："雷風，恒。"雷風者，天地之至不恒者也。至不恒之中而有至恒者存，此立不易方也。方即貞即天地之道，聖人所以久於道而化成也。聖人者，天而已矣。《易》諸卦發揮此義，而此卦之辭尤為顯著，故曰："天地之道，貞觀者也。日月之道，貞明者也。天下之動，貞夫一者也。"一者，何也？天之道也。其為物不貳，則其生物不測，又何疑於聖人之化成哉！

䷠(艮下乾上)

遯不可以退避為訓，人皆以退避為藏拙免禍之計，自為則得矣，如朝廷何？故善遯者非必在山林也，雖身處朝廷，未嘗嚴絶小人，而小人自不能近，此"遠小人，不惡而嚴"之謂也。此卦初二兩爻定指小人，初在《遯》為尾，尾猶微末也，以其往而有災，故尚不敢肆而自附於四，四雖不示絶於外，而内不暱好，跡與小人似好，小人迥不能干，是謂好遯，宜其享君子之吉也。君子既吉，小人自然否矣。六二以中順上，固君志。自古小人巧用此術，使人君誤信，假之以權，久而跋扈難制者，何可勝道。然二雖固志，五能正志，五之志正則二之志亦正，二之中順且為應，五之德而不出於邪矣。二柔而中順，五剛而中正，君臣始終相保，釁隙不生，何嘉如之？嘉出於正，正與嚴相成，嘉與惡相反，此九五之遯也。或曰：君不可以遯。言不知臣之遯，非必山林；君之遯，非必深宫。君者，天也。天下有山，天不必遠山，山自不能及天。君下有臣，君不必遠臣，臣自不能及君。使天舍山而居於無山之處始為天，遯有是理乎？遯有以形用者，山林之士或可當之。遯有以神用者，非明哲之臣、神明之主未易言也，不可不辨。若九三與初二同體，謂之係遯，係而遯，疾憊固其宜也。苟得其道，其於初二，且臣妾畜之耳。不得其道，至於行毆除大事，存亡安危未可知也。不吉則凶，可不慎哉！可不戒哉！上九與乾同體，異於九三，故謂之蜚遯。蜚之者不止，初二不能係之，與三同德而不相應，三亦不能係之矣。是為龍德，是為神遯，以上居遯之終，故特以此許之。其實四之好遯，五之嘉遯，皆同此道也。焦竑曰："肥字古作蜚，與蜚字相似，後世因譌為肥字。"《九師道訓》曰："遯而能飛，吉孰大焉。"張平子賦云："欲飛遯以保名。"曹子建《七啓》云"飛遯離俗"，金陵攝山碑"緬懷飛遯"，皆可取以證。

䷡（乾下震上）

《彖傳》："大壯，大者壯也。剛以動，故壯。"又云："大壯利貞，大者正也。"是知壯不可恃，正不可捨，捨正恃壯，雖大，何利之有？卦惟九四當剛動之爻，故動而貞吉，動而悔亡，藩決於前，輿壯其輹，尚往何疑？若初九者，居下在初，去震體殊遠，豈宜遽動？夫趾雖壯，不如輿輹，而欲與四競，往必不能也。但信壯之可進，信之過而壯不行，是其信之窮也。九二以中而貞吉，六五位不當而無悔，二善用大壯者也，五善處大壯者也。上六小人用壯者也，九三君子用罔者也。"羝羊觸藩"，兩爻同象，羸其角即"不能退，不能遂"，辭有詳略，意相發明也。"無攸利，艱則吉"，亦兼為兩爻言也。使兩爻能詳於始，不敢輕發自逞，當不至兩敗俱傷，禍亂蔓延而無已矣。嗚呼！三為剛躁，上為柔蹂，三本欲用壯於小人，反使小人用壯，至小人用壯，君子必無幸理。罔者，蔑視天下旁若無人也。小人用壯，君子罔也，此為君子歎息也。然則詳與艱，聖人屬望君子其尤切歟！

䷢（坤下離上）

《晉》卦之辭所謂"康侯"者，二也。"用錫馬蕃庶，晝日三接"者，五也。五之爻辭曰"悔亡"者，五為《晉》之主，悔在餘五爻，有失有得。悔亡在五之"失得勿恤"，其故何也？一時得者失者，畢在離照之下。五雖勿恤而不肖，不敢大逞，固與賢不肖溷而不辨者異矣。夫得者進，失者亦進，此五所以"往吉無不利"也。此五所以"往有慶"也，利豈獨在康侯之二哉？大略卦以晉名而諸爻皆不喜輕進，初六"晉如摧如"，非人摧初，初自摧也。君子始進貴正，初獨行正，似有摧之者，然

自安於摧，不失其正，何吉如之？使急於求孚、急於受命，豈能裕無咎乎？六二“晉如愁如”，義亦同此，以中正柔順之德而上遇六五之君，宜無不進矣。二不敢喜而不寐，故為愁，如此二之中正也，所以“受兹介福於其王母”也。六三“衆允悔亡”者，三之晉一無所私，故衆皆信之，其悔得亡也。卦獨四上兩陽似為躁進，然四如鼫鼠，鼫鼠以比庸臣，庸臣而在上位，所以為位不當也。貞厲者雖庸而不失正，雖庸而不敢肆然無忌也。使其為碩鼠之貪，何貞利之有？雖失得勿恤之君，亦難容而不逐矣。上九居高而失和平之度，難為其下，故為“晉其角，維用伐邑”之象，然與好大喜功為國生事者，迥不侔矣。所以雖“厲”，而“吉無咎”也。貞吝者，道未光之謂也。世之求大光而反致凶辱者多矣，未若貞吝者安其未光為猶愈也。合諸爻觀之，位有高下，品有優劣，行事未必盡得，然皆進而不輕進者也。上下接而下不輕進，《晉》之主不易遇也，《晉》之臣亦可法也。

䷣(離下坤上)

《明夷》六爻嘗以商周之際明之，初九“君子於行”，伯夷太公之避也。六二“夷於左股”，股所以行也。夷則行不利，故用馬壯以拯之，而後其行也，勝用股矣。此文王羑里演《易》之時也。以學《易》為馬壯，是羑里之事，文王亦自悔有所未盡也。夫此所以為內文明也。九三文王得太公之象也，南狩者卜田而遇非熊非羆之臣也，卒載太公望以歸，得其大首也。嗣是而伐崇墉，嗣是而遏徂旅，文王曷嘗有亟心乎？不可疾貞也。六四“於出門庭”，我不顧行遯，微子自靖之義也。六五“箕子之明夷”，則爻辭已明言矣。上六失則之則，與六二順以則之則，當合看。又當與箕子明不可息之明合看。明不可息，箕子所以傳《洪範》也。六二順以則，文王所以有六十四卦之《彖》辭也。紂惟失則，故不明而晦，後入於地，無由可免也。是故商周之際，興亡之故備於《明夷》一卦。或以為文王之卦是也。實非文王一人之卦也。六二正所謂內文明者，以此為文王，與《彖傳》合，但謂文王以學《易》為馬壯羑里之事，文王亦自悔有所未盡，似非周公可以言文王者。然假使周公以此言文王，不可謂非深知文王者也。此聖賢憂患之學，文王、周公、孔子，其揆一也。

䷤(離下巽上)

《萃》言“王假有廟”，《渙》言“王假有廟”，《家人》言“王假有家”，明乎在宫在廟，王者皆以精神相感通，故能使鬼神享而家人化也。《象》曰：“‘王假有家’，交相愛也。”既交相愛矣，又何憂乎？九五為王者，六二宜為王后，然六二爻無異辭焉。《歸妹》曰“帝乙”，《歸妹》曰“其君”，曰“其娣”，此異辭也。《家人》六二曰“在中饋無攸遂”，則通乎臣庶之辭也。《家人》以長女中女成卦，故卦辭曰“利女貞”，《彖傳》亦先稱女正位乎内，“在中饋，無攸遂”者，正位乎内之事也。六二既通乎臣庶，其餘無不可通。初九“閑有家”，諺曰“教婦初來”，其斯之謂與？六四長姒也，長子家督，長姒代姑，家之盛衰繫焉。爻曰"富家大吉"，《象》曰"順在位也"，明乎長姒之重，非友婦可比也。九三"家人嗃嗃，悔厲吉"。嗃嗃，嚴厲之象也。"婦子嘻嘻，終吝"，嘻嘻，歎辭也。九三重剛過嚴，家人不堪而歎，故《象》於嗃嗃許其未失，於嘻嘻譏其失家節，以是知治家不可不嚴，亦不可過嚴也。上九"有孚威如，終吉"，誠與威相濟而得終吉，異乎九三之終吝矣。《家人》至上九，家道已成，《象》又揭"反身"二字以示人身修而後家齊，自天子至於庶人，壹是皆以修身為本也。反身無他法，《大象》曰"君子以言有物而行有恒"盡之矣。

唐李勣對高宗曰："此陛下家事，何必更問外人？"其後德宗舒王之議亦祖此說。李泌之對則謂臣當無所不知，夫天子家事誠為大事，臣庶家事豈為細事乎？"借父耰鉏，慮有德色。母取箕箒，立而誶語。抱哺其子，與公併倨。婦姑不相說，則反脣而相稽。"秦之所以亡也，賈誼言之矣。"婦女不知女工，任情而動，有逆於舅姑，有殺戮妾媵，父兄弗之罪也，天下莫之非也。"晉之所以亡也，干寶言之矣。後世所以教導整齊臣庶之家者，非無法令，然徒文具而無其實也。誼又有言，"夫移風易俗，使天下回心而鄉道，類非俗吏之所能為也"，所關誠重矣哉！

䷥（兑下離上）

天下同異之辨，不可勝窮。天地睽，男女睽，萬物睽，是其異也。其事同，其志通，其事類，是其同也。《象》曰"君子以同而異"。夫同而異，異而同，一也。其異也，正其所以同也。《睽》之時用，大矣哉！大以此也。《睽》非美事而天地男女萬事皆不得不睽，睽然後同，何嫌於睽乎？若夫始同終異，始異終同，同異皆出於私，兩者判不相合，與其終而異，未若其終而同也。《睽》之六爻，初與四不相應也，四如逸馬，逐而愈逸，不逐則自歸，又如惡人，惡與《左傳》"惡而婉"之"惡"同。貌雖惡，而中未必惡也。初不嫌四而見之，四且以初為元善之夫，彼此相孚矣。初之"悔亡無咎"，四之"睽孤厲無咎"，以始睽終同也。二之"遇主於巷"，五之"厥宗噬膚"，三之"無初有終"，上之"先張後說"，皆終同也。自匹夫相與，無不以睽為憂，以不睽為貴，況寮寀君臣之際乎。總之有宜睽者，《彖傳》《大象》之義也。有不宜睽者，六爻之義也。如此則見睽之利，不見睽之害，歸於大同，實受其福矣。睽之時用，固非一端，學《易》者可不盡心乎！

䷦（艮下坎上）

九五，大位也。當蹇難之時，以一身而任天下之責，天下之蹇皆其蹇，蹇莫有大焉者也，大蹇也，夫九五所謂"利西南，往得中"者也。"當位貞吉，以正邦"，國之大人也，見之則利，往則有功者也。世未有真主在上而忠臣義士不樂為之用命者，"朋來"之助，豈非五之所自致乎？人知九三"往蹇來反"為道窮而反，不知《蹇》卦四陰與五同德者，惟三之一陽耳。其反也，見險而能止也，知也，反而與初二同往，尤其知也。初之宜待者，待三也；四之來連者，連三也；上以來碩者，以三

為碩人也。上以三而利見九五之大人，初二四誰非以三而利見者哉？然則三真五之朋也，有三之朋，而初二四上無非五之朋也，不止王臣蹇蹇一人也，朋來如是，雖大蹇無難平矣。雖然，非下推上輓，三何能獨進乎？上與三應，與之合力，决天下之險難，開一時之蕩平，上之功豈小補哉？

䷧（坎下震上）

《解》之小人，六三也。本非元惡大憝，附九四之足下，隨四而動，不過四之一拇耳，然已居下之上，其位高矣，故曰"負且乘"，言其以負販之夫乘君子之器也。或曰："負者上仗四也，乘者下陵二也，負販之夫一旦得志，未有不負上而乘下者也。"合觀之而小人之態見矣。在九二以三狐目之，工於媚悦，則為狐也。又依城之狐也，假威之狐也。在上六以隼目之，捷於傷人，則為隼也。三一小人耳，而其勢關涉上下，則亦非尋常小人可並論矣。九二以矢射之，獲之於田，上六助二射之，獲之於高墉，九四亦不敢庇之而自解其拇。自三觀之，以二與上為冦，其實二與上興兵戎以伐罪人也，是役也，主之者，二也。上為犄角。四者，小人所在之地也。然小人之退與不退，權尤在君。二與六五為正應，二所以能成功也，"利西南，徃得衆"，此之謂也。無所徃，既解之時也；有攸徃，未解之時也。無所徃，則來復赦過宥罪，不欲禍延也。有攸徃，則夙其事已定，人猶未知也。不苛不縱，先後得宜，豈非九二之貞吉中道哉？嗚呼！三與上，本宜應而不相應，使三之禍已成，必將陷上而奪其位，三之禍未成而敗，上非射而獲之，恐未免以嫌疑而禍及其身也。三為四拇，勢將累四，初與四應，剛柔之際，勢將及初。今三一解而衆禍悉解。郎顗曰："雷者，所以開發萌芽，辟陰除害。萬物須雷而解，資雨而潤。"《解》之時，真大矣哉！

䷨（兑下艮上）

《損》卦本無剥民奉君之説。《彖》曰"損，損下益上，其道上行"者，損下卦乾之九三，益上卦坤之六三，"損下益上"即損剛益柔，損非徒損，所以益上，故曰"其道上行"。"損下益上"義本如是。損亦非惡事也，何嘗指為損民益君哉？惟"損下益上，其道上行"，故又曰"損而有孚，元吉無咎，可貞，利有攸徃。曷之用二簋，可用享"。葢"其道上行"，損中即有孚義，"元吉"以下皆有孚之占，二簋用享則所以為有孚者也。此卦下三爻，益上者也。上三爻，受益者也。上下交孚，下積其誠而上受之，"曷之用二簋，可用享"之説也。主之享賓必用其誠，簋非虚器，中必有實。二簋者，象下之兩陽也。享禮八簋為上，四簋為中，二簋為簡，今以兩陽之實取象二簋，不論享禮之常，亦猶享賓有時而用二簋，惟其誠不惟其物，故曰"二簋應有時"也。《易》大例扶陽抑陰，剛不可損，獨此卦以損剛益柔為義，損剛則剛虚，益柔則柔盈，故又曰"損剛益柔有時，損益盈虚，與時偕行"也。《損》《益》二卦皆損剛益柔，但《益》卦所損之剛在上，《損》卦所損之剛在下耳。或執《益·彖》

“損上益下，民說無疆”之文，謂以《損》之“損下”為損民，亦無不可，不知損君益民可言也，損民益君不可言也。損君益民而民說，固其宜也，損民益君而有孚，未之有也。必不可元吉，必不可無咎，必不可貞，必不可利有攸往，任其曲說，終不可通。且小人以是藉口流禍無窮矣，故不可不辯。以爻義細言之，初九輟其私事遄往益四，遄之為言疾也，四所謂“損其疾”者，指初九也。損其疾亦猶“咸其拇”“咸其腓”“晉其角”之類，《易》之句法也。非以疾為四之病，疾而初往，損之也。以下事上，不宜緩慢，故疾而無咎。酌損之者，戒其過於疾耳，非以疾為不可也。六四“損其疾，使遄有喜”者，言初九之往本遄，四又能使之遄，不以損其疾為嫌、反其疾為喜也。如此而遄往者，愈勸矣，何咎之有？初九曰“尚合志”，四曰“有喜”，兩爻各得無咎，此初與四之有孚無咎也。“九二利貞”者，“中以為志”，以中為貞也。中即二之二簋，蓋一心享上之誠也。征凶者，二非徼功沽名之臣，以征為凶，故安靜無為，不敢輕動耳。此二之以為弗損也，而五以實受其益矣。五受二益，故有“或益之，十朋之龜，弗克違”之象，上天祐五，使得賢臣，非元吉而何？合而觀之，二五以中相孚而得吉者也。若六三“三人行，則損一人；一人行，則得其友”，成卦之義實在於此。《象》曰“一人行，三則疑也”，六三與上九不相疑矣，豈非孚乎？上九居卦之上，受益極矣，故反而益下，然於上實無所損，故為“弗損益之”，可以“無咎”，可以“貞吉”，可以“利有攸往”，“得臣無家”者，是臣民俱受其益，天子以天下為家也。損之道至此無以加矣，故曰“大得志”也。總之，此卦大意在上下有孚，為臣子出身事君之事，世既誤解“損下益上”，又誤解“二簋應有時”“損剛益柔有時”為凶年饑歲、上下俱耗之時。夫上下俱耗猶可損民與？嗚呼！此漢唐所以多聚斂之臣也。

䷩(震下巽上)

《益・彖傳》：“損上益下，民說無疆，自上下下，其道大光。”以益下為益民，此則得其解矣。《損》卦自為臣益君之事，《益》卦自為君益民之事，何必皆以下為民哉？自“利有攸往”至“與時偕行”，皆備言所以“損上益下，民說無疆”之故，亦非有二意也。凡自上益下之事，皆天子之事，此卦六爻皆應而尤重九五，雖成卦之義在於初四，亦不敢與五比也。益莫大於惠，惠者，順也，九五之心有孚而順天下，自然勿問而知其元吉，其時天下之心亦皆有孚而順九五之德，九五之志於是大得，不亦宜哉！二五中正相應，所謂“有孚惠我德”者，於二尤為易見。凡國有大事，必君從、卿士從、庶民從、龜從、筮從，“或益之，十朋之龜弗克違”，豈非龜筮協從之謂乎？上下協從，天人交應，王用享於帝之吉占，實非二所敢當也。是以爻有永貞之戒，《象》亦曰“自外來”，明非二意中所敢有也。六四“中行”，此言四以益下為心而合於中行也。“告公從”者，言其告於公朝，而公朝從之也。“利用為依遷國”者，言即遷國大事，亦無不從，而所遷之國，其民心實足為朝廷所憑依

也。初九居下，親民之臣，當《益》之時，民皆順君之民，自宜利用為大作，大作即遷國之役也。元吉無咎者，雖《益》之時，無事不可興，然下不厚事，初九特為之者也，無咎可當也。元吉本九五之占，初不敢當也。六三"益之用凶事"，受凶荒之任者也，益之最親切者，無如凶荒，古之王者使人徵諸侯，憂凶荒則授之以圭，致王命焉。三"有孚中行，告公用圭"，其復命之事乎？宣君之德，救民之命，自然感天之心、受天之福，雖已身亦有大益，非僅無咎而已，故《象》曰"益用凶事，固有之也"，言凶事之中，益所固有，其辭與"自外來"不同，所以勸之也。嗚呼！天災流行，凶荒時有，當是任無咎有咎，有益無益，孰非自取之哉？合此五爻觀之，中正相應者，二五也。三四之中行，皆以五之中為行者也。三之有孚，五之孚也；四之益志，五之志也；初九者，乃四之應也。五之"孚恵心"，而其餘皆"有孚恵我德"，天下大益，其本在於君之一心，是知舍心而言政，未有能為政者也。獨上九處《益》之極又巽極躁動，故曰"立心勿恒"，無恒心之人，反覆變幻，纖悉誅求，君子惟恐利不及人，小人惟恐利不歸已，人非鬼責，孰能禦之？"莫益之或擊之"，"自外來"之辭與初二同，而吉凶若天淵矣。所謂美惡不嫌同辭也，戒之哉！

經解三(易)

䷪(乾下兑上)

此卦五陽一陰，陰至寡也。以九五之尊决去上六一陰，如以利器芟除小草，何至夬而又夬乎？夬夬者，不能一夬而遂夬也，雖云"中行無咎"，中實未光矣。若九三無九五之勢，又在諸陽之中，獨與上應，使避相應之嫌，壯徵於色，以一擊為快，反足致凶，故夬夬未妨也。雖其始"獨行遇雨，若濡有愠"，而其後終得"無咎"，故猶有取焉。"初九，壯於前趾，往不勝為咎"，此决而輕發者也。九四則不能决者也，誠能隨衆君子之後，如"牽羊"之在後，則藉力遂進，"次且"之悔可亡矣，"牽羊"與"次且"，有辨"次且"而不能"牽羊"。自古無才之小人反多剛愎自用，不能隨順君子，爻所以又有"聞言不信"之戒也。惟九二剛而能中，雖屬乾體，然"健而説，决而和"，實備全卦之德。"惕號"者，象之"孚號有厲"也。"暮夜有戎，勿恤"，象之"告自邑，不利即戎"也。雖不"即戎"，然循是道也，終至舉朝君子而小人絶跡，所謂"'利有攸往'，剛長乃終也"。九二"惕號"，上六自然"無號"，君子"剛長乃終"，小人"終不可長"，定理定勢未可謂必無之事也。大略《夬》以得中為貴，九五"終未光"則以上六暱在君側，五居尊位，當以毅然一决為中，而非諸爻可比也。夫天下之勢，日變者也，朝多君子不易得之時也。使九五不能斷，雖君子揚小人之惡於王庭，必無濟矣。中而光，聖人所深望者，其尤在五哉？

䷫(巽下乾上)

《姤》之小人，初六一陰也，為女壯，為羸豕，為魚，為民，為爪，皆初六之象也。初六一陰敢與五陽遇，故為女壯在下，故為羸豕。雖為羸豕而可豫，信其蹢躅，陰柔則易牽，故欲其繫，繫則“貞吉”，“有攸往”，則“見凶”。有九二之“金柅”，初自然無攸往之凶矣。

初欲往而二柅之，初為魚而二包之，皆以其近也。二之能包魚，能制魚者也，其為主固矣，然魚為嘉味，何以“不利賓”？蓋味之美者，其毒亦多，小人之柔而可喜似之，故二“包有魚”，以義揆之，不肯及於賓也。

姤五月之卦，五月瓜生，初象也。杞高木，二象也。能左右之，曰以五能以二之杞包初之瓜，“杞包瓜”而瓜不得蔓引，是品物咸章之時，二能使初之含章也。二之為杞，猶之其為金柅也，然孰非五以之之力與？陽者，國家之命。陰長而命隨去。今“以杞包瓜”，陰不得長，是命自天而降不復去矣，故曰“有隕自天，志不舍命也”。

九三“臀無膚，其行次且”者，以行未牽於初也，不遇未免有寡助之厲，私遇則有牽於小人之大咎，與其為大咎，寧為厲矣。

上九與初最遠，角又善觸，無與初相遇之理，吝而無咎，雖吝不足罪也。

諸陽惟九四與初為正應，然初陰性善牽，與二相近，與四相遠，初繫二而不他往，即得貞吉，不必定歸四也。二“包有魚”，四自然“包無魚”，夫陽之於陰，猶君之於民，四之“包無魚”，是君遠其民而君無民也，豈非起凶乎？

此卦一陰始生，由是而遯而否而觀而剥而坤，是姤卦為謹微之卦，不可不講也。五居尊位而應之者二，二五兩爻之義尤不可不講也。

䷬(坤下兑上)

萃於一之謂萃，有二非萃矣。《彖》所言“利見大人”是也，是故五為《萃》主，他不敢當也。五“萃有位”，位者，天人共與，歷數攸存，未有運世無本、功德不紀而能崛起，在此位者也。以是當天下臣民之聚，無不孚矣，無不光矣，何咎何悔哉？以九五之志則常若“匪孚”，故反躬自省“元永貞”之德，惟恐不能盡焉。志若“匪孚”，所以無不孚；志若有悔，所以“悔亡”；志若未光，位乃光大。彖所謂“利見大人，亨”，聚以正也，非九五“元永貞”之謂乎？此卦四五兩陽各得其應，疑於不一，然九四位不當居多凶之地，有不正之嫌，必“大吉”始可“無咎”。“大吉”者，近五之側，以身萃五，自不敢當天下之萃，故大吉也。初六本與四應，改而萃五，是為“有孚不終，乃亂乃萃”也。前為二引，若二號之也，與二相得，附二萃五，“一握為笑”也。“勿恤往”，往於五也。初之萃四，似正而非正，改而附二萃五，似亂而非亂，其亂也，乃其所以正也，夫何咎？若二者，居中應五，又引衆萃五，中德不二，但知引而不知他，一孚之外無餘事也。彖言“大牲”，爻言“用禴”者，萃之時，天子之享親宜豐，臣子之享上宜誠，各有攸當也。六三欲萃上六，既“萃如”又“嗟如”者，蓋上六方“齎咨涕洟”不敢自安於上，苦欲萃五，而三又萃上六，必無利矣。惟往萃於五，庶無咎耳。小吝者，戒其往五而不果也。互巽為進，退上萃五，欲其

果於退三萃五，欲其果於進也。總之，上下五爻不論有應無應，皆萃於五，是謂萃於一，是謂萃之正。萃豈非天下最盛之事哉？雖然，萃可喜也，亦可憂也。蘓氏曰："五能萃二，四能萃初，近四而無應，則四能萃三，近五而無應，則五能萃上，此豈非交争之地哉？"《大象》"澤上於地，萃。君子以除戎器，戒不虞"，聖人之慮深矣！

䷭(巽下坤上)

地，至實者也，亦至虚者也，使地不至虚，木之生將壓遏而不得長，豈能拔出地上、干霄抉雲哉？惟君亦然。使君不能下士，則君門如天，草茅賤士無由上達矣。《升》卦六五居坤之中，以順為德，順故能虚，此五之貞也。五以貞為階，天下皆由階而升，"用見大人，勿恤"者，用此也。六五所以為大人也，五位西南，巽之至坤必歷南而後至，故曰"南征吉，志行也"。天下之志，行五之志乃大得，所謂有慶者，不獨二之有喜，若初之上合志，三之無所疑，四之順事，上之冥升，皆有慶也。《彖傳》雖舉九二剛中而應為釋，其實非九二一爻可專有也。初六允升，初為巽主，巽與坤順合志，其升自可信也。九二"孚乃利用禴"，二有中實之德，孚信於五，雖外飾之靡丈，去而不用可也。木至九三漸入坤體，虚而無礙，故謂之"升虚邑"。六四上由之以下達，下由之以上通，是為五汲引在下之賢人登於天子之廷者也。賢人進而治功成，王用此享於岐山矣，故曰"順事"也。上六居卦之上，木之升至此而極。凡木之升在春夏，人易見之，至於冬則不見其升，而實升而不息，故謂之"冥升"，謂之"不息之貞"。消不富者，以冬而言也。使賢人之升，至於不見而升，升而不息，豈非天下國家之大慶哉？

䷮(坎下兑上)

《困》卦《彖》曰："困，剛揜也。"剛，指二五剛中之剛，九四不預焉，二五之剛為初與三上所揜，又為九四所揜，故曰"剛揜"，而不曰"柔揜剛"。使二五止為初三上所揜，九四不預焉，何以不曰"柔揜剛"，而但曰"剛揜"哉？能辨九四亦為揜剛之人，而《困》卦之義明矣。九四"來徐徐"，凡自外而内者，謂之"來"，四之"來"，以就初也，"徐徐"者，隔於九二而不得速也，故曰"困於金車"。然四之志，豈須臾忘初者哉？初揜二者也，今四之志在下，不止欲助初揜二，且欲引初揜五矣，而謂四非揜剛之人哉？然四與二皆陽，二又承五，故又曰"雖不當位，有與也"。然則"吝有終"者，此望四自新之辭也。四互五三，有巽木象，初與四隔，故有"臀困於株木"象，四至二互離，初在下，有"入於幽谷"象，自初至四隔三爻，有"三歲不覿"象。此卦獨初與四應，凡卦以有應為吉，今四反累於初，小人之不可作緣如此。三與上不相應，據位本相應，兩柔又相應，今隔於五，五剛如石，三不能轉，下又承二，據二之蒺藜，三為其宫，上為其妻，"入於其宫，不見其妻"，凶何如之？三之不見妻，雖以隔於五故，亦以上之悔故，上為三所牽附，"困於葛藟"也。在卦之上，勢窮而危於鼿卼也。處勢如此，一動足輒危，故曰"動悔"，動悔者，不可征也。若能悔悟，則可以征而吉矣。此又望上自新之辭也。此四爻者，二五之剛所由揜也，豈知二五本剛中，非此四爻所能揜乎？不能困剛，徒以自困，小人何樂而為小人哉？若夫二與五眞可謂之大人，眞可謂之君子，故能在險而說，"困而不失其所"。所者何？貞也。貞也者，剛中之中也。此二五之安身立命處也，可以感人，可以格鬼神，可以無入而不自得，又何不亨之有乎？是故人以九二為困，不知酒食之慶在中，朱紱方來之慶在中，利用享祀之慶在中，雖征行非其時，故凶，而以九二處之，自無咎矣。九五者，居尊位者也，其時揜五者，非敵國外患，不過左右小人耳。天子於小人，怒則去之，小人既去，羣才效用，此"劓刖"之象也，"困於赤紱"之象也，朝廷之上以刑法為敺除，志之未得在此，然事平而朝廷宴然，亦在此矣。"乃徐有說"也，"利用享祀"意，與九二同，皆以剛中之誠心孚於鬼神故也。夫二與五，在險能說，"困而不失其所"，是說其所自有，何至以口舌求說，來"尚口乃窮"之誚乎？聖人愛君子，故用丁寧於不必丁寧之地也，此卦兼為小人謀，為小人亦所以為君子也，所以為天下也，聖人之為天下慮也，蓋詳《彖傳》。"困而不失其所"為句，或連下"亨"字讀，非。

《大象》曰："澤無水，困。君子以致命遂志。"夫"致命遂志"之人，何人哉？平日非志不在温飽、非犯顔敢諫、非以忠孝節義自期，待臨大節而不可奪者，能"致命遂志"，未之有也。無"致命遂志"之臣，則亦必無實心為國之臣，必無有事為國守土之臣，國家何利於此？故培養節義是為急務也。

䷯（巽下坎上）

井以養人，猶君子之德能養人也。初六之"井泥"，九二之"井谷"，二者皆無足取，其惟九三乎？三之"井渫"，即九五之"井洌寒泉"，蓋九五能使寒泉之見食於人，非九五自為寒泉也。當其不食則行人徒惻，一遇王明則並受其福，九五之中正，非明王乎？甚矣九五之重也。六四之"井甃"，此作人薦賢之臣也。上六之"井收勿幕"，此用賢之臣，不蔽賢之臣也。四止"無咎"，上且"元吉"者，蓋至上而寒泉之食，無人不被，井道於是大成矣。是六四不可無，上六尤不可無也。雖然薦賢者賞，蔽賢者戮，有王明之九五，何患無六四上六之臣哉？"王明並受其福"者，天下並受其福也。生於其時者，何其幸耶！

䷰（離下兑上）

國家一切改革，無不有天人在焉，非獨革命大事也。天運日變於上，人事日變於下，而天理人情必不可變，能以天理人情為念，此"革而當，其悔乃亡"之本也。是故革者，不得已而為之革也，不可革則不革。初九之"鞏用黄牛"也，既革不可再革。上六之"征凶，居貞吉"也，不可不革，不可妄革，其難其慎，則九五主革之君，二三四奉行之臣也。人知"君子豹變，小人革面"，革之利也，抑知順以從

君，由於“未占有孚”，為九五虎變之大人者，實未易與。合二三四爻象觀之，其辭兼勸與戒，無一非體“未占有孚”之義而為辭者也，即無一敢出於順天應人之外者也。世之因循規避而不敢革，與輕躁執拗而妄革，皆得罪《革》卦之君臣者也。

䷱（巽下離上）

《鼎》卦六爻，初六與九四相應，初在下為鼎趾，即四之所謂足也。當未烹之時，鼎顛其趾，出其否惡，未為悖理，蓋以小人畜小人，亦小人所以無咎也。九四不察，悞授之以重任，遂至“鼎折足，覆公餗”。九四之形容亦沾渥難澣矣。至此人不責初之不勝任也，而直責九四之不勝任，平時過信初六，今所信果如何哉？九二與六五相應，九二“鼎有實”，宜六五之趨就恐後也，反使二咨嗟於下，曰“我仇有疾，不我能即”，何故？豈非柔靡因循之過與？四亦非太柔不可輔者，故有“鼎黄耳”之象，但為上九“玉鉉”之臣為相，而二五相應之常可以不失矣。此五所以“利貞”而二所以得“吉”也。九三與上九本宜相應，以兩皆剛故不相應。三之有實與九二不殊，以上不汲引不得升於五前，故有“鼎耳革，其行塞，雉膏不食”之象。使上九變其金鉉為玉鉉，則剛柔相節而三庶乎鼎耳不革，其行不塞，雉膏見食矣。此又三之所以“方雨虧悔，終吉”也。夫鼎之烹也，以享上帝，以養聖賢，二與三是也。人欲勿用，天其舍諸？今二三之實，皆由上九見食於六五，是上九以薦賢，上當天心也，“大吉，無不利”，何疑之有？此卦之義在於大臣遠闒茸而舉賢人，繹六五金鉉之義則用大臣。以用天下之賢人，尤不可不加意也。

九二雖有“終無尤”之喜，猶未免有慎所之之戒，何也？賢人君子不見用於時，或為權門牢籠，因而失節，故丁寧戒之。宋楊時為蔡京所薦，前朝吴與弼為石亨所薦，至今猶有遺憾，况其他乎？

䷲（震下震上）

洊雷亦不必指非時之雷，如冬雷及無雲而雷之類。自二月發聲之後，八月收聲之前，凡雷皆雷也，人亦無聞雷霆而不懼者。當雷之時，妄念盡空，天良陡發，惜乎雷過之後，妄念又滋耳。若能時時恐懼，時時修省，所謂回天格天，孰加於此乎？

“震來虩虩，笑言啞啞”，文王用之繫卦，周公用之繫爻，“恐致福也”，“後有則也”。孔子用之釋彖，既又用之釋象，此四語蔽震卦可也，蔽全《易》亦可也。

䷳（艮下艮上）

彖辭“艮其背”，孔子釋之作“艮其止”。“艮其背”即“艮其止”之象，“艮其止”即“艮其背”之實義，“止其所”又“艮其止”之的訓也。背也，止也，所也，切實言之一理而已。“艮其止”者，止於理也。凡人不過一身，其與身接者，皆人也。不見理，但見人與身，則所以處身與人者失矣。不見身與人，但見理，則所以處身與人者得矣。故彖曰：“艮其背，不獲其身，行其庭，不見其人。”

艮，止也。此止非專屬止，非專屬静，行亦有止，止亦有止，行即是動，止即是静，行止動静，無不有理，止其所而時出之，故曰“時止則止，時行則行，動静不失其時，其道光明”。然則凝心無為、息緣住静虚寂之學，必非艮止之學明矣。

䷴（艮下巽上）

《彖傳》：“進得位，往有功也。進以正，可以正邦也。其位剛得中也。”數語明指九五，或曰天子不可以漸進言，夫由儲君而為天子，非漸而何？天子尚進以正、進以漸，天下何得倖進、躁進哉？使天下不倖進、不躁進，天子正邦之功莫大於此矣。卦辭取象於女歸，六爻皆取象於鴻，又取象於夫婦，鴻不再配，婦不二醮，君臣之義也。始進不正，其後未有能正者也。九五六二相應，君臣之正也。五“鴻漸於陵，婦三歲不孕”，二“鴻漸於磐，飲食衎衎”，五言其始也，二言其終也。雖終莫能勝而其始亦難矣，則以九三六四故也。三無應，離初二而耽四之邪配，是謂“夫征不復”。以私而孕，不敢舉焉，是謂“婦孕不育”。私而得位，盜思奪之，故結四相保，是謂“利用禦寇”。四亦無應，故三漸陸、四漸木，皆非鴻之本性也。四雖漸木，“或得其桷”，猶可苟安，四之順巽異於三之剛躁，故三不免“凶”，四猶“無咎”與？惟三四横據於朝，故五漸於高陵，未能遽遂下接六二之願，然五剛中得位，去此何難。此五所以終得其願，而二“不素飽”之臣終得見用也。初六“鴻漸於干”，新進小臣未遽獲上，履危蒙譏，誠所不免，故曰“小子厲，有言，無咎”。上九爵位不能縶之，如鴻之高飛雲路，清風峻節足以勵一時而師萬世，故曰“鴻漸於逵，其羽可用為儀”。此二爻亦無應者也。比之三四，則賢不賢相去遠矣。去倖進以清仕塗，拔孤寒以開賢路，奬山林以養廉恥，孰非九五之事哉？

䷵（兑下震上）

《歸妹》一卦，自卦辭論，無復吉理。自六爻論，人有貴賤，有賢否，其遇亦有幸不幸，妾媵之事略具矣。六五，妾媵之主也。“帝乙歸妹”，是其貴也；“其君之袂不如其娣之袂良”，是其能逮下也，又能不尚飾也；“月幾望”，是其德之盛也，又謙沖不敢盈也。然則六五以其中德之貴而行，不專恃其位矣。娣得此以為女君，何其幸哉！初九之為娣固也，九二何以云眇，則以跛眇相似也，跛故不敢正履，眇故不敢正視。初“征吉”，二“利幽人之貞”，質性固有小異，而以下承上之常，兩皆不失矣。惜古今女君不皆六五，而娣不皆初九九二也。六三為成卦之主，始亦欲待年而嫁，獲其良配，後則反歸以娣，豈非女德不正，人皆賤之？故與九四“歸妹愆期，遲歸有時”，亦女子有志者也。聞古之盛世，男女以正，婚姻以時，然則女之愆期必有任其責者矣。上六“女承筐，無實；士刲羊，無血；無攸利”，此非約婚而不終者也。愆期之女，鰥曠之士，不能具禮，簡略相從者也。或曰此卦自六爻而外通於公卿士庶，且妾媵小事耳，聖人何為娓娓不置？是未讀《歸妹》之《彖》者也。“歸妹，天地之大義也，天地不交而萬物不興。歸妹，人之終始也”，而可以為

小乎?

☳(離下震上)

天下之事,倚伏無常者也。《豐》,本以明以動,故《豐》。既《豐》,又以雷揜日之故,於是《豐》之名雖是也,而《豐》之實改為"豐其蔀""豐其沛""豐其屋"矣。《豐》至是疑無"亨"理。然本以明以動,故《豐》茍循其本,仍以明以動救其弊,何難於亨哉?"王假之,勿憂,宜日中",所以救《豐》之後也。豐,大也。日中之日,徧照天下,此之謂大也。天下無常中之日,而君心有常中之日,日之象雖屬於五,而五之明實取於離。日不至於昃,君不厭其臣,天下所以常豐也。"日中則昃,月盈則食,天地盈虛,與時消息",况於人與鬼神乎?此言豐之不可恃也,或恃豐為可常,或謂一豐之後不可再振者,皆非也。

五"來章",二"有孚發若",則二之"豐其蔀,日中見斗,往得疑疾",自可免矣。四在五下,故"豐其蔀,日中見斗",與二不殊。而其遇主不同,一心以佐五,而五之"來章"已得二,又得初與四。雷不蔽日,豐蔀盡撤,下明上動,頓還舊觀,豈非快事哉?惟上六陰柔在上,此重五之暗者也。三不幸與之應,所謂"豐其沛,日中見沬",暗不在五而在上矣。有臣如此,而望與之竭力悟主,行莫大之事哉?惟以權自廢,"折其右肱"而已。上位窮而富溢,豐大其屋,翔於天際,然"闚其户,闃其無人",蓋九三既折肱,則上門雖如市,謂之"無人"可也,"豐其屋"適所以自蔽,古來為臣如上,誰能幸免也?

☲(艮下離上)

旅者,外往而違其家者也。士庶賈賤之常,而尊貴者之變也。如晉重耳,備四爻之義焉。吕郤之難,豈非射雉一夫亡乎?明年,襄王入於王城,王饗醴,命之宥,又二年,獻楚俘於王,王饗醴,命晉侯宥,王命尹氏及王子虎、内史叔興父,策命晉侯為侯伯,豈非"終以譽命"乎?處狄十二年,及齊,齊桓公妻之,有馬二十乘,有狐趙諸臣從之,豈非"旅即次,懷其資,得童僕,貞"乎?處齊,公子安之,姜氏曰:"行也。懷與安,實敗名。"姜與子犯謀,醉而遣之,醒以戈逐子犯,然公子遂行矣,豈非"旅於處,得其資斧,我心不快"乎?其過衛也,衛文公不禮之,乞食於壄人,壄人與之塊,似乎"旅瑣瑣"。夫"瑣兮尾兮,流離之子",黎臣所以歎也,而不可論晉公子。子犯曰:"天賜也。"稽首受而載之,旅雖窮而其君若臣之志不窮,志不窮,旅之窮何足為災乎?此卦最惡者,上九,而九三次之,三過剛,故有焚次喪僕之事。大約旅之時,瑣瑣固難,過剛則人不附,人去則瑣瑣益甚矣。至於上九,焚巢之害視焚次又甚矣,旅非笑時也。而先笑,號咷在其後矣。牛既喪矣,終莫之聞矣,是為最凶者也,可不戒哉?

☴(巽下巽上)

風者,天之號令。巽為風,故為命令,兩巽相隨,故為申命,法教百端,令行為上，故曰行事，此九五大人之事也。五居巽中，以中行命，命無不正，所謂"剛巽乎中正而志行"者也。命既正矣，則"吉"由之，"悔亡"由之，上下"無不利"由之矣。"無初有終"，初未得不令而從，終則無令而不從也。庚者，十甲過中，事之當更者也，更事故申命也。或曰甲主仁，庚主義。甲，寬令也。庚，嚴令也。然巽者入也，重巽所以入，人非可以嚴厲言也。

小者，初與四兩柔也。柔皆順乎剛，剛則單指九五，九五居尊位，故柔皆"利有攸往，利見大人"。雖九二之剛，亦不過下引初六使上順九五耳，不敢當大人也。

初以順五為貞，進退多疑則失貞，故"利武人之貞"。武人者，果決無疑者也。四決志順五，無進退之悔，可以稱武夫矣。倡初順五，故曰"田獲三品"，初巽下為品，與四隔三爻，為三品也。田而獲，亦武夫之事也。四不止有功於初，豈非五之功臣哉？

二與四皆互兑口，五之申命行事必藉二四，四稱"武夫"，二稱"史巫"，亦互辭也。蓋所以使初無疑而事五者，亦辭命之力也。"巽在牀下"，所以事五也。"用史巫紛若"，所以申五之命也。然則二之有功同於四也。

九三居下巽之終，"頻巽"，猶初之"進退"也。始而志疑，終而志窮，吝何能免哉？

上九居上巽之終，過於巽而不能斷，是為"喪斧"，不得以武夫之貞自解矣。又曰喪資何居？此老而患失，足恭無耻者也。意保富貴，富貴未必能保，故曰"巽在牀下"，上窮也。"喪其資斧"，正乎凶也。正乎凶也，或作兩句讀是也。言爾以為正乎，吾但見其凶而不見其正也。"巽在牀下"，與九二同，亦所謂吉凶不嫌同辭。

䷹(兑下兑上)

兑，說也，順天應人，使民忘勞忘死，皆由於說，說豈有不亨者哉？然亦有不可亨者，說之失正也，故又利於貞焉。何以為貞？剛中而柔外是也。剛中則不暱，柔外則不暴，不暱不暴，說之正也，亨之道也。九五以剛居中，所謂當位之大君也。例應云"孚於兑"，嫌同於二，變文曰"孚於剥"，此聖人特筆也，蓋說我者，剥我者也。既剥矣，何以又孚？蓋知我之志，本無他也。然"孚於剥"，則自應"有厲"，惟能"有厲"，而厲自然無矣，此五之貞，五之所以說也。初之"和兑"者，我無爾虐，爾無我疑也。二之"孚兑"者，我無爾詐，爾無我虞也。四下乘六三，與上六同體，若商略所以說乎兩柔者，則徒傍徨不寧無為也，惟介然疾之，使兩柔皆不能涉入，則可以有喜矣。此三爻者，其道不同，亦皆說之，能利貞者也。至於六三上六，一來一引，正兑之小人以妄說為性，而君子不可妄說之者也。六三言凶，上六不言凶者，上之凶可例三而知也。大約說卦以利貞為主，"說以利貞，是以順乎天而應乎人，説以先民，民忘其勞，説以犯難，民忘其死”，苟不能説民而小人是説，一旦有事，誰為我勞，誰為我死，小人且掉臂逝矣，戒之哉！

䷺（坎下巽上）

此卦五為主涣之君，二四為治涣之臣。剛來而不窮，二也。柔得位乎外而上同，四也。“王假有廟”，王乃在中，五爻所謂王居也。“利涉大川”，乘木有功，五乘四木，以濟坎水也。利貞者，王以居為貞也，所謂正位也，有五之君，有二四之臣，而初六六三上九，無不附於二四，協志佐五，一時君臣如此，涣之所以亨也。夫涣非幸事也，普天之下，誰非臣子？初六之柔，藉二互震之壯馬以拯王室之難，豈非順哉？四為木為机，初用二馬，二奔四机，得四而二亨，涣之願得矣。六三涣其躬者，以有涣在，不敢不散其私也。志在外者，志在四也。夫初二三皆歸於四，四不敢有，以歸於五，可謂“涣其羣”矣。大臣而無朋黨之私，可謂光大矣。人惡涣，故喜羣。四“涣其羣”，功乃在五，所謂“涣有丘”也，此非常人心思所及也。蓋涣之時，丘為衆之所止，五當互艮之山，故象丘也。九五“涣汗其大號”，巽之申命行事也。“涣王居”者，王居而不動，所以守宗廟社稷也。“涣汗其大號”，“涣王居”，皆涣字。一讀言涣時宜汗其大號，涣時王宜居守也，故象曰“王居無咎”。或以王居為王之居，積連涣字為句，以散財釋之，誤矣。此卦以汗大號涣王居，為涣之實事，與餘象不同。若夫上九之“涣其血”者，上與三應，三“涣其躬”，上安得不涣其血？故上亦涣之功臣也，去而遠出者何？蓋功成身退，知幾之士也。故爻以“無咎”許之，象以遠害明之。

史言：唐德宗時，奉天所下詔書，雖狂將悍卒聞之，莫不感激。又言山東宣布赦書，士卒皆感泣。又李晟上行在露布，曰：“臣已肅清宫禁，祗謁寢園，鐘簴不移，廟貌如故。”“涣汗其大號”，“涣王居”，二者為涣之實事，此可以見矣。

䷻（兑下坎上）

《節》卦斷以節財，言“天地節而四時成，節以制度，不傷財不害民”。反而言之，不節以制度，則傷財害民矣。節豈小事哉？此卦分坤之一柔，居下卦之上，為兑六三也；分乾之一剛，居上卦之中，為坎九五也。兑為説，坎為險，説以行險者，六三也。當位以節，中正以通者，九五也。“苦節不可貞”，則上六也。以六爻細言之，初九在下，知通財之權在五，塞財之權在二，不敢前侵二事，為“不出户庭”，户奇，九二之象也。二坐視三之不節而不能塞，為“不出門庭”，門偶，六三之象也。夫節財者，當於有財之時，失其時，何嗟及矣？二之凶，宜也。若六三“不節若，則嗟若”，又三之自取也，咎將歸誰？多費以快意而不知窮在其中，説以行險，非六三而何？九五當位以節，中正以通，節而通故不窮，不窮故“往有尚”。“甘節”之“吉”，所以在五也。六四亨“安節”之“亨”，亦以承五之道故也。六三不節，蔓延於上，然凶而猶謂之貞，猶得悔亡者，罪不在上也。嗚呼！財者，天下大事也。九二，大臣也，不知錢穀，託言非其職，過矣。至於制度數議德行，國家之大政所係於財者至重也，明職掌，禁侈用，制度數以革僭分，議德行以勸儉約，天下未有不家給人足者也。有中正以通之德，其行此固易易也。

䷼(兑下巽上)

卦名中孚，中者，二五"剛得中"也。若三四則"柔在内"，何得以内冒中哉？舊有中虛中實之説，中實是也，中虛非也。二五成卦之主，凡卦之義皆可取用。五君二臣，二臣臣説君巽，故曰"説而巽，孚乃化邦也"，信可以感天地動鬼神，凡有血氣，無不可感，故曰"豚魚吉，信及豚魚也"。巽為木為風，互震之動。風行木動，舟象也。三四兩陰，舟虛象也，君臣交孚，何事不可行？風順舟駛，無以逾也，故曰"利涉大川，乘木舟虛也"。三索得女而成兑，一索得女而成巽，遡其本則乾也，乾為天，剛健中正莫過乎天，二五有焉，孚之所以為孚者，此也。故曰"中孚以利貞，乃應乎天也"。至六爻之義，亦惟二五為中孚，與卦義同，其餘不中則不孚矣。

九五為君之孚臣，其辭易知。九二取象於鶴者，鶴水鳥，又秋禽。九二兑體，故象之。又君主日，陽也，臣主夜，陰也，鶴在陰，亦二之象也。又夜半陽生，鶴知夜半陰應陽之象也。鳴和兑，口之象也。曰我曰爾，即其鳴和之辭也。爵禄曰爵，鳥爵曰爵，鳳皇亦曰爵，鳳鳴節節足足，故飲器象之，亦曰爵，然則爵之稱亦多矣。"我有好爵"，其指鳳乎？鳳生東方君子之國，羽蟲三百六十，鳳為之長。九五居巽乘震，象之宜也，曰"我有"，曰"吾與爾靡"，皆據二言之，此臣樂得君，彼此告語之辭也。或以"子和"指五，非也，以子目五，失尊卑大小之序，於理為悖，且鶴屬兑體，子又屬巽體，一物而兩取象，其義紊矣。

又以《繫辭傳》參之。"君子居其室，出其言善，則千里之外應之，況其邇者乎？出其言不善，則千里之外違之，況其邇者乎？"遠邇相關如此，邇可忽與？母子，室中之至邇者也。鶴鳴子和，邇先應也。此又欲獲君先信友之説也。初九"虞吉"者，虞度六四之"有它"，其心不敢安也。虞於"志未變"之先，故吉。志既變，而後悔之晚矣。六四捨初附五，絶類而上附五，不失臣道，"月幾望"之象，絶類不繫私交，"馬匹亡"之象，此捨私狥公善補過者也。然反覆賣友之譏，亦難免矣。其鄙寄之流，與三與上應而不應，故辭曰"得敵，或鼓或罷"，先信而後疑也。"或泣或歌"，既疑而又信也。總之，疑而不定者也。上九"翰音登於天"，音無翼而飛，故曰"翰音登於天"者，在卦之上，居巽之極，言猶飄風不可捉執，然上既不信矣，其誰信之？故曰"何可長也"。

獲君信友，於九五九二見之，友之不相信，於初四三上見之，古今未有上下相疑而可有為者，《中孚》一卦於君臣朋友之際言之備矣。

☶☳(艮下震上)

大為陽,小為陰,卦有四陰,二五又居中得位,小者既過,大者何以亨哉?小者過而大者亨,亦必有道矣,則貞是也。處《小過》之時,行《小過》之事,所謂"過以利貞,與時行也","可小事不可大事"是也。此又為君子小人之互辭。"柔得中",是以小事吉則大事必不吉,剛失位而不中,既不可大事則但可小事矣。此卦本教君子之行小事,辟如"飛鳥遺之音,不宜上宜下",上逆而下順,上則大事也,下則小事也,君子知此則自然無違時而行之禍,故曰"大吉"。大吉者,君子之大者吉也。《繫辭》之聖人意為君子,然所以示小人者,亦在其中矣。

九三"弗過防之",弗過一句,防之一句,時既不能過小人,而外示防小人之形,"從或戕之"之凶其能免乎?此憂九三過剛危之之辭也。九四"弗過遇之","弗過"一句,"遇之"一句,時既不能過小人而能善遇小人,此九四之利貞也,故即予其"無咎"。然遇小人譬如養虎,故戒之以"往厲必戒"。遇亦一時之權,常以是為貞。反至失身而不貞,故又教之以"勿用永貞"。此三四兩爻之下而不上,可小事不可大事,所以亨,所以大吉也。

六二陰過於陽,故為"過其祖","過其君",以陰居陰,故為"遇其妣","遇其臣"。此又六二之能下也。然二本過其君,聖人曰"不及其君",何哉?臣不可過,《象》釋之明矣。天王狩於河陽,公孫干郲,其書法同,孰謂《易》中無《春秋》哉?六五"密雲不雨,自我西郊",又曰"公弋取彼在穴",皆有陰不敢行陽事之象,此六五之下也。然其德則六,其位則五,與二少殊,雖不雨,雲已上升,故《象》曰"已上也"。五,君位也,不曰王曰公,亦書法也。

初六"飛鳥以凶",此初之不下而上也。惟其為飛鳥,所以致凶也。"不可如何","自作孽,不可活"之謂,為初歎息而言之也。上六"弗遇過之",亦作兩句讀,言上六不肯以禮遇陽,而務欲以力勝之也,此上六之上而不下也。飛鳥離之上,與初為飛鳥同,故罹禍亦與初同也。曰"凶"曰"是謂災眚",辭繁而不殺,聖人為上歎息,亦同於初矣。

☵☲(離下坎上)

《既濟》之世,侈大之志易生,能收斂而不至侈大,則既濟可以常保,故卦辭曰"既濟,亨小",而釋之曰"既濟,亨小"者,亨也,剛柔正而位當,似槩指六爻而意在九五。九五為《既濟》之主,其禴祭也,非薄於鬼神也,此九五之能小也。

後世有數十年不親郊祀者,反之則東封西祀,以明得意,以祈福祐,馴至民窮財匱,何如以時禴祭者,實受其福哉?舉祭祀一端,他可推矣。先天離東坎西,九五位居坎中,故為西鄰。所云東鄰西鄰殺牛禴祭者,一奢一儉,相形之辭,而非以六二為東鄰也。六二"柔得中",卦辭所謂"初吉"者,"喪其茀"而不行,俟其得而不逐,真與民休息,安静無事,太平之良臣也。初九"曳其輪,濡其尾",畏輕舉而致禍也。六四“繻有衣袽，終日戒”，能預備而戒懼也。若初與四亦皆能小之賢臣也。天下已安，小人生事，多開邊釁，以徼功名，故聖人繫九三曰“高宗伐鬼方，三年克之”，又丁寧之曰“小人勿用”，其意深矣。夫以高宗之賢，當全盛之世，其伐鬼方，猶以三年，師老民困，其憊可知，可不戒哉！上六與九三相應，小人彼此附和，喜於生事者也，冒險而進，卒止於險，而不得出濡首之厲，實自取之，亦小人所當戒也。雖然，《既濟》有九五之君，有六二之臣，自然無九三上六之小人矣。

䷿（坎下離上）

《既濟》之世，不可用兵，《未濟》之世，兵不得不用，然亦不得輕用，必上有聖主，下有賢將相而後可。今觀六五，以文明居上，以有孚應下，九二能持重於内，九四能臨事而懼，“震用伐鬼方”於外，五非嗜殺之主，二非貪功之相，四非輕敵之將，宜其皆得貞吉也。是知《未濟》之兵出於不得已者也。《未濟》之亨不以是哉？不獨此三爻也，聖人於初與三上，皆有戒辭焉。初六“濡其尾吝”，《象》曰“亦不知極也”，與《彖傳》所云“未出中”者，其意相合。《未濟》之時，特嫌其濟而不知極，非謂其不宜濟也。六三曰“未濟，征凶”，又曰“利涉大川”，意亦同初六，一戒之，一勸之，亦以《未濟》之時不可不求濟也。上九“有孚於飲酒”，剛而能和，以和乎衆，所以“無咎”。然雖居卦終，猶在《未濟》，和而不節，過親小人，恐禍有出於意外者。“濡其首，有孚失是”，聖人所以又申戒於上也。總之，不論《既濟》《未濟》，聖人皆以用兵為不得已之事，皆以小心敬慎為訓，天運固有循環，亦人事得失所致也。合二卦為一卦讀之，常存思患豫防之心焉，天下其常濟乎？

［（清）陳廷敬《午亭文編》卷二十五、卷二十六、卷二十七　1316—372—25］

講筵奏對録（有序）

（清）陳廷敬

（臣）廷敬伏惟聖主以天縱生知，好學不倦。（臣）叨侍講筵多歷年，所仰聆天語，闡明經義，契往聖之心傳，實前王所未有，盛德日新，光輝宣著，是以措天下於隆平，開萬年之景運，文謨武烈，史不勝書，皇哉！唐哉！至矣！盡矣！（臣）自惟愚陋，莫贊高深，每當玉音下詢，獲申奏對，因而講義之外，薄有敷陳，玆謹輯録數條，仰紀聖學之崇宏，俯志（微臣）之遭遇，名曰《講筵奏對録》。（臣）不任慶幸，悚慄之至。

戊午九月五日，（臣）廷敬進講“啓乃心，沃朕心，若藥弗瞑眩”一節，“惟暨乃僚”一節，“嗚呼！欽予時命”一節，上曰：“朕觀高宗命傅說，諄諄以納誨輔德為言，可見自古君臣一德一心，至誠孚感。為上者，實心聽納以收明目達聰之益，為

臣者，實心獻替以盡責難陳善之忠，然後主德進於光大，化理躋於隆平。後世君臣之間，徒為虛文，中鮮實意，治不逮古，職此故耳。"廷敬奏言："有高宗之為君，所以有傅說之為臣，皇上此言誠社稷萬年之大慶也。"

壬戌某月某日，進講"晉康侯用錫馬蕃庶，晝日三接"，奏對言："人臣盡忠事主，豈得以希榮干寵為心？人君以禮使臣，固必有報德酬功之典。"

日講："六二，晉如愁如，貞吉。受兹介福，於其王母。《象》曰：'受兹介福，以中正也。'"奏對言："守正不阿，君子立身之大防，依違干進，小人求容之私計，以六二之賢而有愁如之象，蓋賢者事君以得時行道為念，非為一己之榮辱進退而然也，故爻曰'貞吉'，《象》曰'中正'，於此而察人才之邪正，審心術之公私，俾為臣有喜起之風而無愁如之意，此實治道污隆之所繫也。又云'受兹介福'，此蓋論其理耳，亦有懷才抱德而沉於下僚，亦有才微德薄而竊據高位，此理之所不必然而事之所常有者，故六二之'介福'，聖人所以深慶之也。"

日講："六五，悔亡，失得勿恤，往吉無不利。《象》曰：'失得勿恤，往有慶也。'"奏對云："昔者帝堯之時，擊壤之歌曰：'帝力何有於我哉！'康衢之謡曰：'不識不知，順帝之則。'而孟子論王道亦曰'民日遷善而不知為之者'，此見帝王天覆地載之量，無一毫計功謀利之私。六五'失得勿恤'，深合此意，所以'吉無不利'，往而有慶也。"

五月初九日講："初九，明夷於飛，垂其翼，君子於行，三日不食，有攸往，主人有言。《象》曰：'君子於行，義不食也。'"奏對言："《傳》曰：'枉己者，未有能正人者也。'古之人所以嚴於去就之義者，非愛其身，正愛其道耳。故士君子必有難進易退之節，而後有匡王定國之勳，此《明夷》之君子，所以守不食之義也。"又奏對言："薛方，王莽時人，莽以安車迎方，方謝曰：'堯舜在上，下有巢由，今明主方隆唐虞之德，小臣欲守巢由之節。'莽悦其言，遂不强致。故曰薛方保身而自全。揚雄為莽大夫，莽惡劉棻等符命之説，置於法。棻嘗從揚雄學作奇字，治獄使者欲收雄，時校書天禄閣，恐不免，乃從閣上自投下，故曰揚雄投閣而不免也。士君子觀薛方揚雄之事，可以得處明夷之道矣。"

初十日講："六四，入於左腹，獲明夷之心，於出門庭。《象》曰：'入於左腹，獲心意也。'"奏對言："此一爻商之微子當之，其在《書》曰'吾家耄遜於荒'，又曰'王子弗出，我乃顛隮'，其後微子抱祭器歸周，以存商祀，正得此爻之意。"

十一日講："箕子之明夷，利貞。《象》曰：'箕子之貞，明不可息也。'"奏對言："殷有三仁，微子之去利而不貞，比干貞而不利，惟箕子之所為，利也貞也。故《象傳》曰：'箕子以之。'爻辭曰：'箕子之明夷。'所以表忠良之隱，原臣子之心，而聖人繫《易》之旨深矣。"

十七日講："《象》曰：'風自火出，家人。君子以言有物而行有恒。'"奏對言：

“帝王以天下為家,一言之微,有前後左右之竊聽,一行之細,為子孫臣庶之隱憂,是以聖帝明王必慎乎此。”

十八日講:“家人嗃嗃,悔厲吉;婦子嘻嘻,終吝。《象》曰:‘家人嗃嗃,未失也;婦子嘻嘻,失家節也。’”奏對言:“齊家治世,莫善於禮,禮本天下之至嚴,用之各得其分,則至和。故齊家者,與其過於和,寧過於嚴,與其過於嚴,寧準於禮,準乎禮則無過嚴之失,而有至和之美矣。”

二十二日講:“睽,小事吉。”奏對言:“《睽》之時,可小事而不可大事矣。至於世道休明之日,人心聯合之時,正當大有為之際,必有紀綱宏遠之規模,為社稷靈長之大計,慮萬年毋狃於旦夕,成大事毋見於小利,此又憂盛危明、防於未睽之道也。”

二十四日講:“九二,遇主於巷,無咎。《象》曰:‘遇主於巷,未失道也。’”奏對言:“人臣當進以禮,退以義,平居有難進易退之節,則臨事有尊主庇民之功。蓋士人一身之進退,為禮義廉耻之所關,即為世道人心之所繫,故必合於道而後可。然此在平日以禮義廉耻養之,然後人以禮義廉耻自處,格人心而正風俗,此尤為要務也。”

二十六日講:“六三,見輿曳,其牛掣,其人天且劓,無初有終。《象》曰:‘見輿曳,位不當也。無初有終,遇剛也。’”奏對言:“‘無初有終’,聖人亦論其理當如此。蓋論其理,邪固不能勝正,而歷觀古來邪正之際,正實往往不能勝邪。惟聖人在上,能使君子道長,小人道消,斯可以決其理之不爽耳。”

二十八日講:“睽孤,見豕負塗,載鬼一車,先張之弧,後説之弧,匪寇,婚媾,往遇雨則吉。《象》曰:‘遇雨之吉,羣疑亡也。’”論君臣道合。奏對言:“上有堯舜之君,下有皋陶稷契之臣,明良喜起,都俞吁咈於一堂之上。後世如唐之太宗致治幾於三代之隆,亦必魏徵房杜之為其臣,故能成貞觀極盛之治,此可謂君臣道合,一德交孚也。”

二十九日講:“蹇,利西南,不利東北。利見大人,貞吉。”奏對言:“‘利西南,不利東北’,言濟蹇之道,貴得地利也。昔漢昭烈有撥亂之志,諸葛亮有王佐之才,然而困於西蜀一隅者,以不得地利也。‘利見大人’言濟《蹇》之道,貴得其人也。昔張子房之從漢高,馬援之歸光武,可謂得其人矣。‘貞吉’言濟《蹇》之道,貴得其正也。三代以後,有濟世安民之功,如唐之太宗、宋之藝祖,亦可謂得‘貞吉’之意者矣。”

八月十八日講:“初六,無咎。《象》曰:‘剛柔之際,義無咎也。’”奏對言:“此一爻專主臣道言。蓋以柔在下,則有小心恭順之誠;而上應乎剛,則有擔當任事之力,此皆無咎之道。然《解》卦諸爻皆以解小人為義,大抵《易》之一書扶陽抑陰、進君子退小人之意為多,不獨《解》卦諸爻為然,此所以有資於治道也。”

十九日講："田獲三狐，得黄矢，貞吉。《象》曰：'九二貞吉，得中道也。'"奏對言："《解》，小人所以杜惑上殘民之禍者也。從來上之德意不能下究，民之疾苦不能上聞者，皆小人為之壅蔽於其間也。故貴解而去之，小人之害有不可勝言者。蓋小人未得志之時，必工為諂媚之術，既得志之後，則肆其險毒之奸，是以斷然必解而去之也。"

二十三日講："君子維有解，吉。有孚於小人。《象》曰：'君子有解，小人退也。'"上問君子小人。奏對言："小人患得患失，無所不至，其貪位固寵之術有如物之固結而不可解。聖人特筆書之曰'君子維有解'，蓋言斷然解去之，不使其為國家之患也。"又講"義有郭之所以危"句，奏對言："昔齊桓公至於郭國，問郭之父老曰：'郭何以危？'父老對曰：'郭公善善而惡惡。'桓公曰：'善善而惡惡，是賢君也。郭何以危？'父老對曰：'善善而不能用，惡惡而不能去，郭之所以危也。'觀於此，可不戒與？"

二十六日講："上六，公用射隼於高墉之上，獲之，無不利。《象》曰：'公用射隼，以解悖也。'"奏對言："隼以象其凶惡，高墉以象其權勢，小人而乘權藉勢，乃刑法之所必加也，故不曰解而直曰射，此所以嚴小人之誅也。上爻在大臣之位，大臣以天下為心，無一己之私好私惡，然後有天下之公是公非，是非明而後國是定，國是定而後人心正，治道成。"

九月初七日講："《象》曰：'山下有澤，《損》。君子以懲忿窒欲。'"奏對言："人心本然之善，原與太虛同體，太虛中無一物，吾心中亦無一物，所以聖賢格物之功正以求復其無物之體，故損之又損，以至於無，乃見此心本然之善，而其所最當損者，莫過於忿慾兩端，懲之窒之，則凡類於忿欲者，可以不勞而克治之矣。"

九日講："六三，三人行則損一人，一人行則得其友。《象》曰：'一人行，三則疑也。'"論朋黨，奏對言："君子以同道為朋，小人以同利為黨，苟不辨其邪正，而惟以其同則指為朋黨，不免有黨同伐異之患。歐陽修《朋黨論》，正是此意。"

二十一日講："六五，或益之十朋之龜，弗克違。元吉。《象》曰：'六五之吉，自上祐也。'"論楚人以二臣之賢珍於白珩，齊王以四子之功美於照乘。奏對言："昔楚之王孫圉聘於晉。趙簡子問曰：'楚之白珩猶在乎？'王孫圉對曰：'楚未嘗以此為寶，楚之所寶者，觀射父能作訓辭，以行事於諸侯，又有左史倚相，能道訓典，以朝夕獻善敗於寡君。'此楚不以白珩為寶而以善人為寶也。昔齊威王、魏惠王會田於郊，惠王以徑寸之珠照車前後各十二乘者，誇於威王。威王曰：'寡人之所以為寶者與王異。吾臣有檀子者，使守南城；有朌子者，使守高唐；有黔夫者，使守徐州；有種首者，使備盜賊。此四臣者，將照千里，豈特十二乘哉？'惠王有慙色。此齊以四子之功勝於照乘之珠也。"

二十三日講："《象》曰：'損上益下，民說無疆。自上下下，其道大光。利有攸往，中正有慶。利涉大川，木道乃行。'"奏對言："'損上益下'之主，以至誠惻怛之心為愛養斯民之政，初不計民之為我用也，而當此之時，動罔不臧，故彖辭曰'利有攸往''利涉大川'。《象》曰'損上益下，民說無疆'，可見損上者，正所以益上也。有子嘗言：'百姓足，君孰與不足？百姓不足，君孰與足？'《大學》言：'與其有聚斂之臣，寧有盜臣。'如裴延齡、桑弘羊輩，皆以言利固寵一時，貽譏後世，此又可以為龜鑑也。"

日講："六四，中行告公，從利用為依遷國。《象》曰：'告公從，以益志也。'"奏對言："舉天下之大事，在於得天下之民心，而所以得民心之道，惟在聖君賢臣朝夕講求以實心行實政，非一切權宜之計所可幾也。如漢文帝之止輦受言，唐太宗之虛懷納諫，所謂諫行言聽，膏澤下於民，正此爻之義也。"

十八日講："上九，莫益之，或擊之，立心勿恒，凶。《象》曰：'莫益之，偏辭也。或擊之，自外來也。'"奏對言："聖人最惡言利之臣，至比之為盜臣之不如。昔周厲王以榮夷公為卿士，榮夷公言利之臣也，芮良夫諫之以為不可用，其後厲王卒用榮夷公為卿士，諸侯自是不享，則芮良夫之言驗矣。"又講："夬，揚於王庭，孚號有厲，告自邑，不利即戎，利有攸往。"奏對言："君子光明磊落，即有過失，人所易見。小人巧佞回邪，患得患失，凡所以貪位固寵者，無所不至，又能形人之短，見己之長，能使人主信任而不疑，故得專權而肆其惡。昔唐德宗謂李泌曰：'盧杞清忠彊介，人言其奸邪，朕初不覺。'泌對曰：'此乃杞之所以為奸邪也。使陛下覺之，豈有建中之亂乎？'泌之所言，正有合於知人其難之義。"

十一月十四日講："《彖》曰：'夬，決也。剛決柔也。健而說，決而和，揚於王庭，柔乘五剛也。孚號有厲，其危乃光也。告自邑，不利即戎，所尚乃窮也。利有攸往，剛長乃終也。'"奏對言："大抵《易》言君子小人之際，未嘗不委曲詳盡。而於君子所以決去小人之道，又未嘗不反復丁寧，雖以五陽之盛決一陰之微，而諄諄告戒如此，可見小人之難去而君子往往不能勝之也。"

十六日講："九二，惕號，莫夜有戎，勿恤。《象》曰：'有戎勿恤，得中道也。'"奏對言："小人讒害君子，不在於大庭廣衆之際，而在於燕閒私語之時，使人主聽受其言而不覺，故聖人比之為莫夜之戎。惟聖明之主嚴絶其端，則可以無此患矣。故曰'所言公，公言之；所言私，王者無私。'"

二十七日講："上六，無號，終有凶。《象》曰：'無號之凶，終不可長也。'"上顧廷敬曰："君子得志，尚能容小人，小人得志，必不能容君子。"對曰："誠如聖言，此古今同慨。惟聖明在上，有以察之。"

［（清）陳廷敬《午亭文編》卷二十九　1316—431—29］

周易原象贊(朱子作)

(清)李光地

太乙肇判,陰降陽升。陽一以施,陰兩而承。惟皇昊羲,仰觀俯察。竒耦既陳,兩儀斯設。既榦乃支,一各生兩。陰陽交錯,以立四象。竒加以竒,曰陽之陽。奇而加耦,陽陰以章。耦而加竒,陰内陽外。耦復加耦,陰與陰會。兩一既分,一復生兩。三才在目,八卦指掌。奇奇而奇,初一曰乾。奇奇而耦,兑次二焉。奇耦而奇,次三曰離。奇耦而耦,四震以隨。耦奇而奇,巽居次五。耦奇而耦,坎六斯睹。耦耦而奇,艮居次七。耦耦而耦,八坤以畢。初畫為儀,中畫為象。上畫卦明,人文斯朗。因而重之,一貞八悔。六十四卦,由内達外。交易為體,往此來彼。變易為用,時静而動。降帝而王,傳夏歷商。有占無文,民用弗彰。文王繫《彖》,周公繫爻。視此八卦,二純六交。乃乾斯父,乃坤斯母。震坎艮男,巽離兑女。離南坎北,震東兑西。乾坤艮巽,位以四維。建官立師,命曰《周易》。孔聖傳之,是為“十翼”。遭秦弗燼,及宋而明。邵傳羲畫,程演周經。象陳數列,言盡理得。彌億萬年,永著常式。

首所序者,即邵《易》先天生卦法也。康節以前未有為此説者,率以為聖人畫卦先定乾坤而復使之交錯而成六子,一每生二之秘,葢千載未發也。然其説具於夫子《繫辭傳》顧不察耳。其分出震以下之位為文王之學,尤極有理,深於《周易》者當自知之。朱子此贊盡其説,而邵傳羲畫,葢信之確也。

[(清)李光地《榕村集》卷九　1324—663—9]

述旨贊(朱子作)

(清)李光地

昔在上古,世質民淳。是非莫别,利害不分。風氣既開,乃生聖人。聰明睿智,出類超羣。仰觀俯察,始畫奇耦。教之卜筮,以斷可否。作為君師,開鑿户牖。民用不迷,以有常守。降及中古,世變風移。淳澆質喪,民僞日滋。穆穆文王,身蒙大難。安土樂天,惟世之患。乃本卦義,繫此《彖》辭。爰及周公,六爻是資。因事設教,丁寧詳密。必中必正,乃亨乃吉。語子惟孝,語臣則忠。鈎深闡微,如日之中。曁乎末流,淫於術數。僂句成欺,黄裳亦誤。大哉孔子,晚好是書。韋編既絶,八索以袪。乃作《彖》《象》,“十翼”之篇。專用義理,發揮經言。居省象辭,動察變占。存亡進退,陟降飛潛。曰毫曰釐,匪差匪謬。加我數年,庶無大咎。恭惟三古，四聖一心。垂象炳明，千載是臨。惟是學者，不本其初。文辭象數，或肆或拘。嗟予小子，既微且陋。鑽仰没身，奚測奚究。匪譬滋荒，匪誠滋漏。維用存疑，敢曰承後。

此贊極其精粹，不可不深思潛玩。漢以來説《易》者，直以聖人作《易》，特為道陰陽消長，洩造化之妙耳。雖知其資於卜筮，然不以為本指也。至朱子始以伏羲作《易》，正為卜筮而設，其時風氣未開，民俗淳質，未知趨避吉凶，則第使之知所趨避而已。暨乎中古，淳質漓而詐偽滋，趨避益巧，但知有吉凶而不知有義理，則失伏羲教人之本意。故文王周公作彖繫爻示人，以中正仁義之歸，故曰其衰世之意耶？蓋因俗化之衰而彌縫之，使其淳也。然文周之藴，莫之能發，是以《易》象雖存而大義乖，仍浸淫於術數，孔子於是推極文周繫辭之至隱，發揮道德性命於"十翼"之中，然後知《易》果非占卜之小數而義理之微言也。由此言之，伏羲教人趨吉避凶之心，即其教人舍惡從善之心；文王周公中正仁義之教，即其使人不迷於吉凶悔吝之教；夫子發文周之心，闡義理之微，即其所以洩羲皇之秘，極前用之道也。世更三古，教以時施，然其為心，豈有二哉？自溺於文辭者，既不察夫立象之本，拘於象數者，又不適乎典禮之中。《易》之道，泯泯棼棼而幾乎熄，非周程發其理、邵子傳其象、朱子復推卜筮之指，以還《易》之本教，則雖欲知四聖之心，其孰從而求之？然至於今，尚有執朱子三聖之《易》不同之説，而欲各以意求之者，其蔽比於肆且拘者而滋甚。彼蓋不善觀朱子之説而以言害辭，辭害意之失也。故此贊之序，三古源委相接，而卒之曰"四聖一心"，此可以為朱子之定論矣。

［（清）李光地《榕村集》卷九　1324—664—9］

《易》 贊

（清）李光地

《易》之為書，源流已遠，至於近今，為説家滿，衆星繁繫，必辨緯曜，羣言紛錯，孰執其要？我論聖統，則折諸賢，胡心是師？曰余單傳《折中》，賢者又以聖斷，聖雖邈矣，微辭有爛；聖欲加年，愚者須幾；徒有日孳，至斃乃已。紬繹聖訓，觀《彖》可知；姬公有言，文王我師，故知稱名，始自文考；憂患有興，《繫辭》已曉；六爻之作，於是取材；位之凶吉，時哉時哉！夫子之《傳》，莫先於《彖》；《象》意既得，爻斯過半；其次釋爻，片言摘抉；夢寐周公，如合符節；大《象》之立，推類廣引；或離卦意，皆卦之組；載稽三傳，祖文宗周；又通其象，使理周流；復總全經，通論其要；易簡之精，乾坤之奥；河洛苞符，蓍卦圓方；《繫辭》義例，學《易》典常；廣大精微，著明深切；如綱在綱，若車有轍；厥後三篇，出自河内；圖隱象湮，千載明昧；

首定其類，次變其通；序之雜之，觸長斯窮。

［（清）李光地《榕村集》卷三十四　1324—1004—34；又見（清）張廷玉等編《皇清文穎》卷三十　1449—868—30］

2. 三 易

三 易

（明）楊慎

《周禮》"太卜掌三易之法"，干令升注云："天地定位，山澤通氣，雷風相薄，水火不相射，此小成之《易》也。帝出乎震，齊乎巽，相見乎離，致役乎坤，説言乎兑，戰乎乾，勞乎坎，成言乎艮，此《連山》之'易'也。初乾、初奭、初艮、初兑、初犖、初離、初釐、初巽，此《歸藏》之'易'也。小成者，伏羲之'易'也，而文王因之。《連山》者，列山氏之書也，而夏人因之。《歸藏》，軒轅氏之書也，而商人因之。夏得人統，故歲首建寅而卦首艮。商得地統，故歲首建丑而卦首坤。周得天統，故歲首建子而卦首乾。伏羲之易小成為先天，神農之易中成為中天，黄帝之易大成為後天。"予按邵康節之《易》先天後天，其源出於此。今之讀《易》者知有先天後天，而不知有中天。讀《尚書》者知有古文今文而不知有中文，可乎？（中文《尚書》見《後漢書》）

［（明）楊慎《升菴集》卷四十一　1270—280—41］

《連山》《歸藏》

（明）楊慎

《連山》藏於蘭臺，《歸藏》藏於大卜，此語見於桓譚《新論》，則後漢時《連山》《歸藏》猶存，不可以《藝文志》不列其目而疑之。至隋氏之《連山》《歸藏》則偽作，上官求賞者耳。

［（明）楊慎《升菴集》卷四十一　1270—280—41］

3. 經傳作者

《周易》問答

（齊）王儉

太子問王儉曰："《周易》乾卦，本施天位，而《説卦》云'帝出乎震'，震本非天，義豈相當？"儉曰："乾健震動，天以運動為德，故言帝出震。"太子曰："天以運動為德，君自體天居位，震雷為象，豈體天所出？"儉曰："'主器者莫若長子'，故受之以震。'萬物出乎震'，故亦帝所與焉。"

［（明）張溥編《漢魏六朝百三家集》卷七十五《齊王儉集》 1414—294—75］

辨 《易》

（宋）石介

王績為《負苓者傳》載薛收之言曰："伏羲畫八卦，而文王繫之，不見省文矣，以為文王病也。"負苓曰："文王焉病？伏羲氏病甚矣。昔者伏羲氏之未畫八卦也，三才其不立乎？四序其不行乎？百物其不生乎？萬象其不森乎？"以為伏羲氏泄道之密，漏神之機，為始兆亂者，吁可怪也。夫《易》之作，救亂而作也，聖人不得已也。亂有深淺，故文有繁省。亂萌於伏羲，故八卦已矣；漸於文王，故六十四已矣；極於夫子，故極其辭而後能止。伏羲後有神農氏、黄帝氏、少昊氏、顓頊氏、高辛氏、唐堯氏、虞舜氏、禹、湯，皆聖人也，豈獨不能繫《易》之一辭？無亂以救也。文王豈獨能過九聖人？亂不可不救也。作《易》，非以為巧救亂也，文王、孔子，非以僻辭明《易》也。《易》不作，天下至今亂不止，文王、孔子無述，《易》至今不明；薛收、負苓者，不達《易》甚矣。

［（宋）石介《徂徠集》卷七 1090—226—7；又見佚名編《宋文選》卷十五 1346—231—15］

繫辭序

（宋）鄒浩

自本自根，未有天地，自古以固存者，《易》也。豈待聖人作之，而後為《易》乎？聖人取《易》於不可見聞之中，而見之於卦、爻、彖、象之内，使天下後世由此入易焉耳。猶魚兔之筌蹄也，猶江海之舟楫也，猶諸夏之道路也，猶堂奥之門户也。伏羲作《易》之初，八卦而已，三畫而已。文王益之而為六十四，重之以六爻，然後天下之能事畢矣。然而未有辭也，周公又即卦爻為辭以繫焉，而孔子名之，謂之"繫辭"。先儒謂文王繫卦辭，周公繫爻辭，誤矣。揚子曰："《易》始八卦，而文王六十四，其益可知也。"又曰："重《易》六爻，不亦淵乎。"以此推之，文王但益卦重爻，未嘗繫辭，而繫辭者皆周公也。孔子曰："八卦成列，象在其中矣。"伏羲也。"因而重之，爻在其中矣，剛柔相推，變在其中矣。"文王也。"繫辭焉而命之，動在其中矣。"周公也。三聖一心，孔子之心，三聖之心也。樂天知命又憂之大也，故又為《彖》《象》以釋卦爻之辭，又為《文言》以兼釋其《彖》《象》，又因卦爻《彖》《象》而無所不釋，以自見其意。後之君子視其可以傳卦爻之下者，既以别而傳之矣。視其不可以傳卦爻之下者，則類而傳之於其後，且取孔子之名周公者名焉，亦謂之"繫辭"。其為"繫辭"雖同，其所以為"繫辭"則異矣。兹異也，秖其所以為同歟。是故立象以盡意，伏羲之事也；設卦以盡情偽，文王之事也；繫辭焉以盡其言，周公之事也。變而通之以盡利，鼓之舞之以盡神，則孔子與焉。至孔子而所以盡利、所以盡神，於是乎盡矣。孔子嘗曰："智者觀其彖辭，則思過半矣。"觀彖而已，未及象也，而思已過半，况並《繫辭》觀之乎？雖然不能自師其誠心，不足以觀《繫辭》，不能觀《繫辭》不足以觀《易》。《易》乎！《易》乎！捨《繫辭》而《易》者，豈無其人乎？吾未之見也。試妄言之，以議其将來。

［(宋)鄒浩《道鄉集》卷二十七　1121—400—27］

原　辭[①]

(宋)陳淳

伏羲之《易》，本無文字，始於乾而終於坤，每卦惟有六畫而已。蓋是時太朴未散，世質民淳，凡有動作，莫識是非利害。因即陰陽逆順消息之大分而示之，使占者於是玩焉以决吉兇而不至於迷茫爾。是乃首闢渾淪，其爲旨蓋甚坦易明直，而非有淵微玄妙之意也。降及中古，民僞日滋，易道微矣，文王於羑里中爲斯世患，乃取伏羲之《易》而衍之。既改八卦之位，以乾居西北，坤居西南，退處不用之地而任六子以爲天地用。離居南，坎居北，震居東，兑居西，巽居東南，艮居東北。所謂帝出乎震，齊乎巽，相見乎離，致役乎坤，説言乎兑，戰乎乾，勞乎坎，成言乎艮。是謂後天之學。又(缺)之序是也。於每卦之下又總提卦義而繫之彖辭，以

① 此篇四庫本及明抄本《北溪大全集》均多脱缺。

斷一卦之吉凶，若“乾，元亨利貞”之類是也。大概亦惟以明民之占[1]。六十四卦（缺）於乾坤（缺）既濟未濟，若今所傳（缺）。然已非伏羲之舊矣，周公繼志述事，於逐卦之下又[2]分别爻義而繫之爻辭，以斷六爻之吉兇，若“初九，潛龍勿用”之類是也。隨事丁寧，始爲纖悉，於文王占法抑加密矣[3]。以文字始著於文王、周公，因謂之《周易》。又以簡帙重大，分爲上下經兩篇，上經止坎離而下經首咸恒，條理昭晰，已如星日。迨周之衰，淫於術數，而易道復不明矣。孔子乃黜《八索》而作《十翼》，以贊之曰彖上傳、曰彖下傳，所以釋文王所繫彖上下經，爻之辭若“大哉乾元”以下等是也。曰象上傳、曰象下傳，所以釋伏羲卦之上下兩象，若“天行健”等類及周公所繫兩象六爻之辭若“潛龍勿用，陽在下也”等類是也。曰《繫辭》上傳、曰《繫辭》下傳，所以述文王周公所繫卦爻辭之傳，而通論一經之大體，上自“天尊地卑”以下，自“八卦成列”以下是也。曰《文言》傳，所以申言乾坤彖象之旨而爲諸卦之例，若“元者善之長”以下是也。曰《説卦傳》，所以詳其所未盡之意，若“昔者聖人之作《易》也，幽贊於神明而生蓍”以下是也。曰《序卦傳》，所以序其先後若“有天地，然後萬物盈焉”以下是也。曰《雜卦傳》，所以錯雜而言之，若“乾剛坤柔，比樂師憂”以下是也。是十篇者亦無非推廣圖象卦爻之藴以著明羲、文、周公之法。然專以理義發明占意，使人居則觀其象而玩其辭，動則觀其變而玩其占，以求免於兇咎，校之羲、文、周公之舊，雖其爲言縱横反覆，窮深極微，與初旨已大相異。而其所以爲理，則實不越乎圖象卦爻之中而非從外得，實不離乎天道人事之常，而非可以詭異過求也。自秦以來，書幸全於遺燼，道則晦而不章，卑者泥於窮象數而穿鑿附會為災異之流，高者溺於談性命而支離放蕩爲虚無之歸。至我朝程子，蓋深病焉，於是作傳以明之，一掃諸儒之陋見，而專即日用事物之著發明人心天理之實，奥旨宏綱，昭然在目，視孔子所發，又加詳且明焉。學者於是始知易爲人事切近之書而云爲踐履可以無所往而不在是也。然《易》之起原於象數，自象數之既形，則理又具於理數之中，而不可以本末二其觀也；《易》之作本於占筮，自占筮之既立，則理又寓於占筮之内，而不可以精粗二其用也。此正程子所謂“體用一源，顯微無間”者。若偏於象占而不該夫理義，則孔子之意泯一於理義而不及乎象占，則羲、文、周公之心亦幾乎息矣。此朱文公《本義》之書作，所以必表伏羲圖象冠諸篇端，以明作《易》根原之所自來，一出於天理之自然，

① 自“之序是也”至“大概亦惟以明民之占”據明抄本《北溪大全集》補。

② “志述事，於逐卦之下又”九字據明抄本《北溪大全集》補。

③ 此句“於文王”“抑”四字據明抄本《北溪大全集》補。

而非人[①]爲智巧之私，又復[②]古經傳次序推原四聖所以成書之本意，遞相解釋[③]，而惟占法之明隨人取决而無偏辭之滯，而天下義理爲之磨刮精明，依然涵萃於其中，本末精粗，兼該具舉，近以補程傳之所不足而上以承四聖之心，所謂開物成務之大用，至是又益周備，而易道之盛，於此無餘藴矣。學者當因是書各就四聖一賢，本義稍詳，果能知其因時設教，所以爲心者蓋並行而不相悖，然後於易學可進。而《易》書之廣大悉備，有天道焉，有人道焉，始可與提綱張目徧觀而盡識，至所謂和順於道德而理於義，窮理盡性以至於命者，其根原脈絡歸宿皆由是其可通乎。

［（宋）陳淳《北溪大全集》卷十九　1168—652—19］

文王作《易》爻辭辨

（宋）胡一桂

馮厚齊解《明夷》六五"箕子之明夷"云："'箕'字，蜀本作'其'字，此繼統而當明揚之時之象，其指大君，當明揚之時而傳之子，則其子亦為明夷矣。"又謂："文王作爻辭，移置君象於上六，以'初登於天，後入於地'况《明夷》之主，六五在下而承之，《明夷》之主之子之象也。子繼《明夷》之治，利在於貞，明不可以復夷也。後世以其為箕，遂傅會於文王與紂事，甚至以爻辭為周公作而非文王，蓋箕子之囚放，在文王羑里之後，方演《易》時，箕子之明未夷也。"李隆山深然其說，謂班馬只言文王演卦。又曰："'人更三聖，世歷三古'，止言包羲、文王、孔子，未嘗及周公也。馬融、陸績、王肅、姚信始有周公作爻辭之說，絶不經見。孔穎達始引'韓宣子見《易象》與魯《春秋》，而知周公之德與周之所以王'為周公爻辭之證審爾。謂周公作爻辭，可也，而《春秋》又將屬之周公乎？"此論確矣。愚謂以爻辭為文王作，固自有據，况夫子唯曰："《易》之興也，當文王與紂之時乎？是故其辭危。"未嘗及周公，則所謂辭者，安知非卦爻之辭邪？愚固已疑之矣。然考箕子囚奴，誠在文王羑里之後，文王决無預言之理。而《隨》之"王用亨於西山"，《升》之"王用亨於岐山"，又誠類太王、文王之事。夏商之王未有亨於岐山者，朱子解作卜祭山川之義，諸侯祭境内山川，亦正二王為侯時事。以此觀之，則爻辭未必果文王所作，而韓宣子見《易象》之言誠可證也。隆山辨《魯春秋》之說，蓋自不曉其義耳。宣子本意見《易象》，則知周公之德；見《魯春秋》，則知周之所以王也。周之王猶

---

① "人"字據明抄本《北溪大全集》補。

② "復"字據明抄本《北溪大全集》補。

③ "書之本意，遞相解釋"八字據明抄本《北溪大全集》補。

能為春秋之時之主，義甚昭然。若厚齋因蜀本其字之誤，盡疑天下之本，反改而從之，尤有所未可。前漢趙賓正蜀人，解《明夷》六五"箕子"為荄兹，則蜀本箕字初未嘗作其字，况厚齋謂父當暗世而傳子，故其子亦為《明夷》。歷考前古，惟堯舜老而舜禹攝，此乃明德相繼。夏商之王，未見父在而子立者，惟桀紂可當《明夷》之主，其肯遽傳之子乎？馮氏見後世北齊末主，前宋徽欽而有是説，謂文王作爻辭乃取此義乎？爻辭稱帝乙、箕子自是一例，况明夷、箕子之稱，又自有夫子《彖傳》為之證。據《彖傳》"利艱貞，箕子以之"之辭，與爻辭"箕子之明夷，利貞"之辭正相應，烏可傅會蜀本一字之誤以證爻辭謂非周公作哉？愚故不能無辨，以祛讀者之惑。

［（明）程敏政《新安文獻志》卷三十　1375—379—30］

《易》爻辭解

（元）王義山

《繫辭》云："《易》之興也，其於中古乎？作《易》者其有憂患乎。"又曰："《易》之興也，其當殷之末世，周之盛德邪？文王與紂之事邪？"説者謂卦辭、爻辭皆文王所作，然驗之爻辭則多文王以後之事，《升》之六四曰："王用亨於岐山。"武王克商之後始追號文王為王，若爻辭出於文王則文王不當自稱為王矣。《明夷》之六五曰："箕子之明夷。"自武王觀兵之後，箕子始被囚，文王亦豈能豫言箕子之明夷哉？嘗聞之《左傳》曰："韓宣子適魯，見《易》象而曰'吾乃今知周公之德'。"嗚呼！周公被流言之謗，非憂患乎？即此驗之，爻辭為周公所作而非文王明矣。或曰：《易》更三聖而成書，言三聖而不及周公也。嗚呼！文王也，周公也，父子一道也，序父不序子，尊父也，愚故以爻辭為周公作也。

［（元）王義山《稼村類藁》卷十一　1193—69—11］

《易》爻辭辨

（清）沈彤

《周易》之爻辭，在漢儒或以為文王作，或以為周公作，葢各有所受之也。及唐孔氏之《正義》、宋胡氏之《啟蒙翼傳》，皆辨為周公而非文王焉，乃近又有據陸氏《釋文》所載梁武解立説者，謂乾坤《文言》，文王作之而孔子傳之，今篇中彖辭、爻辭並具，安見爻辭之不出於文王？且以為作於周公，則《漢志》之於《易》何第云"人更三聖"也？其説亦近是。顧孟子嘗云"周公思兼三王"，其上文並舉禹、湯、文、武，以文、武二人為一代之王也，然則漢志或亦以文、周為一家之聖，不足證爻辭之非周公作，况孔、胡二氏之辨為周公作者，其證較多且確耶！余以為《屯》《蒙》以下之爻辭多作於周公，而乾坤之爻辭則作於文王，故與其《彖》辭並稱《文言》。《乾》《坤》爻辭之稱《文言》，蓋孔子之前已然也，是全《易》爻辭之繫文王少而周公多，文王開其端而周公卒其業，必舉而歸諸一人，安能無所抵捂？若以《彖》爻辭義之悉符為徵，則文、周為一家之聖，道與心自無不同，豈必出一手所成而然哉？

家椒園曰："望谿先師稱子厚《論語辨》可與退之並驅争先。"吾謂此篇與《論語辨》並驅争先。

［（清）沈彤《果堂集》卷二　1328—306—2］

4. 象數義理

《易》 論

（宋）蘇軾

《易》者，卜筮之書也。挾策布卦，以分陰陽而明吉凶，此日者之事，而非聖人之道也。聖人之道，存乎其爻之辭，而不在其數。數非聖人之所盡心也。然《易》始於八卦，至於六十四，此其為書未離乎用數也。而世之人皆恥其言《易》之數，或者言而不得其要，紛紜迂闊而不可解，此高論之士所以不言歟？夫《易》本於卜筮，而聖人開言於其間，以盡天下之人情。使其為數紛亂而不可考，則聖人豈肯以其有用之言，而託之無用之數哉！今夫《易》之所謂九六者，老陰、老陽之數也。九為老陽而七為少陽，六為老陰而八為少陰。此四數者，天下莫知其所為如此者也。或者以為陽之數極於九，而其次極於七，故七為少而九為老。至於老陰，苟以為以極者而言也，則老陰當十，而少陰當八。今少陰八而老陰反當其下之六，則又為之説曰：陰不可以有加於陽，故抑而處之於下。使陰果不可以有加於陽也，而曷不曰老陰八而少陰六？且夫陰陽之數，此天地之所為也，而聖人豈得與於其間而制其予奪哉？此其尤不可者也。夫陰陽之有老少，此未嘗見於他書也，而見於《易》。《易》之所以或為老或為少者，為夫揲蓍之故也。故夫説者宜於其揲蓍焉而求之。揲蓍之法曰，掛一歸奇，三揲之餘而以四數之，得九而以為老陽，得八而以為少陰，得七而以為少陽，得六而以為老陰。然而陰陽之所以為老少者，不在乎七八九六也，七八九六徒以為識焉耳。老者，陰陽之純也。少者，陰陽之雜而不純者也。陽數皆奇而陰數皆偶，故乾以一為之爻，而坤以二。天下之物，以少為主，故乾之子皆二陰，而坤之女皆二陽。老陽老陰者，乾坤是也。少陰少陽者，乾坤之子是也。揲蓍者，其一揲也，少者五而多者九，其二其三少者四而多者八。多少者，奇偶之象也。一爻而三揲蓍，譬如一卦而三爻也。陰陽之老少，於卦見之於爻，而於爻見之於揲。使其果有取於七八九六，則夫此三揲者，區區焉分其多少而各為處，果何以為也？今夫三揲而皆少，此無以異於乾之三爻而皆奇也。三揲而皆多，此無以異於坤之三爻而皆偶也。三揲而少者一，此無以異於震坎艮之一奇而二偶也。三揲而多者一，此無以異於巽離兑之一偶而二奇也。若夫七八九六，此乃取以為識，而非其義之所在，不可以彊為之說也。

［（宋）蘇軾《東坡全集》卷四十一　1107—561—41；又見（宋）蘇轍《欒城應詔集》卷四　1112—865—4］

答陳瑩中書

（宋）楊時

辱示法界三門大旨，引據精博，極儒佛之奥，使蔽陋者與聞焉，幸甚，幸甚！然其間鄙意有疑者，敢不請？《繫辭》曰："爻有等，故曰物；物相雜，故曰文。"《賁》之《彖》曰"柔来而文剛，分剛上而文柔"，剛柔相雜，賁之所以為文也。"白賁"，受色者也。"賁無色"，色色者也。惟有質為能受，惟無色為能賁，爻之辭曰"白賁"（《賁》上九爻辭），而卒乃曰"賁無色"（《雜卦傳》），斯謂之普融可也。以文會友，以友輔仁，此學者之事而已。謂之會色歸空，吾儒之書或恐無此意也。孟子曰："固哉，高叟之為詩也。"則為詩猶有得失焉，為之高叟是固，而已非知詩者，則為之一言，恐未足以蔽二南也。孔子曰："《詩》三百，一言以蔽之，曰'思無邪'。"則二南固在其中矣，恐不須他求也。顔淵三月不違，實非由仁者，蓋有時而違也，然而其復不遠矣，故以《復》之初爻當之，"復之未遠也"（見《繫辭》）。《坤》之初六曰："履霜，堅冰至。"夫《坤》之初，陰始凝也，未至乎堅冰矣，而卒乎堅冰者，理之必至也。辨之者不於始凝之時，而於堅冰而後辨，則鮮不及矣。若魯昭公、高貴鄉公是也。（魯昭公欲伐季氏，子家子曰："季氏得民久，君無多辱。"不從，遂伐季氏。孟氏伐公徒，公奔於齊，遂以失國。魏高貴鄉公欲討司馬昭，尚書王經曰："權在其門，為日久矣。毋乃欲除疾而更深之耶？"不聽，卒見弑於成濟。）此二爻以禹稷、顔淵出入往来之事當之，亦恐不相似也。夫乾一變而為姤，五變而為剥。坤一變而為復，五變而為夬。復者，陽之来，而剥者，陰之極也。陽極生陰，陰極生陽，故剥窮而反，反而復，陰極故也。竊意剥者，其乾之終乎？自古亂臣賊子，其初豈冇意哉，馴致其道以至於此耳。故《易》於小人幾微之際，每致意焉。《姤》

之辭曰："女壯，勿用取女。"《姤》之初，陰始生也。女也者，陰始生之象也。始生未至於壯也，而有壯之道焉，猶《坤》所謂"履霜堅冰至"也，故曰"勿用取女"。蓋取之則引而與之齊，引而與之齊，則終末如之何也已。昔陽城之於唐，其任職非不久也。其初裴延齡未用也，不於未壯之時止之，至天子將用為相，乃欲取白麻裂之而哭於庭，豈不晚乎？夫白麻王言也不可裂，天子之庭非哭所也，以是而處昏主、亂相之間，其免也幸而已矣。故《姤》之初六曰："繫於金柅。"蓋於其未壯而止之，使勿行也，與《坤》初六異矣。《坤》之《文言》曰："履霜，堅冰至，蓋言順也。"而其卒也，有疑陽之戰，順而無以止之故也。自姤至於剥，陰之進極矣，坤順而艮止，剥之所以成象也。觀剥之象，則知所以治剥矣，故曰："順而止之，觀象也。君子尚消息盈虚，天行也。"(《剥》卦《彖》辭)消息盈虚，天且不能暴為之，而況於人乎？然君子之尚消息盈虚，無時而不然，獨於《剥》言之者，蓋君子小人相為消長，至《剥》而極矣。此成敗之機，而邦之興喪繫焉。雖動息語默之微，一失其機不可復救矣，況施於事乎？東漢之衰，君子欲以力勝之，引姦凶而授之柄，卒至乎俱傷兩敗，而國隨以亡，不知此故也。後之治《剥》者，可不監之哉？至於《夬》則陽之進極矣，君子衆而小人獨，其夬之易矣。然疾之已甚亂也，故"莧陸夬夬"，雖中行，僅無咎而已，"未光也"，況過之乎？(《夬》九五："莧陸夬夬，中行無咎。"《象》曰："中未光也。")當是時，若禹之班師可也。夫亂世不可無君子，治世不能無小人，特其消長異耳。此天地之義，陰陽之理也。故治世能使小人不為惡而已，不能絶之使無也，此處《夬》之道也。承示諭《坤》《復》之義，故輒及此，以取質左右，高明以為何如？或未中理，幸明教我。

[(清)徐乾學等編注《御選古文淵鑒》卷四十六　1418—313—46；又見(宋)楊時《龜山集》卷十九]

答陳震秀才論易書

(宋)晁公遡

某頓首陳君足下。聖人所以由之之謂道，所以傳之之謂言，後之學者曰："聖人吾師也。"顧不即其道，而即其言，言誠近矣，於道何有焉？蓋孟子而上無書，非無書也，非孟子自著也，其徒公孫丑、萬章聞其言，筆之而成書，趙岐者始即其書觀之，則曰："孟子於《詩》《書》其長也。"嗚呼！岐果知道乎哉！即其言者之弊也。夫即其言，不即其道，其獘殆有至於此。天下之功不在士，而烏在焉。是果何歟？言者華也，務華而不趨於實，則衒其華以欺世而盗名，如之何？非少也歟。今之士，僕察其亦少知悔矣。雖曰吾不為文之華，而惟經是學，庶乎其為實，而不知斯亦聖人之幸也。故其論或有高於先儒，而稱於一世，考其行事，則不及焉，何哉？蔽於其言也。《易》之理最深，足下識其所以深也耶！深者非象也，非數也，其惟進退存亡乎！明於象數，而不達於進退存亡者，京房是也。房乎可不謂深於《易》，惜非善用《易》者也。足下有考於《易》，其亦思所以用之，湯武、高宗、箕子非獨得其一，而文王得其九，聖人姑所以明《易》之用云爾。《蒙》之利，利刑人，刑以發其蒙，非謂刑餘之人也，刑餘之人何時而可用乎！弧矢威天下，則不言射，射則不言弧矢可矣。"履霜堅冰，陰始凝"云者，堅冰蓋為羨文，足下不此之疑，而疑高墉之射。何者？足下學《易》之餘，又及於《書》。堯舜所由之道，魯之伯禽、秦之穆公，其言有幾於道，孔子則亦録之，或謂孔子知秦可以代周，故序於《書》，無乃流於讖緯之説耶。足下其尚有惑，幸見告，更為商略。

［（宋）晁公遡《嵩山集》卷四十五　1139—249—45］

答黄循聖書

（宋）陳長方

辱書見示以《易》數之學。公之精明超卓，去僕萬萬，且不能知，僕亦何由知之耶？昔者側聞於先生長者，敢以其所聞為左右獻。大抵有英氣之人，多不能閑。如循聖之材，未為時用，故務窮世之所不知。然而數學雖出於《易》，是亦天地間一術也。既謂之術，則非所謂先得我心同然者矣，故必待因人而後知之，如邵堯夫得於李挺之，穆伯長得於陳希夷，此耳目所接者也。管輅、郭璞、關子明之流，計亦各有授受，特時代相遠，史無其傳，故不得而知爾。雖公高識深思，恐未遇知易數之人，則未得其要，徒弊精神而已。人物如吾循聖，有用實材也。願公先究易理，使他日施為，動中事機，則僕等輩亦將被公之恵。欲知易理，不出"太極"二字，二字須深思。人多於混茫無朕之前，指一物曰"太極"，非知《易》者也。知所謂太極，則自乾坤屯蒙，屈伸錯綜，至於既濟未濟，猶一旨也。然僕之為是言，計公讀之，味如嚼蠟，意必不快。然公苟不遺葑菲，黜聰明，平意氣，反求之心，功不半前之為，則必有得，而且知我之斯言與前之為，豈不相萬耶？前乎今，萬世也，後乎今，無終窮也。公一切含具無餘，若黜聰明、平意氣以求之，則觀察照燭，易如屈伸臂，了如鏡中形，豈待索卦觀象而後知之哉？然而知之與否，皆外事也。君子亦不汲汲於知之。嘻！鄭人之璞，周人以為腐鼠也。燕市之朽骨，或者以為龍媒也。僕之肆其言，循聖將以為腐鼠乎？龍媒乎？必居一於此矣。

［（宋）陳長方《唯室集》卷二　1139—637—2］

與郭沖晦

（宋）朱熹

《易說》云："數者，策之所宗，而策為已定之數。"熹竊謂數是自然之數，策即蓍之莖數也。《禮》曰"龜為卜，筴為筮"是已。老陽一爻過揲三十六策，故積六爻而得二百一十有六策耳。又云"大衍之數五十"，是為自然之數，皆不可窮其義。熹竊謂既謂之數，恐必有可窮之理。

又云："奇者，所掛之一也；扐者，左右兩揲之餘也。得左右兩揲之餘寘於前，以奇歸之也。"熹竊謂奇者，左右四揲之餘也。扐，指間也。謂四揲左手之策，而歸其餘於無名指間，四揲右手之策，而歸其餘於中指之間也。一掛之間凡再扐，則五歲之間凡再閏之象也。

又云："三多二少，人言其數雖不差，而其名非矣。"熹竊謂多少之說雖不經見，然其實以一約四，以奇為少，以偶為多而已。九八者，兩其四也，陰之偶也，故謂之多；五四者，一其四也，陽之奇也，故謂之少。奇陽體員，其法徑一圍三而用其全，故少之數三；偶陰體方，其法徑一圍四而用其半，故多之數二。歸奇積三三而為九，則其過揲者四之而為三十六矣。歸奇積三二而為六，則其過揲者四之而為二十四矣。歸奇積二三一二而為八，則其過揲者四之而為三十二矣。歸奇積二二一三而為七，則其過揲者四之而為二十八矣。過揲之數雖先得之，然其數衆而繁；歸奇之數雖後得之，然其數寡而約。紀數之法，以約御繁，不以衆制寡。故先儒舊說專以多少決陰陽之老少，而過揲之數亦冥會焉，初非有異說也。然七、八、九、六所以為陰陽之老少者，其說又本於《圖》《書》，定於四象，詳見後。叚其歸奇之數亦因揲而得之耳。大抵《河圖》《洛書》者，七八九六之祖也；四象之形體次第者，其父也；歸奇之奇偶方圓者，其子也；過揲而以四乘之者，其孫也。今自歸奇以上皆棄不録，而獨以過揲四乘之數為説，恐或未究象數之本原也。

又云："四營而後有爻。"又曰："一掛再扐，共為三變而成一爻。"熹竊謂四營方成一變，故云"成易"，易即變也。積十二營三掛六扐乃成三變，三變然後成爻。

"易有太極，是生兩儀，兩儀生四象，四象生八卦"，熹竊謂此一節乃孔子發明、伏羲畫卦自然之形體次第，最為切要。古今說者惟康節、明道二先生為能知之。故康節之言曰："一分為二，二分為四，四分為八，八分為十六，十六分為三十二，三十二分為六十四，猶根之有榦，榦之有枝，愈大則愈小，愈細則愈繁。"而明道先生以為"加一倍法"，其發明孔子之言又可謂最切要矣。蓋以《河圖》《洛書》論之，太極者，虚其中之象也。兩儀者，陰陽奇耦之象也。四象者，《河圖》之一含六、二含七、三含八、四含九，《洛書》之一含九、二含八、三含七、四含六也。八卦者,《河圖》四正四隅之位、《洛書》四實四虚之數也。以卦畫言之,太極者,象數未形之全體也。兩儀者,⚊為陽而⚋為陰,陽數一而陰數二也。四象者,陽之上生一陽則為⚌,而謂之太陽;生一陰則為⚍,而謂之少陰。陰之上生一陽則為⚎,而謂之少陽;生一陰則為⚏,而謂之太陰也。四象既立,則太陽居一而含九,少陰居二而含八,少陽居三而含七,太陰居四而含六。此六、七、八、九之數所由定也。八卦者,太陽之上生一陽則為☰,而名乾;生一陰則為☱,而名兑;少陰之上生一陽則為☲,而名離;生一陰則為☳,而名震;少陽之上生一陽則為☴,而名巽;生一陰則為☵,而名坎;太陰之上生一陽則為☶,而名艮,生一陰則為☷,而名坤。康節先天之説,所謂乾一、兑二、離三、震四、巽五、坎六、艮七、坤八者,蓋謂此也。至於八卦之上,又各生一陰一陽,則為四畫者十有六。經雖無文,而康節所謂八分為十六者,此也。四畫之上又各有一陰一陽,則為五畫者三十有二。經雖無文,而康節所謂十六分為三十二者,此也。五畫之上又各生一陰一陽,則為六畫之卦六十有四,而八卦相重,又各得乾一、兑二、離三、震四、巽五、坎六、艮七、坤八之次,其在《圖》可見矣。今既以七、八、五、六為四象,又以揲之以四為四象,疑或有未安也。《河圖》《洛書》,熹竊以大傳之文詳之。《河圖》《洛書》蓋皆聖人所取以為八卦者,而《九疇》亦並出焉。今以其象觀之,則虚其中者所以為《易》也,實其中者所以為《洪範》也。其所以為《易》者已見於前段矣,所以為《洪範》,則《河圖》《九疇》之象、《洛書》五行之數有不可誣者,恐不得以出於緯書而略之也。

叢書云:"理出乎三才,分出於人道。"《西銘》專為理言,不為分設。熹竊謂《西銘》之書,横渠先生所以示人至為深切,而伊川先生又以"理一而分殊"者贊之,言雖至約,而理則無餘矣。蓋乾之為父,坤之為母,所謂理一者也。然乾坤者,天下之父母也。父母者,一身之父母也。則其分不得而不殊矣。故以民為同胞,物為吾與者,自其天下之父母者言之,所謂理一者也。然謂之民,則非真以為吾之同胞;謂之物,則非真以為我之同類矣。此自其一身之父母者言之,所謂分殊者也。又况其曰同胞,曰吾與,曰宗子,曰家相,曰老,曰幼,曰聖,曰賢,曰顛連而無告,則於其中間又有如是差等之殊哉。但其所謂理一者,貫乎分殊之中,而未始相離耳。此天地自然古今不易之理。而二夫子始發明之,非一時救弊之言,姑以彊此而弱彼也。又云:《西銘》止以假塗,非終身之學也。熹竊謂《西銘》之言指吾體性之所自來,以明父乾母坤之實,極樂天踐形窮神知化之妙,以至於無一行之不慊而没身焉。故伊川先生以為充得盡時,便是聖人,恐非專為始學者一時所見而發也。又云:"性善之善,非善惡之善。"熹竊謂極本窮原之善與善惡末流之善非有二也,但以其發與未發言之有不同耳。蓋未發之善,只有此善,而其發為善惡之善者,亦此善也,既發之後,乃有不善以雜焉,而其所謂善者,即極本窮

原之發耳。叢書所謂"無為之時,性動之後"者,既得之矣。而又曰:"性善之善,非善惡之善",則熹竊恐其自相矛盾,而有以起學者之疑也。

又云:"孟子以養氣為學,以不動心為始。"熹竊謂孟子之學,蓋以窮理集義為始,不動心為效。蓋唯窮理為能知言,唯集義為能養其浩然之氣。理明而無所疑,氣充而無所懼,故能當大任而不動心,考於本章,次第可見矣。

[(宋)朱熹《晦庵集》卷三十七　1144—51—37]

答袁機仲(三則)

(宋)朱熹

《易說》不知尊意看得如何,前書所云二方六卦六辰皆失其所與得半失半之說,後來思之,亦有未盡。蓋徙陽於北,使陽失其位而奪陰之位,徙陰於南,使陰失其位而奪陽之位,二方固已病矣。東方雖得仍舊為陽,然其温厚之仁不得南與同類相合,而使彊附於北方嚴凝之義,不則却須改仁為義,以去陰而就陽,方得寧貼。然又恐無此理,是東方三卦三辰亦失其所也。西方雖得仍舊為陰,然其離北附南,與夫改義為仁,其勢亦有所不便,是西方三卦三辰亦失其所也。蓋移此二方而四方、八面、十二辰、十二卦一時鬼亂,無一物得安其性命之情也。前書所禀,殊未及此之明白詳盡也。

《易說》已悉,若只如此,則熹固已深曉,不待諄諄之告矣。所以致疑,正恐高明之見有所未盡而費力穿鑿,使陰陽不得據其方盛之地、仁義不得保其一德之全,徒爾紛紜,有損無益爾。今既未蒙省察,執之愈堅,則區區之愚尚復何說?竊意兩家之論,各自為家,公之不能使我為公,猶我之不能使公為我也。不若自此閉口不談,各守其說,以俟羲、文之出而質正焉。然以高明之見,自信之篤,竊恐羲、文復出,亦未肯信其說也。魏鄭公之言:"以為望獻陵也,若昭陵,則臣固已見之矣。"佛者之言曰:"諸人知處,良遂摠知;良遂知處,諸人不知。"正此之謂矣。世間事,吾人身在閑處,言之無益,此正好從容講論,以慰窮愁。而枘鑿之不合又如此,是亦深可歎者,而信乎其道之窮矣。

《易說》垂示,極荷不鄙。然淺陋之見,前已屢陳,至煩訶斥久矣,今復何敢有言?但詳序說諸篇,唯是依經說理,而不惑於諸儒臆說之鑿,此為一書要切之旨。今以篇中之說考之,則如《繫辭》《說卦解》兩引《禮記》,以春作夏長為仁,秋斂冬藏為義,《說卦解》又獨引温厚之氣始於東北,盛於東南,嚴凝之氣始於西南,盛於東北,以為仁義之分,此於經既有据,又合於理之自然,真可謂不惑於諸儒臆說之鑿矣。但其所以為說,則又必以為聖人恐乾止有陽剛而無仁,坤止有陰柔而無義，故必兼三才以為六畫，然後能使乾居東北而為冬春之陽，坤居西南而為夏秋之陰。又必横截陰陽各為兩段，以分仁義之界，然後能使春居東而為乾之仁，夏居南而為坤之仁，秋居西而為坤之義，冬居北而為乾之義。（此非本書之詞，但以鄙意注解如此，庶覽者之易曉耳。）則其割裂補綴，破碎參差，未知於經何所据依，而何以異於諸儒臆説之鑿也？又按文王、孔子皆以乾為西北之卦，艮為東北之卦，顧雖未能洞曉其所以然，然經有明文，不可移易，則已審矣。今乃云乾位東北，則是貶乾之尊使居艮位，未知使艮却居何處？此又未知於經何所据依，而何以異於諸儒臆説之鑿也？又按孔子明言《易》有太極，是生兩儀，是則固以太極為一、兩儀為二，而凡有心有目者，皆能識之，不待推歷布算而後可知也。今《太極論》乃曰"乾坤者，《易》之太極"，則是以兩儀為太極，而又使之自生兩儀矣。未知此於經何所据依，而又何以異於諸儒臆説之鑿也？至《繫辭解》又謂太極者一之所由起，則是又以為太極之妙一不足以名之，而其序則當且生所起之一而後再變，乃生兩儀矣。此則又未暇論其於經有無据依，是與不是諸儒臆説之鑿，而但以前論參之，已有大相矛盾者。不審高明之意果何如也？凡此四條，熹皆不敢輒以為非以觸尊怒，但所未曉，不敢不求教耳。

[（宋）朱熹《晦庵集》卷三十八　1144—78—38]

答趙提舉(善譽)

（宋）朱熹

慕用之久，徃歲雖辱寵臨，而倥偬卒迫，不能少欵，每以為恨。近乃竊窺所著《易》《論語》書，又歎其得之之晚而不獲親扣名理也。間因虞君轉請所疑，初未敢以姓名自通，而高明不鄙，遠辱貽書，所以傾倒之意甚厚。三復以還，感慰無量，不敢無以報也。蓋道體之大無窮，而於其間文理密察，有不可以毫釐差者。此聖賢之語道，所以既言"發育萬物，峻極於天"，以形容其至大；而又必曰"禮儀三百，威儀三千"，以該悉其至微；而其指示學者脩德凝道之功，所以既曰"致其廣大"，而又必曰"盡其精微"也。近世之言道者則不然，其論大抵樂渾全而忌剖析，喜高妙而略細微。其於所謂廣大者則似之，而於精微有不察，則其所謂廣大者亦未易以識其全體之真也。今且以經言論之，其所發明固不外乎一理，然其所指則不能無異同之别。而就其所同之中，蓋亦不無賔主、親踈、遠近之差焉。如卦之所以八者，以奇耦之三加而成也。而爻之所以三，則取諸三才之象，而非奇耦所能與，此理之一而所指之不同者也。四象之説，本為畫卦，則當以康節之説為主，而七、八、九、六、東、西、南、北、水、火、金、木之類為客。得其主，則客之親踈遠近皆即

此而可定；不得其主，而曰是皆一説，則我欲同而彼自異，終有不可得而同者矣。此所指之同而不能無賓主之分者也。是皆樂渾全而忌剖析之過也。至於乾、坤之純而不雜者，聖人所以形容天地之德，而為六十四卦之綱也。乾之純於剛健而不雜，又聖人所以形容天理自然之全體而為坤之綱也。所以贊其剛健柔順之全德，以明聖人體道之妙、學者入德之方者，亦云備矣，未嘗以其偏而少貶之也。至於諸爻，雖或不免於有戒，然《乾》九三之危，以其失中也；其得無咎，以其健而行也。《坤》六五之元吉，以其居尊而能下也；上六之龍戰，以其太盛而亢陽也。是豈惡《乾》之剛而欲其柔，惡《坤》之柔而欲其剛哉？今未察乎其精微之藴，而遽指其偏以為當戒，意若有所未足於《乾》《坤》而陋小之者，是不亦喜高妙而略細微之過乎？至於用九、用六，乃為戒其剛柔之偏者。然亦因其陰變為陽、陽變為陰之象而有此戒，如歐陽子之云者，非聖人創意立説而強為之也。大抵《易》之書本為卜筮而作，故其詞必根於象數，而非聖人己意之所為。其所勸戒，亦以施諸筮得此卦此爻之人，而非反以戒夫卦爻者。近世言《易》者殊不知此，所以其説雖有義理而無情意，雖大儒先生有所不免。比因玩索，偶幸及此，私竊自慶，以為天啓其衷。而以語人人，亦未見有深曉者，不知高明以為如何？舊亦草筆其説，今漫録二卦上呈，其他文義未瑩者多，未能卒業，姑以俟後世之子雲耳。近又嘗編一小書，畧論象數梗槩，並以為獻妄。竊自謂學《易》而有意於象數之説者，於此不可不知，外此則不必知也。心之精微，言不能盡。臨風引領，馳想增劇。

［（宋）朱熹《晦庵集》卷三十八　1144—80—38］

答范伯崇(同吕子約蔣子先)

（宋）朱熹

“易，變易也，隨時變易以從道也。”易也，時也，道也，皆一也。自其流行不息而言之，則謂之易；自其推遷無常而言之，則謂之時；而其所以然之理，則謂之道。時之古今，乃道之古今；時之盛衰，乃道之盛衰。人徒見其變動之無窮也，而不知其時之運也；徒見其時之運也，而不知其道之為也。道之為道，實造化之樞機、生物之根本，其隨其從，非有所隨、有所從也，一氣運行，自有所不得已焉耳。所謂“易有太極”，其此之謂歟？一説：當處便是時，其變動不居、往來無窮者，易也；其所以然者，道也。一説：易，道之生也，故曰“易，變易也”。然“易有太極”，故又曰“隨時變易以從道也”。故伊川曰：君子順時，如影之隨形，可離非道也。夏葛冬裘，飢食渴飲，豈有一毫人為加乎其間哉？隨時而已。時至自從，而自不可須臾離也。以是知“隨時變易以從道”。三者雖若異名，而易之於道，初無兩物也。然自學者分上言之，苟未識夫所謂易，則時食而飲，時葛而裘，毫釐之差，其應皆忒，則將以何為道哉？又嘗以是思之，盡天下之變而已不自道者，其易之體歟？未嘗截然離析者，其斯之謂道歟？“易，變易也，隨時變易以從道也”，此指易而言，謂人事也。以理言之，一流行而無窮，則時之遷移固自未嘗不隨其所當然而然也。當然而然，即從道也。就人言之，衆人不識易而不能體，則時既遷而不知，遂以倒行逆施而違其時之所當然。惟聖賢之流行無窮而識之體之，其身即易，故能變易以從道。所謂“隨時變易以從道”，猶曰“時中”云耳。（道不可直謂之中，姑借“時中”而言耳。）未知是否？

“易”指卦爻而言，以《乾》卦之“潛”“見”“躍”“飛”之類觀之，則“隨時變易以從道”者可見矣。

“有以見天下之動，而觀其會通，以行其典禮”者，聖人事也。先觀“動”之一字，則知“會通”者，變動之總也。天下之事，變動無窮，而其所以至於如此變動無窮者，必有一事為之端由也。此一事者，萬變之所總也。聖人則有以見天下之動，而舉目即觀夫變動之所總，故無窮之事變，滔滔然各入其綱目，而事事物物各處之以其所當然，所謂“行其典禮”也。“典禮”，事物中之所有，而當然者也。一說“觀會通，以行典禮”。“會通”，綱要也，事物之樞也。“觀會通”，猶云“知至”；“會典禮”，猶云“至之”也。如父父子子之“會通”，惟慈孝而已。至於父止於慈，子止於孝，各止其則，是乃“行其典禮”也。苟不知父父之慈、子子之孝，則將何自而行其禮乎？一說“會通”，會而且通也。未知孰是？

會以物之所聚而言；通以事之所宜而言。

聖人，生而知之者也。然未生於天地之間，則始終之理雖具而大明之者誰乎？“雲行雨施，品物流形”，聖人出焉，大明天道之終始，便是卦之六位應時俱成，更無漸次，由是“時乘六龍以御天”而變化無窮焉。天地設位，理固皆具，聖人成能，理乃大明。具者，天也；明者，人也。（先生批云：“抹處說得甚巧，然極有病。”）

自“大哉乾元”至“品物流形”，是言“元亨”之義；“大明終始”至“以御天”是說聖人體“元亨”之用耳。

四德之“元”，專言之則全體生生之理也，故足以包四者；偏言之則指萬物發生之端而已，故止於一事。

孔子之言“仁”，專言之也；孟子之言“仁義”，偏言之也。

“保合大和”，即是保合此生理也；“天地絪緼”，乃天地保合，此生物之理造化不息。及其萬物化生之後，則萬物各自保合其生理，不保合則無物矣。

“各正性命”言其稟則之初，“保合大和”言於既得之後。天地萬物蓋莫不然，不可作兩節說也。

“見龍在田”，德施普也。如日方升，雖未中天，而其光已無所不被矣。

九二君德已著，至九五然後得其位耳。

“元者，善之長也”，亦仁而已。體仁則痒疴疾痛舉切吾身，故足以長人。“亨者，嘉之會”，“會通”也，會而通也，通有交之意，“嘉會”猶言“慶會”，會通而不嘉者有矣。如小人同謀，其情非不通也，然非嘉美之會，又安有亨乎？“利者，義之和”，和合於義即利也。“利物足以和義”，蓋“義者得宜”之謂也。處得其宜，不逆於物，即所謂利。利則義之行，豈不足以和義乎？“貞者，事之榦”，徹頭徹尾不可欠闕。人之遇事，所以頹惰不立而失其素志者，不貞故也，此所謂“貞固足以榦事”。《文言》四德大槩就人事言之，自“君子體仁”以下，體《乾》之德，見諸行事者也。是以系之曰“君子行此四德者，故曰：乾，元、亨、利、貞”。

“嘉之會”，衆美之會也，如萬物之長，暢茂蕃鮮，不約而會也。君子能嘉其會，則可以合於禮矣，如“動容周旋，無不中禮”是也。利是義之和處。義有分別斷割，疑於不和，然行而各得其宜，是乃和也，君子之所謂利也。利物，謂使物各得其所，非自利之私也。“幹”猶身之有骨，故板築之栽謂之楨幹。推此可以識貞之理矣。

“乾，元、亨、利、貞”，猶言“性，仁、義、禮、智”。此語甚穩當。

初九龍德而潛隱，止言其自信自樂而已。至九二出見地上，始見其純，亦不已之功也。

潛者，隱而未見，行而未成，德雖已完，特未著耳。既處無過之地，則唯在閑邪純敬而已。雖曰無過，然而不閑則有過矣。“確乎其不可拔”，非專謂退遜不改其操也。憂樂行違，時焉而已，其守無自而可奪，如富貴不淫，貧賤不移之意。“忠信脩辭”，且大綱説所以進德脩業之道。“知至知終”，則又詳言其始終工夫之序如此，親切縝密，無纖悉之間隙。忠信便是著實根基，根基不實，何以進步脩辭立誠，只於平日語默之際，以氣上驗之，思與不思而發，意味自别。明道所謂體當自家敬以直内，義以方外之實事者，只觀發言之平易躁妄，便見其德之厚薄，所養之淺深矣。“知至”則知其道之所止，“至之”乃行矣而驗其所知也。“知終”則見其道之極致，“終之”乃力行而期至於所歸宿之地也。“知而行，行而知”者，交相警發而其道日益光明。終日乾乾，又安得一息之間哉？九三雖曰聖人之學，其實通上下而言，學者亦可用力。聖學淵源，幾無餘蘊矣。

忠信，心也；脩辭，事也。然藴於心者，所以見於事也；脩於事者，所以養其心也。此聖人之學所以内外兩進，而非判然兩事也。“知至至之”主至，“知終終之”主終。程子此説極分明矣。

上下無常，進退無恒，非為邪枉，非離羣類，則其心之所處果安在哉？

隨時而變動，静不失其宜，乃進德脩業之實也。

《遺書》云:“仁道難言,唯公近之。”非以“公”訓仁,當公之時,仁之氣象自可默識。

公固非仁,然公乃所以仁也。仁之氣象於此固可默識,然學者之於仁,非徒欲識之而已。

[(宋)朱熹《晦庵集》卷三十九 1144—137—39]

答吴晦叔

(宋)朱熹

陰陽、太極之間,本自難下語,然却且要得大概如此分明,其間精微處恐儘有病在。且得存之異時,或稍長進,自然見得諦當,改易不難。今切切如此較計一兩字,迫切追尋,恐無長進,少氣味也。伊川答横渠書,只云“願更完養思慮,涵泳義理,久之自當條暢”,此可見前賢之用心矣,如何如何!“仁右道左”一段,先生説得極有曲折,無可疑者,蓋仁是這裏親切處,道是家所共由,故有左右陰陽之别。古人言道,慤實平穩,一一有下落處,不若今人之漫無統約也。

[(宋)朱熹《晦庵集》卷四十二 1144—222—42]

答吴晦叔

(宋)朱熹

夫《易》,變易也,兼指一動一静、已發未發而言之也。太極者,性情之妙也,乃一動一静、未發已發之理也,故曰:“易有太極。”言即其動静、闔闢而皆有是理也。若以“易”字專指已發為言,是又以“心”為已發之説也。此固未當,程先生言之明矣,不審尊意以為如何?

[(宋)朱熹《晦庵集》卷四十二 1144—222—42]

答吴晦叔

(宋)朱熹

《復》非天地心,《復》則見天地心。此語與“所以陰陽者道”之意不同,但以《易傳》觀之則可見矣。蓋天地以生物為心,而此卦之下一陽爻,即天地所以生物之心也。至於《復》之得名,則以此陽之復生而已。猶言臨、泰、大壯、夬也。豈得

遂指此名以為天地之心乎？但於其復而見此一陽之萌於下，則是因其復而見天地之心耳。“天地以生物為心”，此句自無病。昨與南軒論之，近得報云，亦已無疑矣。大抵近年學者不肯以愛言仁，故見先生君子以一陽生物論天地之心，則必欿然不滿於其意，復於言外生說，推之使高而不知天地之所以為心者，實不外此。外此而言，則必溺於虛，淪於静，而體用、本末不相管矣。聖人無復，故未嘗見其心者，蓋天地之氣，所以有陽之復者，以其有陰故也；衆人之心，所以有善之復者，以其有惡故也。若聖人之心，則天理渾然，初無間斷，人孰得以窺其心之起滅耶？若静而復動，則亦有之，但不可以善惡而為言耳。愚意如此，恐或未然，更乞詳諭。

踐形之説，來諭得之，但説得文義未分明耳。熹謂“踐形”如“踐言”之“踐”，程子所謂“充人之名”是也。蓋人之形色，莫非天性，如視則有明，聽則有聰，動則有節，是則所謂天性者，初不外乎形色之間也。但常人失其性，故視有不明，聽有不聰，動有不中，是則雖有是形，而無以踐之。惟聖人盡性，故視明聽聰，而動無不中，是以既有是形，而又可以踐其形也，可以踐形，則無愧於形矣。如此推説，似稍分明，不知是否。

絶四有兩説。一説為孔子自無此四者，毋即無字，古書通用耳，《史記·孔子世家》正作無字也。一説為孔子禁絶學者毋得有此四者。今來諭者，乃此意也。兩説皆有意思。然以文意考之，似不若只用前説之為明白平易也。又來諭“毋意”一句，似亦未安。意只是私意計較之謂，不必以溢美溢惡證之，恐太遠却文意也。餘三句則所論得之，無可議者矣。大抵意是我之發，我是意之根，必在事前，固在事後，嘗在二者之間，生於意而成於我，此又四者之序也。

所示下學上達、先難後獲之説，不貴空言，務求實得，立意甚美，顧其間不能無可疑者，請試論之。蓋仁者性之德而愛之理也，愛者情之發而仁之用也，公者仁之所以為仁之道也，元者天之所以為仁之德也。仁者人之所固有，而私或蔽之，以陷於不仁，故為仁者必先克己，克己則公，公則仁，仁則愛矣。不先克己，則公豈可得而徒存？未至於仁，則愛胡可以先體哉？至於元，則仁之在天者而已，非一人之心既有是元，而後有以成夫仁也。若夫知覺，則智之用，而仁者之所兼也。元者四德之長，故兼亨利貞；仁者五常之長，故兼禮義智信。此仁者所以必有知覺，而不可便以知覺名仁也。大凡理會義理，須先剖析，得名義界分各有歸著，然後於中自然有貫通處。雖曰貫通，而渾然之中所謂粲然者，初未嘗亂也。今詳來示，似於名字界分未嘗剖析，而遽欲以一理包之，故其所論，既有巴攬牽合之勢，又有雜亂重複，支離涣散之病。而其所謂先難下學，實用功處，又皆倒置錯陳，不可承用，今更不暇一一疏舉，但詳以此説考之，亦自可見矣。

［(宋)朱熹《晦庵集》卷四十二　1144—226—42］

答蔡季通(癸丑三月二十一日)

(宋)朱熹

中間到宅上,聞是日得子,深爲贊喜。衰鈍之蹤,素不利市,自年三十餘時,每到人家,輒令人生女,如是凡五七處。今年乃值慶門得男,則又似漸有傾否亨屯之象,既以奉慶,又竊自賀,但恨其已晚耳。夏口、武昌一帶形勢既聞命矣,涉重湖,窺衡湘,歷襄漢,下吴會,方羊而歸,所得當益富。屈指計歸程,㒒得傾竦以聽劇談也。律準前日一哥來此,已刻字調絃而去。但中絃須得律管然後可定,然則此器亦是樂家第二義也。閣記固難遽辦,又適此數日脚氣雖輕而未愈,今旦右臂下自爪掌以上,連肩背,無處不痛,寒熱大作,其勢非更數日,卒不能定。不知許教既滿,彼中代者為誰?或同官中别有可託以竟此事者為誰?亦已作書報之。及與元善説,俟此間病愈,一面捻合成,當尋的便寄薛卿處與之,當無不達也。今年病雖不重,而氣體極衰,至於昨日,遂至無力説話。朋友遠來相守,又不欲甚孤,其意勉强應接,常慮相見之日不復更能長久。季通倦游,亦望早歸,相與切磋,以盡餘年,實所願望。

《啓蒙》修了未?早欲得之。《通書》《皇極》例等説,不知已下手否?如未,幸早為之。乍歸窘甚,爨無欲請之人,只欲得賢者一來,會語數日爲幸。切不必多與人同,虚費又難語也,可以他意却之,不必露此,千萬千萬。

所苦且喜向安,亦宜更加將護也。許見訪,甚幸。但亦自欲一到寒泉,未能預定日子,恐或途中相失也。此行見上,褒予甚至,言雖狂妄,亦無忤色,意謂可以少効尺寸,而事之不可料者,乃發於先天、訂頑之間,是可笑也。已專人自劾,及盡還江右迓兵矣。此等小小怪謬議論如蝟毛而起,更不可開口,奈何?始者信書太過而閲人不廣,不謂萬物之靈者乃如此不靈也,奈何?更五七日當有後命,未知如何也?元善説欲下州郡,月致筆札之費,然此事亦當審處,恐此事面生,後或有悔也。

伯諫來此已兩三日,初欲來日歸,因與商量,約左右一來相聚。今專遣此人相挽,渠亦遣人歸戒徒御,少緩一兩日來矣。千萬即命駕。其所論極不争多,孤城悉拔,合軍並力,一鼓可克也。

中間報去,欲改文王八卦邵子説"應天時、應地方"説下注脚,今覆檢之,不得其説,恐前説有誤,却錯改却印本。煩令一哥檢出録示,幸甚。細詳此圖,若以卦畫言之,則震以一陽居下,兑以一陰居上而相對;坎以一陽居中,離以一陰居中,故相對;巽以一陰居下,艮以一陽居上,故相對;乾純陽,坤純陰,故相對。此亦是一説。但不知何故四隅之卦却如此相對耳,此圖是説不得也。聞有在陳之厄,不

能有以相周，爲之歎息而已。律説少有礙處，便不可筆之於書，此意甚善。不惟此一事而已，它事亦何莫不然也？但員徑亦須更子細，如引《漢志》，由此之義起十二律之周徑，恐未免有牽强處也。嘉量積處數之前，合定方深圜徑之數以相叅驗。證辨首章可早修定，寄來商量。此處無頭，難下語也。四象之數，前日間推，只自三畫未成之時已具此數。葢太陽居一而含九，少陰居二而含八，少陽居三而含七，太陰居四而含六，不待揲蓍而後有也。揲蓍歸竒之數，乃是揍著此數；過揲之數，又是揍著歸竒之數耳。近見論者專以過揲之數斷七、八、九、六之説，至於歸竒之數，尚不能明，况能及此乎？甞爲之説曰："四象之畫，六、七、八、九之祖也；四象之次，六、七、八、九之父也。歸竒者，其子也；過揲者，其孫也。"此論似不可易。又曰："象之次，自十倒數，畫六而得太陰之四。"（以上皆然。）又屈五指而計之，一與九同，二與八同，三與七同，四與六同。此亦自然不言之妙，直是可笑，不由人安排也。不知明者以爲何？如《啓蒙》所疑，當得面扣，然得先批示大畧尤佳。歸竒已具卦象，固平日所常論，但亦其中一小支節耳。葢其多寡不均，無所發明於蓍卦之説，正自不足深論也，如何如何？律説幸早改定，過彼即借看。或能相伴入城，途中得欵曲商訂，尤幸也。

《中庸序》云："若吾夫子，則雖不得其位。"昨看此間寫本脱一"吾"字，煩一哥爲看，如少，即添之。此雖不繫義理，然亦覺少不得也。"費隱"之説，今日終日安排，終不能定。葢察乎天地，終是説做"隱"字不得，（百種計較，更説不來。）且是所説"不知""不能""有憾"等句，虚無恍惚，如捕風繫影，聖人平日之言，恐無是也。（與"未之或知""不可能也"不同。）不審看得如何？幸詳以見喻也。

"仁義"之説，固如來喻，但於説卦六畫中安排，則仁剛義柔，不可易矣。仁柔義剛，又别是一説，不相叅雜也。程先生謂："天地間無截然爲陰爲陽之理，然其升降生殺之大分不可無也。"正是此意。而袁於此等處都瞢然不曉，所以難説話也。修身、齊家，固當警省，至於有無之慮，姑直任之，不必切切介意。若此等處更放不下，即修行轉無力矣。區區於此可憂者大於老兄，然亦只得隨事驅遣，瞑目之後，一切任之，亦不復屬自己界分矣。《中庸》《詩傳》，幸速修改示及。《中庸》更有數處，今並録呈，幸即付之也。

西山之約，一何拒客之深耶？俟武夷歸，别當奉扣。然臨風引領，似已聞采薇之歌矣。歸來又得伯恭書，云："學者須是專心致志，絶利一源，凝聚渟滀，方始収拾得上。"此論甚當，不敢不以告也。吴會文字已領，亦甚不易。但無斁三篇，似不甚條暢耳。數日臨睡讀《史記》一兩卷，沈著痛快，眞不可及。不知永嘉諸人尊信此書，而道德言語却不相似，是何故也？豈善學柳下惠者固如是耶？元吉尚未行，何耶？渠來此未甞不忠告之，但渠自不耐煩而憤然訣去，豈長者之絶子乎？季通似亦不須枉費心力。宋元憲公牢籠之事，吾所不能，而聖人亦已固有顯比之訓矣。若必人人贈言以悦之,豈不勞哉?

公濟、伯諫得書否?某歸途過伯諫,見收公濟書,大段手忙脚亂也。《大學》"誠意"之説,已再觀之,果如所論。想他書似此處多,須一一整頓也。明道遺文,納去一本。

[(宋)朱熹《晦庵集》卷四十四　1144—280—44]

答方伯謨(士繇)

(宋)朱熹

"隨時變易以從道",主卦爻而言,然天理人事皆在其中。

今且以《乾》卦"潛""見""飛""躍"觀之,其流行而至此者《易》也,其定理之當然者道也。故明道亦曰"其體則謂之易,其理則謂之道",而伊川又謂"變易而後合道,'易'字與'道'字不相似也"。又云"人隨時變易,爲何?爲從道也",此皆可以見其意矣。《易》中無一卦一爻不具此理,所以沿流而可以求其源也。

會以理之所聚而言,通以事之所宜而言,其實一也。"或躍在淵",九四"中不在人",則其進而至乎九五之位亦無嫌矣。但君子本非有此心,故云"或躍"。而《文言》又以"非爲邪也"等語釋之。

九、六之説,《楊遵道録》中一段發明傳意與來喻不同,然亦未曉其説。嘗謂五行成數,去其地十之土而不用,則七、八、九、六而已。陽奇陰耦,故七、九爲陽,六、八爲陰。陽進陰退,故九、六爲老,七、八爲少。然陽極於九,則退八而爲陰;陰極於六,則進七而爲陽。一進一退,循環無端,此揲蓍之法所以用九、六而不用七、八,蓋取其變也。只以此説推之,似無窒礙,龜山所謂"參之爲九,兩之爲六",乃康節以三爲眞數,故以三、兩乘之而得九、六之數,今以一三五爲九、二四爲六,則乃是積數,非參之、兩之之謂。且若此而爲九、六則所謂七、八者,又何自而來乎?疑亦未安。

"大明終始",傳意自明,其曰明、曰見、曰當,非人而何?更看《楊遵道録》中一段,則尤分明矣。天人一理,人之動,乃天之運也。然以私意而動,則人而不天矣。惟其潛見飛躍各得其時,則是以人當天也。然不言當天而言御天,以見遲速、進退之在我爾。(雖云在我,然心理合一,初無二體,但主心而言爾。)

元者用之端,而亨、利、貞之理具焉。至於爲亨、爲利、爲貞,則亦元之爲爾,此元之所以包四德也。若分而言之,則元亨誠之通,利貞誠之復,其體用固有在矣,恐亦不得如龜山之説也。(以用言則元爲主,以體言則貞爲主。)

彖詞乃卜筮詞,釋彖則夫子推其理以釋之也。以安貞之吉應地無疆爲卜筮之詞，恐記之誤也。

［（宋）朱熹《晦庵集》卷四十四　1144—285—44］

答江德功

（宋）朱熹

示及《易説》等書，實不曉所謂，不敢開卷。累承喻及，必欲見彊使同其説，隱之於心，有未能安者，遂不敢奉報。今承見語，欲成書而不出姓名，以避近名之譏，此與掩耳偷鈴之見何異？不知賢者所見，何故日見邪僻，至於如此？夫天下之理，惟其是而已。若是，則出名何害？若不是，則不出名何益？若如所論"乾坤"二字，乃是將一部《周易》從頭鶻突了，豈能使《易》道著明乎？若曰人人親見三聖而師之，此尤不揆之言。如所説"乾坤"字義，恐自家未夢見三聖在，如何敢開此大口？即元書謹用封納，拙直之言，盡於此書，今後不復敢聞命矣，千萬見察。

又：所示經説，《孟子》大意頗佳。其間亦有少未合處，徐議未晚也。但《易》説愈見乖戾，三復駭然。因復慨念鄉里朋友清素朴實，刻意讀書，無世間種種病痛，未有如德功者，所以平日私心嘗竊愛慕，思有以補萬分者。亦荷德功不鄙，三數年來，雖所論不合，加以鄙性淺狹，譏誚排斥無所不至，而下問之意愈勤不懈，此在他人，亦豈能及？然自頃至今，爲日愈久而所執愈堅、所見愈僻，孜孜矻矻，日夜窮忙，不暇平心和氣，參合彼己異同之説，反覆論難，以求至當之歸，而專徇己意，競出新奇，以求己説之勝，以至於展轉支離、日益乖張而不悟，不知用心錯誤，何故至此？使人更不可曉，但竊歎恨而已。今且據來示而舉其一二言之。如既曰"乾，健也"，而又曰"能體其健之謂乾"。若乾本是健，即别無體此健者；若更要體得此健方謂之乾，則是乾在健外，以此合彼而後得謂之乾也。又如"羣龍無首"，乃用《程傳》《無妄》六二之説，雖於理不謬，然安頓不是地頭，全然不是文理，又且岐而爲二，互相矛盾。蓋乾爲萬物之始，故天下之物無不資之以始，但其六爻有時而皆變，故有"羣龍無首"之象。而君子體之，則當謙恭卑順，不敢爲天下先耳。非謂可天德而不可爲首也，又非謂乾不爲首也。可天德而不可爲首，不成文理，無可言者。若曰乾不爲首，則萬物無所資始，而又誰使爲之首乎？且《程傳》之説，爲人不可以私意造始，故爲之戒耳。若乾之爲始，乃是天理自然，非若人有形體心思而能以私意造始也。此二説者，其失甚不難見。原其所以失之，大抵只是日前佛學玄妙之見尚在，故以理爲外，以事爲粗，而必以心法爲主。然又苦其與《大易》體面不同，須至杜撰揑合，所以欲高而反下、欲密而反疎耳。此是義理本原大差謬處，不但文義之失。然在今日，德功病痛尚是第二義，却是日用之間，自己分上更不曾實下功夫，而窮日夜之力，以爲穿鑿附會之計，此是莫大之害。正使撰得都是，亦無用處，不得力，况其乖戾日甚一日，豈不枉費功夫，虚度光陰，不惟無益而反有害乎！熹之鄙意竊願德功放下日前許多玄妙骨董，即就日用存主應接處實下功夫，理會箇敬肆義利、是非得失之判。若要讀書，即且讀《語》《孟》《詩》《書》之屬，就平易明白，有事迹可按據處，看取道理體面，涵養德性本原，久之漸次踏著實地。即此等說話，須自見得黑白，不須如此勞心費力矣。若必欲便窮竟此說，亦請先罷穿鑿己見，且更追思今日以前凡熹所說與德功不同者，並合兩家，寫作一處，子細較量，考其是非，痛加辯詰，亦庶幾有究竟處，不至如今日只見一邊，不相照應，而信口信筆，無有了期也。病起倦甚，懷不能已，畧此奉報，千萬詳之。若以爲是，幸即加功；若以爲非，即此書不煩見答，今後亦不須更下喻矣。

[（宋）朱熹《晦庵集》卷四十四　1144—306—44]

答虞士朋(太中)

（宋）朱熹

"《易》有太極，是生兩儀"者，一理之判，始生一奇一偶，而為一畫者二也。"兩儀生四象"者，兩儀之上，各生一奇一偶，而為二畫者四也。"四象生八卦"者，四象之上，各生一奇一偶，而為三畫者八也。爻之所以有奇有偶，卦之所以三畫而成者，以此而已。是皆自然流出，不假安排。聖人又已分明說破，亦不待更著言語，别立議論而後明也。此乃易學綱領，開卷第一義，然古今未見有識之者。至康節先生，始傳先天之學而得其說，且以此為伏羲氏之《易》也。《說卦》"天地定位"一章，《先天圖》乾一、兑二、離三、震四、巽五、坎六、艮七、坤八之序，皆本於此。若自八卦之上，又放此而生之，至於六畫，則八卦相重而成六十四卦矣。(六十四卦之上，又放此而生之，至十二畫，則六十四卦相重而成四千九十六卦矣。焦貢《易林》是也。)

剛柔雖若各有所偏，必相錯而後得中，然在《乾》《坤》二卦之全體，當剛而剛，當柔而柔，則不待相錯而不害其為全矣。其爻位之無過不及者，如《乾》《坤》之二、五，亦不待相錯而不害其為中矣。陰陽變化，而太極之妙無不在焉，於此蓋可見也。今謂乾剛坤柔，便有所偏，恐於二卦之彖及二、五之爻詞有不通者。其論四爻過不及之淺深，則為精密，非他說之所及矣。

用九、用六，當從歐陽公說，為揲蓍變卦之凡例。蓋陽爻百九十二，皆用九而不用七；陰爻百九十二，皆用六而不用八也。特以《乾》《坤》二卦純陽純陰而居篇首，故就此發之，此歐陽公舊說也。而愚又嘗因其說而推之，竊以為凡得《乾》而六爻純九，得《坤》而六爻純六者，皆當直就此例占其所繫之辭，不必更看所變之卦。《左傳》蔡墨所謂乾之坤曰“見羣龍無首”者，可以見其一隅也。蓋“羣龍無首”，即《坤》之“牝馬”“先迷”也；“利永貞”，即《乾》之“不言所利”也。

《學而》首章甚善。但“學”之一字，實兼致知力行而言，不可偏舉。今所引顏子工夫，乃專為力行事耳。

二章所謂“不失其愛敬之本心，則仁不可勝用”者，甚善。但有子亦據實理而正言之，非曲為當世而發也。

巧言令色，求以悦人，則失其本心之德矣，不待利己害人然後為不仁也。

“三年無改”，乃謝氏之說。其意美矣，然恐過之，不若游氏、尹氏之為實也。

“無諂無驕”一章文義，東坡得之。蓋無諂無驕，隨事知戒，足以自守矣，然未見其於全體用功而有自得處也。樂與好禮，乃見其心之所存有非貧富之所能累者，此子貢所以有切磋琢磨之譬也。治骨角者既切而復磋之，治玉石者既琢而復磨之，皆先略而後詳、先粗而後精之意。《大學》乃斷章取義，不必引以為說也。

“如愚”之說、“為不知”之說、“焉得知”之說、“觀過”之說，皆恐失之過高，後亦多類此者。詳其意味，似從張無垢議論中來，其為得失，非但訓詁文義之間而已。此須異日子細商量，今未敢容易說也。“一以貫之”，乃聖門末後親傳密旨，其所以提綱挈領、統宗會元，蓋有不可容言之妙。當時曾子默契其意，故因門人之問，便著“忠恕”二字形容出來，則其一本萬殊、脉絡流通之實益可見矣。然自秦漢以來，儒者皆不能曉。直至二程先生，始發明之，而其門人又獨謝氏、侯氏為得其說。今不考焉，而但以“忘物我”者為言，吾恐其失之遠也。況夫子以此語告子貢，乃因博學多識而發，其與忘物我者又有何關涉耶？

［（宋）朱熹《晦庵集》卷四十五　1144—315—45］

答王伯禮洽

（宋）朱熹

“參”，以三數之也；“伍”，以五數之也。如云“什伍其民”，如云“或相什伍”，非直為三與五而已也。蓋紀數之法，以三數之則遇五而齊，以五數之則遇三而會，故《荀子》曰：“窺敵制變，欲伍以參。”注引《韓子》曰“省同異之言，以知朋黨之分；偶參伍之驗，以責陳言之實”，又曰“參之以比物，伍之以合參”。而《漢書·趙廣漢傳》亦云“參伍其賈，以類相準”，皆其義也。《易》所謂“參伍以變”者，蓋言或以三數而變之,或以五數而變之,前後多寡,更相反覆,以不齊而要其齊。如《河圖》《洛書》、大衍之數、伏羲文王之卦、歷家之日月五星章蔀紀元,是皆各為一法,不相依附,而不害其相通者也。"綜"字之義,沙隨得之。然"錯綜"自是兩事:"錯"者,雜而互之也;"綜"者,條而理之也。"參伍""錯綜",又各自是一事:"參伍",所以通之,其治之也簡而疏;"錯綜",所以極之,其治之也繁而密。

太極、兩儀、四象、八卦者,伏羲畫卦之法也。《説卦》"天地定位"至"坤以藏之"以前,伏羲所畫八卦之位也。"帝出乎震"以下,文王即伏羲已成之卦而推其義類之詞也。如"卦變圖""剛來柔進"之類,亦是就卦已成後,用意推説,以此為自彼卦而來耳,非是先有彼卦而後方有此卦也。古注説"賁卦自泰卦而來",先儒非之,以為乾、坤合而為泰,豈有泰復變為賁之理?殊不知若論伏羲畫卦,則六十四卦一時俱了,雖乾、坤亦無能生諸卦之理。若如文王、孔子之説則縱横曲直、反覆相生、無所不可,要在看得活絡,無所拘泥,則無不通耳。

《易》中先儒舊法,皆不可廢,但互體、五行、納甲、飛伏之類未及致思耳。卦變獨於《彖傳》之詞有用,然舊圖亦未備。頃嘗脩定,今寫去,可就空處填畫卦爻,而以《彖傳》考之,則卦所從來皆可見矣。然其間亦有一卦從數卦而來者,須細考之,可以見《易》中象數無所不通,不當如今人之拘滯也。

[(宋)朱熹《晦庵集》卷五十四　1144—638—54]

答林正卿

(宋)朱熹

觀變於陰陽而立卦,發揮於剛柔而生爻。

分奇偶便是畫,積畫便成卦,卦中看畫便是爻。若如所説,只是引證作文,不知四句之義又如何説?諺所謂囫圇吞棗者是也,何由知其味耶?

伏羲畫卦,以寫陰陽之變化;文王、周公作彖、爻辭,以決天下之疑;孔子作《彖》《象傳》,以推明事物當然之理。然爻畫既具而三者已備乎其中,前聖、後聖互相發明耳。

此説近之,然亦未盡。

所以名卦之例非一端,有兼取二義、二象者,有專取二義者,有專取二象者,有兼取二象與人情者,有專取人情者,有兼取一象與陰陽之位者,有取爻畫之多寡者,有取爻畫兼二象者,有取變卦者,有取爻畫之形與二義者,有不可曉者。

且逐卦玩索,當見各有意味,不須如此安排,貪多涉淺,勞心費力,不濟得事。

家人卦,乾,剛也,施於家則離;兑,説也,施於家則亂;坤,静也,施於家則廢;

震，動也，施於家則擾；坎、艮非所取義，惟明而順家之道也。

穿鑿得不好。

革與睽相類，睽上火下澤則不相入，此火在澤下有變革之理。睽中女在前，少女在後，有相離之義，而此以中女繼少女，故曰“革”。

鑿。

《豫》四以震體之陽為陰主，如大臣轉天下之危為安，上無為而下佚樂，故曰豫。

此等處，孔子分明説順以動，《豫》理甚分明，安得舍之而自為説耶？大病。只是著力安排，不曾虚心玩味耳。

中孚外剛中柔，至誠惻怛之人也。

得無色厲内荏之姦耶？大抵此一類都不是，此特其小失耳。

以伏羲《易》觀之，則看《先天圖》，如寒暑往來、陰陽代謝，若有推排而又莫知其所以然者。以文王、周公《易》觀之，則六十四卦之名乃十八變以後之私記，三百八十四爻乃三變奇偶之私記，潛龍、牝馬等物如今之卦影，“勿用”“利有攸往”等語如今斷卦之文。以孔子《易》觀之，則卦名者，時也，事也，物也。初、二、三、四、五、上者，位也，而初、上又或為始末之義。九、六者，人之才也。處某事、居某時、用某物，其才位適其所當則吉，不然則凶。（“始末”一本作“始終”。）

此説近之，然乃知此，而又不免為前段之支蔓穿鑿，何耶？（“然乃”一本作“然既”。）

《易》有取兩卦象以為法者，有取卦名之義而思所以處之者，有取二義而思所以處之者。

亦不必如此籠罩。

《易》疏論《連山》《歸藏》，一以為伏羲、黄帝之書，一以為夏、商之書，未知孰是？

無所考，當闕之。

論上下二經為文王所分，果可信否？

亦不必論。

論六十四卦重於伏羲，果否？

此不可考。或耒耜、市井已取重卦之象，則疑伏羲已重卦。或者又謂此十三卦皆云“蓋取”，則亦疑詞，未必因見此卦而制此物也，今無所考，只説得到此，以上當且闕之。但既有八卦，則六十四卦已在其中，此則不可不知耳。

［（宋）朱熹《晦庵集》卷五十九　1145—37—59］

答周純仁

(宋)朱熹

"神也者,妙萬物而為言者也",(止)"既成萬物也"《本義》(云云)。

某竊謂上言六子用文王八卦之位者,以六子之主時成用而言,故以四時為序,而用文王後天之序。下言六子用伏羲八卦之位者,推六子之所以主時成用而言,故以陰陽交合為義,而用伏羲八卦之序。葢陰陽各以其偶合而六子之用行,所以能變化,盡成萬物也。伏羲八卦,則兑、震以長男而合少女,艮、巽以長女而合少男,皆非其偶然。故自"動萬物者,莫疾乎雷"至"終萬物、始萬物者,莫盛乎艮",皆别言六子之用,故以四時之次言之,則用文王八卦之序。下則推其所以成用,於陰陽各得其偶[①],故用伏羲八卦之序。若上用伏羲卦次,則四時失其序;下用文王八卦,則兑、震、艮、巽皆非其偶矣。伏羲卦序與今卦序不同,不知是孔子創為之而作《序卦》耶?抑自文王、周公《繫辭》之後,已更伏羲之序如此,而孔子特以《序卦》明其義耶?

伏羲自是伏羲卦序,文王、周公自是文王、周公卦序。

[(宋)朱熹《晦庵集》卷六十　1145—76—60]

元亨利貞説

(宋)朱熹

元亨利貞,性也;生長收藏,情也;以元生、以亨長、以利收、以貞藏者,心也。仁義禮智,性也;惻隱羞惡、辭讓是非,情也;以仁愛、以義惡、以禮讓、以智知者,心也。性者,心之理也;情者,心之用也;心者,性情之主也。程子曰:"其體則謂之易,其理則謂之道,其用則謂之神。"正謂此也。又曰:"言天之自然者,謂之天道;言天之付與萬物者,謂之天命。"又曰:"天地以生物為心。"亦謂此也。

[(宋)朱熹《晦庵集》卷六十七　1145—307—67]

---

① "其偶"二字原闕,據《四部叢刊》景明嘉靖本《晦庵集》補。

易象説

（宋）朱熹

《易》之有象，其取之有所從，其推之有所用，非苟為寓言也。然兩漢諸儒，必欲究其所從，則既滯泥而不通。王弼以來，直欲推其所用，則又疎畧而無據。二者皆失之一偏，而不能闕其所疑之過也。且以一端論之，乾之為馬，坤之為牛，《説卦》有明文矣。馬之為健，牛之為順，在物有常理矣。至於案文責卦，若屯之有馬而無乾，離之有牛而無坤，乾之六龍則或疑於震，坤之牝馬則當反為乾，是皆有不可曉者。是以漢儒求之《説卦》而不得，則遂相與創為互體、變卦、五行、納甲、飛伏之法，參互以求，而幸其偶合。其説雖詳，然其不可通者，終不可通；其可通者，又皆傅會穿鑿，而非有自然之勢。惟其一二之適然而無待於巧説者，為若可信。然上無所關於義理之本原，下無所資於人事之訓戒，則又何必苦心極力以求於此而欲必得之哉？故王弼曰："義苟應健，何必乾乃為馬？爻苟合順，何必坤乃為牛？"而程子亦曰："理，無形也，故假象以顯義。"此其所以破先儒膠固支離之失，而開後學玩辭玩占之方，則至矣。然觀其意，又似直以《易》之取象，無復有所自來，但如《詩》之比興，《孟子》之譬喻而已。如此則是《説卦》之作，為無所與《易》。而"近取諸身，遠取諸物"者，亦剩語矣。故疑其説亦若有未盡者，因竊論之，以為《易》之取象，固必有所自來，而其為説，必已具於太卜之官，顧今不可復考，則姑闕之。而直據辭中之象，以求象中之意，使足以為訓戒，而决吉凶。如王氏、程子與吾《本義》之云者，其亦可矣。固不必深求其象之所自來，然亦不可直謂假設，而遽欲忘之也。

［（宋）朱熹《晦庵集》卷六十七　1145—307—67］

易精變神説

（宋）朱熹

變化之道，莫非神之所為也，故知變化之道，則知神之所為矣。"《易》有聖人之道四焉"，所謂變化之道也。觀變玩占，可以見其精之至矣；玩辭觀象，可以見其變之至矣。然非有寂然感通之神，則亦何以為精為變，而成變化之道哉。此變化之道，所以為神之所為也。所以極深者，以其幾也；所以研幾者，以其變也。極深研幾，所以不疾而速，不行而至者，以其神也。此又發明上文之意，復以"《易》有聖人之道四焉"者結之也。或曰："至精至變，皆以書言之矣；至神之妙，亦以書言可乎?”曰:“至神之妙,固無不在。詳考之,文意則實,亦以書言之也。所謂‘無思無為,寂然不動’云者,言辭在册,象在畫,蓍在櫝,而變未形也。至於玩辭觀象,而揲蓍以變,則‘感而遂通天下之故矣’。推而極於天地之大,反而驗諸心術之微,其一動一静,循環始終之際,‘至神之妙’亦如此而已矣。嗚呼!此其所以‘不疾而速,不行而至’也歟?”

[(宋)朱熹《晦庵集》卷六十七 1145—308—67]

太極説

(宋)朱熹

動静無端,陰陽無始,天道也。始於陽,成於陰,本於静,流於動者,人道也。然陽復本於陰,静復根於動,其動静亦無端,其陰陽亦無始,則人蓋未始離乎天,而天亦未始離乎人也。

元亨,誠之通動也;利貞,誠之復静也。元者,動之端也,本乎静;貞者,静之質也,著乎動。一動一静,循環無窮。而貞也者,萬物之所以成終而成始者也。故人雖不能不動,而立人極者,必主乎静,惟主乎静,則其著乎動也。無不中節,而不失其本然之静矣。

静者,性之所以立也;動者,命之所以行也。然其實則静,亦動之息爾。故一動一静,皆命之行,而行乎動静者,乃性之真也,故曰“天命之謂性”。情之未發者,性也。是乃所謂中也,天下之大本也。性之已發者,情也,其皆中節,則所謂和也。天下之達道也,皆天理之自然也。妙性情之德者,心也,所以致中和立大本而行達道者也,天理之主宰也。

静而無不該者,性之所以為中也,寂然不動者也。動而無不中者,情之發而得其正也,感而遂通者也。静而常覺,動而常止者,心之妙也,寂而感,感而寂者也。

[(宋)朱熹《晦庵集》卷六十七 1145—320—67]

刑獄論

(宋)李石

生者,《易》之德也。《易》以是生天地,生聖人。聖人又以其德之生保天地之生,又以復於《易》之生,生生不窮。《易》之所以不息者,生德也。且聖人權生物之柄以立於天地兩間,烏能保其生而不殺也哉?其所以殺者,乃其所以生。雖天

地亦用此以為生之消息，以時之代謝為物之榮枯也。孔子曰“古之聰明睿智神武而不殺者”，韓康伯釋之曰：服萬物不以威刑，其所謂神武者無刑之刑、不殺之殺也。大刑無刀鋸而小刑無鞭朴，而教肅然者得於不怒，凜然者得於不誅。凡吾之甚武者，皆聰明睿知之運，易道鼓舞不測之神。此《需》《訟》《師》所由以次序相受為卦也。飲食者，人之所須，以生民勤於求生，不計所當得，以至於兩競為訟。其啟端甚微，其取用甚細，天地不禁，聖人不呵。凡以遂其欲生之意，使不至於夭閼疵癘乃已。故於《訟》之《大象》，不過曰“作事謀始”，以塞有事之争心。用獄勑法，則寓之《噬嗑》。噬嗑者，猶自口吻餘食，除去其間，未果於殺。此無刑之意，非特無訟也。然人之争心，寧復有既，一訟不已，衆訟之興，衆訟則鬬矣。此《師》之所以次於《訟》。小刑不已，必至大刑，自然之理。一殺不忍，況衆殺乎？鞭朴不忍，況刀鋸乎？故於《師》之《大象》，不過曰“容民蓄衆”，以見其所受之衆、所生之繁爾。至於《萃》然後除戎器，於《謙》然後利侵伐，於《豫》然後利行師，亦未果於黷武也。大抵《易》六十四卦，而言刑獄者凡六卦，皆《易》之生德所寓，天地資其生，聖人權其生，其為刑獄之詞，槩之曰：不殺之殺，生中之殺也。《繫詞》曰：“生生之謂《易》。”曰生生者，生天地之生，生聖人之生，其生之大矣乎！《中孚》則議而致信，《旅》則審而不留，《豐》則折之欲其不用，《解》則宥之欲其無過，《賁》則明其政而已。於獄有所不敢者，不以刑飾政，故曰：六卦者，《易》之生德也。唯《噬嗑》一卦著之繇詞，何也？以明飲食所自除去口吻之間，争不至訟，衆不至師，則周仁之始基也。文王生紂之世，身被羑里之拘，見炮烙之威肆虐吾民，心有所弗忍，著之繇詞，異於他卦，如是而已。春秋之世，失周家忠厚措刑惻怛之仁，三千之刑日益煩，而吕侯之刑日益甚，以需致訟，以訟致師，何其紛如也？然則孔子《大象》釋詞，非特著文王之仁，而聖人無刑不殺之仁備於此矣。抑嘗論之，《易》治天道，《春秋》治人事。以《易》之天，治《春秋》之人，天人之統相為用久矣。而《易》為潔浄精微之教者，孔子推《易》之無殺以止《春秋》之殺也，而記禮者以其流，失之於賊。司馬遷至以申韓配之，曰“原道德之意”者，以道德之刻，其潔浄精微流為申韓刑名之深。嗚呼，孔子象詞微矣，抑亦史遷之誤歟？

［（宋）李石《方舟集》卷八　1149—606—8］

龍虎論

（宋）李石

象以像為義，卦爻之畫莫不皆以其象像之，而萬物之體具矣。且伏羲之畫三畫也，而具五行，以立天地之數，以三為五，而六體已具。一為奇，二為偶，至三為五，因五而五之，則天地之數也。天地之數具，則五行之數具。或以剛乘柔，或以柔乘剛。初與四，二與五，三與六，相應為用，而象中之像成矣。雲龍者，水木之像也；風虎者，木金之像也。乾以純陽之卦而有龍虎風雲之像，以二五君臣相應，精神變化，陰陽奇偶之用也。以二為陽中之偶，乘初承三則成離；以五為陰中之奇，乘四承六則為坎。水火之會，則二五中氣混然冥乎五行之像。此雲從龍，風從虎，所以具於乾之六畫矣。以乾比坤，取象猶是也。坤六畫皆陰而有取於馬之牝者，馬，火畜也。上六取龍之戰者，龍，陽類也。以天地之雜曰龍戰，陰疑於陽也。以乾、坤二卦取象為他卦之例，皆象之變化。因卦爻而寓其像，鱗介飛走、蠕蠕肖翹、有目有趾者，無不具此乾、坤卦例也。乾、坤取象之外，他卦言馬者一繇九爻，晉、屯、賁、大畜、明夷、睽、渙、中孚八卦是也；言牛者一繇七爻，離、無妄、大畜、遯、革、睽、旅、既濟八卦是也；言豕者一繇三爻，大畜、睽、姤、中孚四卦是也；言虎及豹者一繇五爻，履、頤、革，三卦是也；言羊者四爻，大壯、夬二卦是也；言狐者二爻，解、未濟是也；言魚及鮒者一繇四爻，剥、姤、中孚、井四卦是也；言龜者三爻，頤、損、益三卦是也；言鹿者一爻，屯卦是也；言鼠者一爻，晉卦是也；言雉者二爻，旅、鼎二卦是也；言隼者一爻，解卦是也；言鴻及鶴者二爻，漸、中孚二卦是也。凡此四十一卦乾、坤龍虎馬牛以後，所稱物類僅十六種，因卦爻所占以別其象。剛柔緩急巧譬精喻物無遁情者，皆天地五行數之所囿，非《易》孰能具之，非聖人孰能知之哉？尚有所可得而擬議者，如《説卦》所載，先儒幾以為占筮之學所未深悉。學《易》者惑之有三焉，何也？言伏羲八索而不及文王，他卦與經所引相反，一也；八卦所為物命凡八，以震為龍，不以乾為龍，以乾為馬不為龍，坤為牛不為馬，震為馬之四種，坎為馬之五種，此二也；兑為金而乾亦為金，巽為木而乾亦為木果，坎為木之多心，離為木之科上槁，艮為木之堅多節，五行之數不定，此三也。施之卜筮，穿鑿遷就，似不可執一，而巫祝得以牴牾聖説，此不能不惑，而先儒以其叢脞雜亂舉歸之卜筮，可乎？固有涉於性命氣血，如坎為耳為加憂為心病，震之為決躁，巽之為躁卦，似與《素問》黄帝岐伯問對相通，不然伏羲用《易》以來，黄帝、堯、舜、禹、湯所學專出於《易》，以治身治天下，豈無一語及《易》，坐待文王孔子然後為全書，併與學者辨之。

［（宋）李石《方舟集》卷八　1149—608—8］

利涉論

（宋）李石

《易》以象為主，象以卜筮為主，卜筮所至則意所至，意至則忘象可也。用

《易》君子各以己意求《易》卜筮先之，以為己利不利之符，而吉凶悔吝所繫如禀命於父母、受教於師友，此象得以專之而致其信，以契夫人意，意得則象可忘矣。且“利涉大川”云者，象以水為險也，以為取需之坎乎？而意不在是。象以舟楫為行險利涉之用，而有取於涣之坎乎？而意不在是。象以為坎之水，凡卦之坎者，皆得以利涉不利涉為言，而坎之重險，乃不曰利涉不利涉，則其意所取於卜筮先之者端有在也。以經考之，繇言利涉大川者七，曰《需》、曰《蠱》、曰《大畜》、曰《同人》、曰《益》、曰《涣》、曰《中孚》，繇言不可涉大川者特《訟》之一卦耳。爻言利涉大川者二，曰《頤》之上九，曰《未濟》六三；用涉大川者一，曰《謙》之初六；不可涉大川者特《頤》五耳。曰繇詞，曰爻詞，初若以象為主，乃不在於坎之水，不在於舟楫之用，不在於重坎之險，一卦一爻各有定象，以寓其利與不利，似各有意，唯君子所以用之者何如耳？曰《需》者，取其疑而有待；曰《蠱》者，取其獘而有幹；曰《大畜》，取其蓄德以成其大；曰《同人》，取其立志而有所同；曰《益》，取其遷善以改其過；曰《涣》，取其難散而可以行；曰《中孚》，取其至信而有所格。若夫《訟》者，天水相違，兩競以剛險為訟，此繇意所不取也。卦有六爻，爻具六象，則六意之寓不可槩也。《頤》之六爻而意有可否之分，《頤》以正為養，在己者未正而拂人以為養，不若上九養正得吉，惕然居高自危，此二爻可不可之别也。《未濟》則以三之過凶為憂，謙則以初之得吉為福，此爻詞意也。大抵《易》者憂患之書，而繇與爻皆文王之詞。其曰利涉與否者，擇利避險，游世以求免憂患而已。卦六十四而利涉之卦七，爻三百八十四而利涉可涉之爻四，皆以象寓意。君子苟有得夫意之所先，卜筮可無而象可忘也。天下之險非特水也，雖行平陸安車緩轡有不免者。吾將以我之無心感於卦爻之無心。此聖人得意忘象之法也。

[（宋）李石《方舟集》卷八　1149—610—8]

大人論

（宋）李石

聖人以立言為法，非苟而已也。大者，小之積也。《易》始於三畫，八而八之，三而重之，以成六十四卦、三百八十四爻，《易》因是以定象立言，聖人因是以制法，取其變化不窮以推其所積之效，非一日之力，皆習而成之也。傳曰：“性相近也，習相遠也。”此人變化之習也。繇之言“大人”者，主一卦之義；爻之言“大人”者，主一爻之義。其為大人則均，其所以定象立言，因言制法則有間矣。乾者，卦之首；二五者，爻之尊。以乾統天則為天之大人，以二五為君臣之大人。以此調一天下，亭毒萬物，措諸事業，而闓諸百世，皆大人職也。積此以臨涖於有作者，大人之聖也；積此而鼓舞於不測者，大人之神也。凡《易》所謂天之陰陽，人之性命，以探賾索隱，極深研幾者，大人聖神之運，則總之曰易道之變化也。且以文王重《易》而曰以繇立言，明憂患所自，以為大人者，始於乾之爻。故夫子釋大人之辭曰：天地合德，日月合明，四時合序，鬼神合吉凶，其極也先天後天，天且不能違，則其大之積為聖為神，有不能名其大。文王之説、吾夫子之説，唯孟子知之。自可欲之善，有諸己之信，充實之美，至於光輝之大人者，已四其等矣，皆積小成大之序，則聖神者果易道之變化無疑矣。且以文王之處憂患也，皆因卦寓詞，因詞寄意，以為大者對小之稱也。大人能容小人，小人必不能包大人，豈止倍蓰十百千萬之間哉。《否》之六二曰："包承，小人吉，大人否，亨。"否則閉塞不出為義，此大人容小人。包承，含忍無所不至，以避其患害而已。《革》之五則曰"大人虎變"，上九則曰"小人革面"。其始也，大人用其大者以受小人，小人自當悔罪革面，聽命不暇，大人特取其順上，不責以全也，故曰大者對小之稱也。以訟則鬩，以巽則順，以小受大之術也。其處《困》也，守正以待時；其《處》蹇也，無終蹇不振之理。此言大人能養成其大，以受天下小人之託，亦有時也。其所謂時者，處憂患消息之時，天之時也。若夫《萃》者，文王受命之符也，假廟用牲可以有為之時，於其《象》曰"君子以除戎器，戒不虞"，此為文王設也。於《升》則曰"勿恤南征"者，文王為西伯，紂猶在上，太公未歸。曰大人者以為紂與太公設，如《乾》之二五，不以紂為獨夫而忽之，文王之以此授武王，武王用十亂之佐，君臣相為利見，如乾二五也。至釋《離》之《象》則昌言之曰大人"繼明照四方"，以明武王為子繼其父西伯之明，重光奕奕，丕顯丕承，以周代商。《易》之《大象》言大人者異乎爻之詞，唯此而已。然則作《易》者之憂患乃文王憂患，見於躬行者如此其審矣。夫子潛心文王，孟子願學夫子，推明次序，所積不可超躐，而至曰聖曰神，文王爻詞、繇詞未嘗及之。《觀》之《彖》曰聖人，《觀》之《彖》曰神道，而《繫辭》所稱聖神猶曰自畫《易》以來，至文武相為授受，以其聖聖神神，妙易道於天下，所以為立言制法者，故曰文王之意夫子知之，夫子之意孟子知之。

［（宋）李石《方舟集》卷八　1149—611—8］

世數論

（宋）李石

《易》之為八卦明矣，以二索六為六子，此伏羲之畫三墳之書，初不待文王之重而後具也。文王特因其八者索其八而八之。自八以下，以陽從剛之竒而為陽之羣，曰陰中之陽也；以陰從柔之偶而為陰之羣，曰陽中之陰也。陰陽剛柔，錯綜

成文，而六十四卦具矣。亦初未嘗有所加減損益於三墳之書。獨於《連山》《歸藏》之中，取其所謂《易》者，因乾坤而定名，由八已下八八而索之為繇詞、為爻詞，孔子為《彖》詞、為大小《象》詞，以文王之易為正而定名曰《周易》，故曰吾得坤乾焉。三墳未亡，乃曰贊《易》道以黜八索者，何也？且以乾坤為父母，以六子為子，子各有子，父昭子穆，傳世之法也。卦之有世，必自其父母者始。父乾而索震坎艮，子之從父也；母坤而索巽離兑，子之從母也。要之不出八索。八之數三墳同實異名，雖吾夫子有取焉。而説者以為專出劉牧，似未通也。牧之論不過以乾索乾之重為一世，以乾索震之重為二世，以乾索坎之重為三世，以乾索艮之重為四世，以乾索巽之重為五世，以乾索離之重為六世，以乾索坤之重為七世，以乾索兑之重為八世備矣。以乾六爻為例，則他七卦者八之世可槩為八索之法。以卦而四維之陰陽各分其羣，而按之以《河圖》之數，似且三十年為一世，人之昭穆之世也。若乃《易》之世，豈止三十年而已哉？大用之則大，小用之則小。星翁日者所不能盡知，天地萬物舉不逃於乾、坤二篇之策者，用此世也。其大者，日月星辰之行，璿衡律度，以古況今，千歲之統，世傳如一；其小者，一歲四時，寒暑代謝，圭黍不違，大率以卦為主。而以陰陽剛柔隨其所用，為世之變爻，以卦變為氣，一氣斡旋，為易道神化之運，曷有窮已哉。

［（宋）李石《方舟集》卷八　1149—612—8］

歲月論

（宋）李石

《易》之有日月也，由陰陽之分也。六陰六陽以定一歲，而各職其分，陰與陽類以肇成歲功，一卦觽六日，六十四卦之數，凡三百八十四爻，因以歷日月之度，以測其度之所底剛柔、消長、吉凶、禍福之變，故曰《易》之有日月者，陰陽之分也。且始子終巳，六陽也；始午終亥，六陰也。此一歲十二月，以立日月之經，而以六日一卦者為之緯，或計之卦，或計之爻，此日月歲之次序也。且言“終日”之卦三，《乾》《豫》《既濟》是也。言“三日”之卦三，《蠱》《巽》《明夷》是也。言七日之卦三，《復》《震》《既濟》是也。言月之卦一，《臨》是也。言《三年》之卦七，《同人》《習坎》《困》《漸》《豐》《既濟》《未濟》是也。言“十年”之卦三，《頤》《屯》《復》是也。言三而不曰歲月日凡八，《需》《訟》《師》《比》《解》《損》《革》《巽》是也。繇詞言三者二，《蒙》《晉》是也。嘗以次叙論之，陽生於子為《復》之初九，繇言“七日來復”者，起於《中孚》之六日，至《復》初九則七日。以一卦一爻為計，陽之方來以會朔迎氣，此進之也，至於四陽為《臨》，則恐其已過，為陰所蹙，故先期而告之曰“八月有凶”,九四之陽變為六四之陰則為八月,此以卦為月也。《乾》言終日者,《乾》九三一爻之計。不終日者,《豫》六二一爻之計。此以爻為日也。《蠱》之三日,天下事至獘,如幹以克家之子,尚且幹之以漸,況天下之事[1]。先後甲者,巽木申命,猶風之振山落木也。先後庚者,巽木兑金,兑巽易位,金木更相旺囚,自巽至兑,此以卦為爻之日例也。喪貝喪茀,所喪甚輕,有不足逐,坐待其歸,一卦六爻之變而自得也。三年者,或在下卦之上,或在上卦之上,或在初,或在中,或在終,一卦三爻,三年之例也。十年者,一卦六爻之變,《頤》之守正,《師》之自用,《屯》之女貞,《復》之自迷,一卦四爻之例也。其不以歲月計而言三者,皆三爻奇偶之數,可以類推也。大抵易道以數為本,六陰六陽分職一歲之用,震離兑坎分旺四仲,餘六十卦,歸奇為閏,三百八十四爻曰歲曰月曰日,如指諸掌矣。

[(宋)李石《方舟集》卷八　1149—613—8]

君子論

(宋)李石

《易》之為書也,文王初為爻繇之詞,吾夫子益以《大象》統一卦意而為之詞。曰君子者,謂天下後世君子,公稱之也,凡有三説焉,一曰行道之君子,二曰修身之君子,三曰治世之君子,而《易》之見於用者盡矣。伏羲三畫索而八之,文王六十四因而重之,孔子十翼繫而翼之,包六極統三才,以倡其學於後世,凡《易》之道率本三聖,為五經所祖,行道之君子也。窮於性命,達於死生,洗濯德業,研極幾微,咸恒以息其謬用之心,損益以擇其可為之事,六氣以調節,四叙以消息,出處語默,無一不在,此修身之君子也。五常所紀,三王所尚,文質不同,剛柔各異,禮樂法度,律歷法象,治亂之術,安危之符,愈取愈有,受命如響,此治世之君子也。三君子者,天下後世之君子,其施於《易》甚公,所以行道,所以修身,所以治世,則有别矣。吾夫子因以統一卦之體,先總其數,命之曰《大象》者六十四卦,而君子用《易》之目特五十三,而爻之所謂君子凡十爻。八卦無預焉者,蓋一卦以總其體,一爻以散其用,不可一槩,莫不皆有序也。《禮》曰“潔浄精微,《易》教也”。文王之淵懿,孔子五十學《易》無大過,君子先體《易》道之大,以範圍此世,斂以修身,推以治世,而體之為用,無乎不在。故《大象》所統君子之外有所謂先王者七,有所謂后者三,有所謂上者一。且伏羲至周、文、武制作甚備,所稱先王,知其為周之王也;告命省方,亦知其為周之后也。其所謂上者,以上對下為義也。周之

① 疑有脱誤。

衰也，君子少而小人多，猶剥以五陰剥一陽無難者，故以君子容小人而為廬，小人載君子而為輿，上下相養，苟於無事，如春秋戰國之世。孔子讀《易》，傷周道之衰，而有感於此，故不復以君子統象，而以上對下為言也。嗚呼，天下後世之君子盡矣。自伏羲畫《易》以降，五帝、三王、周公、孔子，凡有得於《易》者，不論有位無位，為君為臣，皆其公稱也。如詩人則以王者為君子，《左氏春秋》則以人臣為君子，或以孔子為君子，《論語》則以子產、子賤為君子，此君子公稱之例也。至於《易》之所謂君子，往往間有對小人為言，何也？君子、小人之辨亦天下後世公心之憂也。文王憂之，孔子亦憂之。文王書之於爻繇，孔子書之於大、小《象》。其於憂世之心，一也。其於《否》《泰》，致其去來消長之勢；於《遯》，則曰"君子以遠小人，不惡而嚴"。若夫《春秋》筆削褒善貶惡於君子小人，黑白涇渭之不啻，《易》致其理，《春秋》致其法。此又專出吾夫子之意。其憂又倍於文王也。

[（宋）李石《方舟集》卷八　1149—614—8]

時義論

（宋）李石

時者，天之時也。天可為時，人不可為時，人為天地之先後而奉時周旋者，斯可矣。且有治、有亂、有安、有危，小則一身，大而天下，所遭之時有不同者，豈人為哉？天之時也，唯君子能御其時以探天之機。因時移易者，《易》之不常也。所謂義者，宜也，無適不宜也；用者，通也，無適不通也。義而權其宜，用而求其通，一以適時為正。猶曰天之四時也，春而生之，夏而長之，秋而收之，冬而藏之。因卦取時，以隨《易》變化者則繫之人矣。故君子之於《易》也，時先之，義次之，用又次之。《乾》曰"時乘六龍以御天"者，一唯其時而已。君子涉世憂患，思其義，擇其用，曰時者無適而不宜，無適而不通，轉禍為福，消息盈虚之理。凡繫命於天者，人定得以勝之，自非聖人君子疇能克此哉。抑嘗論之，吉人凶其凶，不可謂凶，凶人吉其吉，不可謂吉。此禍福倚伏之理。唯聖人體道於《易》之變，而知其天人之符也。時義之卦凡五：曰《豫》者恐其為逸豫之豫，曰《隨》者恐其為詭隨之隨，曰《遯》者恐以遯自懼，曰《姤》者恐以姤自屈，曰《旅》者恐以旅為處。此五者皆當權其義之宜，所以為大也。時用之卦凡三：曰《坎》者，險之所當畏，其亨之可恃者，以其心也；曰《睽》者，乖之所可惡，其同之可通者，以其志也；曰《蹇》者，難之所當避，其中之有利者，以其知也。此三者皆當求其用之通，所以為大也。若夫時之大者，皆天道素定而不可易，無義可宜，無用可通，一聽天運而已。其卦凡三：曰《大過》者，無一而不過，天下方亂，天亂之也；曰《解》者，無一而不解，大難方散，天散之也；曰《革》者，無一不革，天人混冥，在治而亂，在亂而治，唯天時之定，非義非用之所能拘，故特曰時大而已。大抵卦必有時，時必繫於天。而《易》之道出於天，以神其變化，而他卦者寄天之妙於一默，故不以時為言。而十一卦獨以時為言者，吾夫子自以己之憂患同衆人之憂患，宜於義者五，通於用者三，言時而不及其用者亦三，餘五十三卦不言時者，於聖人《彖》《象》自無隱詞。

［（宋）李石《方舟集》卷八　1149—616—8］

古君臣論

（宋）李石

孔子定書斷自唐虞以及三代，乃不及伏羲之書契。伏羲畫《易》，孔子作十翼，而《彖》《象》言古君臣乃不及帝而獨言王者之代，何也？文王以憂患重《易》，孔子傳文王之心而有得於《易》，故取古之君臣專及王者之代以明學所授受不自他出也。且先以文王明之，文王以西伯重《易》，商王受在上，西伯羑里之囚，故有憂患，宜曰西伯，不曰王也。《彖》之言君則果文王之疑也。曰帝乙、曰高宗、曰箕子，吾知其為商之君臣。曰王者，知其為文王，則周公之追王無疑也。韓宣子適魯見《易象》與《春秋》，曰："周禮盡在魯，吾乃知周公之德。"則追書西伯為王者，果周公之書，以子王父之禮也。太史公曰："人更三聖，世歷三古。"以一聖配一古，及文王而遺周公，以子統父之理也。曰"王用亨於帝"，"王用亨於西山"，孔子釋之曰順事，知文王以西伯事紂，以臣事君，惴惴然不敢少拂紂之怒心，故能以西山之業有天下而自達於亨大也。孔子於《易》誠潛心於文王得之矣。象有文王則孔子之《彖》言文王，象有箕子則孔子之《彖》言箕子，象有湯武則孔子之《彖》言湯武。有其詞則述其詞，有其義則思其義。大抵孔子因文王之作而有述，猶周公文王父子之文相先後為全經也。至《繫詞》十三卦制器，以卦寓象，則伏羲、神農、黄帝、堯、舜皆有所制。一卦一器，五聖人者先有其器，然後别之，而寓諸象以形容之。此孔子傳以述詞而為義也。且以帝乙歸妹言之，《泰》之六五則以五之陰下應於二之陽，為震兑之互體，以歸妹為言。此象也，若夫雷澤之歸妹，則以震之長男娶兑之少女，亦以二五相應。曰須曰娣，則因爻陰陽以寓象，不專於互體也。互體之學非必出劉牧，自畫卦以來即具之。剛柔變化，交相為用，易道之所以神也。必欲奪取之，則湯、文、武、箕子，爻象相戾，是啓昔人以箕子為箕荄之説。愚故曰有其詞則述其詞，有其義則思其義，施於《彖》《象》，聖人心傳，蓋相通矣。或曰卜筮者，神《易》之道，聖人用《易》以卜筮為始可也。文王處憂患見於日用，曰王用、曰南征、曰南狩，以此取紂而得天下，曰"得其大首"，至於"公用圭""公用射隼”，則公之為周公必矣。若乃《復》之一卦，則聖學之懿性命之極，其於不遠復者，則文王仁得之，孔子仁得之，顏子之仁又得之，《繫詞》追釋之於後。豈特卜筮而已哉。

［（宋）李石《方舟集》卷八　1149—617—8］

禦寇論

（宋）李石

易道之難行也，人情或失於隱，或傷於察，隱者欲其不知，察者欲其必用，易道人情之變兩全之以求其通，斯所以為難也。其曰難者，何也？不知者欲其可知，必用者欲其不用，俾人之情各適於教化鼓舞不測之域，君子所以神易道於天下也。荀子曰害良曰賊，竊貨曰盜。賊盜者，皆寇也。且隱於不知，其類有三，險狠忮戾以陷害良善欲人之不知，欺詐矯偽以沽掠名譽欲人之不知，貪啉賄賂苟利貨財欲人之不知。此三類者，挾穿之姦，秉扈之氣，其實寇也。彼以其隱，我以其察，彼以隱之，不知我以察之，必用勢，必至於鬬，興戎之漸，召亂之由。此玩《易》之君子所深致其憂也。孔子曰：不逆詐，不億，不信。抑亦先覺者是賢乎？兹神化之運，孔子學《易》而知之久矣。孟子又知之曰：所過者化，所存者神，上下與天地同流。夫唯神化鼓舞至與天地同流，能使民不為盜者，禦寇之利有大於此者乎？且以禦寇之卦二，曰《蒙》曰《漸》是也。致寇之卦二，曰《需》曰《解》是也。《蒙》之上九以昏昧養寇，則擊而去之；《漸》之六二以陰長寇，則順而取之。此禦寇之利也。《需》之九三據非其位，以剛不中持疑而致寇，《解》之六三取非其有，下體負乘失中而致寇。夫以《蒙》《漸》稔寇，而長養之不能必其去，又以《需》《解》誘寇而來之，此必鬬之寇，鬬之，則天下亂矣。吾《易》之憂也。君子於此盍亦思所以解其鬬者，因人情之變而神其化，亦必有道矣。且喜則親之，怒則疎之，人情之變也。於是又有得於三卦焉，曰《屯》、曰《睽》、曰《賁》，《屯》之難，《睽》之乖，《賁》之無飾，人情之至變，易道之難行者。吾能使之喜而不怒，親而不疎，仇讎之冰炭合而為姻婭之膠漆焉。以寇為婚者，《易》之神也，曰匪寇而婚是矣。昔季康子患盜，孔子答以“苟子之不欲，雖賞之不竊”。昔之以無欲治民，唯堯舜能之，故能仁覆天下，比屋可封，豈唯不竊其賞而已哉。三類者舉為可封之民矣。嗚呼！安得用《易》之君子，而與為堯舜之治乎？

［（宋）李石《方舟集》卷八　1149—619—8］

《周易》十例畧

(宋)李石

《春秋》有例者,起於杜預;《易》有例者,起於王弼。二例之作,以吾夫子立一定之論,如《乾》《坤》二卦,則諸卦之倡,謹始之例也。後之學者,因而例之,故作十例畧。

無咎者,有咎而卒於無咎也。《乾》之九三曰"君子終日乾乾,夕惕若厲,無咎"者,剛失中道,為亢之漸。《坤》之六四"括囊無咎"者,陰進薄陽,臣强侵主,下卦之上括囊以幸免。孔子繫之曰"無咎者,善補過",過而補之,可免於咎矣。《易》爻言無咎者九十九爻,而何咎者三。何咎者,本自無咎而猶畏之。無大咎者,未能無過。何咎者,徒自憂於咎。一以《乾》《坤》為例。作無咎例。

利有攸往者,可以往而往,不冒險而往也。始於《乾》之"利見大人",猶曰可往見矣。《坤》之繇曰"君子有攸往"者,先昧所向,後有所歸,猶曰可以往矣。《乾》《坤》為例,"利有攸往"之卦十一,繇言其八,爻言其三,繇言有攸往者一,爻言有攸往者三,繇言小利有攸往者一,繇言勿用有攸往者一,爻言勿用有攸往者一,繇言無攸利者二,爻言無攸利者八、無不利者十二卦十三爻,槩之以不冒險為利也。《乾》之《彖》曰:"乾始能以美利利天下,不言所利大矣哉。"有利不言,蓋無適不利也。他卦爻之利不利,勿用有所待者倣此。作利有攸往例。

孚者,信也,始於《需》之有孚,而《訟》之有孚次之。需者,疑也,因疑而待其信,可以無疑。訟者,争也,因争而求其信,可以止訟。或曰:去就從違,信不信之决也。《需》《訟》之外,繇言孚者三,爻言有孚者十三卦十八爻。繇因事言孚者三,爻言孚者九卦十一爻,爻言匪孚者一,言罔孚者一。其曰中孚者,信之由中,而豚魚細物亦被其賜。凡信之有疑有争者,莫不釋然於此。謹信之始,起於《需》《訟》。作孚例。

悔吝者,君子求免於世之憂患,一本於正心誠意,慮而後動,迫而後應,俾不由於悔、吝之塗乃已。然時有不免者,一身萬物,隨時所值,因《易》自忘可也。《繫辭》曰:"憂悔吝者,存乎介。"介者微小,尚可以追惟之。竊嘗考悔、吝為二道,則悔大吝小也。吝尚可追,惟而悔有不及者,亢龍有悔,此治亂休戚天下所繫,孰有大於此者哉?若夫《屯》,鹿之不得,往則取吝,《蒙》以刑為發往則取吝。《屯》《蒙》二吝,吝乃非悔之比,大小隨卦爻所寓,不可一槩。且以《乾》之悔,況之《豫》《蠱》《困》之悔,誠有間矣。若乃《革》之悔亡,則以湯武革命,幾於繫天下事,甚大如《乾》之悔也。他言悔十五卦十八爻,無悔、無祇悔七卦八爻,言悔二卦二爻。言吝者,自《屯》《蒙》而下十七卦十八爻,小吝者二卦二爻。曰小者,尚有大於此

者乎？貞吝四卦四爻，吝無咎者四卦四爻，此悔、吝之别，君子所以自忘於憂患者如此，而有大小者，以《乾》與《屯》《蒙》為謹始。作悔吝例。

厲者，君子以人心自危，而日進乎道心之微，惴惴自畏，未嘗一日不以憂患自警也。《乾》以惕為厲，《訟》以貞為厲，皆厲也。孔子於《乾》以危為辭，獨於《艮》之九三曰："艮其限，列其夤，厲薰心。"夤，心之上下，憂患有所限止，文王之辭也，孔子釋之曰危薰心者，人心道心，危微之兩間，正如夤之上下也。且言厲自《乾》以下二十三卦二十六爻，貞厲者八卦八爻，厲無咎者八卦八爻。厲無咎者，以《乾》為例。貞厲者，以《訟》為例。作厲例。

心情者，人之有心有情也。以人之有心有情，見天地萬物之無心無情，情顯而易見，心隱而難測。君子以《易》洗濯其心，雖天地之大，萬物之繁，如對鑑妍醜，無遁形矣。《繫辭》曰："聖人以此洗心"，"與民同患"是也。然此專出孔子《彖》辭也。言天地之心者一，言天地之情者一，言天地萬物之情者三。《復》則取其静以自復，故能以復之心見天地之心，不待觀而見之。《大壯》則以剛大而能正，不但用壯為天地之情，況其在人者，至於《咸》之虚、《恒》之常、《萃》之聚，皆天地萬物共由斯路，此甚易見者，以我之情度而測之也。用《易》君子宜以《復》之心為心，曰《咸》、曰《恒》、曰《萃》，思慮所孚，可不勞矣。作心情例。

八象者，始天地大象，以求其類也。類乎天者天象，雲雷風雨日月是也。類乎地者地象，山水泉澤木火是也。並天地為八卦十四象，剛柔奇偶，各以卦爻所象為類也。陰卦取天象，陽卦取地象，錯綜為爻，變化為用，文王重《易》而立辭，孔子立《大象》而釋之，自其八者衍之為十四也。以《説卦》考之，取象凡一百一十三，而《大象》所象特一卦一象為主而乃衍為十四。坎衍其三，離衍其四，巽衍其一。其寓諸爻者為九十九，所用未如《説卦》之數，而名物有不及象者，用《易》之君子以意逆志，斯得矣。作明八象例。

貞悔者，鄭氏云内卦為貞，外卦為悔，卜筮所用也。然伏羲三畫，有内無外，有貞無悔。雖三墳八索以步氣迎日，亦未見其為占筮之用。抑亦文王所重，以著龜所定，胥變而為卜筮乎？《周官》三易，鄭氏所言蓋稽諸此也。且以伏羲為貞，文王為悔，内外奇偶剛柔，以初為四，以二為五，以三為六，始中終之義，變化酬酢，而卦之上下二體具矣。其為貞悔，互相應用，不亦可乎？占筮所用，有以内為主，有以外為主，内變者為内主，外變者為外主，明取其變以為吉凶，則《易》之神化也。作貞悔例。

彖卦名者，卦一名，名一字盡矣。非聖人孰能説之，如曰乾健坤順，非聖人彖之，則世有不能名之者。八卦八名，伏羲名之；益以五十六名，文王名之；孔子又因彖之益以六十四名其意，以釋幾微幽深之義，以廣二聖立言之法，然皆强名也。曰天地止矣，又强名曰乾坤。乾坤止矣，而又强名以八卦。乾坤之變者健順具一氣之元，晝夜四時，代謝摩盪，命之曰易，而槩之曰道，故曰皆强名也。揚子雲作《太玄》準《易》，曰一元之統，方、州、部、家，三摸九据，因氣盈縮，晝夜分之九九為八十一贊，以御氣之變，有一卦而三名之者，出三聖人所作意表，易道或幾乎息矣。作象卦名例。

《繫辭》者，《易》之詞也。《易》之有詞自文王始，《繫辭》爻辭均曰詞也。孔子既為《彖》大小《象》以釋文王之詞，謂之《繫辭》者以繫其辭所自，不徒作也，故曰"繫辭焉以盡其言"。然則辭者，言之盡而有未可盡者，《易》之意深矣。嘗試分《繫辭》上下未盡之意，以韓康伯所注十五章，上《繫》之章七，下《繫》之章八，蓋隨意求盡，饜飫思慮而有得焉。可以合而一之，詞之統者，如《中孚》《同人》至《大有》七釋，自《咸》至《損》十一釋，此可以合之為十八《釋》。而乃分之於上下《繫》，何也？大衍之數五十而又合之以天地之數五十有五，二篇之策而為揲法矣。其下又再言天地之數，何也？至於十三卦制器，三陳九卦，隔章分釋，已無可疑，而學者以孔子十翼之分有可疑者，《彖》一也，《大象》二也，《小象》三也，上《繫》四也，下《繫》五也，《說卦》六也，《序卦》七也，《雜卦》八也，十翼幾為八翼矣。得無取文王繇辭、爻辭二翼併足為十翼乎？竊疑文王以西伯作《易》，王為追書之王，而繇辭、爻辭有稱王者，曰王假之，曰王假有廟，曰王用享於西山，曰王用享於帝吉，将遂為文王乎？以《大象》所稱之王况之，似出孔子，或曰《文言》之釋為一翼，而爻辭出周公。作《繫辭》例。

右十例者，據王弼《例畧》而續之，既具之論，其有可立一定之說於無定之中，曰體曰用二說，體即《易》詞所謂無體之體，用則勿用之用，此常說也。惟《易》主變移，《易》不可常者，於例具之，如弼之例，可互見矣。

[(宋)李石《方舟集》卷十九　1149—754—19]

象統

(宋)李石

傳曰：物生而後有象，象而後有滋，滋而後有數，數者猶曰一二三四者，此《易》之始肇於畫矣。欲求《易》者自其畫，欲求畫者自其滋。滋者猶曰蕃滋，以一成二成三者是矣。而蕃其象，各以其類為象。天下凡物，莫不皆有象，類物而通其象之次序，可迎刃解矣。物之生者，自然之天，其象、其滋、其數，因是而畫之，為三衍而六之八之，則人也。人者，人為之以其使之然，以合乎天之然，天人相符，毫釐錙銖之不爽，而《易》成矣。此象之次序，不可忽也。蓋嘗以物之繫於《易》者，原之以類而推其象，其變化者，乃其象之通，而以《易》為神，此兔蹄魚筌，

如王弼之論得意忘言、得言忘象，端有次序，可驟而語乎？乾坤者，天地之二象，剛柔奇偶，其象通於八卦，自八卦通於六十四，此象可以類起矣。以乾為龍，坤為龍，震亦為龍，必欲求龍所在，則曰天，曰田，曰潛，曰野。象雖可類而有不盡者，似未可遽悉也。至曰乾為馬，坤為牝馬，震、巽、坎皆為馬，坤為牛，而他卦言牛，巽為雞，離為雉，而他卦之言鳥者，可以類求之，無遁情矣。譬夫味之適口者，必名其物，然後知味之酸鹹、衣之蔽身者，必名其物，然後知衣之長短，數之未知，象之未明，而欲明之，不已僭乎？《繫詞》曰"神無方易無體"，又曰"剛柔有體，以體天地之撰"，故因其互體者，為無體之體，伸劉牧之説，而與王弼辨，且天地生成五行，五十五之數與大衍五十之數相通，此蓍龜之用，《易》之祖也。《易》不有四象乎？言、動、制器、卜筮皆象之變化，體有不同，則可以互體推也。弼乃以五行汗漫，取四象者合而一之未盡，而忘《易》之所祖，是欺人父祖，愚而忘之，以聖賢其子孫，是又其僭者，故因《繫辭》《説卦》立象，以互體例類而求易，因孔子以知文王，因文王以知伏羲。所謂象者，儻不至牽合遷就，十可得七八，其他天人之奥、性命之理，如弼之作《明象》，得意忘象者，以俟後世用《易》之君子，作象統。

[（宋）李石《方舟集》卷十九　1149—767—19]

《易》(此篇論乾坤定君臣之分)

（宋）陳傅良

昔者，聖人出而治天下，其父子兄弟君臣之號未立也，聖人惡其無别而至於相瀆，故為之父子，為之兄弟，為之君臣。夫人之情安於其所見而難於其所不知，彼誠生於其父也，吾從而父子之也無惑。彼誠偕生於其父而後於其兄也，吾從而兄弟之也，亦無惑。無故而貴之曰君，無故而賤之曰臣，則天下將以為聖人之私而不能以聽。為君者又坐而賞罰其用命與不用命，為臣者又奔走乎其役。夫為君而無所甚利，為臣而無所甚病，而徒號之然也。人猶以為厲已也，而曰君者又從而居其逸而執其權，曰臣者又從而即其勞而起其令，則天下又曰均是人也，强吾戴而君之，强吾俯而臣之，其初無甚異，而何以得專其富貴，而行其予奪之意於我？而吾亦何畏而枉於下？聖人序君臣以定天下，天下顧莫之聽，且將無所畏乎其上。一聖人之法無以勝天下之情，則君臣之道廢。聖人憂焉，曰是非告語之所能辨而智力之所能攻也。夫解人之疑者必因其所已信而覺其迷者，非自其所共曉者人之不可也。於是取諸天地之間，得其定分而示之。《易》象諸天為乾，曰是其高也，而吾因以為貴焉者也；象諸地為坤，曰是其卑也，而吾因以為賤焉者也。凡索乎乾者皆一陽而二陰，君子之道也。《易》一作而天下定，蓋曰貴賤之分，天地之位也。(《繫辭》:陽卦奇、陰卦耦,其德行何也?陽一君而二民,君子之道也;陰二君而一民,小人之道也。胡益之解云:此是孔子又自釋陽卦奇、陰卦耦之所由也。言陽之卦是君子,陰之卦是民。一陽在上則衆陰歸之,一君在上則二民歸之。猶天下一統,衆歸於一主,則成邦國之道,是立治之本。此是君子之道者也。言陰者是小人之象也。夫二陰在上,而一陽居之。是猶二君在上,而在下之人無所適從,則天下不能統一。如此則乖邦國之道,是致亂之本。此小人之道也。)而聖人亦曰:此天地之為也,非我也。嗚呼!文字之作聖人不得已於天下,而非其意也。雖然聖人之作《易》,其固以立君臣也。親為其事而求信其事,則或者疑於自為,天下未習其説。而一日兆其説,則人亦非以為固然。故聖人晦其智而神之蓍,蓋人之心玩於理之常而竦動於數之不可混。故數也者,所以濟其理之所不行。今夫裂千金之藏,使信士為之,亦奚不均者。而古之人付諸籌,使自探而自取之,然後多者不德而寡者無怨。故夫籌者所以濟信之所不行。嗚呼,《易》之作始於定貴賤之分,而其數也所以神其道以濟君臣之理而已,而非徒若是誕也。

[佚名編《十先生奥論註》後集卷四 1362—149—4]

上張參政書

(宋)曾豐

一陰一陽之謂道,一闔一闢之謂變,陰陽不合之謂固,出入於闔闢之間而不窮之謂通。君臣與天地配剛柔,其道也;剛柔自為消長,其變也;往來於消長之間,其通也。反是,其固也。通則小康,大通則太平,固則未治,大固則亂,常理然爾。伏羲畫卦,存體而已,未言用。文王重之,則九剛六柔也,五君也,二臣也。首考之,乾之君臣純剛,非常剛,純粹精之剛也;坤之君臣純柔,非純柔,直方大柔,其中有至剛存,闔闢無倪,出入莫窺。故其效,亨為元亨,美為至美,利為不言所利之利,非常效也。惟堯、舜、禹、湯、文、武之君臣為能。次考之,六十二卦之中九二九五者,十五謂之剛濟。剛,齊之君臣是也,過則秦。六二六五者,十五謂之柔濟。柔,魯之君臣是也,過則東周等。過也,與其秦也寧周,故失之純柔於卦為小過,失之純剛於卦為大過。六二九五者十六,謂之以柔濟剛。公孫弘、薛澤、李蔡、莊青翟之於武帝,韋賢、丙吉、黄霸之於宣帝是也。九二六五者十六,謂之以剛濟柔。小則陳平、周勃、灌嬰、申屠嘉之於文帝,大則富、范、韓之於神宗,又大則周、召之於成王是也。於十六卦之義,權文帝之治,臨升泰之君臣也。僕於時《易》有斷焉,君臣之道患不善為九二六五,誠善為之,則其養而未發為大畜,發為大壯,發而成則為大有。文帝盡三大之美,未盡三大之善,平、勃、灌、嘉等無周、召、富、韓、范之學以充之爾。主上繼統十有一年，於兹，淵禀内澄，天光外照，徜徉大道，兢惕萬幾，寤勿近臣，協衷無我，純乎柔道之君也，駸駸乎仁宗、文帝之君也。計所感召，宜太和，未則小康。今也，百神受職，而祝融之驕不一，四夷稱藩，而玁鬻之嫚猶初，其故無迺内賛神謨、外秉國鈞者，曾未叶以剛道濟之與？道路相傳，廟堂始欲從事玁鬻，中以祝融驕，故姑寢。誠然得之矣。何則？祝融事闗内治，玁鬻事闗外治，内治舉則外治隨之。反是，是為失策，其姑寢也，宜哉。僕思祝融之驕，玁鬻之嫚之兆也；玁鬻之嫚，祝融之驕應之也。昨驕今嫚，則今驕安知非兆後嫚與？雖然，此天之所以愛主上也，亦天之所以開主上也。願言主上修德應天之外，二三公更懲前敝，繼自今與事變遭有辛酉之災，防微杜漸，不謹者斬，臨危不用命者斬，他一推此行之，則内治舉矣。或欲乘玁鬻之機，二三公懲今獘，其將發，有輙辭難者斬，有輙異議者斬，如冦公澶淵之舉；其既發，有不用命者斬，如狄公西廣之舉。他一推此行之，豈非剛濟柔之道與？如此則外治不足成也。備戎行，致死命，挾乘《大壯》之勢，追復《大有》之業，僕所願其如非所長，區區文字爾，他日外治之舉功成，不可無頌，僕欲以詩學為之後焉。又恐因循怠婾，卒莫就功，不可無規，故於今之未舉也，敬以易學為之先焉。不備。

[（宋）曾豐《緣督集》卷十三　1156—148—13]

《易》論

（宋）曾豐

論曰：道有形歟？曰：道譬則人也。人有形歟？曰：人本無形也，天地予之形。今夫天地之予人以形也，有耳目焉，有口鼻焉，有手足焉，六者具矣，其斯以為人矣乎？曰：未也，六者具而不有氣扶焉，則偶人而已矣。夫偶人者為玩，則可欲其能視、能聽、能營、能履，則必也形氣具。道本無形也，聖賢狀夫形，六經諸子皆所以狀夫道之形也。六經與天地相始終，而諸子多湮没，不行於世，或行而不久，此其故何歟？諸子能狀夫形，不能狀夫氣，六經則形氣具矣，如斯而已矣。諸子，偶人也，天下豈有編草刻木以為人而能有氣與無氣扶焉而能行之理哉？六經，天地生成，夫人者也，天地之生人也，若徒與之形而不予之氣焉為扶，則其形將焉用？有形而無用，則天地造化之工與編草刻木者何殊？嗟夫！所貴夫造化者為其與編草刻木者殊也，否則何貴夫造化？聖人作經以状夫道之形而氣也隨具，不曰有造化之工存歟。造化之祖出於無名，無名之初混然而已矣。混然者而不動也，則至今猶混然也。惟其動静搏，故裂。混然者裂，然後確然、隤然者立。混然者，其氣也；確然、隤然者，其形也。形藏於氣，是名太極，氣傳於形，是名兩

儀。聖人者其身生乎兩儀之後，而其道立乎太極之先。太極以其氣鍾為兩儀，而天地者，兩儀之一息也。吾於是知六經之氣同乎天地，天地以其氣鍾為萬物，而人者萬物之最靈也。吾於是知天地之氣同乎人。敢問人之氣？曰噓吸是也。噓吸之間有始，始焉有終，終焉有始，始而終，終天地，人之道備矣。敢問道？曰一陰一陽之謂道。夫陰陽者，妙仁義而為言者也。六經之道不過仁義而已矣，聖人不以仁義徼仁義，而以陰陽妙仁義，或者取其氣焉故耶。太極元氣函三為一。極，中也，元，始也，行於十二辰，始動於子，子一傳至於丑，丑一傳至於寅，夫是三辰者，天地之噓氣，萬物之所由生也。萬物之生萌於子，芽於丑，達於寅，有子無丑，萌者勿芽，有丑無寅，芽者弗達，合是三者是為天地東北之氣。大抵天地之氣運南而北則亂，運北而南則治。三皇之世，天地之氣，離乎北入乎東矣，而未至於南也，是為鴻荒之治。孔子之贊《易》也，不於其先焉始，不於其後焉始，而於伏羲曰："《易》，伏羲之作也。"《易》之未作，初有一而已，率一物而兩之，以開生生之門，此《易》之大凡也。而得其凡者希，先得一為一，天地之子氣，聖人所以萌萬物也；後得一為二，天地之丑氣，聖人所以芽萬物也；二生三，三生無窮，天地之寅氣，聖人所以達萬物也。萌而芽，芽而達，伏羲、神農氏所以輔天地之自然而物物也。伏羲、神農，萬物之母也；鴻荒之民，其嬰孩也。哺母之乳而不知飽，飽而忘其恩，飽且不知矣，而何有於恩也哉？名之曰安於自然、被羲農之化者，安於自然而不知，則可。讀羲農之書者，愚於自然而不知，則不可。聖人於是明告之，曰生生之謂《易》。夫生生者，子丑寅之氣也。而聖人託焉有以哉。斷曰：《易》，東北之運氣也，天地於焉生物，羲農於焉生治，孔子於焉生教。

［（宋）曾豐《緣督集》卷十四　1156—152—14］

《易》說

（宋）陸九淵

此理塞宇宙，誰能逃之，順之則吉，逆之則凶。其蒙蔽則為昏愚，通徹則為明知。昏愚者不見是理，故多逆以致凶。明知者見是理，故能順以致吉。說《易》者謂陽貴而陰賤，剛明而柔暗，是固然矣。今《晉》之為卦，上離以六五一陰，為明之主，下坤以三陰順從於離明，是以致吉，二陽爻反皆不善。蓋離之所以為明者，明是理也。坤之三陰能順從其明，宜其吉無不利，此以明理順理而善，則其不盡然者，亦宜其不盡善也。不明此理，而泥於爻畫名言之末，豈可與言《易》哉？陽貴、陰賤、剛明、柔暗之說，有時而不可泥也。

"雷在天上，大壯，君子以非禮弗履。"非禮弗履，人孰不以為美，亦孰不欲其

然？然善意之微，正氣之弱，雖或欲之而未必能也。今四陽方長，雷在天上，正大之壯如此，以是而從事於非禮弗履，優為之矣。此顏子請事斯語時也。《泰》之九二言包荒，包荒者，包含荒穢也。當《泰》之時，宜無荒穢。蓋物極則反，上極則下，盈極則虧，人情安肆，則怠忽隨之，故荒穢之事，常在於積安之後也。

［（宋）陸九淵《象山集》卷二十一　1156—440—21］

己　易

（宋）楊簡

《易》者，己也，非有他也，以《易》為書，不以《易》為己，不可也；以《易》為天地之變化，不以《易》為己之變化，不可也。天地，我之天地，變化，我之變化，非他物也。私者裂之，私者自小也。包犧氏欲形容《易》是已，不可得，畫而為⚊，於戲！是可以形容吾體之似矣。又謂是雖足以形容吾體，而吾體之中又有變化之殊焉，又無以形容之，畫而為⚋。⚊者，吾之⚊也；⚋者，吾之⚋也。可畫而不可言也，可以默識而不可智知也[①]。⚊者，吾之全也；⚋者，吾之分也；全即分也，分即全也。自生民以来，未有能識吾之全者，惟覩夫蒼蒼而清明而在上，始能言者名之曰天；又覩夫隤然而博厚而在下，又名之曰地。清明者，吾之清明；博厚者，吾之博厚。而人不自知也。人不自知而相與指名曰彼天也、彼地也，如不自知其為我之手足而曰彼手也、彼足也，如不自知其為己之耳、目、鼻、口而曰彼耳目也、彼鼻口也。是無惑乎？自生民以来，面牆者比比而不如是。昏之甚者，見謂聰明也。夫所以為我者，毋曰血氣形貌而已也。吾性澄然清明而非物，吾性洞然無際而非量。天者，吾性中之象；地者，吾性中之形，故曰"在天成象，在地成形"，皆我之所為也。混融無内外，貫通無異殊，觀一畫，其旨昭昭矣。厥後又繫之辭曰乾。乾，健也，言乎千變萬化，不可紀極，往古来今，無所終窮，而吾體之剛健，未始有改也。言乎可指之象，則所謂天者是也。天即乾健者也，天即一畫之所似者也，天即己也，天即《易》也。地者，天中之有形者也，吾之血氣形骸，乃清濁陰陽之氣合而成之者也。吾未見夫天與地與人之有三也。三者形也，一者性也，亦曰道也，又曰《易》也。名言之不同，而其實一體也。故夫《乾・象》之言，舉萬物之流形變化，皆在其中，而六十四卦之義盡備於《乾》之一卦矣。自清濁分，人物生，男女形，萬物之在天下，未嘗不兩，曰天與地，曰晝與夜，曰夫與婦，曰君與臣，曰尊與卑，曰大與小，曰貴與賤，曰剛與柔，曰動與静，曰善與惡，曰進與退，曰實與虚。

① "智知也"原作"加知"，"也"字闕，據民國《四明叢書》本《慈湖先生遺書》改補。

博觀縱觀，何者非兩？一者，所以象此者也。又繫之辭曰坤。坤，順也，明乎地與妻與臣與柔之類也，然非有二道也。坤者，兩畫之乾；乾者，一畫之坤也。故曰天地之道，其爲物不貳，則其生物不測。又曰明此以南面，堯之所以為君也；明此以北面，舜之所以為臣也。又曰吾道一以貫之，則夫《乾》《坤》之《象》雖有“大哉”“至哉”之辨，以明君臣上下之分，而無二元也。《坤》爻又曰“直方大”，又曰“以大終也”，又以明“大”與“至”之無二旨，乾與坤之無二道也。乾何以三━也，天此物也，人此物也，地此物也，無二一[①]也，無二己也，皆我之為也；坤何以三☷也，天有陰陽、日月、明晦也，地有剛柔、高下、流止也，人有君臣、夫婦、貴賤、善惡也。☳天下固有如此者也，聖人繫之辭曰震，明乎如此者，陽為主，自下而動且起也，此我之變態也。☴天下固有如此者也，聖人繫之辭曰巽，明乎如此者，陰為主，陰入於下，柔隨之類也，此又我之變態也。☵天下又有如此者也，聖人繫之辭曰坎，言陽陷乎兩陰之中，内陽而外陰，水之類也，此我之坎也。☲天下又有如此者也，聖人繫之辭曰離，言陰柔不能以自立，麗乎兩剛，又外陽而中虛，為火之類也，此我之離也。天下又有☶者，陽剛止截乎其上，故繫之辭曰艮。艮，止也，明乎我之止也。天下又有☱者，陰柔發散乎其外，故繫之辭曰兑。兑，説也，明乎我之説也。舉天地萬物、萬化、萬理皆一而已矣，舉天地萬物、萬化、萬理皆乾而已矣。坤者，乾之兩，非乾之外復有坤也，震、巽、坎、離、艮、兑，又乾之交錯散殊，非乾之外復有此六物也，皆吾之變化也。不以天地萬物、萬化、萬理為己，而惟執耳、目、鼻、口、四肢為己，是剖吾之全體而裂取分寸之膚也，是梏於血氣而自私也、自小也，非吾之軀止於六尺、七尺而已也。坐井而觀天，不知天之大也；坐血氣而觀己，不知己之廣也。元亨利貞，吾之四德，吾本無此四者之殊，人之言之者自殊爾。人推吾之始，名之曰元，又曰仁；言吾之通，名之曰亨，又曰禮；言吾之利，名之曰利，又曰義；言吾之正，名之曰貞，又曰固。指吾之剛為九，指吾之柔為六，指吾之清濁為天地，指吾之震巽為雷風，指吾之坎離為水火，指吾之艮兑為山澤，又指吾之變而化之錯而通之者為六十四卦、三百八十四爻，以吾之照臨為日月，以吾之變通為四時，以吾之散殊於清濁之兩間者為萬物，以吾之視為目，以吾之聽為耳，以吾之噬為口，以吾之握為手、行為足，以吾之思慮為心，言吾之變化云為深不可測謂之曰神，言吾心之本曰性，言性之妙不可致詰、不可以人為加焉曰命，得此謂之德，由此謂之道，其覺謂之仁，其宜謂之義，其履謂之禮，其明謂之智，其昏謂之愚，其不實謂之偽，其得謂之吉，其失謂之凶，其補過謂之無咎，其忻然謂之喜，其慘然謂之憂悔，其非謂之悔，嗇而小謂之吝，其不偏不過謂之中，其非邪謂之正，其盡焉謂之聖，其未盡焉謂之賢，言乎其變謂之易，言乎其無所不通謂之

① “一”疑當爲陽符。

道，言乎無二謂之一。今謂之己，謂之己者，亦非離乎六尺，而復有妙己也，一也。二之者，私也，梏也，安得無私與梏者而告之？姑即六尺而細究之。目能視，所以能視者何物？耳能聽，所以能聽者何物？口能噬，所以能噬者何物？鼻能嗅，所以能嗅者何物？手能運用屈信，所以能運用屈信者何物？足能步趨，所以能步趨者何物？血氣能周流，所以能周流者何物？心能思慮，所以能思慮者何物？目可見也，其視不可見；耳可見也，其聽不可見；口可見，噬者不可見；鼻可見，嗅者不可見；手足可見，其運動步趨者不可見；血氣可見，其使之周流者不可見；心之為臟可見，其能思慮者不可見。其可見者有大有小，有彼有此，有縱有横，有高有下，不可得而一；其不可見者不大不小，不彼不此，不縱不横，不高不下，不可得而二。視與聽若不一，其不可見則一；視聽與嗜嗅若不一，其不可見則一；運用步趨周流思慮若不一，其不可見則一。是不可見者在視非視，在聽非聽，在嗜非嗜，在嗅非嗅，在運用屈伸非運用屈伸，在步趨非步趨，在周流非周流，在思慮非思慮。視如此，聽如此，嗜如此，嗅如此，運用如此，步趨如此，周流如此，思慮如此，不思慮亦如此。晝如此，夜如此，寐如此，寤如此，生如此，死如此，天如此，地如此，日月如此，四時如此，鬼神如此。行如此，止如此，古如此，今如此，前如此，後如此，彼如此，此如此，萬如此，一如此，聖人如此，衆人如此。自有而不自察也，終身由之而不知其道也。為聖者不加，為愚者不損也。自明也，自昏也，此未嘗昏，此未嘗明也。或者蔽之二之，自以為昏、為明也。昏則二，明則一。明因昏而立名，不有昏者，明無自而名也。昏明皆人也，皆名也，非天也。天即道，天即乾，天即易，天即人，天與人亦名也。《大傳》曰"鼓萬物而不與聖人同憂"，此非先聖之言也，憂即天，萬物即天。孔門之徒聞聖人之言而差之以己意，雜其間而有是言也，此非吾孔子之言也。"吾道一以貫之"，此孔子之言也。其曰"《易》與天地準"，此亦非孔子之言也。何以明之？天地即《易》也，幽明本無故，不必曰仰觀俯察而後知其故也。死生本無説，不必原始要終，而後知其説也。是皆非吾孔子之言也，其徒之已説也。神即《易》，道即善，其曰繼之者善也，離而二之也。離道以善，莊周陷溺乎虚無之學也，非聖人之大道也。孔子曰："《易》其至矣乎。夫《易》聖人所以崇德而廣業也。"此孔子之言也。聖人即《易》也，德業即《易》也。繼曰"天地設位而《易》行乎其中"，又非孔子之言也。何者？離《易》與天地而二之也。"子曰"之下其言多善，間有微礙者，傳録紀述者之差也，其大旨之善也。不繫之"子曰"者其言多不善，非聖人之言故也。乾即《易》，坤即《易》，其曰"乾坤毁，則無以見《易》，《易》不可見，則乾坤或幾乎息"，又曰"形而上者謂之道，形而下者謂之器"，其非聖言，斷斷如白黑，如一二之易辨也。凡如此類不可勝紀。善學易者求諸己，不求諸書。古聖作《易》，凡以開吾心之明而已，不求諸己而求諸書，其不明古聖之所指也甚矣。是古聖指東，學者求西，讀書者滿天下，省己者千無一，萬無

一,孔氏之門學者不知其幾,而日至者無幾也,月至者又無幾也,三月不違者顔氏子一人而已。他日,子夏、子張、子游以有若似聖人矣,而况於不在孔門者乎?幸有一曾子獨不然,曰不可,江漢以濯之,秋陽以暴之,皜皜乎不可尚已,此豈訓詁之所能解也。知之者自知也,不可以語人也。所可得而語人者曰,吾無行而不與二三子者而已,終不可得而言也。曰吾有知乎哉,無知者而已,實無得以告人也。何為其然也?尚不可得而思也,矧可得而言也;尚不可得而有也,矧可得而知也。然則昏者亦不思而遂己,可乎?曰正恐不能遂己,誠遂己則不學之良能,不慮之良知,我所自有也;仁、義、禮、智我所自有也,萬善自備也,百非自絶也,意必固我無自而生也。雖堯、舜、禹、湯、文、武、周公、孔子,何以異於是?雖然,思亦何害於事?箕子曰思曰睿,孔子曰"學而不思則罔",周公仰而思之,夜以繼日,思亦何害於吾事也?庸言之信,庸行之謹,不可以精粗論也。儆戒無虞,罔失法度,正易道之妙也。堯舜允執厥中,執此也,兢兢業業,弗敢怠也,禹之克艱不敢易也,湯改過不吝,去其不善而復於善也,文王翼翼小心也。信吾信,謹吾謹,儆戒吾儆戒,執吾執,兢兢吾兢兢,業業吾業業,艱吾艱,改吾改,翼翼吾翼翼,無二我也,無二《易》也。既曰"天下何思何慮"矣,而又曰執、曰兢兢業業、曰艱、曰改過、曰翼翼,無思無慮者固如此乎?但兢兢、但業業、但克艱而弗易、但改過、但翼翼,方兢兢業業克艱而不易時,此心果可得而見乎?果不可得而見乎?果動乎?果不動乎?特未之察耳。似動而不移也,似變而未嘗改也,不改不移謂之寂然不動,可也;謂之無思無慮,可也;謂之不疾而速,不行而至,可也;此天下之至動也,此天下之至賾也。"象也者,像此者也;爻也者,傚此者也。"非賾自賾,動自動也。一物而殊名也,一人而姓名字行之不同也。此非沈虚陷寂者之所能識也,亦非憧憧往来者之所能知也。然而至易也,至簡也。或者自以為難,近取諸身,殊不遠也,身猶遠爾,近取諸心,即此心而已矣。曾子傳之曰:"夫子之道,忠恕而已。"孟子學之曰:"仁,人心也。"又曰:"惻隱之心,人皆有之;羞惡之心,人皆有之。"又曰:"今人乍見孺子將入於井,皆有怵惕惻隱之心,非所以内交於孺子之父母也,非所以要譽於鄉黨朋友也。"於戲!此足以指明人心之本良矣。而學者往往遂領孟子之意而不復疑其有他者千萬而不一二也。故孟子言必稱堯舜,於以知孟子之言雖諄諄,而當時之聽之者多藐藐。此道甚明甚易甚簡,而人自疑自惑不信,使當時聞言而遂信者衆,必不至勞孟子諄諄如此也。能識惻隱之真心於孺子將入井之時,則何思何慮之妙,人人之所自有也;純誠洞白之質,人人之所自有也;廣大無疆之體,人人之所自有也。此心常見於日用飲食之間,造次顛沛之間,而人不自省也。孔子曰:"造次必於是,顛沛必於是。"子思曰:"道也者,不可須臾離也;可離非道也。"當曰道也者,未始須臾離也,非曰造次間為之,顛沛間為之,無須臾而不為也。是心本一也,無二也,無嘗斷而復續也,無嚮也不如是而今如是也,無

嚮也如是而今不如是也。晝夜一也,古今一也,少壯不强而衰老不弱也。可强可弱者血氣也,無强無弱者心也,有斷有續者思慮也,無斷無續者心也。能明此心則思慮有斷續而吾心無斷續,血氣有强弱而吾心無强弱,有思無思而吾心無二。不能明此心,則以思慮為心,雖欲無斷續不可得矣;以血氣為己,雖欲無强弱不可得矣;雖欲造次於是,顛沛於是,無須臾不於是,勉强從事不須臾而罷矣,況於造次乎?況於顛沛乎?《書》曰:"作德,心逸日休;作僞,心勞日拙。"如此則亦僞而已矣,非誠也。孔子曰:"主忠信。"忠信者,誠實而已,無他妙也,而聖人以是為主本,或者過而索之,外而求之,故反失忠信之心,即道心,即仁義禮智之心,即不勉而中、不思而得之心。通乎一,萬事畢,差之毫釐,繆以千里。不遠復,此心復也。頻復頻放而頻返也,亦危矣。然已復則如常矣,無咎也。得此則吉,失此則凶,無虞他日之吉凶,但觀一念慮之得失。當《乾》之初而不肯潛,此心放也;當五而不能飛,此心固也;當三而不惕,此心慢也;當四而不疑,此心止也。循吾本心以往則能飛、能潛、能疑、能惕,能用天下之九,亦能用天下之六,能盡通天下之故。仕止久速,一合其宜;周旋曲折,各當其可。非勤勞而為之也,吾心中自有如是十百千萬散殊之正義也。"禮儀三百,威儀三千",非吾心外物也。故曰:性之德也,合內外之道也。故時措之宜也,言乎其自宜也,非求乎宜者也。孔子曰:"道不遠人,人之為道而遠,人不可以為道。"人之為道似善矣,而孔子截截斷斷,甚言其不可,孟子窺之,亦曰:"人之所不學而能者,其良能也;所不慮而知者,其良知也。孩提之童無不知愛其親者,及其長也,無不知敬其兄也。"此豈計度而圖之也,此豈擬議而成之也。"擬議而成其變化",此非聖人之言也,學者之億說也。孰知夫"君子終日乾乾"而非意也,"頻復""獨復"而非反也,"利於不息之貞"而非升也,"震来虩虩"非懼也,"其亡其亡"非慮也,"何天之衢亨"非通也,"括囊無咎無譽"非閉也,"三日不食"非窮也,"揚於王庭"非得志也,"介於石"非止也,"出門同人"非往也。吾終日用之而鬼神莫我識也,聖智莫我測也。雖我亦有所不自知,而況於他人乎哉?如秋陽之暴至白而無瑕也,如江漢之濯至潔而無滓也,混混乎無涯無畔,無始無終也。天地非大也,毫髮非小也,晝非明、夜非晦也,往非古也,此非今也,它日非後也,鳶飛戾天非鳶也,魚躍於淵非魚也,天下被日月之明照而不知其自我也,天下霑雨露之潤而不知其自我也,天下畏雷霆之威而不知其自我也,日夜行乎吾己之中而以為他物也,其曰範圍天地、發育萬物也,非過論也。孔子曰:"哀樂相生。"雖使正明目而視之不可得而見也,傾耳而聽之不可得而聞也。哀樂必有形,哭笑必有聲,而曰不可見、不可聞,何也?此非心思之所能及也,非言語之所能載也。我之所自有也,而不可知也,不可識也。"書不盡言,言不盡意。"未有知近而不知遠也,未有知小而不知大也。遠近一物也,小大無二體也。閨門之內,若近而實遠也,若小而實大也。即敬即愛,無不通矣;有倫有叙,無不同矣。放之東海之東而準也,放之西海之西而準也,放之南海之南而準也,放之北海之北而準也。不可思也,不可遂也。(《己易》終,見甲藁。)

[(宋)楊簡《慈湖遺書》卷七　1156—687—7]

泛論《易》

(宋)楊簡

汲古問:三《易》經卦皆八,何以所首不同,或謂"乾坤其《易》之門",但當以《周易》為正,果可如此説否?先生曰:今之言《易》者,必本於乾坤,陋矣。但見《周易》之書,不見《連山》《歸藏》之書,故必首乾次坤。不知《連山》首艮、重艮,故曰《連山》,《歸藏》首坤,故曰坤乾之義。《連山》,夏后氏之易;《歸藏》,商人之易。至矣哉!合三《易》而觀之,而後八卦之妙,大易之用,混然一貫之道,昭昭於天下矣。三才皆《易》也,三才之變非一則一,非一則一①,或雜焉,或純焉。純焉其名乾坤,雜焉其名震、坎、艮、巽、離、兑,皆是物也,一物而八名也,初無大小優劣之門也。形則有大小,道無大小;德則有優劣,道無優劣。或首艮或首乾,明乎八卦之皆《易》也。《易》道則變一而為八,其變雖八,其道實一,杜子春曰:"《連山》宓羲,《歸藏》黄帝。"

先生問汲古曰:《易》卦諸《彖》言"大矣哉",曾講究否?汲古對曰:《彖》言"大矣哉",皆定卦,不知當何如看?先生乃指誨曰:《易》卦諸《彖》言"大矣哉"者十二卦,《豫》《遯》《姤》《旅》言時義,《隨》言隨時之義,豈他卦皆無時義哉?豈他卦之時義皆不大哉?《坎》《睽》《蹇》言時用,豈他卦皆無時用哉?豈他卦之時用皆不大哉?《頤》《大過》《解》《革》言時,豈他卦皆非時哉?豈他卦之時皆不大哉?六十四卦皆時也,皆有義也,皆有用也,皆大也,"大矣哉",蓋歎其道之大,有言不能盡之旨。事無大小,無非易道之妙。聖人偶於此十二卦發其歎,非此十二卦與他卦特異也。使每卦而言則不勝其言。愚者執其言,智者通其旨。豈特六十四卦皆可以稱"大矣哉"?雖三百八十四爻亦皆可稱"大矣哉"。聖人於《豫》《隨》《遯》《姤》《旅》,則猶有義之可言,至於《頤》《大過》《解》《革》,則既不曰義又不曰用,止曰時而已矣,何以曰"大矣哉"?此正以明天地無一物一事一時之非《易》。學者溺於思慮,不求其義;聖人於《頤》《大過》《解》《革》,盡捐義用,止言其時,而歎之曰"大矣哉",使學者無所求索,不容鉤深,即時而悟大哉之妙,則事理一貫,精粗一體,孔子何思何慮,文王不識不知,信矣。(互見誨語。)

---

① 此處"一"疑當爲陰陽爻符號。

六十四卦皆可以言“元亨利貞”,聖人既於《乾》言之,又於《坤》言之,又於《屯》言之,聖人於此謂學者可以意通之矣。故自《蒙》而下,或言其一,或言其二,或言其三,至《隨》又全言之,《臨》又言之,《無妄》《革》又言之,亦偶於此數卦而復言,非此數卦之特異也,亦恐學者執《乾》《坤》《屯》之卦異於餘卦,故復於此言之,以破其疑。於《坤》曰“牝馬之貞”者於以明地道也,妻道也,臣道也,柔順勤行之正也。剛陽在上,無為而佚君之道也;柔陰在下,有為而勞臣之道也。君臣之分不同而道則通也。在君則剛則佚,在臣則柔則勞,一也。“天下之動,貞夫一者也”,無二貞也。子思曰“天地之道,其為物不貳”,使“牝馬之貞”果劣於《乾》,則《屯》不言牝馬又大於《坤》乎?雖庸人孺子知其不然也,而先儒率尊《乾》而卑餘卦,非明乎《易》者也。《歸藏》首坤,則乾又劣於坤乎?學者不知《連山》《歸藏》,是以蔽於斯義。或者又曰:他卦言“元亨利貞”者,《彖》釋曰“大亨以正”,與《乾》《坤》不同,何耶?曰:此亦會通之義也。元有始義,有大義。以始明之,可也;以大言之,亦可也。《乾·彖》亦曰“大哉”,無不可者。《文言》雖列而四之,而又曰“乾元者,始而亨者也”,是又合元與亨而為一也。《彖》舉乾元以統亨利貞,則四德之名雖殊而實同也。《屯》《隨》曰“大亨貞”,又與餘《彖》不同,亦《隨》卦發明大《易》之道,不可以一端拘也。六十四卦皆《易》也,六十四卦皆元也、皆亨也、皆利也、皆貞也,聖人偶有所言,偶有所不言,隨意發明,舉一隅三隅可反也。書不盡言,言不盡意,欲詳其言,雖伏羲、文王、周公、孔子繫《易》之辭,至於今不已,猶不得而盡也。且諸卦間有贊辭曰“大矣哉”者,所以歎其道之至大,所以明《易》之道也。非獨此數卦者有《易》之道,餘卦無也。雖庸人孺子知其不然也。自《坎》《遯》《睽》《蹇》《旅》皆可以言“大矣哉”,而況於他卦乎?元亨利貞猶是也,今夫人一話言何從而始乎非元乎?一念慮何從而始乎非元乎?日用應酬,變動不窮,非大亨乎?咸有利焉,非利乎己則利乎物。又有正焉,正則行,邪則否,正則利,邪則害。自一人之身,一日之中,元亨利貞咸具焉,而況於他乎?一以貫之,物物皆《易》,事事皆《易》,念念皆《易》,句句皆《易》,號名紛然,變化雜然,無一非《易》。(見訓語。)

汲古問:《易·乾》卦云“君子學以聚之,問以辯之,寬以居之,仁以行之”,先儒謂學聚問辯,進德也;寬居仁行,修業也。此言如何?先生曰:學貴於博,不博則偏則孤,伯夷惟不博學,雖至於聖而偏於清;柳下恵惟不博學,雖至於聖,而偏於和。學以聚之,無所不學也。《大畜》曰“君子以多識前言往行”,《語》曰“君子博學於文”。學必有疑,疑必問,欲辯明其實也,辯而果得其實,則何患不寬?何患不仁?然聖人垂訓,所以啓後人,後人問辯,未得其實,而自以為實者多矣。故諄復而誨之,誨之以寬,則凡梏於己私,執於小道者,庶其有警。孟子曰“養而無害則塞乎天地之間”,此猶未足以盡寬之至。《大傳》曰“範圍天地之化”,庶乎其

寬矣。然此猶可言而及者，猶有涯畔，未足以盡寬之至。孔子曰“言不盡意”，又自謂“吾有知乎哉，無知也”，此非訓詁之所能解，非心思之所能及，然則寬即仁，仁即寬，而聖人複言仁者，以人之學道，固有造廣大之境，未盡其妙而止輟，溺於静止而無發用之仁，故卒曰“仁以行之”，如四時之錯行，如雷霆風雨之震動變化，而後可以言仁。未至於此，則猶未可以言仁也。(見誨語。)

《坤》六二：“直方大，不習無不利。”直心而往，即《易》之道，意起則岐而入於邪矣。直心而行，雖遇萬變，未嘗轉易，是之謂方。凡物圓則轉，方則不轉。方者特明不轉之義，非於直之外又有方也。夫道一而已矣，言之不同，初無二致。是道甚大，故曰“大”。是道非學習之所能，故曰“不習無不利”。孟子曰：“人之所不學而能者，其良能也；所不慮而知者，其良知也。”習者勉强，本有者奚俟乎習。此雖人道，即地之道，故曰“地道光也”。光如日月之光，無思無為而無所不照，不光明者必入於意，必岐而他，必不直方大，必昏，必不利。六三“含章可貞”，“陰雖有美，含之以從王事，弗敢成也。地道也，臣道也，妻道也，地道無成而代有終也”。或者往往於是疑其為小，故聖人特發之曰“智光大也”。道一而已，初無大小。六四“括囊，無咎無譽”，亦此道也。方時閉塞，義當括囊而謹，《易》道之見於坤，見於謹者也。二言坤道正，五言坤道之盛。他卦之五多明君象，至於坤則臣道也，故五止言臣位之極盛。黄者，中之象，言乎得其中道也，故曰“通理”。言理以明中，非中自中、理自理也。裳者，下服，言乎正人臣之位，居人臣之體也，故曰“正位居體”。明乎得道者，必能守分而不犯，此非設飾者所能，由中而發，發於文為，故曰“元吉”。文在中也，言乎文非外飾，乃自中誠而著也。伊周之事，人咸信之，不疑其為非，信其誠也。王莽設飾，故卒罹大禍，初之履霜，謹微之道也。上之龍戰，道之窮也。皆《易》之道，而有昏明邪正之辨也。坤之用六，即乾之用九，九六不同而用同。《乾》造始，《坤》代終，始終不同，而其大則同，故曰“以大終也”。至哉之《坤》，即大哉之《乾》也，名分不同而道同也。為妻為臣而失道，則不永則不貞，得其道者必永必貞。二三四五皆能用六，惟上六不能用六，反為六所用，為形體所使，為勢位所動，故凶。初亦不能用六，故為霜為冰為不善之積，能辨之於早，則能用之矣。

汲古問：《易・蒙》卦《象》曰“君子以果行育德”，何以謂之果？先生曰：果者，實之謂。德性，人之所自有，不假於求，順而行之，無有不善，有行實焉，行虧則德昏矣。德性無體，本無所動，本不磨滅，如珠混沙而失其明，如水不濁則性不失矣。順本正之性而達之，是謂果行，所以育德。(見誨語。)

汲古問：蒙何以養正？先生曰：蒙者，不識不知，以養正性。(見誨語。)

需得其道，必得所需，需失其道，必無後獲。需，待也，彼此相孚則應矣。人所需待，多動乎意，非光也，光如日月之光，無思無為而無所不照，此之謂道如此，則人咸信之,故曰"孚"。如此則得所需矣,亨矣,得所需亨通,或放逸失正,故又曰貞乃吉。孚與光與正,本非三事,以三言,發明道心,一動乎意,則不孚不光不正,謂之人心,故舜曰"人心惟危",明其即入於邪、入於凶禍。《小畜》"柔得位而上下應之,曰小畜。健而巽,剛中而志行,乃亨",以小畜大、以臣畜君之道也。畜有養義,有止義,以下畜上,非勢之順者,而有道焉,非柔則不敬不順,非得位則不可以有所行,豈有居下位而可以行畜君之事者乎?雖柔,雖得位,使人心不悦,雖悦而不至於上下皆悦而應之,亦不能以畜君。天下事未有人心不悦而能行者,而況於畜君乎?故必上下之心咸應之乃可,其德健則力足以行事,而無困儞不繼之患,巽則順入乎君心,剛則物莫能變,中則不偏不倚。剛中兩言,足以發明道心之本。人臣能健能巽,而中無其本,亦不能致亨健矣。巽矣,剛矣,中矣,或所畜之君,雖畧相應,而諫不盡行,言不盡聽,則臣亦不可謂得行其志,亦不能亨。於戲!物情事理,如上所序,節節如此,曲折如此,乃《易》之道也。雖柔得位,以明六四之象,衆陽咸應,有上下應之象。下乾,健象。上巽,巽象。剛中,二五之象。四五,剛柔相得,有志行之象。非象自象,道自道也,此正《易》道之見於《小畜》六畫者然也。象著其象,彖發其義。所謂柔也,得位也,上下應也,健也,巽也,剛也,中也,志行也,非每事而致其力也,合是數者,以發明《易·小畜》之道。得《易》道之全者,自能當《小畜》之時,盡《小畜》之義,自與此《彖》辭無不合。有一不合必於道有虧焉。齊景公悦晏子之對,作君臣相悦之樂,其詩曰"畜君何尤"。畜君者,好君也,此亦《小畜》之小亨也。何者?晏子猶未有剛中之大本故也。《易》者,天下之大道,聖人之大道,雖甚賢者未能盡也,雖高明之士已得大本,而物情事理,委曲萬變,往往踈畧不能皆盡。孔子自謂"加我數年,五十以學《易》,可以無大過",明知夫《易》者,大聖人之事,變應無窮之道,晚年成德乃可學也。

汲古問:先儒謂"復其見天地之心乎",此一句最不可以言語解,而可以身反觀天地,以生物為心,人能於善心發處,以身反觀之,便見得天地之心,此説如何?先生曰"三才之間,何物非天地之心?何理非天地之心?明者無俟乎言,不明而欲啓之,必從其易明之所以啓之。萬變萬殊,不可勝紀,難以明指。陽窮上剥盡矣,而忽反下而復生,其来無階,其本無根,然則天地之心,豈不昭然可見乎?天地之心即道,即《易》之道,即人之心,即天地,即萬物,即萬事,即萬理。言之不盡,究之莫窮。視聽言動,仁義禮智,變化云為,何始何終?一思既往,再思復生。思自何而来?思歸於何所?莫究其所,莫知其自。非天地之心乎?非道心乎?萬物、萬事、萬理,一乎二乎?此尚不可以一名而可以二名乎?通乎此則變化萬殊,皆此妙也。喜怒哀樂,天地之雷霆風雨霜雪也;應酬交錯,四時之錯行,日月之代明也。孔子曰:"哀樂相生。"正明目而視之,不可得而見也;傾耳而聽之,不可得而聞也。於戲至哉!何往而非天地之心也?(見誨語。)

汲古問:《説卦》云:離為甲冑,何也?先生曰:剛在外以衛己,取其外實中虚也。汲古又問:古之兵用皮為甲,秦漢以来改用鐵,豈非後人多好戰,故以鐵為之乎?先生曰:函人為甲犀、甲兕、甲合、甲革。堅者支久,惟甲之足以當矢刃者,以其柔勝剛也。後世易之以鐵。豈古聖不如後人之智?嘗以問諸軍將曰:蠻人用皮甲,若大國用之,則不威重爾,實不如革也。(見誨語。)

衆人見天下無非異,聖人見天下無非同。天地之間萬物紛擾,萬事雜併,實一物也,而人以為天也、地也、萬物也,不可得而一也。不可得而一者,睽也。睽,異也。故不可得而一者,衆人之常情,而未始不一者,聖人之獨見。非聖人獨立此見也,天地萬物之體自未始不一也。"天下同歸而殊途,一致而百慮。"惟人執其途而不知其歸,溺其慮而不知其致。夫是以見其末而不見其本,轉移於事物而不得其會通。聖人懼天下遂梏於此而不得返,故發其義於《睽》之《彖》。夫天穹然而上,地隤然而下,可謂甚相絶,聖人則曰"其事同也"。今攷天地之事,陰陽施生,同於變化,同於造物,謂之同,猶無足甚疑。至於男女,斷然不可以為一人,聖人將以明未始不一之理,則亦有可指之機,曰:其志未始不通也。夫以男女之不可以為一人,而今也其志則通,通則一。然則謂之一可也。又豈特男女之若可以説合者為然。舉天下萬物如鳶之飛至於戾天,魚之躍乃不離於淵,孰知鳶之所以飛者,即魚之所以躍者也。林木之喬聳,砌草之纖短,判然則性之不同,而體質之殊絶也。孰知夫木之所以為喬而聳者即草之所以纖而短者也。苟於此而猶有疑,則試原其始。木之未芽,草之未甲,木果有異於草,草果有異於木乎?天者吾心之高明,地者吾心之博厚,男者吾心之乾,女者吾心之坤,萬物者吾心之散殊,一物也。一物而數名,謂之心,亦謂之道,亦謂之《易》。聖人諄諄言之者,欲使紛紛者約而歸乎此也。

汲古問:《益》卦《象》曰"風雷益,君子以見善則遷,有過則改",或以為雷行風從,相資而相益,此説是否?先生曰:見善則遷,有過即改,當如風雷之疾,如此則獲益也。人誰無好善改過之心,或有以為難,而不能遷改者,患在於動意。惟能不動意[①],則虚中無物,如鏡如空,何善之難遷?何過之難改?舜聞一善言,見一善行,若決江河,沛然莫之能禦者,以舜之道心精一,故無有阻滯也。先生曰:聖人不貴無過,貴改過。汲古對云:故夫子曰"已矣乎!吾未見能見其過而内自訟"。先生曰:世之學者多溺於空寂,以自訟為非道,豈聖人以非道教人。汲古遂蒙先生書七言以示誨云:能見其過内自訟,誰知此是天然勇。多少禪流妄詆訶,不知此勇不曾動。又書六言云:兢業初無蹊逕,緝熙本有光明。自覺自知自信,何思何慮何營?鏡裏人情喜怒,空中雲氣紆縈。孔訓於仁用力,箕疇王道平平。(見誨語。)

① "惟能不動意"五字原闕,據民國《四明叢書》本《慈湖先生遺書》補。

《鼎·象》曰:"鼎,象也,以木巽火,亨飪也。聖人亨以享上帝,而大亨以養聖賢。"諸儒多求象外之義,必求以木巽火之義,又求聖人亨以享上帝之義,又求大亨以養聖賢之義,不得其義,遂穿鑿其説。不知《象》辭所言,甚明甚正,不必他求。"鼎,象也",言《鼎》卦儼然有鼎之象,有腹有足,有耳有鉉。"以木巽火",言其亨飪也。即以木巽火,即大《易》之道。即亨飪,即大《易》之道。聖人亨於鼎以享上帝,此外亦無説,此即大《易》之道,使有説則不足以享上帝矣。胡不聞文王不識不知,順帝之則乎?養聖賢則不一而足,所亨多矣,故曰大亨。自大亨之外,亦無説,此即大《易》之道也。學者於《易》之書,每求其説,每求其義,至於"巽而耳目聰明"以下則有義矣。自"鼎象也"以下無義之可言也。嗚呼!天地間何物非《易》?何事非《易》?何義非《易》?諸儒唯知有説有義之為《易》,不知無説無義之為《易》。説猶無可言,義猶無可説,而況於無説而彊鑿其説,無義而彊起其義乎?深悟無説無義之為《易》,則庶幾乎入何思何慮之妙,明大《易》一貫之旨矣。

《易》曰:"艮其背,不獲其身;行其庭,不見其人"云云。善止者行,善行者止。知止而不知行,實不知止;知行而不知止,實不知行;知行止之非二,而未能一一皆當其時,猶未為光明。人之精神,盡在乎面,不在乎背;盡向乎前,不向乎後。凡此皆動乎意,逐乎物,失吾本有寂然不動之情,故聖人教之曰"艮其背",使其面之所向,耳、目、口、鼻、手、足之所為,一如其背,則得其道矣。雖有應用,交錯擾擾,萬緒未始不寂然矣,視聽言動,心思曲折,如天地之變化矣。惟此為艮,惟此為止,其所苟艮,其面雖止猶動,知其動而剛止之,終不止也。惟艮其背,則面如背,前如後,動如静,寂然無我。不獲其身,雖行其庭,與人交際,實不見其人,葢吾本有寂然不動之性,自是無思無為,如冰鑑,如日月,光明四達,靡所不照。目雖視而不流於色,耳雖聽而不留於聲,照用如此,雖謂之不獲其身,不見其人,可也。冰鑑之中,萬象畢見而實無也,萬變畢見而實虚也。止得其所者,言不失其本,止也,非果有其所也,非本不止而强止之也。孔子曰"言不盡意",謂此類也。使有我則有所矣。夫天下何一物之不妙也。豈獨無形者為妙而有形者不如耶?豈獨無形者為道而有形者不道耶?未始不一,人自不一。庭者,堂之前兩階之間,正人物交際之地。而曰"行其庭,不見其人",非果無人也。不動乎意,雖見而非見也,見立則意動而遷矣。非止也,天地之變化,豈有所動哉?日月之靡所不照,豈有所見哉?孔子曰:"哀樂相生。正明目而視之,不可得而見也;傾耳而聽之,不可得而聞也。"洞覺者當無疑乎此也。曰上下敵應,不相與者,以是卦上下皆敵。初與四皆陽,二與六皆陰,三與上亦皆陰,無相與之象也。既曰敵矣,何以言應?非謂截然不與物應也,雖應而不動也,猶未嘗相與也。苟惟不然,則意起而私立,物我裂而怨咎交作矣,非艮止之道也。《易》曰:"風雷益,君子以見善則

遷,有過則改。"見善即遷,當如風雷之疾;有過即改,當如風雷之疾。如此則獲益。人誰無好善之心?往往多自謂己不能為而止。人誰無改過之心?往往多自以難改而止。凡此二患皆始於意,意本於我。道心無體,何者為我?清明在躬,中虚無物,何者為我?雖有神用,變化云為,其實無體。知我之本無體,則聲色甘芳之美、毀譽榮辱之變、死生之大變,如大虚中之雲氣、冰鑑中之萬象,如四時之變化,其無體無所加損,何善之難遷?何過之難改?舜聞一善言,見一善行,若決江河,沛然莫之能禦者,以舜之胷中洞然,一無所有,故無所阻滯也。

《易》上下《繫》雖非孔子所作,而其間得之於孔子者多矣。其言道曰"百姓日用而不知",雖不繫之"子曰",而吾信其為孔子之言也。其曰"何以聚人曰財,理財正辭,禁民為非曰義",此亦信其得之於孔子者也。吾深念堯舜三代所以治天下之本旨不復見於後世,深念自孔子没,似是而非、似正而邪之辭充塞宇宙,斯人相與,沈迷於昏昏之中,而正道不明也。舜命龍曰:朕聖讒説殄行,震驚朕師。周有訓方氏,乃正辭之謂。言之失正失實,則作之於心,發於其事,卒以害道。害道,禍亂之原也。正辭,所以教之也。聖人治天下,禁民為非而已,無他事也。禮樂刑政一本諸此。自子思、孟子之言,其失實者猶多,而況於下焉者乎?

少讀《易大傳》,深愛"無思也,無為也,寂然不動,感而遂通天下之故",竊自念學道必造此妙。及他日讀《論語》,孔子哭顔淵,至於慟。從者曰:"子慟矣!"曰:"有慟乎?"則孔子自不知其為慟,殆非所謂無思無為、寂然不動者;至於不自知,則又幾於不清明。懷疑於中往往一二十年。及承教於象山陸先生,聞舉扇訟之是非,忽覺簡心乃如此清明虚靈,妙用泛應,無不可者。及後居妣氏,喪哀慟切,痛不可云喻,既久,畧省察曩正哀慟時,乃亦菽然不動,自然不自知,方悟孔子哭顔淵,至於慟矣,而不自知,正合無思無為之妙,益信吾心有如此妙用,哀苦至於如此其極乃其變化,故《易大傳》又曰"變化云為"。不獨簡有此心,舉天下萬古之人,皆有此心。益信人皆與堯、舜、禹、湯、文、武、周公、孔子同此心,顧人不自知、不自信爾。

子曰:"書不盡言,言不盡意。然則聖人之意,其不可見乎?"子曰:"聖人立象以盡意,設卦以盡情偽,繫辭焉以盡其言,變而通之以盡利,鼓之舞之以盡神。"至哉聖言!豈訓詁之所能解?既曰"書不盡言"矣,又曰"繫辭以盡其言",既曰"言不盡意"矣,又曰"立象以盡意"。於乎至哉!似矛盾而非矛盾也,似異而實同也。聖人之言意,豈盡不盡之所可言?言盡亦可言,不盡亦可云。不盡者聖人之實言,云盡者亦聖人之實言。此唯智者足以知其解。知其解者,始信"天下何思何慮",始信孔子果無隱於二三子,始信六十四卦,卦卦齊一,始信三百八十四爻,爻爻不殊。

汲古問:"形而上者謂之道,形而下者謂之器",道隨寓而有,如何分上下?先

生曰：此非孔子之言。蓋道即器，若器非道，則道有不通處。

《易》曰："憧憧往来，朋從爾思。"子曰："天下何思何慮？天下同歸而殊途，一致而百慮。天下何思何慮？"至哉！聖言實語也。而自孔子以来至於今，知之者寡。同歸殊塗取喻爾，非實有歸有途也。極上下四方之間，古往今来，萬物變化，有無彼此，皆一體也，如人有耳、目、鼻、口、手、足之不同而皆一人也。自清濁分，人指輕清而高者曰天，於是靡然隨之曰天；指重濁而下者曰地，於是又靡然從之曰地。到於今莫之改，而實一物也。清陽濁陰，二氣感化，而為日、為月、為風雨人物，於是生皆一也。曰彼曰此，曰動曰静，曰有曰無，皆是物也。何以思為？何以慮為？一致爾。人自百慮，故又申言曰"天下何思何慮"，聖人多循誘，罕言及此，今欲破憧憧往来之惑，不得已申言之，以明聖心之實。自聖人觀之，一猶贅言，何俟乎思慮？子曰"學而不思則罔"，為未覺者設也。又曰"君子有九思"，為未覺及覺而未全者設也。堯之文思如晝夜寒暑之變化也。臯陶曰："慎厥身，脩思永。"以舜禹雖聖，，猶未至於堯之大聖也。孔子贊堯曰"大哉"，贊舜曰"君哉"，不無小間也。然孔子垂教，奚可不循循善誘也。言日月相推而明生，寒暑相推而歲成者，將以形容屈信相感而利生，使人知往屈非不利，通其屈信之異見也。又言尺蠖之屈以求信，龍蛇之蟄以存身，屢屢言屈非不利。聖人知人好惡偏陷深固，故諄諄然漸啓之。又進之曰：精義入神乃所以致用也，利用安身即所以崇德也，明道非無用於世，即利用安身，無非大道，而人自不覺也。大道坦夷如此而已，過此以往，無可言者，故曰"未之或知也"。惟覺雖通達而未精未一，故孔子為之不厭者，窮盡其神用也。前言[①]利用安身，謂大畧爾。變化則不可勝窮，無一云一為之非變化。又言知化則聖道於是乎盡。

初疑《序卦》之為義似迂，《雜卦》之為文似亂，後乃悟《序卦》之義殊不迂，《雜卦》之文殊不亂。六合之間，何物非《易》？何事非《易》？何義非《易》？何言非《易》？縱言之亦可，横言之亦可。以坤為首，為《歸藏》亦可；以艮為首，為《連山》亦可。故五聲六律十二管，旋相為宫，則皆宫也；五色六章十二衣，旋相為質，則皆質也；五行四時十二月，旋相為本，則皆本也。曰本、曰質、曰宫，皆《易》之異名。然則錯綜而言之，何所不可？《序卦》《雜卦》，雖無子曰，無害於道。

[（宋）楊簡《慈湖遺書》卷七　1156—694—7]

① "言"字原闕，據民國《四明叢書》本《慈湖先生遺書》補。

《易》論

(宋)楊萬里

論曰:聖人之教,不離於言,而未始不離於言。不離於言者言也,未始不離於言者非言也。言者道之因也,聖人且得而離於言乎?非言者道之詣也,聖人且得而不離於言乎?夫何故傳天下以其道,而不示天下以其詣?天下何從而詣其詣哉?詣其詣則不因其因矣。雖然,詣其詣而不因其因,可也。未詣其詣而不因其因,可乎?是故不得離於言。不離於言者,不廢其道之因也。不廢則恃此之情,恃彼之愚,是故不得不離於言。離於言者,不恃其道之因也。以道之因者可忘而廢言,見人之迷於塗而莫之指者也。以道之因者不可忘而恃言,指人以塗而謂之家者也。莫指其塗,天下自此絶;指塗為家,天下自此愚。堯之朱,舜之均,親不親而近不近,言可以教人而傳道也,則朱均久矣其堯舜也,然同室之朱均不堯舜也,而異世之洙泗有堯舜焉,則夫子之心超然,獨詣堯舜之詣也。言可恃耶?言不可恃耶?聖人憂焉,欲廢言也,而天下之人,豈人人而心孔子之心、詣堯舜之詣也?欲恃言也,則天下將死乎吾言之中而不生乎吾言之外,非吾言之死天下也,死天下之見也。天下之見所以死吾言之中而不生乎吾言之外者,吾言之盡而天下亦以為聖人之言盡於此也。天下以吾言為盡,故捐其思,捐其思故死其見,死其見故貌信乎吾言而心無得於吾言、道非得於吾道也,不自得其得也。嗟乎!言者心之翳也,曉天下者暗天下者也。《易》曰:“書不盡言,言不盡意。”嗟乎!聖人之憂天下深矣乎!而或者以為聖人之意,聖人自不能盡於言;聖人之言,聖人自不能盡於書也。嗟乎!聖人天地也,今曰天能生物而不能盡生,地能載物而不能盡載,則天下有不笑其妄者乎!聖人之言非不能盡意也,能盡意而不盡也;聖人之書非不能盡言也,能盡言而不盡也。曷為不盡也?不敢盡也。《中庸》曰:“有餘不敢盡。”此《易》與《中庸》之妙也。然則曷為不敢盡也?憂其言之盡而人之愚也。漁者之於魚也,有小其得者,有大其得者,小其得者必澗溪者也,大其得者必江海者也。江海之所以為江海,夫豈若是澗溪者然哉?水石鑿然以明而蟲魚歷然以見也。淵乎其茫也,黝乎其幽也。是故求者加深則得者加大也。聖人之作《易》,其初有卦而已,象焉在其後,有象矣,辭焉在最後,有辭也,如未始有辭也,杳茫深微不可得而近也。非不可得而近也,不可得而近者,所以致人之近也。人致於《易》,則近於《易》矣。人之常情,近則狎,遠則疑,故《易》之遠者所以投天下以疑,而致天下之思也。思則見,見則悦,悦則研,研則詣。故聖人之作《易》也,不示天下以其道之詣,而詣天下以其道之因。既曰因矣,可得而盡哉。天下因吾之不盡而求吾之盡,則道也者,聖人得而秘也耶?夢飲酒者,覺而言之於童子,曰

奚而醒也，彼以為真飲也，不悟其夢也。或者曰聖人言不能盡意也，其見與童子異。不異也。謹論。

［(宋)楊萬里《誠齋集》卷八十五　1161—113—85；又見佚名編《十先生奥論註前集》卷八　1362—58—8］

答滕景重(處厚)

(宋)魏了翁

處厚伏觀《率性堂記》云云，先生首破罕言之疑，而證之以書，實之以《易》，會之於《中庸》。此非特清湘之幸也。然而先天之學，東南鮮得，而於體用之説，有所未白。幸示教。

某蒙示問記中所疑，極荷不外。大抵性善之義具於《易》，而人忽之不察耳。周元公於《通書》殆發其端，邵子於先天後天之説又所以發明事心踐形之義，而人亦未盡知也。先天之《易》，乾、兑、離、震在左，巽、坎、艮、坤居右。蓋乾南坤北以定上下，離東坎西以列左右。此天地陰陽之定位，而人物之生必得是理，必稟是氣，是所謂性之體也。至於文王八卦，則乾、坎、艮、震、巽、離、坤、兑，乃以坎、離居南北之正，所以位天地而命萬物者，莫不本諸此。而坎之二爻則自乾來，離之二爻則自坤來，故記所謂坤之正位變乾為離，乾之正位變坤為坎者是也。坤道之光而為離，故離火外明，以明來自外也。元是坤之本體，故曰“畜牝牛吉”。乾元之精而為坎，故坎水内明，以明根乎中也。元是乾之本體，故曰“有孚，維心亨，乃以剛中也”。大抵陽居尊而陰居卑，陰為虚而陽為實。此性之定體，即乾南坤北云云是也。陽以剛實居中，而陰以文明發諸外。此不睹不聞之極功，所以為性之用，即離南坎北是也。愚見若此，景重更與同志平章之。

［(宋)魏了翁《鶴山集》卷三十三　1172—390—33］

經筵講義:《易》發題

(宋)袁甫

臣聞日月為易(案:此語本虞翻《參同契》注，先儒黄澤嘗辨其字體之訛，袁甫猶仍舊説)，有日則有月，而日月不相離也。日為陽，月為陰，有陽則有陰，而陰陽不相離也。陽為剛，陰為柔，有剛則有柔，而剛柔不相離也。何也？為物不貳也。惟其不貳，故包犧氏畫為一。一畫之義，人以為陽，而不知其非偏陽也；人以為剛，而不知其非偏剛也。有一則有二，自二而八，自八而六十有四，千變萬化，周流不居，故名之曰易。陰陽剛柔，悉該乎一畫之中，大哉！至哉！故《易》三畫而成卦。有天道焉，有地道焉，有人道焉，畫雖三而道則一。兼三才而為之主宰者，其君乎？而世之論君道者，乃曰日為君象，陽剛不撓，常伸乎萬物之表。所謂君道者如此而已。然未足以知《易》之妙也。何謂《易》之妙？陰陽剛柔，本不相離，陽非偏陽也，而有陰焉；剛非偏剛也，而有柔焉。日昱乎晝，而收斂歸宿在乎夜；陽剛皆動，而涵蓄潛藏在乎静。不睹不聞之地，有默觀密察之功，則隨所發用，自然陽明，自然剛健。故聖人善用陽剛，上配天道，萬古周流，而無一息間斷。在吾身，則為喜怒哀樂未發之中，而聲色玩好之娱，自不能惑；在宫庭，則為閑有家之初，而險詖私謁之心，自不敢萌；在天下，則非獨君子登用，而小人亦無失所之憂，非獨中國乂安，而蠻夷亦在化育之内。是乃至陽眞剛而非偏陽偏剛之所能為也。陰陽剛柔動静之妙，還相為本。不見其始，孰知其終，不見其迹，孰知其窮。嗚呼！夫是之謂眞剛，夫是之謂一，夫是之謂《易》。臣得於父師者，大旨如此。敢為陛下誦之，惟聖明采擇。

［（宋）袁甫《蒙齋集》卷一　1175—334—1］

與汪尚中書（二則）

（宋）吴泳

某閒居寡儔，得蒙賜書以勞岑寂，且辱録示至日講義見教，體段平正，辭旨條達，如以子半為復之初，黄鍾為復之候，仁為復之元，仰見探索之工，但首闢諸儒動静之説，此為未瑩耳。蓋陰陽，易也；動静，易也。《易》六十四卦，無非天地之心，然二陽為臨，三陽為泰，四陽為大壯，五陽為夬，漸生漸長，日新月盛，心普萬物而流形於穹壤之間。於斯時也，物實相雜，難可名狀。大壯雖曰見天地之情，而所見者特其發達於外者耳，而心之精微妙密，則未之能測也。惟復小而辨於物，五陰方剥於上而一陽已生於下，當肅殺之中已有孳萌之兆，於貞固之下已有流動之脉，生生之理，無一間停息。於此而觀，則昭明潔凈，見得天地之心最為親切。故在周子則謂之陽之根，在程子則謂之動之端，在朱子則謂之闢之始，在邵子則謂之陽之初起處。大抵皆於動之端倪識破此心，真善觀物者也。况坤，上也，震，下也。坤即是静，震即是動，聖人分明以此二體畫卦，若離動静而言陰陽，離陰陽而論《易》道，是猶以無寸之圭而測景，以不度之衡而觀星，則復《易》為紙上之《易》，又安能窺測造化之心哉？蓋《易》自老氏王輔嗣以來，止就歸宿處觀復，至河洛諸儒方以發動處觀復，羲文周孔之精蘊密義至此復大明矣。不審尚中便以迎長日之至者為復耶？夫自夏五至冬十一月者，一年之復也；自午初至夜半

者，一日之復也；自午日凡七日復得子日者，一月之復也；自午歲凡七歲復得子歲者，一紀之復也。天道循環，卦脉流通，合之為一紀，分之為一歲，析之為一月一日，無日不可觀來復，無時不可驗生意，或自小雪積分，或從中孚起卦，或又謂應鍾當復，縱施横設，無不可觀，只看人落處何如耳。不知落處明，安得用處活，此郤要吾人喫緊用工，書問往來，亦附贅懸疣耳。尚中識見自高，兹心常爽，必欲窮極。某静中自得之妙，又安能妙萬物以為言哉？一日之間鷄鳴而起，讀經東窗下，飯罷臨池習古法帖，學未成又棄去，復命子姪以所讀之書隨筆抄記，屋之後有山，有梅園竹塢，非風熙日暖不出，夜則青燈弔古，繙閲史策，率至子之半乃寐。尚中以為易乎，否也。雨寒迫節，草草占答來教，餘俟後訊。

又：某自川中罷守，復回苕溪，翳居林水之間，粗安其拙，雖白道而冥窮不問也。嘗訪問朋友生死，中間得和赴真死矣。或有謂竹坡亦上仙者，昉亦疑之，何天之不慭庇吾黨耶？收近書問使者以故，則知挈婦子隱於吴門，幾與世相隔，所以人謬傳耳。南窗讀《易》，想日有新知，但六經惟《易》最難學，伊川平生所得只在《易傳》，嘗曰："吾四十以前讀誦，五十以前研究，六十以前紬繹，六十以後著書。其《傳》之成也，猶不敢輕示門人。"且云：只説得七分。今台翰便謂自有此《易》，未有此解，何其言之易也。且勿言卦象爻辭，先説易一字，老先生只言變易，蓋謂陰陽相磓，日月相射，晝夜相承，死生相摎，其大綱領不出乎此。或者戴神墨履靈式，或以玄測，或以祲傳，或以本氣餘氣言，或以純體破體論，或以飛行流遁看，若見理到，亦只是變易之易，不然則流為醜博之學也，尚中以為何如？近毅夫看《論語》，嘗寄序引來，煞好，惟命名曰衍究，郤又佀好奇。吾人只是講學讀書，不妨細商量，獨懼其年之老也，俛焉日夜孜孜，斃而後已，因答來教，輙僭及此。亡弟壙記一本，就納過目，必為惻然。春和切望撑小艇訪我於花外，當同作徑山洞霄之游，餘冀以斯文斯道珍毖。

［（宋）吴泳《鶴林集》卷三十　1176—288—30］

學《易》説

（宋）陳瓘

"生生之謂易"，《易》可學也。學《易》者，可不興乎有？而為可不作乎？世無憂患，何易焉？憂患在我，何作焉？作有德，偽無得焉，非德也。有德焉，非道也。非德則偽，非道則情，情則不真。故曰：偽得而私之，其止不行。故德以履為基，基如地，非如空，乾乾焉，惕惕焉，如履虎尾，不斯須懈也。不咥人則以亨，亨者，情之正也，如春陽之達，何物不和，何所不至，而未始有所之也。知和矣，斯執之其執，弘而不弛其弛也。稱物而不偏，自小而非狹，自下而不可踰也。雖不可踰，常和其光。常和其光，安往而不敬，古之制也。其出也敬，和其入也。《復》"出入無疾"，然後"朋來無咎"，無疾無咎是以亨。亨者，情之正也。見天地之心，則其亨而大，其辨而小，皆無疾也，朋來無咎，自知而已，同此者誰乎？有大焉，必與同焉。無同則無恒，言有物而行有恒，家人之道也。德行易簡，乾坤之恒也。日月得天而能久炤，四時變化而能久成，聖人久於其道而天下化成。恒久而不已，一也。辨其一其恒乎，有息焉，磨而磷矣。雜而厭者息，不厭而染者貳，貳則枝矣。古之觀者式此而自損益焉，損以遠害，其修也先難，益以興利，其裕也無作，元吉，無咎，可貞，孚乎不有之時，以往以涉，無不利矣。其往也，其涉也，達此而已。元者，善之長也。貞者，事之幹也。涉大川者，有吉凶焉。困其凶也，吉其大也。一亨一貞，尚口乃窮。不言而信，存乎德行。德其得也，行其生也。得而不捐，生而非續。形畢而不失其通，其志遂矣。出怨不怨而不為無怨，其出也，一而已，一豈多乎？一故不遷。往來井井，出入之所亨也。邑改而不改，奚取於井哉？可用汲者在焉。養而不窮，地而已乎。居而不居，所而非所，不遷而遷，孰往孰來，奚得奚喪，非無疾之音(闕)辨之哉！利往利見，動語以制，是以小亨。其語也默，故稱而隱，其動也豈實乎？寒泉之地，蒙以養之，風自火出，同一太空，知不立知，覺而非覺，融而聞之，不亦聰乎？出入無疾，權實皆得。得之初也，在此而已。初終一際，不出於是。故曰加我數年，《易》可學也。聖人君子之學乎？善人有恒者之學乎？恒乎？有恒乎？不興則不辨矣。震，動也，君子興焉。兑，説也，君子習焉。艮，山也，君子止焉。坎，孚惟心亨，君子湛焉。巽，風也，風以散之，君子散焉。離，日也，日以烜之，君子晦焉。闔户謂之坤，君子法焉。闢户謂之乾，君子象焉。一闔一闢，君子恒焉。《易》可學也，恒而矣。

[佚名編《宋文選》卷三十二　1346—459—32]

《易》(此篇論"窮理盡性至於命")

(宋)張震

無無者，無之宗也。有無者，一之宗也。一者，天地之宗也。天地者，萬物之宗也。以無出有，其來為無窮；以有入無，其往為不通。知夫有無之非而非之，又有也，始可與言《易》矣。茫乎，忽乎，其無所從乎？杳乎，冥乎，其莫之名乎？莫之名也，將烏乎誰哉？俄焉有誰矣，而後有形，形具而生之，數不可窮矣。天動而清，地静而寧。(《老・三十九章》："天得一以清，地得一以寧。")動者為闢，静者為闔。("夫乾，其静也專，其動也直，是以大生焉。夫坤，其静也翕，其動也闢，是

以廣生焉。")一晦一明,一剛一柔,日月代照,寒暑代興,陰陽代勝,變化代作,自一而二,自二而三,自三生五,自二生四,而兩儀形焉。五合一而生六,合二而生七,合三生八,八合四生九,而四象成焉。五五而生,五六而成,五十有五,各定其位,而八卦合焉。("《易》有太極,是生兩儀,兩儀生四象,四象生八卦,八卦定吉凶。")四九而六,其策為乾;四六而六,其策為坤;合而分之,極於萬有一千五百三[①]十。("天數五,地數五,五位相得而各有合,天數二十有五,地數三十,凡天地之數五十有五,此所以成變化而行鬼神也。乾之策二百一十有六,坤之策百四十有四,凡三百有六十,當期之日,二篇之策,萬有一千五百二十,當萬物之數也。"王弼注:"二篇三百八十四爻,陰陽各半,合萬一千五百二十策。")自此以往,數有所不能圍,而吉凶、憂樂、死生、治亂、存亡、消息、盈虛、進退、失得、小大、貴賤、是非、利害之理相摩盪於天地之間者,吾不得而知也。天下之變於是極矣。而未知其果有變耶?將不變耶?變與不變,不可得而知也。是故爻以見其位,彖以明其象,象以盡其意,使天下各然其所以然者,一身之中無不自知也。性存而心存,心存而識存,識存而形存,形存而錯於萬物者,相與為化而不知其極,嘗試反而思之,使其早興而暮罷者,其誰乎?皇皇焉與接為鬬而不暇者,非心耶?既而忘之其久也,求其所以忘而不得也,則渾然同流而萬物不能與之化,夫又烏能為吾累哉!《易》曰:"窮理盡性,以至於命。"(《説卦》云)是非其至歟?今人以為不然,見善惡知愚從而謂之性,見窮達死生從而謂之命,則是因聲而求響,因形而求影也,可不謂之大惑歟?《易》曰:"無思也,無為也,寂然不動,感而遂通天下之故,非天下之至神,其孰能與於此?"(《繫辭》上云)夫無思者,非無思而無無思;無為者,非無為而無無為。其於天下之故也。寂然而通則謂之有耶?謂之無耶?吾將以名名之而不可得,則神焉而已,此之謂大化。

[佚名編《十先生奥論註》前集卷十一 1362—83—11]

利用賓於王

(宋)姚孝寧

君子将欲以伸其道,必知所以重其身。蓋身者,道之本也。身重則道尊,身輕則道喪。道喪身輕,兹豈大臣之利哉?故大臣之所利,在於使其君之敬而已。一有不敬,則召之而不可,况得而臣之乎?不如是,不足以有為也。"利用賓於王",夫出疆載質,孰與夫天禄之榮?退食自公,孰與夫家食之耻?君子之欲用於

① "三"疑當爲"二"。

君，甚於君之欲用其臣也。蓋至於懷寶而迷邦，韞匵而藏玉，彼豈無意於此其中，則有大不可測者矣。夫抱明月之珠者，不至於五達之衢，而願觀者求售焉；操夏后氏之璜者，不適於一闠之市，而願鬻者往致焉。不然則寧有不售而已爾。至於販夫販婦，朝取而夕給，而其取售類不出乎尋常之間，亦以其挾者小也。夫挾於物者，大且不肯以輕售，况挾道以自居者哉！古之君子正義不回，非釣名也，尊德無二，非要譽也。天下苟有為貧之士，雖抱關擊柝，事之而已，雖乘田委吏，事之而已，以是為大臣之事則不可。蓋大臣之體不曰事焉而已也。世而無大有為之君也，則“不事王侯，高尚其事”，又何怨乎？世而有大有為之君也，則必有不召之臣，而當今之世，舍我其誰哉！故敬大臣之意與體羣臣之事不同，而畜臣妾之心，不宜施於道揆之際。古之大臣其處之有道矣。威而不猛，其容貌有如此者；難進而易退，其特立有如此者。立乎本朝，則見君如見大賓矣；坐乎侯屏，則作賓於王家矣。如是則心莊而體舒，正己而物正，安有得君之專而功烈之卑者乎？嗚呼！亦為始進者占之。議者或曰：“幹母之蠱”，雖忍，其何害？“遇主於巷”，雖小變，庸何傷？詭遇者一，而獲禽者十，亦何必曰用賓之為利。自斯言之出而不忍赤子之失其母也，夫“幹母之蠱”與“遇主於巷”，乃國家多事，上下間隔之時，則非大臣所為，而可謂《觀》之六四為之哉！烏鳶遇弋則仁鳥争逝，魚鱉咸若則龜龍乃游，故曰“鳳凰翔於千仞兮覽德輝”，而下之君子之所以“觀國之光”者，非一日矣。安有不擇時宜，獨蒙愧恥以求進，而可以大有為哉！迭為賓主，舜何辭於堯？學焉後臣，尹何辭於湯？王訪箕子，《洪範》乃作，豈曰友之云乎？矧曰事之云乎？待以季孟之間，則孔子有行而已。以千乘之國而友士，則子思有不悦而已。不識寡人果可以得見否，則孟子有却之而已。一則仲父，二則仲父，伯者之臣尚爾，而况王者之佐乎？飦牛以要秦穆公，百里奚且不為，而况孔子、子思、孟子者乎？夫以匹夫而友天子，其勢若難；以天子而友匹夫，其事則易。古之君子居其難而待其君以易，故自尊者所以養其君之尊，自大者所以成其君之大。嗟夫！龍興而雲從，虎嘯而風生，不有觀之九五，烏有觀之六四？

［佚名編《經義模範》 1377—95—0］

答顧希武書

（明）趙撝謙

某奉復草廬先生執事，莊周云：“逃空寂者，聞人足音，跫然而喜。”况古則憂困牢，落荒林、窮谷之間，而得執事所遺長書及所註八卦，三復累日，若飢渴三日而得膏粱酥茗，非但喜之而已，實有得于心腹肺腸也。執事尚奚自抑之過而獎我

之厚耶？夫自抑寧過而奬人寧厚，雖君子謙恭之道，在執事之于不肖，宜面命之、耳提之，猶有未至，則踣擊之可也，何奬我也？若是古則不揣，妄自矜大，六書作本義已訖，然出以示人，皆不能貫首尾，力看數紙以規辨其是非，否則但見譽而已，何有如執事高明妙達，心誠意耑者哉？然猶奬我若是，終益我之過焉爾，有便幸易其教我者祝囑，執事言《易》註有與傳義異，而恐取罵于人者，是何傷哉？且天地造化，其變無窮，道理亦如鳶天魚淵，各有所得，言其所得而已，尚何拘之哉？嘗泛觀諸家著述，雖瑩白如程朱，亦未必無無瑕，雖踈誕如楊陸，亦未必無一得，況執事沉潛有年，覃思既久，博參諸家，發揮本義，又何謙抑之有而畏人之妄議也哉？雖然，以不肖觀之，文王之彖，周公之爻，孔子之翼，片言隻字，皆從伏羲六畫流出，蓋六畫之卦，旨理微奥，惟象最著，故假象之著者，以明理之微奥者耳。是以《大傳》曰："《易》者，象也。"可以一言蔽之已矣。朱子雖疾取象太鑿者，然亦曰："看《易》，若靠定象看，便滋味長。若只懸空看也，没甚意思。"執事見示八卦旨理則已明顯矣，恐於説象處畧有不足，可憾。幸見教。餘容傾蓋，以罄不莊。

［（明）趙撝謙《趙考古文集》卷一　1229—680—1；又見（清）黄宗羲編《明文海》卷一百七十五　1454—805—175］

卦爻辭論

（清）李光地

《易》之書，為卜筮而作也，而其精極於陰陽性命，其賾包於品物羣形，其繁周於日用感應，蓋自卦畫既成而斯三者備矣。後之聖人因其所藴而繫之以辭，然《易》之辭獨與他經異者，言出於象，有象而後有言，義以備占，一占自為一義，言則不必其相屬，義則不必其相應，非若諸經之文從字順而義類貫通也。神而明之，則其言有典常，舉而措之，則其道有典禮，又未嘗不文從字順而義類貫通，此《易》之為書所以至精至變至神而不可以淺迹膠而私見滯也。學《易》之至者，無如孔子，孔子之言"不可為典要，唯變所適"，率辭揆方，則有典常，又曰"原始要終以為質也，六爻相雜，惟其時物也"，又曰"初辭擬之，卒成之終"，智者"觀其彖辭則思過半"。嗚呼！聖人之學《易》蓋如此。京房焦贑，數之賊也，輔嗣康伯，義之翳也，邵氏出而洩圖之秘，程子生而闡道之微，於是羲皇之所以觀察而作，文周之所以憂患而興，孔子之所以假年而學，理、義、象、數如日斯揭。然是二子之書者，微朱子亦孰與尊信而表章之哉？且邵子之書理精矣，而主於推步，與卜筮異；程子之書義備矣，而主於論道，與象占殊，是於作《易》之本、學《易》之要，蓋猶有所未發焉者。至於朱子一以占筮舉其槩，所以釋《易》者甚近且淺，而至精之理無不存也，至變之用無不周也，至神之機無不寓也。使《易》之為言必根於象，使《易》之於象必當於占，片辭隻字，該貫包含，以為虛而可以盡天下之實也，以為小而可以窮天下之大也，四聖不傳之心至此而若合符節矣。雖然名之命也，辭之繫也，蓋確乎其不可易。朱子之釋名辭畧矣，賁之中虛而含物，何以不為頤？噬嗑之徃来而交錯亦可以為賁。萬物皆有常理，何以雷風則為恒？萬類皆無停機，豈必火山乃為旅？他若其名之可相易，義之可相通者，蓋未可一二數，更聖越神之心思，宜不若是其漶漫也。朱子非不知之而以為未可臆亂，故因孔氏之舊而約畧其旨，以俟後聖，意至深也。愚以謂塞宇宙、亘古今，一理而已矣，理之所在，伏羲所以創，文王所以修，孔聖所以翼，出乎理則非所以為聖人也。苟能窮理之至，則其心與聖人通，性命之理、變化之妙、萬物萬事之幾瞭然於心目。所謂《易》者，真吾心之圓神方智而已，然後銖而較之，至於石而不差；寸而累之，至於尋而不謬。六十四卦之為質，三百八十四爻之為物，一一見其所以然而不可易，真有所謂擬初辭而得其終，觀彖辭而過其半者，則雖聖人復生，亦將可以質之而無疑，此又朱子所未盡而有待於後人者也。非夫潔浄精微而不賊者，其誰與望乎？

［（清）李光地《榕村集》卷十五　1324—739—15］

5.《周易》傳承

傳易之家

（宋）金君卿

魯商瞿受《易》於仲尼。仲尼卒，商瞿授楚馯臂子弓（一云“子弘”）。子弓授江東橋庇子庸（一云“魯橋庇子庸”）。子庸授燕周竪子家（一云“周醜子家”）。子家授淳於光羽子乘（一云“東武孫虞子乘”）。子乘授齊田何子莊。及秦焚書，以《易》為卜筮之書，獨得不焚，故傳授不絶。

漢興，田何授東武王同子中（讀曰“仲”）、洛陽周王孫、丁寬子襄、齊服光四人焉，皆著《易傳》（丁寬作《易説》八篇，三萬言，訓詁舉大義而已。王、周、服皆作《易傳》二篇）。周王孫授魏蔡公（《蔡公易傳》二篇）。王同授齊即墨成、廣川孟但、魯周霸、莒衡胡、臨淄主父偃、菑川楊何叔元（《叔元易傳》二篇）。叔元傳燕韓嬰、河内司馬談、大中大夫京房（非焦延壽弟子京房也）。後丁寬復從周王孫受古義，號周氏傳。然周王孫即寬師田何之學也。寬授同郡田王孫。王孫授沛施讎子卿（一云“長卿”）、蘭陵孟喜長卿、瑯琊梁丘賀長翁。繇是，有施、孟、梁丘之學焉（施孟梁丘氏《章句》各二篇）。

施氏授河内張禹子文、瑯琊魯伯。禹授淮陽彭宣、沛戴崇子平。魯伯授泰山毛莫如少路、瑯琊邴丹曼容。繇是，施家有“張彭之學”。

孟氏則改師法，以候陰陽災變書，詐言得自師田生，而同門梁丘賀証明之，且非田生之法也。授同郡白光少子、沛翟牧子況。由是，孟家有翟牧白生之學。梁丘氏者，始授大中大夫京房易。房出為齊郡太守後，更事田王孫。然則，京房、田王孫，皆田何家法也。漢宣帝時，聞京房為《易》明，求其門人，得賀。賀年老授於子臨，臨始從父學，亦嘗事施讎，後卒行京房法，授五鹿充宗君孟（君孟《畧説》三篇）。君孟授平陵士孫張仲方、沛鄧彭祖子夏、齊衡咸長賓。繇是，梁丘家有士孫鄧衡之學。

今《子夏傳》即鄧子夏，蓋出於梁丘家也。其後又有京房《易》（房字君明，東郡頼丘人，非大中大夫京房也）。房始授業梁焦贛延壽，贛云常從孟喜問《易》。會喜卒，房以為延壽《易》即孟氏學。時孟氏門人翟牧、白生皆曰非孟氏法也。房後以災異得幸，授東海殷嘉、河東姚平、河南乘弘，皆為博士。由是，有京氏之學焉。又其後，有東萊費氏《易》（名直，字長翁），其學無章句，本以古字，號《古文易》，以《彖》《象》《繫辭》《文言》解説上下經，授瑯琊王潢平仲。由是，世傳費氏之學。又沛人高相與費公同時，亦無章句，自言出於丁將軍，傳授子康及蘭陵母將永。由是，有高氏之學焉。

漢宣帝時，施、孟、梁丘，皆立博士。至元帝世，立京氏《易》，惟費高二家未得列於學宫。成帝時，劉向校書，考《易》説，以諸《易》家説皆祖田何。楊叔元、丁將軍，大意畧同，惟京氏為異。向以中古文《易經》，校施、孟、梁丘經，或脱去“無咎”“悔亡”，惟費氏經與古文同。然受其學者，未盛於世。時梁丘賀以卜筮得幸宣帝，及至顯官，故學者宗焉。其後五鹿充宗貴幸，善梁丘《易》，元帝好之，欲考其異同，令充宗與諸《易》家論，充宗乘貴辨口，諸儒莫能與抗，皆稱疾不敢會。又，施讎之門人張禹，以經術為成帝師，位丞相，封侯成就。弟子尤著者，彭宣、戴崇，皆至公卿，故施氏梁丘之學，尤盛於當世，以至孟氏、京氏弟子俱為博士，故二家之學亦行焉。高相子康為王莽所殺，故學者衰廢，而費氏獨行古文《易》，然而未得立者，蓋亦不幸者矣。

其後，東漢諸儒習施氏者，則有沛戴崇、洎子賓、陳留劉昆威公、洎子軼君文。習孟氏者，則有南陽窪（音圭）丹子玉、中山鮭陽鴻孟孫（鮭胡佳反。又苦圭反。一作“鮭”：胡瓦反者，非）、廣漢任安定祖。習梁丘氏者，則代郡範升辨卿、京兆楊政子行（一云范升、楊政皆傳孟氏易者，非）、潁川張興君上、洎子魴，惟張興最知名，為梁丘家宗，弟子自遠方至者，著録且萬人焉。習京氏者，則汝南戴憑次仲、南陽魏滿叔牙、濟陰孫期中彧。惟高氏之學無傳焉。建武中，陳元長孫、鄭衆仲師，皆傳費氏《易》。其後，馬融、荀爽亦為之傳，自是費氏興而諸家之學衰矣。陳、荀、馬，皆當世大儒，故費氏之學益盛。今輔嗣之學，蓋出於費氏古文《易》也。

再原漢之言《易》者，一出於田何，其傳者，若周王孫、同[①]、楊何、大中大夫京房、丁寬、田王孫皆本師法。然當高惠文景之時，學其未興也。至宣元間，施、孟、梁丘、京氏四家及高相之學，多以陰陽災異為説。惟費氏本以古字，號古文《易》，以《彖》《象》《文言》講説上下經，為有本末。又校之諸家，獨與中古文《易》同流。及馬鄭等家，其學遂盛。獨輔嗣，天啓其衷而入聖門之奥，考其淵源，雖本於馬鄭之學，然其流溥博出於諸家逺矣。噫！《易》之大原，皎若白日，函光於犧，旭於文，迄我聖師而後正中焉。昳於秦，薄蝕於漢，諸家之説棼焉，而聖道微矣。輔嗣特起，斥去異端，天人之道，俄然而明，然猶時若氛翳，未能廓然，若將有以待焉爾。在其賢者，心聖人之心，猶得觀望其光景者哉。

重卦之人，孔頴達曰："重卦之人，凡有四説。王輔嗣以為伏犧，鄭康成之徒以為神農，孫盛以為夏禹，史遷等以為文王。"其言夏禹及文王重卦者，按《繫辭》，神農之時已有蓋取諸益與噬嗑，以此論之，不攻自破。其言神農重卦，亦未為得。今以諸文驗之，案《説卦》云："昔者，聖人之作《易》也，幽贊於神明而生蓍。"凡言作者，創造之謂，神農已後，便是述修，不可謂之作也。則幽贊用蓍謂伏犧矣。又引《下繫》云："上古結繩而治，後世聖人易之以書契，蓋取諸夬。"既象夬卦而造書契，伏犧有書契，則有夬矣，故今輔嗣以伏犧既畫八卦，即自重為六十四，為得其實。

君卿謹按：揚雄作《解難》，其辭曰："伏犧之作《易》也，綿絡天地。今以八卦文王附六爻，孔子錯其象而彖其辭，然後發天地之藏，定萬物之基。"又《法言》述文王之淵懿，曰："重《易》六爻，不亦淵乎？"司馬遷曰："伏犧至純厚，作《易》八卦。"又云："西伯其囚羑里，蓋益《易》之八卦為六十四。"班固亦云："商周之際，紂在上位，逆天暴物。文王以諸侯順命而行道，天人之占，可得而效，於是重《易》六爻，作上下篇。"孔安國云："伏犧氏之王天下也，始畫八卦。"又《繫辭》云："包犧氏之王天下也，始作八卦，以通神明之德。"此經據灼然矣。輔嗣獨擯諸家之説，孔頴達從而解之，殊不達《繫辭》之大義，妄引"蓋取諸益"之説，惑之甚矣。夫《易》曰："天地設位，《易》行乎其中矣。"則是兩儀定位，雖未有《易》之書，而《易》之道已著矣。若文王之前，雖卦象未備列，而古先聖人順天地之道與物之宜，以垂立教，而得乎《易》之道，與卦義相契合者，固已多矣，豈須先觀卦象而後有為乎？原《繫辭》之意，蓋謂若神農為耒耜得《易》益卦之義，若黄帝為弧矢得《易》睽卦之象也。如曰不然，且《繫辭》云"上古結繩而治，後世聖人易之以書契，蓋取諸夬。"夫書契之作始於伏犧，如頴達之見則是未有書契之時，已先有此夬卦，後因觀象而作為書契，何不思之甚也？又頴達既以文王為卦辭、周公為爻辭為然，如曰伏犧之時已重卦，則是但有六十四卦之名，卒無一言以明卦義，安所謂垂世立教哉？

① "同"前疑脱"王"字。

穎達又以《說卦》有作《易》重之文，謂非伏犧不得云作《易》，且伏犧畫八卦，至於文王重之而《易》道始成，故曰："《易》之興也，其於中古乎？作《易》者其有憂患乎？"又曰："易之興也，其當商之末周之盛德耶？當文王與紂之事邪？"此其文王作《易》之明驗，豈得謂非伏犧不得云作也？君卿以為伏犧畫八卦，文王重而為六十四，復繫之卦辭，周公述文王之志，又繫之爻辭，仲尼贊而為《彖》《象》《文言》，為得其實。兩漢大儒揚雄、司馬遷、孔安國、班固，據《繫辭》"伏犧始作八卦"之文斷然無疑矣。

［（宋）金君卿《金氏文集》卷下　1095—396—下］

記嵩山晁氏卦爻彖象說

（宋）朱熹

漢《藝文志》：《易經》十二篇，施、孟、梁丘三家。顏師古曰："上下經及《十翼》，故十二篇。"是則《彖》《象》《文言》《繫辭》，始附卦爻而傳於漢歟！先儒謂費直專以《彖》《象》《文言》參解《易》爻，以《彖》《象》《文言》雜入卦中者，自費氏始。其初費氏不列學官，惟行民間。至漢末陳元、鄭康成之徒學費氏，古十二篇之《易》遂亡。孔穎達又謂輔嗣之意，《象》本釋經，宜相附近，分爻之《象》辭，各附當爻。則費氏初變亂古制時，猶若今乾卦《彖》《象》繫卦之末歟？古經始變於費氏，而卒大亂於王弼，惜哉！（熹按《正義》曰："夫子所作《象》辭，元在六爻經辭之後，以自卑退，不敢干亂先聖正經之辭。及王輔嗣之意，以為《象》者本釋經文，宜相附近，其義易了，故分爻之《象》辭各附其當爻下言之。此晁氏所引以證王弼分合經傳者。然其言夫子作《象》辭，元在六爻經辭之後，則孔氏亦初不見十二篇之《易》矣。又在於《彖》及《大象》發之，似亦有所未盡。）奈何後之儒生，尤而效之。杜預分《左氏傳》於經，宋衷、范望輩散《太玄》《贊》與《測》於八十一首之下，是其明比也。揆觀其初，乃如古文《尚書》，司馬遷、班固序傳，揚雄《法言·序篇》云爾。今民間《法言》列《序》篇於其篇首，與學官書不同，槩可見也。唐李鼎祚又取《序卦》冠之卦首，則又效小王之過也。劉牧云："《小象》獨《乾》不係於爻辭，尊君也。"石守道亦曰："孔子作《彖》《象》於六爻之前，《小象》係逐爻之下，惟《乾》悉屬之於后者，讓也。"嗚呼，他人尚何責哉？（熹按《詩疏》云："漢初為傳訓者，皆與經別行，三傳之文，不與經連。"故石經書《公羊傳》皆無經文，而《藝文志》所載《毛詩故訓傳》，亦與經別。及馬融為《周禮》注，乃云："欲省學者兩讀，故其載本文，而就經為注。"据此則古之經傳本皆自為一書，故高貴鄉公所謂"《彖》《象》不連經文"者，十二卷之古經傳也。所謂注連之者，鄭氏之注具載本經，而附以《彖》

《象》,如馬融之《周禮》也。晁氏於此,固不如吕氏之有据,然吕氏於《乾》卦經傳之次第所以與他卦不同者,則無説焉。愚恐晁氏所謂"初亂古制",則猶若今之《乾》卦而卒大亂於王弼者,似亦未可盡廢也。因竊記於此云云。)

[(宋)朱熹《晦庵集》卷六十六 1145—284—66]

《易》 策

(宋)員興宗

諸儒無心於議《易》,然後可以通《易》。蓋《易》可以形解,不可以言遇也。其失也則惑之,惑之終失之,漢魏諸儒坐此也。夫何故?鄭元惑於文,王肅惑於義,蜀才惑於怪,虞翻惑於數,馬融、王勃、陸長源、關子明、陳史皆有言,言皆有惑也。吾不知諸儒不能意遇,而今乃且嚚乎?三傳作而《春秋》散。諸儒言而《易》不作乎?執事今乃以卦象取類之意,不信諸儒而質之經,斯豈徒言也?吾不得而質聖人,抑請臆之執事,所謂有為馬、為牛、為龍、為雉,於物有配也,於身有類也。夫至徤莫如乾,乾徤而動也,馬動非徤乎?至順莫如坤,坤順而任重也,牛任重非順乎?潛動而變於陰,震變陰者也,而龍善變;離者中柔,中柔者外文也,而雉外文。玆四卦於物有配也,其四可知也。乾為首,首,人之上,乾,物之上也;坤為腹,腹有去,坤亦有去也;震為足,在下也,動之象也;離為目,有明也,麗之象也,於身有類也,其四可知也。嗚呼!《易》本無位,俄而有位矣,有位而後有滋有數,而後有配,自然之解也。諸儒欲大之而流於旁詭過當之論,譬之條教,始主於寬、主於仁,而後千機百穽如此之衆,何者?其罪始於多目也。然則諸儒於《易》,慎無容易多誇耶。

[(宋)員興宗《九華集》卷十 1158—82—10]

與羅一峰

(明)胡居仁

往歲質疑於左右,未蒙正其是非,竊自疑其詞義猥屑,君子所不取,誠意未至,君子所不受。或尊意未察,以居仁托病自高,而抑其僭妄,方將自反。續後聞知四方士友,以為先生非徒不鄙,反以警示學者,先生之心固廣大無私矣。但居仁不得以消聞過之渴也,然天下之言有不得已而言者,有得已不已而好言者,亦有不知其理而妄言者,好言與妄言雖智愚不同,其私則一也,惟不得已而言者,乃當言也,非私也。居仁所以進言於左右者,以非左右之公不能受,非左右之明不

能擇，非左右之賢不能發揚以及後學。今先生望重四方，為學者宗仰，道之興廢所繫，先生固不可不自重其任，而居仁亦不得不與先生明辯，以求至當之歸也。所欲言者，具陳别紙，惟高明采擇，幸甚。伏聞興創金牛洞以教學者，不勝欣悦，其立教規模，量必脗合古意，然洙泗授受具見《論語》，河洛授受具載《遺書》《文集》，紫陽授受具載《語類》《文集》，此皆先生所素講者，惟體驗而力行之，以開聖學門庭，則英才類至，道之明也可冀，學之傳也可久，而澤流無窮矣。居仁俟疾一愈，即來觀光而少賛於下風焉。伏聞先生作《易經集説》，不知尊意所在，願附一本見教。昔朱子註書多與朋友講論，蓋《易》之為書，始於伏羲，成於文王、周公，備於孔子而明於程朱。所以然者，因風氣不同，世變不一，太古之時，世質民淳，只用卦畫以示吉凶，而開物成務，利用厚生，辭不繫可也。至文王周公之時，則世故漸多，情偽百出，德不可不正，辭不可不繫，故曰："《易》之興也，其於中古乎？作《易》者其有憂患乎？"然須知文王周公所憂患者何事？至孔子當周末，王教不明，世道益下，其所憂者，又非文王周公之比，故"十翼"之作不得已也，與拭淚而作《春秋》同意。至孟子以後，諸儒妄以己意穿鑿，溺象數而不知，求理循流，而不知求源，遂失聖人之意。程子憂且懼矣，故作傳文，然後"體用一源，顯微無間"，而《易》大明矣。朱子又推本伏羲文王立卦繫辭之本義，使古今一貫，非以程《易》之未善而更作《本義》也。愚意《易》之書具於未畫之前，明於既畫之後，因世變風氣而有詳略，所謂隨時變易以從道是也。羲《易》者，太古之《易》也；《周易》者，中古之《易》也；孔《易》者，末世垂教之《易》也；程《易》者，今世當用之《易》也；《本義》者，推原古《易》以及今也。姑撮其大要，其餘詳細尚圖面質。居仁又有不得已而言者，公甫陳先生名重海内，與先生所交最深，居仁與四方士子亦以斯道望於公甫，不意天資過高，入於虚妙，遂與正道背馳，不知先生曾疑之否？若曰不知其非，則思修身事親，不可以不知人，思知人，不可以不知天，知其非而不告，已虧朋友之義，所以輔仁責善者，其失已在我。獲覩公甫與何時矩書欣然，喜其見道大意，然推之其曰天自信天，地自信地，吾自信吾。又曰塵微六合，瞬息千古，只是一箇儱侗自大之言，非真見此道之精微者，乃老莊佛氏之餘緒。聖賢之言平正切實，天雖知其所以為天，而未嘗曰天自信天也。

［（明）胡居仁《胡文敬集》卷一　1260—17—1］

羲皇心易

（明）楊慎

陳希夷言："學《易》者當於羲皇心地上馳騁，無於周孔注脚下盤旋。"朱子云：

“非周孔之注，安知羲皇之心乎？”陸象山六經注腳及糟粕之説，正出於此。周孔且注腳，六經尚糟粕，況其餘乎？

［（明）楊慎《升菴集》卷四十一　1270—280—41］

古今易説

（清）陳廷敬

《易》於六經最古，遭秦燒書，以卜筮獨得存，最為完書，最古而完，而今所傳者特為淆亂，視他經為甚焉。《樂》既散亡，二《禮》經晚出，雖闕，然幸不為後人所亂。《書》得之孔子屋壁，《詩》賴諷誦以存，雖不無殘脱，然考《詩》《書》之序，或皆繫於篇末，或自合為一篇，其始皆不亂於正經。《書》自孔安國，《詩》自毛公，始別序入經，冠之篇首。朱子除其序，各合為一編，以置經外，而復《詩》《書》之舊焉。《春秋》一經三傳初皆別行，漢以來儒者欲省學者兩讀，至以《公》《穀》配經。《左氏》分傳，附經之年。朱子雖未及詳定，而亦別出左氏經文，葢將以復《春秋》之舊也。經之存者五，惟《易》最古而最先亂，已而幸正之，卒又亂焉。《藝文志》云《易經》十二篇，顔師古謂上下經及十翼，葢古經也。漢費直以《彖》《象》釋經，附於卦後。今《乾》卦起“大哉！乾元”至“用九，天德不可為首”，是其例也。雖其初加一傳字以別於經，然十二篇之經，直已亂之矣。漢鄭康成注《易》，合《彖》《象》於經，而所謂《彖》《象》不連經文者猶在也。至魏王弼注《易》用康成本，又增入《乾》《坤》《文言》，雖加“《彖》曰”“《象》曰”“《文言》曰”以別於經，然直之所既亂者，弼又從而亂之，若《説卦》等篇仍其舊，總曰《繫辭》，自是世儒知有弼《易》而不知有古經矣。程子作《易傳》，因弼本，未暇更正。嵩山晁説之考訂古今，釐為八卷：《卦爻》一，《彖》二，《象》三，《文言》四，《繫辭》五，《説卦》六，《序卦》七，《雜卦》八。而吕氏大防《周易古經》，《上經》一，《下經》二，《上彖》三，《下彖》四，《上象》五，《下象》六，《繫辭上》七，《繫辭下》八，《文言》九，《説卦》十，《序卦》十一，《雜卦》十二。王氏原叔家古《易》本，《卦辭》一，《彖辭》二，《大象》三，《小象》四，《文言》五，《繫辭上》六，《繫辭下》七，《説卦》八，《序卦》九，《雜卦》十。東萊吕祖謙則定為經二卷、傳十卷：《上經》一，《下經》二，《彖上傳》一，《彖下傳》二，《象上傳》三，《象下傳》四，《繫辭上傳》五，《繫辭下傳》六，《文言傳》七，《説卦傳》八，《序卦傳》九，《雜卦傳》十。朱子《本義》從之，故朱子曰“經則伏羲之畫，文王周公之辭也，並孔子所作之傳十篇，凡十二篇。中間頗為諸儒所亂，近世晁氏始正其失，而未能盡合古文，吕氏又更定著為經二卷，傳十卷，乃復孔氏之舊”云，按朱子之言，幸古經之復正也。明永樂時修《五經大全》，《易》則從程傳元本，而《本義》則以類從。夫以程子未及更正之經，取朱子從古經説《易》之辭，割裂參錯於其間，使古經已正而復亂。而最繆戾者，簡首仍載朱子幸古經復正之説，而又不言其不從古經之故，是則所謂復孔氏之舊者，果安在乎？至使前賢之意乖剌不明，至今三百年餘，未有能正之者也。成化間，奉化學教諭成矩謂世之讀《易》者，先《本義》而後《傳》，遂獨刻《本義》行於世。今家傳户誦者，成矩之書也。夫朱子因古經作《本義》，明初諸人以《本義》參附於傳而一之，已失朱子之意矣。然猶曰此集諸儒之説，非專朱子之書也。今矩所訂之書，儼然朱子之書，世之學者遵信之而不復知其舛譌之若此也。蓋《易》之最古而完者，及今猶可考見，故與世諗焉。

［（清）陳廷敬《午亭文編》卷二十二　1316—325—22；又見（清）張廷玉等編《皇清文穎》卷十一　449—584—11］

6. 其他

卦名解

（宋）王安石

剛柔始交而難生，動乎險中，故曰雲雷屯。屯已大亨，則雷雨之動滿盈，而為解，故曰"雷雨作，解"，"動而免乎險，解"。山下有險，非險在前也，可往而止焉，必蒙者也，故為蒙。蹇，則險在前者也，險在前則不可以往，故為蹇。《象》曰："見險而能止，知矣哉。"知者，反乎蒙者也。需，亦險在前也，其不為乾健而進也，非若艮之止也，非坎之所能陷也，待時而進耳，故為需。柔得位而上下應之，小者之畜也。小者畜，則其畜亦小矣，故為小畜。以小而畜大，非柔之中也。柔得位而不中，不中而上下應之，小畜之道也。能止健，大者之畜也。大者畜，則其畜亦大矣，故為大畜。四陽過二陰，而陽得中，故為大過。大過者，大者過也。大者過則亦事之大過越也。四陰過二陽，而陰得中，故為小過。小過者，小者過也。小者過，則亦事之小過越者耳。大有，能有大者也，大者應之也；柔得尊位，大有者也。同人，同乎人者也，柔得位、得中而應乎乾者也。巽而麗乎内，故為家人；止而麗乎外，故為旅。少男長女必惑，山下有風必撓。蠱者，撓惑之名也，為天下之蠱者事也，故為蠱。少女少男，男下女上，故為咸。咸者，交感之名也。長男長女，男上女下，故為恒。姤陰遇陽，故為姤。陽終決陰，故為夬。柔履剛，故為履。履，禮也。禮者，以柔履剛者也。剛應順而以動，故為豫。上下交，故為泰；不交，故為否。以剛中為主而下順從，故為比。順而止，故為謙。動而説，故為隨。大者在上，故為觀。大者壯，故為大壯。剛浸長以臨柔，故為臨。臨者，大臨小之名，故曰“臨者大也”。柔來文剛，分剛上而文柔，故為賁。柔變剛為剥。剥者，消爛之名也。剥窮上而剛反，故曰復。復者，反而得其所之名也。天下雷行，物應之，故為無妄。雷之感物，物之所以應，無妄者也。剛退，故為遯。明入地中，故為明夷。明者，傷於暗之名也，文王與紂當其象矣。以爻考之，自三以下，周象也；自四以上，殷象也。明出地上，晉。臣進之象卦也。明出地上，則方晝而未至乎中，中則照天下。晝則進之盛而不亢乎王者也。損上益下，主於自損者也，故為益。損下益上，主於自益者也，故為損。乾道成男，坤道成女。凡女卦皆受損者也，凡男卦皆受益者也。損上益下，損下益上，此之謂也。巽乎水而上水，故為井。以木巽火，故為鼎。明以動，故為豐。豐者，光明盛大之卦也。剛上下而實在其間，頤中有物之象也。頤中有物必噬，噬則合矣，故為噬嗑。嗑者，有間而通之之卦也。上險下説，説以行險，故為節。柔在内而剛得中，説而巽，故為中孚。柔亦在内，可謂對矣。中孚者，至誠之卦也。無妄則不妄而已。一陽陷於二陰，故為坎。坎者，陷也；内明，水象也。一陰麗於二陽，故為離。離，麗也；外明，火象也。水之為物，陷者也；火之為物，麗者也。推此，則震、巽、艮、兑，可以類知之也。上火下澤，睽。睽者，不合之名也。二女之卦也。火在水上，未濟。未濟者，有濟之道也，男女之卦也。水上火下，男女相逮之卦也，故為既濟。澤上火下，二女不相得之卦也，故為革。不相得而相違，革之所以生也。以衆行險，故為師。上剛而下險，險而健，故為訟。上動而下止，止而動，故為頤。止而動，頤之道也。上説而下順，故為萃。上巽而下險，險而巽，故為涣。涣者，離散之名也。巽而免乎險，則不蹇不困，下雖險，上巽而不健，則不訟，故為涣而已。困則剛見揜者也，在難中者也，不可以不動矣。蹇則難在前者也，不可以往而已，故《彖》曰“利西南”也。順而巽，其進也孰禦焉？故為升。止而巽，有止之道，故為漸。歸妹者，歸女之卦也。妹，少女也；少女為主於内，故曰歸妹。歸妹，女歸之以其時也，故曰“動而説，所以為歸妹”也。陽在下，則動而進，故為震。進在陰上，已得其所則止，故為艮。内柔伏，故為巽；外柔見，故為兑。此其文皆在《繫辭》，或《彖》《繫》所不言，以其所言反求其所不言，則知其所以然也。

［（宋）王安石《臨川文集》卷六十三　1105—513—63］

易　説

（宋）游酢

《彖》曰“大哉乾元”節

《乾》曰大哉，《坤》曰至哉，大則無所不包，至則無所不盡。《乾》之大無方，而

《坤》則未離乎方也。

"終日乾乾"節

終日乾乾，反復於道也。"反復"宜與《復》卦之"反復"同釋。終日乾乾，行事之時，而曰"反復道"，何也？蓋君子之行，事雖汲汲皇皇而易簡之，理未嘗離也，亦行其所無事而已。九三在下體之上，將離人而天矣，故有反復道之象。若夫聖人作而萬物覩，則天德之所為，確乎能其事而已矣。雖有為而未嘗為，反復不容言矣。

"君子體仁"節

道者，天也。道為萬物之奥，故足以統天。仁者，人也，仁為衆善之首，故足以長人。猶之萬物發育乎春，而震為長子也。大為之制，經為三百，曲為之防，詳為三千，要皆歸於大中而已。故曰："嘉會足以合禮。"猶之萬物相見於夏，而離為文明也。義主於刻制，而利不生於其間則不和。先王之義，勞之乃所以逸之，故民至於忘其勞；殺之乃所以生之，故民至於忘其死。蓋利之實行乎其中矣。故曰："利物足以和義。"猶之萬物彫悴於秋，而説言乎兑也。事以智謀，物以智創，智而不貞，則事不立。貞者，正而固也。謀之不正，則異議得以屈之；守之不固，則衆力得以傾之。豈事之幹哉？故曰："貞固足以幹事。"猶之萬物終藏於冬，而成言乎艮也。君子行此四德，則乾道在我矣。故曰："乾，元亨利貞。"

"初九曰潛龍勿用"節

龍德而隱，故不易乎世。龍德而正中，故曰善世而不伐。不易乎世者，用舍在我，故遯世無悶；不成乎名者，非譽不在物，故不見是而無悶。確乎其不可拔，則行一不義、殺一不辜而得天下，不為矣。非伯夷、柳下惠之徒，何足以與此？若孔子，則聖人之時，不專於勿用也。其易世之志未嘗一日而忘，故曰："天下有道，丘不與易也。"

"乾元用九"節

揲蓍之法，遇九六之數則變。《乾》以純陽，故陽極而亢，《坤》以純陰，故陰極而戰。如其不變，則亢而災，戰而傷，不能免也。《乾》以用九，則陽知險而變，故無首而吉。《坤》以用六，則陰知阻而變，故永貞而利。《乾》《坤》純乎陰陽者也。故有用九、用六，與他卦不同。將來者進，成功者退，天之則也，故"乾元用九，乃見天則"。

"君子學以聚之"節

《乾》之道不盡於九二，故有學問。《坤》之道盛於六二，故不習無不利。

《坤》

《坤》者，純陰之卦也。故初六陰生，有履霜之戒，六四重陰，有天地閉之象。

《彖》曰"至哉坤元"至"應地無疆"。

《乾》曰“大哉”,《坤》曰“至哉”。大則無所不包,至則無所不盡。《乾》之大無方,而《坤》則未離乎方也。坤順承天,則於乾之道亦無餘矣,特不出於天之外而已。故曰:“至哉坤元。”言地道於是為盡也。天下之道至於《易》而盡,故曰:“《易》其至矣。”天下之德至於《中庸》而盡,故曰:“《中庸》其至矣。”體《易》而崇德,則日新;體《易》而廣業,則富有。故曰:“盛德大業至矣哉!”其静也翕,故曰“含弘”,含言無所不容,弘言無所不有。其動也闢,故曰“光大”,光言無所不顯,大言無所不被。四者,《坤》元之德也。體《坤》德以有行者,非君子不足以與此。故曰:“君子攸行。”天行健者,天之不已也。無不覆幬者,天之無疆而地之持載,足以配之,故曰:“德合無疆。”蓋無疆者,以形言也。德合無疆者,地之配天也。應地無疆者,君子之法地也。知君子攸行,應地無疆,則知乃順承天之下。德合無疆者,合乎天也。

六二“直方大”節

《坤》之六二:静則為中正,動則為直方。《坤》之道盛於六二,而直方因動而後見也。不言直方則地道之光不可得而見矣,故以動者言之。

“天地變化,草木蕃”節

蓋言順也,言順於勢也;蓋言謹也,言順於命也。坤至柔而動也,剛至静而德方,則用順亦必有所處。如齊之田氏,魯之三桓,晉之六卿,其勢之馴致,必至於不可解。夫胡可以用順耶?此初六之堅冰所以明用順之弊也。天地閉賢人隱,則伏其身而弗見,閉其言而不出,藏其智而不發,唯恐其不謹。如鄉隣有鬬者,被髮纓冠而往救之,則非所以為謹矣。此六四之括囊所以明用順之善也。夫順何尤哉?順性命之理而已。苟順性命之理,安往而不善?

“君子黄中”節

美在其中,而暢於四支,發於事業,則周公其人也。故曰:“公孫碩膚,赤舄几几。”公之大美。發於事業者,既遜而不處。其暢於四支者,睟然見於動容周旋,皆盛德神明之容,不可得而形容也,徒見其赤舄几几而已。赤舄几几,四體不言而喻也。黄中通理者,養德性之源而通至理也。正位居體者,正為臣之位而居坤體也。通理云者,非謂其見彼也,自見而已;非謂其聞彼也,自聞而已。故宅於心者,至虚而明。居體云者,處静而無倡也,稟其令而已;處順而無作也,續其終而已。故守其身者,至柔而恭,内外交相養,則美其中,粹然無疵矣。故見於面,盎於背,施於四體,四體不言而喻。此暢於四支,所以為美之至也。致天下之大利,成天下之大順,功高而朝不忌,任重而上不疑。此發於事業,所以為美之至也。古之人有體是道者,吾於周公見之矣。周公既有大美而不居,則所可得而形容者,道德之氣,神明之容而已。故曰:“赤舄几几。”蓋暢於四支者然也。東人欲其留,西人欲其歸,而名實孚於上下不可掩也,故曰:“德音不瑕。”蓋發於事業者然

也。公之碩膚，若是而不與有焉，則其為美之至可知也。《坤》之六二，地遠於君，諸侯之位也，故言："敬以直內，義以方外。"而以其動者言之，所以為大也。六五，地近於君，公卿之位也，故言："黄中通理，正位居體。"而以其静者言之，所以為美也。為臣之美，於是两盡。

《象》曰"屯"節

《屯》"宜建侯而不寧"，何也？蓋《屯》難未解，方且急賢才以自助，故分土錫圭以報有功而崇有德，又且與之戮力以弘濟艱難，故雖建侯而不寧也。若《豫》之建侯，則四方無虞，五刑不用，要當建諸侯以藩屏王室而已，以是建侯則寧矣。武王歸馬放牛，何不寧之有？

初九"盤桓"節

夫建侯，王者事也。而於初九言之者，以剛動而不失其正，其自任以天下之重，蓋王佐才也。《象》所謂"君子以經綸"者，非初九其誰耶？故其體國致君，宜以恊濟為意，其曰"利建侯"者，乃代天理物之職也。

《象》曰"蒙，山下有險"(至)"聖功也"

含德之厚，比於赤子，抱一不離，此"蒙以養正"之謂也。夫唯抱一不離，故智雖滿天地，而不自慮；能雖窮海内，而不自為。付百職於衆賢，而我無為焉。其致功也，吾不尸其事；其成功也，吾不處其名。此聖人之功也。筮者，占以决疑也。占以决疑，無不致誠，故《易》以决疑以謀，俱以筮言之，非假布策也。《蒙》之初筮者，致一以有求。《比》之原筮者，再思以有擇。若夫"假爾泰筮"，則不可以有原也。

《象》曰"山下出泉"節

山下出泉，其一未散，其勢未達。觀其勢之未達則果行，觀其一之未散則育德。

初六"發蒙"節

《蒙》之初六"發蒙"，而"利用刑人"，何也？蓋民之迷，則目無所見，耳無所聞，若以物蒙其首也。今欲發其蒙，而示之以好惡，則彼且不見利不勸，不威不懲。誥令所不能加，行義所不能率。必欲以利誘之耶，則爵無德而禄無功，愈非所以勸也。故當小懲而大戒，罰一以警百。然後蒙者，畏刑之將至，相與從上之所好，而避其所惡，故其蒙可得而發也。雖然有發蒙之志，則刑人而為利矣。苟惡其蒙而刑之，不幾於不教而誅乎？故曰："利用刑人，以正法也。"正法云者，示之以好惡之謂也。

上九"擊蒙"節

《蒙》之上九"擊蒙"。若齊之伐燕，利其土地重器，所謂為寇也。若葛伯仇餉，而湯往征之，所謂禦寇也。

《象》曰“雲上於天”節

雲上於天，則澤將下流，天下之所徯望也，故有《需》之象。飲食，人之大欲存焉。而人非飲食不生，則天下之所需莫急於飲食，故《需》飲食之象。而位乎天位以應天下之求，亦曰需於酒食而已。然幅員之衆，烏得人人而飲食之哉？亦曰養賢以及萬民而已。故君子飲食燕樂者，大烹以養聖賢，使忠臣嘉賓得盡其心焉耳。忠臣嘉賓盡其心，則小民不失職，而人人厭所欲矣。九五之所需，孰大於此。

六三“食舊德”節

《訟》之六三，才不稱位，故有“食舊德”之象。“食舊德”者，世其禄也，世之搆訟者，皆出於忿慾。而六三才不足，則内省而無忮，位已高則知足而無求。夫如是則從上而已。奚其訟？故“食舊德”而安也。然當訟之時，才不稱其位，則人必媢嫉之者，故不能無危。要之，在己者，貞固自守，而無争心，故雖危而終吉也。

九五“訟元吉”節

“訟元吉”謂聽訟之主也，非身有訟也。九五得尊位，大中以正決天下之訟，己則何訟之有？當訟之時至，而以中正決之，是以元吉也。若虞芮質厥成，文王蹶厥生，則聽訟之道孰善於此，吉孰大焉？故卦言“利見大人”。大人則九五之謂也，且訟而有孚，猶窒而後通，惕而後寧，中焉則吉，終焉則凶，自無元吉之理。

“師貞，丈人吉”節

“師貞，丈人吉”，故詩稱“方叔元老，克壯其猶”也。老者，成德之稱，乞其言，足以愈人之疾，故曰艾憲其行；足以助人之善，故曰叟。其更事多，其作謀審，其成德也尊，其致道也遠。蓋朝廷典刑所頼，而非特可以行師也。丈人者，老者之尊稱，而法度所資也。《師》之道，以律為主，故以“丈人”言之。

《象》曰“師衆也”（至）“又何咎矣”

用師之道，將以正天下之不正也，故《師》謂之征。己不正，其能正人乎？此《師》之所以主乎貞也。剛中而應，任將之道也；行險而順，興師之義也。仰順乎天，無違天以干時；俯順乎人，無咈人以從欲。興師之順如此，則民之從之，雖犯難而忘死矣，故能以衆正。以衆正之則人皆知其欲正己而已，天下孰不趨於正哉？其為王也孰禦？故吉且無咎。

六二“比之自内”（至）“不自失也”

“比之自内”者，非枉己以外求也。上之人訪逮幽側，至誠以相與，然後出而應之，故爻稱“自内”，而象以為不自失也。六二居中得正，與九五為正應，迹遠而志同，位殊而德合，故以“自内”言之。若伊尹之在莘，而湯聘加焉，非自内以比耶？尹負鼎干湯，孰謂聖人乃不知比之自失乎？

《象》曰“風行天上”節

風行天上，柔巽之上行也。君子觀象於此，則美其文德也。天以剛健，故其

事武。地以柔順，故其事文。風之柔無所不入，地類也，故有文德之象。舜之格有苗，文德之懿也，《詩》稱仲山甫"柔嘉維則，令儀令色"，則所以畜宣王者，文德而已矣。故有"明哲保身"之説，異乎伊尹之於成湯太甲也。

上九"既雨既處"(至)"有所疑也"

以臣畜君，至於和且至，則畜道成矣。猶當尚德以載之，不可以賢臨之也。尚德者，無所不用德也，故《象》以為德積載，何則？君臣夫婦人合也。人合者，易以睽，故雖貞而厲。若恃此以行而不止，則陰疑於陽，月盈而逼矣，故雖君子之道，猶為凶也。所謂有疑者，陰疑於陽之謂也。

《彖》曰"履，柔履剛也"(至)"光明也"

卦之才，則以一柔進退履衆剛，故有"履虎尾"之象。然而"不咥人，亨"者，説而應乎乾故也。蓋説而已不應乎乾則不敬，應乎乾而已非説則不和。夫敬以和，何事不行？君子之所履，苟在於是，則雖暴人之前無虞矣，雖蠻貊之邦行矣，況於華夏乎？故"履虎尾，不咥人"而又"亨"也。君子之所履，未嘗不在於禮，而禮勝則離。今至於"履虎尾"而"亨"則其他可知矣。此履之善也。此合一卦之才言之，若就一爻之義，則六三蹈虎尾而凶矣，故爻彖異辭。猶之《彖》言"剛中正，履帝位而不疚"，而九五言"夬履，貞厲"也。"剛中正，履帝位而不疚"者，兑澤下流故也。膏澤下於民，則貴為天子，富有四海，而内省不疚矣。此天下所以心悦而誠服也。天下心悦而誠服，則親之若父母，仰之若日月，敬之如神明，畏之如雷霆，可不謂光明也乎？若其據利勢之重，阻法度之威，以臨涖天下，而澤不加於民，則民咨胥怨，疾首蹙頞而相告矣。夫如是，則從之者，勢也，而心背之；事之者，貌也，而腹非之。夫何光明之有？

《象》曰"上天下澤"節

天高地下，禮制行矣，人之所履，禮而已，故上天下澤，有《履》之象。君子觀象於此，則可以辨上下。上下既辨，則名分立，而民志定矣。此以成卦之體言之也。禮者，所以辨上下而定民志也。蓋上下之分嚴，則豐者不為有餘，殺者不為不足而民志定。此先王因人性以制之，而理之不可易也。其或強有力者，竊其非分而有之，欲自以為榮，是播其惡，適足以發笑而自點爾。所有者非其分，既不足以為榮，而身陷不義，更足以為辱，愚孰甚焉！此臧文仲居蔡所以為不智也，季氏以八佾舞，三家以雍徹，正類於此。而臧文仲當時名大夫，必嘗以智稱，故仲尼以為何如其智，以明其大者，不知其他，不足稱也。如以為先王之為禮，將以籠天下之愚而拘之，則荀卿"化性起偽"之説行矣。譬如今人未仕，而服青紫，人必以為病狂。文仲之愚，不幸類此。

初九"素履往"(至)"獨行願也"

《中庸》言："君子素其位而行，不願乎外。"蓋位有貴賤得喪，而君子不因其位而改其素也。《履》之初言“素履”亦猶是也。素之為言無餙也，大行不加，窮居不損，豈借美於外哉？孟子所謂不願人之膏粱文繡者是也。履此而往，則志之所祈嚮者，非有狥乎人也，獨行其平昔之志而已。故曰：“獨行願也。”在《履》之初未交於物，故有素之象。

六三“能視”至“志剛也”

六三以一陰獨立於羣陽之中，而又處非其位，故有眇跛之象，猶之陰而無匹也。眇能視、跛能履，明不足而行不全也，故有武人之象。若用此以蹈危，其能無傷乎？惟武人用此，以聽命於大君，則處陽而志剛，可以有為矣。大君，剛中正而履帝位者也。明足以照理，行足以率人，故武人聽命而有為，可以無虞而有功矣。

上九“視履考祥”節

視所履之善惡，所以考失得之報。蓋禍福之來，必象其德而還之也。在履之上，為《履》道之成，在我者，無非禮矣，故“其旋元吉”。其旋者，象其履以還之之謂也。

《象》曰“天地交泰”節

“財成天地之道”，猶言燮理陰陽也；“輔相天地之宜”，猶言寅亮天地也。寅亮者事功之所及，如羲和之職是也。此體天地交泰之事也。至於燮理，則非體道之全，而與天地相流通者，不足以與此，此體天地交泰之道也。財者，節其過也，猶言範圍；成者，補其虧也，猶言彌綸。範之使有常，則日月無薄蝕，陵谷無遷易，四時常若，風雨常均，若此者，範之者也。圍之使無踰，則春無凄風，秋無苦雨，冬無愆陽，夏無伏陰，若此者，圍之者也。彌之使不虧其體，則覆幬者統元氣，持載者統元形，陽敷而能生，陰肅而能成，夫是之謂彌。綸之使無失其叙，則日月代明，寒暑迭運，將來者進，成功者退，夫是之謂綸。

《象》曰“否之匪人”節

“比之匪人”，言所比非其人也；“否之匪人”，言致否之因也。君臣上下在朝者，非其人則將引天下之叨憤，姦回萃於朝，此所以致否也。羣小在上，而衆邪逞，故不利君子貞。當是時，非有大人之德，則處否而未必亨；非有大人之才，則不足以休否。伊尹五就桀，而當時羣小不能害焉，非體道忘我，孰足以與此？以顏子之賢，遊於人間世，仲尼猶以心齋告之，則為君子類者，處《否》之時，正當全身遠害而已。有國家之道，君臣而已，《傳》曰：“不有君子，其能國乎？”蓋惟君子在朝，然後君臣各得其道，上下合志，而天下之情通，此國之所以立也。如君不君，臣不臣，則天下無邦矣。猶之父不父，子不子，則無家矣。無邦者，其道亡也。

六二“包承”至“不亂羣也”

《否》之六二，下乘初六，上承六三，二陰皆小人之象，二不包初，則小人蓄忿而陷我矣；不承三，則小人依勢而藉我矣。故曰：“包承，小人吉。”此言君子之居

中守正者,全身遠害當如是也。若夫至中、至正之大人則不然,體道虛己,以遊人間,或不言而飲人以和,與人並立而使人化,蓋嘗入獸不亂羣矣,況於人羣乎?故能處否而亨也。若伊尹五就桀而羣凶不能以害之是也。揚子以不離其羣為聖人,蓋知不亂羣之説也。

六三"包羞"節

六三在下體之上,位寖顯矣,而當《否》之世不能去,又以陰柔處之,是可羞也。世之寡廉鮮耻苟賤之士,處顯位以播惡於衆,而不自知其醜者,多矣。六三與中正剛明者為鄰,則見聞所漸,亦知其可羞矣。惟以資質陰柔不能行其所知,至於忍恥而冒處,故謂之"包羞"。

九三"伏戎於莽"節

伏戎於莽,欲以刼五之下接也。升其高陵,欲以扞二之上比也。二五以同德合,而九三居剛不中,不務德而欲以力争,宜其三歲不興也。三在下體之上,有高陵之象,故曰:"升其高陵。"其者指三之本體也。

九四"匪其彭"節

舒王以匪其彭為其旁,不知所據何説。且近君之位,有下比之嫌怨,非獨《大有》之時為然。伊川以彭為衆多,似於《大有》為親。一説彭有張大之意,當《大有》之勢,居近君之位,輒據而矜之,志於張大,則羣賢解體,天地鬼神亦且弗祐矣。此昧者所以敗也,辨哲明之著也。

六五"厥孚交如"節

《大有》之成體,文明而剛健之主,故能以至誠與下,而下亦以至誠應之,上下合德而無間,故曰:"厥孚交如。"為《大有》之主,高拱尊位,其明不可欺,其健不可陵,則人之畏之將如神明矣,故曰:"威如,吉。"彼且推赤心,置人腹中,其胸中坦然無疑忌,誰肯用数以御下哉!此太平之君子所以易而無備也。

上九"自天祐之,吉"節

六五有至信之德,而上履之,故有履信之義。五為大君,而上九與衆陽同體而應之,故有思乎順之義。上九為明之極,而自處無位之地,推衆陽而進之,故有尚賢之義。能如是,則無天災物累,無人非鬼責,天人交助之,宜其吉無不利也。自天云者,理之必至,非有求而得也。伊尹將告歸,旁求俊乂,啓廸後人,自不居其成功,蓋用此道也。又以尚賢者,體信順以處己,而又以尚賢也。

《彖》曰"蠱剛上而柔下"(至)"天行也"

飭蠱以有事者,不可以有擾,故於《蠱》以先甲後甲言之。甲者,仁柔也。發號施令者,不可以狥人,故於《巽》以先庚後庚言之。庚者,義剛也,《傳》曰"通變"之謂,事事徃來終始如循環必至之理也,故曰"天行"。君子察於此,故先事而豫以弭於未然,故能致治於未亂,非知幾不足以與此。後此而圖以防其將然,故能

轉凶而為吉，非知化不足以與此。三日者，成數也。原始要終，亦推其數而已。先後至於成數，則無虞矣。巽而止者，飭天下之蠱，義主於巽而道貴於止也。巽而止則元亨，而天下治矣。故諸爻皆以家道言之。蓋當是時，治大宜如小，治衆宜如寡，治煩宜如簡，一切以柔巽自處而無意於動，衆順其序而弗擾，因其情而無咈。如子之任父事，則觀聽不駭，而害已消矣，因便而為之甚易也。如欲以發強剛毅，勇於作為，多所紛更者任是，猶治絲而棼之，益以壞亂而已，非治蠱之道也。

初六"幹父之蠱"(至)"意承考"也

初六才不足以應，宜不足以幹蠱，而能考無咎者，以柔巽為體，而意專於承考也。意承考者，子道之正也，故爻稱為有子。况夫一家之事固不煩，而初亦未廣也，持吾承考之意以從事，則何事而不濟耶？《書》曰："罔曰弗克，維既厥心。"意在於承考，斯能盡其心矣。人心其神矣乎！能盡其心，則雖愚必明，雖柔必強，才之不足非所患也。

九二"幹母之蠱"至"得中道"也

九二處多譽之地，才有餘而道不失中，固衆譽之所歸。六五因衆譽而用之，則人情莫不悦服。彼其才足以任劇，而以中道承柔中之君，則其君且仰成而繼志，述事有餘地矣。然譽在下，而上不忌者，得中道而承以德也。

九二"咸臨吉"(至)"未順命"也

君倡而臣和，禮之正也。若《臨》之九二，以剛中之才任六五之眷倚，則有從道不從君之事矣，故《象》以為未順命。至於為上為德，而君臣一道，則上之所倡，豈終不和耶，故以未順言之。"咸臨，吉，無不利"者，二與五以同德相與，至誠以相應，而無私意也，其順之實固已見於未命之前矣。故曰"未順命也"，猶言未占有孚也。

六四"至臨無咎"(至)"位當也"

《臨》之六四為至臨者，應下而順上，守之以正，以臨其民，則民敬而從之，是其為臨也，可名為至矣。然多懼之地，而才不足以有為，非若六五知臨之大也，故稱無咎，而不言吉，適當其位而已。

《象》曰"大觀在上"(至)"天下服矣"

"聖人久於其道，而天下化成"，蓋天下之化，非有資於號令之鼓舞也，刑賞之懲勸也，一於誠而已，誠至則天下傒其志而從之，如恐不及矣，故曰："盥而不薦，有孚顒若。"先王之化民，豈能拂其所有而與之以所無哉？亦曰順以巽而已。中正，民之性也，順其性而入之，則將淪肌膚而浹骨髓矣。下觀而化，自然之理也。

六三"觀我生"節

六三"觀我生進退"者，省諸己也，度德以就位，量能以任官也。九五"觀我生"者，驗諸民也，所以審好惡而察治忽也。夫如是，則興事造業無過舉矣，故無

咎。此在上位者與德稱而志在民者之所為也，故特稱君子，以別六三也。若夫上九之“觀其生”，則觀其時之施設也。此有君子之才，而無其位，身在畎畝，而志常在君者之所為，故亦稱君子，而《象》因其有觀，以知其志未平也。

《象》曰“山附於地”節

山附於地，則山頹之象，山至於頹，則以下不厚而上危，故也。

《彖》曰“復亨剛反”(至)“天地之心乎”

“《復》，其見天地之心乎?”天地之心，主於生物。復之時未有物，而物以陽復而生。博愛者，聖人之心也，復禮未有愛也，而博愛之實由復禮而出。故《序卦》曰:“復則不妄。”無妄者，天命也。先王以此茂對時育萬物，則於博施濟衆也何有?

六二“不耕穫”(至)“未富也”

《無妄》之六二，不耕而穫，不菑而畬。以明君子之於物也，應而不倡;其於事也，述而不作。非樂通物也，樂循理而已矣。循理而已，則有行有為皆天命也，何妄之有焉! 雖然，六二得位矣，而非尊位，故其勢不得以始事;得中矣，而非大中，故其才不足以創物。是故《象》以為未富。若夫“通其變，使民不倦，神而化之，使民宜之”，應時而造，以敏成功，其為無妄，孰大於此?

《大畜》“利貞”節

説者以《大畜》為君畜臣。夫賢者，易禄而難畜，而盛德之士，蓋有君不得而臣者，恐無畜大賢之理。如以為所畜者非盛德之彦，則不足以當所尚之賢，而非所謂止健也。且攬羣材而並用之，故重道輕禄者，不足以自高，宜莫如堯舜，而童牛之牿、豶豕之牙，徒取於私欲不行，豈聖君之盛德，曾何健之止乎? 又以不家食為聖人能養賢以及萬民，不待家食而民被其養矣。然自古養萬民者，藉令不知為政，亦無家食之理，況《大畜》尚賢之卦也。其畜道之成，亦曰“何天之衢亨”，未及言養民也，恐不須主此義。

《彖》曰“大畜剛健”(至)“應乎天也”

柔得位而上下應之，小者之畜也。古之人有行之者，若仲山甫之於宣王是也。故詩人稱之，曰:“柔嘉維則。”又曰:“衮職有闕，惟仲山甫補之。”剛上而五承之，能止健，大者之畜也。古之人有行之者，若伊尹之於太甲是也。故高宗稱之，曰:“先正保衡，作我先王。”則補衮之闕不足道也。夫人主之勢，固能制利害而擅生殺矣，可不謂健已乎。非有大人之正德，終始惟一者，孰能止之。昔之辯士，蓋有能變亂名實，而使其君虚己以聽之，至於踈間親、新間舊，言聽計從，無不遂其意者，其術智亦足以畜其君矣。而君子惡之，為其不正耳。此《大畜》所以言其利貞也。大人在上，則天下利見，而野無遺賢矣。羣賢畢進，則涖天職，而食於朝，此所謂不家食也。羣臣不家食，則禮義立，而政事修，財用足，而百志成，萬邦咸寧,吉孰大焉!亦何難之不濟乎?故曰:"利涉大川。"當是時,命有德,討有罪,無容心焉,天理而已矣,故曰:"應乎天也。"

"初九,有厲"節

且賢者之畜,君亦必有道焉。量而後入,信而後諫。不量而入,則將至於失身,未信而諫,則君必以為謗己。故初則有厲而利已。

九二"輿説輹"(至)"無尤也"

二則"輿説輹",二得中矣,有剛中之德,有載上之才,猶有待而後行,非不欲行也,道合則從,不可則去,此中無尤之道也。

九三"良馬逐利艱貞"節

九二"輿説輹",至於三位高而近君矣,故"良馬逐"。然世治不輕進,"國有道,不變塞焉",故"利艱貞"。猶且日戒曰"閑吾衛",以防其逸力厚而義不行。才全而用有序,上非我應也,而其德同;已非上比也,而其志合。內之畜於己者如此其周,外之畜於君者如此其審,則安往而不利哉?

六四"童牛之牿"節

九三"良馬逐,利艱貞",夫然後禁於未發如六四,故為童牛而加牿焉;格其非心如六五,故為"豶豕之牙"。蓋六四純陰而勢順,賢者以剛克止之,則牿牛之象也。

六五"豶豕"節

六五柔質而處剛,又當尊位,質柔則嗜慾易以深,處剛則躁競易以逞。當《大畜》之時,賢者以大中之道正其大本,則豶豕之象也。禁於未發,故能使之棄所習、捐所能,而人斯與之矣,故有喜。格其非心則窒其原矣,非特禁未發而已也。且幽王之惡大矣,而當時大夫欲化其心以畜萬邦,則畜君之要,正在於格其非心而已,故取象於豶豕,而無嫌於六五也。蓋豕之為象,其躁忿足以傷物而賊仁,其嗜慾足以伐性而滅義。今而窒其原,則貪欲之情可化為不求,而義不可勝用矣。躁忿之質可化為不忮,而仁不可勝用矣。君仁莫不仁,君義莫不義,則非特人與之而已,天斯祐之矣,故有慶。

上九"何天之衢"(至)"道大行也"

畜道之成,至於天人交助,則賢路自我而四達矣。故上九曰:"何天之衢,亨。"賢路而謂之天衢,言陟降之當於天心也。《彖》曰:"剛上而尚賢。"則《大畜》之義主於上九也,然崇俊良以列庶位,而推轂賢路,使天下無家食之賢者,上九之任也。故其爻以"何天之衢"為言,天下至於無家食之賢,則道之大行孰盛於此?此《大畜》所以為先王之盛時也。

六二"顛頤,拂經於丘頤"至"行失類也"

聖人推言《頤》之為道,以為天地養萬物,聖人養賢以及萬民,則以上養下,

《頤》之正也。若在上而反資養於下，則於《頤》為倒置矣。此二與四所以俱為"顛頤"也。然二之志在物，而四之志在道，故曰"顛頤"而吉，而二則"征凶"也。何以知其然耶？蓋六二居中得正，宜足以自守矣。然在下體，踈遠而未有禄，又動體也，宜於處約，未能自安，故降志以求初。初方一意於應四而不答也，則又將求其類以趨五，五非其應，又力不足以自養，而何暇養人乎？故二為行失類，此以知其志之在物也。夫自養以有所養，養德以需天下之求，《頤》之常理也。今至於屈己以求諸人，則失理之常矣。此二之求於五，五之資於上，所以俱為"拂經"也。

六四"顛頤吉"(至)"上施光也"

六二行失類，至於六四，則其志正矣，其位近君矣。官尊禄厚，足以無求矣。而汲汲於應初，非好善忘勢，又將與賢者共之不能為此。若孟獻子之家有友五人焉者，近是矣。且嗜慾深者，其天機淺，而士大夫之志或涉於重外，則人人得而易之矣。今六四之所取重者，在此而不在彼，則瞻視尊嚴，儼然人望而畏之，故如虎視耽耽，而所欲皆得也。欲仁而得仁，則無惡於欲矣，誰能推咎之哉？故四之顛頤乃為上施光。此以知其志之在道也。

六五"拂經居貞吉"至"順以從上也"

六五履尊位而德不稱。德雖不稱位，而其富固無敵矣。所以不足者，非物也，乃能親上九之賢，委己以聽之，亦庶乎有以養萬民矣。而六二之有求，方且養其私而已，此五之拂經所以異於二也。雖然，六五質柔而止體也，喜蹈常畏興事，其資然也。見善未必明，用心未必剛，故以之守文，以之持正可也。若應變以成務，則非其任矣。蓋疑間一生，則危亂之機將不可解。故居正則吉，而不可涉大川也。不可涉大川，為六五之君言之也，利涉大川為上九之臣言之也。使大臣之才如上九，足以養天下，而人主順以從之，其蔑不濟矣。此周公復政之後，成王所以四征不庭，制禮作樂，六服承德也。

上九"由頤厲吉"節

六五居正則吉，乃如上九之賢，則《頤》之時，所謂養賢以及萬民者，皆自我出，匹夫匹婦無不與被其澤矣。夫然，故天下信之，衆賢助之，人主親見其功業，而深知其所存，徧知其所為，任之必專，小人莫得以間之，天亦誘其衷矣。故其迹雖厲，而其理則吉，此所以"利涉大川"而"大有慶"也。夫以身徇國，弘濟於艱難，固大臣之職也，詎肯臨危而顧其身哉？惟欲善其後以奠成功，則亦審其時而已矣。若成王未知周公之時，則不可涉大川，六五是也。若周公既見察於成王之後，則涉大川而利矣，上九是也。説者謂以上養下為"顛頤"，是以顛為正矣，故用伊川説。

《象》曰"風自火出"節

欲齊其家，先修其身，知風之自也。《易》於《家人》曰"風自火出"，而"君子以言有物行有恒”。可不謂所自乎?

《象》曰“損,損下益上”至“與時偕行”

《損》之三陽,皆損己者也。三陰,皆受益者也。損己者,或資諸物,或取諸身。資諸物者,損上益下,如初九是也。取諸身者,損剛益柔,若九二、上九是也。

初九“已事遄往”至“尚合志也”

《損》之初九曰“已事遄往”,所謂事者,損之事也。言損初之實,以益四之虚也。未事而往,則恭敬無實,而人未孚;後事而緩往,則於疾無損,而事不濟。四之志欲損其疾,而初遄往,使遄有喜焉,故曰“尚合志”也。然損下以益上者,或失其節,則後難繼,故必“酌損”之。

九二“利貞征凶”(至)“中以為志也”

兑之情説,而陽之性好動,故《損》之九二有“利貞,征凶”之戒。蓋二既得中矣,恐其鋭於有為而失中,或至於畔道也。由中出者,損己與人,而己愈多,故曰“弗損益之”,而其益無方也。

六三“三人行”至“三則疑也”

上之所任者在道,故三得於上為得友,友者以道言也。下之所任者在事,故上得於三為得臣,臣者以事上言也。三人行,三陰之象也。三陰雖同類,而志不一於上,則於三反為累也,故曰“損一人”,蓋德二、三故也。一人行,則三與上為正應,故曰“得其友”。蓋德惟一故也。己之德,二三能無疑乎?莊子所謂“汝何與人偕來之衆”者,亦言用志之不一也。

六四“損其疾”(至)“亦可喜也”

物之出有限,故必“酌損之”,而所益不過,亦可喜而已。己則有疾,初無可喜也,因人以去之,故曰“亦可喜也”。六五自上祐,六四得其友而為上九忘家之臣,豈徒損其疾而已哉?

上九“弗損益之”節

得臣無家,謂三之致一也。

六三“益之”(至)“固有之也”

益則吉矣,而“用凶事”者,所謂“吉人凶其吉”也。三居下體之上,當震動之極,不用凶事,則高而危,滿而溢矣。非固有之道也。所謂凶事者,必非衣帛冠布,抑而損之,行恭而用儉,所以固有之也。三本剛體,而以柔居之,故有用凶事之象。

《象》曰“夬决也”節

“揚於王庭”,誦言於王也。“孚號”,誕告於下也。“告自邑”,自近而及遠也。夫去小人而播告之修若是其詳,何也?蓋“君子之夬”也,豈徒夬其人而已,固將戮一以懲百,使天下皆知惡之不可為,如四罪而天下服也。然小人之陰慝,其慮

身甚周，其欲害君子之意甚切，將欲決之，能無疑乎？故初則"不勝"，二則"惕號"，三猶"有凶"也。雖然彼以其邪，我以吾正，彼以其凶，我以吾仁。又方與羣剛協德，盡道以去之，其憂不濟乎？故其危也，乃其所以為光也。若夫九五，則據利勢，操主權，其除惡之易如莧莧陸，甚易而無危矣。然才高而性剛，必期於夬，夬而後已，雖未過中，於道為未光也。

"姤女壯"節

"姤女壯"，巽為長女也。"女壯"則乘陽，其極將至於為剥，故"勿用取女"。而初六有"蹢躅"之戒也。以其為巽體也，故為"女壯"；以其陰之初生也，故為"羸豕"。

九五"以杞包瓜"(至)"志不舍命也"

以杞包瓜者，以九二之剛中，包初六之柔脆，用賢得民之象也。用賢得民，則我無為也。中心守至正而已。故曰"含章若是"者，天實臨之，降之百祥，將不旋踵矣，故曰："有隕自天。"蓋明君之於天下，安危利害不惑其心，居中守正，強為善以俟之，所以作元命也，故曰："志不舍命。"

九二"井谷射鮒"(至)"無與也"

井道以高潔為體，以上出為功，故初為"井泥"，二為"井谷射鮒"，蓋其自處汙下而功用熄矣。然九二既得中，而有趨下之汙，何也？蓋所居不正，則用心不剛。又巽體也，而上無應，故甘心於趨下而不自振，其德之地不足稱也。

上六"井收勿幕"節

《井》之上六，則井既清矣，無渫也；既完矣，無甃也；既食矣，無求也。井道之成，無所事矣，故曰"井收"。收者，集其成功之謂也。成則如之何？亦博施濟衆而已，故曰"勿幕"。

"易與天地準"節

彌之使不虧其體，則覆幬者統元氣，持載者統元形，陽敷而能生，陰肅而能成，夫是之謂彌。綸之使無失其敘，則日月代明，寒暑迭運，將來者進，成功者退，夫是之謂綸。

"範圍天地之化"節

範之使有常，則日月無薄食，陵谷無遷易，四時常若，風雨常均，若此者範之者也。圍之使無踰，則春無凄風，秋無苦雨，冬無愆陽，夏無伏陰，若此者圍之者也。或曰：伊川序《易》曰"随時變易以從道"，然則《易》與道為二乎？曰："神無方而《易》無體。"《易》者，道之用也。既已涉於用矣，且得無從乎？惟其變易而不離於道，斯可名於無體矣。若春作夏長，秋斂冬藏，皆神之所為也，神之所為異於人為者，以其從道而已。此四時之所以不忒也。老子曰："道法自然。"亦即人所見以明道也。先生之意，正欲使學《易》者知變易之必從道，則用不詭於《易》矣。

子曰“知變化之道”節

春作夏長，秋斂冬藏，皆神之所為也。神之所為，異於人為者，以其從道而已。此四時所以不忒也。

“是故夫象，聖人有以見天下之賾”(至)“存乎德行”

非思非慮，非視非聽，了然遺照而獨存者，神而明之之謂也。神存而明之，非有心之所能知也，此道之所以明。無處無出，無從無違，確乎其能事者，默而成之之謂也。性默而成之，非有為之所能得也，此道之所以行。

[(宋)游酢《游廌山集》卷二　1121—656—2]

與宋東山書

(宋)陽枋

近得觀友兄易學一二，如乾自是有許多様説話，但尊友言之太詳，不便説得那一箇乾，如伊川解，文公尚云説得人事儘好，只是本卦爻未著實，蓋遊騎太遠，不免失中軍将也。古聖人合下便説出那卦，説中那爻，後人猶自解脱不得，所以先賢人一一疏解，已説盡了。只有些子未周緻處，更從而為發明之便好。若要旁蹊曲徑，一一推窮尋究，令無遺逸，是多少言語，雖極心思，費辭説，萬萬千千，終説不盡，而我反敝精敝神而支離蔓延矣。某之學只是見得一句明，便要行得一句到，才行不到，終日憂悒，求其所以不到之因，而必要至之。往往解説疏畧，而於前輩議論不能遍閲，亦自知其有寡陋之失矣。

[(宋)陽枋《字溪集》卷五　1183—312—5]

與趙明遠書

(宋)陽枋

比蒙諭諸儒訓解，元有説未盡處，足以見極深研幾，用功精緻，但天地之道紛綸雜揉，變化消息，無有窮極。自是先賢不能以言語説破，伊川道説得七分，算來有七分在，後來文公備論詳説，亦只到得七八分，萬萬千千如何説得盡？如今只於先賢説了處，與他疏解，已大費辭，元無窮盡，况未説到處乎？自強不息之語易説，而自強不息之事難當，一日之間，多少事為能自強不息，使件件純乎天而無一毫人欲之私，終竟一日便是日至。如此存心，煞是功夫力量，方見得《易》之難行。所諭虚心静對，忽有所見，便是“復小而辨於物”，須是有懽喜活潑處了。至於乍見隙光，俄復失之，便是未能自強，或作或息，又被私意引去矣。然見得失處煞是

好了，可以體《易》矣。其《坤》卦謬論只是説一卦都是坤順，當初如何有戰野堅冰之戒，蓋是陰才一些不順，便有此害；人才一些不順，便凝固。物慾堅不可破，疑陽而戰野之事，其隨時取義自是不同，然只要一箇順，便無許多不好事。文公謂占得坤卦便是大吉之卦，則坤本自好，何常與陽争？只為沴氣激成方不好，陽生於下，已是有朕兆，以陽健而進，勢欲消陰，老陰凝固，嫌陽之來自是戰，何疑之有？

[（宋）陽枋《字溪集》卷五　1183—314—5]

與前人書（二則）

（宋）陽枋

判府玩心羲編，妙極閫奥，天理一説，不徒言之、知之、好之而且樂之。自非識見高明，洞見天地萬物之理，與吾身出處語嘿，周旋動作，同一流行，同一運行，安能及此？便是身到長安，四方八面道理交貫，千門萬户逐處洞開，令人倍萬喜悦。雖則如今已到地位，然便須委曲周折，仔細與理會過，向有人以譙先生見得“見乃謂之象”一句，則三百八十四爻都在其中。問文公者，公云此只好説話，三百八十四爻中有多少事在？須一一與研究始得。今判府既得其要領，更望詳其節目。

又：喜知官清事簡，留意《易》書，今時不以好爵自縻，而篤志好學者如判府、文廣史二賢，皆能不以富貴累其心，而求為聖賢之歸。蜀雖佔危殘破而生意不絶者，以有此氣脉充壯之耳。天地間賢人君子所聚，便可卜旺氣。向時明道先生見横渠不存，而横渠門人寖寖彫謝，以為闗中旺氣衰，深有可憂，後果有西師擾亂，天下騷動，學士大夫闗繫安危如此。今人只知安逺之策在武功，而殊不知有元氣者為之張主，此獨可與足下道也。但今時易學不下百餘家，皆能釋字義、講爻象、説道理，而迹其為人則徃徃與《易》不相似，則其所言未必真知《易》。惟《伊川易傳》言人事最切，晦翁説《易》於卦爻義最精，而二先生非茍言之，實允蹈之，後學於此折衷焉，可也。連辱教章言，言以學為事，則知義理之心勝，而富貴之念輕矣。昔伊川謂謝公師直以運使而能屈節問一主簿，為深知《易》。今判府即其人矣。

[（宋）陽枋《字溪集》卷五　1183—315—5]

學《易》可無大過論

（元）劉將孫

《易》道至中而止，而中難言也。天下之事莫不有中，而智者常過之。學至於聖人，則以身為《易》者也，而何過之有？然聖人之心猶以為過焉者，何也？嗟夫！聖人之過，其非智者之比也。其道則中矣，而一念之初猶有所擬之而後動，而其時、其事未能無槩於予心，而勉焉以立於中道，則其志亦過矣，是嘗過而後得中也，而非過於中也，固亦未嘗過也，而聖人則自以為過矣。此非人之所知也。是過也，過於心，而非事之謂也。因其事而遡其心，則聖人之過正自不可無者，而聖人則曰：吾今而後其亦可以免矣。則其無意無必而無不自得者，固亦可見。至論其為《易》，則聖人之於斯世也決矣。由今視昔，則皆過也，惟聖人自知之。知聖人之心者知之。而謂聖人為無過者，亦未為知聖人也。學《易》可無大過。嗚呼！自中道不明，而後之君子往往認過以為中矣。或出或處，或語或默，使皆如饑食而渴飲，則雖聖人與人同也，而未足以為異也。故有反之而後名節立，而中愈遠矣。原其心，未嘗不至於道，就其所立，而亦未有不自以為時義適當然者，而自聖人視之，則正其過也。人人以名節先乎其心，而認過以為中矣，每見史傳間特立獨行者，使人想望而不可及，信矣其不可及也，而豈可常也哉？惟中故庸，庸而萬世不可易，斯以為不可及矣。而中難言也，其過也未有以為非易也，而未必中也。於是有束帛賁之而舍車而徒者，於是有恒其德凶而浚以求深者，於是有壯於前趾不勝而不悔者，於是有《蹇》之六二而高不事之心者。學道無聞而制行無節，其流弊一至於此。而世之學者方且深歎而極慕之，不知聖人復起，其出處語默亦即吾心之所安，固無以異於常人，而萬世不可易矣。然則聖人何過也？而假我數年可無大過之歎又何也？噫！夫子之過則有矣，而非後之諸君子之過也。於是又有以為夫子之謙辭而未嘗有其過者，亦非也。《易》在夫子，以夫子學《易》而猶有過，吾不信也。自夫子言之，則循其初意，亦非有化焉而不存於今者，而亦必謂之過矣。此非後人之所知，而夫子自知之爾。人之言曰：衛靈魯哀之見，在《易》為《隨》；公山、中牟之欲往，在《易》為《需》；去齊、去魯之時，在《易》為《豫》。固無一事之不合中，亦無一日而不用《易》，然而此繫《易》之《易》爾，非夫子之《易》也。夫子之《易》，玩於心，而其過也，心獨知之。《易》之言出處者，其槩也，而精義不若是。中者，《易》道之極也，而中難言也。固有昔以為中，而今見其非中者；固有不天不田以為中，而二五為非中者。而夫子之過，亦不在是也。夫子之過，直在於一念之初，擬之而後動者，及其動，則中矣。而擬之之始意者，其不能無過也，而非人之所知也。故常常而念之曰：吾今之見，其猶昔乎？其又有愈於昔者乎？

昔固未嘗非也。然可以仕則仕，安知可仕之時，不猶有止之意乎？可以久則久，安知可久之時，不猶有速之意乎？是吾過也，而其過在心矣。嗟乎！此非學者之所知也，而惟顏子知之，故夫子謂之曰："用之則行，舍之則藏，惟我與爾有是夫。"所謂是者何也？用而行，則必有是矣。舍而舍，而豈必其有是而後能藏哉？是聖人之心，而學者不知也。不知其心，則不知其過，宜也。聖人何心也？其未嘗不志於用也。不用而藏，豈予心哉？蓋至於不復夢見周公而後安之耳，故夫子曰："吾今而後可以無大過矣。"此用舍之决也，而其於《易》何如也？且夫子之於《易》也老矣，於今而後以為無過，則昔之過，果安在乎？即其舍而藏也為得，則其用與行也亦必謂之過矣。夫子之於《易》也，其知之矣。自其適齊以至於反魯也，抑嘗筮而後行乎？其行而後筮乎？使觀其變而玩其占，則其於時也，為屯，為剥，其於人也，為睽，為否，為困，命之矣，豈待獲麟而後决哉？然而終不敢忘周公之志周流其身也。有占道焉，而非占於《易》之謂也，天之未喪斯文也，《易》之道固將與我為無窮，而天地之運、陰陽之數，固將於我乎？卜之，而《春秋》之作不作特未前定也，此聖人之盛心也，而其過亦在是矣。太史公曰夫子晚而喜《易》，非也，蓋晚而繫《易》，而尤拳拳於出處語默，藏器待時，不俟終日者，三致其意焉。嗟乎！吾過矣，吾過矣，吾今而後可以無大過矣，而於世道為何如也？嗚呼！《易》者，中也，出處者，人之所自知也。以聖人用《易》而猶自以為過，是欲中焉而不可得也，而世嘗求其過也，故耦耕荷蕢之流未嘗不以夫子為過，而耦耕荷蕢者之過，則夫子有所不為也。出處，一中道也。中之過也，直在於從容與不從容之間耳，而非彼之謂也。後之君子不為耦耕荷蕢，猶可為也。甚而為沈湘、為黨錮，亦以為時、為義、為名、為節。《易》曰："知進而不知退，知存而不知亡，知得而不知喪，知進退存亡而不失其正者，其唯聖人乎？"而聖人猶以為有過也，人能知聖人無過之過，而後知諸君子蓋過之過也。

［（元）劉將孫《養吾齋集》卷二十三　1199—219—23］

詠《易》序

（明）李賢

予觀《易經》六十四卦三百八十四爻，程朱大儒解之明矣。後來諸儒又復推衍而詳盡之，使學者開卷了然於心目之間，何其幸哉！士之從事於《易》者，可以不費辭説矣。若乃有心於求異，未必不流於附會穿鑿之失，明之不得，秖取譏耳。予以昏愚之資，於程朱諸儒之言，多不能領悟，豈敢别有發明之志哉？間取其一卦一爻之切於己者，為詩以詠其義意，庶或可以體而行之。亦若先儒所謂如己有疑將決於筮而得之者，虛心端意，推之以事而反之於身，以求其所以處此之實，則於吉凶消長之理、進退存亡之道，將無所求而不得矣。此予之志也。其餘卦爻之事泛而不切於己者，不暇詠焉。或曰：《易》學貴盡其道而子遺之，無乃不可乎？予曰：予詠《易》也，非解《易》也。解《易》者，欲明《易》道，不可以有遺；詠《易》者，欲體《易》道不可以不切。或以為然。曰：詠之易而體之難，不盡其難，亦徒然耳。予聞之竦然，因録所詠之辭，作序存之以為筌蹄云。

［（明）李賢《古穰集》卷六　1244—546—6］

《易》論二條

（明）鄭善夫

《易》，君子以趨吉避凶，防微杜漸；《易》也者，用於君子而勿用於小人者也。《易》，其聖人之時乎？如姤之時，五陽在上，一陰在下，小人雖微，其機則將盛也。然其道未成，其勢則可剪。剪之者，杜其漸也。至於二陰在下，其道成矣，其勢難矣。在君子則有遯。遯之時，不可為也，猶可去也。至於三陰在下，天地否矣，否之時君子將何逃乎？亦惟守死善道，定其志以竢天矣。蓋聖人可完名，則完名可完身，則完身遇否則完其志而已，如一陰在上，五陽在下，小人尊而無權，君子盛而多助，剪之便也。五王不去，武三思自為机上之肉，不明乎《易》之義矣。

《易》，變易也。物極則反，泰否相乘，時之至，天地不能已也。堯舜最善用《易》。堯舜，盡聖人之權者也。羲黄相續至堯舜之世，值乎極也，則反之以朱均，堯舜能祈天永命，而權之以禪受，以濟其極，是明奪天地之變而反之正者也。故曰聖人贊天地之化育。三代聖人，則道乎其常矣。

［（明）鄭善夫《少谷集》卷十六　1269—199—16］

《易》　論

（明）鄭善夫

伏羲仰觀象於天，俯觀法於地，中觀人物，真見得陽是實、陰是虛。故陽一畫中實，陰二畫中虛，乃見得天有日月之類是陽，畫中自有陰陽，地有山川之類是陰，畫中亦自有陰陽，日月山川之中復自有陰陽，陰陽相生，八卦成象，衍為六十四卦，天下萬有之理畢而無餘矣。夫君子以趨吉避凶，防微杜漸，《易》其聖人至教也。故曰：君子用之，小人勿用。如姤之時，五陽在上，一陰在下，小人雖微，將盛之機也，然其道未成，其勢易剪，時則必去之而後已，杜其漸也。至於二陰在

下，其惡已遂，其勢已成，在君子則有遁。遁之時，不可為也，猶可去也。至於三陰在下，天地不交，否之時，君子將何逃乎？亦惟守死善道，完其志以竢命於天矣。蓋聖人可完名，則完其名可完身，則完其身遇否則完其志而已，如一陰在上，五陽在下，小人尊而無權，君子盛而有助，剪之易易矣。五王不去，武三思自為杌上之肉，蓋不明於《易》之義矣。

堯舜最善用《易》。堯舜，盡聖人之權者也。自羲黄以來，相傳至堯舜，物極必反之時也，故丹朱、商均皆不肖焉。堯能祈天永命，即禪之舜，舜復能祈天永命，即禪之禹，以濟其否，是分明奪天地造化而反之正者也，故曰聖人贊天地之化育。世道治常少、亂常多，謂何陽只一，陰便有二，五行之清氣本少，濁氣本多，今看一世天地山川之氣，生賢才能有幾何？顧是困知勉行成功，則一人只是不學，大抵是禀得精粹之人絶少也。静則觀其象而玩其辭。象，乾象也；辭，元亨利貞也。動則觀其變而玩其占。變，變乾也；占，元亨利貞也。

邵子曰："至哉！文王之《易》，其得天地之用乎。故乾坤交而泰，坎離交而既濟也。乾生於子，坤生於午，坎終於寅，離終於申，應天之時也。置乾於西北，退坤於西南，長子用事而長女代母，坎離得位而兑艮為耦，應地之方也。震、艮、坎三男乃坤求乾，各得一陽而成，本皆坤體，故多陰；兑、離、巽三女乃乾求坤，各得一陰而成，本皆乾體，故多陽。"

乾下交坤於子，坤上交乾於午，是各反其所繇生也。故再變為後天卦，則乾退西北，坤退西南不用。震代父始事而發生於東方，巽代母繼事而長養於東南也。東者，離之本位，繇上而交坎於西，再變為後天則退得乾位。西者，坎之本位，繇下而交離於東，再變為後天則退得坤位。而少女兑，少男艮為耦，繇先天而後天。此文王之《易》所以得天地之用也。

乾，父也；坤，母也。震，長男也；巽，長女也。坎，中男也；離，中女也。艮，少男也；兑，少女也。先天主乾父，後天主震子，統天莫如乾父，主宰莫如長子，羲文作《易》，惟一陰陽也。

[（明）鄭善夫《少谷集》卷二十一　1269—265—21]

讀《易》

（明）楊爵

余既久在罪難中，自念君子存仁，造次顛沛，未嘗少懈，歲月云邁，百年易失，頃刻光陰，未可以若醉若夢而玩處之也。即卧側障之以簾，盥手焚香，凝神清慮，讀《易》於其間，客有謂予者曰：其名此為安樂窩可乎？余應之曰：不然也。余之罪多矣，奚以安樂為哉？人之處世，非安樂則困辱二者而已，世之人或以富貴為安樂，以患難為困辱，此固未然，而謂吾之處困為安樂，亦非也。夫其所為慊於心而合乎義理之中正，則雖日在患難，此心未嘗不安樂也；夫其所謂愧於心而戾乎義理之中正，則雖日處富貴，而此心未嘗不困辱也。吾之所為質於古人之作用為何如？其愧於四聖亦多矣。然則名我所處為困辱窩可也，又奚以安樂為哉？況《易》之為書，廣大悉備，天地萬物之理具於此，損、益、困、節、中孚、習坎，則切於處憂患之道也。因銘以自警，銘曰安樂。安樂由心之作，展轉困辱，惟吾所速，四聖垂訓，炳炳簡編，議之而後動，擬之而後言，或可以觀玩象辭而補吾之愆。

［（明）楊爵《楊忠介集》卷七　1276—70—7；又見（清）黄宗羲編《明文海》卷一百二十四　1454—371—124］

易説示張有書（有引）

（明）胡直

余以秋日遊龍門，憩有書張生之别館，臨别問學，出手册請書，余以老始學《易》，因出《易》説數條書之與張生共勉焉。其説凡七章。“初九，潛龍勿用。”以卦爻之時位言，當為潛龍之勿用，非謂小人道盛時也。龍者，乾陽變化之象；潛者，隐而自修之義。此正幼學者事也，他時壯行為見、為惕、為躍、為飛、為无首，皆此潛德為之。故舜禹始潛，至於有天下而不與，不易乎世，“易”即天下有道，某不與易之“易”，非啻不為世所移易者也。樂則行之，樂即上文無悶之意。夫學者遯世無悶已為難矣，至舍己是矣。世不見是而亦無悶焉，此則不以世之一毫毁譽動於其中，《程傳》所謂自信自樂是也。夫是乃為潛龍，天德不以纖陰參也，此學脉也。見龍之德正中一，惟庸言庸行之存其誠，蓋惟潛而後能誠，惟誠而後能善世而博，不伐而化，忠信所以進德，忠信即誠也。修辭立其誠，所以居忠信之業，德即體，業即用。凡業莫不始於言辭，惟言辭無不誠，則業無不居，而德無不修矣。可與幾即惟幾之幾，可與存義，即理於義之義；學以聚之，聚即與敬德之聚義同，蓋言凝也。記曰：苟不至德，至道不凝，言非學不凝也。學即上文進德修業之事。敬以直内，言人之生也直，罔之則弗直，弗直則非忠信，故恒敬則弗罔而直，直則無弗忠信，敬直未有不方外者也。然必曰義以方外者，即乾卦居業意也，且直或易遂以義宜，則大而不孤，坤道固如此，傾否必以同人，而同人必於野而後亨。古者邑外謂之牧，牧外謂之郊，郊外謂之野，至於野則曠邈無隔，雖四極九埏，莫不相通，故同人於野則誠以天下為一家，中國為一人，宜其大亨，可涉險矣。然五位中正，二亦中正，以應乎乾，是以既統同以辨異，又審異而致同，則為君子

之貞，而與小人之比附者，夐矣。若夫六五“同人於宗”，於宗固善矣，然不免隘而吝；上九“同人於郊”，於郊，廣於宗矣，然亦不能無限隔，故止無悔而已。是故君子貴同人於野，則無不亨，無不通天下之志。《謙》，艮下坤上，其象為山在地下。夫山至高，地至卑，以至高而處至卑之下，是有而不有，卑而又卑，其謙至矣。故《謙》六爻咸吉，無不利。《書》曰：“有其善，喪厥善，矜其能，喪厥功。”不謙而凶故也。又曰：“汝惟不矜天下，莫與汝争功，汝惟不伐天下，莫與汝争能。”謙而吉故也。老氏得謙之一肢者也。

[（明）胡直《衡廬精舍藏稿》卷十五　1287—415—15]

警學贊（朱子作）

（清）李光地

“讀《易》之法，先正其心。肅容端席，有翼其臨。於卦於爻，如筮斯得。假彼象辭，為我儀則。字從其訓，句逆其情。事因其理，意適其平。曰否曰臧，如目斯見。曰止曰行，如足斯踐。毋寬以畧，毋密以窮。毋固而可，毋必而通。平易從容，自表而裏。及其貫之，萬事一理。理定既實，事來尚虛。用應始有，體該本無。稽實待虛，存體應用。執古御今，由静制動。潔静精微，是之謂《易》。體之在我，動有常吉。在昔程氏，繼周紹孔。奥旨宏綱，星陳極拱。惟斯未啓，以俟後人。小子狂簡，敢述而申之。”

此章論讀《易》之法，最為警切，葢以辭為主者也。“字求其訓，句逆其情”，“毋寬以畧”也。“事因其理，意適其平”，“毋密而窮”也。不寬以畧，故毋守固陋以為可；不密以窮，故毋强穿鑿以為通。至於“自表達裏”，而一以貫之，則二者之患亡矣。理定而體無者，潔净也，“聖人以此洗心，退藏於密”者也。事來而用應者，精微也，至精至變，聖人所以極深而研幾也。程子之書，其於宏綱奥旨則既備矣，而未免以《易》為説理之書，則是猶滯於實，而有所謂虛涵該貫、曲暢旁通之妙，必得朱子《本義》，述而申之，斯無遺憾矣。然今誦朱子之遺言，則於《本義》尚多欲更改而未及者，豈猶有待而苦於年歲之不足與？故夫子曰“假我數年”，而王仲淹氏曰：“聖人於《易》，没身而已矣。”

[（清）李光地《榕村集》卷九　1324—665—9]

進易論序

(清)李光地

臣惟《易》之為書也,大而言之,則六經之原,天地鬼神之奥也;切而言之,則動息語默,酬物應事,修之吉而悖之凶。蓋有不可斯須去者,然其為書,始於卜筮之教而根於陰陽之道,故玩辭必本於觀象而不為苟言,占事必由於極數而不為苟用,非徒以象數為先也。象數而理義在焉。於戲!《易》豈易學也哉?欽惟皇上講學勤政,孳孳不息,則應乾之行;厚德深仁,視民如傷,則配坤之道;進君子退小人,則察乎否泰之幾;憂盛危明,則協乎日中之戒。皇上之體《易》者,可謂至矣。神武不殺,固已見諸施行。"自天祐之,吉無不利",又已受其顯報。皇上之用《易》者,可謂神矣。乃者特命儒臣以此經逐日進講,仰見聖智之默運,上符三古之心傳,歷數近代以来未有留心於性命之原,研慮於天人之際,如我皇上者也。臣學《易》將二十年,幽居潛玩之餘,不無一得,然生質愚蔽,不足以窺絶學之全,間或劄記所知,繫之每卦每爻,以為異日精思明辨之地,中遭冦亂,未究厥業,僅有《易論》數篇,大抵皆理義象數之淵源,《易》之所由作者也。恭逢聖世,不敢自匿,譬則熒燭之微照大陽,雖不為之增光,然而積草加膏之勤,亦將以之炯炯自秘,此臣今日獻書之喻也。伏惟皇上裁其可否而進退之。臣又觀夫《序卦》《雜卦》,皆以未濟終篇,非欲其終於未濟也,謂夫雖當已濟之時,而常存未濟之心,此則所謂"懼以終始",《易》之道也。故六十四卦、三百八十四爻,而一言以蔽之,"終日乾乾"是也,伏惟皇上垂意焉。

[(清)李光地《榕村集》卷十 1324—670—10;又見(清)陳廷敬編,張廷玉續編《皇清文穎》卷十五 1449—649—15]

（二）卦　爻

1. 概説

八卦卜大演論

（唐）王勃

昔者聖人之作《易》也，始畫八卦，以通神明之德，以類萬物之情。以為分太極者，兩儀也；分四象者，八卦也；成八卦者，十六将也；司八卦者，十二月也；分十六将者，三十二候也；分十二月者，二十四氣也；分三十二候者，六十四卦也；司二十四氣者，三十六旬也。進退於三百六十六日，屈伸於三百八十四爻，往來飛伏之理盡矣，其孤虛消息之端極矣。三才之道，不可不及也；五行之義，不能復過也。翕之以幽明，張之以寒暑，會之以生死，申之以去就。禍福生焉，吉凶著焉，成敗行焉，逆順興焉。賢者識其大者、遠者，不賢者識其小者、近者；奉之者則順，背之者則僁；圓立者稱聖，偏據者號賢。嘗試論之，曰：三才者，《易》之門户也；八卦者，《易》之徑路也。引而伸之，終於六十四卦，天下之能事畢矣；陳而別之，極於三百八十四爻，天下之微理罄矣。夫陰陽之道，一向一背；天地之理，一升一降。故明暗相隨，寒暑相因，剛柔相形，高下相傾，動静相乘，出入相藉。泯之者，神也；形之者，道也。可以一理徵也，可以一端驗也。故天尊則地卑矣，水濕則火燥矣，山盈則澤虛矣，雷動則風適矣。是以天下有風，可以姤矣，則地中有雷，可以復矣；天下有山，可以遯矣，則澤上於地，可以臨矣；天地不交，可以否矣，則天地既交，可以泰矣；風行地上，可以觀矣，則雷行天上，可以大壮矣；山附地上，可以剥矣，則火附天上，可以大有矣；風行水上，可以渙矣，則水在地上，可以比矣；雷出地奮，可以豫矣，則風行天上，可以小畜矣；雷之與水，可作解矣，則風之與火，可以家人矣；雷在風上，可以恒矣，則風在雷上，可以益矣；風在地下，可以升矣，則雷在天下，可以無妄矣；風在水下，可以井矣，則雷在火下，可以噬嗑矣；風在澤下，謂大過矣，則雷在山下，可為頤矣；雷在澤下，可以隨矣，則風在山下，可為蠱矣；澤上有水，可為節矣，則山下有火，可為旅矣；雷在水下，可為屯矣，則風在火下，可為鼎矣；水在火上，可為既濟矣，則火在水上，可為未濟矣；澤上有火，可以革矣，則山下有水，可為蒙矣；火在地下，可以明夷矣，則水在天下，可為訟矣；地下有水，可為師矣，則山下有火，可為賁矣；澤上於天，可為夬矣，則澤下有水，可為困矣；山下有天，可以為大畜矣，則澤下有地，可以為萃矣；以山在澤上，可為損矣，則澤在山上，可為咸矣；澤上有火，可為睽矣，則山上有水，可為蹇矣；上天下澤，可為履矣，則地下有山，可為謙矣；澤上有風，可為中孚矣，則山上有雷，可為小過矣；山上有風，可為漸矣，則澤上有雷，可以歸妹矣：此天地以對成之義，陰陽反合之理。故卦相次，則反爻以成義，易之八卦是也。八八相生，則錯卦以興理，因而重之是也。故聖人之道，可縱焉，可横焉，可合焉，可離焉。逆而陳之，未嘗逆焉；順而别之，未嘗順焉。三畫以變，雖天地之數可無韜也。九六相推，雖萬二千五百之浩蕩，不能踰於三百八十四。三百八十四之糾紛，不能踰於六十四。重之以六十四，不能過於八卦。張之於八卦，不能過四象。紀之兩儀，兩儀之理達，而太極得矣。故古往今來，寒進暑退，死生亂動，是非膌結，未嘗非兩儀也，而未嘗離太極也。故曰有寒有暑，則兩儀不廢也；無思無為，則太極未嘗遠也。見之則兩儀，忘之則太極。夫然，故不捨二求一，未嘗離動以求静，未嘗離動以達静也。有可有不可，非聖人之謂也；無可無不可，是夫子之心也。然天下之理不可窮也，天下之性不可盡也。有窮盡之地者，其唯聖心乎？有窮盡之路者，其唯聖言乎？故據滄海而觀衆水，則江河之會歸可見也；登泰山而覽羣嶽，則岡巒之本末可知也。是以貞一德之極，權六爻之變，振三才之柄，尋萬方之動，又何往而不通乎？又何疑而不釋乎？故孔子曰："必也正名乎！"名者，義之本也，非聖人孰能正之哉？若抑末執本，研精覃思，非聖人之書則不讀也，非聖人之言則不取也。庶幾乎神明之德可通乎？萬物之情可類乎？本末之思也，夫何遠之有？君子可不務乎哉！

［(唐)王勃《王子安集》卷十　1065—129—10；又見(宋)李昉等編《文苑英華》卷七百五十　1340—305—750］

易解

(宋)陸佃

凡物有掛者有象，卦，掛也，故孔子釋卦體謂之"象"。天行健、地勢坤之類是也。有效者有繫，爻，效也，故周公作爻辭謂之"繫"，潛龍勿用、履霜堅冰至之類是也。《周禮》於天官言懸治象，於地官言懸教象，此有卦者有象之證也。《曲禮》言效馬、效羊者，右牽之，效犬者，左牽之，此有效者有繫之證也。懸者掛之也，牽者繫之也。

［(宋)陸佃《陶山集》卷九　1117—127—9］

八卦解(上、下)

(宋)陸佃

(上:)方近剛,圓近柔,柔非所以為健也。圓則通,方則滯,滯非所以為順也。天之形圓以柔,地之形方以滯。圓以柔,故其形不健;方以滯,故其形不順。雖然天形不健,其行健;地形不順,其勢順。故《乾》曰天行健,《坤》曰地勢坤。天在道,故《乾》以行言之,行出於德故也。地在器,故《坤》以勢言之,勢生於形故也。夫天以剛濟圓,地以柔濟方,此性命自然之理也。王弼曰:圓而又柔,方而又剛,求安難矣。柔説而附之者,麗也;剛止而並之者,兼也。故《艮》言"兼山",《兑》言"麗澤"。行而從之者,隨也;存而斷之者,洊也。蓋氣以散相推而成風,以聚相持而成雷,存則聚,行則散,故《巽》言"隨風",《震》言"洊"。雷起而上者,作也;推而下者,至也。火炎上,水潤下,故《離》言"明兩作",《坎》言"水洊至"。兩物相差為二,二物相敵為兩,於《離》言"兩作"者,以重明相繼,而作於上也。文於象形,鳥飛而下為至;於會意,水洊而至為洊。於《坎》言"洊至"者,以重險相繼而存於下故也。

(下:)乾言"重剛"則坤可知也,巽言"重巽"則震可知也。以"重險"言坎,以"重明"言離,則艮、兑皆可知也。蓋天下之理,有體斯有用,有性斯有材,故乾以"重剛"言其體,巽以"重巽"言其用,坎以"重險"言其性,離以"重明"言其材,非獨如此而已也。又其以健設位,高而大者,乾也。乾者體之至,以入行權稱而隱者,巽也。巽者用之至,故乾以"重剛"言其體,巽以"重巽"言其用。離者南方之卦也,南者材之所;坎者北方之卦也,北者性之所。故離以"重明"言其材,坎以"重險"言其性。材則華,性則質,華則見,質則隱。故離為文明,坎為信;坎為隱伏,離為見也。夫有體以藏其性,而性足以成體,有用以顯其材,而材足以致用,則天下之理具矣。於父言體,則於母闕之者,舉陽以見陰也。於長女言用,則於長男闕之者,舉陰以見陽也。言性於中男,言材於中女,而闕於男女之少者,舉陰陽以相見也。乾也者,用天者也。坤也者,用地者也。以乾、坤而推六子,則震、巽、坎、離、艮、兑者各用其形者也。離之性"麗",坎之性"陷",以坎、離而推六卦,則健、順、動、入、止、説者,各因其性者也,故以"重巽"而推之,則天重乾,地重坤,雷重震,水重坎,火重離,山重艮,澤重兑,從可知矣。以"重險"而推之,則乾重健,坤重順,震重動,巽重入,離重麗,艮重止,兑重悦,從可知矣。以"重明"而推其材,以"重剛"而推其用,則諸卦宜亦若此而已。

[(宋)陸佃《陶山集》卷九　1117—127—9]

2. 畫卦重卦

原卦畫

(宋)朱熹

"古者包犧氏之王天下也,仰則觀象於天,俯則觀法於地,觀鳥獸之文與地之宜,近取諸身,遠取諸物,於是始作八卦,以通神明之德,以類萬物之情。易有太極,是生兩儀,兩儀生四象,四象生八卦。"

朱子曰:"《大傳》言包犧畫卦所取如此,則《易》非獨以《河圖》而作也。蓋盈天地之間,莫非太極陰陽之妙,聖人於此仰觀俯察,遠求近取,固有以超然而默契於其心矣。故自兩儀之未分也,渾然太極,而兩儀、四象、六十四卦之理已粲然於其中。自太極而分兩儀,則太極固太極也,兩儀固兩儀也;自兩儀而分四象,則兩儀又為太極,而四象又為兩儀矣。自是而推之,由四而八,由八而十六,由十六而三十二,由三十二而六十四,以至於百千萬億之無窮。雖其見於摹畫者,若有先後而出於人為,然其已定之形、已成之勢,則固已具於渾然之中,而不容毫髮思慮作為於其間也。程子所謂'加一倍法'者,可謂一言以蔽之。而邵子所謂'畫前有易'者,又可見其真不妄矣。世儒於此,或不之測,往往以為聖人作《易》,蓋極其心思探索之巧而得之,甚者至謂凡卦之畫,必由蓍而後得,其誤益以甚矣!"

蔡氏《指要》曰:"八卦重而為六十四卦,一卦之上各有八卦也,實則自八而十六,自十六而三十二,自三十二而六十四也,《大傳》曰'因而重之,爻在其中矣'者是也。此陰陽流行之數。前三十二卦為陽,後三十二卦為陰,古往今來者也。"

[(宋)王霆震編《古文集成》卷六十三 1359—445—63]

題馮仰之《因重論》後

(宋)魏了翁

普慈馮起文以其父仰之先生《因重論》見寄,請識其末。予少讀《易》,見諸儒重卦之説有四,王輔嗣以為伏羲,鄭康成以為神農,孫盛以為夏禹,史遷以為周文。孫鄭之義亡據,而馬、王之説人多是之。然予以為唐虞之時固有卜筮,則四營十八變尚矣。固不待文王而後重爻也。不寧惟是,竊意先天一圖自古有之。嘗舉似謝。起文則曰:何傷乎?亦各述其所見,以待後之學者。於是識一時問答,為《因重論》序。

[(宋)魏了翁《鶴山集》卷六十五 1173—65—65]

3. 卦氣

答辛祖德書

（宋）李復

辱問卦爻御時，曰：八卦相乘，爲六十四，爻三百八十有四，以坎、離、震、兑以御時，以三百六十爻以御日也。坎居北方，子位，陽之始，十一月卦也，冬至陽始生，故坎始於冬至。震居東方卯位，陽之出，二月也，故震始於春分。離居南方午位，陰之始，五月也，故離始於夏至。兑居西方酉位，陰之成，八月也，故兑始於秋分。餘每一卦統二日，間以減没，則七日而成卦，蓋減没者數之餘，卦所不居也。舊説以此法出於焦贛，贛以授京房，非也，乃焦贛專用之法耳。《易》之《復》卦曰“七日來復”，此聖人之言也。冬至日《中孚》初爻用事，後七日《復》卦用事，則爻以御日，其來尚矣，豈特漢之焦贛乎？太極元氣，函三爲一，故三爻而成卦。萬物皆函三數，皆自然之數也。卦雖各有體，其氣互相交通，八卦二十四爻，陰陽各一十二，其氣旁通，此爻之取象出於此也。《易》曰“鞏用黄牛之革”，此《坤》之氣也，又曰“龍戰於野，其血玄黄”，此《乾》之氣也。

問：《中孚》曰“乘木舟虚也”，《涣》曰“乘木有功也”，《益》曰“利涉大川，木道乃行”，何也？曰：此皆巽在上也。巽，木也，風也，順也。《中孚》巽上而兑下，兑爲澤，木在澤上，乘風而順舟，濟之象也。《中孚》六三、六四皆陰爻，中虚有刳木之象，故曰“乘木舟虚也”。《涣》巽上而坎下，木居水而風順之，故曰“乘木有功也”。《益》巽上而震下，震雖主動，非若浮於水，故曰“利涉大川，木道乃行”。《繫辭》曰：“刳木爲舟，剡木爲楫，舟楫之利，以濟不通，蓋取諸涣。”象以此也。《易》曰：“制器者尚乎象。”夫斷木爲棋，刓革爲鞠，亦皆有法，况聖人之制器乎？故曰：“知器械舟車，禮由己也。”

問：制器者必取其象。若“日中爲市，致天下之民，聚天下之貨，交易而退，各得其所”，此非制器也，而取於《噬嗑》何象也？曰：正取於象也。《噬嗑》離上而震下。離，南方之卦，在上，日中也，市爲虚，離之象也。震，東方之卦，萬物所由出也，震爲足、爲動。離者萬物相見之卦也，物出而相見，所謂致天下之民，聚天下之貨也。“頤中有物”得其噬，是謂各得其所也。雖然神農所取如此，《易》之《大象》則曰“雷電噬嗑，先王以明罰敕法”，所取象又如此。《易》豈一端而已哉！

問：《睽》曰“二女同居而其志不同”，《革》曰“二女同居而其志不相得”，何也？曰：《睽》離上而兑下，二女同居也，離火炎上而自居其上，澤水趨下而已居其下，水火異趣，故其志不同也。《革》兑上而離下，亦二女同居也，水本趨下而居於上，火本炎上而居於下，水欲趨而下，火欲動而上，水火相遇而爭，故曰“不相得也”。

［（宋）李復《潏水集》卷四　1121—38—4］

答袁機仲

（宋）朱熹

伏承别紙誨諭諄悉，及示新論，尤荷不鄙。但區區之説，前此已悉陳之。而前後累蒙排擯揮斥，亦已不遺餘力矣。今復下喻，使罄其説，顧亦何以異於前日耶？然既辱開之使言，則又不敢嘿嘿。然其大者未易遽論，姑即來教一二淺者質之。夫謂温厚之氣盛於東南，嚴凝之氣盛於西北者，禮家之説也。謂陽生於子，於卦為《復》，陰生於午，於卦為《垢》者，歷家之説也。謂巽位東南，乾位西北者，《説卦》之説也。此三家者各為一説，而禮家、歷家之言猶可相通。至於《説卦》則其卦位自為一説，而與彼二者不相謀矣。今來教乃欲合而一之，而其間又有一説之中自相乖戾者，此熹所以不能無疑也。夫謂東南以一陰已生而為陰柔之位，西北以一陽已生而為陽剛之位，則是陽之盛於春夏者不得為陽，陰之盛於秋冬者不得為陰，而反以其始生之微者為主也。謂一陰生於東南、一陽生於西北，則是陰不生於正南午位之遇而滛於東，陽不生於正北子位之復而旅於西也。謂巽以一陰之生而位乎東南，則乾者豈一陽之生而位於西北乎？況《説卦》之本文，於巽則但取其潔齊，於乾則但取其戰而已，而未嘗有“一陰一陽始生”之説也。凡此崎嶇反復，終不可通，不若直以陽剛為仁、陰柔為義之明白而簡易也。蓋如此，則發生為仁，肅殺為義，三家之説皆無所牾。肅殺雖似乎剛，然實天地收斂退藏之氣，自不妨其為陰柔也。來教又論黑白之位，尤不可曉。然其圖亦非古法，但今欲易曉，且為此以寓之耳。乾則三位皆白，三陽之象也。兑則下二白而上一黑，下二陽而上一陰也。離則上下二白而中一黑，上下二陽而中一陰也。震則下一白而上二黑，下一陽而上二陰也。巽之下一黑而上二白，坎之上下二黑而中一白，艮之下二黑而上一白，坤之三黑，皆其三爻陰陽之象也。蓋乾、兑、離、震之初爻皆白，巽、坎、艮、坤之初爻皆黑，四卦相間，兩儀之象也。乾、兑、巽、坎之中爻皆白，離、震、艮坤之中爻皆黑，兩卦相間，四象之象也。乾、離、巽、艮之上爻皆白，兑、震、坎、坤之上爻皆黑，一卦相間，八卦之象也。豈有震、坎皆黑而如坤，巽、離皆白而如乾之理乎？此恐畫圖之誤，不然，則明者察之有未審也。凡此乃《易》中至淺至近而易見者，契丈猶未之盡，而況其體大而義深者，又安可容易輕忽而遽加詆誚乎？此熹所以不敢索言，蓋恐其不足以解左右者之惑而益其過也。幸試詳之，若熹所言略有可信，則願繼此以進，不敢吝。

又讀來書,以為不可以仁、義、禮、智分四時,此亦似太草草矣。夫五行五常、五方四時之相配,其為理甚明,而為説甚久,非熹獨於今日創為此論也。凡此之類,竊恐高明考之未詳,思之未審,而卒然立論,輕肆詆訶,是以前此區區所懷不欲盡吐於老丈之前者尚多,此其為訑訑之聲音顔色大矣。若欲實求義理之歸,恐當去此而虚以受人,庶幾乎其有得也。僭易皇恐,熹又禀。

[(宋)朱熹《晦庵集》卷三十八　1144—70—38]

明　閏

(宋)李石

正月

小過,蒙,益,漸。

二月

泰(三)需,隨,晉,解。

三月

大壯,豫,訟,蠱,革。

四月

夬(五),旅,師,比,小畜。

五月

乾(六),大有(内外),家人,井,咸。

六月

姤(一),鼎,豐,涣,履。

閏月

遯(二),恒(内外),節,同人。

七月

損,否(三),巽(内外),萃,大畜。

八月

賁,觀(四),歸妹,無妄,明夷。

九月

困,剥(五),艮,既濟,噬嗑。

十月

大過,坤(六),未濟(内外),蹇,頤。

十一月

中孚，復（一），屯（内外），謙，睽。

十二月

升，臨（二），小過，蒙，益。

傳曰：履端於始，舉正於中，歸餘於終，此置閏之法也。一歲三百六十有六日，以六十四卦、三百八十四爻為之主，以伏羲之三畫者，分十二月二十四氣，朔望日月弦晦之侯，天然之正，舉囿吾《易》卦爻之數，為一定法。以歲始為端，歲中為中，歲終為終乎？或以始子午，終己亥，合六陰六陽為歲。三代異正，其所履之端、所舉之中、所歸之餘亦異，則置閏之歷三代異用，眇乎不見其端，茫乎不知其終。其中猶是也，我知之矣。大抵以中氣為母，以均其始中終三際，一唯其歷而已。余将竊取顓帝之《乾象歷》，以建寅為歷端，以合乎夏正，則千歲之統，幾在兹乎？且以夏時為正，以孟春為歷端，則置陰陽子午不問，不知何以為氣之母，而會其中。或曰無中氣者為餘，歷之大小餘，則置閏之數也。所謂《乾象歷》者，堯、舜、禹相承施行，至湯止，以立春為節，而以冬至為元首，周人遂以十一月為正，以正六陰六陽之氣。吾夫子論四代禮樂，欲行夏時於春秋，蓋有所歎矣。謂其欲修商歷，非也，乃《乾象歷》耳。按魯襄公二十七年十一月乙亥朔，日有食之，《傳》以為辰在申，司歷過，為再失閏，以星度知之，則魯歷之失自周歷之失也。劉歆乃以漢歷正之，以明傳誤。班固則以春秋魯歷不正，故置歷之失。班固、劉歆皆漢儒，豈能以漢歷折衷於千餘歲之後，於是七歷真偽之論更起矣。魏黄初專取法乾象，酌斗分麤細之中，以合《春秋》日蝕，以正朔、晦朔、既朔為定。而杜預乃以七歷皆非王者之術，何也？七歷多歸咎斗分二十六日，幾一月之度，湯歷乃以四分一為度之一，且天度經星，可以意增減之乎？此杜預之所以疑也。經星二十八宿，以緯之五星變度，如《春秋》所謂辰在申者，以水星之在申也。按晉武帝因魏之景初歷，更以泰始名歷，如泰始之三年閏六月二十五日丁亥，水星晨見，乾象則閏月九日辛未見，先十六日，黄初則以閏月八日，先十七日，如春秋之辰在申者，相先後三日，其差氣三侯有奇，不知順數。春秋置閏至是凡幾失乎？如是，則杜預之疑，審矣。夏正之四月，周人之六月，正陽建巳之月，雖無中氣，而大小餘之積，似未可閏而閏之，可乎？惟我宋以六月置閏凡三，淳熙歲著雍閹茂月則且置閏，與晉泰始合歲月，而用《易》之姤，以兆六陰之氣，則亦六月而不在五月，來則幸其速，去則幸其遲。至於任法咎天之日月，如劉歆春秋五行之説多矣，因以《易》一氣之遯合之，以俟後世明歷之君子。

［（宋）李石《方舟集》卷十九　1149—768—19］

4. 互體

《周易》互體例

(宋)李石

《易》者以天地五行而生數,由數而生卦,因三而成六,貞悔内外,以數通於天地五行,而八卦相資為用,以三而五而五行互體,以六而八而八卦互體,若非互體,則《易》之變化内外上下不相應,數有所窮。數窮則生成之理或幾乎息矣。《易》之有互體,出漢人二鄭,學《易》者以互體出劉牧,非也。因取《説卦》占象與卦爻相通者為互體,以應天地五行之數,作互體例。

䷀(乾下乾上)乾九五風九二雲

右乾上下體以乾合坤,奇偶既立,五行致用於天地,風出於巽之木,九三也。雲出於坎之水,初九也。從龍從虎之象成矣。

䷁(坤下坤下)坤上六龍戰,六三含章

右坤上下體以坤合乾,為天地之雜,陰盛勝陽,龍戰見血。五以陰包陽,故坎象為血。三以陰居陽,故含章。

䷂(震下坎上)屯艮坤

右屯上下體互體為艮坤。九五屯膏,止而不得施,六二、六四坤體為馬,亦止於艮而不行,故邅如、班如,為有所待。

䷃(坎下艮上)蒙坤震

右蒙上下體互體為坤震。震為長子,故九二克家。以二陽包坤,故納婦。以坤止艮,故六三之女勿取。

䷄(乾下坎上)需離兑

右需上下體互體為離兑。兑為口舌,故九二小有言。為澤,故需泥。離中虚為穴,進遇坎為血也。

䷅(坎下乾上)訟巽離

右訟上下體互體巽離。初以柔承九四之剛,順上不爭,故明辨晳。九二以坎剛遇乾剛,臣忤君,子競父,掇患之道。然巽順離明,皆可無訟,四陽之健,而一人帶三奪之矣。

䷆(坎下坤上)師坤震

右師上下體互體坤震。律聽軍聲,初六伏於重坤之土,不常失律。九二上應六五,重坤之順,以陽應陰,六五得震,故長子帥師。得坤,故弟子輿尸。衆主則非丈人矣。

䷇(坤下坎上)比艮坤

右比上下體艮坤互體。初六上應重坤，順之又順，坎水在前，艮止不流，盈缶之吉。六二比於九五，以内為限，不自失也。重坤之順，不待誡令。

䷈(乾下巽上)小畜離兑

右小畜上下體離兑互體。初九上應六四，以剛畜柔，而乃反已自畜於離，無所附麗。九三見説於六四之兑，説輻不行，若夫婦而反目，不能正室。巽正室，離側室。

䷉(兑下乾上)履巽離

右履上下體巽離互體。離為目，三寄明於兑，眇而能視。二以陽居陰，有震之足，巽為股，弱於足，跛而能履。成卦之體，專在六三，兑居五陽之間，兑為口，不咥人。

䷊(乾下坤上)泰震兑

右泰上下體震兑互體。九二應六五，長男少女，為帝乙歸妹。兑為口食之象，四悦以求鄰，雖富不富，雖交通之世，反失其實。

䷋(坤下乾上)否巽艮

右否上下體巽艮互體。二為艮，以止為得，故大人否。巽承乾，故小人吉。以巽順處高位，苞桑之危。

䷌(離下乾上)同人乾巽

右同人上下體巽重乾互體。九二巽順，病夏畦以求於同，褊隘於族，非野之同，重乾之剛，伏戎致敵，九四應上九重乾，三歲不興。

䷍(乾下離上)大有兑乾

右大有上下體兑乾互體。九二重乾應兑，以車能載，以臣載君。六五以離體主卦，以兑説主信，威行於下，與同人相内外，他倣此也。

䷎(艮下坤上)謙震坎

右謙上下體震坎互體。初六以謙柔越坎險之剛，故可涉水。六五以震懼處坤得衆，故侵伐。九三主卦曰勞。

䷏(坤下震上)豫坎艮

右豫上下體坎艮互體。謙鳴於二，豫鳴於初，以坎險高，下而鳴以求應和。艮為山，為小石，止静不動，故先見。九四主一卦以不疑，致朋簪之衆。

䷐(震下兑上)隨巽艮

右隨上下體巽艮互體。初九悦以應四，動以隨静。艮得所止之官，不至失節。六二不能上應於五，而止於巽詞求悦，係陰失陽，大小不得兼，得九四之巽體，長女長男得其隨矣，其守在貞。

䷑(巽下震上)蠱兑乾

右蠱上下體兑乾互體。以九二之乾幹以長子之震，父子巽順，蠱敝之家不足憂。主之以乾，悦之以兑，順之以巽，其幹濟矣。巽兑二女，母之象。六四之裕，六五之譽，漸以無事。

䷒(兑下坤上)臨坤震

右臨上下體坤震互體。臨，陽長之卦，而以兑坤為體，震動不静，故二陽以大臨之。然羣小亦可畏矣。甘者苦之對，兑為口，故知味，長而不已，則泰道也。

䷓(坤下巽上)觀艮坤

右觀上下體艮坤互體。初六應四，以陰應陰，穉陰應巽，巽為寡髮，童之象。艮為少男，坤為重坤，故利女貞。若不知正則醜矣。巽以求艮，二以應五，巽為白眼，窺女求匹，不可不正。

䷔(震下離上)噬嗑坎艮

右噬嗑上下體坎艮互體。初九以震動，而艮止之，震足滅屨不行，以坎險在前，以乾三陽，錯坤之三陰，未能除間，滅鼻滅耳。耳，坎象，金，乾象，黄，坤土中象。獄之有械，猶頤中有物。

䷕(離下艮上)賁震坎

右賁上下體震坎互體。震足初動而艮止之，為趾。坎為輿而止險，故舍車。六五艮山為丘，坤土為園，束帛賀素，五數曰束。

䷖(坤下艮上)剥重坤

右剥上下體重坤互體。剥之一卦，以上九為主。剥者，陰極復陽，牀以置身，曰足，曰辨，曰膚，抑陰進陽，三得其應，重坤為順。貫魚，小人之象，以上九為宫，以芘寵可免於尤。

䷗(震下坤上)復重坤

右復上下體重坤互體。復之一卦，以初九為主。復，陰極陽復。仁者，重坤柔之仁。四應於初為中行。

䷘(震下乾上)無妄巽艮

右無妄上下體巽艮互體。震動而艮止之，以不可妄動，天命亦可畏。震為稼，艮山不耕，不可以富。以陽繫陰，巽為艮止陰，牛之繫。

䷙(乾下艮上)大畜震兑

右大畜上下體震兑互體。以陽畜一陰為小，以陽畜二陰為大。小畜則九三應上九為輿，大畜則九二為輿，皆脱其軸，畜而有養也。兑悦震動，以艮而止，六四為童牛，六五為豶豕，皆止健有待。

䷚(震下艮上)頤重坤

右頤上下體重坤互體。震動艮静，虚中如頤，以求口實。二陽初終之智，以貪飲食，非養也。艮為山，為小石，附坤土為丘頤。

䷛(巽下兑上)大過重乾

右大過上下體互體重乾。九二上應九五之兑為少女，老夫女妻，九五下應初六之巽為長女，老婦士夫，過唯謹其小不至於大。藉茅於初，乾乾自危也。

䷜(坎下坎上)習坎艮震

右習坎上下體艮震互體。九二震動，而艮止之，與五險陷未出，所得亦小。二簋納約，其中有誠。坎水明水之薦。

䷝(離下離上)離兑巽

右離上下體兑巽互體。兑澤，巽廣顙，目為涕泣，離以柔順附麗兑巽，錯然之敬於始，可也。九四下卦之應，風鼓其火而澤之猶死灰然。

䷞(艮下兑上)咸乾巽

右咸上下體乾巽互體。艮，少男；兑，少女。乾陽巽陰，男下於女，無心之感。初六咸其拇，拇施於足可止而静。六二則上應五為腓，行則凶，居則吉。九三巽體應乾躁，其股為艮所執矣。

䷟(巽下震上)恒兑乾

右恒上下體兑乾互體。長男長女，以匹相應，二五之應，君臣之道，五以兑體之陰，委質於九二之陽，則相及矣。九四下應上比，雖禽不獲。

䷠(艮下乾上)遯乾巽

右遯上下體乾巽互體。以艮駸駸為巽，自厲其尾，否則致災。乾變為坤，二應乎五，黄中坤，牛剛革，君子固志，以遠小人。

䷡(乾下震上)大壯兑乾

右大壯上下體兑乾互體重乾。附兑入震，初應於震，説以為進，壯足為趾，必窮可信。九三入兑，觸藩必决。六五之喪羊，九三之羊，上六之羊，以兑體也。坤為大輿為腹，以陽包陰。

䷢(坤下離上)晉坎艮

右晉上下體坎艮互體。晉進而有所摧，見險而止。六二之愁，以險遲留，王母六五之陰，三陰附之。九四鼫鼠，艮體穴離。

䷣(離下坤上)明夷震坎

右明夷上下體震坎互體。明夷傷也，附麗越險，以求出地，其傷宜矣。離為雉，初附於震則飛矣。左股以震足越險，以坤震坎，皆拯馬，故為壯。九三越險得陽，震長子，故大首。挾南離，故南狩。上六，上卦之上，如登天，回附於四，故反入地。

䷤(離下巽上)家人離坎

右家人上下體離坎互體。巽長女，離中女，附麗柔媚，宜家以女貞，故以險為

一家之閑。初之應四，離之又離，以四陽主二陰，甚嚴且節，二婦一男，婦子也。

䷥（兑下離上）睽坎離

右睽上下體坎離互體。悦以附麗，而以坎乘其交，二女四男，其睽乃其合也。初應於四，坎體為馬，乘而喪之於悪人，勿逐自復。六三應九，牛掟於輿，坎為輿，六五坤牛也。上九應四遇坎，坎豕兑澤，泥塗之水。坎北方，鬼方，車載鬼也。弧矢取睽，先張後脱。坎為雨，故遇雨反吉。

䷦（艮下坎上）蹇離坎

右蹇上下體離坎互體。西南離方，東北艮坎二方，以艮自止於難，則西南可無慮也。往者重險在前，来者止而有譽有喜有待。六二王臣蒙難，以冒重險，自出於文明之方，大人者来蹇，以應離體。

䷧（坎下震上）解坎離

右解上下體坎離互體。東北之勢，離明而震動，難之散也。坎穴三陰，為土田，為狐，故九二獲之以狐，羣自散也。重坎為輿，陰乘陽為負乘。高墉，上六應四。離體為雉，出險而擊為隼，故射獲之。

䷨（兑下艮上）損坤震

右損上下體坤震互體。震以動入坤静，而艮止之，損剛益柔。一人則艮上九，應六三為友。三人則三陽兑説震動坤順，以求益，損一陽之友。

䷩（震下巽上）益艮坤

右益上下體艮坤互體。陽極反陰，必至之理。初九决可不用，壯則趾之不立也。九二應五，勇於必進，乾乾之惕，莫夜之行，有戎者。兑陰在前，三則色厲内荏，雨也，羊也，言也，以兑陰而决陰，莽之在田者，為莧陸。

䷫（巽下乾上）姤重乾

右姤上下體重乾互體。以柔附剛，牝豕敵豭，羸而用躁，乾金巽木，牽於金柅，以陽抑陰也。魚陰類也。九二以剛乘柔，曰有魚。四雖下比於初，困於重剛，失中，故無魚。以五陽受一陰，包含如天。

䷬（坤下兑上）萃巽艮

右萃上下體巽艮互體。萃以聚集，初應於四，以止以説，止則號，説則笑。巽坤柔順，三陰三陽，亂次求聚，為艮所限，孚不克終，勿恤可也。萃得萬物，大牲之餘，二以中應五，薄祭亦可。

䷭（巽下坤上）升震兑

右升上下體震兑互體。巽震合誠，皆通神明，用禴可也。虚邑陰幽無人之境，以巽順而説得民。震以主祭，岐山之享，文王以此歟。

䷮（坎下兑上）困巽離

右困上下體巽離互體。冒險懦柔，困而附麗，巽兑邅廻，求脱坎谷。初應於四之巽木也，故株木。九二應五之兑為口，故飲食。六三據剛應柔，二女在前，夫妻反目。三陰三陽，相反不順。

䷯(巽下坎上)井離兑

右井上下體離兑互體。水坎出也，蒙養源於下，井則泉於上，木可汲矣。初之應四，水附離兑，燥濕相違，則泥禽且不飲。九二應於五，坎陷為谷。鮒，離網中物，六四兑澤，受水之谷，宜修之。

䷰(離下兑上)革乾巽

右革上下體乾巽互體。初與四二剛相應，柔體中堅，革之難也。三就，乾剛也。虎豹之鞹，以離之文，炳蔚不同也。六二巽風，從虎之象。

䷱(巽下離上)鼎兑乾

右鼎上下體兑乾互體。乾為金，鑄鼎也。初為鼎足，中窒則否。巽兑長少二女，附乾子妾，兑為妾也。九四近君，而下比於折足渥形。六五居中，黄耳離象，蓋離為雉。

䷲(震下震上)震坎艮

右震上下體坎艮互體。震長子主祭，以恐懼致福。初應四，艮山也，為九陵。七日，六爻周而復也。四遂泥，坎為水，水在山為泥，或曰坎豕淫泥。

䷳(艮下艮上)艮震坎

右艮上下體震坎互體。初應四之震為足，止弱不隨，震躁，艮静，坎心病也。故二不快，震厲薰心。三出險自反，敦之又敦，静重如山。

䷴(艮下巽上)漸離坎

右漸上下體離坎互體。鴻，離鳥之附坎水者，巽風而干木，冒險自麗，危之也。九三應巽上六，艮夫巽婦，附麗為大腹。夫征子不育，婦失其道，巽木之桷，高而免咎。陵艮山也。婦雖不孕，止静得吉。離者羽之文章。

䷵(兑下震上)歸妹坎離

右歸妹上下體坎離互體。震長兑少為歸妹，離其一娣也。震為足，冒險而上，故跛。六三上應上六，幾成坤母，為須䞓也。離為目，故眇。震長子得位為帝乙，坎為月，得中故幾望。上六下應六三，為兑之羊。坎附離水，赤血也。

䷶(離下震上)豐兑巽

右豐上下體兑巽互體。初九上應九四，以陽應陽，二體皆陰卦，實離巽兑三女，不無其配。豐日中之照，旬則十日，過旬非中則灾中之已昃也。震蒲葦，巽木，蔀屋蔽日。兑為毁折。右肱，巽股之上。

䷷(艮下離上)旅兑巽

右旅上下體兑巽互體。艮止離麗，兑巽欲自媚説，物順人而不得行，旅寓之甚。六二應五，過信為次。兑為妾，故得童僕。三則離火焚次，童僕無留行，雉者

離也，牛者三陰之坤也。

䷸(巽下巽上)巽離兑

右巽上下體離兑互體。巽為進退，為不果，初附麗求説，勇於甚武，其躁於兵，故重以巽命，申申為戒。巽為木，牀下致恭。兑為巫，故用史巫。兑為金，故先庚後庚，凡六，如爻之數，資斧，離為戈兵。

䷹(兑下兑上)兑巽離

右兑上下體巽離互體。初曰和，二曰孚，三曰來，九四獨曰商者，以言議之，寧小介焉，非病也。其説物之多通，不如介也。澤及朋友，離文明之益也。兑講習，語言之益也。

䷺(坎下巽上)涣艮震

右涣上下體艮震互體。震内動而艮外止之，以静止躁，震巽皆為躁卦也。初六用拯馬，以震坎皆為馬也。机者巽之木，二應五，机以静止躁也。艮為山，冒險挺質不顧羣，以涣君之難，大號巽命。血者，坎為血為水。

䷻(兑下坎上)節艮震

右節上下體艮震互體。初説以應四之止，艮以險止之，兑以言議，震以足動。艮木之多節，坎木之多心，兑通艮塞，艮為門闕，閽寺，初不出户庭，是也。九二既已知節，安於所止，不求脱險，以苦失中也。安者不求甚説，下比於初以承上。甘者口悦之味，苦則衆口不悦矣。

䷼(兑下巽上)中孚艮震

右中孚上下體艮震互體。初九之虞，先見之信，上應於四之艮，以静止動，為機先之卜。鳴鶴二五，以陽聲同唱，艮山兑澤，九皋之禽，信之中也。六三應上九為非敵，二陰二陽，以巽進退，不果也。六四以震為馬，巽應上六，巽雞登山，以兑而鳴，登天之音，失中也。

䷽(艮下震上)小過兑巽

右小過上下體兑巽互體。小過中孚之變，可以復，不可以小過，宜下不宜上。逆順之勢，巽為雞，猶中孚之遺音。初六之飛鳥也。六二過艮遇巽，兑為妣，過君遇臣，西伯事紂，君臣之道嚴矣。九三防之，以艮執法，可順不可逆，戕之漸可防矣。

䷾(離下坎上)既濟離坎

右既濟上下體坎離互體。三陽三陰之變上下體，坎離其互體，離坎亂以求濟，其濟猶亂。初之曳輪以脱險，水濡其尾，可戒。六二離婦喪茀，以坎盜也。高宗伐鬼方，離為甲胄戈兵，於北方之坎也。九五下比於二，二陰為牛。西隣，文王也。

䷿(離上坎下)未濟坎離

右未濟上下體坎離互體。未濟既濟之變,而互體亦坎離者,數窮而亂,所當辨也。小狐,坎,隱伏之物,出險而疑,水濡其尾,水曳坎輪,震伐坎鬼,濡尾濡首,陰陽之極。既濟猶未濟者,乾坤用九用六之數,君子知其數之不可涯者,既猶未乎。

[(宋)李石《方舟集》卷十九 1149—758—19]

象說

(清)汪琬

《易》之取象不同,有取半體者,有取似體者,有取互體者,有取伏體反體者,又有取互變體者,故曰"易,變易也",不可以一說泥也。何謂半體?如小畜三四得坎之下二畫,則《彖》辭稱"密雲不雨"是也。何謂似體?如頤稱龜、大壯似兑稱羊是也。何謂互體?如震九四互坎,則四爻稱"遂泥"是也。何謂伏體?如同人内卦離伏坎,則稱大川是也。何謂反體?如鼎内卦巽正兑之反,則初爻稱"得妾"是也。何謂互變體?如乾九三互變離,則三爻稱終日是也。

[(清)汪琬《堯峰文鈔》卷二 1315—213—2]

互卦論

(清)李光地

道之消息盈虚,有人事之善惡當否,故為用也;其定理則歸於乾坤,其變動則歸於既、未濟而已,故為綱也。剥、復,陰極陽生,陽之始也;夬、姤,陽極陰生,陰之始也。漸、歸妹,陽卦與陰卦交,交泰之象,陽之中也。頤、大過,陽卦與陰卦判,不交之象,陰之終也。蹇、鮮,三陽之卦,陽之終也;家人、睽,三陰之卦,陰之終也。陽六卦皆主震、艮,始則交於坤,母孕男也,中交於巽兑,求其配也,終交於坎,從其類也。陰六卦皆主巽兑,始則交於乾,父生女也,中交於震艮,求其配也,終交於離,從其類也。探始則陰陽互根而孕育之理明,致用則男女相求而婚姻之道正,辨物則以類相從,内外之分嚴而禮義有所錯矣。剥、復、夬、姤,以天道為人事之端;漸、歸妹、頤、大過、蹇、鮮、家人、睽,以人事為天行之應。剥而復,則陽用事,其既也,交於陰,有循序而禮合,有逆節而情動;其究也,為蹇為鮮,治外者以之。夬而姤,則陰用事,其既也,交於陽,有役陽而致養,有疑陽而交争;其究也,為家人為睽,治内者以之。陽之道始於體之正,故乾坤統焉,陰之道始於用之交,故既、未濟統焉。此互卦之義也。

[(清)李光地《榕村集》卷十五 1324—744—15]

5. 卦變

卦變論

(宋)王炎

卦變之説，謂乾坤為父母，而姤復為小父母，六畫成卦，凡一陽五陰皆自復變，一陰五陽皆自姤變，二陽四陰皆自臨變，二陰四陽皆自遯變，三陽三陰皆自泰變，三陰三陽皆自否變。其説不聞於先儒而言於邵氏，至漢上朱氏從之。且乾坤為父母，其交則為三男三女。復卦上坤下震，震乃乾一索而得男；姤卦上乾下巽，巽乃坤一索而得女。若復姤為小父母，則姤有乾、復有坤，乾坤反係復姤所生，而震巽二卦，亦非出於乾坤，不知從何而來。且夫子彖《易》嘗言剛柔之變，惟賁尤詳，曰："柔來而文剛，分剛上而文柔。"諸家即曰賁自泰來，蓋祖邵氏説也。然賁上艮下，離坤體得乾一剛而成艮，是謂分剛上而文柔；乾體得坤一柔而成離，是謂柔來而文剛。剛柔相反，出於乾坤之變，夫子之言如此，未聞其言泰變為賁也。且《雜卦》首曰："乾剛坤柔。"自乾坤生六子，則剛柔相雜，故六十四卦其剛皆出於乾，其柔皆出於坤。剛來下柔為隨，柔進上行為晉，剛來而不窮，柔得位乎外而上同為渙，皆剛柔之變也。且隨，上兑而下震，初上二爻，不變則為乾坤，變則坤之初居上而為兑，乾之上居初而成震，故曰"剛來而下柔"。晉，上離而下坤，離卦在上，六五以柔而居君位，故曰"柔進而上行"。渙，上巽而下坎，坎得乾之剛而為中爻，今居二而得中，是謂來而不窮。巽得坤之一柔而為初爻，今居四而附五，是謂柔得位而上同。然則凡卦二陰二陽變於臨遯，三陰三陽變於泰否，夫子未嘗言是，邵氏之徒言之，諸家皆從其説，此吾所未曉也。朱子發用卦變以解經，至無妄而力主其説，且曰："無妄，上乾下震，若震一爻其剛自乾來，則上卦未嘗損乾一剛，是卦四剛二柔，自臨遯而變明矣。"然詳觀夫子之言於隨於渙，皆曰剛來，則是上卦一剛來而為初二兩爻，於無妄獨曰剛自外來，加一外字，則其初未嘗損上卦之一剛也。蓋大畜，上艮下乾，則一剛在外，反為無妄，則艮變為震。或謂大畜一剛在内，自外來者，自大畜而來也。序卦先無妄後大畜，謂大畜剛上自無妄而變，可也；謂無妄剛自外來，由大畜而變，於序先後不合。殊不知《序卦》先無妄而後大畜，《雜卦》又先大畜而後無妄，謂剛自外來，由大畜而變，何不可之有？其説亦未盡。蓋無妄儲貳之卦，上乾為父，下震為長子，不損乾之一剛，所以見其父道之全。震為長子，初有一剛，實自乾而得之，故夫子加外字以别之也。況反對自與卦變不同，子發以反對為卦變，則尤失之。蓋邵氏之學，長於占筮，文王之演《易》不專為占筮用也。静而正心誠意，動而開物成務，《易》皆具焉。惟以占筮論之，則古人如管輅、郭璞、闞朗之徒足以盡易之道矣,不特邵氏能之也。讀《易》者捨夫子所已言,求夫子所未言,恐非聖人意也。卦變之説,存而勿論,斯可矣。

[(宋)王炎《雙溪類稟》卷二十六 1155—742—26;又見(明)程敏政《新安文獻志》卷三十一 1375—389—31]

6. 其 他

答辛祖禹書

(宋)李復

承論軌策,此乃天地陰陽自然之數,不可以臆説。《乾》,陽也,天也;《坤》,陰也,地也。陰陽之數乃天地之數也,故曰:軌從策起,策以軌受。庖犧始畫八卦後,以八卦自相乘,得六十四卦。又以六爻相乘,得三百八十四爻。陰陽分之,各得一百九十二,而氣數不在焉。氣數自有損益也,陽主進倍其氣而益之,陰主退倍其氣而減之。陽爻除氣數二十四外,餘一百六十八。以策數而得七,七爲少陽,以氣數倍爲四十八,益之得二百一十六。以策數而得九,九爲老陽,老陽者動而觀其變也,陽進故七而之九,九爲老故變也。陰爻以策數而得八爲少陰,倍氣數四十八而減之,得一百四十四,得六而爲老陰,六爲老故變也,陰退故八而之六也。凡求爻之策,陰陽各四,因之陽九以四因之得三十六,少陽七以四因之得二十八,陰六以四因之得二十四,少陰八以四因之得三十二,動静之理得,然後可以求擬議成變化也。方有河外之報,遽中不暇盡其餘。承問卦爻策數,此當各考其卦爻之陰陽,自可見矣。凡卦老陰爻有幾,以二十四乘之,老陰之策數也;少陰有幾,以三十二乘之,得少陰策數。以老陰加少陰,即得陰爻之策數也。卦老陽爻有幾,以三十六乘之,得老陽之策數;少陽爻有幾,以二十八乘之,得少陽策數。以少陽加老陽,即得陽爻之策數也。陰陽合之得其卦之策數也。若卦之軌數,即考其陽爻有幾,以老陽三十六、少陽二十八,共六十四乘其數,所得而倍之,得陽爻軌也。考其卦陰爻有幾,以老陰二十四、少陰三十二,共五十六乘其數,所得倍之,得陰爻軌也。以陽軌加陰軌所共得之數,乃卦數之軌也。承問陰陽之策總數,各從卦爻陰陽所得之數而乘之,自可見矣。謂如陽爻一百九十二,九乘四因得六千九百一十二,六乘四因得四千六百八,故《通卦驗》曰:陰陽總一萬一千五百二十也,若軌總數,則置陽爻一百九十二,六十四乘,得一萬二千二百八十八,倍之,得二萬四千五百七十六。置陰爻一百九十二,五十六乘,得一萬七百五十二,倍之,得二萬一千五百。故曰:陰陽衍而四萬六千八十也,自八卦成列,引而

伸之，數在其中矣。此乃軌之大數也。若欲遂知其來物，則當視其時而進數，滿而去，得其所餘之數，考其所在自可見矣。辱見諭。此乃古人所用以爲占者也，如左氏所載京房、焦赣、管輅、郭璞輩皆用之，不專以軌策之數以求陰陽老少，兼通別卦世應，人又以年月、氣候、日時而定也。謂如世屬陽卦，而世得陰爻，則爲老陰；世屬陰卦，而世得陽爻，則爲老陽；世屬陰卦，而得陰爻，則爲少陰；世屬陽卦，而得陽爻，則爲少陽。又如陽月陰爻、陰月陽爻皆謂之老，當其月者，皆謂之少。如陰居陽爻、陽居陰爻亦皆謂之老。凡此老少不待策之九六而變也，各當其位，皆謂之少矣。以月之陰陽、日之陰陽、時之陰陽、卦與爻之陰陽參而考之，兼之以氣候而用之，此並自有法。

[（宋）李復《潏水集》卷四　1121—36—4]

答曹鑑秀才書

（宋）李復

辱示諭六律六吕陰陽配偶，此説舊志甚詳，亦衆人之説多矣。一律一吕亦各有五音，此自然之理也。京房受學於焦延壽，以其法衍之為六十律，又增之為三百六十，以合卦之三百六十爻，分而直日，以一律一爻以御一日，用之以推寒暑、陰陽、天地、風雨、氣象、休咎，及於人事，各有驗者，此非始於錢演之創意為之也。律以當月者，為宫。宫，君也，為月之主，猶律之本月卦稱辟也。音之正者，不過乎五，其變不可勝窮矣。古樂不傳，但自戰國以来，樂尚哀思，能令人悲。昔者師涓鼓清商，平公曰最悲，師曠曰不如清徵。嵇康云："導其音節，則以悲哀為主；美其感化，則以垂涕為貴。"皆亡亂之音也。

[（宋）李復《潏水集》卷五　1121—43—5]

論卦相因

（宋）李復

乾　坎需　艮大畜　震大壯　巽小畜　離大有　坤泰　兑夬
坤　乾否　坎比　艮剥　震豫　巽觀　離晉　兑萃
坎　乾訟　艮蒙　坤師　震解　兑困　巽涣　離未濟
艮　乾遯　坤謙　兑咸　坎蹇　巽漸　離旅　震小過
震　坎屯　兑隨　離噬嗑　坤復　乾无妄　艮頤　巽益
巽　艮蠱　兑大過　震恒　乾姤　坤升　坎井　離鼎

離　乾同人　艮賁　坤明夷　巽家人　兑革　震豐　坎既濟

兑　乾履　坤臨　離睽　艮損　震歸妹　坎節　巽中孚

《易》曰:"八卦成列,象在其中矣。因而重之,爻在其中矣。"孔子之《序卦》,上經自《乾》《坤》為始,乃有天地,然後有萬物也。下經自《咸》《恒》為始,有萬物而後有男女,有男女而後有夫婦也。序而屬之,必明其義,此皆聖人垂世法而為之《文言》也。六十四卦序而屬之,皆以陰從陽,以夜繼晝,以柔配剛,以行四時,非苟為之言也,皆天地、陰陽、自然之道。《繫辭》曰:"通乎晝夜而知。"非盡《易》之妙不能至也。

[(宋)李復《潏水集》卷八　1121—85—8]

寄示誼儒姪昂

(宋)陽枋

昨趙傳之書云,《易》上下經卦不等對,以反對算之,元只上經當十二卦,下經當十二卦,亦見其用心好學,却更令看上經當十八卦,下經當十八卦,陰陽爻策數皆等,亦足見《易》之自然也。近收黄都運書,見教宋壽卿反乾坤二卦圖,説乾後三畫屬坤,坤後三畫屬乾,乃隱然之否泰。他以十二月建、律吕相生推之,亦自好,却要不用《火珠林》配納甲法,以為差誤,所以黄先生得得來問,蓋《火珠林》坤卦是乙未、乙巳、乙卯,癸丑、癸亥、癸酉。壽卿云:"坤初六當未,六二當酉,六三亥,六四丑,六五卯,上六巳。"他要配成乙未、乙酉、乙亥,癸丑、癸卯、癸巳,所以見丑卯巳屬乾,是隱然之否卦,他却未曉地右運之説。黄先生則以坤下生,故自酉至亥,亥而丑、卯、巳、未,亦差講。壽卿書尾又引麻衣《易》"當於羲文心地上馳騁,勿於周孔脚跡下盤旋",此是戴主簿僞書,文公所親見,而作文闢之矣。壽卿未見文公説,故引用。然未知四聖人如何分心地脚跡,又何馳騁盤旋也。此回黄漕使書已辨之矣。

[(宋)陽枋《字溪集》卷四　1183—303—4]

與宋東山書

(宋)陽枋

納甲不足以比禹文,惟權其輕重,自是如此,然姑以擬其似云爾。況以聖人在時,斥去納甲而不用乎?大撓作甲子,那時便有支干了,聖人自曉得所謂治歷明時,當時只付之羲和,成周職之太史,算來亦不創出於漢儒,要此不必深辯。吾人如今只是用心於内,力求仲尼顔子樂處,曾子忠恕一貫,使心中義理如日之中

天,則六合之内不遺微小,容光必照,無徃而非日之所到也。向伊川見尹言明説得一句,是則令更涵養,歲月易過,義理難窮,直須要到精義無二,何思何慮處。若才見一義,便執定論辯一二年,尚凝滯不消,亦一件病痛也。乾、坤、坎、離為四正,此自康節及前賢皆如此説,只以先天圖中墨界,子不正子午卯酉之中,亦看得好,但康節謂數常踰之,不必乾、坤、坎、離正端在墨界中,譬如重慶府主,豈必在重慶千里之中,帝王都邑亦如此,却須喚帝王所都為中正方得,若用墨界為中,則兄以何卦當之? 千萬不必於此枉用功夫論納甲事。某不是道尊友無攷證,亦不是要存近忘遠,但尊友所説是律吕相生耳,而納甲又是配六爻法,若言起歴,自是用律吕相生,若言納甲,又當從配六爻法,兩不相妨而不相合,便如伏羲先天是定體的《易》,大禹九疇是尊陽抑陰之《易》,文王後天又是日用之《易》,却不容伏羲之書執定其説,而以九疇後天為不可信從也。易學有多少千門萬户,曲學名家亦無不皆通,則有醇疵偏全淺深而已。尊友更數年,淹該通貫,渙然冰釋,怡然理順,便無這般拘礙。那時胷襟與天地為一,百家之説,嘒彼小星亦無庸為言矣。每辱惠教,雖不能熏香再拜,未嘗不肅容整襟莊誦,字字句句玩而味之,時一展玩,以自警省。來教謂一語不及,毋乃以為不可教,胡為發此言也? 豈賢友之心與氣,尚未平定乎? 南軒與文公書有云,謂其怠而不敬,與夫因循不敏,則可若謂有意逆拒人,則内省無是也。來教有謂,讀書辭殆有怒髮衝冠之象,理之所在,心平氣定而出之,可也,某安敢過分? 南軒但以前賢朋友之間每每如此,竊慕效之而樂為尊友道也。壽卿言乾上三畫屬坤,坤上三畫屬乾,為隱然之否泰,於此十二月建、律吕相生中得之,足見用功之深,亦是一議。然文公《啟蒙》言成數中之七九為陰中陽,似與壽卿言乾卦上為坤合,至生數中二四為陽中陰,却與壽卿所言坤卦上為乾異。後來文公與夑先生言楊宗範説:元亨屬陽,利貞屬陰,説得不是乾之利貞,是陽中陰;坤之元亨,是陰中陽。乾後之三畫是陰,坤後之三畫是陽,此却更當消詳也。夫月建自未而酉,酉而亥,至丑卯巳序則然也。而納甲所配則地右運也,已作圖上呈矣。但律吕相生法與八卦納甲各有攸當,如先天後天雖不同而用無不合。文公與李方子説《火珠林》是漢人遺法,後魯可幾問卜筮,恐不如今之《火珠林》。文公曰:恐亦有這法,如左氏所載支干納甲配合似不可廢,如遇屯之比不用屯辭,亦不用比辭,自推一法,恐亦不廢,此道理則《火珠林》亦未可輕議也。壽卿言今古治亂,晝夜皆否泰之運實為之,亦有此理,但有乾坤、陰陽、消長而後有否泰,若舉天下萬事盡歸之否泰,則六十四卦中只否泰為主,而不知其實乾坤為之,恐寖失《易》之根源。否泰元則文公屢言,其有未盡處,不及詳覆。壽卿又言能於羲文心地上馳騁,不於周孔脚跡下盤旋,此乃南康戴主簿偽作麻衣《易》之語,文公常與可學言,不知心地上如何馳騁,此足以破其妄矣。

[(宋)陽枋《字溪集》卷四　1183—304—4]

陰陽消長

(元)許衡

凡陰陽消長,皆始於下,故得下則長,失下則消。自始少而至長極,凡八消;則始消而至消盡,凡八長。蓋消之中復有長焉,長之中復有消焉。長中之消,其消也漸微;消中之長,其長也亦漸微。故一(復)長而至三(益),三復消而為二(震);二長而至四(無妄),復消而為二(明夷);二長而至四(家人),四復消而為三(豐);三長而至五(同人),五復消而為二(臨);二長而至四(中孚),四復消而為三(歸妹);三長而至五(履),五復消而為三(泰);三長而至五(小畜),五復消而為四(大壯)。四長而不消,遂至於極也。雖然此姑論六畫者然也,積而至於九,至於十二,以至於無窮,則所謂純陽純陰者,正猶一尺之箠,日取其半,萬世不竭,其細微之極非特不可取而得,亦不可視而見也。是知天下古今,未有無陽之陰,亦未有無陰之陽。此一物各具一太極,一身還有一乾坤也。孟子謂"萬物皆備於我者"是也。第未得一無之數,沿而下之,以見吾生,亦未得吾生之數;泝而上之,以見其元,安得如康節邵先生者從而問之。至元三年十二月二十有一日謹記。時寓燕京崇天觀中,長:一三,二四,二四,三五,二四,三五,三五,四極。消:三二,四二,四三,五二,四三,五三,五四,二盡。

[(元)許衡《魯齋遺書》卷六　1198—38—6;又見(明)劉昌編《中州名賢文表》卷二　1373—44—2]

論地羅四卦

(元)陳櫟

地羅二十四向、十二支,即日月所會之十二辰,嫌其定向未親切也,倍之為二十四。十干,戊己屬中央土,不可列於方隅,只得但取八干。而以艮巽坤乾補其四隅,合於後天八卦之齊乎巽,居巽於東南;致役乎坤,居坤於西南;戰乎乾,居乾於西北;成言乎艮,居艮於東北,可謂巧而當矣。因是,卯即震,午即離,兑即酉,坎即子,何必没子午卯酉四支之古而以震離兑坎易之乎?至於納甲之法,乾納甲壬,坤納乙癸,震納庚,巽納辛,艮納丙,兑納丁,皆有定位。而坎納戊,離納已,無定位。蓋六卦之陰陽即坎、離中爻之周流升降,朱子之註《參同契》曾言之矣。今有謂坎納癸、申、辰,震納庚、亥、未,離納壬、寅、戌,兑納丁、已、丑,恐未必然也。若夫五行以質而語,其生之序則曰水、火、木、金、土,而水、木,陽也,火、金,陰也;

以氣而語，其行之序則曰木、火、土、金、水，而火、木，陽也，金、水，陰也。水陰根陽，天一生之，故也；火陽根陰，地二生之，故也。今有謂天一生水，水為陽，故後天壬癸之水屬焉，壬癸之水可自為陽否乎？地二生火，火為陰，故後天丙丁之火屬焉，丙丁之火可自為陰否乎？後天以陰可易，乃以巽為陰，坎為陽，艮為陰，坤為陽。巽陰坎陽，當然也，謂艮為陰，坤為陽，乾陽物也，坤可為陽，乾亦陰物也耶？

［（元）陳櫟《定宇集》卷四　1205—211—4］

冬至進易卦月令講義

（明）魏校

臣惟聖心澹然無欲，可以對越天地，更願默觀造化之原。臣因冬至有感，謹述經義大者以獻。《易》曰："復其見天地之心乎？""天地之大德曰生。"十月純陰，天地生物之心閉藏而不可見，及乎十一月冬至，一陽萌動，始露端倪，交春，遂發生萬物矣。一歲之運，則十一月冬至為復，一日之運，則夜半子時為復，皆從靜中生出動來。人心培養之深，善端初發，亦如是也。"雷在地中，復，先王以至日閉關，商旅不行，后不省方"，陽氣奮發而成雷，冬至一陽尚微，潛藏地中未動，先王法之，是日上下各務安靜，以養微陽。《禮記》曰："是月也，日短至，陰陽争，諸生蕩，君子齋戒，處必掩身，身欲寧，去聲色，禁嗜欲，安形性，事欲靜，以待陰陽之所定。"

日短至者，冬至夜六十刻，晝四十刻，為極短，自此乃漸長也。争者，陰方盛，陽欲起也。諸生者，萬物之出機。蕩者，欲動未動之意，湛然純一之謂。齋，肅然警惕之謂。戒，君子無時不敬，有事則敬愈至也。處必掩身者，寒氣傷人，不可輕有觸冒，醫經所謂君子固密不傷於寒也。身欲寧者，醫經所謂無擾乎陽也。去聲色者，恐耳目交於物，引動其心也。禁嗜欲者，醫經所謂冬不藏精，春必病温，故君子遂絶欲事也。安形性者，内靜其心，外靜其身，内外交相養也。事欲靜者，百官皆安常守位，不得有所興作，勞民動衆也。待陰陽之所定者，順陽之生，使陰邪不得阻也。

臣惟天地生生之德，貫乎四時，而春氣融融，生意盎然獨盛，嘗體驗之分明，吾人仁底意思也。皇上常念天地春生之德，博大寬舒，惻怛慈愛，可以覆幬四海而無難，但此生意不始於春而始於冬，隆冬閉藏，極於嚴密，雖一陽萌動，微露端倪，而全體隐然，蘊蓄不泄，至春薰蒸之久，生意充周，雖陰崖寒谷亦透矣。故帝王之學莫大乎求仁，而求仁之功莫先乎主靜。伏願皇上收斂此心，截斷浮泛思慮，沉潛蘊蓄，不輕發泄於言語文字間，使天地生生之德渾然在我，隨其發處，擴而充之，以不忍人之心行不忍人之政，天下無一夫一婦不在吾皇春風和氣中矣。此乃聖學淵微之妙，曠千載而不傳，臣敢稽首以獻。

[（明）魏校《莊渠遺書》卷二　1267—700—2]

卦對圖說二則

（清）汪琬

坎、離固皆正對，震、巽、艮、兑亦未嘗無正對也。頤、小過者，震、艮之正對；中孚、大過者，巽兑之正對是也。六子之中，惟坎、離能各自成卦，震、巽、艮、兑雖有正卦，亦必兩相附而後成，此坎、離所以為乾坤大用也。

震木，陽木也；艮山，陽土也。山必宜木，故震、艮相附而成卦。巽木，陰木也；兑澤，陰水也，水草所鍾為澤，故巽兑亦必相附而成卦。

[（清）汪琬《堯峰文鈔》卷二　1315—212—2]

上下經系卦說五則

（清）汪琬

先儒謂乾坤為上經之主，坎離用事是矣。然亦有辨焉。自泰、否以前，乾為主，坎用事者也。屯、蒙、需、訟、師、比六卦，皆有坎，雖震長男，艮少男，亦必附坎而後成卦，天一生水也；自泰否以後，坤為主，離用事者也。同人與大有，則離先合乾，噬嗑與賁，則又合震艮，地二生火也。於是聖人以坎離終焉。泰否以前，有坎無離，泰否以後，有離無坎。

先儒謂艮兑巽震為下經之主是矣。然亦有辨焉。自損益以前，艮、震用事，遯、大壯、蹇、解四卦皆艮、震也。至損、益，則艮、震與兑巽合，而兑、巽始用事，損、益、夬、姤、萃、升、困、井、革、鼎，凡十卦，無不有兑巽者，至漸與歸妹二卦，則艮、震乂與兑巽合矣。巽長女，兑少女皆陰也，巽陰柔而善入，兑陰柔而善說，兑巽用事，得非末世之象與？

上下經雖卦數不同，而其卦徃徃遥對，咸、恒與乾、坤對，損、益與泰、否對，夬、姤與剥、復對，小過與頤對，中孚與大過對，既、未濟與坎、離對。上經主天道，乾、坤、泰、否、剥、復、坎、離，皆天道之自然者也；下經主人事，咸、恒、損、益、夬、姤、既、未濟，皆人事之必至者也。

乾坤者，萬物之男女也；咸恒者，一物之天地也；泰否者，乾坤之合坎離，則天

地之所以泰否也。損益者,咸恒之變既、未濟,則男女之所以損益也。泰否必相循環,然後能立天地,使無水火則天地幾於渾沌而並無所謂泰否矣。孔子曰"天地絪緼,萬物化醇",此言水火之在天也。損益亦必相循環,然後能成男女,使無水火則男女幾於冥頑而並無所謂損益矣。孔子曰"男女搆精,萬物化生",此言水火之在人者也。天道相禪而不已,人事相因而不絶,則皆水火為之也。是故天地消息於水火之中,男女亦死生於水火之中。

泰、否者,乾坤全體之交合也,則在上篇,咸、恒、既、未濟者,乾坤分體之交合也,則在下篇。

[(清)汪琬《堯峰文鈔》卷二　1315—212—2]

八卦皆配九數二則

(清)汪琬

天之生數九,其成數亦止於九,是故八卦之畫乾三坤六為九。震、巽、坎、離、艮、兑六卦,兩兩相對,男五女四,其數亦皆為九,此與天數合者也。天地各有生成之數,而八卦獨具天數者,地統乎天也。朱子謂《洛書》以奇數為主,聖人作《易》所以則《洛書》者,義取此也。

乾一與坤八合,兑二與艮七合,離三與坎六合,震四與巽五合,其數亦皆為九,故曰八卦皆配九數。

[(清)汪琬《堯峰文鈔》卷二　1315—213—2]

坎離乾坤之大用

(清)汪琬

乾坤,體也,坎離,用也,大、小過肖坎,頤、中孚肖離者,蓋長少男女亦未有外水火而能成陰陽者也。故曰坎離,乾坤之大用。

[(清)汪琬《堯峰文鈔》卷二　1315—214—2]

八卦在五行之先

(清)汪琬

乾、兑皆金也,震、巽皆木也。《彖傳》惟言天地水火雷風山澤,置金木不言者,金藏於水,木生於地,開闢之始猶未有金木故也。故曰八卦在五行之先。

[(清)汪琬《堯峰文鈔》卷二　1315—214—2]

十六卦論

(清)李光地

邵子云:“四象相交成十六事,八卦相盪為六十四。”此十六事者,即六十四卦之中畫而互成十六卦者也,十六事又生於四象之交,則四象者又即乾坤既未濟之具體而微者也。夫天道之消息盈虛,人事之吉凶善惡,彝倫之敘斁,情偽之攻取,制事之權衡,揆道之模範,六十四卦之稱名取類備矣。雖然秉運者察變知幾,未有大於剥、復、夬、姤者也;明倫者造端謹始,未有大於漸、歸妹、家人、睽者也;審勢者度緩急,權輕重,未有大於蹇、解、頤、大過者也。言乎其分之一定而不易,則歸於乾坤,言乎其變之迭運而不窮,則歸於既、未濟,是故十六卦者,六十四卦之樞要也。學《易》者,先識乾坤之大義以立其綱,明於既、未濟之樞機以善其用,由是剥、復、夬、姤,尚天行而見之微;漸、歸妹、家人、睽,謹人倫而辨之早。量時勢而後動,則蹇、解其緩急之宜也;守義理而不遷,則頤、大過其輕重之則也。

[(清)李光地《榕村集》卷十五　1324—743—15]

(三)十　翼

1. 概 説

十翼説

(清)陳廷敬

古之為傳訓者,皆别為書,三《傳》之文不與經連,石經書《公羊傳》無經文,《藝文志》載《毛詩故訓傳》,亦與經别。而夫子之"十翼",其初别行,未與上下經參列也。故吕氏謂《彖》《象》不連經文者,十二卷之古經傳也。注連之者,鄭氏之注具載本經,而附以《彖》《象》,如馬融之《周禮》也。融為《周禮注》云,"欲省學者兩讀","就經為注",蓋猶是詁訓之體爾,未便如今之經傳並列,大書特書者也。晁氏以為始變於費直,既大亂於王弼,不知費王以《彖》《象》《文言》錯互入經時,猶是詁訓之體歟?抑遂如今之與正經並列而書焉者歟?孔子嘗曰"述而不作",又曰"加我數年,卒以學《易》,可以無大過"。夫子天縱至聖,不敢居作者之名,惟曰學焉而已。詩云"以引以翼",是則十翼者,以為羽翼之云爾,豈遂自以為經乎?如揚雄之《太元》、王通之《續經》,皆輒自命為經而靦顏蒙恥,不以為怪妄。此朱子所謂自納於吴楚僭王之誅者也,得罪於聖人矣。

[(清)陳廷敬《午亭文編》卷二十一　1316—318—21]

2. 文 言

易文言辨

(宋)胡一桂

或疑《文言》非夫子作,蓋以第一節與穆姜之言不異。《本義》以為疑古有此語,穆姜稱之,夫子亦有取焉,得之矣。然猶以為疑。古有之,初亦未嘗質言之者,蓋嘗妄論之曰:若果如或疑,則何止《文言》?雖《大象》亦謂之非夫子作可也,何者?八卦取象雖多,而其要則天、地、山、澤、雷、木、風、水、雲、泉、雨、火、電、日。今考文王彖辭,自震雷之外,離雖取象於日而未嘗象火,周公爻辭自巽木、離日之外雖三取雨象,亦未嘗專取坎,他則未之聞焉。至夫子翼《易》,始列八卦之象，而六十四卦大象，於是乎始各有定屬，如是則夫子以前凡引《易》者不當有同焉，可也。而《左傳》所載卜筮之辭多取八物之象，此皆在夫子之前，而引《易》以占者如此。若然則《大象》亦謂之非夫子作，可也。謂夫子已前元有，可也。謂夫子作者，非也。今欲知其果作於夫子而無疑，其將何説以證。嘗反覆思之而得其説。《春秋》，夫子筆削之經也。《左傳》，《春秋》經傳也。夫子繫《易》實在作《春秋》之前，絶筆於獲麟，蓋不特《春秋》之絶筆，亦諸經之絶筆也。左氏生夫子之後，尊信夫子《春秋》，始為之傳。由此觀之，謂《易》有取於《左傳》乎？抑《左傳》有取於《易》也。又况《左傳》所載當時語，其事則彷彿，其文多出於自為，如吕相絶秦書，今觀其文法，要皆左氏之筆，而穆姜為人淫慝迷亂，安得自知其過而有此正大之言？如"棄位而姣"等語，决知非出於其口，如是則四德之説是左氏本《文言》語作為穆姜之言明矣。至若占辭多取諸八物，亦非當時史氏語，實左氏本夫子《大象》以文之，一時不暇詳審，遽以夫子所作之《象》為夫子以前之人之辭也。又如《國語》載司空季子為晉文公占得國之辭，又不特取諸八物，且有及於坎勞卦之説，如是則並與《説卦》，亦謂之非夫子作，可乎？大抵居今之世，讀古聖人書，只當以經證經，不當以傳證經，若經有可疑，他經無證，闕之可也。何况夫子十翼其目可數，今乃因傳文反致疑於經，可乎？愚以是知《文言》《大象》眞夫子作，而左氏所引不足為惑，故不得不辨。

［（明）程敏政《新安文獻志》卷三十　1375—380—30］

3. 象傳

十二卦時義時用論

（清）李光地

《易》之用，皆以趨時，而舉時以贊其大者，凡十二卦：稱時者四，時而稱義者五，時而稱用者三。夫時者，何也？曰時者，天也。有順而播者，有逆而成者。義者，何也？曰義者，宜也。有宜此而值其時者，有值其時而宜此者。用者，何也？曰用者，可施也。有不可而用之以成美者，有可而用之以有功者。頤、大過、解、革，何以稱時也？解以生之，頤以養之，此天地之仁氣，所謂順而播之也。革以更之，大過以固之，此天地之義氣，所謂逆而成之也。非無義也，非無用也，而時為大。豫、隨、遯、姤、旅，時而稱義，何也？以致豫則於順動宜，以致隨則於貞宜，此兼善之義也。以明决者宜於遯，以見幾者宜於姤，以柔正者宜於旅，此獨善之義也。無時不有，無用不然，故稱義焉。坎、睽、蹇，時而稱用，何也？坎非所用而於設險則固，睽非所用而於男女則别，此不可而用之以成美者也。止非常用而於見險則智，此可而用之以有功者也。因其時，當其宜，故稱用焉。何以皆為大也？曰時者，天也。終始萬物之道，大何加與？義者，宜也。不離道，不失義，大哉！時之經也！用者適也，時則用，不時則不用，大哉！時之權也！曰：盡此乎。曰舉天地聖人、盈虚消息之理、進退存亡之道，悉之矣。同此者以此類之，異此者以此通之，皆時也，皆義也，皆用也。故曰《易》之用，皆以趨時也。

［（清）李光地《榕村集》卷十五　1324—744—15］

4. 象傳

易象論解

（宋）王安石

君子之道，始於自強不息，故於《乾》也，“君子以自強不息”。自強不息，然後厚德載物，故於《坤》也，“君子以厚德載物”。自強積德以有載也，迺能經綸，故於《屯》也，“君子以經綸”。經綸者，君子有事之時，故於《蒙》也，“君子以果行育德”。果行育德則無事矣，故於《需》也，“君子以飲食宴樂”。飲食宴樂，所以待人而與之從事者也，故於《訟》也，“君子以作事謀始”。作事謀始則能為物主，故於《師》也，“君子以容民畜衆”。建萬國，親諸侯，容民畜衆之大者，故於《比》也，“先王以建萬國，親諸侯”。諸侯親，則無所用武，故於《小畜》也，“君子以懿文德”。德以禮為體，故於《履》也，“君子以辨上下，定民志”。禮也者，因時之會通，以財成輔相天地者也，故於《泰》也，“后以財成天地之道，輔相天地之宜，以左右民”。物不能終泰，故於《否》也，“君子以儉德避難，不可榮以禄”。泰則通，否則辨，故於《同人》也，“君子以類族辨物”。族各有其類，物各有其辨，則君子小人見矣，故於《大有》，“君子以遏惡揚善，順天休命”。雖遏惡也，不可以為偏亢，故於《謙》也，“君子以裒多益寡，稱物平施”。順天休命，而以謙平施，則人樂之，故於《豫》也，“先王以作樂崇德，殷薦之上帝，以配祖考”。樂成而息，故於《隨》也，“君子以嚮晦入宴息”。物不可終息，故於《蠱》也，“君子以振民育德”。振民育德莫大乎教思無窮，容保民無疆，故於《臨》也，“君子以教思無窮，容保民無疆”。教思無窮，容保民無疆，莫大乎省方觀民設教，故於《觀》也，“先王以省方觀民設教”。教至矣，則明罰勑法繼之，故於《噬嗑》也，“先王以明罰勑法”。明罰勑法者，所以待之而非敢於折獄，故於《賁》也，“君子以明庶政，無敢折獄”。無敢折獄者，將以厚下也，故於《剥》也，“上以厚下安宅”。厚下者，將使人無失其性命之情也，欲不失其性命之情，則亦不違其性命之理而已，故於《復》也，“先王以至日閉關，商旅不行，后不省方”者，所以應時。知應時，然後知對時育物，故於《無妄》也，“先王以茂對時育萬物”。對時育物者，非稽古畜德之主則不能，故於《大畜》也，“君子以多識前言往行以畜其德”。畜德莫大乎養，故於《頤》也，“君子以慎言語，節飲食”。知自養，然後出處皆有以大過人，故於《大過》也，“君子以獨立不懼，遯世無悶”。出則欲獨立不懼，處則欲遯世無悶，則德不可無習，故於《坎》也，“君子以常德行，習教事”。德行不失其事，教事不廢其習，然後可以繼明照四方，故於《離》也，“大人以繼明照於四方”。所謂明者，非恃其所明，則資諸人而已，故於《咸》也，“君子以虛受人”。惟以虛受人而有節於内，故於《恒》也，“君子以立不易方”。所以有時而遠小人，故於《遯》也，“君子以遠小人，不惡而嚴”。所謂嚴者，亦禮而已矣，故於《大壯》也，“君子以非禮勿履”。非禮勿履，德之所以昭也，故於《晉》也，“君子以自昭明德”。明者自明，非所以莅衆，故於《明夷》也，“君子以莅衆，用晦而明”。知自明又知所以莅衆，則言有物而行有恒，故於《家人》也，“君子以言有物而行有常”。言有物，行有暌，則知所同，知所異，故於《暌》也，“君子以同而異”。同故能有容，異故能有辨，反身修德，言有辨也，故於《蹇》也，“君子以反身修德”。赦過宥辠，言有容也，故於《解》也，“君子以赦過宥辠”。能反身修德，赦過宥辠，則其欲也懲而窒矣，故於《損》也，“君子以懲忿窒慾”。能懲忿窒慾，然後見善遷，有過改，故於《益》也，“君子以見善則遷，有過則改”。以居則修德，以動則有功，功不可以擅，德不可以居也，故於《夬》也，“君子以施禄及下，居德則忌”。能施禄及下，居德則忌，則衆之所聽也，故於《姤》也，“后以施命誥四方”。衆之所聽，不可不戒，故於《萃》也，“君子以除戎器，戒不虞”。不虞知戒矣，德之所以積也，故於《升》也，“君子以順德，積小以高大”。積小以至高大而至於命，則志遂矣，故於《困》也，“君子以致命遂志”。至於命則所以成巳也，而後可以成民教，故於《井》也，“君子以勞民勸相”。勞民勸相，莫大乎恭愛，故於《革》也，“君子以治歷明時”。能治歷明時，然後能正位凝命，故於《鼎》也，“君子以正位凝命”。正位凝命不可恃，故於《震》也，“君子以恐懼修省”。修省之道，在於正己而已，故於《艮》也，“君子以思不出其位”。能正己，則賢德可居，俗可善，故於《漸》也，“君子以居賢德善俗”。俗善矣，其終不能無愛，愛則敝矣，故於《歸妹》也，“君子以永終知敝”。知敝，則所以待人者盡矣，故於《豐》也，“君子以折獄致刑”。折獄以刑，君子所以明慎之時也，故於《旅》也，“君子以明慎用刑，而不留獄”。不留獄，則治道終矣，終則有始，故於《巽》也，“君子以申命行事”。申命行事，不可以無學，故於《兑》也，“君子以朋友講習”。所講習者，仁義而已，故於《涣》也，“先王以饗帝立廟”。饗帝立廟，則仁之至、義之盡矣，其推行之也，度數不可以無制，德行不可以無議，故於《節》也，“君子以制數度，議德行”。制數度，議德行，則欲急己以緩

人,故於《中孚》也,“君子以議獄緩死”。急己以緩人者,依於仁而已,故於《小過》也,“君子以行過乎恭,喪過乎哀,用過乎儉”。依於仁,則無患矣,故於《既濟》也,“君子以思患而豫防之”。物不窮也,故於《未濟》也,“君子以慎辨物居方”。辨物居方者,物之終始也。

[(宋)王安石《臨川文集》卷六十五　1105—538—65]

5. 繫辭

九卦十三卦

(元)王義山

洪平齋云:“《易》有九卦善一身,十三卦善天下。”嘗因《易》而求之《書》。九卦,正德之事也;十三卦,利用厚生之事也。試以九卦言。履,德之基也,聖人既踐實地以履是德矣。而無以執之,懼其易於轉移也,於是乎謙以為之柄。既有所執矣,而無以定之,懼其流於放肆也,於是復以為之本。既有所本矣,而無以固之,懼其本之摇也,於是乎恒以為之固。既固矣,可自足乎?必有以損己之欲以修其德。既修矣,而又益己之善以裕其德。既裕矣,聖人猶不敢自已也。猶謂夫天下之事,安得其常通而不至於困也。聖人於此,既有以取乎井之洌而不食,使在我者常清;又有取乎巽之順而能直,使在我者不撓,以是為處困之道而德之基益壯矣。非《書》所謂正德之事者乎?若夫利用厚生之事,則吾於十三卦有考焉。“古者庖犧氏之王天下也,作結繩以為網罟,以佃以漁,蓋取諸離。庖犧氏没,神農氏作,斵木為耜,揉木為耒,耒耜之利,以教天下,蓋取諸益。日中為市,而致天下之民,聚天下之貨,交易而退,各得其所,蓋取諸噬嗑。”庖犧以前未有耒耨也,於是為之網罟,使斯民享田漁之利。至神農之時,始教之以耒耨,而民有食矣,而不皆有也,於是乎合天下之民,聚日中之貨,使斯民交易以通其有無。此庖犧神農氏之《易》作,非《書》之所謂厚生之事乎?神農氏没,黄帝堯舜氏作,誠謂夫上古聖人既有以厚民之生而未有以便斯民也。是以備物致用,立成器以為天下利。自乾坤以至於夬,皆所以開物成務以前民用者也。楊誠齋之説曰:自斯人之寒而皮未知織組之制也,於是乎作衣裳;自斯人之出入阸於川隔而道斷也,於是乎作輪轡;自斯人之虞於冦攘而懈於守禦也,於是乎作門柝;自斯人之知有耕耨而未知舂作也,於是乎作杵臼;自斯人無爪牙以自衛而憂於搏噬也,於是乎作弧矢;自斯人穴處而病於濕也,於是乎作宫室;自斯人死而戚於虆梩之掩也,於是乎作棺槨;自斯人之苦於結繩而無册籍也,於是乎作書契。是皆制物尚象以便斯民而百姓莫不日用而不知者,此黄帝堯舜之《易》,非《書》之所謂利用之事乎?嗟乎!《書》言正德利用厚生,而其事乃俱載於《易》,學者可不深考乎?然利用厚生皆始於正德,故《書》曰:“德惟善政。”自德而政,政即利用厚生之事也。抑又論之,以十三卦而論,由後九卦言之無非倫物以為民用,由前三卦而言之於此益見聖人所以為民立命之意,學者尤當於《書》求其旨。今觀佃漁之取於離,即所謂奏鮮食;耒耨之取於益,即所謂奏艱食也;交易之取於噬嗑,即所謂懋遷有無也。嗚呼!善觀《易》當觀之《書》。

[(元)王義山《稼村類藁》卷十七 1193—105—17]

《易》説(為張權叔書)

(宋)陸九淵

一得五,合而成六,天一生水,地六成之,故一得六合而成水。二得五,合而為七,地二生火,天七成之,故二得七合而成火。三得五,合而為八,天三生木,地八成之,故三得八合而成木。四得五,合而為九,地四生金,天九成之,故四得九合而成金。五得五,合而為十,天五生土,地十成之,故五得十合而成土。論五行生成:水合在一六,火合在二七,木合在三八,金合在四九,土合在五十。數至四而五在其中矣。一與四自為五,二與三自為五。二與三,少陰、少陽之裏也。一與四,老陽、老陰之裏也。五數既見,二得五為七,三得五為八,故七為少陽,八為少陰。一得五為六,四得五為九,故六為老陰,九為老陽。故七與八合,其數十五,六與九合,其數亦十五。少陰、少陽、老陰、老陽,是謂四象。論四象,則陰陽之少合在七八,陰陽之老合在九六。四象成列,七八在裏,九六在表。陰陽之分,先裏後表,故七八為少,九六為老。四七二十八,故二十八者,少陽之策;四八三十二,故三十二者,少陰之策也。“《易》之為書也不可遠,其為道也屢遷。變動不居,周流六虚,上下無常,剛柔相易,不可為典要,惟變所適。”吾嘗言天下有不易之理,是理有不窮之變。誠得其理,則變之不窮者,皆理之不易者也。水,生數一,成數六,其卦為坎。坎,陽理而陰表,水形柔弱,蓋陰表也。然本生於陽,故道家謂水陰根陽。火生數二,成數七,其卦為離。離,陰裏而陽表,火形剛烈,蓋陽表也,然本生於陰,故道家謂火陽根陰。自水火之成數而言,則水,六也,火,七也,水則為陰,火則為陽。自水火之卦而言之,水,坎也,火,離也,坎則陽卦,離則陰卦。自坎離之卦而言之,則坎,月也,離,日也,拘儒於此,將如何而言陰陽哉?五行相得而各有合,蓋不止乎前二合而已。

[(宋)陸九淵《象山集》卷二十一 1156—441—21]

又《易》説(為連叔廣書)

(宋)陸九淵

三奇者,四四四也,三偶者,八八八也,此老陰、老陽也,即乾坤之象,故不容有二。若少陰、少陽,則各有三變,此六子之象也。兩偶一奇,則四八八為震之象,八四八為坎之象,八八四為艮之象。兩奇一偶則八四四為巽之象,四八四為離之象,四四八為兑之象,四象生八卦,亦可見於此。

三奇四,為老陽(變)　　三偶八,為老陰(變)

兩偶八,一奇四,為少陽(不變)　　兩奇四,一偶八,為少陰(不變)

一二三四五,五行生數。六七八九十,五行成數。

天一生水,地六成之;地二生火,天七成之;天三生木,地八成之;地四生金,天九成之;天五生土,地十成之。生而未成不可用,故用其成數。三者,變之始;五者,變之終。故數至於五,而變化具矣。天地之數,五十有五,莫非五也。天數五,一、三、五、七、九也;地數五,二、四、六、八、十也;生數五,一、二、三、四、五也;成數五,六、七、八、九、十也。三象著於三才,五象上著五星,下著五嶽,總為五方。五方之形,正分之亦四,隅分之亦四,五無分界,故天有四時。春木、夏火、秋金、冬水,而土寄旺四季。孟子言四端,不言信,孔子嘗獨言信,曰:"自古皆有死,民無信不立。"又曰:"人而無信,不知其可也。"又屢言"主忠信"。醫家言六脉,皆有胃脉,人無胃脉則死,亦此理也。故四為数之大紀,五在其中矣,四營成易,亦此義也。《易》有太極,是生两儀,兩儀生四象,四象生八卦。四象者,陰陽有老少,謂老陽、少陽、老陰、少陰也。或曰六、七、八、九為四象,即是老陽、少陽、老陰、少陰也。四者一體,七八為裏,陰陽之分自裏始,故七為少陽,八為少陰。六九為表,裏常少,表常老,故六為老陰,九為老陽。四者其本數也。以四積之,則乾坤之策見矣。四六二十四,每爻二十四策,六爻積之,則百四十有四,故坤之策百四十有四。四九三十六,每爻為三十六策,六爻積之,則二百一十有六。故乾之策二百一十有六。一、三、五、七、九,則天之五奇也,而其中為五,故五為天中數。二、四、六、八、十,此則地之五偶也,而其中為六,故六為地中数。十日者,陽也,乃二五之数。十二辰者,陰也,乃二六之数。天中数為十日,地中数為十二辰。五音六律,亦由是也。十日十二辰相配,至六十而周,故甲子六十。四六二十四,四九三十六,二十四是老陰之策,三十六是老陽之策,老陰、老陽相配而為六十。四七二十八是少陽之策,四八三十二是少陰之策,二十八與三十二相配,亦得六十者,陰陽相配之数也。

[(宋)陸九淵《象山集》卷二十一　1156—442—21]

三五以變錯綜其数

（宋）陸九淵

数偶則齊，数奇則不齊，惟不齊而後有變。故主變者奇也，一、三、五、七、九，数之奇也。一者数之始，未可以言變。自一而三，自三而五，而其變不可勝窮矣。故三五者，数之所以為變者也。有一物，必有上下，有左右，有前後，有首尾，有背面，有内外，有表裏，故一必有二，故曰一生二。有上下、左右、前後、首尾、表裏，則必有中，中與兩端則為三矣，故曰二生三。故太極不得不判為兩儀，兩儀之分，天地既位，則人在其中矣，三極之道，豈作《易》者所能自為之哉？錯之則一、二、三、四、五，總之則為數十五，三居其中，以三紀之，則三五十五。三其十五則為《洛書》九章四十有五之數。九章奠位，縱横數之，皆十五。此可見三五者，數之所以為變者也。九章自一至九而無十，然一與九為十，三與七為十，二與八為十，四與六為十，則所謂十者，固在一、二、三、四、五、六、七、八、九之間矣。雖無十而十，固在其間。所謂十五者，五即土之生數，十即土之成數。然則九章之數，雖四十有五，而其天地五十有五之數，已在其間矣。由是觀之，三五之變，可勝窮哉？天、地、人為三才，日、月、星為三辰，卦三畫而成，鼎三足而立。為老氏之説者，亦曰：一生二，二生三，三生萬物。蓋三者，變之始也。天有五行，地有五方，一、二、三、四、五則五行生數，六、七、八、九、十則五行成數，一、三、五、七、九為天數，二、四、六、八、十為地數。《易大傳》曰："天數五，地數五，五位相得而各有合。"一與六為合，蓋一與五為六，故一六為合。二與七為合，蓋二與五為七，故二七為合。三與八，四與九，五與十，皆然。故天地之數五十有五，而五為小衍，五十為大衍。蓋五者，變之終也。參伍以變，而天下之數不能外乎此矣。天地既位，人居其中，鄉明而立，則左右前後為四方。天以氣運而為春夏秋冬，地以形處而為東西南北，四數於是乎見矣。然有中，然後有四方。中與四方，於是為五。故一生水而水居北，二生火而火居南，三生木而木居東，四生金而金居西，五生土而土居中央。

［（宋）陸九淵《象山集》卷二十一　1156—442—21］

6. 序卦

序卦論

(清)李光地

《易》之有《序卦》,何義也?曰《大傳》具之矣。《禮》始於冠昏,《書》始於釐降,《詩》始於后妃之賢,《春秋》始於惠公仲子之事,是故《易》之始於乾坤。咸恒也,明陰陽之際也;坎離者,乾坤之交也;既、未濟者,又坎離之交也,是故《易》之終於坎離、既、未濟也,明陰陽之交也。屯、蒙以下,中孚、小過以上,觀其所序而天地萬物之情可見矣。文中子曰:"大哉,時之相生也!達者可與幾矣。"天時之相生,有相因者,有相反者,人之乘時有因時而順之者,有因時而制之者。以治繼治,以亂繼亂者,謂之因;以治繼亂,以亂繼治者,謂之反;將治而使之治,已治而持其治者,謂之順;將亂而使無亂,已亂而反之治者,謂之制,斯義也近。自一念天理存亡之幾,遠而國家政事治忽之大,微而民用趨避吉凶之細,大而天地陰陽消長之常,莫不有相因相反之義焉,莫不有順之制之之理焉,是故通乎《序卦》之説者,其於存亡吉凶則俱可知矣。或曰:《序卦》之説專主於義而不及於象也與?曰:自乾坤十卦而至否泰,則天地之交也;自咸恒十卦而至損益,則山澤雷風之交也,坎離之前有頤、大過焉,既、未濟之前有中孚、小過焉,如此之類,豈為於象無取焉?又嘗以《大傳》九卦之説推之,蓋上下篇對待之卦凡十有二,在上篇則乾也,履也,謙也,復也,在下篇則咸恒也,損益也,困井也,巽兑也。乾十卦而至履,履五卦而至謙,謙九卦而至復,復六卦而上篇終矣。咸恒十卦而至損益,損益五卦而至困井,困井九卦而至巽兑,巽兑六卦而下篇備矣。上下相對,以三十卦為斷,以十五卦為限,九十者,天地之終始也,五六者,天地之中數也,數之極則必變,數之中則必過,過與變則憂患生焉。是故惟除乾咸為之始,兑為之終,其餘則皆憂患之卦也。六十四卦皆憂患而有作,得乎六十四卦之理則皆所以審憂患之理,而獨九卦云爾者,其意有深焉。神明其道而不鑿,則於《易》也幾矣。是故言《易》而局於象數者,其失也膠,專於義理者,其弊也泛。

[(清)李光地《榕村集》卷十五　1324—742—15]

(四)圖 説

1. 概 説

易圖考證

(明)楊慎

胡一桂云:“宋一代之易學,希夷先天一圖開象数之門,至邵子《經世》書而碩大光明。周子太極一圖,洪理義之門,至程子《易傳》而浩愽弘肆。”愚觀此言,易圖先天始於希夷,而後天續於康節。朱子所以不明言者,非為康節,直以希夷,恐後人議其流於神仙也。藏頭露尾,亦何益哉!

[(明)楊慎《升菴集》卷四十一 1270—283—41]

2. 太極圖

答程可久(二則)

(宋)朱熹

太極之義,正謂理之極致耳。有是理即有是物,無先後次序之可言,故曰:“易有太極。”則是太極,乃在陰陽之中,而非在陰陽之外也。今以大中訓之,又以乾坤未判、大衍未分之時論之,恐未安也。“形而上者謂之道,形而下者謂之器”,今論太極而曰其物謂之神,又以天地未分、元氣合而為一者言之,亦恐未安也。有是理即有是氣,氣則無不兩者,故《易》曰“太極生兩儀”,而老子乃謂道先生一,而後一乃生二,則其察理亦不精矣。老莊之言之失,大抵類此,恐不足引以為證也。

兩儀四象之説,閩中前輩嘗有為此説者。鄙意亦竊謂,然初未敢自信也。今得來示,斯判然矣,但謂兩儀為乾坤之初爻,謂四象為乾坤初二,相錯而成,則恐立言有未瑩者。蓋方其為兩儀,則未有四象也。方其為四象,則未有八卦也。安得先有乾坤之名、初二之辨哉?妄意兩儀只可謂之陰陽,四象乃可各加以太少之别,而其序亦當以太陽⚌、少陽⚎、少陰⚍、太陰⚏為次。蓋所謂遞升而倍之者,不得越⚍與⚎而先為⚏也。此序既定,又遞升而倍之,適得乾一、兑二、離三、震四、巽五、坎六、艮七、坤八之序也,與邵氏《先天圖》合,此乃伏羲始畫八卦

自然次序，非人私智所能安排，學易者不可不知也。

晉公子貞屯悔豫之占，韋氏舊注固有不通，而來示之云，鄙意亦不能無所疑也。蓋以穆姜東宮之占言之，則所謂“艮之八”者正指其所當占之爻而言之也。今云“貞屯悔豫皆八”也，而釋之以為指三爻之不變者而言，則非其當占之爻，而於卦之吉凶無所繫矣。據本文語勢，似是連得兩卦而皆不值老陽、老陰之爻，故結之曰：“皆八也。”而占之曰：“閉而不通，爻無為也。”蓋曰卦體不動，爻無所用占爾。然兩卦之中亦有陽爻又不為，偏言“皆八”，則此說似亦未安。且東宮之占說亦未定，恐或只是遇《艮》卦之六爻不變者，但乃“艮其背，不獲其身；行其庭，不見其人”之占，史彊為“之隨”之說，以苟悅於姜耳。故傳者記史之言而曰“是謂艮之隨”，明非正法之本然也。然其九三、上九亦是陽爻，又似可疑。大抵古書殘闕，未易以臆說斷。惟占筮之法則其象數具存，恐有可以義起者推而得之，乃所謂活法耳。

又：熹前書所謂太極不在陰陽之外者，正與來教所謂不倚於陰陽而生陰陽者合。但熹以形而上下者，其實初不相雜，故曰“在陰陽之中”。吾丈以形而上下者，其名不可相雜，故曰“不在陰陽之外”。雖所自而言不同，而初未嘗未異也。但如今日所引舊說，則太極乃在天地未分之前，而無所與於今日之為陰陽，此恐於前所謂“不倚於陰陽而生陰陽”者有自相矛盾處，更望詳考見教。

兩儀、四象恐難如先天之序，乃為自然之數，而始乾終坤理勢亦無不可。若必欲初⚌次⚏，乃是以意安排，而非自然之序，又⚌象之上，各生兩爻，即須以乾、兑、艮、坤為次，復無所據，更乞詳攷見教。

《乾》《坤》六爻圖位，鄙意亦有未曉處，更乞誨示。

揲蓍新圖内策數不知於占筮有用處否，亦乞開諭。

［（宋）朱熹《晦庵集》卷三十七　1144—55—37］

答袁機仲

（宋）朱熹

再辱垂諭，具悉尊旨。然細觀本末，初無所争，只因武陵舊圖“仁義”兩字偶失照管，致有交互，其失甚微。後來既覺仁字去西北方不得，義字去東南方不得，即當就此分明改正，便無一事。顧乃護其所短而欲多方作計，移换“陰陽剛柔”四字以盡其失，所以競辨紛紜，以至於今而不能定也。蓋始者先以文王八卦為説，而謂一陰生於巽，一陽生於乾，則既非《説卦》本意矣。其以二陽純乾之方為一陽始生之地，則又為乖剌之甚者。及既知之，而又以十二卦為説，則謂一陽生於乾之上九，一陰生於坤之上六，遂移北方之陰柔以就南，使之帶回仁字於西南而不失其為陰柔；移南方之陽剛以歸北，使之帶回義字於東北而不失其陽剛，則亦巧矣。然其所移動者凡二方，而六辰六卦例皆失其舊主，又更改却古來陰陽界限，蓋不勝其煩擾。而其所欲遷就之意，乃不過僅得其半而失其半。蓋北方雖曰嚴凝，而東方已為温厚；南方雖曰温厚，而西方已為嚴凝也。是則非惟不足以救舊圖一時之失，而其恥過作非，故為穿鑿之咎，反有甚於前日者。竊恐高明於此急於求勝，未及深致思也。欲究其説以開盛意，又念空言繳繞，難曉易差，不免畫成一圖，先列定位，而後别以舊圖之失。及今者兩次所論之意隨事貼説，有不盡者，則又詳言，别為數條以附於後。切望虚心平氣，細考而徐思之，若能於此翻然悔悟，先取舊圖分明改正"仁義"二字，却將今所移易"陰陽剛柔"等字一切發回元來去處，如熹新圖之本位，則易簡圓成，不費詞説，而三才五行、天理人事已各得其所矣。至於文王八卦，則熹嘗以卦畫求之，縱横反覆，竟不能得其所以安排之意，是以畏懼，不敢妄為之説，非以為文王後天之學而忽之也。夫文王性與天合，乃生知之大聖，而後天之學方根求其説而不得，熹雖至愚，亦安敢有忽之之心耶？但如來書所論，則不過是因其已定之位、已成之説而應和贊歎之爾。若使文王之意止於如此，則熹固已識之，不待深思而猶病其未得矣。故嘗竊謂高明之於此圖尊之雖至、信之雖篤，而所以知之則恐有不如熹之深者，此又未易以言語道也。至於邵氏以此圖為文王之學，雖無所考，然《説卦》以此列於"天地定位""雷以動之"兩節之後，而其布置之法逈然不同，則邵氏分之以屬於伏羲、文王，恐亦不為無理。但未曉其根源，則姑闕之以俟知者，亦無甚害，不必卓然肆意立論而輕排之也。又謂一奇一耦不能生四象，而二奇二耦不能生八卦，則此一圖極為易曉，又不知老丈平時作如何看，而今日猶有此疑也。蓋其初生之一奇一耦，則兩儀也。一奇之上又生一奇一耦，則為二畫者二，而謂之太陽、少陰矣。此耦之上亦生一奇一耦，則亦為二畫者二，而謂之少陽、太陰矣。此所謂四象者也。（四象成，則兩儀亦分為四。）太陽奇畫之上又生一奇一耦，則為上爻者三，而謂之乾、兑矣。（餘六條準此。）此則所謂八卦者也。（八卦成，則兩儀四象皆分為八。）是皆自然而生，瀵湧而出，不假智力，不犯手勢，而天地之文，萬事之理，莫不畢具。乃不謂之畫前之易，謂之何哉？僕之前書固已自謂非是古有此圖，只是今日以意為之，寫出奇耦相生次第，令人易曉矣。其曰畫前之易，乃謂未畫之前已有此理，而特假手於聰明神武之人以發其秘，非謂畫前已有此圖，畫後方有八卦也。此是《易》中第一義，若不識此，而欲言《易》，何異舉無綱之網、挈無領之裘，直是無著力處。此可為知者道也，目疾殊甚，不能親書，切幸深照。

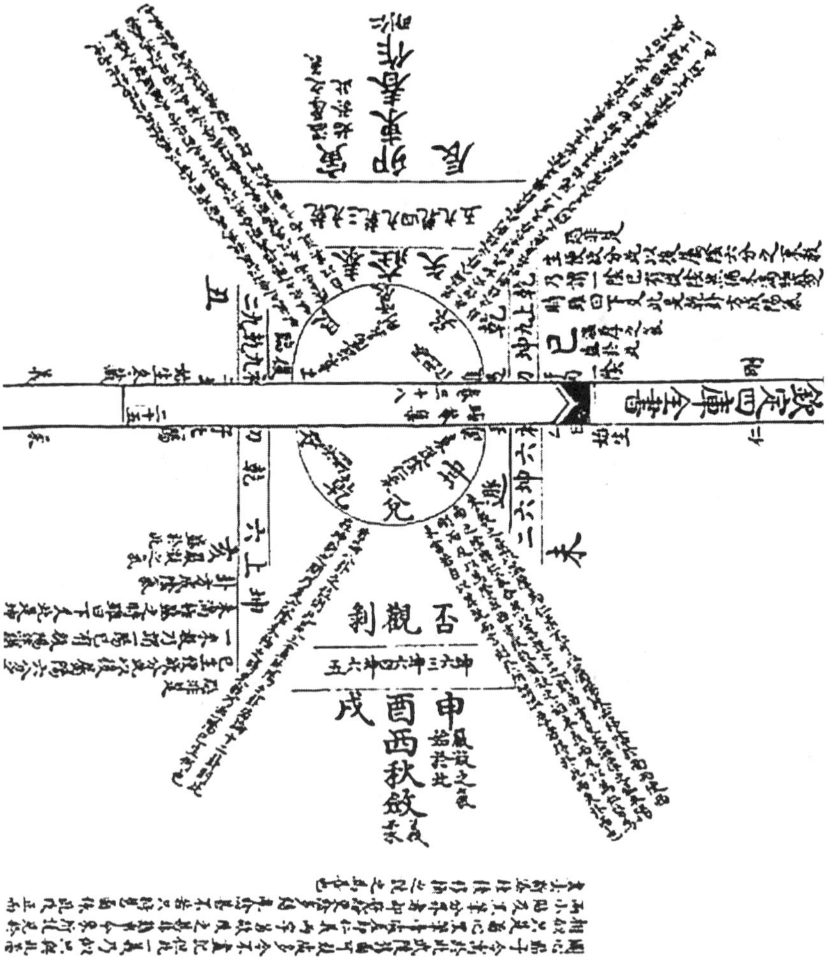

第四畫者，以八卦為太極而復生之兩儀也。第五畫者，八卦之四象也。第六畫者，八卦之八卦也。再看來書，有此一項，此書未答，故復及之，熹又稟。

[（宋）朱熹《晦庵集》卷三十八　1144—74—38]

答黄直卿

（宋）朱熹

前書所論先天太極二圖，久無好況，不暇奉報。先天乃伏羲本圖，非康節所自作，雖無言語，而所該甚廣，凡今《易》中一字一義，無不自其中流出者。太極却是濂溪自作，發明《易》中大槩綱領意思而已。故論其格局，則太極不如先天之大而詳，論其義理則先天不如太極之精而約，蓋合下規模不同，而太極終在先天範圍之内，又不若彼之自然，不假思慮安排也。若以數言之，則先天之數自一而二，自二而四，自四而八，以為八卦；太極之數亦自一而二（剛柔），自二而四（剛善剛惡，柔善柔惡），遂加其一（中），以為五行，而遂下及於萬物。蓋物理本同而象數亦無二致，但推得有大小詳略耳。近日講論及脩改文字頗多，當候相見面言之。

［（宋）朱熹《晦庵集》卷四十六　1144—379—46］

（伏羲始畫八卦之圖論）

（宋）朱熹等

伏羲始畫八卦之圖

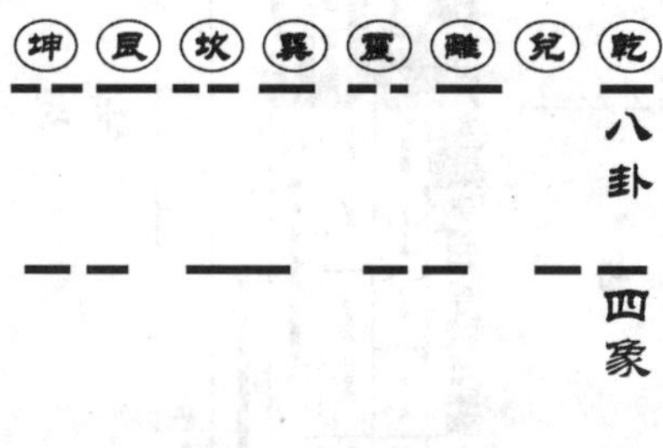

兩儀

太極

蔡氏《皇極經世指要》曰："《大傳》曰：'《易》有太極，是生兩儀，兩儀生四象，四象生八卦，八卦定吉凶，吉凶生大業。'其法自一而二，自二而四，自四而八，實則太極判而為陰陽，陰陽之中又有陰陽，出於自然，不待智營而力索。其叙首乾而尾坤者，以陰陽先後為數也。"

朱子曰"右《繫辭》曰：'《易》有太極，是生兩儀，兩儀生四象，四象生八卦。'"邵子曰："一分為二，二分為四，四分為八也。"《説卦傳》曰："《易》逆數也。"邵子曰："乾一、兑二、離三、震四、巽五、坎六、艮七、坤八。"自乾至坤皆得未生之卦，若逆推四時之比也，後六十四卦次序放此。

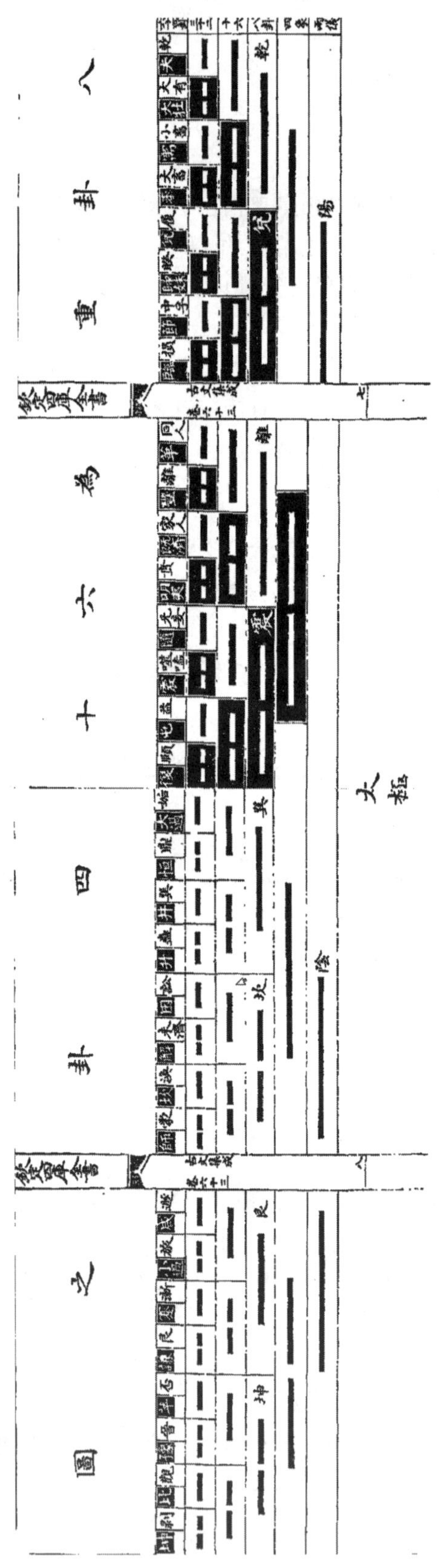
八卦重為六十四卦之圖
欽定四庫全書
太極
陽
陰

蔡氏《指要》曰：八卦重而為六十四卦，一卦之上各有八卦也。實則自八而十六，自十六而三十二，自三十二而六十四也。《大傳》曰"因而重之，爻在其中矣"者是也。此陰陽流行之數，前三十二卦為陽，後三十二卦為陰，古往今來者也。

［（宋）王霆震編《古文集成》卷六十三　1359—447—63］

原　畫

（宋）陳淳

伏羲作《易》，根原備見於先天一圖。世傳是圖出於邵康節，以爲得之陳希夷、穆伯長而來，而其實固已具於《繫辭傳》"易有太極"章及《説卦傳》"天地定位章"矣。蓋昔者伏羲仰觀俯察，灼見夫陰陽二氣，錯綜流行，生生而不窮，於是作書以配之，而名之曰《易》，取其有交易、變易之義。今按《繫辭傳》攷之，所謂太極云者，象數未形而其理已具之稱，形器已具而其理無朕之目，蓋兆於萬古無極之前，而貫乎萬古無極之後，立於天地萬物之表，而行乎天地萬物之中也。自其始之，動而生陽，静而生陰也。以陰陽有奇耦之數，故畫一奇以象陽，畫一耦以象陰，而爲一畫者二，是謂太極生兩儀；其位則陽先而陰後，其數則陽一而陰二，於兩儀之上又各生一奇一耦，而爲二畫者四，是謂兩儀生四象；太陽位乎一而含數九，以奇圓一而圍三，三各一奇，參天而爲三，本體畫奇，通所從生位一奇，乃三其圍三而得之也。少陰位乎二而含數八，以耦方一而圍四，四合二耦，兩地而爲二，本體一畫耦一畫奇，通所從生位一奇，乃一其圍四，兩其圍三而得之也。少陽位乎三而含數七，以本體一畫奇一畫耦，通所從生位一耦，乃一其圍三，兩其圍四而得之也。太陰位乎四而含數六，以本體二畫耦，通所從生位一耦，乃三其圍四而得之也。於四象之上，又各生一奇一耦而爲三畫者八，於是三才略具而八卦之名立，是謂四象生八卦，其位則乾一、兑二、離三、震四、巽五、坎六、艮七、坤八而謂之經卦。於八卦之上又各生一奇一耦而爲四畫者十六，是八卦復爲太極而復生兩儀。於四畫之上又各生一奇一耦而爲五畫者三十二，是八卦之兩儀復生四象。於五畫之上又各生一奇一耦而爲六畫者六十四，則兼三才而兩之，是八卦之四象復生八卦。於是六十四卦之名立，而謂之重卦。是於乾一、兑二、離三、震四、巽五、坎六、艮七、坤八之上復以乾一、兑二、離三、震四、巽五、坎六、艮七、坤八者循序而重加之也。故始自重乾以及夬、大有、大壯、小畜、需、大畜、泰八卦則爲乾一之所生；次自履、兑、睽、歸妹、中孚、節、損、臨八卦則爲兑二之所生；次自同人、革、離、豐、家人、既濟、賁、明夷八卦則爲離三之所生；次自無妄、隨、噬嗑、震、益、屯、頤復八卦則爲震四之所生；次自姤、大過、鼎、恒、巽、井、蠱、升八卦則爲巽五

之所生；次自訟、困、未濟、解、涣、坎、蒙、師八卦則爲坎六之所生；次自遯、咸、旅、小過、漸、蹇、艮、謙八卦則爲艮七之所生；次自否、萃、晉、豫、觀、比、剥以終於重坤則爲坤八之所生。次第相承，條理不紊，由本而榦，由榦而枝，皆其勢之所自然而不容已，特假聖人之手以畫之，而非人力所能安排布置者。自八卦之立即具六十四卦，而非八卦之後旋生六十四卦也；自六十四卦之成即是八卦，而非六十四卦之外復有八卦也。就中平分之爲兩截，而按《説卦》對待之位相接爲圓圖，則虚中者爲太極。自内而外，第一畫分爲兩儀，則陽儀居左，陰儀居右；第二畫分爲四象，則太陽居左之前，少陰居左之後，少陽居右之前，太陰居右之後；第三畫分爲八卦，則乾一、兑二居左之前，離三、震四居左之後，巽五、坎六居右之前，艮七、坤八居右之後。第四畫至第六畫則八卦乘八卦而六十四卦，整整成列。在乾一位之中，内之八乾實不離乎一乾而爲貞，外自乾一至坤八爲悔，而重乾復居乾一位之一。在兑二位之中，内之八兑實不離乎一兑而爲貞，外自乾一至坤八爲悔，而重兑復居兑二位之二。在離三位之中，内之八離實不離乎一離而爲貞，外自乾一至坤八爲悔[①]，而重離復居離三位之三。在震四位之中，内之八震實不離乎一震而爲貞，外自乾一至坤八爲悔，而重震復居震四位之四。在巽五位之中，内之八巽實不離乎一巽而爲貞，外自乾一至坤八爲悔，而重巽復居巽五位之五。在坎六位之中，内之八坎實不離乎一坎而爲貞，外自乾一至坤八爲悔，而重坎復居坎六位之六。在艮七位之中，内之八艮實不離乎一艮而爲貞，外自乾一至坤八爲悔，而重艮復居艮七位之七。在坤八位之中，内之八坤實不離乎一坤而爲貞，外自乾一至坤八爲悔，而重坤復居坤八位之八。自外而内[②]第一畫則一陰一陽相間，第二畫則二陰二陽相間，第三畫則四陰四陽相間，第四畫則八陰八陽相間，第五畫則十六陰十六陽相間，第六畫則三十二陰三十二陽相間。統而言之，則左者皆爲陽，右者皆爲陰，而各有界分，故自復至乾，凡百一十二陽，而又有八十陰者，陽中之陰也；自姤至坤，凡百一十二陰，而又有八十陽者，陰中之陽也。迭而言之，則陽往交陰，陰往交陽而互爲其根，故陽在陽中陽順行，陽在陰中則逆行，陰在陰中陰順行，陰在陽中則逆行。即卦氣流行之序而言之，則復居子半以應冬至一陽之生，積而二陽臨、三陽泰、四陽大壯、五陽夬，至乾居午半而爲六陽之極。陽爲陰之父，故乾父又生長女而爲姤焉。姤居午半以應夏至一陰之生，積而二陰遯、三陰否、四陰觀、五陰剥，至坤盡子半而爲六陰之極。陰爲陽之母，故坤母又孕長男而爲復焉。離則盡卯中以應春分，坎則盡酉中以應秋分。即卦一定之分而言之，則乾居南，坤居北，以應天地闢闔而辨上下之位，是謂天地定位；離居東，坎居西，

① "悔"原誤為"坤"，據據明抄本《北溪大全集》改。

② "自外而内"四字原缺，據明抄本《北溪大全集》補。

以應日月出入而列左右之門，是謂水火不相射；艮居西北，兑居東南，以應山高西北，澤傾東南，是謂山澤通氣；震居東北，巽居西南，以應雷啓羣蟄，風養萬物，是謂雷風相薄。無非與造化自然之易相脗合。於以教民，占筮、揲蓍、布卦以斷吉凶，每一卦之中其變又各六十四，蓋有變易無窮之用也。是乃所以通天下之志，定天下之業，而妙開物成務之道也。

［（宋）陳淳《北溪大全集》卷十九　1168—649—19］

答嚴子韶書

（宋）吴泳

某比承賢主賔聯璧見過，吏塵不清，簡於延待，弗克久駐車馬，此為悵然耳。即日冬序，晏温喜聆，經緯隸習，德履休暢。道喪千載，聖遠言湮，濂溪周子、河南二程子、横渠張子倡絶學於衰世之中，相與發揮孟氏以來不傳之秘，然其講道也，言質素而不華，理平淡而無奇，微開其端而不盡發以告人，蓋使學者怡然自得之也。至武夷朱晦翁、紫巖張南軒，則句句而釋，字字而解，精微妙寤之藴，蓋已抉露無餘矣。玆承下問，猶以無極為疑，致知力行為二，豈其於朱張諸書，猶未究極其説，必欲問而辯、辯而知耶？太極之理亦妙矣，涵動静，生陰陽二氣，五行、四象、八卦皆於此乎演出。方其未生也，猶人之懷子，子在母中；及其既生也，猶人之生子，子在母外，流行發育之妙，化化生生之機，於是乎無窮矣。然是理也，無聲之可求，無臭之可接，無有方所形狀之可見，是以周子必曰“無極而太極”，蓋明太極乃無形之理，非有形之物也。晦翁披剥圖象義理，極是章明，而南軒釋之曰：“莫之為而為，文勢亦順。”説者猶謂“無極”二字，不可搭在太極上。《大傳》言《易》有太極，而不曾言無。吁！此不惟不見太極，且不知《易》矣。《易》者，無方無體者也，而云有太極，則無極而太極之理明矣。聖人著“易”字於太極之上，亦何嘗以屋上架屋、床上疊床為嫌哉？其如知行之説，兄以學者之病，窮格汗漫，墮於徒知徒聞之地，而少有所謂真履實踐之功，脱使真知，驗之躬行，率多悖戾，則兄又誤矣。凡躬行之悖戾者，皆未曾真知之故也。知與行工夫本互相發，始條理、終條理，如人兩足，相先後行不可偏廢，知之明則行之力，行之到則知之澈，是知常在先而行未嘗不隨之也。兄乃以窮格為汗漫而必欲從力行處下手，格物之功未至而疾行之心已先，則將恐於義理有中、有不中者矣。秦漢以來，豈無志於力行之士，行矣而不著，習焉而不察，擿埴索塗，莫適所依，卒背於中庸，不能與入堯舜之道，是殆冥行而已也。“行之惟艱”之言，蓋不謂此。高宗舊學於甘盤，則發高宗之知者，甘盤也。傅説之告，不過欲高宗行其所知而已矣。看經須是參互出入，首尾融貫，當自脱然有警悟處。《中庸》曰："博學之，審問之，慎思之，明辨之，篤行之。"學、問、思、辨居其四，而行居其一。某仍欲子韶從致知處下手，已知者，則力行以終之，未知者學問聚辨以求之，如此則誰得而禦之哉？對客之暇，隨筆疏去，未免掛一漏萬，有疑不妨再指教。

［（宋）吴泳《鶴林集》卷三十　1176—293—30］

太極圖説

（元）郝經

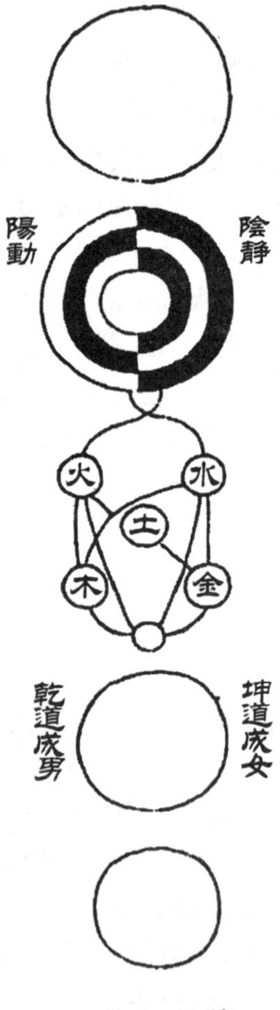

《易大傳》曰："《易》有太極，是生兩儀，兩儀生四象，四象生八卦，八卦定吉

凶，吉凶生大業。”至宋濂溪先生周茂叔推廣其義，作《太極圖》而為之說。夫《大傳》之言固自有次第，雖未為圖而圖已具乎其中矣。“《易》有太極”即此也○，“是生兩儀”即此也◎（陰静陽動），“兩儀生四象”即此也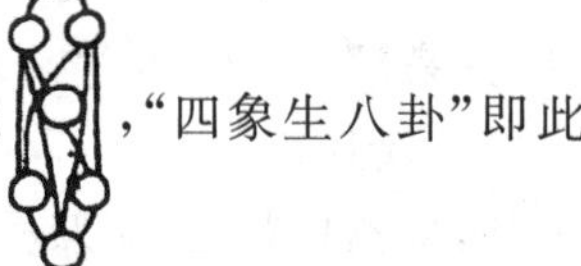，“四象生八卦”即此也○（坤道成女，乾道成男），“八卦定吉凶，吉凶生大業”即此也○（萬物化生）。茂叔乃為此圈圖指明其次第：以太極本無極，為天地人物五行根柢，以動陽静陰為太極妙用，分陰分陽為太極體段。陰陽既分則兩儀立，兩儀立則二氣五行行乎其中，而八卦成列，太極之跡著矣。乾統三男，坤統三女，善惡分而吉凶定，太極之功用無窮而人道立矣。是以死生化萬物，吉凶生萬事而太極之大業成，故《易》窮則變，變則通，通則久，此為圖之大旨也。其説曰：“○無極而太極。◎（陰静陽動）太極動而生陽。動極而静，静而生陰。静極復動，動極復静。一動一静，互為其根。分陰分陽，兩儀立焉。陽變陰合，而生水、火、木、金、土，五氣順布，四時行焉。五行一陰陽也，陰陽一太極也，太極本無極也（坤道成女，乾道成男）。五行之生也，各一其性。無極之真，二五之精，妙合而凝。乾道成男，坤道成女。○（萬物化生）二氣交感，化生萬物。萬物生生而變化無窮焉。惟人也得其秀而最靈。○形既生矣，神發知矣。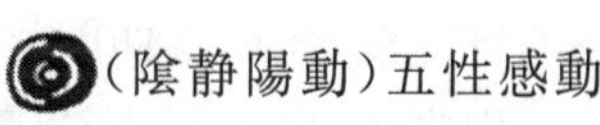（陰静陽動）五性感動而善惡分（坤道成女，乾道成男），萬事出矣。○聖人定之以中正仁義（聖人之道中正仁義而已矣）而主静（無欲故静），立人極焉。故聖人與天地合其德，日月合其明，四時合其序，鬼神合其吉凶。君子修之吉，小人悖之凶。故曰：‘立天之道曰陰與陽，立地之道曰柔與剛，立人之道曰仁與義。’又曰：‘原始反終，故知死生之説。’大哉《易》也，斯其至矣。”“無極而太極”者，包本末，貫隱顯，一體用，極始終而為言也。屈信消長之幾，氣形象數之藴，命性心跡之原，天地人物之理，造化之樞紐，鬼神之情狀，道德之統體，無不在焉。其曰“無極而太極”，猶曰莫能極盡而莫不極盡焉爾。故極者，極盡無餘之稱也。其上則盤薄無顛而不可窮，其下則滙蓄無底而不可測，其外則周匝遍滿而不可出，其内則旋繁嚴密而不可入，渾淪圓轉而無上

下内外，開廓布置而皆上下内外，含弘天地人物，包括鬼神造化，混然一大活物。“旁行而不流”，無所不往而未嘗去，居其所而變動無窮焉。聖人無以指名，故名之曰太極。《易》之全體大用皆在夫是矣。故孔子謂“《易》有太極”，邵康節謂“畫前有《易》”。則太極者，《易》之所固有也。庖犧所以畫其故，文王所以演其故，周公所以效其故，孔子所以説其故，周茂叔所以圖其故也。不畫，不演，不效，不説，不圖，太極自若也，而無所損；畫之，演之，效之，説之，圖之，太極亦自若也，而無所益。聖人將明《易》道必指其故以為法，於是畫演效説圖之爾。學者將求其故必自圖以求説，自説以求效，自效以求演，自演以求畫，稽諸天地，考諸萬物，本諸聖人，反諸吾身，混然一太極，皆吾所固有，而後可以言《易》矣。六經無“無極”二字，出於《老子》“知其雄”章，先儒謂周子得是圖於穆伯長，伯長之傳出於陳希夷，希夷初為老氏之學，故以無極冠太極。雖然作圖之義本於《易》，不本於老子，言太極之本然無聲無臭而無所不具、無所不極，雖非六經所有，假以明道，故謂之無極而太極，非太極之外復有無極也。“太極動而生陽。動極則静，静而生陰。静極復動，動極復静。一動一静，互為其根。分陰分陽，兩儀立焉”者，言太極之體以一具兩而本静也。静極則動，動極則静，所以為兩。静者動之根，而動者静之根，互為其根，如環之無端，所以為一，造化之幾，生而理具夫是矣。動而生陽，静而生陰，動静為陰陽之幾，陰陽為動静之氣，變化相乘，流行不已，各造其幾，於是分陰分陽，一定不易，兩儀之象成而氣具夫是矣。“陽變陰合而生水、火、木、金、土，五氣順布，四時行焉”者，“天數五，地數五，五位相得而各有合”，陰陽動而倡，陰感應而合，陽一變而六陰合則生水，陰二合而七陽變則生火，陽三變而八陰合則生木，陰四合而九陽變則生金，陽五變而十陰合則生土，互變互合，迭陰迭陽，相生相克而成五行。陰陽，氣也；五行，質也。質具乎地而氣行於天，故謂之行也。二氣變而為五行之氣，布而為四時之行，則人與萬物生而數具夫是矣。理入於氣，氣形於象，象别為數，而太極之統體具矣。自無極至此，由本及末，自隱至顯，一極之終也。“五行一陰陽也，陰陽一太極也，太極本無極也”者，復自一極之終而反之始，非五行之外復有一陰陽，陰陽之外復有一太極，太極之外復有一無極。夫所以為五行者，秖一陰陽也。所以為陰陽者，秖一太極也。太極之所本，秖一無極也。自其分而言之，則有陰陽五行之别；自其本而言之，則皆一太極也。“五行之生也，各一其性”者，再推本立説也。夫動静相根而陰陽立，則命之賦予而不已者也，五行變化而陰陽分，則性之付畀而不易者也。分陰分陽，五氣順布，則水、火、木、金、土各一太極而謂之性，性命之原著矣。性命之原著，則人與萬物自是而出矣。“無極之真，二五之精，妙合而凝”者，推本人物之始也。無極之真，則道之本然也。二五之精，陰陽五行之精氣也。妙合而凝，脗合凝聚，精氣為物也，於是“天地絪緼，萬物化醇”，復具一太極而人物生矣。“乾道成男，坤道成女”

者,言人物之所以生也。二氣五行,凝聚為物,得動陽剛之精者為乾道而成男,得静陰柔之精者為坤道而成女,乾統三男,坤統三女,分男分女,八卦成列,人與萬物各一太極而三才具美。"二氣交感,化生萬物,萬物生生而變化無窮焉"者,"男女構精,萬物化生",人自生人,物自生物,命流而性正,質變而氣化,生生而不窮。自無極太極陰陽五行生出人物,而人物以陰陽五行各自相生,又一極之終也。陰陽分而兩儀立,五氣布而四時行,真精凝而男女成,乾坤位而八卦列,二氣交而萬物生,太極之道於是備矣。"惟人也得其秀而最靈,形既生矣,神發知矣,五性感動而善惡分,萬物出矣"者,此復自萬物推人道之極也。夫人於真精凝聚之處,天命流行之際,義理付予之時,獨得其秀而為最靈,得二氣五行之全而備萬物之理,所以配乾道而為男,合坤道而成女,而其心之神靈復自為一太極。分陰而形生,分陽而神發,具水、火、木、金、土之氣為仁、義、禮、智、信之性。物欲感動,或得或失,或是或非,善惡分而萬事出,如萬物之生而為事業,亦自為一極之終也。"聖人定之以中正仁義而主静,立人極焉"者,善惡既分,萬事既出,非修道立教則人極不立,故復以聖人立教為説也。太極之在人,其本體則静,其標凖則中,其位置則正,其發生則仁,其行用則義。聖人定此五者,使人無欲而主静,存夫吉善,去夫凶惡,以全太極之本然則人極立矣。故"聖人與天地合其德,日月合其明,四時合其序,鬼神合其吉凶"者,聖人人極之極也,德合天地,明合日月,序合四時,行合鬼神,則與太極同體而主乎太極矣。"君子修之吉,小人悖之凶"者,氣質之不同,學問之不至,故自聖人等而下之,又有君子,有小人,而其德有吉有凶。五者有所不至,克己脩身以至之,雖不能如聖人之自然,而不假脩為則可以為吉人君子,以保人極。五者有所不至,惟欲是從,而不中、不正、不仁、不義,亂而不能静,則為凶徒小人,而人極喪矣。故曰:"立天之道曰陰與陽,立地之道曰柔與剛,立人之道曰仁與義。"陰陽既分,兩儀既立,五氣既布,四時既行,八卦既列,男女既别,人極既立,善惡分而吉凶定。陰陽之氣行於天而為天極剛柔之質,具於地而為地極仁義之性,充於人而為人極。分一極而立三極,則太極之功用顯而三才道備,兼三才而兩之,六位時成而太極之全體具,易行乎其中而造化無窮,本末具舉,始終道著,死生之説可知矣。故又曰"原始反終,故知死生之説"。自無極太極,發而為動、為陽、為剛、為仁,則原其始而生也;自無極太極,復而為静、為陰、為柔、為義,則反其終而死也。終根於始,始根於終,死根於生,生根於死。互為其根,迎之而不見其首,隨之而不見其後。而天地人物截然而不亂,判然而不雜,混然而不昧,開闔變動生生而不窮,主張維持泯然而無間。自天地觀之則天地各一太極,自五行觀之則五行各一太極,自八卦觀之則八卦各一太極,自人與萬物觀之則人與萬物各一太極,合天地五行人物觀之則共一太極。一生一死一見一隱,而有不生不死不見不隱者,存此所謂無極而太極也。《易》之為道至是極矣,故復贊之曰:“大哉《易》也,斯其至矣。”此圖既本於《易大傳》,而其説皆掇拾《大傳》之要區以為言,以明《易》之大義。《大傳》謂“生生之謂易”,故每節皆以生言。“動而生陽”,“静而生陰”,“陽變陰合而生水、火、木、金、土”,“二氣交感,化生萬物”,“萬物生生而變化無窮”,於其末始言生死以為結。以一“生”字貫天地萬物,則生者太極之本原也。非生則天地萬物皆莫得而見也。故讀其説但見生意一篇,塞於天地,溢於肝臆。一太極混含流轉,無一息之或死,而發育萬物,造起天地,生生不窮,數圈幾字,範圍法象。自太極内推出動静,自動静内推出陰陽,自陰陽内推出五行,並陰陽五行推出人物,自萬物内復推出人,自人内推出聖人,其次又推出君子小人,末乃自始終上推出死生,合而為之《易》,以盡《易》之道。仲尼以來無此作也。可謂幾聖之學矣。初,宓犧氏畫八《易》卦而不及五行,箕子作《洪範・九疇》而不及八卦,至仲尼贊《易》,《説卦》之本謂“天地定位,山澤通氣,雷風相薄,水火不相射”,五行在其間而其數不備,“天數五,地數五,五位相得而各有合”,其數備而不舉為行,蓋八卦成列則五行不復見矣。故八卦可以備五行,五行不能兼八卦。八卦備三才之道,五行則備二氣而已。是以五行僅為《洪範》之一法,而八卦則具《易》之全體,所以言卦而不言行也。《洪範》本於人,故以皇極言,《易》本於道,故以太極言。故《易》能兼《洪範》,而《洪範》不能兼《易》,是以此圖上推無極,下窮變化,中備三才,陰陽五行八卦人物各分四段。太極著二氣之本,陰陽著二氣之儀,五行合二氣之變,乾坤男女備八卦之索,八卦備二氣五行人物之道,精粗巨細無不具,胳而合之為一太極,“非天下之至精,其孰能與於此”!嗚呼!按:《河圖》以畫卦先天之《易》漸著於人道,文王備於宓犧,周公備於文王,仲尼備於周公,由宋以來邵康節圖先天以盡卦之理,周茂叔圖太極以盡《易》之道,張子厚為《西銘》合先天太極之旨,總為人道。探於宓犧氏之先,繼於仲尼之後,再造一極,而天人之事益備,始則天出圖以示人,末乃人為圖以契天,而始終一圖。始則以先天為後天,末乃以後天為先天,而先後一天。於是太極之道貫萬古而無弊焉。伊洛諸儒承受開闡,推尊擬議,以為千載不傳之緒,不為妄矣!

[(元)郝經《陵川集》卷十六　1192—159—16]

函谷子太極圖論引

(明)何景明

昔者,聖人之作《易》也,俯仰近遠,參驗而稽合,其言廣大弗貳,故曰“《易》與天地凖”。函谷子發明太極之義,撰圖著論,其思精,其辨晳,其指一,蓋玩《易》有得而作者也。罔有繆悠背經之説，其所究深矣。或曰：太極圖説，儒先之論定矣，學者尊尚之，函谷子乃置異同其間，何也？余曰：聖人之道，貴相發不貴襲，貴相明不貴同，苟徒襲其説同其旨而靡有所發明，其道終莫達也。苟發明矣，雖異同其間，無害其為尊尚也。

［（明）何景明《大復集》卷三十四　1267—306—34］

太　極

（明）楊慎

孔子曰《易》有太極，其説有本乎？曰：有，《洪範》皇極是也。皇極者，人之極也。《大傳》曰："六爻之動，三極之道也。"三極者何？立天之道曰陰與陽，陰陽，天之極也；立地之道曰剛與柔，剛柔，地之極也；立人之道曰仁與義，仁義，人之極也。天非陰陽不立，地非剛柔不立，人非仁義不立。天地人，其形也。陰陽、剛柔、仁義，道也。天以陰陽之道而立為天，地以剛柔之道而立為地，人以仁義之道而立為人，猶屋之有極而立為屋也。三極者，參而三矣，一生二，二生三，三生萬物，獨無所謂一乎？太極者，一也。一者，理也。極之為言至也，太極者，至之又至，非尋常之極，故曰太極。屋極之極，有形也。無形之極則曰太極，莊子之言大塊是已。土塊之塊，有限也，無限之塊曰大塊。知此者知孔子立言之意矣。老子曰"道可道，非常道"，強名曰道。蓋大道本不可名，而借道路之道而強名曰道也。引而伸之，亦曰理可理，非常理，強名曰理，蓋至理本不可名，而借木理之理、文理之理、王理之理而強名曰理，合而觀之，極可極，非常極，強名曰極也。濂溪周子恐人滯於形，泥於象，曰"無極而太極"，又曰"太極本無極"，強名之上又加強名，千載而下未有知其解者也。陸子静以為贅，蓋為昧者泥象滯形慮，然不知聖人立言為鉤深致遠者設，不為泥象滯形者設也。若為昧者言，則兩儀四象昭昭矣，太極之言亦贅也已。神而明之，默而成之，則孔子"太極"二字乃魚筌兔蹄，周子太極圖則繫風捕影，"無極"二字乃駢栂枝指也。象山之言不可謂無見，而其與朱子辯，屢千言而不能自發其本旨，亦所謂意圓語滯者與？九原可作，起朱陸於寒泉精舍，而余以此説為之調停，亦必含咲而息訟矣。

［（明）楊慎《升菴集》卷四十一　1270—278—41］

太極兩儀

(明)楊慎

《房氏易傳》云:"'《易》有太極,是生兩儀,兩儀生四象,四象生八卦',固非今日有太極,而明日方有兩儀,後日而乃有四象八卦也。又非今日有兩儀而太極遯,明日有四象而兩儀亡,後日有八卦而四象隱也。太極在天地之先而不為先,在天地之後而不為後。"此説精明,可以補注疏之遺。

[(明)楊慎《升菴集》卷四十一　1270—279—41]

太極釋

(明)張宇初

太極者,道之全體也,渾然無所偏倚,廓然無得形似也,其性命之本歟?性稟於命,理具於性,心統之之謂道,道之體曰極,五居九疇之中曰皇極,《書》曰"會其有極",《詩》曰"莫匪爾極",以是求之,即心也,道也,中也。周子曰:"中焉,止矣。"程子曰:"太極者,道也。"邵子曰:"心為太極。"朱子曰:"太極者,理也。"陸子曰:"中者,天下之大本,即極也。"理一而已,合而言之,道也。夫五行陰陽,陰陽太極,五殊二實,二本則一。二實者,天以陽生萬物,地以陰成萬物,動而陽,静而陰,陽變陰合而生五氣,由五氣而生萬物,故曰五殊也。五殊本於陰陽,互為其根也。両儀生而陽交於陰,陰交於陽而生四象,四象分而生八卦,八卦錯而萬物生焉,是曰一動一静天地之至妙也歟?是以五氣布,四時行,萬物生生而無窮。五行,一陰陽也。陰陽,一太極也,太極散而為萬物,則萬物各一其性,各具一太極,渾然全體而静者常為主焉。兼有無,全體用,涵動静,為萬化之源、萬有之本者,妙合二五之精焉。朱子謂:"太極,理也;動静,氣也。"太極乃本然之妙,動静乃所乘之機,機動則氣行而陰陽運焉。理有不著者乎?蓋氣負理生,理由氣形,性為之主,而陰陽五行經緯錯綜。合言之,萬物統體一太極也;分言之,一物各具一太極也。且鴻蒙溟涬之初,則元氣為萬物根本,其體謂之理,其陰陽流行不息者,氣也。是故未分之前道為太極,已形之後皆具是理,則心為太極。冲漠無朕,萬理畢具,陰陽既形,則理氣分矣。太極判而始生一奇一耦,由奇耦而生生無窮,則一分為二,二分為四,四分為八,八分為十六,十六分為三十二,三十二分為六十四是也。聖人無以發之,伏羲始畫,以⚊象乾,⚋象坤,體吾心之太極也。一奇一耦以象變,重之而為卦,拆之而為爻,皆一陰一陽,至著至明之幾也。是畫也,至

廣至幽，至精至微，非氣質形似之可見，非聲色狀貌之可求，昭昭焉，熙熙焉。虚而靈，明而玅，散之為萬殊，斂之為一本，無須臾之間毫髮之異，循環無端，浩渺無窮。若天地之運行，風雨之潤，雷霆之威，霜雪之肅，山川之流峙，草木之榮悴，飛潛之微，動植之衆，舉不違乎天命之流行，而同所賦受也。所謂有極以理言，無極以形言也。抑理之至極本無形，似而言無，則不能為萬化根本矣。邵子之曰無極、曰有象，有則言其本之實體，無即無聲無臭，形而上者是也。其見夫道體者，固不可以無加於有矣。若老子之謂無極者，無形、無窮也。莊子之謂道在太極之先是也，若河洛之數、先天之象，雖有詘信進退、盈虚消息行乎其中，皆以虚中為極也，能虚其中則太極本然之妙得矣。尚何晦明通塞之異哉？故《易》曰心學，萬事萬化皆本諸心，心所具者，天地萬物不違之至理也。程子謂："有理而後有象，有象而後有数。"人道之始於陽，成於陰，本於静，流於動，與萬物同也。然陽復本於陰，静復根於動，一動一静皆天地同流，惟主乎静則性立，性立則中正，仁義定矣，是以"體用一源，顯微無間"矣。是圖，朱子謂周子得之穆伯長，穆得之於种放，种得之於陳摶，以陳摶學老氏，故陸氏闢朱子以無極出於老氏也。而《易》曰有極，未嘗言無，周子《通書》亦止言陰陽太極，明矣。然朱子以無形訓之，亦弗畔於道矣。且攷之潘誌，以為周子自作無疑，或又謂周子與胡宿、邵古同事潤州一浮圖而傳焉，然其説豈浮圖所知也。且先儒以周邵之學先天、太極二圖，其理一也，其傳未必二焉，其體至大而無不包，其用至神而無不存也。故曰：自天地幽明，至於昆蟲草木，微細無不合也，将以順性命之理，盡變化之道焉。萬古聖賢之心同也，非返求諸已有以見，夫遠而六合之外，近而一身之中，暫於瞬息，微於動静，豈言辭口耳之足知天也哉？必致夫會歸之工，探索之奥，則吾靈明静虚之體，充乎六虚，宰乎萬變，久則誠精，故明；神應，故妙；幾微，故幽。其立象畫意，剖析精微，無不備於是焉，性命之道，死生之説，原始返終，於是盡矣。其銖視軒冕，塵視金玉，亦孰得而易之，敢為疑者釋焉。

[（明）張宇初《峴泉集》卷一　1236—352—1]

太極圖論

（清）張英

太極之説始於《易》。《易》曰："太極生両儀，両儀生四象，四象生八卦。"太極居両儀之先，則其為生天地萬物之本無疑也。至周子濂溪始建圖立説，於太極之上復益之以無極，而太極由此而動静互為其根，以至生五行、布四時、成男女、化生萬物，而太極之義備矣。先儒往往謂無極之説《易》所未發而周子發之，或疑其

説近於空虚,朱子以無形而有理之言釋之,蓋謂其有也,而初不滯於形迹,謂其無也,而更非涉於虚渺,後世紛紛之議折衷於朱子之圖觧而亦可無疑矣。嘗論天地之所以生陰陽,之所以立五行,之所以變化人物,之所以蕃育,何以往復而不窮?何以流行而不滯?何以亘終古而不敝?此必有為之樞者,是即於穆不已之原、繼善成性之本乎?故極中未嘗無健順之理,而言仁、義、禮、智、信則分配乎五行,獨此一理渾然精純而萬變生焉,萬化出焉,故謂之太極。合而言之,天地萬物共一太極,一氣周流之内,天地且不能外,而況於人物乎?此所謂合萬殊為一本者也。分而言之,一事一物各有一太極,即纖細之物,俄頃之間,而此理何弗周徧而不遺?此所謂散一本為萬殊者也。《易》之所謂兩儀,即圖之所謂動静陰陽也。《易》之所謂四象八卦,即圖之所謂五行人物也。《易》言其理,圖發其藴,無極一言,又所以善言乎太極,而使人不敢以氣化之相嬗者遂謂之太極。然則周子與《易》有岐旨乎?而周子所以建圖之意何居?人與萬物同涵此太極,而惟人得其秀而最靈,觀於天地位,則天地陰陽之極自人立之,萬物育則萬物之極自人立之,故一言以斷之曰"聖人定之以中正仁義,而主静,以立人極焉"。吾人性中之一動一静即配乎圖之陰陽也,吾人性中五常之德即配乎圖之五行也,吾身之酬萬事應萬變即配乎圖之萬物也。然則動静之未分、五常之所不能名、萬事萬變之未接而凝然中處者,非即配乎圖之太極乎?君子欲使吾身之太極足以配乎天地之太極而動静生生不窮者,蓋有道焉,不外乎周子《通書》之所謂"誠"與《圖説》之所謂"静"而已矣。太極雖兼動静而非静無以立其體,太極雖渾萬善而非誠無以會其原,静則常正而太極之體立矣,誠則不息而太極之用周矣,體立用周則天地之極與萬物之極自人立之,是則周子建圖之意也,豈徒言天理而不切於人事者哉?《洪範》五為中数而言"皇建其有極",五行五事莫不從之矣。惟中能建極,殆亦先圖而啓其義者與?

[(清)張英《文端集》卷四十二　1319—681—42;又見(清)張廷玉等編《皇清文潁》卷六　1449—508—6]

讀周子《太極圖説》

(清)李光地

無極者,無所為極也。太極者,極之至大者也。無所為極而為極之至大,則陰陽之本也,五行之宗也,男女於是生,萬物於是出。其在人則形神之主也,五性之會也,美惡於是判,萬事於是繁。與天地合德,太極也。與日月合明,陰陽也。與四時合序,五行也。與鬼神合其吉凶,美惡也。此聖人之事也。恊於極而歸於吉，君子之事也。不協於極而罹於凶，小人之事也。天有陰陽五行之氣也，地有柔剛五行之質也，人有仁義五行之性也。原夫天地萬物之所以始，太極始之也，而太極無始也。反夫天地萬物之所以終，太極終之也，而太極無終也。有始終者有死有生，無始終者無死無生，以其生生，故謂之易，以其極至，故謂之極。《易》者，極之用也；極者，《易》之體也。

［（清）李光地《榕村集》卷十八　1324—787—18］

太極圖論

（清）葉方藹

自《易》言太極至宋濂溪周氏作為《圖説》，始以無極太極發明聖藴，紫陽朱氏復為之鮮，於是斯理大顯。臣謹論曰：天地之闔闢，人物之變蕃，上古下今之轉運不窮，際無極有之推行不礙，總一陰陽為之。然陽不能自生，陰不能自成，有主宰是氣妙合而凝之者，當其無聲、無臭、無形、無色，朕兆未剖之中，萬象森然，靡一不具，變化生息悉從此出，而不知其所以然之妙，此所謂無極而太極也。臣則謂未有天地以前，太極在氣化；既有天地以後，太極在聖人。在氣化者不可見，請就在聖人者明之。太極非他，即吾生生之心仁而已。仁之未發，寂然不動，機緘苞固，一渾淪之體。仁之既發，隨感隨應，隨應隨足，父子親，君臣義，夫婦别，長幼序，朋友信，齊家，治國，平天下，出之無有窮，措之無不當。是故能盡其性，則能盡人之性；能盡人之性，則能盡物之性；能盡物之性，則可以贊天地之化育。夫至於贊天地之化育而生生之仁，始無遺憾，太極之妙，全乎一心矣。堯舜之如天好生，性而有此仁者也。湯武之朕躬有罪，毋以爾萬方，萬方有罪，在台一人，反而有此仁者也。其他以後之君，莫不好生而得之，不好生而失之。於仁，或離或合，具其一端而乖其全體，終不能仁覆天下而追唐虞三代之治。蓋生生之理在我，則天下共恃以為生，生生之理不在我，則我先不能自生而何以能生天下？世之論太極者，囿於形器之中，但知晝夜遞更，寒暑迭運，四時行，百物生，以為氣化使然，與己不甚關屬，而不知反求諸身，卷之不盈一握，放之彌乎六合，欲立立人，欲達達人，如是親切而有味，故臣之論太極，舉一生生之仁而豁然也。或問臣曰：仁於《易》為元配亨利貞，於《圖説》為木配水火金土。太極者，含四德、苞五行，而顧欲以一仁蔽之乎？臣曰：否。《易》與《圖説》之於仁，偏言之也。臣之於仁，專言之也。《易》之元而亨，亨而利，利而貞，貞而又元，其循環不已者何物乎？《圖説》之木生火，火生土，土生金，金生水，水又生木，其孳息不停者又何物乎？故曰"生生之謂《易》"。《圖説》亦言二氣交感，化生萬物，生生不窮，夫生生之理其在聖人，

非仁孰足以當之？分而名之，則仁、義、禮、智、信，合而名之，則一仁。仁則仁之愛，義則仁之宜，禮則仁之敬，智則仁之别，信則仁之誠實，孔子曰“天下歸仁焉”，天下歸仁而尚有不義、不禮、不智、不信者乎？孟子曰“以不忍人之心行不忍人之政”，不忍人之政而可以不義、不禮、不智、不信行之乎？故聖人有時以喜為仁，亦有時以怒為仁，有時以生為仁，亦有時以殺為仁，無非此生生之機發於不容已，時而出之，使無滅息已矣。程氏以為“仁如穀種”，其喻最切。夫穀之為物，能養人則似仁之愛，種類各别則似義之宜，交生不雜亂則似禮之敬，不與衆草伍則似智之别，春生秋穫不爽其時則似信之誠實。然是五者，若不得種則無以為託。程氏獨以種喻仁，其即臣所謂生生之仁乎？其即《易》《圖説》所言含四德苞五行之太極有二乎？無二乎？或又問臣曰：仁為太極，是則然矣。然朱氏《圖解》謂“物物各具一太極”，則太極盡人而具，今獨歸諸聖人，豈聖人有仁而衆庶無仁乎？臣曰：吁！何説之陋也！周氏言之矣。《圖説》曰：聖人定之以仁義中正，主静而立人極焉，君子修之吉，小人悖之凶，太極有極，人亦有極，聖人人倫之至，仁本盡人同具，而立極則非聖人不能。臣又以為聖人在下位，則其仁可以立極，而盛德大業不能頃刻徧諸天下，故又在乘時行道之聖人，然而立極之事難言矣。雖有聖人不敢廢求仁之功，請陳其槩，厥次惟五。一曰凛幽獨。人主端居法宫，念慮未起，外不與臣工接，内不與婦豎接，此圖所謂無極太極之時，乃生生之根柢而已與物所共託命者也。理欲之名未立，則渾乎仁而無不仁，可喜者此時，可懼者亦此時。存養之功，無如一敬，《書》之“安汝止，惟幾惟康”，《詩》之“不顯亦臨，無射亦保”，如是則清明常自湛然而非幾不貢，吾仁之本庶乎立矣。二曰察幾微。人心至靈，豈能常寂而無感？方寸之頃，忽然而觸，人雖不知而己則獨知，此圖所謂陽動根陰之時也。生生之仁，實於是乎萌蘖。為理為欲，出此入彼，間不容髮，過此不察，遂有不及察者，司馬光有言“水之微，捧土可塞，及其盛也，漂木石，没邱陵。火之微，勺水可滅，及其盛也，焦都邑，燔山林”。維欲亦然。故聖帝明王，制未亂、保未危，慮必極其蚤，而辨必極其精，夫如是，庶幾弗迷所往，而吾仁其不可淆矣。三曰審言動。人心既動乎中，即不能不形乎外，威儀詞命實傳吾之精微以告人，此圖所謂陰静根陽之時也。生生之仁，實於是乎發露。吾雖能審其理欲矣，而一時躭於便安，習於苟且，恐其猝發而不及制，持守之功可不立乎？“非禮勿視，非禮勿聽，非禮勿言，非禮勿動”，聖門教人用力之方也。然在人主聲色玩好誘之於前，左右嬖幸伺之於後，莫不欲乘其一言一動之釁而入焉。閑邪存誠之難又有百倍於恒人者，持之以勇而决之以剛，夫如是，庶幾弗撓所守，而吾仁其不可奪矣。四曰考實德。人主凛獨以來，根心生色，暢於四支，則其理在我，自有躬行心得之妙，此圖所謂陽變陰合五行順布之時也。生生之仁，實於是乎堅實。吾仁中固有是仁、義、禮、智、信之五德矣，然不知是五者之德，果能全備於我乎？試一

思之，必無不愛而後仁，必無不宜而後義，必無不敬而後禮，必無不別而後智，必無不誠不實而後信。五者何以缺一而不可？何以相成而不悖？何以衆人皆全而卒不能全？何以聖人克盡而我不克盡？反而求之，使自得之，務令根原融洽而條理，脈絡周流貫通。夫如是，吾仁之體無不具，而用亦無不足矣。五曰驗功化。人主備仁之五德，則有聖人之德，即有聖人之功，此圖所謂乾道成男、坤道成女、萬物化生之時也。生生之仁，於是乎推行盡利。吾既歛仁、義、禮、智、信之德於身，即用是次第敷錫之，而親親仁民愛物，皆在是矣。雖然豈易言哉？四海甚大，萬類甚繁，由戚以及疏，由近以及遠，由有知以及無知，莫不待治於我。人人養其欲，物物給其求，則必誠無不長，偽無不消，公無不伸，私無不詘，善無不舉，惡無不懲，利無不興，害無不革，凡所施為，一一合天下同然之心理。夫而後以饗天祖，則天祖歆以惇九族，則九族敘以釐百官，則百官欽若以綏萬民，則萬民從乂以長養，百昌庶彙則鳥獸魚鼈、草夭木喬熙熙，時若同在太和元氣之内，吾仁之全體大用兼該畢具，生生之化在天地，而生生之妙在一心矣。凜之幽獨以端其原，察之幾微以防其萌，審之言動以謹其著，考之實德以立其體，驗之功化以究其用，五者之功，周而復始，始而復周，日新又新，千變萬化不出一本，故曰“聖人以此洗心，退藏於密”，而求仁之功盡此矣。人人可能而不能，聖人能之而無其位，則功化亦不能，然則立極之事，非乘權行道之聖人，孰可當之哉？太極之極，先天之極也，不求仁而仁也；聖人之極，後天之極也，求仁而得仁也。天地無心而成化，聖人有心而無為。有心者，求仁之功，無為者，立極之妙。臣故謂仁即太極，而繼之求仁立極之功，以為惟我皇上其盡之。臣謹按：周氏太極圖與今《易》之横圖及方圓二圖所為先天之學，實相表裏，“無極而太極”云者，即先天圖之太極也。“動而生陽，動極復静，静而生陰，静極復動”云者，即先天圖之兩儀也。“陽變陰合而生水火木金土”云者，即先天圖之四象也。“無極之真，二五之精，妙合而凝，乾道成男，坤道成女”云者，即先天圖之八卦。乾與坤交而生震、坎、艮，坤與乾交而生巽、離、兑也，“二氣交感，化生萬物而變化無窮”云者，即先天圖之由八卦而十六、十六而三十二、三十二而六十四也。“聖人定之以仁義中正而主静，立人極”云者，即先天圖之皆從中起而萬事萬化皆生於心也。蓋自宓犧畫卦，文王周公彖之象之，孔子傳之翼之，越數千年而周氏復為此圖闡明斯義，其云無極，正見無形有理，有理而實無形，所以發揮太極之妙，而豈有加於四聖之旨哉？朱氏不憚重複，條分縷析，而周氏之書始昭然於天下，後之學者無所用其疑議矣。然朱氏以為周氏以此圖授二程氏，而二程氏未嘗示門人，恐其馳心空妙而不能嘿識於意言之表，又以為此圖詳於性命之原而畧於進為之目，有不可驟而語者。臣繹思之，先天以往，天命之性，人不能與其事者也。後天以來，率性之道、修道之教，人所當盡其功者也。故在今日論先天不如論後天較為親切，伏見《論語》曰“仁”，《大學》

曰"明德",《中庸》曰"誠",《孟子》曰"性善",而反求諸身,生生之妙,天地萬物聯為一體,不越一仁,疑此即太極生天、生地、生人、生物之根本,妄擬後天仁體一圖以配太極,列其功夫節次,曰凛幽獨,曰察幾微,曰審言動,曰考實德,曰驗功化。由戒懼慎獨以臻,位天地育萬物自然之極,致使知吾身之一動一静即太極之一陰一陽,其理未嘗有一息之停,其功不可有一息之間。竊謂人能弘道,非道弘人,弘道之責斷在皇上,體後天之功以合先天之撰。敢因清問所及,一竭顓愚,所恨臣學問弇鄙,識見卑陋,聖賢儒先之書未能熟讀深思,徒以影響浮泛之詞,挂一漏萬,於義理毫無發明,此則泚筆之下既恧且懼者也。臣方藹謹記。

[(清)張廷玉等編《皇清文潁》卷五　1449—485—5]

太極圖論

(清)熊賜履

上下古今,一理而已,一氣而已,離理無從見氣,離氣無從見理,此主其合者言之也。有理方有是氣,有氣斯有是理,此主其分者言之也。理外無氣,氣外無理,不可謂理此而氣彼,而特不可不謂理先而氣後,亦不可不謂理精而氣粗,此又主其分而合、合而分者言之也。《易》曰:"一陰一陽之謂道。"又曰:"形而上者謂之道,形而下者謂之器。"陰陽,器也,即氣也,所以陰陽,道也,即理也,斯固二而一,一而二,不可以分合言而亦不可不以分合言者也。天高地下,萬物殊散何?莫非此氣之充周,此氣之運行,而此之所為充周而不遺運行而不息者,蓋莫不有是理焉為之主宰,往復於其間,而縱横上下,過續往來,無不如是,而初無一隙之或缺,一息之或停也。然則求道者亦務明夫理而已矣。自伏羲一畫洩兩間之機,孔子"十翼"闡千古之秘,斯道昭揭,如日中天,無何聖徂神伏,異端蠭起,微言大義,委之草莽,以董江都、韓昌黎後先相望於千百餘歲之間,而曾未能力窮其奥而明正其統,"軻之死不得其傳焉",寧虚語哉?濂溪周子神契妙解,不由師授,為之建圖立説,俾造物極至之理庶幾昭示於來兹。其曰"無極而太極也",言本無是形而實有是理,即"《易》有太極"之謂也。曰"太極動而生陽,静而生陰"也,言是理之動静成形,陰陽成象,猶太極之生兩儀,而一動一静,互為其根,一陰一陽,互藏其宅也。曰"五氣布四時行"也,言是理之由一而二,即由二而五,猶兩儀之生四象,而二老二少自成其變,四方四隅各得其位也。曰"乾道成男,坤道成女",二五流行,化生萬物也。言是理之行生發育,無際無量,氣化形化,形生氣生,無往而非乾坤之摩盪,六子之結撰,六十四卦、三百八十四爻之瀰漫而亭毒也。合而言之,萬物一太極也,"維天之命,於穆不已",大德敦化,為物不貳是也。分而言之,一物一太極也，乾道變化，各正性命，小德川流，生物不測是也。究之萬物，一五行也；五行，一陰陽也；陰陽，一太極也；太極，本無極也。所謂“上天之載，無聲無臭，不可以形跡求，不可以方所拘。無乎然而無乎不然，無乎不然而無乎然”者也。則試仰觀俯察，原始要終，凡有形有象皆氣也，二五萬物是也。凡所以形、所以象，皆理也，太極是也。所以形者無形，所以象者無象，無形者形形，無象者象象，形形者無形而無不形，象象者無象而無不象，則“無極而太極”，“太極本無極”之説也。理無欠缺，氣安有欠缺？理無歇息，氣安有歇息？至微至顯，即顯即微；至顯至微，即微即顯；無精無粗，亦即粗即精；無鉅無細，亦即細即鉅，其奥其妙不可以言詮，不可以意解，而實則凝目舉趾，觸處皆是，而正非有幽遠杳渺之難為測識者也。而或者疑無極之説近於二氏，以為出於陳希夷、穆伯長、李挺之輩之所傳，嘻抑誣矣。葢太極乃至無而至有，亦至有而至無者也。至無而至有，非佛氏之所謂無，至有而至無，非老氏之所謂有也。佛氏之所謂無，非吾之所謂無，老氏之所謂有，非吾之所謂有也。先天圖由一而二而四而八而六十四，太極圖由一而二而五而萬，洪範圖由一而三而九而八十一，數有多寡而理無同異，又何疑於周子繪圖、朱子立解之指乎？總而論之，太極非他，不過天地間極至之理而已。天得之為天，地得之為地，人物得之為人物，無有二也。而就其最切於人心者言之，葢是太極之理存之為五常之性，發之為四端之情，得之於心為德，行之於身為道，推而廣之，舉而措之天下之為事業。放之六合，用中有體，卷之寸靈，體中有用，時時在在。焉往而非是理之包涵條貫於其中哉？邵子曰“道為太極，心為太極”，朱子曰“心之動静是陰陽，所以動静是太極”，此體道之君子存養省察、明體達用，其功不可須臾之或離，而周子特為諄諄致謹於君子小人修吉悖凶之戒，而端有賴於聖人之主静立極、定之以中正仁義也。况人主膺圖涖宇，函三在宥，卷舒協四氣之和，動静彙百昌之祉，唯是得一以貞，乘六而御，清宫齋穆之中，明堂敷布之際，體乾行健，作則建中，務使宥密單心，無為至正，綏猷錫福，協應庶徵，則體全用備，登三咸五，求之心極而無餘事矣。《書》曰“皇建其有極，斂時五福，用敷錫厥庶民”，亦此意也夫！

［（清）張廷玉等編《皇清文潁》卷六　1449—500—6］

3. 先後天圖

伏羲八卦正位圖論

（宋）邵雍等

伏羲八卦正位圖

邵伯温曰："康節先君曰：'孔子曰："天地定位，山澤通氣，雷風相薄，水火不相射。"天地定位，則乾與坤對也；山澤通氣，則艮與兑對也；雷風相薄，則震與巽對也；水火不相射，則離與坎對也。乾之初交於坤之初得震，故為長男；坤之初交於乾之初得巽，故為長女。乾之二交於坤之二得坎，故為中男；坤之二交於乾之二得離，故為中女。乾之上交於坤之上得艮，故為少男；坤之上交於乾之上得兑，故為少女。乾坤，大父母也，故能生八卦；復姤，小父母也，故能生六十四卦。復之初九交於姤之初六得一陽，姤之初六交於復之初九得一陰；復之二交於姤之二得二陽，姤之二交於復之二得二陰；復之三交於姤之三得四陽，姤之三交於復之三得四陰；復之四交於姤之四得八陽，姤之四交於復之四得八陰；復之五交於姤之五得十六陽，姤之五交於復之五得十六陰；復之上交於姤之上得三十二陽，姤之上交於復之上得三十二陰。陰陽男女皆順行，所以生六十四卦也，此伏羲之《易》也。'

蔡氏《指要》曰："《大傳》曰：'天地定位，山澤通氣，雷風相薄，水火不相射，八卦相錯，數往者順，知來者逆，是故《易》，逆數也。'其法自子中至午中為陽，初四爻皆陽中，前一爻皆陰，後二爻皆陽，上一爻為陰，二爻為陽，三爻為陰，四爻為陽；自午中至子中為陰，初四爻皆陰中，前二爻為陽，後二爻為陰，上一爻為陽，二爻為陰，三爻為陽，四爻為陰；在陽中，上二爻則先陰而後陽，陽生於陰也，在陰中，上二爻則先陽而後陰，陰生於陽也。其叙始震終坤者，以陰陽消息為數也。”

［（宋）王霆震編《古文集成》卷六十三　1359—444—63］

先天六十四卦方圓圖論

（宋）邵雍等

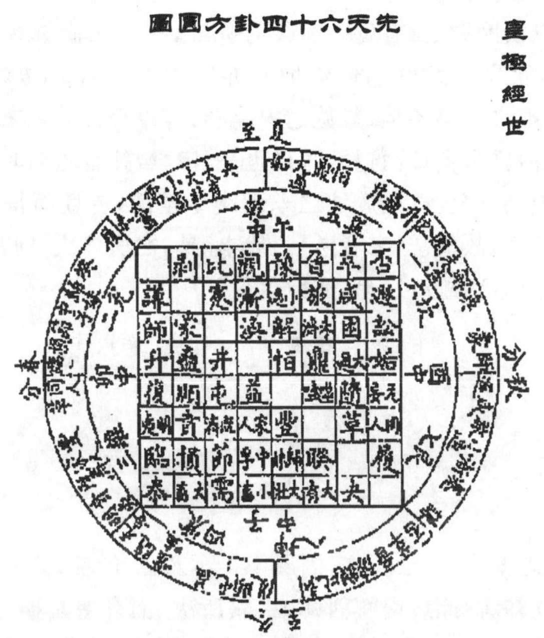

邵伯温曰：“先君曰：‘先天圖者，伏犧八卦也。’伏犧八卦，即有六十四卦，蓋上世聖人皆有易，作用不同，其道一也。今之《易經》，文王之易也，故謂之曰《周易》。伏犧之易，無文字語言，獨有卦畫次序而已，孔子於《繫辭》實述之矣，圓者為天，方者為地，天地之理皆在是也。”

朱文公曰：“右伏犧四圖，其説皆出於邵氏，蓋邵氏得之李之才挺之，挺之得之穆脩伯長，伯長得之希夷先生陳摶圖南者，所謂先天之學也。此圖圓布者，乾盡午中，坤盡子中，離盡卯中，坎盡酉中。陽生於子中，極於午中；陰生於午中，極於子中。其陽在南，其陰在北。方布者，乾始於西北，坤盡於東南，其陽在北，其陰在南。此二者陰陽對待之數，圓於外者為陽，方於中者為陰。圓者動而為天，

方者静而為地者也。”

天地定位，山澤通氣，雷風相薄，水火不相射，八卦相錯，數往者順，知來者逆，是故《易》逆數也。

雷以動之，風以散之，雨以潤之，日以烜之，艮以止之，兑以説之，乾以君之，坤以藏之。

邵子曰：“此一節明伏羲八卦也。八卦相錯者，明交相錯而成六十四也。數往者順，若順天而行，是左旋也，皆已生之卦也，故云數往也。知來者逆，若逆天而行，是右行也，皆未生之卦也，故云知來也。夫《易》之數，由逆而成矣。此一節直解圖意，若逆知四時之謂也。”

朱文公曰：“以横圖觀之，有乾一而後有兑二，有兑二而後有離三，有離三而後有震四，有震四而巽五、坎六、艮七、坤八亦以次而生焉，此《易》之所以成也。而圓圖之左方，自震之初為冬至，離兑之中為春分，以至於乾之末而交夏至焉，皆進而得其已生之卦，猶自今日而追數昨日也，故曰‘數往者順’；其右方，自巽之初為夏至，坎、艮之中為秋分，以至於坤之末而交冬至焉，皆進而得其未生之卦，猶自今日而逆計來日也，故曰‘知來者逆’。然本《易》之所以成，則其先後始終如横圖及圓圖右方之序而已，故曰‘《易》逆數也’。”

[（宋）王霆震編《古文集成》卷六十三　1359—448—63]

答林黄中

（宋）朱熹

誨喻縷縷，備悉樂章，必已得之，因風幸早示及。丘推參選未還，尚未得聞室户之誨。大抵所欲知者，此户南鄉西鄉，果安所决，而經傳實據，果安所取，不論傳授之有無也。邵氏先天之説，以鄙見窺之，如井蛙之議滄海，而高明直以不知而作斥之，則小大之不同量，有不可同年而語者，此熹之前書所以未敢輕效其愚，而姑少見其所疑也。示諭邵氏本以發明《易》道，而於《易》無所發明，熹則以為《易》之與道非有異也。易道既明，則《易》之為書，卦爻、象數皆在其中，不待論説，而自然可覩。若曰道明而書不白，則所謂道者，恐未得為道之真也。不審高明之意，果如何？其或文予而實不予，則熹請以邵氏之淺近疎略者言之，蓋一圖之内，太極、兩儀、四象、八卦生出，次第、位置、行列不待安排而粲然有序，以至於第四分而為十六，第五分而為三十二，第六分而為六十四，則其因而重之，亦不待用意推移，而與前之三分焉者，未嘗不脗合也。比之並累三陽以為乾，連疊三陰以為坤，然後以意交錯，而成六子。又先畫八卦於内，復畫八卦於外，以旋相加，而後得為六十四卦者,其出於天理之自然,與人為之造作蓋不同矣。况其高深閎闊,精密微妙,又有非熹之所能言者。今不之察,而遽以不知而作詆之,熹恐後之議今,猶今之議昔,是以竊為門下惜之,而不自知其言之僭《易》也。

[(宋)朱熹《晦庵集》卷三十七 1144—50—37]

荅袁機仲

(宋)朱熹

邵子曰:"太極既分,兩儀立矣,(此下四節通論伏羲六十四卦圓圖,此一節以第一爻而言,左一奇為陽,右一偶為陰,所謂兩儀者也。今此一奇為左三十二卦之初爻,一偶為右三十二卦之初爻,乃以累變而分,非本即有此六十四段也,後倣此。)陽上交於陰,陰下交於陽,而四象生矣。(此一節以第一爻生第二爻而言也。陽下之半上交於陰上之半,則生陰中第二爻之一奇一偶而為少陽太陰矣。陰上之半下交於陽下之半,則生陽中第二爻之一奇一偶而為太陽少陰矣。所謂'兩儀生四象'者也。太陽一奇今分為左上十六卦之第二爻,少陰一偶今分為右下十六卦之第二爻。少陽太陰其分放此,而初爻之二亦分為四矣。)陽交於陰,陰交於陽,而生天之四象;剛交於柔,柔交於剛,而生地之四象。(此一節以第二爻生第三爻言也。陽謂太陽,陰謂太陰,剛謂少陽,柔謂少陰。太陽之下半交於太陰之下半,則生太陰中第三爻之一奇一偶,而為艮與坤矣。太陰之上半交於太陽之下半,則生太陽中第三爻之一奇一偶,而為乾與兑矣。少陽之上半交於少陰之下半,則生少陰中第三爻之一奇一偶,而為離與震矣。少陰之下半交於少陽之上半,則生少陽中第三爻之一奇一偶,而為巽與坎矣。此所謂四象生八卦也。乾一奇,今分為八卦之第三爻;坤一偶,今分為八卦之第三爻。餘皆倣此。而初爻、二爻之四,今又分而為八矣。乾、兑、艮、坤生於二太,故為天之四象;離、震、巽、坎生於二少,故為地之四象。)八卦相錯,而後萬物生焉。(一卦之上,各加八卦以相間錯,則六十四卦成矣。然第三爻之相交,則生第四爻之一奇一偶,於是一奇一偶各為四卦之第四爻,而下三爻亦分為十六矣。第四爻又相交,則生第五爻之一奇一偶,於是一奇一偶各為二卦之第五爻,而下四爻亦分而為三十二矣。第五爻又相交,則生第六爻之一奇一偶,則一奇一偶各為一卦之第六爻,而下五爻亦分為六十四矣。蓋八卦相乘為六十四,而自三畫以上,三加一倍以至六畫,則三畫者亦加二倍而卦體横分,亦為六十四矣。其數殊塗,不約而會,如合符節,不差毫釐,正是《易》之妙處。)"此來教所引邵氏先生說也。今子細辨析奉呈,幸詳考之,方可見其曲折,未遽可輕議也。然此已是就六十四卦已成之後言之,故其先後多寡有難著語處。乍看極費分疏,猝然曉會不得。若要見得

聖人作《易》根原直截分明，却不如且看卷首橫圖，自始初只有兩畫時漸次看起，以至生滿六畫之後。其先後多寡既有次第而位置分明，不費詞說。於此看得，方見六十四卦全是天理自然挨排出來，聖人只是見得分明，便作依本畫出，元不曾用一毫智力添助。蓋本不煩智力之助，亦不容智力得以助於其間也。及至卦成之後，逆順縱橫，都成義理，千般萬種，其妙無窮，却在人看得如何，而各因所見為說，雖若各不相資，而實未嘗相悖也。蓋自初未有畫時說到六畫滿處者，邵子所謂先天之學也。卦成之後，各因一義推說，邵子所謂後天之學也。今來喻所引《繫辭》《說卦》三才六位之說，即所謂後天者也。先天、後天既各自為一義，而後天說中取義又多不同，彼此自不相妨，不可執一而廢百也。若執此說，必謂聖人初畫卦時只見一箇三才，便更不問事由，一連便掃出三畫，以擬其象，畫成之後，子細看來，見使不得，又旋劃擘，添出後一半截。此則全是私意杜撰補接，豈復更有易耶？來喻條目尚多，然其大節目不過如此。今但於此看破，則其餘小小未合處自當迎刃而解矣。故今不復悉辨以浼高明，伏幸財察。

［（宋）朱熹《晦庵集》卷三十八　1144—66—38］

答袁機仲別幅

（宋）朱熹

乾於文王八卦之位在西北，於十二卦之位在東南；坤於文王八卦之位在西南，於十二卦之位在西北。故今圖子列文王八卦於內，而布十二卦於外，以見彼此位置逈然不同，雖有善辨者不能合而一之也。然十二卦之說可曉而八卦之說難明，可曉者當推，難明者當闕。按圖以觀則可見矣。論十二卦則陽始於子而終於巳，陰始於午而終於亥。論四時之氣則陽始於寅而終於未，陰始於申而終於丑。此一說者雖若小差而所爭不過二位。蓋子位一陽雖生而未出乎地，至寅位泰卦則三陽之生方出地上，而溫厚之氣自此始焉。巳位乾卦六陽雖極而溫厚之氣未終，故午位一陰雖生而未害於陽，必至未位遯卦而後溫厚之氣始盡也。其午位陰已生而嚴凝之氣及申方始，亥位六陰雖極而嚴凝之氣至丑方盡，義亦倣此。蓋地中之氣難見而地上之氣易識，故周人以建子為正，雖得天統，而孔子之論為邦乃以夏時為正，蓋取其陰陽始終之著明也。按圖以推其說可見。

來喻謂《坤》之上六陽氣已生（其位在亥）。《乾》之上九陰氣已生（其位在巳）。以《剥》上九“碩果不食”“十月為陽月”之義推之，則《剥》卦上九之陽方盡而變為純坤之時，《坤》卦下爻已有陽氣生於其中矣。但一日之內、一晝之中方長得三十分之一，必積之一月，然後始滿一畫而為復，方是一陽之生耳。《夬》之一陰為乾、為遇，義亦同此。（來喻雖有是説而未詳密，故為推之如此。）蓋論其始生之微，固已可名於陰陽，然便以此為陰陽之限，則其方盛者未替，而所占不啻卦内六分之五；方生者甚微，而所占未及卦内六分之一。所以未可截自此處而分陰陽也。此乃十二卦中之一義，與復、遇之説理本不殊，但數變之後方説得到此，不可攙先輥説，亂了正意耳。

來諭又謂："冬春為陽，夏秋為陰。以文王八卦論之，則自西北之乾以至東方之震，皆父與三男之位也；自東南之巽以至西方之兑，皆母與三女之位也。故坤、蹇、解卦之彖辭，皆以東北為陽方，西南為陰方，然則謂冬春為陽，夏秋為陰，亦是一説。但《説卦》又以乾為西北則陰有不盡乎西，以巽為東南則陽有不盡乎東，又與三卦彖辭小不同。（此亦以來書之説推之，而《説卦》之文適與彖辭相為表裏，亦可以見此圖之出於文王也。）但此自是一説，與他説如十二卦之類，各不相通耳。

來喻以東南之温厚為仁，西北之嚴凝為義，此《鄉飲酒義》之言也。然本其言，雖分仁義而無陰陽柔剛之别，但於其後復有陽氣發於東方之説，則固以仁為屬乎陽，而義之當屬乎陰，從可推矣。來喻乃不察此，而必欲以仁為柔、以義為剛。此既失之，而又病夫柔之不可屬乎陽、剛之不可屬乎陰也，於是彊以温厚為柔、嚴凝為剛。又移北之陰以就南，而使主乎仁之柔；移南之陽以就北，而使主乎義之剛。其於方位氣候悉反易之，而其所以為説者率皆參差乖迕而不可合。又使東北之為陽、西南之為陰，亦皆得其半而失其半。愚於圖子已具見其失矣。蓋嘗論之，陽主進而陰主退，陽主息而陰主消。進而息者其氣彊，退而消者其氣弱，此陰陽之所以為柔剛也。陽剛温厚，居東南，主春夏，而以作長為事；陰柔嚴凝，居西北，主秋冬，而以斂藏為事。作長為生，斂藏為殺，此剛柔之所以為仁義也。以此觀之，則陰陽、剛柔、仁義之位豈不曉然？而彼楊子雲之所謂於仁也柔、於義也剛者，乃自其用處之末流言之。蓋亦所謂陽中之陰、陰中之陽，固不妨自為一義，但不可以雜乎此而論之爾。向日妙湛蓋嘗面禀《易》中卦位義理層數甚多，自有次第，逐層各是一箇體面，不可牽彊合為一説。學者須是旋次理會，理會上層之時，未要攪動下層，直待理會得上層都透徹了，又却輕輕揭起下層理會將去。當時雖似遲鈍，不快人意，然積累之久，層層都了却，自見得許多條理，千差萬别，各有歸著，豈不快哉？若不問淺深、不分前後，輥成一塊，合成一説，則彼此相妨，令人分疏不下，徒自紛紛成鹵莽矣。此是平生讀書已試之效，不但讀《易》為然也。前書所論仁、義、禮、智分屬五行四時，此是先儒舊説，未可輕詆。今者來書雖不及之，然此大義也，或恐前書有所未盡，不可不究其説。蓋天地之間，一氣而已，分陰分陽，便是兩物，故陽為仁而陰為義。然陰陽又各分而為二，故陽之初為木，為春，為仁，陽之盛為火，為夏，為禮；陰之初為金，為秋，為義，陰之極為水，為冬，為智。蓋仁之惻隱方自中出，而禮之恭敬則已盡發於外；義之羞惡方自外入，

而智之是非則已全伏於中。故其象類如此，非是假合附會。若能默會於心，便自可見。元、亨、利、貞其理亦然，《文言》取類，尤為明白，非區區今日之臆説也。五行之中，四者既各有所屬，而土居中宫，為四行之地、四時之主。在人則為信，為真實之義，而為四德之地、衆善之主也。（五聲，五色，五味，五臭，五藏，五虫，其分放此。）蓋天人一物，内外一理，流通貫徹，初無間隔。若不見得，則雖生於天地間，而不知所以為天地之理；雖有人之形貌，而亦不知所以為人之理矣。故此一義切於吾身，比前數段尤為要緊，非但小節目而已也。

［（宋）朱熹《晦庵集》卷三十八　1144—72—38］

答葉永卿

（宋）朱熹

先天之説昨已報商伯矣，來喻亦推得行，然皆未能究其緼。須先將六十四卦作一横圖，則震、巽復遇正在中間。先自震復而却行以至於乾，乃自巽、姤而順行以至於坤，便成圜圖，而春夏秋冬、晦朔弦望、晝夜昏旦皆有次第，此作圖之大旨也。又左方百九十二爻本皆陽，右方百九十二爻本皆陰，乃以對望交相博易而成此圖，若不從中起以向兩端，而但從頭至尾，則此等類皆不可通矣。試用此意推之，當自見得也。

［（宋）朱熹《晦庵集》卷五十二　1144—577—52］

先天圖説

（宋）陳淳

昔者伏羲氏之作《易》也，始畫八卦，又因而重之爲六十四，莫非其理氣象數之自然而然，初無一毫智慮增損於其間。自孔子以來莫有明其意者，類皆[①]以爲伏羲止於八，而文王六十四。至我朝邵康節先生始[②]得其説於《大傳》之文，遂爲之圖，名之曰“先天”，以發伏羲氏之蘊[③]。今觀《大傳》曰：“易有太極，是生兩儀，兩儀生四象，四象生八卦。”此正吾夫子發明六十四卦氣畫之所由以生者。《説卦》曰：“天地定位，山澤通氣，雷風相薄，水火不相射，八卦相錯，數往者順，知來

① “類皆”二字原闕，據明抄本《北溪大全集》補。

② “始”字原闕，據明抄本《北溪大全集》補。

③ “之蘊”二字原闕，據明抄本《北溪大全集》補。

者逆。"此又吾夫子發明六十四卦圖像之[1]所由以寓者也。蓋自太極之判，始生一奇一偶，而為一畫者二，是之謂兩[2]儀。又自兩儀之上，各生一奇一耦，分之而爲二畫者，四是之爲四象，其位則太陽一，少陰二，少陽三，太陰四。又自四象之上，各生一奇一耦，分之而爲三畫者八，於是乎八卦之名立，而其位則乾一、兑二、離三、震四、巽五、坎六、艮七、坤八。自是而往，又自八卦之上各生一奇一耦，分之而爲四畫者十有六，是爲兩儀之上復加八卦，八卦之上復加兩儀。又自四畫之上各生一奇一耦，分之而為五畫者三十有二，是爲四象之上復加八卦，而八卦之上復加四象。又自五畫之上各生一奇一耦，分之而爲六畫者六十四，於是乎六十四卦之名以備，而《易》道渾然天成矣。是固不容以贅一，而亦不容以歛一於其中，所謂乾一而至坤八者，又依然有自然之序，在下則每卦之爲體者各八，昭然布列於八位之内，一周而不亂也；在上則每卦之重體者各一，粲然迭錯於六十四體之上，八周而不紊也。合二體而言，則重乾又居其一，重兑又居其二，重離又居其三，重震又居其四，重巽又居其五，重坎又居其六，重艮又居其七，重坤又居其八，亦無往而不得其序者，以是而為圓圖，則其一亦自乾體之八，重卦居於南之東；其二則兑體之八，重卦居於東之南；其三則離體之八，重卦居於東之北；其四則震體之八，重卦居於北之東；其五則巽體之八，重卦居於南之西；其六則坎體之八，重卦居於西之南；其七則艮體之八，重卦居於西之北；其八則坤體之八，重卦居於北之西。自一而四依然序於其左，自五而八依然序於其右，合左右八八循環相次，震而離，離而兑，兑而乾，乾而巽，巽而坎，坎而艮，艮而坤，坤而復震。而重乾居於正南，重坤配於正北，則定天地上下之位也；重離居於東，重坎配於西，則列日月左右之門也；重震居於東北，重巽配於西南，則雷風啓閉之候也；重艮居於西北，重兑配於東南，則山澤高卑之象也。左爲陽也，始於復而終於乾；右為陰也，始於遇而終於坤。復之爲卦也，在震之八，是爲冬至，一陽之生而起於正北之分，而東至離兑之中則爲春分，正東至乾之一，則四月六陽之極，又所以爲陰之父，生長女而爲遇焉。遇之爲卦也，在巽之一是爲夏至，一陰之萌而起於正南之分，而西至坎艮之中則爲秋分，正西至坤之八，則十月六陰之極，又所以爲陽之母，復孕長男而爲復焉。故自復而之乾，則皆其所以生之卦而爲"數往者順"，自遇而之坤，則皆其所未生之卦，而為"知來者逆"。在震，則始交陰而陽生，其陰尚多也，故二十陽而二十八陰。兑、離則陽長而陰少也，故二十八陽而二十陰。至於乾則陽盛而陰微矣，故三十六陽而十二陰。在巽則始消陽而陰生，其陽尚多也，故二十陰而二十八陽。坎、艮則陰長而陽少也，故二十八陰而二十陽。至於坤則陰盛

① "圖像之"三字原闕，據明抄本《北溪大全集》補。

② 自"蓋自太極之判"至"是之謂兩"原闕，據明抄本《北溪大全集》補。

而陽微矣，故三十六陰而十二陽。自震而乾，皆其在天之属，總之凡百一十有二陽而八十陰，其陽爲生而陰爲退也，則陰而亦莫非陽也。自巽而坤皆其在地之属，凡百一十有二陰而八十陽，其陰為生而陽為退也，則陽而亦莫非陰也。陽在陽中，則自一而六皆順行；在陰中，則其行逆矣。陰在陰中，則自一而六亦皆順行；在陽中，則其行逆矣。總六畫而觀之，自上之一畫則爲一陰一陽之相間，二畫則倍之而爲二陰二陽之相間，三畫則又倍之而爲四陰四陽之相間，四畫則又倍之而又爲八陰八陽之相間，五畫則又倍之而爲十六陰十六陽之相間，六畫則又倍之而爲三十二陰三十二陽之相間。又自下而推之，則兩儀之上生四象，四象之上生八卦也；又自外而反之，則兩儀之内包四象，四象之内包八卦也；又分而言之，則兩儀之相乘其六，自内一畫則陰陽之二，其列而爲兩儀者一；二畫則陰陽之四，其列而爲兩儀者二；三畫則陰陽之八，其列而爲兩儀者四；四畫則陰陽之十六，其列而爲兩儀者八；五畫則陰陽之三十二，其列而爲兩儀者十有六；六畫則陰陽六十四，而爲兩儀者三十二。四象之相乘其三，自下二畫則列而爲四象者一，中二畫則列而爲四象者四，上二畫則列而爲四象者十有六。八卦之相乘其二，自下三畫則爲八卦者一，上三畫則爲八卦者八也。又統而言之，則左皆陽長而屬乎天，右皆陰生而屬乎地，而通爲一兩儀也。震離陽長而方少，兑乾陽盛而之老，巽坎陰長而方少，艮坤陰盛而之老，而通爲一四象也。乾之八卦皆曰乾，兑之八卦皆曰兑，離之八卦皆曰離，震之八卦皆曰震，巽之八卦皆曰巽，坎之八卦皆曰坎，艮之八卦皆曰艮，坤之八卦皆曰坤，而通為一八卦也。又合兩儀、四象、八卦而會於一體，則周環無端，又渾然一太極也。若又以是爲方圖，語其八經卦之生，自乾一而至坤八，則由下而上而八位皆同其生者也。語其八經卦之乘，自乾一而至坤八，則由右而左而八位皆同其乘者也。又語其八重體之縱，則右自一八，又皆屬乎乾，而重乾又居其一之一；其次二八又皆屬乎兑，而重兑又居其二之二；其次三八又皆屬乎離，而重離又居其三之三；其次四八又皆屬乎震，而重震又居其四之四；其次五八又皆屬乎巽，而重巽又居其五之五；其次六八又皆屬乎坎，而重坎又居其六之六；其次七八又皆属乎艮，而重艮又居其七之七；其次八八又皆屬乎坤，而重坤又居其八之八。又語其八重體之横，則下自一八亦皆屬乎乾，而重乾亦居其一之一；其次二八亦皆屬乎兑，而重兑亦居其二之二；其次三八亦皆屬乎離，而重離亦居其三之三；其次四八亦皆屬乎震，而重震亦居其四之四；其次五八亦皆屬乎巽，而重巽亦居其五之五；其次六八亦皆屬乎坎，而重坎亦居其六之六；其次七八亦皆屬乎艮，而重艮亦居其七之七；其次八八亦皆屬乎坤，而重坤亦居其八之八。又旁通而曲暢之，自下左而之右上皆屬乾，以交乎坤；自上右而之左下皆屬坤，以交乎乾，則又天地包含交泰之義也。次下二左而之次右二上皆屬兑，以交乎艮；次上二右而之次左二下皆屬艮，以交乎兑，則又山澤相通於四隅也。次下三左而之次右三上皆屬離，以交乎坎；次上三右而之次左三下皆屬坎，以交乎離，與其中四卦爲震巽之交，則又水火雷風之相盪蕩於其間者也。方圓曲直，分合錯綜，至纖至悉，千變萬化，而天理自然之妙，無往而不然，初不容人力之牽合布置者，是則八卦雖伏羲之所畫，而非伏羲之所自畫也，六十四卦雖伏羲之所重，而非伏羲之所自重也。當時文字未立而天地人事萬物之理無不炳燦於其中，使人觀其象而玩其占，莫不心喻而理得矣。是所以爲伏羲之《易》。蓋至於夏之《連山》，首以艮，商之歸藏，首以坤，遂皆因之為六十四卦。至文王之蒙大難也，則又取伏羲之六十四者而衍之，首於乾坤以定君臣之分，終於未濟以盡人事之脩，又於每卦之下係之以辭謂之彖，亦謂之繇，至周公則又謂之六爻。遞相發明，至吾夫子則又爲《上彖》《下彖》，以釋文王之辭爲《大象》，以釋伏羲之畫爲《小象》，以釋周公之文又爲《文言》，爲上下《繫》，爲《説卦》，爲《序卦》，爲《雜卦》，極其明辨而詳著之，謂之《十翼》。蓋歷三古四聖而《易》道於是乎大備矣，其實則文王、周公、孔子之辭，又皆不外乎羲畫之意也。

［（宋）陳淳《北溪大全集》卷十一　1168—585—11］

後天圖説

（宋）陳淳

伏羲之《易》，先天學也。文王之《易》，後天學也。先天之卦以乾居南，坤居北，離居東，坎居西，震居東北，巽居西南，艮居西北，兑居東南，乾坤縱而六子橫者，此《易》之所由本也。後天之卦以離居南，坎居北，震居東，兑居西，乾居西北，坤居西南，艮居東北，巽居東南，震兑橫而六卦縱者，此《易》之所以爲用也。夫先天之所由本者如彼，而後天變而爲用者乃如此，其故何也？蓋乾本生於子而成於午，坤本生於午而成於子，故乾南而坤北者，天地之成位也。及其交則乾反其所生於北，坤反其所生於南，於是乎爲泰矣。然乾者陽之極而爲父，坤者陰之極而爲母，父母老則退不用之地，此其再變也。乾所以退乎西北而坤所以退乎西南也。離本升於東，坎本升於西，此日月之常度也。及其交則東者自上而西，西者自下而東，於是乎爲既濟矣。然坎者乾之中男也，離者坤之中女也，父母既退則男女得位，此其再變也。坎所以得乾位於北，而離所以得坤位於南也。震為陽生也，本起於東北，巽爲陰萌也，本伏於西南。然震者乾之長男也，巽者坤之長女也。乾既退則長男當進而用事以主發生之權，坤既退則長女當出而代母以司長養之職，此震所以居東而巽所以居東南也。艮爲山也，本高於西北，兑爲澤也，本傾於東南。然艮者乾之少男也，兑者坤之少女也。乾既退則少男當出附於震之後以習其生，坤既退則少女當反侍於坤之側以成其養，此艮所以居東北而兑所以居西也。坎、離、震、兑四者皆當四方之正位而爲用事之卦也。乾、坤、艮、巽四者當四隅不正之位，乾坤則不用而艮巽則用之偏也。震、艮、坎三男者，皆相從以承乾，而任父事於前也；巽、離、兑三女者，皆相與以夾坤，而輔母儀於左右也。其爲序則始於震，震而巽，巽而離，離而坤，坤而兑，兑而乾，乾而坎，以終於艮也。以其義言之，則爲萬物出乎震，齊乎巽，相見乎離，致役乎坤，説乎兑，戰乎乾，勞乎坎，成乎艮也。此吾夫子之所已發明於《大傳》之文，而非康節臆度而强爲之也。

［（宋）陳淳《北溪大全集》卷十一　1168—589—11］

答郭子從問目——問先天後天説

（宋）陳淳

來説發明先天，大義未出，從乾至震以下分别逆順，又雜亂不可曉。據《繫辭》"易有太極"及"天地定位"二章，最是緊要處，於以見《易》之象數次第，全是天然，特假伏羲手畫出来，無一點智力造作。至其為圓圖則陰陽消長布置，又全與天地造化自然者相契合，無纖毫出聖人私意，最可深玩。聖人作《易》本原精微之義。若逆順之説，則在《啓蒙》《本義》，解釋已極分明，恐讀之未詳，請更子細消悉。後天之説則已詳明矣，當敬承教益。

［（宋）陳淳《北溪大全集》卷三十六　1168—784—36］

與宋東山書

（宋）陽枋

《啟蒙》先天三畫八卦圖説，所謂四正，乃東、南、西、北四方為四正，故乾、坤、坎、離為四正卦，兑、震、艮、巽便不是四正了。其乾、坤、坎、離謂之四正者，翻來倒去，一卦只是一卦，變易不得，故曰四正。其震倒便是艮，巽倒便是兑，所以大過、中孚、頤、小過便是兩卦翻轉作的，便與乾、坤、坎、離不同。又中孚是厚畫的離，頤是大的離，小過是厚畫的坎，大過是大的坎，則四卦又是坎離之變。乾坤變不得，所以為大父母，到這裏坎離便不是乾坤矣。兩圖方位似亦各有意，未容便咎覆梓之誤也。文定八卦只言"巽艮半用，乾坤不用"，與文公"坤猶半用，乾全不用"不同，抑别有見乎？

［（宋）陽枋《字溪集》卷四　1183—303—4］

先天圖説

（元）郝經

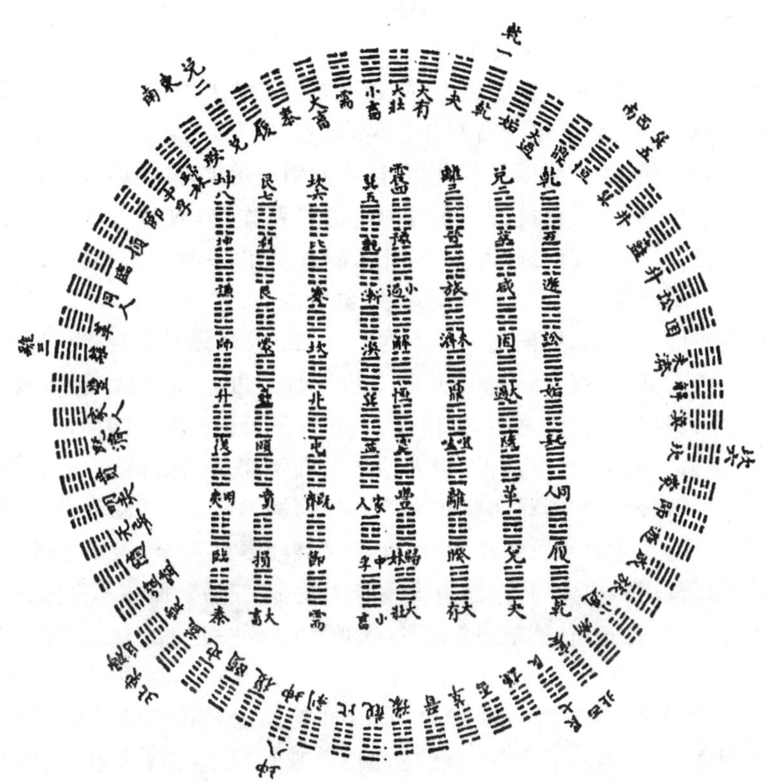

先儒謂康節先生得是圖於李之才，之才得之於穆脩，脩得之於希夷先生陳摶。葢自宓犧氏畫卦已具此圖而未為之圖，其意言象數，心傳口授，至希夷而傳諸其徒，至康節而遂為之圖，示之人而筆之書爾。其圖自圓而方，有畫無文，其制作本意則具於《皇極經世》書《觀物》諸篇，其言論風旨則凡而不目。曰圖雖無文，吾終日言而未嘗離，葢天地萬物之理盡在其中矣；曰先天之學，心也，後天之學，迹也，出入有無生死之間，道也；曰先天之學主乎誠，至誠可以通神，不誠不可以得道；曰先天圖者，環中也，有是數語而已，葢引而不發，欲學者潛心究意以求心法，知天地萬物不外此心。無畫之卦，無體之易，無方之神，盡在於是，則圖亦為筌蹄矣。經自束髮問學，即以是圖心觀意會，迄今二十餘年，始則見黑白於紙上，

後乃見動静於心中，涵茹既久，推而放之，則見開闔於天地，參錯於萬物，變化於鬼神，重重相因，井井不紊，死生消息，莫非自然反之於心，會為一圖，乃申而為之説，以明先生之意云。

按：《乾》之《文言》曰："大人者與天地合其德，與日月合其明，與四時合其序，與鬼神合其吉凶，先天而天弗違，後天而奉天時。"先天之文昉乎此，仲尼以之贊大人也。先生之學，大人之學也，以為能造天地者太極，能先天地者此心也，盡心窮理，與道不違，默執左契，無往不合。我亦一太極，亦能造一天地。於是謂畫前有《易》而以先天名圖，先天即太極也，故濂溪先生則圖太極，先生則圖先天，其原則皆本於《河圖》。昔者宓犧氏當制作之時，將造書契以代結繩，開斯文之統，作《易》以明道，面[而]目太極以為萬世用，則必假物以示象，於是因《河圖》而畫卦，仲尼曰："河不出《圖》，吾已矣夫。"言雖無圖亦當制作也，故伊川見賣兔者，謂此兔亦可作八卦。宓犧見《河圖》而畫卦，孔子感麟而作《春秋》，取神物之至著者以發端爾。故有理而後有象，有象而後有數，象數既具，理在其中，而當其可，即物而皆可畫也。前乎宓犧，豈無聖人？不當其可，雖有《河圖》而弗畫也；後乎宓犧，豈無聖人？不當其可，復有《河圖》亦弗畫也。當其可而圖出焉，則宓犧所不得辭，是以畫之以為大經大法之始，雖曰後天，其實先天也。然不知何以為圖、何以為畫。按《大傳》"河出圖，洛出書，聖人則之"，而不言其何者為圖、何者為書、何以為則。《書・顧命》謂"天球河圖在東序"，則河圖乃一物，歷代以為寶，然亦不知其為何物。與其圖之所以制作度數，孔子又嘗嘆鳳鳥不至，河不出圖，終不知其所以為畫，所以為卦。《周官》雖有太卜筮人並言"三易"，而亦不言圖書之所以為卦。由漢以來，孔安國、劉歆、關朗謂《大傳》之"天一地二，天三地四，天五地六，天七地八，天九地十"為《河圖》，去十用九而為《洛書》，遂以《河圖》為八卦，《洛書》為九疇，而《大傳》與《書》皆無明文，亦無點誌。孔子則並稱《河圖》《洛書》，聖人則之，不別為八卦九疇。然《河圖》之數凡五十五，《洛書》之數凡四十五，而《河圖》十位，《洛書》九位，不知其何以畫三卦八，重而為六，錯綜為六十四。若以位言，則去九與十，而一二三四五六七八，合夫乾兑離震巽坎艮坤之序。然不知其所以為卦，所以為畫，雖為推衍湊定，不免牽合，不能合夫畫三卦八之所以然。若以生成之數而言，則一六為水，二七為火，三八為木，四九為金，五十為土，秖成五行而無八卦，亦無三畫。若以五十為衍母，一九為衍數，則揲蓍求卦之法非按圖畫卦之本。《河圖》卦之本數，蓍策擬卦之數，故謂之衍，謂之象，謂之"參天兩地而擬數"。衍則推之，象則放之，擬則比之也。蓍策出於卦畫，非卦畫出於蓍策也。夫神生數，數生象，象生畫，畫生卦，而後蓍贊神，神藴象，象成數，數成畫，畫成卦，十有八變而成卦，八卦而小成，六十四而大成，故卦畫非點誌之牽合，《河圖》之象固有之，宓犧因而畫之也。

按《大傳》曰:"《易》者,象也。象也者,像此者也。"圖則圖像云耳。《易》之為畫象,河圖之像也。夫道有一即有二,二者一之耦也。至於三四五六七八九十,皆本然之一二至十而終之耳,至於百千萬億皆是也。故有静即有動,有陰即有陽,有奇即有耦,死為生根,實為虚形,地為天體,月為日魄,莫不兩兩對待以成變化,而後生生不窮,所以為《易》也。故《大傳》謂"天一地二,天三地四,天五地六,天七地八,天九地十,天數五,地數五,五位相得而各有合,天數二十有五,地數三十,凡天地之數五十有五,此所以成變化而行鬼神也",即河圖本然,天地相錯,初無點誌,亦無文字,秖如是耳。

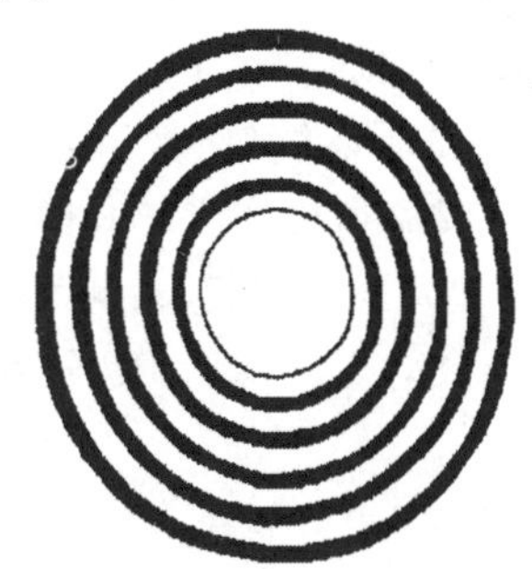

天地象數卦畫蓍策皆具其中。太極為道之物,主静而本陰,以静生動,以陰含陽,故此○即太極,所謂天地之中也。從中因起,以一具兩,一奇為陽◎,三耦為陰○。陽旋轉而上而為天,陰翕聚而下而為地。相銜相次,兩兩相因,各環乎中。内則參天兩地而為五,外則參地兩天而為十。於是一三五之間而有二四,以奇兼耦,天中有地,而陽根陰。六八十之間而有七九,以耦兼奇,地中有天,而陰根陽。參天兩地,則陰從陽,參地兩天,則陽從陰。於是參伍錯綜,互相依附。陽伏乎陰,陰伏乎陽。天依乎地,地依乎天。陰陽相為倚伏,天地互相依附。陽變陰化,天推地盪。開闔聚散,擺拉旋轉。人與萬物莫不各具一天地,以本太極,三才兼兩,卦畫自成,不假作為而莫非自然。故一三五之三天而自為乾,二四六之三地而自為坤。一天依二地而自為震,一地依二天而自為巽。二天間一地而自為離,二地間一天而自為坎。二天依一地而自為兑,二地依一天而自為艮。太極動而生陽,一變為天,自子變而進,信而為神,繼道成性,左旋行健,故一天為震,二天為離兑,三天為乾。至午則極奇而窮,上静而生陰,二化為地。自午化而退,屈而為鬼,歸根復命,右轉處順,故一地為巽,二地為坎艮,三地為坤,至子極耦而窮下,故一奇一耦合而為三,錯綜天地為《易》真數。陽卦則天包乎地,陰卦則地包乎天,三奇三耦,自成本然。三畫奇耦相參,自成本然,六位重卦已在其間矣。又益之以兩而天地各五者,所以極數之終,著重卦之六為蓍策之本也。太極不動而居中,則不用之一也。非不用之一無以為有用之兩,故五天五地各一太極

而為六。太極則成始之一，十則成終之一。天地之數各五，而不用者各一，故一與十如初上，其四則中爻也。乾知太始，故有一而無十；坤作成物，故有十而無一。分而言之，内各具天地之三，因一以生三；外各因天地之三，加兩以成三。合而言之，天無十，因地以成十；地無一，因天以為一。於是乎，竒因十以成耦，耦因一以成竒。始則陽因陽，陰因陰；終則陽因陰，陰因陽。重重相因，從中因出，如水之漣漪，卵之渾淪，而無間斷。道之體用備内外，合胷而為一，别而為兩，畫三卦八重而為六，錯綜而為六十四。《易》於是乎與天地準矣。故《大傳》復曰"參伍以變，錯綜其數。通其變，遂成天地之文；極其數，遂定天下之象"。極道之變所以為《易》，固無點誌之牽合也。此則《河圖》之本然，卦畫之具體，具在而未畫未分也。故《大傳》復明畫三卦八之所以然，曰："《易》有太極，是生兩儀，兩儀生四象，四象生八卦，八卦定吉凶，吉凶生大業。"夫太極，一也。非一莫能生兩，故太極以一具兩為《易》之樞機，天地萬物之根柢，旋轉而生，生而又生，所以為《易》而為竒耦之原也。故一分而為二，二分為四，四分為八，别圖定象，其序如此。

坤八 艮七 坎六 巽五 震四 離三 兌二 乾一
八卦 四象 兩儀

其下之如此○者，即圖中之太極以一具兩者也，所以動而生陽為此也◎，静而生陰為此也○◎。此即為竒，此即為耦，故太極生兩儀，乃圖之天一地二也。動静相根，陰陽相乘，竒耦相因，生而又生。一陽一陰，生氣而本陽；一剛一柔，生質而本陰。故兩而又兩，兩儀生四象，乃圖之天三地四也。陰陽之氣各有太少，於是為太陽太陰，少陽少陰；剛柔之質，亦各有太少，於是為少剛少柔，太剛太柔。故四而復四，四象生八卦。乃圖之天五地六也。衹加一倍分而錯之耳。於是分圖立畫，

坤八 艮七 坎六 巽五 震四 離三 兌二 乾一
太柔 太剛 少柔 少剛 少陰 少陽 太陰 太陽
八卦
柔 剛 陰 陽
四象
耦 兩儀 竒
静 動
極 太

以天之一二三、地之二四六，相交相合為兩儀、四象、八卦之以次縱加横分，分而為三，定易之真數，别為上中下，以象天地人，於是道生一，一生二，二生三，各以兩抱一，成變化，行鬼神，定吉凶，生大業，而發育萬物，開闔天地者如此，為畫而為陽剛者如此，為畫而為陰柔。自二而四，自四而八，三變而成竒耦，三畫自

具,八卦遂盡三天三地之變乃分圖立卦。

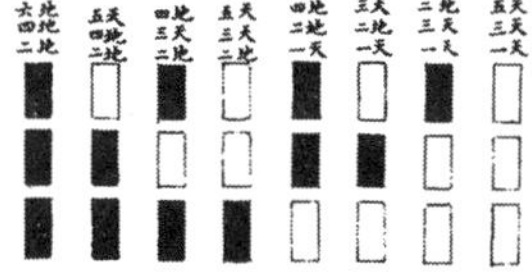

三天純奇曰乾☰,二天依一地復奇而耦曰兌☱,二天間一地,奇耦而奇曰離☲,一天依二地,奇而復耦曰震☳,一地依二天,耦而復奇曰巽☴,二地間一天耦,奇而耦曰坎☵,二地依一天,復耦而奇曰艮☶,三地純耦曰坤☷,遂畫為☰☱☲☳☴☵☶☷之卦,卦於是乎小成。復於一卦之上各加之八,八卦相錯而為六十四,卦於是乎大成。是以小成因大成,大成因小成,各具天地之中。太極為奇耦之中,三為五中,五為十中,具備天地之數而成六爻,不假作為而莫非自然。於是畫三卦八,開闢一天地,推出無窮天地,蘊藏無窮天地。小成之八,大成之六十四。小衍之十,大衍之五十。天數二十五,合而為五十;地數三十,合而為六十。五十為蓍數,其德圓如天;六十為卦數,其德方如地。六乾之六為三十六,為乾之策;四坤之六為二十四,為坤之策。一二三四五為奇卦之策,六七八九十為揲扐之策。七七四十九為蓍之用以象天,其一為不用之用以象太極;八八六十四為卦之體以象地,其四為不易之體以象太極。始於奇耦一天地,終於蓍卦一天地。故卦畫重卦蓍策,無不備於《河圖》,著乎八卦之中矣,此宓犧氏之所以聖也。及周文王一卦之上遂各加八而遂重之,因其本然而無我,其間兩兩而重,分為上下,著其義而為之名,繫之辭以明其理,兩兩反對以示其變,以連山起艮,歸藏起坤,皆非《河圖》天地之固有,乃首乾坤而命之為《易》。易,變易也,所以變易宓犧之卦,盡道之變而為萬世之用也,故為

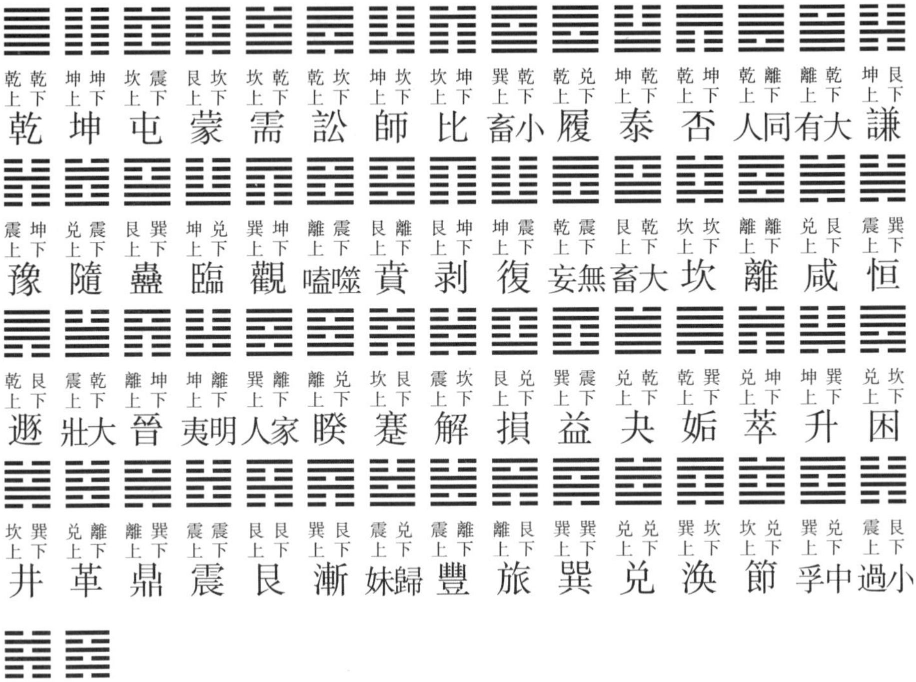

乾上乾下 乾　坤上坤下 坤　坎上震下 屯　艮上坎下 蒙　坎上乾下 需　乾上坎下 訟　坤上坎下 師　坎上坤下 比　巽上乾下 小畜　乾上兑下 履　坤上乾下 泰　乾上坤下 否　乾上離下 同人　離上乾下 大有　坤上艮下 謙

震上坤下 豫　兑上震下 隨　艮上巽下 蠱　坤上兑下 臨　巽上坤下 觀　離上震下 噬嗑　艮上離下 賁　艮上坤下 剥　坤上震下 復　乾上震下 無妄　艮上乾下 大畜　坎上坎下 坎　離上離下 離　兑上艮下 咸　震上巽下 恒

乾上艮下 遯　震上乾下 大壯　離上坤下 晉　坤上離下 明夷　巽上離下 家人　離上兑下 睽　坎上艮下 蹇　震上坎下 解　艮上兑下 損　巽上震下 益　兑上乾下 夬　乾上巽下 姤　兑上坤下 萃　坤上巽下 升　兑上坎下 困

坎上巽下 井　兑上離下 革　離上巽下 鼎　震上震下 震　艮上艮下 艮　巽上艮下 漸　震上兑下 歸妹　震上離下 豐　離上艮下 旅　巽上巽下 巽　兑上兑下 兑　巽上坎下 涣　坎上兑下 節　巽上兑下 中孚　震上艮下 小過

坎上離下 既濟　離上坎下 未濟

六十四卦。分為二篇，上經起於乾坤，終於坎離；下經起於咸恒，終於未濟。雖皆本於八卦，由其變動綜錯，故其位置不同。仲尼贊《易》乃於“天一地二”“易有太極”，明宓犧畫卦之本，而皆倍起，一本於數。於“天地定位，山澤通氣，雷風相薄，水火不相射”，明宓犧八卦之位，則乾上坤下，離東坎西，兑東南，艮西北，震東北，巽西南，由乾而左則乾一、兑二、離三、震四，由巽而右則巽五、坎六、艮七、坤八，分而為二，而皆反對。於《序卦》“有天地然後有萬物，有男女然後有夫婦”，明文王重卦之序，亦分而為二，而皆反對。於“帝出乎震，齊乎巽，相見乎離，致役乎坤，説言乎兑，戰乎乾，勞乎坎，成言乎艮”，明文王八卦之位則乾西北，坎正北，艮東北，震正東，巽東南，離正南，坤西南，兑正西，乾統三男，坤統三女，退位錯處，以用為位，而不反對。然而自宓犧畫卦而畫前之《易》始著，自文王重卦而畫後之《易》始備，於是宓犧之卦不復特見而盡為《周易》矣。蓋宓犧之卦即有文王之重，文王之重舉是宓犧之卦，故仲尼謂宓犧之罔罟佃漁則取諸離，神農之耒耨之利則取諸益，黄帝堯舜之垂衣裳則取諸乾坤，未嘗重卦已有其象，故又謂八卦成列，象在其中，因而重之，爻在其中。則易，宓犧之先天；八卦，乃文王之先天；重卦，乃周孔之先天。故周公為爻辭，孔子作十翼，以聖繼聖，不敢舍犧文而自為，殆天下之理不能外夫是矣。其後揚雄為《太玄》，關朗為《洞極》，司馬光為《潛虛》，皆以準《易》。而不由犧文，卒皆重複造鑿。雖揚雄之《太玄》得數之理，而方州部家一定而不易，不能如八卦之可以錯綜為卦，從横成象，而不離奇耦二畫之本然，是以不免於屋下架屋、牀上疊牀之譏矣。至康節先生出此圖，脗合犧文之卦，自其重而觀之，則皆文王之卦也，自其純而觀之，則皆宓犧之卦也。自一卦而為八，則皆始畫之序也。合八卦而為圖，則皆河圖之位也。故圓圖其始分，河圖之數未分，畫重卦則有此圖，

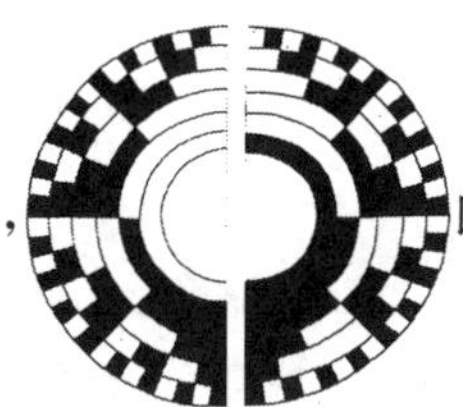

以著固有。故“《易》有太極”，即所謂環中與心也。乃圖之中虛者，此也。

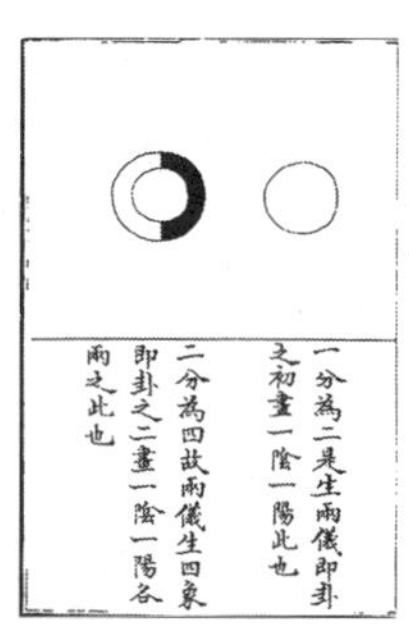

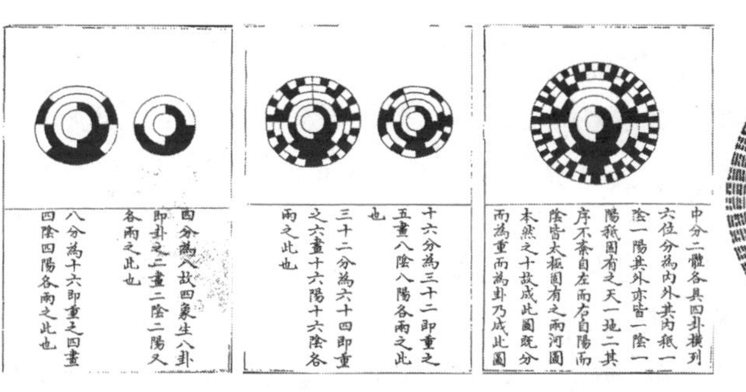

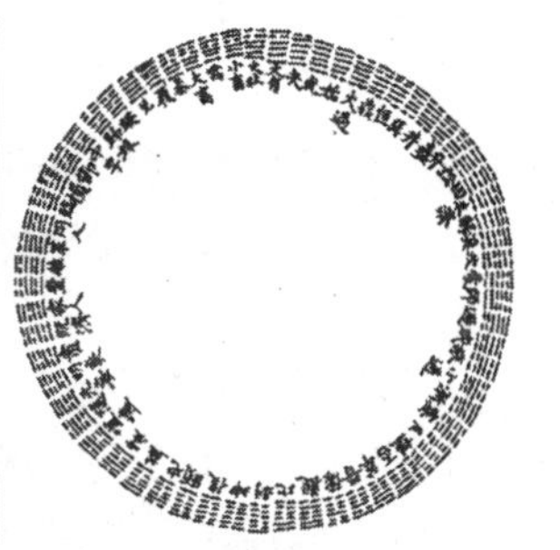

左三十二卦自一陽為復，至六陽為乾，内皆陽畫，為乾兑離震四卦，自震向乾左旋，其卦外皆各具乾兑離震，巽坎艮坤亦皆自震向乾左旋。右三十六卦，自一陰為姤，至六陰為坤，内皆陰畫，為巽坎艮坤四卦，自姤背乾右轉，其卦亦皆各具乾兑離震，巽坎艮坤亦皆自姤背乾右轉。是圖本以《説卦》“天地定位”一節下“數往者順，知來者逆，是故《易》逆數也”為法。故先生謂數往者順，知來者逆，若順天而行，是左旋也，皆已生之卦也，故數往也；逆天而行，是右行也，皆未生之卦也，故知來也。夫《易》之數由逆而成爾，此制圖之本意也。故其内之一陰一陽而統夫八者，不易之體也；外之陰陽相錯而各具夫八者，變易之用也。變雖八而不變其序者，雖易而不易也。乾直午，坤直子，陰陽之極也；離居東，坎居西，陰陽之中也；震、巽、兑、艮居於

四隅,陰陽之偏也。乾、兑、離、震,在天為陽,在地為剛;巽、坎、艮、坤,在天為陰,在地為柔,四象於是乎具,八卦以之分也。陰生於午而並乾,陽生於子而並坤,陰根陽,陽根陰也。乾盡午中,坤盡子中,窮則變也,剥復夾坤,夬姤夾乾,死生之交,變通之本,雖盡而不盡,陰陽之幾要,造化之原委,太極之本然,所以《易》與天地準,乾坤毁則無以見《易》者也。故先生謂天生於動者也,地生於静者也,一動一静交而天地之道盡矣。動之始則陽生焉,動之極則陰生焉,一陰一陽交而天之用盡矣。静之始則柔生焉,静之極則剛生焉,一剛一柔交而地之用盡矣。又謂無極之前,陰含陽也;有象之後,陽分陰也。陰為陽之母,陽為陰之父。故母孕長男而為復,父生長女而為姤。是以陽始於復,而陰起於姤也。自乾至復,陰在陽中,則陰逆行;自坤至姤,陽在陰中,則陽逆行。自復至乾,則陽在陽中,皆順行;自姤至坤,則陰在陰中,亦皆順行。於是天地相銜,陰陽相交,晝夜相雜,剛柔相生,其理自然而其變無窮,其皆本於乾者。先生謂陽尊而神,尊故役物,神故藏用。又謂陽者道之用,陰者道之體,陽幾於道,故以況道也。是以圖自中起而止於中,始於乾而終於坤也。乾、兑、離、震居東南為陽,而震離為春當丑寅卯,兑乾為夏當辰巳午;巽坎艮坤居西北為陰,而巽坎為秋當未申酉,艮坤為冬當戌亥子,"乾知大始,坤作成物"也。故先生謂乾坤定上下之位,坎離列左右之門,天地之所開闔,日月之所出入,是以春夏秋冬、晦朔弦望、晝夜長短、行度盈縮,莫不由乎此矣。此圓圖之理也。圖之既為圓而備之矣,又為方以變之者,復推本三聖,脗合一易,以盡卦畫之變也。其在圖之中者,象宓犧變圖畫卦之始也。

按《大傳》"蓍之德圓而神,卦之德方以知,神以知來,知以藏往",圓方之文眆乎此,仲尼以之贊蓍卦也。圖所以盡蓍卦之理也。圓象天,天象道,信以知來,太始之體盡矣;方象地,地效法,屈以藏往,成物之用盡矣。故先生謂圓者《河圖》之數,方者《洛書》之文。圓者,徑一圍三,重之則六;方者,徑一圍四,重之則八。裁方而為圓,天所以運行;分大而為小,地所以化生。天變方而為圓,而常存其一;地分一而為四,常執其方。圓者,剋方以為用;方者,引圓以為體。天以體為基而隱其基,地以用為本而赫其用。故既為之圓而又為之方也。圓方相乘,八卦相盪,天覆地,地載天,天地相合,天中有地,地中有天,地下有天,天上有地。天體動,一氣旁薄,運轉而不移,窮上而不窮。地體静,一脈錯綜,迴環而不易,極下而不極。可謂盡天地之情狀而見天地之心矣。故希夷謂龍圖,天散而示之,宓犧合而用之,仲尼默而形之。言天以太極、兩儀、四象、八卦之象列而示之人,宓犧則畫為乾、兑、離、震、巽、坎、艮、坤用而合諸天,仲尼則為太極、兩儀、四象、八卦之言以形其所以然也。故濂溪則推出太極本然一物而具兩體,動静相根,陰陽之精,互藏其宅者,合一坎離並五行二氣以示之象。先生則舉太極八卦之全具於未畫之前,推本宓犧之卦,倍而相因,具於已畫之後,錯綜文王之重為六十四者,合而為之圖,既為之圓,又為之方,以盡四聖人之意,一《易》之變也。故方圖

從横逆順，左右上下，其卦皆八。以圓圖之，左旋者乾兑離震，自下而上。横疊之皆四行，其下皆純卦，其初畫皆陽也。其上各具八卦，其序則亦乾、兑、離、震、巽、坎、艮、坤，順而不紊也。以圓圖之，右轉者巽、坎、艮、坤，復自下而上，横疊之亦四行，置於震之上。其下亦皆四純卦，其初畫皆陰也。其上亦各具八卦，其序亦不紊其乾、兑、離、震、巽、坎、艮、坤，於是陽下而陰上，乾始於西北，坤盡於東南，否隔於西南，泰交於東北。地南天北，地下有天；陰南陽北，陰中有陽。由西北自下而上觀，由西南自上而横觀，由東南自上而下觀，由西南自否直泰而斜觀，由西北自乾直坤而斜觀，隨行而上觀，復隨行而横觀，皆不紊其乾、兑、離、震、巽、坎、艮、坤之序。破圜為觚，反上倒下，而充周縝密，停當妥帖，一無矯揉造鑿之私而莫非自然，此方圖之理也。始則坤下而乾上，今乃乾下坤上。以體為用，交為一泰。始則渾渾沌沌，形圓而不可破，終則紛紛紜紜，鬬亂而不可亂。布散退藏，陰陽不測，順而數之，則知天地之已然；逆而致之，則知天地之將然。破壞無窮，天地推出。無窮天地，再造一易，而不外乎羲文周孔。圓圖既盡其妙，方圖復盡其變。一以見其體，一以見其用。一則為奇，一則為耦。一物而具二體，亦一太極也。前乎宓犧有《易》而無畫，後乎宓犧有畫而無文。至乎文王，有文而無説；至乎孔子，有文而有説。於是不可復加矣。由孔子而來，學者忘夫《易》與畫，而不勝其文與説，又入於術數而壞於穿鑿，故先生脗合犧文，置易畫前，裁為圓方，藴《易》畫後，不為辭説，一掃秦漢以來千五百年支文蔓語，於仲尼氏之復，復立一宓犧氏以著本然之易。嗚呼！先生之學可謂幾於聖矣。

［（元）郝經《陵川集》卷十六　1192—165—16］

後天圖説

（明）朱右

世傳先天畫於伏羲，後天定於文王。先天，體也；後天，用也。體莫大於天地，故乾、坤居正中焉；用莫切於水火，故離、坎居正中焉。《大傳》所謂“天地定位，山澤通氣，雷風相薄，水火不相射”，先天之學也。“帝出乎震，齊乎巽，相見乎

離，致役乎坤，説言乎兑，戰乎乾，勞乎坎，成言乎艮”，後天之學也。殊不知八卦未畫，先天已具，先天既運，後天已位，造化變動，自然而然。文王蓋知之，非能位之也。自今觀之，乾道下交，陽入於坤，而為坎於北。坤道上交，陰入於乾，而為離於南。坎就下，一陽流於其根，而成兑於西。離炎上，一陰浮於其表，而成震於東。艮陽上得位，則變下二陰，而為乾於西北。巽陰下得位，則化上二陽，而為坤於西南。兑以一陰居二陽之上，而陰難為上，則反旋於下，而成巽於東南。震以一陽居重陰之下，而陽難為下，則反旋於上，而成艮於東北。變動不居，周流六虚，上下無常，剛柔相易，而消長盈虚，進退存亡，動静行藏，天下之理，俻於是矣。因推其説以俟君子。

［（明）朱右《白雲稿》卷二　1228—29—2］

先天圖論

（明）張宇初

先天圖，伏羲作也，其卦爻次位皆本之始畫，非文王後天次位比也。夫“《易》有太極，是生両儀，両儀生四象，四象生八卦”，乃陽上交於陰，陰下交於陽，生天之四象，剛交於柔，柔交於剛，生地之四象，八卦相錯而萬物生焉。其位則乾一、兑二、離三、震四、巽五、坎六、艮七、坤八，四象交而成十六事，八卦相盪為六十四卦，此先天之象也。邵子所謂一分為二，二分為四，四分為八，自乾至坤，皆得未生之卦，若逆推四時也。《傳》曰“《易》逆數”是也。其位則乾南、坤北、離東、坎西、震東北、兑東南、巽西南、艮西北，自震至乾為順，自巽至坤為逆，陰為陽之母，陽為陰之父，母孕長男而為復，父生長女而為姤，是以陽始於復，陰始於姤也。《傳》曰：“天地定位，山澤通氣，雷風相薄，水火不相射，八卦相錯。數徃者順，知來者逆。”明交相錯而為六十四也。數徃者順，左旋皆已生之卦；知來者逆，右轉皆未生之卦也。其六十四卦之序，即八卦成列，因而重之也。故下三畫即前圖之八卦，上三畫則各以其序重之，而下卦因亦各衍而為八也。若逐爻相生，則邵子所謂八分為十六、十六分為三十二、三十二分為六十四者，皆法象自然之玅也。此則四圖，所謂先天之學也。陽之類圓，成形則方，陰之類方，成象則圓。圓布者，乾盡午中，坤盡子中，離盡卯中，坎盡酉中。陽生於子中，極於午中；陰生於午中，極於子中，其陽在南，其陰在北。方布者，乾始於西北，坤盡於東南，其陽在北，其陰在南。此二者陰陽對待之数。自坤之息，歷艮、兑而極於乾，自乾而消，歷巽、艮而極於坤，震始交陰而陽生，乃震坤之接，巽始消陽而陰生，乃巽乾之接。圓圖陰陽消長次第，震一陽，離兑二陽，乾三陽，巽一陰，坎艮二陰，坤三陰，皆自

然之理。其數自一而二,自二而四,自四而八,以為八卦,圓於外者為陽,方於中者為陰,圓者動而為天,方者静而為地,方圓之象雖異,而其布卦次序皆四圖所同也。故曰始自伏羲,非邵子所作也。藉令邵子自作,亦本諸伏羲而成也乎,且先天之謂即先天而天不違也,餘則文王周孔之所不言也。或曰先天即《河圖》也,《河圖》之數,“天一、地二、天三、地四、天五、地六、天七、地八、天九、地十,天數五,地數五,五位相得而各有合,天數二十有五,地數三十,凡天地之數五十有五”,聖人則之而畫卦。或曰八卦即《河圖》,非也。況先天之卦與《河圖》次序同異相半也哉,且《河圖》乾坤縱而六子横,為數之祖。先天不可以數言也,其次位皆八卦之生數也。陽一而陰二,故陽之生陰,二而六之為十二,陰之生陽,三而十之為三十。是以乾始於一,而兑為十二,離則十二而三十為三百六十,震則十二而為四千三百二十。自巽而坤,皆奇耦之生數也,釐之為六十四卦,則以所生之數而乘之,此總数也。其自子中至午中為陽,初四爻為陽,中前二爻皆陰,後二爻皆陽,上一爻為陰,二爻為陽。自午中至子中為初四爻皆陰,中前二爻為陽,後二爻為陰,上一爻為陽,二爻為陰,三爻為陽,四爻為陰。在陽,中上二爻則先陰而後陽,陽生於陰也。在陰,中上二爻則先陽而後陰,陰生於陽也。其序始震終坤者,以陰陽消息為數也,此蔡氏之謂《皇極經世》者,皆本先天也。蓋數皆起於一,其周旋六十四卦相生之數,若日月星辰、水火土石、暑寒晝夜、飛走草木,分隸於八卦得生生之數,是以感而變者之善,暑寒、晝夜、性情、形體、走飛、草木、色聲、氣味也,應而化者之善,雨風、露雷、走飛、草木、性情、形體、目耳、鼻口,皆先天之數也。在《經世》則天有陰陽,曰太陽、太陰、少陽、少陰也;地有柔剛,曰少剛、少柔、太剛、太柔。《易》所謂八卦也,是故陰陽盡而四時成焉,剛柔盡而四維成焉。天奇地耦之畫,陽九陰六之數,皆起於四數。朱子所謂視萬物為四片也,則日月星辰之類,皆由八卦之變也。天地之變有元、會、運、世,人事之變有皇、帝、王、霸。元、會、運、世有春、夏、秋、冬,為生、長、收、藏。皇、帝、王、霸有《易》《詩》《書》《春秋》,為道德功力。各相因而為十六。十六者,四象相因之數也。凡天地之變化,萬物之感應,古今之因、革、損、益皆不出乎十六,十六而天地之道畢矣。邵子所謂一動一静之間,天、地、人之至玅者歟。是曰:“先天之學,心;後天之學,跡也。是以圖皆自中起,萬化萬事生乎心也。”又曰:“先天圖者,環中也。圖雖無文,吾終日言未嘗離乎是,蓋天地萬物之理盡在其中矣。”且圓者,《河圖》之數;方者,《洛書》之文也。弄丸者,以先天之圓象言也,皆順陰陽消長之往來而已矣。冬至居子之半,陽之始於復也,月窟乃乾遇巽也,天根乃坤逢震也,即自復至乾陽也,自姤至坤陰也。陽主人,陰主物,然乾至巽五卦也,即姤為月窟,坤至震五卦也,即復為天根。而其三十六宫者,積乾一至坤八之數,天根於時為冬至,為夜半,所謂天地心也。左方自震之初為冬至,離、兑之中為春分,乾末為夏至;右方

見義説

(明)羅洪先

《易》之八卦,庖犧氏先天之學也。庖羲氏通神明之德,類萬物之情,以教天下,於是象天法地,遠觀近取,見至賾而不窮者,不出於有無之相因,始設奇偶二畫以象之,二畫錯而八卦成,八卦錯而四圖著。是卦畫者,庖羲氏之文,謂圖無文者,非知圖者也,圖之文不一,陰陽消長之象則一,陰陽消長,天地之變化也,於先天何居?且夫先天云者,言夫天地之所由始,是天地所不能與也,而況於人乎?夫安知其逆順與否,而又安所據而圖之哉?嘗試言之,先天其源,後天即其委也。善窮源者,必循其委,即變化之所由始,而天地可推矣。是故觀圖之自震而離而兑而乾,則一陽漸長之象形焉。陽主發動,其機進而上往,上往者生遂者也。故曰順,言順而遂也,則出有之謂也。觀圖之自巽而坎而艮而坤,則一陰漸消之象形焉,陰主斂静,其機退而来復来,復者反本者也,故曰逆,言逆而反也,則入無之謂也。二者推盪而天地之變化賾矣。雖然方坤陰之已逆而震陽之未生,固陰陽消長之間也,是時也,無有乎眹兆,無有乎端倪,無有乎期候,彼一陽之來果何所自哉,是故有不始於有而始於無,無不終於無而終於有,一息之出,其先則入之源也,一日之子,其先則亥之交也,一月之朔,其先則晦之終也,一歲之復,其先則剥之極也,故曰復見天地之心,言觀此而天地可見也。然則闔闢之始,必自渾淪恍惚,坱圠沕穆,不涉有無,不屬動静,擬議有所不能至,思為有所不能及,其猶陰陽消長之間乎?故曰"《易》逆數也"。是故以其無分於動静有無,常為主宰而言謂之天心,以其動静有無交錯變化而擬議思為,一無所與而言謂之大《易》,以其變易不窮,終不離於主宰而言謂之逆數。蓋自其源而觀之,若已判然於天地開闢之始,自其委而觀之,則亦不離於陰陽消長之間。惟不離於陰陽消長之間,則亦不離於此心往来之際,孰知夫元精之先一息也,孰知夫夜氣之先旦晝也,孰知夫混沌之先日月也,孰知夫開藏之先歲運也,孰知夫太極之先天地也,是庖羲氏之學而未之嘗言也。故曰通神明,類萬物,不出於有無之相因,風氣漸澆,情偽相感,列聖繼作,皆因時以捄獘,於是文王重之以盡其變,周孔繫之以効其動。及其久也,意義繁,圖書聚,諸家之學競起而莫之準矣。是故徇於有者見動而不見静,於是刑法名理功能之説興,其蔽也常外馳而不自止,是化物者也。墮於無者,見静而不見動,於是偏槁苦空虚静之説興,其蔽也常内揵而不相應,是絶物者也。惡絶物者斥無為之言為異端,惡化物者病有為之迹為同俗。或舍二見而求一致者,則又未能超後天之質,以還先天之源,而不免執見以為本。庖羲氏之學隱而不見者,數千年於兹矣,於數千年之後,諸家紛紜之中,綜往聖未言之意於數畫之圖,非自有得於此心之往来。自一息之微推而至於天地變化，脗合洞徹，渾一無二，其孰能之。

［（明）羅洪先《念菴文集》卷十　1275—194—10］

八卦方位圖說二則

（清）汪琬

《河圖》者，文王八卦方位圖之所自出也。按《河圖》之位，以五生數統五成數。是故一六居北，所謂天一生水，地六成之，即坎卦所以北也。二七居南，所謂地二生火，天七成之，即離卦所以南也。三八居東，所謂天三生木，地八成之，即震卦所以東也。四九居西，所謂地四生金，天九成之，即兑卦所以西也。然則，文王四正卦之方位本法《河圖》，而邵子所謂伏羲之圖，則不知所本。此先天之學，所以見非先儒也。朱子既主邵子，而他日又有康節說伏羲八卦近於穿鑿附會之疑，後之學者可以審所從矣。

陽主生，陰主殺，南主生，北主殺。乾坎，陽卦也，而居北，殺萬物之至者，所以生之也。坤離，陰卦也，而居南，生萬物之至者，所以死之也。推之而極，於盛衰禍福喜怒哀樂，其倚伏亦猶此也。

［（清）汪琬《堯峰文鈔》卷二　1315—211—2］

跋邵堯夫先天圖

（清）汪琬

堯夫嘗以其學授王豫，豫無所授，死葬其書冢中，及吴曦叛，盗發豫冢，得《皇極經世體要》一篇，《内外觀象》數十篇。有道士杜可大者，賄盗取之，以授盱江廖應淮，應淮死鄱陽，傳立得之，傅之後再傳而至德興董時，又遂無聞焉。金華宋太史作《溟涬生贊》，所叙廖事尤奇，“廖遇余安裕弋陽，將以其學教之，安裕勸廖業《中庸》，廖厲聲曰：‘俗儒幾辱我康節矣。’”既宗先天之學，頗自負知《易》，見諸《易》師傳疏，輒加訕笑，及論後天，則尊羲畫為經，彖爻繫辭為傳，黜《文言》《彖》《象》為九師之言，且謂《説卦》非聖人不能作，上下《繫》乃門人所述，《序卦》直漢儒記爾。性使酒，雖近在臨安，每痛飲，不醉不止，醉中嘗大呌：“天非宋天，地非宋地，柰何柰何！”數為太學生熊某指示國將亡兆最悉，臨安人皆以為狂，居無何而元師入矣。廖無子，畜一義女，瀕死，告其女曰：“後一月，中朝當命山姓鳥名使者，徵吾及傅立，立當過吾門，女可以吾藏書示之。”卒如其言，所謂山姓鳥名則崔鵬飛。云先是林黄中、袁機仲，最後黄東發先生，皆力辨先天學非是。東發私淑朱子，獨説與朱子異，蓋不知其竒驗果如此也。予因略其槩附圖後，朱子發謂“陳摶以此圖傳种放，放傳穆脩，脩傳李之才，之才傳邵又魏”。華父謂此圖卦爻方位縝密停當，乃天地自然之數，此必為古書無疑。其前僅見於魏伯陽《參同》，陳圖南爻象卦數猶未甚白，至邵始大明云云，此則圖之原委也。王伯厚又謂邵與胡文恭公同受《易》於廬山一隱者老浮屠，遂得《皇極經世》之學，且云出《謝上蔡記文》，其説尤異，或又謂先天圖即古之河圖，華父亦以為疑此則非是。

［（清）汪琬《堯峰文鈔》卷三十九　1315—613—39］

伏羲先天卦爻解

（清）陳廷敬

《伏羲八卦次序圖》所列“乾、兑、離、震、巽、坎、艮、坤”，則六十四卦之下八卦也。先儒謂一分為二，二分為四，四分為八，此其説之至明者也。至於八卦之上各加八卦，所謂六十四卦者，先儒謂八分為十六，十六分為三十二，三十二分為六十四。嘗試於八卦之上分為十六，十六之上分為三十二，三十二之上分為六十四，如今易圖之所列者，卦則是矣。然即陽奇陰偶之數，以求合乎萬有一千五百二十之策，則昧然莫得其所以合者焉。此蓋可以論卦而不可以論策，故策之數所由生，終莫有能明之者也，既不明策數所由生，則聖人所以畫卦爻之理亦無因以見矣。是以雖得夫加一倍之説，而有毫釐千里之差也。吾嘗於外卦求之，而曠乎有得焉。陽之一變而用九也，陰之一變而用六也。陽之數至此而含九而為下卦之乾，陰之數至此而含六而為下卦之坤。即以此老陽老陰之數，推而加之於外卦，而能事畢矣。今試於所謂六畫卦之四畫者，凡陽之畫皆準九數，凡陰之畫皆準六數；於所謂六畫卦之五畫者，凡陽之畫倍老陽之九數而為十八，凡陰之畫倍老陰之六數而為十二；於所謂六畫卦之六畫者，凡陽之畫倍十八數而為三十六，凡陰之畫倍十二數而為二十四。積而計之，則二篇之策適得萬有一千五百二十，然後歎伏羲之卦爻準乎天地不易之數，此其所以神也。先天之祕，邵子知之而不明言其故，其言曰：“猶根之有榦，榦之有枝，愈大則愈少，愈細則愈繁。”嗚呼！邵子可謂知之者矣。

［（清）陳廷敬《午亭文編》卷二十一　1316—317—21］

先天圖論

(清)李光地

自秦而後,《易》圖象之學不傳,其在傳文可攷者,則"出震"一章,頗列八卦之位而終不究其説,是故學者鮮用心焉,而但緣文生義以穿鑿於文字之間,蓋《易》之迷所從來也尚矣。其偏為象數之學者,又皆有單傳别授,非《易》之正。如京焦卦氣之法,有侯、辟、公、卿之位,推《易》配氣,始於中孚,此則揚子草《元》之所因,歷家之所用,其在漢世以象數言《易》者,莫此為盛,然終莫知其所自來也。獨後漢方士魏伯陽作《參同契》之書,言養生之要,其首章納甲之法,以震為朔旦,兑為上弦,乾為正望,巽為既望,艮為下弦,坤為晦日,其陰陽進退之候似頗與邵氏先天之旨相契,蓋朱子所謂"方外之流陰相付受,以為丹灶之術"者,其指此與?然以愚攷之,納甲之説,蓋以十干始終之位推而得之。(如乾為甲壬,坤為乙癸,蓋甲乙壬癸者,十干之始終。乾坤者,八卦之始終也。凡畫卦者,自下而上,故庚辛為震巽,戊己為坎離,丙丁為艮兑也。)伯陽又因月之朔晦、弦望之方,以配合其説。(如生明之月在庚,上弦之月在丙,正望之月在甲,皆以初昏言之震兑乾之位也。既望之月在辛,下弦之月在丁,晦日之月在乙,皆以平明言之巽坤艮之位也。)其與先天所以得圖之法迥然不類,然則自堯夫以前,先天之圖其不傳於世也審矣。朱子又謂授受出自希夷,其必有攷,然而邵氏再造之功則實與伏羲始作相配。自邵氏殁後,此圖稍出,聞者皆創獲而莫之信。楊龜山曰:"八卦有定位,而先天以乾巽居南,坤艮居北,卦氣首中孚,而先天以復為冬至,凡若此類,皆莫能曉也。"陸象山曰:"先天圖非聖人本意,有据之以説《易》者,陋矣。"夫以龜山、象山之賢而其疑若此,况其下者?林栗、袁樞攷先天尤急,蓋當是時尊信而表章之者,朱子一人而已。自朱子而來至於今,翕然無復異議矣。然往往新學小生以為自孔子後真有是圖,而不知邵氏之功於此其大,朱子之傳如彼其難也,可勝歎哉!或曰:先天之圖果伏羲之本也與?曰:何為其不然也?《大傳》稱"《易》有太極,是生兩儀,兩儀生四象,四象生八卦",又曰"因而重之,爻在其中矣",夫如是,則一每生二者,自然之理也。陰陽交錯者,變化之妙也。其方位布列,則雖古未見之,然《説卦》所謂"天地定位,山澤通氣,雷風相薄,水火不相射"者,則其對待之禮也。"雷以動之,風以散之,雨以潤之,日以晅之,艮以止之,兑以説之,乾以君之,坤以藏之",則其流行之用也。其位與序昭然,亦不可謂"於古無初"也。以其數而論之,則在右二方者,寒暑之運也;陰陽太少者,四時之交也;八卦者,八節之分也;二十四畫者,二十四氣之判也。三百八十四爻,陽爻為晝,陰爻為夜,二分之晝夜平,故積爻之算至於臨遯之間,陽四十八、陰四十八,猶春秋分之晝夜各四十八刻也。二至之晝夜偏,故自乾以前,積爻之算陽五十六分、陰四十分,猶

夏至之晝五千六刻、夜四十刻也。自坤以前,積爻之算陽四十分、陰五十六分,猶冬至之晝四十刻、夜五十六刻也。此其自然之象、自然之數,不待牽合而自無不應,以視後世規天紀日之繁,增除裁補之贅,其相去不亦遠乎?況乎其道之彌綸天地者,不可以象數求也。故君子之於先天,歿身焉已矣。

[(清)李光地《榕村集》卷十五　1324—735—15;又見(清)張廷玉等編《皇清文穎》卷七　1449—520—7]

後天圖論

(清)李光地

《易》有八卦,因有八象,其實則天地水火而已,何則?天地定位,則行乎其間,皆水火也,水火之精則為日月,水火之氣則為寒暑,水火之象則為晦明,水火之變則為風雹、雷霆、雨露、霜雪。凡夫騰降上下、往來聚散,皆是物也。以《易》論之,則天地水火之外,為象者四,風雷山澤也。然風則天氣之行,下交於地者;山則地形之隆,上交於天者;雷則火為陰所壓,奮而起者;澤則水為陽所驅,散而下者。此四象者,蓋亦天地水火之交而已矣。以卦畫推之,乾之下爻,變陰則巽也;坤之上爻,變陽則艮也;離之上爻,變陰則震也;坎之下爻,變陽則兑也,此造化之妙、八卦之精也。是故《易》首乾坤,中坎離,而終以既、未濟。或曰邵氏所謂先天之圖者,乾坤定上下之位,坎離列左右之門,固也,而其有始震終艮之圖,何也?曰先天,體也;後天,用也。體則以天地為尊,用則以水火為主。所謂雷者,火之方升者而已;所謂澤者,水之始降者而已。陰陽始於春秋而極於冬夏,故雷澤者,水火之交也;水火者,雷澤之極也。天地則水火之氣行乎四時,涼燠寒暑,惟其所司焉。風雨雷相薄,火之勢所以行也,山與澤通氣,水之潤所以升也,風之氣本乎天,山之形本乎地,天地之用寓於二物而天地無功焉。故一在坎之後,一在離之前,所以佐發生於東方而乾坤退處於西成之地也。或曰南北,陰陽之正位也,乾坤在焉,尊也,黜居偏也,烏乎可!曰:黜乾坤以尊乾坤。夫辨方正位者,分也,分則不可易也。若夫受事任勞者,時也,時則有少而出長之先、卑而踞尊之位,於是乎乾坤有避而弗居者矣,必也其受成之時乎?夫受乎其成者,則必處乎其後也,又何害於尊乎哉?然則《大傳》言"神妙萬物",敘六卦而不及乾坤,何與?曰此所以為尊之至也,前言其位,故列之,此言其用,故去之。是以乾坤之在後天,雖有位焉而無用也,無用之用,用之主也。

[(清)李光地《榕村集》卷十五　1324—737—15;又見(清)張廷玉等編《皇清文穎》卷七　1449—522—7]

後天圖補説

(清)李光地

八卦以天道言之,一而已矣。配之於人,則有两説:一在衆人者,一在聖賢者。在衆人者,陰陽之判,則形神之分也,故震者,道心初動時也,至巽而人心始伏矣。離、坤、兑,形氣用事,道心著見者此時,人心顯行者亦此時也。人心既盛,故至乾而不能無戰。不能無戰者,天理之不可息也。至於形氣休歸,其日夜之所息,如滿水而暫澄,則為坎勞艮止,而道心又將發矣。其在聖賢者,陰陽之性,則誠明之德也。故震者,戒慎恐懼以存其誠者也,巽者,省察克治以謹其幾者也。離、坤、兑,誠而明,明而無不順且和也。聖賢之誠不息,發於外者,未嘗不繼於中,天德之剛純亦不已,戰而無不勝者也,至於坎勞艮止,則一真内凝,成終成始而其道不窮矣。《説卦》以天道言而聖人之道在其中,然苟不知其在衆人者同具斯義,則聖賢之學初不得其根據,而所謂巽齊乾戰者,亦不知其何所為而然已,故復為之説如此。

[(清)李光地《榕村集》卷十六　1324—756—16]

先天後天圖説

(清)方苞

宋邵氏所傳八卦二圖與《説卦傳》合,朱子謂先天圖方位無可疑者,而後天圖多不可曉,至卦位所以易置之故,則自昔無聞焉。按之經文,一則以八卦之實象明其體,一則以四時之常運著其用,合此二者而後圖相變之義可見矣。火之精為日,日生於東,而明盛在晝;水之精為月,月生於西,而明盛在夜。雷藏地中,伏氣於東北,而發聲起蟄,應春始作。澤匯東南,而水潦盛昌,百谷滿盈,其候惟秋。又土膏發於春夏,而成功亦在秋,此四正之位所以易也。風陰氣位西南,而蘇息長養發用於春夏之交。山起西北,而脊脈皆東北行其中,鳥獸胎育,樹木甹蘖,多在冬春之交。蓋山氣之萌養也。南者,乾之正位,而戰於西北,盛陰相薄,終不滅息,而為復生之始,於此見於穆不已之命焉。北者,坤之正位,而卦辭則利西南,蓋土盛於夏秋之交,萬物皆致養焉。此四隅之位所以易也,以天地水火雷風山澤之實體合四時五方,以徵其實用,則二圖相為表裏而不可缺一明矣。邵氏及朱子以先天圖為伏羲所作,後天圖為文王所作,而經傳百家之言無可證者,攻之者遂謂此雜家之術,不足道也。不知二圖雖後人剏作,其理固不可廢,况與《説卦》合

哉？然必謂羲、文已有是圖，而孔子以《説卦》解之則鑿矣。其諸宋之儒先因《説卦》以作圖，而邵氏傳其學與？

［（清）方苞《望溪集》卷三　1326—760—3］

卦圖先後天論

（清）福彭

天下之理，有體必有用。伏羲所畫之《易》，乃發揮天地之所以然，體之所由立也。文王所演之《易》，乃範圍天地之所當然，用之所由行也。體之所由立，故謂之先天之學；用之所由行，故謂之後天之學。然《河圖》《洛書》相為經緯，先天後天亦相為表裏，體用本不相離，烏可岐而二之哉？蓋嘗就先天圖而論之，乾一、兑二、離三、震四、巽五、坎六、艮七、坤八，此八卦相生之次第也。乾坤定上下之位，坎離列左右之門，震東北而兑東南，巽西南而艮西北，此八卦所占之方位也。由太極而兩儀，由兩儀而四象，由四象而八卦。所謂八卦者，謂於四象之上各加一奇一偶而為三畫者八，故曰"《易》逆數也"。若所占之方位則自震之初為冬至，離兑之中為春分，以至乾之末為夏至，皆進而得其已生之卦也，故曰"數往者順"。自巽之初為夏至，坎艮之中為秋分，以至坤之末為冬至，皆進而得其未生之卦也，故曰"知來者逆"。觀横圖於以見畫卦之立，觀圓圖於以見卦氣之行，推之六十四卦，其次第方位亦莫非自然之理。邵子所為喫緊為人處也，聖人豈有毫髮之私意參其間哉？至後天八卦乃入用之位，邵子謂王者之法盡於是者，蓋乾坤由南北而交，再變則乾退西北而坤退西南，坎離由東西而交，再變則離居正南而坎居正北，巽與艮不交而當用中之偏，震與兑始交而當朝夕之地，此所為天地之用也。觀於坤、蹇、解卦之《象》辭，皆以東北為陽方，西南為陰方，可知此圖之出於文王無疑矣。蓋自未有畫之時，漸而生之，以至於六畫皆備者，伏羲之《易》也。卦成之後，推演其義，以為坤求於乾而得三男之卦，乾求於坤而得三女之卦者，文王之《易》也。究之後天之次，雖與先天不同，而其理未嘗不一，且非特先後天體用之不相離而已。先天之圖固以《河圖》為本矣，而後天之圖亦自與《河圖》合，如離得乾位，適當天二地七之火，坎得坤位，適當天一地六之水；震木也而居於東，兑金也而居於西；木之成為巽，故次震而位乎東南，金之成為乾，故次兑而位乎西北；艮當天五之土而居震與坎之間，坤當地十之土而居兑與離之際，所為寄旺於四季也。其彼此符合，殆有不知其然而然者，學者誠反覆於此而有得焉，其於三才萬物之理，思過半矣。

［（清）張廷玉等編《皇清文潁》卷四　1449—482—4］

答郭子從(書)二(論先天順逆之説)

(宋)陳淳

所論先天順逆之説太泥,左旋右轉相滚雜,終竟未瑩。據《説卦》本語自古無人曉得字義,直至康節先天之學始説得出,而《啟蒙》《本義》復用其説而詳之,已甚明白矣。如圓圖之左方自有乾一,而後有兑二、離三、震四相次而生,而卦氣則自震之初為冬至,離兑之中為春分,至乾之末而交夏至焉,皆是順數其已生之卦而言,如順天而左旋,故曰"數往者順";其右方自有巽五而後有坎六、艮七、坤八相次而生,而卦氣則自巽之初為夏至,坎艮之中為秋分,至坤之末而交冬至焉,是皆逆數其未生之卦而言,如逆天而右行,故曰"知来者逆"。然推原《易》之所作,乃從乾一、兑二、離三、震四、巽五、坎六、艮七、坤八相次而生,然後成六十四卦焉,故曰"易,逆數也"。凡此所謂逆順,其主意只是已生、未生為别,而康節引天左右旋為譬,亦各就兩邊言之耳。今不必拘諸家之説,只管分别如何是左旋,如何是右轉,愈見礙也。乾九三坤六二所云云,須要見得兩爻本義端的不可移易處。九三以陽居剛健而又健,為健之至,故有"終日乾乾"之象,以其不中,故又有夕惕厲之戒。然所以至健而乾乾者為何事?聖人於《文言》申之以進德修業,知至之可與幾[①],知終終之,可與存義,大要不過致知力行,兩盡其道而已,是迺所以為健,而又健之實也。六二以陰居柔,順而又順之至,且居中得正,純粹無偏,故有直方之象。然所以至順而直方者為何事?聖人於《文言》申之以"敬以直内,義以方外",大要不過順守其正而已,是乃所以為順而又順之實也。乾坤何為其如此不同也?乾知大始而坤作成物,乾元萬物資始乃統天,而坤利牝馬之正先迷後得,是乾能創始又兼統其終,坤則無始但有其終而已。故致知非健則事物渾淪,無以剖析是非,力行非健則或作或輟,無以造極。二者兩盡,無一強一弱乃剛健之至,此正聖人純亦不已之事,而顔子克己工夫亦足以當之。坤則無致知一截事,只敬義順守於其終而已,此乃仲弓為仁之功,視顔子大有逕庭,知乎此則乾坤健順之辨自判矣。此等工夫義理亦何有上下之限,而渠乃以居下為言,未免偏滯疎濶,又止言力行一邊,而不及致知,一強一弱,何健之云?甚大失聖人之旨矣。以窮理言,義又不相似,窮索乃平日之功,非裁度處事時之事也。若曰觀理度宜則可矣。又言乾之德業必本於坤之敬義,亦有病。乾之為乾,果有資於彼乎?是則聖人德業須有待於賢者功夫而後成矣。曰:如此則乾獨無敬義乎?曰:非也。乾之為德業,純一於誠,無表裏隱顯之間。所謂敬者,自清明如神,何有持主之

① 疑"至"字當重。

迹？所謂義者，自從容洒落，迎刃而解，又何有裁度之為乎？然人之資質不齊，學者自顧，若無清明剛健絶人之資，不能超拔為乾之事，則莫若且用力於坤之敬義，至於真積力久而不息，無不利，則乾之德業，亦可馴造矣。此又自賢入聖而合德無疆之地也。妄議大義如此，高明以為如何。李推所作《姚誌銘》亦善，美質不遂，誠為可惜。然其人已往，無足深論，姑置之。大抵自專自是而不能虚心，乃世儒之通患。惟好自專自是，則無復有進。惟不能虚心，則無可大受。前賢多能以駁雜之資，轉移為美德者，皆由不自是之故。先生亦嘗曰："某平生不曾自以為是，而吾徒看道理，又須要見得真是真非，端端的的，方為切已。物有得力處，不可半間半界，含含糊糊，徇人情世俗相假借為隱忍回互之態，不惟於道理有妨而亦心術之大病。去年在桐城與李推相處多時，見渠於是非白黑大故騎牆，甚欠親切端的工夫，所謂相觀而善之謂摩，吾徒亦不可不自警勉也。"

［（宋）陳淳《北溪大全集》卷二十五　1168—698—25］

4.《河圖》《洛書》

《河圖》《洛書》説

（宋）陸佃

孔子曰："河出圖，洛出書，聖人則之。"夫圖必出於河而洛不謂之圖，書必出於洛而河不謂之書者，我知之矣。圖以示天道，書以示人道故也。蓋通於天者河，而圖者以象言也。成象之謂天，故龍負之，而其出在河。龍善變，而尚變者天道也。中於地者洛，而書者以法言也。效法之謂人，故龜負之，而其出在洛。龜善占，而尚占者人道也。此天道自然之意，而聖人之作《易》所以則之者也。（原註誤載荆公集中）

［（宋）陸佃《陶山集》卷九　1117—128—9］

答袁機仲樞(書)(《河圖》《洛書》卦畫雜説)

（宋）朱熹

熹數日病中，方得紬繹所示圖書卦畫二説，初若茫然不知所謂，因復以妄作《啓蒙》考之，則見其論之之詳而明者，偶未深考，是以致此紛紛多説而愈致疑耳。夫以《河圖》《洛書》為不足信，自歐陽公以來，已有此説。然終無奈《顧命》《繫辭》《論語》皆有是言，而諸儒所傳二圖之數，雖有交互而無乖戾，順數、逆推、縱横、曲直皆有明法，不可得而破除也。至如《河圖》與《易》之天一至地十者合而載天地五十有五之數，則固《易》之所自出也。《洛書》與《洪範》之初一至次九者合而具九疇之數，則固《洪範》之所自出也。《繫辭》雖不言伏羲受《河圖》以作《易》，然所謂"仰觀""俯察""近取""遠取"，安知《河圖》非其中之一事耶？大抵聖人制作所由，初無一端，然其法象之規模，必有最親切處，如鴻荒之世、天地之間、陰陽之氣，雖各有象，然初未嘗有數也。至於《河圖》之出，然後五十有五之數奇耦生成，粲然可見，此其所以深發聖人之獨智，又非汎然氣象之所可得而擬也。是以仰觀俯察、遠求近取，至此而後，兩儀、四象、八卦之陰陽奇耦可得而言。雖《繫辭》所論聖人作《易》之由者非一，而不害其得此而後決也。來喻又謂熹不當以大衍之數參乎《河圖》《洛書》之數，此亦有説矣。數之為數，雖各主於一義，然其參伍錯綜，無所不通，則有非人之所能為者。其所不合，固不容以強合；其所必合，則縱横反覆，如合符契，亦非人之能強離也。若於此見得自然契合，不假安排底道理，方知造化功夫神妙巧密,直是好笑,説不得也。若論《易》文,則自“大衍之數五十”至“再扐而後掛”,便接“乾之策二百一十有六”至“可與祐神矣”為一節,是論大衍之數;自“天一”至“地十”却連“天數五”至“而行鬼神也”為一節,是論《河圖》五十五之數。今其文間斷差錯,不相連接,舛誤甚明。伊川先生已嘗釐正,《啓蒙》雖依此寫,而不曾推論其所以然者,故覽者不之察耳。至於卦畫之論,反復來喻,於熹之説亦多未究其底藴。且如所論兩儀有曰“乾之畫奇,坤之畫偶”,只此“乾坤”二字便未穩當。蓋儀,匹也。兩儀,如今俗語所謂“一雙”“一對”云爾。自此再變,至生第三畫,八卦已成,方有乾坤之名。當為一畫之時,方有一奇一耦,只可謂之陰陽,未得謂之乾坤也。來喻又曰以二畫增至四畫為二奇二耦,又於四畫之上各增一奇一耦而為八畫,此亦是於熹圖中所説發生次第有所未明而有此語。蓋四象第一畫本只是前兩儀圖之一奇一耦,緣此一奇一耦之上各生一奇一耦,是以分而為四,而初畫之一奇一偶亦隨之而分為四段耳,非是以二畫增成四畫,又以四畫增成八畫也。此一節正是前所謂自然契合、不假安排之妙。孔子而後,千載不傳,至康節先生始得其説。然猶不肯大段説破,蓋《易》之心髓全在此處,不敢容易輕説,其意非偶然也。來喻又曰:“不知陰陽二物果可分老少而為四象乎?”此恐亦考之未熟之過。夫老少於經固無明文,然揲蓍之法,三變之中掛扐四以奇偶分之,然後爻之陰陽可得而辨;又於其中各以老少分之,然後爻之變與不變可得而分。經所謂“用九”“用六”者,正謂此也。若其無此,則終日揲蓍,不知合得何卦。正使得卦,不知當用何爻。安得以為後世之臆説而棄之乎?又詳所論,直以天地為兩儀,而“天生神物”以下四者為四象,此尤非是。大抵曰儀、曰象、曰卦,皆是指畫而言。故曰《易》有太極而生兩儀、四象、八卦,又曰《易》有四象而示人以卦爻吉凶。若如所論,則是先有太極、兩儀、四象,然後聖人以畫八卦,而兩儀、四象、八卦三物各是一種面貌,全然相接不著矣。此乃《易》之綱領,如法律之有名例,不可以毫釐差。熹之所見判然甚明,更無疑惑,不審高明以為如何?如其未然,幸復有以見教也。

[(宋)朱熹《晦庵集》卷三十八　1144—64—38]

答袁機仲(書)(《河圖》《洛書》易卦等雜説)

(宋)朱熹

來教疑《河圖》《洛書》是後人偽作。

熹竊謂生於今世而讀古人之書,所以能别其真偽者,一則以其義理之所當否而知之,二則以其左驗之異同而質之,未有舍此兩塗而能直以臆度懸斷之者也。

熹於世傳《河圖》《洛書》之舊所以不敢不信者，正以其義理不悖而證驗不差爾。來教必以為僞，則未見有以指其義理之謬、證驗之差也，而直欲以臆度懸斷之，此熹之所以未敢曲從而不得不辨也。况今日之論且欲因象數之位置往來以見天地陰陽之造化、吉凶消長之本原，苟於此未明，則固未暇别尋證據。今乃全不尋其義理，亦未至明有證據，而徒然為此無益之辨，是不議於室而譟於門，不味其腴而齩其骨也。政使辨得二圖真僞端的不差，亦無所用，又況未必是乎？願且置此，而於熹所推二圖之説少加意焉，則雖未必便是真圖，然於象數本原亦當略見意味，有歡喜處，而圖之真僞將不辨而自明矣。

來教疑先天後天之説。

據邵氏説，先天者，伏羲所畫之《易》也；後天者，文王所演之《易》也。伏羲之《易》初無文字，只有一圖以寓其象數，而天地萬物之理、陰陽始終之變具焉。文王之《易》即今之《周易》，而孔子所為作傳者是也。孔子既因文王之《易》以作傳，則其所論固當專以文王之《易》為主。然不推本伏羲作《易》畫卦之所由，則學者必將誤認文王所演之《易》便為伏羲始畫之《易》，只從中半説起，不識向上根原矣。故《十翼》之中，如八卦成列，因而重之，太極、兩儀、四象、八卦而天地、山澤、雷風、水火之類，皆本伏羲畫卦之意；而今新書《原卦畫》一篇，亦分兩儀，伏羲在前，文王在後。必欲知聖人作《易》之本，則當考伏羲之畫；若只欲知今《易》書文義，則但求之文王之經、孔子之傳足矣。兩者初不相妨，而亦不可以相雜。來教乃謂專為邵氏解釋，而於《易經》無所折衷，則恐考之有未詳也。

來教謂七、八、九、六不可為四象。

四象之名，所包甚廣。大抵須以兩畫相重、四位成列者為正。而一、二、三、四者，其位之次也；七、八、九、六者，其數之實也。其以陰陽剛柔分之者，合天地而言也；其以陰陽老少分之者，專以天道而言也。若專以地道言之，則剛柔又自有太少矣。推而廣之，縱横錯綜，凡是一物，無不各有四者之象，不但此數者而已矣。此乃天地之間自然道理，未畫之前，先有此象此數，然後聖人畫卦時依樣畫出，揲蓍者又隨其所得掛扐過揲之數以合焉，非是元無實體而畫卦揲蓍之際旋次安排出來也。來喻於此見得未明，徒勞辨説，竊恐且當先向未畫前識得元有箇太極、兩儀、四象、八卦底骨子，方有商量，今未須遽立論也。用九、用六之文，固在卦成之後；而用九、用六之理，乃在卦成之前，亦是此理。但見得實體分明，則自然觸處通透，不勞辨説矣。至謂七、八、九、六，乃揲蓍者所為而非聖人之法，此誤尤不難曉。今且説揲蓍之法出於聖人耶，出於後世耶？若據《大傳》，則是出於聖人無疑。而當是之時，若無七、八、九、六，則亦無所取决，以見其爻之陰陽動静矣，亦何以揲蓍為哉？此事前書辨之已詳，非熹之創見新説，更請熟玩，當自見之，今不復縷縷也。來喻又云《繫辭》本只是四象生八卦，今又倍之，兩其四象而

生八卦之一，此數字不可曉。然想不足深辨，請且於前所謂實體者驗之，庶乎其有得也。

來教疑四爻五爻者無所主名。

一畫為儀，二畫為象，三畫為卦，則八卦備矣。此上若旋次各加陰陽一畫，則積至三重，再成八卦者八，方有六十四卦之名。若徑以八卦徧就加乎一卦之上，則亦如其位而得名焉。方其四畫五畫之時，未成外卦，故不得而名之耳。内卦為貞，外卦為悔，亦是畫卦之時已有此名。至揲蓍求之，則九變而得貞，又九變而得悔，又是後一段事，亦如前所論七、八、九、六云爾，非謂必揲蓍然後始有貞悔之名也。大抵新書所論卦位與《繫辭》《說卦》容有異同，至論揲蓍，則只本《繫辭》，何由別有他說？如此等處至為淺近，而今為說乃如此，竊恐考之殊未詳也。

來教引伊川先生說重卦之由。

重卦之由，不但伊川先生之說如此，蓋《大傳》亦云"八卦成列，因而重之"矣。但八卦所以成列，乃是從太極、兩儀、四象漸次生出，以至於此，畫成之後，方見其有三才之象，非聖人因見三才，遂以己意思惟而連畫三爻以象之也。因而重之，亦是因八卦之已成，各就上面節次生出。若旋生逐爻，則更加三變方成六十四卦；若併生全卦，則只用一變便成六十四卦。雖有遲速之不同，然皆自然漸次生出，各有行列次第。畫成之後，然後見其可盡天下之變。不是聖人見下三爻不足以盡天下之變，然後別生計較，又併畫上三爻以盡之也。此等皆是作《易》妙處，方其畫時，雖是聖人，亦不自知裏面有許多巧妙奇特，直是要人細心體認，不可草草立說也。

以上五條，鄙意傾倒無復餘蘊矣。然此非熹之說，乃康節之說；非康節之說，乃希夷之說；非希夷之說，乃孔子之說。但當日諸儒既失其傳，而方外之流陰相付受，以為丹竈之術。至於希夷、康節乃反之於《易》，而後其說始得復明於世。然與見今《周易》次第行列多不同者，故聞者創見，多不能曉而不之信，只據目今見行《周易》緣文生義，穿鑿破碎，有不勝其杜撰者。此《啓蒙》之書所為作也。若其習聞易曉，人人皆能領畧，則又何必更著此書以為屋下之屋、牀上之牀哉！更願高明毋以為熹之說而忽之，姑且虛心遜志以求其通曉，未可好高立異而輕索其瑕疵也。玩之久熟，浹洽於心，則天地變化之神、陰陽消長之妙，自將瞭於心目之間，而其可驚可喜、可笑可樂必有不自知其所以然而然者矣。言之不盡，偶得小詩以寄鄙懷曰："忽然半夜一聲雷，萬户千門次第開。若識無心涵有象，許君親見伏羲來。"說得太郎當了，只少箇拄杖卓一下，便是一回普說矣。狂妄僭率，幸勿鄙誚也。

［（宋）朱熹《晦庵集》卷三十八　1144—67—38］

推伏羲神禹畫卦作範之原,辨劉牧易置圖書之失

（宋）朱熹

晦庵《易學啟蒙》:孔安國云:"《河圖》者,伏羲氏王天下,龍馬出河,遂則其文以畫八卦。《洛書》者,禹治水時神龜負文而列於背,有數至九,禹遂因而第之,以成九類。"歆云:"伏羲氏繼天而王,受《河圖》而畫之,八卦是也。禹治水賜《洛書》,法而陳之,九疇是也。《河圖》《洛書》相為經緯,八卦九章相為表裏。"關子明云:"《河圖》之文,七前六後,八左九右。《洛書》之文,九前一後,三左七右,四前左,二前右,八後左,六後右。"邵子曰:"員者,星也,歷紀之數,其肇於此乎?(歷法合二始以定剛柔,二中以定律歷,二終以紀閏餘,是所謂歷紀也。)方者,土也,畫州井地之法,其放於此乎?(州有九井九百畝,是所謂畫州井地也。)蓋員者,《河圖》之數;方者,《洛書》之文。故羲文因之而造《易》,禹、箕叙之而作《範》也。"蔡西山(元定)曰:"古今傳記,自孔安國、劉向父子、班固皆以為《河圖》授羲,《洛書》錫禹。關子明、邵康節皆以十為《河圖》,九為《洛書》。"蓋《大傳》既陳"天地五十有五"之數,《洪範》又明言天乃錫禹《洪範》九疇,而九宫之數,戴九履一,左三右七,二四為肩,六八為足,正龜背之象也。惟劉牧意見以九為《河圖》,十為《洛書》,託言出於希夷,既與諸儒舊説不合,又引《大傳》以為二者皆出於伏羲之世,其易置圖書並無明驗,但謂伏羲兼取圖書,則《易》《範》之數誠相表裏為可疑耳。其實天地之理一而已矣。雖時有古今先後之不同,而其理則不容於有二也。故伏羲但據《河圖》以作《易》,則不必預見《洛書》,而已逆與之合矣。大禹但據《洛書》以作《範》,則亦不必追究《河圖》,而已暗與之符矣。其所以然者何哉?誠以此理之外,無復他理故也。然不特此耳。律吕有五聲十二律,而其相乘之數究於六十;日名有十幹十二支,而其相乘之數亦究於六十。二者皆出於《易》之後,其一數又各不同,然與《易》之陰陽策數老少自相配合,皆為六十者,無不若合符契也。下至運氣《參同》太一之屬,雖不足道,然亦無不相通,蓋自然之理也。假令今世復有圖書者出,其數亦必相符,可謂伏羲有取於今日而作《易》乎!《大傳》所謂"河出圖,洛出書,聖人則之"者,亦汎言聖人作《易》、作《範》其原皆出於天之意。如言以卜筮者,尚其占與莫大乎著龜之類,《易》之書豈有龜與卜之法乎?亦言其理無二而已爾。

[(宋)王霆震編《古文集成》卷六十二　1359—440—62]

與稅巽父書伏覩啟蒙小傳

(宋)陽枋

自圖象至卦爻及上下經,皆不離乎九。仰見用功精密之至,益用降嘆,但其間畧有可商量處,序中取揚子雲謂文王重《易》六爻,此漢儒之誤,前賢已詳辨之矣,恐更不必引用,後學必生疑惑也。《河圖》虛五與十,闞子明、文公雖曾如此說,却別用起一義,以圖觀之,則未嘗虛也,下又言《河圖》《洛書》十無位,《洛書》則可言十無位,惟《河圖》則十隨五在中,所以文公《啟蒙》"五與十相守而居於中",則是有位矣。所言六極與五福同居九疇,此是《洪範》所陳耳,箕子亦不敢分明說六極是十,《洛書》分明除却十數,今既言易學只當據圖中見在說所言,文王諦玩《洛書》而作後天。邵子止言乾、坤交而為泰,坎、離交而為既濟,置乾於西北,退坤於東南,長子用事,而長女代母,坎離得位,而兑艮為偶。又曰:"震、兑始交,故當朝夕之位;坎、離交之極,故當子午之位;巽、艮不交而陰陽尤雜,故當用中之偏;乾坤純全,故當不用之位。"似只言八卦交而為後天,文公亦如此說,却未見因《洛書》而作後天之法象也。所畫竒偶圖,竒圖甚穩,偶圖二屬乙,十屬癸,此兩數俱歸坤,今乃止言離巽,更有說否十數,蓋乾坤鎖了頭尾,而六子居中也。生成圖較差,他處尚未活,然恐更有深造,千萬下教。

[(宋)陽枋《字溪集》卷五　1183—317—5]

河圖辨

(元)劉因

《河圖》之說,朱子盡之矣。後人雖欲議之,不可得而議之也。然其自私者,必出於己而後是,是以致疑於其間者,尚紛紛然也。有指伏羲八卦次序為之者,有指先天圖而為之者,亦有主劉牧而疑朱子取舍之誤者。近世大儒又有自畫一圖為之者,其圖八卦次叙者則曰:《大傳》既謂"河出圖,洛出書,聖人則之",是必有其所謂《圖》與《書》,聖人可得而則者矣。今夫十數之點誌,安可則以為八卦之畫象也?此其為說,葢出乎漢儒《洛書》有文字,王肅《河圖》即八卦,及蘇子瞻《圖》《書》粗有卦疇之象之說,而與張敬夫以《河圖》為興《易》之祥,聖人則其時以作《易》,而力詆先儒有所則其《圖》者正相反,而各極其偏也。若是,則卦固自畫,安得謂聖人則而畫之?而聖人亦何必復觀取於遠近俯仰之間,而程子何為有"河必圖至"與"因見《河圖》"之說也哉?其圖《先天圖》者而其失尤甚,固可以借唐孔氏"天語簡要，不應若是之煩"及朱子"伏羲淳厚，未必如是之巧"者以破之矣。其主劉牧者則以九數之變見於《列禦寇》之書，九宫之文見於張平子之言，而巽四、兑二、震三、艮八又雜出於魏晉諸儒之説，固不可必以八卦本於九數而謂劉氏之説無明驗也。然其劉氏之説則緯書從而出者，而説者固以一為北方陽氣之始，七為南方陽氣之盛，九為西方陽氣之究，而與《圖》合矣。而《圖》之下之一得六，固可上變而為二，上之七得二，固可左變而為九，九窮則復下變而為一，又無不合者焉。然彼以七為衍而九為玄者，亦無不可，然於《圖》亦安見其不合者，而必以《洛書》為説也。就使列氏指《洛書》而言，則《洛書》固可以為《易》，而亦不必遂以為《河圖》也。夫九宫之説出於緯書，而張氏亦甞破之，且其言又曰雜之以九宫矣。蓋不即以九宫正為八卦也。所為九宫之説與《河圖》九篇之説者，鄭康成也。其於明堂之數則曰法龜文，是鄭氏又不以九為《圖》，而其説有自相矛盾者，則是亦可以證劉氏之失矣。安得引之以為助乎？彼又爲邵子[1]但言方圓之象，而不指九、十之數。若以象觀之，則九又圓於十矣。且其所謂方圓而前後乎此者，皆不過指陰陽、剛柔、奇偶而已。在此則星少陽而土少柔，其偶者，固當爲方而爲陰，而奇者，固宜爲圓而為陽矣。故朱子發、張文饒，精通邵學者，而皆以十為《書》而九為《圖》也。若設是，而朱子之所取所證者，則關子明也。然彼既以其書爲僞矣，何獨於此而信之乎？曰：邵子之所謂方圓，固無一定之指，獨於此則言之甚明。且以六數少陽之十，既合乎曆紀，而應天之時，而八方並虚中爲九，又合乎州田，而應地之方。且十既尅方，則惟見其圓。九又可以畫方而爲井。而五位既鈞，則不能爲九；四偶既布，則自無所容十。而又甞以八十一爲範之數矣。安得爲《洛書》反圓於《河圖》，而不指九、十之數哉？夫僞關氏之書者非僞，後人之託夫關氏也。蓋僞其書實關氏之所自作，而乃託之為聖人之書、異人之旨，猶戴氏之《麻衣易》然也。且其論又關氏之自謂也，説者安得從而廢之乎？或曰："劉氏説託言出於陳希夷，而得之范諤昌矣。"然而希夷《龍圖》乃以五十五爲説，而范氏八卦亦以《河圖》而演之，是不足以正劉氏之失乎？曰："《龍圖》之説，未必出於劉氏之前，而吕伯恭從而誤信之，猶張敬夫之爲戴氏所欺也。"夫希夷未聞有書傳，至邵子而後有書。其《太極圖》，則朱子發謂發於穆伯長，而胡仁仲因之，遂亦以爲穆特周子學之一師。陸子静因之，遂以朱録爲有考，而潘誌之不足據也。蓋胡氏兄弟於希夷不能無少譏議，是以謂周子爲非止爲穆、种之學者。陸氏兄弟以希夷爲老氏之學，而欲其當謬加無極之責，而有所顧藉於周子也。然其實則穆死於明道元年，而周子時年十四矣。是朱氏、胡氏、陸氏，不惟不考乎潘誌之過，而又

[1] 自此以下至"以五十五爲説，而范"原闕，據元至順元年宗文堂刊《静修先生文集》本補。

不考乎此之過也。然始也朱子見潘誌，知圖爲周子所自作，而於《行録》附注雖破朱氏之説，而猶以胡氏之抑希夷、种、穆，謂特其學之一師者爲過，而疑其傳自希夷，至周子始筆之書，而亦不敢遽以爲不傳於希夷、种、穆也。豈其後有所考於此也，故於注《圖》《書》則曰："莫或知其師傳之所自。"記遺文後則曰："非有所受於人。"記書堂則曰："不繇師傳，默契道體，實天之所畀也。"而其問答之間則甞謂："希夷未甞有濂溪之説。濂溪之説，未甞出於希夷。""周子自爲周子之學，而未甞考夫邵子者。邵子自爲邵子之學，亦未甞考夫周子者。"而斷然以爲無所傳授，而不出於希夷。而敬夫亦以謂："自得之妙，非(邵)子所得而知也。"若夫邵學，則雖穆、李之前不著其傳，先儒謂有深意，而始推及理，自得爲多，固有如二程之言者。然其源之隱於方士，而發於希夷，爲無可疑，而不必強爲授於王豫得之《歸藏》之説也。蓋義理，人心之所同，不必託之異人異書而後神。義理，天下之公器，雖得之方外之書，亦不當爲之諱也。若言希夷之學，則當以邵學爲正也。彼以五十五定四方之位，以水、火、木、金爲四正卦之象，分四象之數，自左旋去三而生四偶卦之畫，則關氏之説，而范氏取之者。然其所合，乃文王之八卦，固已與邵學不合矣，亦安可以僞而攻僞也哉？夫前之所論，皆託言出於希夷，而不合乎邵學者也。若朱子發、張文饒，又求之邵學而失之者也。若夫朱子，則極邵子之大，盡周子之精，而貫之以程子之正也。後人惡得而議之！雖然，抑有一説，而竊附於朱子之後。夫《河圖》之中宫，則《先天圖》之所謂"無極"，所謂"太極"，所謂"道"與"心"者，即《太極圖》之所謂"無極而太極"，所謂"太極本無極"，所謂人之所以最靈者也。《河圖》之東北，陽之二生數，統夫陰之二成數，則《先天》之左方震一，離、兑二，乾三者也。《先天圖》之左方震一、離、兑二，乾三者，即《太極圖》之左方"陽動"者也。其兑、離之爲陽中之陰，即陽動中之爲陰静之根者也。《河圖》之西南，陰之二生數，統夫陽之二成數，則《先天圖》之右方巽四，坎、艮五，坤六者也。《先天圖》之右方巽四，坎、艮五，坤六者，即《太極圖》之右方"陰静"者也。其坎、艮之爲陰中之陽者，即陰静中之爲陽動之根者也。《河圖》之奇偶，即《先天》《太極圖》之所謂陰陽，而凡陽皆乾，凡陰皆坤也。《河圖》《先天》《太極圖》之左方，皆離之象也，右方，皆坎之象也。是以《河圖》水、火居南北之極，《先天圖》坎、離列左右之門，《太極圖》"陽變陰合"而即生水、火也。而《易》之爲書，所以首乾、坤，終(中)坎、離，終既濟、未濟。而《先天》之為圖，中孚、頤、小過、大過，各以其類而居於正也。如是，則周子、邵子，其學雖異，《先天》《太極》其源雖殊，而其理未甞不一，而其所以出於《河圖》者，則又未甞不一也。若夫其自爲圖者，則曰《河圖》之數，凡五十五而十位，《洛書》之數，凡四十五而九位，舉不合夫畫三卦八、錯綜之六十四。若以位言，則去九與十，合夫乾一、兑二、離三、震四、巽五、坎六、艮七、坤八之序。然不知所以爲卦，所以爲畫，雖爲推衍湊定，不免牽合。若五、十為衍母，一、九為衍數，則揲蓍求卦之法，非案圖畫卦之本。此其爲説似也，然及自爲圖，則亦不外乎十數，而爲白圈、黑圈爲五，相間而爲十，以白爲天、奇，以黑爲地、偶，取三奇爲乾，三偶爲坤，其餘卦取之亦然。觀其附合，乃有纂組華紛之極所不能爲者，而謂出於天之自然之數必如是，而聖人之畫卦，如根幹枝葉，迫於不得已而然者，亦必如是，是則可疑之大者。若其以天五、地五，合各一太極而爲六，爲重卦之本；二五相合而爲十，爲揲蓍之本：凡其不可曉皆此類。而其假合悠謬，又有出於林黄中、郭子和百千之下者。然其反復辨論，幾數萬言，蓋有欲盡廢先儒，而獨行己説之意。嗚呼！朱子之於《河圖》，雖推本爲卦畫之源，而欲人玩心於其間，然亦有不切之戒。而其爲説，第於其理可通而事有證者而叙次之，然亦有傳疑，而未嘗以爲河之所出、伏羲之所目覩者必如是也。今斯人也，既以先儒之或有所傳而來者盡以爲非，而於千萬世之下，出於己手之所纂畫者，自斷以爲必合乎天之所出，則是以天自處，其所見亦必有甚異於人者也。惜不得從而問之，姑與諸説雜而記之，以俟參攷。

［（元）劉因《静脩續集》卷三　1198—678—3］

圖書經緯説

（明）朱右

《圖》《書》之數出於河洛，《圖》《書》之理本乎天地，而氣行乎萬物也。何謂數？一二三四六七八九之奇耦也。何謂氣？陰陽升降闔闢也。何謂理？太極之本體也。伏羲則《圖》以畫卦，萬象備焉。神禹則《書》以衍疇，萬法立焉。初若未嘗相與也，殊不知天下之理一而無二，變動不居，周流六虚，而聖人闡明發揮，體用相資，豈有二乎哉！故先儒有言《河圖》《洛書》相為經緯，八卦九章相為表裏，其有見也夫。予試申其説曰：《河圖》一始於北，《洛書》亦始於北，子之中，天之心，動之端也。《河圖》以生統成，《洛書》以奇統耦。奇，天之數，耦，地之數。天道左旋，地道右轉。《河圖》一左旋東升而生三，三轉西而生九，九左旋南升而生二十七，為七。二右轉西降而生四，四復東而生八，八右轉北降而生十六，為六。《洛書》一左旋於東而生三，再旋於南而生九，再旋於西而生七，七生二十一而復為一。二右轉東南而生四，四再轉東北而生八，八再轉西北而生六，六生十二而復為二。自氣言之。《河圖》左旋以五行相生為序，《洛書》右轉以五行相克為序。水木同宫而金火易位，生者為體而克者為用。奇耦之乘，升降闔闢之機不窮也。

《圖》《書》虛中用，函太極之體。《河圖》具十，《洛書》合十，同具太極之用，而天地之至理存焉。曰理曰氣曰數，固未始相離，而氣數與理亦一而二二而一者也。以《圖》為《書》之經，則《書》為《圖》之緯。以《書》為《圖》之經，則《圖》為《書》之緯。蓋殊塗而同歸也。若夫《圖》以畫卦，《書》以衍疇，則《易》與《範》昭然，玆不必論。

[(明)朱右《白雲稿》卷二　1228—28—2]

四　方

(明)楊慎

東方、南方生長之方，故七為少陽，八為少陰；西方、北方成熟之方，故九為老陽，六為老陰也。皆本於河圖也。

[(明)楊慎《升菴集》卷四十一　1270—288—41]

象數拾遺

(清)李光地

《河》《洛》之出有先後，其理則不以先後而閒，故《圖》之道數具乎《易》焉，《書》之道數亦具乎《易》焉，《書》之道數具乎《範》焉，《圖》之道數亦具乎《範》焉。

《圖》之左方陽内而陰外，猶先天之左方也，其右方陰内而陽外，猶先天之右方也。陽為主於東北，猶後天之東北也，陰為主於西南，猶後天之西南也。

先天陰陽也，後天五行也，陰陽先乾坤，故《書》之上九者乾也，下一者坤也。自乾而次八為震，次七為坎，次六為艮，自坤而次二為巽，次三為離，次四為兑，此先天之卦位也。五行先水火，故《書》之上九為離火，下一為坎水，自離火而生艮八之剛土，自艮土而生兑七乾六之二金，自坎水而生坤二之柔土，自坤土而生震三巽四之二木，此後天之卦位也。其序則東北西南，皆互其宅焉。

《書》者參天兩地之數，中五為人位，《洪範》之建皇極而參天貳地者，理取諸此也。《圖》者天奇地耦之數，中宫為太極，太極之全體具於人矣。《洪範》之效天法地而成位乎其中者，理亦備諸此也。

《書》之五行逆而相克，制而用之之法也，《洪範》之於五行，逆而制之者，理取諸此也。《圖》之五行順而相生，因而叙之之道也，《洪範》之於五行，順而叙之者，理亦備諸此也。

《圖》之數以奇耦各相次為始終，《書》之數以奇耦各相乘為始終，故《圖》則陽

數自北以終於西也，陰數自南以終於東也；《書》則陽數亦自北以終於西也，陰數則自西南以終於西北也。《圖》則有順而無逆，《書》則陽順而陰逆。《圖》之陰陽，其長也皆順，其消也皆逆；《書》之陽其乘也順，其除也逆，陰其乘也逆，其除也順。

《圖》之一三七九也，二四六八也，皆順而數之也，故曰《河圖》左行。《書》之一六併而為七也，二七併而為九也，四九併而為三也，三八併而為一也，二九併而對一也，四三併而對七也，八一併而對九也，六七併而對三也，皆逆而數之也，故曰《洛書》右行。

《河圖》之本，一繼以二，三繼以四，六繼以七，八繼以九，互為内外，迭為賓主，然於陰必反《易》之者，陰陽同根而生，造化之體也分，方而治造化之用也。

《洛書》之本，一三九七位於四正，二四八六位於四隅，以參相乘，以兩相加，然於東北西南必反易之者，陰順陽行，造化之體也；陽順陰逆，造化之用也。

先天之位，乾與坤對，坎與離對，震與巽對，艮與兑對，故《洛書》八方皆以合數相對也。先天之序，乾與兑同生於太陽，離與震同生於少陰，巽與坎同生於少陽，艮與坤同生於太陰，故《洛書》四面皆以合數相生也。

後天之位，水與火對，木與金對，土無對而以剛柔自相對，故《洛書》八方皆以合數相對也。後天之序，木生火，金生水，惟水不能自生木，其閒有土焉，火不能自生金，其閒亦有土焉，是木金皆土所生，故《洛書》四面皆以合數相生也。

先天圖位，天上地下，日東月西不可易已，山起西北，澤注東南，不獨九州為然。今自西北度垣山之綿亘，未知所止也；自東南浮海茫洋相因，亦未知其所止也。雲興東北則雨，雷氣動而風從之也，雲起西南則不雨，風氣動而雷不應也，皆自然之位也。先天之震巽，其本位也，後天之巽從震而動者也。故東南風亦雨，風非潤物者也，而曰潤之以風雨，蓋謂春風應乎陽氣者也。後天艮在東北，山脈所盡也，兑在西方，澤氣所鍾也；澤氣所鍾，故水源從此出。

先天後天其乾坤南北交易，先天著其體之常，後天探其用之根也。後天之乾不直居子而居亥者，進而當絶續之交，坤不直居午而居未者，退而避正陽之位，此不息之命所以流，而承天之義所以著也。乾坤既易，故以其位居離坎，天秉陽乘日星，地秉陰竅於山川。乾之用在離，坤之用在坎也，離坎既易，故以其位居震兑，火之鬱雷則發之，水之流澤則瀦之。離之用在震，坎之用在兑也，震兑既易，故以其位居艮巽，雷動則山興雲，澤積則氣生風。震之用在艮，兑之用在巽也，艮巽以其位居乾坤者。山者，地之所以上交於天而蓄其氣，風者，天之所以下交於地而化其形，故所在有山則氣聚，萬物遇風而形化。

風本天氣也，天交於地，故一陰潛伏而天氣噓焉則為風。山本地質也，地交於天，故一陽隆起而地氣升焉則為山。雷本火也，上有重陰壓之，則奮而為雷。

澤本水也，内有積陽驅之，則散而為澤。觀卦畫皆可見矣。天地水火，四體也；雷風山澤，四用也。後天卦震與離兑與坎相次於四正，乾與艮巽與坤相次於四維者，以此。

天主日，地主水，猶人之主精神氣血也。天與火為同，地與水為比，雷電合而章，澤中有水，故先後天四位者可以互换。若夫雷之應也以風，而艮居之；澤之感也以山，而巽居之，風實天氣而坤居之，山實地質而乾居之，此則至理不可不察也。山含澤，故能蓄洩，而雷之氣自此應焉；風助雷，故能吹嘘，而澤之潤自此行焉。故近山者多雷，近海者多風。《周官》"東則景夕多風，西則景朝多陰"者，此也。天氣至剛，近地則柔而物孚化焉，則風反為地之橐籥，地質至柔，接天則剛而氣升降焉，則山反為天之鍵藏。《洪範》以風屬土，古人登山而升中者，此也。是以後天之卦錯居先天之位，而各得其所。

水漬土則舒其浮華，所以生木也；火爍土則縮其精實，所以生金也。若木燃而火發，金潤而水出，則皆未有以見夫土之功。又播五行於四時而觀之，木温火熱，陽勝陰也；金凉水寒，陰勝陽也；土為和氣，陰陽之中也。一歲之序，陰長而已過於半，陽長而未及於半，是陰勝陽也；為秋為冬，以配金水，陽長而已過於半，陰長而未及於半，是陽勝陰也；為春為夏，以配木火，惟冬春秋夏之交，陰陽消長方半，《易》所謂泰否之卦也，是陰陽之中，故以配土。吕氏之中央也，則缺其一焉，京氏之四季也，則多其二焉，故言五行之義者，亦莫精於後天也。

論後天自然之序，則震坎艮乾宜居北東者也，巽離兑坤宜居南西者也。長少既敘而乾生坤成，不亦善乎？然而震必與乾易，兑必與坤易，則造化之妙也。乾居東方始矣，而非大始也，以終為始，如圜之無端，然後謂之大始。坤居西方成矣，而非作成也，當一歲之中致養之勞盡焉，然後謂之作成。且亥月則雷氣未動也，未月則澤氣未充也，何能使造化功用各得其所？

人知天心之動為化之初也，不知寂然不動沖漠無眹為命之續也，聖人所以希天者此爾，賢人所以希聖未達一息者此爾。於乎！不顯文王之德之純，吾於其圖位見之矣。然猶曰"戰乎乾"，是故聖人不廢克己之功已盡無我，然後能與天地相似也。

艮德最近乾，以其静而無我也；巽德最近坤，以能制其伏陰而皆順乎剛也。是故先天艮巽之位，後天乾坤居之。

艮德最近乾，然所以静而無我者，震之動、坎之習險先之矣，故曰"戰乎乾"，又曰"自强不息"。巽德最近坤，然所以動而及物者，離之明、兑之説終之矣，故曰"萬物皆致養焉"，又曰"含萬物而化光"。

震之次離兑，陽娶妻也；巽之次坎艮，陰生子也。娶妻則成乎父道，故受之乾焉；生子則成乎母道，故受之坤焉，是先天之序也。有長男則有長女之配，故震巽居先，諸娣從之，故受之離；有嫡有娣，母道具矣，故受之坤；餘則妾御之流也，故受之兑；由是則有繼嗣而成乎父道，故受之乾；坎艮，子之未長者，長則又為震而當室矣，是後天之序也。

天尊地卑，君相之位也；日東月西，卿士師尹之職綱紀朝政者也；雷風山澤，宣播號令，承導德施，以鎮奠方隅岳牧之任也，是先天之位也。君居無為，譬如北辰，居其所而衆星拱之；臣則致役，為君養萬物焉。震巽者，承其命令於先；離兑者，竭其功施於繼；坎艮者，告其成事於終。是後天之位也。是故圖象設而彝倫叙矣。

乾為首，五官之所宗也；坤為腹，四體之所會也；震為足，陽之所以動也；巽為股，陰之所以伏也；坎為耳，内光也，魄之所以載；離為目，外光也，魂之所以營；艮為手，次於震之陽，動而不離其處者也；兑為口，次於巽之陰，欲而著見於外者也。養身者，導陽自震艮始，故手持足行則欲其動也；坊陰自巽兑始，故男女飲食則欲其静也；頭容直、體容端，然後天地位焉，視思明、聽思聰，是以日月不過而四時不忒。

圓者天體，方者地體，凡物有端，圓則無端，故曰“不可為首也”，其義必用九者，圓之根在心，以坤之二而翕者取之也，故曰“乾元用九”，知乾元無首，則知所謂心之妙矣。凡物方則止，故曰“有終”，其義必用六者，方之根在角，以乾之一而直者取之也，故曰“直以方也”，知直方，則知所謂德之隅矣。凡圓者最大，方者次之，故曰“大哉乾元”，“至哉坤元”，然至於積方，則亦大矣，故曰“直方大”。

一成點，二成線，三始成面而推之形體，亦無所不通者矣。

一一為一，不可分也，故其形圓而為天；二二為四，其分明矣，故其形方而為地；又為三角於圓中以參天，為斜弦於方中以兩地。故一四者，天地之體；參兩者，天地之用。

置百數於此，《洛書》之九與一對，八與二對，七與三對，六與四對，五無對而自相對，蓋開方之原也。

“大衍之數五十，其用四十有九”者，蓋自一至五，衍之為五十五，除天一地二為數之始不衍，衍三四五之數則五十也，三衍為勾，四衍為股，五衍為弦，三數之併又不能成方，故其用四十有九。四十有九者，七之衍。七者，三四之合也；三四者，勾股之率，故亦為方圓之率。凡圓之内外生方，及方之内外生圓，其積常圓四而方三，故四十有九之積方也，内含圓積三十有八半，方得十四，圓得十一也，又内含方積二十有四半，圓得十一，方得七也。

三者，圓天數也；四者，方地數也；五者，參兩之合，人數也；七者，三四之合，

亦人數也。

以《圖》《書》言之，五居中，五之中心一數，尤中之中也。以大衍言之，中心一數，亦中之中也，蓋《圖》《書》、大衍皆有奇數，奇數必居中，故《圖》《書》之中一，人位也，大衍之中一，亦人位也。《易》曰“易簡而天下之理得，則成位乎其中矣”，《書》曰“建用皇極”，《易》又曰“掛一以象三”，皆此理也。

掛一象三而又與扐合以象閏，何也？曰象兩象三，一義也，象時象閏，又一義也。以象兩象三而推其後，則揲四歸奇當為萬物之變化；以象時象閏而原其始，則分二掛一常為歲積之起端。故曰“一生二，二生三，三生萬物”，自此以往巧歷不能窮，此一義也。又曰“朞三百有六旬有六日，以閏月定四時成歲”，此又一義也，聖人各舉以包兩義耳。唐一行曰“人處天地之中，以閱盈虛之變”，是欲參合二說，則非也，如其下文既以策當期日，又以策當物數，豈亦可合為一說乎？

一行《大衍歷》與孔子之意頗異，大畧蓋以分二象二氣也。掛一象閏分也，揲四象一月四弦也，至於左右扐餘，則又不以象閏，此其所以異也。後人因之，謂特初變掛一象閏，而二三變有扐無掛，當無閏之歲，故曰五歲再閏，故再扐而後掛，細尋理法亦甚疎闊，蓋其以一策當一月之實弦，則不及七日半，而掛一之閏分十一日有餘，則溢於策數之外矣。掛一之分十一日有餘，僅初歲之積耳，而遽以當有閏之歲，則又未成乎一月矣。閏數出於四時之餘，今言掛一於揲四之先，則又失歷法之序矣。是不惟非經意而其言自不密，與劉歆《三統律歷》皆傅會之論也。

今變一行之說而通之，曰分二者，分一歲為二也，覺成數之有餘而先除之，則掛一者，象氣盈者也，以每月四平弦計之，每弦整七日半；則揲四者，象四時十二月者也，合氣盈與月朔之虛以積閏，歸掛一之奇於餘扐以求爻，故合掛與扐皆象閏者也。

今歷日用九十六刻，蓋得《易》之真數，八卦六爻互相乘之數也。以十二辰為節，晝之極無過七分，夜之極無過七分，天地之中，陰陽之正也。過此則為天地之外域，陰陽之偏氣，故先天圖自復而反推其積數，陰七分陽五分；自姤而反推其積數，陽七分陰五分，二至晝夜之極也。自同人臨之間，比遯之間，而反推其積數，陰陽各六分，二分晝夜之平也。

［（清）李光地《榕村集》卷九　1324—613—9］

5. 其他

易象陰陽消長圖説

（宋）陽枋

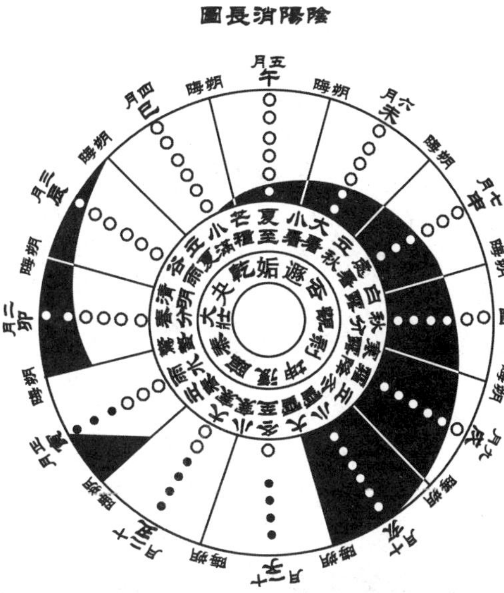

右圖字溪始作，以呈蓮蕩爰公，蓮蕩云："曩亦欲作此以呈晦翁而未及也。"時字溪於圖中央以朱作點，蓮蕩曰："何謂?"字溪對曰："萬事從心起。"蓮蕩曰："得之矣。"圖之大義則於答楊明夫剥卦説見之。

《周易》先天參伍錯綜數（四十八陽一千七百二十八，四十八陰一千一百五十二）

乾六爻（以三十六策个爻算，當二百一十有六，是兩个一百八，以三數之，成七十二个三，以五數之，成四十二个五，兩个二）

坤六爻（以二十四策个爻算，當百四十有四，一个一百八，餘三十六，以三數之，成四十八个三，以五數之，成二十七个五，三个三）

乾對坤（三百六十）

夬，剥（三百六十）

大有，比（三百六十）

大壯，觀（三百六十）

小畜，豫（三百六十）

需，晉（三百六十）

大畜，萃（三百六十）

泰，否（三百六十，三百六十成七十二个五，百二十个三）

（八方共萬有一千五百二十）

乾坤兩方共二千八百八十策（五百七十六个五，九百六十个三）

二千七百二十个九

三天兩地（陽一爻為三，陰一爻為二）成一个五

乾六爻(十八)坤六爻(十二)共三十策

乾一方,陽爻三十六(共一百八),陰爻十二(共二十四一百三十二)

坤一方,陰爻三十六(共七十二),陽爻十二(共三十六七十二合三十六亦一百八)

(八方共九百六十)乾坤兩方(除乾方陰爻十二,則合成二百十有六,同陰爻十二算,當二百四十)

(略)

凡易數積,或三百六十,或二百四十,或百有二十,或二百一十有六,或百四十有四,或一百八,或三十六,或二十有四,皆天地陰陽自然策數。雖紛綸變易,進退乘除之不齊,而莫不有合,不可以私意臆度,增損安排,聖人言"參伍以變,錯綜其數",蓋不三則五,不五則九,然止言陽數而不言陰數,則錯數動而變以陽為用故也。淳祐十一年仲冬二十一日寓夔門之卧龍山巴川陽枋偶書。

[(宋)陽枋《字溪集》卷七　1183—350—7]

九疇本大衍數之圖

(宋)鄭東卿

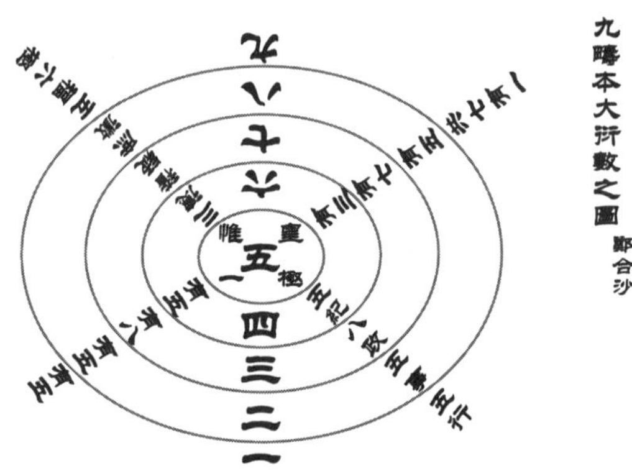

合沙先生曰:大衍之數,與爻成七八九六,而連山、歸藏之文變,統而謂之三易,作於文王。大衍之數五十者,一與九為十,二與八為十,三與七為十,四與六為十,五與五為十,共五十也。其用四十有九者,一用五行,其數五,二用五事,其數五,三用八政,其數八,四用五紀,其數五,六用三德,其數三,七用稽疑,其數七,八用庶徵,其數五,九用五福,六極其數,共十有一,筭至四十九也。五用皇極,其數一,不曰一而曰極,大衍所虛,太極之,皇極之,一適在五,數五為六,函三所引之數也。於五十五數之中,亦得夫四十有九焉。此自然之理,所謂"河出圖,洛出書,聖人則之",豈苟云乎哉?學者試思之。

[(宋)王霆震編《古文集成》卷六十二　1359—441—62]

太極貫一圖(論)

(宋)鄭東卿

合沙先生曰:八卦之位始於虙,重於夏商,衍於周,作經於孔,皆不易其方位,實本《河圖》《洛書》之本文本數也。其述作之意,一歸於中,所謂執中惟一之道,皇極一而繫於五,共得六數,乃太極函三之引六也。近太極莫若乾,出中而居六位,正吾曾子謂貫一之忠恕也。用太極者莫若震,故以震居三位,蓋得六極函三之圓不動,正吾子思所謂發而中節之和也。判太極者,莫若以與坤①,坎得其一,坤得其二,一即二矣,二即三矣,此水土所以並生於申。善與惡,陰與陽,執其一者皆非道,是曰失中,而中庸之學不取也。以大槩論之,一、三、七,陽數,布於四方,分至之義;二、四、六、八,陰數,布於四隅,啓閉之義,求中氣而積閏之理也。

[(宋)王霆震編《古文集成》卷六十二　1359—442—62]

觀易堂隨筆

(宋)程直方

京口濂溪書院,舊在鶴林寺右,欲詢其故,未能也。程舜俞判興化時,諸老先生言《周易》太極圖實傳於鶴林寺僧壽涯。劉後村詩曰:"季宣易尚資袁溉,茂叔書曾取壽涯。"然則書院之臨寺,其以是歟? 或問:"《河圖》虛五與十,何以為太極?"曰:"五,陽也,一、二、三、四,生之極也;十,陰也,六、七、八、九,成之極也。

① 疑脱"坎"字。

十者分以為一、二、三、四，陽根陰也；五者合諸一、二、三、四以為六、七、八、九，陰根陽也。五者五行之一，兩之為一、二、三、四；十者五行之二，參之為六、七、八、九。五行也，變化分合其所以為太極之妙歟！"三國魏明帝青龍三年，張掖柳谷口水溢涌寶石負圖，狀象靈龜，立於川西，有石馬七及鳳凰、麒麟、白虎、犧牛、璜玦、八卦、列宿、孛彗之象。又有文曰"大討曹書班"，天下以為嘉瑞。唐氏論曰：《河圖》《洛書》，歐陽永叔攻之甚力，今觀此圖與《圖》《書》亦何以異？惜乎時無伏羲、神禹，故莫能通其義，而陋者以為魏晉之符。彼魏晉何足道？安知其非八卦、九疇之數也，造化之所為，猶有不幸，況於人乎？先儒有不信《河圖》之書者又以為神道設教，亦愚已哉！東方第三宿在卯曰氐，音如根柢之柢。《爾雅》曰："天根，氐也。"《史記》《漢天文志》咸曰"氐為天根"，《國語》曰"天根見而水涸"，揚雄《太玄經・玄圖篇》論"人玄"曰"天根還向，成氣收精"，人玄始於減首減天，主訖八月中旬，屬酉，而卯還向之。《玄》以疑首準震，而置疑於減天之八為首卯之精，是天根在卯也。揚雄《長楊賦》曰"西壓月窟"，注"月出窟也在西"。杜詩"吹角向月窟"，又"月窟"注曰顔延年歌"月毳來賓"，毳，窟也。又"月窟西極"，是月窟在酉也，卯為先天離兑中，酉為先天坎艮中，月窟與天根對皆謂卯酉，固未嘗以卯之天根降於子，酉之月窟遷於午。范望集註《太玄》謂天根冬至牽牛一度，始亂雄之本意，而於還向處極牽强。邵子詩曰："乾遇巽時觀月窟，地逢雷處見天根。天根月窟閒来往，三十六宫都是春。"或謂先天六十四卦圖以乾遇巽為姤，地逢雷為復，復當冬至，似與范望之説合。然嘗按邵子先天八卦圖，乾畫三，坤畫六，為九，兑畫四對艮畫五為九，震畫五對巽畫四為九，四九三十六。又乾一對坤八，兑二對艮七，離三對坎六，震四對巽五，亦為三十六。言三十六宫者蓋指八卦，非指六十四卦圖也。其曰"乾遇巽時觀月窟"，由乾左旋而巽生一陰，則坎艮之交二陰可觀矣。"地逢雷處見天根"者，由坤右旋而震生一陽，則離兑之交二陽可見矣。邵子之學以不用為用，天有四時而冬不用，子中其所處也。處子中則陽自卯而開物以往，陰自酉而閉物以來，所謂閒來往也。由是而八卦陰陽消長無窮，故謂"都是春"也。如此則三十六宫為八卦，實與六十四卦姤復不相交涉，在酉月窟，在東天根，亦可無背於古。其詩前一聯曰："須探月窟方知物，未躡天根豈識人。"探者，迎其來；躡者，襲其往。處於中而襲卯迎酉也。故其冬至吟曰"何者謂之幾，天根理極微"。謂卯中離兑之交陽，其理已幾於冬至之子中也，非謂冬至為根也。山屋先生許月卿，字太虚，以易學登科為世名士，予年二十時嘗從之游，為言近世習舉業者不明字訓，多以敬訓誠，不知中有所主則虚，虚則外邪不能居，是敬。中有所主則實，實則外邪不能入，是誠。乾六畫皆實，故曰"閑邪存其誠"，坤六畫皆虚，故曰"敬以直内"。坎中實，故"有孚，維心亨"，孚者，信也，誠也。離中虚，故"履錯然，敬之，終吉"。先生融貫理義，横探直取，無所不合，凡有言乾虚坤實者，

安得起先生於九京以誨之邪？揲蓍者，左手之策，初餘二或三，則右手不必揲，可知其三或二。初餘四或五，則右手不必揲，可知其為五或四。次末左餘二則右亦二，左餘三則右必一，左餘四或五則右必或四或三，俱不必再揲。或者以為雖知之亦不可不再揲以寓其誠，殊不察夫子“揲之以四，以象四時”者，左手之策也。至右策不復言揲，但曰“再扐而後卦”，是亦未嘗數之也。池陽甘中立聞其説曰：“左屬陽為天之四時，故數之以象四時之動；右屬陰為地之四維，四維主静，承天而已，故不必再數，亦所以象之也。”邵康節曰：“一分為二，二分為四，四分為八，八分為十六，十六分為三十二，三十二分為六十四。”繼之曰：“乾以分之，此蓋先天圓圖起乾，次夬、次大壯、次泰、次臨、次復、次坤，皆右行者也。”朱子引以證畫卦横圖自下而上，未免下剩却一之一，而上不可止於六十四，《經世書》祝氏解歷代圖後口訣末章云：“此元經會，會經運，運經世，皆圓圖之用也。乾坤為大父母，其卦皆左行，從太陽也；復姤為小父母，其卦皆右行，法四時也（言法天運者非）。右行之卦皆一生二、二生四、四生八、八生十六、十六生三十二、三十二生六十四，至於反生一十七卦而復會無極之數，即元終復有元之理也。左行之卦自一而二，第第相承，如環無端，即歲盡又改歲之理也。二者逆順異行，其數之差至於萬萬而極，陽舒而陰縮也。”言右行之卦處，深得邵子之意。故予於《啟蒙翼傳》特據之。《參同契》大率是先天學。朱文公先天學為得之希夷先生，然則希夷固伯陽之徒歟。唐陳子昂《感遇》詩曰：“微月生西海，幽陽始化昇，圓光正東滿，陰魄已朝凝。”此旨歷唐不廢，希夷固有所授矣。《乾》二爻變為《同人》，《同人》之《彖》曰“同人於野”，故《乾》二曰“見龍在田，利見大人”。《乾》二爻三爻變而為《無妄》，《無妄》者誠也，故《乾》二曰“閑邪存其誠”，三曰“修辭立其誠”。《坤》三爻變而為《謙》，《謙》之《彖》曰“君子有終”，故《坤》三曰“無成有終”。《大過》二爻變而為《咸》，《咸》者夫婦之卦而取女吉，故《大過》二曰“老夫得其女妻”。《大過》上爻變而為《姤》，《姤》戒女壯，故《大過》五承上老婦，此以爻變者也。《大壯》上棟下宇以待風雨，而《大過》則上雨旁風，有棟橈之象，蓋《大壯》上六之棟顛於初六，則為大過矣。《觀》五“觀我生”，而《頤》初曰“觀我朶頤”，蓋五下為初，則頤矣。《屯》“天造草昧”，而《益》“天施地生”，蓋屯象草穿地而又為上陰所壓，去陰而陽達於上則為益矣。此以卦體變者也。卦變法不一，此尤可觀，第難於卦卦推求爾。

《雜卦》似無次第，嘗玩之，則自乾坤至困三十卦，如上經之數，而雜以下經二十卦。自咸恒至夬三十四卦，如下經之數，而雜以上經十二卦，恐此為雜之義。

《易》卦爻初上不言數，自昔率皆以初為一而上為六，終莫得其要領。予嘗竊出己意，以為初固為一，而上則當為十，何以明之？《河圖》一、二、三、四、五、六、七、八、九、十，其六、七、八、九既為卦之爻，則一、二、三、四、五、十當為卦之位，以六、七、八、九行乎一、二、三、四、五、十之間，於是《河圖》之數脗合無餘。然一不

言一而言初，十不言十而言上者，何也？邵子曰："一不可變也，百即十也，十即一也，亦不可變也。"故初欲言一，則上之十亦一也，一與十相嫌，是以不言數而曰初、上也。邵子又曰："陽無十，陰無一。"無一無十，故初上無位也。且《河圖》之中莫尊於五與十，又莫極於十，故上之辭為大君、為王侯、為國君、為天衢、為天祐、為登於天，謂其尊與五等也。又為亢、為冥、為已亢、為天際翔，謂其勢又極於五也。以此考之，則上當為十矣。

邵子《觀物外篇》第二曰："奇數四，有一、有二、有三、有四；策數四，有六、有七、有八、有九。"又曰"奇數極於四而五不用，策數極於九而十不用，奇不用五，策不用十，有無之極也。"此言奇者歸扐之奇也，策者過揲之策也。其曰五與十不用，則為《啟蒙》虛五與十之説矣。

《管子》曰："明一者皇，察道者帝，通德者王，謀得兵勝者伯。"孔穎達曰："管子書或是後人所録，非本書也。"《經世書》以皇帝王伯配春夏秋冬，西漢末霸橋災，莽曰"三皇象春，五帝象夏，三王象秋，五伯象冬"，與康節語合，豈邵子本莽語歟？抑古有是語，而莽述之歟？

《史記》宋元王偃立於周顯王四十一年，《經世書》作三十九年，有兩年之差；武王十三年伐商，當歲在辛巳，而《經世書》則伐商在十一年己卯，亦有兩年之差，豈《經世書》與元史常差兩年邪？又以《國語》武王伐殷，歲在鶉火證之，則己卯春，前歲方當實沈，何由至鶉火？固當以《尚書》《國語》《史記》為正，然不知邵子本何所據。

［（明）程敏政《新安文獻志》卷三十五　1375—443—35］

經世衍易圖論

（宋）蔡元定

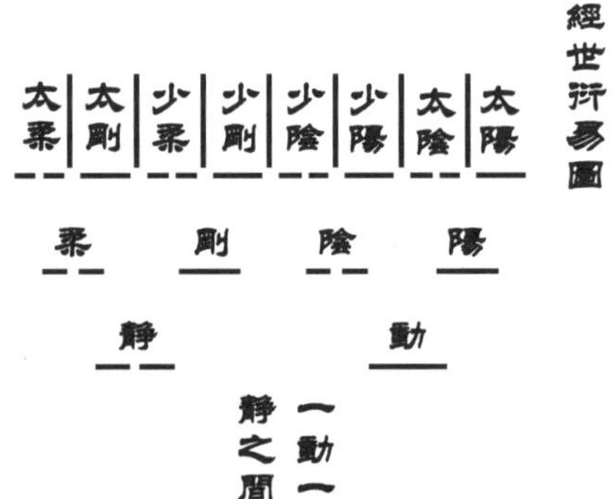

蔡氏《指要》曰:“一動一静之間者,《易》之所謂太極也。動静者,《易》所謂兩儀也。陰陽剛柔者,《易》所謂四象也。太陽、太陰、少陽、少陰、少剛、少柔、太剛、太柔者,《易》所謂八卦也。”

[(宋)王霆震編《古文集成》卷六十三　1359—449—63]

經世天地四象圖論

(宋)蔡元定

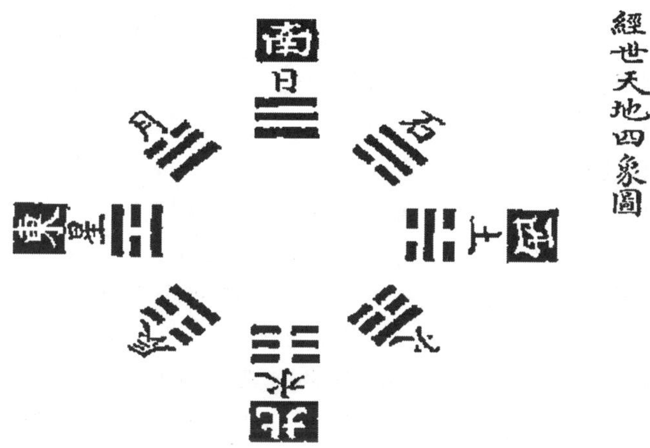

太柔	太剛	少柔	少剛	少陰	少陽	太陰	太陽
水	火	土	石	辰	星	月	日
雨	風	露	雷	夜	晝	寒	暑
走	飛	草	木	體	形	情	性
味	氣	聲	色	口	鼻	耳	目
辰	日	月	歲	世	運	會	元
春秋	詩	書	易	伯	王	帝	皇

蔡氏《指要》曰:動者為天,天有陰陽(陽者動之始,陰者動之極),陰陽之中又各有陰陽,故有太陽、太陰、少陽、少陰。太陽為日,太陰為月,少陽為星,少陰為

辰，是為天之四象。日為暑，月為寒，星為晝，辰為夜，四者天之所變也。暑，變物之性；寒，變物之情；晝，變物之形；夜，變物之體，萬物之所以感於天之變也。静者為地，地有柔剛（柔者静之始，剛者静之極），剛柔之中又有剛柔，故有太剛、太柔、少剛、少柔。太柔為水，太剛為火，少柔為土，少剛為石，是為地之四象。水為雨，火為風，土為露，石為雷，四者地之所以化也。雨化物之走，風化物之飛，露化物之草，雷化物之木，萬物之所以應於地之化也。暑變走飛草木之性，寒變走飛草木之情，晝變走飛草木之形，夜變走飛草木之體，雨化性情形體之走，風化性情形體之飛，露化性情形體之草，雷化性情形體之木，天地變化參伍錯綜而生萬物也。萬物之感於天之變，性者善目，情者善耳，形者善鼻，體者善口，萬物應於地之化，飛者善色，走者善聲，木者善氣，草者善味，蓋其所感應有不同，故其所善亦有異。至於人則得天地之全，暑寒晝夜無不變，雨風露雷無不化，性情形體無不感，走飛草木無不應。目善萬物之色，耳善萬物之聲，鼻善萬物之氣，口善萬物之味。蓋天地萬物皆陰陽剛柔之分，人則兼備乎陰陽剛柔，故靈於萬物而能與天地參也。人而能與天地參，故天地之變有元、會、運、世，而人事之變亦有皇、帝、王、伯。元、會、運、世有春、夏、秋、冬為生、長、收、藏，皇、帝、王、伯有《易》《書》《詩》《春秋》為道、德、功、力。是故元、會、運、世、春、夏、秋、冬、生、長、收、藏各相因而為十六，皇、帝、王、伯、《易》《書》《詩》《春秋》道德功力亦各相因而為十六。十六者，四象相因之數也。凡天地之變化，萬物之感應，古今之因革損益，皆不出乎十六，十六而天地之道畢矣。故物之巨細，人之聖愚，亦以一千百千，四者相因而為十六，千千之物為細物，千千之民為至愚，一一之物為巨人，一一之民為聖。蓋人者萬物之最靈，聖人者又人倫之至也。自天地觀萬物，則萬物為萬物；自太極觀天地，則天地亦物也。人而盡太極之道則能範圍天地，曲成萬物，而造化在我矣。故其説曰一動一静天地之至妙歟，一動一静之間天地人之至妙歟。一動一静之間，非動非静而主乎動静，所謂太極也。又曰思慮未起，鬼神莫知，不由乎我，更由乎誰？所謂範圍天地，曲成萬物，造化在我者也。蓋超乎形器，非數之能及矣，雖然，亦數也。伊川先生曰："數學至康節方及理。"康節之數，先生未之學，至其本原，則亦不出乎先生之説矣。

［（宋）王霆震編《古文集成》卷六十三　1359—449—63］

一貫圖說

（元）郝經

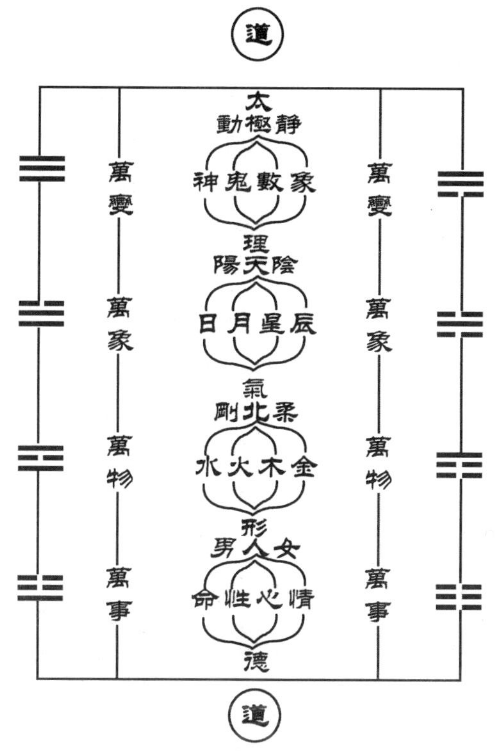

道本於一，行於二，復於一。靜者一之體也，動者一之用也。動所以行夫靜，二所以終夫一也。一動一靜，道有太極，而理之體具矣。極信而長，神則生矣。極屈而消，鬼則生矣。一二生三，數則生矣。奇耦具兩，象則生矣。神鬼數象，是生萬變理之用具矣。一動生陽，一靜生陰，一陰一陽，太極有天而氣之體具矣。陽精焞麗，日則生矣。陰魄分曜，月則生矣。陽暉昭布，星則生矣。陰體潛構，辰則生矣。日月星辰，是生萬象，氣之用具矣。靜陰生柔，動陽生剛，一剛一柔，太極有地而形之體具矣。一剛化柔，水則生矣。一柔化剛，火則生矣。剛根於柔，木則生矣。柔蘊於剛，金則生矣。水火木金，是生萬物，形之用具矣。動靜有理，陰陽有氣，剛柔有形，五行八卦，合為一易，乾道成男，坤道成女，一男一女，太極有人，德之體具矣。靜陰不易，命則生矣。動陽變易，性則生矣。剛宰不易，心則生矣，柔見變易，情則生矣。命性心情，是生萬事，德之用具矣。道形而上，推而下之，貫極而為一理，貫天而為一氣，貫地而為一形，貫人而為一德，而道之大體具。人形而下，推而上之，貫已之一德，貫地之一形，貫天之一氣，貫極之一理，而道之大用具。於是道貫天地人，理貫氣形德，人貫地天道，德貫形氣理，而上下一道。一理貫萬變，一氣貫萬象，一形貫萬物，一德貫萬事，而從横一道。神貫鬼數象，日貫月星辰，水貫火木金，命貫性心情，而始終一道。動貫陽剛男，静貫陰柔女，變貫象物事，事貫物象變，而反復一道。故孔子謂吾道一以貫之，其理蓋如是矣。然而道之功用委之太極，著之天地萬物，而歸之人，人必一其德而後可復歸於道，故人得其道則謂之德，失其道則謂之不德。必立命養性，存心制情以一其德，而致諸道。人得其道則天地萬物得其道，人失其道則天地萬物悖其道，故孔子又謂"一日克己復禮，天下歸仁焉"。以道觀人則道貫人，以人觀道則人貫道。人能貫道，然後可以踐形。下學上達，乘化入聖，盡在是矣。

[(元)郝經《陵川集》卷十六　1192—179—16]

無　極

(明)楊慎

《汲冢周書》云："正人莫如有極，道天莫如無極。"道，言也。正人有極，謂會其有極，歸其有極也。道天無極，謂生物不測，悠久無疆也。此語甚玄奥，當表出之，然則無極而太極之言，亦不始於周子矣。

[(明)楊慎《升菴集》卷四十一　1270—278—41]

邵子觀物吟箋註(並圖)

(清)潘天成

"耳目聰明男子身，鴻鈞賦與不為貧。因探月窟方知物，未躡天根豈識人。乾遇巽時窺月窟，地逢雷處見天根。天根月窟閒來往，三十六宫都是春。"

天地陽氣聚於日，陽之消長因日之遠近也。冬至一陽生，為復卦䷗，日在赤道南二十四度弱，與天會，天地之心合，日光射天地之心而為生物之本，黄鐘九寸之管接着陽氣，葭灰飛去。至十二月，日漸北而二陽生，正月三陽，至四月六陽而為純乾，是日近於中國之人也。至五月夏至，日在赤道北二十四度弱，一陰生，為姤卦䷫。由是而日漸南，六月二陰生，至十月六陰而為純坤，十一月而日復與天會，可見天地有陽氣而无陰氣，陽消即是陰。人心有善而無惡，善亡即為惡，陰盛而陽自生，惡極而善不滅，以天地止有陽而人心止有善，故探月窟而知物、躡天根而識人也。其學《易》之要，只在慎獨，一念之善為天根而擴充之，一念不善為月窟而遏絶之。中和致、天地位、萬物育，“三十六宮都是春”也，不但陽盛而生物，即陰盛而微陽亦生物。生物者，天地之心，而陽者，天地生物之本也，所謂“大哉乾元！萬物資始，乃統天”，陽生物，陰從陽而生物，以天地有陽而无陰，陰亦從陽而有也。試看日光射處則明，不射處則暗，月星皆無光，受日之光為光也。三十六宮者，六十四卦除乾、坤、坎、離、中孚、頤、大過、小過八卦不翻，餘五十六卦，一卦翻兩卦為二十八卦，共三十六卦。“都是春”者，皆陽氣流行於其中，為天地生物之本也。春生夏長固為生，秋斂冬藏，生意内足，為次年生物之本，可見人物皆生生不已也。邵子工夫純熟，故能閒，吾輩做工夫只要勤，勤勤不已，自能閒也。具圖於左：

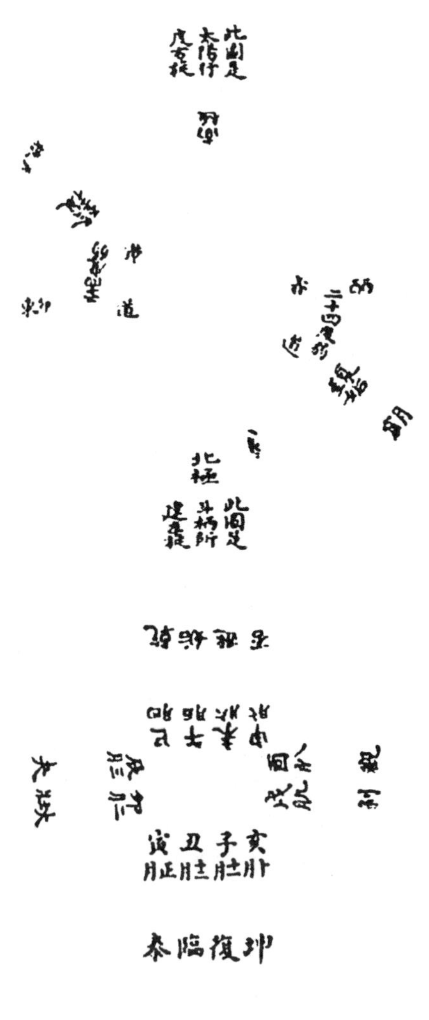

此圖天人合一，乃湯世調、梅定九兩先生心法之傳也。桐城方明善公子廷尉大鎮公孫中丞孔昭曾孫學士以智元孫田伯位伯素伯有懷及南豐湯惕菴建昌揭子宣諸先生皆如是說，凡我同人須熟玩焉。

［（清）潘天成《鐵廬外集》卷二　1323—588—2］

(五)文字音義

著作與尹和靖講易

(宋)王蘋

《乾·象》

慈溪本云:"偏言則一事。"偏字為是。或本云:"偏言則一事。"

《乾·文言》"天下文明"

慈溪本云:"天下見其文明之化也。"或本云:"見其文明而化之。"焞所收本:"見其文明而化之。"

"乾元者,始而亨者也"

慈溪本云:"既始則亨。"或本云:"既始則必亨。"既始則必亨為是。

《師》九二

慈溪本云:"恃專制,失為下之道。"或本云:"恃專則失為下之道。"焞所收本無"制"字。

《小畜·象》

慈溪本云:"加曰字者,皆重卦名。"或本云:"加曰字者,皆重卦名。"

《同人·象》

慈溪本云:"必與人同力,乃能濟。"焞所收本與此本同,或本云:"必與人同,乃能有濟。"

《大有》九三

慈溪本云:"公當亨於天子"。或本云:"公當用亨於天子。"焞所收本:"必用亨通於天子。"

《謙·象》

慈溪本云:"抑高舉下,損過抑不及。"或本云:"抑高舉下,損過抑不及。"焞所收本:"損過益不及。"恐抑字是。

《臨》六五

慈溪本云:"是不自任,其知大矣。"焞所收本:"是不自任其知,則其知大矣。"或本云:"是不自任其知,則其知大矣。"

《大畜》

慈溪本云:"諸爻則惟有止畜之義。"或本云:"諸爻則惟為止畜之義。"焞所收本:"則惟為止畜之義。"

《大過》九五

慈溪本云："得過極之陰。"焞所收本無"以"字。或本云："以過極之陰。"

《咸·象》

慈溪本云："誠慤之義，堅慤之義。"或本云："誠慤之義，堅慤之意。"

《恒》初六

慈溪本云："居常之始。"或本云："居恒之始。"焞所收本："居恒之始。"

《家人》

慈溪本云："至於天下治，治天下之道。"或本云："至於天下，治天下之道。"焞所收本："至於天下。"

《解》六三

慈溪本云："曰作易者，其知盜乎？"或本云："'曰'字作'謂'字。"焞所收本作"謂"字。

《損》六三

慈溪本云："醇謂濃厚，厚猶精一也。"或本云："醇謂濃厚，猶精一也。"焞所收本："醇謂濃厚，濃厚由精。"

《井·象》

慈溪本云："無喪無得，其德也；往來井井，其用也。用，常也，固也，井之道也。"或本云："無喪無得，其德也常；往來井井，其用也周。常也，周也，井之道也。"焞所收本："無喪無得，其德也常；往來井井，其用也周。常也，周也，井之道也。"

《歸妹》九四

慈溪本云："以無悔，故為愆期之義。"或本云："以無應，故為愆期之義。"焞所收本："以無應，故為愆期之義。"

［（宋）王蘋《王著作集》卷七　1136—100—7］

答潘子善

（宋）朱熹

《需》卦六四"出自穴"，上六"入於穴"。《程傳》謂："穴，物之所安也。"《本義》謂："穴者，險陷之所。"某以為謂之"險陷之所"正得坎體之象，未知是否？

坎即穴也。

《訟》六三"或從王事，無成"。《本義》謂"必無成功"，似與《象辭》"從上吉也"之意不協，又與《坤》六三《文言》亦不協。竊意《本義》是直作占辭解，如此

未知是否？

《易》中經傳不同如此處多，且兼存之。然經意是本，傳辭是第二節話也。

《小畜》九五"富以其隣"。《本義》謂："巽體三爻，同力畜乾，隣之象也。"據《程傳》則曰："以一陰畜五陽。"某竊謂以統體言之，固是以一陰畜五陽，然就九五而言，則下與四比，上與上連，為隣之象。謂"巽三爻，同力畜乾"，自見得自上畜下之意分明，未知是如此否？

更以《泰》卦"不富以其隣"對之即可見其文意。

《大過》上六爻，《本義》謂："是殺身成仁之事。"莫是如晉荀息之類否？

荀息所處，未得為成仁者。

《遯》："小利貞。"《本義》謂"小人也"。按《易》中"小"字，未有以為小人者。如"小利有攸往"與"小貞吉"之類，皆大小之小耳。未知此義如何？

經文固無此例，然以《彖傳》推之，則是指小人而言。今當且依經而存傳耳。

《豐》："天地盈虛，與時消息，而況於人乎？況於鬼神乎？"程子曰："鬼神者，造化之跡。"然天地盈虛即是造化之跡矣，而復言鬼神，何耶？

天地舉全體而言，鬼神指其功用之跡，似有人所為者。（以《謙》卦彖辭推之尤明白。）

"聖人有以見天下之賾。"《本義》云："賾，雜亂也。"訓詁皆云"深也"，未知如何？

先儒有此訓，今忘記，檢不得。字書無賾字（㠯口同義），只作"嘖"，云"大呼"也。《左傳》曰"嘖有煩言"，非謂深也。若以深義，即與"隱深遠"三字一義矣。且又何以云"不可惡"乎？

《本義》云"變化云為，故象事可以知器，吉事有祥，故占事可以知來"，不知"變化云為"，主於人而言否？

變化者，陰陽之所為；云為者，人事之所作。

"幽贊於神明而生蓍。"《本義》謂："蓍生滿百莖。"某謂："恐只與立卦生爻同義。"猶言立蓍而用之耳。

卦爻是人所畫，蓍是天地所生，不可作一例說。兼以立蓍而用之為生蓍，亦不成文理。

"勞乎坎"，某恐"勞"字當作去聲讀。

恐或如此，然此一節多難曉處。

［（宋）朱熹《晦庵集》卷六十　1145—100—60］

卦爻名義

(明)楊慎

易者,𧉻蝘之名,守宫是矣。(守宫即蜥蜴也,與龍通氣,故可禱雨,與虯同形,故能嘔雹。)身色無恒,日十二變,是則易者取其變也。象者,茅犀之名,狶神是矣。(象亦曰茅犀,狀如犀而小角,善知吉凶,交廣有之,土人名曰狶神。)犀形獨角,知幾知祥,是則象者取於幾也。象,大荒之獸也,人希見生象也,按其圖以想其形,名之曰像,故其為字從人於象也。孔穎達曰:"卦者,掛也,掛之於壁也,蓋懸物之杙也。"《木經》云:"爻者,交疏之窗也。其字象窗形,今之象眼窗也。"所取於爻者,義取於旁通。所取於卦者,懸有大小也。

[(明)楊慎《升菴集》卷四十一 1270—280—41]

卦字解

(明)楊慎

孔穎達曰:"卦者,掛也,掛之於壁也,蓋懸物之杙也。"諸儒皆用其説,無有他解。予以為非。杙則可掛於壁,《易》卦豈可掛於壁乎?卦者,圭也。古者造律制量,六十四黍為一圭,則六十四象總名為卦可也。應劭曰:"圭者,自然之形,陰陽之始。"卦者亦自然之形,陰陽之象。其為字也,從卜為義,從圭為聲,亦兼義也。古文圭亦音卦,今挂字從手為義,从圭為聲,則圭即音卦可證矣。(卦,古文圭字。爻,古字象交窗形。)

[(明)楊慎《升菴集》卷四十一 1270—281—41]

(六)九　六

與劉禹錫論《周易》九六説書

(唐)柳宗元

(《劉夢得集》有《與董言〈易〉辨》《〈易〉九六論》二篇,有曰:《乾》之爻皆九,而《坤》六,何也?世之儒曰:吾聞諸孔穎達云:陽尊得兼乎陰,陰不得兼陽也。他日,與董生言及《易》,生曰:"吾聞諸畢中和云:舉老而稱也。"因舉揲蓍變之所遇多少,以明老陽、老陰之數,以明二篇之策。復取《左氏》《國語》,昔人之筮以為證,且曰:"余與董生九六之義,信與理會,為不誣矣。"又於《左氏》二書叅焉,若合形影。而世人往往攘臂於其間,曰:生之名孰與穎達著耶?而才孰與元凱賢耶?歷載曠日,未嘗有聞人用是説者。雖余憤然口舌爭,特貌從者十一二焉。余獨悲而志之,以俟夫後覺。初董生本畢中和,中和本其師,師之學本一行云。此夢得所言《易》大槩也。其論九六,繼以揲蓍法,曰《九六數》,曰《大衍論》,曰《與董生言〈易〉》,凡三篇,不能備載。今公以為初無異於穎達之説,而以畢、董子為膚末於學而遽云云也。)

見《與董生論周易九六義》,取老而變,以為畢中和承一行僧得此説,異孔穎達疏而以為新奇。彼畢子、董子何膚末於學而遽云云也,都不知一行僧承韓氏孔氏説而果以為新奇,不亦可笑矣哉!韓氏著"乾之策二百一十有六"曰:乾一爻三十有六策,則是取其過揲四分而九也。"坤之策一百四十有四"曰:坤一爻二十四策,則是取其過揲四分而六也。孔穎達等作《正義》,論云:"九六有二義,其一者曰:陽得兼陰,陰不得兼陽。其二者曰:老陽數九,老陰數六。"二者皆變,用《周易》以變者占,鄭玄注《易》亦稱以變者占,故云九六也。所以老陽九、老陰六者,九過揲得老陽,六過揲得老陰。此具在《正義》乾篇中,周簡子之説亦若此而又詳備,何畢子、董子不視其書而妄以口承之也?君子之學將有以異也,必先究窮其書,究窮而不得焉,乃可以立而正也。今二子尚未能讀韓氏《注》、孔氏《正義》,是見其道聽塗説者,又何能知所謂《易》者哉!足下取二家言觀之,則見畢子、董子膚末於學而遽云云也。若曰孰與穎達著,則此説乃穎達説也,非一行僧、畢子、董子能有異説者也。無乃即其謬而承之者與?觀足下出入筮數,考校《左氏》,今之世罕有如足下求《易》之悉者也。然務先窮昔人書,有不可者而後革之,則大善。謹之勿遽。宗元白。

[(唐)柳宗元《柳河東集》卷三十一　1076—280—31;又見(宋)童宗説、張敦

頤、潘緯音釋《柳河東集注》卷三十一　1076—724—31；又見(宋)真德秀編《文章正宗》卷十四　1355—432—14；又見(明)茅坤《唐宋八大家文鈔》卷十九　1383—226—19；又見《御選唐宋文醇》卷十三　1447—306—13；又見(宋)姚絃編《唐文粹》卷八十一(内容同上，題目作《與劉禹錫論〈易〉書》)　1344—241—81]

辯易九六論

(唐)劉禹錫

《乾》之爻皆九，而《坤》六，何也？世之儒曰："吾聞諸孔穎達云：陽尊得兼乎陰，陰不得兼乎陽也。"它日，劉子與董生言及《易》，生曰："吾聞諸畢中和云，舉老而稱也。"請徵諸揲蓍，夫端策者，一變而遇少，與歸竒而為五，再變而遇少，與歸竒而為四，三變如之，是老陽之數分措於指間者，十有三策焉。其餘三十有六，四四而運，得九是已，故《易・繫》注云乾一爻三十六策也。一變而遇多，與歸竒而為九，再變而遇多，與歸竒而為八，三變如之，是老陰之數分措於指間者，二十有五策焉。其餘二十有四，四四而運，得六是已，故《易・繫》注云坤一爻二十四策也。借如一變而遇少，再變、三變而遇多，是少陽之數分措於指間者二十有一策，其餘二十有八，四四而運，得七。一變而遇多，再變、三變而遇少，是少陰之數分措於指間者十有七策。其餘三十有二，四四而運，得八，故九與六為老，老為變爻，七與八為少，少為定位，故曰舉老而稱，亦曰尚變而稱。且夫筮為乾者，常遇七，斯乾矣；常遇九，斯得坤矣；筮為坤者，常遇八，斯坤矣；常遇六，斯得乾矣。在《左氏》《國語》有之，晉公子親筮之，曰："尚有晉國，得貞屯、悔豫，皆八。"八非變爻。故不曰有所之。按次二世而為屯，屯之六二為世爻；震一世而為豫，豫之初六為世爻，屯之二，豫之初，皆少陰不變，斯非八乎？卦由老數，而舉曰六，筮由蓍數，故斥曰八。在《左氏春秋傳》有之，曰："穆姜薨於東宫，始往而筮之，遇艮之八。史曰：'是謂艮之隨。'"夫艮䷳(艮下艮上)之隨䷐(震下兑下)，唯二不動，斯遇八也。餘五位皆九六，故反焉。筮法以少為卦主，變者五而定者一，故以八為占。《艮》之六二曰："艮其腓，不拯其隨，其心不快。"史以為東宫實幽也，遇此為不利，故從變爻而占，苟以説於姜也，何則？卦以少為主，若定者五而變者一，即宜曰之某卦，觀之否，師之臨類是也。變與定均即決以内外。今變者五，定者一，宜從少占，懼不吉而更之，故曰是謂艮之隨。"是謂"之云者，苟以説也，故穆姜終死於東宫，與艮會耳。而杜元凱於此注，以為雜用三《易》，故有遇八之云，非臻極之理也。劉子曰："余與董生言九六之義，信與理會，為不誣矣。"余又於《左氏》二書參焉，若合形影然，而世人往往攘臂於其間，曰："生之名孰與穎達著邪？而材孰與元凱賢邪？"歷載曠日，未嘗有聞人明是説者。雖余憤然用口舌争，特貌從者

什一二焉。嗟乎！由數立文，所如皆合，昭昭乎若觀三辰，其不晦也如此。然猶貴聽而賤視，齗齗（五姧反）然莫可更也。矧無形之理，不可見之道邪？余獨悲而志之，以俟夫後覺。初董生言本畢中和，中和本其師，師之學本一行云。

第一指（餘一益三，餘二益二，餘三益一，餘四益四）

第二指（餘一益二，餘二益一，餘三益四，餘四益三）

第三指（與第二指同）

右卦從下起，指亦自下始。

第一指法地，故益成偶；第二法天，故益成奇；第三人極。

第一指（遇一益三，並掛一為五，遇三遇二並同，謂之少與一同）

第二指（遇一益二，並掛一為四）

第三指（遇一益二，並掛一為四）

右三指，俱遇少，通計十三策，其餘三十六策，四四運之，得九，為老陽，故《易繫》云："乾之策二百一十有六。"注云："陽爻九，一爻三十六策，六爻二百一十有六。"

第一指（遇四益四，與掛一為九）

第二指（遇四益三，與掛一為八，遇三亦同）

第三指（遇四益三，與掛一為八，遇三亦同）

右三指，俱遇多，通計二十五策，其餘二十四策，四四運之，得六，為老陰，故《易繫》云："坤之策百四十有四。"謂陰爻六，一爻二十四策，六爻一百四十有四

第一指（遇一益三，並掛一為五）

第二指（遇四益三，並掛一為八）

第三指（遇四益三，並掛一為八）

右初指少，第二、第三指多，以少為主，通計二十一策，其餘二十八策，四四運之，得七為少陽。

第一指（遇四益四，並掛一為九）

第二指（遇一益二，並掛一為四）

第三指（遇一益二，並掛一為四）

右初指多，第二、第三少，以多為主，通計一十七策，其餘三十二策，四四而運，得八，為少陰。

第一指（遇少，謂一二也，止於五）

第二指（遇多，謂三四也，止於八）

第三指（又遇少，謂一二也，並止於四）

右初指少，第二指多，第三指又少，以多為主，通計一十七策，其餘三十二策，四四而運，得八，為少陰。

第一指(遇多,謂四也,止於九)

第二指(又遇多,謂三四也,止於八)

第三指(遇少,謂一二也,止於四)

右初指第二指並多,第三指獨少,以少為主,通計二十一策,其餘二十八策,四四運之,得七,為少陽。

第一指(遇少,止於五)

第二指(又遇少,止於四)

第三指(遇多,止於八)

右初指二指並少,三指獨多,以多為主,通計一十七策,其餘三十二策,四四運之,得八,為少陰。

右揲蓍數。

穆姜薨於東宮,始往而筮之,遇艮之八。史曰:"是謂艮之隨。"夫艮䷳(艮下艮上)之隨䷐(震下兑上),唯六二爻不動,餘五盡變,變者遇九六也,二不動者遇八也。晉公子親筮之,曰:"尚有晉國。"得貞屯、悔豫,皆八。夫屯䷂(震下坎上)六位盡不遇六九,故不動,既無所之,即以世爻為占。按屯是坎宫二世卦,故以一為占則遇八。夫豫䷏(坤下震上)是震宫一世卦,以初六為占,亦遇八。韋昭於此注云:"内曰貞,外曰悔,震下坎上為屯,坤下震上為豫,言得此兩卦,震在屯為貞,在豫為悔,八謂震兩陰爻,在貞在悔皆不動,所以筮史占之謂'閉而不通'者,爻無為也。乾之策二百一十有六(謂陽爻九,一爻三十六策,六爻當二百一十六。言三十六者,舉老陽也),坤之策一百四十有四(謂陰爻六,一爻二十四策,六爻當百四十有四,言二十四者,舉老陰也),凡三百有六十,當朞之日;凡二篇之策萬有一千五百二十,當萬物之數,六十四卦都三百六十四爻,陰陽相半,各一百九十二爻。陽爻一爻三十六策,合為六千九百一十二。陰爻一爻二十四策,合為四千六百八。

右六九之數。

一行《大衍論》云:"三變皆剛,太陽之象也;三變皆柔,太陰之象也;一剛二柔,少陽之象也;一柔二剛,少陰之象也。少陽之剛,有始、有牡、有究;少陰之柔,有始、有牡、有究。因綜四象之變,而成八象焉。八象之位,而八卦之本列矣。"注云:"太陽始動,施於太陰,而生震象之七(謂少陽之七为震初九),再動於牡而生坎象之七(謂再索而得男也),三動於究而生艮象之七(謂三索而得男也);太陰始動,施於太陽,而生巽象之八(謂少陰之八為巽初六);再動於牡,而生離象之八(謂再索而得女也);三動於究,而生兑象之八(謂三索而得女也),是以九、六、七、八分為八象。"

右大衍論。

《國語》又云："董因迎公於河，公問焉曰：'吾其濟乎?'對曰：'臣筮之，得泰之八，曰：是謂天地配，亨，小往大來。今及之矣，何不濟之有?'"韋昭云："泰三至五，震象，為侯，陰爻不動，其數皆八，與貞屯、悔豫義同。"劉子曰：昭此説用互體，有震。按董因之言"天地配亨"，是六五"帝乙歸妹，以祉元吉"之爻。夫泰，乾坤體全，内外位正。内為身，外為事。卜得國事也，以外卦為占。六五居尊位，故統論卦下辭曰"小往大來"，爻遇歸妹，故曰"天地配亨"，何必取互體也。

右與董生言易。

[(唐)劉禹錫《劉賓客文集》卷七　1077—369—7]

陽爻稱九陰爻稱六説

(清)汪琬

乾卦陽，純乎九者也，故用九；坤卦陰，純乎六者也，故用六。他卦九六相錯，故無用九用六之辭。

[(清)汪琬《堯峰文鈔》卷二　1315—213—2]

陰陽老少説三則

(清)汪琬

老陽者，純陽無陰；老陰者，純陰無陽；少陰少陽者，陰陽相錯，故曰三陽而二陰。三其三、三其二而為老陽、老陰之數，兩其三、一其二而為少陰之數，兩其二、一其三而為少陽之數也。

三奇為九，三偶為六，一奇二偶為七，一偶二奇為八，九六七八之數即八卦也。

陽老則陰伏焉，故老陽之九退即為少陰之八。陰老則陽生焉，故老陰之六進即為少陽之七。

[(清)汪琬《堯峰文鈔》卷二　1315—213—2]

（七）家　數

先　秦

左氏卦例

（宋）李石

《春秋》《易》以立例為通宜矣。葢韓宣子所見二經者，魯人所用周人之禮，不刊之典也。左氏所載於《易》，雖周人卜筮之用無幾，其所資於學者，非特杜預、王弼之説也。然杜預所得汲冢科斗，云師春作，《春秋》所載《易卦》一卷，今不傳，石為補之，作左氏卦例。

䷓（坤下巽上）觀䷋（坤下乾上）否

陳敬仲方少，周史所筮之卦也。至桓子五世而始大，八歲而成子得政，弑君其始也，利用賓於王其終也，山嶽配天則亦太逼矣。卜筮可知目睫之近，不能保八世之往乎。不然，南蒯卜亂、臧會卜亂同矣。

右觀六四爻變而之否，曰坤土，曰巽風，曰乾天，風為天於土上則曰山，自否之六二至九四為艮之互體，則艮為山也。故曰山嶽配天，坤為異國，艮為太嶽，為姜齊，艮為門庭，乾為金玉，坤為布帛，故有庭實玉帛諸侯朝王之象，觀則其後之子孫期在八世之遠，此《説卦》雜占八者之例，他皆倣此。

䷂（震下坎上）屯䷇（坤下坎上）比

畢萬以晉滅魏，以地賞萬為大夫，晉大夫辛廖所筮之卦也。萬之先為畢公高，晉獻公滅魏，至六國魏猶列諸侯為大國，此公侯子孫必復其先，畢公高之始也，其後六卿分而為魏則終春秋之世矣，其年世遠矣哉。

右屯初九變而之比曰震以坤，以坤故為土。震為車，坤為馬，震變為坤，故車從馬，足居之。以震，故兄長之。以震，故母覆之。以坤，故衆歸之。以坤，故是為六體不易，以下體之下也。若曰比合，屯固，坤安，震殺，則以意取象，無象之象，《説卦》雖有例，未必能盡卦變之意，他皆倣此。

䷍（乾下離上）大有䷀（乾下乾上）乾

魯桓公將生成季，卜楚丘之父既卜，又筮此卦也。魯之重輕由季氏之存亡，其曰季氏亡則魯不昌。又執政為周社、亳社之輔，皆如卜之言，而筮特言“同復於父，敬如君所”而已，其合卜筮蓍龜為一用乎？將有詳畧乎？自桓公下順數，終春秋之世，三家子孫既微而魯弱，如卜楚丘之父蓍龜之告。

右大有六五離變為乾，乾為君為父，曰"同復於父，敬如君所"，以臣為君之象，以離麗為同者，亦以意取義。

䷑（巽下艮上）蠱

秦穆公伐晉，秦掌龜卜徒父所筮之卦也。秦人不通三《易》而以龜為筮，龜卜為官而以蓍筮乎？晉閉秦糴，負秦曲多矣，韓原之戰，晉侯之馬，還濘取敗，執晉侯以歸，故卜徒父先以千乘雄狐為告。

右《蠱》巽、艮二體不變，而貞悔内外之象已具。杜預乃以秦人不通三《易》之占而以龜卜為筮乎？不然，卦亦《易》之一也。巽，春夏之交；艮，冬春之交。秋落山木之實而取材以為克晉之期。山木逢秋而落，杜預乃以周九月、夏七月為言。按《春秋》書秦韓之戰在十一月，亦歲晚之秋，非九月、七月之秋，明矣。又曰：獲其雄狐，以狐蠱為君。蠱，蟲也，又皿也，病也。若以《説卦》象取之，則未有以狐為君象，《解》《未濟》二卦之爻，雖言狐，《解》言三狐，《未濟》繇言小狐，初六言濡尾，《解》以坎離互體取象，《未濟》亦坎離互體取象。《蠱》之艮巽不變，其互體者，九二至六四為兑，九三至六五為震，不為狐象，將以巽之為進退不果為臭如狐，與艮為狗鼠之屬乎？其必有知者，以龜卜為筮，與卦之不變者，他皆倣此。

䷵（兑下震上）歸妹䷥（兑下離上）睽

晉獻公嫁伯姬於秦，史蘇所占之卦也。晉侯敗於韓，秦執之以歸於秦，晉侯曰："先君若從史蘇之占，吾不及此。"夫《易》，天數也，一定於天數不可逃，雖人謀無及，如晉侯之悔吝於先君之取秦女，疑有可免之理，是以人勝天也，可乎？卜筮者，天假之以權禍福，使人知所避就，愈於恬不知畏，而欲以人勝天也。穆姬晉女之適秦者，晉侯得歸國賴穆姬之力，太子罃洪，與女簡璧晉甥，履薪登臺，免服衰絰，以示必死。

右歸妹之睽，歸妹上六外卦陰變為陽，故為睽。繇謂刲羊無血，士無其功，承筐無貺，女失其職，以震為離，以妹得睽，有責無償，無助者，秦晉姊妹甥舅相失之象。以震為離，故以雷為火，雷車也，震雷説其輻，離火焚其旗，睽為弧矢，必戰之象。姪其從姑，惠公敗，從穆公於秦之象。高梁之死明年，謂惠公死之明年，謂重耳歸晉，殺懷公子圉而入也。史蘇之占，歷獻公、惠公、文公凡三世，協若符券。杜預曰：臨時占者，或取於象，或取於氣，或取於時日，互相符會，構虚不經，非《易》之所當用。他皆倣此，以為占筮淺近於易者之戒。

䷶（離下震上）豐䷝（離下離上）離

鄭伯廖告人以公子曼滿求為卿，伯廖告以豐之離之卦也。晉、楚方争，鄭公子曼滿不能内固其國，乃幸亂而貪，無德而禄。伯廖以意測卦，而告以其祥。伯廖，鄭大夫之知《易》者，智如蓍龜，雖不筮而神矣。曼滿卒如其言。

右豐之離，上六變而為離，以陽芘陰，屋之大也。以陰受芘，户之蔀也。《説卦》，震、離無屋户象，互體巽、兑亦無屋户象。《剥》之卦曰“小人剥廬”，以陽芘陰也。剥以艮為門闕，故取陽以為陰之芘。或曰：離以附麗為安，故為屋。豐以明盛在上位，而謀隱幽蔀，閉塞不通，如大屋翔天，而暗户無人。《豐》爻言三歲不覿凶，而伯廖之言一歲而曼滿死者，以豐數之極，日昃之離，一年之象，不待三歲，以二卦九六對變也。

䷆（坎下坤上）師䷒（兑下坤上）臨

知莊子告人以邲之戰，先縠中軍，以三師敗績之卦也。晉、楚争鄭，為日已久。晉不能勝夷狄之楚，以芘鄭同姓之親，旬有七日之圍，守陴之哭。楚退師而復圍之，肉袒牽羊，以九縣自比，楚又退三十里，而與之平。楚之於鄭，其亦優游不迫，鄭亦窮蹙矣。為晉者可以少愧，而又有救鄭之師，師出，荀林父、士會欲中道班師，不為失策。先縠請以中軍佐濟，知莊子策其必敗者，以其負曲於楚抱愧於鄭，雖不待卜筮，而吉凶判於未戰。然則知莊子者，春秋深於《易》之君子也，其先見與鄭伯廖同。

右師之臨，師之初六變而之臨，以二陽而薄四陰，坎險坤衆，遇險失衆，臨有甚此者乎？否臧者，不順而無律。律，師律也；律，法也。或曰：以聽軍聲，詔吉凶也，坎為川流，兑為澤壅，三師之令不行，律竭法亡之象，其互體為震，為重坤。以師臨對變，《師》九二曰未順命，《臨》九二無功則凶，中吉則免於咎，《臨》九二則八月有凶，期在於此。此知莊子又知先縠雖幸免於楚，有大咎於晉者，以此夫。

䷳（艮下艮上）艮䷐（震下兑上）隨

穆姜將薨所筮之卦，不言其所筮之史也。穆姜，成公之母，淫於僑如，介晉國以禍其子，又禍季、孟，幾無魯矣。賴范文子、郤犨以免東宫之囚，垂死之筮，乃始悔悟，是歲襄公之九年也。襄公，穆姜之適子，繼成即位，始四歲。季、孟在朝，主少國疑，以筮自亡，疑史乃請姜速出亡，而姜亦知其死之，審矣。僑如，佞人也，其奔齊又淫齊君之母，所止之國，以佞濟淫，何獨穆姜之辱。

右艮之隨上下卦，六爻皆變，所存者互體艮、巽，皆不以象為占，而獨以變卦繇詞，為《隨》之四德，而以《乾》文王之言釋之也。其曰元亨利貞者，姜之自知，以答史之筮也。不可謂元者，以人在下位而有不仁，禍其子成公，虎狼之不若也；不可謂亨者，俾僑如外結晉援，以執成公，止季孫，魯不靖者久之，誰適召之也；不可謂利者，通於僑如，東宫之居，幾於囚辱，失母子之愛，非所以芘其身；不可謂貞者，國君之母，棄位而姣，以淫蕩聞於國人，婁豬艾豭之比也。四德皆失，何以為隨，以卦自揣，其死宜矣。史謂艮之八者，杜預有二疑，雜用三《易》，以七八為占，一疑也；史以古易不利，再以《周易》折之，二疑也。余亦有二疑焉，七八者，或在三多之數，蓋三揲之，所當計二四而為八也，一疑也；八，如《臨》八月之八，隨互體即艮體隨之六二，二疑也。必有能辨之者。

䷮(坎下兑上)困䷛(巽下兑上)大過

崔武子所筮，筮史阿告以吉之卦也。齊棠公死，武子弔之，窺棠公妻美，而欲介其弟東郭偃以取之。弔人之喪，幸人之禍，挾急以攘死鬼之妻，豈惟偃以齊姜同姓拒之，雖死鬼亦怒矣。瀆筮以求吉，筮之所不告也。武子欺死而得姜，莊公欺生而淫姜，姜以色召禍，傾人家國。崔子逆弑，蒙千古不令之名，豈獨攘鬼妻之惡哉。筮史之阿告以吉者，齊禍出於天數，為不可逃。

右困之大過，困六三變為巽，以坎中男娶巽長女，固已非匹。陳文子所謂風隕妻。風，奔也；隕，墜也。奔墜之妻，冒險取之。且《困》之繇曰"入於其宫，不見其妻"者，謂莊公入崔武子之室，崔子稱疾不見之象。且以卦變言之，大過九二至九五，為乾互體，二女一夫，巽長兑少，本末皆弱。二女者，武子、莊公，皆嘗有是二女也。一夫一婦，一婦再適，亦二女也。武子、莊公兩淫之象。嗚呼，武子、莊公於姜皆為同姓，禽獸夷狄不若哉。妾不知姓則卜之，況妻乎？

䷗(震下坤上)復䷚(震下艮上)頤

鄭子太叔還自楚，告子展測楚康王將死之卦也。晉、楚以鄭故不和，楚矜然於晉，豈復知鄭。鄭，小國，惟大是聽命，而乃以宋之盟載之言是賴。夫子太叔既知之，而猶以《易》測之，以明楚康王之不賴盟，而以大屈小，死不免矣。楚子竟死於魯襄公之二十八年。雖然，子太叔不因筮史得之，亦知《易》之君子。

右復之頤，復上六外卦變而為頤，楚迷不知復，鄭既從晉，楚迷而失道，以求復如其願，楚王必死之象也。《復》之初也，顔子得之，曰"不遠復，無祇悔"是矣。其既極矣，以陰反陽，而猶迷而不返，楚康王得之，曰"迷復凶""反君道"是矣。子太叔曰"楚不幾十年，未能恤諸侯，吾乃休吾民"者，以《復》之上六曰"以其國君，凶，至於十年，不克征"而測之也。是年裨竈占星，亦知楚子之死，與《易》同占者。杜預曰："歲星所在有福，歲星當在星紀，而寄於元枵，失次在北，對冲在南，鳥謂南方朱鳥，周楚分野。"楚康王死之歲，周靈王亦死。此卜筮相為用，他皆做此。

䷑(巽下艮上)蠱

秦醫和視晉侯疾，以此卦答趙孟之問也。晉侯求醫於秦，秦使醫和視之，曰："疾不可為。"是謂近女室，疾如蠱。六氣，陰、陽、風、雨、晦、明，蠱為晦，六疾之一。和謂惑疾，惑則沉溺女色，而蠱實生之，猶器皿之蠹，而生蟲為蠱，猶穀之朽而飛蟲亦為蠱。既曰女淫為蠱，非鬼非食，是不可為也。和之言曰："女陽物而晦時。"晦謂昏也。陽物謂巽、離、兑，三女皆二陽一陰，陽中之陰，内熱之疾所自，淫則内熱而蠱生矣。杜預釋之曰"婦人從陽"，非也。和又曰："良臣將死，天命不祐。"謂趙孟為良臣，以大夫僭諸侯，力可以諫晉侯之淫於女，而莫之救，故和及之。其曰良臣者，反言之也，宜趙孟以蠱為問，而以良醫答和也。晉平公彪即位於魯襄十六年，卒於魯昭之十年。噫，亦沉疾矣。内有同姓之四姬，醫所不治，欲使之受諫乎?

右蠱一卦,醫和言之,非筮所及。巽,長女;艮,少男。老婦士夫,惑非其匹,老陰少陽,其類為偏,象則蠱矣。然四姬一男,豈特老陰而已耶?醫和之神幾,以苦口為藥,惜乎晉君臣不悟也。是歲昭公之二年,風落山木,與秦卜徒父同占。

䷣(離下坤上)明夷䷎(艮下坤上)謙

叔孫莊叔生,穆子自筮得之,卜楚丘告之以其卦之詞也。初穆子辟僑如之難,奔齊私客婦而生子曰牛。又取齊之國氏,生孟丙,仲壬。穆子夢天壓已,弗勝。夢既告之矣,此先筮而得之也。夢與筮皆天之定,告之以未然,而皆不寤。魯之禍,媒於穆姜,而成於牛。僑如出奔,穆子得歸,國氏之二甥,以母改適,遲遲其歸。逮其歸也,牛又間其父子,殺孟而逐仲,穆子二子,一殺一逐。叔孫思仲子不得見,不食三日,死。仲雖歸,牛又以邑賂南遺,使不得入,卒之昭子得立,不以南遺為德,而以牛為禍,牛出奔而孟仲之子殺之,投其首於寧風之棘上,如楚丘之告。

右明夷之謙,明夷之初九,內卦變而為謙。明夷者,明之傷也;謙者,減也。兩卦貞悔通筮矣。明夷之象為日,日入地中,則明傷於地,陽傷於陰,君父傷於臣子,其象之意也。天以十日十時為度,在人則十等。杜預謂王、公、卿、士、皁、輿、隸、臺、僚、圉牧也。一曰王,二曰公,三曰卿。中天為王,食時為公,旦日為卿,以離為日,夷則日傷矣。以豹為卿,在三之位,則知穆子當為莊叔祀也。其傷則謙,謙則傷減,以離日為鳥方,故曰明夷於飛。君子於行,三日不食則餒矣。離初九之陽,變艮初六之陰,以火焚山也。明夷之初曰"主人有言",牛以讒逐孟、仲,叔孫不食也。牛之名深目豭喙,兆於夢,又見於筮。坤、離皆牛象,自莊叔、穆子至牛三世以淫買禍。吁,可畏哉。箕子、文王得明夷蒙難為聖賢,叔孫得之,殺身敗族。

䷂(震下坎上)屯䷇(坤下坎上)比

衛襄公嬖人婤姶生子元,孔成子筮之得屯。又筮之遇屯之比之卦也。孟縶與元皆嬖人子,縶長而元次,縶跛而元幼,皆屯也,屯皆難也。孔成子初以立長未決,史朝贊以立元,是為靈公。初元之將生也,已得於孔成子之夢,康叔名之曰元,使孔圉與史苟相之,史朝所夢皆協,以再筮襲二夢,廢長立次,廢病立幼,似非偶然者。

右屯之比,屯初九內卦變而為比也。且史朝之言曰:繇云,利建侯者,嗣即非建,建即非嗣,使縶當嗣,即不待建。所建者,猶二屯之難。元以次當建,遲疑不決,故以筮決之,筮不當再,猶之不決之故也。比之繇詞曰:"原筮,元永貞。"原筮者,以再筮決意於元之意。雖然,靈公之立,失德為多,以國多君子,賴之以立,比輔之象也。然筮以襲夢,與再筮之決,此其例也。

䷁(坤下坤上)坤䷇(坤下坎上)比

南蒯謀以費叛，枚筮，以示子服惠伯之卦，子服告之以其事也。蒯，遺之子也。遺逐叔孫之子仲，以立昭子，蒯亦立季平子，幾於再世禍魯也。昭子為魯卿，以功加三命，為季氏媢忌，昭子欲與季氏訟，本出南蒯間諜，南蒯懼，以費叛。費者，季氏之邑，以蒯宰其地也。以地叛主，神所不許，筮所不告，子服惠伯猶告之者，幸其悛止，而有畏於筮也。其曰"吾嘗學此"者，以明學《易》有素，必欲塞其不逞之謀，而教之以忠信之事也。《春秋》不書南蒯之叛。杜預曰："不以告廟，非也，費為季氏分地，不主於魯久矣。"昭公十三年，書叔弓帥師圍費者，不罪費叛，而罪帥師，以明季氏叛魯，而家臣南蒯叛季氏，無怪也。越明年，費人逐南蒯於齊，司徒老祁慮癸，以地歸魯亦不書者，地從主人，《春秋》私相予奪，去來非法也。至公山弗擾，則費再畔，故孔子墮三都。

右坤之比，坤六五外卦變而之比也。坤以六順為義，六五變而為坎，順變為逆，筮則知之，曰："不可占險。"坎之水為險，其互體為艮之山，山水之險，非一險也。坤以順為吉，而比亦以相輔為吉，蒯乃枚筮，誤指其吉而逆圖之乎？"黄裳元吉"者，黄者中色，地有主也，裳者下飾，上有衣也。元者善長，長有君也，皆非逆圖也。供養三德為善，供養黄裳元之三德。杜預釋以洪範三德，曰剛、柔、正直，非也。曰參成可筮者，子服惠伯欲南蒯參其三説之備而用之，惜乎蒯不悟，卒為齊之叛夫也。

䷀(乾下乾上)乾

蔡墨以答韓宣子龍見於絳之問，非占筮所及，而援卦以告之也。龍者人君之象，乾九五乃其位，乃今見於晉郊，猶之東遷以來狩於河陽，與夫南征水濵，此《春秋》之所當書不書者，晉不以告也。蔡墨以《易》之乾，以釋乾坤之言龍，又及其爻之變，以豢龍、御龍二氏，明虞、夏之德，劉、范之世服厥官，以譏世衰道喪，何足以致龍？

右乾六爻，言龍者四爻，而以一陽為龍之變者四卦，併坤為六，何也？以明五行所實，而明五官之職，備見於乾所變之龍也。初九曰："潛龍勿用。"其變為姤䷫，(巽下乾上)姤，天風之爻，木澤之氣也。九二曰："見龍在田。"其變同人䷌，(離下乾上)同人，火之氣也。九五曰："飛龍在天。"其變大有䷍，(乾下離上)大有，金火之氣也。上九，"亢龍有悔"，其變為夬䷪，(乾下兑上)夬亦金水之氣也。坤之上六曰"龍戰於野"者，坤上六之變，其變為剥，䷖(坤下艮上)剥，土之氣也。五行以御四時，而重、該、修、熙分職四時而無曠官，此眞龍之出，人得以豢御而馴擾之，豈特陽氣而已哉？杜預釋之，乃曰乾龍以象陽氣，蔡墨以謂眞龍，似未審也。《説卦》八卦皆有象，馬、牛、龍、豕、雉、雞、狗、羊，皆象也，何獨於龍而疑之？蔡墨曰重、該、修、熙，少皥四叔，職金、木及水，修、熙相代為水官，顓帝之子犂為祝融，共工氏之子為后土，火土之職舉，而社稷五祀無曠，此致龍之德也。

䷡(乾下震上)大壯

史墨以此答趙簡子之卦也。昭公出奔，死於乾侯，季氏實逐之。三家之於魯，猶六卿之於晉，其亦太逼矣。趙孟乃以季氏出其君，而民服諸侯予之，已似失言，史墨知其指意，曰："王有公，諸侯有卿，各有二也。天生季氏，以貳魯侯，誰能恤之?"又曰："三后之姓，於今為庶。"至援卦以寓其神，曰天之道者，定數之不可逃。

右大壯，不以筮得之，而以意測之。以震主祭，如副君。乾，王位也，反屈其下，故曰雷車乘乾，震為諸侯，乾為天子，無周之象，魯昭公何足道哉? 墨又以季文子之卜為襲，至曰東門，遂殺嫡立庶，魯君於是乎失國。

䷊(乾下坤上)泰䷄(乾下坎上)需

宋伐鄭，晉趙鞅卜救鄭伐宋，陽虎所筮之卦也。鄭武子之嬖許瑕，求邑，無以予之，請自圍宋雍丘，因是取鄭師於雍丘。又報雍丘之役，故伐鄭，則師之曲直可見，救鄭之吉凶，不難辨矣。何卜筮之紛紜乎? 趙鞅欲動諸侯之師，以占諸史趙、史墨、史龜，三史者各答以不可伐宋，而可以伐齊。齊，火也；宋，子姓，水位也；晉，盈姓，亦水名也。伐齊則以水勝火，請專伐齊。然魯新與齊平，又有吴人江淮之憂。故陽虎筮之者，蓋徒倚觀釁於吴楚齊晉之間，志不在宋，幸筮意之出此，此疑而筮之也。

右泰之需，泰六五之坤，變而為需九五之坎也。需者，疑而不進也；坎者，險在前也。持疑冒險用兵，非所以為魯之利，需則有不安於泰者，此陽虎之意，似未可以襲晉。三史之占，魯自敗齊人之交，日負齊曲，為吴歲受兵於齊者，由此也，且"帝乙歸妹"者，微子啓為帝乙之元子，以互體之兑為少女，以乾娶兑，元子娶妹之象，方得吉，配天福祉於元子者，未可以兵伐之也。趙鞅竟用三史之卜伐齊，取犂轅二城，毀高唐及賴而還，吴楚方争衡，鞅有所不能敵也。

右左氏卦例，凡十七例，各援其所本，以明吉凶禍福所自，有筮而得之者，有不筮而得之者，筮而得之，出於筮史，不筮而得，出於用《易》君子，引經據義而以義測之也。《春秋》《易》，聖人之經，左氏親授於聖人，其間見隨家國所占所用不同，其為例則一，此王弼、杜預得以例言也。《傳》曰卜筮不相襲，以明龜策異用，而亦有相襲者，世亂道喪，寡誠敬，薄信義，吉凶禍福，往往相反，淫巫瞽史，因以汗漫為説。雖例亦復無用《易》者，君子所深懼也。

[(宋)李石《方舟集》卷二十　1149—771—20]

漢

上易注二奏

（吴）虞翻

臣聞六經之始莫大陰陽，是以伏羲仰天縣象，而建八卦，觀變動六爻為六十四，以通神明，以類萬物。臣高祖父故零陵太守光，少治孟氏《易》，曾祖父故平輿令成，纘述其業，至臣祖父鳳為之最密。臣亡考故日南太守歆，受本於鳳，最有舊書，世傳其業，至臣五世。前人通講，多玩章句，雖有秘説，於經疏闊。臣生遇世亂，長於軍旅，習經於枹鼓之間，講論於戎馬之上，蒙先師之説，依經立注。又臣郡吏陳桃夢臣與道士相遇，放髮被鹿裘，布《易》六爻，撓其三以飲臣，臣乞盡吞之。道士言《易》道在天，三爻足矣。豈臣受命，應當知經！所覽諸家解不離流俗，義有不當實，輒悉改定，以就其正。孔子曰乾元用九而天下治。聖人南面，蓋取諸離，斯誠天子所宜協陰陽致麟鳳之道矣。謹正書副上，惟不罪戾。

又奏

經之大者莫過於《易》。自漢初以來，海内英才其讀《易》者解之率少。至孝靈之際，潁川荀諝號為知《易》，臣得其注，有愈俗儒。至所説“西南得朋，東北喪朋”，顛倒反逆，了不可知。孔子歎《易》曰：“知變化之道者，其知神之所為乎？”以美大衍、四象之作，而上為章首，尤可怪笑。又南郡太守馬融，名有俊才，其所解釋復不及諝。孔子曰：“可與共學，未可與適道。”豈不其然！若乃北海鄭玄、南陽宋忠，雖各立注，忠小差，玄而皆未得其門，難以示世。

［佚名編《三國志文類》卷十二　1361—549—12］

唐

孔氏穎達經傳辨

（清）陳廷敬

漢《藝文志》“《易經》十二篇”顔師古謂上下經及十翼，蓋古之為傳訓者，皆與經別行，經傳皆自為一家，所謂上下經者，直卦爻之辭而已。孔子之《彖》《象》《繫辭》《文言》《序卦》之屬十篇，謂之“十翼”，經之傳也。孔穎達曰：“夫子所作象辭，元在六爻經辭之後，以自卑退，不敢干亂先聖正經之辭。及王輔嗣之意，以謂象者本釋經文，宜相附近，其義易了，故分爻之象辭各附其當爻下言之。”嵩山晁氏言，以《彖》《象》《文言》襍入卦中者，自費直始，謂費氏初變古制，時猶若今乾卦《彖》《象》繫卦之末，至王弼始分爻之《象》辭各附各爻之下而遂大亂之也。朱子言孔氏謂夫子作《象》辭元在六爻經辭之後，則是孔氏亦初不見十二篇之《易》矣。晁氏又廢劉牧、石守道之説。劉牧云，《小象》獨《乾》不繫於爻辭，尊君也。石守道云，孔子作《彖》《象》於六爻之前，《小象》繫六爻之下，惟《乾》悉屬之於后者，讓也。葢劉、石之謬不足道也。又嘗獨怪孔氏解經號專家，既不知有十二篇之《易》，而顧以其臆説謂《象》辭在六爻之後者，其眂劉、石所見豈有異邪？

［（清）陳廷敬《午亭文編》卷二十一　1316—318—21］

宋

答萬正淳

（宋）朱熹

兩箇其爲氣也，是言浩氣之體用，未是以養爲氣主，集義以下是推明氣所由生，非是論以集義爲主。葢氣雖至剛，大配道義，然非集義則無以生之，非可以行義而掩取之也（如此爲文乃得抑揚之意）。横渠論《易・乾》卦諸爻，恐皆過論。大抵《易》卦爻辭本只是各著本卦本爻之象，明吉凶之占當如此耳，非是就聖賢地位説道理也。故乾六爻，自天子以至於庶人，自聖人以至於愚、不肖，筮或得之，義皆有取。但純陽之德，剛健之至，若以義類推之，則爲聖人之象，而其六位之高下，又有似聖人之進退。故《文言》因潛、見、躍、飛自然之文，而以聖人之迹各明其義，位有高下，而德無淺深也。然其本意亦甚分明，未嘗過爲深巧，如横渠之説也。且如初九，則是德已成而行未著，故衆人未見其德，而君子之心確然已有以自信也；九二則人見其庸言庸行、閑邪存誠之迹，又從而化之也；九三則雖涉此危地，而但進德脩業之不已也；九四則其位愈進，其危益甚，而亦但知循理，不恤其他也；九五則以天德居天位，而天下莫不仰觀之也；上則過極而亢，不能無悔矣。若以德言，則愈進愈高，此當爲聖而不可知之地，又豈有可悔耶？今横渠專以聖人爲説，已失本經之指，又逐爻爲漸進之意，又非《文言》之義。且其“龍德正中”不在九二而在九三，九二之“德博而化”，非進於九三，則未免於非理非義之失，而其取義前後相妨，因繆益訛，而轉不得其所矣。大抵近世説經者，多不虚心以求經之本意，而務極意以求之本文之外，幸而渺茫疑似之間，畧有縫罅，如可鉤索，畧有形影，如可執搏，則遂極筆摸寫，以附於經，而謂經之爲説本如是也。其亦誤

矣。此數段文義，正淳所疑多得之。但謂九三天下將歸，益當進德脩業爲未然。乾乾夕惕，自是君子之常事，今雖處危地而不失其常耳。知至知終，亦不是言脩爲先後之漸，只是見德業内外之别。蓋心則致誠以進德，身則脩辭以居業，進德者日新，居業者無倦，與周公繼日待旦意雖畧相近而不相似也。九四只是循理而行，自無固必耳，亦不爲信乎於人而後可躍也。

乾有兩乾，是兩天也，昨日行矣，今日又行，其實一天耳，而行健不已，此所爲"天行健"。地平則不見其順，必其高下層層地去，此所以見地勢之坤順。看《易傳》，若自無所得，縱看數家，反被疑惑，如伊川先生教人看《易》，只須看王弼註，胡安定、王介父解，今有伊川傳，且只看此尤妙。解書難得分曉，趙岐《孟子》拙而不明，王弼《周易》巧而不明，格物致知，正心誠意，不可著些纖毫私意在其中。

[(宋)朱熹《晦庵集》卷五十一　1144—543—51]

答滕德章

(宋)朱熹

到官既久，聞學政甚修，想見横經之暇，亦自不妨進修之益也。熹衰病益侵，無足言者。鄉在彼刊得四經四子，當時校勘，自謂甚子細，今觀其間乃猶有誤字，(如《書・禹貢》"厥貢羽毛"之"羽"誤作"禹"字，《詩・下武》"三后在天"之"三"誤作"王"字。)今不能盡記，或因過目遇有此類，幸令匠人隨手改正也。《古易音訓》最後數版，有欲改易處，今寫去所欲全換者兩版，並第三十四版之末行五字，此已是依元版大小及行字踈密寫定，今但只令人依此寫過看，令不錯誤，然後分付匠人改之為佳。此只是修改舊版，但密為之，勿以語人，使之如不聞者乃佳，若與人商量，必有以僞學相沮難，反致傳播者，此不可不戒也。

[(宋)朱熹《晦庵集》卷四十九　1145—459—49]

答潘子善(問易傳近思録)

(宋)朱熹

●《大畜・象》曰："能止健，大正也。"《傳》曰："能止乎健者，非大正則安能據？大畜，天在山中之象，則是能止其健於下也。"今曰止乎健者，不知是止於健，還是止其健耶？伏乞批誨。

"能止健"言以艮之止，止乾之健也。《傳》意亦是如此，但其文勢似倒，他亦多此類也。

●"習坎",八卦中獨坎加"習"字,説者多矣,未知義果如何?

此等不必深求其説。

●"習坎"卦義,《傳》云:"一始於中,有生之最先者也。"故為水,夫陽氣之生,必始於下,復卦之象是也。今曰始於中,其義如何?

氣自下而上,為始,程説别是一義,各有所主,不相妨,然亦不可相雜。

●《咸》上六:"咸其輔頰舌。"竊意此爻宜有悔吝,而不言悔吝,何也?

吉凶悔吝係乎邪正,此但見其不足,以感人之意耳。未見有失,故不得以悔吝言也。

●《遯》九三:"畜臣妾,吉。"《傳》曰:"係吝之私恩,懷小人女子之道也,故以畜養臣妾。"則得其心為吉也,小人女子近之則不孫,遠之則怨,若專以私恩懷之,未必不有悔吝,而此爻以為吉,何耶?

此爻不可大事,但可畜臣妾耳。御下而有以懷之,未為失正,但恐所以懷之者,失其正耳。

●《大壯》上六:"羝羊觸藩,不能退,不能遂,無攸利,艱則吉。"《傳》以艱字為遇艱,困則失其壯,而得柔弱之分,故吉。竊意不能退遂,而無所利,則是已艱困矣。而又曰遇艱,何也?恐此艱字,只作艱難其事,而不敢求進不已,則吉。如《大畜》九三"利艱貞"之艱説如何?

當如《大畜》之例。

●《晉·序卦》:"物不可以終壯,故受之以晉。"《傳》曰:"物無壯而終止之理,既壯盛,則必進。"竊意物進而後至於壯盛,既壯盛,則衰退繼之矣。今曰壯盛則必進,此義如何?

物固有壯而後進者,亦有進而後壯者,各隨其事而言,難以一説拘也。且以十二月卦論,大壯之為夬,夬之為乾,豈非壯而後進乎?至乾乃極而衰耳。

●《晉·傳》曰:"《晉》之盛而無德者,無用有也。"然《大有》可謂盛矣,而卦有卦德,不知如何?

元、亨、利、貞本非四德,但為大亨而利於正之占耳。《乾》卦之《彖傳》《文言》乃借為四德,在他卦尤不當以德論也。

●《晉》六三:"衆允,悔亡。"《傳》曰:"或曰,不由中正,而與衆同,得為善乎?"曰:"衆所允者,必至當也。"竊謂世固有不義,而得衆如齊之陳氏、魯之季氏者矣,顧可以為善乎?

《易》是虚設之辭,不可以實迹論,若以卦象言之,則順而麗乎大明,自不應有不善也。

●《家人》:"有嚴君焉。"《傳》曰:"家人之道,必有所尊嚴,而君長者,謂父母也。"如此則"嚴君"作兩字説,然自舊諸家只作一字説,未知如何?

所尊嚴之君長也。

●《蹇》九五:"大蹇,朋來。"《傳》以其無剛陽之臣,不足以濟蹇。竊謂:"自古患君之不剛明耳,未有有其君而無其臣者也。"《傳》又以李固、王允、周顗、王導為言。竊意當時正以無剛明之君故耳。設使有之,數子未必能有為也。更乞指教。

讀《易》當看卦畫時節,不可以此論。

●《夬·象》曰:"居德則忌。"《傳》曰:"則,約也。忌,防也。謂約立防禁,則無潰散。"某於此義不能無疑,更乞批報。

未詳。

●《艮》:"行其庭,不見其人。"《傳》曰:"庭除之間,至近也。在背,則雖至近不見,謂不交於物也。外物不接,内慾不萌,如是而正,乃得止之道。"夫人豈能不交於物,而孑然自立於世哉?意此所謂不交者,謂非己之所當應,則雖在至近,而猶不見也。若非所當應,亦感之而動,則非所以為止矣。未知是否?

熟讀《彖傳》之詞,可見文義。"艮其背",乃"止其所"之意,《程傳》恐非本文之旨。

●《啟蒙·述旨》篇云:"仰觀俯察,始畫奇偶,教之卜筮,以斷可否。"不知伏羲之後,文王、周公之前,未有卦及辭,何以定吉凶?敢乞批示。

此無可考。但《周禮》三易經卦皆八,别皆六十有四,則疑已有辭矣。

●義訓宜,禮訓别,智訓知,仁當何訓?竊意仁只是人心一箇生理,不知以生字訓得否?

不必須用一字訓,但要曉得大意通透耳。

●明道先生曰:"學只要鞭辟近裏,著己而已。"故"切問而近思,則仁在其中矣"。"言忠信,行篤敬,雖蠻貊之邦,行矣。言不忠信,行不篤敬,雖州里,行乎哉?立則見其參於前也,在輿則見其倚於衡也,夫然後行。"只此是學質美者明得盡,查滓便渾化,却與天地同體。其次惟莊敬以持養之,及其至則一也。竊謂切問近思,是主於致知;忠信篤敬,是主於力行。知與行不可偏廢,而此條之意謂隨人資質各用其力,而其至則一,如是則亦有行不假於知者,未知如何?伏乞指教。

切問忠信,只是泛引切己底意思,非以為致知力行之分也。質美者固是知行俱到,其次亦豈有全不知而能行者,但因持養而所知愈明耳。

●恕則仁之施,愛則仁之用,施與用不知如何分。

恕之所施,施其愛耳,不恕則雖有愛而不能及人也。

●"人之為學,忌先立標準,若循循不已,自有所至矣。"竊意若以聖人為標準,何不可之有?若無所指擬,茫然而去,將何所歸宿哉?伏乞指教。

忌先立標準,如孟子所謂"勿正"者。學者固當以聖人為標準,然豈可日日比並而較量之乎?觀顔子喟然之嘆,不於堅高瞻忽處用功,却就博文約禮上進步,則可見矣。

●"德不勝氣,性命於氣。德勝其氣,性命於德。窮理盡性,則性天德,命天理。氣之不可變者,獨死生修夭而已。"竊謂知所攝養者則多壽考,肆其嗜慾者則多殀亡。是死生修夭亦可變也。故程子以火為喻,與此說不合,如何?

《正蒙》之言恐不能無偏。

●横渠云:"心要洪放。"又曰:"心大則百物皆通,心小則百物皆病。"孫思邈云:"膽欲大而心欲小。"竊謂横渠之説是言心之體,思邈之説是言心之用,未知是否?

心自有合要大處,有合要小處,若只著題目斷了,則便無可思量矣。

●"且見得路逕後,各自立得箇門庭。歸而求之可矣。"竊謂門庭豈容各立耶?有所未解,伏乞指教。

此是説讀六經只要從師講問,且識得如何下工夫,便是立得門庭,却歸去依此實下工夫,便是歸而求之。

[(宋)朱熹《晦庵集》卷六十　1145—94—60]

蘇氏易解(辨)

(宋)朱熹

《乾》之彖辭,發明性命之理,與《詩》(《烝民》《維天之命》)《書》(《湯誥》《泰誓》)《中庸》《孟子》相表裏,而《大傳》之言亦若符契。蘇氏不知其説,而欲以其所臆度者言之,又畏人之指其失也,故每為不可言、不可見之説以先後之,務為閃倏滉漾,不可捕捉之形,使讀者茫然,雖欲攻之,而無所措其辨。殊不知性命之理甚明,而其為説甚簡。今將言之,而先曰不可言;既指之,而又曰不可見,足以眩夫未嘗學問之庸人矣。由學者觀之,豈不適所以為未嘗見、未嘗知之驗哉?然道衰學絶,世頗惑之,故為之辨,以待後之君子,而其它言死生鬼神之不合者,亦並附焉。

"大哉乾元,萬物資始,乃統天。"

蘇曰:"此論元也。元之為德,不可見也,所可見者萬物資始而已。天之德不可勝言也,惟是為能統之。"

愚謂:"四德之元,猶四時之春,五常之仁,乃天地造化發育之端,萬物之所從出,故曰萬物資始,言取其始於是也。存而察之心目之間,體段昭然,未嘗不可見也。然惟知道者乃能識之,是以蘇氏未之見耳。不知病此,顧以己之不見為當然,而謂真無可見之理,不亦惑之甚與?"

"雲行雨施，品物流形。"

蘇曰："此所以為亨也。"

"大明終始，六位時成，時乘六龍以御天。"

蘇曰："此所以為利也。"

愚謂："此言聖人體元亨之用，非言利也。"

"乾道變化，各正性命，保合大和。"

蘇曰："此所以為貞也。"

愚謂："此兼言利貞，而下句結之也。"

"乃利貞。"

蘇曰："並言之也。"

愚謂："此結上'乾道變化，各正性命，保合大和'之文，與'大明終始，六位時成，時乘六龍以御天'不相蒙。蘇氏之說亦誤矣。"

蘇曰："正，直也。方其變化，各之於情，無所不至；反而循之，各直其性，以至於命。此所以為'貞'也。"

愚謂："品物流形，莫非乾道之變化，而於其中，物各正其性命，以保合其大和焉，此乾之所以為利且貞也。此乃天地化育之源，不知更欲反之於何地？而又何性之可直，何命之可至乎？若如其說，則'保合大和'一句無所用矣。"

蘇曰："古之君子，患性之難見也，故以可見者言性。以可見者言性，皆性之似也。"

愚謂："古之君子，盡其心則知其性矣，未嘗患其難見也。其言性也，亦未嘗不指而言之，非但言其似而已也。且夫性者，又豈有一物似之，而可取此以況彼耶？然則，蘇氏所見，殆徒見其似者，而未知夫性之未嘗有所似也。"

蘇曰："君子日修其善以消其不善，不善者日消，有不可得而消者焉；小人日修其不善以消其善，善者日消，有不可得而消者焉。夫不可得而消者，堯、舜不能加焉，桀、紂不能逃焉，是則性之所在也。"又曰："性之所在，庶幾知之，而性卒不可得而言也。"

愚謂："蘇氏此言，最近於理。前章所謂性之所似，殆謂是耶？夫謂'不善日消，而有不可得而消者'，則疑若謂夫本然之至善矣。謂'善日消，而有不可得而消者'，則疑若謂夫良心之萌蘖矣。以是為性之所在，則似矣。而蘇氏初不知性之所自來，善之所從立，則其意似不謂是也，特假於浮屠'非幻不滅，得無所還者'而為是說，以幸其萬一之或中耳。是將不察乎繼善成性之所由，梏亡反覆之所害，而謂人與犬羊之性無以異也，而可乎？夫其所以重歎性之不可言，蓋未嘗見所謂性者，是以不得而言之也。"

蘇曰："聖人以為猶有性者存乎吾心，則是猶有是心也。有是心也，偽之始也，於是又推其至者，而假之曰命。命，令也，君之命曰令，天之令曰命。性之至者，非命也，無以名之，而寄之命耳。”

愚謂：“蘇氏以‘性存於吾心，則為僞之始’，是不知性之真也。以‘性之至者，非命而假名之’，是不知命之實也。如此，則是人生而無故有此大僞之本，聖人又為之計度隱諱，僞立名字以彌縫之，此何理哉？此蓋未嘗深攷夫《大傳》《詩》《書》《中庸》《孟子》之説，以明此章之意，而溺於釋氏‘未有天地，已有此性’之言，欲語性於天地生物之前，而患夫命者之無所寄，於是為此説以處之，使兩不相病焉耳。使其誠知性命之説矣，而欲語之於天地生物之前，蓋亦有道，必不為是支離淫遁之辭也。”

蘇曰：“死生壽夭，無非命者，未嘗去我也，而我未嘗覺知焉。聖人之於性也，至焉，則亦不自覺知而已矣，此以為命也。”又曰：“命之與性，非有天人之辨也，於其不自覺知，則謂之命。”

愚謂：“如蘇氏之説，則命無所容。命無所容，則聖人所謂至命者，益無地以處之，故為是説以是迷罔，又以罔夫世之不知者而已。豈有命在我，而不自覺知，而可謂之聖人哉！蘇氏又引《文言》利貞性情之文，傳會其説，皆非經之本旨，今不復辨。”

“首出庶物，萬國咸寧。”

蘇氏云云。

愚謂：“此言聖人體利貞之德也。蘇氏説無病，然其於章句有未盡其説者。”

“一陰一陽之謂道，繼之者善也，成之者性也。”

蘇云：“陰陽果何物哉？雖有婁曠之聰明，未有能得其髣髴者也。陰陽交然後生物，物生然後有象，象立而陰陽隱，凡可見者皆物也，非陰陽也，然謂陰陽為無有可乎？雖至愚知其不然也。物何自生哉？是故指生物而謂之陰陽，與不見陰陽之髣髴而謂之無有，皆惑也。”

愚謂：“陰陽盈天地之間，其消息闔闢，終始萬物觸目之間，有形無形，無非是也，而蘇氏以為‘象立而陰陽隱，凡可見者皆物也，非陰陽也’，失其理矣。達陰陽之本者，固不指生物而謂之陰陽，亦不別求陰陽於物象見聞之外也。”

蘇曰：“聖人知道之難言也，故借陰陽以言之，曰‘一陰一陽之謂道’。一陰一陽者，陰陽未交而物未生之謂也。喻道之似莫密於此者矣。陰陽一交而生物，其始為水，水者無有之際也，始離於無而入於有矣。老子識之，故其言曰：‘上善若水。’又曰：‘水幾於道。’聖人之德雖可以名，而不囿於一物，若水之無常形，此善之上者幾於道矣，而非道也。若夫水之未生，陰陽之未交，廓然無一物，而不可謂之無有，此真道之似也。”

愚謂：“一陰一陽往來不息，舉道之全體而言，莫著於此者矣。而以為借陰陽

以喻道之似，則是道與陰陽各為一物，借此而況彼也。陰陽之端，動静之機而已。動極而静，静極而動，故陰中有陽，陽中有陰，未有獨立而孤居者。此一陰一陽所以為道也。今曰一陰一陽者，陰陽未交而物未生，廓然無一物，不可謂之無有者，道之似也，然則道果何物乎？此皆不知道之所以為道，而欲以虚無寂滅之學揣摸而言之，故其説如此。”

蘇曰：“陰陽交而生物，道與物接而生善。物生而陰陽隱，善立而道不見矣。故曰‘繼之者善也，成之者性也’。仁者見道而謂之仁，智者見道而謂之智。夫仁智，聖人之所謂善也。善者道之繼，而指以謂道則不可。今不識其人而識其子，因之以見其人則可，以謂其人則不可，故曰‘繼之者善也’。學道而自其繼者始，則道不全。”

愚謂：“繼之者善，言道之所出無非善也。所謂元也，物得是而成之，則各正其性命矣，而所謂道者固自若也。故率性而行，則無往而非道，此所以天人無二道，幽明無二理，而一以貫之也。而曰陰陽交而生物，道與物接而生善。物生而陰陽隱，善立而道不見。善者道之繼而已，學道而自其繼者始，則道不全。何其言之繆耶？且道外無物，物外無道。今曰道與物接，則是道與物為二，截然各据一方，至是而始相接，則不亦繆乎？”

蘇曰：“昔上孟子以為性善以為至矣，讀《易》而後知其未至也。孟子之於性，葢見其繼者而已矣。夫善，性之效也。孟子未及見性而見其性之效，因以所見者為性。猶火之能熟物也，吾未見火而指天下之熟物以為火。夫熟物則火之效也。”

愚謂：“孟子道性善，葢探其本而言之，與《易》之旨未始有毫髪之異，非但言性之效而已也。蘇氏急於立説，非特不察於《易》，又不及詳於孟子，故其言之悖如此。”

蘇曰：“敢問性與道之辨？”曰：“難言也，可言其似。道之似則聲也，性之似則聞也。有聲而後聞耶？有聞而後聲耶？是二者，果一乎？果二乎？孔子曰：‘人能弘道，非道弘人。’又曰‘神而明之，存乎其人。’性者所以為人者也，非是無以成道矣。”

愚謂：“子思子曰：‘率性之謂道。’邵子曰：‘性者道之形體也。’與《大傳》此章之旨相為終始。言性與道，未有若此言之著者也。蘇氏之言曲譬巧喻，欲言其似而不可得，豈若聖賢之言直示而無隱耶？昔孔子順謂公孫龍之辨幾能令臧三耳矣，然謂兩耳者甚易而實是也，謂三耳者甚難而實非也。將從其易而是者乎？將從其難而非者乎？此言似之矣。仁者見之，謂之仁；知者見之，謂之智。百姓日用而不知，故君子之道鮮矣。”

蘇曰：“屬目於無形者，或見其意之所存，故仁者以道為仁，意存乎仁也，知者以道為智，意存乎智也。賢者存意而妄見，愚者日用而不知，是以君子之道成之以性者鮮矣。”

愚謂：“蘇氏不知仁智之根於性，顧以仁智為妄見，乃釋老之説。聖人之言豈嘗有是哉！謂之不見其全，則或可矣。又曰：‘君子之道，成之以性者鮮矣’，文義亦非。”

“原始反終，故知死生之説。”

蘇曰：“人所以不知死生之説者，駭之耳。原始反終，使之了然而不駭也。”

愚謂：“人不窮理，故不知死生之説；不知死生之説，故不能不駭於死生之變。蘇氏反謂‘由駭之而不知其説’，失其指矣。窮理者原其始之所自出，則知其所以生；反其終之所於歸，則知其所以死。夫如是，凡所以順生而安死者，蓋有道矣，豈徒以了然不駭為奇哉？蘇氏於‘原始反終’言之甚略，無以知其所謂，然以‘不駭’云者驗之，知其溺於坐亡立化、去來自在之説以為奇，而於聖人之意則昧矣。”

“精氣為物，遊魂為變，是故知鬼神之情狀。”

蘇曰：“物，鬼也；變，神也。鬼常與體魄俱，故謂之‘物’；神無適而不可，故謂之‘變’。精氣為魄，魄為鬼；志氣為魂，魂為神，故《禮》曰：‘體魄則降，志氣在上。’鄭子産曰：‘其用物也弘矣，其取精也多矣。’古之達者，已知此矣。一人而有二知，無是道也。然而有魄者、有魂者，何也？衆人之志，不出於飲食男女之間，與凡養生之資，其資厚者其氣彊，其資約者其氣微，故氣勝志而為魄。聖賢則不然，以志一氣，清明在躬。志氣如神，雖禄之天下，窮至匹夫，無所損益也，故志勝氣而為魂。衆人之死為鬼，而聖人為神。非有二致也，志之所在者異也。”

愚謂：“精聚則魄聚，氣聚則魂聚，是以為人物之體。至於精竭魄降，則氣散魂遊而無不之矣。降者屈而無形，故謂之鬼；遊者伸而不測，故謂之神。人物皆然，非有聖愚之異也。孔子答宰我之問，言之詳矣。蘇氏蓋不攷諸此而失之。子産之言，是或一道，而非此之謂也。”

[（宋）朱熹《晦庵集》卷七十二　1145—439—72]

題郭彦逢庚午解牒並易辨説

（宋）周必大

紹興庚午廬陵郡秋試數千人，預貢者六十有一。郭君彦逢名在第五，又魁《易》之一經，其才學可知已。時君年過五十，不復西笑，故解牒猶在其孫，特起同文槖襲藏，惟謹復著《易辨》十篇，自《乾》卦至《繫辭》皆為訓説。謂予昔忝同升，攜以相示，追惟四十年間，所謂六十餘人，存者殆若晨星。其子若孫能以一經傳家，有如郭氏者鮮矣。予聞萬安為邑，在熙寧五年，今將兩甲子，英才項背相望，策第大常，何為寂寥，念爾祖而破天荒不在此時乎？尚其勉之哉！紹熙庚戌十二月十二日

［（宋）周必大《文忠集》卷十八（《省齋文藁》十八） 1147—188—18］

易本義大旨

（宋）陳淳

昔者伏羲氏仰觀俯察，有以見乎陰陽奇耦之相生，交換變易，自然而然，其勢若不容已。於是作《易》以配之，始之爲八卦，一乾、二兑、三離、四震、五巽、六坎、七艮、八坤。加倍而重之爲六十四，而布之爲圓圖。則乾南盡於午中而姤生焉，坤北盡於子中而復生焉，與天地造化自然者相脗合，因教人占筮以斷吉凶。是時雖未有文字，而開物成務之道具矣。逮文王係彖，周公係爻，而隨事叮嚀之意始爲詳密。及孔子作十翼[①]釋經，乃專以義理明之，使人居則觀其象而玩其辭，動則觀其變而玩其占，以求免於大咎。雖因時設教不同，而其所以[②]爲心者並行而不相悖，雖其所發多因文王周公之舊，而伏羲氏[③]所以爲圖象之妙者，已具見於《繫辭》《説卦》二傳中矣。自秦以來，書幸全於遺燼，而道則晦而不彰。其溺於象數者既牽合傅會而失其源流，其泥於文義者又支離散漫而無所根著。至我宋康節邵子之圖出，於是乎伏羲之精畫卦以示者，始可得而見。伊川程子之傳出，於是乎文王、周、孔之蘊因卦以發者，始可得而明。今晦翁先生《本義》之書，蓋又發揮邵圖之法象而申明程傳之旨趣，本末兼該，精粗具舉，推本四聖所以作述本然之義，而《易》道之盛至是無餘藴矣。其綱領備於《五贊》，未可直以占法視之也。抑程子昔以傳示門人曰："只説得七分，後人更自體究。"若晦翁是書，其補程子之三分，而上以達於四聖之心也歟。

［（宋）陳淳《北溪大全集》卷十六 1168—623—16］

三十六宫都是春説

（宋）胡次焱

一説：乾一、兑二、離三、震四、巽五、坎六、艮七、坤八。乾一加兑二為三，又

---

① "作十翼"三字原缺，據明抄本《北溪大全集》補。

② "設教不同而其所以"八字原缺，據明抄本《北溪大全集》補。

③ "文王周公之舊而伏羲氏"十字原缺，據明抄本《北溪大全集》補。

加離三為六,又加震四為十,又加巽五為十五,又加坎六為二十一,又加艮七為二十八,又加坤八為三十六。予謂乾一兑二以下乃卦之次第,非謂乾果一數、兑果二數也,此説未當。二説:乾三連為三,坤六斷為六,震、坎、艮皆一陽二陰,皆為五,巽、離、兑皆一陰二陽,皆為四。乾三,坤六,震、坎、艮共十五,巽、離、兑共十二,亦三十六。予謂以八卦分陰陽爻,而陰爻占二,陰何以得一倍於陽也?借曰陽卦奇,陰卦偶,奇則一,偶則二,然陽以一爻為一宫,而陰乃分一爻為二宫,義將安取?此説亦疵。三説:以十二卦配十二月,十二卦共七十二爻,陽爻三十六,陰爻亦三十六。或謂天根月窟,指復、姤也,前二説無復、姤,當以此説為優。予謂陰陽為三十六爻,共七十二爻,而此但曰三十六宫,是指陽爻為言邪?指陰爻為言邪?抑合陰陽為言邪?亦含糊不明。四説:《易》六十四卦分上、下經,上經三十卦,下經三十四卦,多少不同者,以反對論也。上經無反對之卦六,乾、坤、頤、大過、坎、離是也。除此六卦外,只二十四卦。以反對論,則二十四卦只十二卦,搭起無反對六卦,只十八卦耳。下經雖三十四卦,而無反對只二卦,中孚、小過是也。除此二卦外,只三十二卦,以反對論,三十二卦只十六卦,搭起無反對二卦,亦只十八卦而已。如此則下經比上經多四卦,雖若不均,而合有無反對裨補論之,皆十八卦,則極其均。上下經皆十八卦,故曰三十六宫。月窟在下經,天根在上經,皆自然之理,非人力可以安排也。其曰"三十六宫都是春",春只是生生不息之意,所謂"生生之謂易"是也。管見以第四説為優。或曰:六十四卦何以有反對者,又有無反對者,其義安取?曰:此則七易嘗言之矣。得陰陽之純者無反對(乾坤是也),而肖乎純者亦無反對,(頤肖坤,大過肖乾),得陰陽而居中者無反對(坎離是也),而肖乎中者亦無反對(中孚肖離,小過肖坎),此説甚善。向見南軒解《雜卦》,凡無反對者,云"只此卦無反對之畫",而不言其所以無反對之故,疑亦未能參透此旨也。

[(宋)胡次焱《梅巖文集》卷六　1188—565—6]

易本義啟蒙後論

(宋)胡一桂

有天地矣,可無《易》乎?不可也。有《易》矣,可無《本義》《啟蒙》乎?不可也。金聲玉振集大成,衆言殽亂折諸聖,子朱子,真聖人之適歟!蓋自漢儒始變亂古《易》,至有流為術數之歸,而卒大亂於王弼,且雜以虛無之論,吾《易》遂晦蝕於天下,寥寥千載,孰覺我人?大易有圖,易通有書,發往古不傳之祕,開萬世理學之源,斯道始有係屬。迨夫《易傳》寫胷中之成書,《皇極》具經世之大法,《正

蒙》闡象數之條目，是雖古經變亂，未就釐正，而術數虛無之學為之一洗，吾《易》粲然復明。未幾，陋儒妄作，異端蠭起，《易》置圖書（劉牧），指斥邵子（林栗），冒偽著述（《麻衣易》之類），《易》道又幾晦蝕。子朱子勃興，探前聖之精微，破俗學之繆妄，《本義》《啟蒙》有作而後吾《易》始大明於世。愚嘗謂孔聖以来，子朱子有功於《易》，斷斷乎其不可及已。今觀《本義》之為書也，圖書位定而天地自然之《易》明，先後天卦分而羲文之《易》辨，二篇、十翼不相混雜，《易經》始為之復古六十四卦、三百八十四爻，兩言以蔽之曰象占，而觀玩不涉虛文，至於扶陽抑陰，進君子退小人，發於坤初六之爻者不過數語，而天之經、地之義、人之紀、《易》之要領直包括無遺蘊，此《本義》不可少於天下也。《啟蒙》之為書也，本圖書則揭"天生神物"章而《易》之本原正；原卦畫則表"易有太極"章而《易》之位列明；明蓍策則發明大衍章而卦扐之法定；考變占則博取《左氏傳》以明斷例，而吉凶趨避之見審。合四篇大旨，壹皆寓尊陽之微意，而小人盜賊不得竊取而用，此《啟蒙》不可少於天下也。《語録》成書，如《太玄》《闞易》《麻衣》、劉牧與夫林栗、袁樞之徒所以惑世誣民者，莫不斥其繆，黜其偽，折其悖，摧陷廓清羽翼數聖人之《易》於天下。此愚所謂自孔聖以来，子朱子有功於《易》，斷斷乎不可及者，豈誣也哉？或曰是則然矣。《易》者，陰陽、剛柔、仁義、性命、道德之書。今斷然蔽之以卜筮，得毋局於一偏，而不免漢儒術數之弊乎？且《繫辭》明言"《易》有聖人之道四焉"，今《本義》惟以象占分之而不及辭變，得毋四者之目遺其二乎？吁！是皆未之思也。《易》固陰陽、剛柔、仁義、性命、道德之書，而卜筮者正將使人盡仁義之道，參陰陽剛柔，以順性命，以和道德爾，豈徒托之空言而不見諸實用乎？又況卜筮之頃至理無乎不在，正得聖人作《易》本意，朱子已嘗言之，奈何以此疑吾《易》乎？至於聖人之道雖有四，實不離乎二，有象而後有辭、有占，而後有變。不得於象，則玩辭為空言；不由於占則觀變於何所？故有象辭，有占辭，占而後有卦變、爻辭。舉象占，則辭變在其中，若惟舉占則象辭變在其中，此四者之序，由輕歸重，辭變統於象占，象又統於占，所以《本義》舉象占而統論《易》書，一以貫之曰占，謂之有遺，可乎哉？或又曰《易》之所重在占，固也。人之於《易》必占而後可用，不占則《易》竟無用矣乎。曰：不然也。朱子嘗曰："凡讀一卦一爻，便如占筮所得，虛心以求辭義之所歸，以為凶吉可否之决，然後考其象之所以然，求其理之所以然，推之於事，使上自王公，下至民庶，所以脩身治國皆有所用。"初未嘗不示人以學《易》而用之之方也，必曰占乎而後用之。朱子之志荒矣。

［（明）程敏政《新安文獻志》卷三十五　1375—441—35］

朱子引用誤字

(明)楊慎

朱子《本義》"鼓萬物而不與聖人同憂"引張子"天地無心而成化,聖人有心而無為",據本書乃是"天地不宰而成化","不宰"字有理。"《復》其見天地之心",豈可謂天地無心乎?"參伍以變"注引《韓非子》"參之以比物,伍之以合參",據本文乃是"伍之以合虛",比物合虛,皆參差互考之,以知物之虛實也。若云"伍之以合參",則上文當云"參之以比伍"矣。原其誤,乃是《荀子》注中引來,不自《韓非子》中采出也。豈可謂出於朱子,一仍其誤而不敢改正者乎?

[(明)楊慎《升菴集》卷四十一 1270—288—41]

皇極數説

(清)陳廷敬

理數一也,歧而二之者非也。言理不言數,此近世學者之通病。然天下豈有理外之數哉?故曰理數一也。邵子於數精矣,世之學者求之而不得其解,姑曰《易》之為書,理而已矣,數非所尚也,豈不悖哉!皇極之數,世失其傳,嘗殫心研索,積數年之勤以求之,恍若鬼神之來告焉。已復參之書册,遂無弗悉合者,故於理數之際有可得而略言者焉。《大傳》謂"極其數,遂定天下之象",大哉言乎!皇極之數斯當之矣。蓋《河圖》之數生於五而成以十,此數之始也。自十而百,百而千,千而萬,而後謂數之極。《易》逆數,必極其萬而千,千而百,百而十,十而零之數,而後謂極其數也。既能極其數矣,而後天下之象定焉。夫見天下之賾者,擬諸形容,象其物宜,是之謂象。象誠天下之賾者哉!天下之賾極之至於萬千百十零,而天下之象定之止於一二三四五六七八九十,而此十數者又止用其四焉,是天下之象四象焉盡之矣,故曰定也。其法以數求卦,上卦動以動因十,以卦因零,下卦動以卦因十,以動因零,再加卦數、爻數,而先天之數成矣。通計萬千百十零之數,去萬以千百十零為元會運世,是為四象,而五行生尅,吉凶斷焉。以乾卦言之,六陽策數二百一十有六。如五爻動,是上卦動也,以原策數二百一十有六為本數,五爻加五十,原策數為數萬有八百,是為以動因十。乾位一加一,原策數為數二百一十有六,上下乾位各加一,為數二,五爻加五,為數五,是為以卦因零,通計為數萬有一千二百三十有九,是為一二三九也。如二爻動,是下卦動也,以原策數二百一十有六為本數,乾位一加十,原策數為數二千一百六十,是為以卦因

十,二爻加兩,原策數為數四百三十有二,上下乾位各加一,為數二,二爻加二,為數二,是為以動因零,通計二千八百一十有二,是為二八一二也。以坤卦言之,六陰策數一百四十有四。如六爻動,是上卦動也,以原策數一百四十有四為本數,上爻加六十,原策數為數八千六百四十,是為以動因十。坤位八,加八,原策數為數千有一百五十有二,上下坤位各加八,為數十六,上爻加六,為數六,是為以卦因零,通計九千九百五十八,是為九九五八也。如三爻動,是下卦動也,以原策數一百四十有四為本數,坤位八,加八十,原策數為數萬有一千五百二十,是為以卦因十,三爻加三,原策數為數四百三十有二,上下坤位各加八,為數十有六,三爻加三,為數三,是為以動因零,通計萬有二千一百一十有五,是為二一一五也。以坎卦言之,二陽四陰,策數百六十有八。如四爻動,是上卦動也,以原策數一百六十有八為本數,四爻加四十,原策數為數六千七百二十,坎位六,加六,原策數為數一千有八,上下坎位各加六,為數十有二,四爻加四,為數四,是為以卦因零,通計為數七千九百一十有二,是為七九一二也。如初爻動,是下卦動也,以原策數百六十有八為本數,坎位六,加六十,原策數為數萬有八千,是為以卦因十,初爻加一,原策數為數百六十有八,上下坎位各加六,為數十有二,初爻加一,為數一,是為以動因零,通計為數萬有四百二十有九,是為〇四二九也。以離卦言之,二陰四陽,策數百九十有二。如上爻動,是上卦動也,以原策數百九十有二為本數,上爻加六十,原策數為數萬有一千五百二十,是為以動因十,離位三,加三,原策數為數五百七十有六,上下離位各加三,為數六,上爻加六,為數六,是為以卦因零,通計為數一萬二千三百,是為二三〇〇也。如三爻動,是下卦動也,以原策數百九十有二為本數,離位三,加三十,原策數為數五千七百六十,是為以卦因十,三爻加三,原策數為數五百七十有六,上下離位各加三,為數六,三爻加三,為數三,是為以動因零,通計為數六千五百三十有七,是為六五三七也。如三陽三陰之咸,策數百有八十為本數,上爻動,以動因十,加六十,原策數為數萬有八百,以卦因零,兑位二,加兩,原策數為數三百六十,上兑位二,加二,下艮位七,加七,為數九,上爻加六,為數六,通計為數萬有一千三百五十有五,是為一三五五也。初爻動,以卦因十,艮位七,加七十,原策數為數萬有二千六百,以動因零,初爻加一,原策數為數百有八十,上兑位加二,下艮位加七,為數九,初爻加一,為數一,通計為數萬有二千九百七十,是為二九七〇也。如五陰一陽之復,策數百五十有六為本數,四爻動,以動因十,加四十,原策數為數六千二百四十,以卦因零,坤位八,加八,原策數為數千二百四十有八,上坤位八,加八,下震位四,加四,為數十二,四爻加四,為數四,通計為數七千六百六十,是為七六六〇也。三爻動,以卦因十,震位四,加四十,原策數為數六千二百四十,以動因零,三爻加三,原策數為數四百六十有八,上坤位加八,下震位加四,為數十二,三爻加三,為數三,通計為數六千八百七十有九，是為六八七九也。推之至於他卦，悉準此法，先天之數無遺義矣。

[(清)陳廷敬《午亭文編》卷二十二　1316—327—22]

元

與劉生論《易》書

(元)吴師道

承寄《周易會通》一部，番陽董真卿所編集者，並令獻其所見，某何人而敢與此？伏讀以還，竊嘆其規模之廣大，引援之洪博，茫乎其自失也。徐而察之，則有深疑而未安者，欲隱而弗白，則非朋友之義，而失所以命之之意；欲言之，則其書已成，流布方盛，區區之愚，乃敢誦言其失，無乃不可？思之遲回，遂復數月。念與其得罪於斯人，孰若使斯人不得罪於前儒？我嘗謂著書立言必有大綱領，今董氏之書，所以為綱領者，首條凡例是也。以伏羲之畫，文王周公之辭，標曰經，夫子《大象》《彖》《小象》《文言》兼標傳字，謂如此庶幾經、傳不相混而相統，可以合四聖人之書、程朱之傳義而觀之。又序其所以作之意，則曰：今《易》自費直、鄭玄以孔子《彖》《象》《傳》附釋正經之末，而叅解文王、周公《彖》《象》經文之間，並附《文言》，則始於王弼。《程傳》主理義而仍其舊，古《易》自吕微仲、晁以道始，復而未盡。吕伯恭復分上、下經六十四卦為經二篇，而以孔子"十翼"為傳十篇，各為卷以合於古。朱子《本義》主象占而用其本，朱子所謂宗晁、吕者，不過欲學者分别四聖人之《易》以求之古耳。若例以古人著書，經傳各自為卷，竊意解經者之謙德，若以孔子之傳附羲文周公之經，亦猶程、朱子之傳義附四聖之書，未見其不可也。董氏之説甚美，而慨然欲任會通之責，其志甚大，獨惜其於朱子之説著之不詳，而所以論諸儒之亂古者誤，至其求欲自異，則又蹈於前儒亂古之轍而不自知。何以言之？朱子嘗謂晁、吕之議費、鄭、王互有得失，蓋先儒雖言費氏以《彖》《象》參解《易》爻，初不言其合傳以附經也，自昔多謂亂古自費氏始，其實非是，可見朱子之精鑿，吕子謂費氏經與古文同，此名之得也。《魏志》謂鄭康成始合《彖》《象》於經，甚明。《孔疏》謂夫子《象辭》元在六爻經辭之後，王弼分爻之《象辭》，各附當爻下。今王弼注本之《乾》卦，存鄭氏所附之例也；《坤》以下六十二卦，弼之所自分也。朱子此言亦甚明矣，而董氏乃通謂費、鄭以《彖》《象》附釋，謂王弼並附《文言》而不及其以《象》附爻，可謂誤矣。程子據王弼本而為傳，時未見復古之《易》，朱子後出而始明，豈得謂程子主義理而仍舊，朱子主象占而用吕乎？此亦

誤也。羲、文、周、孔因時之教，變通作用不同，固難執《彖》徇卦，執《象》徇爻，以求其必合，復古者正欲救學者支離牽合之弊，非若程朱傳義専解經旨可相附也。以今董氏所編《乾》卦觀之，即鄭氏附《彖》《象》之舊，但移"天行健，君子以自强不息"一句置於《彖傳》之上，其後《文言》則亦王弼之舊，自《坤》以下則又改弼之例而從鄭氏耳。去"《彖》曰""《象》曰"，而加以"《大象傳》""《彖傳》""《小象傳》"字，部位如故，而改立標幟，其得失又何相逺哉？易董氏於《吕氏易》下明載朱子辨説，而畧不知考，何耶？其大綱領如是，他固無以議為。且朱子《本義》自與《程傳》體例不同，而《程傳》發明之義理，雖自為一經，可也，不當强求其通。天台董楷集程朱傳義而附以門人所録，已有可議，况近世談《易》者紛紛外二家而自為説者多矣，若取其議論之優長，理象之的當，足相發明，非卓然絶識，未易鑒擇。彼新奇穿鑿者，衹以汨亂，何有於發明耶？今之纂註，政未免此。欲言甚長，非頃刻可了，若其名字義例之未安，因革等列之未當，中間引朱子欲因邵子《大易吟》以方圖分作四層(云云)，誤以為董楷，其"愚謂"之説，如《睽》《旅》喪牛以有離之類，又未可一一縷數也。董氏自云學有淵源，而師新安胡一桂氏，自言得於胡為多，用功此書葢非一日。意其篤於自信，未嘗從人商確，而又習見近日《易通》《四書通》等作，遽欲傳世垂逺，似太倉卒。世有識者，必能辨之，豈待愚言，適先之耳。信筆疏列，幸勿以示不知者，唯以轉叩諸宗人仲退丈，然與不然，還以一言見教，幸甚。

[(元)吴師道《禮部集》卷十一　1212—122—11]

訂易纂言

(明)崔銑

吴子，古之敏儒也。其為是書也，博剥於畫，故失之荒，强通於象，故失之鑿。然説辭解字多協文義，亦可以裨贊朱易傳之學者。

吴子疑孔氏《尚書》之偽，明矣，而於《易》，泥於圖，八卦三畫而小成，六畫而大成。葢三畫者，三才之象也，三才各兩，故六畫而成卦。吾聞諸夫子云，彼四畫五畫，何物也？古亡是也。後夫為女之再適也，考祥為父喪之終也，包荒為祭也，喪貝為博徒之戯也，艮背為北堂也，《恒》為婦也，《蠱》為女也，馬壯為冰解也，《大畜》之象為洞天也。穿鑿之極曲而陋，億度之蔽荒而俚，又自昔未有也。以文正之明而有是不可曉已。

《易》之象不可得而悉知矣。専用互體，斯惑也已，必以"非其中爻不備"為言互體也，則其初其上之本末，二四之譽懼，三五之凶與功如之何釋之？

[(明)崔銑《洹詞》卷五《休集》　1267—482—5]

(八)卜筮

卜論

(唐)李華

“天地之大德曰生”。舜好生之德治於人心，五福首乎壽。麟鳳龜龍謂之四靈。龜不傷物，呼吸元氣，於介蟲為長而壽。古之聖刳而朘之，觀其裂畫以定吉凶，殘其生，勦其壽。既勦殘之而求其靈，夫何故？愚未知夫天地之心，聖達之謨。靈之壽之而夭戮之，脱(《文粹》作“朘”)其肉，鑽其骸，精氣復於無物，而貞悔發乎焦朽，不其反耶？夫大人“與天地合其德，與日月合其明，與四時合其序，與鬼神合其吉凶”，不當妄也。壽而夭之，豈合其德乎？因物求徵，豈合其明乎？毒靈介而徼其神，豈合其序乎？假枯殼而决狐疑，豈合其吉凶乎？《洪範》曰：“爾其大疑，謀及卜筮。”聖人不當有疑於人以筮也。夫祭有尸自虞夏商周不變，戰國蕩古法，祭無尸。尸之重於卜則明廢龜可也。又聞夫鑄刀劍者不成則屠犬彘血而祭之，被髮而哭之則成而利，蓋不祥器也，其神者躍為龍蛇，穿木石，入泉源，以至發炯光聲音。人不能自神，因天地之氣，化天地之物而為神，固無悉然，是亦為怪。古者成宫室必落之，鍾皷噐械必釁之，豈神明貴殺享膻腥歟？今亡其禮，未聞屋室不安身而噐物不利用，由是而言，則卜筮陰陽之流皆妄作也。夫潔壇墠而布精意(《文粹》作“誠”)，求福之來，緬不可致。耕夫蠶婦神一草木，禱一禽獸，鼓而舞之，謂妖祥如答，實歟？妄歟？犧文之《易》更周孔之述，以為至矣。揚子雲為《太玄》，設卦辯吉凶，如《易》之告。若使後代有如子雲，又為一書可筮，則象數之變其可既乎！專任道德以貫之，則天地之理盡矣，又焉假夫蓍龜乎？又焉徵夫鬼神乎？子不語，是存乎道義也。

[(宋)李昉等編《文苑英華》卷七百五十　1340—307—750；又見(宋)姚鉉編《唐文粹》卷三十五　1343—523—35]

蓍龜論

(唐)于邵

卜筮，生靈之緼耶！必遵以信時日，畏法令，决嫌疑，定猶豫者也。自伏羲畫卦，周公制禮，率先斯道以惠其人，故立筮人建卜，曰卜職，或掌三易以辯乎九筮，

或開四兆以作乎八命。俾吉不相習，假爾有常，叶乎乾坤，調彼昭昧，占兆審卦，異位同功，不其然歟？夫以原始要終，鉤深索隱，則象事知器，占事知來。蓍辨吉凶則圓神而方知，龜窮禍福乃載陽而履陰。繇得蒺蔾，終驗齊莊之難；兆聞鳴鳳，便興敬仲之宗。然則筮短龜長，嘗聞其語義之何者，今試論之。且其兆體百有二十，夫其頌聲千有二百，由是其尚也。夫龜者，著性命之理，有好惡之情，善出入之端，存生死之變，冠羣甲之長，居四靈之間，上高法天，下平象地，受三千歲而遊於蓮葉之上，吸以沆瀣之精，蓋通其聖也。何彼叢薄之下，蘙薈之中，生而無靈，長而無識，奉大衍之數而為準，求元亨之義而為用，探頤而知其變，審爻而擄其辭，豈與夫灼而專達，居然獨見同年而語矣。史偏(《漢書》作"篇")以之佐昌，此其効也。墨以之從長，又其効也。衛人以龜為有知，漆雕以為善對，又其効也。至如管輅卜隣之火，孔愉反顧之鑄，蓋小之也。則知靈德感應，觸類而長矣。故朔望則灼，孟冬命釁，蓋先王之重者，萬事之階也，信矣夫。

[(宋)李昉等編《文苑英華》卷七百五十　1340—308—750]

蓍卦考誤

(宋)朱熹

揲蓍之法見於《大傳》，雖不甚詳，然熟讀而徐究之，使其前後反復互相發明，則亦無難曉者。但疏家小失其指，而辯之者又大失焉，是以說愈多而法愈亂也。因讀郭氏《辯疑》，為考其誤云。

"大衍之數五十，其用四十有九。分而為二以象兩，掛一以象三，揲之以四以象四時，歸奇於扐以象閏，五歲再閏，故再扐而後掛。"《正義》曰："推演天地之數，唯用五十策。就五十策中去其一，餘所用者四十有九，合同未分，是象太一也。分而為二以象兩者，以四十九分而為二，以象兩儀也。(此以上係節文)掛一以象三者，就兩儀之間，於天數之中分掛其一而配兩儀，以象三才也。揲之以四以象四時者，分揲其蓍，皆以四四為數，以象四時也。歸奇於扐以象閏者，奇謂四揲之餘，歸此殘奇於所扐之策而成數，以法象天道歸殘聚餘分而成閏也。五歲再閏者，凡前閏、後閏相去畧三十二月，在五歲之中，故五歲再閏。再扐而後掛者，既分天地，天於左手，地於右手，乃四四揲天之數，最末之餘歸之合於扐掛之一處，是一揲也；又以四四揲地之數，最末之餘又合於前所歸之扐而總掛之，是再扐而後掛也。"

今考《正義》之說，大槩不差，但其文有闊畧不備及顛倒失倫處，致人難曉。又解"掛""扐"二字，分別不明，有以大起諍論。而"是一揲也"之"揲"，以《傳》文及下文考之，當作“扐”字，則恐傳寫之誤耳。今頗正之，其説如左。云“大衍之數五十，其用四十有九”者，五十之内去其一，但用四十有九策，合同未分，是象太一也。分而為二者，以四十九策分置左右兩手。象兩者，左手象天，右手象地，是象兩儀也。掛一者，掛猶懸也，於右手之中取其一策，懸於左手小指之間。象三者，所掛之策所以象人，而配天地，是象三才也。揲之以四者，揲，數之也，謂先置右手之策於一處，而以右手四四而數左手之策，又置左手之策，而以左手四四而數右手之策也。象四時者，皆以四數，是象四時也。歸竒於扐者，竒，零也，扐，勒也。謂既四數兩手之策，則其四四之後必有零數，或一，或二，或三，或四，左手者歸之於第四、第三指之間，右手者歸之於第三、第二指之間，而勒之也。象閏者，積餘分而成閏月也。五歲再閏，故再扐而後掛者，凡前後閏相去大畧三十二月，在五歲之中，此掛一、揲四、歸竒之法，亦一變之間，凡一掛、兩揲、兩扐為五歲之象。其間凡兩扐以象閏，是五歲之中凡有再閏。然後置前掛扐之策，復以見存之象分二掛一，而為第二變也。

“四營而成易，十有八變而成卦”，《正義》曰：“四營而成易者，營謂經營，謂四度經營蓍策，乃成《易》之一變也。十有八變而成卦者，每一爻有三變，謂初一揲不五則九，是一變也；第二揲不四則八，是二變也；第三揲亦不四則八，是三變也。若三者俱多為老陰，謂初得九，第二、第三俱得八也。若三者俱少為老陽，謂初得五，第二、第三俱得四也。若兩少一多為少陰，謂初與二、三之間，或有四，或有五，而有八也；或有二箇四，而有一箇九，此為兩少一多也。其兩多一少為少陽者，謂三揲之間，或有一箇九，有一箇八，而有一箇四；或有二箇八，而有一箇五，此為兩多一少也。如此三變既畢，乃定一爻。六爻則十有八變，乃定一卦。則十有八變，乃其始成卦也。”《正義》又曰：“老陽數九，老陰數六，老陽、老陰皆變，《周易》以變者為占，故陽爻稱九，陰爻稱六。所以老陽數九，老陰數六者，以揲蓍之數，九過揲則得老陽，六過揲則得老陰，其少陽稱七，少陰稱八，義準此。”（見乾卦初九下。）劉禹錫曰：“一變遇少，與歸竒而為五；再變遇少，與歸竒而為四；三變如之，是老陽之數。分措手指間者，十有三策焉。其餘三十有六，四四而運，得九是已。（餘三象同。）”又曰：“第一指（餘一益三，餘二益二，餘三益一，餘四益四），第二指（餘一益二，餘二益一，餘三益四，餘四益三），第三指（與第二指同）。”李泰伯曰：“聖人揲蓍，虚一，分二，掛一，揲四，歸竒，再扐，確然有法象，非苟作也。故五十而用四十有九，分於兩手，掛其一，則存者四十八，以四揲之，十二揲之數也。左手滿四，右手亦滿四矣，乃扐其八，而謂之多。左手餘二，右手亦餘二矣，乃扐其四，而謂之少。則扐十二，並掛而十三，其存者三十六，為老陽。以四計之，則九揲也，故稱九。三多則扐二十四，並掛而二十五，其存者二十四，為老陰。以四計之，則六揲也，故稱六。一少兩多則扐二十，並掛而二十一，其存者二十八，為

少陽。以四計之，則七揲也，故稱七。一多兩少則扐十六，並掛而十七，其存者三十二，為少陰。以四計之，則八揲也，故稱八。所謂七八九六者，蓋取四象之數也。”

今考三家之說，《正義》大槩得之。但不推多少所以為陰陽老少之數，又以過揲之數已見乾卦，而遂而復言，此為太畧。而“易”字之觧，三揲之分，亦為小疵。劉氏蓋合《正義》二說而言，其法始備。然其曰“遇多”“遇少”“與歸竒為若干”，則是誤以兩扐為所遇，而謂掛一為歸竒矣。其曰：“餘三十有六策，四四而運得九”，則是反以過揲為餘數，而又必再運之矣。此皆不如《正義》之名正而法簡。其論第一指與第二指、第三指之餘數不同，則雖為三變皆掛之法，然曰餘若干而益若干，則為揲左不揲右，而不免有以意增益之嫌。其以三變掛扐之策分措於三指間，則初變之扐誤並於掛，再變之掛誤並於扐，亦為失之。且一手所操，多至二十五策，亦繁重而不便於事矣。李氏之說最為簡易，而分別掛扐為明白，但其法為多者一，為少者三，而不知二變多少之各二。且曰扐十二併掛一為十三，而不知扐十併掛三為十三，（餘三象同。）則是後三變不掛，而不若劉說之為得也。今皆正之如左方云。“四營而成易”者，“營”謂經營，“易”即變也，謂分二、掛一、揲四、歸竒，凡四度經營蓍策乃成一變也。“十有八變而成卦”者，謂既三變而成一爻，復合四十九策，如前經營，以為一變，積十八變則成六爻，而為一卦也。其法：初一變兩揲之餘為掛扐者，不五則九；第二變兩揲之餘為掛扐者，不四則八；第三變兩揲之餘為掛扐者，亦不四則八。五、四為少，九、八為多。若三變之間，一五、兩四，則謂之三少；一九、兩八，則謂之三多；或一九、一八而一四，或一五而二八，則謂之兩多一少；或一九而二四，或一五、一四而一八，則謂之兩少一多。蓋四十九策去其初掛之一，而存者四十八，以四揲之，為十二揲之數。四、五為少者，一揲之數也；八、九為多者，兩揲之數也。一揲為竒，兩揲為偶。竒者屬陽而象圓，偶者屬陰而象方。圓者一圍三而用全，故一竒而含三。方者一圍四而用半，故一偶而含二也。若四象之次，則一曰太陽，二曰少陰，三曰少陽，四曰太陰。以十分之，則居一者含九，居二者含八，居三者含七，居四者含六。其相為對待而具於《洛書》者亦可見也。故三少為老陽者，三變各得一揲之數，而三三為九也。其存者三十六，而以四數之，復得九揲之數也。左數右策，則左右皆九，左右皆策，則一而圍三也。三多為老陰者，三變各得兩揲之數，而三二為六也。其存者二十四，而以四數之，復得六揲之數也。左數右策，則左右皆六，左右皆策，則圍四用半也。兩多一少為少陽者，三變之中再得兩揲之數，一得一揲之數，而二二、一三為七也。其存者二十八，而以四數之，復得七揲之數也。左數右策，則左右皆七，左右皆策，則方二圓一也。（方二謂兩八，圓一謂一十二。）兩少一多為少陰者，三變之中再得一揲之數，一得兩揲之數，而二三、一二為八也。其存者三十二，而以四數之，復得八揲之數也。左數右策，則左右皆八，左右皆策，則圓二方一也(圓二謂兩十二，方一謂一八)。

“乾之策二百一十有六，坤之策一百四十有四，凡三百有六十，當期之日。二篇之策萬有一千五百二十，當萬物之數也。”《正義》曰：“乾之策二百一十有六者，以乾老陽一爻有三十六策，六爻凡有二百一十六策也。乾之少陽一爻有二十八策，六爻則有一百六十八策。此經據乾之老陽之策也。坤之策百四十有四者，坤之老陰一爻有二十四策，六爻故一百四十有四策也。若坤少陰一爻有三十二策，六爻則有一百九十二。此經據坤之老陰，故百四十有四也。凡三百有六十，當期之日者，舉合乾坤兩策有三百有六十，當期之數。三百六十日，舉其大畧，不數五日四分日之一也。二篇之策萬有一千五百二十，當萬物之數者，二篇之爻總有三百八十四爻，陰陽各半，陽爻一百九十二爻，爻别三十六，總有六千九百一十二也；陰爻亦一百九十二爻，爻别二十四，總有四千六百八也。陰陽總合萬有一千五百二十，當萬物之數也。”

今考凡言策者，即謂蓍也。《禮》曰“龜為卜，策為筮”，又曰“倒策側龜”，皆以策對龜而言則可知矣。《儀禮》亦言“筮人執筴”，尤為明驗。故此凡言策數，雖指掛扐之外過揲見存之蓍數而言，然不以掛扐之内所餘之蓍不為策也。《疏》義及其觧説皆已得之。且其並以乾坤二少之爻為言，則固不專以乾坤為老、六子為少矣。但乾坤皆少，而其合亦為三百六十，兩篇皆少，而其合亦為萬一千五百二十，則《疏》有未及，而學者不可不知爾。

右揲蓍之法，見於《大傳》者不過如此。為之説者雖或互有得失，然亦不過如此。愚已論之詳矣。學者反復其言，使各盡其曲折，則後之為説者，其是非當否不能出乎此矣。

康節先生曰：“歸奇合扐之數得五與四，四則數策四九也。”(餘放此。郭氏曰：“歸奇合扐之數，謂不用之餘數也。策數，所得之正策數也。去此不用之餘數，正語歸奇合扐之餘數，故有三多三少之言。至康節然後策數復見於書，餘數不復相亂矣。”)

今按：康節“歸奇合扐”四字，本於《正義》所謂最末之餘歸之，合於掛扐之一處。蓋因其失而不暇正也。然四九、四六、四七、四八之數，則《正義》於《乾》篇初九文下已明言之，安得謂唐初以來不論策數耶？且康節又言“得五與四”，則四亦未得為去此不用之餘數矣。大抵為此辨者，未知掛扐之中奇偶方圓參兩進退之妙，是以必去掛扐之數，而專用過揲之策，其説愈多，而其法愈偏也。

横渠先生曰：“奇，所掛之一也。扐，左右手之餘也。(郭氏曰：“自唐初以來，以奇為扐，故揲法多誤，至横渠而始分云。”)再扐而後掛者，每成一爻而後掛也。

謂第二、第三揲不掛也。(郭氏曰:"凡一掛再扐,為三變而成一爻。横渠之言,正所以明《正義》之失也。")閏常不及三歲而至,故曰五歲再閏,此歸奇必俟再扐者,象閏之中間再歲也。"

今按:此説大誤,恐非横渠之言。掛也,奇也,扐也,《大傳》之文固各有所主矣。奇者,殘零之謂。方蓍象兩之時,特掛其一,不得便謂之奇。此則自畢、董、劉氏而失之矣。扐固左右兩揲之餘,然扐之為義,乃指間勒物之處,故曰"歸奇於扐",言歸此餘數於指間也。今直謂扐為餘,則其曰"歸奇於扐"者,乃為歸餘於餘,而不成文理矣。不察此誤,而更以歸奇為掛一以避之,則又生一誤,而失愈逺矣。郭氏承此為説,而詆唐人不當以奇為扐。夫以奇為扐,亦猶以其扐為餘爾,名雖失之,而實猶未爽也。若如其説,以歸為掛,以奇為一,則為名實俱亂,而《大傳》之文,揲四之後不見餘蓍之所在,歸奇之前不見有扐之所由,亦不復成文理。再扐者,一變之中,左右再揲而再扐也。一變之中,一掛、再揲、再扐而當五歲。蓋一掛、再揲當其不閏之年,而再扐當其再歲之閏也。而後掛者,一變既成,又合見存之蓍,分二而掛一,以起後變之端也。今曰第一變掛,而第二、第三變不掛,遂以當掛之變為掛而象閏,以不掛之變為扐而象不閏之歲,則與《大傳》之云掛一象三,再扐象閏者,全不相應矣。且不數第一變之再扐,而謂第二、第三變為再扐,又使第二、第三變中止有三營,而不足乎成易之數。且於陰陽奇偶老少之數,亦多有不合者。今未暇悉論,後當隨事發之爾。

伊川先生《揲蓍法》云:"先以右手指於左手之中,取蓍一莖,掛於左手小指之間,此名奇也。次以右手四揲左手之蓍,四揲之餘數置案之東西隅,此名右手之扐。復以左手四揲右手之蓍,四揲之餘亦置於案之東南隅,此名左手之扐。其兩手所握之蓍,為所得之正策數。"又云:"再以左右手分而為二,更不重掛奇。"又云:"三變訖,乃歸先所掛之奇於第一扐之中,次合正策數,又四揲,布之案上,得四九,為老陽。"(郭氏曰:"此法先人親受於伊川先生,雍復受於先人。本無文字,歲月滋久,慮或遺忘,謹詳書之。")

今按:此説尤多可疑。然郭氏既云本無文字,則其傳受之際不無差舛宜矣。其以掛一為奇,而第二、三變不掛,愚已辨於前矣。其曰兩手餘數置之案隅,而不置之指間,則非歸奇於扐之義。其以一變過揲之蓍便為正策,則未合四九、四六、四七、四八之數。其曰三變訖乃歸先所掛之奇於第一扐之中,則其掛之之久也無用,其歸之之晚也無説,而尤不合於《大傳》所言之次第。又以四揲正策布之案上,然後見所得之爻,則其重複又甚焉。凡此恐皆非伊川先生之本意也,覽者詳之。

兼山郭氏曰："蓍必用四十九者，惟四十九即得三十六、三十二、二十八、二十四之策也。蓋四十九去其十三則得三十六，去其十七則得三十二，去其二十一則得二十八，去其二十五則得二十四。凡得者，策數也；去者，所餘之扐也。"（雍曰："世俗皆以三多三少定掛象，如此則不必四十九數，凡三十三、三十七、四十一、四十五、五十三、五十七、六十一、六十五、六十九、七十三、七十七、八十一、八十五、八十九、九十三、九十七，皆可以得初揲非五即九，再揲、三揲不四即八之數，獨不可以得三十六、三十二、二十八、二十四之策爾。"）

今按：此書之中此說最為要切，而其踈率亦無甚於此者。蓋四十九者，蓍之全數也。以其全而揲之，則其前為掛扐，其後為過揲。以四乘掛扐之數，必得過揲之策；以四除過揲之策，必得掛扐之數。其自然之妙，如牝牡之相御，如符契之相合，可以相勝而不可以相無。且其前後相因固有次第，而掛扐之數所以為七八九六，又有非偶然者，皆不可以不察也。今於掛扐之數既不知其所自來，而以為無所務於揲法，徒守過揲之數以為正策，而亦不知正策之所自來也。其欲增損全數以明掛扐之可廢，是又不知其不可相無之說，其失益以甚矣。聖人之道，中正公平，無向背取舍之私，其見於象數之自然者蓋如此。今乃欲以一偏之見議之，其亦誤矣。

又曰："四象之數必曰九、八、七、六者，三十六、三十二、二十八、二十四之策再以四揲而得之也。九、六，天地之數也，乾坤之策也。七、八，出於九、六者也，六子之策也，乾坤相索而成也。"

今按：四象之數乃天地之間自然之理，其在《河圖》《洛書》各有定位。故聖人畫卦，自兩儀而生，有畫以見其象，有位以定其次，有數以積其實，其為四象者久矣。至於揲蓍，然後掛扐之奇耦方圓有以兆之於前，過揲之三十六、三十二、二十八、二十四有以乘之於後，而九、六、七、八之數隱然於其中。九、七，天數也，三十六、二十八，凡老陽、少陽之策數也。六、八，地數也，三十二、二十四，凡老陰、少陰之策數也。今專以九、六為天地之數，乾坤之策，謂七、八非天地之數，而為六子之策，則已誤矣。

又曰："天之生數一、三、五，合之為九。地之生數二、四，合之為六。故曰：九、六者，天地之數也。乾之策二百一十有六，以六分之，則為三十六，又以四分之，則為九。坤之策百四十有四，以六分之，則為二十四，又以四分之，則為六。故曰：九、六者，乾坤之策數也。陰陽止於九、六而已，何七、八之有？故少陽震、坎、艮三卦，皆乾畫一，其策三十六；坤畫二，其策四十八。合之為八十四，復三分之而為二十八，復四分之而為七。少陰巽、離、兑三卦，皆乾畫二，其策七十二；坤畫

一,其策二十四。合之為九十六,復三分之而為三十二,復四分之而為八。是七、八出於九、六而為六子之策也。然九、六有象,而七、八無象。蓋以卦則六子之卦,七、八隱於其中而無象;以爻則六子皆乾坤之畫,而無六子之畫也。故惟乾坤有用九、用六之道。諸卦之奇畫用乾之九也,得偶畫者用坤之六也,無用七、八之道也。"

今按:一、二、三、四、五,天地之生數也。五中數,故不用。六、七、八、九、十,天地之成數也。十全數,故不用。而《河圖》《洛書》之四象,亦無所當於五與十焉。故四象之畫成,而以一、二、三、四紀其次,九、八、七、六積其實。揲蓍之法具,而掛扐之五與四以一其四而為奇,九與八以兩其四而為偶。奇以象圓而徑一者其圍三,故凡奇者其數三。偶以象方而徑一者其圍四而用半,故凡偶者其數二。所謂"參天兩地"者也,及其揲之三變,則凡三奇者,三其三而為九;三偶者,參其兩而為六。此九、六之所以得數之實也。至於兩奇一偶,則亦參其兩奇以為六,兩奇一偶以為二,而合之為八。兩偶一奇,則亦兩奇兩偶以為四,參其一奇以為三,而合之為七。此七、八所以得數之實也。是其老少雖有不同,然其成象之所自,得數之所由,則皆有從來而不可誣矣。若專以一、三、五為九,二、四為六,則雖合於積數之一端,而於七、八則有不可得而通者矣。不自知其不通,而反以七、八為無象,不亦誤乎! 又況自其四營三變而先得其七、八、九、六之數,而後得其一爻過揲之策。以四乘其七、八、九、六之數,而後得其一卦過揲之策。此於《大傳》之文,蓋有序矣。今乃以乾坤之策為母,反再分之,而後得九、六焉,且又不及乎七、八而以為無象,誤益甚矣。抑七、八、九、六之用於蓍,正以流行經緯乎陰陽之間,而別其老少,以辨其爻之變與不變也。九、六豈乾坤之所得專,而七、八豈六子之所偏用哉? 若如其言,則凡筮得乾坤者無定爻,得六子者無定卦矣,尚何筮之云哉? 其曰乾坤有用九、用六之道,六子無用七、用八之道,此又不考乎歐陽子明用之說,其鑿甚矣! 又況方為四象之時,未有八卦之名耶! 如蘇氏所引一行之言,謂有其象而合其數則可爾,今直以八卦分之,不亦太早計哉!

《釋疑》序云:"《繫辭》不載九、六、七、八陰陽老少之數,聖人畫卦,初未必以陰陽老少為異。然卜史之家,取動爻之後卦,故分別老少之象,與聖人畫卦之道已不同矣。後世未識聖人之意者,多主卜史之言,而不知所謂策數也。"

今按:《周禮》太卜、占人、筮人之官,槩舉其法,不能甚詳,然其不見於《大傳》者已多矣,然皆周公法也。安知七、八、九、六之說不出於其中,而夫子贊《易》之時,見其已著,而遂不之及乎? 正如《禮記》《冠義》《鄉飲酒義》之屬,亦以其禮自有明文,故詳其義而畧其數。亦不可但見《大傳》之詞有所不及,而遂謂聖人畫卦,初不以此為異也。聖人作《易》,本為卜筮,若但有陰陽而無老少,則又將何以

觀變而玩其占乎？且策數之云，正出於七、八、九、六者，今深主策數而力排七、八、九、六為非聖人之法，進退無所據矣。

《辨證》曰："凡卦爻所得之數，獨謂之策。自餘雖天地大衍，亦皆但謂之數。"

今按：此說之誤已辨於《大傳》策數之下矣。大凡蓍之一籌謂之一策，策中乘除之數，則直謂之數矣。

又曰："扐者，數之餘也，如《禮》言'祭用數之扐'是也。或謂指間為扐，非也。揚子雲作'艻'，亦謂蓍之餘數，豈以草間為艻耶？"

今按：歸奇於扐，謂歸此餘數於指間耳，則此扐字乃歸餘數之處，而非所歸餘數之名矣。祭用數之扐者，亦謂正數在握中，而其奇零之數在指間，指屬人身，故從人從力而為扐也。艻生於蓍，而言此草在人指間也。凡從"力"者，皆"勒"之省文。

又曰："如《正義》之說，是六揲六扐而成一爻，三十六揲、三十六扐而成八卦，與十八變而成卦之文異矣。"

今按：一變之中再揲再扐，則十有八變之與三十六揲、三十六扐未有所戾也。

過揲二十八策

圓圍三　　方圍四用半　　方圍四用半

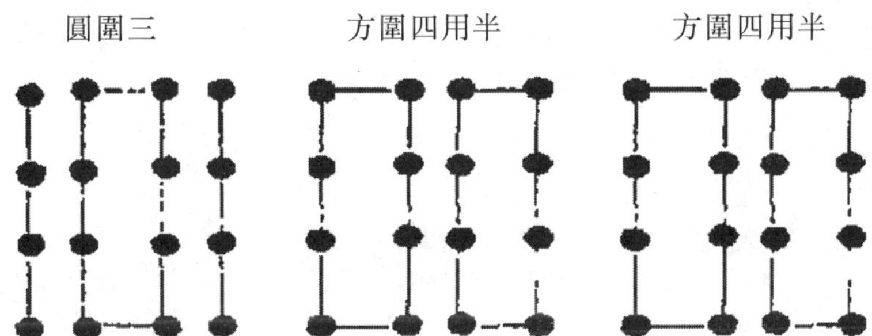

三揲，掛扐四。再揲，掛扐八。初揲，扐八。初揲，掛一。

圓徑一，方徑一，方徑一。

掛扐二十一策。

過揲二十四策。

方圍四用半　　方圍四用半　　方圍四用半

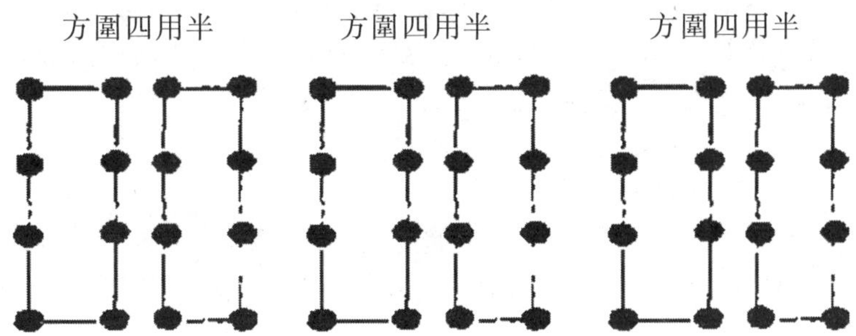

三揲,掛扐八。再揲,掛扐八。初揲,扐八。初揲,掛一。

方徑一,方徑一,方徑一。

掛扐二十五策

又曰:"蘇氏所載一行之學曰:'多少者,奇偶之象也。三變皆少,則乾之象也。乾所以為老陽,而四數其餘得九,故以九名之。三變皆多,則坤之象也,坤所以為老陰。而四數其餘得六,故以六名之。'又曰:'七、八、九、六者,因餘數以名陰陽,而陰陽之所以為老少者不在是,而在乎三變之間,八卦之象也。'如上所言,則是直取三變多少,卦象相類以畫爻,而不復論其策數也。"

今按:四十九中,聖人無不周之數,已見於前矣。蘇氏之説,既不知七、八、九、六之已具於掛扐,而必求之過揲之間,其與郭氏之説已畧相似矣。但蘇氏以八卦之象為斷,而郭氏以四象之策為言,少不同耳。然蘇氏亦云"四數其餘得九",則固亦兼取策數矣。而郭氏峻文深詆遽至於此,亦可畏哉。

又云:"凡揲蓍,第一變必掛一者,謂不掛一則無變,所餘皆得五也。惟掛一則所餘非五則九,故能變。第二、第三變雖不掛,亦有四、八之變,蓋不必掛也。

今按:三變皆掛,蓋本《大傳》所謂"四營而成易"者,予已論於前矣。然其所以不可不掛者,則又有兩説。蓋三變之中,前一變屬陽,故其餘五、九皆奇數;後二變屬陰,故其餘四、八皆偶數。屬陽者,為陽三而為陰一,圍三徑一之術也。(掛一而左一右三也,掛一而左右皆二也,掛一而左三右一也,皆陽也。掛一而左右皆四者,陰也。)屬陰者為陰二而為陽二,皆以圍四用半之術也。(掛一而左一右二也,掛一而左二右一也,陽也。掛一而左三右四也,掛一而左四右三也,陰也。)是皆以三變皆掛之法得之,後兩變不掛則不得也。(後兩變不掛,則左一右三,左二右二,左三右一,皆為陽。惟左右皆四乃為陰。)三變之後,其可為老陽者十二,可為老陰者四,可為少陰者二十八,可為少陽者二十,雖多寡之不同,而皆有法象。(老陰陽數本皆八,老者動而陰性本静,故損陰之四以歸於陽。少陰陽本皆二十四,少者静而陽性本動,故損陽之四以歸於陰。)是亦以三變皆掛之法得之,而後兩變不掛則不得也。(後兩變不掛,則老陽、少陰皆二十。十,少陽九,老陰一。)郭氏僅見第二、第三變可以不掛之一端爾,而遂執以為説,夫豈知其掛與不掛之為得失乃如此哉!大抵郭氏他説偏滯雖多,而其為法尚無甚戾。獨此一義,所差雖小,而深有害於成卦、變爻之法,尤不可以不辨。

過揲三十六策

圓圍三　　圓圍三　　圓圍三

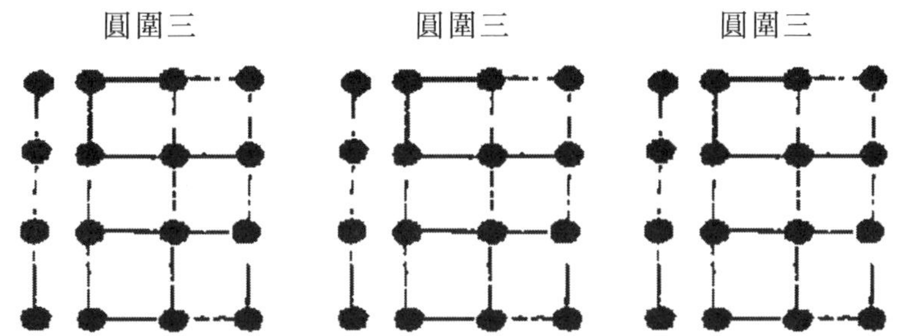

三揲，掛扐四。再揲，掛扐四。初揲，扐四。初揲，掛一。

圓徑一　圓徑一　圓徑一

掛扐十三策。

過揲三十二策。

方圍四用半　圓圍三　圓圍三

三揲，掛扐八。再揲，掛扐四。初揲，扐四。初揲，掛一。

方徑一　圓徑一　圓徑一

掛扐十七策

五歲再閏圖

舊説

第一變　第二變　第三變

掛　揲左　扐左　揲右　扐右　掛　揲左　扐左　揲右　扐右　掛　揲左　扐左　揲右　扐右

甲乙丙(閏)　丁戊(閏)　己庚辛(閏)　壬癸(閏)　甲乙丙(閏)　丁戊(閏)

舊説掛一以象三者也。扐，謂歸奇於扐以象閏者也。五歲者，一變之間，一掛、再揲、再扐，各當一歲之象也。再閏者，兩扐之歲，為再閏之象也。而後掛者，又合餘蓍，再分而掛，以起後變之象也。其文義、象類既皆有條而不紊，又通數之必五歲而再閏，亦無不合。

郭氏説

一變　二變　三變　四變　五變　六變　七變　八變　九變

掛扐　扐　扐掛扐　扐　扐掛扐　扐　扐

甲(閏)　乙　丙　丁(閏)　戊　己　庚(閏)　辛　壬

郭氏之説，以掛為奇。三變之中，第一變掛扐，第二變、第三變不掛而扐。故以有掛有扐之變為掛，無掛有扐之變為扐。其有掛之扐，又弃不數，而曰歸奇必俟再扐者，象閏之中閱再歲也。然則掛象閏歲而不象三才，扐反象不閏之歲而不象閏，且必二扐而後復掛，與《大傳》之文殊不相應。又其閏必六歲而後再至，亦

坤，婚姻於咸恒漸歸妹，待於需，進於晉，行師於師，争訟於訟，聚於萃，散於渙，以至退於遯，守於困，安於泰鼎，戹於夷蹇，盈於豐大有，壞於損蠱，家人之在室，旅之在塗，既未濟損益大小過大小畜得失進退之義，雖卦名之為七十九字，文義明白，條例具足，亦可決矣。此未有文王卦辭之前已可占而斷者，况又三百八十四爻而示之以變乎？夫人誠有大疑，謀及卜筮，必積其誠意，備其禮物，齋戒專一以占之。《大傳》曰“是以將有為也，將有行也，問焉而以言，其受命也如響，無有遠近幽深，遂知来物”，此占筮必得應合之辭也。“匪我求童蒙，童蒙求我。初筮告，再三瀆，瀆則不告”矣，此文王所以起占筮之教也。誠敬不至，則吾心之神明不存，而神明之應亦爽，得不合之辭而猶曰神明之告我也，必有他意，揣摩臆度，遷就曲推，强取以定吉凶，以至狂妄、僥倖、悖亂之念皆自此生者，古有之矣，是惑之甚也。况世之占者，忽畧滅裂，褻瀆瑣細，不敬尤甚，乃欲以此求神明之指其所之，至於不驗，又妄以為卜筮之理不可信，彼豈知夫告不告之道哉？（雙湖胡氏曰：《朱子語録》吴必大問：“何以得爻辭與所占之事相應？”曰：“自有此理。如今之抽籤者亦多與占意相契，若爻辭與占意相契即用爻辭斷，如“屯，利建侯”，屯卦何以利建侯？乃占得此卦者之利爾。晉文公得此卦而得國，然萬一占病而得利建侯，則又須於卦爻之上，别尋義爾。”汪公此論，真足以發朱子之所未發，而且有以得文王之旨，故詳識之。）

［（明）程敏政《新安文獻志》卷三十四　1375—439—34］

答靳兩城太守（書）（論易爻卦及與筮之關係）

（明）羅洪先

兩歲往來江上，誼當請謁，遂質所疑，以體分事勢，不免牽連，而屈致尊嚴，大涉僭伉。雖蓬牕延佇，卒不敢輕瀆閽人，良有所不容已。昨聞報政，即當道堅留，遲速之期，尚未可卜，私心糾欝，如何可言，乃知古者下之攀轅與上之宵奔二事皆非誑語，諒執事於赤子，亦當依依有牽情也。不肖平生不能以辭色媚人，至臺下所施政令，向人輙仰歎不已。雖於振厲操縱稍若不類，然與其使捄過不暇，飾貎張機，熒亂耳目，以便條教，所以敗其心術，掩人之生理者，不知何限。其視恬然寡欲，静嘿休養，上下相觀，消其剖剥朘削之毒，隱然内戚而不忍肆其利與害，當復如何哉。即聖人之治不能有所利民，惟無害耳矣。王者之政，久不及民，德化之効，徒華史册，不謂桑梓晚得沾霈澤，正恨無以為縶縻之計，更復何云。三年以來，雖未嘗終日奉對，仰測微蘊，然即作用觀之，覺與來教所言一念不忘，如水必東，千流萬折不易故常者，曉然可信。古之賢聖所以終日乾乾云者，亦只在一念不斷，便自有光顯細潤，不入氣質，執事持謙，顧猶有氣質之云，豈以誘不肖耶。惟所謂一念不忘，未知所指歸宿何在。此非面承，知莫能盡，當齋戒而後請也。闞氏之傳文古意，深讀之，不覺與《繫》少異，可謂至寶。不肖所謂不得其數者，正指卜百年一事而言非有疑於其數也。每觀自漢以來道絶經亡，惟《易》數尚存，代有傳授，隋唐之後，皆屬之異人與方外諸士，以儒家泥言於章句，流情於詞藻，積精不專，析理不至，故往往若有所待。觀《傳》中百年之卜，卦爻具在，若所指地歲執券不爽，豈涉懸度億想所能及哉？故曰“其數可知，其義難知”也。況並其數而失之耶？《啟蒙》諸書，雖未窮年與之研究，然其大較可知，使據是以求康節之所論斷，固未能矣。明道先生天資超悟，加一倍法，頃刻能知，康節欲以所學授之，終然遜避。夫明道不能得之於友，伯温不能得之於父，由是言之，其所謂數果今紙上之奇耦一二可據而指者否乎？夫外奇耦固無數，泥空文則不神，故愚以為必有所待者，蓋為是也。欲望之人必其資之近者，而後可欲身當之，必絶欲省事，冥心超契，而後可如景純希夷。苟遇非其人，求一言之受，猶且不可，彼豈堅於自私？要之，其數亦不易告。執事篤静守默，嗜欲鮮少，加以明睿夙成，既不逆於心矣。此不肖所以深嗟内愧，而又自病其力之不逮，固非敢有疑於闞氏也。若來教所言，《易》本筮書，非為經而後作。考亭主筮，其心獨苦與歐陽非《繫》之辨，雖不肖之短智，亦嘗云然。第數聖之贊《易》者，以其所得，假此立訓，蓋於立人卜筮之時，是因卜筮以為經，非作經而後立筮也。卜筮既行之後，立人占言，其象與數各有司存，雖聖人亦有所不能兼耳。間嘗取《易》爻玩之，如龍馬豕魚之取類，七日三年之驗期，擬之於象，具知來歷，又況大衍揲扐變化，獨無所承傳乎？固嘗以為朱子之《本義》，其言理道或不若程之委曲詳盡，至其義意完備，恐諸家有所不及。蓋彼折衷於前人，而後為之耳。固未若近世舉業之士，拘謭破碎失其本旨之可厭也。闞氏之傳如言大衍去一，本於入有出無，言乾坤策，由於三天兩地，言動静及於天下通神，其他諸説亦皆至粹至精，發先聖所未發，惟其所以前知者，其數或不盡於是，是以前書之冀將有請而倉卒未竟，特枉來教，其尚有以進之乎？

[（明）羅洪先《念菴文集》卷三　1275—45—3]

（九）附　録

天一生水

（明）楊慎

《易傳》曰："天一生水，地六成之。"鮑景翔曰："神為氣主，神動則氣隨。氣為水母，氣聚則水生。"人之一身，貪心動則津生，哀心動則淚生，愧心動則汗生，欲心動則精生，可以為天一生水之證。地六成之，如上天同雲而雨雪，至地則六出。六為陰，地數也。凡雨露之點亦皆六出，但碎而不可見耳。太陰玄精，石皆六稜，是其證也。

［（明）楊慎《升菴集》卷四十一　1270—281—41］

易重一斤

（明）楊慎

十黍為絫，十絫為銖，八銖為錙，二十四銖為兩，十六兩為一斤，一斤凡三百八十四銖。或問程子曰："《易》重幾何？"程子曰："《易》重一斤。"蓋言《易》有三百八十四爻也。《漢志》注："二篇之策，陰陽變動之象。十六兩者，四時乘四方之象。"程子之言蓋出於此。

［（明）楊慎《升菴集》卷四十一　1270—281—41］

二　經文

乾

四德説

（宋）范仲淹

《易》有《説卦》，所以明其象而示其教也。卦有四德，曰元亨利貞，雖《文言》具載其端，後之學者或未暢其義。故愚遠取諸天，近取諸物，復廣其説焉。

夫元者何也？道之純者也。於《乾》為資始，於《坤》為發生，於人為温良、為樂善、為好生，於國為行慶、為刑措，於家為父慈、為子孝，於物為嘉穀、為四靈。其跡異，其道同，統而言之，則善之長也。

夫亨者何也？道之通者也。於天為三辰昭會，於地為萬物繁殖，於人為得時茂勳，於國為聖賢相遇、為朝覲會同、為制禮作樂、為上下交泰，於家為父子、為夫婦、為九族相睦，於物為雲龍、為風虎、為魚水。其跡異，其道同，總而言之，則嘉之會也。

夫利者何也？道之用者也。於天為膏雨，於地為百川，於人為兼濟，於國為惠民、為日中市，於家為豐財、為富其鄰，於物為騶虞、為得食雞。其跡異，其道同，統而言之，義之和也。

夫貞者何也？道之守者也。於天為行健，於地為厚載，於人為正直、為忠毅，於國為典則、為權衡，於家為男女正位、為長子主器，於物為金玉、為獬豸。其跡異，其道同，統而言之，則事之幹也。

行此四者之謂道，述此四者之謂教。四者之用，天所不能違，而況於人乎！況於萬物乎！故君子不去也。天微四德，天道不行；地微四德，坤儀不寧；人微四德，則無令名；國家無四德，則風教不倫；物無四德，則祥瑞不生。

惟乾坤之德，統其四者焉，餘卦則鮮克備矣，惟聖人體乾而行，後之希聖者，

亦鮮克備矣。堯舜率天下以仁,乾元之君也。湯武應天順人,開國除亂,履其亨而闡其利者也。夏禹治水,《乾》之成功,幹其事者也。體其元而兼其三者,堯舜也歟!後之人孰能生知?宜乎跂踵而勤行矣。處必親仁,元之基也;動能俟時,亨之始也;進思濟物,利之方也;守誠不回,貞之道也。四者未能兼行,則出乎彼而入乎此,出乎此而入乎彼。周旋進退,不離四者之中,如是則其殆庶幾乎!

[(宋)范仲淹《范文正集》卷六　1089—619—6]

明　用

(宋)歐陽修

"《乾》之六爻曰:'初九,潛龍勿用。九二,見龍在田。九三,君子終日乾乾,夕惕若厲,無咎。九四,或躍在淵。九五,飛龍在天。上九,亢龍有悔。'又曰:'用九,見羣龍無首,吉'者,何謂也?""謂以九而名爻也。乾爻七九,九變而七無為,《易》道占其變,故以其所占者名爻,不謂六爻皆常九也。曰'用九'者,釋所以不用七也。及其筮也,七常多而九常少,有無九者焉,此不可以不釋也。曰'羣龍無首,吉'者,首,先也,主也,陽極則變而之他,故曰'無首'也。凡物極而不變則弊,變則通,故曰'吉'也。物無不變,變無不通,此天理之自然也,故曰'天德不可為首',又曰'乃見天則'也。

"《坤》之六爻曰:'初六,履霜,堅冰至。六二,直方大,不習無不利。六三,含章可貞,或從王事,無成有終。六四,括囊,無咎無譽。六五,黄裳元吉。上六,龍戰於野,其血玄黄。'又曰'用六,利永貞'者,何謂也?""謂以六而名爻也。坤爻八六,六變而八無為,亦以其占者名爻,不謂六爻皆常六也。曰'用六'者,釋所以不用八也。及其筮也,八常多而六常少,有無六者焉,此不可以不釋也。陰柔之動,或失於邪,故曰'利永貞'也。陰陽反復,天地之常理也。聖人於陽,盡變通之道;於陰,則有所戒焉。六十四卦,陽爻皆七九,陰爻皆六八,於《乾》《坤》而見之,則其餘可知也。"

[(宋)歐陽修《文忠集》卷十八《居士集(十八)》　1102—146—18]

明　用

(宋)歐陽修

[略]朱子謂:"用九,用六,歐公之説得之。"此文云"不謂六爻皆常九",則本陸績九已在二,初即非九之義。文體絶似明初制義,蓋制義本是宋人經義之變,

説經之文，理當如是。迨其濫觴，則摛華掞藻而於理都無所發明，告朔之餼羊亡矣。録之使讀者知制義之源。

［《御選唐宋文醇》卷二十二　447—432—22］

君子終日乾乾論

（宋）秦觀

天任命，人任力。君子之道，原於天而相之以人，安於命而輔之以力。故凡乘勢以應變，因時以立功，雖一聽於自然，而進德修業，未始不以自彊不息為主。何則？力有所不盡，則未可以言命；而人有所不至，則未可以言天，故也。《乾》九三所謂“君子終日乾乾，夕惕若厲，無咎”者，蓋亦以此矣。夫《乾》三以不中之位據重剛之險，前有五之可至，後有二之可終，非所至而至則失義，非所終而終則失幾，失義則驕，失幾則憂，於時也可謂危矣，可謂難其處矣。此其所以終日乾乾而夕猶惕若也。日者，有為之時；夕者，無為之時也。於有為之時乾乾以致其力，於無為之時則惕若以致其心。夫亂生於所忽，治生於所憂。安安者危，亡亡者存，固天之理也。外既有以致其力，而内又有以盡其心。然則德其有所不進，業其有所不修，而過其有所不補者乎？故曰：“君子終日乾乾，夕惕若厲，無咎。”而孔子亦曰：“乾乾因其時而惕，雖危無咎也。”《易》曰：“無咎者，善補過也。”蓋當勇於進而安於苟簡，而不能果於自彊，能以無咎者寡矣。嗚呼，非深知天人力命之説者，何足以與於此！

［（宋）秦觀《淮海集》卷二十三　1115—547—23；又見佚名編《蘇門六君子文粹》卷三十四《淮海文粹（二）》　1361—221—34］

又（答李光祖）内柬二則（論易）

（宋）陳淵

《易傳》序並發明《易》更三聖成書之由極詳明，反復繹味，不忘贊嘆《易傳》諸卦。留来使一日兩夜，亦畧涉獵，大率皆可傳，間有不能無疑者，聞見不同也。如乾坤兩卦所釋凡十八條，淵所疑者，往往過半。若論天德、鬼神、潛龍之憂樂以天下，與夫“直、方、大”與孟子之論氣不同，餘慶、餘殃為本不應有，謂“辨之不早”，不曰“由不早辨”，皆不肖所疑也。“剛健中正，純粹精也”上一句，自是四字，下句續上意也。《乾》卦如大象下初解爻辭五句，又解“或躍在淵”兩句，與繼“剛健中正純粹精”而下三句，句法皆然，或者命是為乾之七德，蓋不識句讀而妄有穿鑿者

也,又何足辨?至於言"乾始能以美利利天下"只作一句,不知誰作兩句讀来。如淵之意,此猶未是。斷句直至"不言所利"作一句,乃達《繫辭》之義耳。此等解蓋不足以見於書,公以謂淵只論一板不同,已有不可勝言者,遠書其可遽以紙筆盡耶?切幸亮察!

又:八月間承惠教,輒因回介具報,當已達左右,如論《易》處語言疎率,不見訝否?范蜀公與司馬温公議論,往復至五七反,猶各守所見不變。當年柬牘具在,若尚氣者之為,而二公情義,金石膠漆也。今之學者往往隨俗上下,相師以諂,一有可否,便成芥蔕。前輩風流盡矣,可駭亦可歎也。只如吾輩中近年每以書問,疎濶為非。然翰墨往来,亦止於叙寒温而已。過不自知,學無所進。職此之由,古人以文會友,以友輔仁,似不如此。唯吾光祖不以世俗待我,有書見及,未嘗不以規誨為先,此意厚矣,敢不奉承。此所以不揆淺陋,凡有所疑,必欲就正也。不審光祖能洞察其肺肝否?前書是非,不敢執正,欲發公妙論萬一,不惜見教,莫大之幸。

[(宋)陳淵《默堂集》卷十七　1139—459—17]

四德論

(宋)李石

道出於天,以乾為體;德出於道,以仁義禮智為用。以天而統於道,則一氣陰陽之分為四時,曰元亨利貞者,統之以乾也。以道而分於德,曰仁義禮智者,會之以信,以肇乾道之分而四德具矣。文王之言曰:"元者善之長,一氣之運,自其元者始,猶之春蠢萬物之發生也;亨者嘉之會,品彙相見,盛大之期,猶之夏假萬物之亨會也;利者義之和,氣之揫斂肅殺不可以過,猶之秋裁制而收其利也;貞者事之幹,貞者止於貞,猶之冬終歲而畢其務也。"此本文王之詞,孔子再釋之,則知四德之為四時矣。而統以乾者會於一元,而人得之者為五常,曰仁義禮智而合之於信也。竊嘗槩之曰:天者,强名也,又何德之可名?因天為乾,因四時為元亨利貞,因陰陽而為道,因道為德,因德而為仁義禮智,此近世劉牧之學也。牧之學不過以道為德,取其合於人心,同體異用者為之名,故以元為仁,以禮為亨,以義為利,以智為貞,因文王之言孔子之意,叙而釋之也。或曰天以其自然以合乎人之使然者,故以一道為德,以四德為仁義禮智之分,皆彊名其天與人者,此説非也。天之與人自然之合也,人豈有外鑠之天哉?孔安國之疏子思之説曰:天命之謂性,率性之謂道,修道之謂教云者,天人自然,氣質無礙,冲融會通,無或間斷,其趣一也。天以陰陽為道,命人以為性,性即道之出於天者未遠矣。天以五行分四時而寓其鼓舞不測之神，囚旺乘除，其來無端，其去無迹也。木之神生仁，火之神生禮，金之神生義，水之神生智，故率道為教，此合四德以統乾，合四端以統信，《易》之中與《中庸》之中皆其自然，非勉彊矯揉至也。且六十四卦具四德之卦凡七，若非乾以統天以合於五行之土，以元亨利貞合之於乾，以仁義禮智合之於信為五常，以土之中合信之中以應五行，則六卦之所謂四德者皆可以抗乾德，而天失其統。然則乾之四德者誠異乎他卦之德矣。自坤以下論之，其配於乾具四德，曰"坤，元亨，利牝馬之貞"而已。其他卦之四德皆稱其卦之大小以為之德。一氣有所分而不足於天，一卦有所統而不足於人。自四以降，或三、或二、或一，或無或有，或先或後，或吉或凶，離文以取義，合詞以取意，皆用此例也。嗚呼，在天則為道，在人則為神，《易》之所謂自然者大矣哉！

［（宋）李石《方舟集》卷八　1149—615—8］

臨川郡學講義

（宋）黄榦

"乾，元亨利貞。"《文言》曰："元者，善之長也；亨者，嘉之會也；利者，義之和也；貞者，事之幹也。君子體仁，足以長人；嘉會，足以合禮；利物，足以和義；貞固，足以幹事。君子行此四德者，故曰'乾，元亨利貞'。"

孟子曰："無惻隱之心，非人也。"（至）"不足以事父母。"

五三載籍之傳，以仁、義、禮、智對立而並言者，自孔孟始，前此未之聞也。孔子發之於《易》，孟子深於《易》，從而祖述之，示人之意深矣。天地奠位而陰陽分，陰陽既分而五行具。天地之大所以行四時而生萬物者，不過陰陽五行之理而已。元者，春之生，而其行爲木；亨者，夏之長，而其行爲火；利者，秋之成，而其行爲金；貞者，冬之藏，而其行爲水。人禀陰陽五行之氣而生乎天地之間，則亦具元亨利貞之德而爲仁義禮智之性。元之德於性爲仁，亨之德於性爲禮，利之德於性爲義，貞之德於性爲智。天地而非元、亨、利、貞，不能以行四時生萬物；人而非仁、義、禮、智，又何以充四端制百事哉？均是人也，均賦此性，均具此形。夫子之言特以爲君子行此四德，孟子之言又有不能充之者，何哉？蓋人受天地之中，無非此性，雜之以氣質，撓之以習俗，不能親師取友以致其學問之功，雖有此性，亦未免於晦而不明、窒而不通矣。今夫暴虐狼鷙，傷人害物，則無復惻隱之心矣。頑鈍嗜利，寡廉鮮耻，則無復羞惡之心矣。驕淫矜誇，傲狠凌物，則無復辭讓之心矣。背善趨惡，舍正習邪，則無復是非之心矣。如此則雖有人之形以生，亦何以異於禽獸哉？此無他，學問之功不明，而無以全其本然之性也。古之君子博學

之，審問之，愼思之，明辨之，篤行之，非誇多鬬博以爲能也，絺章繪句以爲工也，求其知吾性之至善以全其所固有也。故其仁之用，足以愛人而利物；義之用，足以制事而度宜；禮之用，足以事上而接下；智之用，足以明物而察倫。是豈獨足以盡人之性哉？蓋將與天地相爲流通而無間矣。三代而上，此道素明，故黎民於變，比户可封，雖閭巷匹夫亦無往而非賢也。秦漢以來，功利之習勝，而此道始不明矣。大山長谷之中，田夫野叟尚有能守其醇厚質實之素，而通都大邑經生學士反不及焉，其聞見甚博也，其文辭甚工也，考其胸中之所存而察其操履之實，則其可愧也多矣。其天資之美者，亦不過安常守分而於聖賢教人之方，漫不加省，舉世滔滔，隨波逐流，醉生夢死，豈不甚可悼哉！誠能玩大《易》之旨，味孟子之言，反觀默省而知吾心四德之本，窮理格物而辨吾心四德之實，存養修省而審吾心四德之幾，勉强力行而全吾心四德之用，則天地之所以爲天地，聖賢之所以爲聖賢，皆吾分内事也，又何苦甘心於庸淺下流之域，而與草木俱腐哉！大《易》之言四德而必贊之以乾元之大，孟子之論四端而必首之以不忍之心，蓋仁、義、禮、智者，吾心之所固有，而仁足以包四德，猶四時之運而春生之氣，未嘗不流行乎其間也。春者，歲之始，朔者，日之始，即大《易》之所謂元，孔孟之所謂仁也。夫道豈難知哉，人病弗求耳，有志之士盍相與勉之。

[（宋）黄榦《勉齋集》卷一　1168—2—1]

南康白鹿書院講義

（宋）黄榦

《乾》之九三曰："君子終日乾乾，夕惕若厲，無咎。"《文言》曰："君子進德修業。忠信，所以進德也；修辞立其誠，所以居業也。"

《坤》之六二曰："直，方，大，不習無不利。"《文言》曰："君子敬以直内，義以方外，敬義立而德不孤。'直，方，大，不習無不利'，則不疑其所行也。"

聖人作《易》，於《乾》《坤》二爻，首言學問之事以誨人，其旨深矣。《乾》之九三，以陽居剛得《乾》之正，而當下卦之上，《坤》之六二，以陰居柔，得《坤》之正，而居下卦之中，以其居中，得正而復在下，故即二爻以明問學之道也。《乾》，天道也，至健而動，故曰"君子終日乾乾，夕惕若厲"，以言其自强而不息，故雖憂危而實無咎也；《坤》，地道也，至順而静，故曰"直，方"，以言其守正而不撓，故所蓄者大而"不習無不利"也。人能自强如《乾》，守正如《坤》，學問之道，無復加矣。不能自强則怠惰乘之，不能守正則放僻乘之，尚何學問之有哉？爻詞之義亦已備矣。聖人慮夫天下後世未明夫所以自强者何事，所以守正者何道也？故爲《文言》以廣之，曰所以自强者，内以進其德，外以修其業，皆當終日乾乾而不息也；所以守正者，内以存吾敬，外以行吾義。敬立則内直矣，義形則外方矣。秉五行之秀以生而具仁、義、禮、智、信之理者，德也；充是德而見之應事接物者，業也。德不充之以業則不進；業不本之以德則不修。學者所志，孰有先於此者乎？主一無適而虚明不昧者，敬也；窮理度宜而品節不差者，義也。不敬則所主紛擾矣，不義則所行悖繆矣。學者所務又孰有急於此者乎？知所以進德修業，又知所以居敬集義，則乾之自强、坤之守正，學問之道無餘藴矣。又嘗因其義而推之，《乾》言德業，《坤》言敬義，雖若不同而實相爲經緯也。欲進《乾》之德必本之以《坤》之敬，欲修《乾》之業必制之以《坤》之義。非敬則内不直，德何由而進？非義則外不方，業何由而修？終日乾乾，雖進修夫德業，而所以進修者乃用力於敬義之間。用力於敬義，固可以至於大，而所謂大者乃德之日新而業之富有也。即是而思之，則知二爻之詞、《文言》之旨，誨人之意愈明，而所謂學問不待他求而得之。夫《易》之爲義廣矣、大矣，《乾》《坤》二卦又諸卦之首也，乃拳拳以學問爲言，而提綱挈領反復詳盡又如此，有志於學者不於此而加意焉，則亦無所用力矣。

［（宋）黄榦《勉齋集》卷一　1168—12—1］

天行健君子以自强不息

（宋）陳淳

此《象傳》之辭，夫子所以釋伏羲之卦象也。夫乾六畫純陽，上下皆乾，爲重乾之卦。陽之性健，其成象之大者曰天。天一而已，何以見其爲重義？蓋天行一日一夜，三百六十五度四分度之一爲之一周，今以行而言則見其日日一周若重復之象焉，非至健不能也。君子法天行之象而必自强不息者，何也？此正夫子示人以體道之要，而非姑爲是區區之法也。蓋是道流行乎天地之間，亘古窮今，無一息之停，凡天之所以爲天，運行旋轉，終古而無息者，乃與道爲體也。故盈乎天地之間，如日往則月來，寒往則暑來，星辰之回旋，風雷之鼓舞，木生而不窮，水流而不息。自元而亨，亨而利，利而貞，貞而復元。自春而夏，夏而秋，秋而冬，冬而復春。凡大化流行循環而無端者，皆與道爲體也。而其在人，則總會於吾心天理本體亦常生生而無一息之已，而其大用亦無一息不流行乎日用之間。故孩童之良知、良能無不愛敬，見赤子入井者皆有怵惕惻隱之心，見牛觳觫則爲之不忍，嘑爾蹴爾之與，行道乞人皆有所不屑，是雖於窮兇縱欲昏迷陷溺之極，而所謂降衷秉彝，亦終有不可得而殄滅者。惟聖人純乎天德爲能全體之，而無一息間斷。故仁則徹終始皆仁，而無一息之不仁；義則徹終始皆義，而無一息之不義；禮智則徹終

始純乎禮智，而無一息之不禮智。此正所謂至誠無息之地配天悠久無疆之境。而詠文王之詩者有曰："維天之命，於穆不已。於乎不顯，文王之德之純，純亦不已。"又曰"穆穆文王，於緝熙敬止"，又曰"亹亹文王，令聞不已"，是文王正有以全體乎此，而與天相爲不已也。古之聖人莫不皆然。堯舜之所以兢業，禹之所以克勤，湯之所以日新又新，武王所以終身佩服丹書敬勝怠之訓，周公所以拳拳於無逸之書，皆以此也。吾夫子於此素行，尤爲與天無間，其曰"爲之不厭，誨人不倦"，又曰"發憤忘食，樂以忘憂，不知老之將至"云爾，正其天行之健，雖欲已而有所不能已也。盖嘗於川上發"不舍晝夜"一節以示人，已爲精切矣。今此適贊重乾之象，有契於其中，是安得不爲學者一言哉？夫道體本無窮，天德本無疆，聖心本不已，在君子，誠不可不深有以體之而自强不息也。一事之不强則天德便息於一事之下，一刻之不强則天理便息於一刻之中，私事之一萌則天理即爲私意息而不能以自强矣，人欲之一間則天理即爲人欲息而不復以自强矣。夫惟卓然有清明剛健之資者，既能致知至極有以見夫道體之所以然，又能克己净盡，無以害乎天德之所本。然則將見志氣日强俛焉，日有孜孜，不能以自息，如顔子之惟見其進，未見其止矣。雖然，其所以爲存養之要者，又在主敬，而爲省察之要者，又在謹獨。蓋敬者，貫動静一終始之功，天理之所以生生；而獨者，又幾微方動而未形之初。於是而不謹，則私欲行而天理爲之間斷矣。此又學者所當盡心也。

[（宋）陳淳《北溪大全集》卷十九　1168—657—19]

答前人書

（宋）陽枋

《易》惟《乾》《坤》二卦是天地健順，乾斷不可一毫私意議，惟上九言"有悔"，夫子言"是以動而有悔"，則只説人到《乾》上九便退，有何悔？若《坤》則於初與上致穉陰極陰之戒，然以《坤》之本體求之，則《坤》只是一箇順，亦無堅冰戰野之失。自二卦之後，則變化生生，却多有悔吝凶咎，所以夫子言"易有太極，是生兩儀，兩儀生四象，四象生八卦，八卦定吉凶"，則或吉或凶却在八卦，八卦相錯之時，所謂兩儀、四象，只是純然健順之氣，那時未見吉凶在。卑意謂玩《易》只須於四聖人卦爻象辭平易思量去，使純乎天理之正，勿以後世人僞私慾參之，並勿引惹背意，方見得三百八十四爻都是潔净精微，而吾之所以日用常行，都自有純然，天理一脉，平平坦坦，安稳快樂，所得徹頭徹尾時，是甚次第，更説甚王侯卿相，與夫釋老昇仙入定，驚動天地，便是《剥》之"碩果不食"。伊川言"剥於上則生於下"，人生至此，上下與天地同流，豈曰小補之哉？某因判府屈己好問之篤率易言，此便是

濂溪令二程求仲尼顏子樂處，所樂何事也。

［（宋）陽枋《字溪集》卷五　1183—316—5］

大哉乾元萬物資始乃統天

（元）王義山

盈天地之間者惟萬物。有胚胎此者，有芽甲此者，有萌蘖此者，日發生不已，日長育不已，日充滿流動不已，然則孰使之然哉？元也。元其萬物之一初乎？是元也，於四時為春，於五行為木，於四端為仁，生生之理，無間可容息，故《易》曰："大哉乾元，萬物資始。"資始者，資之以始也。故人君體元以居正，命曰元命，德曰元德，其紀正朔則曰元年，其出萬物之上則曰元首，其為萬國之主則曰元后。乾以此元而統天人，君體此元而統天下。噫！此元之所以為大歟。嘗因是而推之六爻矣，伊川謂《乾》之初九"潛龍勿用"，舜側微時也；《乾》之九二"見龍在田"，舜田漁時也；《乾》之九三"君子終日乾乾，夕惕若厲，無咎"，舜玄德升聞時也；《乾》之九四"或躍在淵"，舜歷試諸難時也；至《乾》之九五"飛龍在天"，舜為天子矣。伊川此説竊以為未盡然也，嘗謂《乾》之六爻，唯湯武當之。"初九，潛龍勿用"，湯在亳，武王在西土時也；"九二，見龍在田"，湯使亳衆往為之耕，武王觀政時也；"九三，夕惕若厲，無咎"，湯德言足聽聞，武王夙夜祗懼時也；"九四，或躍在淵"，湯升自陑，武王戰於牧野時也；至九五"飛龍在天"，湯武為天子時矣。藝祖時王昭素講《乾》至九五，謂今日正當此爻，亦猶是也。何以見湯武當此一爻？《乾・文言》釋九四一爻曰："或躍在淵，乾道乃革。"革，革命之革也。晦翁謂此一革非細，有仙凡之異，舜揖遜之時也，非革之時也。革之時惟湯武當之。《革》之卦曰："湯武革命，順乎天而應乎人。"蓋乾道乃革，正湯武革命之時，而龍在天則天下利見乎大人矣。或曰："《乾》之大人，以飛龍言；《革》之大人，以虎變言。何也？"獨不觀之《乾》乎？《乾》之卦曰："雲從龍，風從虎，聖人作而萬物覩。"是以《乾》之功用極而至於天下平，然萬國咸寧，乃可以言天下平之效，有一不寧不可謂之咸，亦不可謂之平矣。必帝光天之下至於海隅，蒼生萬邦黎獻共惟帝臣，然後謂之咸寧，謂之天下平。萬國而有一國不為帝臣，便不是咸寧，便不是天下平。必東漸於海，西被於流沙，朔南暨聲教，然後謂之咸寧，謂之天下平。萬國而有一國不暨聲教，便不是咸寧，便不是天下平。必我咸成文王功於不怠，丕冒海隅出日，罔不率俾，然後謂之咸寧，謂之天下平。萬國而有一國不丕冒，便不是咸寧，便不是天下平。必自東自西自南自北無思不服，然後謂之咸寧，謂之天下平。萬國而有一國不服，便不是咸寧，便不是天下平。必黄支之南，大夏之西，東鞮北女

来貢其琛，然後謂之咸寧，謂之天下平。萬國而有一國不貢琛，便不是咸寧，便不是天下平。必舟車所至，人力所通，天之所覆，地之所載，日月所照，霜露所墜，凡有血氣者莫不尊親，然後謂之咸寧，謂之天下平。萬國而有一國不尊親，便不是咸寧，便不是天下平。不特此也，天地之間，萬國而有一國不在覆載之内，不特不謂之咸寧，不謂之天下平，亦不可謂大人與天地合德。日月之下，萬國而有一國不在照臨之中，不特不謂之咸寧，不謂之天下平，亦不可謂大人與日月合明。《中庸》曰："今天下書同文，車同軌，行同倫。"噫！此乾所以統天歟？天且統，况萬國乎？抑又因乾元而推元亨利貞四德矣。先儒謂貞下起元。愚謂此語猶淺，不若云貞中有元。蓋貞下起元，則是貞已了，元方來，絶而續也。貞中有元，則是貞之往者未過，元之来者已續。貞下起元，是冬後遇春穀芽上占生意也；貞中有元，是冬裏藏春穀種内含生意也。試以剥復明之。復之陽生於十一月，而復之生則起於十月之半，十月雖為純陰而下半月已有陽矣，非剥盡而陽方生也。蓋静中有動，正所謂貞中有元也。後天圖所以位乾於亥者，蓋已窺造化之藴矣。"忽然半夜一聲雷，萬户千門次第開。若識無中含有象，許君親見伏羲來"。《易》，生道也，生則烏可已，故曰"生生之謂《易》"。

［（元）王義山《稼村類藁》卷十九　1193—120—19］

《易》之《文言傳》謂君子行四德乾元亨利貞説

（元）汪克寬

乾者，健也，天之德也，天以至健，故能運四德於四時，君子以至健，故能體四德於一身，聖人以至健，故能行四德於兩儀之間，以參天地而贊化育。元者，物之始，於時為春，其在人則為仁，其發則惻隐之情，而得天地生物之心以為心者也。《月令》天子賞公卿大夫於朝，命相布德和令行慶，惠及兆民，是體乾之元。亨者，物之通，於時為夏，其在人則為禮，其發則辭讓之情，而所以品節乎親親仁民愛物之差等者也。《月令》天子賞封諸侯，慶賜遂行，無不欣悦，命太尉贊傑俊，遂賢良，行爵出禄，必當其位，是體乾之亨。利者，物之遂，於時為秋，其在人則為義，其發則羞惡之情，而所以斷制事物，各得其宜者也。《月令》天子命將帥選士厲兵，以征不義，詰誅暴慢，以明好惡，命有司修法制，戮有罪，嚴斷刑，是體乾之利。貞者，物之成，於時為冬，其在人則為智，其發則是非之情，而所以分别事理以宰萬物者也。《月令》天子察阿黨，使罪無有掩蔽，功有不當必行其罪，以窮其情，固封疆，備邊境，命將講武，飭死事，是體乾之貞。

［（元）汪克寬《環谷集》卷六　1220—707—6］

周易講章

(明)倪岳

“君子學以聚之,問以辯之,寬以居之,仁以行之。”這是《周易》乾卦九二爻的《文言》,乃孔子所作,發明聖人進德修業的意思。君子是指九二聖人,説九二聖人於出潛離隱之時,當進德修業以養成君德。蓋德乃人所稟於天,固有之理。然散見於萬事萬物之間,無有窮盡,故雖聖人亦必學而後知之,今日窮一理,明日窮一理,日日窮之,無少間斷,然後有以會萃衆理於心,這便是學以聚之。物理既會於心,若不取正於有道的人,則是非邪正未免有差,故必咨問於先知先覺,以審其所學,何者是天理所當從,何者是人欲所當去,然後是非邪正瞭然明白,不至於紊亂,這便是問以辯之。這兩句是説聖人進德的工夫。學問既進,若度量淺狹,易至滿足,則不能包容萬善,故又當寬廣此心,擴充此量,使所學所問之理皆涵養於中,不至遺失,這便是寬以居之。寬以居萬善,而或持守不固,則必奪於私欲,故又當以天理為主。措之行事,自日用彝倫之間,以至齊家治國平天下之道,皆本乎一心之德,則所行莫非天理之正,這便是仁以行之。這兩句是説聖人修業的工夫,君子學問之功,至是可謂無餘蘊矣。臣謹論之,孔子於此既以學問之功為言,下文又引爻象而斷之曰“君德也”,誠以人君之身所繫尤重,故必養成大人之德,而居大人之位,則可以乘龍德正中之時,以建天下文明之治,若帝舜當玄德升聞之初,大禹在祗承於帝之後,惓惓乎“允執厥中”之相傳,“惟精惟一”之相授,學問之功莫切於是,是以君德既隆,治化益盛,雍熙泰和,萬世莫及。宋儒程頤之傳此章,亦曰“進居其位者,舜禹也”,正謂此耳。伏惟皇上毓德於舊學之時,體道於臨御之日,契羲文作經之旨,成舜禹致治之功,是以仁義之澤覃及於萬方,文明之化光被乎四表,天下臣民不勝慶幸。

[(明)倪岳《青谿漫稿》卷十　1251—97—10]

雲龍風虎

(明)楊慎

張璠:“從音隨從之從,去聲。雲出則龍必從之,風出則虎必從之。猶曰龍從雲,虎從風也。”今按此説,甚異諸家而理至。凡龍起必雲,而謂龍能致雲,非也。虎出必風,而謂虎能致風,非也。猶蟻徙必雨,乃雨氣感蟻,蜥蜴聚必雹,乃雹氣感蜥蜴。謂蟻能致雨,蜥蜴能作雹,可乎?古人多倒語成文,後人不達,便成滯

乾坤誠明之學論

(清)李光地

乾虛而實,坤實而虛,何則?天者清通而妙乎象,故虛,以其與太極為一也,故實;地者堅厚而凝乎質,故實,以其承天而無為也,故虛。在人則乾者心也,坤者形也。心者,神明不測,可謂虛矣。然具乎性之真則實,形色皆天性也,可謂實矣,然涵乎心之妙則虛,虛實者,誠明之學之源也。誠明者,合德而殊名,自其心之存存也,其中有主,故乾謂之存誠也。其中無物,故坤謂之敬也,虛心以順理,故坤謂之義也。無形則恐,其離乎物,故言心者主於性,而曰誠,誠者,實而無不周貫之謂也。有質則恐其滯乎物,故言體者主於心,而曰明,明者,虛而無所滯礙之稱也。

[(清)李光地《榕村集》卷十五　1324—738—15]

元亨利貞

(清)李光地

臣謹案:元亨利貞者,天之四德也。天德雖無形,而於春夏秋冬見之。蓋方其春也,生意初動,萬物資之以為始,而此生生不窮之理,周流貫徹,實統乎一歲之始終,是則所謂元也。及其夏也,生氣滿盛,雲雨交作,萬品之物悉流其形,是則所謂亨也。至於秋,則物已成就,其形之所成與夫氣之所稟、用之所宜者,乃物之性命也,至此莫不秩然而各正,是則所謂利也。至於冬,生意收斂而太和之元氣渾然包涵於內,有以為復生之機,是則所謂貞也。以春夏言之,生意動則必通,故曰“乾元者,始而亨者也”。以秋冬言之,性既完具,而情之發生者已伏乎其中,故曰“利貞者,性情也”。以春生之氣之統天者言之,則氣之初動,藹然一生物之心,是之謂乾始。是心也,無所偏私於其外,故動而“能以美利利天下”,無所留滯於其中,故静而又能不言其所利也。於是而總贊乾德之大,曰剛健云者,謂其元亨之時,流行通達,莫之能禦,承始亨而言也;曰中正云者,謂其利貞之時,收斂堅固,莫之能摇,承性情而言也;曰純粹精云者,謂其生物之心,肫篤而至純,潔白而至粹,微妙而至精,蓋無一毫私偽之雜,無一毫偏倚之駁,又無一毫形迹未泯、渣滓未融之粗也,此又承“乾始能以美利利天下”“不言所利”兩句而言。臣惟聖人之言天德,於此盡矣,是以帝王體之,動而法天之元亨,則德澤旁流,民物各遂其生,其在卦象則九五一爻,兼統六陽而居尊位,如乘六龍以御於天,有以興雲氣雨下土者是已，静而法天之利貞則大化既成，民物各得其性，其在卦象則九五居尊，上下順應，如一人首出於上，垂象端拱而萬國之遠，太和翔洽者是已。天以一元生成萬物，故帝王亦體元以育正萬類，所謂體元者，體其生生之心也。生生之心發於性之自然，無所為而為者也，其存於中也，無計功謀利之意，其及於民也，無市恩干譽之私，亦如天之以美利利天下而不言所利焉。故天德即聖學也，聖學即王道也，《易》言天德曰“為玉”“為金”，《詩》言聖學曰“如金如錫，如圭如璧”，先儒言王道曰“如精金美玉”，皆謂其至純至粹至精，非如俗學之名利、霸者之驩虞、疵累之未消而粗觕之未化也。臣愚見如此，未審是否。

[（清）李光地《榕村集》卷二十三　1324—850—23]

西澗書院釋菜講義

（宋）文天祥

孟子曰：“人之患在好為人師。”韓子犯之，而世怪且罵，柳子厚所為惴惴然而不敢也。某承乏此邦，其於教化，號為有一日之責，蓋嘗吉朔而履乎學宫，得聞諸君之所以授受者，而親陟臯比，與逢掖講師弟子禮，則僭之為尤，書堂有事乎先賢，諸君不鄙，而固以請，則雖寡陋，夫焉得辭？某初被命來守，嘗啓政路曰：“古之為諸侯，先政化而後簿書，期會世之不淑，乃倒置此，則相與病夫風俗之弊，而士行不立，且傷夫教道之久廢，而未有以救之也。固嘗有及於君子德業之義，而重反覆焉。輒誦所聞，並繹其旨，與諸君茂明之。”

《易》曰：“君子進德修業。忠信所以進德也；修辭立其誠，所以居業也。”中心之謂忠，以實之謂信，無妄之謂誠，三者一道也。夫所謂德者，忠信而已，辭者德之表，則立此忠信者，修辭而已矣。德是就心上説，業是就事上説。德者，統言一善，固德也；自其一善，以至於無一之不善，亦德也。德有等級，故曰進。忠信者，實心之謂，一念之實，固忠信也；自一念之實，以至於無一念之不實，亦忠信也。忠信之心，愈持養則愈充實，故曰忠信所以進德。修辭者，謹飭其辭也。辭之不可以妄發，則謹飭之。故修辭所以立其誠，誠即上面忠信字。居有守之之意，蓋一辭之誠，固是忠信，以一辭之妄間之則吾之業頓隳，而德亦隨之矣。故自其一辭之修，以至於無一辭之不修，則守之如一，而無所作輟，乃居業之義。德業如形影，德是存諸中者，業是德之著於外者。上言進，下言修，業之修，所以為德之表也。上言修業，下言修辭，辭之修即業之修也。以進德對修業，則修是用力，進是自然之進。以進德對居業，則進是未見其止，居是守之不變。惟其守之不變，所以未見其止也。辭之義有二，發於言則為言辭，發於文則為文辭。子以四教：文、

行、忠、信。雖若岐為四者，然文、行安有離乎忠、信？有忠信之行，自然有忠信之文；能為忠信之文，方是不失忠信之行。子曰："言忠信，行篤敬。"行篤敬，則忠信進德之謂也；言忠信，則修辭立誠之謂也。未有行篤敬而言不忠信者，亦未有言不忠信而可以語行之篤敬者也。天地間只一箇誠字，更攧撲不碎。觀德者只觀人之辭，一句誠實便是一德，句句誠實便是德進而不可禦。人之於其辭也，其可不謹其口之所自出，而苟為之哉。嗟乎！聖學浸逺，人偽交作，而言之無稽甚矣。誕謾而無，當謂之大言；悠揚而不根，謂之浮言；浸潤而膚受，謂之游言；遁天而倍情，謂之放言。此數種人，其言不本於其心，而害於忠信，不足論也。最是號為能言者，卒與之語，出入乎性命道德之奥，宜若忠信人也，夷考其私則固有行如狗彘，而不掩焉者。而其於文也亦然，滔滔然寫出來，無非貫串孔孟，引接伊洛，辭嚴義正，使人讀之，肅容斂袵之不暇，然而外頭如此，中心不如此，其實只是脱空誑謾。先儒謂這樣無緣做得好人，為其無為善之地也，外面一幅當雖好，裏面却踏空，永不足以為善。蓋由彼以聖賢法語止可借為議論之助，而使之實體之於其身，則曰此迂濶也，而何以便吾私，是以心口相反，所言與所行如出二人。嗚呼！聖賢千言萬語，教人存心養性，所以存養此真實也，豈以資人之口體而已哉。俗學至此，遂使質實之道衰，浮偽之意勝，而風俗之不競從之。其陷於惡而不知反者，既以妄終其身，而方來之秀習於其父兄之教，良心善性亦漸漬汨没，而墮於不忠不信之歸。昔人有言："今天下溺矣。"吾黨之士猶幸而不盡溺於波頽瀾倒之衝，纓冠束帶相與於此求夫救溺之策，則如之何？噫！宜亦知所勉矣。或曰："至誠無息，不息則久。積之自然如此，豈卒然旦暮所及哉。今有人焉，平生無以議為，而一旦警省，欲於誠學旋生用工夫，則前妄猶可贖乎？"曰："無傷也。温公五六歲時，一婢子以湯脱胡桃皮，公紿其女兄曰：'自脱也。'公父呵之曰：'小子何得謾語。'公自是不敢謾語。"然則温公脚踏實地，做成九分人，蓋自五六歲時一覺基之，温公猶未免一語之疵也。元城事温公凡五年，得一語曰誠，請問其目，曰："自不妄語入。"元城自謂："予初甚易之，及退而自檃括日之所行，與凡所言自相掣肘矛盾者多矣，力行七年而後成。"然則元城選成一箇言行一致，表裏相應，蓋自五年從遊之久，七年持養之熟。前乎此，元城猶未免乎掣肘矛盾之媿也。人患不知方耳，有能一日涣然而悟，盡改心志，求為不謾不妄，日積月累，守之而不懈，則凡所偽人為者，出而無所施於外，入而無所藏於中，自將銷磨泯没，不得以為吾之病，而縱横妙用，莫非此誠，乾之君子在是矣。或曰："誠者，道之極致，而子直以忠信訓之，反以為入道之始，其語誠若未安。"曰：誠之為言，各有所指，先儒論之詳矣。如周子所謂"誠者聖人之本"，即《中庸》所謂"誠者天之道"，蓋指實理而言也；如所謂"聖，誠而已矣"，即《中庸》所謂"天下至誠"指人之實有此理而言也。温公、元城之所謂誠，其意主於不欺詐，無矯偽，正學者立心之初所當從事，非指

誠之至者言之也。然學者其自温公、元城之所謂誠，則由乾之君子以至於《中庸》之聖人，若大路然，夫何遠之有？不敏何足以語誠？抑不自省察，則不覺而陷於人僞之惡，是安得不與同志極論其所終，以求自拔於流俗哉？愚也請事斯語，諸君其服之無斁。

［（宋）文天祥《文山集》卷十五　1184—631—15］

坤

善惡有餘解

(宋)黄庶

《易》曰:"積善之家,必有餘慶;積不善之家,必有餘殃。"至於堯而丹朱,瞽瞍而舜,人惑焉。解曰:"堯之善及天下,丹朱恃焉,而日進於惡,其慶不足銷,故不肖。瞽瞍之不善天下,聞而懼及其身,而進於德,其殃不足銷,故名列五帝。孰謂堯之慶、瞽瞍之殃無餘也?世之言曰'瞽鯀有積善',又曰'善惡無餘',異哉!"

[(宋)黄庶《伐檀集》卷下　1092—798—下]

坤遯明夷旅雜説

(明)邵寶

王晦叔曰:以坤、遯、明夷、旅四卦,皆不為君位。以予觀之,坤分也,遯、明夷、旅,義也,分以常居,義由變出。遯之為變,太伯之至德,伯夷叔齊之仁,尚矣。旅之變則何之哉?雖然周襄,魯昭辱止其身,尚可言也。明夷之變危闇傷人,紂之惡,不可言也。坤之分,抑尤有可言者,臣疑於君,而"黄裳元吉",此伊周所以攝君而終成其臣也。或以羿奡媧武當之,是與篡弑造端也,豈其然哉?然則坤之君安在?曰:乾,君道也;坤,臣道也;君君臣臣,分也。

[(明)邵寶《容春堂續集》卷八　1258—514—8]

地道無成

(明)楊慎

《易・文言》:"地道也,妻道也,臣道也,地道無成而代有終也。"蓋曰地道無成,代天有終也。推而言之,亦曰妻道無成,代夫有終也。引而伸之,亦曰臣道無成,代君有終也。然則何以不言子也?曰:子有時而為父,地無時而為天也,妻無時而為夫也,臣無時而為君也。

[(明)楊慎《升菴集》卷四十一　1270—284—41]

屯

易外傳

(宋)胡宏

“屯,元亨利貞,勿用有攸往,利建侯。”

屯者,盈也,物之始生,盈盈然皆有充滿塞實之意,及既生,則發舒矣。剛柔始交而難生,震始交於下,坎始交於中,難屯未通暢也。震為雷,坎為水,陰陽始交,則勃鬱為雷,未為雨也。震動坎陷,二卦相重,動乎險中也。屯有大亨之道貞,且因雷雨之動滿盈也,故“勿用有攸往”,往則不貞,失大亨之道矣。方天下屯難之時,紀綱未正,法度未明,豈獨力所能濟,建侯廣求輔,憂勤不懈,然後能濟矣。

《彖》曰:“屯,剛柔始交而難生,動乎險中,大亨貞。雷雨之動滿盈,天造草昧,宜建侯而不寧。”

秦暴既極而未息,漢安方來而未定,陳涉以匹夫首事,出萬死之計,不畏狼秦,動乎險中也。誠能立為天下,除殘賊之志,復立六國後,於此有人貞固其心,為秦益敵以自輔助,守正而不移,則秦可滅,時可治,而天下之屯解矣。自蕲至陳未逺也,秦兵方强,殘賊肆行未艾也。而遽王之示天下,私無中正誠慤之心,豈有大亨之道也。傲長者而妻父去,斬賓客而故人行,聽讒毀而諸將不親附,失建侯之義甚矣。死於城父,不保首領,非不幸也,勿用有攸往,豈不信乎?若漢高則起豐沛扶義而西,卷蜀漢扶義而東,誅殘賊,其貞固可知矣。得張良於邂逅,舉陳平於亡命,拔韓信於行陣,取英布於敵國,收雍齒於故怨,是以能誅滅秦項,剗革暴虐,與天下更始,四海會同,六合為家。由是觀之,則“大亨貞”,“利建侯”之義,聖人示後世之意悉矣。

“初九,磐桓;利居貞,利建侯。”《象》曰:“雖磐桓,志行正也。以貴下賤,大得民也。”

東漢之末,豪傑競起,有剛陽之德,宜為君者,昭烈而已。痛王室之傾頽,憤姦臣之竊命,扶本宗,誅姦宄,一匡天下,其志也。而為相於平原,為牧於徐州,歸袁紹,投曹操,依劉表,曾未足以舒其志,然臨禍患而信義益明,不少變其初志,三顧草廬,以致諸葛,得龎統,來法正,追景升,顧戀赴義之徒,而衆士景從若水之歸海,以貴下賤,而大得民也,於是遂定巴蜀,三分天下而有濟屯之勢,居貞建侯之利大矣。

“六二，屯如，邅如，乘馬班如；匪寇，婚媾，女子貞不字，十年乃字。”《象》曰：“六二之難，乘剛也。十年乃字，反常也。”

六二、九五之正應而逼於初陽，不得相從者，以屯故也。天子者，天下之首；蠻夷者，天下之足。中國盛强，蠻夷屈服，天下之常經也。而漢之時，匈奴暴桀，抗衡中夏。其為足也猶初，其僭亂也猶九。蘇武使焉，匈奴壯其節義，凌折困辱，必欲降之，武雖倚漢武剛明之君，而遠在蠻夷為所拘縶，降之不可，歸歟不聽，故“屯如邅如，乘馬班如”，進退不能也。六陰也，二亦陰也，妻道也，臣道也，從一而終者也。武守是道，舍生取義，以死守節，心歸中國，義絶蠻夷，雖身在匈奴，不為之用，豈求有功名於彼哉！譬如貞女雖或介於强暴，而不可侵陵，終不為之字也。夫使蠻夷而善歸者多。是時匈奴强暴，非心服中國，而武乃使之，是以遭難如此耳。十者，數之終，極而後變也。居十九年，匈奴勢衰，欲歸計强漢，武乃得還，然後名揚於匈奴，功顯於漢室。完節而歸，乃字也，蠻夷服中國，反常也。

“六三，即鹿無虞，惟入於林中，君子幾，不如舍，往吝。”《象》曰：“即鹿無虞，以從禽也，君子舍之，往吝窮也。”

炎漢再建之初，隗囂起於隴西，以庸才居民上，有偏霸之意，即是鹿也。夫立國以得賢為本，若馬援、申屠剛、杜林、郭興諸賢皆莫之與而去之，是無虞也。惟陷身於不義以及亂亡耳。囂終不悟，舉兵背叛，不知幾而往，困於西城，饑而死，吝窮甚也。竇融則不然矣。其保河西也，豈無專據方面之志哉？然聞光武勃起中原，土地最廣，甲兵最强，號令最明，遂舍五郡之權，一心漢室，終保福禄，亦可謂之君子矣。

“六四，乘馬班如，求婚媾；往吉，無不利。”《象》曰：“求而往明也。”

桓公自莒入齊，鮑叔實輔之，既而不執其政，乘馬班如也。管仲者己之交遊，有賢才而勝己，則求之於魯，脱之於俘，薦之於公，讓之以政，“求婚媾，往吉”也。於是桓公九合諸侯，一匡天下，而管鮑為齊臣，至於今稱焉，可謂“吉無不利”矣。非其能知己之短而肯進人之長乎！

“九五，屯其膏，小貞吉，大貞凶。”《象》曰：“屯其膏，施未光也。”

魯昭公當三桓强盛，禄去公室之時，以人則皆季氏之人，以政則皆季氏之政，君位雖存而威權去已，不足以有為，欲恩澤下流，難矣。其膏也，膏凝結而不流者也。然則宜奈何？自小而以漸正之，使恩澤浸潤加於百姓，仁心仁聞著於天下，則有吉，如唐武宗、憲宗是也。魯昭不知出此舉兵攻之，欲奪數世之權於一旦，恩澤未孚民，莫之與，以致失國，出奔客死他所，凶矣。

“上六，乘馬班如，泣血漣如。”《象》曰：“泣血漣如，何可長也。”

漢獻帝、皇泰主。

“蒙，亨，匪我求童蒙，童蒙求我。初筮告，再三瀆，瀆則不告。利貞。”《彖》

曰:"蒙,山下有險,險而止,蒙。蒙,亨,以亨行時中也。匪我求童蒙,童蒙求我,志應也。初筮告,以剛中也。再三瀆,瀆則不告,瀆蒙也。蒙以養正,聖功也。"

太甲、成王以幼冲,未有所知,而居君位,童蒙也。伊尹、周公以剛陽之才任顧託之重,為發蒙之主者也。夫伊周非有求於太甲、成王,太甲、成王非伊周無以保其尊位,守其宗廟社稷,故"匪我求童蒙,乃童蒙求我也"。"初筮告。"若伊尹於太甲,方其居憂之時,即放之桐宫密邇,先王其訓是也。若不决之於初,待其聽政,然後隨事之失而言其非則瀆蒙矣。周公於成王,自幼冲之中,不順其意而行姑息之恩,故左右侍御僕從,即以正人為之,以檢束其行,使幼而聞正言、見正行,亦不待其臨尊位,然後因事一一以教之也。是以太甲、成王,雖無過人之才,而卒皆為大賢者,以伊尹、周公能養其正,於蒙有作聖之功,此蒙之所以亨也。夫當天子蒙蔽未發之時,當發蒙之任,負天下之責,苟不持正自信不疑,則必有乘間投隙而起者矣。故聖人又戒以"利在於貞"也。惟貞,然後足以弭姦邪,窺伺之心厲忠賢進為之志,事功可就,而禍難不生矣。

"初六,發蒙,利用刑人。用説桎梏以往吝。"《象》曰:"利用刑人,以正法也。"

大舜之有天下也,先誅四凶。孔子之執魯政也,先誅少正卯。唐太宗之起義兵也,先誅高德儒。葢時方蒙蔽,未知好惡之所在,惟先威之以刑,則觀聽聳動而民知所從矣。是説去其不知所從之桎梏也。雖然,刑加於惡之尤者,然後足以正法新民之耳目而施教化也。若用之不正以及衆人,則不足以得民心,民苟免而無恥,於治安之道為可吝矣。

"九二,包蒙吉,納婦吉,子克家。"《象》曰:"子克家,剛柔接也。"

諸葛孔明執蜀政柄,上有後主孱暗之君,下有揚儀、魏延昧於大體之屬,北有蔽欺天下竊命之魏,東有不知天命稱尊之吴,可謂蒙之世矣。然孔明盡禮,後主聽信,無所嫌忤,圓融儀延,使各展其才力,結好江東,而不明其稱帝之罪,志在北征,亦必閉闗息民,然後用之,其志大,其量弘。雖未能致其亨,而有安强之吉矣。廣開言路,棄非如敝屩,得是如珠玉,孜孜盡下,事無不察,筭無遺數,納婦吉也,豈有凶禍之及哉?大臣事君,猶子事父,九二剛陽之才,而六五柔順之君與之相應,故雖居蒙世,而有吉。聖人舉而示人以近,故云"子克家"也。

"六四,困蒙吝。"《象》曰:"困蒙之吝,獨遠實也。"

漢元初,立蕭望之以師傅,下行端揆之職,為發蒙之主,史高與望之,同受顧命,位望之上,為親近大臣,以陰柔庸劣之才,輔暗懦之君,而暱比於恭顯閹宦不中正之人,疎遠望之,不與同心輔政,於先帝付托之意,豈不負哉?是亦自遠於剛陽篤實之賢,故有"困蒙之吝"耳。

"六五,童蒙吉。"《象》曰:"童蒙之吉,順以巽也。"

漢昭所以委政霍光者,冲幼未明習國家事耳,非天資愚。蒙乃童蒙也,以其

童蒙而天性聰明，故能上順先帝之志，下任霍光之賢，而燕王之謀不成，纂弑之禍不作，故為吉也。

"上九，擊蒙，不利為寇，利禦寇。"《象》曰：利用禦寇，上下順也。"

大舜之征苗，文王之伐崇，湯之放桀，武王之伐紂，皆以其蒙昏之極，不得已故擊而去之耳。若後世漢高之誅秦項，漢宣之誅先零之類，禦寇者也。平城之兵，馬邑之伏，唐太宗之伐高麗，為寇者也。禦寇者，出於不得已，故天人順之。漢武為寇於四夷，而望天下之人，皆如卜式之順已，其可得乎？

《需》："有孚，光亨，貞吉，利涉大川。"《彖》曰："需，須也；險在前也。剛健而不陷，其義不困窮矣。"《彖》曰："需有孚，光亨，貞吉。位乎天位，以正中也。利涉大川，往有功也。"

文王雖有亹亹剛健之德，既受命為人之主矣，若遂欲進定天下，則紂之才猶足以有為，惡未貫盈，人心未盡去，天命未盡改時，未可以定也。文王逡巡不進，退處於西伯，而紂在上，險在前也。文王以服事殷，其忠信於上下，其誠動於殘賊，故得行其號令於諸侯，天下化之，而紂不以為嫌，剛健而不陷，豈有困窮哉？"有孚，光亨，貞吉"，此之謂也。若文王中非有孚，則不足以動商紂，而至於以兵相加。文王雖得天下，是篡也，非位乎天位中正之義矣。惟文王位乎天位中正而不過，故孔子曰："三分天下有其二，以服事殷。周之德，其可謂至德也已矣。"夫以天道處之，何事不濟？故曰：利涉大川。

"初九，需於郊，利用恒，無咎。"《象》曰："需於郊，不犯難行也，利用恒無咎，未失常也。"

夫人幼而學之，壯而行之。古之君子，如伊尹之耕於有莘，傅説之築於傅巖，吕望之釣於渭濱，皆待時於郊野曠遠之地，不冒犯世患而求進者也。其耕也，其築也，其釣也，用常而已，非有驚時異衆之行也，故無咎。

"九二，需於沙。小有言，終吉。"《象》曰："需於沙，衍在中也。雖小有言，以吉終也。"

孔子、孟軻，執其規矩準繩，周行於諸侯，見可而進，"需於沙"者也，近於世難矣。然孔孟志在天下後世，非私己也，故不以煦煦為仁，孑孑為義，或以微罪行，或三宿而後出晝，道廣德弘，其心甚大，雖小有患害，厄於陳蔡，圍於匡人，景子謂之不敬，尹士謂之干澤，於孔孟乎何傷？故當時諸侯，敬之重之，萬世之下，尊之仰之，"以吉終"者，此之謂也。

"九三，需於泥，致寇至。"《象》曰："需於泥，災在外也。自我致寇，敬慎不敗也。"

范滂、李膺名冠天下，激濁揚清，進必以其道，"需於泥"者也。然時方多僻，災在外也，其氣剛，其志鋭，其行勁，無所顧慮，露其鋒刃，欲以力除姦邪，姦邪畏忌，則思所以中傷之矣。黨人禁錮，豈無自而然哉？皆自致之也。若敬慎如陳寔，雖中常侍張讓父塟亦往弔焉，敬慎之至也，及黨人被誅，而名士因寔得免者甚衆，使范滂、李膺敬慎如此，豈有誅死之敗乎？

"六四，需於血，出自穴。"《象》曰："需於血，順以聽也。"

漢桓既誅梁冀，拔黄瓊，首居天位，天下想望異政，瓊奏誅州郡貪污者十餘人，海内翕然稱之。時小人充朝，正人處乎其間，佞幸之所必中傷也，"需於血"者也。夫瓊之心，豈止於誅州郡貪污而已哉？肅清廷列乃其志也，少須服之耳。及嬖寵益横瓊，自度力制不能，遂上疏極言，稱疾不起，不敢安其位，出自穴也。瓊雖言，然一言不聽，則不敢據其位而去，力言之而不止，以與嬖寵争也。順聽時命，委而去之，雖其志壅遏，不行戮於小人，而無凶禍之及矣。

"九五，需於酒食，貞吉。"《象》曰："酒食貞吉，以中正也。"

文王當紂之時，位乎天德，退稱西伯，天下歸之，實行天子之事矣。其居中正，又何疑哉？飲食宴樂，以待天命所需，必遂可謂吉矣。故孔子曰："無憂者，其惟文王乎！"

"訟，有孚窒惕，中吉，終凶。利見大人，不利涉大川。"

韓馮翊之説蕭，趙廣漢之訟魏，皆中無孚，實不知畏惕，過而失中道者也。故終極其事，皆至於凶。左雄、周舉中吉也，王渾、王濬利見也。

"初六，不永所事，小有言，中吉。"《象》曰："不永所事，訟不可長也；雖小有言，其辯明也。"

鄭興、桓譚。

"九二，不克訟，歸而逋，其邑人三百户，無眚。"《象》曰："不克訟，歸逋竄也。自下訟上，患至掇也。"

楊惲。

"六三，食舊德，貞厲，終吉。或從王事，無成。"《象》曰："食舊德，從上吉也。"

郭子儀、魚朝恩。

"九四，不克訟，復即命，渝安貞，吉。"《象》曰："復即命渝，安貞不失也。"

杜淹。

"九五，訟元吉。"《象》曰："訟元吉，以中正也。"

曹騰、梁商、賀若弼、韓擒虎、賈復、寇恂和事天子。

"上九，或錫之鞶帶，終朝三褫之。"《象》曰："以訟受服，亦不足敬也。"

主父偃、來俊臣之徒。

《師》："貞，丈人吉，無咎。"《彖》曰："師，衆也。貞，正也。能以衆正，可以王矣。剛中而應，行險而順，以此毒天下，而民從之，吉，又何咎矣。"

武王戎車三百兩，虎賁三千人，紂率其衆七十萬，戰於牧野，武王鼓之，維師

無辜，何咎之有？

"九五，有孚攣如，富以其鄰。"《象》曰："有孚攣如，不獨富也。"

舜既受堯之命有天下，而堯朝舊臣，如共工、驩兜、伯鯀佐堯治天下，其執權利之日久矣。舜，江海陶漁之人也，雖以堯命聽居其上，其志未嘗不欲專命，使舜不得有為於天下也。然舜以天德居天位，其有孚可知，固將分天職與天下聖賢共治之，分天禄與天下聖賢共食之，列天位與天下聖賢共守之，豈姦邪之臣所能遏哉？是以九官命而不仁者遠矣，"攣如，富以其鄰"，此之謂也。

"上九，既雨既處，尚德載，婦貞厲，月幾望，君子征凶。"《象》曰："既雨既處，德積載也，君子征凶，有所疑也。"

東漢閹宦之盛，自孝和永元中鄭衆始得與聞政事，其宦者出入禁闥，以奉承為事者也。暱比則易以親，順事則易以信，其後遂得天寵，日侵朝權。至永興之時，中官近習，手握王爵，口含天憲，政令一自之出矣。然賢者猶或用勢已張而未成也。及延熹之末逐黨錮，賢智舉不得進，於是乎成矣。所以及此者，以其暱比順事，足以惑媚人君，而桓靈之君心與之同，性與之合，"既雨既處也"。彼趙忠、張讓之徒豈知其非日以益甚，終受誅戮，固其宜矣，"婦貞厲"也。雖然閹豎也而執國柄，政自己出，侵逼人主，"月幾望"矣。陳蕃、竇武以區區之力，不復顧慮，誦言誅之，欲以一旦而奪百有餘年憑藉之權不亦難乎？孔子曰"有所疑"者，戒時君子必知疑慮，徐思所以制之，則不至於凶矣。

"履虎尾，不咥人，亨。"《象》曰："履，柔履剛也，説而應乎乾，是以履虎尾，不咥人，亨。剛中正，履帝位而不疚，光明也。"

袁渙之荅吕布，嚴顔之荅張飛，薛包之事父母，謝安之待桓温，所處至順，所言至當，皆以柔履剛，説而應之，故雖履强猛暴戾之地，終不見傷害也。紂，至强暴也，而文王徽柔懿恭以事之，故能免於羑里，以西伯一怒而安天下之民，則得中正，履帝位而不疚，其德光大，明於天下後世也，其亨可知。

"初九，素履，往無咎。"《象》曰："素履之往，獨行願也。"

張良以布衣起為帝者師，及功成天下定，則從赤松子遊；楊秉以儒生起為三公，嘗稱："我有三不惑：酒、色、財也。"此安其卑下之素往，行其志願者也，故貴勢不能動其心，利禄不能亂其操，以是而行，豈有咎乎？

"九二，履道坦坦，幽人貞吉。"《象》曰："幽人貞吉，中不自亂也。"

黄憲汪汪若千頃波，澄之不清，淆之不濁，非有驚衆險異之行也。初舉孝廉，又辟公府，友人勸之仕，憲亦不之拒也。行至京師，竟無就，若其中以利欲自亂，豈能從容應之若是乎？

"六三，眇能視，跛能履，履虎尾，咥人，凶，武人為於大君。"《象》曰："眇能視，不足以有明也，跛能履，不足以有行也。咥人之凶，位不當也，武人為於大君，志剛也。"

吕布剛决不常，智卑而才小，雖統衆為將，固不足以濟亂也。然以董卓之悖逆而殺之，以袁紹之背叛而絶之，"眇能視，跛能履"者也。其見非能窮理，其行非能盡義，亦迫刼於形勢，因以為功耳。使布統御於人，遵約束而行，則未必不為名將，如尉遲敬德之流，保其天禄矣。以其剛决猛暴而居人上，自主一方也，故躁率妄行，謀不中禮義，動不中幾會，"履虎尾"，蹈危難，為曹操所擒，而被"咥人之凶"焉。

"九四，履虎尾，愬愬，終吉。"《象》曰："愬愬終吉，志行也。"

東漢之初，竇融保據河西，專有方面，厥後歸命光武，以為大司空，居近君之地。光武剛强明决，以法術制馭臣下之君也。融嘗專制，則光武心忌，本處於外，入為大官，則舊功臣心不平，"履虎尾"也。然融謙恭小心，有子欲其恂恂守道，不願其才能，其畏慎可知。"愬愬"，畏懼也，融能如是，不以寵利居成功，其志行也，故終吉。

"九五，夬履，貞厲。"《象》曰："夬履，貞厲，位正當也。"

夬，剛决也。堯舜之聖，猶曰："欽明文思，允恭克讓。"禹戒舜曰："無若丹朱傲。"仲虺戒湯曰："從諫弗咈，先民是若。"《詩》稱文王曰："小心翼翼。"蓋優游從容，寬大盡下者，聖人之容止也。能如是，則履帝位而不疚矣。若自以為居位正當，任其剛决，不復畏懼，則德不能日新，往往日退，不如其初，此危道也。故曰"貞厲"。

"上九，視履，考祥，其旋，元吉。"《象》曰："元吉在上，大有慶也。"

曾子寢疾病，謂門人曰："啟予足！啟予手！《詩》云：'戰戰兢兢，如臨深淵，如履薄冰。'而今而後，吾知免夫！小子！"夫人有一善一功、一言一事，欣欣然自喜自足而不能有終者多矣。焉知君子以天下世世為消息，没身而後已乎？曾子啟手足，可謂"視履，考祥"矣。必得正而斃，可謂"其旋，元吉"矣。

《賁》："初九，賁其趾，舍車而徒。"《象》曰："舍車而徒，義勿乘也。"

季氏使閔子騫為費宰，閔子騫曰："善為我辭焉，如有復我者，則吾必在汶上矣。"王烈寓於遼東，公孫度欲以為吏，烈為商賈以自穢，乃免。

"六二，賁其須。"《象》曰："賁其須，與上興也。"

六二文明，賁之主，其質陰柔，隨質之善惡而賁之耳，故不能變其質也，如叔孫通制禮儀，因漢高所能行者而已。

"九三，賁如，濡如，永貞吉。"《象》曰："永貞之吉，終莫之陵也。"

三處文明之極，陽奇陰耦，陽居其中，陰陽交合，情文悦懌，賁之盛也。如舜得十六相，文王得四友，漢高得三傑，光武得二十八將，唐太宗得房杜王魏，君臣相輔，光被天下後世，而膏澤下於斯民，"賁如濡如"也。方世之亂，英雄角逐，君擇其臣，臣擇其君，非素有定分也，皆以情合氣浹相從耳。苟不長守貞固而繼之

以疑阻猜嫌，則君臣必不相保，未有能終者也，安得吉？如陳靈之殺洩冶，趙遷之殺李牧，袁紹之殺田豐是也，終為人所凌辱矣。

"六五，賁於丘園，束帛戔戔，吝，終吉。"《象》曰："六五之吉，有喜也。"

德宗、陸贄。

《剥》："初六，剥牀以足，蔑貞凶。"《象》曰："剥牀以足，以滅下也。"

漢和帝以鄭衆誅竇憲有功，遂得與聞政事，閹宦擅權，侵害正人自此始矣。小人得志，君子道消，其凶必矣。

"六二，剥牀以辨，蔑貞凶。"《象》曰："剥牀以辨，未有與也。"

天子者，天下之本，民神之主。其得位也，上受於天，下受其君父，而輔之以大臣者也。桓帝以李潤江京而廢，來歷以死争之是也。而同謀之徒皆見險而止，歷獨立無助，桓帝遂廢。後雖立於孫程等，然進退人才，更張政事，皆在天子之手，猶未甚也，而執朝政與大臣為伍之勢成矣。若大臣得人以其類，進則猶可為也。

"六三，剥之無咎。"《象》曰："剥之無咎，失上下也。"

剥者，陰剥陽也。三居剛應剛，以陰從陽者也。昔東漢吕强處閹宦之中，獨有愛君子、憂宗社之心，雖身被殺，猶有令名，無咎也。

［(宋)胡宏《五峰集》卷五　1137—224—5］

大貞小貞

(明)楊慎

《易》"屯其膏，小貞吉，大貞凶"，《漢書・谷永傳》引此文，注云："膏者，所以潤入肌膚，爵禄亦以養人也。小貞，臣也；大貞，君也。遭屯難饑荒，君當開倉廩，賑百姓，而反吝則凶，臣吝嗇則吉也。"顔師古云："六經殘缺，學者異師，文義競馳，各守所見，故《漢書》所引經文與近代儒家往往乖别。既自成義，即就而通之，庶免守株。"朱文公亦言，顔監無近代專經之陋，則此説亦不可廢，但以語人，恐多夏蟲之疑耳。

［(明)楊慎《升菴集》卷四十一　1270—283—41］

蒙

發蒙論

（宋）吕陶

聖人之作《易》也，探天地萬物始終之變，而歸之於人事也。歸之於人事者，蓋示人以進退用舍吉凶得失利害安危之端，俾夫深思而遠慮，詳慎而善應，擬而後言，議而後動，不失其正而已矣。故六十四卦之相受以用，相濟循環，適變而無窮已。一卦之設，各言一時之事，而立其宗主以成天下之務，六爻之别，各象一人之為，而著其善否，以示趨避之宜。是以從之則為亨、為利、為吉，逆之則為悔、為吝、為凶，此乃《易》之體要，而爻之為大戒也。蒙之為卦，繼於剛柔始交之後，言萬物始生而蒙穉也。物之始生而蒙穉，而無有以發之者，則性命將安歸乎？故履蒙之世，陰必求陽，闇必求明，而庶乎發之焉爾。然則求之與發之者，抑亦有道耶！曰求之者貴其誠，發之者貴其始。求之而不以誠，則巧僞之端萌，而不足以告也；發之而不以始，則愚昧之漸長，而雖告之不諭也。初六者，以陰柔之質履一卦之初，比附於陽，近而相得，所謂以誠而求，發於始者也，可以享初筮之告而無再三之瀆矣。夫蒙之求發，而發之得其道，則善惡之變，萬事之理，可以焕然坐照而不迷於曲直是非之分，為衆人之所信聽也。孰謂獄訟之難而不可决乎？故曰“利用刑人，用脱桎梏”，雖桎梏之刑，亦能斷而脱矣。夫刑之施於治道，蓋民惟於惡而後用之，豈君子之所樂者歟？或者以聰明辨察之資而專之於斷獄，則非君子之用心也，非忠厚以謀治道者也，非待民以善者也。是故蒙之用刑，止於正法而已，不可以長刑也。法正則分義自明於天下，刑不可長，則治以教化為本，且一卦之象、一爻之作，而人事之取舍如此，《易》可謂深矣。

［（宋）吕陶《净德集》卷十七　1098—131—17］

需

雲上於天解

(清)高宗

嘗讀《易·需》之《大象》曰:“雲上於天,需。”音義者於“上”字發圈讀為上(上聲),於是《程傳》遂有“雲氣蒸而上升於天”之語,審如是,是雲仍在天下,非乾下坎上之義也。蓋伏羲設卦因陰陽本然之理,非强為之辭。孔子於釋卦名卦辭之後,而加之以《大象》者,亦因陰陽本然之理而非强為之辭也。怪、力、亂、神,夫子所不語,恐人求之奇也,是以變其文曰“雲上於天”,雲即水也。然而程子雖不求之奇而已失其義矣,蓋“上”仍應作去聲,讀為“上下”之“上”,是坎在上而天在下也。或曰天無在水下之理,則予有説焉。且人知水之在地上而不知地之在水上也,或知地之載於水而在水上,不知天之在水下也。何言之?天為圓體,元氣運之以行,周天三百六十五度四分度之一,日夜一周而不息,其在上者,穆穆清清,舉頭視之為天,其在下者,囫囫圇圇,右旋而輪轉者,獨非天乎?知地之在水上,則可知天之在水下,天無不包,其在水下之時,非坎上乾下之需乎?需者,待也。待其輪轉而上則為天水訟而違行,有所不免矣。此至平至易之理耳。夫知天之有在水下之時,則若地若雷若風若火若山若澤,均有在天上之時,可推而知此實八卦本然之象,不必求諸神奇謬悠之談也。夫善言《易》者不言《易》,若吾斯所言得毋乖言之義乎!若夫葛洪渾天之説,謂“天表裏有水”,引《黄帝》“水在天外”之説以證之,黄帝之説不見於經,然黄帝自是天裏之人,裏之未窮,表何能知?如是,是水外於天而大於天矣。且水之外當更有天矣。此與釋家之忉利,道家之禹餘,又何異乎?夫子之所謂雲上於天者,或亦有懼於類斯之語乎?《晉·天文志》之引葛洪,其亦未之思而已。

[《御制文》二集卷六　1301—322—6]

需繇辭

(宋)彭龜年

“需,有孚,光亨,貞吉,利涉大川。”《序卦》曰:“蒙者蒙也,物之穉也。物穉不可不養也,故受之以《需》。”“《需》者,飲食之道也。”《需》何以為飲食之道?物之需於外者,莫急於飲食,故《序卦》舉其大者言之也。卦本以需待為義,然必曰有孚者，孚，實也，謂實有諸此而後可待諸彼也。猶之萬物必有根本，而後可需雨露之發生。使無其本焉，何需之云？故泛而言之，必有其德，然後可需；時之用，必用其人，然後可需；世之治，必事其事，然後可《需》。功之成，蔑無一焉，而曰吾有所需，非有孚之義也。惟其有孚，故光明而亨，得正而吉。雖天下之大難，亦可以濟矣。或曰：時方需也，何遽有光亨貞吉，而又曰利涉大川，則是欲使之見於用也。豈不害需之義乎？曰：不然，惟其需故能如此也。聖人先言有孚，則是其才足以亨且吉而濟大難者，惟有此才而時不可，乃能需以待之，則其光亨貞吉宜也。大川之險，非有才而能需者，孰利涉乎？

［（宋）彭龜年《止堂集》卷八　1155—840—8］

需象辭

（宋）彭龜年

《象》曰："需，須也，險在前也，剛健而不陷，其義不困窮矣。需有孚，光亨貞吉，位乎天位，以正中也。利涉大川，往有功也。"五以剛實居中，為孚之象，孚謂其中之實也。需之所以光亨貞吉者，正以五據天位之尊，用正中之道，以是實有之理，需以待之耳。然則所謂需者，豈徒見險不進，一無所為之謂乎？以此而濟大難，宜乎其往而有功也。何也？人有不為也，而後可以有為，濟大難者，决非輕於犯險之人所能也。

［（宋）彭龜年《止堂集》卷八　1155—840—8］

需象辭

（宋）彭龜年

《象》曰："雲上於天，需，君子以飲食宴樂。"《象》取雲上於天，奈何？坎為水也，而升於天之上，則為雲；雲方升於天，必待陰陽氣和，然後成雨。故為需待之象，其曰"君子以飲食宴樂"，何也？晝上於天，陰陽未和，則尚未能成雨，有需待之義，亦猶君子蓄其才德，而未見於施為也。君子觀雲上於天，需而為雨之象，懷其道義，安以待時，飲食以養其氣體，宴樂以和其心志，居易以俟夫命而已。夫需者，蓋以其有而不用也，有而不用者，常懼夫心之不平而氣之易動，心之不平而氣之易動，雖需亦何益哉？然則觀需之象而飲食宴樂，真能盡需之道者也。

［（宋）彭龜年《止堂集》卷八　1155—840—8］

安其所者，然已居險體，三陽在下，陽姓[①]好進，進而遇險，無有不争，若需於是，則有傷之道焉，故必出自穴而後可也。穴者，物所安也，以六居四為以柔居陰，又在上卦之下，乃安於此者，而能畏避三陽，出而避之，則不至於凶矣。聖人教人以需，而此乃教之以出，奈何？必知此義，而後可以需也，未入險中，故可以需。若已在險而需，是為"需於血"矣。

［（宋）彭龜年《止堂集》卷八　1155—842—8］

需九五爻辭

（宋）彭龜年

"九五，需於酒食，貞吉。"五以陽剛居尊位，無施不可，何復需之有，而乃云需於酒食，何也？天下之理，固有當需者也。於當需之時無所作為，惟飲食宴安，和平其心以俟之，此需之正者也，安得而不吉？人君所需，其大者不過天時之未順，民心之未得，諸侯之未懷，夷狄之未服，如此等事，使其心不和平，有待而發，其禍將有不勝言者，五居中守正，既得需之道，舍和平心志之外無他事也，故有需於酒食之辭，酒食但指日用不可無者而言，如《詩》言民之質矣。日用飲食，相似以見，其無所作為，静之至也。楊氏乃引《小雅》燕羣臣樂嘉賓之事以為説，則過矣。

［（宋）彭龜年《止堂集》卷八　1155—843—8］

需九五象辭

（宋）彭龜年

《象》曰："酒食貞吉，以中正也。"此言中正，奈何？謂其居中得正也，既居中得正，則所需何往而不遂。故必如五之中正，而後可以需於酒食。若謂其徒餔啜荒湎而已，則所需乃凶之道也。

［（宋）彭龜年《止堂集》卷八　1155—843—8］

需上六爻辭

（宋）彭龜年

"上六，入於穴，有不速之客三人來，敬之終吉。"自初至五，皆有所需。至上，

① "姓"疑當為"性"。

則居險之終，當需之極，險終則無所需，需極則有所得。又以柔居陰，宜安其處矣，故為入於穴。穴，物之所安也，奈下之三陽，本非在下之物，徒以坎險在前，故需而不進。今險既終矣，需既極矣，三陽上進，不待促之而自萊矣。當是之時，上將安處哉？儻自知其陰居陽上，處非其位，不與之校，敬以待之，則亦庶幾其無失矣。蓋上以柔居陰，非與物競者也，故敬則終吉焉，大抵需與訟，義正相反，需則不争，訟則争矣。惟其不争，故雖陷於險而亦可以免。惟其争，故雖已受服，猶將褫之，人當需而不能需，則入於訟無疑矣，可不戒哉！

［（宋）彭龜年《止堂集》卷八　1155—843—8］

師

地中有水師

(明)楊慎

古者治野,夫間有遂,遂上有徑。十夫有溝,溝上有畛。百夫有洫,洫上有涂。千夫有澮,澮上有道。萬夫有川,川上有路。無事則工疆界而備旱潦,有事則可以通糧運而給軍需。《戰國策》所謂牛田水通糧也。其詳具《六韜·農器篇》。

[(明)楊慎《升菴集》卷四十一　1270—285—41]

比

王用三驅失前禽

（明）楊慎

《易·比》爻辭"王用三驅，失前禽"，古注云：軍禮失前禽者，謂禽在前，來者不逆而射，示降者不殺也。旁去者不射，示奔者不禁也。惟其走而前去者射之，示服叛取亂也。今《本義》似背此，且"來者不拒，去者不追"為設教者言，非為田獵言也。田獵之禮即寓兵威，若去者不追，則數年之間王者為獨夫矣，何以聯屬天下乎？審如此，則舜征有苗，啟征有扈，皆違"去者不追"之義矣。

［（明）楊慎《升菴集》卷四十一　1270—284—41］

小　畜

密雲不雨

(明)楊慎

《易》曰“密雲不雨，自我西郊”，天地之氣，東北陽也，西南陰也。雲起東北，陽倡陰必和，故有雨。雲起西南，陰倡陽不和，故無雨。俗諺云：“雲往東，一塲空；雲往西，馬濺泥；雲往南，水潭潭；雲往北，好曬麥。”是其驗也。又驗之風電亦然。或問：東為陽方，西為陰方，是矣。南本陽而屬陰，北幽陰而屬陽，何也？曰：一陽生於子，仲天之氣所始也。卦又當坎，北非陽而何？一陰生於午，仲地之氣所始也，卦又當離，南非陰而何？

[(明)楊慎《升菴集》卷四十一　1270—283—41]

泰

上京丞相書

(宋)曾豐

古之宰天下者,才忌太高,識忌太明,大可疑者在吾目中,則小可疑者何傷?彼識太明則必也廹視之,大不正莫逃,則小不正者置之度外,可矣。彼才太高則不窮訊不已也,故道不足而才識有餘,始未免為高明所使,終未免為高明所累。舜之十六相、商之伊傅、周之周召,有妙天下之才,反以不露為高,雌守其雄之謂也;有妙天下之識反以不察為明,黑守其白之謂也。雌守以雄,在吾度外者莫知吾之高;白守以黑,在吾目中者莫知吾之明。由焉、安焉、老焉、死焉,曰彼相於我何力哉?是為有妙天下之道。夫道者,蓋所以充才識使之高明,又所以將高明使不至於過也。獨不見坤在乾上為泰之時,三陽用事莫高明如也,肆高明所之,何求不遂?而九二惟中行是尚。陰可疑者也,外之而已,未嘗廹視;小人不正者也,外之而已,未嘗窮訊,何哉?廹視、窮訊,非中道也。坤之道用中,泰之道用坤,相之道用泰。九二之道曰"包荒",相之道也;九二之效曰"朋亡",相之業也。漢高平侯魏相易學也,考其為相,雖載物歉於坤,而包荒可進於泰。地節三年至四年,平丘侯遷,清河王科以可疑遣,冠陽侯雲、博陸侯禹、樂平侯山以不正誅,名實一瘖,朝野俱清,連逮者聽其自遁,詿誤者容其自新,相於是為不失泰九二意矣。地節元康三王三史三許相先後以戚侯,或者以為非漢美事,相猶可諉,曰有申伯故事在也。許伯之弟舜欲監護太子家,疏廣不從,元康二年詔侯舜,廣父子於是去矣,而相不去也,制貴臣之驕,革副封之弊,既資伯為之先,議發兵之非,又資伯為之後,或者以為非相美事,相尤可諉者。僕曰:不然,自名觀之,伯外戚也;自實觀之,檀長卿為沐猴舞。司隸校尉劾之,伯曰釋之,則伯長厚人也。宣帝十八歲即位,元康以前未三十也,伯無日不在帝側,地節以後又策誅逆之勳,何事不可請哉。十數年間,史無過失可書,則伯謹飭人也。宣帝無過舉,無失德,雖曰天成,要其人助,未必非伯長厚謹飭力也。相豈得以名廢實,望望然去之,論其蹟,伯與相非類矣。論其心,誅大逆,安至尊,非細事,伯與相初同謀、後同功,同謀而不洩,同功而無争。吾類猶有不能為者,相豈得以迹妨心,望望然去之。故廣不附伯,徇跡也,其去,存名也;相不外伯,徇心也,其留,存實也。去留不同,同歸於是。孟子曰:"或去或不去,歸潔其身而已矣。"殆豫為相與伯設與僕,持此論久矣,未嘗敢聞於人,嘗試為閤下誦焉。閤下學已釁出於漢道,可復入於《易》。其

本源深,故其流不激;其涵蓄厚,故其發不章。相國四年於兹,鼓一元於溥博,轉萬物於混成,蓋自《坤》之"直,方,大"出也,《泰》之九二特《坤》之緒餘耳。相之不失九二之意,又特《泰》之緒餘爾,相足為閤下誦哉。閤下向者嘗為僕包荒,幸矣;兹者更能不遐遺僕,則幸之幸也。二者適然皆泰説也,他求其説,未有切於泰聊藉口爾,泰足為閤下誦哉。不備。

[(宋)曾豐《緣督集》卷十三　1156—147—13]

天地交泰,后以財成天地之道,輔相天地之宜,以左右民

(元)王義山

《象》曰:"天地交泰,后以財成天地之道,輔相天地之宜,以左右民。"

泰其上古之極治也。《易》十變而成泰,開闢之世也;屯蒙,鴻荒之世也;需訟,結繩之世也;師比,阪泉涿鹿之世也;畜履,書契之世;泰,其唐虞雍熙之世乎!因是而推,唐虞,春也,温温乎其和也;夏,假也,假者,大也,長養之時也,故虞書言夏之政其善在養民;商,秋也,揫歛之時也,故先儒言商之政嚴厲而駿發;周,冬也,天運一周成一歲也,然則四時之運其遂窮矣乎?曰窮而不窮也,周而復始也,春而夏,夏而秋,秋而冬,冬而又春也。然而周以後,柰何不常春也?嗚呼!安得挽三代以後之天下而春之?夫以四時配唐虞夏商周,亦猶康節以十二時配元會運世。上下數千萬年也,謹按《周易》一陽之生,於時為十一月,於卦為復;二陽之生,於時為十二月,於卦為臨;三陽之生,於時為正月,於卦為泰。蓋嘗攷之《易》六十四卦,一卦具一象,一象具一事。惟《泰》之《象》兼三才而言,他卦則皆指一事而言也。《泰》之《象》曰"后以財成天地之道,輔相天地之宜,以左右民",聖人中三才而立,以財成輔相左右之責,萃而歸之一身。財成者何?因天地之道而均以節之謂。輔相者何?因天地之宜而順以導之之謂。左右者何?天之生民,作之君以為之司命也。嘗愛横渠有云:"為天地立心,為生民立命,為萬世開太平。"斯言也,惟《泰》足以當之,《泰》之所謂財成輔相者,是為天地立心也;《泰》之所謂左右民者,是為生民立命也。夫如是,則能為萬世開太平矣。《泰》於月為正,《書》言月正元日,則正中有元也。《泰》雖不言元亨,而未嘗不言元吉。横渠言為天地立心,為生民立命,為萬世開太平,而又繼之以為前聖繼絶學。審吾道之絶續,又泰否之所關,雖然,主張吾道,其惟泰之君子乎?《泰》之《象》曰:"天地交而萬物通也,上下交而其志同也。"誠齋嘗謂《泰》之為《泰》,可以一言盡者,交而已。然而《泰》之《彖》《象》三言交而六爻不言交,何也?嘗攷之《泰》六爻雖不言交,而九三一爻言際。際,交際也,九三一爻介乎陰陽交際之間,故九三之《象》曰:"天

地際也。"交者何？陰陽之界限，君子、小人之所攸分也。《否》則變而為否矣，今《泰》之君子固已在內，而白駒空谷猶有人焉。《易》曰："拔茅茹，以其彙，征吉。"泰之初九也。繼今以往，儻能盡天下之君子，朝取一人焉，拔其尤，暮取一人焉，拔其尤，《泰》不在兹乎？

[(元)王義山《稼村類藁》卷十七　1193—111—17]

地天交泰，后以財成天地之道，輔相天地之宜

(元)姚燧

造化之奠位，必合兩而成其和；聖人之成位，必參兩以用其中。蓋和者，致泰之極功，中者，致和之大本也。徒知保合太和而氣化之流行者，固所以通乎兩間之天地，乃不知允執厥中，而道化之運行者，實有以位乎一身之天地。吾恐道化之中，有時而偏，則氣化之和亦有時而息矣。聖人之宗主是泰，豈其然哉？且天秉陽而居上，確然其體也，而氣則下交乎地，地秉陰而居下，隤然其形也，而氣則上交乎天，氣化交感，絪緼磅礴，至和流通，在在無間，造化之泰，何其盛也！其必有致此者矣，曰有元后焉，天地之道或太過也。而元后則以此之中而財成之，天地之宜有不及也。而元后則以此之中而輔相之，道化潛通，無過不及，一中懋建，天地不悖。聖人之泰，不亦溥乎？合兩以致化者，造化之泰，此泰之蟠際也；參兩以贊化者，聖人之泰，此泰之宗主也。有聖人以宗主是泰，則成位乎上下者無非中，而奠位乎上下者無非和矣。《泰》之《象》云云，其意如此，嘗謂有致泰之實應，有致泰之實感。應者其驗，感者其本也；應者其流，感者其源也；應者其和，感者其中也；應者其在天地，感者其在聖人也。是故天地絪緼，萬物化醇，陰陽妙合，萬物化生，天地固以和應矣。何應非感，天地設位，聖人成能，皇極茂建，雨暘時若，聖人固以中感矣。何感非應，應者非先，感者非後，天地聖人蓋相為因成爾，或者昧之，往往為高明博厚，天地之體也，下降上騰，天地之氣也。體立而氣行，交通而旁達，則形和氣和，而天地之和應矣。於聖人奚賴焉，吁！是未知有感應之實理相為流通者矣。天地之化，而範圍者聖人也；天地化育，而參贊者聖人也。聖人者，擬天地而參諸身，以一身而贊化育，陰陽闔闢，我轉其機，寒暑推遷，我總其運，此精神之感召，和氣之流通，使之三光全而日月無薄蝕之虞，五紀協而風雨無淒苦之變，財之成之，輔之相之，而無過不及之偏，何莫非大中之感者，亦何莫非太和之應者。嗚呼！和在天地，則天地一聖人之應也，中在聖人，則聖人一天地之感也，要其所應則太和，所播上際下蟠，無彼此也，無間斷也。天地之泰，天地之氣，化所由通也，而位天地，育萬物。元后之於天地實有功焉，太過其財成之

不及，其輔相以斯中也，致斯和也，氣化之和，即道化之所由驗也，原原其所感，則大中一建，萬物咸覩，無偏黨也，無反側也。聖人之泰，聖人之道，化所由通也，而亶聰明作父母天地之於元后，實有賴焉。寒暑其教化之，日月其順動之，以斯和也，驗斯中也。道化之中，即氣化之所由基也。然則中和無二致，感應無二機。在天地者非有餘，在聖人者非不足。渾渾乎一中和之盛，此其所以為泰治之極歟？今夫得氣之清，穹然而高，天之位固奠於上矣；得氣之濁，隤然而卑，地之位固奠於下矣。上下不相紊也，而有氣以行焉，兩者交合，二氣絪緼。天稟陽之清而至陽赫赫，必下交乎地；地秉陰之濁而至陰肅肅，必上交乎天。其未交也，則上下異位交焉，則二氣薰蒸而成和；其未交也，則陰陽異質交焉，則二氣流通而成泰。交斯和矣，和斯泰矣，將見協氣嘉生，薰為太平，時和歲豐，百祥交致。天地固和矣，而萬物則咸和；天地固泰矣，而萬物則咸泰。甘露降，醴泉出，溢而為和氣之祥也。嘉禾生，芝草植，鬱而為和，氣之應也，由此和而推之，其徃不窮，其施生無方，其嘘吸變化，無非此和之升降飛揚也。不然則和氣一乖，天地否矣。非大《易》有取於乾坤交泰之象也，然成氣化之泰者在天地，而開道化之泰者在聖人。聖人者，出父乾母坤而藐然中處，則成位乎天地矣。大生廣生而大寶曰位，則成能乎天地矣。聰明作元后也，而有道以運焉，兩儀同流，一中不踰，陰慘而陽舒，天地之道也。過則不能和，春生而秋，斂天地之宜也。不及不能和，一喜怒有間乎陰陽之慘舒，惟皇作極，而財成之，則無愆陽、無伏陰，而天地之道所由泰；一賞罰有同乎秋之生殺，惟皇作極，而輔相之，則無暑雨，無祁寒，而天地之宜所由泰。協斯中矣，中斯泰矣，將見王道正直，蕩蕩平平，會其有極，是行是訓。吾之道無非天地之道，吾之宜無非天地之宜。鼓元氣，雷域中，天地之豫也，即聖人之中也；騰百川，雨天下，天地之解也，即聖人之中也。由此中而推之，其平秋平在，寅餞寅賓，其在璿璣玉衡，無非此中之彌綸曲成也。不然，則中道不立，天地否矣。非大《易》有取於財成輔相之義也。大抵有氣化之泰，有道化之泰。氣化之泰，一天地之和也；道化之泰，一聖人之中也。若不相關也而實相因，若不相與也而實相為用。其殆一道氣之相為貫通者乎？何者？有道斯有氣，降而而氣，其在天地則為陰陽之運，其在聖人則為中節之和。氣統於道，其在天地則為陰陽之粹，其在聖人則為未發之中，天地以氣運則有上下交通之妙，氣即道之流行焉耳。聖人以道運，則有財成輔相之功。道氣，氣之主宰焉耳。融道氣，致中和，天地大造化也，聖人權造化也。天地聖人同一，中和之泰也。使天地徒以氣化之泰，奠位乎上下而不有，聖人以道化之泰成位乎其中，則陰陽失其道，寒暑失其宜，日月失其經。和者流矣，其何泰也哉？抑嘗考泰之為卦，而有疑焉。天尊地卑，而乾坤以定，皇極建中，而彝倫以叙，今而象泰之卦，則有取於乾下而坤上，元后之任則有及於天地之道與宜。何也？葢天地以形言，乾坤以氣言，天地奠位而乾下坤上者，氣也。天地之交，以氣而交，是謂之泰。乾坤其父母也，元后其宗子也。乾坤以氣化，而賦形賦色於元后，元后其可不存，吾順事而財成輔相之，以盡其宗子之職哉。是知乾下坤上，氣化以交而成和矣，而乾坤以定，則和者未有不中，曰道曰宜，元后財成輔相之以中矣，而彝倫攸叙，則中者未有不和，此其所以有取於泰之象歟。雖然，聖人之用中，其應在天地，其感在民心，民心罔中，惟爾之中，則人和而天時地利無不應矣。古之聖人，端居乎宥密之中，而尸財成輔相之職，豈必曰夏則致天地之陽氣而導行之，冬則閉藏之歟？又豈必曰秋則取天地之陰氣而施用之，春則閉止之歟？夫乖氣致異，和之反也；和氣致祥，泰之極也。禮樂所以合天地之化，中和所以致萬物之育。吾之於民，苟能以禮樂導其中和之教，以中和行其左右之道，則吾民之中即天地之中也，吾民之和即天地之和也。聖人象泰，以財成輔相之任，屬之聖人，而必以左右民繼言之，厥有旨矣。昔之言泰和者必曰唐虞，則唐虞之時，地天交泰之時也。以言其治，則地平天成也，以言其道，則精一執中也。以言其化，則黎民於變也。中和之應未有盛於此時也。然要其所以致中和，無非用中於民始之。作訛成易有其時，析因夷隩有其序，六府則孔修，三事則允治，彼其潛通天地之和，默制造化之機，固有左右爾民之治存焉。如曰舍斯民而他有，所謂財成輔相之事，特陰陽固閉之學，聾巫瞽史之為，堯舜其然乎？不然也。春秋以來，日蝕有書，地震有書，不雨又有書，是何陰陽繆戾如是耶？非治不唐虞世，則春秋大中之治不建而太和之治不復乎。吁！是必有寤寐堯舜於千百載之上，而為天地立極，為萬世開太平者。

［（元）姚燧《牧庵集》卷三十一　1201—723—31］

帝乙歸妹

（明）楊慎

帝乙，殷之賢君，《尚書》所謂“自成湯至於帝乙，罔不明德慎罰”是也。《史記》云帝乙時，殷道益衰，此背經之説也。後世注《易》者因《史記》之言，遂以帝乙為成湯，則《易》與《尚書》又相矛盾矣。信史而疑經，其蔽有如此者。嗚呼！一代之君，聲迹豈微乎？其善惡之名，傳信傳疑，一彼一此，况史之紀録一人一事之得失，可盡信乎？

［（明）楊慎《升菴集》卷四十一　1270—284—41］

開泰説

(清)高宗

陽交三而成泰,此劉琨、柳宗元等開泰之説所由昉乎?泰者,通也,又安也。小往大來、内陽外陰,與夫任下事上、君子小人之義,註《易》家論之詳矣,余以為《泰》之所以為《泰》,在九來居三,《泰》之九三即《乾》之九三也,《乾》之九三曰"君子終日乾乾,夕愓若",葢必有此乾乾愓厲,然後能安而弗危,通而弗塞,以常保其泰也。故本爻即曰"無平不陂,無往不復",使無乾愓之意,則平者陂而往者復矣。又繼之曰"艱貞無咎",益深切而著明。葢"艱貞"即乾愓也,必乾乾以知其艱,愓若以守其貞,然後得無咎。兩爻呼吸相通,無不於慄慄危懼三致勗焉。元聖訓後世之意篤矣。凡觀象玩占者,皆當以是為棘,而有撫世御民之責之人,尤不可不凛淵冰而戒盛滿,袪安逸而謹思慮,庶幾恒守其泰而不至失其道,以流入於否。後世賢臣持盈保泰憂盛危明之説,胥不外乎是爾。

[《御制文》二集卷五　1301—317—5]

否

記易誤

（宋）朱熹

“否之匪人”，近見一説謂不當有“之匪人”三字，蓋由“比之匪人”而誤。若以音言，則“比”自去聲，“否”自上聲，字義已不同。若以義言，則“比之匪人”為所附非其人，“否之匪人”為否塞非人道，語脉又不同，决是衍字。其《彖傳》之文遂亦因之而誤。如《坎》象之“樽酒簋”，“簋”下復因誤讀而加“貳”字也。不記是何人説，姑記於此云。

［（宋）朱熹《晦庵集》卷七十　1145—392—70］

苞　桑

（明）楊慎

《易》曰“其亡其亡，繫於苞桑”，今之解者以苞桑為固結之喻，非也。苞桑豈固結之物乎？蓋古人朽索六馬虎尾春冰之類也。陸宣公收復河北，後請罷兵，狀云：“邦國之杌隉，綿綿聯聯，若苞桑綴旒，幸而不殊者屢矣。”此得其解。

［（明）楊慎《升菴集》卷四十一　1270—287—41］

大　有

易講義

（宋）陳襄

大有

此卦正與《同人》相反，所以次《同人》者，《序卦》曰："與人同者，物必歸之，故受之以《大有》。"然則離乾二體何以為《大有》，夫六五一陰得中而居尊位，為上下五陽所歸。又陽為大，是所有者大也，有其大者，故曰"大有"。以君臣言之，是大有天下之衆賢，以君民言之，是大有天下之萬民也。又陽為富實，以富實言之，是大有天下之萬物也。夫大有天下之衆賢，如《書》所謂"九德咸事，俊乂在官，野無遺賢"是也；夫大有天下之萬民，如《中庸》所謂"舟車所至，人力所通，天之所覆，地之所載，日月所照，霜露所墜，凡有血氣者，莫不尊親"是也；夫大有天下之萬物者，荀子《王制》曰"天之所覆，地之所載，莫不盡其美，致其用，北海走馬吠犬，南海羽翮齒革、曾青丹干，東海紫紶魚鹽，西海皮革文旄，澤人足乎木，山人足乎魚，農夫不陶冶足器械，工賈不耕田足菽粟"矣。

繇辭曰："大有元亨。"夫《大有》之主，既大有天下之臣民萬物，此所以曰"元"。大有至德以富，亨通也。彖辭不言大亨而言元亨者，言大有之君必有元善長人之德而致亨通也，若言大則不能兼元善之仁，言元可以兼大也。

《彖》曰："柔得尊位，大中而上下應之，曰大有。"柔得尊位，六五也。居尊位，是大也。處上體之中，是中也。上下二體，五陽皆歸之，是上下應之也。上下五陽皆應之，陽為大，故曰"大有"。居尊以柔中之德，以虛受人，高明照物，物必歸之，以柔居中，不尚剛武而用文德，上下所歸，"其德剛健而文明，應乎天而時行，是以元亨"。乾在下體為內，離在上體為外。凡大有之君，内有剛健之德，施之於外則以文明，而不以威武，此天下之所以歸也。六五之陰，下應乾九二之陽，是應乎天也。五居君位有文明大中之德，而能應順天道、奉承天時，而行動不違天之道，此所以元亨也。應乎天而行，如《乾・文言》所謂"先天而天弗違，後天而奉天時"是也。

《象》曰："火在天上，《大有》。君子以遏惡揚善，順天休命。"天本剛健而高明，火又文明而在其上，此乃明盛之極至所以為大有也。夫天道之至明，惟其福善禍淫而已。君子法此卦體居大有明盛之時，天下之臣民萬物，既已富有，宜何所為哉？惟當遏惡揚善，旌别淑慝。遏其惡者，揚其善者，以順天休美之命也。

夫惡者遏止之，則天下之惡莫不去惡悛矣。善者稱揚之，則天下之為善者，莫不勉勸，使民日遷善遠罪而歸於至治矣。夫大有之德，無尚於此也。

"初九：無交害；匪咎，艱則無咎。"《象》曰："大有初九，無交害也。"《大有》之卦，火在天上，文明之至著也。又體有五陽，陽為富實，居文明富貴之時，能謙卑以下物，物必歸之。若自剛亢滿盈，必致咎害，故《序卦》曰"有大者，不可以盈，故受之以《謙》。"又《書》云："滿招損，謙受益。"時乃天道是也。故《大有》之主六五，以柔得尊位，而為上下所歸。故其爻辞曰"厥孚交如，吉"。初九居《大有》之初，而體是陽爻，處不以柔，不得無咎害也。任大剛實，以斯而往，害之道也。然居卦下無位之地，不與物交，剛而能謙，物莫之害，可以無咎。故曰"無交害，匪咎"。交者，交於物之謂。六五曰"厥孚，交如"，《隨》初九曰"出門交有功"。鴛鴦詩曰"古者明王交萬物有道"，皆其義也。艱則無咎者，凡人居於大有豐富之時，志易驕滿，故於其初當自艱難惕厲，不敢忽易，居之則可以終保無咎，故曰"艱則無咎"。《繫辞》曰："危者，安其位者也；亡者，保其存者也；亂者，有其治者也。是故君子安而不忘危，存而不忘亡，治而不忘亂，是以身安而國家可保也。"故聖人繫卦於事之初，未常不存戒懼。今初九戒之以"艱則無咎"者，蓋居《大有》之初，戒在盈滿怠忽，見不可不慎也。先儒多解匪咎，義連下文，謂："欲其匪咎，艱則無咎。"此恐非也。既云艱無咎，義已足矣，其下不須更言"匪咎"可也。然則不云"無咎"而云"匪咎"者，蓋上文云"無交害"，其下又云艱無咎，若更云"無咎"則不成文辭，故變"無"為"匪"。文王三分天下有其二，以服事商，小心翼翼昭事上帝，此之謂也。

"九二：大車以載，有攸往，無咎。"九二陽爻，居陰位而不任剛實者也。居中而上應六五，是能以中道任君之事者也。居大有之時，雖體陽爻而能處柔順，不任剛實以自盈滿，又以中道任君之事，如大車之任重載物也。"有攸往無咎"者，夫乾體本在上，今居下體，必往而進於上，今二以中道，上應於六五之君，可以升進無咎也。六五應之，可往；雖剛，居順無咎；履非其位，合有咎，然居中而應，終必進往免咎。《象》曰："大車以載，積中不敗也。"九二以陽居陰，而應於五，又居下卦之中，是六五之君委任以事，能以中道任重厚載，如大車之載物，積聚於中而不傾敗也。

"九三：公用亨於天子，小人弗克。"《象》曰："公用亨於天子，小人害也。"三居下體之極，處重剛之上，而獨履得其位，故有公位之盛焉，惟公用此位與德以亨通於天子。夫九三居中，九四尤近，五位雖體陽爻皆不稱公，而九三獨稱公，何也？蓋六五柔君，九二九四又皆處於柔順，不及九三獨體剛而得位，居下體之極，為羣陽之長，特見尊任而寵納之，權重位盛，故曰公也。"小人弗克"者，《繫詞》曰："三與五同功而異位，三多凶，五多功。"夫三非中位，又居乾健之終，在下體之極，過

亢則凶。今大有之時,上有柔君而三獨權重位盛,君子居之則能乾乾夕惕危厲,防其亢極,可以通達天子,若小人則不勝其任,恃權剛亢必致凶害,故曰"公用亨於天子,小人害也"。

"九四:匪其彭,無咎。"彭字,先儒多解為邉旁之旁,王輔嗣云:"既失其位,上近至尊之威,下比分權之臣,其為懼也,可為危矣。惟夫有聖智者,乃能免斯咎。三雖至盛,五不可捨,能辨斯數,專心承五,常匪其旁,則無咎矣。旁,謂三也。"石守道亦取此說。非也。陸希聲云:"如非在五旁,兢兢以自警,不敢恃怙則无咎。"劉牧亦以旁為三,當用而已,居其上能自度其勢不勝於三,不為三之事而避三之盛,則知幾也。此皆非也。先儒不通彭字之義,以彭為旁,皆牽合。彭旁二字,義本不同也,况九四陽爻自歸六五,與九三情狀絶不相干。為見三有公亨之辭,遂引以為旁,曲牽其義,皆不可取。周公闢雖解以彭為盛,亦云九四體是離明,能明九三專權,不從九三之盛,專心奉五,恐皆非。爻辭之義,彭字當為彭字(步郎反),干寶云"彭,亨,驕滿貌",王肅云"彭,壯也"。夫大有之世,戒於剛亢盈滿,故《序卦》曰"有大者,不可以盈"是也。况四位逼近於君,居多懼之地,又是柔位,而以剛陽居之,此宜有咎也。若知其失位而又迫近危懼,不敢以其壯盛盈滿之心處之,則可以无咎。"匪其彭,無咎",猶言不以壯盛居之,則無咎也。

《象》曰:"匪其彭,無咎,明辨晳也。"離為文明,陽爻,又明知其以剛處柔,履非其位,而又居逼君疑懼之地,而能不自盛壯驕滿以見疑於上,是明智辨别之昭晳也。辨君臣尊卑之分明,見幾之作明辨,辨之宜早。

"六五:厥孚交如,威如,吉。"六五以一陰為五陽之主,上下五陽,無他陰以分其應,皆宗於五,五又不尚剛武而以文明虛中之德受之,故其誠信孚於上下,如交結然也,故"厥孚交如"。所謂"威如,吉"者,居大有之時,以文明大中之德交孚於物而不尚威武,而民自懷來畏服如有威然也,此所以吉也。若富有天下不以誠實文明之德使民心悦而誠服,而徒威武刑罰以敺之,人亦不畏也,故《書》曰"德威惟畏,德明惟明",《記》曰"有威可畏謂之威",《中庸》曰"不賞而民勸,不怒而民威於鈇鉞,故君子篤恭而天下平",又《詩》曰"予懷明德,不大聲以色",聲色之於以化民,末也。此是威如之吉也。

《象》曰:"厥孚交如,信以發志也。"夫五之所以有信交孚於物者,蓋其至誠自然發於心志之中,與物交結,非有思慮造作而然也。《傳》曰:"信不由衷,質無益也。

威如之吉,易而無備也。"五之為德,天下之所以畏威者,以文明而不以威武,其道甚平易而無所備預也。又衆自威懷其文德,端居和易而無用防備。

"上九:自天祐之,吉無不利。"夫大有豐富之世,戒於剛亢盈滿,上九居一卦之極,而以剛陽處陰柔無位之地,衆皆乘剛而已,獨履六五之陰柔,是思乎順者也。五有信德交乎上下而己履之，是履信者也。陽為君子，有剛明之德而潔身高尚不累於位，是自尚其賢行也。居大有之終，兼此三德，盡天人之助，故曰“自天祐之，吉無不利”，謂自天以至於人，皆福祐之也。輔嗣之解皆是。惟不見以剛處柔，為思順之道也。孔子《繫詞》曰：“天之所助者，順也；人之所助者，信也。履信思乎順，又以尚賢也，是以自天祐之，吉無不利。”蓋言君子若所行履乎信，所志思乎順，又自賢其身行，享富有之盛，居於上極而不以物累，其心有此三德，則天人助之，何往不利。《象》曰：“大有上吉，自天祐也。”處大有之上，不累於位，志尚乎賢者也。餘爻皆乘剛，己獨居陰而乘柔順也。五為信德而己履焉，履信之謂也。雖不能體柔而以剛乘柔，思順之義也。居豐有之世，不以物累，其心高尚，其志尚賢也。

謙

艮為山，坤為地，為地山《謙》，《謙》次《大有》者。《序卦》意謂“有大不可以盈，故受之以《謙》”。蓋所有既大，守卑謙則吉也。地山二體所以為謙者，夫山本高而在地之上，今反卑而在地之下，所以為謙也。又九三一陽爻為五陰之主，居艮體之極，艮為止，又陽得位為正，是內有剛德而止於正也。外體為坤，坤德柔順，內有剛德而止於正，外見柔順以行之，此又見君子之謙德也。若外雖柔順而內不剛正而止，則流而為柔邪，無所守也，不足以為謙德也。夫人之持身待物，欲無悔吝憂患，不可以不持謙德也。故孔子曰：“作《易》者，其有憂患乎？”因次序九卦，其二曰“謙，德之柄”，蓋言文王以聖人之德居紂之亂世，故憂危之患，若不持謙以為柄，何以保身而無患？又曰“謙，尊而光”，解在彖詞。又曰“謙以制禮”，夫聖人制禮，將使人檢身無過，其要以謙恭為本，人有禮則安。故《序卦》曰“德言盛，禮言恭，謙也者，致恭以存其位者也”，是謙者，禮之本也，故曰“謙以制禮”。謙之於人，大矣。《繇辭》曰：“謙，亨，君子有終。吉。”夫人能卑謙為德，以身下物，不自盈滿，則物無不與，悔吝不至，此所以亨通也。《書》曰“謙受益”，乃是謙亨之道也。君子有終者，言君子以謙恭為德，以身下物，則天下莫不與之，此所以終享其吉，無有憂患悔吝也。《彖》曰：“謙，亨，天道下濟而光明，地道卑而上行。”此孔子斷謙亨君子有終之義。夫天至高而居物之上，其氣下降而交於地，下降是天之謙也。而三光全、四時行、萬物生，其道益光明，此是天道謙而亨也。夫六氣，上運三光，下垂亦是，下濟地道，雖處於卑而其氣上躋而交於天，處卑是地之謙也。然而氣乃上行以助天生物，此是地道謙而亨也。言天地者，蓋舉其大者，有謙德而光亨，則人道用謙而亨通，固可知也。既陳天地謙亨之道，又歷陳天地人神之道，皆貴謙而惡盈，以明謙道之不可不務也。“天道虧盈而益謙”，夫天道陰陽寒暑，迭為盈虛消長，長極則消，盈極則虛，此是盈則虧之也；消極則長，虛極則盈，此是謙則益之也。日中則昃，月盈則食，亦是虧盈也。月晦則明復生，是益

謙也。《書》曰"滿招損,謙受益",時乃天道,是"天道虧盈而益謙"也。"地道變盈而流謙",夫地有山川丘陵,至高之處終必崩陷,如《詩》曰"山冢崒崩,高岸為谷",《易》曰"城復於隍",水盈科而進,是地之變盈也。海水至卑,四瀆百川之盈滿者,莫不流而趨下以益之,此是變盈流謙也。"鬼神害盈而福謙",鬼神之道,見人之盈滿者,則陰降禍以害之。揚子曰"高明之家,鬼瞰其室"是也。鬼神視不見、聽不聞,依人而行,人有持謙恭者,則陰降福以福之。石祁子兆於龜,東方朔曰"謙遜静慤,天表之應,應之以福"。"人道惡盈而好謙",夫人之情莫不惡人之自盈滿者,見人之驕亢踰分者,舉皆惡之。《益》上九人道惡盈,怨者非一。故《易》曰:"負且乘,致寇至",又曰"莫益之,或擊之",此皆近乎惡盈也。《書》曰:"志自滿,九族乃離。"此人道惡盈也。凡人有謙恭下物者,則人情舉乃好樂之。且未聞有卑謙自下者而人惡之。故古之聖賢脩身行己無不知以謙德為本,故禹克勤於邦,克儉於家,不自滿假。舜謂禹曰:"汝惟不矜,天下莫與汝争能;汝惟不伐,天下莫與汝争功。"卑宫室、惡衣服、菲飲食,《禮》曰:"后稷,天下之為烈也,豈一手一足哉?故自謂便人。""謙尊而光,卑而不可踰",夫謙之道,無問尊卑貴賤,但能持而行之,莫不亨而終吉。故尊者用之則其道益光明,卑者用之不可得而過越也,踰過也。凡人惟是,驕亢盈滿,賤而好自貴,卑而好自尊,則為物所惡,有陵犯而過越之者,若處卑而又謙物,安得而踰焉?故曰"卑而不可踰也,君子之終也",夫謙居尊用之,則道益光,處卑用之,則不可以過,以此知謙之道,是君子保身之終吉也。此又解繇辞"君子有終也"。尊而居至卑,貴而居至賤,用之無不利也。《象》曰:"地中有山,謙,君子以裒多益寡,稱物平施。"夫山體本高,今下處於地中,謙之體也。又一義,山體本高,今下處於地中,是高者下之也。地體本卑,今反居於山上,卑者舉之也。夫高者下之,卑者舉之,此見益謙之義。故君子法此卦體,有益卑舉下之義,裒取其盈滿者而增益其寡少者,使之平也。多猶盈滿也,取富以益貧,損有餘補不足,皆可推類求之,稱量其物而均平其施與,不使多者益多而寡者益寡而不平也。故聖賢君子得位行道,不惟以身行謙而有終吉。又如此謙卦之義,當抑退驕高盈滿之人而進益謙恭退讓之士,平均其澤禄施與也。孔子曰"求也退,故進之;由也兼人,故退之",亦近此也。《書》"無虐惸獨而畏高明",《詩》"不侮鰥寡,不畏强禦,哿矣富人,哀此惸獨"。王輔嗣注云"多者用謙以為裒,寡者用謙以為益",非也。

"初六:謙謙君子,用涉大川,吉。"居卦之下,謙矣。本是陽爻,又以柔也。惟君子為能用謙,故曰"謙謙君子"。夫人但患驕矜自滿,無謙德則物不與也。若能以身下物,謙而又謙,何事之不可濟,何險難之不可涉哉?故此居卑處柔,謙謙之君子,可用此以涉大難,獲其吉,有助而無害也。《象》曰:"謙謙君子,卑以自牧也。"牧,養也。初六居謙之最下無位之地,未施於物,謙而又謙,姑處卑以自養,其德未足以有為也。

"六二：鳴謙，貞吉。"鳴謙者，謂謙之聲鳴遠聞也。六二以陰得位，居下體中，是謙而鳴者也。居中履正而得謙譽，乃是出於中心之正，非要名取譽而得，故曰"貞吉"。《象》曰："鳴謙貞吉，中心得也。"雖有謙德，聲譽旁達，苟不由中心之正，則是要名取譽，不足以為貞吉。今六二居中得位而鳴，是發於中心之中得此譽也。

"九三：勞謙，君子有終，吉。"《象》曰："勞謙君子，萬民服也。"九三一陽為五陰之主，合居尊位，而下居於三，是有謙德也。五陰無他陽以分其應，皆宗於己，而己能上承於六四、六五、上六之尊，而下接初六、六二之衆，可謂勞矣。夫能勞而承上接下，其志又謙，此萬民之所以歸服也。衆陰猶萬民也。大凡人有善則矜之，有勞則伐之。今九三勞乘於上下，其勞如此，而能謙巽，不以為德，此所以保位有終而吉也。禹治九州之水患，三過門而不入，手足胼胝，其勞如此，而不矜其功，故舜曰："汝惟不矜，天下莫與汝争能；汝惟不伐，天下莫與汝争功。"此正是勞謙也。《繫辭》云："勞謙，君子有終，吉。"子曰："勞而不伐，有功而不德，厚之至也，語以其功下人者也。德言盛，禮言恭，謙也者，致恭以存其位者也。"

"六四：無不利，撝謙。"《象》曰："無不利，撝謙，不違則也。"此爻以陰居陰體，柔得位，上奉六五之君，下附勞謙之賢，奉上下下，盡夫三德，謙之至也，故無不利。夫人若體順居正，順以事上，恭以接下，何所不利哉？"撝謙"者，謂有此三德盡謙之美，舉措指撝皆得謙道，動不違於法則也。坤六二體順得中履正，曰"無不利"。

"六五：不富以其隣，利用侵伐，無不利。"五本陽位而以陰體居之，是居尊而能盡謙德者也。夫居尊御物不以剛武而以謙順，此天下之所歸也。"不富其隣"者，陽為富而陰為虛，今五以謙虛而得民，是不以財富用諸其隣也。"利用侵伐無不利"者，夫侵伐者，古先帝王最為難行之事，非有至謙至順之德，德此所以保位有終而吉也。禹治九州之水患，三過門而不入，手足胼胝，其勞如此而不矜其功，故不可以稱兵於天下。故古者有不庭之國、不軌之民，王者必先躬行巽讓，修文德以來之，若其不服，然後可以行師侵伐之也。若謙德未至則不可以用侵伐，雖用之，天下之心亦不服從也。今此六五居中體柔，謙順之至，方可利用侵伐，無所不利。若湯、文王之德，方可當此爻：湯之時，葛伯不祀，湯事之以犧牲粢盛，而終不從，然後征之，故征自葛始，十一征而無敵於天下；文王以聖人之德當紂之亂，內文明而外柔順，三分天下有其二，以服事殷，盡乎謙德，始可以征。《綿》之詩曰："昆夷駾矣，惟其喙矣。虞芮質厥成，文王蹶厥生。"《皇矣》詩曰："密人不共，敢距大邦，侵阮徂共，王赫斯怒。"如湯、文王如此謙恭，然後可用侵伐不服之邦。禹受舜命，征有苗而不服，益曰："惟德動天，無遠不屆。滿招損，謙受益。時乃天道。”又言帝舜號泣旻天，至諴感神之事，禹乃班師振旅，誕敷文德，舞干羽於兩階。七旬，有苗格。禹之聖如此。益以未盡謙德，不可以格有苗，以此明之。謙之六五體柔居中，盡夫謙道，故利用侵伐不服之國，無不利也。《象》曰：“利用侵伐，征不服也。”孔子解《謙》之六五何以利用侵伐，蓋征不服者也。

“上六：鳴謙，利用行師，征邑國。”居於上極，以陰得位，體夫正順，盡謙之美，故曰“鳴謙”。其謙德著聞如此，亦足以利用行師，然最處於外，非尊位，非如六五，可以侵伐天下之不服者。但可以征自己屬邑之不服者也。《象》曰：“鳴謙，志未得也。”雖謙而鳴，可以師征，然居非尊位，不得如六五侵伐無不利，故曰“志未得也”，但可以行師征己之邑國而已也。

［（宋）陳襄《古靈集》卷十　1093—574—10］

謙

謙尊而光卑而不可踰

(元)戴表元

謙者,人之盛德。然徒謙而不知所以為謙,則處己接物,俱失其宜,而不足以為德矣。故曰"謙尊而光,卑而不可踰",言善為謙者,尊則能使其道有光,卑則能使人不可踰己也。人情居富貴鮮有不驕,自古以來,公侯將相如四豪之結客至三千人,卑躬厚禮以養畜之,如公孫弘之開東閣以收四方奇士,其身甘脱粟飯布被而不以為耻,可謂能謙矣。不知有何功業及於萬物,著於史册,此尊而不能光也。貧賤之士人所易踰,所以自重者,謂有名教之樂、道德之美耳。彼以其富,我以吾仁;彼以其爵,我以吾義。樂天知命,謹身節用,以遠悔吝,以安隱約。所謂賢者不過如此,雖帶索行歌,飢色滿面,而當路之三公、千金之子,欲與之交,而恐不我屑也。尚得而慢之乎?苟使執柔行謟,召侮取辱,而不知謹焉,則卑而人得踰之矣。古之善處富貴而謙者,莫如舜、禹、周公,以大聖人而能取人為善,能聞善言,則拜能,小心恐懼流言,天下誦其功業,燁然至於今不衰。善處貧賤而謙者,莫如孔孟,孔子能困厄陳蔡而彈琴自如,孟子能不見諸侯而辭萬鍾之禄,天下後世誰得而並之?按:謙卦,艮以一陽為主,在上卦三陰之下,下卦二陰之上,上於下卦則止也,"時止則止,時行則行,動静不失其時,其道光明",其《象》曰:"君子思不出其位。"夫動静既不失其時,而又思不出其位,雖舜禹周公孔孟之事不過是矣。

[(元)戴表元《剡源文集》卷二十五　1194—314—25]

謙亨君子有終

(明)楊慎

《謙》之卦解曰:君子有終,言其久也。謙之道,衆人不能久而君子能終之也。夫少之事長,賤之事貴,不肖之事賢,燭至起,食至起,射則三揖,酒則百拜,磬折匐服,葉拱墻負,誰不知之,誰不行之,一臨利害,巧為趨避。語有之曰:"女無美惡,入宫見妬;士無賢不肖,入朝見嫉。"又曰:"饑馬在廄,漠然無聲。投芻其傍,争心乃生。"故曰:好名之人能讓千乘之國,苟非其人,簞食豆羹見於色。由是言

之，小人烏能謙哉！古之君子能謙有終，若禹之不矜伐，上也，伯夷之避國而逃，次也，晏子之久而能敬，又其次也。若夫張毅之走懸箔，王莽之下白屋，一則謙之靡，一則謙之賊也，何終之有？

［（明）楊慎《升菴集》卷四十一　1270—287—41］

豫

豫利建侯行師

（宋）洪咨夔

“豫利建侯行師。”

豫有猶豫、備豫、和豫、逸豫之義，人能决猶豫而思備豫，則見幾於吉之先，安往而不和豫？過於豫則逸矣。其義雖四，而實則一也。《豫》承《謙》之後，《謙》無凶悔吝則和豫可知，震動於上，坤順於下，動必以順，故建侯以親衆，行師以動衆，事雖至重無不利，大順則大利在其中也。建侯而非順，則開國而用小人，行師而非順，則行險而毒天下，果何利之有哉？其卦以一陽主五陰，亦有《比》建國《師》蓄衆之互體。

《彖》曰：“豫，剛應而志行，順以動，豫。豫，順以動，故天地如之，而况建侯行師乎？天地以順動，故日月不過而四時不忒；聖人以順動，則刑罰清而民服。豫之時義大矣哉。”

六五以柔居上，九四以剛應之，剛密比於柔，不期應而自應也。人君有柔中之德，虚己以任大臣；大臣有剛健之德，自任以天下之重。剛柔相應而相濟，志所欲為，何往不克？然志之所以行，亦惟其順也。以順而動，用能致豫。既豫之後，又以順動。終始一順，無有間斷。天地所以妙不息之運，如此而已。人君之建侯行師，其能違乎？天地以順而動，則日月四時無過忒；人君以順而動，則不待刑罰而民心服。在我無所違乎理，在人自無所違乎我也。時者天運，義者天理。順而行之，豫之時義，豈不甚大？苟或違道干譽，咈民從欲，是為悖矣。

《象》曰：“雷出地奮，豫。先王以作樂崇德，殷薦之上帝，以配祖考。”

禮極順，樂極和，順則和矣。樂所以導和也。方雷在地中，動於至静而不露，迨出乎地而奮乎天，羣蟄啓户，萬象趋榮，孰不同其和豫？然聖人合震坤以為象，不曰雷出地上，而以奮言深閉久鬱之餘，一旦奮發，造化妙用，軒豁呈露，施生訢合，動植昭蘇，豫莫大於此。先王觀豫之象，發揚和聲，褒崇先德，如韶繼勺酌，以侈祖考，對天之休，盛薦之上帝，如思文，我將推而配之，蓋謂治至於豫，皆祖考盛德之積，非予一人所能致也。人君惟不以和豫自居，則不至於以逸豫自安矣。

“初六，鳴豫，凶。”《象》曰：“初六，鳴豫，志窮凶也。”

臣聞巧言者，誤國之具；佞人者，危世之本。《豫》五陰皆宗九四一陽，四秉大臣之權，初以陰柔小人，密相應與，極其趋和之意，形為邪諂之辭以求容悦，大臣

亦悦其愛己而甘受之。《象》以志窮致凶為言，志不自立，惟用之於獻佞貢諛，其窮可知矣。等而上之，以此求容悦於君，人材阨而不進，則曰野無遺賢；民生困而不省，則曰雨不害稼；積薪将燃，而曰已安已治；朋黨方興，而曰太平無象。其發於聲音，諂曲萬態，而宦官、女子之言，朝夕薰浹於耳者，又相與為表裏，大厦就頹同於一壓，凶孰大焉？

"六二，介於石，不終日，貞吉。"《象》曰："不終日，貞吉，以中正也。"

臣聞天下之理，非與物俱轉者所能察也。人惟主中正，於中然後能介然如石，能介然如石然後能見幾而作。蓋石質堅而體静，静者見善必明，堅者用心必剛，一念不動，萬里洞燭，不俟終日已盡。見未然之幾，區處先定，應酬不差，宜其正固而吉也。蓋二與五為應，不與四為應，衆爻皆宗九四之大臣，二獨居中得正，介特自立以砥柱一世，可謂難矣。然二五君臣，雖為正應而隔於九四，其情不得以相親，故介特之臣但能堅於守，未能卲於用，其先見之遠、先知之明，萬夫之望已深屬之矣。人主能不沉湎於逸縱，不昏蔽於便佞，好賢之心不衰，求善之志不改，則介者終有時而親矣。

"六三，盱豫，悔，遲有悔。"《象》曰："盱豫有悔，位不當也。"

臣謂此人臣患得患失之象。三廹近九四，當國之大臣，欲如初六小人，進為容悦，恐非正應而不我與，眄眄仰視，逐逐營求，是患得也；欲如六二君子，介特自守，又利害禍福交戰於胸中，躊躇未决，趦趄復前，是患失也。以不中正之人處不中正之位，而盱遲皆悔，隕穫充詘，情狀畢露，其悔而不凶者，大臣不與為應，姦無所售，故不至凶。使其姦得售，則欺君賣國，無所不至矣。有國者安用是患得患失之臣為哉。

"九四，由豫，大有得，勿疑朋盍簪。"《象》曰："由豫，大有得，志大行也。"

臣聞九四以一陽為衆陰所宗，材全而氣盛，毅然以天下之重為己任，下傾心而仰之，上虚心而屬之，此天下之豫所由致也。由我致豫，建侯而國勢尊，行師而人心順，其有得大矣。然功業之盛者，必有信己太過之弊；權任之隆者，必有專己自用之咎。大臣當由豫之時，苟驕吝一萌，不能開心與天下之賢以共治，則豫之由致，安保其不為亂之階？得亦安保其不失也？惟洞無有我之私，披胸臆以待賢，忘勢分以下士，疑豫一點不留於中，則聲應氣求之下，如簪聚髪，何材之不集？而致君澤民之志遂得以達於天下，信於萬世，此正周公握髪吐哺時也。蓋疑者，德之莠，事之賊，大臣無疑心之累，則足以合天下之善斷，斷乎知賢之當任，知邪之當去，不以疑貳之心來讒賊而啓甚間，則百志維熙矣。

"六五，貞疾，恒不死。"《象》曰："六五貞疾，乘剛也；恒不死，中未亡也。"

臣聞疾非特六淫之疾，凡足以為吾心之害，吾德之累，吾國之憂，吾民之戚，皆疾也。人君處和豫之極而逸豫生，嗜慾好樂，便嬖側媚之足以蠱方寸者紛至於前，於此能一念内固，外邪客氣不得以乘虛而干正，則德性堅明，元氣充實，既壽其身，又以壽其民，壽其國，則億萬年無疆之休，皆其功也。《象》以乘剛中未亡為言，蓋六五柔中之君，乘乎剛則有格心之大臣，而内志不可摇；秉乎中則有閑邪之定力，而外慾不能入。内外交相養，此所以貞疾而安，恒不死而壽也。夫德慧生乎疢疾，鴆毒藏於宴安。此爻在《豫》之五，當以《無逸》三宗享國之意參之。

"上六，冥豫成，有渝，無咎。"《象》曰："冥豫在上，何可長也。"

臣聞人孰無靈明虛徹之性，有物蔽之，則靈者冥，和豫之極而肆逸豫，此心瞽塞罔有知覺，故冥豫以成。成非一日之積也。方此心清明之初，豈不知觀逸遊田、沈湎耽樂之為患？及為外物所移，則勤者惰，立者弛，操者放，日積月累，性為情鑠而冥頑不靈之豫於是乎成，正以陰柔之資，不能聞義而徙，見善而遷，以至此極也。《易》卦未有窮而不變者，故逸豫既極必渝，渝則亦可以無咎。無咎善補過，前日之不善，庶幾其可揜也。苟既極而不知變，則危亡無日，何長之有哉？然冥豫既成，宜無可變之理，聖人猶許之渝，若其未成而知變，豈特無咎而止，觀此則知唐明皇之亂兆於開元，成於天寶，懵不知變，禍亂四起，可為萬世之戒。

［（宋）洪咨夔《平齋集》卷一　1175—137—1］

隨

隨元亨利貞無咎

（宋）洪咨夔

隨，元亨利貞，無咎。

臣聞，隨者，從也。從之義無不該，人之從乎我，與我之從乎人，皆從也。而隨以我之所從為重。外卦兑，内卦震，震動而兑説，一念動於中，隨所感而説，隨之得所從，則有大亨之理。然動説成體，易於轉移，惟利乎貞，則可以保其終之無咎。況人君宅民物之上，一言而萬里響應，一動而羣黎風偃，致亨之大，有不難者，特懼乎所從不得其正耳。從乎天理，正也，而從人欲；從乎人心，正也，而從己私；賢人君子之從，正也，而從佞人；忠言嘉謨之從，正也，而從讒説；儒生學士之從，正也，而從宦官、女子。從非其正，咎能免乎？穆姜謂有四德，隨而無咎，似識此意。其以"隨，元亨利貞"，同乾德之備，非彖意也。

《彖》曰："隨，剛來而下柔，動而説，隨。大亨正無咎，而天下隨時。隨時之義，大矣哉！"

臣聞《易》以"上下無常，剛柔相易"成卦。乾上九之剛來於坤二陰之下為震，而上卦則兑，動於内而説於外也。蓋隨自否來，方否之時，三陽位於上，三陰位於下，天地不交而萬物不通，何隨之有？隨之為卦，上下接而陰陽交。故其動也，臣言可從則説而從乎臣，民欲可從則説而從乎民，剛下於柔，不惟己之狥也。惟不狥乎己之私，是以否之塞轉而為隨之通，大亨且正，終保其無咎，而與天下相安於時措之宜，羲農黄帝堯舜氏十三卦之制作，與夫子丑寅之建、忠質文之尚，析因夷隩、作訛成易之序，莫非與時而偕行，上無戾乎天運，下無咈乎人心，其義至大而不可窮，皆剛來下柔，轉否為隨之功也。苟徒恃一己之剛而不明下柔之義，勢尊則亢，氣盛則驕，君子之言日踈，小民之情日戾，猶不免於無民無輔，又安保隨之不為否乎？

《象》曰："澤中有雷，隨，君子以嚮晦入宴息。"

臣聞静極而動，動極而静，造化自然之理也。雷動於春夏，今潛伏於澤之中，兑為澤，正秋之時也，雷收聲於正秋，亦維當静之時，隨時而安於静且以養。夫動也，雷不養動於静，無以出地而奮豫；君子不養動於静，無以體天而行健。龍蛇之蟄以存身，豈徒蟄哉？故朝以聽政，晝以訪問，夜以安身，莫非惟時之隨。使不安其身於夜，神過役則易竭，朝聽晝訪，烏能無僊？是以嚮晦必入處於内而宴息。

息，蓋作之機、生之本也。夜氣存於至静之中，湛然其清，淵然其明，渾然與太極同體，嚮晦所養若此，凡旦晝所以泛應酬酢各中乎理而用之不窮者，皆此其出也。彼沈湎於長夜，宴安於衽席，安知瞬息存養之義?

“初九，官有渝，貞吉，出門交有功。”《象》曰:“官有渝，從正吉也，出門交有功，不失也。”

臣聞隨以剛來下柔，成卦重在初九。初，隨之始也，所隨邪正是非，當嚴之於始。夫耳目之官不思而蔽於物，心之官則思。人之一身，耳司聽，目司明，以至口鼻體，莫不各有所司，心則統之。君子治身之道，當先治其心。蓋此心不難於應事物之常，而難於接事物之變。境變於前，感物而動，官失其守，遂與俱移，能於紛至沓來之變，操之常得其正，則吉矣。然必出門而交，乃能有功。出門，即出門同人之義，交於事物、無親暱係吝之私也。一私不立與天下為公，則既吉而且有功，豈非所交不失其正?與彼謂不見可欲，使心不亂，是必死灰槁木而後可，其何以定而應“寂然不動，感而遂通天下之故”?感而通天下之故而寂然不動者，常自若。能如是，則見可欲而心不亂，然後可與論從正不失之義。

“六二，係小子，失丈夫。”《象》曰:“係小子，弗兼與也。”

臣聞理無兩立，心無兩用，人無兩從。隨以得所從為吉，六二以陰從陽，初九陽之微為小子，九五陽之盛為丈夫。小子剽輕而無遠慮，丈夫静重而有深識。吾心所係，苟屬於在下之小子，則必失在上之丈夫，所與豈能兼哉?大抵中人之性，趨下易，趋上難，小子狎而親，便嬖善柔，如以石投水;丈夫敬而踈，直諒多聞，如以水投石。言焉舍忠而從佞，事焉舍是而從非，行焉舍正而從邪，得於此則失於彼，曾不自覺也。六二陰柔牽於多愛，故設此戒以勸擇善，《板》詩刺厲王失道，老夫灌灌然輸其忱欵而不見聽，小子則蹻蹻然得志而驕。所從可不謹乎?

“六三，係丈夫，失小子，隨有求得，利居貞。”《象》曰:“係丈夫，志舍下也。”

臣聞，同是心也，操舍有存亡，善利有舜跖，一念之發所由分也，故人心惟危。六二本居中得正，係乃在於小子;六三本不中不正，係乃在於丈夫。克念罔念之間狂聖易位，此心界限，惡可不嚴哉!吾之所係，既能舍邪而從正，舍非而從是，則無求不獲人之善，皆我之善也，而猶以居貞為利。不正，則雖擇善而從，不能固執，何益哉?然所係得失，當觀之立志之初，趨向高明則上從，趨向卑污則下從。三欲舍卑污而進高明，宜不為小子屈也。君道亦然，志在於下則係孟明而失蹇叔，係商鞅而失甘龍，係林甫而失九齡，係盧杞而失陸贄，天下以之而亂。六二、六三兩爻政相反，玩《易》者可以類推而知所擇矣。

“九四，隨有獲，貞凶，有孚，在道以明，何咎?”《象》曰:“隨有獲，其義凶也;有孚在道，明功也。”

臣聞仁者先難而後獲，初未嘗有獲心，詭遇一朝而獲十，則有心於獲者也。

人臣之患，莫大乎有心於獲。獲心一萌，則高者殉名，卑者逐利。一念外騖，曾莫知返，功與道始判而為二。皋、夔、稷、契、伊、傅、周、召，道行而功自存乎其中；管、晏求功於道之外，而功亦泯矣。九四以陽剛之材居近君之位，動於中而說於外。其心所隨，惟在於獲，急淺功近利之計，昧至正大公之趣，貞固守此，宜其凶也。是必順天命，本人心，以輔治而行其所無事。惟知有道不知有功，一忱所存，終始無間，則功自道出，昭然大明於天下，皆歸於仁義禮樂之中，皞皞乎其不自知，尚何咎之有？夫子之得邦家，立之斯立，道之斯行，綏之斯來，動之斯和，足以盡此。董仲舒謂"仁人正其誼不謀其利，明其道不計其功"，足以知此。

"九五，孚於嘉，吉。"《象》曰："孚於嘉，吉，位正中也。"

臣聞嘉者，善也。九五居中得正之君，在隨之時，以說為體，聲色玩好，一無動乎其中，而惟善之從，言必善言，動必善行，發必善政，用必善士。其推之四海，散之兩間，良心善性之感發，祥風膏雨之露被，何往而非嘉哉？然其要在孚。孚者，出於中心之實而非偽，表裏相應，終始相續，以不二不息之心而從乎善，斷斷乎有諸已之信以極乎充實之美，輝光之大而進乎聖神之域，吉孰大焉？苟惟矯揉於十手十目之地，而放於宫庭之淵邃，勉強於一朝一夕之頃，而怠於歲月之悠久，秉於中者非實意，飾於外者皆偽為，善轉而惡，吉亦轉而凶，一念之孚，不孚其意，蓋不爽也。《象》以位正中為言，蓋有是位不可無是德。九五之位，既正且中，而德之正中，又能會萬善於一己，位斯稱矣。是知居天下之廣居，立天下之正位，必行天下之大道。

"上六，拘係之，乃從維之，王用亨於西山。"《象》曰："拘係之，上窮也。"

臣聞民至愚，而神可以心感，不可以力刦，可以道御，不可以智籠。隨之上六，人心悦從，有所不容釋，此非智力所能及也。太王居邠，廹於狄，不忍以養人者害人而去之，民相與遮前擁後，力攀強挽，惟恐仁人之舍去。既拘係之，又從而維之，與《詩·白駒》之留賢者"縶之維之"同意。民之畱太王者若此，太王終不為之畱，而從者如歸市。有人斯有土，故用之享於西山。周家八百年之建，於是乎肇迹矣。《象》以拘係之為上窮，蓋上處隨之極高而無位，太王為狄所廹失位而去，至於拘係之不可留，遂邑於岐山之下，豈非隨之窮乎？《易》道窮必變，窮上返下，宜有亨之理也。然則人心之所去，秦雖刦之而不能止；人心之所趋，周雖逃之而不能郤。有天下者，可不深求撫后虐讎之義，而思所以固結斯民之心哉？

[(宋)洪咨夔《平齋集》卷二　1175—141—2]

蠱

蠱元亨利涉大川先甲三日後甲三日

（宋）洪咨夔

蠱，元亨，利涉大川，先甲三日，後甲三日。

臣聞大弊極壞之世，天所以開聖人也。《蠱》取壞亂為義，以爻言之，自泰來，以卦言之，繼《豫》《隨》之後，安則玩，玩則媮，媮則垢弊日積養成壞，證與人久宴溺而疾生於心，其為蠱一也。而蠱無終蠱之理，故蠱壞之中有元亨者存。何則？飢易為食，渴易為飲，大獘極壞，易為治方。王道板蕩，綱紀文章一切掃地，英君起而拯之，中興不翅反掌。是知蠱未有不可治，治得其道而大亨，雖江河至險亦利於涉，特患安於蠱，而無興起之志耳。然急於救弊者，未免用意之太鋭；切於望治者，未免求功之太速。險難在前，徑涉不懼，志壯氣盈，視天下事若無足為而易之，易則難者将至，過懲前日之不事事，適滋後日之多事，未保其不然也。夫甲者，十干之首而事之端。既先三日以謀其始，又後三日以圖其終。反覆擬論，備極詳密，使治道日有趋新之功，而無矯枉之慮，前獘可拯，後患可弭矣。夫如是，然後謂之善治蠱。

《彖》曰："蠱，剛上而柔下，巽而止，蠱。蠱，元亨而天下治也。利涉大川，往有事也。先甲三日，後甲三日，終則有始，天行也。"

臣聞户樞不蠹，流水不腐，以其日運而不息也。故蠱壞常生於久安不事事之餘，人君亢然於上，人臣靡然於下，截然其不相接。且下以巽順養腴，無切劘正救之益；上以逸樂養尊，乏振厲奮發之意。於是紀綱隳於姑息，制度弛於因循，道揆法守紊亂於私意之轇轕，天下之治日入於大獘極壞之境，而不自知。在卦，艮之剛居上九，巽之柔居初六，巽順艮止而蠱以成，正君臣相與拱平安坐，以致天下之亂也。然蠱豈終於蠱哉？有能以飭蠱為己任，力量大而規模壯，精神全而風采立，一斡旋間，掃積壞之弊，而興大亨之治，有不難者，利涉大川，必明之以往有事。蓋久安不事事，所以成蠱，往有事所以濟蠱也。况作事貴果，慮事貴精，世之賢君思欲為天下拯獘起壞而納之治，豈非立志之美？然或發強有餘而密察不足，廣大已致而精微未盡，故事隨舉而隨沮，令隨行而隨輟，皆由未得先甲、後甲之義也。夫"先甲三日"以謀始，"後甲三日"以圖終，終而復始，循環無間，精義入神以致用，何蠱之不治？其在天行如貞之復返於元，艮之復出於震，非終之外有所謂始也，故觀天運知人事。

《象》曰："山下有風，蠱，君子以振民育德。"

臣聞《左氏傳》"風落山"為蠱。風落於山下，無物不撓，故蠱以取象。然致蠱者風之動，治蠱者艮之静。蓋艮體重厚而篤實，不為物移，屹乎山之止也。風能撓於一時，使山下之物散亂不齊，少焉風止，草木之高高下下自若，山何嘗加損哉？君子觀象於蠱，以巽振民，以艮育德，育成君德固作興民心之本。而德之育也，必以山之静，與"山下出泉，蒙"同。吾能體中正仁義而主静，挫衆紛而不擾，應萬變而不亂，動與静無非静，外物孰能蠱之？吾心無所蠱，則人心無所蠱，而天下國家之治無所蠱，一静足以制百動也。玩《易》者必因象而求意。

"初六，幹父之蠱，有子，考無咎，厲，終吉。"《象》曰："幹父之蠱，意承考也。"

臣聞蠱自泰來，具乾坤之體，故諸爻幹蠱以父母言。父之行事，一出於正，作室而塗塈茨，為力甚易，不見其子幹治之功。惟前人蠱壞，有待振飭，必其才足以植僵起仆，使百堵皆作於室毁之餘，則幹治之功見矣。有子而考無咎，正以子能補其過也。不然，生不之諍，没不之改，陷父不義，猶為有子乎？然聖人以不改父臣父政為難，初六乃於繼父之始，亟懲其蠱壞，而飭治之，必有甚不獲已者，而於心終不安，故必以惕厲處之。事無輕舉，舉之必當，如此則可以終吉，終不失其順也。《象》所謂意承考，蓋前人之蠱，自我而治，不曰我之能而曰吾父之志欲為而未遂者，今特以我之意逆父之意而行之，幹治非我功也，是不特揜父之過，又將揚父之名，豈不俱有光榮哉？元祐改新法，斥姦臣，皆推之神考之意，正得此意。

"九二，幹母之蠱，不可貞。"《象》曰："幹母之蠱，得中道也。"

臣聞九二上應六五，為子事母，母有不及，不可不正，正救或過，則易至於傷恩，怡聲下氣，柔行巽入，使之浸潤而冰釋，則蠱為可治。或以貞行之，陰柔之性，吝執不回，情有所激，未必不重其蠱也。貞者事之幹，而幹母之蠱不可貞，不貞乃所以為中。蓋闈閫之内，聽其自蠱為不及，急於治蠱為太過，無過無不及，則中道得。二居巽體之中，猶以是為子道，戒事母難於事父也。《詩·凱風》母氏聖善，我無令人，痛自尅責，幾無以自容於天地間，卒能回母心而成其志，可謂得此義矣。推之事君，睽之"遇主於巷"，未免委曲開陳，陰柔故也。若夫事剛明之主，則"王臣蹇蹇，匪躬之故"，惟恐其"不克貞"。

"九三，幹父之蠱，小有悔，無大咎。"《象》曰："幹父之蠱，終無咎也。"

臣聞舜之齋慄，曾子之養志，莫非順乎親也。子以順感，父以慈應，家有蠱壞不治之事，隨宜整飭，次第畢舉而閨門雍肅，氣象自如，乃幹蠱之善也。九三處巽體而過於剛，安得無悔，然其才足以克家，與其嘻嘻失節，置父於有過之地，孰若三諫號泣，納父於無過之域？故所悔小而咎不至於大。《象》以"終無咎"言之，迹若非順，心未嘗不順也。彼排闥引裾折檻軔輪之臣，雖一時若以忤上為咎，而其心欲使國家動無過舉，實存乎愛君，忠顯而咎泯，亦猶是也。然則子以剛幹父之蠱而無咎，恃父之慈；臣以剛幹君之蠱而無咎，恃君之明。

"六四，裕父之蠱，往見吝。"《象》曰："裕父之蠱，往未得也。"

臣聞德可以勉而進，才不可以彊而能。世之賢子以起家為己任，如善奕者以一著救一枰之敗，非有過人之才不能也。六四以柔居艮體之下，寬夷静厚有餘而材不足，方家事之蠱壞，非不思滌蕩振刷而一新之，材不逮心，詎容強揠，故其蠱僅止於裕。裕者，寬緩而不迫也。事勢搶攘，弊端轇轕，人情易於躁紊，而能鎮動以静，制逆以順，撫横厲以柔，逶迤容與，不求快於一時，而磨以歲月，終能使亂繩之自解，而蠱亦徐飭矣。苟不量其材，冒為一決則往必見吝，正以力常奪於過高，變每激於欲速，不可以輕進也。人臣治君之蠱，亦有隨才就功以為裕者。子產相鄭，修辭令以交於晉楚而外難紓，主強直以盟於豐駟而内難解，鄉校議之而不怨，輿人誦之而不怒，鄭賴以寧，非裕於蠱者乎？故孔子美其有君子之道而不稱其材。苟材過於子產而道非君子，則盆成括之死，又孟子所深歎。

"六五，幹父之蠱，用譽。"《象》曰："幹父用譽，承以德也。"

臣聞愛敬者孝之始，顯揚者孝之終。人君出而當遺大投艱之責，仆者興之，紛者理之，壞者修之，彌縫前人之闕，使天下後世不得以議其過，如昭帝繼武帝，與民休息已為難事，而况揚父令譽於無窮者乎？六五柔中之君，得九二剛中之臣為之輔，蠱壞之見於前者，一意幹治，不遺餘力，已往之咎，與時俱化，方來之善，隨日加新，而父之譽用是暴白於天下後世。此無他，承之以德故也。承以材畧則必求度外之功，承以文法則僅救目前之過。惟承之以德，則高明光大之懿緝熙於九重，溥博淵泉之澤滲漉於海内，天下莫不以手加額賀吾君之有子，後世亦莫不稱其為天下得人之仁。父之譽，豈不充塞於天地之間乎？文王當商末蠱壞之世，有志未遂，武王以聖德繼之，而文之聲益廣，此爻應之。

"上九，不事王侯，高尚其事。"《象》曰："不事王侯，志可則也。"

臣聞功名之士輕富貴，道義之士輕功名。世道蠱壞，少有抱負者，孰無趋事赴功之心？而上九乃不屑事王侯，豈其恝然忘天下，不與世同其憂哉？費惠公曰："吾於子思則師之矣，吾於顔般則友之矣，王順長息則事我者也。"繆公亟見於子思，子思不悦，以位，則子君也，我臣也，何敢與君友也？以德，則子事我者也。上九居無位之地，而道足以為王者師。苟其時，上無明天子，下無賢諸侯，詎肯屈道而事之。潛心太極之先，獨立萬物之表，高尚其所行事，外物無一足以動其心志如此。其逺也百世聞風猶將興起，豈不可為世則哉？雖然隱居求志，正所以為行義達道之本。一瓢非所憂則可以繼四代而興禮樂，萬鍾非所慕則可以承三聖而正人心。世之興大事建大業，决非患得患失者之所能為。窮居不損，盛行不加，則致君澤民，恢乎有餘用矣。伊尹三聘而成格天之功，孔明三顧而定興漢之計，道義重故也。是知不以富貴功名先入其心者，乃可與圖天下之事。

［（宋）洪咨夔《平齋集》卷三　1175—145—3］

臨

臨元亨利貞至於八月有凶

(宋)洪咨夔

臨,元亨利貞,至於八月有凶。

臣聞事會沓來乃君子大有為之幾,此《蠱》之所以轉而《臨》也。夫陽大而陰小,有自然相臨之分,方一陽為復,其端甚微,五陰在上,詎能獨勝?故必待朋來而後無咎,至二陽為臨,則有朋矣。陽得朋則羣,陰褫氣而退聽,故復止於亨。《臨》則"元、亨、利、貞",陽寖長而陰寖消也。《臨》據陽長之會,既能變蠱壞而亨通,又能處亨通而正固,以此保大,其又奚虞?而見遠識微者,每不勝其隱憂,是則陰陽無兩盛之理,一長則一消,其機在反掌間。自復而臨以至為泰、為大壯、為夬、為乾,陽極矣。而一陰潛萌於五陽之下為姤,二陰則遯也。由建子而至建未而遯,凡八閱月,二陰之遯與二陽之臨正相反,陽消而陰長,凶可必也。然亂生於治,否生於泰,理所必至,而酣豢宴安者,常忽之。有能燭其幾於人情之所易忽,而轉移機軸於冥冥之中,使履霜不至於堅冰,陽常進而陰常置於空虛不用之地,則大亨以正可常保而吉。其凶矣,觀"至於"之辭,則知吉凶未定之間,儘有可用力之地,特患乎玩安忘危,不知所以用其力。

《彖》曰:"臨,剛浸而長,説而順,剛中而應,大亨以正,天之道也。至於八月有凶,消不久也。"

臣聞一陽而復,二陽而臨,剛浸長也。下卦為兑,上卦為坤,説而順也。九二以剛處中,上與六五相應,剛中而應也。臨有是德,故"大亨以正"也。陰陽消長,皆非一日之積。今陽剛浸長於復返之餘,其來有漸,然懼其乘方進之機,鋭於逐羣陰而失之暴,故繼以説而順,説而無所憤,順而無所拂,心和氣平,動循天理,則剛不至於過,於是臣之剛中足以輔乎君,君之柔中足以濟乎臣,上下交應,同歸一中,宜大亨可致且不失其正也。豈特人事為然?天為剛德,猶不干時。一元運於上,而雲行雨施,保合太和,莫非剛健中正之用,天道亦何嘗過於剛哉?况陽無常勝之功,陰無盡滅之理。消長往來,間不容髮。二陽之臨方長,而二陰之遯已知其必至,陽消蓋不久也。自復至遯,閲月凡八,而謂其消不久,何哉?疾疢萌於強壯之時,人不自覺也。元祐初,司馬光一洗新法之弊,而奉行差役,已有蔡京,消豈待久哉?遯進而否,君子之道盡消,則蔡京之禍天下凶莫甚焉。夫惟上之人常以防微杜漸為心,遏陰柔於未進之始,尚何陽消之慮?

《象》曰:“澤上有地,臨,君子以教思無窮,容保民無疆。”臣聞坤地在上,兑澤居下,地之臨澤最為切近君臨民之象也。地上有水為比,澤上有地為臨,皆以切近取義。而水與澤異,水流而不盈,故比於地而不為臨。澤者,水之豬,含深蓄遠,渟瀯演池,而地之岸際常臨之,此具區雲夢大野所以為澤而不為川浸也。君子觀地與澤相臨之象,而得近民之理,故教思必無窮,容保必無疆。無窮者,意味深長,百世猶有先王之澤,則兑之浸潤也;無疆者,規模恢廣,出日莫非丕冒之地,則坤之包含也。人君以是臨民,無媿君師之責矣。葢君之於民,猶父之於了,其相親也以情,相維也以道,而非可以勢,分拘以勢而臨,則教思必淺,容保必狹,私心町畦,公道磔裂,尚何足以知臨之為大乎?大哉堯之為君,惟天為大,惟堯則之。人君方寸之中與堯同大,而後可以盡臨之義。不然,教思何由而無窮?容保何由而無疆哉?

“初九,咸臨,貞吉。”《象》曰:“咸臨,貞吉,志行正也。”

臣聞澤通於山為咸。咸,感也。凡具陰陽,孰能無感?以貞則吉。貞者,正也。君子小人之辨,在於正不正之間。臨為剛長之位,初九與四為應而比於二,皆臨我者也。吾欲感動所臨,獲乎上以行吾道,必一出於正,曠乎其公,而係吝之私不留,純乎其誠,而矯飾之僞不作,此以正感,彼以正應,精神心術之妙,相與凝固而不散,則君子之道由是進退乎泰亨之盛,所感以正而吉也。然所感之邪正,莫謹乎其初。志者,心所之也。在卦之初,此心趋向,志於正而行,則無往不以正合,進以正,可以正邦也;一涉於邪,則“見金夫,不有躬”,進不以正,特一時之苟合耳。然則,下之感乎上,能察乎正不正而為進退,則不至於失己;上之應乎下,能辨乎正不正而為用舍,則不至於失人。

“九二,咸臨,吉無不利。”《象》曰:“咸臨,吉,無不利,未順命也。”

臣聞《臨》之為卦,以二陽為主,二陽又以九二為重。二承乎五,五臨乎二,實君臣相與感通之會。二剛中,五柔中,俱得其正,宜既吉且無不利也。然自復而臨,陽剛浸長,固吉矣。而長必有消,八月之遯已逆計其必凶,君臣相與,綱維斯世,其將聽陰陽之自為消長,付之無可奈何,而安之若命乎?抑將進陽退陰以制消長之運,而自我立命乎?命賦於天受於人,行廢有定運,死生有定數,非可以人力轉移。然有君子不謂命者,存二陽長而為臨,與二陰長而為遯,固天運之所必至,苟一以命哲、命吉凶委之天而安之,八月有凶,拱手順受,而不思闔闢變通之道,臨終為遯矣。我生不有命在天,此商之所以亡也。惟知賦命在天,制命在我,旋乾轉坤,與世立極。陽宜消矣,挽而回之,使不至於消;陰宜長矣,尼而止之,使不至於長。吾方以天自處,未容一切惟命之順也。夫如是君子常長,小人常消,而咸臨之吉常存,二五君臣各盡其道矣。不然,何以君相不可言命?

“六三,甘臨,無攸利,既憂之,無咎。”《象》曰:“甘臨,位不當也;既憂之,咎不長也。”

臣聞君子之樂，王天下不與存。為人上者不可以位為樂也。夫以天命難諶，民情難保，大業難守，重器難安，夙夜兢惕危懼，猶恐不蔇，而可樂於得位而泰然處之乎？甘者，悦樂之至也。六三居下卦之上，處兑悦之極，而以臨人之位為樂，玩聲色之娱而忘美疢之患，懷宴安之適而遺鴆毒之慮，好樂一形，投合四集，便嬖側媚，相與以巧言令色鼓舞之，施之政事，宜其無往而利也。有能凛然深省，幡然大改，以所樂為所憂，念二陽方進於下，而消不久之凶已兆於呼吸之頃，操危慮深若不能以終日，切切乎予又集於蓼之懼，則前日之咎，今可免矣。蓋三以甘説為臨，其位不中不正，一惟偏私之徇，故《象》示不當之戒。又懼夫人恥過而遂非，開之自新，許以轉甘為憂，雖有咎而不長。有國者宜知所擇矣。

"六四，至臨，無咎。"《象》曰："至臨無咎，位當也。"

臣聞至臨，臨之至也。四居大臣之位，上比於五君，以道合，下應於初賢，以道親。且時當剛長，大臣虚心無我，援天下陽剛之賢，進輔其君，與共成致君之業。以此而臨，豈非至乎？然進賢退不肖，大臣職也。援陽剛之賢與共成致君之業，乃職分之當。然極其至，如周公之握髮吐哺，始可以無咎。有一毫驕吝之色，賢者望望而去之，則咎隨之矣。《象》明臨之能極其至，亦惟處得其位之故。以六居四是為正位，體柔履順，不自矜其能而惟賢，是與德與位稱也。六五之君，柔矣。六四之大臣又柔，而下無陽剛之賢為之應，則治淪於姑息，勢失於委靡。謀國者能辭其咎乎？

"六五，知臨，大君之宜，吉。"《象》曰："大君之宜，行中之謂也。"

臣聞知所以察未見之幾，制有為之會，人君之臨天下，轉移萬化，闔闢萬變，必有知行乎其間，而知以得中為難。蓋是知之用不及則闇，太過則察，無過無不及則中。六五有深沉先物之知，又下與九二之賢為正應，不以一己之聰明為聰明，而以賢者之聰明為聰明，臨無遺知矣。然知不可以過用。世之小知自私者，用知必過。明帝之苛察，德宗之猜忌，何其褊也。故惟大德之君，然後於用知為宜，明有前旒之蔽，見無淵魚之察。知君子之當進，必推翕受之量；知小人之當退，曾微深疾之心。以大用知而知得其中，即舜之大知也。《象》言行中之謂，豈非不過用其知？即舜之用中與中庸，聰明睿知以有臨，必寬裕温柔以有容，正此意。

"上六，敦臨，吉，無咎。"《象》曰："敦臨之吉，志在内也。"

臣聞卦終必變。君臨天下之道，以克終為難，必用心加厚乎其初，則可以保其終。敦者，厚之至也。何所厚？厚於親君子也。親君子、遠小人之心久而愈篤，則以之畏天，天必加畏，以之愛民，民必加愛，無所往不用其厚也。《艮》上九以"敦艮"而吉，臨既吉，又申之以無咎者，為六三設也。上六居《臨》之終而應乎三，三不中不正，上苟私所應與而親之，何以免咎？惟舍三陰邪之小人，而志在二初陽剛之君子，故宜有咎而免也。兑為内卦，君子在内屈己下親，以久而替，寧有加於大亨之鼎，毋或失於二簋之權輿，則賢者肩一心以輔乎上，非箴之《庭燎》，則戒之《無逸》。君臨天下之道，於是乎保克終之吉矣。明皇始厚宋璟、韓休、張九齡，終厚李林甫。憲宗始厚杜黄裳、李絳、裴度，終厚皇甫鎛。此心一移，卒貽不終之禍，可為百世戒。

［（宋）洪咨夔《平齋集》卷四　1175—150—4］

觀

觀盥而不薦有孚顒若

（宋）洪咨夔

觀，盥而不薦，有孚顒若。

臣聞臨觀，反對卦也。臨二陽在下，觀二陽在上，觀如兩觀之觀，儀型揭而羣瞻聳也。觀之聖人，正心修身以觀天下，一誠之外無他尚，猶宗廟之祭交於神明，一誠之外無他物。盥即奉槃沃盥巾以帨手時也。祭，先盥手，然後酌鬯而祼。祼用鬱鬯，猶未免託物以求神。盥，則蠲潔内外與神默接，洋洋乎如在其上，如在其左右，不假物而誠已通，又何俟腥熟之薦而後達其誠哉？為人上者能至誠主一，無假乎外，如盥而不薦，斯民不期孚而自孚矣。孚者，信也，誠之實有諸已者也。人受天地之中以生，誰無是誠？君以誠感，民以誠應，顒然興起，不約而同，與"聖人作而萬物覩"，均此機也。是知人君之化天下不難於孚諸人，而難於孚諸已。

《彖》曰："大觀在上，順而巽，中正以觀天下。觀，盥而不薦，有孚顒若，下觀而化也。觀天之神道，而四時不忒，聖人以神道設教，而天下服矣。"

臣聞一陰為姤，進而為遯、為否、為觀、為剥，莫非小人道長。觀獨不以陰盛為憂者，二陽在上，四陰順聽於下。是上有陽剛之君，儀表一世，陰柔雖衆，方將化而為君子之歸，其為觀甚大也。觀合巽坤為卦，以九居五，順巽而中正也。循理而行，無所拂逆，可以懷天下，未足以觀天下。觀天下必中且正，大明當天，萬物咸仰，一有偏倚，必有照臨不及之地。此聖人所以為天立極也。然必本之以誠。誠者物之終始，不誠無物。此心之誠不存，則順巽中正俱失，其有猶"盥而不薦"，以誠為主。黍稷不如明德之馨，殺牛不如禴祭之福，在誠不在物也。此誠所格，斯民莫不相孚以心，顒然尊仰，隨所觀而化。其觀果何所見哉？誠則形也。其化果孰使之然哉？唯天下至誠為能化也。求諸天道，春、夏、秋、冬運行而不息，皆神之所為。聖人以是道設教，天下不期服而自服，又豈非誠則神乎？觀之聖人，一誠貫通三才之間，始與人為一，終與天為一，極而歸於無聲無臭之妙，非黄帝、堯舜之"神化宜民"，文王之"純亦不已"不足以當之。

《象》曰："風行地上，觀，先王以省方觀民設教。"

臣聞自上示下為觀。天下之物凡可以示人者，皆有形之觀。惟風行乎地上，草木均被披拂，則無形之觀。有形之觀其觀淺，無形之觀其觀深。故先王取象於風之行地，省方觀民而設教。五方之俗各有不同，隨方省察，因民俗而教之，以救其偏，扶其正，使同歸道德之中。舜之同律度量衡，成王之考制度，雖若涉於有形之觀，教行而民從，猶風行而草偃，皞皞乎其不自知，實有無形之觀存。蓋誠存乎中，不動而敬，不言而信，不容以形迹窺也。後世省方之禮廢，人主深居九重之上。民何由觀？教何由設？亦惟心存乎羣生之休戚，庶俗之美惡，四方萬里皆瞭然於户庭之間，而以身為教，自正心誠意以至於修身齊家，無一不盡，自然國治而天下平，與身歷目覩所設教何異哉？

"初六，童觀，小人無咎，君子吝。"《象》曰："初六童觀，小人道也。"

臣聞觀以二陽，位否剥之間，欲化小人為君子，故待小人恕；欲君子益進其為君子，故待君子嚴。九五宅中於上，光明碩大之德，如日月之照臨，有目皆覩。初氣卑質弱而去五遠，乃為童稚之觀。童者，蒙而未發。孩提之童，無不知愛其親，則有可發之幾。彼其陷於小人，豈性也哉？物欲蔽之也。苟如童稚於倥侗顓蒙之初，有以發之，則昏者可廸，塞者可通，氣質變化，安知小人之不為君子，故雖童觀而許其無咎。《象》以"小人道"為言，其質固不可以語上，而申言初六，亦示其上進之路也。為君子而不能以學問開明所見，而甘心與懵然無知識者同歸，則為吝矣。聖人於大觀之初，恕於待小人，所以示皇極大受之法；嚴於待君子，所以示《春秋》責備之法。

"六二，闚觀，利女貞。"《象》曰："闚觀女貞，亦可醜也。"

臣聞聖人之道無窮，人心之見有限。上帝降衷，若有常性，靈明虚徹。初無聖愚賢不肖之間，而氣有清濁，材有利鈍，故所見亦隨之而廣狹，"仁者見之謂之仁，知者見之謂之知，百姓日用而不知"，此其所以區而别之也。闚觀之不能廣大，豈非六二氣質之柔闇與，九五陽剛之君，大觀在上，乃"帝光天之下，至於海隅蒼生，萬邦黎獻，共惟帝臣"之時。初以童稚之見而觀，蒙昧未有識知；二以窺覘之見而觀，有識知矣。又自安於卑陋蹇淺，僅足以知聖人之汙，是惟女子生長於深閨之中，幽閒專静而有守，則闚觀猶未至害。士君子，則害道矣。《象》發明爻辭之所未發，謂闚觀為觀，雖女子之貞亦有可醜。蓋鑽穴相闚，闚見室家，皆為不正之視。女子雖貞而所視不正，心隨境移，恐不能保其貞也。然則欲廣闚觀之見，則何先？《中庸》曰"好學近乎知"，學愈進則見愈廣，聖人之全體大用目擊而道存矣。故惟已百之已千之，雖愚必明，雖柔必強。

"六三，觀我，生進退。"《象》曰："觀我生進退，未失道也。"

臣聞三上承二陽，下接二陰，而居其中。陽為君子，陰為小人。進而從陽則為君子之歸，退而從陰則為小人之趋。一進一退，蓋邪正善惡之關也。三於此"觀我生"。生者，出於吾身者也。其大端則言行是已。觀吾之言，其進而合於君子耶？其未至於君子耶？觀吾之行，其退而陷於小人耶？其遂遠於小人耶？君子、小人之界限，其間不能以寸，反觀吾身之所發，必欲進與上之二陽同其光明，

而不欲退與下之二陰同其柔闇，能如是，三雖處不中不正之位，亦未至於失道也。蓋三之質，易於失道，以能反觀諸身，去小人而從君子，故道為未失也。然未之一辭，猶未深保其不失道。盍亦戰戰栗栗於取舍之决，為舜而不為跖，為堯而不為桀哉？此正《大學》致知工夫之地。

"六四，觀國之光，利用賓於王。"《象》曰："觀國之光，尚賓也。"

臣聞九五剛中之君在上，初與二去九五為遠，故止於童觀、闚觀。三少近，則未失道。四切近，則利用賓。觀愈近，見愈親也。賢者進退有時，行藏有道，如麒麟鳳凰，其出必待休明之世，故觀國之光，然後賓也。國之光明，本君德之光明。人君能明吾之明德，如鑑不受翳，水不受滓，則本然之明常存。篤實之光，充實之輝，皆由此而發。在朝廷，則禮樂彰，法度著；在天下，則道德同，風俗一。其為國之光大矣。賢者觀乎此，而願立於其朝，伊尹起於莘野，吕望歸於東海，豈非湯文之時利用賓乎？《象》以"尚賓"發之，蓋道義重則勢利輕，賢者寧甘心於白駒之谷，考槃之澗，不肯屈身輕售。其出也以時，其進也以禮，其事君也以道，君望其儀型而起敬，故崇尚之以賓禮而不敢臣。取重者在己，重之者在君。如此，則諫行言聽，膏澤下於民矣。苟在己無以取重，君且望而輕之，毋怪乎有言莫之行也。

"九五，觀我生，君子無咎。"《象》曰："觀我生，觀民也。"

臣謂反觀内省之功，儒者所難，而况貴為萬乘，可喜可欲，所以移其心者滿於前乎？九五陽剛而中正，居巽而應順，動無過舉矣。然猶於我生必反而觀之。凡言行出於吾身者為我生。觀吾一言之出皆合於君子之道，則言無過言；一行之出皆合於君子之道，則行無過行。以此示民，可以無咎，有一不合於君子則有咎矣。吾身未能無咎，顧欲使天下皆有士君子之器，表偏而影正，無是理也。《象》又以"觀民"言者，君子之道本諸身，徵諸庶民。觀羣黎百姓徧為爾德，則知言行之出於吾身者為善；觀怙侈滅義服美於人，則知言行之出於吾身者為不善。是觀我生者，必當觀之民也。因觀民之所化而觀吾身，則言行是非不能掩；因觀我之所生而觀吾心，則念慮之邪正不能蔽。由外而返諸内，愈近愈不敢自恕；由内而推諸外，愈遠愈不能自隱。内外交養之道既盡，天下觀而化之，孰不顒然而孚乎？

"上九，觀其生，君子無咎。"《象》曰："觀其生，志未平也。"

臣聞上九與九五爻辭同，惟"我生""其生"異。蓋吾身之所出為我生，九五之君，所以自觀也。上九則觀君身之所出，故為其生。五君位，上處無位之地，而密比之，雖居無位之地，一念未嘗忘乎君，常欲納之於無過。故觀君之言行果君子耶，則喜其能免於咎；觀君之言行未君子耶，則憂其不能免於咎。身在畎畝，心在王室，因所觀而察之，惟恐吾君之出乎身，發乎邇者，有一毫之未當，無以示四海之儀，則其志豈遽平哉？然九五"觀我生"，上九"觀其生"，皆合乎君子之道，而僅止於無咎，何耶？人君之治身無止，法言行，極堯、舜、禹、湯、文武之盛，不過盡其

身之所當為，初非有餘，故君子乃無咎，不然有咎矣。人臣之望君無止，法以禹、湯、文武為未足，又恥其不及堯、舜，故君德至於君子，特喜其無咎，未敢遽以為可安也。此觀之君臣所以各盡其道。

［（宋）洪咨夔《平齋集》卷五　1175—155—5］

噬　嗑

噬嗑亨利用獄

（宋）洪咨夔

噬嗑，亨，利用獄。

臣聞嗑者，合也，噬去頤中之物而合也。頤卦合艮震為體，初上皆剛而中之四爻皆柔，猶人之頤虛其中也。噬嗑初上皆剛，與頤同，而四亦剛，是頤中有物間之，故有待於噬而後合也。凡去間之道皆然。時則勿有間之，是君臣之際以無間而合也。人不間於父母昆弟之言，是骨肉之際以無所間而合也。彼蠻夷猾夏，寇賊姦宄，蓋梗聖人之化為天下之間者，去其間則化行於天下矣。噬嗑亨，間去而合即亨也。其義利於用獄，獄以推見其為間之情而去之，則梗吾化者不至於覆出為惡，病根除而正氣還也。其在人心，則人欲為天理之間，人欲盡去，天理流行，豈非間去而亨乎？此又克己工夫之當盡。

《彖》曰："頤中有物，曰噬嗑，噬嗑而亨，剛柔分動而明，雷電合而章，柔得中而上行，雖不當位，利用獄也。"

臣聞頤者，養也。頤以納飲食致養，而有物梗之故，必待噬而後合，合則亨矣。亨之功在噬。噬者，用力囓去之也。小人為君子之間，不用力以退小人，則君子不進；夷狄為中國之間，不用力以却夷狄，則中國不尊；姦民為良民之間，不用力以治姦民，則良民不安。此皆噬之功所以致亨也。以爻言之，則三陽三陰為剛柔分；以卦言之，則下震上離為動而明；以象言之，則震為雷，離為電，二者參合而成章，雷取其威，電取其明，治獄之道無大於此。然六五為用獄之主，乃以柔中之道行於上，雖以陰居陽，為不當位，而治獄以燭見情僞為先，離體虛中而明，故於用獄為利。夫獄者，民命所係，得其情則哀矜而勿喜，欽恤之仁行焉。苟不以柔治而以剛治，則明過於察，威過於猛，人將無所措手足，失天地大生之德矣。噬嗑義在除間，而歸於柔中。以此知好生者，聖人之本心；用刑者，聖人之不得已。

《象》曰："雷電，噬嗑，先王以明罰勑法。"

臣聞陰陽相薄而為雷，相軋而為電。故震之一陽動於下，離之一陰明於中，噬嗑之象取焉。卦本先電，《彖》《象》乃以雷先於電者，蓋泰卦上坤而下乾，不曰"地天交泰"，而曰"天地交泰"，取其交也，噬嗑上離而下震，不曰"電雷噬嗑"，而曰"雷電噬嗑"，取其合也。電明而雷動，雷行而電隨，明與威合，然後梗化者可去。徒明而不威，則詳於察姦而不能除，其失也懦；健威而不明，則鋭於去惡而不能辨，其失也闇。明行以威，威發以明，天下無難去之間矣。先王觀雷電之象，於是用電之明以明罰，用雷之威以勑法，罰顯而枉直各得其情，法勑而輕重各當其罪，利用獄之道盡矣。舜之去四凶，成王之去三監，孔子之去少正卯，皆此道也。然辟以止辟，刑期無刑，聖人豈徒恃法令為齊民之具？明與威並用，罰一人而千萬人懼，法雖飭而不常用也。雷電之合，隨即開霽，天道亦豈常用其威哉！

"初九，屨校滅趾，無咎。"《象》曰："屨校滅趾，不行也。"

臣聞"噬嗑，利用獄"，初上為受刑之人，人之性本善，情動欲生，遂陷於惡，聖人憫之，故設為刑罰，以懲惡而挽之於善。然善惡觀其所積，欲惡之不積，當於其始而禁之。趾在下為行之始，加校於屨，而趾滅焉。彼雖欲行而不可得，則不進於惡，可以免咎矣。校，足械也。滅，没也。校深大至於没其足也。或謂滅趾為刖刑，刖則施踊，何取乎屨？有履加校，非斷趾明矣。唐虞畫象而民不犯，特赭衣菲屨之類，肉刑未嘗用也。蓋小懲而大誡，故能免麗於刑。小不懲則惡積罪大，聖人豈得而私宥哉？其在人心，一念有不善，貴乎早覺而力遏，不貳過、不遠復之功，皆基於此。覺之不早，遏之不力，則去舜就跖，悔莫追矣。觀《易》者，知治己則知治人。

"六二，噬膚滅鼻，無咎。"《象》曰："噬膚滅鼻，乘剛也。"

臣聞為一卦之間者，九四也。初九與四為正應，是同惡相濟者也。膚柔而易噬，猶初之為惡未稔而易制；鼻高而難滅，猶四之為間甚大而難治。始噬者膚而終至於滅鼻，小懲於初，遂大討於四也。四之間去，則初無與應，小人之黨孤，何能為哉！乘剛言二位乎初之上，乘初之剛以攻四之剛，因瑕而及堅也。蓋二居中得正以用刑，所施不失其序，故下能治初之罪，上能除四之間，輕重有權，尚何過咎之有？《皇矣》一詩，文王侵自阮疆，不過用輕兵以臨之，而阮自服，進至崇墉，則聲罪致伐，必是絶是忽而後已。彼其剛戾梗化之罪雖同，阮為易討，崇為難討，侵阮則膚之噬，伐崇則鼻之滅。聖人初意不汲汲於深治小人，而終有不容不深治者，皆其所自取也。

"六三，噬腊肉，遇毒，小吝，無咎。"《象》曰："遇毒，位不當也。"

臣聞《周禮》腊人掌乾肉，腊物之全乾者也。小人黨盛而勢強，其堅難噬，與全體之腊同。三乘初應上而鄰於四，疾小人挾黨為間，欲盡除之。然人之為惡，情有淺深，罪有輕重，不問渠魁脅從而例殲之，是舉腊肉之全體求快於一噬，故反遇其毒，豈非可吝者乎？而其吝小，終歸於無咎。我之治小人，名正言順，彼雖有反噬之心，無所施也。然其遇毒亦以位不當之故。無瑕者可以戮人，三所處不中不正，而欲施刑，去天下之間，人其肯心服哉？齊威公自侵蔡而伐楚，猶噬難噬之腊肉。屈完如師，辭多勃戾，有遇毒小吝之象。而終於服包茅不貢之罪，則無咎矣。齊之挾天子以令諸侯，位固不當，楚雖强不敢不服，豈非齊之尊王，名正言順乎？

“九四，噬乾胏，得金矢，利艱貞，吉。”《象》曰：“利艱貞吉，未光也。”

臣聞凡物乾為陽，濡為陰，腊胏及肉以乾取義，指陽爻言也。九四在一卦之中，本為間者，以爻言之，則四之位近君，九之材足以堅决而立斷，故資之以除間。初九不畏不仁不恥不義，四與為正應，猶聯骨之胏肉，既乾而堅，至為難噬，一旦噬而去之，見善明而趨義勇，蓋得金矢之象焉。有金之剛而無柔懦，有矢之直而無回遹，義形於色，不茹不吐，宜難噬者之無不噬也。然去間不可有所易，以易視之，樞機不密，未必不反為人所制，不可有所撓，在我不能貞固其守而猶豫遷就，安知無當斷不斷之患。此所以利艱貞吉也。《象》言未光，蓋始與小人密而終力去之，雖得去間之義，亦豈所謂表裏純一，本末坦明，昭昭然揭日月而行者乎？平勃勸吕氏王諸吕，其後卒誅諸吕，在漢為有大功；參之王陵以白馬之盟折其萌，則二臣為未光矣。大臣任去間之責者當觀之此。

“六五，噬乾肉，得黄金，貞厲，無咎。”《象》曰：“貞厲無咎，得當也。”

臣聞人主，天下之利勢；威靈，氣燄之所暨。以去小人之間，則小人消；以去夷狄之間，則夷狄服。權有所歸，則勢有所易也。腊肉全體最難噬，乾胏附骨亦難噬，乾肉雖難噬而較噬腊胏為易。凡三爻之陽皆足以梗化，以六五離明之君，制之如噬乾肉，然何堅之不斷，何間之不除，正以其得黄金之象也。黄取其中，金取其剛，人君有剛中之德，天下之悍戾邪僻無不退聽。尤當正固守此，而以兢惕危厲行之，則惡無覆出，凶無反噬，尚何咎之有？夫有間則有咎。其所以能終免於咎，蓋以得剛中之德以治間，當其宜也。六五本柔中，爻乃取剛中為義，上卦屬離，離一陰居二陽之間，中柔而外剛，仁者之勇也。君德苟仁有餘而剛不足，則無以斷天下之疑，定天下之業。唐之姑息，受制於强藩悍鎮；漢之優游，養釁於宦官外戚。豈不甚可鑒哉？

“上九，何校滅耳，凶。”《象》曰：“何校滅耳，聰不明也。”

臣聞初上兩爻皆受刑之人。初九小懲而大誡，故受刑輕；上九惡積而罪大，故受刑重。何校，械其頸也。械深大至於没耳。耳主聽，有耳而不能聞過徙義，聾聵其心而浸至此極，其所由來者漸矣。夫視曰明，聽曰聰，本二事也，而以不明麗之聰，明於聽德，然後謂之聰也。天下之耳相似，誰無是聰？私心塞之，顛倒是非，而有誤蠅聲而鷄，蟻鬬而牛。外雖有聞，中實蔽壞。故聞人之善言而惡其逆己，聞人之惡言則悦其順己，不明孰大焉。使盜跖桀紂能聽人逆己之言，而不以順己為悦，亦何至天下之惡皆歸，萬世不可湔濯哉？此易象示人遷善改過之門最切處。

[(宋)洪咨夔《平齋集》卷六　1175—161—6]

噬嗑解

(明)楊慎

《易·噬嗑》九四:“噬乾胏,得金矢。”王弼註:“金,剛也。矢,直也。”程子《傳》云:“金取剛,矢取直,以九四陽德也。”朱子《本義》乃引《周禮》古之訟者先入鈞金束矢,而後聽之。黃東發云:“《周禮》出於王莽之世,未必盡皆周公之制。若先取出金而後聽其訟,周興、來俊臣之所不為,況成周之世哉?蓋劉歆逢王莽之惡,為聚財之囮,旋激天下之亂而不果施行,又可以誣聖經乎?”其説卓而正矣。慎按《淮南子》:齊桓公將欲征伐,甲兵不足,乃令輕罪者贖以金刀,訟不勝者出一束箭,百姓皆悦。乃矯箭為矢,鑄金為刃,遂霸天下。歆之附會《周禮》,實本於此。慎又以為此説乃六國陰謀托之齊桓,今觀管仲内政,何等規模,決不為此也。嗚呼!歆既誣聖經以欺一時,而餘禍猶及後世。邪説害人,慘於鴻水猛獸,信哉!

[(明)楊慎《升菴集》卷四十一 1270—282—41]

賁

人文化成論

(唐)呂温

《易》曰:"觀乎人文,以化成天下。"能諷其言,蓋有之矣,未有明其義者也,嘗試論之。夫一二相生,大鈞造物,百化交錯,六氣節宣,或陰闔而陽開,或天經而地紀,有聖作則,實為人文。若乃夫以剛克,妻以柔立,父慈而教,子孝而箴,此室家之文也。君以仁使臣,臣以義事君,予違汝弼,獻可替否,此朝廷之文也。三公論道,六卿分職,九流異趣,百揆同歸,此官司之文也。寬則人慢,糾之以猛,猛則人殘,施之以寬,寬以濟猛,猛以濟寬,此刑政之文也。樂勝則流,遏之以禮,禮勝則離,和之以樂,與時消息,因俗變通,此教化之文也。文者,蓋言錯綜庶績,藻繪人情,如成文焉,以致其理。然則人文化成之義,其在兹乎?而近代諂諛之臣,特以時君不能則象乾坤,祖述堯舜,作化成天下之文,乃以旂裳冕服,翰墨章句為人文也。遂使君人者浩然忘本,沛然自得,盛威儀以求至理,坐吟詠而待太平,流蕩因循,敗而未悟,不其痛歟!必以旂裳冕服為人文,則秦漢魏晉,聲明文物,禮縟五帝,儀繁三王,可曰焕乎其有文章矣,何衰亂之多也?必以章句翰墨為人文,則陳後主、隋煬帝,雍容綺靡,洋溢編簡,可曰文思安安矣,何滅亡之速也?覈之以名義、研之以情實既如彼,校之以今古、質之以成敗又如此。《傳》不云乎:"經緯天地曰文。"《禮》不云乎:"文王以文治。"則文之時義其大矣哉,焉可以名數末流,雕蟲小技,厠雜其間乎?

[(唐)呂温《呂衡州集》卷十　1343—526—36;又見(宋)李昉等編《文苑英華》卷七百四十二　1333—238—742;又見(宋)姚鉉編《唐文粹》卷三十六　1344—526—36]

熙明殿進講敬天圖周易賁卦

(宋)文天祥

《彖》曰:"賁,亨。柔來而文剛,故亨。分剛上而文柔,故小利有攸往,天文也。文明以止,人文也。觀乎天文以察時變,觀乎人文以化成天下。"臣聞賁,文飾也,色相間則成文。故柔來文剛,上文柔,剛柔相間,所以為賁。賁,離下艮上。

離之體，中以一柔間兩剛，是柔來文剛。艮之體，上以一剛乘兩柔，是剛上文柔。使獨剛獨柔，不相為用，則不成文矣。此言賁之卦義也。天之文為二曜五行，象緯交錯，故曰“觀乎天文”，此言天之賁也。人之文為三綱五常，倫理次序，故曰“觀乎人文”，此言人之賁也。以上係《易・彖》大意。臣竊窺先皇帝作圖之旨，以敬天為名，其於賁卦，實摘取“觀乎天文以察時變”一條。臣謹案圖義而為之辭。臣竊惟天一積氣耳。凡日月星辰、風雨霜露，皆氣之流行而發見者。流行發見處有光彩，便謂之文，然有順有逆，有休有咎，其為証不一，莫不以人事為主。時，時世也，彖《易》聖人，不曰天變，而曰時變，蓋常變雖麗於天，而所以常變則係於時。人君一身，所以造化時世者也。故天文順其常，則可以知吾之無失政；一有變焉，咎即在我。是故天文者，人君之一鏡也。觀鏡可以察妍媸，觀天文可以察善否。且如歷家算日食，云某日當食幾分，固是定數，然君德足以消弭變異，則是日陰雲不見。天雖有變，而實制於其時。又如旱魃，災也，才側身修行，則為之銷去；熒惑，妖也，才出一善言，則為之退舍。天道人事，實不相遠。自古人君，凡知畏天者，其國未有不昌。先皇帝深識此理，故凡六經之言天文者，類聚而為之圖，以便觀覽，且恐懼修省焉。聖明知敬嚴父之圖，即敬天在此矣。嗚呼！曷其奈何不敬。此先生兼崇政殿說書日講篇也，講篇非一，如講《詩》之《定之方中》一篇，諷當時修繕事，今亾其辭云道。

［（宋）文天祥《文山集》卷十五　1184—633—15］

剥

消息盈虛

(清)李光地

臣謹案:消息盈虛,亦於時見之,春為陽氣之息,夏為陽氣之盈,秋為陽氣之消,冬為陽氣之虛。息則盈,盈則消,消則虛,虛則又息也。在時序為消息盈虛,以世運言之,則曰治亂盛衰。治猶陽氣之息,君子道長,民物孳生如歲之春,温厚之氣行而草木萌動也。盛猶陽氣之盈,人民衆多,物力豐阜如歲之夏,炎熱光明而品物繁庶也。亂猶陽氣之消,君子道憂,民物殘剥如歲之秋,肅殺之氣行而草木摧傷也。衰猶陽氣之虛,人民蕭條,物力耗匱如歲之冬,寥落慘澹而萬類彫枯也。是故《易》之取象,以天道之消息盈虛做人事之興衰治亂,雖然一歲之消息盈虛,天為之也,天為之者雖有生長收藏而於物無傷,其消與虛也,乃陽氣斂息之常,正所以為發生之機也。一世之盛衰治亂,人為之也,人為之者欲動情勝利害相攻,其亂與衰也,至於逆天理而悖天心,人道或幾乎熄矣,是何也?天心之仁,萬古不變,而人欲之肆,横流無窮。故方其衰亂之極,復開治運,如沍寒之後,再啟陽春,此天心之不變者為之也,由此觀之,治生於天者也。方其盛治之極,變為衰亂,則民物相殘,而與草木之順化凋零者異矣,此人欲之横流者為之也,由此觀之,亂生於人者也。

[(清)李光地《榕村集》卷二十三　1324—851—23]

復

復辨

(宋)蘇舜欽

案《復》卦《彖》曰:"復亨,剛反動而以順行,是以出入無疾,朋來無咎。反復其道,七日來復,天行也。利有攸往,剛長也,復其見天地之心乎。"王弼解云:"復者,反本之謂也。天地以本爲心,凡動息則静,静非對動者也。語息則默,默非對語者也。然則天地雖大,富有萬物,雷動風行,運化萬變,寂然至無,是其本也。故動息地中,乃天地之心見矣。"予討其意而竊惑焉。夫復也者,以一陽始生而得名焉。陽之始生,則有孳育萬物之意,故《彖》曰"復其見天地之心"者,是由陽生而見之也。當羣陰隕剥極盡之際,陰氣張王,漠然無有生生之兆,則天地之心何見焉?及失剛長天行,陽氣下震,初九之爻布而造物之意萌,則天地之心雖微而已顯矣。若謂以本爲心,寂然至無,是其本則變化之功何有焉?《彖》曰"剛反動而順行",又曰"朋來",又曰"天行",又曰"剛長也",安得謂"寂然至無"邪?安得謂"動息"也?《象》曰"雷在地中,復",蓋雷者,陽物也,動物也,今既名下地中,則是有陽動之象也。輔嗣昧舉卦之體,乃以寂然至無爲復,斯失之矣。夫復者,剛陽始萌,陰物衰謝,初包化生之心,潛而未運,唯聖人知其太始而言之耳。蓋神之所爲,至精至變,非聖人孰能見之。然而地雖以生萬物爲心,而萬物莫見其爲心之用,是冥然無有經營之迹也。故《繫辭》云"顯諸仁,藏諸用,鼓萬物而不與聖人同憂",此之謂也。及乎雷奮雨潤,勾達甲坼,其仁則著矣,心則散而莫見矣。是則藴而妙用者之謂心,行而成功者之謂仁。在聖人則爲幾深,及乎通天下之志,成天下之務,則深與幾何有焉?《象》曰"后不省方"者,是先王察見天地造物之心而法象之,不親煩務,而專以沈謀研慮,將以鼓舞天下之民,以行乎事業也。若云"静其動,止其行,至於無事",則失之遠矣。又云"冬至,陰之復;夏至,陽之復",何冬夏陰陽之不辨邪?

[(宋)蘇舜欽《蘇學士集》卷十三　1092—97—13]

復卦贊

(宋)朱熹

萬物職職,其生不窮。孰其尸之,造化為工。陰闔陽開,一静一動。於穆無

疆，全體妙用。奚獨於斯，潛陽壯陰。而曰昭哉，此天地心。蓋翕無餘，斯闢之始。生意蓊然，具此全美。其在於人，曰性之仁。斂藏方寸，包括無垠。有茁其萌，有惻其隱。於以充之，四海其準。曰惟兹今，眇綿之間。是用齋戒，掩耳閉闔。仰止羲圖，稽經協傳。敢贊一辭，以詔無倦。

［（宋）朱熹《晦庵集》卷八十五　1146—8—85］

書伊川先生易傳復卦義贊

（宋）張栻

天地之心，其體則微。於動之端，斯以見之。其端伊何，維以生生。羣物是資，而以日亨。其在於人，純是惻隱。動匪以斯，則非天命。曰義禮智，位雖不同。揆厥所基，脈絡該通。曷其保之？日乾夕惕。斯須不存，生道或息。義則無害，敬立義集。是為復亨，出入無疾。

［（宋）張栻《南軒集》卷三十六　1167—720—36；又見（宋）魏齊賢、葉芬輯《五百家播芳大全文粹》卷一百九　1353—791—109］

績溪縣學舍冬至開講

（宋）汪夢斗

邑庠既毁於寇，年餘未修，近寓於西園。西園，蓋某先世諸老從故侯蘊文定公論文講學之地。今因其屋之舊，而粉飾之，列為齋序，召故學子相與摩習其中，不以干戈未息，久廢詩書禮樂之教也。此令尹大夫之意，博士奉以行之。世變紛紜，士失其職，乃今簪紳朋來，弦誦有地，博士君以書來道多士之意，欲俾某分皐比半席而質正所聞。某草土餘生，不得與於斯文，而或謂講學與仕宦不同，古人遭藉，可以不仕，未嘗可以不學。朱文公遣其長子受之，往金華從學，時吕成公正在郎中公憂中，成公不以此故納之，然則烏乎不可？某自華亭歸，跧伏丘園，無復斯世意，遭時之艱，勉強酬接，亂定苟活，已非故吾矣。承友朋之不鄙其愚也，欲起於倚廬，以先正教子之事為勉。然某終不能釋然，而吾道不可使之晦，諸君之盛意不可辜，輒以《易》之《復》紬繹其説，為講義一篇以納，冀與諸君商確之，以求無負於天地可也。

［（宋）汪夢斗《新學北遊集》卷下　1187—466—下］

復其見天地之心乎

（宋）汪夢斗

天地之心，何心也？天地以生物為心者也。天地以生物為心，當於物正生時可見，何獨於復見之。蓋物正生時，萬彙已盡發育，百嘉已盡蕃茂，天地生生之道發露在外，人皆可見矣，不必言其見也。此正月三陽泰，二月四陽大壯，三月五陽夬，四月六陽乾，皆陽氣用事以生為職之時，《易》不言其見天地之心此也。至五月一陰生，積而至於十月，於卦為坤，六陰極矣，故其冰霜沍寒，風雪凄凍，草木黄落，禽蟲藏蟄，萬彙百嘉之類若盡息滅矣，天地生物之心何由而可見乎？雖然，静極則動，陰陽相乘之機，無一息間斷。古人於十月純陰之時謂之陽月，以其一陽生五陰之下，羣陰漸退，一陽漸長，於是沍寒者可煦，凄凍者可融，黄落者可萌甲，藏蟄者可振動。斯時也，物雖未生，而生之道已勃然不可禦，此之謂復，此之謂見天地之心。夫純陰疑於無陽，至此冬至陽回，如去而歸，如失而得，故謂之復。天地之心不見於顯然之時，而隱然見於殺氣之中，此是生物之幾，如俗所謂掉轉頭是也，雖若不可見而實可見者也。嗚呼！天地生物之心於復可見，天地以陰隲斯文為心，不亦於吾道之復見之乎？諸君徒傷世道之否，宇宙閉塞，賢人遯藏，萬象蕭條，鄙《詩》《書》如故紙，唾禮樂為何物，將謂四教可廢，五常可汩，六經可棄，儒業擯於不用矣，吾道剥蝕，不殊窮冬。吁！天地以陰隲斯文為心，豈欲世之亂至此極乎？嘗考晉末，衣冠陵夷，儒者索然喪氣，吾道剥蝕甚矣。隋王仲淹教授河汾，著書立言，諸儒生受業者不一，吾道亦如冬至之復矣。唐興，貞觀之治，率其高弟子為之。然則當晉之季，吾道剥蝕，真如純陰用事，物生已息，而仲淹得以不死，蓋碩果不食之象，天地陰隲斯文之心亦可見也。諸君毋謂時不尚文，時未及學，遽自以為吾道不振，儒不足貴，甘於自暴自棄也。某竊謂吾道，乃人生日用常行之道，斯民共由之，而不知者，本無晦明，本無絶續。時若晦矣，而晦之中自有明之幾；時若絶矣，而絶之中自有續之幾。若於其幾，見得分曉，便足以見天地之幾。既見得此幾，是天地陰隲斯文之心，便當於其若晦者，明之使愈明，若絶者續之使愈續，以仰副天地生物之心，則吾道將如冬至之復而春矣。某又請論夫所謂吾道之晦而必使之明，吾道之絶而必使之續，又何為而可明，何為而可續也。蓋吾道非他，所謂道，勑天命、紀民彝之謂道耳。其目有五，曰父子有親，曰君臣有義，曰夫婦有别，曰長幼有序，曰朋友有信。是五者，天命之性，民彝之理。所謂勑者，勑此而已；所謂紀者，紀此而已。契為司徒，敬敷五教者此也，今也世事擾擾，聖智未興，孰主張之，孰扶持之，孰綱維之？有不汨其父子之倫者乎？然所謂有親者，終不可汨也，亦猶陰殺之中有陽復之幾，一念才覺，為子盡孝，便足以見

本心復矣。有不汩其君臣之倫者乎？然所謂有義者，終不可汩也，亦猶陰殺之中有陽生之幾，一念才覺，為臣盡忠，便足以見本心復矣。有不汩其夫婦、長幼、朋友之倫者乎？然所謂別序信者終不可汩也，亦猶陰殺之中有陽生之幾，一念夫義婦順、長令幼從、同門合志，便可見本心復矣。天命之性，民彝之理，一日喪失，人類滅矣，非天地生物之心也，至此而復之，乃天地之心也。某於道未悉，猶幸昔從當世賢哲，習聞餘論，佩服家教，此心之最靈最虚者，不敢以世變喪其本真，如護寶珠，如捧拱璧，兢兢業業，得以不墜。今冉冉老矣，所賴以明之續之，實後生者之責。乃今承令尹、博士君使與鄉之父兄子弟處，習其舊聞聖賢於道死而後已之言，復有感於世運之變，故拳拳以勑天命、紀民彝，闡明迓續斯道為諸君告。出治者治此而已，令尹大夫事也；司教者教此而已，博士事也；學者學此而已，某與諸英事也。其務勉以當天地之心！

［（宋）汪夢斗《新學北遊集》卷下　1187—466—下］

反復其道七日來復

（宋）姚孝寧

吾道不至於終泯其勢，若有待於人，吾道可必其不泯，其數則有闗於天。大哉吾道，天寔行焉。君子所以必諸道，蓋亦必諸天耳。夫何昔者之剥道幾泯矣，反而復，豈無待者？觀道之既復，謂之非人不可果人也。君子無反為憂，憂者則有天焉，可期而待七日之周，來復必矣。原吾道之所以復，謂之非天不可。蓋惟世之所存即理之所存，人之所欲即天之所欲，君子之道至是與天並矣。小人直欲勝之，多見其不知量也。“反復其道，七日來復”，吾道所以為大道。不於其係諸人者可知，而於其係諸天者可信；不於其質諸顯者可據，而於其質諸冥者不可欺。如以其人者，君子或不能以勝小人；如以其天者，小人安可以加君子？如以其顯顯者，君子小人常不可究；如以其冥冥者，君子小人之分未甞不一定。嗟夫！莫重於吾道，亦莫難於吾道也。蓋惟名之所存，謗之所歸也；節操之高，忌嫉之趨也。大公可行也，而世之逐逐於私者則不然矣；至正可無愧也，而世之靡靡於邪者則甚多矣。公之為謀直，私之為謀阻，正之為道簡，邪之為道詖。甚矣君子之可樂，亦甚矣小人之可畏也。雖然，吾有天者在耳。天可欺，吾道不可欺；天未可欺也，吾道詎可量哉？有時而屈者，有時而伸也，有時而若不可必者，固有大可必者存也。亦曰盡其在我，俟其在天耳。不然，不能必諸天也，而小人固可幸諸天也。若夫君子，則有所謂自盡者，中流滔滔而砥柱之屹然也，風雨瀟瀟，而雞鳴之不已也。吾道匪石，不可轉也；吾道匪席，不可卷也。其危也，而吾持之；其顛也，而吾扶之。其莫適以為主也,而吾主張之,續其絶,挽其墜,張皇其微,俾無靡以熄,俾無傾以壞,作《易》者曰“反復其道”,天也,有人焉,君子不謂天也。雖然,不謂天,則君子豈與小人角而僅勝之者,且夫變其衰而為今日之将盛,起其廢而為今日之復興,人力不至於此,其必有主宰者。抑思夫昔者姤而遯,遯而否,且至於剥而坤也。夫豈果困吾道至是者?今既復矣,以其數則適七焉而周矣。天胡為乂,與我相期。若是者止於六,而必更於一,不於六者而極,而且将於一而源源可静以計,可確然以信。作《易》者曰“七日來復”,人也,有天焉,君子不謂人也。抑謂所為君子者求為無可愧,而不求為不可加,求為可信而不求為可勝,故不得於勢而有得於理矣,况未必不於勢哉!不得於人而有得於天矣,况未必不得於人哉!故君子本無心於勝小人,而天則常有心於扶君子矣。雖欲不復得哉,吾今而讀復一卦於心,知其幸君子之道,安君子之心,而諄諄焉告君子。以其天也,七日之義,《易》固言之屢矣,曾未若有是之明且切者。且有天行之辭,且有見天地之心之説,天之行,不一日息也,吾道能不七日而復哉!天地之心,不一日泯也,吾道将靡靡於七日以往哉!不知天,無以為君子也。大抵氣存者不足以言天,而天則隱然於不存而存之日。方盛者不足以言天,而天則可信於不盛而盛之始。昔者之剥,今日之復,昭昭乎其為天也。吾聞其時矣,且聞其人矣。商之季也謂之剥,可也,有箕子存,天剥箕子哉!吾知夫天不使箕子諫以死,佯狂為奴者,《洪範》大法,“七日來復”矣。周之末也謂之剥,可也,有夫子出,天豈遂剥夫子哉!吾知天不使夫子畏於匡、害於宋司馬者,“六經”大道,“七日來復”矣。冥冥之表,有昭昭者。彼小人者,其如天何?或者且慮焉。君子有數矣,而小人且曰數也。君子曰七日矣,而小人且曰八月。然此曰而日,幸其速也;彼曰而月,幸其緩也。《易》為君子謀,不為小人謀。君子、小人之消長雖無常,而君子、小人之分千載一日也。孟子固嘗教我矣,曰“君子行法以俟命而已”。

[佚名編《經義模範》 1377—89—0]

俞伯初復庵詩並説

(元)方回

婺源汪口俞君肇伯,初來杭告歸,見示新詩十二首,不學晚唐,可喜;年始三十七,學進未艾,又求所謂復庵説俾為韻語,益知其篤意於學,尤可喜。余丁卯年踰不惑,除學官,遭煩言,始歸而讀《易》,今三十五載矣。試為君誦所聞,可乎?九月,下五陰食上一陽為剥,十一月一陽來反於五陰之下為復,本謂天道而聖人皆以人事明之。“初九,不遠復,無祇悔,元吉。”《象》曰:“不遠之復,以修身也。”

《繫辭》又斷之曰："顔氏之子，其殆庶幾乎。有不善未嘗不知，知之未嘗復行也。"予謂猶人行路，出門當東誤西，數步而返與數十里而返，異矣。贊曰：陽剛一爻上剥下，反居卦之初，其復不遠，凡占得之，有過當知，知而速改，無或緩，而過孰能免，速復為急，無至於悔，斯為元吉。"六二，休復，吉。"《象》曰："休復之吉，以下仁也。"孔子以復之初為顔子之仁，而以二下從乎初之仁，有仁人在下位而上能屈己尚賢，禹拜善言、周公吐握是也。贊曰：初不遠復，是為仁人。二無五應，下比其隣。善復如此，於皇休哉。屏去陰邪，吉祥大來。人有當親，勿嫌其卑。我思仁人，屈己下之。"六三，頻復，厲無咎。"《象》曰："頻復之厲，義無咎也。"伊川以頻為屢，横渠以為顰蹙，漢上以為水涯，朱文公從伊川。贊曰：頻失頻復，至再至三。來之來之，幾何弗殆。震極不中，陰躁而動。斯人之心，乍操乍縱。幸而復也，猶勝於迷。以其終復，亦免顛隮。"六四，中行，獨復。"《象》曰："中行獨復，以從道也。"《易》，千變萬化，每卦二五為中，中孚卦四陽夾二陰，三四為中，復卦上五陰，六四一爻為中。虞翻、鄭玄、漢上並如此説。孔子謂"以從道也"，而不言吉凶，朱文公謂獨與初應，正其義不謀其利，明其道不計其功。伊川謂柔弱終不克濟，恐非。贊曰：陽上五陰，此獨處中。下應初陽，惟道是從。凶耶吉耶？聖胡不言。於道當復，功非所論。從道反善，無凶之理。凡占得之，當復而已。"六五，敦復，無悔。"《象》曰："敦復，無悔，中以自考也。"敦篤厚，坤體也，無助無援，終以自成，可無悔而已。横渠謂當剛興柔危之世，南軒謂柔而遠於陽。贊曰：復莫如初，二比四應。下仁從道，各反其正。五德尊位，處坤之中。篤厚自將，亦成復功。柔遠於剛，僅可無悔。劣於二四，聖以垂戒。"上六，迷復，凶，有災眚，用行師，終有大敗，以其國君，凶，至於十年，不克征。"《象》曰："迷復之凶，反君道也。"予謂迷復反君道，舉其大者言之。人君治國之道無他，復善而已。凡人皆然，朱文公謂此是極不好底爻，十年，五年，三年，七月，八月，三月，想是象數中自有箇數如此。贊曰：君長之道，莫大於復。迷復不知，有如上六。天災人禍，師敗君凶。無一而可，事極途窮。十年弗征，舉數之極。一敗塗地，符堅王邑。三陳九卦又曰"復德之本也""復小而辨於物""復以自知"，此三句"小而辨於物"，尤為精奥。學者於六爻三陳之句及全卦彖辭熟玩復理，臨事應物於此心方動之初、喜怒哀樂欲發未發之際必辨之，貴乎早辨，毋遂非毋貳過，則以亞聖配享大成，至不難矣。知之非艱，行之惟艱，宜相與勉之。

［（元）方回《桐江續集》卷三十　1193—627—30］

復見天心論

（清）萬松齡

嘗思《易》之為書，廣大悉備，而八卦始於乾坤。《乾》之《彖傳》曰："大哉乾元！萬物資始。"《坤》之《彖傳》曰："至哉坤元！萬物資生。"元者何？仁也。仁者何？天心也。乾坤不外於一元，即不外於一仁，乾能"統天"，坤之資生，又不外於乾之資始，是《易》之所包者至周，而《易》之所斂者至密。夫亦以天心統之，而八卦之義備，即六十四卦之義亦無不備，然則復見天心之一言誠善於言《易》者也。試論之：夫復者，陽之始生也。有象之先，陰含陽，故《河圖》之數常用偶，剥之盡而為坤，陽氣已生於下，積之一月而一陽之體始成，故稱復焉。有象之後，陽先陰，故《洛書》之數常用奇，坤變而為震，陽動於下而以順上行，自是而為臨為泰，則天地交而上下通矣。復之為象，外坤而内震，震非乾也，而《彖》曰"復見天地之心"，此其義何居乎？蓋陰極而陽生，剛德方長而有日進之勢，故震之初爻即乾之初爻也，一陽生五陰之下而聖人貴之，以為此天地之心之所在，誠以一者萬物之所從始也。仁也，仁統四德而常存，春貫四時而常在，故亨者，元之暢遂；利者，元之斂藏；貞者，元之堅固。四時不能離春以成四德，不能離元以立也，亦明矣。夫陽有方長之機，陰即有日退之勢，萬物莫不胚胎於此焉，故曰所從始也。邵子有曰："乾遇巽時為月窟，地逢雷處見天根；天根月窟閒來往，三十六宫都是春。"地逢雷，即復之象也。一陽乘令而衆陰退而聽命焉，故不獨陽卦為陽，即陰卦亦無非陽也。舉三十六宫而八卦盡於此矣，則復之初爻為八卦之所從生，亦較然可覩矣。故以象而言之，則謂之根；合理與氣而言之，則謂之心，天根即天心也。且復之為卦，於律也為黄鐘，於月也為冬至。邵子又曰："冬至子之半，天心無改移。"言天而地該乎其中矣。雷方出地，乾乃統天，萬物未生，機則已著。然則復之初爻即謂六十四卦三百八十四爻之始，可也。體仁之君子，惟能明乎"資生""資始"之義，知八卦不外乎乾、知乾不外於初爻，由是而盡仁，由是而盡義與禮智，則天德全而王道備矣。

［（清）張廷玉等編《皇清文潁》卷十　1449—577—10］

大　畜

大畜象曰天在山中大畜君子以多識前言往行以畜其德

(元)戴表元

物之大莫如天,而山能藏之,以此言學,何學不充?以此言德,何德不具?又大畜之卦,内乾外艮,乾者健也,艮者止也。人之學行,於内能健,則無間斷不一之病;於外能止,則無淺躁輕出之悔,皆大畜之義也。《易》卦本不專為一端,而發此象,既取"君子多識前言往行,以畜其德"為辭,於義亦不為小矣。前言者,自聖經賢傳及載於簡書,聞於談論之善者皆是也。往行者,古人立身行事,可聞可法者皆是也。今之君子所以不如古人者,多是自倚其聰明才智,師心而行,據己而發。其天資純美者,或能暗合義理,無大差謬,而思之不周,講之不熟,反致禍患。其他,強敏者強敏而失,矜驕者矜驕而失,苛細者苛細而失,遲重者遲重而失。惟多識前言往行,則念念有龜蓍,事事有軌範。平時或得於考究,或聞於講明,耳濡目染,心領意會。今日積一善,明日積一善,日日積之,以至無所不通,無所不悟。如富人多藏貨物而不妄用,如深山大澤,草木生之,寶藏興焉而不見其運動。一旦臨是非,據利害,剖析無不中節,施行無不合宜,此大畜之所以為美也。按:大畜以艮上九一爻為主,而初九言"有厲,利已",九二言"輿脱輹",九三言"利艱貞",六四言"童牛之牿",六五言"豶豕之牙",皆以止而不行為無災,尤有吉慶,至上九始言"何天之衢,亨",《象》曰:"道大行也。"言畜多而至此,始可行也。人不多畜其學問德行而速於欲行其志者,可不為戒哉?

《周禮·天官·冢宰》以九兩繫邦國之民,一曰牧,以地得民;二曰長,以貴得民;三曰師,以賢得民;四曰儒,以道得民;五曰宗,以族得民;六曰主,以利得民;七曰吏,以治得民;八曰友,以任得民;九曰藪,以富得民。

此章言周公之所以聯綴邦國之民,使之綢繆固結而不散者,有此九事。兩者,耦也,猶言均平備具,不偏枯孤單也。一曰牧,鄭氏以為州長是也。民無土地,則無生業使相養育。九州之長,各有土地以養育其民,豈不上下相得?凡言得民者非謂得而有之也,謂得其心也。二曰長,鄭氏以為諸侯是也。九州内之諸侯,公、侯、伯、子、男,各貴於其國。然苟徒以貴臨之,則威權控制,勢分扞格而不相得矣。古之諸侯蓋以貴養賤,非以賤養貴也。三曰師,師之為言,凡能以善教得民者皆是也,故以賢。四曰儒,儒之為言,凡能以善道得民者,皆是也,故以道。後世言師儒,拘於學問文藝,故失其指。如古之禹、稷、伊、傅之流,朝為田夫,暮為卿相，所吐之言皆為經，所行之事皆為史，至今千百世下，遵之則為聖賢，悖之則為愚不肖，非師儒而何？五曰宗，民無族則離，惟有大宗小宗之法，則有族以相糾合。六曰主，民無主則亂，惟有世世食采之主，則有利以相賑恤。七曰吏，民羣居易争，惟有吏以治之，則不至於無統攝。八曰友，民分耕必力弱，惟有友以信之，則不至於無救助。九曰藪，民各産常産，而不及乎其它，惟有藪以富之，則不至於無儲畜。以上九事，於居民之法、養民之具，纖悉備盡。人以為非周公之書，非周公，誰能為此書哉？吾黨今日學問，且先於師儒二項討論玩味，所謂賢者何説？所謂道者何物？設使居田里，其何以為俗？設使居官府，其何以為政？賢莫先於自治而後可以治物，道莫妙於無為而後可以為事，二者其何以能得民之心，知之必可言，言之必可行，惟毋汎汎然以為方册之空談，幸甚！

《説命》："惟學，遜志務時敏，厥脩乃來。允懷於兹，道積於厥躬。惟教學半，念終始典於學，厥德修罔覺。"

古書言道德，未有如此數語明白詳盡者。天下事物莫不有道，惟我能自修之於心，則德為吾德，而所以能積之修之則在於學。當傅説時，異端諸子之説未興，文辭利禄之誘無有，其所謂學，其所謂道德，可以想像。按：據而知也，《説命》三篇説學，惟説學於古訓，要自是一種格言大訓，載諸學宫簡牘之中，老師宿儒，伏於田野耕樵之流，當時尚可致問，而今茫然遠矣。如傅説其人，即是其類。今試以意求之學，惟虚心可以大受，先若傲然以己見實之，它有增益，由何而入。故貴於遜志，然一於遜志而不及時用力，又失之悠緩。故貴於務時敏，既遜既敏，所修者滔滔而來，而愈信愈懷，不敢怠忘，則積於厥躬。此一節也，學不止於獨善其身，必有以及物而後可以驗學之進，故始於自學而終於教人，體用内外，各得其半，雖已能如此，惟念念主於學，功力無間斷，則所修之德有自然而然而莫知其然者矣。此下一節也，兩"惟"字、三"厥"字、三"學"字，此其立言之精，垂教之切，誠可為學者警枕。又三篇中指實事多，引空言少，期其身必以伊尹，期其君必以堯舜，淵源氣象，上與禹稷皋陶，下與孔孟，初不相遠，漢儒明經家説"若稽古"已三萬言，豈足以知此，而况於後世生於異端諸子文辭利禄之俗、穿鑿剽竊又出漢儒之下者乎？

［（元）戴表元《剡源文集》卷二十六　1194—322—26］

剛健篤實輝光日新其德

（清）高宗

乾剛健而艮篤實，此言各具其用，而相資以成其德也。蓋剛健而無篤實，或

失之躁，篤實而無剛健，或失之固，躁與固則不能日新其德矣。然乾元之體，無所不貫，八卦之德何一非乾德哉？故在大畜言大畜，則曰剛健而濟之以篤實，以日新其德耳。夫日新其德，非所謂自強不息乎？解大畜者，或謂畜之者大，或謂能畜其大，至於不家食則率謂人君大烹養賢，而其臣不食於家。予以為家者，私也；不食於家，去私也。君與臣，胥無私以勑幾協，民有不日新而輝光者乎？若夫九二為剛中之臣，六五為柔中之主，此正剛柔相濟，不失其養，亦日新其德之道也。若必訓二以說其尤，戒五以防其惡，是君臣之間先自猜貳矣。獨占其一爻者，或可曲解，然非大畜全體養賢之義。兹故申而論之。

［《御制文集》三集卷一　1301—571—1］

頤

頤　旨

（宋）鄒浩

《易》者，象也。觀《頤》之象，得所以養者焉。初畫奇陽也，上畫奇亦陽也，其中四畫皆陰偶，則虚而無間矣。惟虚而無間，故上下之陽，升降往來而無窮。然陽一而已，自下而上，其一為上九，自上而下，其一為初九。上九曰："由頤，厲吉，利涉大川。"以見凡在下者，莫不由之以養，故雖在上而危，而吉無不利，利涉大川，即靈龜之所在也。而初九必取靈龜以為象，何哉？蓋龜者，北方之陽物也，屏氣似不息者，其息深深養之至也，未為不靈也，若捨之而觀朶頤，則惟言語飲食之知而已。夫言語之出也，飲食之入也，乃《頤》之所以朶也，既不能如龜之常寂默而不言語也，又不能致其慎，而惟朶頤之觀，則必至於有所耗；既不能如龜之常冲盈而不飲食也，又不能致其節，而惟朶頤之觀，則必至於有所傷。既傷且耗，欲復歸根不亦難乎？其終身不靈也孰禦？《太玄》以《養》準《頤》初一曰"藏心於淵，美厥靈根"，而《測》以"神不在外"釋之，深有得於此也。此聖人所以抱一以為天下式。

［（宋）鄒浩《道鄉集》卷三十一　1121—443—31］

大　過

讀周易"枯楊生稊"辨詁

(清)高宗

《易·大過》之九二曰:"枯楊生稊。"王弼注云"楊之秀也",孔穎達謂"枯槁之楊更生少壯之稊",取象顯而易見。陸德明《經典釋文》從之,考《夏小正》云"正月柳稊,稊也者,發孚也。"戴德自釋其文,確然可信,足與弼注相發明,且微獨王孔之説為然也。唐以前諸儒講《易》者莫不然,即鄭康成書作"荑"而解為"木更生",虞翻詁作"稺"而解為"楊葉未舒",辭雖小異,義實不相遠也。惟朱子《本義》以稊為梯,且訓為根,謂榮於下者。其説本之程傳,而程子則舉劉琨《勸進表》"發繁華於枯荑"為證。夫琨信筆為文,無與《易》理,然亦未明言根義,而荑之訓又為草,琨所謂枯荑,安知非在彼而不在此,其不足據審矣?程朱之意不過以卦體二爻初陰在下,遂以為下生根梯,而於五爻老陰在上,則以為上生華秀。夫以一之比初為老夫得女妻,五之比六為老婦得士夫,可也。若拘上下爻之象,以根梯華秀分上下爻而言,則不可。朱子不又云乎"榮於下則生於上"?既曰"生於上",非秀而何?矧植物之性,其生莫不由根而幹而枝而芽蘖。若舍稊秀而專言梯,且訓為根,則所云"生於上"者,曷所指乎?攷之朱震《河上易傳》曰:"二變而與初二成艮巽。木在土下,根也。枯楊有根,則其稺秀出稊,稺出楊之秀也。"震未嘗不兼言根而引而至於稊,則較程朱之説為賅舉矣。間嘗綜爻象之辭而覆按之,生稊必當以弼注為正,蓋陽雖過而濟以陰,故能成生發之功,譬猶枯楊之生稊,始孚秀而具生生不已之象,猶老夫得女妻之過以相與也,故無不利也。五爻生華,直當作"華絮"解,陸佃《埤雅》云"柳華,一名絮",是其義矣。蓋楊而至於華絮,其生意已過,自此以往,將就衰落,故不可久也。亦猶老婦得士夫之可醜也。則以象辭釋爻辭,其義自合,即以卦體釋爻象,亦無弗合,又何必泥程朱之曲解為梯乎?但"稊"之為字,雖今時所行《大戴禮》亦從木,然詁解無異義,或出刊寫之譌,而張參《五經文字》則列稊於禾部,唐國子學石經本,漢鴻都之遺,最為近古。木旁之梯,則《説文》《廣韻》並訓木階,與發榮義無涉,亦不可以不正。

[《御制文集》二集卷三十三　1301—489—33]

離

離為明明德之學論

(清)李光地

離者,明明德之學也,故曰“大人以繼明照於四方”,繼明即明明德,照於四方則所謂明明德於天下也。然明德者何?《中庸》所謂天命之性是已。天命之性者,明命也。天命孔明,其在於人也亦孔明,然而昏明之不齊者,喜怒哀樂之變,發於情,交於物,而不能皆中節之故也。二爻者,中之發、和之始,於時則春也,於日則晝也,於情則喜也,故曰“黄離”,言以中為明也。渾然元氣,故曰“元吉”。三爻者,和之溢、中之過,於時則夏也,於日則昃也,於情則樂也,故曰“日昃之離”,言明已過中也。樂極悲生,故曰不歌則嗟也。四爻者,中之反、和之變,於時則秋也,於日則暮也,於情則怒也,故曰“突如其來如”,言其昏且暴也;害於物、傷於己,故曰“焚如死如棄如”。五爻者,歸於中、復於和,於時則冬也,於日則夜也,於情則哀也,故曰“出涕沱若,戚嗟若”,言其哀且悔也;哀則思、悔則悟,而本心復明矣,故曰吉。四者循環於人心,故昏明由此生,禍福由此變,治亂由此起,初之敬者,慎於始也,上之出征,克於終也。在人心則戒懼於事先,克治於事後,在國家則兢業於平時,攘撥於既亂,《中庸》言喜怒哀樂致中和之功而以戒懼慎獨為要領者,此也。

[(清)李光地《榕村集》卷十五　1324—738—15]

咸

與友人論咸艮二卦(書)

(明)羅洪先

承示《咸》卦,要其歸於咸脢,與艮背相似。"志末當"云心無私係,此正艮背之義,生何足以辨?此前書有斷來章之戒,又念執事之取善無已,不可無對。夫《易》,變易也,所以盡心之變也。故其為卦不相假借,其為爻不可混淆。蓋心之變無窮,則其辭亦無窮,引而伸之,觸類而長之,雖聖人復出不能盡也。《艮》何以言背也?言乎陽止於上,而内外之不相入,有背之象也,如是恐疑於止而不應矣,故其《彖》曰:"時止則止,時行則行。"非不行不止也。時也,止其所則時矣。又曰内外敵應,非不應也,相與於無相與應而敵矣,是艮背之説也。若夫咸脢,異於是。咸言感也,《象》曰:"以虚受人。"感之正也,貞吉悔亡是也。咸拇、咸腓、咸股、咸輔,逐於動也。咸脢墮於静也,或失則動,或失則静,皆非虚也,失其正焉耳。咸脢何以無悔也?冥然,塊然,何動之有?動斯悔矣。悔生於心,無所用心,悔何從生?何言其志末也?志可以通於天下,而一物自居斯末矣。本之則無如之何。得其本,萬事理,於感也何有?故艮背也者,無我無人敵應也;咸脢也者,是内非外絶應也,二者相去何啻千里,是何也?背可以言止,脢不可以言咸,言各有當,不可易也。即使《易》辭而曰艮其脢,脢猶可以言艮也。如曰咸其背,背非可感之物,猶夫脢也。知脢不可咸之義而後學始不偏,何也?艮其體,感其用,體用不離,非言可判也,艮言止之義矣。然不以内為是而曰不獲其身,不以外為非而曰不見其人,無我無人,夫固可以感也,故其《象》曰"思不出位",言思而止也。舍思而言不出位,非訓矣。咸言虚矣,必曰受人,脢非受人者也。舍受人而言虚,非訓矣,故夫以咸脢為艮背者,離體用而言之也。離用則有不思,而不出位者,存告子之不動心是也。體在用中,用在體中,無為而無不為,周公夜以繼日之思是也。體用之離與否,毫釐之差耳。今之離體用者,必曰吾但為脢而已,無問其為咸與否也。猶之曰吾但不出位而已,無問其有思與否也。夫求咸於脢,不猶索照於反鑑乎,聖人不為也。將曰二氏得之,則佛老之作用别矣。佛近於儒,其為言曰應無所住而生,其心應生所無住,心未嘗兩言之也。近見禪者與之語,深以落静為戒,每語必曰道能應物,子始聞而愧之,彼非主於應物者也,而拳拳以應物言,乃知儒異於禪,未易言也。畧不檃括,遂爾嘵嘵,惟正其得失,幸甚!

[(明)羅洪先《念菴文集》卷三　1275—58—3]

家　人

題家人經傳衍義後

(元)程鉅夫

《家人》之卦辭曰:"父父子子,兄兄弟弟,夫夫婦婦,而家道正,正家而天下定。"齊景公問政於孔子,孔子對曰"君君臣臣,父父子子"。嗚呼!使君君臣臣,父父子子,兄兄弟弟,夫夫婦婦,豈有亂與亡哉?夫惟聖人耐以天下爲一家,故治天下之道備於《家人》一卦。非己備也,所以爲治道之備者始於此也。嗚呼!自天子以至於庶人,皆父父子子,兄兄弟弟,夫夫婦婦,獨非聖人之治乎?予於是深有感於此書矣,有問治天下之道於德亮者,請執衍義以往,抑以風自火出之象,推之風以動化,言火以家宅言,蓋曰化天下必自一家始也,爐鞴之説固善,若曰火自風出乃可,德亮謂爲何如?

[(元)程文海《雪樓集》卷二十四　1202—355—24]

家人卦説示子禎

(明)王直

予之有家誠難矣,而治家尤難。今爾禎任之故,舉《易》卦《家人》之義,略為爾誦焉。《家人》之卦巽上離下,為風自火出,蓋風化形於外,必自内始。彖曰:"利女貞。"欲先正乎内也。其《象》則曰:"君子以言有物而行有恒。"言慎行脩正,家之本立矣。卦之六位,有父子兄弟夫婦之象,而自初至五,陰陽各當其位,上雖陰位而陽居之,然陽宜在上,不可謂不當也。六位皆當,是父子兄弟夫婦之位定,父子兄弟夫婦之位定而家道正矣。治家不可以不嚴,故以陽爻為治家之主,六二柔中而居正位,為主饋之婦,六四巽順而在高位,為主家之母,九五雖陽剛,然王者之事,其餘三爻足以為法矣。初九曰"閑有家,悔亡",蓋治家之初當立法,以防閑之不失尊卑之序,不亂男女之别,則其悔乃亡。九三曰"家人嗃嗃,悔厲,吉,婦子嘻嘻,終吝",三居内卦之上,為治内之主,過剛不中,其治家過嚴,雖或有悔,然家道肅而人心畏,猶為一家之吉,若婦子嘻戲無節,必至於敗家而可羞矣。上九曰"有孚威如,終吉",蓋家道既成,而欲保之於久遠,必有恩信,然後能相孚,必有威嚴,然後不相瀆。相孚則心親,不相瀆則分明,如是則終獲其吉矣。然不嚴治

其身而獨加嚴於人，未有能服人者，故《小象》曰："威如之吉，反身之謂也。"觀於此，治家之道得矣。禎宜恪盡其心哉！然始不能防閑，而中加嚴切無益也，加嚴切矣，而恩信不足以結其心，且不自治其身，則亦安能獲夫保家之吉哉？禎必兼盡其道可也。抑豈獨禎，諸子將更治其事，當互講予言而交致其勉，庶幾有克家之譽，而爾子孫亦將有賴焉。

[（明）王直《抑菴文集》卷十一　1241—257—11]

損

書晦菴先生所書損益大象

(宋)黄榦

《損》《益》之義大矣。聖人獨有取於"懲忿窒欲""遷善改過",何哉?正心修身者,學問之大端而齊家治國平天下之本也。古之學者無一念不在身心之中,後之學者無一念不在身心之外,此賢愚所由分而聖人之所為深戒也。晦菴先生二象以授學徒江君孚先,所警於後學者至矣。孚先以示其同學黄榦,三復敬玩,刻之臨川縣學以勉同志,庶亦知所以自警哉!嘉定己巳莫春望日敬書。

[(宋)黄榦《勉齋集》卷二十二 1168—237—22]

信州州學講義

(宋)陳文蔚

《大易·損》之《象》曰:"山下有澤,損,君子以懲忿窒慾。"《益》之《象》曰:"風雷益,君子以見善則遷,有過則改。"山下有澤,深下以增高,《損》之象也。君子觀象而反之於身,懲忿窒欲而已。風以雷而勢愈烈,雷以風而聲益震,交相益焉,《益》之象也。君子觀象,用之以進德,遷善改過而已。人之一身可損者多矣,而止曰"懲忿窒欲",何哉?蓋為身之累者,不過忿慾二端,不能懲忿窒慾不足以為君子。懲忿如救火,然方其勢之將熾,有以懲之,則忿然之氣平,平心定志,觀理之是非而不逞其怒,懲忿之方也。窒慾如防水,然方其慾之將萌,有以窒之,則私心邪念自然退,聽防微杜漸而謹之於獨,窒慾之要也。益於人者若不止於遷善改過,今止曰"見善則遷,有過則改",何哉?蓋世人以利於身者為益,君子以脩身為事,則為益者孰大於遷善改過?善不遷則無以盡天下之善,過不改則招損者多矣,固無望其益也。聖人於二卦深致其意,學者可不深體之哉!

[(宋)陳文蔚《克齋集》卷八 1171—59—8]

井

穴　井

(明)楊慎

《易·井》卦朱子解云:“井者,穴地出水之處。”不曰鑿井而曰穴地,何也?案:《中山經》云:“帝囷山有井焉,名天井。”《孫子兵法》云:“地陷曰天井。”穴地出水蓋此類耳。穴地之井天所為也,鑿地之井人所為也。先天上古穴井,後天中古鑿井也。

[(明)楊慎《升菴集》卷四十一　1270—287—41]

革

陰火革澤

（明）楊慎

《易》"澤中有火，革"，此亦實象也。或云孔子未嘗浮海渡江，何以知陰火潛然耶？曰：聖人之知豈待目見足踐乎？楚王之萍，防風之骼，肅慎之矢，罔象之形，豈必見而後知也？

［（明）楊慎《升菴集》卷四十一　1270—283—41］

鼎

聖人亨以享上帝

(宋)姚孝寧

聖人以物寓其誠,不能以誠盡於物。誠而可盡,淺之為誠矣。誠如聖人,天與徒也。時乎享也,豈於其文?人以為簡,我以為富。物常不足,誠常有餘。抑聖人之享乎上帝也久矣。今人之享,寓意焉耳。託是以盡聖人,烏可乎?聖人亨以享上帝,虚文之縟,寔禮之衰也。備物之假,中心之斁也。専乎其外,歉乎其内也。嗚呼!天可尊也,不可褻也,天可感也,不可欺也。故有以多為貴者,我以少為貴也;有以大為貴者,我以小為貴也。東鄰之殺不如西鄰之禴祭也。何哉?惟其誠而已矣。雖然有聖人之誠,則簡且陋也。聖人亦嘗曰我有餘矣,而固略乎其外者。蓋以在物有限而吾誠無窮,物其可盡而誠滋無算也。吾而為物之豐也,吾誠則愈豐於物之外矣。吾而求加物也,吾誠則愈非物所能加矣。特牲之郊,謂民力之普存也。粢盛之進,謂三時則不害也。明水之薦,謂上下皆有嘉德而民無違心也。無曰高高在上,能無鑒觀於兹,予明德是享,謂至誠是享,誠至治之,馨香是享,如此而簡,其簡也豐,如此而不足,其不足也有餘,人知吾享,焉在今日,豈知享上帝者,其來非一日矣。嗚呼!鼎之為卦,法象焉也,形氣焉也,有亨飪之義,有以木巽火之象,於以亨,於以享。大哉鼎矣。雖然,無有明德以薦馨香,神其能無吐之。聖人之意,亦曰在德不在鼎也。九五之居中以為實,其誠富矣。《觀》之不薦,《豫》之作樂,《萃》之王假有廟,九五實以之故。夫以九五之誠行九五之享,何簡且不足之有?自夫誠之不足,始文而已。春秋以往,吾不欲觀。矯舉以祭,而自謂何則不信,祝史薦滔,而自謂豐於鬼神。甚矣,其欺矣!吾誰欺,欺天乎?

[佚名編《經義模範》 1377—94—0]

艮

艮為不動心之學論

（清）李光地

艮者，不動心之學也，然不動者，非枯槁其心而已，寂然不動而有以酬酢萬變，故曰"時止則止，時行則行"也。始也，外不制則無以養其中，此"艮其趾"所以"無咎"也。既也，天君不定則制外亦徒然，此"艮其腓"所以"未快"也。孟子曰"是氣也，而反動其心"，是制之於外之説乎？又曰"不得於心，勿求於氣，可"，是"先立乎其大者"之説乎？雖然知求之於心矣，而又枯槁其心，如告子之斷言語、絶心行而謂其心不動之速，是猶人之柴槁辟戾者，不能俯仰屈伸而以為居者也。名曰定之而使明，而實遏之而使薫，其於苗也，名曰助之而使長，而實揠之而使枯，是雖不動而何足貴乎？必也如六四之"艮其身"，然後視聽言動必復於禮，孟子所謂"養氣"者也，所謂"配義與道"者也。必也如六五之"艮其輔"，然後理遂氣和，其言乃雍，孟子所謂"知言"者也，所謂"發政行事"者也。至於此，然後可言敦艮之道。蓋積累以厚之，涵養以熟，所存者仁義之心而非虛，所握者動静之機而非固，其與曲學之言止者，異矣。苟不能厚終而要其成，則又所謂"五穀不熟，不如荑稗"者也。

［（清）李光地《榕村集》卷十五　1324—739—15］

漸

六二鴻漸於磐飲食衎衎吉

(明)崔銑

伏羲畫艮下巽上之卦,名之曰《漸》,漸者,進也,不遽也。鴻之為物,其飛也有序,其進也有漸,故以象君子之進焉。磐,石之安平者,水旁石墩也。鴻離水涯,止於石旁之墩,猶士之受知於上而得位也。漸於磐而未至於逵,猶得位而未崇也。二以柔中,上得六五之應,其進之安平莫加焉。飲食衎衎者,止而不急於進也,自養以俟時也。居易俟命,斯為君子,其吉也孰大於是?蓋士之進也,德未信於上,名未加於衆,經國之務未練,四海之情未能周知,若或急於位,躁於言,棘於為卑而慕高,不守其業,小而任重,不量其力,鮮不敗矣。然既有位,豈無攸為,舉其職而已矣。懋其德以為大受之地,廣其才以為遠施之資,定其情以理棼,宏其量以茹物,堅其信以格人,故曰不素飽也。夫随分而止,人之大美,治自此成。非分而求,人之大惡,亂自此作。使在朝之士止知慕榮躭利,貪進竊上,必求滿意,則何事不為。推其極,賣國背君,可也。何也?從欲如流,不濫不止,可不戒哉!可不懼哉!

[(明)崔銑《洹詞》卷四《雍集》 1267—462—4]

旅

説旅卦示穆

(明)王直

予子穆来侍既一年,而其兄稽秬皆當来北京,獨積留治家事,因命穆歸為積助。方治任,適有感於予,中而歎旅行之難也,乃本《易》卦作旅説以戒之。《旅》之為卦,内艮止而外離明,止則安於義禮之正,明則察於事物之微。安於正而不為内欲所遷,察於物而不為外物所陷,是以能亨且吉也。《旅》之道貴柔而忌剛,然初六以柔而居下,卑污猥瑣而災咎及之,此柔過之弊也。九三居艮之上,上九處離之上,皆過剛而自高。羈旅而過剛自高則誰能與之,故至焚灼而喪敗,此剛過之弊也。九四用柔而能下,六五柔順而得中,皆善矣。然處不當位,故四雖得資斧而不快於心,五雖有譽命而不免亡失,皆未盡其善。盡旅之善者其惟六二乎?六二柔順而中正,柔順則不失於剛强,而人無不從,中正則不徇於偏私,而事無不當,故能安其居、保其財,童僕亦貞信以事之,此旅最吉者也。穆其可不知所務哉?勿違乎天理而暗於事幾,過柔取辱,過剛取禍,與處非其正皆不可。柔順中正以避凶趨吉,此予所望於穆也。然柔順而不中正則柔順将失之過,而委靡不立,亦不可也。必全盡是道,斯善矣。穆也,其尚留意於此哉!夫出門庭、去閭巷以達於鄉黨州閭,皆為旅,不必適千萬里之遠而後然也。究而論之,人之有生亦寄寓而已。蓋無往而非旅,則無往而不用,是道能盡其道,則無往而不獲吉,奚可有遠近始終之異哉?穆服膺予言,而終善且吉焉,則予之志得矣。

[(明)王直《抑菴文集》後集卷三十四　1242—304—34]

巽

巽　説

(宋)釋契嵩

《易》曰“巽以行權”,何謂也？曰:君子乘大順而舉其事者也。時不順,雖堯舜未始為也。重巽,順之至也。陽得位而中正當位也,剛正以用巽,用之當也,故君子為之也。乘其順、履其中、效其用,其道莫不行也,其物莫不與也。然則時之順必大權,然後帥其正也;權之作必大人,然後理其變也。權也者,適變之謂也。夫大人其變也公,小人其變也私。權也者,治亂安危之所系也。故權也,不可以假人也。孔子曰:“可與學,未可與適道;可與適道,未可與立;可與立,未可與權。”蓋慎之至也。至順者,大有為之時也。位中正者,君之位也。剛正則用巽,天下之大權也。唯天子居其位行其權,以順其時也。用巽則以制其物也,用巽不可以示其民而使知之也。制莫之制,則亂也。慎密則民不知其所以而姦不生也。故《文言》曰:“同聲相應,同氣相求。水流濕,火就燥。雲從龍,風從虎。聖人作而萬物睹,本乎天者親上,本乎地者親下,則各從其類也。”九二曰:“巽在床下。”蓋言卑而失其正也,不可以用巽也,用巽則物不與而且亂也。上九曰“巽在床下,喪其資斧”,其貞凶,蓋言過其時則用斷不可。是失其權也。九五曰:“先庚三日,後庚三日。”蓋言慎其出號令也。故號令不可輕發而屢改也。是故用巽不宜在九二也。上九用巽,固不可也(“用”或作“則”。或無“固”字),九五其用巽者也,宜專乎號令者也。

[(宋)釋契嵩《鐔津集》卷六　1091—459—6]

巽　説

(明)胡直

夫聖人之學備於《易》,而巽之説為盡之。巽者,一陰伏於二陽,其象為風,其德為順,是故聖人委於天地萬物順應而不窮者,巽之謂也。然巽上為旅,下為兑,不能通於旅與兑之義,而巽之説不可見矣。夫旅,逆旅也,非吾恒能有也;兑説也,無弗説諸心也。世之人莫不以其身為萬萬不可壞毁,自穹壤之大以至毛髮之細,咸謂可執而有之,是故視其身之膠於物,若居不可出之狴,而困不可解之梏,當其時，視世之為旅人於江湖間逍遥者，其霄淵相絕也，如此則觸其目，攖其手足，罔非逆胸迫腸之地，而望其委順於天地萬物者，必不可幾矣。不能委順於天地萬物而令求一瞬之説於心，亦不可幾矣。以吾試觀於古今，人何莫不然，是故聖人旅其身，旅其天地萬物，旅其身則不有我，旅其天地萬物則不有天地萬物，我與天地萬物皆不相有，而後隨萬物之低昂而委順以應之。夫委順則無事矣，故聖人繫曰"巽稱而隱"，隱也者言無事也。又曰"巽以行權"，權即所以稱也。學至於能權，則以我宰乎天地萬物，而我無天地萬物之累；以天地萬物宰於我，而天地萬物無我之累。我無天地萬物之累，故我適天地萬物，無我之累，故天地萬物適我。與天地萬物不相有而相適，則其悦諸心也，豈獨加於南面王樂已乎？然非始諸旅則靡所入，非終於兑則不知其所歸，得其所入所歸，則巽之説見而《易》之義盡，斯聖人之學為不詭矣。永新劉某與余同學於念菴羅先生，因出其先君巽屏册示予，蓋先生所撰，諸薦紳作者咸在，固以其簡末屬予。夫予不能知君之行事，然而知先生之學聖學也，君能勑其子游先生之門，則其人可知，而以取諸其號之義，吾亦可得而言，乃於是作巽説貽某。

[（明）胡直《衡廬精舍藏稿》卷十五　1287—407—15]

兑

麗澤兑君子以朋友講習

(元)王義山

《兑》之義何取乎？謹按《周易》"麗澤兑，君子以朋友講習"，伊川釋之曰："麗澤，二水相附麗也。兩澤相麗，交相浸潤，互有滋益之象。故君子觀其象而以朋友講習，互相益也。"古今二水相附麗而有真益者，莫盛於洙泗，不特三千之徒蒙其澤，百千萬世而下且蒙其澤也。雖然，此師友講習也。大江以西二水相附麗為郡有二：臨水與汝水相附麗於撫，撫則有南湖書院；章水與貢水相附麗於贛，贛則有濂溪書院。吾洪既建東湖書院矣，又建宗濂書堂。曰湖曰濂皆水也。前乎此時二書院離而不合，今宗濂附東湖，相附麗也。嘗讀而有感焉，詩人長育人材，多以水言。水哉，水哉，何取於水也？《菁莪》之詩曰："菁菁者莪，樂育材也。"君子能長育人材，則天下喜樂之矣。其二章曰："菁菁者莪，在彼中沚。"釋者曰："沚，水也；菁菁，盛貌；莪，蘿蒿也。君子長育人材，如沚之長莪，菁菁然也。"《泮水》之詩曰："泮水，頌僖公能修泮宫也。"其首章曰："思樂泮水，薄采其芹。"釋者曰："泮水，泮宫之水也；芹，水草也。樂僖公修泮宫之水而往觀之，采其芹也。"二詩言長育人材，皆取於水。水哉，水哉，何取於水也？然二詩止為長育人材，設有長育，而無講習，人材雖盛不盛也。學校莫盛於三代，士之來遊亦莫盛於三代。三代之時有不談王道者，樵夫笑之焉。有三代之士而無講習之素哉，想夫菁莪之長養，泮水之涵泳，何往而非講習也？然"講習"二字不可滚作一處看，講是講明，習是習熟，故士君子之學於《易》，當講明其潔凈精微者；於《書》，當講明其疏通知遠者；於《詩》，當講明其温柔敦厚者；於《禮》，當講明其恭儉莊敬者；於《樂》，當講明其廣博易良者；於《春秋》，當講明其屬辭比事者。而又習射以尚功，習鄉以尚齒，習其所謂屈伸俯仰綴兆舒徐者，習其所謂升降上下周旋裼襲者。立如齋，立時習；坐如尸，坐時習。而又以《論語》之時習者習。吾之學以坎之常習者習，吾之教有講而無習，可乎？徒習而無講，可乎？信乎人不可以無朋友也。雖然，士君子之學詎止此哉？士君子之學，其積也有源，其發也無涯。自泉之始達，以至於彌滿六合，自源泉混混，以至於溥博如天，淵泉如淵，講習力也。今吾於諸友遊於湖溪之上，遐想子在川上之時，涵泳乎逝者如斯不舍晝夜底意思，所樂寧有既乎？然則樂何在？濂溪愛蓮者也。蓮之盛莫盛於東湖。濂溪《愛蓮説》作於宰南昌之日，是愛東湖之蓮也。宗濂今與東湖相附麗，東湖之蓮又與宗濂共矣。噫！露之朝,風之夕,庸詎知濂溪翁不時為蓮一来耶?嗚呼噫嘻!蓮花之君子兮,光風霽月之與俱繼,自今願與溪翁共之。濯清漣而不妖兮,吾何可以不如蓮之潔兮;出於淤泥而不染兮,吾何可以不如蓮之節兮;亭亭浄植,不蔓不枝兮,吾何可以不如蓮之可遠觀而不可褻兮。牡丹之愛兮,衆人之所趨;菊之愛兮,如淵明者已希;蓮之愛兮,千古一人。吾濂溪矧湖濂之士兮,相與講於斯而習於斯,使不能自潔以辱吾蓮兮,得無愧於此水,胡不曰"彼澤之有菡萏兮,伊若人兮,有美濂何人哉兮,希之則是?"

[(元)王義山《稼村類藁》卷十九　1193—122—19]

九二孚兑吉悔亡

(明)崔銑

陽中實為孚,比柔為悔。一陰見於二陽之上,此卦之所以為兑也。夫陽者陰所求,近者情相取,以陰居三,失位不正,牽引諂媚,乃其素情,而九二比而承之。然剛中之德,其孚内充,雖近小人,自守不失,以志則安常,以行則履道,以交則由禮,以合則制義,莊而裕,可事而不可説,貞而達,可從而不可同。彼六三者,感德服義之不暇,又焉凂之,又焉能用其奸以罔之,斯其吉而悔亡也。夫處人之道不外於處已,正人之道全在於正心,用術者久而窮,以詐者立可敗,尚奇者易折,求勝者必屈,故待匪人之道孚而止矣。孚者中有其實,夫何以為實,盡性而已矣。故誠者盡己之性,斯能盡人之性,又能盡物之性,尚何六三之不化與?

[(明)崔銑《洹詞》卷四《雍集》　1267—463—4]

節

節　象

(元)劉因

《渙》先陰而後陽也，自一陰一陽而二陰二陽也，故為渙焉。渙，散也。《節》，先陽而後陰也，自二陽二陰而一陽一陰也，故為節焉。節，止也。以卦之象而言之，澤所以限水，水遇澤而止，皆節之義也。以卦之德而言之，方說而遇險，險而以說行之，又皆節之義也。夫事物之有限而止者，節也。而節亦一事物也，獨無所謂有限而止之乎？知節而不知節其節焉，於彼雖為節，於節則為不節也，此則節而至於苦者也。在物皆有自然之節也，若因其節而節焉，猶支之有節，分之有叚，亦風行於水，自然披離之為渙而已。若節而至於苦，則非自然之節矣，凡卦之所謂亨與貞者，其亨與貞皆同，而所以為亨與貞則異。渙即亨也，亨在事先，節有亨之道而已，亨在事後。然《易》無無貞而亨者，猶物之無無陰之陽也，亨在事先者，其卦以亨為主，而守之以貞；亨在事後者，其卦以貞為主，庶幾其有亨也。在《渙》，其辭有聚渙之象焉；在《節》，其辭有苦節之戒焉。《渙》，非必渙也；《節》，非必節也。未節，則思所以節焉；已節，則思戒其所以苦節者焉。動久而以靜節之，靜久而以動節之，皆所以為節也。知此，則知其所謂亨與貞者，亦隨所遇而變也。夫人遇節，當以彖辭占，故為言其義例之大略焉。

［(元)劉因《靜修集》卷七《遺文一》　1198—539—7］

節　度

(明)楊慎

《易》曰"節以制度"，又曰"制數度"，《孝經》曰"制節謹度"，符謂之節，尺謂之度。節取其有限，度取其不差。節有三節，山國用虎節，土國用人節，澤國用龍節。度有五度，寸尺丈尋引也。《易·序卦》云"節而信之，故受之以中孚"，此節字指符節也。蓋非節不相信，非信不相孚也。唐官名節度使，義取此。

［(明)楊慎《升菴集》卷四十一　1270—287—41］

中　孚

答廖子晦

（宋）朱熹

唐臣問："《中孚》傳曰：'中虛為中孚之象，中實亦為孚義。'又曰：'中虛，信之本；中實，信之質。'又曰：'中虛為誠之象，中實為孚之象。'夫有本則有質，有誠則有孚。蓋即質生於本，而孚出於誠也。似有終始，似有先後。然不可得指而名之，以為終始先後也。故分而言之則曰中實，合而言之則曰中虛。分謂二體，兑與巽也；合謂全體，中孚是也。二體以剛而得上下之中，雖曰實矣，及其成體，則二柔在中，而又生於虛焉。蓋中虛未嘗無實，而中實未嘗不虛也。以虛為實之體，而實為虛之用。雖曰體曰用，又不可岐而為二也。大抵虛根於實，實出於虛。及其虛也，實之理未嘗不在焉；於其實也，虛之義未嘗不存焉。但不可執其虛而忘其實，忘其實則無質也、無信也。又不可泥其實而失其虛，失其虛則無本也、不誠也。是猶陰根於陽，陽根於陰，静無而動有，道並行而不相悖者也。今夫天地之間，一元之氣，杳冥無迹，豈非虛耶？萬物生成，各具形器，豈非實耶？然物雖成形，豈能離於一元之氣？豈能捨於物而自用哉？在今學者體天地之化盡形色之，則中不可不虛，亦不可不實。存養在我，則中心廣大纖毫不留，不失於信之本，不忘於誠之象，豈非虛耶？應接於外，則必矜細行，克勤小物，不失於信之質，不忘於孚之象，豈非實耶？此亦伊川先生所謂'由乎中以應乎外，制於外所以養其中'之義也。如是則體用一源，内外交養，豈不美哉？某讀《易傳》而有此疑義，萬望詳教。"德明答云："《中孚》之義微奥，豈德明所能識？嘗試考諸卦體，二五皆陽而中實者，中心純實而有信之義也。内外皆實而中虛者，中心虛明而能信之義也。就所主而言，則中實為信之質；就所感而言，則中虛為信之本。又以澤風二象言之，則水以虛而受風之入，下以虛而受上之感，皆所以為信也。其體、其實、其虛，一歸於信，此《易》之所以變易而無不各極其道，而《中孚》之義著矣。來説謂'虛中未嘗無實，實中未嘗無虛'固善，又謂'虛根於實，實根於虛'，又以一元之氣為虛，萬物生成為實，其言竊恐有病。《精義》云：'冲漠無朕，而萬象森然已具。'其曰'萬象已具'則雖冲漠無朕之際，已不為虛矣。況於一元之氣所既有者，得為虛乎？此幾於老氏有生於無之論，見闢於《正蒙》之書者也。又以'存養於中，應接於外'為兩截，恐失程子'由乎中以應乎外'之本意，不審高明以為如何？"

唐臣問："吕與叔嘗言思慮多，不能驅除。"曰："此正如破屋中禦寇，東面人來

未逐得，西面又一人至矣。左右前後，驅逐不暇。蓋四面空疎，盜固易入，無緣作得主定。又如虛器入水，水自然入。若以一器實之以水，置之水中，水何能入來？蓋中有主則實，實則外患不能入，自然無事。學者先務，固在心志，然有謂欲屏去聞見知思，則是絶聖棄智。有欲屏去思慮，患其紛亂，則須坐禪入定。如明鑑在此，萬物畢照，是鑑之常，難為使之不照。人心不能不交感萬物，難為使之不思慮。若欲免此，唯是心有主。如何為主？敬而已矣。有主則虛，虛謂邪不能入；無主則實，實為物來奪之。大凡人心不可二用，用於一事，則它事更不能入者，事為之主也。事為之主，尚無思慮紛擾之患，若主於敬，又焉有此患乎？所謂敬者，主一之謂敬；所謂一者，無適之謂一。且欲涵泳主一之意，不一則二三矣。至於不敢欺、不敢慢，尚不愧於屋漏，皆是敬之事也。"此二條一以實為主，一以虛為主，而皆收入《近思録》。唐臣以愚意度之，虛以敬言，實以事言。以敬為之主則虛，虛則邪不能入；以事為之主則實，實則外患不能入。故程先生於"有主則實"下云"自然無事"，於"無主則實"下云"實謂物來奪之"。詳此二條之意，各有所在，不可併作一意看，未知是否？德明答云有主則實、有主則虛，虛實二説雖不同，然意自相通，皆謂以敬為主也。敬則其心操存而不亂，虛静而能照。操存不亂，外患自不能入；虛静而能照，外物自不能干，無有二事。程子曰："主一之謂敬。"又曰："敬則自虛静。"又曰："敬勝百邪。"意亦可見。只緣吕氏患思慮多，程子謂其中心無主所致，如虛器入水、破室致寇，故言有主則實，實則外患不能入。後來學者又欲盡屏見聞知思，程子以為人心不能無感，如鑑不能不照，但涵養清明，則自無紛擾，不待屏除也，故言"有主則虛，虛謂邪不能入"，各有攸當，皆是以敬為主。若岐而為二，恐非程子本意。又前言"有主則實"，則是心有主也。後言"無主則實"，則是物來奪之，中心昏塞也，辭雖同而意則異。所言虛者亦然。

李君二説亦佳，但太支蔓作病耳。"有本則有質，有誠則有孚，蓋質生於本，而孚出於誠"，此四句自好。"似有始終"以下則贅矣。分合則是論卦體，非為不可以先後指名而言也。"虛中未甞無實"以下，亦是衍説，與此義初不相干。所云"實出於虛"，此尤無理。至謂"執虛忘實，泥實失虛"，皆極有害。大抵如今一念之間，中無私主，便謂之虛；事皆不妄，便謂之實，不是兩件事也。其説又以存養於中為虛，應接於外為實，亦誤矣。子晦之言大抵近之，但語有未親切處耳。後段虛實之説亦類。此子晦之説甚善，但敬則内欲不萌，外誘不入。自其内欲不萌而言則曰虛，自其外誘不入而言故曰實，只是一時事，不可作兩截看也。

［(宋)朱熹《晦庵集》卷四十五　1144—338—45］

中孚象

（元）劉因

《本義》於《中孚·象》則曰“能致豚魚之應”，《小過·象》則曰“能致飛鳥遺音之應”，於《小過》之初六“飛鳥以兇”，則引郭璞《洞林》“或致羽蟲之孽者”以釋之。予謂於其兇以孽言，則所謂吉之應者，疑其為致禎祥也。然嘗有問朱子豚魚之應謂眞致豚魚者，而朱子亦不敢遽以為然，抑不知其所謂應者，又將何所謂也？或曰：《頤》《中孚》皆有離之象也，離則有水蟲之象焉。故在《頤》則為靈龜，在《中孚》則為豚魚。是特取其象焉爾，非必謂其眞有所致也。是皆不可得而知矣。獨“信及豚魚”之言昭然甚明，其吉將不在夫豚魚而在夫此者，則不得而知也。孫仲誠筮遇《中孚》不變，求余説以告。

［（元）劉因《静脩集》續集卷三　1198—682—3］

講義十二首——鳴鶴在陰

（明）崔銑

“鳴鶴在陰，其子和之，我有好爵，我與爾靡之。”陽實陰虛，故《易》以九為孚。此卦二五皆以陽居中，孚之積於内而不炫者，故為《中孚》之主。夫鶴，陽鳥也，其舉高，其聲遠，聞今乃鳴於陰，陰者山之下，澤之中，乃幽暗之所，言其誠之至也。實用力而德成於内，誠之謂也。鶴鳴子和，言誠之動物也。好爵謂天爵。孟子所謂仁義忠信，誠之目也。我爵爾靡，言同德而相應也，且誠者何？人之本心也。本心何以謂之誠？赤子之心，天理純全，何嘗有僞？迨其年進情開，智日增則樸日散，技日多則淳日漓，且人心之用，言行而已。發而直出者，為本心，為誠；發而支出者，為昧心，為不誠。其初本欲如是而言也，慮其忤物而諂生，欲其投人好而遷就生，欲其傾聽而巧生，此果是本心否？不是本心，便是不誠。其初本欲如是而行也，欲其高人而矯生，欲其異人而奇生，欲其説人而随生，此果是本心否？不是本心，便是不誠。自是推之，言之為躁、為隱、為游、為屈、為支、為放，行之為懦、為厲、為躐、為怠、為速，皆非本心也，皆不可謂之誠。其萌也甚微，其著也甚大，其轉於意也甚易，其成於用也甚難。言而人莫不聞，行而人莫不見，非大乎言之失也。駟之莫追，行之失也，如肌膚之不可改，非難乎？夫巧者工於以言釣人之情者也，及其見人之巧，則亦誚之；諂者工於以媚取人之喜者也，及其見人之媚，則亦鄙之。此足以見本心之終不可昧，而誠之終不可揜矣。故《易》曰“鳴鶴在陰”，言慎獨之學也。獨者，心也；慎者，得其本心而已矣。所謂實用力而德成於内，故尊之曰好爵焉。夫本心之人，雖不能無過，亦謂之善；昧心之人，雖嘗為善，亦謂之惡，何也？本心之人，日履實地，如覆種於田，日生日茂，一旦力足，過皆改為善；昧心之人，日修飾行，如施采於壁，日陳日剥，一旦力怠，善皆變為惡。况原其存心，本非為己，又安能一？又安能久？學者體鳴陰之象，則知君子誠之為貴。

［(明)崔銑《洹詞》卷四《雍集》 1267—463—4］

小　過

飛鳥遺音

(明)楊慎

《易・小過》卦"飛鳥遺之音,不宜上,宜下",此鳥亦"斥鷃之槍榆數尺,鷦鷯之巢林一枝"耳,非九成來儀而音中於律,九皐一鳴而聲聞於天也。唐子西詩:"二南廢後魯叟筆,七國横議鄒軻談。"何妨於宜上乎?

[(明)楊慎《升菴集》卷四十一　1270—284—41]

未濟

讀周易

(明)黄仲昭

千載之下,欲求聖人之言於千古之上,此可以理求而不可以辭泥也。夫載籍之中,闕文誤字者多矣,求諸理則可以通其所不通,泥其辭而於所不通者欲强通之,亦何以得其義之所在耶?《易·未濟》之六三曰:"未濟,征凶,利涉大川。"程子傳之云:"三以陰柔不中正之才而居險,不足以濟,征所以凶也。然未濟有可濟之道,險終有出險之理,上有陽剛之應,若能涉險而徃從之,則濟矣。故利涉大川也。"其言固不為無理。吾竊意其終費辭説也,朱子疑其有闕文,當為不利涉大川,可謂深得周公之意矣。葢周公之意謂三居險之極而陰柔失位,才不足以濟險,故征則凶而不利涉大川也。若曰"未濟,征凶,利涉大川",則文義有相背者矣。或曰:他書火於秦,故多闕誤。《易》以卜筮得免,而亦言有闕誤何也?曰:《繫辭》論乾坤為《易》之門,朱子於章内固言其有闕文疑字矣,然則以《易》為未經秦火而無闕誤者,不亦固哉?

[(明)黄仲昭《未軒文集》卷一　1254—372—1]

繫 辭

繫辭傳解二章

(宋)黄榦

"天尊地卑,乾坤定矣。"

儼然而尊,隤然而卑,健順之德於此乎定。

"卑高以陳,貴賤位矣。"

高陳而上,卑陳而下,貴賤之分於此乎位。

"動静有常,剛柔斷矣。"

動者常動,静者常静,剛柔之質斷然不易。

"方以類聚,物以羣分,吉凶生矣。"

方物合一,何吉何凶,類聚羣分,迭爲勝負,吉凶之應,由是生焉。

"在天成象,在地成形,變化見矣。"

象形未成,何變何化,已成之後,迭爲消長,變化之機,由是見焉。此以上言有天地、乾坤、貴賤、剛柔、吉凶、變化之理,昭然可見。然必有乾坤而後貴賤、剛柔、吉凶之體始具,有貴賤、剛柔、吉凶,而後變化之用始行,始於乾坤,終於變化,此生生所以不窮,天地所以常久而不已也。

"是故剛柔相摩,八卦相盪,鼓之以雷霆,潤之以風雨,日月運行,一寒一暑,乾道成男,坤道成女。"

以剛摩柔,剛化而柔變,以柔摩剛,柔化而剛變,八卦相推盪,亦然,後者化而前者變,後者長而前者消,雷霆、風雨、日月、寒暑一變一化,而人物生焉。得乾健之性者爲男,得坤順之性者爲女。此承上文乾坤變化成物之功也。

"乾知大始,坤作成物,乾以易知,坤以簡能。"

知,猶主掌也。作,爲也。萬物受氣於天,成形於地,乾始而坤成之也。乾健,故易而知大始;坤順,故簡而作成物。此承上文生之之功而言,其本於乾坤之簡易。

"易則易知,簡則易從。易知則有親,易從則有功。有親則可久,有功則可大。"

易則理明,故易知,簡則事直,故易從。理易知則可信,故有親;事易從則可成,故有功。行之而信,故可久;爲之而成,故可大。此承上文易簡成物而言,其功效如此。

“可久則賢人之德，可大則賢人之業。”

德以理言，業以事言，賢人體乾坤之易簡，故德業可久可大。

“易簡而天下之理得矣，天下之理得而成位乎其中矣。”

不思而得，易也；不勉而中，簡也。天下之理得，萬物皆備於我也。萬物皆備於我，則與天地合其德矣，聖人之事也。此言乾坤之易簡，既成生物之功而在人，得之則爲聖爲賢，亦此理也。

右第一章《繫辭》之作以明《易》也，《易》之爲道不過於推明乾坤、貴賤、剛柔、吉凶、變化之理，人物之所以生，聖賢之所以立，然其道已具於天地，而其論葢本於乾坤，一健一順，而萬化萬事由是生焉。聖人作《易》葢本乎此。通乎此，則道體之妙、聖經之奥，可以默識矣。

“聖人設卦觀象，繫辭焉而明吉凶，剛柔相推而生變化。”

設卦，謂伏羲造八卦，重之爲六十四也。觀象，謂觀萬物萬事之象，取其卦之所似，故謂之象。繫辭，謂三聖所述卦爻之辭，繫乎卦爻之下，故謂之繫辭。剛柔相推，謂以卦爻相推盪。此指卜筮而言，謂遇老陽則以柔推剛，變陽而化陰；遇老陰則以剛推柔，變陰而化陽。此言《易》之爲言或見之卦爻之辭，或施之卜筮之用，皆聖人設卦觀象而爲之也。卦爻有似乎人事之得失，故繫之以辭而明其吉凶；卦爻有似乎陰陽之消長，故以剛柔相推而生變化也。

“是故吉凶者，得失之象也；悔吝者，憂虞之象也。”

卦爻有人事得失之象，故其辭爲吉爲凶；卦爻有人事憂虞之象，故其事爲悔爲吝，此言觀象繫辭而明吉凶也。

“剛柔者，晝夜之象也；變化者，進退之象也；六爻之動，三極之道也。”

卦爻有陰陽晝夜之象，故卦畫有剛有柔；卦爻有陰陽進退之象，故剛柔相推而一變一化。化者進而變者退也，卦有六爻，動者變也，亦以相推而爲言也。上兩爻屬天，中兩爻屬人，下兩爻屬地，以其有天地人之象，故分而爲六爻，道猶言義也。此言觀象而以剛柔相推生變化也。

“是故君子所居而安者，《易》之序也；所樂而玩者，爻之辭也。是故君子居則觀其象而玩其辭，動則觀其變而玩其占，是以‘自天祐之，吉無不利’。”

所居謂身所處，安謂無所疑，序謂卦爻有進退行藏之序，所樂謂心所好，玩謂不能忘，辭謂卦爻有象占之辭，居謂退處，象謂卦爻之似，辭謂卦爻之辭，動謂出而有爲，變謂卜筮得老陰、老陽而變，占謂或吉或凶。所居所樂以身，對心而言；居動以行，對藏而言。此言聖人作《易》，無非取諸天地萬物人事之象，既皆自然之理。故君子學《易》，身之所處，心之所樂，一行一藏，無往而不法乎《易》，亦皆順乎自然之理。是以天祐之而無不利。天即理也，順理則吉無不利矣。

[（宋）黄榦《勉齋集》卷三　1168—33—3]

日月運行一寒一暑

（明）楊慎

日在牽牛則寒，東井則暑。牽牛水宿，遠人故寒。東井火宿，近人故温也。（《星經》説。）

［（明）楊慎《升菴集》卷四十一　1270—286—41］

悔吝者憂虞之象也

（明）楊慎

或曰“虞，度也”，非也。憂則悔矣，何以吝乎？古字“虞”與“娛”同。孟子曰：“霸者之民歡，虞如也。”《戰國策》顔斶云：“晚食以當肉，安步以當車，無事以當貴，清净貞固以自虞。”注：“虞”“娛”同。《毛詩》小序“以禮自虞”，《漢書·郊祀歌》“神嘉虞又合好，効驩虞太乙”，《魏相傳》“君安虞而民和睦”。

［（明）楊慎《升菴集》卷四十一　1270—286—41］

吉凶悔吝無咎

（清）李光地

臣謹案：人事之有吉凶悔吝，亦如四時之循環也。吉屬春，吝屬夏，凶屬秋，悔屬冬。吉者，祥和之氣，故屬春。然吉之後必有肆意徇情之事而可羞吝者，亦如春後之有夏，陽盛既極，微陰萌生也。凶者，慘殺之氣，故屬秋。然凶之後必有愧恨感悟之心而圖改悔者，亦如秋後之有冬，陰道既窮，一陽來復也。恥過作非可以招禍，故吝必致凶，亦如夏後之有秋，陰氣漸盛，必至摧傷也。改過遷善可以求福，故悔必致吉，亦如冬後之有春，陽氣漸長，馴致休和也。吉者必有所得，凶者必有所失，悔者必有所憂，吝者必有所虞（虞者，安也，樂也），吉凶其已著者也，故曰“言乎其失得”。悔自凶而趨吉，吝自吉而向凶，其未形者也，故曰“言乎其小疵”。四者之外又有所謂無咎焉，則如四時之有中氣也，又如五行之有土也，人無日不在吉凶悔吝之中，亦無日不欲避凶而趨吉者，然避凶之心勝，必至於害而苟免，趨吉之心勝，必至於利而幸邀，惟君子之心則不然，曰吾求無咎而已。求無咎者，修其可吉之道而無心於獲吉，至於既吉，而其惴惴於無咎之心常在也，去其取凶之道而亦無意於避凶，不幸而凶，而其怛怛於無咎之心常安也，是故“震無咎者

肝。寓目能見,舍肝能夢,故魂能知來,魄能藏往。

[(明)楊慎《升菴集》卷四十一　1270—281—41]

易與天地準章

(清)李光地

或問"《易》與天地準"以下言聖人窮理盡性至命之事,無與於《易》,何也?曰章首以《易》字冠之,則是三節者,皆言《易》也。首節自"《易》與天地準"至"情狀",是言《易》之作,盡天下之理也。準者,則也,效也,所謂天地變化,聖人效之是也。蓋仰而觀象於天,俯而觀法於地,則知陽明陰暗,陽施陰納,幽明之故可通而《易》中之晝夜有自來矣。遠取諸物,而原其所以始,反其所以終,則知陽變陰化、死生之說可悟,而《易》中之進退有自倣矣。近取諸身,精氣聚而為體質之區,魂魄交而生思慮之變,則知陰静陽動、陽伸陰屈而鬼神之情狀可測。凡《易》中之成變化而行鬼神者,莫不自此通矣。自"與天地相似"至"能愛",是言《易》之既作,體天地之性而與之相似也。陰陽、剛柔、仁義,是三極之道、性之藴也。天道光明而下濟,故《易》之一陰一陽周徧無方,而其實理皆濟乎事物者,天也。地道順天而有常,故《易》之一陰一陽旁通不滯,而其定理皆截然方正者,地也。天以理為主而涵氣數之變,故《易》中三極之道有以樂天理矣,而復可以知氣數之命,此其道所以不憂而與高明者遊也。地在氣之中而含生物之性,故《易》中三極之道有以處氣數矣,而復有以厚所性之德,此其道所以能愛而與博厚者體也。自"範圍天地"至"無體",是言《易》之既作,至天地之命而範圍其化育之功也。萬物者,化之迹也。《易》之理,陰陽迭用,能曲成之,而不遺晝夜者,化之機也。《易》之理,陰陽互根,能貫通之,而周知所以然者,化者變易而已。天地有存主之神,合一不測,故其推行之化通復不窮,《易》之神合一不測,如天地之無方,則其《易》通復不窮,亦如天地之無體也。大抵此二節是申第二章變化進退之義,故第一節以進退晝夜言也,第二節以陰陽剛柔仁義三極之道言也,第三節又合陰陽剛柔仁義進退晝夜而統言之也。

[(清)李光地《榕村集》卷二十三　1324—853—23]

易說三首

(宋)蘇轍

"一陰一陽之謂道,繼之者善也,成之者性也。"何謂道,何謂性,請以子思之言明之。子思曰:"喜怒哀樂之未發謂之中。發而皆中節謂之和。中也者,天下之大本也;和也者,天下之達道也。致中和,天地位焉,萬物育焉。"中者,性之異名也;性者,道之所寓也。道無所不在,其在人為性。性之未接物也,寂然不得其眹,可以喜,可以怒,可以哀,可以樂,特未有以發耳。及其與物接,而後喜怒哀樂更出而迭用,出而不失節者,皆善也。所謂一陰一陽者,猶曰一喜一怒云爾,言陰陽喜怒皆自是出也,散而為天地,斂而為人。言其散而為天地,則曰"天地位焉,萬物育焉";言其斂而為人,則曰"成之者性",其實一也。得之於心,近自四支百骸,遠至天地萬物,皆吾有也。一陰一陽,自其遠者言之耳。

"大衍之數五十,其用四十有九。"此何數也?曰:一氣判而為天地,分而為五行。《易》曰:"天一地二,天三地四,天五地六,天七地八,天九地十。"此十者天地五行自然之數,雖聖人不能加損也。及文王重《易》,將以揲蓍,則取其數以為蓍數,曰大衍之數五十。大衍云者,大衍五行之數,而取其五十云爾,用於揲蓍則可,而非天地五行之全數也。故繼之曰:"天數五,地數五。五位相得而各有合。天數二十有五,地數三十。凡天地之數五十有五。此所以成變化而行鬼神也。"明此天地五行之全數,古之聖人知之。所以配天地,參陰陽,其用有不可得而知者,非蓍數之所及也。及子瞻論《易》,乃以蓍數之故而損天地五行之全數以合之。為之說曰大衍之數五十者,五不特數,以為在六七八九之中也。言十則一二三四在其中,言六七八九則五在其中矣。一二三四在十中,然而特見者何也?水火木金特見於四時,而土不特見。故土無定位,無成名,無專氣。夫五行迭用於四時,其不特見者均也。謂土不特見,此野人之說也。今謂五行之數止於五十,是天五為虛語,天數不得二十有五,天地之數不得五十有五而可乎?且土之生數,既不得特見,而其成數又以水火木金當之,是土卒無生成數也。使土無生成數,則天地之數四十而已,尚何五十之有?且天地五行之數,人之所不與也。今也欲取則取,欲去則去,是以意命五行也。蓋天以一生水,地以二生火,天以三生木,地以四生金,天以五生土。五行既生矣,而未及成,地安於下,天運於上,則五位相得,而各有合。地以五合一而水成,天以五合二而火成,地以五合三而木成,天以五合四而金成,地以五合五而土成。天之所生,不得地五則不成;地之所生,不得天五亦不成。此陰陽之至情,而古今之定論,非臆說也。且土之在天地,四行之所賴以成,而土之賴於四行者少,其實可視而知,不可誣也。今將求合蓍數而黜土,其為說疏矣。

"夫乾,天下之至健也,德行常易以知險;夫坤,天下之至順也,德行常簡以知阻。"乾之健,坤之順,皆其材之自然也。譬如鳥之能飛,魚之能游,非有使之者也。乾以其健濟天下之險,坤以其順濟天下之阻,皆有餘矣。然而或亦不濟,如鳥之能飛而困於弋,魚之能游而斃於網,健順之不可恃者,亦若是矣。且天下之

險阻，果安在乎？物固有强弱，有遠近，有高下，有好惡，有向背，有取舍，此争之端而險阻之所出也。方其不争，乘之以至健，和之以至順，無不濟也。遇其方争，健能勝之，順能説之，尚可也；不能勝，不能説，而險阻作矣。然則何為而可？《易》曰："夫乾，確然示人易矣；夫坤，隤然示人簡矣。"健而無心者，其德易，其形確然；順而無心者，其德簡，其形隤然。易簡積於中，而確然隤然者著於外，吾信之，物安之，雖險阻在前而無不知，知之至則涣然冰釋，無能為矣。此則易簡之功，而非健順之所及也。《易》曰："易簡而天下之理得矣。天下之理得，而成位乎其中矣。"物得其理，則吾何為哉？亦位於其中而已矣。

[（宋）蘇轍《欒城集》第三集卷八　1112—830—8；又略見（明）茅坤《唐宋八大家文鈔》卷一百六十四　1384—927—164]

仁者見之謂之仁知者見之謂之知百姓日用而不知故君子之道鮮矣

（宋）周行己

道本無名，所以名之曰道者，謂其萬物莫不由之也。萬物皆有太極，太極者，道之大本。萬物皆有兩儀。兩儀者，道之大用。無一則不立，無兩則不成。太極即兩以成體，兩儀即一以成用。故在太極不謂之先，為兩儀不謂之後。然則謂之一陰一陽者，不離乎一也。謂之道者，不離乎兩也。所以太虚之中，絪緼相盪，升降浮沈，動静屈伸，不離乎二端。散殊而可象者為物。物者，陰陽之迹也，故曰："乾陽物也，坤陰物也。"清通而不可象者為神。神者，陰陽之妙也，故曰："陰陽不測謂之神。"不測則不可謂之二，成物則不可謂之一。二即一而不離，神體物而不遺。見此者，謂之知道；體此者，謂之得道。然是道也，夫何遠之有哉？繼於善者，進乎此矣。成於性者，復乎此矣。孟子曰："可欲之謂善。"又曰："性無有不善。"夫善者，對不善之稱也；可欲者，對可惡之稱也。無不善，則亦無善之可稱；無可惡，則亦無欲之可稱。是知失性者，天下之不善也。不善者，天下之可惡也。得性者，天下之善也。善者，天下之可欲也。然則人之有善，皆得乎性者也；人之有不善，皆失乎性者也。苟能食則見善於羹，坐則見善於牆，立則見善參於前，在輿則見善倚於衡，顛沛必於善，造次必於善，相繼無間，不離於道矣。善既純一則無不善，不善既無，善亦不立，成於性者也，成於性則無不全也，無不盡也。然而命於陰陽者，氣質之稟不同，則昏明之性亦異。成性於仁者，以斯道謂之仁。斯道非不仁也，然仁不可謂之道。成性於知者，以斯道謂之知。斯道非不知也，然知不可謂之道。皆其成性之不同，所見之不周。猶伯夷得聖人之清，柳下惠得聖人之和，非不善也，然不可謂之大。成夫一物之中，皆具一道，一道之内皆具陰陽。不能盡其大心，以充其性，遂以小見為大道，止於斯。良由生禀之或偏，而不知學，或學之不至而小成，此皆賢者之過，所以君子之道鮮也。至於天下之民，目視耳聽，手舉足運，無非道者，朝作暮息，渴飲飢食，無非道者。然而察其聲音鏑鏑，目視眴眴，有生而已，終身由是，曾不知洒掃應對之妙道，而耕稼陶漁之可以聖也，是豈道之遠人哉！孟子曰："行之而不著焉，習矣而不察焉，終身由之而不知其道者，衆也。"此皆不肖者之不及，所以君子之道鮮也。夫所謂君子之道，中而已矣。或偏於仁，或偏於知，過乎中者也；日用而不知，不及乎中者也。太極即中也，中即性也，太極立而陰陽具乎其中矣，性成而陰陽行乎其中矣。是故《易》之為書，陰陽之道也。六十四卦三百八十四爻，無非是者，然而得所謂君子之道者寡，而過與不及者多。此孔子《繫辭》所以明一陰一陽之道，而深嘆夫君子之道鮮也。雖然，萬物負陰而抱陽，誰獨具無道乎？反身而誠，斯得之矣。此所以天下之人，不可自棄，而學《易》者，不可以不盡心也。

[(宋)周行己《浮沚集》卷二　1123—610—2]

御制讀易繫辭上傳第五章書義

(清)高宗

此章與《中庸》首章相表裏，子思或有承乎是章之義乎？蓋一陰一陽之謂道，繼之者善，成之者性，即所謂"天命之謂性"也。"仁者見之謂之仁，知者見之謂之知"，即所謂"率性之謂道"也。百姓日用而不知，故君子之道鮮矣，即所謂"修道之謂教"也，至於"顯諸仁，藏諸用，鼓萬物而不與"，聖人同憂註疏家皆作一句讀，余則以為"鼓萬物而不與"應作一句，而"與"應作去聲，如"舜禹有天下而不與"之"與"，蓋所謂不居而已耳。不居則不知，不知則無為，無為則無心，設以上聲讀而貫下文，是視天地與聖人有間，然且有心矣。夫大《易》一乾坤，乾坤一陰陽，陰陽一天地，天地一易簡。春生夏長，天地之顯諸仁也。秋收冬藏，天地之藏諸用也。而天地實不居其功，此即天地之無心也。若夫聖人輔相左右，是有心也。有心則不能無為，不能無為則不能不代天地同憂矣。咨政之暇，與諸皇子及數儒臣示及此，並命各抒其見以論之，皆以為不出所示，故不復繁文闡論而直陳其義，如此，然予亦未肯遂信，以為𨀤爰簡筆書之，以俟後之深於《易》者。

[《御制文集》二集卷三十六　1301—504—36]

顯諸仁藏諸用

(清)高宗

顯仁、藏用、鼓萬物而不與,向曾屢言之。茲特以顯藏仁用,朱注有所未概者,申而論之,其自内自外之言,吾以為未臻。蓋德之發於外,外即内也。業必有所本,本即内也。其顯與藏,内外如一,方能合天地萬物為一體。豈有所謂藏於此而顯於彼乎? 不臻此,不足以知陰陽不測之謂神。

[《御制文集》三集卷一　1301—576—1]

觀會通以行典禮論

(宋)蘇轍

論曰:事物之變,紛紜雜出,若不可知,然而有至理存焉。禍福治亂之際,傾側多故,若不可處,然而有夷路存焉。世之人不知至理之所在也,迷而妄行,於是有風波作於平地,親戚化為仇怨者矣。聖人不然,虚心以待物,物至而情偽畢陳於前。夫知所以御之,是以遇繁而若一,履險而若夷,未嘗有所難者。《易》曰:"聖人有以見天下之動,而觀其會通,以行其典禮。繫辭焉以斷其吉凶,是故謂之爻。"會通者,理之所出也;典禮者,其所以接物也。《易》有八卦,重而為六十四卦,有六爻,爻之多至於數百,皆聖人指會通以示人,陳典禮以教人者也。今將言之,其多不可勝舉,姑以《乾》《坤》明之。《乾》之初不潛則危其身,四不躍則喪其功,二不田則無以廣其德,五不天則無以利於人。至於《坤》之初,警之以履霜,其上戒之以龍戰,其三教之以無成,其四慎之以括囊。凡《易》之談會通而陳典禮者,可以類求矣。舜之為庶人也,父頑,母嚚,象傲。艱哉,舜之處於其家也! 周公之為冢宰也,外則管、蔡讒之,以為将不利於孺子,内則成王疑之。殆哉周公之立於其朝也! 然四岳之稱舜曰:"烝烝乂不格姦。"詩人之美周公曰:"狼跋其胡,載疐其尾。公孫碩膚,赤舄几几。"蓋舜與周公,臨天下之至變,履天下之大艱,而泰然如拱揖於廟堂之上,跪起於尊俎之間,可不謂善觀會通以行典禮也哉! 昔庖丁之論解牛曰:"良庖歲更刀,割也;族庖月更刀,折也。今臣之刀十九年矣,而刀刃若新發於硎。彼節者有間,而刀刃無厚,以無厚入有間,恢恢乎其於游刃必有餘地矣。"蓋聖人之於事,如庖丁之於牛。知之明,故處之暇;處之暇,故事無不濟者。此其所以為聖人也。謹論。

[(宋)蘇轍《欒城集》第三集卷六　1112—822—6]

冶容誨淫

（明）楊慎

冶，銷也，遇熱則流，遇冷則合，與冰同志，故冶字從冰。女之艷媚，亦令人銷神流志，故美色曰冶也。（《三蒼》。又干寶易注。）

［（明）楊慎《升菴集》卷四十一　1270—285—41］

易解（十八變而成）

（宋）蘇軾

四營為一變，三變而一爻，六爻為十八變也。三變之餘四數之，得九為老陽，得六為老陰，得七為少陽，得八為少陰。故乾之策二百一十有六，坤之策百四十有四，取老而言也。凡九六為老，七八為少，其説未之聞也。或曰：陽極於九，其次則七也。極者為老，其次為少，則當老於十而少於八也。曰：陰不可加於陽，故十不用。十不用，猶當老於八而少於六也。則又曰：陽順而上，其成數極於九；陰逆而下，其成數極於六。自下而上，陰陽均也，稺於子午，而壯於已亥，始於復姤，而終於乾坤者，陰猶陽也，曷嘗有進陽而退陰與逆順之别乎？且夫自然而然者，天地且不能知，而聖人豈得與於其間而制其予奪哉！惟唐一行之學則不然，以為《易》固言之矣。十有八變而成卦，八卦而小成，則十八變之間有八卦焉，人莫之思也。變之初有多少。其一變也，不五則九。其二與三也，不四則八。八與九為多，五與四為少。多少者，奇耦之象也。三變皆少，則乾之象也。乾所以為老陽，而四數其餘得九，故以九名之。三變皆多，則坤之象也。坤所以為老陰，而四數其餘得六，故以六名之。三變而少者一，則震坎艮之象也。震坎艮所以為少陽，而四數其餘得七，故以七名之。三變而多者一，則巽離兑之象也。巽離兑所以為少陰，而四數其餘得八，故以八名之。故七八九六者，因餘數以名陰陽，而陰陽之所以為老少者，不在是而在乎三變之間、八卦之象也。此唐一行之學也。

［（宋）蘇軾《東坡全集》卷九十二　1108—476—92］

揲蓍説

（元）許衡

盧君校正揲蓍之説（一本作“校定耶律公蓍説”），曲折艱深，辭意隱晦，及探

其所以去取之由，則有甚可疑者。如舊説，一爻變究以四齊之，而不合乾坤六子之率，及為自説乃以八齊之，一法而兩其數，其為不同，已甚可怪，況四齊八齊之後尤不能（一無"能"字）見静變往來之實，雖能苟合其率而不知實不相似也。且初揲必令多少之數均，是分二之後，不掛一而掛二也。既違大傳，又悖先儒，其不敢以為然也審矣，為演八卦静變往來之數云（一無"云"字）。

為乾而静者八千。（一本自註云：諸卦大抵静者最多，而一爻變者次之，二爻變者又次之，三爻變者為最少）

一爻變而之巽、之離、之兑者皆四千八百。

二爻變而之艮、之震、之坎者皆二千八百八十。

三爻變而之坤者一千七百二十八

計三萬二千七百六十八（正合十五畫卦之數，立方除之，得三十九數成卦，則六十四備矣，六子皆倣此，一本無"正合"至"倣此"，止云坤與六子同）

為坤而静者二萬一千九百五十二。

一爻變而之震、之坎、之艮者三千一百三十有六。

二爻變而之兑、之巽、之離者四百四十八。

三爻俱變而之乾者六十四（爻以老動而陰性本静，故在坤而變者為極少）。

計三萬二千七百六十八（一本無此）。

為震，為坎，為艮而静者，皆一萬五千六百八十。

一爻變而之坤者皆七千四百有八，而震之兑離、坎之兑巽、艮之離巽者皆三千二百四十。

二爻變而之乾者皆三百三十，而震之坎、艮之震艮、艮之坎艮者皆一千三百四十四。

三爻皆變而為巽、為離、為兑者皆一百九十有二。

右三變亦皆三萬二千七百六十八。（一本無此數）

為巽、為離、為兑而静者皆一萬一千二百。

一爻變而為乾者皆一千六百，而巽之艮坎、離之艮震、兑之坎震者皆六千七百二十。

二爻變而為坤者皆四千二十二，而巽之離兑、離之巽兑、兑之離巽者皆九百六十。

三爻皆變而為震、為艮、為坎者皆五百七十有六。

右三卦亦皆三萬二千七百六十八（一本無此數，却有八卦静變之數，計一十六萬一千一百四十四，凡二十八字）。

諸卦之數大率静者最多，而一爻、二爻變者次之（一本作"一爻變者次之，二爻變者又次之"），三爻俱變為最少。蔡氏曰：一奇一偶對待者，陰陽之體，陽三陰

一、一饒一乏者陰陽之用。故四時春夏秋生物，而冬不生物，天地東西南可見，人之瞻視，亦前與左右可見而背不可見也，不然則以四十九蓍，虛一分二，掛一揲四，則為奇者二，為偶者二，而老陽得八，老陰得八，少陽得二十四，少陰得二十四，不亦善乎？聖人之智豈不及此，而其取此不取彼者，誠以陰陽之體數常均，用數則陽三而陰一也。觀此則盧君之得失可見。戊申八月庚辰識於家塾，用驗他日學之進否云。

［（元）許衡《魯齋遺書》卷六　1198—390—6；又見（明）劉昌編《中州名賢文表》卷二　1373—43—2］

櫝蓍記

（元）劉因

蓍之在櫝也，寂然不動，道之體立，所謂“易有太極”者也。及受命而出也，感而遂通，神之用行，所謂“是生兩儀，兩儀生四象，四象生八卦，八卦定吉兇，吉兇生大業”者也。猶之《圖》也，不用五與十，不用云者，無極也，而五與十則太極也。猶之《易》也，潔静精微，潔静云者，無極也，而精微則太極也。知此則知夫櫝中之蓍，以一而具五十，無用而無所不用，謂之無則有，謂之實則虛也，而其數之流行於天地萬物之間者，則亦陰陽奇偶而已矣。故自掛扐之奇而十二之，則陽奇而進之不及夫偶者為少陰，陰偶而退之不及夫奇者為少陽，而四之則三四五六合夫畫，奇全偶半合夫數，而畫亦於是焉。合其多少則合其位之陽少而陰多，故有自一進一而為偶，自偶退一而為奇之象也。自過揲之策而十二之，陽奇而退之不及夫偶者為少陰，陰偶而進之不及夫奇者為少陽，而四之則六七八九合夫數，奇三偶二合夫畫，而數亦於是焉，合其多少則合其數之陽實而陰虛，故有自一虛中而為偶，自二實中而為奇之象也，蓋掛扐之奇徑一，而過揲之奇圍三，而掛扐、過揲之偶，鈞用半也。故分掛扐過揲而横觀之，則以陰為基而消長有漸；分四象而縱觀之，則亦以陰為平而低昂有漸。其十二之，則自右一而二，自左二而三。其四之，則自右三而六，自左六而九。如水之流行，觸東而復西，其消長，則其自然之淪漪，其判合，則其盈科而後進者也。此皆自夫一行邵子之説而得之，知此則知夫誤推一行三爻八卦之象，謂陰陽老少不在乎過揲者為昧乎體用之相因，而誤推邵子去三用九之文，謂七八九六不在乎掛扐者又昧乎源委之分也。由此而極其奇偶之變，以位則陽一而陰二也，以數則天三而地兩也。初變之徑一而圍三，以為奇者三而得之，是以老陽少陰之數多也。後二變之圍四用半，以為偶者二而得之，是以少陽老陰之數少也。分陰分陽則初一變皆奇，而後二變皆偶也。迭陰迭

陽則去掛一,初一變皆偶,而後二變皆奇。又如畢中和天地人之説也,其變也自一生二,二生四,而又四之,四生八,八生十六而言,則畫卦之象也。自四乘而十六,十六乘而六十四,則重卦之數也。故初變而得兩儀之象也,二畫卦之數也。再變而得四象之象者,四畫卦之數也。三變而得八卦之象者,六畫卦之數也。自兩儀之陰陽而言,其用數則乾兑離震皆十二,而巽坎艮坤皆四也。自八卦之陰陽而合其體數,則乾坎艮震三十二,而巽離坤兑三十二也。自二老二少之陰陽而言,其饒之之數則又如四象之七八九六也。六變而得四象之畫,則每位之静變往来得十畫卦之數也。又二畫則總其數矣。其數也,皆静者為多,變者為少,而一爻變者居中。其静與變皆老陰為多,老陽為少,而二少居中,積畫成卦則每卦之静變往来得十五畫卦之數也。又三畫則總其數矣。其數也,亦皆静極者為至多,而變極者為至少,而又一爻二爻進退於其間。其静與變則皆坤為至多,乾為至少,而三男三女進退於其間。因而重之,則每卦之静變往来得二十畫卦之數也。又六畫則總其數矣。其進退多少皆與八卦之例同也,此皆自歐陽子七八常多,九六常少之一言而推之,與夫後二變不掛,不知其為陰,而使二老之數與成卦同,二少之数與二老同,而參差益甚。其初一變必鈞,不知其為陽,而於乾坤六子之率勉強求合,乃若四十九蓍而虚一,與五十蓍虚一而掛,二者固有間矣。此以蓍求卦者也,若夫以卦而求變也,則自夫交易已成之體,為變易應時之用。由兩儀而上,自紓而促,八卦循環,而其序不亂,以遠御近,以下統上,而皆有文之可尋也。以變而求占也,則自静極而左之一二三四五,自動極而右之一二三四五,極自用其極,而一則專其一,居兩端而分屬焉。二則分其爻,居次两端而分属焉,動則上爻重,而静則下爻重也。三則分其卦居中,自為两端而分属焉。前則本卦重,而後則之卦重也。動中用静,静中用動,静多主貞,動多主悔,而皆有例之可推也。然自此而極言之,則以六甲納之,其卦之序不亂也。以玄取之,其序有漸,而亦不亂也。以伏求之,其序亦有漸,而不亂也。以世位反圖而推之,則一而二,二而四,四而八,八而十六,進退有序,逆順以類而不亂也。以策數即圖而攷之,則在兩儀而一消長,在四象而二消長,在八卦而四消長,在十六而八消長,在三十二而十六消長,故長中八消,消中八長,皆震為巽之消,而坤為乾之消,巽為坤之長,而乾為震之長而不亂也。以揲變之數應圖而推之,則其多少,又合乎一一為乾,八八為坤,以少為息,以多為消,而亦不亂也。是則按圖畫卦,揲蓍求卦,莫不脗合矣。然而朱子猶以大衍為不自然,於《河圖》而變揲之左可以形右,卦畫之不可以形上者,又以為短於龜。其三索之説,則一行有成説,既取之於《本義》,後復以為不必然。而卦之陰陽、之奇偶,畫與位合則《大傳》有明文,既著之筮説,而不明言於《啓蒙》,是又恐後人求之過巧,而每遺恨不能致古人之詳也。若以奇策之數,合之圓圖之畫,則四十八,一卦之畫也。其奇之十二,即乾之陰;而策之三十六,即其陽也。三十六,自九進而得之也。九,陽也。三十六,亦陽也。全陽也。其奇之二十,即兑離之陰也;而策之二十八,即其陽也。二十八自七進而得之也。七,陽也。二十八,陰也。陽合於陰也,其奇之二十四,則坤所去之半也,而策則所用之二十四陰也。二十四,自六進而得之也。六,陰也;二十四,亦陰也:全陰也。其奇之十六,即艮坎自上所去之十六也,而策之二十二,即其所用之半,併上所餘之八陰也。三十二,自八進而得之也。八,陰也;三十二,陽也:陰合於陽也。其震巽之不用,則猶乾之不用陰,坤之不用陽也。其奇策之八,方數之變也;掛扐之六,圓數之變也。此邵子之説也。然前之奇策之所當,陰不若陽之齊,後之六八之所應,圓不若方之脩。是必有深意也,第未能攷而知之,又不知朱子之意以為如何。此因櫝蓍而記之,至元十年春二月吉日,櫝成記。

[(元)劉因《静修集》卷七《遺文一》 1198—534—7;又見(元)蘇天爵編《元文類》卷二十八]

蓍數論

(清)李光地

天地之體數八,其用數七。體數八者,謂如《河圖》《洛書》之數,虚其中央則四正四隅通為八面,此則在天而有定時,在地而有常處,是以謂之體也。用數七者,又以體數均為十分,則用者常七,不用者常三,謂如夏至之日,出寅入戌,加以晨昏,可辨之色為晝七分而夜三分,一年一元之數皆開於寅而閉於戌,是以謂之用也。《易》之有卦者,體也,故其數用八。八八六十四而卦成,其為物静,其為德方,其在《大傳》所稱,則體天地之撰而行四氣之行。其有蓍者,用也,故其數用七。七七四十九而用備,其為物動,其為德圓,其在《大傳》所稱,則當期之日而紀閏之算。間嘗即其説而推之。四十九者,一歲之弦數也,一歲二氣,四時八節,二十四氣,四十八弦。四十八弦者,以三百六旬成數而論也,並其五日四分日之一者為四十九。是故二以分之,歲之陰陽判矣;四以揲之,月之望晦二弦具矣。一歲寒暑之運有十二月,一變左右之策有十二揲也。掛一者在用不用之間也,在用不用之間者,何也?用之以分而不用之以揲也,不用之以揲而又用之以歸也,以蓍之理斷之,則亦用者七,不用者三,何取乎用者七不用者三也?準以一弦之數為五日四分日之一也,盈者因氣而見,故分二之後,遂除其一策以為氣盈。虚者推朔而知,故揲之而見有餘則為朔虚,合氣盈朔虚而閏生焉,合掛與扐而奇積焉,綜三歲之閏則月成矣,綜三變之奇則爻見矣,《大傳》所謂"五歲再閏",故再扐而後掛,蓋就一變之中而取其義耳。實之三變既成,方應一閏之數,是故策者以當

日也，爻者以當月也，卦者以當歲也。二篇之爻，三百八十有四，其策萬有一千五百二十，當三十二歲月日之數，三十二歲之月三百八十有四，其日萬有一千五百二十，蓋閏歲於是而一終也，是以易道應之。愚按自《易》而下，如焦、京、揚雄卦氣、《太玄》之屬，以卦爻準歷者多矣。然皆增損其數不符於自然，如卦氣則減震兑離坎之二十四爻，《太玄》則增踦嬴之二贊，是皆人欲之私穿鑿傅會之功，是故識者譏焉。邵堯夫《經世》除乾坤離坎以舉成數，未離乎卦氣之法，蔡氏《範數》為九九八十一以紀氣候，司馬《潛虛》為三百八十五變而又減其二十，則又《太玄》之支流耳。彼此相非，直以五十而笑百步也。蓋不知《易》者理義之原、象數之本，其循環終始與天地同流，不待於割截而始配，惟蓍法則乘除進退，其於一歲盈虚之理，實有取焉。而其算亦自妙合，自唐僧一行以大衍命歷、以策應弦、以揲應月，蓋已得合大致。然其前後之説尚多牽挽，又不知一月為三十之成數，與掛一為氣盈之閏分，是以推算不密而歲分尚餘於四十九策之外，則其與參摹四分之書相去直一間耳。愚嘗以《大傳》蓍數覆逆推之，至於顛倒爛熟，然後陰陽變化之道、日月嬴縮之紀，躍然於布蓍之間，始信古人所謂迎日推策者或得諸此。夫衆言淆亂則折諸聖，後之譚《易》者，雖復窮象之微妙、盡數之毫忽，而不得孔氏以為之宗，吾見其益漶漫而無當也。

[（清）李光地《榕村集》卷十五　1324—741—15]

參伍以變錯綜其數説

（宋）朱熹

“參”，以三數之也；“伍”，以伍數之也。如云“什伍其民”，如云“或相什伯”，非直為三與五而已也。蓋紀數之法，以三數之，則遇五而齊；以五數之，則遇三而會。故《荀子》曰：“窺敵制變，欲伍以參。”注引《韓子》曰：“省同異之言，以知朋黨之分；偶三五之驗，以責陳言之實。”又曰：“參之以比物，伍之以合三。”而《漢書・趙廣漢傳》亦云“參伍其賈，以類相準”，皆其義也。《易》所謂“參伍以變”者，蓋言或以三數而變之，或以五數而變之，前後多寡，更相反覆，以不齊而要其齊。如《河圖》《洛書》、大衍之數，伏羲文王之卦，歷象之日月五星章蔀紀元，是皆各為一法，不相依附，而不害其相通也。“綜”字之義，沙隨得之。然“錯綜”自是兩事：“錯”者，雜而互之也；“綜”者，條而理之也。“參伍”“錯綜”又各是一事：“參伍”所以通之，其治之也簡而疏；“錯綜”所以極之，其治之也繁而密。

[（宋）朱熹《晦庵集》卷六十七　1145—309—67]

易寂感說

（宋）朱熹

《易》曰“無思也，無為也，寂然不動，感而遂通天下之故”者，何也？曰：“無思慮也，無作為也。其寂然者，無時而不感；其感通者，無時而不寂也。是乃天命之全體，人心之至正，所謂體用之一源，流行而不息者也。”疑若不可以時處分矣，然於其未發也，見其感通之體；於已發也，見其寂然之用，亦各有當而實未嘗分焉。故程子曰：“中者，言‘寂然不動’者也；和者，言‘感而遂通’者也。然中和以性情言者也，寂感以心言者也，中和蓋所以為寂感也。觀‘言’字、‘者’字，可以見其微意矣。”

［（宋）朱熹《晦庵集》卷六十七　1145—309—67］

唯幾也故能成天下之務

（清）高宗

上章明言極深而研幾，極深，即所以研幾，非二事也。蓋深為蘊於中，幾乃發於中，本衹一原，不過微有動静之别，太極動而生陽，静而生陰，斯豈有内外先後之殊哉？静所以通志，動所以成務，此聖人所以闡《易》理也。《易》之道通天地、貫古今，自虞翻解此章分屬之蓍與卦，而朱子遂以《易》為占卜之書，視《易》小矣。其然豈其然哉？予之遲速論中略見之，昔用以成功，今復以自勉，然而見幾而作，克己立誠，其難其慎，亦惟自知其苦而已，敢為侈談也哉？

［《御制文集》三集卷一　1301—575—1］

記林黄中辨易西銘

（宋）朱熹

六月一日，林黄中來相訪，問曰：“向時附去《易解》，其間恐有未是處，幸見諭。”予應之曰：“大凡解經，但令綱領是當，即一句一義之間，雖有小失，亦無甚害。侍郎所著却是大綱領處有可疑者。”林問：“如何是大綱領處可疑？”予曰：“《繫辭》所謂‘《易》有太極，是生兩儀，兩儀生四象，四象生八卦’，此是聖人作《易》綱領次第，惟邵康節見得分明。今侍郎乃以六畫之卦為太極，中含二體為兩儀，又取二互體通為四象，又顛倒看二體及互體通為八卦。若論太極，則一畫亦

未有，何處便有六畫底卦來？如此恐倒説了。兼若如此，即是太極包兩儀，兩儀包四象，四象包八卦，與聖人所謂生者，意思不同矣。”林曰：“惟其包之，是以能生之，包之與生，實一義爾。”予曰：“包如人之懷子，子在母中；生如人之生子，子在母外，恐不同也。”林曰：“公言太極一畫亦無，即是無極矣。聖人明言《易》有太極，而公言《易》無太極，何耶？”予曰：“太極乃兩儀、四象、八卦之理，不可謂無，但未有形象之可言爾。故自此而生一陰一陽，乃為兩儀，而四象八卦又是從此生，皆有自然次第，不由人力安排。然自孔子以來，亦無一人見得，至邵康節然後明其説，極有條理意趣可玩，恐未可忽。更詳之。”林云：“著此書正欲攻康節爾。”予笑語之曰：“康節未易攻，侍郎且更子細，若此論不改，恐終為有識者所笑也。”林艴然曰：“正要人笑。”又論《西銘》，予曰：“無可疑處。却是侍郎未曉其文義，所以不免致疑。其餘未暇悉辨，只大君者，吾父母宗子一句全錯，讀了尤為明白。本文之意蓋曰人皆天地之子，而大君乃其適長子，所謂宗子有君道者也。故曰大君者，乃吾父母之宗子爾，非如侍郎所説，既為父母，又降而為子也。”林曰：“宗子如何是適長子？”予曰：“此正以繼禰之宗為喻爾，繼禰之宗兄弟宗之，非父母之適長子而何？此事他人容或不曉，侍郎以禮學名家，豈不曉乎？”林乃俛首無説而去，然意象殊不平。（黄中《西銘説》曰：“近世士人尊横渠《西銘》過於六經，予讀而疑之，試發難以質焉。《易》曰：乾，健也；坤，順也。乾為天、為父，坤為地、為母。是以順健之至性，而有天地父母之大功，其稱名也小，其取類也大，此之謂也。今《西銘》云乾為父，坤為母，是以乾坤為天地之號名，則非《易》之本義矣。既曰乾為父，坤為母，則所謂予兹藐然，乃混然中處者，於伏羲八卦、文王六十四卦為何等名稱象類乎？方太樸之未散也，老聃謂之混然成列，莊子謂之混沌，是混然無間，不可得而名言者也。既已判為兩儀，則輕清者上為天，重濁者下為地，人居其中與禽獸草木同，然而生猶有别也，安得與天父地母混然中處乎？又曰天地之塞吾其體，天地之帥吾其性，此其語脉出於孟子。孟子言浩然之氣養而勿害，則塞乎天地之間，又言志氣之帥也，故志至焉，氣次焉。今舍氣而言體，則又非孟子之本義矣。其意蓋竊取於浮屠所謂‘佛身充滿法界’之説，然彼言‘佛身’謂‘道體’也，道之為體，擴而充之，雖滿於法界可也。今言吾體，則七尺之軀爾，謂充塞乎天地不亦妄乎？至言‘天地之帥吾其性’，尤無所依據。孟子‘以志為帥’者，謂氣猶三軍聽命於志，惟志所之爾。今舍志而言性，則人生而静，未嘗感物而動者，焉得以議其所之乎？其所統帥何如也？況於父天母地，而以吾為之帥，則惟予言而莫之違矣，不亦妄乎！”又曰：“‘民吾同胞，物吾與也。’大君者，吾父母宗子也，其大臣，宗子之家相也。若以其並生乎天地之間，則民物皆吾同胞也。今謂‘物吾與’者，其與同胞何所辨乎？與之為名從何立也？若言‘大君者，吾父母宗子也’，其以大君為父母乎？為宗子乎？《書》曰：‘惟天地萬物父母，惟人萬物之靈。亶聰明,作元后,元后作民父母。'兹固《西銘》所本以立其説者也。然一以為父母,一以為宗子,何其親踈厚薄尊卑之不倫也。其亦不思甚矣!父母可降而為宗子乎?宗子可升而為父母乎?是其易位亂倫,名教之大賊也,學者將何取焉?又言其大臣宗子之家相也,則宗子有相,而父母無之,非特無相,亦無父母矣。可不悲哉?孟子曰:'楊氏為我,是無君也;墨氏兼愛,是無父也。無父無君,是禽獸也。'若邪説誣民,充塞仁義,將有率獸食人之事。予於《西銘》亦云。尊《西銘》者,其不可以無辨。")予還自臨安,客有問此曲折者,事之既往,本無足言,而恐學者疑於邵、張之學也,因命兒輩録此以示之。客因有問者曰:"太極之論則聞之矣。宗子之云,殆即莊生所謂知天子與我皆天之所子者。子不引之以為夫子之助,何耶?"予應之曰:"莊生知天子與我皆天之所子,而不知其適庶少長之别。知擎跽曲拳為人臣之禮,而不知天理之所自來。故常以其不可行於世者為内直而與天為徒,常以其不得已而强為者為外曲而與人為徒。若如其言,則是臣之視其君,陰固以為無異於吾之等夷,而陽為是不情者以虚尊之也。孟子所謂楊氏為我是無君也,正謂此爾。其與張子之言'理一而分殊'者,豈可同年而語哉。"昔予書宋君,事後當發此意,因復並記其説,以俟同志考焉。

[(宋)朱熹《晦庵集》卷七十一　1145—404—71]

(易説二則)

(宋)李若水

"是故法象莫大乎天地,變通莫大乎四時,懸象著明莫大乎日月,崇高莫大乎富貴,備物致用,立成器以為天下利,莫大乎聖人,探賾索隐,鉤深致逺,以定天下之吉凶,成天下之亹亹者,莫大乎蓍龜。"

大易既判,萬象乃滋,奠之為天地,運之為四時,照之為日月,尊之為富貴,體之為聖人,神而藏之為蓍龜。至理所存,各擅其大,何以言之?揭衆妙於太虚,敷萬形於厚載,仰觀俯察,上下同流,法象莫大於是,故曰"莫大乎天地"。春至矣,夏仍之,即華而秀,秋至矣,冬仍之,即斂而冥,一化無際,萬古不停,變通孰大於是?故曰"莫大乎四時"。凝至精以斡陰陽之機,闡妙用以周晝夜之度,飛光馳耀,宇宙生白,縣象著明,孰大於是?故曰"莫大乎日月"。天地也,四時也,日月也,道之在天者也。一墮域中必有其位。富貴者其位也,必有其人。聖人者其人也,又必資之神物。蓍龜者,其神物也。有道者,視富與貧等、貴與賤等。蓋嘗指以為浮雲矣。而此乃言於聖人之先者,惟富可以致大利,惟貴可以操至權。富貴也者,聖人所以行道之器也,而可少乎?而可弗尚乎?故曰"崇高莫大乎富貴",

九卦論

（宋）王安石

處困之道，君子之所難也，非夫智足以窮理，仁足以盡性，内有以固其德，而外有以應其變者，其孰能無患哉？古之人有極天下之困，而其心能不累，其行能不移，患至而不傷其身，事起而不疑其變者，蓋有以處之也。處之之道，聖人嘗言之矣。《易》曰："履以和行，謙以制禮，復以自知，恒以一德，損以遠害，益以興利，困以寡怨，井以辨義，巽以行權。"此其處之之道也。夫君子之學至於是則備矣，宜其通於天下也。然而猶困焉者，非吾行之過也，時有利不利也。蓋古之所謂困者，非謂夫其行自困者，謂夫行足以通而困於命者耳。蓋於此九卦者，智有所不能明，仁有所不能守，則其困也，非所謂困，而其處困也疎矣。夫惟深於此九者，而能果以行之者，則其通也宜，而其困也有以處之，惟其學之之素也。且君子之行大矣。而待禮以和，仁義為之内，而和之以禮，則行之成也。而禮之實存乎謙。謙者，禮之所自起；禮者，行之所自成也。故君子不可以不知履，欲知履，不可以不知謙。夫禮雖發乎其心，而其文著乎外者也。君子知履而已，則溺乎其文而失乎其實，忘性命之本，而莫能自復矣。故禮之弊，必復乎本，而後可以無患，故君子不可以不知復。雖復乎其本，而不能常其德以自固，則有時而失之矣，故君子不可以不知恒。雖能久其德，而天下事物之變，相代乎吾之前，如吾知恒而已，則吾之行有時而不可通矣。是必度其變，而時有損益而後可，故君子不可以不知損益。夫學如此其至，德如此其備，則宜乎其通也。然而猶困焉者，則向所謂困於命者也。困於命，則動而見病之時也，則其事物之變尤衆，而吾之所以處之者尤難矣。然則其行尤貴於達事之宜而適時之變也。故辯義行權，然後能以窮通。而井者所以辯義巽者所以行權也。故君子之學至乎井、巽而大備，而後足以自通乎困之時。孔子曰："作《易》者其有憂患乎？"謂其言之足以自通乎困之時也。嗚呼，後世之人，一困於時，則憂思其心，而失其故行，然卒至於不能自存也。是豈有他哉？不知夫九者之義故也。

［（宋）王安石《臨川文集》卷六十六　1105—548—66］

説　卦

安慶郡學

（宋）黄榦

《易大傳》曰："立天之道曰陰與陽，立地之道曰柔與剛，立人之道曰仁與義。"

天之道不外乎陰陽，寒暑往來之類是也；地之道不外乎柔剛，山川流峙之類是也；人之道不外乎仁義，事親從兄之類是也。陰陽以氣言，剛柔以質言，仁義以理言，雖若有不同，然仁者陽剛之理也，義者陰柔之理也，其實則一而已。天地亦大矣，人以渺然之身乃與天地並立而爲三，至其爲道則又與天地混然而無間，其可不知所以自立哉！非陰陽、剛柔則雖天地不能以自立，不仁、不義則亦不可以謂之人矣，不謂之人則與禽獸奚異哉！由仁義則與天地並立而無間，不仁不義則無以自别於禽獸，學者於此其亦知所擇矣。雖然，仁義之道不在他求。孟子曰："惻隱之心，仁之端也；羞惡之心，義之端也。"又曰："孩提之童，無不知愛其親也。及其長也，無不知敬其兄也。親親，仁也；敬長，義也。"仁義之道，根於吾心之固有，初非有甚高難能之事也。存之於虚静純一之中，推之於動作應酬之際，則仁義之道在我矣。試以吾平日設心者思之，果能事親而孝乎？果能處宗族而睦乎？果能交於鄉黨朋友而兼所愛乎？果能視人而如己乎？果能視民如傷乎？即是心而充之，以至於無一念之不公，則仁之道盡矣。果能從兄而順乎？果能事上而敬乎？果能應事接物而求其是乎？果能見害不避乎？即是心而充之，以至於無一事之不宜，則義之道盡矣。盡仁義之道則仰不愧、俯不怍，而上下與天地同流矣。苟爲不然，人我之念汨於中，利害之私昏於外，雖父子骨肉之間已不能相保，而况於仁民愛物乎？飲食起居之際已不能中節，而况於酧酢事變乎？凡吾本然具足之良心，已斲喪無餘矣。其視虎狼之父子，螻蟻之君臣，且不能無媿，而又何以爲人乎？夫以天地並立無間之身，仁義本然具足之性，不知自貴自重而陷溺至此，此聖賢之所以拳拳爲斯世慮也，有志於學者即此而致思焉，則知所以入德之門矣。

（略）

［（宋）黄榦《勉齋集》卷一　1168—9—1］

數往者順知來者逆

（明）楊慎

安公石作《易牖》，此解極為超邁，自唐宋諸儒未有是說也。朱子嘗有一半逆一半順之疑矣，而終未能自決之也。公石之說曰："天下之事數往者順，知來者逆。《易》為知來而作，故其數逆數也。往者順，蓋因下句而並舉之，非為《易》有數往之順數也。"公石於經妙契超詣有如此。趙子崇為予言此，惜未見其全也。予謂解聖賢之經，當先知古人文法。古人之文有因此而援彼者，有從此而省彼者，故必曉古人文法而後可以解聖賢之經。噫！安得起公石於九原而語此哉！慎謂《易》畫自下而上，圖自右而左，故曰逆數。凡上下下曰順，下上上曰逆，左徂右曰順，右徂左曰逆。史稱伏羲太昊氏。太昊，春也。邵子以《易》配春。《大戴禮》言伏羲氏以木德王，畫卦自下而上，即木之自根而幹，幹而枝也。其畫三，木之生數也。其卦八，木之成數也。重卦亦兩其三，八其八爾。木行春也，春貫四時。木德仁也，仁包四端。伏羲所以為羣聖首，而《易》為五經之源乎？

［（明）楊慎《升菴集》卷四十一　1270—286—41］

與周成之論易

（明）羅洪先

書來，知留心於學，喜甚。"數往者順"三句，往時亦如來說，如此則與上文何相干涉。夫往者，陽之舒也；來者，陰之歛也。陽自内而達外，故順，陰自外而反内，故逆，即上文圖意也。自震而兑而乾，乃一陽至三陽；自巽而艮而坤，乃一陰至三陰。此天地消息盈虚之理，自然而然也。陰之歛不極則一陽不能復生，此復所以次剥也。《易》者，生生也，然必本於歛静，則所謂逆數也，造化以之，卦爻象之，所謂從中起者，始有下落，反之吾心。所謂從未發者，始有印證，此"逆"字與地理金丹"獨逆""逆"字同，是凝聚處事理來者。吾以此擬議，亦即知來到意決處，便是順應便過化矣。解書一段亦可用，但聖賢本文之意必有深蓄，一時看不透且勿厭煩，不然便有任意鹵莽之病矣。

［（明）羅洪先《念菴文集》卷三　1275—58—3］

後天卦義

（清）李光地

問後天卦義，以人物言之，當何如也？曰造化生物。陰陽者，華實之分也。震則種實在地而發生之時，故曰出。巽則枝條備矣，故曰齊。離而坤，則葉茂而華盛之時也，華葉茂盛而果實之胎在於是，故曰明，曰致養。兑則生意充矣，故曰説。雖然，華葉不剥，果實不生，乾則成實之時也，脱落華葉而復返於種，故曰戰。坎而艮，則實熟而堅凝完足，可以復生，故曰勞，曰終始。物類如此，人倫如何？曰以家信之。陰陽者，男女之别也。震則長子而當室也，故曰出。巽則長子之耦，妻者齊也，故曰齊。有嫡必有娣，離次於巽，嫡娣之序。天地相遇，品物咸章也，男女相遇，家道咸理矣，故曰相見。如是則生育之道廣而母道在，是故次坤而曰致養。兑則少女也、妾也，家之道恩洽於賤者而後和，故曰説。於是震始成乎父道而為乾，有繼嗣則異日又將為家之主，雖母亦聽從焉，故曰戰者，陰不敢抗陽之義也。子生而幼，為中男、為少男，皆未成人之稱也，飲食教誨以待其成，則又為長子而當室矣，故曰勞、曰成。以國言之，陰陽者，君臣之義也。君出而守宗廟社稷，以為祭主，震之位也。臣必潔白其心，與君齊力，故巽曰潔齊。臣道之盛，朝覲會同，君南面而聽之，故次離而曰相見。臣之職莫大乎役於君以養民，故次坤而曰致役、致養。君臣相説，太和之治乃成，故次兑而曰説。於是而臣功終矣，無敢疑陽而主威孤行，故乾位於是而曰戰。雖然，臣之功成而不居，君之德尊而不抗，勅天之命，不敢忘勞者，坎也。凝天之命，端拱無為者，艮也，故曰勞、曰成。而德之所以日新，道之所以不窮，治之所以可久而可繼也。大率陰陽之義，造化之本，天道流行，萬物同根，故其理、象參差而大致皆同。推而言之，無適不有，無時不行，深於《易》者知之爾。

［（清）李光地《榕村集》卷十八　1324—782—18］

易説卦坎為盗

（明）楊慎

《易·説卦》坎為盗。項氏謂月行於夜，為盗象。此言最害義。余弟用叙少時從魏雪溪講《易》至此，魏以項氏之説解之。用叙曰："盗可配月，則天是窩主，星辰皆掐摸矣。"其言雖戲亦有理。今按：坎為險為難，人事之險難莫如寇盗。《解》曰"致寇至"，而《文言》云"作《易》者其知盗乎"。《解》下卦為坎，坎之為盗象

明矣。坎之為卦，外陰柔而内剛狠，有穿穴踰墻乘墉伏莽之狀也。又況坎為隱伏，隱伏非盜而何？

[（明）楊慎《升菴集》卷四十一　1270—286—41]

利　市

（明）楊慎

俗語"利市"，古亦有之。《易・説卦傳》"為近利市三倍"，《左傳》成公十六年"爾有利市寶賄，我勿與知"。

[（明）楊慎《升菴集》卷四十一　1270—288—41]

三　序跋

易龍圖序

(宋)陳搏

且夫龍馬始負《圖》,出於羲皇之代,在太古之先,今存已合之位或疑之,況更陳其未合之數耶?然則何以知之?荅曰:於仲尼三陳九卦之義探其旨,所以知之也。況夫天之垂象,的如貫珠,少有差則不成次序矣。故自一至於盈萬,皆累累然如絲之於縷也。且夫《龍圖》本合,則聖人不得見其象,所以天意先未合而形其象,聖人觀象而明其用,是《龍圖》者,天散而示之,伏羲合而用之,仲尼默而形之。始《龍圖》之未合也,惟五十五數,上二十五,天數也,中貫三五九,外包十五,盡天三天五天九並五十之用,後形一六無位,又顯二十四之為用也,玆所謂天垂象矣。下三十,地數也,亦分五位,皆明五之用也。十分而為六,形地之象焉,六分而幾[成]四象,地六不配。在上則一不用,形二十四。在下則六不用,亦形二十四。後既合也,天一居上為道之宗,地六居下為氣之本,天三斡,地二地四為之用,三若在陽則避孤陰,在陰則避寡陽。大矣哉!《龍圖》之變,岐分萬途,今略述其梗概焉。西蜀崇龕陳搏序。

[(明)周復俊編《全蜀藝文志》卷三十一　1381—329—31;又見(宋)吕祖謙編《宋文鑑》卷八十五　1351—3—85;又見(明)賀復徵編《文章辨體彙選》卷二百八十一　1405—416—281]

删定易圖序論

(宋)李覯

覯甞著《易論》十三篇,援輔嗣之注以解義,蓋急乎天下國家之用,毫析幽微所未暇也。世有治《易》根於劉牧者,其説日不同,因購牧所為《易圖》五十五首觀

之，則甚複重。假令其説之善，猶不出乎《河圖》《洛書》、八卦三者之内，彼五十二皆疣贅也。而况力穿鑿以從傀異，考之破碎，鮮可信用。大懼詿誤學子，壞隳世教，乃删其圖而存之者三焉：所謂《河圖》也，《洛書》也，八卦也。於其序解之中，撮舉而是正之。諸所觸類，亦復詳説，成六論，庶乎人事脩而王道明也。其小得失，不足喜愠者，不盡糾割。有一本黄黎獻為之序者，頗增多誕謾，自鄶以下，可無譏焉。牧又注《易》，所以為新意者，合牽象數而已。其餘則攘輔嗣之指而改其辭，將不攻自破矣。先代諸儒，各自為家，好同惡異，有甚寇讎，吾豈斯人之徒哉？憂傷後學不得已焉耳。

［（宋）李覯《旴江集》卷四　1095—53—4］

易傳序

（宋）程頤

易，變易也，隨時變易以從道也。其為書也，廣大悉備，將以順性命之理、通幽明之故、盡事物之情而示開物成務之道也。聖人之憂患後世可謂至矣。去古雖遠，遺經尚存。然而前儒失意以傳言，後學誦言而忘味。自秦而下葢無傳矣。予生千餘載之後，悼斯文之湮晦，將俾後人沿（胡本作"泝"）流而求源。此《傳》所以作也。《易》有聖人之道四焉，以言者尚其辭，以動者尚其變，以制器者尚其象，以卜筮者尚其占。吉凶消長之理，進退存亡之道，備於辭。推辭考卦可以知變，象與占在其中矣。君子居則觀其象而玩其辭，動則觀其變而玩其占，得於辭不達其意者有之矣，未有不得於辭而能通其意者也。至微者理也，至著者象也，體用一源，顯微無間，觀會通以行其典禮，則辭無所不備。故善學者，求言必自近。易於近者，非知言者也。予所傳者辭也，由辭以得其意，則在乎人焉。

［（宋）吕祖謙編《宋文鑑》卷九十　1351—58—90；又見（宋）魏齊賢、葉芬同輯《五百家播芳大全文粹》卷一百七　1353—755—107；又見（宋）王霆震編《古文集成》卷五　1359—33—5；又見（清）徐乾學等編注《御選古文淵鑒》卷四十六　1418—308—46］

易序

（宋）程頤

《易》之為書，伏羲始作八卦，文王因而重之，孔子繫之以辭，於是卦、爻、《彖》《象》之義備，而天地萬物之情見，聖人之憂天下來世，其至矣。先天下而開其物，後天下而成其務，是故極其數以定天下之象，著其象以定天下之吉凶，六十四卦，三百八十四爻，皆所以順性命之理，盡變化之道也。散之在理，則有萬殊；統之在道，則無二致。所以《易》有太極，是生兩儀。太極者，道也；兩儀者，陰陽也；陰陽，一道也；太極，無極也。萬物之生，負陰而抱陽，莫不有太極，莫不有兩儀，絪緼交感，變化不窮。形一受其生，神一發其知，情僞出焉，萬緒起焉，《易》所以定吉凶而生大業也。故《易》者，陰陽之道也；卦者，陰陽之物也；爻者，陰陽之動也。卦雖不同，所同者奇、耦；爻雖不同，所同者九、六，是以六十四卦為其體，三百八十四爻互為其用。遠在六合之外，近在一身之中，暫於瞬息，微於動静，莫不有卦之象焉，莫不有爻之義焉。至哉《易》乎！其道至大而無不包，其用至神而無不存，時固未始有一而卦未始有定象，事固未始有窮而爻亦未始有定位。以一時而索卦，則拘於無變，非《易》也；以一事而明爻，則窒而不通，非《易》也。知所謂卦、爻、《彖》《象》之義，而不知所謂卦、爻、《彖》《象》之用，亦非《易》也。故得之於精神之運，心術之動，與天地合其德，與日月合其明，與四時合其序，與鬼神合其吉凶。然後可以謂之知《易》也。雖然，《易》之有卦，《易》之已形者也；卦之有爻，卦之已見者也。已形已見者，可以言知；未形未見者，不可以名求。則所謂《易》者，果何如哉！此學者所當知也。

［（宋）王霆震編《古文集成》卷五　1359—32—5］

周易彩戲圖序

（宋）王禹偁

先師曰："飽食終日，無所用心，難矣哉！不有博奕者乎？為之，猶賢乎已。"此言心無所據，則淫慾生焉，故雖博奕可也。自博而下戲之雅者，有李郃彩選士子多為之，復有衆陰陽家流，列神仙之事，為《銷夜選仙圖》者，亦行於世。蓋為戲不同，同歸於無益也。戲而有益者，其《周易彩戲圖》之謂歟。同州節度推官試，大理評事，岐君賁，登進士第，尚奇好古，獨行寡合，文學之外尤耽《易》象，善戲、善誘，制為此圖，取大易六十四卦三百八十四爻，除乾六爻，君象也，人臣不敢為戲。自餘每爻當碁子一路，爻有吉凶，子有賞罰，遇謙謙君子者，終局有賞而無罰；遇以訟受服者，終局有罰而無賞。周旋曲折，至於大方，此圖勢也。以骰子二隻，得陽九陰六之數者先之，此局例也。又以黄裳元吉，人道之具美，遇之有不争而勝矣。以至龍戰於野，其血玄黄，則赢輸未可知也。得陽九之數者，勝焉，故起於屯而終於坤也。俾夫消息盈虚之道，吉凶悔吝之理，談笑抵掌，斯須不離《易》象，不習而自精，人心雖戲而無蕩。大哉岐君之用心也！可與投壺鄉射，揭而並

行，比夫雜戲逺矣。好事君子得不家藏而時習乎？

［（宋）王禹偁《小畜集》卷十九　1086—191—19］

宋職方補注周易後序

（宋）余靖

《易》之道，深矣。自漢興，有施、孟、梁邱、京氏、費、高諸家之學列於庠序，而傳異詞，師異説，往往入於五行讖緯之術，故其學中絶焉。王氏之學，傳自魏晉，盛於隋唐之際，大有言陰陽變化，人事得失，不悖於三聖，不蕩於術數，故獨為學者所宗。近世言《易》者，復以奇文詭説相高，自成一家之言，考之卦繇、爻象、《彖》《繫》之微，有所不通矣。今廣平宋君貫之補注《周易》，蓋懲諸儒之失，而櫎去異端，志在通王氏之説，合聖人之經。字有未安，意有未貫，必引而伸之，用明文王周公之旨。初著《易明》數十篇，後得唐郭京舉正之説，意與己合，遂採郭氏《舉正》，與《易明》相參，綴於經注之下，辯墜簡之所缺，啓後人之未悟，朱墨發端，粲然可覩，其自叙詳矣。於戲！古之儒者，以明經為本，兩漢名臣未嘗不以經進。自儒林文苑瓜分已來，搢紳之士視經猶蘧廬耳。貫之學必稽古，言皆貫道，以詞章取科第，以通博副名實。皇祐五年，歲在荒落，補注既成，聞於旒扆。俄頒中旨，附郵投進。其明年，蠻事平息，因談經義，遂得奏御副本為示，廼周而研之。嘗觀劉氏《鉤隱圖》，言宓犧氏因《龍圖》《龜書》之文以畫八卦。又言天五地五，大衍之用，謂其深於數者。及觀貫之之釋，以謂宓犧稽象於天，取法於地，觀鳥獸之文，通萬物之情以畫卦，奚獨取於龍馬之圖耶？又其言乾坤之策，生於四象。其於尼父之經、輔嗣之注亡所戾而有所明焉，固可秘之藏室，流之學宫，寧止是正文字而已哉？歎其言近旨逺，故題而序之。

［（宋）余靖《武溪集》卷三　1089—27—3］

易外傳序

（宋）劉敞

余讀《周易》，表其《彖》《象》、爻辭，蓋聖人之意微矣，非通材達識孰能言之。《傳》曰："仁者見之謂之仁，智者見之謂之智。以言者尚其辭，以動者尚其變，以制器者尚其象，以卜筮者尚其占。"四者所從得之殊，其稱君子一也。然《易》之書最為深，至天道性命變化之數，自孔子罕言，後世無述焉，以為傳其人不待告，告非其人，雖言不著云爾。學者或有謂《易》之辭非為數者，此以目聽何異？及論剛柔始交，而生屯，分泰之體而成，則莫能通習於所可見，而蔽於所不能覩，然後知《易》非一家之術也。夫“君子所居而安者，《易》之序也；所樂而玩者，爻之辭也。是以自天祐之，吉無不利”。以其窮理盡性能自鏡得失也。余以為，仲尼有云：“垂之空言，不如見之行事，深切著明。”故采五帝以來明君賢相忠臣良士，下及亡國喪家、興壞成敗、禍福善惡之理，附之《彖》《象》爻辭，以見白黑。其說主王氏也，而時有不同，亦微辨而不斥，後有觀者總而理之，得以自省焉。

［（宋）劉敞《公是集》卷三十四　1095—693—34］

黄氏易圖後題

（宋）文同

《易》以數變以管攝天下之事物，横該直涉，窮崇擴遠，幽幺隱奧，無所不及。古之人得一緒而力引之，舒演盤約以系其説，滂洋滉漭，而初若有以可紀者，究其推合遷就，往往於端末亦自盭。今之所謂京房之學者是已。房既受術於焦延壽，延壽嘗謂房必以吾道亡其身，後果然。豈以其自置太審而尚鑿者歟？取六十四卦更直日事，候一歲風雨寒温以効其栽休，獨以坎離震兑號方伯監司，以分至專王之氣主之，其事疑彊配不精，解勤則勤矣，然後人臨文所惑，奈何？故吾庶先之論由此而興矣。庶先少遊四方，博學善辯議，湛思無不曉貫，因悟周流六虚之説，遂以完合京之罅漏，散八卦所重之畫，均諸消息而著之圖焉，終始出入，無一誖謬，如璿之聚斗，如輻之擁轂，循睨僂指，不失倫類，復撰《明閏》《衍圖》《卦氣》三篇，以正諸家之未至，以辨傳記所以昧没之意，磨神睛，補鬼髓，庶先之深功厚力也。欲視於世，求此題述，試為道其大氐，世之君子考其圖，閲其書者，皦然若粉墨界畫，不待講解而其法自得，此吾所以不復區區也。熙寧己酉孟冬望日墨君堂書。

［（宋）文同《丹淵集》卷二十一　1096—676—21］

進家人卦解義劄子（五月四日）

（宋）范祖禹

臣近以權住經筵，久不進講。陛下今月一日已御邇英，又先降聖旨，過端午未住講讀，此見陛下好學之至也。而臣自五日以後北郊奉祠，未獲入侍，伏覩中宫初建，將行嘉禮，實為正始之道、王化之基。恭惟本朝祖宗家法，自三代以還，蓋未之有，由漢以下皆不及也。今陛下納后以承天地，以奉祖宗，内盡孝養，外美

風化，將以為萬世法。臣愚竊為陛下重之，謹案《周易·家人》之卦，乃聖人所以定天下之端本。臣輒不自揆，敢撰集所聞先聖先賢之言，為《解義》一篇，謹録上進，以代奏事。伏望聖慈少賜省覽，臣無任惶懼激切之至。謹進。

[（宋）范祖禹《范太史集》卷二十三　1100—277—23]

張令注周易序

（宋）歐陽修

《易》之爲書，無所不備，故爲其説者，亦無所不之。葢滯者執於象數以爲用，通者流於變化而無窮，語精微者務極於幽深，喜誇誕者不勝其廣大，茍非其正，則失而皆入於賊。若其推天地之理，以明人事之始終，而不失其正，則王氏超然逺出於前人。惜乎不幸短命，而不得卒其業也。張子之學，其勤至矣，而其説亦詳焉。其爲自序尤所發明。昔漢儒白首於一經，雖孔子亦晚而學《易》。今子年方壯，所得已多，而學且不止，其有不至者乎？廬陵歐陽修序。

[（宋）歐陽修《文忠集》卷六十四　1102—514—64]

傳易圖序

（宋）歐陽修

孟子曰："盡信《書》，不如無《書》。"夫孟子好學者，豈獨忽於《書》哉？葢其自傷不得親見聖人之作，而传者失其眞，莫可考正而云也。然豈獨無《書》之如此，余讀經解，至其引《易》曰"差若毫釐，謬以千里"之説。又讀今《周易》，有"何謂""子曰"者，至其《繫辭》則又曰"聖人設卦，繫辭焉"，欲考其眞而莫可得，然後知孟子之嘆，葢有激云爾。

説者言當秦焚書時，《易》以卜筮得獨不焚。其後漢興，他書雖出，皆多殘缺，而《易經》以故獨完。然如經解所引，考於今《易》亡之，豈今《易》亦有亡者耶？是亦不得爲完書也。昔孔子門人追記其言作《論語》，書其首必以"子曰"者，所以别夫子與弟子之言。又其言非一事，其事非一時，文聯屬而言難次第，故每更一事必以"子曰"以起之，若《文言》者，夫子自作，不應自稱"子曰"，又其作於一時，文有次第，何假"子曰"以發之？乃知今《周易》所載，非孔子《文言》之全篇也。葢漢之《易》師，擇取其文以解卦體，至其有所不取，則文斷而不屬，故以"子曰"起之也。其先言"何謂"而後言"子曰"者，乃講師自爲答問之言爾，取卦體以爲答也，亦如公羊、穀梁傳《春秋》，先言"何""曷"，而後道（一作"導"）其師之所傳以爲傳也。今《上繫》凡有“子曰”者,亦皆講師之説也。然則今《易》皆出乎講師臨時之説矣,幸而講師所引者,得載於篇,不幸其不及引者,其亡豈不多邪?

嗚呼!歷弟子之相傳,經講師之去取,不徒存者不完,而其僞謬之失其可究邪!夫繫者,有所繫之謂也,故曰“繫辭焉以斷其吉凶,是故謂之爻”,言其爲辭各聯屬其一爻者也。是則孔子專指爻辭爲《繫辭》,而今乃以孔子贊《易》之文爲上、下《繫辭》者,何其謬也!卦爻之辭,或以爲文王作,或以爲周公作,孔子言聖人設卦繫辭焉,是斥文王、周公之作爲繫辭,不必復自名其所作又爲《繫辭》也。况其文乃概言《易》之大體,雜論《易》之諸卦,其辭非有所繫,不得謂之《繫辭》也,不然自漢諸儒已有此名,不知從何而失之也?漢去周最近,不應有失,然漢之所爲《繫辭》者,得非不爲今之《繫辭》乎?《易·需》之辭曰:“需於血,出自穴。”《艮》之辭曰:“艮其限,列其夤。”《睽》之辭曰:“見豕負塗,載鬼一車。”是皆險怪奇絶,非世常言,無爲有訓故(一作“詁”)、考證,而學者出其臆見,隨事爲解,果得聖人之旨邪?《文言》《繫辭》有可攷者,其證如此,而其非世常言無可攷者,又可知矣。今徒從夫臆出之説,果可盡信之邪?此孟子所嘆其不如亡者也。

《易》之傳注比他經爲尤多,然止於王弼。其後雖有述者,不必皆其授受,但其傳之而已。大抵《易》至漢分爲三:有田何之《易》、焦贛之《易》、費直之《易》。田何之《易》傳自孔子,有上、下二篇,又有《彖》《象》《繫辭》《文言》《説卦》等,自爲十篇,而有章句。凡學有章句者,皆祖之田氏。焦贛之《易》無所傳授,自得乎(一作“之”)隱者之學,專於陰陽占察之術。凡學陰陽占察者,皆祖之焦氏。費直之《易》亦無所受,又無章句,惟以《彖》《象》《文言》等十篇觧上、下經。凡以《彖》《象》《文言》等參入卦中者,皆祖之費氏。田、焦之學,廢於漢末。費氏獨興,遞傳至鄭康成。而王弼所注,或用康成之説(比卦六四之類),是弼即鄭本而爲注。今行世者,惟有王弼《易》,其源出於費氏也,孔子之古經亡矣。

[(宋)歐陽修《文忠集》卷六十五　1102—517—65;又見(宋)陳亮編《歐陽文粹》卷十三　1103—746—13;又見佚名編《宋文選》卷二　1346—37—2;又見(明)茅坤《唐宋八大家文鈔》卷四十七　1383—518—47]

太極傳後序

(宋)晁説之

僕年二十有四,偶脱去科舉事業,决意為五經之學,不専為一家章句也。是時,王氏之説列於學官者,既尊而又日有新説。至自金陵,學者恥其得之後也,從而士子又務為新異之説,寒士非其黨與者,莫能嚮邇以一言也。僕恨焉,豈無古人之師乎？果於《易》，得孟喜、京房、鄭康成、虞翻、闗子明之徒，使小王之説不得一日容也。雖然，因是數家，異乎王氏則有之，其於聖人制作之本意，又不知果否、合否如何。逮紹聖戊寅邂逅洛陽楊老，朝散，賢竇語及《易》而異之，良非僕平生所嘗聞之之言也，懇從楊老有求，乃得康節先生自為《易》圖二，雖輪輹具存，而楊行年將七十，中風，語音清濁不端，無由詰問。二三年少在旁，雜以其哂笑，僕獨敬楊之老而尊其圖，謂必可入也。楊且指乾、坤、坎、離四卦為僕言曰："得是四卦，則見伏羲之《易》矣，而文王之《易》在其中也。"越明日，如迷人識歸路，有感於二圖，可指循環無方體也。楊老曰："吾昏病而忘之已久，今日，因子之言則如初授此圖時也。"自是入洛，與先生之子伯温遊，得先生之遺編殘藳，寶而藏之，服勤不知晝夜，二十年間輒作《易傳》四種，名曰《商瞿》傳，示其有師也。無何，靖康元年丙午冬，金人長驅至南京，所為《商瞿傳》者，與平生衣冠、五世圖書悉以灰燼。既而避難高郵，從親朋之請追作《易傳》數帙，未有條理。建炎二年戊申正月，真州又遭離亂，而高郵之《傳》又復灰燼。是時，老病之軀得存於灰燼之外者，幸也。乃避地海陵，病能飲食，而於《易》則曰不能，可乎？益為親朋以追作，起是年四月十八日辛未，訖七月一日癸未，凡用七十二日草藳具，或忘其舊，或得厥新，凡六卷，名之曰《太極傳》，又有《外傳》一卷，《因説》一卷，備為《易》一家之書，後有好古識變之君子，恐未必以僕言為妄作也。嗚呼！吾道其亦艱哉。八月二十五日海陵旅次嵩陽景，迂生晁説之記，年七十。

[（宋）晁説之《景迂生集》卷十七　1118—324—17]

題古周易後

（宋）晁説之

《周易》卦爻一，《彖》二，《象》三，《文言》四，《繫辭》五，《説卦》六，《卦序》七，《雜卦》八，繕寫謹第如上。按：晉太康初，發汲縣舊冢，得古簡編蝌蚪文字，散亂不可訓知，獨《周易》最為明了，上下篇與今正同。有陰陽説而無《彖》《象》《文言》《繫辭》，杜預疑於時仲尼造之於魯，尚未播之遠國，而《漢・藝文志》《易經》十二篇，施、孟、梁丘三家，顔師古曰："上下經及十翼，故十二篇。"是則《彖》《象》《文言》《繫辭》始附卦爻而傳於漢歟？先儒謂費直專以《彖》《象》《文言》參解《易》爻，以《彖》《象》《文言》雜入卦中者，自費氏始。其初費氏不列學官，唯行民間，至漢末陳元方、鄭康成之徒皆學費氏，古十二篇之《易》遂亡。孔穎達又謂輔嗣之意，《象》本釋經，宜相附近，分爻之《象》辭各附於當爻，則費氏初變亂古制時，猶若今《乾卦》《彖》《象》《繫辭》之末歟？古經始變於費氏，而卒大亂於王弼，惜哉！奈何後之儒生尤而效之，杜預分《左氏傳》於經，宋衷、范望輩散《太玄》《贊》與《測》於八十一首，是其明比也。揆觀厥初，乃如古文《尚書》，司馬遷、班固《序傳》，揚雄《法言·序篇》云爾。今民間《法言》列《序篇》於其篇首，與學官書不同，概可見也。唐李鼎祚又取《序卦》冠之卦首，則又效小王之過也。今悉還其初，庶幾學者不執《彖》以徇卦，不執《象》以徇爻云。昔韓宣子適魯見《易》象，是古人以卦爻統名之曰象也，故曰《易》之象也，其意深矣。豈若後之人卦必以象明，象必以辭顯，紛紛多岐哉？嗚呼，學者曾未之知也。劉牧云："《小象》獨乾不係於爻辭，尊君也。"石守道亦曰："孔子作《彖》《象》於六爻之前，《小象》係逐爻之下，惟《乾》悉屬之於後者，讓也。"嗚呼！他人尚何責哉。若夫文字之傳，始有齊楚之異音，始有科斗、籀、篆、隸書之四變，因而訛謬者多矣。劉向嘗以中古文《易經》校施、孟、梁丘經，至蜀李譔又嘗著《古文易》，則今之所傳者皆非古文也，安得覩夫劉、李之書乎？其幸而諸儒之傳，今有所稽考者，具列其異同舛訛於字下，亦庶幾乎同復於古也。或曰："子能古文，何不古文寫之？"曰："有改於華而無變於實者，予不為也。如古者竹簡重大，以經為二篇，今文何必以二篇成帙哉。"謹録而藏諸，以俟博古君子。建中靖國元年辛巳五月二十四日嵩山晁説之題。

［（宋）晁説之《景迂生集》卷十八　1118—342—18］

記京房易傳後

（宋）晁説之

漢《藝文志》《易京氏》凡三種八十九篇，隋《經籍志》有《京章句》十卷。又有《占候》十種七十三卷。唐《藝文志》有《京章句》十卷，而《占候》存者五種二十三卷。今其《章句》亡矣，乃畧見於僧一行及李鼎祚之書，而其傳者曰《易傳》三卷、《積算雜占條例法》一卷，或共題《易傳》四卷，而名皆與古不同。今所謂《京氏易傳》者，或題曰《京氏積算易傳》，疑隋、唐志之《錯卦》是也。《錯卦》在隋七卷、唐八卷，所謂《積算雜占條例法》者，疑隋《逆刺占災異》十二卷是也。至唐《逆刺》三卷，而亡其九卷。元祐八年高麗進書有《京氏周易占》十卷，疑《隋志》《周易占》十二卷是也。自古《易》家有書而無師者多矣，京氏之書幸而與存者才十之一，尚何誰之師哉？説之自元豐壬戌偶脱去舉子事業，便有意學《易》，而輙不好王氏，妄以為弼之外當自有名家者，果得《京氏傳》，而文字顛倒舛訛不可訓知。逮其服習既久，漸有所窺，今三十有四年矣。乃能以其象數辨正文字之謬，於邊郡山房寂寞之中，而私識之曰，是書兆乾坤之二象以成八卦，卦凡八變而六十有四，於其往來升降之際，以觀消息盈虛於天地之元，而酬酢乎萬物之表者，炳然在目也。大

抵辨三易、運五行、正四時、謹二十四氣、悉七十二候而位五星、降二十八宿，其進退以幾而為一卦之主者謂之世。奇偶相與，據一以超二，而為主之相者，謂之應。世之所位而陰陽肇乎所配(乾與坤，震與巽，坎與離，艮與兑)，而終不脱乎本(以飛某卦之位，乃伏某宫之位)，以隱賾佐神明者，謂之伏。起乎世而合内外，叅乎本數以紀月者，謂之建。終終始始極乎數，而不可窮以紀日者，謂之積。含於中而以四為用，一卦備四卦者，謂之互。乾建甲子於初，坤建甲午於上，八卦之上乃生一世之初，一世之五位，乃分而為五世之位。其五世之上乃為遊魂之世，五世之初乃為歸魂之世，而歸魂之初，乃生後卦之初，其建剛日則節氣，柔日則中氣，其數虚則二十有八，盈則三十有六，蓋其可言者如此。若夫象遺乎意，意遺乎言，則錯綜其用，唯變所適，或兩相配而論内外二象。若世與内(革，水火配位，内離火，四世水)，若世與(卜困，金木交争，外夕兑金，初世木)。或不論内外二象，而論其内外之位(萃，土水入艮，兑初土四水)，或三相參而論内外與飛(賁，土火木分陰陽，艮土，離火，飛木)。若伏(旅，火土木入離艮，離火，艮土，伏木)，或相參而論内外世應建伏(觀，金土火木互為體，建金，世應内土，伏火外木)，不論内外而論世建與飛伏(益，金土入震巽，世與飛土，建與伏金)。或兼論世應飛伏(復，水土見候，世應水土，飛伏水土。屯，土木應象，世應土木，飛伏土木)，或專論世應(夬，金木合乾兑入坤象，世金應木。蠱，金木入艮巽，世金應木)，或論世之所忌(履，金火入卦，初九火九四火克九五世金及乾之金)，或論世之所生(巽，火木與巽同宫，世木，巽木，建火)。於其所起見其所滅(大壯，起於子滅於亥)，於其所刑見其所生(隨，金木交刑，水火相激，兑金巽木)。故曰死於位，生於時，死於時，生於位。苟非彰往而察來，微顯而闡幽者，曷足以與此？前是焦小黄變四千九十有六卦，後有管輅定乾之軌七百六十有八、坤之軌六百七十有二，其知之者將可以語邵康節之《易》矣。彼小王之徒，唯知尚其辭耳，其謂斯何？昔魯商瞿子木受《易》孔子，五傳而至漢田何子裝，何授洛陽丁寬，寬授碭田王孫，王孫授東海孟喜，喜授梁焦贛延壽，延壽授房，房授東海殷嘉、河東姚平，河南乘弘，繇是《易》有京氏之學而傳盛矣。有瞿牧、白生者不肯京氏，曰京非孟氏學也。劉向亦疑京託之孟氏，予不知當時為何説也。今以當時之説驗之，蓋有《孟氏京房》十一篇，《災異孟氏京房》六十六篇。與夫《京氏殷嘉》十二篇同為一家之學，則其源委孰可誣哉？此亦學者不可不知也。若小王者，果何所授受邪？蓋自京氏為王學有餘力，而王學之適京氏則無繇矣。或傳是書而文字舛繆，得以予言而考諸，今有不可就正者，闕以待來哲。《積算雜占條例法》具如别録。政和五年乙未五月庚辰嵩山晁説之記。

[(宋)晁説之《景迂生集》卷十八　1118—343—18]

澶州講易序

（宋）黄裳

在氣之先謂之太，易亦非在氣之先也。太且不得，而名之曰《易》而已，當其為太易也，無聲也，聽之不聞，無形也，視之不見，及其下而為渾淪也？然後陰陽之氣，天地之形，乾健陰順之質在其中焉，特未判耳。《易》之道，既降於此，而有理者未有不判焉。陽之氣，於是上為乾之形，天之質；陰之氣，於是下為坤之形，地之質。陰陽者，《易》之物，乾坤之道；乾坤者，陰陽之物，天地之道。聖人因《易》以統陰陽，因陰陽以統天地，因天地以統萬物。以謂萬物吾之憂患不同乎？萬物則與《易》相忘矣。其與之相忘也，我忘《易》歟？《易》忘我歟？非敢知也。然而《易》之道，不得不下而為渾淪，渾淪之理，不得不判而為三才，其判而為三才也，則道邸於象數矣，象數之中，事物並作而交至，有求一人而後復焉，則言意之表，聖人安得而寄我哉？謂夫所以生萬物者天，成萬物者地，鼓而作之者雷，撓而化之者風，燥之者火，説之者澤，潤之者水，而始終之者艮，萬物於是受其形。天一地二天三地四天五，物以之生，地六天七地八天九地十，物以之成。其相生也以相繼，其相反也以相治，萬物於是受其數。其受形也，其體有動静，其情有欲惡，其氣有聚散；其受數也，其時有消息，其事有吉凶，其物有得喪。是非利害形數之中，其理備矣。順之則吉，逆之則凶，取之可以致利，通之可以遠害。然而天下之愚衆，莫之知焉。以物累其形，以形累其生，以生累其德，宜静而動，宜順而逆，遂至違時悖理不能與數相為盈虛，相為去來，輕取禍惡者，不可勝計也。夫人之所以為賢者，為其順性命之理，而為不肖者逆之，所以得福者，為其順陰陽之數，而得禍者逆之。雖然，逆之者豈其故哉？數之始終，理之隐顯，彼之智不足以及之，徒本八物以受其形，五行以受其數，其本不明，相與争逐，其末則憂虞悔吝不可勝計也。然而愚衆莫之知者，一偏於象數，彼且為象數一偏者，欲其定象以明萬物之理，推數以觀其變，奚可任哉？蓋夫不役於數者，始可以立數；不制於象者，始可以取象。圍數之所能窮，範象之所可及者，通乎晝夜之道，乃能知之，然而出乎象數之外者，或曠數百歲未之有焉。遽責天下之愚衆，不為吉凶利害作其憂患，是則難也。伏羲、文王書乎象數之外者也，體《易》之道，聖人既出於象數而體之，則夫吉凶利害豈能為之患哉？伏羲、文王不能忘言棄象，作為八卦，揲枯莖之草，灼朽骨之龜以示天下後世者，與民同患而已。作《易》設卦與同患，聖人豈求之他哉？求之萬物所本而生者耳。於是卦乾以象天，卦坤以象地，卦震以象乎雷，卦巽以象乎風，卦坎以象乎水，卦離以象乎火，卦艮以象乎山，卦兑以象乎澤，是非之理，好惡之情，八卦之中存焉。萬物之生也，或者成之；萬物之成也，或者變之；長短多寡，出入往來，九六之中存焉。象數既立，又患天下莫能知其意者，於是告之以辭，使之明其義，教之以揲，使之識其變，明其義，則不廢乎人事。識其變，則不廢乎天理，致理而遠害猖狂妄作者，無所溺焉。則《易》之為天下後世計者，可謂仁矣。夏曰《連山》，商曰《歸藏》，周曰《周易》，闡幽者《易》之仁也，故夏曰《連山》者，象其仁而言之也，山者静而生養乎物者也，有仁之道焉；微顯者《易》之智也，故商曰《歸藏》者，以其藏諸用而言之也。夏主名於《連山》，則不及乎《易》之智，商主名於《歸藏》則不及乎《易》之仁。能闡能微能常能變，然後《易》之道至焉，故周曰《周易》。言周，所以别乎夏商；言易，所以統乎易道之仁智。以仁闡幽，以仁體常，以智微顯，以智盡變，然後《易》之道至焉。能常而已，不足以為《易》也，故變動不居者，惡其不能變也，能變而已，不足以為《易》也，故剛柔不易者，惡其不能常也。蓋夫能常者，止於静，止於有體而無用，能變者止於動，止於有客而無主，不為體用主客所止者，其《易》之謂乎？無為而無不為，以其不止於為，故曰《易》無體。生之所生者，死矣，而生生者，未嘗終焉，故曰"生生之謂《易》"。惟其不為主客體用所主，是故天地為體之時，則《易》能為之用，故曰天地設位，而《易》行乎其中矣；乾坤為用之時，則《易》能為之體，故曰乾坤成列，而《易》立乎其中矣。謂之《易》者，自其無乎不為言之；謂之神者，自其無乎不在言之；謂之道者，自其無乎不由言之。大人也，真人也，聖人也，其猶三者之名歟？大則名其業，真則名其性，聖則名其德，然而一陰一陽之謂道，則道不離乎數矣。有方也，或能制之；有體也，或能役之。不離乎數，猶在方體之中，則制之役之者至矣。然而有《易》與神，此道所以不在天地之内，亦非在天地之外。或者烏得而物之哉，或者有不得而物之，然後出乎方體之外者，足以前民之用，入乎方體之内者，足以同民之患，未始有窮焉。然而陰陽也，天地也，乾坤也，皆官於《易》。聖人之卦，乾坤也，名之以陰陽，故曰"乾，陽物也，坤，陰物也"。象之以天地，故曰乾為天，坤為地。陰陽也，天地也，乾坤也，卦爻之中備矣。以其所自出者，統而名之，此書所以謂之《易》也。《禮》主於法，《詩》主於情，《書》主於事，《易》主於道。聖人以《禮》道法，以《詩》道情，以《書》道事，所以為天下後世計者，如此足矣。有言則道喪，而聖人强言於《易》者，蓋謂天下後世不得《易》之象以究萬物之理，《易》之數以推天時之變，《易》之辭以考人事之義，則猖狂妄作者，淪溺於禍患，可勝悼哉？《詩》之和，《禮》之嚴，蓋未暇及也，得《易》之道，然後可以達物情，立政事，遂致天下之法則。學者之於《易》，當盡心焉免夫禍患，非予望學者之盡也。

[（宋）黄裳《演山集》卷二十二　1120—158—22]

張舜元講易序

（宋）黄裳

《易》之為道，不出乎象數，不足以為聖人以前民用，不用乎象數，不足以為天下以同民患。是故聖人方其坐進乎道，怳兮惚其中有物，惚兮怳其中有象，有物即有象，有象即有數，及其怳惚之象數，杳冥之真精，相遇而為混沌，然後二儀萬物五行四象皆在乎其中，可以作《易》。故惟聖人為能知象之所以立，知數之所以起，知言之所以默云，知意之所以用捨。以蓍得爻，以爻得卦，吉凶之兆，禍福之證，如響之聲，如形之影，可以善勝，難以幸免。蓋夫神《易》之在聖人，入而反一，則形而上者，與之為體；出而應萬，則形而下者，與之為用。惟象與數本於道，行於神，聖人取其無乎不為之《易》，以濟民行，以同民患，乃命以為書焉。舜元讀《易》於山中，輒自大悟，以謂後世之學《易》者，類以臆論，徒説義理，第為虚言，無補於事。蓋夫聖人不以前民用，則何事乎為《易》？不用乎象數，則何以前民用？於是範天地之化而得象，圍天地之化而得數，聖人言意本乎爻卦，象數本於神《易》。舜元推於爻卦之變動，禍福之兆，休廢之理，密與人事合如符節。因民之言動而貳之以是非，使之趨吉而背凶，因民之向往而貳之以迷悟，使之違惡而依善。一氣之起滅，五行之衰盛，有常有幸，或依或違。使之知所避，以幸而遂免，使之知所修，以常而獲報。而彼末學方用區區之説，與人徒論人事，雖執以歸，竟無其實。然則舜元之學，當與晉漢之高士議其優劣，諸生其勤而承之，不可失也。

［（宋）黄裳《演山集》卷二十二　1120—161—22］

易解序

（宋）鄒浩

余元祐中為太學博士講《易》，講未終編，俄以罪去，然《易》之大旨，蓋嘗潛心矣。後十年，崇寧二年竄處昭州，因以循省餘隙，北面於《易》而承教焉。始也，恍若三聖親以指授，然而猶有《易》也；中也，卦爻象數一念冰釋，然而猶有《易》也；終也，在天而天，在地而地，在人而人，在物而物，不知何者非《易》邪？不知何者是《易》邪？索之而不得也，簡之而不得也。然則昔之作《易》者，其誰乎？今之學《易》者，其誰乎？不知誰之所以誰者又其誰乎？不得已而喙鳴焉。蓋作《易》者，以憂患興；而學《易》者，以憂患入也。作《易》者以憂患興，經著之矣；學《易》者以憂患入，未有過於孔子者。故曰："吾再逐於魯，伐木於宋，削跡於衛，窮於商周，

圍於陳蔡之間，親戚益衰，徒友益散，其所以韋編三絶，是乃《易》之所不得遯也。五十而學《易》，有《易》可學也，七十而從心所欲，不踰矩，則不可為典要，惟變所適矣。"孔子，《易》也；《易》，孔子也。孔子與《易》雖大智迷矣，予未得為孔子徒者也。然自元祐以來，黜於襄州，竄於新州，又竄於永州、昭州，親老不得養，兄弟妻子離散，舉天下言罪戾者，必歸焉。行年四十有五，又適近於孔子言加我數年之時也，孔子於是時，前言學《易》，予以是時願學焉，幸而得之，以進乎學，則所謂可以無大過者，尚竊庶幾焉，不瞠若乎其後也。莊子曰："果有言邪？其未嘗有言邪？"予既以夫未嘗有言者，容聲於筆端矣。於是又為之序以冠之，以槩見秋毫。

[(宋)鄒浩《道鄉集》卷二十七　1121—399—27]

括蒼先生易傳敍

(宋)鄒浩

《易》之旨不明於世久矣。神宗皇帝以道莅天下，於是造士以經表，通經者講於大學，以訓廸四方。時陸公佃《詩》，孫公諤《書》，葉公濤《周禮》，周公常《禮記》，而先生専以《易》授諸公，咸推先焉。先生，蓋王文公門人之高弟也。三聖之所祕，文公既已發之於前，文公之所畧，先生又復申之於後，始而詳説之，終以反説約。故自熙寧以來，凡學《易》者，靡不以先生為宗師，因以取上科，躋顯仕，為從官，為執政，被明天子所眷遇，而功名動一時者，踵相躡而起，至於今不絶也。先生之於斯文，豈曰小補之哉？某獲從先生游二十餘年矣，始見之廣陵，乃先生廢黜之後也，聽其言而觀其貌，未嘗戚然，猶在太學也。中見之京師，乃先生復用之初也，聽其言而觀其貌，未嘗欣然，猶在廣陵也。晚見之西垣，又見之東省，又見之中臺，先生之所以出入、進退，固已數數然矣，恬不以為欣，戚亦無異於前日也。頃聞其殁，初無甚苦，一旦正坐，若隱几然而逝矣。莊子曰："死生無變於已，而況利害之端乎?"然則先生之於《易》，非徒言之，躬行之矣。是以言天下之至賾，而不可惡，言天下之至動，而不可亂，使人擬議以成其變化，亦《易》而已。後之學者，果忘言而忘象，雖捐書可也。若猶篤志於韋編，則先生之説，方且與《易》皆行而不朽，亦何待於序乎？姑以夫可以形容者，塞其子見屬之意云。

[(宋)鄒浩《道鄉集》卷二十八　1121—415—28]

孫莘老易傳序

(宋)游酢

《易》之為書,該括萬有,而一言以蔽之,則順性命之理而已。陰陽之有消長,剛柔之有進退,仁義之有隆污,三極之道,皆原於一而會於理。其所遭者時也,其所託者義也,其所致者用也,知斯三者,而天下之理得矣。斯理也,仰則著於天文,俯則形於地理,中則隱於人心,而民之迷日久,不能以自得也,冥行於利害之域,而莫知所向。聖人有憂之,此《易》之所為作也。伏羲象之而八卦成,文王重之而六爻具,周公繫之辭,仲尼訓其義,自伏羲至仲尼,則《易》之書不遺餘旨矣。蓋將領天下於中正之塗,而要於時措之宜也。居則觀象而玩辭,動則觀變而玩占,以研心則慮精,以應物則事舉,天且助之,人且與之,而何凶咎之有!故曰:"是興神物,以前民用。"又曰:"因貳以濟民行。"此四君子之用心也。孫公莘老少而好《易》,常以是行已,亦以是立朝,或進或退或語或默或從或違,皆占於《易》而後行也。晚而成書,辭約而旨明,義直而事核,又將與學者共之。蓋亦先聖之所期,豈徒為章句,以自名家而已,此先生傳《易》之意也,學者宜以是觀之。

[(宋)游酢《游廌山集》卷四　1121—697—4;又見(宋)吕祖謙編《宋文鑑》卷九十二　1351—76—92]

易講義序

(宋)周行己

《易》之為書,伏羲始作八卦,文王因而重之,孔子繫之以辭,於是卦爻彖象之義備,而天地萬物之情見。聖人之憂天下來世其至矣,先天下而開其物,後天下而成其務,是故極其數以定天下之象,著其象以定天下之吉凶,六十四卦,三百八十四爻,皆所以順性命之理,盡變化之道也,散而在野,則有萬殊統之,在道則無二致,所以《易》有太極,是生兩儀。太極者,道也;兩儀者,陰陽也;陰陽一道也,太極無極也,萬物之生,負陰而抱陽,莫不有太極,莫不有兩儀,絪緼交感,變化無窮。形則受其生,神則發其知,情偽出焉,萬緒起焉,《易》之所以定吉凶,生大業也。故《易》者,陰陽之道也;卦者,陰陽之物也;爻者,陰陽之動也。卦雖不同,所同者奇耦;爻雖不同,所同者九六;是以六十四卦互為其體,三百八十四爻互為其用,遠在八荒之外,近在一身之中,暫於瞬息,微於動靜,莫不有卦之象焉,莫不有爻之義焉。至哉,《易》乎!其道至大而無所繫,其用至神而無不存,時固未始有

一，而卦亦未始有定，象事固未始有窮，而爻亦未始有定位。以一時而索卦，則拘而無變，非《易》也；以一事而明爻，則窒而不通，非《易》也。知所謂卦爻彖象之義，而不知所謂卦爻彖象之用，亦未為知《易》也。由是得之，於精神之動，心術之運，“與天地同其德，與日月合其明，與四時合其序，與鬼神合其吉凶”，然後可以謂之知《易》也。雖然《易》之有卦，《易》之已然者也，卦之有爻，卦之已見者也，已形已見者，可以言知，未形未見者，不可以名求，則所謂《易》者，果何如哉？此學者所以當知也。

[（宋）周行己《浮沚集》卷四　1123—628—4]

校正伊川易傳後序

（宋）楊時

伊川先生著《易傳》，方草具，未及成書，而先生得疾，將啓手足，以其書授門人張繹。未幾而繹卒，故其書散亡，學者所傳無善本。政和之初，予友謝顯道得其書於京師示予，而錯亂重複，幾不可讀。東歸待次毗陵，乃始校定，去其重複，逾年而始完。先生道學足為世師，而於《易》尤盡心焉，其微辭妙旨蓋有書不能傳者，恨得其書晚，不及親受旨訓。其謬誤有疑而未達者，姑存之，以俟知者，不敢輒加損也。然學者讀其書得其意，忘言可也。

[（宋）楊時《龜山集》卷二十五　1125—348—25]

易傳内篇序

（宋）李綱

六經皆所以載道，而《易》以道陰陽，故剛柔相推而生變化，天道備矣。聖人繫辭焉，而明吉兇，以盡人事，所以和同天人之際，而使之無間也。古文日月為易：日，陽也；月，陰也；月遡日邁，一晝一夜相推而生明，陽奇陰耦，一剛一柔相推而成卦。故曰：“陰陽之義配日月。”又曰：“剛柔者，晝夜之象也。”聖人觀變於陰陽而立卦，發揮於剛柔而生爻，卦爻具，而謂之《易》者，蓋專以變易為義，先儒謂《易》含三義，有不易、簡易之意者，非也。故自太極兆而為奇耦，自奇耦積而為乾坤，自乾坤索而為六子，自八卦相重相錯而為六十四卦，無非變者，“六爻之義易以貢，變動不居，周流六虛，上下無常，剛柔相易，不可為典要，唯變所適”，此所以謂之《易》歟？《易》也，道也，神也，異名同實，其旨一也。生生之謂《易》，一陰一陽之謂道，陰陽不測之謂神，三者渾淪而不相離。語其大，則範圍天地；語其小，則充足毫末。刻彫衆形，橐籥萬化，自有形至於無形，自有心至於無心，莫不綜攝乎此。則《易》之為書，何為者耶？載此而已。剛柔有自然之體，奇耦有自然之數，上下内外有自然之位，進退往來有自然之序，消息盈虚有自然之理，皆所以載天道也，而人事存焉，是以聖人察卦爻之變，因其有是象，則繫之以是辭，以愛惡情僞之相感為吉兇悔吝之端，以君子小人之消長為治亂安危之本，其所以告人，使避兇趨吉。雖不離於日用之間，而精義入神有出於思為之表，和順於道德而理於義，窮理盡性以至於命，此學者所以不可不盡心也。《周官》："太卜掌三易之法：一曰《連山》，二曰《歸藏》，三曰《周易》。其經卦皆八，其别卦皆六十有四。"則自伏羲畫八卦，因而重之，六十四卦已陳矣。《連山》，夏《易》也，以艮為首，故曰《連山》；《歸藏》，商《易》也，以坤為首，故曰《歸藏》；孔子觀商道於宋，得坤乾焉，蓋《歸藏》之書。然而讀《易》韋編至於三絶，作《彖》《象》《文言》諸篇以贊明之，則三《易》之書，至《周易》而後大備，故韓宣子適魯見《易》象及《春秋》曰："吾乃今知周公之德與周之所以王矣。"《易》卦先後之序與《彖》爻之辭，皆文王造始，而周公續終之，故有王用亨於西山，箕子明夷利貞之語，不然韓宣子何以知周公之德哉。孔子於《易》，其説尤詳，而《論語》記羣弟子問答，獨罕及《易》，故曰："子所雅言，《詩》《書》執禮皆雅言也。"以詩書執禮為雅言，則《易》罕言矣。豈非《易》者天道所在，而性與天道雖子貢亦有所不得聞故耶？秦焚詩書，《易》以卜筮之書而幸存，今餘經類亡闕，而《易》獨為完經。蓋天相之以垂訓於萬世，使一卦一爻有不備者，則乾坤或幾乎熄矣。漢晉間如九師之流，一主於象數而不稽義理，故其取象蔓衍迂濶，多悖聖人之意，自王輔嗣以來，及近世學者，一主於義理而不求象數，故其訓義與象相違，因失聖人之意者，亦不為少。二者胥失也。夫聖人極數以定象，立象以盡意。象數者，《易》之所自作，而義理寓。舍象數以求意，是由舍筌蹄而求魚兔，捐麴糵而求酒醴也。魚兔得，然後筌蹄可忘；酒醴成，然後糟粕可棄。故必質諸象數而不謬，考諸義理而不惑，六通四闢，無所滯礙，然後聖人之意可見焉。孔子《彖》《象》蓋兼之矣，然而象少義多者，深其阜，眇其根，幽其所以然，使學者精思而自得故也。余以罪謫海上，端憂多暇，取《易》讀之，屏去衆説，獨以心會，即象數之幽眇，究理義之精微，於以窺聖人之制作，燦然如據。璣衡以觀天，日月星辰，經緯昭回之文，吉兇妖祥之理，皆可歷數而周知，喟然歎曰："不學《易》而涉世，其蹈禍固宜，罪大不死，乃得窮聖經於荒絶之鄉，心醉神開，恍若有授之者，豈非幸耶？"昔人作《易》於憂患者，非特智慮不用於時，欲有所表見於後，蓋亦險阻艱難備嘗之矣，人之情僞盡知之矣，然後思深慮危，足以發難言之妙蕴，以貽範於将來。余雖固陋，困窮流離之甚，其敢忘此。乃以所妄見者，著《易傳内外篇》，訓釋上下經、上下《繫》《説卦》《序卦》《雜卦》、總論，合為十卷。外篇：《釋象》七，《明變》一，《訓辭》二，《類占》一，《衍數》二，合為十有三卷。凡二十有

三卷。雖未足以測聖人之意，然發明《易》學必由象數以極義理之歸，庶幾或自此書始也。引義比類，反覆參錯，文辭繁費，所不得已，覽者取其意而勿誚焉可也。書始於建炎歲次己酉中夏，時赴謫所，南征次鬱林，成於庚戌季春，時自海上北歸，次寧遠，凡朞年云。謹序。

［（宋）李綱《梁谿集》卷一百三十四　1126—545—134］

易傳外篇序

（宋）李綱

“《易》有聖人之道四焉：以言者尚其辭，以動者尚其變，以制器者尚其象，以卜筮者尚其占。”《易》本於數而數不與焉，極其數，遂定天下之象，數兼於象故也。有數而後有象，有象而後有變，有變而後有占，而鼓天下之動則存乎辭，辭所以該極象數，各指其所之，而明吉兇以示人者也。古之學者必備是五者，然後足以窺聖人作《易》之旨。故有推步、氣候、律歷之學，所以知數也；有正卦、互體、俯仰之學，所以觀象也；有卦變、時來、消長之學，所以察變也；有五行、世應、遊魂、歸魂之學，所以考占也；有訓詁其言、解釋其義之學，所以修辭也。近世學者唯尚言辭，務明其義，而象數變占之學皆失其傳，則不得聖人之旨多矣。今卦爻之象變具在，含蓄妙意，發揮至理，示人甚明，顧弗深考，而占筮術數之法載於經傳者，班班可見，苟能精以思慮，默契於心，則古人之學不難到也。聖人作《易》之旨，雖非即此而可窮，亦非舍此而能得，不鑿不拘，唯其是之為從而已。余年運而往，行將知命，學《易》於憂患之中，既以所妄見者為之傳，又作《釋象》七篇，《明變》一篇，《訓辭》二篇，《類占》《衍數》各一篇，合十有二卷，目為《易傳外篇》，以解剥《易》體，庶幾聖人難盡之意或因是而可窺，至於洞象數之表，達變通之幾，占筮之巧妙，辭義之精微，有不可以筆舌傳者，則覽者當自得焉。蓋《易》者，學道之筌蹄，此書又學《易》之筌蹄，魚兔已得，則筌蹄雖忘焉可也。書始於建炎三年己酉之中秋，時謫居海上，行次雷陽，成於四年之仲春，時蒙恩北歸，行次容南，凡半年云。謹志歲月，總其大畧，為之序，冠於目録之首。

［（宋）李綱《梁谿集》卷一百三十四　1126—547—134］

釋象序

（宋）李綱

《易》者象也，猶天之垂象，經緯昭回，環布森列，在野象物，在朝象官，在人象事，皆有名數，分域燦然以示人，故天之高也，其故可得而知，則以象知之也。善占天者，必審其名數，辨其分域，知象所在而謹察之，然後天意可推，而吉兇妖祥可得而占。不然，則以角為尾，以味為翼，以斗為箕，以紫微皇極之居為太微。三光之廷，其相去遼絶，可勝言哉！《易》象亦然。奇耦相交，而八卦之象立；八卦相錯，而六十四卦之象生；六爻相雜，而三百八十四爻之象備。正取之為天、地、水、火、風、雷、山、澤之八物，旁取之則天地之間百物不廢。其在天者，日月之盈昃，星斗之斡旋，雲雨之升降，冰霜之凝結，無不取也；其在地者，丘山之叢聚，川淵之流止，井邑、田野、城墉、衢巷之制，千盤、陵陸、泥沙、谷穴之宜，無不取也；在人，則取於君臣父子夫婦男女長幼朋友之倫；在物則取於羽毛鱗介草木華實牲醴膏血之品。取諸身者，耳、目、鼻、口、心、思之於五官，頂、頤、輔、鬚、頰、舌之於元首，脢、背、夤、腹之於體，拇、趾、腓、股之於足，莫不具焉。取於器者，樽簋之屬以為禮，弧矢之属以為威，牀几枕柅之屬以為安，車輿輪輻之屬以為行，簪紱裳带以為服，饋餗酒食以為養，瓶甕繘幕之於井，耳鉉趾足之於鼎，莫不有焉。以禮為象，則有祭祀、賓客、婚媾、田狩、征伐之類，而五禮備矣；以政為象，則有刑法、慶賞、告命、官使、事功之類，而庶政舉矣。動静取舍，進退往來，内外小大，先後初終，一話一言，象皆存乎其中。大矣哉，《易》之取象之多也！夫八卦錯，則六十四卦之才殊，其所以為消長盛衰、治亂安危、聚散通塞者亦殊也。六爻雜，則三百八十四爻之情異，其所以為愛惡相攻、遠近相取、情僞相感者亦異也。卦者，時也；爻者，人也。所遇之時，所處之人既不同，則吉兇、悔吝、得失、憂虞、是非、利害，其象亦隨而變焉，此取象之所以不得不多也。聖人設卦以觀象，立象以盡意，繫辭焉以斷吉兇而盡其言，因有是象，則命之以是辭，豈苟然哉。辭具難言之象，而象含無盡之意，深考而諦觀之，聖人之意蓋昭然矣。舍象以求《易》，是猶舍日月星辰而觀天也，可乎哉？夫象者，像也，猶之象設擬形容而象物宜，使觀者有所考耳。審象而得之，如高宗以夢而得傅説，循名而失之，如燕人市璞而得死鼠，此求象之不可以不察也。制器者，因規以為圓，因矩以為方，而後可以議方圓於規矩之外也；作樂者，因律以召陽，因吕以召陰，而後可以知聲於黄鐘大吕之表也。相馬者，按法式以求之，則儀氏鞈，中帛氏口齒，謝氏肩髻，闕一不可。及其至也，牝而黄，牡而驪，足以得天下之馬。不能察其法式，而曰我能得馬者，妄也。魚兔得，筌蹄捐，醇精流，糟粕棄，此為得象者言，而非求象者之事也。自王弼有"得意在忘象，得象在忘言"之論，深斥象數之學，以謂互體不足，遂及卦變，變又不足，推至五行，義無所取。而近世學者遂廢象而不談，不能知象，因失聖人之義多矣。殊不知象明而後意可得，意得而後象可忘，求象未得，遽欲棄而捐之，不亦過乎？互體卦變之屬，其所由來古矣。考十三卦制器尚象之理，與《春秋傳》所載占筮之言，其説不誣。第漢、晉諸儒計之不精，索之不切，一泥於象，而不求義，蔓衍迂

澗，反害聖人立象之本旨。今其書已罕傳，而爻象之象具在，可推而得，冥搜遠紹，惟其是之從，而勿泥焉可也。夫天象可觀而不可窮，《易》之象含天下之至賾，而測之益深，窮之益遠，詎可俄而測哉？錯雜以觀其所同，比類以求其所異，由顯以知隱，由邇以擬遠，由支離以會歸於簡易，則聖人精微之意，若合符節矣。作《釋象》。

[（宋）李綱《梁谿集》卷一百三十四　1126—548—134]

明變序

（宋）李綱

《易》者，變也。自乾坤變而為八卦，自八卦變而為六十四卦，自六十四卦變而為四千九十六卦。無非變者，其法起於七八之數而已，九為老陽，其策三十有六。六為老陰，其策二十有四，陰陽之老必變，故得九六之數，則動而有所之。七為少陽，其策二十有八。八為少陰，其策三十有二，陰陽之少不變。故得七八之數，則静而無所適。聖人觀變於陰陽而立卦，發揮於剛柔而生爻，所以明吉兇以示人者，因其動而已，故曰“道有變動”，故曰“爻爻有等”，故曰“物物相雜”，故曰“文文不當”，故曰“吉兇生焉”，又曰“變動不居，周流六虚，上下無常，剛柔相易，不可為典要，惟變所適”。然則重六畫以成爻，統六爻以成卦，積六十四卦以成《易》，所以體天地之撰，通神明之德，類萬物之情者，其有不存於變者乎？孔子論《易》之變，有兼變化而言者，有獨指變而言者。蓋物之生，由乎化者也；物之極，由乎變者也。陽極生陰，則在陽為變，在陰為化，故凡陽老而之陰者，皆剛變而為柔。陰極生陽，則在陰為變，在陽為化，故凡陰老而之陽者，皆柔變而為剛。剛柔相推而生變化，變化者，進退之象，此兼變化而言之也。一闔一闢謂之變化，而裁之存乎變，此獨指變而言之也。夫陰闔陽闢，其極皆變，使化而無變以裁之，則天地萬物何以相禪於無窮。爻以傚此，故曰“爻也者，言乎其變者也”。由爻之變，故卦以之變；由卦之變，故《易》之變備焉。六十四卦三百八十四爻，其象不同，而聖人繫之以辭亦異者，莫不一寓於變。然而又有專取變以為《彖》《象》者，若井之“改邑不改井”之類是也；有專取變，以為爻象者，若《巽》九五之“先庚三日，後庚三日”之類是也。以至消長進退之序，俯仰盈虚之體，應比遠近之勢，愛惡取舍之情，即其變而觀之，《易》之理蓋昭然矣。作《明變》。

[（宋）李綱《梁谿集》卷一百三十四　1126—550—134]

衍數序

(宋)李綱

“道生一,一生二,二生三,三生萬物。”自道降而生物,無非數也。“《易》有太極,是生兩儀,兩儀生四象,四象生八卦。”自《易》闡而生卦,無非數也。造物者本象以出數,故曰“物生而後有象,象而後有滋,滋而後有數”,則數非象不立。作《易》者因數以定象,故曰“極其數,遂定天下之象”,則象非數不明,二者相為表裏而已。天下之物不逃於數,天下之數不外於象,天下之象不遺於《易》。故《易》之為書,該極象數以冒天下之道者也。數起於蓍,蓍以七運而四十九之用,圓而神,數成於卦;卦以八周而六十四之體方以智,揲蓍以知策,推策以定爻,因爻以設卦,而《易》之能事畢矣。陰陽有老少,此策之數所以殊也;剛柔有微彰,此爻之數所以別也。自天一至天五,生數也,自地六至地十,成數也,以奇生者成而耦,以耦生者成而奇,奇耦相推演,而五行之數立矣。一三五七九,天數皆陽也;二四六八十,地數皆陰也。合天數二十有五,合地數三十,凡五十有五,而大衍之數成矣。乾履一於西北,巽戴九於東南,艮東北而左三,坤西南而右七,離二震四,上峙而為肩,坎八兑六,下承而為足。《河圖》九宫,天極之數積矣。氣有司間,而上下左右之分辨;精有專散,而風雨寒熱燥濕之化彰。乾、兑之金,位於西而盛於西北;震、巽之木,位於東而盛於東南。離火有君相,坎水有降升,坤、艮之土有始終。五運六氣,坤樞之數行矣。乾坤包六子而納甲之法生,五行歷十二辰而納音之法備,五聲六律十二管,旋相為宫,有高下損益之制,律法出焉。參天兩地,迭相乘除,有章蔀紀元之術,歷法肇焉。故以卦當日,晝夜各一則為爻十有二者,辰也;以卦當月六日七分則為三十者,日也;以卦當時震、兑、坎、離,分主春、秋、冬、夏則為爻二十有四者,氣也;以卦當年,陰陽二卦,相交於冬夏二至則為爻十有二者,月也。參伍以變,錯綜其數,引而伸之,觸類而長之,天下之故,莫不筦攝於此。故明於《易》之數者,順以數往,逆以知來,察天人之際於掌握之間,洞古今之變於談笑之頃,究觀物理,與神為謀,其故何哉?天地之覆載,陰陽之生殺,日月星辰之運行,晦明寒暑之代謝,山川之流止,動植之死生,事之因革,器之成壞,人之窮達壽夭,世之治亂安危,帝王之興衰,君子小人之進退消長,莫不有數存乎其間。故數也者,成變化,行鬼神,雖天地之大不能違也,而況於人乎?況於萬物乎?極數之變,執神之機,在璇衡以觀大運,據會要以知方來,則探賾索隱,鉤深致遠,推陰陽之荒,考神明之隱,若影響之於形聲,夫何疑哉?漢之揚雄、張衡,唐之魏伯陽、邢和璞,本朝之邵雍,皆深於數者。故雄作《太玄》,衡著《靈憲》,伯陽有《參同契》,和璞有《潁陽書》,雍以先天圖作《皇極經世》,皆宗於《易》,而輔翼推明之,至數所在,信如蓍龜,不可誣也。精微之幾,不可以言傳,姑取其可陳者著

於篇，作《衍數》。

[(宋)李綱《梁谿集》卷一百三十四　1126—551—134]

類占上序

(宋)李綱

人心，神明之府，天地之鏡也，萬物之鑑也。虚而靈，寂而通，固可以無卜筮而知吉兇，所不能然者，物蔽之也。故必假於蓍龜神物，然後能知之，龜曰卜，蓍曰筮。卜所以兆象也，自陰陽五行之象，交感而生爻者，為雨、霽、蒙、驛、克，故卜之用五。筮所以兆數也，自陰陽五行之數，錯綜而成卦者，内為貞，外為悔，故筮之用二。卜筮之用，以其從違，斷天下之疑，無有逺近幽深，遂知來物，故曰"探賾索隱，鈎深致逺，定天下之吉兇，成天下之亹亹者，莫大於蓍龜"。《易》之道，以卜筮者尚其占，而卦爻之變，專以筮為主者。"幽贊於神明而生蓍，參天兩地而倚數"，觀變於神明而立卦，發揮於剛柔而生爻，卦爻本於數，而數本於蓍故也。三《易》之法，一曰《連山》，二曰《歸藏》，三曰《周易》。其經卦皆八，其别卦皆六十有四。《連山》《歸藏》以静為占，故爻稱七八；《周易》以動為占，故爻稱九六。七八者，少陰少陽之數也，陰陽之少虚而未盈，故静而不變；九六者，老陰老陽之數也，陰陽之老盈而已極，故動而變生。吉兇悔吝，生乎動者也。故《易》以動為占，所以卦爻之辭，其變不一者，動則觀其變，而玩其占，所指不同故也。一爻變，則其占用所變之爻辭。陳侯筮敬仲，遇觀䷓之否䷋(六四爻變)，曰：是謂"觀國之光，利用賓於王"之類是也。二爻至六爻皆變，則其占用變卦之彖辭，穆姜筮居東宫，遇艮䷳之隨䷐(六二不變外，餘爻皆變)，曰是在《周易》"隨，元亨"，"無咎"之類是也。六爻皆不變，則其占用本卦之彖辭，晉公子重耳筮得晉國，遇貞屯䷂悔豫䷏皆八，曰是在《周易》，皆"利建侯"之類是也。古之占筮，以辭為主，而又論卦爻之體，若畢偃筮仕於晉，遇屯䷂之比䷇。辛廖占之，曰："吉"。"震為土，車從馬，足居之，兄長之，母覆之，衆歸之"，"為公侯卦"之類，論卦體也。若晉成公筮歸國，遇乾䷀之否䷋，曰"配而不終，君三出焉"之類，論爻體也。率之以卦爻之辭，揆之以卦爻之體，而兇吉之理明矣。後世占筮，有世應之説，有飛伏之候，有歸魂、遊魂之法，有納甲、納音之術，有星躔、氣候之數，以五行之生克比和六神之王相囚廢决定吉兇。而京房、郭璞、焦赣之流，又各以其術制《易林》，《春秋》占法殆廢。至近世則諸家之術亦失其傳，所謂以卜筮尚其占者，或幾乎絶，可勝慨哉！惟依古法，主卦爻之辭，而兼論其體，參以諸家之術，庶幾得之。今掇取六經《春秋傳》《國語》所載占筮及諸家之術可用者，史氏所傳占筮術數之精微者著於篇，作《類占》。

[(宋)李綱《梁谿集》卷一百三十四　1126—552—134]

類占下序

（宋）李綱

卜筮術數，藝成而下與醫祝同科。然該極象數，探賾索隱，鉤深致遠，聖人之道在焉。推原天地陰陽五行之理，於卦爻之間，逆知吉兇，若合符節，雖千里之遠，千歲之故，可坐而致，至矣哉！妙於此者，又能將之以道義，如司馬季主、嚴君平；飾之以藝文，如管輅、郭璞；巧發奇中，如隗炤、趙達；預言期運，如鄭相如、桑道茂，尤可貴重。昔太史作《日者列傳》，蓋有意推崇之。因取西漢以來，至於五代，史策所載卜筮術數之精微者，掇其大要，著於《類占》之末。

［（宋）李綱《梁谿集》卷一百三十四　1126—554—134］

書寄崧老易傳後

（宋）李綱

"曳其輪"之象，妙處在曳。曳者自後牽車，以緩其行也。坎為輪輿，既濟、未濟互體皆有坎，而初九、九二處其後，故象為"曳其輪"。《睽》體亦然，故六三之見上九為"見輿曳"，自六三觀之，則上九處坎體之後，疑其無適己之意故也。"曳"之象皆在陽爻，則非才之剛而孔武有力者，安能曳車以止之哉！至《賁》之初九，亦處坎體之下，則以"舍車而徒"為象，此之謂"唯變所適"。由是觀之，豈非字字有象而互體之類曷可少哉！此秘，殆亦昔人所未覩也。前所録數十條，皆考於象而為之説，既與世之説《易》者不同，於《襄陵易傳》亦有合不合者，願參考之，取其是而削其非，因周詳以誨諭為望。聖人立象以盡意，雖如觀天下之不可窮，然意之所在，要有至當去處。吾儕即象以求之，正如法家斷案，鋪陳法律求所以當其罪而止耳。不當其罪則以笞杖為徒流，相去遠矣。此所以必資於講貫之益。在兑，君子以朋友講習，理義之説，孰有大於此！惜乎江海之遼絶而音問之難通也。此編切勿以示人，非唯尚口乃窮之時不足以取信於世，亦其間有未安者，隨得隨改也，所著《易傳》九卷，《總論》一卷，外篇《釋象》七卷，《訓辭》三卷，《明變》《類占》《衍數》各一卷，合二十二卷。俟定居，當悉録，致左右以求證明，唯痛加斤斧，乃所望也。

［（宋）李綱《梁谿集》卷一百六十三　1126—719—163］

秦楚材易書序

(宋)張守

皇帝以天縱之聖,紹隆絶業,英規雄斷,視周、漢、宣、光不足擬倫,而厲精六學,緝熙光明,博綜兼該,尤邃於《易》。所以極深研幾,開物成務,範圍二儀之化,濟登中興,蓋有所自矣。聖學之餘,游意翰墨,賓跗揮灑,凌跨鍾王,又非前代帝王所能跂及也。敷文閣直學士秦公梓,頃以布衣遊太學,嘗集朝士大夫共寫《易》書,或以字畫之工,或以名德之重,或以位著之崇,凡一百十八家。自大觀迄於宣和,幾二十年,而書僅成,然獨乾卦不輕以屬人,而士大夫亦顧避,莫敢下筆者久之,後雖有以備數,蓋歉然不滿也。紹興十有三年,公既以儒學詞藻被上眷知,視草禁林,勸講經幄,一日造膝有請,上欣然從之,於是雲章奎畫,鳳翥鸞迴,赫赫巍巍,冠於篇首,羣臣盥手拭目,傳玩嗟愕,以為四聖之書,而《河圖》之畫,真復見於今日。且歎公與此書,皆千載之遇也。日月麗天,衆星滅没,羣臣筆於卷後者,固莫能仰望清光,然名列其下,預有榮耀焉。公欲鑱之金石,以侈上賜而傳不朽,屬為叙引,其敢以蕪陋辭。某竊歎自魯壁、汲冢之藏一出,而漆書竹簡,不復見於後世,去古益遠,學者苟媮,而聖人之經僅出於鬻書之肆,刊印射利,乃與傳記、小説、巫醫、卜祝、下里、淫邪之詞並壽於闤閈,大抵捐數千錢,則巾箱五經,可以立辦。故士子於經,亦褻慢不虔,苟取名第,則委棄籍躪,粘牖覆瓿,炷燈拭案,不復顧惜,蓋得之也易,則用之也輕,而傳之也不久,凡以志於利而已矣。公識慮超世,服膺絶編,心明十翼之辭,神授三爻之畫,乃於窮陋未遇之時,罷精悉力,辦此奇事,更靖康變故之後,兵塁火毁,一簪不留,而以《易》書自隨,豈志於利者能之乎？神物護持,不至失墜,卒遭遇上聖,拜神翰之寵,則得之固非易矣。潔净精微之道,仰契聖學,日侍燕閒,啟沃贊襄,措諸事業,以幸海内,則用之固不輕矣。勒之琬琰,墨本四出,人快先睹,且將什襲寶藏,以為子孫無窮之玩,則傳之之久,又可不問而知也。閏四月十四日謹序。

[(宋)張守《毘陵集》卷十　1127—783—10]

書易傳後序

(宋)尹焞

焞至閬中,求《易傳》,得上十卦於吕稽中,實余門生也。後至武信,壻邢純多方求獲全本,以所收紙借筆吏成其書,為生日之禮。殆與世俗相祝者異矣。敬而受之，乃言曰："誓畢此生，當竭吾才，不負吾夫子傳道之意。"壬子七月二十五日門人尹焞書。

［（宋）尹焞《和靖集》卷三　1136—22—3］

題蜀本周易後

（宋）尹焞

《易》之道，如日星，但患於理未精，失於機會，則暗於理者也。聖人復生，恐不易我之言。

［（宋）尹焞《和靖集》卷三　1136—23—3］

周易窺餘序

（宋）鄭剛中

《窺餘》，窺竊《易》家餘意，綴緝而成也。老来心志凋落健忘，自覺所學漸次遺失，恐他時兒童輩有問，寖就荒唐無以對，故取平時所誦，今昔《易》學與意會者，輙次第編録，時自省覽，此窺餘之所為作、所為名，序之所為縷縷也。伏羲氏畫八卦，古無異論，至重卦，則指名不一。鄭康成輩謂神農，孫盛謂大禹，史遷、揚雄謂文王。攻為神農之説者，曰"耒耨之利""日中之市"，固已取諸益，取諸噬嗑，豈應後来方重卦，神農之説破，則盛以下自當無語矣。孔穎達、王弼又謂伏羲氏始用蓍，十有八變而成卦，觀變之數，則用蓍猶在六爻之後，造書契以代結繩之治。而書契之作，蓋取諸夬，重卦者，非伏羲乎？伏羲氏畫卦又為重卦，文王為卦下之辭，又分上下經，孔子為"十翼"，周公為爻辭，此《易緯》所謂三聖人，而周公不與者，周公本文考之志而為之，舉文王則知周公之聖也。穎達既堅守弼論不移，後之立異相可否者，猶未已。要是指摘相勝，無明白證據，當以王孔為允，復有疑者，曰爻辭亦文王所作，非周公也，此蓋不考明夷爾。文在羑里，無自謂文王之理，亦不得先謂箕子為明夷。韓宣子適魯，見《易》象云："吾乃知周公之德。"則公作爻辭，何疑馬融、陸績皆知此意也？《繫辭》曰："知者觀彖辭則思過半矣。"又曰"聖人設卦觀象，繫辭焉，而明吉凶"，遂又疑夫子不應自贊如此，《彖》《繫》必文王所為也。曾不知卦下之辭乃文王所繫，其所繫辭亦可謂之彖。夫子於上下《繫》，特贊序之，與夫子所為《彖》辭自不相礙。范諤昌誤疑《乾·彖》與《文言》重複而謂文王為《彖》者，亦此類也。至於十翼之目，亦復紛紛以《彖》《象》《繫辭》，三者各分上下，而與《文言》《序卦》《説卦》《雜卦》四篇，號為十者，孔穎達主之。

《彖》也，大小《象》也，上下《繫辭》也，《乾》《坤》《文言》也，而與《序卦》《説卦》《雜卦》三篇號為十者，胡旦主之。以《象》分大小，而不以《彖》分上下，旦説為勝。以《文言》分乾坤，似未安，去古遠矣。學者要當以意所安者為是，故兩存之以俟来哲。通乎此，然後可以讀《易》。或問曰："子為書，始《屯》《蒙》，何也?"曰："予於《乾》《坤》，不敢談也。《易》者，天地萬物之奥；《乾》《坤》，則又《易》之奥，聖人妙《易》書之神而藏之《乾》《坤》，其所示人者，猶委曲載之《文言》，孰謂學者可以一言定乎？尊《乾》《坤》而不敢論，自《屯》《蒙》而往，以象求爻，因爻識卦，萬有一見，其仿佛則隨子索母，沿流尋源。《乾》《坤》之微，或可得而探也。今固未敢妄有窺焉。"又問《易》曰："商瞿子木親受業夫子，下抵漢魏，專門名家者不勝計。雖互有得失之論，大槩不過象義二者，就其意趣不合，最甚者惟李鼎祚、王弼。其專用象變三十餘家而不足義者，鼎祚也；盡掃象變，不用古注，而專以義訓者，弼也。子為書為象乎？為義乎?"曰："有象則有義，以義訓者，不可以遺象也。義不由象出，是猶終日論影而不知形之所在，偏於一而廢其一，學者所以難。予《窺餘》所不然也。近世程頤正叔嘗為《易傳》，朱震子發又為《集傳》，二書頗相彌縫於象義之間，其於發古今之奥，為有功焉，但《易》之道，廣大變通，諸家不能以一辭盡，有可窺之餘，吾則兼而取之。"杜預《春秋經傳集解後序》載：晉太康元年，汲縣發舊冢大得古書，皆科斗文字，不可訓知，獨《周易》及《紀年》最為分了。《周易》上下篇與今正同，而無《彖》《象》《文言》《繫辭》。預疑於時仲尼造之於魯，尚未播之遠國。而漢《藝文志》《易經》十二篇，謂上下經及"十翼"也，以是考之，漢之《易》已十二篇，但經與"十翼"自為篇秩，非若今《易》之各附卦爻。先儒謂費直專以《彖》《象》《文言》參解《易》爻，謂王輔嗣《彖》本釋經，欲相附近，故辭與《象》各附於當爻。要之，取古本輒相分合，二子不容無過。然聖人之旨未大悖也，併見於序之末。紹興壬申正月旦觀如居士山齋書。

[(宋)鄭剛中《北山集》卷二十五　1138—263—25]

左氏九六編序

(宋)鄭剛中

左氏載春秋卜筮頗詳，筮之遇《周易》者之卦一十三變為二十有六，無變者三，論卦體以明事，而不由筮得者八，總三十有七卦，蠱凡兩書。予志欲集為一書，久而未暇，近乃成之。凡卦之見於左氏者，各畫其所得象，具載事本，與筮史之論其有疑，渾可加臆説，或近世推占之法，似相契驗者，輒附會其後。仍以八宮分卦，並逐宮之變體，先之共三卷，通號曰《左氏九六編》，庶簡而易求也。所集成，偶讀元凱書。太康元年，自江陵還襄陽，會汲縣民有發其界内舊冢者，大得古書，皆科斗文字，藏入秘府。元凱晚得見之，書多雜碎奇怪，惟《周易》及《紀年》最為分了，又别一卷，純集《左氏傳》卜筮事，上下次第及其文義皆與左氏同名，曰《師春》。《師春》似是抄集人名。異哉，予今所作是乃師春之意乎？其人其書茫然千古之上，疏集同異，不可得而知矣。紹興庚午正月日觀如居士序。

［（宋）鄭剛中《北山集》卷二十五　1138—265—25］

都聖與易傳序

（宋）張九成

余蚤游學校，與《易》家者流談，其論六十四卦三百八十四爻，與夫《繫辭》至《雜卦》並為一談，曰此神也，此道也，此體用也，此德業也。鑿空駕遠，紊實隳真，望其貌，雖超然若不可挹，叩其中，乃空然。初無所有，繫風搏影，卒以自欺，小則不足以治心修身，大則不足以用天下國家，其誣《易》也甚矣。後予至京師，見先生長者論大《易》之説，乃一皆歸之人事、仁義、陰陽、剛柔，蓋一體而無間焉，乃知夫仁義即天地之道也，其於六經之旨，初無杪忽之差。吾僚友都聖與一日示余以所傳《易》，且曰："嗚呼！余尚忍言之耶！昔潔先君子言行為一邦師法，服習六藝，而尤邃於《易》，某此訓傳，談《易》之義，乾坤之氣，天地之形，六子之用，三才之判，三百八十四爻之變，其於爻象也，某不先於辭而先於理，以謂卦爻大象適與理相當者。聖人則有辭以繫之，象爻之辭未盡，聖人又為傳於六十四卦之後以明之，一章示賢人也，二章示君子也，三章戒衆人也，四章言聖人體《易》之道也，《説卦》論八卦之理，《序卦》論六十四卦之序，《雜卦》論六十四卦之用。"又曰："此潔所聞於先君子也。輒拾其遺説而為之傳。"嗟乎！其深思旁取如此亦已勤矣。異夫前所謂神道體用之説者，故余竊有取焉，且求余為序，余故摭其所得於《易》者而叙之，因退而攷其先公世為丹陽人，諱郁字子文，終惠州教官云。紹興乙亥四月旦范陽張某序。

［（宋）張九成《横浦集》卷十六　1138—406—16］

易傳後序

（宋）陳長方

"《易》有太極，是生兩儀，兩儀生四象，四象生八卦"，八卦重而為六十四。天地之理，萬事之情，細大盡矣。自兩儀立至於六十四卦分，消長變化，錯綜推盪，

自常情觀之,宜其瓜分土裂相萬萬也,不知所謂太極者,統乎萬變之紛如而絲髮不移,讀《易》之士,苟能知此,則即事以明理,取道以行事,應天下之變,成天下之務,皆合會通而行典禮矣。晉宋以來,世崇清言,遂指《易》為虛無之書,聖人所以憂患後世之心,垂教將來之旨,幾於熄滅而無聞。伊川程夫子起斯道於千歲後,著六十四卦義,皆經世修身之要,至於神妙虛無之談,則絕不復道,然而包精粗,竭兩端,初無二語也。高明之士,即近明遠,忘言神會,則自得其意,中人以下守而勿失,亦足致吉福而免凶悔。嗚呼!夫子之為此書至矣,盡矣。言之所及,亦止於是矣。學者可不盡心歟?或疑《序》言"《易》,變易也,隨時變易以從道也",謂道即《易》,尚何從道之云,殊不知夫子所謂從道變易指此書也。觀其繼言"其為書也,廣大悉備",則指此書之意斷可識矣。卦爻《彖》《象》,隨時無常,所以顯道之用,苟不從道,何有於書耶?若《易》之體,則即道也。謂道與《易》猶為强名,尚何從哉?

[(宋)陳長方《唯室集》卷二　1139—631—2]

書柴鳴舉易索隱後

(宋)曾協

聖人之言,由近以及遠,推見以至隱,蓋善誘之道也。後之人志其空言,而遺其日用,使學者不得其門以入,幾何其不怠且廢也。傳六經者往往如是,而《易》最為甚。夫《易》之為教二,卷舒而已矣。剛柔、高下、消息、盈虛,存乎理;屈伸、進退、出處、語默,存乎人:此一經之大凡也。柴氏之書,因而明之於事,為交際之間,世我從違之際,如是而可,如是而不可,近而易曉,如指諸掌,於以保身,於以經世,於以體常,於以應變,無一不與《易》合,而咎悔自遠。《易》之獲用於世,豈不較然明白也哉?夫經者,常也。使須臾而可離,烏乎而為常,然則求《易》之用者,當自此書得之。

[(宋)曾協《雲莊集》卷四　1140—288—4]

易學啟蒙序

(宋)朱熹

聖人觀象以畫卦,揲蓍以命爻,使天下後世之人,皆有以決嫌疑、定猶豫,而不迷於吉凶悔吝之塗,其功可謂盛矣!然其爲卦也,自本而幹,自幹而支,其勢若有所迫而自不能已。其爲蓍也,分合進退,縱横順逆,亦無往而不相值焉。是豈聖人心思智慮之所得爲也哉？特氣數之自然形於法象見於圖書者，有以啓於其心而假手焉耳！近世學者，類喜談《易》而不察乎此！其專於文義者，既支離散漫而無所根著；其涉於象數者，又皆牽合傅會。而或以爲出於聖人心思智慮之所爲也，若是者，予竊病焉。因與同志頗輯舊聞，爲書四篇，以示初學，使毋疑於其説云。淳熙丙午暮春既望，雲臺真逸手記。

［（宋）朱熹《晦庵集》卷七十六　1145—578—76；又見（宋）王霆震編《古文集成》卷六　1359—41—6］

書伊川先生易傳板本後

（宋）朱熹

《易》之為書，更歷三聖，而制作不同。若庖羲氏之象，文王之辭，皆依卜筮以為教，而其法則異。至於孔子之贊，則又一以義理為教，而不專於卜筮也。是豈其故相反哉？俗之淳漓既異，故其所以為教為法者不得不異，而道則未嘗不同也。然自秦漢以來，考象辭者泥於術數而不得其弘通簡易之法，談義理者淪於空寂而不適乎仁義中正之歸，求其因時立教，以承三聖，不同於法而同於道者，則惟伊川先生程氏之書而已。後之君子誠能日取其一卦若一爻者，熟復而深玩之，如已有疑，將决於筮而得之者，虚心端意，推之於事而反之於身，以求其所以處此之實，則於吉凶消長之理，進退存亡之道，將無所求而不得。邇之事父，遠之事君，亦無處而不當矣。華山皇甫斌嘗讀其書，而深好之，蓋嘗大書深刻摹以予人，惟恐傳者之不廣而讀者之不多也，顧猶来請其所以讀之之説，熹不得讓，輒書此以遺之。淳熙六年秋八月丙戌朔新安朱熹謹書。

［（宋）朱子《晦庵集》卷八十一　1145—687—81；又見《五百家播芳大全文粹》卷一百十　1353—809—110］

書臨漳所刊四經後（易）

（宋）朱熹

右《古文周易經傳》十二篇。亡友東萊吕祖謙伯恭父之所定，而《音訓》一篇，則其門人金華王莘叟之所筆受也。熹嘗以謂《易經》本為卜筮而作，皆因吉凶以示訓戒，故其言雖約而所包甚廣。夫子作傳亦畧舉其一端以見凡例而已。然自諸儒分經合傳之後，學者便文取義，往往未及玩心全經，而遽執傳之一端以為定説，於是一卦一爻僅為一事，而《易》之為用反有所局，而無以通乎天下之故。若

是者熹蓋病之，是以三復伯恭父之書而有發焉，非特為其章句之近古而已也。《音訓》則妄意，其猶或有所遺脱。莘叟蓋言，書甫畢，而伯恭父殁，是則固宜，然亦不敢輒補也。為之别見於篇後云。淳熙九年夏六月庚子朔旦新安朱熹謹書。

［（宋）朱熹《晦庵集》卷八十二　1145—714—82］

柴翼秀才著書求跋語

（宋）周必大

三衢柴鴻舉著《易索隱》若干卷，《芻言》四卷，可謂勤且博矣。夫談禪不必病戒律，用兵不必廢行伍，講解會粹之學有功於道，豈少哉？子夏曰："日知其所亡，月無忘其所能。"此鴻舉之志也。故為發明之。紹興三十二年閏二月一日。

［（宋）周必大《文忠集》卷十六《省齋文藁十六》　1147—148—16］

書校本伊川先生易傳後

（宋）吕祖謙

伊川先生遺言見於世者，獨《易傳》為成書。傳摹浸舛，失其本真，學者病之。某舊所藏本出尹和靖先生家，標注皆和靖親筆，近復得新安朱熹元晦所訂，讎校精甚，遂合尹氏、朱氏書，與一、二同志手自參定，其同異兩存之，以待知者。既又從小學家更正其文字。雖未敢謂無遺恨，視諸本亦或庶幾焉。會稽周汝能堯夫、鄞山樓鍔景山方職教東陽，迺取刊諸學官。

［（宋）吕祖謙《東萊集》卷七　1150—60—7］

書所定古周易十二篇後

（宋）吕祖謙

漢興，言《易》者六家，獨費氏傳古文《易》而不立於學官，劉向以中古文《易經》校施、孟、梁丘經，或脱去"無咎""悔亡"，惟費氏經與古文同。然則真孔氏遺書也。東京馬融、鄭玄皆為費氏學，其書始盛行。今學官所立王弼《易》，雖宗莊老，其書固鄭氏書也。費氏《易》在漢諸家中最近古，最見排擯，千載之後，巋然獨存，豈非天哉？自康成輔嗣合《彖》《象》《文言》於經，學者遂不見古本。近世嵩山晁氏編古《周易》，將以復於其舊，而其刊補離合之際，覽者或以為未安。某謹因晁氏書參考傳記，復定為十二篇，篇目卷帙，一以古為斷，其説具於《音訓》。

［（宋）吕祖謙《東萊集》卷七　1150—65—7］

跋趙共甫古易補音

（宋）樓鑰

小學之廢久矣，陸氏《經典釋文》可謂詳盡。近世讀書，或至苟簡，率意誦習，字有不識者，始加閲視，有訛謬，終身不自覺知，而况補音乎？吴氏好古博洽，始作《詩補音》，雖不能變儒生之習，而讀之者始知《詩》無不韻，韻無不叶，祛所未悟，有功於古詩多矣！吾友趙共甫又取其説以補古《易》之音，用志甚勤，遠以示余，閲之不去手。鑰老矣，習氣未除，頗為是正一二，目昏成嬾，媿不能盡力也。噫！《凡將》《爰歷》等書，今不復見，惟許叔重《説文解字》為小學之本。顔黄門《家訓》稱其檢以六文，貫以部分，櫽括有條例，剖析窮根源。《集韻》雖博，瞻於攷古，則未可全據。共甫今本諸吴氏多以《集韻》為證，更當以《説文解字》定之，可傳無窮。吴氏之書，不知者以為苟然而已，共甫祖其餘論，鑰又喋喋及此，皆謂之癖可也。雖然，自當有好之者。

［（宋）樓鑰《攻媿集》卷七十三　1153—190—23］

擇善易解序

（宋）袁説友

《易》之爲書，與天地準，更三聖而後備，學之者可以無過焉。閎衍微深，藴奥難見，非博學君子明陰陽變化之用者，焉能探其妙旨哉？昔王通講道河汾，推明六經之旨，自謂吾之贊《易》述而不論，嗚呼！通尚然也，弗如者，其曰能乎？然考古驗今，釋其言而解其義者，亦云富矣。京房、丁寛、梁丘、費直之輩，皆博通《易》道，傑然穎出於西都，不幸其文逸亡，其後王弼、孔穎達又相繼而顯焉，列於今而不泯。暨於我宋以右文興治，教化茂行，二百五六十年之内，英才俊士、名世巨儒日以彙征多本經誼，若王程龔耿數公，又皆精通於《易》而得於奥旨也。吁！繇古逮今，明《易》者不爲不衆矣，然予於此亦不得無言焉，且《易》之所以爲《易》者，不外卦辭、爻辭、《彖》辭、《象》辭、《文言》《繫辭》兼而爲《易》，皆聖人所作也。雖其旨趣、意義微奥難明，亦不過一説而已，曷嘗有二哉？奈何古今學者，類皆索奇求異，各持一説，欲無同於人，以騁一己之學。殊異立言，紛然不合於理者，有之；悖於理者，有之。遂致聖人一經之意，雜然不可考。後之學者，自是無所據矣。且

《訟》"復即命，渝安貞，吉"，此《訟》卦九四爻言也。輔嗣、孔氏釋之曰："訟既不勝，若能反從本理，渝變往前爭訟之命，即得安居貞吉。"此一說也。若東坡則釋之曰："九四所當得者，初六而已，近於三而强求之，故亦不克訟，然而有初之應，即而就其命之所當得者，自改而安其政，則不失其有。"此二說不同也。至於伊川，則釋之曰："四以剛陽而居健體，無與爲敵，則訟無由而興，故不克訟。夫以剛健而不中，所以好訟，若義不克訟，反就正理變而安貞則吉。"此三說不同也。至若耿氏則釋之曰："九四不克訟，以剛訟柔，其義不克，而復即九五聽者之命，變而安則吉。"此四說不同也。夫一爻之間，不踰數句，而其意亦不過一而已。諸儒釋之各立異見，若圓冠方履之不侔，聖人作之之意，果安在哉？由此觀之，則餘解之相異可不言而喻矣。予嘗求諸儒訓釋之文，以尋奧義，見其彼此角立，議論糾紛，不歸於一，汩於胷中，因釋其當於理、明於道、優於諸解者，萃聚其說爲一帙，庶可論歸於一而予亦得以一其心也，否則將信彼歟？將信此歟？異時之不一，其害豈小哉？雖然，予學不逮人，則焉能見衆說是與否也。然嘗受教親庭矣，故於此不自卑遜，而掇取其當者以集之，想後之君子得是書以觀之，則知予集之之際，不妄亂也。若夫《春秋》一經，聖人褒善貶惡之書也。左氏自爲傳而公羊穀梁又各爲傳，後世學者方之六經並行也。唐盧仝以學高世，刻意《春秋》，乃束三傳，獨抱遺經，豈非厭傳注之說穿鑿不根有激而云哉？夫盧仝盡棄三傳，獨以經爲宗，予求以明經而不敢盡廢其解，予之學誠下於仝一等矣，然漢劉歆謂學者信口說而背傳說，是末師而非往古，蓋自秦火以來，殘編斷簡，幸有存者，傳說之功也。或者必欲盡廢之而獨探微言，則朽折之餘，蓋亦難矣！況支離異同之患有甚於朽折乎？則是書也，其罪我乎？其知我乎？必有論定者矣。不然儒者以六經爲法，乃累世不能通其學，窮年不能究其理，則太史公即有甚憂者。孔子嘗曰："多聞，擇其善者而從之；多見而識之，知之次也。"予於是書目曰《擇善易解》云。

［（宋）袁説友《東塘集》卷十八　1154—369—18］

進易解表

（宋）王炎

韋編淵永，非淺識之能通；斧依天高，覬邇言之致察。妄陳末學，上瀆聖聰。竊以道載於經，《易》為之祖。馬圖示象，犧畫成文。首開天地之秘藏，微顯帝王之妙用。六爻以變，乃分西伯之二篇；八索既除，遂有東家之十翼。發揮不隱，垂示無窮。幽至於行乎鬼神，顯足以措諸事業。遭秦虐政，僅為卜筮之書，在漢諸儒，未達乾坤之蘊，末流浸甚，本旨俱亡，雖竭心思，各持臆見。京孟失之譎詭，是生讖緯之端;王韓矯以清虚,偏雜老莊之説。紛紛如是,泯泯至今。欲扶正學以示人,亦有儒先之名世。然《繫辭》精矣,可信而翻疑;且互體昭然,當詳而反畧。或説明而義淺,或語約而理偏。通於數者不及玩辭,釋其辭者又迷立象。自出新意,乃捭闔以為奇;兼拾舊聞,復支離而多鑿。微臣何者?獨學無師,念先人老死於窮閻,以經術竊傳於諸子。困斯憤悱,晚益鑽研。味微言於六十四卦之中,望先聖於數百千年之上。參之衆説,折衷良難;斷以己私,顓門何取。閲朝華之易謝,歎春木之方芚。卦有畫則其象具存,象有意則非辭莫達。是謂以蠡而測海,烏能得兔而忘蹄?幸世道之交興,逢聖明之有造。微如爝火,何裨日出之輪;動以震風,亦發地鳴之籟。兹蓋伏遇皇帝陛下,體乾精粹,用賁文明,比附得民,鼎新凝命。悦親有道,率由豫順之和;接下思恭,務盡謙光之美。升羣賢而交泰,育萬物以由頤。節不傷財,旅無留獄。飾法於豐亨之後,除戎於萃聚之時。善皆出於中孚,動不聞於小過。以成大有之盛,而消未濟之憂。行三聖之所傳,莫非自得;笑九師之甚陋,安用多談。尚期盛德之日新,不恃成能之天縱。亹亹政機之少暇,孜孜經幄之多聞。既知矣而重知,故聖焉而益聖。仰望虎生而文炳,學兼極於高明;俯惟馬老則智專,見終慚於精博。第大道或存於稊稗,而先民亦采於蒭蕘。成篇頗極於辛勤,敷奏覬塵於乙覽。持周朴而過鄭賈,本自堪嗤;用燕説而談郢書,或能偶中。

[(宋)王炎《雙溪類藁》卷十一 1155—546—11;又見(明)程敏政《新安文獻志》卷四十 1375—529—40]

讀易筆記序

(宋)王炎

未有書契之初,羲皇首畫八卦,文字生焉。則《易》之有書,由有畫也,畫以數起。數之用於占者,世雖未之能學,至其本元,《河圖》起於天一地二而變於九六七八。天一之畫奇,其數以太陽之九;地二之畫耦,其數以太陰之六。蓍之用衍以少陽之七七,卦之重定於少陰之八八,此學《易》者所通知也。由數起畫,畫者,象之所寓,象者,理之所託也。捨象則理不著矣,捨畫則象不明矣,故三畫為八卦,六畫為六十四卦。畫變則象異,畫不變則象同,象有體而理無迹也,有體則顯,無迹則隱。本隱以之顯,聖人立象之意也,即顯以索隱,學者觀象之方也。文王猶懼後人未能有見,故發其凡於卦之彖,周公又本文王之旨,著其變於卦之爻,爻彖之詞具,而於象與理可以見其端倪矣。雖然,聖人之經或言約而旨博,或語密而義深,讀者未必遽了,非文王周公故隱而不發也。開其端於言之中而存其意

於言之外，欲學者深思而自得之，則象所藴畜義味深長，可玩而不可厭也。尼父，生知之聖也，而讀《易》韋編三絶，且曰："假我數年，則於易道彬彬矣。""十翼"訓釋，不憚辭費，學者豈得易言之哉？秦焚古文字，《易》以卜筮之書幸存，此天地鬼神之所護持以詔來世。而自漢以來，《易》道不明，焦延壽、京房、孟喜之徒，遁入於小數曲學，無足深誚，而鄭玄、虞翻之流，穿鑿附會，象既支離，理滋晦蝕，王弼承其後，遽弃象不論，後人樂其説之簡且便也。故漢儒之學盡廢而弼之注釋獨行於今，然木上有水為井，以木巽火為鼎，上止下動為頤，頤中有物為噬嗑，此四卦，雖弼不能削去其象也。夫六十四卦等耳，豈有四卦當論其象，六十卦可略而不議乎？弼之言曰："筌所以在魚，得魚而忘筌，蹄所以在兔，得兔而忘蹄。言者象之筌也，象者意之蹄也，捨筌蹄無以得魚兔，則捨象求意。"弼亦知其不可而猥曰："義苟在健，何必乾始為馬？類苟在順，何必坤始為牛？"是未得魚兔先弃筌蹄之説也。或者知象不可去，既不能盡通又不肯闕所不知，則為之説曰："《易》之有象猶《書》有譬諭，《詩》有比興也，象不可去，亦不必泥，得其意足矣。"此與弼説無異，亦未為確論也。夫《易》，三聖人所盡心也，立義深於《詩》《書》而措辭嚴於《春秋》，《書》之有譬，《詩》之有比，惟意所之，初無定旨。《易》象反是，以奇耦之畫摹寫天地萬物之形似，而寄於六十四卦之中。一卦六畫，畫有此象，聖人即著之於辭；畫無此象，不泛然旁引曲取也。豈得執《詩》《書》比諭為例哉？前輩嘗有疑其不然者，故於象數求之加詳，然掇拾先儒舊説，嚼糟粕之餘，失甘香之味，其所發明無幾耳。炎讀《易》三十年，不得其門而入，歲在辛亥，始脱為縣之厄，明年歸自中都，僑寓古艾，杜門却掃，尋繹舊學，久之，若有所悟，譬猶往來熟習於山海之間，雖未能手探其玉，然寶氣所在，或望而見之，因釋然笑曰："觀六畫之象，而未合於爻彖之辭，是未得其象也；玩爻彖之辭，而未合於六畫之象，是未得其辭也。"象與辭未能融會而曰得聖人之意，其中否特未定也。管蠡之見，何足以窺測高深？本之於畫，驗之以辭，對觀互考，二者如合符契，則筆記之，其未達者闕焉。以為聖經不可易知，固不可强通也。而河南邵氏曰："畫前有《易》，删後無《詩》，不特以象為可忘，且併以畫為可遺。"其説高矣。《易》而可以無畫，但不知三聖人盡心於此，以垂世立教者，其旨果安在也？或曰："然則《易》盡於畫乎？"曰："易者，變也。其變始於乾坤，天地闔闢，一乾坤也；吾身動静，亦一乾坤也，而畫能盡之乎？自乾坤而上不可以象求，以通變而不窮者，命之曰道；藏用而不測者，命之曰神；立獨而無對者，命之曰太極。而畫能示之乎？"雖然，無畫而可以體《易》，伏羲、文王之事也；有畫而後可以語《易》，學者之事也。不玩周公尼父之辭而曰吾求《易》於六爻之外，此係風捕影之類，而炎則不敢已矣。將以此得罪於傳道之賢哲，未可知也；將以此見取於好古之君子，亦未可知也。

[(宋)王炎《雙溪類稾》卷二十五　1155—722—25]

慶長兄易集議序

(宋)曾豐

《易》上該氣,次該象,又次該數。太元氣之始也,太極象之始也,太一數之始也,自象數溯至於氣窮矣。《傳》曰:"太易者未見氣也。"伏羲之書曰:"《易》取未見之義歟?見氣則謂太易,為太元,為太極;見數則謂太極,為太一。"《易》有太元、太一,《繫辭》不書,何也?聖人虚《易》以氣,實以象,主《易》以象,副以數,虚不容書,副不必書,《易》於是有二焉。未見象數,先氣之《易》也;見象數,後氣之《易》也。先氣斯謂函氣,後氣所謂化氣。函氣者,《易》之精;化氣者,《易》之神也。故《易》之書得已而無者,氣也;不得已而有者,辭也。歷家尚《易》之氣,以數參焉;陰陽家尚《易》之象,以氣參焉;卜筮家尚《易》之數,以象參焉;儒家尚《易》之辭,通以氣象數參焉。會三歸一而《易》無餘韫矣。余從兄益字慶長,十五而誦《易》,三十而甑《易》,四十而融《易》。未融則聚在書,散在天地萬物,既融,則聚不在書,而在心,散不在天地萬物,而在我,惟我自有太元、太極、太一,故我能化氣、化象、化數,復出而為辭焉,謂之集議。明白不流於淺近,含洪不溺於艱深。書成授徒之餘,躬踐其言,家行其學,形於族戚朋友州里,往往相孚,斯用《易》矣;於兹五十有五,首二毛而家四壁,晏如也,斯安《易》矣。更五年六十,未知能忘《易》否?借曰未也,更十年忘《易》必矣。歲在辛亥,余得副稿於其子松,繆不自絜,推《易》原委,序而傳於人。人人能自氣而順融象數辭,廢書可也,否則自辭而逆融數象氣,必有得其書之力者焉。

[(宋)曾豐《緣督集》卷十八 1156—200—18]

周易解序

(宋)楊簡

夏后氏之《易》曰《連山》,《連山》者,以重艮為首;商人之《易》曰《歸藏》,以重坤為首;周人之《易》曰《周易》,以重乾為首。《周禮》太卜之官曰:"其經卦皆八,其别皆六十有四,則卦之重也久矣。"先儒謂文王重之,非也。孔子之時,《歸藏》之《易》猶存,故曰之宋而得坤乾焉。於戲,至哉!合三易而觀之,而後八卦之妙、太易之用,混然一貫之道,昭昭於天下矣,而諸儒言《易》率以乾為大,坤次之,震、坎、艮、巽、離、兑又次之,噫嘻末矣!⚊者,《易》之⚊也;⚋者,《易》之⚋也。其純⚊者,名之曰乾;其純⚋者,名之曰坤;其⚊⚋雜者,名之曰震、坎、艮、

巽、離、兑，其實皆《易》之異名，初無本末、精粗、大小之殊也。故孔子曰："吾道一以貫之。"子思亦曰："天地之道，其為物不貳。"八卦者，《易》道之變也；而六十四卦者，又變化中之變化也。物有大小，道無大小；德有優劣，道無優劣；其心通者，洞見天地人物，盡在吾性量之中，而天地人物之變化，皆吾性之變化，尚何本末、精粗、大小之間？雖《説卦》有父母六子之稱，其道未嘗不一。《大傳》曰："百姓日用而不知。"君子小人之所日用者，亦一也，惟有知不知之分。

[(宋)楊簡《慈湖遺書》卷一　1156—606—1]

題太玄注疏後

(宋)員興宗

范望叔明解可以揲蓍，宋氏惟幹注可以知大體；陸氏釋失，可以摘瑕；虞翻之注，可以辯事；然不若王涯廣津出入為詳也。

[(宋)員興宗《九華集》卷二十　1158—172—20]

書古文周易後

(宋)薛季宣

古《易經》二篇，《彖》《象》《文言》《繫辭》《説卦》《序卦》《雜卦》總十篇以參校，别異同，定著十二篇，皆已刊正，可誦讀也。道德久矣，書存而著可即之見道者，聖人之遺經。遭秦絶學，舉焜爐，無完書，惟《易》號數術家，故獨免而傳後。包羲之卦，文王周公之辭，仲尼之贊，於是乎具在，天豈有意斯文哉？何其保之之固也？他經雖玄妙難擬，要皆自《易》出也。夫禮樂王政之紀綱，《詩》《書》《春秋》其已事也，凡名數、聲音、性命、事物之理，非《易》無自見也。六經之道，《易》為之宗，故他經亡而《易》傳不殊。其書之存也，假《易》亡其數卦，其害將可言哉？天之所以相後人，何如其切！至於六經，大難之際，迺《易》保全之，而人有重不幸者，《易》師為之也。夫《易》之為書，廣大悉備，盡天地萬物之道者也。辭占象數，皆其一物，而《易》師者析之以教，雖互有啟發，於義駁矣，《易》道之隐其肇兹乎？且八卦條陳，六爻咸列，《繫辭》其下，《易》之教也。仲尼贊述其義，未嘗不錯以成文。分繫卦爻，非其旨矣。欲明聖人之意，舍故書，何稽乎？是以差次其書，盡復於古，古文不可得見，故以正隸寫之。判《文言》為二篇，《象》有小大之别。《易經》無義不足辯焉，惟《文言》一篇，舊失其序，雖先儒謂次《彖》《象》，或以為次《繫辭》，以理言之，皆非其舊。夫《乾》《坤》，《易》之門也。非《乾》《坤》無以見《易》，故以《文言》起之，而繫之《彖》辭《象》，若繫辭之後，恐非必然。先儒所云，蓋即今文以求古也。今文布《彖》《象》卦爻之下，故《文言》不得不居後，非元在後也。雖然，不敢以己見為必得，姑從其近是者之次，以待後之明哲，若夫傳註之失得，在所不論。

［（宋）薛季宣《浪語集》卷二十七　1159—418—27］

書莊季綽揲蓍新譜

（宋）薛季宣

聖人之道行於古，聖人之法具於經，學者不務窮經，泥夫師説，故聖人經法則晦以不明，士當以經為據依，斷然不惑於習，畧去衆多之論，以盡其心。夫然後聖典森然，無不得也。《易》，六經之源委也。作《易》之道，始於揲蓍，其法詳著《繫辭》，可按以攷也。自脱於秦火，師法紛綸而經闇不通，舉世罔知攸定，士眂先儒為用，久且不疑，旅出一途，而蓍法隐矣。《揲蓍新譜》毅然《易大傳》之從，始謂一三為奇，二四為偶，得奇偶之正，無偏頗之失，契於經旨有足多者，其引徵以張轅揲蓍之法可以為審矣，而師春氏説，又畧與符同。其法用蓍四十九莖，總而把之，以意中分，扐一小指間，四揲之，第一指揲餘一二足滿五，餘三四足滿九；第二第三指揲餘一二足滿四，餘三四足滿八；四五為少，八九為多。若三多，老陰，分爻交；三少，老陽，重分；兩少一多，少陰，拆分；兩多一少，少陽，單分。是法最為近古。然而餘二足五，餘三足九，與張氏説皆不與《易》通。走嘗聞巫山隐者袁道潔先生言，特暗與莊氏會，第以四八為多為未盡，走甚疑而參攷之，惟策數為不易，何則？乾之策三十有六，坤之策二十有四，莊氏策恒虧二，袁氏則奇差而為耦矣，以知莊氏之説容有未當，何哉？《繫辭》之云蓋十八變而成卦。夫爻一三小變，六爻而數通矣，不必皆大變也。先儒自陳圖南、邵堯夫輩爻之再變，已用四十有八，莊氏則盡用四十九，故從先儒則合於策，而四十九之用失矣。從莊氏則合於用，而二篇之策贏矣。惟劉禹錫《辯易九六論》，揲以三指，其法與師春同，既用無四十八之謁，而策復與二篇叶，是則莊氏之奇偶、師春之變卦既可信，皆可從，作《易》之道，其不外是。夫學者當自求之，是不必信，蓋一人之見非敢誠然如意無疑，則或可信，若猶未也。願得復從經正，庶偏見之言，無以惑經，維宋紹興著雍攝提格之歲，如月戊午，讀莊季綽《揲蓍新譜》，愛其善而失之變，故書。

［（宋）薛季宣《浪語集》卷二十七　1159—420—27］

易外傳序

(宋)楊萬里

《易》者,何也?《易》之為言,變也。《易》者,聖人通變之書也。何謂變?葢陰陽太極之變也,五行陰陽之變也,人與萬物、五行之變也,萬事、與人、萬物之變也。古初以迄於今,萬事之變未已也。其作也,一得一失;而其究也,一治一亂。聖人有憂焉,幽觀其變,湛思其通而逆紬其圖,《易》之所以作也。《易》之為言變也。故《易》者,聖人通變之書也。其窮理盡性,其正心脩身,其齊家治國,其處顯,傃窮,其居常,遭變,其參天地、合鬼神。萬事之變方來,而變通之道先立。變在彼,變在此,得其道者,蚩可哲,慝可淑,眚可福,危可安,亂可治,致身聖賢而躋世泰和,猶反手也。斯道何道也?中正而已矣。唯中為能中天下之不中,唯正為能正天下之不正,中正立而萬變通。此二帝三王之治,孔子顔孟之學也。後世或以事物之變為不足以攖吾心,舉而捐之於空虛者,是亂天下者也。不然以為不足以遁吾術,挈而持之以權譎者,是愈亂天下者也。然則學者將欲通變,於何求通?曰:道。於何求道?曰:中。於何求中?曰:正。於何求正?曰:《易》。於何求《易》?曰:心。愚老矣,嘗試與二三子講之,二三子以為愚之言乎非也。愚聞之先儒,先儒聞諸三聖,三聖聞諸天。

淳熙戊申八月二日廬陵楊萬里謹序。

[(宋)楊萬里《誠齋集》卷八十一　1161—83—81;又見(宋)王霆震編《古文集成》卷五　1359—33—5]

周易宏綱序

(宋)楊萬里

古有其事,世無其説,今有一人焉,倡而為之説,天下其信之乎?曰:愕焉而已矣。信焉則否。既有一人焉,為之説矣。又有一人焉,見焉,聞焉,而和之。曰:然天下其信之乎?曰:疑焉而已矣。信焉則未也,然已不愕矣。一人倡之矣,一人和之矣,又有一人焉未嘗見也,未嘗聞也,亦未嘗和也。復倡而為之説,與夫前之倡者,偶同焉。天下其不信乎?借令不信而三人者亦可以自信矣。非同焉之可信也,不約而同焉之可信也。《易》之八卦,其畫各三者,曰:此卦也。予曰:卦者其名,而畫者非卦也,此伏羲氏初制之字也。聞者愕焉,曰:嘻,甚矣。其好異也,予亦疑之。淳熙戊申,予與亡友延之同寮,因語及之,延之大喜,曰:"此古人未嘗言，平生未嘗聞也。"予猶疑之。今年二月，吾鄉之士西昌劉文郁從周示予以其所著《周易宏綱》之書，亦曰："八卦者，古之字也。"予然後釋然不疑。夫予之説從周未嘗聞也。而從周之説予同焉，從周之説予未嘗聞也，而予之説從周同焉，不曰古有是事乎？古無是事，而吾二人為之説，不可也；古有是事，而吾二人為之説，亦不可乎？君子之談經，可不可之問耳，信與不信奚問哉？予獨喜與從周乃有不約之同也。夫約而同者，同之私也；不約而同者，同之公也；既公矣，天下信之可也，不信亦可也。然予之所喜者，非喜從周之同乎予也。夫喜人之同乎已者，亦私也。予蓋喜予之同乎從周也。慶元庚申十一月，從周受署歸榮其親，首來謁予，予始識之、與之。晤語愛其壯而敏，竊自歎予之老且衰也。今以老衰之思，乃偶同乎壯且敏者之説。然則予之老且衰，其尚可少進也乎，此予之所喜也。以予之喜揆從周之心，從周獨不喜哉？雖然，此《易》之小學之事也，未及乎《易》之道也。從周蓋深於《易》之道者也。既以《易》學鳴上庠中文科矣。初仕為雷之郡博士，雷之士無遠邇奔走，而來學《易》焉。不寧惟雷之士也，嶺以南士無遠邇亦奔走而來學《易》焉。不寧惟嶺之南士，海以南士無遠邇亦奔走而來學《易》焉。遂以其口講者，綴而為此書，其於天人事物之理，君臣父子之分，仁義道德性命之藴，君子小人消長之幾，天下國家治亂之柢，聖賢君子出處進退之節，皆由至白以鈎夫至玄，至弘以察夫至纖，其於學者之學《易》，蓋涉鉅海之堅航，陟泰山之修梯歟？雖然，其往梯航也，其至非梯航也。嘉泰甲子七月庚午誠齋野客楊萬里序。

［（宋）楊萬里《誠齋集》卷八十四　1161—110—84］

易外傳後序

（宋）楊萬里

六經至夫子而大備，然《書》非夫子作也，定之而已耳；《詩》非夫子作也，删之而已耳；《禮》《樂》非夫子作也，正之而已耳。惟《易》與《春秋》所謂夫子之文章者歟？昔者伏羲氏作《易》矣，時則有其畫，無其辭；文王重《易》矣，時則有辭無餘辭。至吾夫子特起乎兩聖之後而超出乎兩聖之先，發天之藏，拓聖之疆，挹彼三才之道而注之於三絶之簡，於是作《彖辭》，又作《小象》之辭，又作《文言》之辭，又作二《繫》之辭，又作《説卦》之辭，又作《序卦》之辭，又作《雜卦》之辭，大之為天地，纖之為毫末，顯之為人物，幽之為鬼神，明之為仁義禮樂，微之為性命，炳然、蔚然聚此書矣。其辭精以幽，其旨淵以長，其道溥以重，是書也，其藴道之玉府、陶聖之大鈞也歟？韓起聘魯見《易》象而喜曰："周禮盡在魯矣。"當是時，豈《易》

之書唯魯有之歟？抑諸國皆有而晉未有歟？宜其見之而喜也，然起之所見者，羲文之《易》而已。未見夫子之《易》也，見羲文之《易》其喜已如此，使見夫子之《易》，其喜又當何如哉？今乃得見韓起之所未見，嗚呼！後之學者一何幸也！子貢在三千七十之中，其科在乙，其名在六，其不在升堂入室之間乎？然嘗嘆夫子之言性與天道，不可得而聞。夫子之《易》書非性與天道之言乎？而子貢獨不得聞者，豈嘆之之時此書未作歟？抑已作而未出歟？今乃得聞子貢之所不得聞，嗚呼！後之學者又何幸也。每謂聞而知，不若見而知，蓋聞者疏，見者親，聞者畧，見者詳也。觀子貢之歎，則見而知者，反不若聞而知者歟？然則學者之羡子貢，又安知子貢之不羡學者也。嗚呼！學者又何幸也。嘉泰甲子四月八日廬陵楊萬里後序。

［（宋）楊萬里《誠齋集》卷八十四　1161—112—84；又見（宋）王霆震編《古文集成》卷五　1359—34—5］

跋袁機仲侍郎易贊

（宋）楊萬里

右易贊並序，吾友子袁子機仲侍郎作也。微斯人！眸子不運而見三聖，一心空洞以納太極，能倒傾蛟室寫此璚瑰否？誠齋野客楊萬里敬書。

［（宋）楊萬里《誠齋集》卷一百一　1161—306—101］

跋王君儀待制易説

（宋）陸游

王公易學，雖出於葆光張先生，然得於心者多矣。建炎間，敵騎在錢塘，明越俱陷，王公端居於嚴曰："敵决不至此，且狼狽而歸。自此窮天地，不復渡江矣。"其妙於《易》數蓋如此。淳熙丁酉元日山陸陸某書於錦官閣下。

［（宋）陸游《渭南文集》卷二十六　1163—511—26］

跋兼山先生易説（二則）

（宋）陸游

郭立之從程先生遊最久，程先生病革，猶與立之有問畣語，著於語録。而尹彦明獨謂立之自黨論起，即與程先生絶，死亦不吊祭，葢愛憎之論也。立之子雍，字子和，屏居峽中，屢聘不起，亦著《易説》，得其家學，葢程氏《易》學立之父，子實傳之。淳熙甲辰二月三十日甫里陸務觀云。

［（宋）陸游《渭南文集》卷二十七　1163—515—27］

跋蘇氏易傳

（宋）陸游

此本先君宣和中入蜀時所得也，方禁蘇氏學，故謂之毗陵先生云，紹熙辛亥七月二十日陸某識。

［（宋）陸游《渭南文集》卷二十八　1163—522—28］

跋朱氏易傳

（宋）陸游

易道廣大，非一人所能盡，堅守一家之説，未為得也。元晦尊程氏至矣，然其為説亦已大異，讀者當自知之。嘉泰壬戌四月十二日，老學庵識。

［（宋）陸游《渭南文集》卷二十九　1163—533—29］

跋蒲郎中易老解

（宋）陸游

《易》學自漢以後寖微，自晉以後與《老子》並行。其説愈高，愈非《易》之舊。宋興，有酸棗先生以《易》名家，同時，种豹林亦開門傳授，傳至邵康節，遂大行於時。然康節欲以授伊川程先生，乃拒弗受，而伊川每稱胡安定、王荆公《易傳》，以為今學者所宜讀，惟此二家。王公乃自毁其説，以為不足傳，著論悔之，《易》之難知如此。夜讀蜀蒲公《易傳》《老子解》，喟然歎曰："公於《易》與《老子》，葢各自立説，迹若與晉諸人同而實異也。"書以遺其族孫申仲，試以予言請問，信何如也。嘉泰二年九月丁卯，笠澤陸某書。

［（宋）陸游《渭南文集》卷二十九　1163—534—29］

繫辭觧序(案:元吉繫辭觧朱彝尊經義考云已佚)

(宋)韓元吉

《易》之作何也?聖人將以傳天下之道也。或曰:道其可以言傳乎?曰:言不可傳,則焉用聖人?故曰"書不盡言,言不盡意"。然則聖人之意,其不可見乎?聖人立象以盡意,設卦以盡情僞,繫辭焉以盡其言,變而通之以盡利,鼓之、舞之以盡神,此之謂矣。夫傳聖人之意者,言也;因聖人之言以求者,道也。故辭既言爾,凡陳於卦而附於爻皆辭也,而後世又以不陳於卦、不附於爻、泛然論《易》之指歸者,別謂爲《繫辭》,或曰《大傳》也,有議其非孔子之作,吾意其爲贊《易》道以黜八索者,非孔子莫能也。不然,其必有自而傳歟?古人傳《易》者多矣。或指其象,或定其數,或究其理,而於《繫辭》獨取其大意而略焉。間又講之而不備,泥之而不通,則所謂象之與數,數之與理,固無自而合也。三者無自而合,其於聖人之道能盡而知者鮮矣。學者欲探聖人之道,當自《易》始;欲明聖人之意,當自《繫辭》始,於是而得焉。知天之所以爲天,人之所以爲人,施之天下,何務之不成?何功業之不見哉!況夫異端之説,皆不攻而自破矣。予生嘗有誓,年至六十,乃敢著書。淳熙戊戌歲既六十有一,始志其自得者作《繫辭解》,閱再歲而僅成,因序而藏於家。嗚呼!後之君子有所自得,然後於吾言為可信,千載而下,使聖人之道復傳,是則聖人之意也。淳熙十年正月,穎川韓某序。

[(宋)韓元吉《南澗甲乙稿》卷十四　1165—199—14]

題程氏易傳

(宋)陳造

程氏之學與蘇氏角立,通儒碩士不可偏廢,予得《蘇氏易傳》,又得是書,繙繹閱誦,多相發明,予所謂不可偏廢者,非然歟?規得善本,正其漫滅訛舛而藏之。

[(宋)陳造《江湖長翁集》卷三十一　1166—396—31]

題沈氏易小傳

(宋)陳造

諸家詁註《易》多矣,有得必有失。觀之者集取其德,無惡也。然未有得春秋衆賢用《易》者,惟丞相沈公默探鈎取而發千八百餘年之遺意,筆為小傳,皆以春秋君子用《易》之說，充而周之，沿而求之，源而流之，邃哉妙矣。是書也，可不心醉焉，蔡墨言龍而曰"在乾之姤"，曰"潛龍勿用"，初九變則姤也。同人曰"見龍在田"，九二變則同人。大有曰"飛龍在天"，九五變則大有。坤曰"見羣龍無首"，變而盡，則坤。坤之剥曰"龍戰於野"，坤上六之變也。丞相之學，其本如此，然其間猶不能無餘意遺義，取之未盡，求之小差者，叉嘗潛心焉。因而穿鑿其說，則過矣。亡友周令譽卿授予一紙書，乃春秋時戰法，其法純用《易》而盡屏卜筮家、神將、時日諸說，周云上庠一士人出意，用之占事如神，乃知讀古書可得古法，思與不思爾，沈公深得之者，予又知夫讀書不惟徒役心目而已。

[（宋）陳造《江湖長翁集》卷三十一　1166—397—31]

題大易粹言

（宋）陳造

予學《易》，始得東坡《傳》，後有沈丞相《小傳》，幾足矣。今復得《粹言》，其間載諸公所得深者，參舉而互備。此板在舒州已就漫漶，又遲之，将不可讀，予修之兩月餘，為佳本，是三書，日在案，樂則鼓吹，富則封君，又師其嚴且温也，其思嗣吾志哉。

[（宋）陳造《江湖長翁集》卷三十一　1166—400—31]

書易學啟蒙後

（宋）度正

伊川《易傳》既成，然猶改正不已，有欲觀者，第出而示之，未傳以本。暨易簀，方以授張思叔、尹彦明，蓋慮其本既傳，後復有所更定，學者莫知所適從，徃徃或以前為信，後為疑，而反誤學者，故謹之耳。晦菴先生為《易傳》，方脱藁，時天下已盛傳之，正嘗以為請，先生曰："學者宜觀《啓蒙》。"時先生已授後山蔡季通，則謂正曰："子往取而觀之，《易》之學庶幾可求矣！"先生蓋不自以《易傳》為善也。《啓蒙》之為書，發明象數以極乎天地萬物之藴，蓋集古聖之大成也。然先生之於《易》，以為本為卜筮而作，方作《易傳》時，其説已自如此。二書之指，雖精粗之不同，而其大本亦未嘗不同也。後之學者，觀之《易傳》，則可見先生初年學《易》，所以發明《彖》《象》《文言》者如此；觀之《啓蒙》，則可見先生後來學《易》，所以舉綱撮要，開示後學者如此，本末先後，自有次第，不可不知也。然今之學者類卜筮為術家象數之末矣。《易》為性命之書，於先生《易》本為卜筮而作之言，有不釋然者，是蓋見乾元以下，論説甚大，不但施於卜筮而已也。不知伏羲始畫八卦，因而重之，六畫之外，初無一詞，當其時也，不以卜筮，將何以乎？但聖人之卜筮，所以決吉凶、動静、存亡、進退之幾，所以順性命之理，通幽明之故，盡事物之情以前民用，雖不離乎象數之間，而究其用，非術家之謂也。周公作《周官》之書，以《詩》《書》《禮》《樂》教國子，而三《易》之法掌於太卜。秦焚詩書，而《易》以卜筮獨得不焚，是《易》之為用，自文王以前，既如此，周公以下，又如此，其源流亦可知矣。今先生之言，推原古聖人作《易》之心，以示天下後世，豈不深切而著明乎？眉山楊仲禹，篤好先生之學，併刊二書以貽同好，正喜其志之廣也。敬為書其後如此。嘉定五年冬十有一月門人度正謹書。

［（宋）度正《性善堂稿》卷十四　1170—263—14］

書晦菴易學啟蒙後

（宋）度正

正嘗請問："《易》有聖人之道四，占特其一法耳。《易》之道宜無不該，先生傳《易》，專以占之一法推之，何也？"曰："《易》之道固無不該，然聖人作《易》，本為卜筮，以前民用，今從其所自起而求之，庶幾可以見聖人之意耳！"正時雖不敢復問，然其心中猶有未釋然者。一日先生使人呼之，親以《古今家儀》一書、了翁《台州謝表》一道、書藁一、紙筆一束授焉。正退閱其書藁，其一答《王峴秀才書》，論為學以收放心為本，及讀書之法。其一乃《答劉宰君房論易書》，謂此書本為卜筮而作，今其法已不傳，諸儒言象數者，例皆穿鑿；言義理者，又太汗漫，此《本義》《啓蒙》所以作也。然《本義》未成，書為人竊出，有誤觀覽。《啓蒙》且欲學者就大傳所言卦畫蓍數推尋，自今觀之，如論《河圖》《洛書》，亦未免有剩語。要之此書難讀，不若《詩》《書》《論》《孟》之明白易曉。先生之於《易》，其説葢如此。所謂《本義》者，今世所傳《易傳》是也。其曰"本為卜筮而作"者，葢以奇偶之畫，即蓍之所由起，而其體制與詩書文字絶不相類。先生所以斷然為是説者，葢將以發千古之秘，使學者推本而求之，而自識其所以然耳。其曰"此難讀，不若《詩》《書》《論》《孟》之明白易曉"者，非謂學者不必從事於此，而可以束之高閣也。葢學者之病，病在於馳騖高遠，而遺其卑近，未能知夫洒掃應對之節，而妄意於窮理盡性以至於命，未能識夫事親從兄之實，而妄意於範圍天地之化，曲成萬物，通晝夜之道，曾不致謹於下學之功，而汲汲於上達之求，其卒也必至於窮大而失其居焉！自謂窮神知化，而實不足以開物成務；自謂知死生之説，而實不能原始反終；自謂知鬼神之情狀，而實不足以知精氣之為物，遊魂之為變。世之學者，鮮有不溺於是者。故先生之意，必使學者先從事於《詩》《書》《論》《孟》，然後循序而進之耳。學者果能從事於《詩》《書》《論》《孟》而有得焉，則其於讀《易》也必將嘿識心通而有所入矣。非為《易》之難而學者不當致力，特不可以是為先耳。昔者明道推康節之《易》學，以為加一倍之法，他日舉似康節，康節歎其敏悟。其後伊川問一倍之説，則曰當時因試院中，無事偶取而推求之，見其如此，今不復記矣。正每讀《遺書》至此，再三致思，而莫能入，則未嘗不恨其説之無傳也。後始得《啓蒙》讀之，於是洒然使人無復遺憾。嗚呼！先生之於是書，發明先聖賢已絶之微言多矣，讀者其毋以易心求之。嘉定六年四月己卯，門人巴川度正謹書。

［（宋）度正《性善堂稿》卷十四　1170—264—14］

跋吕與叔易章句

（宋）度正

余家舊藏吕與叔《文集》《禮記解》《詩傳》，而未見《易章句》，豫章羅傳之，堅甫得之，刻之陽安之學宫。與叔初學於横渠，横渠卒，始從二程，伊川嘗謂其已經横渠指受者，雖有未盡，重於改易，蓋如中者，道之所自出之類是也。今觀《易章句》，其間亦有與横渠異而與伊川同者，然皆其一卦一爻之間小有差異，而非其大義所在，其大義所在，大抵同耳。横渠之學，究其天人之藴，如《西銘》之意，伊川以為孟子以來學者之所不到，則固無可議。至論"清虚一大"而有"清者神，濁者不神"之説，論窮理盡性至命而有"浚流窮源"之説，則伊川蓋嘗以為有未安者，使天假之年，日新又新，義精仁熟，則其所到，又豈止於是而已也。考之《東見録》，伊川、横渠之言，辨析於毫釐之間，反復曲折以求，夫至當之歸者，無所不至，與叔皆詳書而備録之，吾知與叔於此消釋於其所疑，融會於其所得者，蓋不少矣，決非有所吝者也。雖然世之學者，習於所聞者，執而不變，安於所見者，固而不化，其於徙義之勇，遷善之功，誠不能無可恨，然視夫師死而遂倍之者，豈不賢哉！豈不賢哉！余是以備論之。

［（宋）度正《性善堂稿》卷十四　1170—265—14］

四明胡(謙)易説序

（宋）魏了翁

《易》之書，自秦漢以来，何翅數千家，四明胡牧之又為之科别圖指，參稽為義，萃説成編，尚慮所見未廣，則贏糧千里，介余友袁廣微將就正於余。甚矣，牧之之嗜學也，而余非其人也。牧之謂文王重卦，雖不為無據而余以為是。自伏羲

以卦變，皆自乾坤，雖本諸先儒，余謂其於六畫卦之義有所未盡，牧之於先天之《易》，咸無取焉，而余謂《繫辭》之説為先天，而發者非一。牧之於中爻、互體、象數、占筮説或未有取，余謂此惡可盡廢，不然則《易》中如觀山困紱、壯羊屯馬此類甚廣，皆無所取象，此其不同之大略若此。至於要言精義未能盡合者，則又未能以殫舉，方將與之切問而精講焉。牧之倦於役，願得一言以歸，余謂古之學道者，雖分古今，越宇宙，而義理之會若合符節。今牧之於余乃有未可强同者，固亦足以交警互發，抑必有一是非於此者矣。聖人之道如實尊衢中，取之不禁，隨其淺深高下，皆足以有得，寧可限以一律。然而盈宇宙間莫非太極流行之妙，而人物得之以各正性命，則《易》固我之所自出，無須臾可離者也。學《易》者要在内反諸心，精體淺近之實則遷善遠罪之歸充之，而至於位天地，立生民，命萬物，皆分之所得為者，蓋不敢惟文字故訓之泥，以自絶於道，自薄其身，況皆資之以羔雉乎？邵子曰："先天學，心法也，萬化萬物生於心也。"每味其言，先儒之所謂學者蓋如此，故更願牧之歸而求之，而余亦以是自警焉。

[（宋）魏了翁《鶴山集》卷五十三　1172—598—53]

廣平李氏觀畫所見序

（宋）魏了翁

故吏部侍郎廣平李公，甞大書六十四卦之象於屋壁，玩之三月而有得焉，於是為書題曰《觀畫所見》，既自叙所以作。厥七十年，其孫大謙守邵，則公觀畫之地也。是書久失而俄得，故不無爛脱，大謙又叙所以然而屬予申其義。嗚呼！得於畫而不滯於辭，亦可謂善觀《易》矣。《易》言六畫、六爻、六位、六虚，是四者相近而不同。蓋爻者，動也，專指九六，則父母之策也；畫者，卦也，兼七八九六，則包男女之策也。總而言之，畫即為爻；析而言之，爻與畫異。畫之見者，又為位；爻之變者，又為虚：故曰"變動不居，周流六虚"，位從爻而為虚也，曰六畫成卦，六位成章，虚從畫而為位也。然其實皆自奇偶之畫始，奇偶則太極之分者也。今李公之於《易》，不觀諸辭而觀諸畫，不惑乎諸儒之異傳而求諸心目之良能，雖兼収衆善而片詞折衷，皆純體獨得之妙。雖不離乎互變伏反之等而因體明用，無牽合傅會之煩，至於發二五柔剛之義，斥異端邪遁之説，則進而告君，退而省己，造次必是。秦漢以来為《易》者多矣，顧拳拳乎諸葛氏之出處，則又舉一隅以明《易》道之用，有非佔畢陋儒所能盡識。嗚呼！斯亦異乎世之所謂讀《易》者矣。公名椿，字壽翁，師友淵源所自，則文定胡公云。

[（宋）魏了翁《鶴山集》卷五十四　1172—610—54]

朱文公五書問答序

（宋）魏了翁

某之生也後，不及從遊於朱文公先生之門，而獲交其高弟，盡得其書，以詒同志，凡今蜀本所傳是也。丹稜史孟博守文比歲東遊，識趙季仁師恕於夔館之累月，得未見之書，乃《易本義》與《論》《孟》集註，《中庸》《大學》章句，《或問》之外，又裒當時答問之語為一編，孟博将刻諸梓，乞言以識篇首。予為先生序書多矣，而大抵不以喜而以憂。予非固異於人也。甞觀蘇文忠記李氏山房，謂秦漢以来，書益多，學者益以苟簡。又云書日傳萬紙，而士皆束書不觀，遊談無根，夫非書之罪也。書日多而説日明，儇慧者勦説浮道可以欺世，不必深體篤踐也；多貲者廣採兼畜可以緝文，不必窮搜博攷也。今先生之書滿天下，而其道無傳焉，吾之憂詎不信夫。雖然，未可以槩斯世也，請書諸卷首，與同志者交儆焉。

［（宋）魏了翁《鶴山集》卷五十五　1172—622—55］

題林叔清古易

（宋）魏了翁

《易》之為書，廣大悉備，知仁隨見，小大由識，各適所求，至近世周、程、邵、張子以後，諸儒輩出，《易》道幾無餘藴矣。三山林君又為《周易古經解》，依上下部叙以六十四卦三百八十六爻，臚分彪析，而證以古今善惡是非之事，此非積歲累月不能為。或曰：審爾則《易》之書四百五十事而已乎？曰：不然也。林君之為是也，亦不過約為之説，以自識其知仁之見云爾，非斷斷然以是為不可易也。程正公《易傳》晚而後出，猶以迫於門人再三之請，且自謂僅得七分，然則林君尚勉之哉。

［（宋）魏了翁《鶴山集》卷六十二　1173—44—62］

跋司馬子紀先後天諸圖

（宋）魏了翁

涑水司馬叔原，覃思義理之學，自羲文周孔之《易》，《河圖》《洛書》之数，陰陽動静之義，日月遲速之度，以及周、程、張、邵、朱、張子之書，旁觀歴覽，為圖為書，時賢皆有題識，又欲求一言於予，予遷靖未返，不得與叔原共學，姑識数者之疑於末，且先天圖自魏伯陽《參同》，陳圖南爻象卦数始略見此意，至邵尧夫而後大明，

千數百年間，不知此圖安所託，而圖南始得此圖，亦已奇矣，而諸儒無稱焉。“數往者順”，謂震、離、兑、乾，“知來者逆”，謂巽、坎、艮、坤，皆以左旋言之。今叔原以為自乾至震、自坤至巽，此必有所據，朱文公以十為《河圖》、九為《洛書》，引邵子説，辯析甚精，叔原從之，而邵子不過曰“圓者，《河圖》之數；方者，《洛書》之文”。且戴九履一之圖，其象圓，五行生成之圖，其象方，是九圓而十方也，安知邵子不以九為《圖》、十為《書》乎？故朱子雖力攻劉氏而猶曰：“《易》《範》之數，誠相表裏，為可疑耳。”又曰：“安知《圖》之不為《書》，《書》之不為《圖》？”則朱子尚有疑於此也。近世朱子發張文饒精通邵學，而皆以九為《圖》、十為《書》，朱以《列子》為證，張以邵子為主，予嘗以《乾鑿度》及《張平子傳》所載太極五行九宫法考之，即所謂戴九履一者，則是圖相傳已久，安知非河圖也？靖士蔣得之云，當以先天圖為《河圖》，生成數為《洛書》，亦是一説。叔原謂日月亦左旋，此張説朱意也。第日起，北陸春，西陸夏，南陸秋，東陸而冬，返乎北陸，則為右乎？左乎？謂日速月遲，讀書窮理，正欲其自得，況叔原所引“見處一分虧”之詩，即予少作也。吾儕所見，本不相遠，第以歷家細筭分数言之，則月行十三度，餘者特約法耳，其實則一日至四，二十四至晦，行十四度餘，五日至八，二十至二十二，行十三度餘，惟自九日至十九，僅行十二度餘，此猶二至之晷刻最遲，不為無理，而叔原反疑之，獨取望日為證，則望日正行遲之日也。況本乎陽者常舒遲，本乎陰者常急促，若日遲而月速，大者舒而小者促，此亦陰陽自然之分也。叔原之圖，精且密矣，盍更以是審思之日食，書甲乙如辛卯，日與辰相尅為異，尤不經，康成雖有是説，然春秋壬午日食，亦日與辰相尅也，而左氏謂不為灾，又何邪？叔原謂分星起於漢唐，謂漢則已後，謂唐則滋邈，豈以左氏内外傳與《周禮》為不可信邪？是三書亦有可疑，而分次之説相傳已久，獨星不依方而以受封之日為次，此傳注之可疑而未有説以破之耳。大抵叔原之説，十得六七，予方斂袵之不暇，尚有未能釋然者，姑摘一二以備審訂，他時道僰以如邛，叔原必有以復於予也。紹定四年六月甲子，臨卭魏某書。

［（宋）魏了翁《鶴山集》卷六十三　1173—49—63］

季父易稿序

（宋）劉克莊

《易》學有二，數也，理也。漢時如京房、費直諸人皆舍章句而談陰陽灾異，往往揆之前聖而不合，推之當世而少驗，至王輔嗣出，始研尋經旨，一掃漢學，然其弊流而為玄虚矣。本朝數學有華山陳氏、河南邵氏。今邵氏之書雖存，通者極少，理學有伊川程氏、新安朱氏，舉世誦習，衆説幾廢。余嘗恨程、邵同時不相折衷,《傳》與《皇極經世圖譜》,遂判為二書而不可合。天下豈有難通之書?亦豈有理外之數哉?噫!《易》更三聖,說《易》者非一家。程氏排臨川之學者,及教人讀《易》,必先輔嗣、介甫。朱氏尊伊川之言者,至《本義》則多程氏所未發。議論以難疑問答而詳,義理以講貫切磋而精,此季父《易藁》之所為作也。初余為建陽令,季父訪余縣齋,因質《易》疑於蔡隱君伯靖,後二十餘年而書成,大旨由朱程以求周孔,由周孔以求羲文,其篤守師說,雖焦天授,袁道潔無以加,視世之高談先天,徑造微妙者,彼虛而此實矣。季父名彌邵,字壽翁,中歲棄科舉,閉門著書,動必由禮行義,為鄉先生,家貧,食於學,晚舍去,併學俸卻之。太守眉山楊侯棟、郡博士括蒼俞君來即學,為堂示企慕之意,季父僅一至焉,後楊侯使本道又論薦於朝,不報,卒,年八十二。俞君乃取昔所卻俸為刊《易藁》,而簡其猶子克莊序之。

[(宋)劉克莊《後村集》卷二十四　1180—250—24]

蔡模易集義序

(宋)趙汝騰

《易》之為言,在太極先,羲文作,周公、孔子述,凡更四聖人矣。其為書也,廣大悉備,豈直象辭變占而已哉?左氏載《易》占法特其一耳,蓋《易》可施於卜而非專主於卜也。善言《易》者,莫邃於濂溪;善傳《易》者,莫精於伊川。《通書》曰:"萬物資始,誠之源也;乾道變化,各正性命,誠斯立焉。元亨,誠之通,利貞,誠之復。"又曰:"思者,聖功之本,吉凶之機也。君子見幾而作,不俟終日,知幾其神乎?"又曰:"不善之動,妄也。妄復則無妄矣,無妄則誠焉,故無妄次復而曰'先王以茂對時,育萬物'。"濂溪之旨,伊川得之,即陰陽、屈伸、往來、闔闢之妙,衍而推之於人事,舉錯酬酢之間,擬議變化之際,曰"隨時變易以從道也"。四聖人之蘊,具於是矣,當是時,書出而門人有泄天機之語,伊川自謂止七分,蓋謙辭也。朱文公因"公用享於天子","田獲三品"等辭遂有《本義》之作,曰某象占當如是,某爻占當如是。近世學者遂一切以卜筮視《易》,而不知文公預憂之矣。其《原象》曰:"程演周經,言盡理得,彌億萬年,永著常式。"其《警學》篇曰:"在昔程氏,繼周紹孔,粵指宏綱,星陳極拱。"其推程氏之《易》極矣,其訓學者至矣,豈專以卜筮言哉?文公之高弟蔡西山尤通於《易》,嘗授其子節齋,節齋授其猶子覺軒,今覺軒《集義》所載是也,《集義》宗主程、朱、楊、吕,參之家學,間又附以己見,於《困》卦言小人之困君子,適足以自困;釋《艮》卦彖辭之止為閑邪,釋爻辭之止為聖人之止,是皆儒先之所未發,大抵發明義理不專主占筮也。魯國男子以吾之不可學柳下惠之可,若覺軒者,可謂善學文公者,覺軒之子湛然曰:"是書,先君猶未脫藁。"

予曰:“義理其有窮乎?”天假覺軒數年,其書又不止於此矣,湛然將刊而傳之,俾予附名篇端,不得而辭也。

[(宋)趙汝騰《庸齋集》卷五　1181—285—5]

跋李秀巖先生學易編誦詩訓

(宋)高斯得

秀巖先生,近世大儒也,世徒見其論著藏於明堂石室、金匱玉版,遂以良史目之。不知先生中年以後,窮極道奧,經術之邃,有非近世學士大夫所能及者,又其天質彊敏絶人,《三禮辯》二十餘萬言二百日而成,《學易編》二百八十日而成,《誦詩訓》亦踰年而成,考訂鄭、王、孔、賈之謬,折中張、程、吕、朱之説,精切的當,有功於學者為多,斯得受業於門,每念有以廣其傳者,來守桐江首以《詩》《易》二首刻之,與同志共,其如禮學諸書文字頗多,倘未以罪去,當陸續以壽梓云。

[(宋)高斯得《恥堂存稿》卷五　1182—78—5]

趙使君汝廩刊易學啟蒙於涪屬予為跋

(宋)陽枋

《易》有象有數與理氣而已矣。聖賢著書立言,發鑰是焉者也。氣理妙於無迹,體由象數而立,象數顯而可見,用該理氣而神,精粗顯微,何往而非道哉?某年四十從性善先生遊,得其家塾《啓蒙》善本,心悦而日玩焉。逾年,少有得,性善令往從蓮蕩先生問《易》奥旨。先生教人言近而遠,約而肆,於日用常行研究天理造化之精微,某拳拳服膺。有以見夫《啓蒙》之作,首《河圖》以著道之全體,次《洛書》,次伏羲、文王卦圖,孔子《易》書,而明之以康節諸儒之説,以盡《易》之妙用,然後詳著乎蓍法,而以變卦終之。夫全體立而妙用存焉,妙用達而全體寓焉。有能貫通乎是書之藴,以之曲成萬物焉可也,範圍天地焉可也,窮理盡性至於命焉可也。豈徒曰《啓蒙》而已哉?金沙趙公賢而樂道,常遣其子今重慶節判崇權從某問《啓蒙》而樂其説。公今守涪,祠蓮蕩於北巖,並刻《啓蒙》書於涪介,來命予跋,某識見淺陋,何足以盡文公之旨?姑以所聞於師者識其末。性善家塾所刊有周子《太極通書》,張子《西銘》云。

[(宋)陽枋《字溪集》卷八　1183—366—8]

題易象本旨後

（宋）歐陽守道

劉君定子以所著《易象本旨》惠教，予既録而藏之，又欲取其間所疑槩之予心而未盡安者告定子，以折衷一是之論，然而未之敢也。微以言卜定子可否，而定子慨然曰："予以是書來，豈欲執事謾不加省而稱善哉？有先儒之訓，予不當輒出臆見，然而恃先儒之訓而不及求諸心，則是名尊先儒而實濟媮也。故是編之作，雖不敢保其不畔，而幽思窮探以得之。又惟人之常情，思而有得則必喜，喜則見其得而不見其失，此非獨予病之，將先儒亦病之。故先儒晚歲之書，比之初本，幾於竄易且盡者，蓋不肯以一日之見自安也。予實有志於學先儒之學，而幸予精力之方强，子宜有以語我。"噫，甚矣。予何敢疑焉而不告，凡予欲質者數事，且如别録，抑學者之於《易》，非徒玩其辭而已也。自强不息，已當自强不息也；厚德載物，已當厚德載物也。充此類則一象無不爲已設，又暢而通之，則豈特一象一義也，窮天下萬理無不在《易》焉，亦無不在我焉。象固未有盡也，《易》固公天下萬世之書，然我輩讀之，當見古先聖人如特爲已作者。定子於此將終身焉。子之不敏，豈徒愧定子之著書而已哉？他日當見定子，以《易》周旋，爲《易》所謂君子，使予有所企望而常不及也。《易》曰："學以聚之，問以辨之，寬以居之，仁以行之。"學聚問辨而能優游涵養，則有以居之而不失，是之謂寬。既而體之於身，凡天地萬物之理皆備於我，而無可違者，所謂仁也。學至此，則《易》之全體也，而象可以忘矣。定子將别，書其語於卷末而歸之。噫，子誠有意，恨予相去之遠，而不得日相見也。

［（宋）歐陽守道《巽齋文集》卷二十　1183—670—20］

跋蘇德淵（淼）易

（宋）陳著

夫《易》至大至神，晦菴先生謂看《易》須識理、象、數、辭，未嘗相離。而程《傳》只説理，不及數，然《大元》《潛虚》或者又病其推象數之過。張文饒自謂精於數，及其立身行事則文［又］大悖於《易》。惟邵子之學，明道先生稱其各有所因而入，彼章子厚、邢和叔欲師之，而邵子知其心術不正，辭焉。然學《易》者，亦存乎其人，而深淺未暇計。近慈湖先生有《已易》，今而贅言子之六合亦不外乎已，殆欲為《已易》之疏義乎？余耄矣，讀其書尚不能終帙。欲於此焉有見，無能為役

也。吁,闞子明者,安知後來無王穆公乎?贅言子,子海陵人,姓蘇名淼,字德淵,純篤而老於古學者也。四明陳某書。

［(宋)陳著《本堂集》卷四十六　1185—223—46］

啟蒙發揮後序

(宋)王柏

冲漠無朕而萬象已具,風氣漸開而人文漸明,非一聖一賢之所能盡發,故伏羲氏之畫八卦也,仰觀俯察,近取遠取,得《河圖》而後成,雖曰闡陰陽變化之妙,而其用不過教民決可否之疑而已,歷唐虞夏商,有占而無文,至文王始繫之以彖,周公繫之以爻,吾夫子又從而為之《傳》,更三古四聖人而《易》之為書始備,蓋非一時之所能備也,文王變後天之卦而先天之《易》幾於亡,《大傳》發義理之奥,而變占之用幾於隠,後世不能會通而並觀,於是尚義理者淫於文辭,尚變占者淪於術數,而《易》道始離矣。我朝盛時,邵子密傳羲畫而缺於辭,程子晚繹周經而缺於象,先後不二十年,而從游非一日,迺不相為謀,而各自成,書皆臨終而後出書,雖不同,然各極其精微,反若分傳而互足。異哉,《易》道之所以大明也由是。朱子著為《本義》,謂《易》本於占,而義為占而發,懼後學梏於見聞,而未易信也。又作《啟蒙》四章,先開其祕而祛其惑,首之以《本圖書》《原卦畫》,示《易》之所由始也,次之以《明蓍策》《考變占》,示《易》之所以用也。然亦各為一書,而學者猶未能融會而貫通之。北山何先生受業勉齋之門,聞此義為甚蚤,晚年纂輯朱子之緒論,羽翼朱子之成書,不敢自加一字,而條理燦然,羣疑盡釋。至於引《本義》之彖辭,參於變占之後,使千百年離而未合者,兩無遺恨,真有得於"體用一原,顯微無間"之深旨,豈不為後人之大幸歟?先生無恙,時因約齋王史君,請刊梓於盱江,嘗命僕序其首,僕固辭不敢。承先生今亡矣,不可使觀者不知編摩之大意,於是忘其疏,鹵述其畧於後云。

［(宋)王柏《魯齋集》卷五　1186—72—5］

古易音訓

(宋)王柏

予暇日校正《音訓》,而有未能釋然於可疑者,久之,方悟成公之謹於缺疑也,善於復古也。所謂古文者,今亡矣。昔劉向嘗以宮中古文《易》校施讎、孟喜、梁丘賀三家,多有脱落,獨費氏經與古文同。鄭康成、王輔嗣固皆出於費氏,今之

《易》即古文《易》也，今《易》之字則非古文之字也，況籀篆既更，隸正益異，轉相傳寫之訛，豈能盡合於古哉？晁氏既不見古文《易》，今所按古文，不知其何所據也。姑以古文異同者言之：今之若，古之𦮙字也，以為當從古也，凡經傳皆書此𦮙，宜也。自乾以下既更此若，獨於離卦出此二𦮙，豈不可疑乎？趾之為止，誠古也，或加足，或去之，亦豈有二義哉？拯之為承，亦古也，而又不一於承，何也？要之為取鮮之為尠，未嘗盡出於一，如亨、享、佑、祐之類，尚多有之，若喪之與喪，非有大異，特筆法互有得失耳，成公豈不能訂其是而歸於一乎？缺疑存古之道，不當若是，此成公所以一循其舊也，其大不得已者，"天一地十"章移在天數五之上，此則存程子、張子之言，有不容不移者。今成公於字音，因晁氏之舊而增廣之，異同之間，不敢輕加一字，謹之、重之，如此之至也。乃於千載傳襲不疑之書，銳然撥亂而反之正，則其不可不復古也，審矣。晁氏先於復古者也，成公豈苟從者，志偶同也。至於訂古有未盡善者，則成公亦不得而盡從也，曰古字，曰今字，曰籀字，曰篆字，曰隸字，分别若甚精，訂定若甚確，徐而考之，蓋亦未能盡合乎法也。至以卦氣斷其字之是非有無，此則不能不疑也。抑嘗思之，不有《音訓》類其同異，則不知諸儒之得失；不見諸儒之異同得失，則不知伊洛以來傳義之精也。《音訓》之有益於後學如此，知其所以異而能察其所當同，而後可以謂之善觀今大綱領。既正《音訓》甫畢，而成公夢奠，精神全在卷第之下分行註中，讀者尤當留意焉。

［（宋）王柏《魯齋集》卷九　1186—144—9］

跋沙隨易雜記贈賈師父

（宋）王柏

文公朱先生著《易本義》，謂《易》本卜筮書，而當時學者皆疑焉，惟沙隨程先生好以卜筮説《易》，有雜編一册，蓋親筆也，其門人得之，以呈文公。公以所疑書於後。俾歸，以此説質之沙隨先生，不審以為如何也。可以見先生待前輩之禮，其恭如此，沙隨亦稱劉公曰"元城先生"，稱喻公曰"玉泉先生"，稱汪公曰"玉山先生"，稱文公則曰"南恭父"，為序於後，《易》道之淵源，經傳之因革，殆無餘藴，念是書考核之精，辨析之詳，疏其羨文缺字之相承，訂其分章絶句之或異，精神粹密盡在音訓，不敢以既退而累後人，越明年，遂用紫陽書堂本足成之，敬識其歲月云。

［（宋）王柏《魯齋集》卷十一　1186—176—11］

四象之數。《圖》之外，七南八東九西六北，此成數之四象，《圖》之内，一合五為六居北，三合五為八居東，二合五為七居南，四合五為九居西，此生數之四象。筮用其全，故七八常多，《易》取其變，故七八不用。積生數之一三五為成數之九，乾用之，積生數之二四為成數之六，坤用之。所謂則《圖》畫卦者，如此而已矣，何必執泥四方強配八卦而規規然曰：此屬乾坤坎離，彼屬震巽艮兑。至其窒礙牴牾則嘔心斷腸巧辭牽合，棄坦途，行荆棘，何乃自苦如此？宗老玉齋先生於衆言殽亂中尊信《啟蒙》，為之訓釋纂註，明白正大，具有淵源，隱然足以折近説之謬。於余葢老友也，余嘗舉前説質之，玉齋曰："此所謂言近指逺者，而吾註偶未及之，請書為序。"予曰："玉齋此註足以闡明朱子之書，次焱此説足以翼輔玉齋之註。"遂書之不辭，宗生胡次焱濟鼎謹序。

[（宋）胡次焱《梅巖文集》卷三　1188—550—3]

跋胡玉齋啟蒙通釋

（宋）胡次焱

宗家耆英有以玉齋自號者，（名方平），於予為老友，其子雙湖於予為益友。此書玉齋所著也，歲己丑，雙湖攜入閩鋟梓，留滯踰一年。辛卯秋再往，明年壬辰夏季回，留滯過一年。冒寒暑，疲跋涉，必成父志乃已，允謂孝矣。弛擔云初首恵此本，嘗復其書曰："玉齋平生精力寓於此書，儻非繼志述事，不懈益勤，未有不墜於泯滅無聞者，是故貴有子也。"十年前嘗跋《輶軒唱和詩集》，極言有子、無子之效，於今益信。嗟夫！談史以遷顯，彪史以固顯，故曰"貴有子也"，然此史學也，非經學也；充《禮》以裒傳，曾《書》以祉傳，故曰"貴有子也"，然此《書》《禮》學也，非《易》學也；乃若梁丘賀之有臨，劉昆之有軼，張興之有魴，伏曼容之有暅，《易》學傳家，父作而子述之，赫乎相映，故曰"貴有子也"。夫《啟蒙》者，入《易》門户也，玉齋既為《通釋》，雙湖又為《本義附録》，非惟橋梓相映，樝梨兼美，且將突過烟樓，此又賀臨以來所無者。嗟夫！箕裘失墜者固不足言矣，其或苟安憚煩，無以張皇先美，為不朽計，雖讀父書，亦無取焉。古今嗜學著述如玉齋者，豈謂盡無其人，無雙湖為之子，遂使潛德弗耀，抱恨幽宫，雖謂之不孝可也。有是父，有是子，有是子，有是父，或曠百載，纔一遇爾。吾於雙湖此舉，敬歎無射。其中大義奥旨，尚遲紬玩，嘉羡之劇，亟題此卷端。庋置几間，俾有目者必觀，有識者必羡，非徒贊揚雙湖，亦以勸天下之為人子者，併書一本寄雙湖云。七月辛巳宗末次焱濟鼎敬跋。

[（宋）胡次焱《梅巖文集》卷七　1188—571—7]

春臺易圖序

（宋）黄仲元

理者太虚之實義，數者太虚之定分，未形之初，因理而有數，因數而有象，既形之後，因象而推數，因數以推理，論理遺數，惡惡可，此朱文公《啟蒙》所以作也。文公《易》得於康節邵先生為多。春臺黄君之圖乂、《啓蒙》之義疏，辨析精密，神智盡在是矣。譬如枝頭樹底一一見花活處，不止擔頭看賣桃杏，豈心猛氣粗者所能了了然？竊有疑戴九履一之象圓，五行生成之象方，安知邵不以九為《圖》、十為《書》乎？《圖》《書》自《圖》《書》，大衍自大衍，以《圖》《書》而合大衍，拘矣。天地定位，此八卦立圖，帝出乎震，此八卦舒圖，或以前為羲，後為文，失之。邵《觀物吟》："乾遇巽時，地逢雷處，天根月窟，來往都春。"此解先天圓圖。《大易吟》："否、泰、咸、損、恒、益，既、未，四象相反成六十四。"此解先天方圖。不止乾一坤八也，數往者順，知來者逆，謂天地、山澤、風雷、水火，此已往之象，知來者逆，謂曰雷，曰日，曰兑，而乾以君之，曰風，曰雨，曰艮，而坤以藏之，此方來之事，以左為順，以右為逆，然乎？不也。九十九者蓍之體數，用四十九者，以其圜而神也。或以五行言之，何哉？歲月易邁，義理無盡，長江浩渼，欲遡從之，邈不可即，何時一樽，與吾春臺細論此事為快。敬書右方以答，來辱大德。丁未清明莆四如老人黄某七十七筆也，音杳浩渼水無際也。

［（宋）黄仲元《四如集》卷三　1188—643—3］

易吕氏音訓跋

（宋）朱鑑

先公著述，經傳悉加音訓，而於《易》獨否者，以有東萊先生此書也，鑑既刊《啟蒙》《本義》，念音訓不可闕，因取竇婺臨漳鄂渚本，親正訛誤六十餘字而併刊之，如《豫》爻之"簪"（晁作"戠"，婺漳鄂本作"戠"），《損・象》之"窒"（晁作睿，婺本作●，漳作岺，鄂作●）則有未詳者，然非有害於文義，已足為善本矣。至於嵩山《古易》跋語，先公嘗折衷鼂吕之説於其後，今三本所載不同，而《文集》中乃有晚歲書委鄂教滕珙以改換最後兩版者，其為後出無疑云。鑑謹誌。

［（明）程敏政《新安文獻志》卷二十三　1375—301—23］

書易啟蒙後

(宋)胡方平

《易本義》一書,闡象數理義之原,示開物成務之教,可謂深切著明矣。《啟蒙》又何為而作也?朱子甞言,《易》最難讀,以開卷之初先有一重象數,必明象數而後《易》可讀。《啓蒙》四篇,其殆專明象數以為讀《本義》者設與!象非卦不立,數非蓍不行。象出於《圖》《書》而形於卦畫,則上足以該太極之理,而《易》非淪於無體;數衍於蓍策而達於變占,則下足以濟生人之事,而《易》非荒於無用。且其間又多發造化尊陽賤陰之意,《易》之綱領,孰有大於是者哉?明乎此,則《本義》一書,如指諸掌矣。然《啓蒙》固為讀《本義》設,而讀《啟蒙》者,又未可以易而視之也。

[(明)程敏政《新安文獻志》卷二十三　1375—303—23]

先天圖贊(並引)

(元)郝經

宓犧氏按圖畫卦,以造書契,而為民用,初不以為《易》也。歷黄帝堯舜氏而王法大備,畫卦之説默而不傳。夏殷之世,乃有《連山》《歸藏》,以為卜筮,亦不知其為《易》也。及紂囚文王於羑里,始以宓犧氏之卦重而制名而謂之《易》。武王有天下,代殷為周,於是謂之《周易》,而《河圖》之文,畫卦之理,重卦之義,變卦之由,其所以然而莫非自然者,則亦未之言也。至仲尼氏贊《易》道,於"《易》有太極"則言《河圖》之本然,於"天地定位"則言畫卦之本然,於"帝出乎震"則言變卦之本然,於"有天地然後有萬物"則言重卦之本然。制作犧文之後,超出犧文之前,於是宓犧文王為後天,仲尼為先天矣。由仲尼氏以來,學者求《易》於繇《彖》《文》《象》《辭》《説》之間,不復探原窮本,以造夫宓犧氏。至康節先生因仲尼氏之言,推本《河圖》之文,究竟宓犧之畫,錯綜文王之重,以復八卦之序,為圓方一圖,以明仲尼氏之所以先天者,曰:"先天圖不用辭説,再造一易而居宓犧之前,《河圖》之上矣。"經潛心玩味踰二十年,近以久在舍館,益得致志,故為之説,而意味無窮,復拜手而為之贊曰:

大《易》全體,渾淪厥初。天地萬物,本然一圖。匝密充周,自為規模。停穩妥帖,極盡無餘。兩兩生生,並為根株。當為書契,歷數有在。匹馬隻輪,上天之載。觀象起本,不假神怪。太極兩儀,更相禪代。因而為數,倍而為卦。奇則有耦，理不獨生。一則有二，鬼神以行。影不離形，響即應聲。不作不為，自然而成。無慮無營，本真則誠。死生兩原，穿徹一竅。動端有幾，月窟騰曜。變乃不測，天門龍跳。神定無方，在物則妙。君看元陽，可以盡道。乾兑離震，巽坎艮坤。天地列位，日月闢門。雷風噫氣，山川出雲。變動錯蹂，萬物糾紛。數為之位，道為之君。重以合兩，錯綜旋轉。意言象數，由此以見。卦交以背，畫交以變。應違則惡，理契則善。本自震出，孰使乾戰。自犧而文，體用具完。仲尼探賾，扣其兩端。不復為圖，祗以文觀。梁折山摧，喪其本原。刻舟求劍，聽日擊盤。惟無名公，創圖弗説。獨造犧皇，撑霆裂月。鞭出龍馬，再為區別。奇耦重復，先天一訣。顛倒羑里，翻覆乾坤。分陰分陽，接續韋編。自震右轉，由巽左旋。一本乎中，皆先乎天。不假刓削，自然而圓。不離陰陽，皆本兩畫。坎伏於蒙，離轉為革。陰陽之精，互藏其宅。復長剥消，姤遇夬決。陰陽相根，盛衰以别。分陰分陽，用柔為剛。倒乾為坤，旋長為藏。天地反覆，不失其常。八卦相錯，焕乎其章。不假裁截，自然而方。自下而上，不紊其序。由左而右，不失其故。縱入横出，緯錯綦布。神樞鬼紐，消息散聚。地中有天，闔闢一户。自奇合耦，以方契圓。再造一易，自為二篇。祗是河圖，更無一言。道以象示，神以方傳。退藏於密，直在畫前。内聖外王，雜而不越。範圍化幾，經界心法。層層相呀，宛宛互發。一本萬殊，四面八達。都無轍迹，但見黑白。造天人際，復地天通。渾沌破碎，太虚玲瓏。却從有限，推出無窮。惟有數畫，纔留幾重。天地萬物，盡在其中。東堂西樓，毁為一閣。醉裏跳丸，笑傲安樂。忽把地維，掛向大角。共山雲沉，洛陽花落。吁嗟先生，萬古絶學。

［（元）郝經《陵川集》卷二十二　1192—240—22］

太極演總敘

（元）郝經

天下之理，一隱一顯而已矣。故其間有開闔之機，總萃之體，變動之用，布散之迹焉。其始焉，皆自夫隱而出也；其終也，皆自夫顯而反也。於是天下之理無滯無弊，道之大用全體，旁行而不流，確乎其不可拔而不易，而《易》行乎其間，妙萬物而為神，翕然而藏，天地萬物無不隱；闢焉而生，天地萬物無不顯。一翕一闢，一生一藏，一隱一顯，所以為道，所以為《易》，所以為神。天地萬物，至今而不窮，至今而冥冥也，至今而昭昭也。是以聖人作《易》，推其隱者，而為賾為密，為幽為深，為幾為微，窮原築底而無上，反而為顯，於是為太極；推其顯者，而為圖為畫，為卦為爻，為象為數，為辭為説，亦窮原築底而無上，復反而為隱，而止於太

為，後世雖無大聖人，兼綜諸聖以述夫聖，如孔子之集大成，苟不以一人自私曲學自蔽，專門自聖，削去畦町，没夷滋蔓，排斥一我，開示公道，合漢、魏、唐、宋諸儒之學，順考其往，逆徵其來，積數千百年之學問，數十百人之能事，契其所見，會其所得，合天下以一心，通天下以一理，貫古今以一《易》，聖一而後世百之，聖十而後世千之，遡流求原，問津以濟乎道，則亦庶乎其可也。故不自揆，嘗欲論次孔子以來述《易》而有合於聖人者，纂為一書，而未能也。中統元年，詔經持節使宋。宋人館於儀真，留而不遣，五六年間，頗得肆意經傳。及被刦殺，出居别室，益曠寂無事，乃據所有書及故所記憶者，自孔子以來迄於今，凡訓詁論説，諸所註釋，撮其至精，去其重複，義理象數，兼采並載，巨細不遺，不徵其人，惟是是與，各以世代第其先後。凡諸經傳子史百氏，《易》之自出而不謬聖人，必當關涉引用者，亦各依世次編入。其流入老、佛，異端曲説，非聖人意者，則盡刊黜。夫漢、魏傳註之學，則至於魏王氏，唐、宋論議之學，則至於宋程氏，故備録二氏，以為諸家折衷。經有所見聞者，則彌縫其闕而要終之，且徵之歷代之得失，以為《易》之事業，窮源極委，致諸道、《易》、神之本然，以為一經之綱領。疑而不可固必者，則存而弗論，以俟能者。積成八十卷，旁捜逺蹈，創圖立説，為《太極演》二十卷，申明列聖及諸儒餘意，共為一百卷。《易》之成，俶落周世，謂之《周易》。近世或單稱《易》及《大易》等以為題，而不言周，有未當言者，故仍稱《周易》。孔子為經作傳，既謂之傳矣，後之人復為傳註，則皆傳外之傳也，故曰為《外傳》，且示不敢自同於聖人之作也。然亦未敢自為成書，後來繼今，或别有所得，當復增入云。九年春，正月立春日，郝經序。

[(元)郝經《陵川集》卷二十九　1192—318—29]

讀易蠡測序

(元)戴表元

古聖人之經，至難言者莫如《易》。余攷王制，見先王時之居學校者，其法春誦，夏絃，秋學禮，冬讀書。而仲尼之門人記其師雅言之詳，不過《詩》《書》執禮，而皆不及《易》。惟其自為也，則不得已，有文以明之，以見《易》非聖人不能言，而雖聖人之教人，亦不使人之得以易其言也。漢以後，始有《易》師。今諸家法度髣髴具存，往往用之占步測筭，非若後世之言《易》者，以為必能通聖人之言，而續為之説也。余之少時，不免斯累，近乃稍自悔艾，欲慎其出，竊嘗間與為雜學者往還，若丹經之鉛汞，歷書之紀朔，醫家之運氣，兵家之機勢，大畧反與《易》合，而支離泛濫不切者，莫如書生舉子之説。此無他，彼數氏者，猶託於象數為可準，而書生舉子專以空言談理故也。儒者徐君之祥，自番易橐所著《易經蠡測》若干言，見余於餘杭，其言象數，取皇極於康節，取太極於濂溪，厥既知所先務，而諸卦之中多詳其變，曰："非變無以明《易》。"自正體、伏體、互體、變體、反對體、上下體而通之。一卦有六十四，以至於四千九十六，愈變愈通，而卦愈不窮，有辯卦，中有四畫五畫而成卦者，皆見於《易》，反覆懇欵，實皆不叛於新安、漢上二朱氏之學。余甚慕而竒之，而徐君機神敏給，於天人性命，事物精粗之理，他人經年歷紀而未喻者，一日即了，其得於天蓋厚，不但人力之勤也。然君於《易》書之變，本由象數以通理，而象數者起於無而寄於有，理者妙於有而歸於無。寄於有者，其變可知可言，歸於無者，不可知不可言也。人之可知而言《易》之變，固不止於四千九十六，人之不可知不可言，畫之一，不必三，卦之八，不必六十四，可也。古人老而學《易》，《易》又為憂患作，徐君涉世益熟，刊落輕鋭，而復諗之蠡乎，蠡乎。其遊於聖人之海，有不為夜光乎？

［（元）戴表元《剡源文集》卷七　1194—89—7］

先天圖義序

（元）戴表元

自漢儒《易林》之傳絶，而士大夫一切以理談《易》，幾二千年，如揚子雲《太玄》，虞仲翔納甲，關子朗《洞極》，魏伯陽《參同契》之類，往往皆古人象數之餘說，而學者疑其近於歴家方士，弃不肯習。迨至近世，乃有太極、先天二圖，於《易》最為深密，然非濂溪、康節闡張於前，考亭朱先生尊獎於後，則二圖者安知不以疑廢？今二圖既皆顯行於時，而今談先天者猶不如太極之盛，何也？太極以理，先天以象數，理易喻，而象數難精，前賢所以有狗馬鬼神之論也。余之少也，固習於科舉，長也阨於憂患，又生窮鄉僻邑，無所師授，亦莫能聽受其說。山陰嚴養晦，以四十九圖相示。方員之象，縱横之數，不勞執比，一一脗合，而陰陽往來，動静消息之理，開卷可一目而盡，是其於濂溪、康節、考亭之學，可謂叩其疆藩而窺其堂室矣。世念漸空，幸有餘力，可以償平生飢渴之願，當從養晦卒業焉。

［（元）戴表元《剡源文集》卷七　1194—98—7］

題雙溪王晦仲讀易筆记後

（元）戴表元

《易》以象為書，而理附焉，亦猶人之有是耳、目、口、鼻四體，然後可以論其

視、聽、言、動云爾。而世之言理者先去象，不知去象則理於何所附而存哉？漢之《易林》，存者惟焦氏一家，士大夫占筮多用之，其餘京房、孟喜諸人之學，竊意王弼註未行時，必且家有其説，一時以好惡廢棄，而千載之下遂茫然不可復考，余為之恨恨久矣。然亦疑古聖人之為此書，何緣止於卜筮？最後乃得新安朱文公《本義》《啟蒙》，於程、邵外時時出入，沙隨漢上，而一斷以占法，上不失潔静精微之教，而下可通吉凶鬼神之變，於是盡舍他學而學之。又得今雙溪王公筆記，其説以書起象，以象明理，又謂雜物撰德，興於中爻而互體不可廢，又謂麻衣非直，《河圖》非錯之類，討論講貫，其在文公鄉閭師友間幾於鶴鳴而子和也。語曰："屨不必同，同於適足；味不必同，同於適口；語不必同，同於適理。"學者取其大要而姑置其小疑云。大德己亥歲仲夏十日，後學剡源戴某書。

［（元）戴表元《剡源文集》卷十八　1194—241—18］

題晦庵易卦橫圖

（元）胡祗遹

《易》圖甚多，不唯不能發明《易》之藴奥，牽强穿鑿，通滯合離，不見伏羲畫卦本末，生成自然之全圖。惟邵康節先天圖原委條貫，以類相從，然以圓方位置，使人不易曉。晦菴此圖，自下而上，大極、兩儀、四象、八卦，分陰分陽，迭用柔剛，而六十四卦粲然成列，乾一至坤八自然生成，《易》之全體無毫髮紊亂虧欠。此圖一出，前人皆廢，乾端坤倪，軒豁呈露，六子萬象，咸具於中，原始要終，不出乎一陰一陽。考諸文王周孔之辭則合，求諸伏羲，一落筆而卦變皆備，驗諸天地鬼神而不悖，象辭變占不言而喻。學《易》者當玩之終身而不可厭。

［（元）胡祗遹《紫山大全集》卷十四　1196—256—14］

中易序

（元）任士林

大哉《易》乎！"立天之道曰陰與陽，立地之道曰柔與剛，立人之道曰仁與義"，如斯而已矣，是故"在天成象，在地成形"，聖人設卦之宜也。"化而裁之存乎變，推而行之存乎通，神而明之存乎其人"，聖人作《易》之旨也。《易》乎！《易》乎！彰往而察來，鉤深而致遠，原始而返終，其幾神矣。子曰："舜隱惡而揚善，執其兩端，用其中於民。"此之謂也。《詩》云："鳶飛戾天，魚躍於淵。"言其上下察也。然而子思没，《中庸》之道不明，而《易》隱矣。余生千載之後，獨抱全經，潛心研思，亦既有年，然後豁然，始悟天地之變化，人事之始終。作為《中易》，分為上、下篇，三陳其卦，所以極河洛之數，成大衍之用，體天地之撰。盛德大業，顯仁藏用，一本坎、離、頤、過之妙，既、未、隨、蠱之幾，井、噬、賁、困之感，屯、鼎、革、蒙之推，聖人通變立言之旨粲然甚明。格物致知，正心誠意，修身、齊家、治國、平天下之道盡在是矣，可不究乎？子曰："天何言哉？四時行焉，百物生焉，天何言哉？"此夫子之所以為聖也。

［（元）任士林《松鄉集》卷四　1196—554—4］

易體用序（為保八侍郎作）

（元）任士林

《易體用》者，貳卿保公所著。夫《易》之為書廣矣，大矣，而羲、文、周、孔之心千載而得其解，猶旦暮遇之也。蓋《易》之為道遠，而天地之始終近；而一日之旦夜大，而天下國家之經綸小；而一身之進退得失體而用之無不在。是故舉理而言，神明通矣，而遺於末也；舉數而言，三五成矣，而離於一也。變化見而觀象者求之，則囿於物矣；吉凶生而尚占者玩之，則梏於徵矣。夫然則體之吾身，措之日用，而後簡易之理得，此《體用》一書所由作也。然嘗論之，卦有六十四，而《易》不止於六十四，爻有三百八十四，而稽其情，通其事，又豈一爻一辭之所能窮哉？今觀貳卿所著，猶不免於言下有言，蓋離言則道不明，離道則言不成，言與道交相涉也，而後體用之學行，觀貳卿之《易》者當求於言之外云。

［（元）任士林《松鄉集》卷四　1196—556—4］

四經叙錄：易

（元）吴澄

伏羲之《易》，昔在皇羲始畫八卦，因而重之為六十四。當是時，《易》有圖而無書也，後聖因之作《連山》，作《歸藏》，作《周易》，雖一本諸伏羲之圖，而其取用蓋各不同焉。三《易》既亡其二，而《周易》獨存。世儒誦習，知有《周易》而已。伏羲之圖鮮或傳授，而淪没於方伎家。雖其説具見於夫子之《繫辭》《説卦》，而讀者莫之察也。至宋邵子始得而發揮之，於是人乃知有伏羲之《易》，而學《易》者不斷自文王周公始也。今於《易》之一經，首揭此圖，冠於經端，以為伏羲之《易》。而後以三《易》斷之，蓋欲使夫學者知《易》之本原，不至尋流逐末，而昧其所自云爾。

《連山》，夏之《易》。《周禮》："太卜掌三《易》，一曰《連山》，二曰《歸藏》，三曰

《周易》,其經卦皆八,其别皆六十有四。"或曰神農作《連山》,夏因之,以其首艮,故曰《連山》,今亡。《歸藏》,商之《易》,子曰:"我欲觀殷道,是故之宋而不足徵也,吾得《坤乾》焉。"説者以《坤乾》為《歸藏》,或曰黄帝作《歸藏》,商因之,以其首坤,故曰《歸藏》,今亡。

《周易》上、下經二篇,文王周公作。《彖》《象》《繫辭》上、下,《文言》《説卦》《序卦》《雜卦傳》十篇,夫子作。秦焚書,《周易》以占筮獨存,《漢志》《易》十二篇,蓋經二傳十也。自魏晉諸儒分《彖》《象》《文言》入經,而《易》非古,註疏傳誦者苟且仍循,以逮於今。宋東萊先生吕氏始考之,以復其舊,而朱子因之,第其文字闕衍謬誤未悉正也。故今重加修訂,視舊本頗為精善,雖於大義不能有所損益,而於羽翼遺經亦不為無小補云。

[(元)吴澄《吴文正集》卷一　1197—3—1;又見(元)蘇天爵編《元文類》卷四十三　1367—562—43;又見(明)賀復徵編《文章辨體彙選》卷六百二十七　1409—570—627]

石晉卿易説序

(元)吴澄

上古聖人作卦象以先天,而其體備於八八,作蓍數以前民,而其用衍於七七。八八之象本於一而一無體,七七之數始於一而一不用。合卦與蓍,是之謂《易》。中古聖人體卦用蓍,繫之彖,繫之爻,其辭雖為占設,然擬議所言,理無不貫,推而行之,占云乎哉?秦漢而下,泥術數者陋,演辭義者泛,而《易》道晦矣。至邵子極探卦象蓍數之原,而《易》之道大明。夫子以來,一人而已。而於文王、周公之辭,有未暇及也。若程子之傳,則因文王、周公之辭,以發其真知實踐之理,推之為修齊治平之用,宜與三古聖人之易而為四,非可以傳註論。昔夫子年将七十,有假我數年,卒以學《易》之語,是經豈《易》學哉!主簿傅君以其師石君晉卿所著《易説》示予,予讀之喜其説理之當,説象之工,蓋於象學、理學俱嘗究心。世之剽掠掇拾以為説者,何能幾其十一?聞石君兩目無見,古之瞽者為樂師,取其用志不分也。樂一藝耳,《易》之道詎一藝所可比?瞽而為《易》師,亦其外物不接,内境常虚,故能精專若是歟。或曰:"子之於《易》,與石君不同,何也?"曰:"予補朱義者也,石廣程傳者也。君釋象,予亦釋象,則皆程朱之所未言者,雖有不同,而言固各有當也。予又安敢以予之未必是,而廢石君之是哉?"

[(元)吴澄《吴文正集》卷十七　1197—188—17]

周易畧例補釋序

(元)吴澄

伊川程子《易傳》未成之時,每令學者觀三家《易》,一曰王輔嗣,二曰胡翼之,三曰王介甫。蓋漢儒好以術數談《易》,以義理註《易》自輔嗣始。唐初諸儒作疏義,悉廢諸家之註而獨取輔嗣者,以此也。輔嗣解經之外,著《畧例》二篇,其上篇析論彖文卦象位各一章,其下篇先之以五凡,終之以十一卦,畧總一經之大槩云耳。唐邢璹有《畧例註》,今潮陽陳禧為之補釋,多所發明,王氏之忠臣,邢氏之益友也。禧年甚少,而篤志於經世武功,而從事於文。諸侯之子,而齒於庶士以共學,是其天質之異於人者也。

[(元)吴澄《吴文正集》卷十八　1197—194—18]

黄定子易説序

(元)吴澄

《易》之道廣大悉備,學者各以其所見為説,然亦各有義焉,蓋《易》之道無所不包故也。以理言《易》者,王輔嗣、胡翼之、王介甫,至程子而極。以象言《易》者,虞仲翔、朱子發,近世有丁有范,博極諸家,兼總衆説,搜括無遺矣。然或失之鑿,或失之泛,俱未得為至當也。夫《易》之取象,或以三畫正體,或以三畫互體,或四畫為一體、或五畫為一體,或以六畫全體,或以六畫複體,卦變則剛柔相易,一往一來者也,爻變則一畫變與五畫變而一畫不變者也,惟旁通飛伏之説不可取爾。友人黄定子委安之用功於《易》也有年,専以一畫變,一畫不變者起義,蓋與《春秋左氏傳》、沙隨程氏説及朱子《啟蒙》三十二圖皆有合也,而淺識或莫曉其所以然。予嘉其用意之勤,取義之審,故書篇首,以曉觀者,俾知其説之未可輕視也,非特喜其同己而已。

[(元)吴澄《吴文正集》卷十九　1197—213—19]

周易本説序

(元)吴澄

《易》者天地鬼神之奥,而五經之原也,夫豈易究哉!古魏齊履謙(伯恒)父篤學窮經,其志苦,其思深,其於《易》也悉去諸儒支蔓之説,而存其本,著《本説》四

卷。其辭簡，其法嚴，能以一字一句該卦爻之義，余讀之而有取焉：於《乾》之乾而曰“上乾名，下卦名”；於《坤》之“黄裳”而曰“不外事，無上侵”；於《蹇》之“來反”“來連”而曰“反二連三”；於《解》之“負且乘”而曰“負四乘二”，以悔亡為功，能掩過，以無悔為功，過俱亡，此其訓釋之善者也。於《屯》之二曰“辭之遜，所以見覆之危，期之遠，於以明守之堅”；於《訟》之三曰“食舊德，則人莫與争能，從王事無成，則人莫與争功”；於《遯》之三與上曰“係者情牽於私，而功業非所勉；肥者，宏博自大而職事非所屑”，此其文義之暢者也。《無妄》之妄，謂《史記》作“望”，意尤明白，則同乎先儒而擇之精；《坎》三“來之”謂“之”為語辭，而不訓往；《復》彖“来復”，謂一陽始生於冬至之後，而謂十月微陽已生者不然，則異乎先儒而語之當。姑舉其槩如此，他未暇徧舉。嗚呼！伯恒其知《易》教之以潔静精微為貴與？然其簡嚴太甚也，觀者鮮或細玩而詳窺，玆蓋未易與寡見謏聞議也。或曰：“齊氏之説，與子之説《易》不盡同也？”予曰：“然彼之與予同者，予固服其簡且嚴矣，其不與予同者，予敢是己之是，而必人之同乎已哉？亦將因其不同而致思焉，則其同也，其不同也，皆我師也。”伯恒學孤特行，清介所守，確乎不移。予嘗與為寮友，君子人也，非止經師而已。

［（元）吴澄《吴文正集》卷二十　1197—214—20］

周易輯説序

（元）吴澄

《易》之道，其大如天，其廣如地，其悉備也，如天地間之萬物，靡所不有。世之説《易》者，各隨所見，苟不悖於理，其為言也，必有可觀，無他，《易》廣大悉備，無不包羅，無不該徧故也。金谿曾先生諱子良，在宋，兩貢於鄉，擢進士科，仕至縣令，晚節隱居講授，以通經學古，能詩能文，為後進師。臨川饒宗魯遊其門，每日授《易》，所聞皆能記憶。師既卒，乃祖述其意，撰著新辭。文口談之質俚，如傳註之純雅，名曰《周易輯説》。意或未安，不敢輒改，蓋有漢儒治經守家法之遺意焉。先生之年，吾父黨也，素所敬慕者。今因所輯，得窺前輩之所學，又嘉宗魯之能守其師説也，是以為之序云。

［（元）吴澄《吴文正集》卷二十　1197—215—20］

易説綱要序

（元）吴澄

清江楊明夫與予同歲，生自少工進士業，國朝既復貢舉，時年六十餘矣，欣欣然就舉，至八十猶未已。其篤好蓋如是。觀所編《易説綱要》，程朱為之本，而他諸説附焉，将以淑其子孫，年老而志不衰，可尚也。夫有能因其所説，擇其相近者，玩繹而踐行之，則可以立身，可以應世，及其久也，得《易》之用，而深於《易》。雖希於聖不難也。然則是編也，豈特為楊氏子孫所習而已哉？明夫名士龍，今年七十九，視强壯無以異。

［（元）吴澄《吴文正集》卷二十　1197—220—20］

跋誠齋楊先生易傳草藁

（元）吴澄

誠齋楊先生《易解》板本行天下久矣。王若周得其草藁，有序及泰否二卦，凡先生親筆改定之處，比初藁為審，獨初名《外傳》，而後去外字，余謂當從其初。蓋《易》之道廣大悉備，無所不包，程子被之於人事，所謂一天下之動者，由王輔嗣、胡翼之、王介甫，至此極矣。朱子直謂可與三古聖人並而為四，非過許也。楊先生又因程子而發之以精妙之文，間有與程不同者，亦足以補其不足，然皆推行《易》道之用，而經之本旨未必如是。人以《國語》為《春秋》外傳，非正釋經而實相發明，今先生於《易》亦然，故名曰《外傳》宜。

［（元）吴澄《吴文正集》卷五十五　1197—552—55］

題常道士易學圖

（元）吴澄

眉山則堂家公，如箕子歸周而不仕周，其外孫臨邛常君不肯為農、為賈、為胥、為吏以賤辱其身，而寄跡於老氏清静之教。公遂為言老氏所以同於吾聖人之《易》者，而並及陳邵周子之學，所望於其外孫者，不其遠乎！常君籍記外祖之訓，罔敢墜遺，述一圖以廣羲文八卦之説，可謂不羞其先世，不忝其外氏者矣。邵子曰：“老子得《易》之體。”又曰：“孟子得《易》之用。”進退存亡，不失其正，家公有焉；消息盈虚，與時偕行，常君有焉，祖孫之所得於《易》者如是。邵周授受之次，

則頗與予所聞異。予所據者,邵子文所記陳授穆,穆授李,李授穆,親授於陳,而非轉受於种也。种亦得陳學之一支,傳於南方,劉牧承其緒。或以周子與牧同出此一支者,非也。周子之學乃其自得而無所師授。至謂穆傳之周,尤非也。朱子發進《易傳表》,蓋踵訛而失其實,何也?周在南,穆在北,足跡不相及也,何繇相授受哉?雖然,不足深辯也。予願常君忘言而用《易》,忘象以體《易》。言可忘也,象可忘也,之瑣瑣者又奚足云?

[(元)吴澄《吴文正集》卷五十六　1197—559—56]

大易集説序

(元)白珽

《易》言吉凶、悔吝、進退、存亡,無非切己之用。邇年以来,談《易》者棼棼藉藉,三人是之,一人非之,則攘袂瞋目而與之争,謙卦謂何?三人非之,一人是之,則揚眉頓足而為之喜,頤卦謂何?嗚呼!徒能言,不能行,《易》之道幾乎熄矣。蘇臺俞玉吾樂貧安道,華皓一節,於《易》則不但能言之,又能行之。輯先儒諸名家之善為是書,條列臚分,醇正明白,深有益於後學。所居榜石澗,學者稱石澗先生云。皇慶元年春,將仕郎江浙等處儒學副提舉白珽序。

[(元)白珽《湛淵集》　1198—102—0]

太極圖後記

(元)劉因

太極圖:朱子發謂周子得於穆伯長,而胡仁仲因之,遂亦以謂穆特周子學之一師,陸子静因之,遂亦以朱録為有考,而潘誌之不足據也。蓋胡氏兄弟於希夷不能無少譏議,是以謂周子為非止為仲穆之學者。陸氏兄弟以希夷為老氏之學,而欲其當謬加無極之責,而有所顧藉於周子也。然其實則穆死於明道元年,而周子時年十四矣,是朱氏、胡氏、陸氏不惟不攷乎潘誌之過,而又不攷乎此之過也。然始也朱子見潘誌之圖為周子所自作,而非有所受於人也,於乾道己丑已序於《通書》之後矣。後八年記書堂則亦曰:"不繇師傅,默契道體,實天之所畀也。"又十年,因見張詠事,有陰陽之語,與《圖説》意頗合,以詠學於希夷者也,故謂是説之傳,固有端緒,至於先生,然後得之於心,無所不貫,於是始為此圖,以發其秘爾。又八年,而為圖書注釋,則復云莫或知其師傳之所自,蓋前之為説者,乃復疑而未定矣,豈亦不攷乎?此故其為説之不决於一也,而或又謂周子與胡宿、邵古同事潤州一浮屠,而傳其《易》書。此蓋與謂邵氏之學因其母舊為某氏妾，藏其亡夫遺書以歸邵氏者，同為浮薄不根之説也。然而周子、邵子之學，先天太極之圖，雖不敢必其所傳之出於一，而其理則未嘗不一，而其理之出於《河圖》者，則又未嘗不一也。夫《河圖》之中宫，則先天圖之所謂"無極"，所謂"太極"，所謂"道"與"心"者也。先天圖之所謂"無極"，所謂"太極"，所謂"道"與"心"者，即太極圖之所謂"無極而太極"，所謂"太極本無極"，所謂"人之所以最靈者"也。《河圖》之東北，陽之二生數，統夫陰之二成數，則先天圖之左方震一，離、兑二，乾三者也。先天圖之左方震一，離、兑二，乾三者，即太極圖之左方陽動者也，其兑、離之為陽中之陰，即陽動中之為陰静之根者也。《河圖》之西南，陰之二生數，統夫陽之二成數，則先天圖之右方巽四，坎、艮五，坤六者也。先天圖之右方巽四，坎、艮五，坤六者，即太極圖之右方陰静者也，其坎艮之為陰中之動者，即陰静中之為陽動之根者也。《河圖》之奇偶，則先天太極圖之所謂陰陽，而凡陽皆乾，凡陰皆坤也。《河圖》、先天太極圖之左方皆離之象也，右方皆坎之象也，是以《河圖》水火居南北之極，先天圖坎離列左右之門，太極圖陽變陰合而即生水火也。至元丙子八月望日，静脩新齋記。

[(元)劉因《静修集》卷七《遺文一》 1198—537—7；又見(元)蘇天爵編《元文類》卷三十八 1367—477—38]

周易本義通釋序

(元)胡炳文

宇宙間皆自然之《易》，《易》皆自然之天，天不能畫，假伏羲以畫，天不能言，假文王、周、孔以言。然則羲、文、周、孔之畫之言皆天也。《易》言於象數而天者具焉，《易》作於卜筮而天者寓焉。善乎！子朱子之言曰"伏羲《易》自是伏羲《易》，文王、周公《易》自是文王、周公《易》，孔子《易》自是孔子《易》"。烏乎！此其所以為羲、文、周、孔之天也。必欲比而同之，非天也。《易》解凡幾百家，支離文義者無足道，附會取象者尤失之，蓋凡可見者皆謂之象，其或巧或拙，或密或疎，皆天也。《易》之取象壹是巧且密焉，非天矣。惟邵子於先天而明其畫，程子於後天而演其辭，朱子《本義》又合邵程而一之，是於羲、文、周、孔之《易》會其天者也。學必有統，道必有傳，遡其傳，羲、文、周、孔之《易》非朱子不能明，要其統，凡諸家解《易》非《本義》不能一，然其統其傳，非人之所能為也，亦天也。予此書融諸家之格言，釋《本義》之奥旨，後之學者或由是而有得於《本義》，則亦將有得於羲、文、周、孔之天矣。延祐丙辰春，新安後學胡炳文仲虎父序。

[(元)胡炳文《雲峰集》卷三 1199—760—3]

友吴幼清亦言，曾於古祠香爐中取炭燼畫卦於案觀之，此卦通又滅之畫他卦，豁然有悟。嗚呼！安得三君日相聚，共竟斯事哉？

［（元）程文海《雪樓集》卷二十四　1202—359—24］

易三圖序

（元）袁桷

上饒謝先生遯於建安，番易吴生蟾往受《易》焉，後出其圖曰："建安之學為彭翁，彭翁之傳為武夷君，而莫知所授。或曰託以隱祕，故謂之武夷君焉。"復曰："吾《易》神也，《易》何為而神也？神者，《易》之始也。《易》不可以强名也，不名則亡《易》，願叙其旨。"袁桷曰："夫亡《易》者，非聖人之本旨也，神以《易》，聖人之《易》得矣，然則曷為神？無端而莫可見也。惟無端焉，故無體焉。存而明之而數以生焉，數生矣而始有變，變立矣而會以理，理者其一也。理不能以盡《易》，因數以立者理也，用變以逆者非理也，故曰'陰陽不測之謂神'。始晁以道紀傳《易》統緒，截立疆理，俾後無以偽，至荆州袁溉道絜，始受於薛翁而《易》復傳。袁廼以授永嘉薛季宣士龍。始薛授袁時，嘗言洛遺學多在蜀漢間，故士大夫聞是説者，争陰購之。後有二張，曰行成精象數，曰縯通於玄，最後，朱文公屬其友蔡季通如荆州，復入峽，始得其三圖焉。或言《洛書》之傳，文公不得而見。今蔡氏所傳書訖不著圖藏，其孫抗祕不復出，臨卭魏了翁氏嘗疑之，欲經緯而卒不可得。季通家武夷，今彭翁所圖疑出蔡氏。惜彭不具本始，謝先生名字今不著，其終也，世能道之。"

［（元）袁桷《清容居士集》卷二十一　1203—282—21］

易集傳序

（元）袁桷

觀象畫卦，庖犧之本旨也；因言意而廣象焉，三聖人之本旨也。王弼後出，附《小象》以言理，儒先莫能病，若《繫辭傳》《説卦》等篇，弼莫能措辭。審是，則弼幾一偏矣。十翼之作有《彖》焉，有《象》焉，專於理而作《彖》《象》傳焉者，夫子之志也。然則文王、周公之《彖》《象》，其悉皆理與？曰：非也。卦本於象，八卦首之，定名以為象，則井、鼎、小過是也。言意以為象，伏羲言而人不能知之，文王、周公始申言之。文王之言見於彖，周公之言見於爻，是則不俟予言也。《易》有聖人之道四，《彖》《象》傳果唯言意焉？則變占乎何取？曰：有變焉，有占焉。伏羲畫不變於九六，則變見之占，則文王於彖附言之。象未始分，文王始離之變之。疾者莫先於蠱，憂世之深也，若分象，則師、晉、小畜之類是也。爻變於占，因筮以見者也，其即見者，漸、小畜、訟之類是也。彖爻合四者而言之，夫子不一言之，何與？曰：傷哉！夫子之志也。事莫尚乎辭，辭非理不能以定，人事吉凶繇妄而咎以興，先之以變占，是《易》殆卜筮之書矣。器繇動成，動斯静矣，取静觀動將於是乎？則斯其為象也大矣。夫子於《説卦》焉，始彙之，彙以窮其變占，則變占者，筮之始也，故其首章先於蓍，二章次於卦。先天之説，七言之懼，溺於占也；後天之説，一言之人事之本也，而終之以象焉。維昔康節邵先生作方圓環中圖，合於天人，皆本《説卦》，充類以至知。夫聰明特達之士，不在於諄告也。若《繫辭傳》設卦之方，窮神之妙，其詳於爻者，毫釐不能以易，積數以成，變易以動，肇於方寸，散於六合，幽眇廣大，取而莫窮，應而莫遺。因卦以測，善筭喻者不能窮也，舉世舍是，矛盾互持，雖百世莫能以解。吾故曰非《繫辭傳》不能以知《易》。是説也，邵子之説，非僕之説也。桷不佞讀《易》二十年，歲月逾邁，所見益懼，紇石烈君希元篤志嗜古，於《易》精思以求，搜摭疑義，私嘗歉然，莫能以對，卒能先予以成書，不鑿以求通，不拘以强附會，其粹精足以垂世。故以予昔之所告冠於篇首，俾知夫同焉，以異者，将以革夫株守偏弊之失，則予之所著其果有同乎？其無同乎？

［（元）袁桷《清容居士集》卷二十一　1203—283—21］

大易通義序

（元）袁桷

郡侯郭文卿示《易通義》一帙，曰："此真定侯先生所述也。"先生幼喪明，聆羣兒誦書，不終日，能悉記其所授。稍長，習詞章，自謂不學可造詣，既而悔曰："吾明於心，刊華食實，莫首於理。理以載道，原《易》以求，則為得之。"於是精意讀《易》，旁通曲會，参以己説，而名之曰《通義》。讀其書，浩乎其詳也，簡乎其著也，因理以測象，若遺焉而不敢廢也。桷學《易》蓋亦有年矣，原夫八卦既列，象斯立焉，故卦有理者焉，有象者焉。理有以言為象，象有以理為用，理與象不得而偏也。聖人懼其言之雜也，諸卦之彖，專言夫理，而取身取物，悉見於爻辭矣。又懼夫設卦之理，彖不足以盡也，復繫之以上下《傳》，而其象位之明著，悉見於《説卦》，至矣！盡矣！後之儒，先言理者過於浮略象廣喻，而泥象者微言隻字，咸取以為象。角立交病，三聖之旨，泯然莫知所歸。自朱文公發變象之説，學者始知所宗。君思深而識幽，據會提要，蓋將為程子之忠臣。倣文公以入夫邵子之室，非潛心尊聞者，不能也。今年逾九十，康色未艾。先生名克中，字正卿。郭侯偘

敘其書，將入於梓，不讓而為之序焉。

［（元）袁桷《清容居士集》卷二十一　1203—289—21］

月上人周易解序

（元）释大訢

吾俗世業儒，而吾幼學佛，於儒之事不通。臨川危太樸，以其從父有為釋氏曰月公者所注《周易》，徵序於予。予謂儒先於《易》，論之詳矣，庸置吾喙於其間哉！吾與月，佛之徒也，不若以佛之意求之。佛言性之初，虛而明，虛明而風金火水相盪相摩，而天地人物形焉，與《易》有太極，而生兩儀、四象、八卦，其旨相合。而老子曰道，揚雄曰玄是已。或謂：人禀二氣五行以生，而曰性出天地，何哉？夫性之體，其大無外，其始無初，其存無終，不可得而名狀也。古之至人，以其高而明者象乎天，博而厚者象乎地，又於其中靈然不昧，假夫形氣以生者為人，與天地而三之。天地變化，而有雷風水火山澤，重之以六十四卦，衍之以三百八十四爻，而剛柔尊卑之位別焉。猶人之貌、言、視、聽、思，其質有聖愚之相遠，其事有吉凶悔吝之倚伏，雖萬不同，未有不循夫性而出者也。而性之以氣，以習論性而自狹自私以自戾。夫先聖之言吾無取焉，唯邵子謂心在天地先，而天地自我出者得之。譬之水出於崑崙，其始濫觴，流而為江、為河、為海，滙而為沼，泓而為泉，鑿而為井，鼓而為潮汐，激而為波濤，漂而為沫、為漚、為泡，汩而為泥、為濁、為穢，沍而為冰，融而為液，其實皆水也。如以一漚之小而責其水之不同，不知水之全者也。人之局於形氣之微，而自昧其性之廣，不識夫性之全者也。能識夫性，則可以言全《易》矣。故先賢曰“心易”，曰“已易”者，有得於佛之說，人人廓然以見夫自性之妙，不儒釋而異也。則月之註，吾之序，孰曰不然？吾又聞先師言，咸淳間，三衢耆宿簡竹屋，由餘干過臨川，夜與月公論《易》，達旦而別。簡恨迫於官事，不克以禪門綱要，相與激揚，蓋月未嘗出游，終日兀坐觀《河圖》，有警悟，非由師授而能也。受業雙林寺，自號雙谿云。

［（元）釋大訢《蒲室集》卷八　1204—580—8］

百一易畧自序

（元）陳櫟

六經莫先於《易》，亦莫難於《易》。初讀《易》而遽欲通《易》之旨，尤戛戛乎其難哉！孔子教人之常言惟《詩》也、《書》也、《禮》也，於《易》未始一言及之，其自言則曰“加我數年,五十以學《易》,可以無大過”。《易》之難學可見矣,今欲使其畧知蹊徑,姑述百分之一焉。

[(元)陳櫟《定宇集》卷一　1205—162—1]

周易玩辭序

(元)虞集

《周易玩辭》者,江陵項公安世平甫之所著也。其言以為《大傳》曰:“君子居則觀其象而玩其辭,動則觀其變而玩其占。”其道雖四,而實則二。變乃象之進退,占乃辭之吉凶。聖人因象以措辭,後學因辭而測象,是故學《易》者,舍辭何以哉?項公以其玩於辭而得之者筆於書,使後之學者因其言,皆有以玩於前聖之辭而得焉,此項氏著書之意也。嗟夫!天不言,生聖人而代之言,故曰聖人之精,畫卦以示,聖人之藴,因卦以發,微卦,聖人之藴殆不可悉得而聞。然卦象未有語言,自非明知何以知之?中古聖人,以其憂患之心,因卦立言,暢於周公,究於孔子,首尾具完,皆所親定,所謂精與藴者,後世因得以推見焉。今夫生乎千載之下,而仰觀於千載之上,以凡人之資,而欲窺見天與聖人之道,苟得於聖人之一言,即為天之命已矣。況乎三聖人之言,廣大悉備,雖歷世久遠,遭時喪亂,亘千萬古而與所謂卦畫者,畧不可有所磨滅,豈非天乎?後之立言,豈有加於此者?志於學者,誠不可下此而他求已。愚是以深歎項公之為知言,漢晉以来,治《易》之師,其言猶有可見,而於四聖人之意,未知其何如也。及乎邵子、周子之生,《易》道蓋中興焉。邵子以先天心學著為成書,不必麗乎經傳,而極天地之妙,通萬物之情,三聖人以降,未之或先,而學者鮮或知之。周子之《圖》,亦不必求同於《易》象,而理則不二。所謂《通書》者,皆所以通乎《易》者也。因卦以立辭者,如乾、損、益、家人、睽、復、無妄、蒙、艮之説僅見,如大畜等卦,當時已不得聞,獨賴河南程子親得其宗,以其成德之能事,附於三聖人之書而言之,非直傳注而已也。自其學而推之以極其至,則天人之際,豈有間哉?蓋嘗聞之:“能盡其性者,則能盡人之性。能盡人之性,則能盡物之性。”故曰:“知其性則知天矣。”苟知天矣,則天地之故,鬼神之迹,事物之雜,豈待於攷索推測而後通之?故程子有言不盡意者,誠有望於後世學者,自有得於聖人也。朱子發明象占,《本義》多約程子之言而精之云爾。故學《易》之士,於是得其端緒而不差焉。項公實與朱子同時,當時則又有江西陸先生者,各以其學為教,又有聰明文學過人之士,興於永嘉,項公嘗從而問辨咨决焉,其遺文猶有可徵者。朱、項往來之書,至六七而不止,其要旨,直以程子“涵養須用敬,進學則在致知”之説以告之。於是項公之學,上不過於高

虛，下不陷於功利，而所趨所達，端有定向，然後研精殫思，作為此書。外有以采擇諸家之博聞，内有以及乎象數之通變。竒而不鑿，深而不迂，詳而無餘，約而無闕，庶幾精微之道焉。其書既成，而朱子歿矣。自序其學皆出於程子，而其言則不必皆同也。是可以見其講明之指歸矣。近時學《易》君子，多有取於其説，豈徒然哉？然而為是學者自非深求於程、朱之説，而有所憤悱於缺塞，則亦不足以知項氏之功也。集之壯歲至好此書，每取其説以與朋友講習。今淮西廉訪僉事烏君克章，好古博雅，學道愛人，嘗以禮學貢於有司而不及奏有旨。俾居成均，勤苦數載，有人所不能堪者。文宗皇帝臨御，開延閣以待天下之士，乃特召見，得與論思之次，一時謂之得人。持節淮壖，至於江上，取是書於篋，俾齊安郡學刻而廣之，蓋歎乎學者之不多見是書也。不鄙謂集退老林下，庶乎困學之不敢忘，俾叙其説焉。嗚呼！内聖外王之學，不明於後世，而為治者，以其知力之所及而行之，不無其效。至若上下與天地同流者，則何有哉？昔邵子有言曰："學於里人而盡里人之情，學於鄉人而盡鄉人之情，學於國人而盡國人之情，學於古人而盡古人之情，學於天地而盡天地之情。如此，則可以玩辭觀象而得之。"世有斯人也哉！

[(元)虞集《道園學古録》卷三十一　1207—443—31]

易啟蒙類編序

(元)虞集

朱子之論傳《易》者，曰："邵傳羲畫，程衍周經。"蓋欲求乎羲、文、周、孔之《易》，舍邵子、程子之學，則莫之能進矣。朱子著《易本義》，多補塞程子之義。又作《易學啟蒙》，原圖書卦畫而先天之説可得而窺焉。然獨怪夫邵子、程子並生一時，居甚近也，道同出也，年又不相遠也，而叔子注《易傳》，不聞與邵子有所講明，而伯子嘗謂邵子之學為加倍法，後問之則又以為忘之矣。及聞其講風天小畜與天附地、地附天之説，迺歎曰："嚮嘗聞此於茂叔矣。"噫！豈非三君子之《易》學，莫逆於心，而無所問辨，故無以傳聞於後世也歟？是以朱子有《易學啟蒙》之書者，蓋言蒙者之始，求於《易》不可不自此而啟其端也。某嘗竊學是書，而未之有得。及與今國子祭酒魯公同司業成均，為學者互相發明此書以為教，數年之後，友朋之間，亦獨聞魯公以此為意，而歎其不倦不厭也。新安程璹以所著《類編》相示，則蓋取朱子與門人平日之語，有及於此者，則彙而附焉。予深嘆其知學於此也。夫立言以著書，則其詞精而約，師友之問答，則其言辨而博。精而約者，必深思而後得；辨而博者，則快然而通暢。此善學者所以讀古人之書，而便作今日耳聞者也。璹年齒方壯，其進未可量也，又安得不歎美於此乎？新安，朱子之闕里也。聞其山林之間，猶有搢紳先生黄髮之士相與授受，使遺言絶學猶有存者。疇固多見之。已乎，某老矣，得徜徉江湖之上，尚當從疇求見其人而受教焉。

［（元）虞集《道園學古録》卷五　1207—85—5］

周易集説序

（元）黄溍

《周易集説》四十卷，《纂圖》二卷，《古占法》一卷，林屋山人俞氏述。其為説，大抵祖程邵而宗朱。古今諸儒之言之善，有所弗遺也，而其己意，亦以附見焉。其是非取舍，不合於聖人者寡矣。蓋古者三《易》皆掌於大卜，四學之教，《詩》《書》《禮》《樂》而已。孔子晚乃好《易》，其與七十子之徒難疑答問，固未有以《易》為言者。《易》在秦猶為卜筮之書。漢興，言《易》自田何始。何之傳為施、孟、梁丘，其別出為焦贛，為費直。贛専於陰陽占察之術，而直惟以《彖》《象》《文言》等十篇解上、下經。至唐貞觀中，又斷然俾學者以王韓為師。費氏藉以僅存，焦氏又廢矣。談者率以為理學近於費，數學近於焦，而不知河南兩先生之精詣獨得，有非漢儒所及知者，未可置同異於其間也。考亭夫子合兩先生之學以為書，七十子之徒所未聞於孔子者，三尺之童咸得誦而稱之。嗚呼！盡之矣。今傳其書僅百年，述作之士不阿以為同，則矯以為異。其所望於來哲者，果若是耶？竊嘗聞之，善立言者不必出於古，不必不出於古也。非有異焉，則其書可無作也；非有同焉，則其書亦不能以獨傳也。惟夫同不為阿，異不為矯，斯言之善者也，俞氏其有焉。是用為之序，以著其是非取舍之不謬於聖人者，由其學之源委如此，讀之者所宜知也。

［（元）黄溍《文獻集》卷五　1209—368—5］

關子明易傳後序

（元）吴萊

予始讀文中子《中説》，頗載關朗子明事。後得天水趙蕤所注《關子易傳》十有一篇，大槩《易》上下《繫》之義疏耳。首述其出處本末，次分卜百年數，別為一篇，似皆出之王氏。或曰王氏《中説》本於阮逸，關氏《易傳》肇於戴師愈。師愈，江東老儒也。觀其傳，統言消息盈虚，爻象策數之類，獨與張彝相問答。彝嘗薦之魏孝文。而王氏之賛《易》，世傳關氏學也，是又豈盡假託而後成書歟？夫《易》之道大矣，世之言《易》者，往往不求其道之一，卒使其學鑿焉而各不同，是故談理

致者多溺於空虚,守象數者或流於讖緯,此豈聖人之意哉?蓋天地之初,未始有物也。聖人特因其自然之理,故推而為七八九六之數,非苟畫焉,將以著其未畫之妙而已。後之儒者苟造其理,而過為其畫之求。《太玄》,準《易》者也,《洞極》則又擬《玄》者也。《玄》之數起於三,而《洞極》之數亦起於三。生以配天,育以配地,資以配人,猶《易》所謂三極之道也。故凡三體九變,三九二十有七,始於萌而實訖於幾,正且通焉。今其書,世見之者亦少。《中説》所載殆未嘗及此。然而王氏每尊其學之所自,且欲自當達者,以為聖人復出,王道復行,而洙泗禮樂之教復明於斯世。毋乃徒託於此,而侈言之歟?至於考之以典禮,稽之以龜策,即人事以申天命,懸歷數以示將來,關氏之學,葢深於《易》者也。雖然,昔者子張嘗欲知來,聖人但言其既往者以告之。是故三代常因其禮之大體,而或損益其制,非謂王者有是禮也,必過其所卜之數。夏以金王,得數之生。商以水王,周以木王,得數之成,聖人不敢知也。為其説者,尊周漢,廢介鄽,且以明真主、正統之所歸,後世讖緯之流耳。楚靈欲併天下,既不得卜,則投龜而詬天。孫皓亦命尚廣卜焉,且曰:“庚子之歲,青蓋入洛。”彼二君者,曾不悟其己之不脩,而徒欲惟天之决也。故天命吉凶、命歷年,必以其類應,亦可見其槩耳。元魏以下,争奪擾攘,乃若灼然親睹其事,無有少差忒者。張彝之殺,亂端見矣。曾不告之以辟禍者,何也?其數也耶?銓削選格,排沮武人,不可謂之數也,果其理有以召之故耶?雖然,法自此立,命由此出。聖人,人而合天者也。關氏每拳拳於天人相與之際。今之言天者類曰:是莫之為而為者。終至於廢人事而不之講。嗚呼!關氏之學殆孤矣。吾故欲削其不合者,而著其合者,且書此以質夫人焉。

[(元)吴萊《淵穎集》卷七　1209—130—7]

書婺本易程氏傳後

(元)柳貫

《易程氏傳》版本惟婺學舊刻,經東萊成公校定,最為完善,皇慶癸丑之燬,版不存矣,而故家所藏亦多散落。予舊有是本,攜至京師,因與臨川吴先生,四明袁先生談次及之。異日吴先生請用他書貿易,予曰何用易?遂舉以歸吴氏,南還,求之數年,不可得,且託張君子長從朋友借本校正,亦不可得。至元丙子秋,至城與子長會,重言及之,子長忽曰:“前是數日,有人持是書詣予求售,視其卷有服膺齋官書印,意其為州學故物,以先人嘗為教官,懼或人之議吾废也,故辭。今當為子謀之。”明日子長以書來予,其直統鈔十楮,歸而即用故紙裝潢,示存古之意焉。今讀《易》者必曰自程氏,計其梓行於江浙閩楚,無慮數十本,大抵取便紙墨,易於轉售，魯魚亥豕，隨閱隨得，承訛踵謬，襲為故常。成公所校本，文公素所稱善，學者何自知之，而予獨拳拳求索。今茲偶得，以為厚幸，其與俗好異焉。例如此識於卷末，示吾子孫其勿輕棄。

［（元）柳貫《待制集》卷十九　1210—497—19］

讀易雜記後題

（元）吴師道

學者類喜言《易》，今世尤甚，愚不知其何說也。自漢魏以来，王輔嗣之說单行，雖未盡善，而數百年實宗之。至宋而邵子闡伏羲之秘，程子衍周、孔之文，朱子又發明《易》専為卜筮作，融會義理象數之旨，説者無以復加矣，所宜虚心潛玩，以求聖賢之心，不當横生己意，喜新好奇，穿鑿破碎，務以求多為也。其有名為祖程朱，而誇多騁博，援引茸襍，自相矛盾不之顧，又有摭前人之所已言以為己出，架屋下之屋，不相為嫌，若是者蓋不勝其紛紛焉，果何益於《易》哉？某讀是經有年，頗厭衆説，乙亥丙子之歲，来池建德陸走，道遠不能多負書，獨取《古易吕氏音訓》《程傳》（仁山金氏標點者）、朱《本義》、北山何氏《啓蒙大傳》二發揮魯齋王氏諸圖論，自隨，與兒輩説讀，懼汨亂也。既而番易新安友人摹記鶴山魏公《集義》，平庵項氏《玩辭》及近時纂集者數家集義，自周程諸門人下及朱吕，淵源所自，可以叅觀，但其取漢上朱氏，以備象數一家，未免蕪雜。項氏説多精善，其餘家類皆擇弗精，語弗得，以此較彼，是非瞭然矣。竊不自揆管窺之愚，時亦有之，因記於篇，將就正於有道，非敢言《易》也。且俾兒輩知守正途而毋忘鄉老先生之所以導啓我者，則其於易學蓋庶幾焉？

［（元）吴師道《禮部集》卷十七　1212—242—17］

易象圖序

（元）貢師泰

清江張理仲純讀《易》而有得焉，於朱子《本義》所列九圖之外，復推演為圖一十有二，以明陰陽、剛柔、奇偶之象，然後動静、闔闢、往來、交互、變易、縱衡、上下坦然明著矣。或者謂："《易》之為道，幽而鬼神，明而禮樂。凡天地間事物，小大、終始、進退、得失、吉兇、存亡之故，靡不兼該而具備。今欲一切約之於圖，其果足以盡天下無窮之變乎？"嗚呼！"君子居則觀其象而玩其辭，動則觀其變而玩其占。"夫辭精微而難究，象顯著而易明。由辭以達象，因象以命辭，則辭《易》先後

亦較然可見矣。況《易》之畫取諸天地,《易》之名取諸日月,《彖》取諸豕,《象》取諸象,象固未始離乎《易》也。然則斯圖之作,非深有得乎《易》者,其足以知之哉!昔江陵項氏著《玩辭》以發明程子之《易》,猶恐有西河疑汝之嘆。斯圖之於朱子,其亦類是也夫!

[(元)貢師泰《玩齋集》卷六　1215—584—6]

周易大傳附註序

(元)鄭玉

伏羲畫八卦而文籍生,則《易》於諸經為首出;秦焚典籍,而《易》獨存,則《易》視諸經為全書。天地萬物之理,古今萬事之變,《易》無不具;吉凶消長之故,進退存亡之幾,《易》可前知。所以為潔净精微之教,而示人以開物成務之道也,《易》其可一日不講乎?予自中年即有志於是書,學陋識卑,不敢有所論著。至正壬辰,蘄黄紅巾攻陷吾郡,禍及先廬,累世藏書,無片紙存者。求之親舊,悉皆煨燼,雖欲一《周易》白文讀誦,亦不可得。後三年乙未,被召至四明,始從友人胡伯仁氏假得程朱《傳》《義》。歸來山中,日誦一卦,似若有所得者,折中二先生之說,合為一書,名曰《程朱易契》。間有一二己見,不敢附入,始有僭越論著之意,又以無書考據而止。丁酉之秋,復避亂淳安之梓桐源,出入澗谷,上下林壑,寂寥無事,心地湛然。因思天地一《易》也,古今一《易》也,人物一《易》也,而吾身亦一《易》也。自天地而斂之以至於吾身,《易》之體無不備;自吾身而推之以至於天地,《易》之用無不周。又以吾身而論之,心者,《易》之太極也;血氣者,《易》之陰陽也;四體者,《易》之四象也;進退出處之正與不正,吉兇存亡之所由應者,《易》之用也如此,則近取諸身,而《易》無不盡矣。雖無書可也,無畫可也,又何有於傳註乎?又何事於考據乎?況伏羲作畫,文王繫之辭以明其卦,周公繫之辭以明其爻者,經也。孔子為之《彖》,為之《象》,為之《文言》,所以釋文王之卦辭,為之小《象》,所以釋周公之爻辭。其源委綱領之論,不可附入各卦者,則為之總論,號《繫辭》上下篇,其各卦義有未盡者,則發凡例於《繫辭》之中。又為《序卦》以明其次,《說卦》以明其象,《雜卦》雜述其義者,則《易》之傳也。今人舍夫子之《易傳》,而欲明文王、周公之《易經》,其亦昧於明《易》之道矣。乃取文王、周公之辭以為經,而列夫子之辭以為傳,其或夫子之傳辭義深奥,則附以註說,名曰《周易大傳附註》。庶幾三聖人之書,不費辭說而義自明矣。嗚呼!四聖人之心,天地之心也。三聖人之書,所以發明天地之精微,乾坤之藴奥,夫豈淺見薄識所能窺其萬一?是書之作,徒見其妄誕不知分量之罪而已,何有補於《易》哉?雖然,二文之經,夫子之傳,自足相發,有不待論著而明者，則亦千古之確論也。讀者試以是求之。

[(元)鄭玉《師山集》卷三　1217—17—3]

周易折衷序

(元)趙采

《易》該象數理，未作之前，其體因象數而立；既作之後，其理因象數而顯。《大傳》曰："河出《圖》，洛出《書》，聖人則之。"《河圖》《洛書》為天地自然之文，象數之大原也。二圖之象皆九位，故伏羲則之，畫為長短之九畫，成乾、坤，二卦之小成，由乾、坤而八卦，八卦而六十四卦，以左右交互而觀，則兩卦得十八畫，二九也，是為《先天圖》，邵子所謂"交易"之《易》也。文王則之，變伏羲之卦次，分上下之二經，上經卦三十，下經三十四，以一反一覆而觀，除八正卦外，五十六卦只成二十八卦。上經得十八卦，下經亦得十八卦，二九也。是為《後天易》，程子所謂"變易"之《易》也。或曰：伏羲既因象推數而作先天交易之《易》矣，文王又因象推數而作後天變易之《易》，何哉？《大傳》曰："《易》之興也，其於中古乎？作《易》者，其有憂患乎？"夫子蓋謂文王當殷末世，憂患而興此《易》也。曷為見其憂患？今觀後天反對卦，如泰反為否，剥反為復，晉反為明夷，夬反為姤，既濟反為未濟。舉一二以類推，則文王實憂慮天下後世，陰陽禍福之相為倚伏，治亂安危之相為消長，君子、小人之相為進退，只在一反覆間，故示人以"用九"，扶陽而抑陰，為君子謀，不為小人謀，為轉移造化之機，此上、下經所以皆寓用九之意，豈出於聖人之智巧？皆倚天地自然之法象，而加一倍焉耳。自古聖王之致治皆用九，如舜命九官，禹之九功、九叙、九歌是已，是以周公作爻辭，於《乾》卦首發"用九"之義，夫子翼之曰"天德不可為首也"，曰"乾元用九，天下治也"，曰"乾元用九，乃見天則"。於九曰天則，則其可過哉？則過其亢矣。又於《大傳》三陳九卦，以明文王處憂患之道。上經取三卦而陳之，用一九也；下經取六卦而陳之，用二也。此夫子因數推理，而作《十翼》也。嗚呼！《易》更三聖，而象數義理始備，自夫子歿，千數百年，論《易》者各據己見，泥象數者流於詭怪，説義理者淪於空寂，而聖人憂患作《易》之旨昧矣。至宋有康節邵子推明羲文之卦畫而象數之學著，有伊川程子推衍夫子之意，而卦畫之理明。洎武夷朱文公作《本義》釐正上、下經《十翼》而還其舊，作《啟蒙》本邵子而發先天，雖《本義》專主卜筮，然於門人問荅，又以為《易》中先儒舊説皆不可廢，但互體、五行、納甲、飛伏之類，未及致思耳。故愚以為今時學者之讀《易》，當由邵、程、朱三先生之説，泝而上之，以會羲、文、周、孔之心，庶幾可與言《易》矣。然邵子無《易》解，其説僅見於《觀物篇》，故愚是集以程、朱傳義為主,而附以鄙見,間亦竊取先儒象數變互,以資發明。雖然,俗士口《易》,賢人體《易》,聖人忘《易》,孟子著書未嘗及《易》,邵子以為《易》道存焉,且以為善用《易》,人能用《易》,是為知《易》。嗚呼!韋編三絶,企東家之無過?蠹簡百年,慨西伯之有憂。愚雖衰老,願就有道而正焉。後学潼川趙采德亮謹序。

[(明)周復俊編《全蜀藝文志》卷三十一　1381—337—31]

周易演説序

(明)王祎

《周易演説》,京兆石君伯元之所著也。石君之言曰:"聖人之作《易》也,立象以盡意,設卦以盡情偽,繫辭焉以盡言,變而通之以盡利,鼓之舞之以盡神。"必如是,故天下後世之人悉能知而行之。在天則道器之變通也,在人則日用之事業也,此聖人所以為生民立命者也。自漢以下,《易》道無傳,諸儒之傳註百有餘家,然考象辭者咸泥於術數,談義理者或淪於空虚。以故聖人設卦觀象贊辭而明吉凶,以為開物成務之用者,其本旨因晦而不明。夫《易》道不可以傳註求,求《易》道於傳註,則其道為愈不明矣。於是諸儒之説悉棄弗省,間獨取《河》《洛》二圖以玩索之。一旦恍然,若心領其義,而神會其旨者,遂乃筆而為書,每卦有説,其引物指事也為甚近,其析理陳義也為甚著。大抵專以明象為要,取之有所從,推之有所用,非苟為空言而已。至於《河圖》《洛書》之數,重卦、變卦、揲卦之法,又為十有二圖,以發揮其要指,摠名之曰《周易演説》。其言皆出於自得之妙,而未嘗有所蹈襲者焉。余嘗以謂君子之為言,不必取異於人,亦不必務同於人也。求與人異,是驕己以勝夫人也;求人之己同,是强人之隨乎己也。要皆失之偏,而不能適乎至當之歸。今石君之於《易》,非故與人為異同也。推其所自得者以為言,以求夫至當之適,故不能無異同焉耳。雖其所以合乎聖人者,非人所能知,苟非其自信之篤,烏能及是哉?抑余論之,《易》至程子為《傳》,始一於言理。及朱子《本義》,又專於卜筮,其道蓋已甚明。後世言《易》者,殆無以尚之矣。《演説》之書,石君以為繼程子而作,然非惟諸儒之傳註有所不取,而於程子、朱子之説有不合焉,亦不恤也。嗟乎!石君其誠篤於自信者乎?君在異時,常舉鄉貢進士,為陜西第一。已而隱不仕,關輔之學未能或之先,而今亦老矣。蓋其學受於賈仲元氏,而賈氏學於蕭貞敏公,同文貞公一出於正者也。石君以余能相知也,出其所為《演説》者,屬為序,余不得辭。世之不知君者,因余言而求之,則其為書固可得而知也。

[(明)王禕《王忠文集》卷七　1226—152—7]

學易正言序

（明）唐桂芳

張子曰："兩不立則一不可見，天地間對待流行，所謂畫前之《易》也。"上古伏羲畫一奇以象陽，畫一偶以象陰。有畫無辭，而至理已著。文王、周公、孔子之書，所以明是道也。六經厄於秦，《易》以卜筮獨存。今觀分章析句，錯簡參差，漢儒之過也。專門訓詁，守其師説，漢儒之功也。有識之士，知取舍之所宜，斯其善矣。程子之傳，真知實踐，揆於《易》為實效。朱子《本義》，崇尚卜筮，稽諸經而有徵。甚矣，《易》義之不可以一例求也。然《説卦》如乾為馬，坤為牛之類，若是其詳，則舍卦象明《易》，奚可哉？近世吴幼清氏編摩成書，纖悉不遺，《易》之道庶幾乎無遺藴矣。婺源汪強，彦中其字也。沉潜是書十年，義例設有未悟，闔户思之。上而太極圖書，下而象繫凡例，又下而有九師暨諸家註，凡有關於四聖人之《易》者，具注成説，凡三十篇，名曰《學易正言》。既成，請題其書之首。予曰：閉户造車，出門合轍。城門之軌，兩馬之力歟！貴其轍之同，不貴其跡之異也。夫《易》自奇偶而八卦成，聖人各有所寓象。孔子曰："《易》者，象也。"苟舍象言《易》，弃卦求辭，則人自為《易》，家自為書，不期於異而《易》自異，况求其能自致哉！彦中擇精語詳，篤於自信，謂之出門合轍，取其同而略其異，理當無二也。予早受先人庭訓，竊嘗從事是經，頗觀漢魏以来注疏家。年逾七旬，目盲益甚，尚愧觀象玩辭，觀變玩占之未工也。安得聞彦中成説而致思焉！

［（明）唐桂芳《白雲集》卷五　1226—843—5］

書讀易記後

（明）蘇伯衡

經莫古於《易》，莫完於《易》，莫粹於《易》。伏羲畫八卦而文籍生，則經豈復有古於《易》者乎？秦焚典籍而《易》以卜筮存，則經豈復有完於《易》者乎？《書》出於虞夏商周之史官，《詩》多出於閭巷之小夫婦人，《春秋》雖出於仲尼，然本魯國之史，而《禮》皆雜出漢儒之綴緝。《易》則伏羲畫之，文王演之，周公重之，孔子贊之，皆古之聖人，則經豈復有粹於《易》者乎？嗟夫！《易》之為書，古矣，完矣，粹矣，而汩而不明者，吾祖以為諸儒之説亂之也。漢室去古未遠，焦、費、京房之流，已泥於術數災異，况後世乎？經學至宋而大明，程子之《傳》，朱子之《本義》，或者猶詆其各有所偏，况他人乎？由是觀之，則先儒之於《易》也，知之有至焉，有不至焉，言之有至焉，有不至焉，亦可見矣。使其知之言之而至焉，吾無可言也，如使其知之言之而不至焉，吾無言奚可也？此趙先生《讀易記》所以不容己也與？《易》者，天德之蘊，萬物之奥也。唯聖人能言之，聖人明乎天地萬物之情故也，不明乎天地萬物之情，以言乎《易》者，則賴有聖人之説存焉耳。先生當《易》道汩而不明之際，不專主一説，不務為苟同，問難以造端，辨析以折衷，而一本之於聖人，此其志豈苟哉？諸説具在，如指諸掌。士之處乎窮鄉下邑者，有志於學，而力不足以致諸家之書，力足致之而或不能殫其歲月之勞，一旦見先生之書，豈不深有藉哉？顧乃謂其足以應有司之問，則其知先生也。抑末矣，昔西山真文忠公不有《讀書記》乎？不知其書亦徒以應有司之問否也？吾知其不為是也必矣，文忠之書非為應有司之問而設，何獨至於先王之書而云云乎？得之心者，不可喻以言，得之天者，人不與力焉。先生潛心於《易》六十年矣，其所得者吾亦安敢謂其盡於是也？先生讀書亦有記，惜已為人持去，吾不得見之，又焉得隱度論之？

[（明）蘇伯衡《蘇平仲文集》卷十　1228—718—10]

題誠齋楊公易傳藁後

（明）楊士奇

吾鄉楊文節公，著《易傳》二十卷，宋理宗嘗詔給札其家録進，宣付秘閣，當時已板行，而其藁前百餘年尚藏楊氏，元季之亂，所存無幾矣。此小畜、同人、大有三卦，公族孫臌所藏，皆公手筆，其中有一二處竄定而重録者，至今二百餘年，楮墨如新，誠可寶也。公與晦庵先生交游，有講論之益。先生平居論人物，於公極推重而未嘗及此書者，蓋書成於先生既没之後也。此書本程子，其於説理粹然而多引史傳爲證。程子以《易》爲人事之書，晦庵先生嘗論之矣，而公自序此書，惟中能中天下之不中，惟正能正天下之不正，中正立而萬變通。至矣哉！其不易之言也。因臌出示此卷，拜觀之餘，謹志所聞於後。

[（明）楊士奇《東里文集》卷九　1238—104—9]

（跋）易會通

（明）楊士奇

《易會通》十四卷，元番易董貞卿季真輯。五經先儒所論著者，《易》最多而精義悉具。此書至於經傳古今之辨，先儒傳授之詳，披卷瞭然，可為《易》書集大成

者也。吾家所有者，釐為六册，自吾授徒以來，市書此最初得云。

［(明)楊士奇《東里續集》卷十六　1238—579—16］

(跋)易學啟蒙

(明)楊士奇

朱子《易學啟蒙》，惟胡方平本最善。洪武乙卯，司倉伯罷官歸，見余初讀《易》，出一編以示曰："孺子勉之，《易》精藴具在此書。即熟程、朱傳義，後宜熟此。吾藏以待汝。"即胡氏《啟蒙》也。無幾，為人竊取。伯父不樂累日，至形於詬詈。余後出教童蒙，始得此本。追惟伯父所以拳拳於不肖，恩德為何如哉！

［(明)楊士奇《東里續集》卷十六　1238—579—16］

(跋)朱子易説

(明)楊士奇

右晦菴先生《易説》廿三卷，分為三册。先生於《易》，自《本義》《啟蒙》之外，凡雜著及門人所記口授之言，其精義皆在此書。蓋先生之孫鑑所會稡，而學《易》之士所不可無者。

［(明)楊士奇《東里續集》卷十六　1238—579—16］

(跋)易主意

(明)楊士奇

《易主意》一册，元臨川鄉貢進士涂溍生著，專為科舉設。近年獨廬陵謝子方有之，以教學者，於是吾郡學《易》者皆資於此。余少嘗録之，後失之。此本萬安訓導郭公承為余重録。

［(明)楊士奇《東里續集》卷十六　1238—583—16］

(跋)易義二集(二首)

(明)楊士奇

右《易義》一册，建寧趙友士以教其徒者。趙故建寧經師，余為審理時，趙為

伴讀，往還相好也。是编吴司業德潤得之，以見遺者。

右《易義》三册，初學所集者，雖淺近無所發明，而不倍理。偶得之，姑存之。

［（明）楊士奇《東里續集》卷十六　1238—583—16］

（跋）解季通易義

（明）楊士奇

元盛時，吉水解氏治《易》，有名江鄉間，而觀我、求我最著。季通其兄弟也，此编平正典實，惜多闕文。

［（明）楊士奇《東里續集》卷十六　1238—583—16］

書陳静齋新定周易古文音義後

（明）邵寶

《易》有聖人之道四焉，辭其一也。而所以為辭者三，曰文也，音也，義也。義之不明而能談《易》者，寡矣。文而或誤，則弗便於覽觀；音而或訛，則弗便於誦習；覽觀誦習之弗便，亦講義之累也。静齋先生讀《易》而有自得之妙，是以參伍考訂，旁求諸家，而定於獨見，於文、於音、於義，刊正近本，一復於古。非稽古精深，大有造詣，其何以與於此哉？雖然，有古人之目而后能知古之文，有古人之耳而后能知古之音，有古人之心而后能知古之義。先生所望於今之學者至矣。愚不敏，雖老矣，尚有假年之心焉。敬覩新编，能無躍然者乎？

［（明）邵寶《容春堂續集》卷九　1258—537—9］

杜慜古易序

（明）祝允明

門人杜慜以為晁氏、吕氏、朱子所定古《易》，但復漢初之本，皆為近之而未合孔氏之舊。乃出己意，謂羲《易》獨八卦象，有畫無文，亦未立名因重，因重出於三代。文王命名而作彖，周公作爻辭，孔子《十翼》，以《説》《叙》《雜》《彖傳》《象傳》《繫辭》《文言》為次，亦皆有旨。此乃漢前未亂之《易》古文本也。乃定以羲皇三畫八象為一篇，文彖上下二篇，周爻上下二篇，孔翼十篇，共十五篇。書成，不以示人，獨持謁余請序。余雖一日長慜，治業不尚章句。慜質穎力勇，一旦發此，具有叙例，又作《辨註》《圖説》，以發撝輔翼其書，曰：《周易》餘蠢，以成一家言。自云入山啖虀，幾三十年，方得之。其勤苦如此，亦勤矣。大率聖人之言，簡而遠，裕而周，學者隨其所近，求之無弗得，會之無弗通。況《易》之精深幾微，豈庸士能測？由孔子後至於唐，述者如是其繁，雖其書今在無幾，其間英玄之流，邃詣曠得，亦安可誣？吾意非無知此者，要在鉤發賾隱，置畧章句，擢玄緼而遺粗迹，得意忘象，如負苓笑王通之魚兔。即康成、輔嗣、康伯、仲達輩，其遐邁顯確如是，迺不知乎？葢亦姑从簡便，以為無損《易》之大致云爾。且昔人之講重卦命名之説亦多矣，慭此本固亦宜存，以備後來參訂，其烦人廣之勿秘也。杜為吴中世儒，高隱之家，慭為淵孝先生之孫，余師僉憲先生之子，志敻而行狷，篤學力貧，不苟諧一人一事，游神風埃之上，有軒舉霞外想，竒士也。

［（明）祝允明《懷星堂集》卷二十五　1260—707—25］

書程子易傳後

（明）崔銑

《易》理至伊川，十得其七矣。文義稍不協於經文者則有之，在學者慎思而已。夫畫者象也，值其畫者變也。“潛龍勿用”者，辭也。用其辭者，占也。斯義不明，而附會無不至矣。是故孔子之《翼》，程子之《傳》，百世以俟聖人，而不惑於乎至矣哉。後學崔銑謹書。

［（明）崔銑《洹詞》卷五《休集》　1267—484—5］

書易程朱解後

（明）崔銑

《周易程朱解》二册，金陵梅損齋所藏也。損齋既化，其子貧，鬻書以養祖母。予在南雍，以俸金易之。損齋名純，字一之，先世為指揮，損齋舉進士授知縣，已更就指揮，晉中都副留守。不附中官，罷歸，閒居十餘年，卒。狷介無與，雖一餐必擇其人，與其致禮，然後食。篤信程、朱氏，不好文章家言，所藏書皆手自抄校。予在封部，閔其勞，送一史代之，不受。因記其行示兒輩。嘉靖壬辰秋九月己酉銑記。

［（明）崔銑《洹詞》卷七《休集》　1267—541—7］

周易餘言序

(明)崔銑

銑童丱居陜,聞蜀蘇氏茂之講《易》,心樂之。先君子亦篤好是經,采長明訓,咸出手録。及壯,仕於京,會友繹習官為翰林,得閲秘書。至今五十年,銑齒六十有三,憂喜夷險,履行處運,無一日而不體夫《易》也。先儒解釋詳矣,繁矣。好奇者求義於象,流為詭誕,飛伏、内甲、互體、五行,以彼小術,蕪我聖典。夫皇羲畫卦,文王、周公係詞,夫子作翼,一也。謂《易》道加詳可爾,乃曰有羲《易》,有文《易》,有孔《易》,支矣哉。《易》有聖人之道四,今尚象者亡其裁,尚占者失其法,因夫子之贊,明三聖之旨,以貞夫變,以正夫履。傳是者倡於王弼,備於程子,斯時宜而《易》之要也,爰述管見於篇,以暢二氏之疑者云。

[(明)崔銑《洹詞》卷十二《三仕集》 1267—666—12;又見(清)黄宗羲編《明文海》卷二百十九 1455—440—219]

(易學)啟蒙意見序

(明)韓邦奇

夫《易》,理數辭象而已矣。理者,主乎此者也。數者,計乎此者也。辭者,述乎此者也。象者,狀乎此者也。圖書者,理之輿也,辭之方也,數之備也,象之顯也。是故聖人觀象以畫卦,因數以命爻,修辭以達義,極深以窮理,《易》以立焉。自夫子稱相盪,而先天之義微。微之者,後儒失之也。夫相盪者,自八而六十四者也。先天者,加一倍者也。其本同,其末異。其生異,其成同。而漢以下,莫能一焉。宋邵康節氏,自八而十六,自十六而三十二,自三十二而六十四。朱晦庵氏為之《本圖書》,為之《原卦畫》,為之《明蓍策》,為之《考占變》,於是乎《易》之先後始有其序,而理數辭象之功懋矣。奇也,魯而善忘,誦而習之,有所得焉,則識之於册,將以備温故焉。奇也愚而少達,思而辨之,有弗悟焉,則自為之説,將以就有道焉。是故為之備其象,盡其數,增釋其辭矣,理則吾未如之何也。

[(明)韓邦奇《苑洛集》卷一 1269—335—1]

易卦辱言自序

（明）李舜臣

唐初考定《易》注惟存王輔嗣。《易》迨宋，伊川先生《傳》，晦菴先生《本義》晚出，然輔嗣《易》與伊川先生亦相足也。吉凶悔吝，輔嗣曰："吉，善也，吝，羞也。"輔嗣或曰："吝，恨辱也。"自餘三家無不有得於《易》，今吾卦數言存，豈不辱哉？而自不可已者，勉吾於《易》讀也，卦各一首，明夷五首。

［（明）李舜臣《愚谷集》卷六　1273—711—6］

易經存疑序

（明）王慎中

今日取士之制，使士必盡出於經術，而患學不純師，經説無所統一，人人得竭其所見，而異端並起於其間。欲一以折衷之，則無可取正，非所以一道德而同問學。故使治經者一以宋儒朱考亭先生之説為宗，上之所取，士之所以取於上；師之所教，弟子所以傳於師，其説皆必出於是。上之所以取而不出於是，猶變《禮》《易》《樂》，叛於時王之法也，無所逃當世之責。師弟子之所習而不出於是，其罪若偽符節尺量之罪也，狥於路者得而譏之。行之幾二百年，海内同風，不講於朱氏之説，不名為士。以其行之之專，信之之衆，名為士者，宜莫不能為朱氏學。然能通其意，以自行其言，蓋亦鮮矣。一有能通其意者出其間，則其言之載於書，為世所須急，如符節尺量之須於用也。上之於士，日有以取之，師弟子相與語於塾，業於庠序，不得一日廢，宜其須之急也。故士往往有焦苦其心，靡弊其精神，極己之所至，以務出乎人之所未詣。期言之行以售世之所須，其書亦往往而著也。自朱氏之學行，學其學焉者，以為時之所以取於我者以此，將以决賢。科取世資，非是説無由也。其勞心憊神，以行其言者，以為售世之須之其而已，而豈為有得於朱氏哉？然則其尚之雖篤，治之雖攻，講訓專精而論議據守，質其所以為學，其淺焉者，苟以修遵制之陋業，而深焉者，勉以鈎祟正之猥譽。其於朱氏之學，猶為茫然以思，懵然以讀而已。蓋予所見林次崖先生所為《易經存疑》，信於朱氏深矣。先生之業固以從今之制，其為書足以資世之所須。至其篤信妙契，慨然於聖人之學，以為可以明既晦而接不傳，前乎有言者至於此而不可加，後乎有作者考乎此而不能易，是先生所以獨尊於朱氏者也。學者讀其書，由吾之説而求之，則不忽乎先生之用心矣。先生以直道為大理，守理斷獄，歷忤權勢，其謫為欽州，稍叙，

遷為廣東僉事，議取交趾。具有謀畧，雖不用，而其志甚壯。《易》之為書，於人事靡不畢備，其大者尤在於折獄用師。先生蓋不為徒講於《易》之文矣，故予序其書而併著之云耳。

［(明)王慎中《遵巖集》卷九　1274—230—9］

易經紀成序

(明)王慎中

古之得罪於君，已失其位而尤不絶其官，以摧苦戮辱之者，必得險惡罙邈之地。如韓退之陽山，柳子厚柳州，歐陽永叔夷陵，是其地如彼，其人亦皆顓昧椎魯。鳥毦而獸獝，莫可與語者，如對木石之居，而從毛羽之羣。退之在陽山，僅一區册，文采材質，未有以動人者，而數與之游，不忍舍去。子厚永叔得吴武陵狂生，田晝秀才，皆客游之士，其拘陋寡獨若此，宜乎人之不樂，而讁居之所以為困也。方其時，誠得地不惡，其人有可與語者，又當負慝含瑕，畏譏防患，晦其跡，惟恐不幽閉，其聲惟恐人之聞也，安能與其人相講以樂，以廣其學而昌其説耶？以三君子之所處，有以知吾三洲章君之樂也。君以名御史在職，過直不為有勢者所容，奪其職責，授推官，蓋所以摧苦而戮辱之也。而君所得郡，乃在莆陽。莆陽文獻為嶺外最盛處，覩中州不啻加之，其人皆可與語者，其秀者尤好學而多文。而君所以出，非有罪過，獲讁於上，不待深畏謹防以自閉匿。君於經無所不學，而獨深於《易》。莆陽之士於經無所不習，而獨缺於《易》。君乃樂以其所得為莆士講，以補其缺。君既與有勢者相失，特困之嚴，久不為徙，於是所以為莆士講者，得專以熟。士之聞其講者，亦洽以固。其旨趣融通，而文理成就，非獨苟補其缺。以其全經方與其素習而舊有聞者，頡頏而起，而未知其先後也。方有勢者，以事出君意，君且不得其官，有不安之心，而無以自樂。其愛君者，方且為君有失，而孰知其卒有以明其學，以廣誦訓而成材，美而收士作人之效，從容於文法體勢之表，若斯其盛哉！君於是所得多矣，夫豈有所失哉？三君子於所貶地，皆未有以教其人，其地之人又以遠陋，不足以知君子。而陽山、柳州、夷陵至今猶道三君子者，其風聲氣概久而不泯也。今君既有以教莆之士，士皆好學而多文，能言其君子，而兹經之明，日伸月引，君之所道説於莆者，其有已哉！

［(明)王慎中《遵巖集》卷九　1274—231—9；又見(清)黄宗羲編《明文海》卷二百二十　1455—442—220］

周易辨錄序

(明)楊爵

予久蒙幽繫,自以負罪深重,憂患警惕之念,即夙夜而恒存也,困病中,日讀《周易》以自排遣。愚蒙管窺,或有所得,則隨筆之,以備遺忘。歲月既久,六十四卦之説畧具矣,因名曰《周易辨録》。《繫辭》曰:"困,德之辨也。"吾以驗吾心之所安,力之所勝,何如耳?若以爲實有所見,而求法於古人焉,則吾死罪之餘,萬萬所不敢也。嘉靖二十四年八月日爵謹書。

[(明)楊爵《楊忠介集》卷二　1276—11—2]

易傳序

(明)皇甫涍

昔者聖人以六經垂世,其道之至微者,蓋莫尚乎《易》,以為性命神化之書,聖人天地之妙用存焉。夫《易》之作,本以蓍筮導民,利用出入,而性命神化,聖人天地之妙用,悉具於其中。精粗道器,聯合會同,其古之至教與!予也幼習兹經,迨今將二十載,若涉大海,茫無津涯,且猶聾盲焉耳。然竊謂《易》更四聖,而《十翼》之作,《易》之傳文也,微顯闡幽,固已悉備。精明浩大,虚之為象,實之為辭,將有外於此乎!今之人言後學之義疏,而反遺乎聖人之明旨,徇偏見之偶得,而妄議乎通儒之是非,是豈有得於《易》哉?而於聖經何低昂之有哉?遂以《十翼》自為一書,或可以破紛紛者之曲説,非敢有去取於聖人之經也,觀者尚諒其衷而恕其妄焉。

[(明)皇甫涍《皇甫少玄集》卷二十三　1276—641—23]

書云巖先生周易餘毳

(明)皇甫涍

雲巖先生志述古《易》,玄探潛玩,晝忘食,夜廢寢者,殆踰三紀,遂著《餘毳》一書,以發其秘。窺先生之心,聆先生之論,若將超然象表。費氏而下,無所謂辭也;邵子而上,無所謂數也;四聖而外,無所謂《易》也。涍嘗覽之,三經異册,《十翼》類從,其獨旨卓識,峻邁前古,以此知其志遂而學勤,義精而功大矣。顧謂涍有聞,忘已就権,且惜兹書之弗彰。先生雖潛德肥遁,未耀於世,然書之傳以道不

以位，理之存以心不以時。後世子雲終不可誣也，獨涍淺劣，所謂童而習之，白首茫如者，苟曰"若此為允，若此為疑"，"若此宣聖之所常言，若此宣聖之所未嘗言"，"若此諸儒之所及，若此諸儒之所不及"，竊懼借聽者之無以復也。嘉靖九年長至前一日，後學長洲皇甫涍謹識。

[(明)皇甫涍《皇甫少玄集》卷二十五　1276—664—25]

易意衆疑二編序

(明)王世貞

蓋夫子讀《易》而三絶其韋編，云："加我數年，卒以學《易》，可以無大過矣。"私竊恠之，以聖人天聰明之，盡而與《易》會，何用深長思哉？及讀圓神方知易貢之説，而後稍有窺也。夫《易》體不恒而其用時不盡，欲以吾有涯之識而當之，將左右應接之不暇，故不合則白首而不得其原，合則使人樂而忘其死，宜也夫。以夫子之聖而猶不能驟得意於《易》，乃爾彼商瞿、馯臂子弓、田、楊、二何之流，斤斤守其師説，歷數十傳而不變，彼豈能盡當於心哉？以為吾師授之而吾受之，吾所出口而入耳者，如是足矣。蓋至於伊川氏而後稱得理也，至紫陽氏而後晳於象占。明興，益尊大其説，布之學宫，天下逢掖之士習《易》而不繇二氏者罷弗用。諸逢掖之士，犨然而慕為章甫，旦旦而習之，毋亦商瞿、馯臂之流之守其師説而已耶？吴江孫化光初亦以學博士弟子，習為其説，而不能自信，於居安樂玩之餘，務出其無師之知，以根其無體之妙，若有啟其竇而示之者，意不能已，遂為説若干卷，名之曰《周易衆疑》，凡首編二卷畧有九，其四明圖極義例為上卷，其五紀筮用讀傳之法為下卷；外編十卷，畧發卦爻繇義，時折衷大旨而不必盡出於己，至内編四卷，則君所自負上可以抉四聖人之秘而姑慎之，不輕以寘耳覩之喙者也。君既用《易》成進士，而學士大夫得其首編、外編而慕愛之，授之梓而以序屬不佞，不佞獲與寓目而深有感於君之疑也，其於伊川紫陽氏之説，初不為牴牾，乃其發於象占之外而理之所未備者，雋永乎其言之也，又洒然而不為泥，若齷齪也，馯臂、商瞿之流，斤斤守其師説，歷數十傳而不變，以為能無疑乎？不知其所以無疑者，不得其所以信之耳。語不云乎哉？信信，信也，疑疑，亦信也，有篤信而後生微疑，有微疑而後出精思，有精思而後得真信。孫君其毋疑於疑乎，其亦稍出内編而傳之，世之真能信《易》者，獨孫君也。《易》之傳毋如秦，小之以卜筮而幸不火，毋如明，尊大之若二曜，而乃辱之以逢掖進取之業，孫君者可以名不辱《易》也。

[(明)王世貞《弇州四部稿》卷六十七　1280—163—67]

周易辯疑序

（明）王世貞

余嘗為吴江孫汝化序其所著《易説》，而竊有慨。以為《易》之冠六經久矣，秦存之以筮家而小，漢衍之以訓故而支，晉出之以意解而遥，明束之以時制而淺，蓋至於今，愈盛而愈去其真矣。當是時，獨汝化不帖帖時義，而其為説獨精詳。今年秋，州司訓王子某復以郡丞施君之《易學辯疑》見示，及卒業，而後知君之所得於《易》者深也。"《易》者，易也，隨時變易以從道也"，君所為説，非有絀乎筮家，然微而入於理；非不闕於意解，然顯而周乎象；非不根之訓故，然指要而删其蔓；非不工於時制，然得意而超乎筌。君所為《易》，非君之《易》，羲文以至於今，徹上下之《易》也。吾聞之，漢有沛人施讎長卿者，綁童子時，從田王孫受《易》，事師數十年，然謙讓常稱病廢，不教授。及其友梁丘賀薦之，始與諸儒雜論同異於石渠閣，而所授張禹至丞相，魯伯至會稽太守，禹所授彭宣至大司空，戴崇至九卿。天下稱施家有張彭之學，君豈其苗裔耶？何其説之有根抵也？然長卿斤斤守其師言，不能有所損益，而君獨能通古今之變，以其臆合於聖人之精，而又不詭戾於時。其儒而教授於浙，官而教授於高郵，咸抗顔坐皋比。即後先諸生受《易》，顯者比比，當又何讓張禹、魯伯也？遲之，天下稱今施氏學，賢於長卿故多矣。余不佞家，亦世世受《易》，前後踰二十人，然僅以取科第，而亡能名一家言。施君數典大郡，負賢聲，其治得乾之用九，泰之九二為多。而汝化之褆身，又若有資於謙之諸爻者，皆余所深以為愧而遜焉者也，故併志之。

［（明）王世貞《弇州四部稿》續稿卷四十　1282—526—40］

周易韻考序

（明）王世貞

治《周易》者，自伊川氏之傳理，紫陽氏之傳數，而他注疏盡廢。吾友張幼於獨能於二傳注疏之外，援故發微，而為三《易》説，業已行矣。幼於復謂古卜筮之書未嘗不韻，其為龜者，如懿氏之卜妻，楚丘之卜子，晉獻之卜姬，秦徒父之卜戰。而為《易》者，若晉史之筮成王，東方朔、管輅之射覆，京房、焦贛之係繇，皆渢渢可誦，何獨至於文、周為不然？意者崇古而弗敢論歟？將局方而弗能通歟？或信札而不徵之舌與齒歟？於是訂其韻之正者，盡摎他史籍，而援其韻之古者與可叶者，則文、周之卦繇辭且十九，而吾夫子之《彖》《象》亦且得十之六，名之曰《周易

韻考》,而屬序於余。余則謂古之通於詩者,寧獨《易》也,唯《書》辭亦然。夫以堯、舜、禹之相禪受,少者數言,多者數十言,又與《益稷》《臯陶》之類相訓戒,皆有韻,而竟以賡歌終之。故《樂記》云:"歌者,長言之也。説之故言之,言之不足,故長言之。"夫烏足漆簡與鳥獸蟲魚之篆,既繁苦不遽辨,而耳提面命,繇音聲入者,易順也。彼蕞爾西竺,猶謂梵唄之響,其化導深於經典,而況"《易》以道陰陽",陰陽之用,通於五音十二律,而聖人之係言,有不可諷可詠者耶?世人名治《易》,居恒守訓故,為文辭,取仕宦,其最上者,翫消息盈虚之理,以自成其德,凡二端盡之矣,即所謂三《易》説有不能半韋編,何暇韻考?雖然,余切憫幼於之意,而稍著其用,世毋以《玄》之例覆瓿可也。

[(明)王世貞《弇州四部稿》續稿卷四十三　1282—565—43]

周易私錄序

(明)王樵

《易》之為書,聖人因象占以示教,義理固無所不備,而其教以潔净精微為主。潔净精微謂不着於事,朱子所謂"稽實待虚"是也。後儒失其傳,因流而為數學、玄學,失之遠矣。程子始歸之義理,《易》教於是大明,而於卜筮本義,古《易》篇次,有未暇及焉,不能無待於後人也,故朱子補之。自漢以來,上下經與《十翼》頗為諸儒所亂,屢經是正,至吕伯恭而定,又為之音訓,朱子實據其本,以作《本義》。自程《傳》《本義》並行,《易》有今本、古本。不知何時改《本義》以從今本,又省去吕氏音訓,自是世但知有今本而已,場屋中出題,至有可笑者。鄱陽董真卿氏,爰有會通之編,雖未能復古,然使經傳有別,合程朱二家傳義,可省學者兩讀。其纂輯頗有倫理,愚意經傳不必會通,决當反正,當知改程子以從朱子,非違程子,乃復孔門之舊耳,何不敢哉?經下分注音訓,程《傳》《本義》仍大書之,而降經文一字。二先生語及諸家之説,又降一字,皆采諸董氏。間附一得,抑朱子《答吴宜之書》,謂"《易説》誠略,然此書體面與他經不同,只得如此點掇説過,多着言語便説殺矣"。又謂"中間更欲稍移經下注文入傳中,庶得經文意思更寛,而未有功夫及之","恐為没身之恨"。然則後之學者不知玩辭之法,轉於辭下增益,恐為説雖多,去《易》益遠矣。程子曰:"予所傳者辭也,由辭以得其意,則在乎人焉。"學者務諸。

[(明)王樵《方麓集》卷二　1285—131—2]

大易易簡説序

(明)高攀龍

夫《易》豈難知者乎哉?豈難能者乎哉?天高地下,萬物散殊,八者流動,充滿於吾前。吾於其中具形而為一物,天地之八者未嘗不備於吾,吾之八者未嘗不充塞於天地。静而成象,動而成占。成象者退藏而為密,成占者神明焉而為德。吉凶悔吝,如日月之彰彰焉,而冥行者不知也。聖人惻然患之,莫能致力,則以《易》示之,又詔之曰占,故曰《易》者,卜筮之謂也,卜筮者,占之謂也。静而不密,則不占,動而不得,則不占,至將有為也,將有行也,問之以蓍,則卜筮之一事云爾。謂蓍不足以盡占,可;謂占不足以盡《易》,不可。雖然,不見《易》而能知者鮮矣,則謂蓍為占也。亦宜於何見《易》?曰《易》無之而非是,識其無之而非是,無之不可見《易》也。然果何物也?曰:吾之心也。天下有非《易》之心,而無非心之《易》,是故貴於學。學也者知非《易》則非心,非心則非《易》也。《易》則吉,非《易》則凶、悔、吝。其知易知,其能簡能。易簡,而天下之理得矣。於是作《易簡説》。夫五經註於後儒,《易》註於夫子,説《易》者明夫子之言而明《易》矣。

[(明)高攀龍《高子遺書》卷九上 1292—539—9—上]

周易孔義序

(明)高攀龍

《周易孔義》者何?孔子之義也。人每言《易》最難讀,余謂不然。見《易》難耳,見《易》則見道,道豈易見哉?若讀之而已,六經惟《易》易讀,何者?經非註則無門入,註非經,則從門入者,註也,非經也。惟《易》註自夫子,故即註即經,非夫子而吾烏知《易》之所語何語哉?學《易》者當以夫子之註學,字繹而句味之,經不難讀也。然而經者《易》也,《易》非經也,存乎其人。夫子固曰“聖人以此洗心,退藏於密”,“聖人以此齋戒,以神明其德”,此者何也?見《易》之謂也。《易》以孔義明,孔義又以《易》明,以目前事,故不易見,然以目前事,初非難見也。

[(明)高攀龍《高子遺書》卷九上 1292—540—9—上]

點朱吟序

(明)高攀龍

啓新錢先生之於《易》也,蓋四十年動静食息於其中矣。當其精思力踐之熟,一旦豁然,見夫聖人畫乾畫以象天,畫坤畫以象地,合乾、坤畫以象人。故夫卦之而八,重之六十四,皆天地象也,皆人象也。像其象焉之謂人。不乾、不坤、不震、不巽、不坎、不離、不艮、不兑之謂匪人。世人知《易》之為象,不知象之為像,是人與《易》二之也。説《易》者自程朱兩夫子而後,先生可謂再闢乾坤之門而發其蘊矣。然象像之書行於世,理深文奥,學者至不能句,罕有知其義者。吾邑吴叔美諸君謀於攀龍曰:"豈可當先生而不得其道一聞於錫之士耶?"龍曰:"然。"於是迎先生説《易》東林。先生欣然許之,以十一月六日至。又四日,而日長至。其夕,相與飲酒而樂。先生為詩示學者閉關之義,一時從游士賡而成集。先生既序而刻之,攀龍復申其義曰:"夫關,心關也。其紛念為商旅,其真宰為后。商旅不行則内固,后而省方則外馳。闔乾坤之門而為關,斯闢乾坤之户,而為盛德大業。"三百八十四畫,一畫縮之。而先生閉關之義,固象像之扃鑰也。

[(明)高攀龍《高子遺書》卷九上　1292—548—9—上]

讀易夢覺序

(明)曹于汴

秦蓮勺先生史公學《易》有年,沛然徹悟,録其所得成編,為卷者九,命曰《夢覺》。何覺乎?覺我之為《易》也。何録乎?將覺世以共覺也。殷阿衡云:"予天民之先覺者也,予將以斯道覺斯民也。"夫《易》六十四卦,括於乾之一卦,三百八十四爻,括於乾之一爻,廣大無垠,森羅悉備。我命如是,我性如是,我心如是,我身如是,萬邦億姓,遐陬僻隅,昆蟲草木共是。不知我之如是,是睡夢方沈,不可言覺。業覺其如是,我固乾也,遐陬僻隅,昆蟲草木,連貫相關,矧夫切而近焉者乎?而不欲其共覺乎?此《夢覺》之所由編也。讀是編者謂公逢時不偶,歸田研究,立言覺世,棲山林者當如是。然阿衡覺民,乃在三聘幡然之後,何也?大行窮居,寄迹殊象,自覺覺人,心念惟一。心齋先生不云乎,唐虞君臣,只是講學執中十六字,莫非呼人之寐也。世見孔夫子周流未遇,歸而删述,乃謂達則道行,窮則道明,或遂以内聖外王分别為兩,寧知其周流十二國時,未嘗不為明計也,故曰:"欲明明德於天下。"即如公曩覺世以讜言,今覺世以讀《易》,寧有異耶?泰運復

亨，徵車且至。大覺斯民，譬天光之焕，幽陬盡朗，《象》稱乾元大明，不在兹乎？余蓋有深望焉。

［（明）曹于汴《仰節堂集》卷一 1293—676—1］

易彔序

（明）鄒元標

從海門周公而得知養初喻公，公以陪巡，偶過田間，譚學娓娓。去未幾，入為諫垣，以射取隼備兵嶺表。人謂公以日月近臣，拮据簿書，必拂其出入，補闕拾遺之心，侘傺抑鬱，又不然，攀雲弄日，消其磊塊，亦情所必至者。而公視内外險夷澹如也。一日寄所著《易彔》示余，曰："不佞半生偕諸薦紳談《易》，苦無人，幸官五羊，無事，垂簾焚香，直探四聖之秘。至'坎維心亨'一語，頗有會心處，偶筆之名曰《易彔》。子為我證之。"余首披乾、坤二卦，以元、亨、利、貞皆屬乾，乾陽為大為明，自始至終，流行變化，莫非乾道所統，曰未有庶物，先有乾元。此《易》道之總萃也。《大象》曰自者不息之真源，明曰自明，道曰自道，成曰自成，得曰自得，舍自，别無所為。天是不以《易》視《易》，而以身為《易》也。《坤》曰乾之所至，坤亦至焉。乾資始，坤則順承其始；乾主覆，坤即載其所覆。是晰乾坤合德之源也。《大象》曰厚德載物，非離物以為自成物，所以成已，即實其自强之學而已。此皆直抉前聖之秘，握乾坤之蘊。乾坤明，六子無餘蘊矣；八卦徹，六十四卦無遁情矣。公曰："彔者，蓋不知默識體認者。若而年，真有寢不安席，食不知味，身依殿陛也。不知其為華，出鎮藩服也。不知其為詘，蓋與《易》若將終身焉耳矣。"《易・繫》曰："彔伍以變。"夫子曰："立則見其彔於前。"瞻之在前，恍然心目曰彔，而曰"彔伍以變"，又不滯於心目間，故曰"知變化之道者，其知神之所為乎"。公曰："變者，自變中有不變者。存不變者，天則也，非人力私知能安排也。此非真知變化實彔實悟者，未易至維心之亨。"公殆非虚語耳，海門子見之，嘉樂何似？余故揭之首，令讀兹書者共彔究焉。嗟乎！《易》出於太虚，太虚以前，馮馮翼翼，何象？何卦？何圖？何書？而聖人象之，卦之，圖之，書之，此皆不得已而有所寄其思於不寄。學者復從卦、象、圖、書下盤桓，馮其意以穿鑿，而聖人之《易》亡。善彔者浄乃心，黜乃意，不以《易》會《易》，而以身會《易》，始知《易彔》語語從體驗中來，可以證自心，斯可以證四聖之心。倘不灑濯乃心而屏知去意，彔何《易》言哉？

［（明）鄒元標《願學集》卷四 1294—110—4］

像象管見序

(明)鄒元標

此名侍御啟新錢公撰也。余自庚寅別公,公時将巡粵,衆方以公必為時鎮臣,不謂公以蹇諤,與予等同錮矣。聞公杜門謝客,顓顓《易》學,余恨不得睹公大全。一日,公冢嗣侍御君巡三楚,以一册貺余,且屬序,余拜而卒業。公蓋慮世之譚《易》者荒唐龐雜,令學者貿貿然莫知所之也,故極深研幾而作《像象管見》,公學窺其大,管見者,謙辭也,公之意悟聖人二畫即人之像,不成像則無以成位。其中實見得即人即像,即像即理,無一人、無一事、無一息不有像存,定天下吉凶,成天下亹亹,咸此像基之。顧象亦不一,有錯象,有綜象,有正象,有隅象。象有卦情,有卦畫,有大象,有中象,有爻變象,有占中象。公皆一一求其指歸焉,每卦每爻,本其象,必求所以像。求所以像,而又歸根於象,所以像不可見,而公闡可見者,垂之篇始,知盈天地間皆象也,皆像象也。彼滯象者泥於有,而耽於像象者淪於空,是二之也,公之所深閔也。若以像為理之近似,是彷彿假借之見。公謂《易》無是也,視諸談《易》家真所謂良工苦心矣。昔聖有言曰:“作《易》者其有憂患乎!”夫以聰明睿知如諸大聖,是書猶必本憂患而來。蓋憂患則困心,衡慮其跡幽;跡幽則神潛,神潛斯窮無窮,極無極。故曰:“聖人以此洗心,退藏於密,吉凶與民同患。”其與民同患也,亦自洗心藏密始,非以意識推測揣摩而得之也。後學《易》者處逸樂之境,加以不專之功,欲以探聖人之閫奥,此與射覆奚異?公戢影巖扃,茹荼堅忍者二十餘年,才可濟埏垓。斂而不試,道足包九有,秘而不用,困矣,幽矣,潛矣。天完公與公自完者,其在斯乎?公曰:“始於屯,仍為屯;終於未濟,仍為未濟。”公虚至矣。余謂屯者,乾坤絪緼之氣所凝也;未濟者,乾坤生生之意不以既濟而遂已也。倘終於屯,終於未濟,是剥復不相乘,乾坤不幾於毁,而何以成《易》哉?道不終晦,公以此學,日見之行,為復碩果,為泰拔茅,端有望於公,公幸無容自諉。三十年前,公以白面書生出宰吉州,批卻導窾,片時而决,偕諸耆宿,嘐嘐談古昔。今公卓爾如是,惜乎不令諸先生見之。予夙叨愛雅,猶得序公鴻撰,竊為斯道幸。安得公再臨鷺水,一彈指間共窺無象之像,俾鷺水含光,螺山助響,人人坐公太極中,世錢氏《易》無涯也。

[(明)鄒元標《願學集》卷四　1294—112—4]

廣易通序

(明)鄒元標

往從楊少宰、賀文昌習,給諫許子倡道海南,心竊向之。顧許子舟過文江者再,亦急余,而終以予謝客深山相左。近致書,以《廣易通》質余,而復相左。余得書,惆悵者久之,謂許子且遡洄去,乃客有謂許子采藥螺鷺者。余急買舟,問許子病,許子聞余至,喜甚,雪風栗烈,持爐炙酒,譚笑甚驩。別去,讀許子所謂《易通》者,時方元旦,謝客,焚香,肅衣冠而卒業。許子以其所學者,通數聖人之心,有得余心同然者,有得余未發者,蓋《易》之道六通四闢,如大海水,酌者自取,許子邃於《易》矣。余家世《易》,年來有會心處,輒欲勒成管窺,以俟來禩,終以《易》道廣大閣筆。久之,獨時時與友羅給諫有得即譚,譚而復忘却。許子自罷諫官,而燕,而齊魯,而吴,而揚,得之帆檣煙霧中,視世之升沉得喪,無足以芥,其靈襟也者夫!上之賜逐臣者遠哉!回視作賦,弔湘以自廣者,大相徑庭,而士之不可不聞道,聞道不可不勇也如是乎!余敬校畢以付許子,並致聲曰:“吾聞瓊州在大海南,其山川所鍾為瑰奇者,代有異人,如丘文莊之文學,海忠介之節義,俱彪炳宇内。所謂道德有於身,化文學節義而一之者,必有其人,許子勉矣夫。”續余友楊少宰如綫之緒也。

[(明)鄒元標《願學集》卷四 1294—135—4]

易原序

(明)鄒元標

鄒子曰:“六經文章之祖,《易》尤六經之祖,三才之撰,神明之奥,咸賅而存焉,蓋難言矣。”鄒子雖以《易》起家乎,然不過拾遺唾,僥一第,倘先覺詰以奥旨,目瞋舌撟,張而不能闔,非不欲言,繪天者難為工,測海者難為度,不能言也。邇更大戚,二毛漸霜勃勃,疇曩之悔,乃挈舊《易》,結讀《易》窩萬松深處,滴露研硃,期居而觀、樂而玩焉。忽溆陽門人蕭子來鳳、鳴鳳,張子祖延叩我玄室,貺《易原》數册,曰:“此我邑侯甫翁南衡陳公所著,公故名進士,官儀部郎,以忤時宰,拂衣歸里,著述滿家,而《易原》其尤著者。溆陽人士欲世陳氏《易》,我邦願師引其端,俾溆人士有所觸而興焉。”鄒子拜而卒業連旬,卦爻象數或以理顯事,或以事證理,或理事雙標。即一字一義,咸鑿鑿有據,若探河流者必極源委乃止,思深哉公乎!且釋《咸》九四“貞吉”曰“人心本正,出於天命自然,順其自然,則無往不吉”,取證於繼善恒性,反身而誠諸語。公於聖學蓋恢

恢乎！閫其窔奧，非如世之托鴻撰以竊名，縹囊間云也。古今著《易》者星見踵出，無慮百餘家，鄒子得沾其餘瀝。雖學有麤密不同，大都不遇於時，退而抑鬱，發憤所為，蓋其遇困，故其身潛，身潛故跡幽，跡幽則神入微。語曰："作《易》者其有憂患乎!"昔夫子曰假我數年卒《易》，可無大過。夷考《大過・象》曰："澤滅木。"水而浸木，木在水中，亭亭孤立不撓，何《大過》如之？"獨立不懼，遯世不見"，知而不悔，則非曙於《大過》之旨不能也。《易》體貞於一而用，或窮或通，皆隨所用而用之以善，困者十而九，即我夫子猶善用困之聖。予獨怪天生聖賢，俾之不用，《易》以開泰，裁成輔相，左右吾民，而徒使之熟儉德避難之旨，席為藏身之資，則世道否泰之機可鏡矣。三生曰："《易原》絜古作者孰優?"鄒子曰："公不云乎？有伏羲《易》，有文王、周、孔《易》，有諸儒《易》。蓋人各有情，情不能不動，動而後《易》生焉。情境不同，伏羲不得之文、周，文、周不得之孔子，及諸儒各以其所身至者為《易》，然《易》亦隨其所至而即在。"故曰："隨世變易以從道。"又曰："為道屢遷。"倘必一一焉度長絜短，彼《易》此非《易》，彼是此非是，則《易》亦滯而不通矣。其為言人人殊一致，未始不同，《乾》之三曰："知至至之，可與幾也。"又曰："同歸殊途，一致百慮，天下何思何慮?"嗟乎！通何思何慮之旨，可貫百家，可知《易原》矣。慨自六籍以秦燄俱蝕，惟《易》與神農書並存不廢。然其學皆有顓門弟子，往往不敢悖其師說，有詔雜問皆曰："吾師所傳如此。"兢兢不敢失尺寸。《易》學傳於家庭父子間者，洛下為盛。帍哉！侯業在《蠱》之初爻矣，"有子考無咎，意承考也"，神明默識，使陳氏《易》有聞世世哉，三生其以予言告侯，並以諗爾邦人士。

［(明)鄒元標《願學集》卷四　1294—140—4］

張慎甫易解序

(明)劉宗周

予讀友人張慎甫氏所著《易解》，至陰陽消長之際，不覺廢書而嘆也。《傳》不云乎："作《易》者其有憂患乎?"故云"其辭危，危者使平，易者使傾。其道甚大，百物不廢，懼以終始，其要無咎"，而約之於三陳九卦。夫聖人以神明之德，生衰季而遇暗主，猶不勝其憂且患，而思所以處之之道，況中才而涉亂世之末流乎？嗟乎！憂患之故，難言之矣。洪荒既闢，結繩之教衰，民生日以多，故凡相攻、相取、相感之途，正而勝者常少，不正而勝者常多。聖人有憂之，故以陰陽分淑慝，以消長推人事，而深致其存陽之意，其言皆重為君子謀也。小人之乘君子也，君子實有《易》心焉，在《乾》謂之"亢"，在《壯》謂之"罔"，在《夬》謂之"頄"，持此以處廢興，鮮有不為世道病者，而其身之不免於憂患，不足言矣。夫君子非僅能處憂患也，化天下之憂患而已矣。以憂拯憂，憂愈生；以患遣患，患愈至。君子曰：安得返天下於結繩之初而與民恬焉,無復憂患乎?慎甫氏之談《易》也,獨有取於乾之元為六十四卦統宗,因有取於初之潛為三百八十四爻根柢,合之全經,皆從此發明。至於陰陽消長之際,往往不欲過為別白,而一以長養為主,深自晦匿,務留餘地於小人,以為潛消默化之術。予始讀而訝之,君子即不敢為亢、為罔、為頻,亦何至貶損如是?將履不以素乎?謙而鳴乎?復不必中行乎?恒德而乘之羞乎?三人不言損,而凶事不言益乎?困不必致命遂志,井不改邑,而巽下牀乎?則九卦之德,何以稱焉?已乃三復而得之,慎甫葢善言憂患者也。夫元,天德也。其道生生不窮,為萬有託命,人得之為元;善亦生生不窮,為萬有託性,而潛則元之停毓地也,故虚而不詘,動而愈出,三才之所以萬古不朽也。世道有升降,而人心之元善,萬古一日,同在元善生生一氣之中,亦萬古一日,何有君子小人於其間哉?世道之降也,若江河之流而不可止也,與其力遏於滔天,不若早塞於涓涓之為得也,則與其以君子勝小人也,不若以君子還君子也。而與其為九德之君子,又不若乾元之達於本也,世愈降而憂患愈深,《易》道亦愈興。姬、孔而後,一興於涪,再興於考亭,憂患之情,後先一轍,迄於後世,陰慘摯斂之氣,日甚一日。慎甫於此,不勝穆然嗟咨焉,而回以陽春之氣。讀其書,殆將轉殺機為生機,視結繩猶旦暮焉。夫人人而遊羲皇,又何憂患之與有?此包羲氏之本旨也。嗚呼!如慎甫者,斯可與學《易》也已。慎甫積學不試,孜孜著述,通五經而尤邃於《易》。書成,予為序其大旨如此。世有用慎甫者,執此以往可也。

[(明)劉宗周《劉蕺山集》卷九 1294—460—9]

易經古文抄義引

(明)劉宗周

予年十四五時,從先外祖南洲先生受《易》。先生每脱畧章句,獨攄所見,時於前輩講義中弹射不遺力,則以己意硃書附之,以朂予小子。予小子唯唯而已,不識為何語也,然亦稍能記憶一二焉。及長,予取科第去,不復理前語,而先生亦長逝,並其硃書舊本亦歸先生孫行。予因念《易》道精微,非後生小子所能知,竟不敢從人問《易》。予先人舊存遺書,止得古文《易》一部,與今文迴異。予少時讀之,又不識為何語也,謹封識藏之笥中。日久,既而聞前輩知《易》道者談及古文如是,予因心識之,竊自念曰:“使小子有知能讀先人遺書,請必自《易》始。”歲時,每閲封識,輙低回不能仰視,葢五六十年如一日也。今春罷官京師,居外邸,頗與友人論太極之説,覺語不可了,輙舉《易》以對。因憶先人所遺古文,取而稱述之,隨為之援筆立書,叙其位次,為羲《易》,為文《易》,為周《易》,為孔《易》,雖四家之

旨犂然猶未能竟，舍今文而從之也。而姑從其理之可通者，以存古文之萬一，敢謂遂能讀先人遺書哉？至於手抄之下，間存疑義，亦竊忘其固陋而記之，則大抵本先生昔年所口授者。衰廢潦倒，舊學罔聞，念及父師之遺，不勝愴絶，遂不敢棄去，越月而成帙，題之曰《古易抄義》。脱稿校正者，婿王生毓蓍，而門人祝生開美淵更加訂定焉。若乃《易》道之大，則夫子贊之已詳，予何敢復贅？所遺種種謬見，不無挾勝心以出，尚俟暇日改正云。先生授《易》時，年已七十八矣。後壽至九十二而卒，學行高古，為士林祭酒，其《易解》有著，向存之河南新鄉郭氏，不復攜歸，遂不傳。

［（明）劉宗周《劉蕺山集》卷十六　1294—609—16］

易經程墨文選序

（明）婁堅

六經皆聖人之書，《易》為最幽深矣。揚子雲作《太玄》以擬之，儒者譏焉，然要為能知《易》者。自漢儒之《易》不傳，而王、韓之説獨行於世。逮宋程、朱二氏出，而學者又廢王、韓不復講。今之為文，以應有司之求者，名為推本朱氏，而往往謬襲時師之曲説，苟以邀一旦之遇而已。然則薈粹而録之，又屬為序之，其亦可以已乎？曰：是一代之制，而士所由以進也，其言不必為傳翼也。言不必翼傳，而上以此取士，故讀仲鳴之所詮次，而其人可知也。自成化弘治而迄於今，文辭之在録者，可以觀世焉。昔之朴直者未必是，而今之藻繢者未必非也。有司者第甲乙而登進之，四方之學者争操觚而擬之，又務為新特以勝之，亦其宜矣。然自朴而之藻，勢之所必趨也。藻極而反於樸，猶挽江河而之西也，今又當變矣。將變而何之乎？此實世道之憂已。唐詩之温、許、皮、陸，宋文之吕、楊、陳、廖，其言語非不工也，當時以為儀的焉。自今而讀之，今昔之變將孰置是非於其間乎？曰：是存乎辭，而不在乎傳之合與否也。夫昔人之才豈反不逮今？而今人之才豈皆能出乎古？然而必務勝乎其前，是果能有勝乎昔者？唯斤斤焉有所守而不敢肆，故寧不盡其才。今且過求於力之所不及矣，其詞彌誕，其陋彌彰耳，彼以為非，是不足以争時也。士以是日趨於譸張譎詭，而敦樸近於遲鈍平淡，近於枯寂，反擯而莫之收，此孔子所謂“不知言，無以知人也”，豈不亦可惜哉？往時歸熙甫先生鋭意經學，工力甚苦，至為應試之文，伸紙疾書，初未嘗經意也。然今之言經義者必推歸，卒未有能逮也。豈非積之厚者不求異，而人自異之耶？若夫《易》，吾不能知也。向嘗讀歐陽永叔《童子問》而是之，既又得蘇子瞻《易解》，蓋其説始於明允，彼所自謂有《易》以來，未之有也。志乎《易》者，其無廢王、韓，而以歐、蘇

之説參考之可焉。吾與仲鳴游最習，相與論文，頗數數，姑以是塞其請，不知仲鳴以為然乎否也？

［（明）婁堅《學古緒言》卷二　1295—16—2］

兒易内儀自序

（明）倪元璐

漢人説《易》，舌本強撅，似兒彊解事者；宋人剔梳求通，遂成學究，學究不如兒，兒彊解事，不如兒不解事也。古今謡讖，多出兒口，即《易》寄靈，任兒自言，必能前知矣。夫《易》固貴，兒所以藏身，大藏藏筮，小藏藏兒，筮亦聖人，兒天下也。天下甚危之言，以為兒為之，則可無禍。屯之次乾坤，此《易》告難也，繼屯以蒙，蒙童是兒，此《易》明言惟兒足支難耳。子雲《太玄》，童烏共之。童烏者，子雲九歲兒也。

［（明）倪元璐《倪文貞集》卷六　1297—72—6］

兒易外儀自序

（明）倪元璐

凡儀所設，皆《易》本情。當其會心，覺龍馬在側而顧，外之者，以其假圖召策，假版陳圖，不免枝遊，近於小道。又以圖象所涉，意在明兒墨守先儒，不敢自出，而兒得之則生戲謔，所以外之也。内之視外，譬立閨寢，觀乎衢巷。衢巷蕩雜，不如閨寢秘清。夫《易》之為道，固為轉逐而外者也。陰陽大義，移而卜筮。筮言取《易》，卜言不取《易》，而亦曰《易》爾。其外至於風角、鳥占、青烏、禄命，亦歸《易》焉。其外至於博奕之戲，範圍錯綜，亦歸《易》焉。天下之敢褻用《易》如此，然即以為非《易》所有，又不可也。

［（明）倪元璐《倪文貞集》卷六　1297—72—6］

兒易内儀以説

（明）倪元璐

三聖人之《易》斷於孔子。三聖人治體，孔子治用。治體握規，治用握矩。文周以前，人皆任質明量，取乎《易》者，概必君子，故貴以其圓神命《易》，使人知化。

至於衰周，權智日出，苟使《易》兩在遷流，則大賢大奸共用《易》矣。大賢大奸共用《易》，即必有非《易》之《易》起而亂《易》者。孔子懼夫圓神敗《易》，故尊典常，矩《易》使方，分設六十四者，卦執一德，循能責用，猶官畔然。故《大象》之曰“以”者，言乎其用也。孔子用《易》，如丹制汞，使就財實，用豫治樂，豫盡，卦皆歸樂；用革治歷，革盡，卦皆歸歷；用師萃治兵，師萃盡，卦皆歸兵；用噬、賁、豐、旅治刑法，噬、賁、豐、旅盡，卦皆歸刑法。孔子之使《易》也器之，《易》之應之猶響也。觀其周綜卦德，博串彖爻，疑有神靈通乎夢見，此由孔子制思微密誠察，而其辭體要執術馭蹊，斷以數言，包囊全卦，譬晷一寸，箝攝千里。夫子之文章，其才大力多然也。我不敢知，曰文、周所謀，定由斯義，而自孔子用之，何必文、周不為此謀乎？是故學《易》者不可以不明大象，離象求《易》，即力竭而思不得盡矣。夫《易》者，千世學者之所聚争也。聚千世之材争立一《易》，寧有正《易》乎？而又以抵程、朱之巇為有罪。今取諸孔子之義，明不敢自用才，以庶幾不謬於文、周，而挾孔子令程朱，程朱俛首矣。是故其道得明，而《易》行也。

[(明)倪元璐《倪文貞集》卷六　1297—73—6]

易屑序

(明)魏學洢

《易》，變易也。善《易》者矚諸爻所處何位，旋矚今日所處何爻，匕箸之細，幃幕之暱，以迄輔猜主調宫，禁制跋扈，掌旗皷，平睊眙之變，而翦數百年藪伏之姦，罔不瞭然。覘成畫、下畫、上畫、單畫、雙畫，司侯於惚怳之中，而偕之為俯仰。夫所謂觀象之《易》《連山》《歸藏》，遐哉邈已。橋庇、馯臂、周醜之屬亦闕焉亡傳，覘記所逮，尚其占者恒多。長卿誠鄙乎？然解侯陰陽災變也。先歐旄頭，劍挺墮地，長翁能知兵謀，小黄令以《易》為治，微章成務之功焉，而君明更直日用事尤精。恨閹高復生，卒塞涌水之異爾。西京《易》學大氐皆尚占也，而子政謂京氏學獨異田何，豈其然哉？豈其然哉？獨怪輔嗣孤坐冷火，猶能邀客談玄。今讀《易》注，讀《窮微論》，慮亡弗津津會心者，湛於《易》若是，而槩視象數為小流，《易》家尚辭自此始。晉之涎，狐也，宋之耽焉，蠹也，今株焉而已。嚮其利則前足鼠，後足兔之蟨也已矣。成務者誰邪？余乃喟然慨善《易》之難，其人也日夕披《六韜》，與兵何與？曾不逮屠狗販繒胸無半字者，崛起握大將之權。日夕翻奕譜，與奕何與？曾不逮窮寺五尺之豎目，不出楸枰而擅國手，日夕點《周易》，與成務何與？曾不逮市上瞽人受錢數文，或能為窮甿指辟趨之路。《易》之無裨於人，與人之無裨於《易》也，《易》奚尤焉？昔子雲覃思渾天為《太玄》，懼其泰曼漶也，益之以

《首》《衝》《錯》《測》《攡》《瑩》《數》《文》《棿》《圖》《告》，而曼漶乃轉甚，故和仲譏其以艱深之辭文淺易之説，千載而下，意雄嫺於辭爾。庸冀寔用，至聞耶律楚材人，委珮出，擐甲治術，堪翊翊隆中，而星辰、圖書、律歷至方言禽語，靡所不曉。人未嘗不黯而詫焉，以為王佐才也，而王佐才之所湛灊玩繹者，則又於曼漶之《太玄》為特深。嘻！兹誠曷故焉？蓋子雲仍漢中葉，子裝《易》學猶存，高康言當身隕，博士弟子互誡勿談《易》，而獲正傳者學俱亡，章句苗裔依然丁將軍也。是故三方、九州、二十七部、八十一家、二百四十三表、七百二十九贊，其九九大運以大衍為崑崙，然則雄它制皆尚辭，《玄》未始尚辭也。彼將以是撖膠葛而騰九閎，涬瀯雲而散歊烝，殆不能不為艱難者與！而擿以三筴，絣以象類，文不虚生，然則《玄》未始不尚辭，實未始專尚辭也。以楚材精解數學，闚徹胥靡，是猶穰矦披六韜，奕秋翻奕譜也。雖欲不寢食斯編，洞悟厥旨而出之，以成天下之務，庸可得哉！余友陳則梁口能劇談過雄，博覽半雄，而好深湛之思類雄。然雄徧為前人優孟，貌遷自序，序《法言》青之於青爾。則梁為小序，則不翅軼雄。及其為《易屑》也，覃思研精，摘抉杳微，匪不戛戛乎陳言之務去，而卒不持昔人荄兹之解。藁本葢數更矣，一準於理。彼謂視古修辭寧失諸理者，真令人齒冷也，夙與蜀才競險而《易》道反於夷庚，雕蟲篆刻，悔猶弗盡，弗悔顧幾盡之，則梁而尚辭焉已哉，且又非尚占也，離王離鄭而往參焉其象辭之間與？余既觀《易》於則梁氏，行將觀則梁氏於《易》，且叩則梁所處當屬何卦？且叩則梁今日當屬何爻？則梁嘗别為同人注矣。余離於[illegible]也差鮮，余亦則梁卦中人也。且叩則梁與余當屬何應？一人一書，一事一畫，一日一畫，萬人億人一畫，萬事億事一畫，萬日億日一畫，審於斯也。《易》將與庖犧氏接，奚論商瞿。嗟乎！作者既不易，解者良獨難。方子雲著書成，岌岌隣醬瓿爾。陸績、宋衷迭相述，而至范望，注十萬餘言；文中、堯夫迭相予，而至君實，畱心三十年，苦思已不没矣，詎敢望施行？况《易屑》數言雞跖集之，將雞肋擲之，豈有為則梁、楚材者哉？然子雲稱昔人之辭廼玉廼金，夫屑故金玉屑也，金可以曜虎，玉毋以抵鵲，知必有為則梁氏桓譚者（庚申七夕）。

［（明）魏學洢《茅簷集》卷四　1297—550—4］

周易旁注前圖序

（明）朱升

愚自中年以經書授徒教子，每於本文之旁著字，以明其意義，其有不相連屬者，則益之於兩字之間。苟又有不明不盡者，則又益之於本行之外。學者讀本文而覽旁注，不見其意義之不足也。惟易旁注，則有前圖者，《易》之為《易》其本也，

圖象而已，文王、周公、孔子之書，實為圖象作注脚。故明此經者，不得不求其本也。“河出圖，洛出書”，天不愛道，泄諸象數，一可已，二何居，作《〈河圖〉〈洛書〉合一圖》第一，聖人之則之也。八卦成列，而又因而重之，其傳於今也，各有横圖、圓圖，而六十四卦圓圖中又有方圖，則亦悉矣。帝出乎震，成乎艮，其方位之象又何為哉？作《先天後天合一圖》第二，先天後天，其始其終，既各有序矣。《連山》《歸藏》首艮、首坤，今不能知而《周易》首乾坤，終既未濟，經分上下，其間卦序乃復如彼，作《周易卦序圖》第三。卦變也，卦主也，互體也，卦數也，卦位也，納甲也，之六者時雜見於經傳，必各著其全，使人可通考焉可也，作六圖第四。淳安夏氏有讀《易》十字樞，愚平日竊窺於《易》，得三大義，二者經傳訓釋之機要也，則以附六圖之後。聖人處憂患之道，自履至巽，其傳古，其指深，以之名義，殆未足以盡之也，作《三陳九卦圖》第五。揲蓍以求卦，因變而用爻，比義從長，宜勿拘一説，作《蓍卦變占圖説》第六。夫子言蓍卦之德，曰圓曰方，固非其直，曰七奇八偶而已，作《蓍七卦八圖》第七。邵子“天根月窟”之吟，非為今《易》安注脚也。豫章蕭氏《周易》卦序之學，區别於三畫六畫之原，而象意昭融，玩味乎正變始終之故而教道明著，前纂為圖，今録其全文於後，而係以邵子之詩，履運處身，同一揆也，作《三十六宫圖説》第八。八圖為之前，而後《周易旁注》可得而讀矣。

［(明)程敏政編《明文衡》卷三十九　1374—124—39；又見(明)賀復徵編《文章辨體彙選》卷三百十六　1406—38—316］

易準序

(明)黄汝亨

往余與門人輩説經譚道，接座論文，慮無虚晷，而獨玄父周旋最長，其人靈骨玄心，渾中朴外，諸人望之蔑如也，而諸人之業亦無能為右。今夏得其所選《易》義，一一皆準於法，其為余所已歷者七，所未經者三，焕若神明，頓還舊觀。玄父其有深心哉！夫文之有準，猶奕之有譜，匠之有繩，而射之有鵠也，不按則不名為工，不游神不名為化。夫有神化而廢準者矣，未有廢準而神化者也。余敢謂習者之門而令天下盡失智巧哉！老僧以毁戒印宗，法吏以破案舞律，余與玄父將不免多事之誚，所甘心焉矣。

［(明)賀復徵編《文章辨體彙選》卷三百二十六　1406—122—326］

易説題辭

（明）周復俊

夫《易》潔净精微止矣，二畫洩其秘，三聖翊其文。萬祀言聖經之旨者莫加焉。魏晉已降，玄之以老莊，狹之以太卜，厥宗昧矣。余猶喜安國康成之徒，注釋羣經，承師指授，沿古敷言，未始置樹，竒僻破壞，元淳辟之投竿取魚，浮沈高下，一任善觳者取之，初無迎，必縱於大道，未克盡窺，盤辟周旋，不迷蹊徑，注釋家之指南也。後來姸尚匪一，枝流益棼，易布象占，大加離析。吾夫子不云乎"居則觀其象而玩其辭，動則觀其變而玩其占"，夫居無事而動有爲，無事斯暇，則象以求之，而占非所急，有爲斯應，則占以決之，而象靡或遺循，是知潛龍象也，亦占也，勿用占也，亦象也，象有真假，占不他適，聖人垂訓，豈有平居，衹觀潛龍之象而不及勿用之占乎？象從何來？緣畫而生。占從奚分？由畫而決。象者，擬議之占，托言之也；占者，裁定之象，顯言之也。抽端殊貫，托體同歸，不能不分而能不分，其象，占之謂乎？子言之"聖人有以見天下之賾而擬諸其形容，象其物宜，是故謂之象"，言象及爻而不言占，明占寓於象也。繇斯繹之，義自晰矣。假令象外有占，聖人胡靳一言而不發天下之矇覆耶？誠能悟象數之渾成，覺占決之匪二，其於《易》思過半矣。光禄愓菴先生敦尚古學，居常以山水文籍自娱，蓄極而通，不假餘思，撰《易説》二卷，言約旨遠，神乎道洽，辭變象占，渾然一致，同非伐異，異不苟同而鉤深通微，何者不詣，凡天道之極則事幾之變化，人情物理之糺錯爛然皆聚於目。昔旹讀《易》之難而今而後知讀《易》之易矣。《詩》不云乎"惠而好我，示我周行。俊也不閎，其愚輒陳。"瞽説如右，惟是正之，庶幾哉。沐浴不忘云爾。

［（清）黄宗羲編《明文海》卷二百二十一　1455—463—221］

誠齋先生易傳序

（明）尹耕

誠齋先生，宋人也，文章行誼，冠絶當世，他作徃徃梓行，《易傳》則否。宋人曾取置秘省，卒不頒布，良嘶不廣，嗣是蓋無聞者三百年矣，明守臣尹耕乃爲刻諸開之郡齋。尹耕曰："徃余得是傳於好竒者，謂《易》盡在是矣，故樂爲刻之。"叙曰：夫《易》其可易言哉？惟聖人全體至道，幽贊神明，妙應感形，化裁機務，是故洩天之精，發地之靈，會人之極，布法立象，直指逆數，以通能於百姓。及夫觀象命辭，研理翼傳，然後探玄極變，盡賾顯微，其道大備，百用不惑，由是知庖羲氏至

德，文、周、孔三聖人用心勤矣，故自周之盛時及其季世，官不棄職，學不廢業，史朝惠伯舉曰："良識而穆姜、陳文子皆稱善用矣。"秦焚詩書，此賴卜筮得以不毀，然簡策雜亂，辭意淪失，左氏所述繇辭，一無可考，《文言》《繫辭》，或者乃疑其不出於孔氏，况其他乎？嗚呼！"天何言哉？四時行焉，百物生焉"，此非聖人述天以教人者乎？惟《易》闡陰陽闔闢之機，窮剛柔致用之妙，洞鬼神倚伏之情，立大中至正之矩，以究性命道德之極，而曰止於卜筮，使學古之士遠遜玄宗，近稽事應，不復措之心身以求所謂蓍策龜櫝之外者，悲夫！余嘗謂《易》以卜筮存，蓋亦以卜筮亡也。嗚呼！天下有道，某不與易，待膰接淅，鼓琴微服，故善用《易》者莫孔子若。"克己復禮"，一變至道，用行舍藏，曲肱飲水，故善學《易》者莫顏子若。是故由之武人，求之進退，憲之苦節，賜之尚口，咸乖厥旨，而况其他乎？而又萬世之下乎？耕小子生十歲，年受《易》家君，每於指示之餘，見家君凝神湛慮，遐思永歎，若有及於簡策之外者而不敢請也。自得先生此傳，耳目開豁，神爽飛越，瞻前忽後，千里几席，如穴中之蚓得覩龍變，上下風雲，呼吸宇宙，雖莫測其故，而其在穴之陋，一旦洒然，故不敢以自私也。又曰，徃余在南宫時，讀是書，未覺有入，及以罪干國憲，謫究，移開心以跡危情，緣物感反躬思過，悼改無從，每焚香静室，展閱是編，至於用晦白茅之戒，先生必前後反復引喻，諄切以明之，辭危理盡，道直思玄，未嘗不流汗揮涕，自懼無良而儌倖於愆者尚多也，思天下豈無病余之病者乎？故刻之益力，若夫句讀簡策之間，釋語命字之類，先生所見，間有異於晦翁《本義》者，讀者莫之異可也。

[(清)黄宗羲編《明文海》卷二百二十一　1455—466—321]

易象通序

(明)湯顯祖

人之生，面目理澤，亦無以大異，而所好玩殊遠。士之於書，凡民之異，其業有所好之，是非全乎好之者也，得已則已，其風雨旦暮，矻矻然而不已者，其有不得已者乎？貴游之家，去四民之業而好狗馬聲伎博塞，狗馬聲伎博塞，其利於養也，不如農民之業，其利於智也，不如書，然而有好乎此者，何也？得已者在彼，則不得已者在此。吾獨愛臞王之孫，有如用晦，宗良貞吉，三君者去貴游之家所好，而好古書傳，然技止以詩行於公卿、布衣之間，游其名，至於文字之所起，理義之所變，探賾而鉤深，刻意而成言，亦有時乎未暇也。最後鬱儀王孫，好揚雄氏之學，方言奇字多所訓明，憮然而歎曰："文字之所起者，畫也；理義之所變者，《易》也。通於書而蔽於《易》，不足以診天地人物之變。"乃退而學《易》，凡子夏所傳，九家所為，變象互體者，潛測幽討，不遺餘力，久而檃括，彷彿為一家言，名曰《易象通》，蓋能極暢其意之所欲至，亦可以有傳於世矣。豈其不得已於書而矻矻焉者乎？此所謂好之者也。雖然，方海岳子未成此書也，散然而傲睨，敦然而居休，倫黨堂除之間，愉如也。書成而嘖言且起，拘然以悲，翛然以貧，豈所謂作《易》者其有憂患乎？抑鬼神之害盈乎？海岳子能明《易》，必有以通其故矣。

[（清）黄宗羲編《明文海》卷二百二十二　1455—482—222]

學易齋易序

（明）鄧元錫

學易齋者，萬子曰："忠齋名也。"著《易原》《易説》，凡二篇，蓋準宋《易通》云。夫《易》，天體也，天體萬物而無體，故命之《易》，人受之為心，故心常感於物。發而未發，故命之中，而天地之心存焉。首原中，明即心即天。唯常發而未能自反，故心動炎上，日與物搆，失其所歸；唯未發，故火反藏之水，潤而下，天地之心復焉。次原圖，圖書一六皆下，坎位也，火下旋而伏則金從，金流不耗而彌精，介乎其貞，復之乎坎中，為天根。冬日至專，凝於黄鐘之宫藏焉，藏之以發，而木道乃行，渾乎天德而仁歸，坎為之源。《易》象乾龍，乾初象潛龍，陽潛藏而下於下也，則淵乎心象而天人致一也。已綆有盡，何可以汲？深毛有倫，胡可以語？微波尚之風不能以自平，木鼓之風不能以自止，殆矣，心危以動，而坎為重險矣，人道之患，始此矣。曰忠甫憂之，闡未發以指中，杓《易》圖以發中，而約之退反，反而藏之乎密微，深乎微矣，而攝之於平，夷冲質忠信篤敬，自下將之，學之的也。不動於意，不起於智，於黄中乎正位奠體而思不出乎是也，則發未發之中，一體無體之易。坤從乾而道德之樞歸焉。噫嘻！此入聖之機也。舉是機洩之乎？聖人不能也，故四科六學，各資以達材成德以施於人，官隱此機秘之乎？聖人不忍也，故圖書三《易》，天府實之，三公守焉以論道，而格心學易齋。《易》入於機，出於機，欲人即之天，達天之天，不二其體，不離於宗，無秘於此機而已矣。古老曰："有德司契，無德司徹。"是篇也者，其司契矣乎？曰忠甫，少高邁於人，鮮挹下已，學於羅文恭公，中夜於石蓮，涣然悟先天之旨，就文恭質焉，文恭深賞服之，自是收攝保聚日嚴，用功益密，沈心抑氣，夙習銷汰，亹亹以退，藏日深擧，以其三十年專致所自得者為之言，别而圖，深而通，玄而質，指約而致博，讀之深，心守契盎，如溢言表也。乃或以言證求之，以言詮圖象間焉。《易》曰："書不盡言，言不盡意。"古有以微言達意者，有稽古言發意者，有一言而函意多者，有多言而寓意一者，又乃有意在言外無可尋迹者，言何必同？《易》立象盡意，圖何不具？各指所之而為言，何不可也？蓋《易》通，通其意而不注於辭。錫也固從曰忠甫遊，以遇合稍澗，晚入蕭曲，造滕武夷堂，聆其言，時而渙然，時而冷然，又時而淵然曠然，已中自失而窅然也。彼其感人者，詎以言哉？讀是編者其毋以言求之也夫，其毋以言象間之也夫！

［（清）黄宗羲編《明文海》卷二百二十三　1455—492—223］

王氏易序

（明）孫宜

孫子曰：世有言王弼何晏，祖尚老莊，卒之亡身而禍其國者。予讀王弼《周易注》，嘆曰：善乎弼語，簡而義明，思近而鮮切，要之，達陰陽之故，審變化之旨，識乘應之文，該爻象之妙，其所述大不詭於聖賢而絶無涉乎老莊。晋魏以下勿論已，《程氏傳》最稱的源，乃其善者，於弼取資焉。其稍異弼者，特敷衍厥辭加詳婉耳。夫時有古今，人材因之，材有古今，著述因之，是故兩漢之去古，曹魏之去漢，俱稱未遠，風氣近厚，箋解疏注之士，即其聰明性識，較之後代，固自弗倫，繼漢而唐，抑亦遞相崇減，理在可知。故宋儒之闡明道學，釐定經術，由今品焉，誠已超邁逖絶者。然漢唐諸子，若馬、鄭、王、何、元、凱、安國、穎達之流，未必咸無所得，是以裨宋之全也。弼《易》尚已往，余覽何晏之奏曰："善為國者，必先治其身，慎其所習。所習正，則其身正，不令而行，為人君者，所與遊必擇正人，所觀覽必察正象，邪心不生而正道可宏也。"此其言又豈莊、老虚寂放浪者倫歟？夫弼、晏論著若此，在當時後世往往以二氏目之，至謂流禍闕世教，罪之為離經畔道者，蓋魏晋之俗，大率以風流酣暢相高，跌宕不檢，而二子行亦未免焉。斯其故必歸之耳。然言行殊途，君子於言也，罔以人廢，仲尼固已云矣。謂弼、晏著述類其行者，豈非厚誣哉？或曰，兹宋儒之説，程朱所嘗病者，夫言而程朱也，亦不足當歟？孫子曰：六經者，大道之載，而天下之公也。天下之公器，則當用衆之公言釋之，故仲尼之删定贊修也，要皆憲往聖之遺而酌前哲之善，未嘗不出於已，而假以自異也。其言曰"述而不作，信而好古，竊比於我老彭"。後儒訓釋，悉罕達此，掠美而私長，取同而棄異，槩之不揆諸道，而惟以其人其時，謂無足尚廢之兹，何也？挾其勝也。夫程子之解《易》也，其於弼之言，用之幾什五六矣。至其教人觀《易》，輔嗣、翼之、介甫三子首焉，而朱子者，述其説為訓，非有見於此哉？或曰，弼言簡切明近，善矣。質諸聖人之意，未必審若是也。嗟夫！仲尼之門，游從者三千焉，深於其道七十二人。夫七十二人者，朝覿而夕覲，面命而口傳者也。今考其得所師之精藴，而言動悉不戾於厥真者幾人哉？仲尼嘗曰："回也其庶乎！"後儒且謂顔子未至聖人，猶是心麤。夫朝覿而夕覲，面命而口示也，其所得卒若此。末世諸儒之生，去聖人千百載，乃欲以流傳之往言，臆測之獨見而望其悉得聖賢之秘，有是乎？故解釋牋疏之法，要之在模倣正道而協於大義者也。夫誠能模倣正道而協於大義，則雖往意前致不必咸中而亦思過半焉。詭湊曲合字軌而句泥之，斯其術不足明聖。苟以增紛亂之失，長穿鑿之風已爾，奚益乎？奚益乎？故弼之注成，已如所議矣。乃程之鮮也，即曰，深明易道，視仲尼之的旨本趣，亦豈敢謂其盡若所述乎？執此蓋可以論弼云。《易》凡六卷，予往讀而善之，因手録上下二經，他日将刻以傳焉，而題曰《王氏易》。

[(清)黄宗羲編《明文海》卷二百二十六　1455—528—226]

來氏易註圖説略序

(明)鄭之惠

毛肖寰先生偶寓湖南，與不佞談《易》，因出梁山來徵君圖説一册，授不佞，為吾師青螺先生叙刻而毛公重録者，大都以錯綜變互推聖人立象之意，因明後儒掃象與臆度牽合之非，真談《易》家一種奇書也。不佞十齒學《易》，不知《易》，妄意《易》道之大不可思議，而舉目之間往往遇之，舉目之間又不容思議處也。聖人正以不容思議者象其不可思議者，則岐理與象不可掃，象尤不可，微獨不可，抑且不能。天始地成，時行物生，耳聪目明，手持足行，盡象也，則盡《易》也。羲皇以六畫摹寫宇宙之變，文周《易》詞就六畫下一註脚，指點出宇宙内名象示人，使人即其舉目可見者由之而不知耳，必果掃象則宇宙事物可盡掃耶？象固無恙，反病理矣。徵君絶鮮臆説，吾家康成肇明象數，錯綜著倪於康伯，變互考占於堯夫，各推本孔子"十翼"之意，徵君表章而全收之，非有神悟，何以篤信乃爾？因節取圖序十六篇付剞劂。公海内談《易》者，亦毛公意也。六十四卦啟蒙圖舉一為例，十翼圖以乾坤二卦彖辭别為一意，意尚未安，《集註》文多総以發明圖説，俱且闕焉，顧不佞猶有二疑，一疑在象内，一疑在象外，既有錯綜變互，又錯綜變互自相錯綜，則一爻已賅八卦，八卦已賅宇宙諸象矣，何以辭獨舉一二象？緊惟此象此爻更不可易，抑知《詩》有比興，舉一以待觸類也？如徵君言，自孔子至今二千餘年間，能了此者寥寥，何以曰"百姓與能"？又何以曰"民咸用之"？豈所云與能者别有鼓舞之妙，使人不知其所以然而不容不然者立於象先耶？《易》以不可思議，故大；以不容思議，故神。如不佞者正病思議，何繇知《易》？梁山萬里道，安得過從徵君，盡發我覆也。

[(清)黄宗羲編《明文海》卷二百二十八　1455—543—228]

易解序

（明）唐俞

《易》其至矣乎！聖人曰“立象以盡意”，意終不可盡也，故“神無方而《易》無體”，必竢之引伸觸類者。世人習其師説，黨枯保朽，牢不可破，烏足以知《易》？余嘗思道大宗有三，為羲文，為黄，為老。老之道德黄之符，讀者輙目為幽詭，以其意皆主於用逆，而《易》逆數也，乃反若易言之，何耶？不過謂考亭正義，業已奉功令如日星，稍欲為異，即屬狐禪，詎知《易》理秘寄？聖人洗心退藏，玄之又玄，寧僅是一番君道臣道，籠統説語，便打發過去，太白所云白髮死章句，豈不信然？且世代遷移，豪傑輩出，人持一赤幟，幾欲奪焦京之席而解濂洛之弢，斯時即起考亭於九原，從前論定，亦必互有同異，而無識者偏護其所短，以為衆射之的，又安得為朱氏功臣？余因是憒作俑之誤與吠聲之獘，就是解中稍加詮訂，亦自知孤陋寡聞，識不能什之一，筆又不能百之一，獨憶麻衣有言，從心地馳騁，不向注脚盤旋，姑為標一指於此，使淺人自見淺，深人自見深而已矣。偶與客談及，稍指陳大意，客曰：“昔輔嗣善《易》，而君名適同，君其中郎氏之顧邕乎？”應之曰：“予何能知《易》？抑思《易》之名，蘆蠅也，一日中作十二色，若是其變也，故術家言徵應，道家言服食，儒家言性命，各有精義，可以永世。至帖括而侮《易》甚矣，勦襲蕪陋，對之欲嘔。當時聖人所謂絶韋滅漆者，果在是乎？吾意兔卦雞占，猶賢於研硃滴露者也。世有精《易》者，惟變所適，乘遞換之春秋，與天為徒，補不全之日月，萬化默成，神明在我，乃可以薄吾之説也夫！”

［（清）黄宗羲編《明文海》卷二百三十　1455—557—230］

日講易經解義序

（清）聖祖

朕惟帝王道法載在六經，而極天人窮性命，開物前民，通變盡利，則其理莫詳於《易》。《易》之為書，合四聖人，立象設卦繫辭焉，而廣大悉備。自包犧、神農、黄帝、堯、舜王天下之道，咸取諸此，蓋四書之文，禮樂之具，春秋之行事，罔不於《易》會通焉。漢班固有言，六藝具五常之道，而《易》為之原，詎不信歟？朕夙興夜寐，惟日孜孜勤求治理，思古帝王立政之要必本經學，嘗博綜簡編，玩索精藴，至於大《易》，尤極研求，特命儒臣參考諸儒註疏傳義，撰為《解義》一十八卷，日以進講，反復卦爻之辭，深探作《易》之旨，大抵造化功用不外陰陽，而配諸人事，則有貞邪淑慝之别。運數所由盛衰,風俗所由治亂,君子小人所由進退消長,鮮不於奇偶二畫屈伸變易之間見之。若乃體諸躬行,措諸事業,有觀民設教之方,有通德類情之用,恐懼修省以治身,思患豫防以維世。引而伸之,觸類而長之,而治理備矣。於是,刊刻成書,頒示天下。朕惟體乾四德以容保兆民,且期庶司百執事矢於野,涣羣之公成拔茅允升之美,則泰交媲於明良,而太和溢於宇宙,庶稱朕以經學為治法之意也夫。

[《聖祖仁皇帝御制文集》卷十九　1298—186—19]

御制周易折中序

(清)聖祖

《易》學之廣大悉備,秦漢而後,無復得其精微矣。至有宋以來,周、邵、程、張闡發其奥,惟朱子兼象數天理,違衆而定之,五百餘年無復同異。宋、元、明至於我朝,因先儒已發之微旨,或有妄彖已見,漸至啟後人之疑。朕自弱齡,留心經義,五十餘年未嘗少輟,但知諸書大全之駁雜,奈非專經之純熟,深知大學士李光地素學有本,易理精詳,特命修《周易折中》。上律河洛之本末,下及衆儒之考定,與持論之不可易者折中而取之,越二寒暑,甲夜披覽,隻字片句斟酌無遺。康熙五十四年春,告成而傳之,天下後世能以正學為事者,自有所見歟。

[《聖祖仁皇帝御制文集》第四集卷二十二　1299—540—22]

伏日讀易

(清)高宗

百舌已無聲,三庚適初伏。清晝如小年,韋編静可讀。風来蟬度響,雨過花增馥。物物注易簡,奚待玩九六。迴憶陽生時,觀象得来復。

[《御制詩初集》卷三十二　1302—503—32]

题宋版周易程傳

(清)高宗

卜筮書違秦火殃,大程平正傳言常(言《易》者,率入於竒,朱子矯之,以為特言卜筮,故每爻必言占者得之,亦未免過正。蓋《易》理無不包,實不竒,予以《程

傳》為得之)。周張朱介三賢卓,凶悔吝中一吉當。開物無為自成務,抑陰有道在扶陽。幽明通以性命順(檃括程傳序語),内聖由來貫外王。

[《御制詩四集》卷九十三　1308—788—93]

題易傳燈

(清)高宗

是書舊署徐總幹撰,而不著名,其子序謂其父嘗師事吕祖謙、唐仲友,所學似尚有禀承,顧取釋氏傳燈語為經解,標題謬盭甚矣。其言君子小人吉凶陰陽之義頗有闡發,而所論《河圖》數象,牽附九宫,則又乖於正道。蓋其書純駁參半,乃指斥後學差誤,得無責人則明,而責已則昏歟?以其裒輯於散帙之中,亦云希覯。録備四庫,庶幾瑕瑜不掩,系詩簡端譏之,正所以惜之也。

徐氏隱名故以何,標題想亦自知過;本來畫卦由古聖,胡乃傳燈擬梵陀;學述東萊道未見,習沿永叔語傷訛;明云後學多差誤(書中有後學差誤條目),可識其人差已多。

[《御制詩四集》卷四十五　1308—92—45]

題易祓周易總義八韻

(清)高宗

長沙撰《總義》,觀象玩辭符。總貫諸家解,義通十翼扶。人心即天地,易理示規模。多辯原成躁,求精反涉麤。彼非謂此是,喜合率攻殊。畧覽廿卷有,頗嘉各弊無。發明尚平正,流布未弘敷。設曰不言好,安能檃置乎?

[《御制詩四集》卷十九　1307—569—19]

題魏了翁周易要義

(清)高宗

華父師敬子(李燔字),其學傳紫陽。紫陽注《周易》,獨稱卜筮方。舉占意有謂,恐人涉荒唐(朱子作《本義》,首列筮儀,每卦明著象占,使人知觀象玩辭而不涉於讖緯)。魏乃宗《正義》,删繁取其臧。釋文考陸氏,兼引馬(融)鄭(康成)王(肅)。簡以得其要,約而頗致詳。彝尊尚弗知(朱彝尊《經義考》未載此書),希寶誠吉光。開宗闢虛元,孔門教用彰(其原序云:傳《易》者,更相祖述,惟魏世王輔嗣之注,獨冠古今,江左諸儒並傳其學,其江南義疏十有餘家,皆辭尚虛元,乃義涉於釋氏,非為教於孔門也)。三《易》明周稱,蓋謂取岐京(叶)。乾健具四德,坤順惟隨倡。弗牛而曰馬,牝馬行無疆(此書解"利牝馬之貞",謂:"坤是陰道,假借柔順之象以明柔順之德。"且謂:"不云牛而云馬者,牛雖柔順,不能行地無疆。")。然予更思之,仍即一乾剛(《坤》之牝馬正承乾為馬而言,蓋馬乃純陽,而在《坤》則為牝馬,故《乾》直曰"利貞",而《坤》云"利牝馬之貞",則《坤》之四德一《乾》之四德,仍是以順為吉)。乾坤分(去聲)既定,餘卦推類明(叶)。大端弗失正,十翼臣之良。出處益卓然,正色立朝綱。豈徒託空言,用《易》誠有常。四庫廣搜羅,懋柱出珍藏。鈔刻俾歸之,牖世文教昌。卷首題五言,用賁世守長。

[《御制詩四集》卷二十　1307—586—20]

題影宋鈔周易輯聞

(清)高宗

廣大無不備,夫惟《易》道然。《輯聞》傳汴水,述學衍先天。觀彼多合聖,切子斯體乾。影鈔猶識宋,逺矣緬韋編。

[《御制詩四集》卷二十八　1307—742—28]

易經揆一序

(清)施閏章

古今注《易》者,無慮千百家,言人人殊,要不越於羲、文、周、孔四聖人之指。四聖人畫卦、繫辭、彖爻、十翼,竭智殫思而要,不越乎先天之一畫。蓋觀於河洛中宫之一而知奇耦相配,三五相參,其數皆始於一。得一而兩儀、四象、八卦於是乎皆備,極之三百八十四爻亦無出乎一者。故自伏羲始作一畫之時,而確然以全《易》示人,無復餘事,所謂得其一,萬事畢,天地且不能外,況於人乎?然而窮幽極眇,探賾通類,非有涵蓋天地、上下、古今,千態萬狀,不可紀算之神奇,則所謂一者不可得而盡。故《易》者,不易之理,而實變易無方之義也。近世宗程朱傳註,頒在學宫,呫嗶家罕通其蘊。於是争尚講義,扣盤捫燭,影響支離,差得其近,似四聖人者出,亦不能家置一喙矣。在中洪子受《周易》為文學,耆宿探索有年,簡括諸家《易》説,勒成一編曰《易解醒》,温陵大中丞曾公見而善之,為之版行,已

流通數十載矣。洪子研慮不已，與年俱深，又復取舊所已行者，增損參校，畧雷同之衆解，定猶豫於微茫，謂之《易經揆一》，眎舊本為尤善。葢泝其一以逓至於無窮，又綜無窮以歸於畫一，古聖人先後同揆者，洪子實有以窺之，殆所謂即筌蹄而得懸解者哉！夫《易》之為書，萬世文字之祖，六經之權輿也。故百家詭奇之説無不竊其緒餘，而去《易》益遠，程子之言曰："《易》止是天理，合乎理則合乎《易》。"大哉！一言貫之矣。洪子少以《易》名家，今年逾八十而好之不衰，拳拳以討論為事，其有出於人也，遠矣。

［（清）施閏章《學餘堂文集》卷三　1313—27—3］

歲終進易講義表

（清）彭孫遹

竊惟睿以作聖，時敏之學為先，健以法天，日新之德為盛，理多聞而有獲，就將不廢於生知；道下濟而益光，廣大獨全於體藴。欽惟皇上，聰明克亶，敦敏夙成，契千聖之心傳，綜六經之指趣，講筵勤御，採納彌弘，天語敷揚，精微悉徹，一出入起居而罔間，歷晦明寒暑而加勤，德已極於崇隆，功猶深於懋廸，謂修己治人之要，莫切於《尚書》；而盡性致命之功，無先於大《易》。五十八篇之内，道法咸該；六十四卦之中，天人悉備。甫畢業於《典》《謨》《訓》《誥》之文，即研幾於達化窮神之學，鏡源測委，發羲文周孔之微言，彰往察来，抉辭象變占之精義，仰見宸衷，謙受聖學敏勤，近述遠稽，無之非帝王之道，仰觀俯察，有以見天地之心，似此廣運之難名，夫豈臣工所易測？（臣）等尠通訓詁，幸侍經帷，録鉛槧之微勞，屢拜尚方之賜，荷絲綸之寵錫，濫叨晉秩之榮，涓埃無補於高深，俯仰有慙。夫恩造兹，當歲終之期，伏念《易經日講解義》，現在校正發刻，而逐日進御講章，例停彙寫，再進為此，合應題明，仰干天聽，伏願乾行不息，益進無疆，慎修思永，裕百世以垂謨，仁義中正，兼三才而立極，則大猷聿臻夫景爍，而至治永底於文明矣。

［（清）彭孫遹《松桂堂全集》卷三十五　1317—269—35］

周易義海撮要序

（清）朱彝尊

自漢以來，説經者惟《易》義最多。隋《經籍志》六十九部，唐《志》增至八十八部，宋《志》則二百一十三部，今之存者十之一二而已。唐資州李氏，合三十五家易説，題曰《集解》。南北朝以前遺文墜簡，藉以得見指歸。宋熙寧間，蜀人房審權集鄭康成以下至王介甫易説百家，擇取專明人事者，編成百卷，曰《周易義海》。至紹興中，江都李衡彦平，删其冗複，益以正叔、子瞻、子發三家，目為《義海撮要》，凡十卷而附以襍論，補房氏之闕略焉。其擇之也必精，《義海》失傳而是編傳，後之學者所樂得而講習也。彦平宣和末入辟雍，乾道中官秘書修撰，尋除侍御史，改起居郎，以言事去國，退居崑山，聚書講學，世目為樂菴先生者也。

［（清）朱彝尊《曝書亭集》三十四　1318—30—34］

周易輯聞序

（清）朱彝尊

《周易輯聞》六卷，宋趙汝楳撰，取《襍卦》反對之義，上下二篇，各一十有八卦，每六卦析為一卷，附《文言》於乾、坤釋象之後，而《繫辭》《説卦》諸傳皆闕焉。余既抄而藏諸笥，序之曰：《易》之為教，本窮理盡性之言。自周官掌之太卜簭人，而秦以其卜筮之書未燔。迄於漢，孟喜、京房、焦贛之徒，多藉以考驗災異而已。鄭康成主象數，王輔嗣主名理。言數者，或失之巫；言理者，或失之鑿，往往得其偏曲而未窮其奥賾焉。考之隋《經籍志》，説《易》凡六十九部，唐《四庫》書目益之，凡八十八部，至宋增至二百一十三部，而是書未與焉，可謂詳矣。迨後家守程朱之書，未暇廣究諸家之説，久之《本義》單行，並程氏《傳》亦輟不復觀，況凡有小異朱子之説為制舉所不取，則見者非僅不觀，將唾而遠之，惟恐子弟之入於目。此自隋迄宋，諸家之撰述，日至於放失無存也。是書晰理而兼詳夫象數，援据精洽，足以益學者之神智。萬歷中，周藩宗正灌甫曾雕刻行之，顧流傳者寡，惜世無有重刻之者。汝楳為資政殿大學士，天水郡公善湘之子，商恭靖王元份七世孫。善湘以儒生破李全，身歷戎馬，乃能注意經學，六易藁而授之子。汝楳不以世禄，自矜遨游閒服玩之習，惟遺編是輯，又歸其善於親，益以徵宋時經術之盛，化俗之厚。而灌甫亟刻其書，雖流傳已少，是書實藉以無失，皆宗室之賢，宜附著之，以告後之君子讀是書者。

［（清）朱彝尊《曝書亭集》三十四　1318—31—34］

易旋璣序

（清）朱彝尊

宋之南渡君臣，多講《易》義，高宗召荆門朱震論《易》殿中，稱旨，除祠部員外郎，遷秘書少監，賜以告詞敷及否泰之義，右相張浚入朝，亦書否泰二卦賜焉。於

時，浚及宰相李綱、李光、沈該，皆著《易傳》，而林儵、李授之、劉翔、郭伸、王義朝、都潔、彭與、王大寶、吴適、宋大明均以《易》義經進，或令祕書看詳，或令有司給札，或與堂除，或補上州文學，獨環溪吴氏上《易璇璣》三卷，其言《易》自彖求之卦，次求之象，次求之爻，作論二十七篇，文辭簡奥，間以韻語行之，類古繇占，卓爾成一家言，以書犯廟諱，賞獨不及。嗟夫！朝之一命再命，奚足為儒者重輕而得之不得有命焉，此嚴夫子董相所以有《哀時命》《文士不遇賦》也。吴氏諱沆字德遠，崇仁布衣，其没也，鄉人祀諸郡縣學。

[（清）朱彝尊《曝書亭集》卷三十四　1318—31—34]

周易集説序

（清）朱彝尊

《周易集説》一十三卷，各冠以序，吴人俞琰玉吾叟所著也。叟於寶祐間以詞賦稱，宋亡，隱居不仕，自號石澗道人，又稱林屋洞天真逸。其書草創於至元甲申，斷手於至大辛亥，用力勤矣。世之言《圖》《書》者，謂馬毛之旋，龜文之坼，獨叟之持論以《尚書・顧命》文，弘璧琬琰在西序，大玉夷玉天球河圖在東序，河圖與天球並列，則河圖亦玉也，玉之有文者爾，崑崙産玉，河源出崑崙，故河亦有玉，洛水至今有白石洛書，蓋石而白有文者，此《易》家之異聞也。

[（清）朱彝尊《曝書亭集》卷三十四　1318—32—34]

合訂大易集義粹言序

（清）朱彝尊

孔子學《易》，韋編漆書，至於滅絶者三，乃不以是教其子，而與門弟子雅言惟《詩》《書》執禮，然三經無統論之文，獨《易》有"十翼"，則聖人之注意存焉矣。自歐陽永叔謂"十翼"之説不知起於何人，於是學者不能無疑。今世所傳程正叔《易傳》、張子厚《易説》均舍《大傳》不講，而正叔之言曰："聖人用意深處，全在《繫辭》。"又曰："《繫辭》之文，後人決學不得。"晁子止則云："子厚《易》解甚畧，《繫辭》差詳。"是張程二子咸篤信大傳者也。吾友納蘭侍衛容若，讀《易》淥水亭中，聚《易》義百家插架，於温陵曾氏（穜）粹言，隆山陳氏（友文）集傳精義，一十八家之説有取焉，合而訂之，成八十卷，擇焉精，語焉詳，庶幾哉有大醇而無小疵也乎！刑部尚書崑山徐公嘉其志，許鏤板，布諸通邑大都，用示學者，乍發雕而容若溘焉逝矣。昔王輔嗣注《易》，每取舊解所悟者多，深斥陰陽災異小數曲學，專明人事，論者謂其獨冠古今，出荀、劉、馬、鄭之上。顧官止尚書郎，年僅二十四而夭，説經者恒惜之。容若清才逸辨，兼工風騷樂府書法，即其會粹二書，不專言理，變占象數並收，補大傳訓注之闕，雖老儒亦遜焉。豈意短命而終，讀其書，不禁蘭摧而蕙歎也。

[（清）朱彝尊《曝書亭集》三十四　1318—32—34]

徐氏四易序

（清）朱彝尊

聖人則圖書以作《易》，作《易》之後，不必因圖而《易》始見也。新安朱子著《易本義》，取河洛先後天諸圖，冠諸卷首，今之學者僉謂舍圖書無以言《易》矣。考先儒之論，多以九為圖，十為書。獨西山蔡氏從而反易之，以為《河圖》之數十而《洛書》九也。蔡氏之説稱本邵氏，然邵氏之言曰："圓者，《河圖》之數；方者，《洛書》之文。"以數之體驗之，則奇為圓而偶為方矣。同州王氏、臨卭張氏、漢上朱氏咸以九為圖，十為書，此邵氏之學也。伊川程子曰："九是純陽。六是純陰。"但取《河圖》見之，過六則一陽生，至八便不是純陰，是亦以九為圖矣，此程氏之學也。横渠張子曰："陽極於九，陰終於十。"又曰："十者九之偶也。"史繩祖闡其義，蓋即言九圖十書之理，此張氏之學也。朱子報郭沖晦書曰："《河圖》，四正四偶之位；《洛書》，四實四虚之數，所以畫卦也。《河圖》，九疇之象；《洛書》，五行之數，所以作《範》也。"是年朱子五十有一矣，猶主九為《河圖》，後與蔡氏再三往復，始從其説，追作《啓蒙》，又詳述其初説，而曰："安知書之不可為圖，圖之不可為書。"是雖信之而未篤矣。處士徐善敬可氏著《四易》，一曰《天易》，二曰《羲易》，三曰《商易》，四曰《周易》，凡三十卷。其於圖書博采諸家之論，而一本乎邵氏、程子、張子及朱子之初説，謂：反之則四象五行之位皆若枘鑿之不可合，從其舊，則不惟位與數各當。因以推夫三《易》改演之原，《洪範》《大衍》、律歷、運氣、太一、奇門之所自出，靡不犂然有據焉。乃或疑其與朱子晚年之説不協，夫圖之可為書，書之可為圖，朱子既言之矣。徐氏特因朱子之説而發揮之爾，亦何悖於朱子哉？於是同里朱彝尊為之序。

[（清）朱彝尊《曝書亭集》三十四　1318—33—34]

李氏周易集解跋

(清)朱彝尊

唐著作郎資州李鼎祚,集子夏以來《易》説三十二家,又引張氏倫、朱氏仰之、蔡氏景君三家注,及《乾鑿度》,合三十六家,題曰《周易集解》。自序稱一十卷,斯為完書。晁氏志惜其失七卷,蓋誤信《新唐書·藝文志》目録也,或以其書宗康成排輔嗣,然繹其序有云"王氏《略例》得失相參,仍附經末",是未嘗全排輔嗣,論者未之察爾。由唐以前,《易》義多軼不傳,藉此猶存百一,宜西亭宗正獲之,亟以開雕,近則流播者多,海鹽胡氏、常熟毛氏皆有刊本矣。《唐史》論經學,《易》有蔡廣成,《詩》有施士丐,《禮》有袁彝、仲子陵、韋彤、韋茝,《春秋》有啖助、趙匡、陸淳,《論語》有强蒙,獨未及鼎祚,唯《宋史·禮志》追贈贊皇子,而元四明袁桷集謂:"資州有鼎祚讀書臺,今未審故迹尚存焉否也。"

[(清)朱彝尊《曝書亭集》四十二　1318—128—42]

書周易本義後

(清)朱彝尊

朱子《易本義》,析為十二卷,以存漢《志》篇目之舊,較之程子《易傳》依王輔嗣本,原不相同,惟因臨海董氏楷輯《周易傳義附録》一書,乃强合之,移《易本義》次序以就《程傳》。明初兼用以取士,故不復分,其後習舉子業者,專主《本義》,漸置《程傳》不講。於是鄉貢進士吴人成矩叔度署奉化儒學教諭,削去《程傳》,乃不從《本義》原本更正,其義則朱子之辭,其文則仍依《程傳》次序,此何説哉?沿至於今,科舉試題,爻象並發,其亦悖乎朱子之旨矣。予初求原書不得,今覩此本附東萊《吕氏音訓》,末有朱子後序,是為完書,宜亟開雕,頒諸學官,第恐下士見之,翻大笑爾。

[(清)朱彝尊《曝書亭集》四十二　1318—129—42]

書林氏周易經傳集解後

(清)朱彝尊

福清林黄中、金華唐與政,兩人皆博通經學,而一糾朱子,一為朱子所糾。舉動不慎,遂自絶於君子,蘇平仲為與政鄉曲後學,雖盛稱其經術,然與政之遺書無一存者。黄中《周易經傳集解》三十六卷，淳熙十二年四月經進付祕書省，有勑褒美，謂其備繹始終，兼該表裏，會稡編圖之富，包羅象數之全，觀其書，卷帙繁重，傳抄者難。崑山徐尚書原一為其弟子納蘭容若彙刻經解，黄中是書業開雕矣。客或語尚書曰："黄中獲罪朱子，若刊其書，是亦朱子之罪人矣。"乃斧以斯之，當日朱子既有違言，門人多言黄中文字可毁，然黄中逝後，勉齋黄氏為文祭之，其略曰："嗟哉！吾公受天勁氣，為時直臣，玩羲經之爻象，究筆削於獲麟，至其立朝正色，苟拂吾意，雖當世大儒，或見排斥，著書立言，苟異吾趣，雖前賢篤論亦不樂於因循，觀公之過而公之近仁者抑可見矣。"論者固不可以一眚而掩其大醇也，勉齋為文公高弟而推許黄中，若是殆記所云憎而知其美者與。

[（清）朱彝尊《曝書亭集》四十二　1318—129—42]

龍氏易集傳後

（清）朱彝尊

《周易集傳》十八卷，元湖廣儒學提舉龍仁夫撰，仁夫，字觀復，廬陵人，學者稱麟洲先生。經文主朱子《本義》，每卦爻下，各分變象辭占，謂《雜卦》為古筮辭。《春秋傳》所引屯固、比入、坤安、震動，皆以一字斷卦義，此類是也。孔子録之，以羽翼經，初非挪解，今書止存八卷爾，通志堂集經解，以闕，書未開雕，寫以藏諸笥。

[（清）朱彝尊《曝書亭集》四十二　1318—129—42]

王氏大易緝説跋

（清）朱彝尊

《大易緝説》十卷，元武昌路南陽書院山長邛州王申子巽卿撰。康熙庚申，借無錫秦氏本録而藏之，書其末曰："《易》十二篇，為費氏所紊，經傳之移易，圖書之異同，紛綸乖合王氏之説。雪樓程氏、草廬吴氏或賞其平正穩當，或以為確然粲然，成一家之言者也。《易》於秦火後獨完，似無可議，而歐陽永叔、王景山疑及繫辭。張芸叟疑《爻辭》，竊以為非是，若夫李邦直、朱新仲疑《序卦傳》，巽卿亦然，斯先得吾心者矣。"

[（清）朱彝尊《曝書亭集》四十二　1318—130—42]

周易廣義略序

（清）朱鶴齡

余嘗讀《左氏傳》曰“物生而後有象，象而後有滋，滋而後有數”，知象居理數之先。又讀《繫辭》廣八卦，知六十四卦中，凡近取諸身，遠取諸物者，無不於此乎探賾索隱，乃益歎今人讀《易》盡廢象不講，何異擿埴索冥，自以為昭昭揭日月而行也，然余之為《廣義》，則仍主輔嗣仲達之注疏，與伊川之傳，以推衍考亭所未備，然後博引李鼎祚《集解》諸書，蓋意在即象以顯理，而非欲離理而專求之象也。(《宋史》載:“漢上朱子發著《易解》，以程傳為宗，包括古今，參和理象，為當時所稱。”余《廣義》一書實竊取其義)。如離理求象，必將流入於穿鑿附會，而不可為典要。漢魏以下，如鄭玄、荀爽、王肅、干寶、陸績、虞翻、崔憬、侯果諸家都從卦變、互卦取義，非不時契《易》旨，而穿鑿傅會，迂僻不可解者亦往往有之。所以自宋迄今，世不復尊信其書也。近讀來梁山、唐凝庵、錢啟新三公論著，實獲我心，而亦時見其穿穴旁解，撥遺程朱正義，則又疑其矯枉之失，何玄子總統羣言善矣，而別裁之功尚有未至，此學者所當徧觀博識，精求而約取之者也。伊川傳《易》，每略於卦變，故自言止說得七分；考亭《本義》中，絶不及互體。然《大壯》六五云：“卦體似兑，有羊象焉。”此非互乎？蓋二子之書專明義理，則象學自有所未遑，實非舉漢魏吴晉諸人所得，欲盡掃而芟薙之也。誠能兼通象學，而又不膠執乎其說，豈非程朱二子之所樂予者哉？余友吴子弘人研窮易象，夙有同心，與余同輯此書，始自己未，不意弘人奄忽捐館。余復抱滯下之疾，遂為輟管。陳編堆積架上，陳子長發一日過余，曰:“古人一隅反三，經何必全解，如黄東發、王伯厚以略解而傳者多矣。子何不撮舉其要，自為一書，以示來者?”余感其言，乃刺取其中攝合理象，參論古今諸儒得失者，得一百餘條，復增益十餘條，詮次為四卷，名曰《廣義略》云。昔王晦叔(名炎)著《易解》，未竟而病篤，晦叔每夜分祝天曰:“願假一二年毋死，以成此書。”果遂其志。今余一病而憊，憊而遂至於廢業，微獨學力不逮古人，精誠亦遜之遠矣，然則余之拳拳蕞殘，而不忍盡付之於凋零磨滅者，烏敢自謂於《易》學有裨乎？亦欲使後之人知余之於《易》，蓋有力不從心之憾如此也。壬戌中秋日書。

[(清)朱鶴齡《愚菴小集》卷七　1319—81—7]

恭進易經彙解表

(清)張英

伏以至道開於河洛，發羲、文、周、孔之微言奥旨，貫乎陰陽，備《彖》《象》卦爻之精意，彙稽古訓，託藜火而重編，側近光華，食野芹而思獻，俯慙譾劣，彌切冰兢。玆蓋伏遇皇帝陛下，道法天行不息，學同日進無疆，《尚書》已講於經幃，《大易》繼陳於黼座，神凝簡册，聖心探一畫之先，博極圖疇，睿照啟千齡之秘。臣叨恩於禁籞，祗奉欽明，竊有志於韋編，欲窺象數。自田何、京房而後，漢初各有師傳。逮濂、洛、康節以來，宋儒始爲定論，考亭本義之學，洵可奉爲宗風。伊川《易傳》之文，尤有資於治理。竊惟廣且大者，《易》之體，豈容驟測其精微；奇而法者，《易》之辭，未許遽窺其典要，必在發明章句。譬如探源者，先索其流，務期剖晰文詞；難言得意者，遂忘其象，爰考先賢諸説，輯爲《彙解》一書。時逾兩期，卷分六帙，如涉滄海而尋畔岸，祗堪自砭其愚頑，竊仰泰岱而竭塵埃，詎謂有裨於高厚，但念閲寒歷暑，分細旃廣厦之餘閒，浥露研朱，居秘閣芸香之勝地。雖極知其蕪陋，敢不冒爲敷陳，聊佐乙夜之覽觀，庶備九重之清燕。伏願德符岐聖，治軼羲皇，履帝位而豐豫時登，養萬民而訟師不作，觀損益之義，化自洽於中孚，察消長之幾，世自升於大有，對時育物，端居見天地之心，知崇禮卑，撫卷盡乾坤之藴矣。爲此具本，謹稱進以聞謝。

[(清)張英《文端集》卷三十九　1319—636—39；又見(清)張廷玉等編《皇清文潁》卷一　1449—439—1]

恭進易經參解序

(清)張英

(臣)竊聞《易》之為書，貫徹二儀，囊括萬類，微以窮陰陽之變化，顯以繫人事之吉凶，幽以明鬼神之情狀，探賾索隱，彰往察來。讀者得其中微言大義之一二，可以服之終身而無盡，況取四聖人之所發揮而朝夕涵泳其間者乎？又嘗竊觀先儒論《易》其大者，極於扶陽而抑陰，夫天地之有陰陽，猶四時之有寒暑，日月之有晝夜也，以氣化言之，萬物不能有長而無消，人事不能有得而無失，運會不能有治而無亂，舉世不能盡君子而無小人，是以卦之爻三百八十有四，陽爻居其半，陰爻即居其半，雖聖人安能損益於其間哉？然聖人兢兢業業，於陽剛也則扶之進之，於陰柔也則抑之退之，此固六十四卦中無在不存斯義，而於否泰剥復夬姤諸卦之

辭，尤其深切著明者也。聖人不能使四時有春夏而無秋冬，而制為室廬衣裘以禦之；不能使日月有晝而無夜，而制為鐙燭以繼之；不能使萬物有長而無消，而制為度數以節宣之；不能使人事有得而無失，而示以修省戒懼以補救之；不能使運會有治而無亂，而立為紀綱法度以維持之；不能使舉世盡君子而無小人，而立為教化刑罰以勸懲之。《易》之中數者備矣，此則聖人扶陽抑陰之至意，隱見於六十四卦之中，所謂參贊化育、裁成天地者，豈有他哉？故曰天地之性人為貴，必讀《易》，而後知聖人之尊且大也。(臣)草澤微材，至愚極陋，遭逢聖天子崇儒典學之時，叨隨講幄入侍禁中，恭覩我皇上孜孜圖治，未明求衣，躬理庶政，退朝即御便殿講誦經史，至漏下數刻不輟，祁寒盛暑，率以為常。(臣)自顧學植淺薄，惟切惶悚侍從之暇，伏讀《周易》，望洋測海，茫無津涯，欲纂輯訓詁一書，期先通曉章句，然後徐求其精義。爰奉朱子《本義》為標準，而詮解訓釋，則雜取於《大全》《直解》諸書，芟其繁冗，務存簡切，至於釋卦名義，則《程傳》最精，故節取以載於本卦之首，大全諸儒之說，發明經義，有裨講席者，並采録之，閱兩期而成，名之曰《易經參解》。條分縷析，一以先正之言為矩矱，絶不敢參臆説於其間。因(臣)質性愚魯，著此一編，藉以自備遺忘，荒陋粗淺，深知不免，又念在禁中修輯之書，不敢不上塵我皇上睿覽，亦以見文明化成在上，小(臣)亦有不敢自棄之私，非云於經旨有所闡明，羽翼足以獻之當宁也。謹序。

[(清)張英《文端集》卷四十　1319—657—40；又見(清)張廷玉等編《皇清文穎》卷十四　1449—637—14]

王甲庵周易圖注序

(清)毛奇齡

《易》，易也，變易而數起焉。《易》，易也，亦易簡而天下之理得焉。故曩時學《易》者，大約分理、數二端。而主數者則曰，《易》者，筮書也，言理過備，反失象數，朱子學是也。然其敝也，麤而不精。主理者則曰，理外幾有象乎，乾二之德，通於學問，噬初之道，進於仁義，程子學是也。然其敝也，襍而不醇，蓋朱程二學，各有由始。伊川之學，王氏之學也，王弼以費直為宗，而好言義理，伊川踵之。朱子之學，邵氏之學也，邵氏衍《皇極經世》之説，該理於數，而朱子乃陰承之。然而朱子言數，既承其意，而又不竟乎其説，以為卜筮本義，無關隱賾，而於是理與數兩不得矣。夫該理於數，亦謂數本具理，不必更立理名焉耳。今乃曰數在卜筮，而其言卜筮者，則又專屬之吉凶貞悔，隨所揲獲之語辭，將使數聖人俯仰觀察，後先探索，而究其本義，僅得與筮人華氏指可否也，有是理哉？且夫今所傳《易》，皆王氏之《易》也。費直以《彖》《象》《文言》參入卦末。而王弼則又分《彖》《象》《文言》，或冠於各卦之首。或附於各爻之中，名曰《古文易》，實今《易》也。朱子既不欲以理言《易》，而註《易》則又取言理之《易》，此何意乎？王甲庵講《易》有年，其旨謂理外無數，數外無理，天地之理，皆起於數，數即畫也。吾不學朱程之《易》，而學文王、周公、孔子之《易》。且不學文王、周公、孔子之《易》，而學庖犧氏之《易》，且不學庖犧氏之《易》，而學天地自然之《易》。夫庖犧氏之《易》，無字句，而有畫，畫即數也。至天地自然之《易》，則將並其畫而無之，夫至於無畫而意言象數，不既悉於此，而兆其端乎？故其為書，先圖象百餘，各推其説，側見旁覬，並有至理焉周融其中。自天時、人事、世數、物候，以極之日、月、水、火、山、川、燥、濕、道德、風俗、動植、飛走、通變不測之數，皆有形狀而後分伏羲、文王、周公、孔子為内外編，合動静之交，通正互之體，參内外虛實存亡進退之迹，凡分策布指，列序定位，咸極淵眇，而又旁及於四時、五行、兩游、八極、二十四氣、七十二候，干支循端，分至起例，因象得數，因數得理。大約遠推京房、焦贛、孟喜、梁丘賀諸儒所傳，而去其灾祥占讖之術。邇本邵氏所學，而更廣其天地闔闢、世數治亂之説，洋洋乎幾於無處非《易》矣。近世學《易》家，為予所及見者，自蕺山劉氏、上蔡張氏（仲誠先生）而外，俱能各極指趍，自為其説，然無以過也，即桐城方氏歷世學《易》，已括取諸家，彙為一乘，顧亦未能該是書也。予嘗因甲庵之《易》而曠觀之，天地之《易》具在也。其名周《易》，一《易》耳。夏《易》首《艮》，而為數用三十六策。商《易》首《坤》，名《歸藏》，則以坤為萬物所歸載也，用十五策，原不俟《彖》《象》十翼。四十九策之《易》起，而後有易學。且即有《彖》《象》十翼四十九策之《易》起，而凡為《易》者，猶復有漢易《太玄》定九九之數，以《贊》為爻，以《測》為《象》，唐易《元包易》八純之列，有卦無爻，有孟仲而無老少。如今所傳者，則以《易》在天地，使必待庖犧，而後有畫，待文王、周公、孔子、程、朱而後有理有數，則前古聖人之道，或幾乎息，而後此諸儒學道之説，且幾乎敝也。此則王子甲庵之所為兢兢者矣。

［（清）毛奇齡《西河集》卷二十七　1320—223—27］

佟國舅一等公周易註序

（清）毛奇齡

《易傳》有辭、象、變、占四義，而後儒説《易》，每以此定五《易》之準。故東京建學，首以施、孟、梁丘並京房，四家分立學官。大抵施氏、梁丘氏同出於田王孫之門，以小章句起家，專主《易》辭，而孟喜、京房則别以卦候五行陰陽災異，刻劃

夫象變以訖於占,而其後買直説行,梁丘與施氏並亡。西晉而孟、京諸書僅採入漢《五行志》,畧見百一,而世之為師承者,於此絶焉。顧費氏説辭,猶尚有古義存乎其間,是以鄭玄、王肅輩習費氏學者,彪蒙貆互,其為舊辭之詁訓,未嘗乏也。王弼起而盡掃之,不特象、占亡,即辭亦無一存矣。宋學代起,並四義而分之為二,曰理、曰數,以為辭者,理也;象與變與占,數也。程子言理過於王孫,而邵氏堯夫且復著圖象於孟京之外,而漢《易》四學為之一新。予嘗謂學有逓趨而難於驟返,經師授受,但當就近儒所説,以徐通指歸。漢《易》殘闕,自不如宋《易》之備而可徵,而無如後此者之仍紛紛也。皇舅佟公闡精一之秘,世嬗理學,因謂三古先聖奕代相傳之道莫逾於《易》,乃博討羣書,溯源竟委,上自儀象以下逮名物,無不周知其義,而又妙簡於諸儒所學,専以程氏之理、邵氏之數定為指歸,謂非親見三聖,特摽夫五易,而能若是乎?我皇上逺紹羲農,合墳、典、丘、索之書而萃於一身,開運會以衍《連山》,擴地軸以繼《歸藏》,統天地、民物、家國、政治以隱脗乎乾、坤、坎、離、咸、恒、既、未之《易》而為之輔者,復能發明理數,剔抉幽微,表兩經十傳為天下後世法則,此真循蜚以來一啟闢也。朝廷下搜書之令,凡天下鯫生家有裨經學者,皆得獻之禮官,進充祕府。夫聖人出世,自有圖書,四庫既開,吾必以是書為河洛之先事也已。

[(清)毛奇齡《西河集》卷五十六　1320—490—56]

鄭賨水先生易蒐序

(清)張玉書

自漢以後治六經者,人各刱一師説,白首而不敢變,其説愈紛,其義愈賾。京房氏以陰陽灾變解《易》,而讖緯之學祖之;王輔嗣以清談解《易》,而虚寂之學祖之;管公明以算數解易,而奇遁之學祖之。符讖算數,儒者所不道,惟弼註為近世所宗。然弼善學老氏者也,性命之學流為老莊,老莊之學流為申韓,支分泒别,屢變而失其傳,極其害,不至於賊天下不止。嗚呼,曾聖人之教而支離是乎,《易》之為書,彌綸六合,包孕萬象,凡後世諸儒假托傅會、牽引穿鑿者,大抵皆《易》象中所有,但欲執此以求符契於聖人之旨,則不啻眇者牖中窺日而已。聖人以《易》為日用飲食,而後人務為新奇可喜,以愚惑天下之耳目,此其所以蔽也。從來汲學嗜古之士,史傳所載,指不勝屈,而踐履篤實者什不能得一。或身負天下重名,一旦臨大事,顛倒瞀亂,猝然而有折足僨轅之敗,非其才不厚、力不裕,不善學《易》故也。夫學《易》而不稟於道,不獨無適於用,且喪其身。世之履壯搆險,出處不慎而卒踵京房之禍者,亦豈鮮哉!《繫辭傳》曰:“危者使平,易者使傾,懼以終始,其要無咎。”吾夫子之説《易》也。吁！盡之矣。程朱《傳》《義》，反覆象占，研理深而攝教廣，故其書至今不廢，帖括家錮陋闒留，傭耳剽目，習而弗知。寶水鄭先生痛之，網羅舊聞，折衷大義，著《易蒐》若干卷，立論精微切實，祖伊川而禰考亭，其餘諸家緒説旁摭博取，如裔耳之竊附焉，而皆不悖於聖人知危知懼之旨，其為經傳羽翼何疑？夫六經同一旨也，不以鑿累質，不以巧汩實，不以紈綺醲艷而厭布帛菽粟。後生小子辨途而趨，庶幾無岐路矣乎。

［（清）張玉書《張文貞集》卷四　1322—442—4］

易義前選序

（清）李光地

前朝取士尚經義，治經崇師説，《易》之先《傳》《義》竝行，後乃朱説獨用。或問余曰：獨用其可乎？曰：周、程、張、邵起而《易》道明，朱子之書紹述乎四家，參尋於方外，而又自得於心，申之以卜筮之説也。或曰：今之軋朱説者卜筮之指，謗傷尤甚，何與？曰：三代學術所尊，《詩》《書》《禮》《樂》四者而已。《易》之籍掌於太卜，非學者所務也，是以秦漢之間齒於種樹醫藥，其流為風雨占候，蓋去古未遠，相為習沿若此。其以為性命之書而首乎六經，是吾夫子所以發羲文之藴，惠萬世無窮，然亦豈嘗雜卜筮之指而空言設教云乎？輔嗣以來，謂《易》以空言教，大儒不免焉。自朱氏之説行，然後知《易》者象也，因依象類以喻凶吉而已。《易》者，占也，繫之占决以斷違從而已，以言理之文讀則牴牾而義疎，以象占之意求則簡易而理得，其説殆與孔子相備，而烏可訾也。明代經學專精遜昔，《易》之一經，勦説尤多，然方其中盛，講貫未衰，制義之文，蔚然可采，説卦爻者知其足以涵天下之有，詮《繫》《傳》者知其足以一天下之動，擇其詞義之醇，有漢魏學者所未發者焉。夫其勤不如漢魏而醇則過之，豈非先覺淵源所漸，故雖性與天道可得而與聞也與。夫一代文章，知其盛也由經學師説，則識其後之所以弊矣。署中欲選《易》義而苦無底本，就坊刻文徵若干首，選得若干首，資於業舉，故華實兼，而又序其源之出於治經者，以告子弟輩。

［（清）李光地《榕村集》卷十一　1324—685—11］

進周易啟蒙並請定書名劄子

（清）李光地

臣李光地謹奏，臣承修《易經》，其首卷《啓蒙》四篇已畢，謹繕録恭呈聖覽。

又臣前後所蒙皇上指示，象數之精微，誠不傳之秘奥，但臣井蛙之識，不能盡窺。所記憶聖訓恐有差錯，不敢輒附本文，謹别擬為圖表論説，另作一册進呈，仰求御筆改定，將來系《啓蒙》之後，可以發朱子未盡之意，實《易》學之幸也。其乾卦以下，臣即陸續編修，次第呈進，仍求欽賜書名，以便繕寫時，恭題篇首。臣更有請者，經傳次序奉旨依朱子《本義》元本編次，但外間坊肆難得此書，臣雖畧知其意，尚恐或有舛誤。乞賜發内藏宋板《本義》，俾臣檢對數日，臣即另摺恭繳。

［（清）李光地《榕村集》卷二十九　1324—927—29］

進啟蒙附論劄子

（清）李光地

臣李光地謹奏，七月二十二日，魏廷珍等傳旨：新編圖象二册甚好，李光地《易》學功夫極深，所見者大於前，發去諸圖中採取數條，發明其故，即包括無窮，非他人所及也。至《先天變後天圖》，朕近按卦爻排出，尚未暢發其理，著發與李光地看應否並存，或擇取其一，必有確見。附論中《洛書開方圖》，與本法稍異，須再斟酌。又本月初一日，奉御批此書，原非朕本意，多是問西洋人之舊書察來，若論數有可取者，近日也就為難，但各處有關於易數者，總發到卿處酌量，今欲改書之名，覺得太大了，還當依古人理斷纔是。欽此。

臣前後所擬撰圖説，具荷聖鑒，兹謹從頭編次，先圖書，次卦位，次蓍策卦變，如《啓蒙》之序，其《洛書》開方誠非本法。臣初意只欲借此明其理爾，今遵旨改正。至於西人諸圖，其算恰合處，無非自然之理，推原到此，非如近代譚象者，附贅懸疣，全無理致也。臣又只存其綱要，寥寥無多，似不必更加删削，御制《先天變後天圖》理蘊精深，非元儒胡一桂舊説所能及也。臣反覆精思其理，正與元進"天地水火説"相表裏，蓋八卦歸於乾坤坎離，坎離又歸於乾坤，不極其用之變，則不知其體之一也。但臣所擬圖説，殊為膚淺，又恐有錯繆處，皇上於天文地理妙極精奥，非臣等所能測窺。伏乞御筆一一改正，使臣等亦得與聞秘義，不勝幸甚。臣又因此思先天乃後天之根，故又增《先天卦位圖説》一篇，蓋雖先儒所已道，然四維卦之理，則實微臣數年以來所聞於皇上者，故敢附著其説，或有差謬，恭求聖誨。又古人迎日推策，則蓍數實與歷法符合，故孔子於《易》未嘗及歷法也，而獨於大衍之數言之，必有微指。臣謹據唐僧一行大衍歷之説而頗删其附會者，存其本根，以與《繫辭大傳》之言相應，為《迎日推策》一篇，並求聖誨。又自圖書以下，諸圖説當日尚有未詳備者，今多所增益改定，伏乞聖鑒之下，逐一指示是非，發下更改，臣不勝顒切。

［（清）李光地《榕村集》卷二十九　1324—928—29］

進易論序

（清）李光地

臣惟《易》之為書也，大而言之，則六經之原，天地鬼神之奥也；切而言之，則動息語默，酬物應事，修之吉而悖之凶，蓋有不可斯須去者。然其為書，始於卜筮之教，而根於陰陽之道，故玩辭必本於觀象，而不為苟言；占事必由於極數，而不為苟用，非徒以象數為先也，象數而理義在焉。於戲！《易》豈易學也哉？欽惟皇上，講學勤政，孳孳不息，則應乾之行；厚德深仁，視民如傷，則配坤之道；進君子，退小人，則察乎否泰之幾；憂盛危明，則協乎日中之戒。皇上之體《易》者，可謂至矣。神武不殺，固已見諸施行，"自天祐之，吉無不利"，又已受其顯報，皇上之用《易》者，可謂神矣。乃者特命儒臣，以此經逐日進講，仰見聖智之默運，上符三古之心傳，歷數近代以来，未有留心於性命之原，研慮於天人之際，如我皇上者也。臣學《易》將二十年，幽居潛玩之餘，不無一得。然生質愚蔽，不足以窺絶學之全，間或劄記所知，繫之每卦每爻，以為異日精思明辨之地。中遭寇亂，未究厥業，僅有《易論》數篇，大抵皆理義、象數之淵源，《易》之所由作者也。恭逢聖世，不敢自匿。譬則熒燭之微照大陽，雖不為之增光，然而積草加膏之勤，亦將以之炯炯自秘，此臣今日獻書之喻也。伏惟皇上裁其可否而進退之。臣又觀夫《序卦》《雜卦》，皆以未濟終篇，非欲其終於未濟也，謂夫雖當已濟之時，而常存未濟之心。此則所謂"懼以終始"，《易》之道也。故六十四卦，三百八十四爻，而一言以蔽之，終日乾乾是也。伏惟皇上垂意焉。

［（清）李光地《榕村集》卷十　1324—670—10］

書周易八圖説後

（清）陸隴其

我友邵子子昆，述其所聞於師者，雖與朱子《啟蒙》小有出入，而可相發明。吾嘗怪宋儒學《易》，言理者宗伊川，言數者宗康節，既莫能相一。自朱子作《本義》，作《啟蒙》，始合而一之，可謂集程邵之大成矣。而黄東發猶疑先天之説，《易》書中本無有，雖朱子言之甚著明，曰："《易》有太極，是生兩儀，兩儀生四象，四象生八卦，此先天之卦畫也。天地定位，山澤通氣，雷風相薄，水火不相射，此先天之卦位也。"黄氏則曰："未見其確然有合。"觀其所著之《日抄》中，反覆論辨，直以康節為穿鑿。嗚呼！道之難明而人意見之不同如此，豈獨一歐陽《繫詞》非聖人所作哉？今邵子解《易》圖以《繫辭》為證，一本朱子《本義》《啟蒙》之意，其言卦變、言參兩、言河圖之相得有合，雖小有異同而可相發明，然則黄氏之直欲舉先天而廢之者，誠過矣。

［（清）陸隴其《三魚堂文集》卷一　1325—8—1］

周易淺説序

（清）蔡世遠

閩自龜山先生載道南來，理學之盛甲於宋代，沿及有明風流未歇，正嘉之際，姚江以良知之學倡天下，龍谿心齋流弊益甚，獨閩之學者卓然不為所惑，同時若虚齋蔡氏，次厓林氏、紫峰陳氏尤其較著者也。虚齋之學篤守程朱，經書講義《蒙引》尤為學者所宗，《存疑》《淺説》相繼出，遂與並峙一時，次厓蓋私淑虚齋者，紫峰則虚齋之高第弟子也。自宋元諸儒以後，言講義者必推三家，我聖祖仁皇帝御纂《周易折中》，旁求遺書，於三家易説多所採録。顧《蒙引》《存疑》皆久已行世，惟《淺説》尚未重梓，以故其傳未廣。雍正十年，先生裔孫孝廉松茂謁選至京，攜其書，屬余序以付梓。余惟《易》之為書，潔凈精微，廣大悉備，邵子言其數，程子言其理，朱子兼之，發明象占，實指為卜筮之書，以前民用。夫數未始不本乎理，理未始不兼乎數，君子居則觀其象而玩其辭，動則觀其變而玩其占。數先生之指一也，先生之解經也，探羲、文、周、孔之精意，而出以淺易之辭語，必求其可據，不涉於影響，亦不務為艱深，使讀者了然於文義之間而體玩服行，庶乎可以歷進退存亡而不失其正矣。嗚呼！《易》之用廣矣，大矣，聖人尚欲加年學之以寡過，況其餘乎？本之以孚，守之以貞，而因時以善其用，又能懼以終始焉，此寡過之方也。松茂能褒揚祖德，俾是書得與《蒙引》《存疑》並垂不朽，且使天下如我閩學之精且詳如此，有志者亦可以奮然興矣。

［（清）蔡世遠《二希堂文集》卷一　1325—658—1］

易學圖説會通序

（清）儲大文

南齊陸彦淵澄為國子博士，嘗簡祭酒王仲寶儉曰：《易》自商瞿至田何，其間五傳，年未爲遠，雖有異家之學，同以象數為宗，數百年後，乃有王弼。王濟云弼所悟者多，何必能頓廢前儒。晉太興四年，太常荀崧請置《周易鄭玄注》博士，於時，政爲王庾，皆儁神清識，能言玄遠，而捨輔嗣而用康成。泰元立王肅《易》，當以在玄弼之間。元嘉初，玄弼兩立，逮顏延之為祭酒，黜鄭置王，意在貴玄，事成敗儒，謂宜兩立，所以合無體之義。又曰：杜預注《傳》，王弼注《易》，俱是晚出並貴，後生杜之異古未如王之奪實。而儉亦答曰：《易》體微遠，實貫羣籍，豈可專據小王便為該備，依舊存鄭，高同來説。唐貞觀纂《注疏》，王氏説獨行，至宋初且三百年有奇，而華山象數之學始復傳，夫《易》道樞鍵，實在象數。雖宋元儒者詮闡義理，不必類輔嗣之虛遠，而象數要不可闕。晉陵符蒼楊子默而著《周易圖説會通》凡八卷，而前儒之畫圖立説者，寖以備矣。丹黄黑白，展紙瞭然，葢有功於易學者也。宋王稱傳李之才曰：易學惟邵雍得之。初華山陳摶以數學授穆修，修授之才，之才授雍，以象學授种放，放授許堅，堅授范諤昌，是象學、數學又析而為二也。後之知數學者尠矣，奚有於象學乎哉？夫宋儒治《易》，胥本西安長民劉氏經解，諸書闡劉氏學者十之八，而劉氏亦前本華山，此予所以緣楊子之畫圖以晚宋數學，綜宋初象學，而重太息於長民氏之五十五圖也。

［（清）儲大文《存研樓文集》卷十一　1327—236—11］

跋周易本義

（清）汪由敦

《漢·藝文志》易經十二篇，顏師古謂上下經及"十翼"為十二篇，此東漢以前之舊也，以《文言》八卦中者，自費直始，至鄭康成、王輔嗣遂合《彖》《象》《文言》於經，程傳所從本是也。吕成公得嵩山晁氏所編古《周易》，復定為十二篇，朱子《本義》從之。明初《傳》《義》兼行，遂析《本義》而合於《程傳》。今監本尚行《本義》，乃篇次仍依《程傳》，非朱子之舊矣。此刻仿宋槧，一依《本義》成書，高曾矩矱，於焉足徵，良可重也。於潛徐君濳昭得是書，屬司業晉江陳先生為定音句，予復加審校，因書以紀時日，壬子三月既望。

［（清）汪由敦《松泉集》卷十五　1328—844—15］

四　附録(《易緯》《易林》)

敘焦氏易林

(宋)薛季宣

漢焦贛《易林》十六卷,卷有四林,林有六十四繇,凡六十四卦之變,四千九十有六。以所傳中秘書孫氏藏書參校,中書内多亡佚,以孫氏書詮補圓備。故書屢經傳寫,字多舛誤,以羊為缶,以快為决,若此者衆,為是正其曉然者。其不可知,以喜為嘉,以鵲為觀,以烏為鳥,一卦兩占之類,並兩存之,無所去取,具已刊定,可繕寫。漢儒傳《易》明於占候者,如贛、費直、許峻、崔篆、管輅,數家《易》俱有林,惟焦氏林今傳於世。《東觀漢記》:孝明帝永平五年,少雨,上御雲臺,自卦遇蹇,以京氏易林占之,繇曰:螘封穴户,天将下雨,沛獻王輔。用體説卦,謂:螘六居知雨。京房,延壽弟子,今書蹇繇實在震林,林為焦氏可不疑。贛,延壽字也,其學本以六十四卦更直日用事,以風雨寒温為候,易林用之卜筮,尚其占與變者。政和間校書郎黄伯思校中秘書,論林自林,直日灾祥自直日灾祥之法,雖同出於贛,初未嘗一其用,昧者弗悟,乃合而一之,於直日卦中求所得卦,謬託燕薊士之秘本。本朝王佖於雍熙二年春遇異僧為筮,得觀之賁,其占乃觀中賁林,觀賁皆白露之卦,非春所宜用,不當於觀中求之。異人之占,固不應誤,是知直日之説非可用之占筮。伯思言若簡易,其實非也。筮法固於直日林中求所遇卦,於遇卦林中求變所之,觀從初决從終,則雍熙異僧之占初未嘗與術戾,僧論一幕掀天一同掃地,自有得之繇林之外者,未可以一術齊也。直卦之法略在漢京房郎顗傳,天朝班歷,尚取其象,或者直以《周易》卦爻占數,猶屢有符效,至用林筮,頗多不合。伯思之説,未易循也。京氏學以卦爻分配朞日,坎離震兑用事,自分至之首皆得八十分日之七十三,頤、晉、井、大畜皆五日十四分,餘皆六日七分。歲既有之,日亦宜然。於直日卦中分卦直時,如日之次。日凡十卦一時八刻三分刻之一。卦配時,有一刻二分,頤、晉、井、大畜皆五刻二分,坎離震兑用事於日卦,貞悔初爻之首、中爻之中,皆四刻一分。是又卜數一法,不待筮而占者,自可通用。《易經》

並論風雨陰陽占候,不必專取諸林。漢《儒林傳》,孟喜授《易》於田王孫,得《易》家候陰陽灾變書,詐言"田生且死時枕喜膝,獨傳喜"。同門梁丘賀疏通證明之,曰:"田生絶於施雠手中,時喜歸東海,安得此事?"延壽嘗從孟喜問《易》,京房以為延壽即孟氏學,翟牧、白生不肯,皆曰非也。劉向校書以為諸易學説皆祖田何、楊叔、丁将軍,大誼略同,唯京氏為異,焦延壽獨得隱士之説,託之孟氏,不與相同。《藝文志》,《易》有孟氏京房諸篇,無復分異,京氏書世尚有之,雖陰陽家,不特灾變之候論,以漢《儒林傳》《藝文志》自有不可誣者,諸儒黨同伐異,可盡信邪?延壽行事略在《京房傳》中,舉最小黄,詔聽留增秩矣,其曰:"得我道以亡身者,京生也。"知人見事,未可以明經學士視之。《易林》近古占書,既自可尚,綴辭引類,尤爾雅可喜,尚其辭者於漢氏西京文字,又可忽諸?略抄卦氣圖法著左。乾道六年八月丁巳鶡林書。

[(宋)薛季宣《浪語集》卷三十　1159—473—30]

跋張德深辨虚

(宋)樓鑰

余少時嘗得儀真所刊司馬氏《潛虚》,中多闕文,不能遽解。隆興改元,先光禄官奏邸檢詳,新安張公為僚,同寓直舍,時在侍旁,日從之游,自言家有《潛虚》全書,亟借而傳之。又言為慈溪令時,有張氏德深漢邃於《易》《元》(〇《元》謂揚雄所作者,宋時避廟諱改書,今仍之,後同),葢未識《潛虚》也。嘗示之一見,即言其大義,歸閲數日,著《辨虚》一篇,洞曉其説,因畧為余言之。自此始知《虚》之大概,獨未見所謂《辨虚》者。相去幾四十年,與新澧陽郡博士張子宓處,語及此書。子宓曰:"德深,從叔祖也。"始得見之,凡十餘篇,兼綜《易》《元》二書。《易》曰卦,《元》曰首,《虚》曰名,卦有爻,首有贊,名有變,二體四位十等之象,八物五行與生成之數,乾中元之所以始,一三五之所以虚,與夫揲法占法皆若異而實同。又辨氣體性名行命與著,虚之得此,幾無餘藴,德深之學真有淵源,而總序則檢詳為縣令時所為也。檢詳又云:虚之書未成而已傳,温公晚始以全書授范太史淳夫,遂傳於蜀。後以問蜀士,曰非也,觀物先生張公兵部行成所補,託為此言耳。觀物先象數之學,著《述衍》《翼元》《元包總義》《潛虚演義》《經世索隱》《外篇》《衍義通變》等七書,近百卷,世號精博。嘗取《演義》讀之,為卷十六。《潛虚》之書,章分句析,尤為詳盡,比《辨虚》不啻數倍。果如蜀士之言,非此人亦不能補此書。然觀物之書未出而德深能辨之,此其所以尤難也。檢詳又言:《通鑑》為温公之筆學,《潛虚》為心學,方疑總序中不見此説,兹又得《發微論》攷之,則衍總序而為總論,遂及筆學、心學之説,直以為出於己,而没德深之作。自《元》以準《易》,《虚》以擬《元》,論而下有九篇,八篇皆德深之舊,止有《變論》一篇論律吕者,在此書之外,猶恐是其本文,而此所傳者或闕焉。又不載《五宫》《天軌》《歲紀》三圖,德深辨名之末,謂齊處大中之内,斟酌造化,其斗之任乎?今《發微論》乃曰:處大中之内,在天其北極之任乎?輕改一言,失其旨矣。土分王於四季,齊亦土也,居中而斟酌造化,故以北斗之任,非謂若極之居其所也。檢詳為察院時,以《發微》授司馬侍郎季思伋,其兄漢章倬為湖廣總領,遂以版行,實乾道二年也。淳熙十一年,檢詳之子南金又刻之,世罕有知所自者。鑰非欲與檢詳辨,誠不敢没德深之實,而惜其不少見於世也。德深兄弟讀書躬耕,其兄宗丞亨時濟,得薦送而歸,其父題於門曰:三四郎今年免耘田,專掌送茶。其樸茂類此。德深耽嗜古學,天文地理,無不該貫,此特其一也。

[(宋)樓鑰《攻媿集》卷七十二　1153—186—72]

朱氏易韋序

(清)毛奇齡

舉世皆言《易》而《易》亡,然惟《易》可以舉世言之。倘舍《易》而言《詩》,則邶鄘唐檜至今尚莫解其名;舍而言禮,則祇為人後一節而定陶、濮國積為千六百年必不可釋之冤獄,況其他乎?第《易》雖廣大,任人可言,而《易》之為《易》,卒亦未有言及者。予嘗謂言《易》有三:一則《易》辭有着落,一則與左氏史占相合,一則包犧氏、文王、孔子同一《易》而無兩《易》。而世之言《易》者,皆不然,名為言《易》而實自言其"易",不惟自言"易"而且自為作"易"。《易林》之自為爻辭,司馬《潛虚》、阮氏《洞極》之自為卦畫,揚子《太圜》、衛元嵩《元包》、蔡沈《洪範皇極》之自為策數、為蓍數、為揲扐之數,可謂《易》乎?如是而欲《易》之不亡何待已?朱子贇皇作《易韋》,不必言《易》也,亦自言其"易"已耳,而《易》可以見,亦未嘗於《易》外自為"易"也,亦就《易》言《易》已耳,而其自為"易"亦可以見。贇皇嘗與予講伶州鳩七律之學,汎濫不竭,其好學善辨有非尋常涯涘可窺見者,今此言《易》,其洸洋猶是也,而口可得道、指可得畫,舉《易》之廣大,而悉歸之"書不盡言,言不盡意"之中,生平搜祕藏,每恨史蘇《靈臺》、無名氏《翠羽玉闕》諸書之不著於世,以為易學雖煩亦饒缺落,何可當世有此書而不急覿之。

[(清)毛奇齡《西河集》卷五十二　1320—456—52]